The New Cambridge Modern History

VOL.9: War and Peace in an Age of Upheaval, 1793-1830

新编剑桥世界近代史

动乱年代的战争与和平 1793—1830年

[英] C. W. 克劳利 (C. W. Crawley)　编

中国社会科学院世界历史研究所组　译

CAMBRIDGE

中国社会科学出版社

图字：01－2018－7945

图书在版编目（CIP）数据

新编剑桥世界近代史．第9卷，动乱年代的战争与和平：1793－1830年/
（英）C. W. 克劳利（C. W. Crawley）编；中国社会科学院世界历史研究所
组译．—北京：中国社会科学出版社，2018.12

书名原文：The New Cambridge Modern History, Vol. 9, War and Peace
in an Age of Upheaval, 1793－1830

ISBN 978－7－5203－2596－7

Ⅰ.①新…　Ⅱ.①C…②中…　Ⅲ.①世界史—近代史—1793－1830
Ⅳ.①K14

中国版本图书馆CIP数据核字（2018）第242342号

出 版 人	赵剑英
责任编辑	郭沂纹
特约编辑	安　芳
责任校对	杨　林
责任印制	李寡寡

出　　版	中国社会科学出版社
社　　址	北京鼓楼西大街甲158号
邮　　编	100720
网　　址	http://www.csspw.cn
发 行 部	010－84083685
门 市 部	010－84029450
经　　销	新华书店及其他书店

印刷装订	北京市十月印刷有限公司
版　　次	2018年12月第1版
印　　次	2018年12月第1次印刷

开　　本	650×960　1/16
印　　张	52.5
字　　数	834千字
定　　价	186.00元

This is a Simplified-Chinese translation edition of the following title published by Cambridge University Press:

The New Cambridge Modern History, Vol. 9: War and Peace in an Age of Upheaval, 1793 – 1830

ISBN 978 – 0521045476

出 版 前 言

英国剑桥大学出版的世界通史分为古代史、中世纪史、近代史三部。近代史由阿克顿勋爵主编，共 14 卷。20 世纪初出版。经过几十年后，到 50 年代，剑桥大学出版社又出版了由克拉克爵士主编的《新编剑桥世界近代史》。新编本仍为 14 卷，论述自文艺复兴到第二次世界大战结束，即自 1493—1945 年间共 400 多年的世界历史。国别史、地区史、专题史交错论述，由英语国家著名学者分别执笔。新编本反映了他们最新的研究成果，有许多新的材料，内容也更为充实，代表了西方的较高学术水平，有较大的影响。

为了供我国世界史研究工作者和广大读者参考，我们将这部书分卷陆续翻译、出版（地图集一卷暂不出）。需要指出的是，书中有些观点我们并不同意，希望读者阅读时注意鉴别。

目　　录

第　一　章
导　　言

剑桥大学三一学院研究员、历史讲师

C. W. 克劳利　著

几个问题 ··· （1）

经济和社会变革 ·· （3）

政治地图 ··· （7）

政治趋势 ··· （11）

政体和宪法 ·· （13）

　法国及其影响 ·· （13）

　普鲁士和德意志 ··· （16）

　奥地利和意大利 ··· （17）

　西班牙、葡萄牙和一些小国 ···································· （18）

　俄国 ··· （19）

　美洲各国 ·· （21）

各国政府间的国际关系 ·· （22）

国际保守主义和激进主义 ··· （24）

教育和舆论 ·· （28）

科学和技术 ·· （29）

宗教和艺术 ·· （30）

直觉论和实证论精神 ··· （31）

第　二　章
1780—1830 年英国和欧洲的经济变革

牛津大学纳菲尔德学院研究员、近代社会和经济史讲师

R. M. 哈特韦尔　著

人口的增长 ·· （33）

农业和粮食供应 ……………………………………………………………（34）

交通 ………………………………………………………………………（39）

　　"发展的引擎"英国 …………………………………………………（42）

　　工业 …………………………………………………………………（42）

　　商业 …………………………………………………………………（47）

　　国际金融 ……………………………………………………………（48）

欧洲的一般经济状况 ……………………………………………………（49）

意大利、西班牙、俄国、奥地利、斯堪的纳维亚 ………………………（50）

德意志 ……………………………………………………………………（54）

尼德兰 ……………………………………………………………………（55）

法国 ………………………………………………………………………（57）

工业和政治变革的综合影响 ……………………………………………（59）

第 三 章
武装力量和战争艺术

一　陆军

牛津大学万灵学院研究员、奇切利讲座战争史教授

N. H. 吉布斯　著

"全国武装"比技术进步更革命：克劳塞维茨 ……………………………（62）

法国革命和帝国陆军 ……………………………………………………（63）

普鲁士的复兴 ……………………………………………………………（67）

陆军的规模 ………………………………………………………………（68）

武器 ………………………………………………………………………（68）

炮兵、骑兵和步兵的作用 ………………………………………………（69）

军需供应 …………………………………………………………………（75）

拿破仑的个人作用 ………………………………………………………（77）

二　海军

格林威治皇家海军学院历史教授

C. C. 劳埃德　著

战争的新规模和决定作用 ………………………………………………（78）

英国的有利条件：战舰和商船；海外基地 ……………………………（78）

法国海军 …………………………………………………………………（80）

英国的海军体制 …………………………………………………………（82）

舰只及其装备 ……………………………………………………………（83）

海军官兵的补充和训练 ·· （86）

强征服役和搜查权;私掠巡航 ·· （88）

第　四　章

文学和思想中的革命影响和保守主义

牛津大学欧洲经济和社会史高级讲师

H. G. 申克　著

欢迎自由和博爱的呼声 ·· （93）

平等思想;反对奴隶制度的运动 ·· （97）

爱国主义和民族主义;富于浪漫色彩的突变 ···························· （101）

法国流亡贵族 ··· （107）

梅斯特尔;博纳尔;冯·哈勒 ·· （108）

新的革命的一代。雪莱和拜伦 ··· （110）

对工业变革的反应 ·· （111）

圣西门。早期的法国社会主义者 ······································· （115）

拉梅内提出的问题 ·· （118）

第　五　章

科学和技术

普林斯顿大学科学史教授

C. C. 吉利斯皮　著

从启蒙运动过渡到实证主义:从孔狄亚克到孔德 ······················ （121）

法国在科学中的成就及其组织 ··· （121）

　　国家研究院和其他机构 ·· （122）

　　综合工科学校:教育中的新精神 ···································· （125）

　　拉普拉斯和其他人的影响 ·· （126）

拿破仑的"文化帝国主义" ·· （127）

柏林和德意志各大学 ·· （130）

英国经验主义的成就。俄国和美国 ····································· （133）

分析的黄金时代:数学和物理 ·· （135）

实验的方法:实验室 ·· （136）

　　化学和物理 ·· （137）

　　生物学:有机科学还是自然科学? ·································· （139）

　　居维叶和拉马克 ·· （142）

　　地质学 ·· （143）

技术：和纯科学的联系依然极少 …………………………………………（144）

　　工程师和化学家 ……………………………………………………（145）

　　炼铁工业；工作母机；染料；热机 ………………………………（146）

电力和科学与工业的结合 …………………………………………………（148）

第 六 章

宗教：欧洲和美洲的政教关系

牛津大学耶稣学院研究员

约翰·沃尔什　著

十字架和三色旗在法国 ……………………………………………………（150）

　　从教士公民组织法到系统的"非基督教化" ……………………（151）

　　革命的宗教崇拜及其象征 …………………………………………（151）

　　政教的分离（1794—1802） ………………………………………（154）

　　拿破仑和庇护七世的政教协定（1800—1802） …………………（156）

德意志的非宗教化（1803—1806）。意大利的政教协定（1803） ……（159）

从拿破仑加冕到教皇被劫持（1804—1809） ……………………………（160）

教士在意大利、西班牙、比利时和法国的抗拒 …………………………（165）

宗教的复兴。浪漫主义和其他影响 ………………………………………（166）

新教徒的忏悔主义和虔信主义：在欧洲大陆、英国和美洲 ……………（168）

《圣经》的历史和原作者问题。施莱艾尔马赫 …………………………（172）

1815 年后天主教欧洲和南美洲的"复辟"问题 …………………………（175）

从"王权与教权统一"走向共存或分离 …………………………………（178）

在法国发生的冲突 …………………………………………………………（181）

政教关系中新教徒的变化 …………………………………………………（181）

英国的状况 …………………………………………………………………（183）

第 七 章

舆论与教育

剑桥大学基督圣体学院研究员、教育学讲师

约翰·罗奇　著

舆论鼎沸：控制舆论和制造舆论的企图 …………………………………（185）

英国：报纸、杂志和小册子 ………………………………………………（186）

法国：逐步严格控制报刊（1793—1814） ………………………………（189）

中欧：各国政府不相信民心反对拿破仑 …………………………………（191）

1815 年后为操纵舆论进行的斗争： ………………………………………（194）

　　在法国 ……………………………………………………………（194）

　　在整个欧洲 ………………………………………………………（195）

自由主义和唯心主义思想方法间的冲突 …………………………（198）

教育理论和实践：裴斯泰洛齐、罗伯特·欧文 …………………（199）

威廉·冯·洪堡：德意志的大学和中小学校 ……………………（200）

政府对教育的控制：德意志、法国和俄国 ………………………（202）

英国在教育中的试验：教会的作用 ………………………………（206）

欧洲教会和国家在教育中的冲突 …………………………………（208）

教学方法：贝尔和兰开斯特 ………………………………………（211）

平民教育的目的问题 ………………………………………………（212）

第　八　章
欧洲艺术的几个方面
一　视觉艺术
大不列颠艺术委员会艺术部助理主任

（前考陶尔德美术学院讲师）

戴维·托马斯　著

绘画 …………………………………………………………………（214）

　　法国 ………………………………………………………………（214）

　　英国 ………………………………………………………………（221）

　　德意志 ……………………………………………………………（226）

　　西班牙 ……………………………………………………………（227）

雕塑 …………………………………………………………………（228）

建筑 …………………………………………………………………（229）

　　法国 ………………………………………………………………（229）

　　英国 ………………………………………………………………（232）

二　音乐
牛津大学音乐讲师

F. W. 斯顿菲尔德　著

音乐的社会作用和作曲家 …………………………………………（235）

海顿和冯·斯维滕 …………………………………………………（235）

贝多芬：早期作品 …………………………………………………（240）

歌剧，贝多芬的《菲岱里奥》……………………………………（245）

贝多芬：后期作品 …………………………………………………（250）

舒伯特：歌曲和其他作品 ……………………………………………………（252）

第　九　章

1793—1814 年战争时期的势力均衡

前纽约大学历史教授

杰弗里·布鲁恩　著

1789 年的列强：法国明显虚弱 …………………………………………（257）

1789—1793 年的混乱形势 ………………………………………………（259）

1793—1797 年的第一次反法联盟 ………………………………………（261）

法国人在埃及：第二次联盟（1798—1801） ……………………………（263）

亚眠和约及其破裂（1801—1803） ………………………………………（268）

促使第三次联盟及其瓦解的一些事件（1803—1806） ………………（270）

提尔西特和约和大陆封锁（1807—1808） ………………………………（276）

法国入侵西班牙和奥地利的战败（1808—1810） ………………………（277）

与俄国破裂和 1812 年的悲剧 …………………………………………（278）

大联盟（第四次联盟）的胜利（1813—1814） …………………………（280）

从历史观点看拿破仑的霸权 ……………………………………………（281）

第　十　章

1793—1814 年战争期间法国国内的历史

图卢兹大学历史教授、文学院院长

雅克·戈德肖　著

国内政治和战争的相互影响 ……………………………………………（283）

国民公会的三个阶段 ……………………………………………………（284）

　“吉伦特派”（1792 年 9 月 21 日至 1793 年 6 月 2 日） ……………（284）

　“革命党人”（1793 年 6 月 2 日至 1794 年 7 月 27 日） ……………（285）

　　委员会执政和恐怖统治 ………………………………………………（286）

　　全民入伍，经济控制；高潮 …………………………………………（289）

　“热月党人”（1794 年 7 月 27 日至 1795 年 10 月 31 日） …………（292）

督政府 ………………………………………………………………………（293）

　共和三年宪法（1795） …………………………………………………（294）

　“第一届督政府”（1795—1797） ………………………………………（296）

　“第二届督政府”（1797—1799） ………………………………………（299）

　“第三届督政府”（1799 年 6 月至 11 月） ……………………………（300）

雾月政变（1799 年 11 月） ………………………………………………（302）

执政府：波拿巴;机构和立法 ……………………………………………（303）

从执政府到帝国 ……………………………………………………………（307）

大帝国：它的版图和性质;它的垮台 …………………………………（309）

第 十 一 章

拿破仑的冒险

牛津大学赫特福德学院研究员、近代史讲师

费利克斯·马卡姆　著

拿破仑传奇：拿破仑的出身和早期经历 ………………………………（314）

意大利战役和埃及战役 …………………………………………………（316）

拿破仑作战的特点 ………………………………………………………（319）

指挥滑铁卢战役 …………………………………………………………（321）

拿破仑的个性 ……………………………………………………………（323）

行政管理方法 ……………………………………………………………（328）

与教皇的关系 ……………………………………………………………（329）

与英国进行的斗争 ………………………………………………………（331）

特拉发尔加战役 …………………………………………………………（334）

大陆体系 …………………………………………………………………（334）

拿破仑帝国 ………………………………………………………………（337）

在意大利、德意志和西班牙推行的政策。对待民族主义的态度 ………（339）

第 十 二 章

1814—1847 年法国的政治情况

巴黎天主教学院教授、美国圣母大学教授

G. 德·贝蒂埃·德·索维尼　著

第一次复辟和宪章 ………………………………………………………（345）

"百日"和第二次复辟 ……………………………………………………（348）

"无双议院"及其解散（1815—1816） …………………………………（351）

中间道路政府的试验（1816—1820） …………………………………（352）

保皇党人执政 ……………………………………………………………（355）

　　路易十八的最后几年（1822—1824） ……………………………（356）

　　查理十世的最初几年（1824—1827） ……………………………（357）

　　危机临近（1828—1830） …………………………………………（360）

1830 年七月革命和修正宪章 …………………………………………（361）

路易－菲利普政府的组织和特点 ………………………………………（362）

保皇党人、波拿巴分子和共和党人的威胁 ……………………………（365）
社会主义评论家和天主教评论家 ……………………………………（366）
1840 年前路易 – 菲利普的政府各部 …………………………………（367）
基佐和反对派（1840—1847）…………………………………………（370）

第 十 三 章

1795—1830 年德意志在体制和社会方面的发展

剑桥大学圣约翰学院研究员、施罗德荣誉讲座德语教授

W. H. 布拉福德　著

法国革命爆发时的德意志 ………………………………………………（373）
普鲁士的改革（1797—1806）…………………………………………（375）
耶拿战役后的普鲁士：处理农奴制的方法 …………………………（383）
　　　　　　　　行政管理的改革 ……………………………………（384）
　　　　　　　　军事改组 ……………………………………………（388）
普鲁士的新精神：教育改革 …………………………………………（391）
1815 年前普鲁士以外的德意志的改革 ………………………………（393）
1815 年后的德意志 ……………………………………………………（398）

第 十 四 章

1792—1847 年的奥地利君主国

牛津大学万灵学院研究员

C. A. 麦卡特尼　著

皇帝弗兰茨和官僚政治 ………………………………………………（401）
与匈牙利的关系以及财政危机 ………………………………………（406）
1815 年后的困难年代：皇帝斐迪南（1835—1848）…………………（411）
经济和社会变革 ………………………………………………………（412）
民族问题：马扎尔人、斯拉夫人、意大利人、波兰人、波希米亚人 …（414）
帝国中的德意志人 ……………………………………………………（416）

第 十 五 章

1793—1830 年的意大利

牛津大学默顿学院研究员、近代史讲师

J. M. 罗伯茨　著

1796 年入侵前夕的意大利 ……………………………………………（418）
法国人在意大利,1799—1800 年的复辟 ……………………………（419）

拿破仑改组意大利 ……………………………………………………（423）

法国统治的经济影响 …………………………………………………（428）

对人们思想的影响 ……………………………………………………（431）

1806—1814 年的西西里：缪拉与意大利（1813—1815） ………（432）

意大利的几次复辟 ……………………………………………………（435）

1815 年后的革命运动 ………………………………………………（437）

这一时期在意大利历史中的意义 …………………………………（441）

关于 1793—1814 年意大利的主要领土变化的注释 ……………（444）

第 十 六 章

1793—1840 年左右的西班牙和葡萄牙

牛津大学新学院研究员、近代史讲师

雷蒙德·卡尔　著

启蒙运动、贵族和教会 ………………………………………………（446）

中等阶级。农民状况 …………………………………………………（449）

1789—1808 年对外政策的软弱无力：戈多伊 …………………（451）

国家和民众的抗法斗争 ………………………………………………（451）

议会和 1812 年宪法 …………………………………………………（453）

西班牙的爱国派和亲法派 ……………………………………………（454）

1814 年后的反动和革命运动 ………………………………………（456）

西班牙和葡萄牙的 1820—1823 年革命 …………………………（457）

1833 年前的民众保皇主义和温和自由主义 ……………………（458）

1833—1840 年西班牙的温和派和进步党人 ……………………（464）

军人政治家 ……………………………………………………………（467）

卡洛斯主义和米格尔主义的失败 …………………………………（468）

第 十 七 章

低地国家和斯堪的纳维亚

一　低地国家

卢万大学文学院教授

J. A. 范霍特　著

保守派爱国者和民主派爱国者 ……………………………………（471）

法国人在比利时（到 1796 年） ……………………………………（472）

巴达维亚共和国（到 1798 年） ……………………………………（474）

比利时政治上的顺从和经济上的发展（1797—1813） …………（475）

荷兰人对同化和并吞的反应;复辟(1798—1814) ……………………(477)

尼德兰联合王国的建立(1814—1815) …………………………………(480)

合并困难重重 ………………………………………………………………(482)

　　与比利时教会的冲突 …………………………………………………(482)

　　使比利时"荷兰化"的企图 ……………………………………………(484)

"商人国王"威廉一世 ……………………………………………………(485)

比利时各反对派的联合(1828—1830) …………………………………(486)

合并失败的原因 ……………………………………………………………(487)

二　斯堪的纳维亚

前牛津大学女王学院塔贝达学位获得者

T. K. 德里　著

武装中立(1780—1783),瑞典与俄国的冲突(1788—1790) …………(488)

革命时代前夕的斯堪的纳维亚 ……………………………………………(489)

战争对斯堪的纳维亚的影响(到1808年) ………………………………(491)

瑞典的继承人问题和失去芬兰 ……………………………………………(495)

挪威的苦恼 …………………………………………………………………(496)

瑞典与英国交战和结盟(1810—1814) …………………………………(496)

挪威并入瑞典 ………………………………………………………………(499)

战后斯堪的纳维亚的体制及文化。芬兰 …………………………………(500)

第 十 八 章

1798—1825 年的俄国

剑桥大学三一学院研究员

J. M. K. 维维安　著

帝国的版图和人口:普遍的农奴制 ………………………………………(502)

工业和贸易 …………………………………………………………………(504)

贵族:享有特权,但从属于皇帝 …………………………………………(505)

对法国革命的反应,诺维科夫和拉季谢夫 ………………………………(507)

叶卡捷琳娜二世和保罗一世。亚历山大的早期经历 ……………………(509)

年轻的皇帝亚历山大一世和他的朋友组成的"非正式委员会" …………(513)

行政和立法的改革 …………………………………………………………(516)

波兰问题和法国的优势地位 ………………………………………………(519)

斯佩兰斯基的宪政、财政和法律改革计划(1808—1812) ………………(521)

对法国的反应和1812年战争 ……………………………………………(523)

波兰的"会议"王国(1815) ················· (524)

亚历山大一世和阿拉克切耶夫：军垦区制 ········· (526)

十二月党人密谋的起源及其被镇压 ··········· (527)

亚历山大一世的统治：军事和外交威望；经济的增长 ······ (530)

第 十 九 章

1798—1830 年的近东和奥斯曼帝国

C. W. 克劳利　著

欧洲与近东 ···························· (534)

伊斯兰教与奥斯曼帝国 ··················· (536)

埃及及其邻国：穆罕默德·阿里 ·············· (538)

亚得里亚海和伊利里亚 ··················· (544)

多瑙河两公国(罗马尼亚) ················· (546)

鲁梅利亚(保加利亚) ···················· (549)

塞尔维亚 ··························· (551)

希腊：复兴 ·························· (554)

　　　独立战争 ························ (559)

阿德里安堡和约(1829) ·················· (560)

第 二 十 章

与南亚和东南亚的关系

牛津大学印度史讲师

K. A. 巴尔哈奇特　著

人们普遍相信西方的思想和治理印度的方法 ········ (563)

东印度公司在印度统治的扩张：资助同盟 ········· (565)

英国在马来亚、锡兰和缅甸的据点 ············ (569)

行政管理和土地垦殖问题 ·················· (571)

　　　在印度 ························· (571)

英国人在锡兰、荷兰人在爪哇 ··············· (574)

东印度公司失去商业特权 ·················· (575)

东印度公司与社会变革：传教士与教育 ·········· (576)

欧洲人对印度文化的兴趣 ·················· (579)

第二十一章

欧洲与热带非洲的经济和政治关系

伯明翰大学西非研究中心主任、非洲史教授

J. D. 费奇　著

战略和商业利益的有限发展 ……………………………………（582）

南非和东海岸 ……………………………………………………（584）

商业和西非的奴隶贸易 …………………………………………（587）

废止后的影响 ……………………………………………………（589）

探察内地；传教士的活动 ………………………………………（591）

在沿海地区的政治介入；英国、法国 …………………………（594）

英国统治下的南非 ………………………………………………（595）

利文斯敦：中非和东非 …………………………………………（596）

第二十二章

1794—1828 年的美国与旧世界

东英吉利大学副校长、前剑桥大学圣约翰学院研究员

F. 西斯尔思韦特　著

约翰·昆西·亚当斯和共和党的情况 …………………………（600）

人口、边界线和开放的边疆 ……………………………………（602）

棉花和大西洋经济 ………………………………………………（605）

制造业和"美国体系" ……………………………………………（607）

地区政治 …………………………………………………………（611）

宪法的实施 ………………………………………………………（617）

一个共和政体的国家 ……………………………………………（620）

第二十三章

拉丁美洲的解放

伦敦大学大学学院拉丁美洲史教授、英国军官

R. A. 汉弗莱斯　著

半岛上的法国人(1807—1808) …………………………………（622）

西属美洲的内讧——保皇、自治还是独立？ …………………（624）

拉普拉塔河总督辖区的分裂(1810—1816) ……………………（629）

北方的玻利瓦尔和智利的圣马丁(1811—1818) ………………（631）

导致玻利瓦尔地位上升的事态发展(1815—1822) ……………（634）

玻利瓦尔的胜利和失望（1823—1830）　………………………………（637）

西属美洲的重建　…………………………………………………………（638）

巴西——葡萄牙的殖民地；王国；帝国（1807—1831）　……………（641）

西属各岛屿和中美洲（1810—1824）　…………………………………（643）

英国和美国的作用　………………………………………………………（646）

第二十四章
最后的反法联盟与维也纳会议（1813—1815 年）
马萨诸塞州韦尔斯利学院历史教授

E. V. 古利克　著

卡斯尔雷的指示（1813 年 10 月）和在夏蒂荣的谈判　………………（649）

联盟国在巴黎和波旁王朝复辟（1814 年 3—4 月）　…………………（652）

第一个巴黎和约（1814 年 5 月 30 日）　………………………………（654）

1814 年夏季的尼德兰和其他问题　……………………………………（655）

各国君主和大臣在维也纳：会议的组织　………………………………（656）

在波兰和萨克森问题上的冲突（1814 年 10—12 月）　………………（658）

打开僵局（1814 年 12 月—1815 年 1 月）　…………………………（662）

德意志、尼德兰和斯堪的纳维亚问题的解决　…………………………（666）

意大利和瑞士问题的解决　………………………………………………（668）

最后文件（1815 年 6 月 9 日）。奴隶贸易和其他问题　……………（669）

"百日"和波旁王朝第二次复辟　………………………………………（670）

第二个巴黎和约（1815 年 11 月 20 日）　……………………………（673）

四国同盟和神圣同盟　……………………………………………………（673）

对于解决办法的评论：势力均衡　………………………………………（674）

主要政治家的作用　………………………………………………………（676）

第二十五章
1815—1830 年的国际关系
C. W. 克劳利　著

1815 年解决办法引起的问题。个人情况和国家情况　………………（678）

普遍要求势力均衡。列强会议　…………………………………………（679）

亚历山大一世："神圣同盟"或"总同盟"（1815—1819）　…………（681）

意大利、德意志和土耳其欧洲部分的骚乱（1819）　…………………（683）

集体干预革命的计划　……………………………………………………（684）

英国谴责对西班牙和葡萄牙的干预（1820）　…………………………（685）

　　奥地利单独对意大利的干预受到赞许(1820—1821) ·················(686)

使希腊问题摆脱俄土争端的努力(1821—1823) ·················(688)

西属殖民地和法国对西班牙的干预(1822—1823) ·················(689)

西属美洲、英国、美国和欧洲同盟 ·················(691)

巴西、葡萄牙和英国 ·················(694)

希腊问题 ·················(696)

　　俄国和英国都陷入困境(1823—1825) ·················(696)

　　俄、英、法同盟(1826—1827) ·················(697)

　　纳瓦里诺战役和俄土战争(1827—1829) ·················(698)

用各种方法保持的势力均衡 ·················(701)

附录　法兰西共和历说明 ·················(702)

索　引 ·················(705)

第 一 章

导 言

　　1793 年至 1830 年是一个充满风云变幻和具有重大后果的时代，对于这样一个时代，企图在一卷书中概括欧洲的情况及其与遥远地区的某些联系似乎是完全不可能的。哪怕想要沿着 1815 年的"自然边界"对这块地方进行一下透视，也会是一种挑战，并且引起一些有时被弄得难理解的问题。本卷的目的在于勾勒出一幅图像或者俯瞰图，而不是提供压缩的记录。扣人心弦的插曲，局部性的决战，叱咤风云的人物，都可能仅仅一笔带过，甚至不列入索引。不过，压缩并不是唯一的问题，也不是最令人关心的问题。更出人意料的是，有些基本东西迄今尚无定论，仍然大有商榷的余地。关于本书所叙述的时代已经刊印的历史记录远比关于 18 世纪的多，但是其中有许多涉及万花筒式的变化，而由于政治舞台的换景和战争风云的弥漫，我们对这些变化是模糊不清的。而且，与 1789 年以前的显然平静而富有信心的时代相比，甚至与法国革命最初阶段那个不仅在法国人看来是清楚地显示出可以适用于整个欧洲，也许可以适用于全人类的一些普遍原则的短暂时期相比，当代人所表达的声音更尖锐，而且他们彼此之间存在着更大的分歧。从另一方面讲，在 1830 年以后的时期，即被恰当地表述为欧洲力量的顶峰时期（第 10 卷），历史记录虽然要更多一些，但是越来越系统化了，人们更有规律地搜集社会的基本资料，至少是用便于统计分析的方式加以搜集。

　　近来人们虽然极力用详细的例证来检验概括性的论断，但是有关欧洲这一充满战争与革命的时代的许多主要问题迄今还没有得到正确的答案。人口的普遍增长，究竟与死亡率的某种下降，与粮食供应的增加，或者与工商业活动的增加，有怎样明确的关系呢？"被解放的"各国人民在摆脱旧日的赋税和徭役之后又遭受新军队和新官僚的暴力掠夺，从物质上和他们自己的世代来说，究竟二者的利弊如何？究竟有多少人参加战争？有多少人阵亡或病故？又有多少人只是由于开小差而失去踪影？我们能否概括地陈述强制当兵打仗对于成千上万未致伤残的幸存者的人生观的影响？或者说，每个人对于被抓去当炮灰这件事的反应像对于其他任何生活经验一样是否各有不同呢？维也纳和会究竟是强权政治中的一个插曲呢？或者说，巩固强权政治的企图预示着国际关系准则将发生一种持久的变化？法兰西共和国与传统宗教之间的敌对状态是促进还是阻碍它们各自的生存呢？拿破仑对罗马教皇的待遇最终究竟在多大程度上通过圣职人员使人民群众实际上疏远了帝国政权？这种冲突对于政教双方究竟产生哪些长期的后果呢？这种冲突果真是反映出宗教哲学和世俗哲学之间的不可调和的矛盾吗？或者说，它毋宁是导源于这样一个事实：在 1789 年，高级教士几乎陷入旧的社会秩序之中而无法自拔，以致到 1830 年左右，教会才刚刚开始使自己从中挣脱出来？类似的问题还可以列举很多。

专门研究 1789 年（而不是 1793 年）至 1815 年的历史或者研究 1815 年至 1848 年（而不是 1830 年）的历史的学者们，往往把拿破仑的垮台当作一个分水岭。他们不是把和平当作序言和尾声，就是只将战争当作各种事件的背景。我们可以这样认为，1789 年的"纯洁的"和真正重要的理想最好是在前一卷加以研究，而大动乱的持久后果会在下一卷中揭示得更为清楚。一言以蔽之，1793 年到 1830 年这一时期只不过是三明治的夹心而已，不均匀地涂着强烈的刺激品和人造的镇静剂。不过，三明治没有夹心就没有滋味。过去有人说，在 1789 年到 1815 年间，法国是"向历史开战"，又说，1815 年以后，保守同盟企图"把时钟拨慢"，如果真是这样的话，两种企图必然都要失败。可是，这种对比当然过于简单化了。在第一个时期的最初阶段，守旧的要求就开始与革新的要求交错在一起。在 1815 年以后，许多保守分子反而理解到向历史开战是很危险的，历史既包括"启蒙运动"，也包括过去 30 年的历史。时钟的比喻并不十分贴切，因为这往往会使人误认为复辟的政府当时没有弄清"运动的方面"，因而是情有可原的。那些政府认为它们自己只是想降低革命征服的狂热激情，而不是想去拨慢进步的时钟。他们的诊断和治疗虽然往往很拙劣，但是这些年间所进行的只是一个过滤和消化的过程，而不是完全拒绝整整一代人不得不用以充饥的那种混合食物的过程。

这是一个战争频仍及其直接后果伴随而来的时期，它具有独特的性质，尽管并不是建功立业的性质。除了它的戏剧性而外，这一时期向我们提出两个问题。一个是：我们究竟认为在这个时期里暴力支配观念是主要的呢，还是暴力为观念服务是主要的？另一个是：战争本身在决定变革的方向和广度方面究竟起了怎样的作用？从技术上讲，这并不是一个陆战或海战发生大变革的时代（参见第三章）；但是战争的规模和持久性，以及为了适应这些情况而采取的各种方法（征兵、封锁、筹款、宣传），都是在未来的战祸中能够大大利用的。本卷中有几章可以帮助人跨过 1815 年的障碍，即使没有人想要在 1793 年或 1830 年设立新的障碍，这样做也会是有益的。我们选择一个以处决路易十六之后的全面战争状态为开端，而以查理十世逊位，避免发生战争为结尾的时期，反映出当时欧洲对法国的全神贯注，可能也标志着欧洲陷入内部革命的一个阶段。后来的革命变革大都是在战争期间或者战后开始的，并且没有发生由外来干涉直接引起的战争。

在第二章中提出一些事实和数据说明经济结构的变化，并且对改变经济结构的力量加以评价；在英国，这种变化是很迅速的，而在欧洲大陆，则有快有慢甚至有些国家还很不明显。在分国叙述的几章里指出了经济结构变化与政治发展之间的联系。回顾起来，最触目惊心的事实是人口持续的、加速的，几乎普遍的增长——对这一过程既没有全面的精确估计，也没有充分的说明。农业在整个欧洲仍然居于主要地位，在南欧、东欧以及中欧的大部有压倒一切之势。农业机械化时代尚未到来，农村的生活方式到处还是传统的一套。不过，耕作方法的改变尽管不是戏剧性的，却是多种多样，到处风行，而且日益增多。产量有了提高，作物的品种增多了，市场越来越不局限于当地了。三件同时发生的事——物价的上涨，粮食的增多，需要哺养的人口的增多，究竟哪个是因，哪个是果，似乎很难排出任何明确的顺序。

交通运输虽然仍因循守旧，但也有一些不同。各国政府这时能够利用信号系统，天气晴朗时在重要城镇之间传达信息。有些公路比较好，对于邮件来说，对于官吏来说，以及对于有盘缠的旅行者来说，走这些公路会迅速和安稳一些，但是商品在公路上并没有比过去运输得更快。若干水路有了改进，在少数工业地区，新的运河网仿佛是运输方面的一场地方革命。19世纪20年代，在港口和沿海航运中已经开始使用蒸汽了。1790年以前，在一些矿山中和矿山周围，固定式蒸汽抽水机和马拉的有轨运货车已经分别成为常见的事物；到1830年，把引擎和铁轨结合起来的蒸汽机车早就经过实验证明，肯定能走得更远和更快。长途客货运输还未试行，甚至在1837年，巴黎人似乎还把他们刚刚开辟的通往圣日耳曼的第一条郊区客车线路看作只不过是一个新的玩具。但是在五年以前，《环球报》上就刊载一些文章，预言蒸汽不但会消除大洋的障碍和大洋与大洋之间的障碍（苏伊士和中美洲），而且会把国与国之间的疆界降低为仅仅是城市的边界（参见第十章，原文第434—435页）。

　　有些著作家对于消除国与国之间和阶级与阶级之间的壁垒表达了同样的乐观情绪。然而，这些壁垒是与商业的扩展和随之而来的劳动分工，以及用最经济的方式进行资源再分配密切相关的。实业家本身更倾向于把他们的注意力集中于在本国政府势力所及的范围内攫取受保护的市场；只有在国内市场过小，或者自己的生产方法远比邻国先进，一时间不必惧怕因相互进行更自由的贸易而引起外国竞争的条件下，实业家才赞成打破保护的壁垒。英国工厂主千方百计要去渗透拿破仑强加给欧洲大陆的自我封锁线，而一旦和平来临，就利用这一大好机会涌入大陆市场，这是理所当然的事情。法国和比利时的实业家这时已经习惯于在半个大陆上拥有开放市场，而到1815年以后，他们要去寻求阻止英国货大量流入的保护，并且很快取得保护，这也是很自然的。不过，从长远来看，英国煤炭、钢铁和纺织业的巨大发展对于欧洲的工业变革并不是一种威胁，而是一种推动力。

　　关于英国的领先地位的实际证据，或者关于对此所作出的某些解释的讨论（参见第二章，原文第39—43页），在这里无法用三言两语来讲清楚。不管怎样说，在1790年以前，英国的领先地位已经确立。在本卷叙述的时期只需要说明这样一点：英国不但维持住领先地位，甚至百尺竿头更进了一步。其他国家既不缺少发明能力（法国政府比任何地方更加重视科学技术），也不缺少商业或工业的企业。然而即使没有一个国家像英国那样不断打仗，但是大多数国家一遇到战争就遭到比英国更大的破坏，比英国更加前途渺茫。为了迅速赶上英国，这些国家必须在财政方面取得比战争时期更大得多的稳定。不管有多少理由，但是，如果说1830年以前欧洲已经发生工业革命，则是错误的，只有比利时一个国家，以及法国和其他国家的寥寥可数的几个大都市算是例外。有些国家的政府并不急于提倡工业，因为它可能扰乱社会秩序（如在维也纳和罗马那样）。大多数政府依然采取重商主义政策而不采取发展工业政策，即使各国的理论经济学家也几乎全是亚当·斯密和J. B. 萨伊的信徒。只有一个统治者——埃及的穆罕默德·阿里在做试验，他以国家全面垄断的方式发展商业和工业，目的在于筹集陆军和海军的军费，但是进行得并不十分顺利。虽然各国政府通常都是鼓励开辟新的财源和增加新的收入，但是它们非常担心的是急剧变革的社会后果以及由于采用新机器（尤其是在纺织工业中）而引起的突然波动。旧式的工匠不可能理解新技术的优点，因为新技术会使他们失业，各工厂会雇用妇女儿童看管机器来代替他们。他们不是像卢德派工匠那样采取暴力行动，就是无可奈何地依靠公家的或私人的救济为生。乡下人涌入城市的速度比为他们提供住房的速度快，因而对于身心都会发生不良影响，而且一遇商品萧条，他们很容易沦为赤贫。研究英国以外的这些情况的最早的详尽论著之一是由一位保守派、信奉天主教的省长撰写的。[①] 路易十八曾经说过，他希望在每一个省都有这么一个省长才好。这位省长并不像某些保皇党人那样不切实际地鼓吹恢复旧的行会和公会，也不从社会偏见出发指责工厂主，只是作为一个地方行政长官而大为震惊。在法国，摆脱贫困被视为主要是教会的事情，完全没有16世纪英国解散修道院后那种用地方税收进行公共救济的传统。这时，英国的救济制度正遭到猛烈的抨击。而法国在1790年以后，维持或者恢复教会慈善团体丝毫也不比英国的旧济贫法更能解决人口迅速增长的中心地区所发生的无法预料的问题。经济学家的主要流派真正相信：如果要减慢变革的速度或者缓和转变的过程，那只会延长极度的痛苦和推迟把日益增长的富裕所带来的果实在全体人民中间进行最后的分配。不

----

① 　F. P. A. 德·维尔纳夫－巴热蒙：《基督教政治经济学，即对贫困原因的性质的探讨……》3卷本（巴黎，1834年）。根据1829年所写的一篇报告。

久，在 19 世纪 30 年代，路易－菲利普的大臣们在英国经济学家纳索·西尼尔的帮助下不得不去研究英国 1834 年颁布的新济贫法。直到 1839 年，普鲁士才根据英国从 1801 年就已经实施，但到 1833 年之后才进行有效监督的方针，稍微减轻工厂中童工的痛苦。

在这个时代，有一种机械发明很可能会给一个国家，甚至给它的文明带来绝非暂时性的问题：伊莱·惠特尼的轧棉机直接引起奴隶贸易的扩大（参见第二十一章）和美国奴隶制的发展，其惊人程度不下于它给生产带来的跃进。而这时候，法国制宪议会正在以理性和天赋人权的名义，慈善家们正在以人道的名义，虔诚的基督教徒正在英国最有效地以宗教的名义，谴责奴隶贸易和奴隶制。虽然由于经济的理由，并结合其他的理由，人们断定奴隶制度最终将会衰落；但是在这个时代，推动废奴运动的则是那些坚持人权当先而不管私人既得利益或者国家经济收入的人们。

工业方面的某些波动是由于时代潮流的变化或者各国政府的关税政策的改变，也由于战争与和平的交替；但是，许多波动的出现以及其猛烈程度的增加，都是由于国家银行和私人银行难以应付任何突发的信用危机造成的。这些问题还远远没有解决。大财阀所能起的稳定作用，在与合法政府和革命政府打交道上要比在商业和工业方面表现得更为明显。最引人注目的军事承包商乌弗拉尔与督政府签订巨额的合同，时而受雇于拿破仑和复辟的波旁王朝，时而被他们投入监狱。他所制订的向历届政府提供资金的大规模计划过于投机冒险，并无助于稳定。但在 1815 年以后有过这样的时期，无论法国的波旁王朝，或者南美的一些共和国，都是靠外国银行家苟存下去，而这些银行家的利润和他们所冒的政治风险是成正比的。梅特涅为了感谢路特希尔德家族贷款给他和他的皇帝，曾经支持德意志议会改善法兰克福犹太人的地位（1817 年），并帮助路特希尔德弟兄五人全都取得男爵爵位（1822 年）。

用任何经济标准来衡量，英国饱经战乱之后，在世界大国之中成为最富有和最稳定的国家。伦敦是银行业和保险业的巨大国际中心；英国的强大海军保卫着数量居世界第一位的商船，这些商船把各种各样的商品运往世界各地，其中包括第一次近代工业革命的大量产品和英帝国日益扩大的海外领地的初级产品。同时，英国的农业也能够以高水平耕作和高地租收入而自豪，这部分地是由于在谷物法的保护下，价格不受和平可能带来的影响。尽管在所有这种繁荣昌盛之中，农业劳动者分享的利益甚至还赶不上工厂的非熟练工人或者普通的水手，但是，他们之中恐怕很少有人愿意同欧洲大陆上的同类劳动者调换位置。机械时代的使用机器的工匠已经形成一个新的阶级，在英国，他们的人数之多已经足以使他们感到自己的重要性，而由于国外要求他们前去工作，他们就更意识到自己的重要性了。乔赛亚·韦奇伍德在劝说他的熟练陶工不要为大陆上的重金征聘所诱惑的时候，曾遇到很大困难。毫不奇怪，没过多久，英国人的普遍自满情绪就同他们的事业精神不差上下了；有好多人在竞赛中完全落后了；但是，大多数经济学家和有产者却相信这正是进步的代价。在处理自由和权威之间的平衡这一问题上，英国比其他大多数国家更幸运一些。英国面临在按平均统计数字计算的全面经济进步与个人、集团，甚至阶级遭受的苦难之间取得平衡的问题，要比其他国家更早一些。这种苦难虽然在波特的《国家的进步》一类的著作中可以避而不谈，但是对于那些终生不得不忍受苦难的人们来说，却是时刻不能忘怀的。一言以蔽之，财富生产的澎湃高涨还缺少相应的高度本领来控制它的步调或者分配其物质福利，达到促进稳定的程度。那些"只讲实际"的人对这些问题也没有足够的注意，因此，这些问题就成了夏尔·傅立叶等乌托邦主义者或空想家探索的领域。在他们的诊断中，有许多地方十分敏锐和中肯，但是由于大家嘲笑他们所开的某些处方的古怪离奇而黯然失色。罗伯特·欧文在新拉纳克进行的实验更有成效得多，它可以证明这样一点：在一定条件下，成功的企业能够与人道的考虑相互结合。

在1830—1831年间，欧洲的政治地图与40年前惊人地相似。法国的征服虽然激动人心，但是毕竟昙花一现，它所扶植的（北）意大利王国、莱茵联盟或萨克森的华沙公国很少留下什么痕迹。法国本土的疆域与以前几乎完全一样，德意志诸邦的外部边界也是如此。如果说意大利仍然只是一个"地理名词"，它的四周也毫无变动；值得自豪的威尼斯共和国和热那亚共和国的消失是战后仍保留下来的最大变化。西班牙和葡萄牙虽然丧失了它们的海外帝国的大部分，但是它们本土的疆界并没有变动。瑞士的外形简直没有什么改变，而新近联合组成的尼德兰王国正在分裂成几乎与200多年以来地图上所习见的情况相同的两个部分。在北方，瑞典把芬兰割给俄国（1809年）而从丹麦手中取得挪威（1815年），但这些只是长期处于附属地位的地区的易手，并非由于主权的改变而丧失原来的实体；瑞典只是在1815年收复它在波罗的海彼岸波美拉尼亚的最后一个小据点遭受失败后，才认识到一个时代已经结束。在德意志内部，一个古老的、倾颓的房架虽然还能稍遮风雨，但是过于腐朽，经不住翻修，因此在拿破仑的触动下突然崩溃了。德意志人完全没有进行政治统一的心愿，因为他们的思想家和改革家大多高谈宇宙观，而对现实政治的见解极端狭隘，往往犹如井底之蛙；但是任何力量也无法扭转1803—1806年的急剧变化，大鱼通过这次变化吃掉了大部分小鱼，因此，奥地利和普鲁士在争夺统治权的潜在斗争中所面临的已经不是300多个邦，而是易于控制的不足40个邦的集团。

　　奥地利在德意志以外比过去任何时候都更加地位巩固，北意大利和亚得里亚海对岸的沿海地区显然是它的牢不可破的据点，它不打算用直接统治的方式，或者用恢复它在1806年由于过时而同意废弃的选帝称号的方式，而是用它在意大利中部和南部所施加的那种影响，用它在新成立的德意志联邦中的盟主地位，至少在外交政策方面去支配德意志。而普鲁士呢？它在耶拿战役之后被拿破仑彻底肢解，1815年后虽然得到充分的补偿，但是并没有恢复原状，因此，只能期望通过进一步直接攫取，或者通过严密的控制，才可能称雄。它的省份由东面的一大块（这一块向西越来越窄）和西面的一小块组成，两块之间由汉诺威、布伦瑞克和黑森等地所形成的带状地区隔开，这一带状地区的宽度没有一处在30英里以下，大部分远远超出30英里。它从瓜分波兰所得到的那一部分领土，还没等到完全同化，就在1806年丧失了，而在1815年收复之后，遇到了恢复原状的问题；而在萨克森北部和过去一直处于法国影响之下的一些教会的和世俗的公国所组成的巨大的莱茵兰省，又有建立新统治的问题。普鲁士的许多新臣民都是罗马天主教徒；正如西里西亚人（这时是第三代的普鲁士人）一样，他们不愿并入一个路德—加尔文教派的国家，自从宗教改革运动以来，直到腓特烈大帝的时代为止，这个国家在梵蒂冈始终没有派驻外交代表。一个能够在 1817 年靠一道圣谕把普鲁士的路德派教会和加尔文派教会从行政上联合起来的政府（参见第六章，原文第176—177 页），会发觉以同样粗鲁的方式对待罗马天主教教士可不那么容易。

在 1815 年，没有一个人梦想恢复旧德意志的政治地图；而且，即使罗马对将几个教会大公国（在七个或八个选帝侯中，科隆、美茵茨和特里尔占三个）世俗化非正义行为公开表示遗憾，但教皇的国务卿、红衣主教帕卡还是看得出来，如果这些公国恢复原状，必然是一种累赘，而不是一种财富，因为它们的贵族社会秩序已经根深蒂固，罗马已经开始认为它们的特权有碍于教会的统一和纪律。德意志的主教们近来倾向于约瑟夫的建立一种民族国教的思想，但是"如果他们不是这样有钱有势，他们就会更乐于听罗马的话了"。① 不过，罗马和它的朋友们还都没有考虑到，罗马本身在意大利的世俗权利 9（除必要的居留权外）是否不久也会成为一种累赘，因为在 1814 年大部分教皇国家几乎毫无疑问地恢复原状了。

俄国显然强大的实力，已经向四面八方扩大。取得芬兰虽然得利很小，但具有重要的战略价值。波兰会议王国（1815 年）包括奥地利和普鲁士在 1795 年瓜分波兰时所攫取的领土以及普鲁士在 1793 年瓜分波兰所攫取的领土的一半左右，而俄国瓜分去的全部领土依然在俄国的手中。迄至 1831 年，波兰王国还没有完全成为俄国的一部分，两国之间存在关税壁垒，它还拥有本国的军队，由沙皇的弟弟康斯坦丁任总司令，而他在 1828—1829 年间拒绝派遣波兰的一兵一卒参加对土耳其的战争。可是，其他强国在波兰王国的一切势力都被排除，为时不久，波兰爱国者的活动就造成了推行更残酷的俄罗斯化政策的借口。在南方，俄国多半出于需要而不是出于选择，这时策划使土耳其依旧作为欧洲的一个弱小的仆从国家，而不直接把自己的边界朝那边推进。但在 1812 年，俄国兼并了比萨拉比亚（摩尔多瓦的一部分），而阿德里安堡条约（1829 年）则是使瓦拉几亚和摩尔多瓦完全脱离君士坦丁堡的行政管辖的一系列条约中的最后一个。不管这些

---

① J. 施密德林：《近代教皇史》（1800—1846），再版（柏林，1933 年）第 1 卷，第 207 页，注5。

"多瑙河公国"（未来的罗马尼亚）的最终命运如何，一支俄国军队一直占领到1834年。在黑海的亚洲一边，俄国的欧洲盟国无法轻易阻止俄国的扩张，只好牺牲土耳其在高加索（1801年）和亚美尼亚（1829年）以及波斯在里海附近（1813年，1828年）的利益。俄国对西伯利亚的逐步渗透一直远达东部海滨；1799年沙皇授予一家"俄美公司"控制白令海两岸的现有和未来的居民点（大多猎海豹皮）的垄断权。俄国与美国达成的协议（1824年）和与英国达成的协议（1825年）把阿拉斯加殖民点的南部边界规定为北纬54°40′；而俄美公司远到南面圣弗朗西斯科湾的殖民点直到1839年才正式撤销。可是由于补给困难，由于与其他强国的摩擦，再加上管理不善（"当董事是一个美差，但是当股东则非常危险"），到1830年，俄国已经完全感到在这一地区没有很大的发展前途。俄美公司苟延残喘，一直拖到1867年把阿拉斯加卖给美国为止。①

就土耳其来说，直接向俄国割让的领土并不像叶卡捷琳娜二世时代那么惊人。就连俄国对多瑙河各公国的主权的限制也是可以容忍的，因为俄国在对付罗马尼亚强有力的民族运动时，也还几乎没有进行这样的限制。对将来来说更加不吉利的是：苏丹被迫允许塞尔维亚人实行真正自治（1817年）和承认一个虽小但是野心勃勃的希腊王国的存在（1830年）。尽管穆罕默德二世在加紧他对亚洲各省的控制方面取得某些成就，但这时在埃及却只是一个有名无实的宗主。土耳其欧洲部分的长长的北部边界并无变动，所有的欧洲列强至少还在口头上尊重奥斯曼帝国"独立与完整"的原则（参见第十九章）。

如果说俄国和土耳其的边界远远跨出欧洲以外，那么，英国统治的界线则大大扩展到拿破仑未曾到达的地方。英国在家门口实行了爱尔兰与大不列颠在立法上的联合（1801年），虽然它的间接起因是战争和法国革命对于1798年起义的影响，但对政治地图并没有产生什么影响。由于英国在长期拖延之后才给予罗马天主教徒所渴望的政治权利（1829年），而且几乎还没有考虑如何解除农民的痛苦，英爱真正和解的前景就蒙上了一层阴影。随着时间的推移，将会逐渐显示出英爱联合对英国的国内政治以及对英国在欧洲和在美国的声誉的全部

---

① S.B.奥肯：《俄美公司》，英译本（哈佛，1951年版）。

不良后果。梅特涅已经在以爱尔兰为例来反驳坎宁为希腊申辩的论点。人们并未因为帕麦斯顿是一个爱尔兰地主而更加相信他为民族事业和自由事业进行斗争的真诚。虽然如此，比利时的天主教徒以及法国某些天主教徒仍热衷于奥康内尔取得成功的新鼓动方法，这间接表明英国的制度最终完全可以适应于采纳群众意见或满足群众需要。

英国的海上力量大为加强：在欧洲水域，它占有了马耳他岛（1800年）和赫尔戈兰岛（1815年），占领了伊奥尼亚群岛（1815—1864年），成立"七岛共和国"，在战略上完全控制了这一保护地；在通往印度的道路上，它在红海口和波斯湾占有立足点，并缔结了一些条约（参见第十九章），另外，它还据有开普省以及阿森松岛和毛里求斯岛（1815年）；再往东，它取得了锡兰（1815年）、新加坡和海峡殖民地（1819年），而且不久前在澳大利亚开辟的殖民地也逐步发展起来。关于英国在印度的势力的显著加强，本卷第二十一章有所描述。在大西洋彼岸，英国为了争夺南美洲的立足点而进行战争，但是不待停火，它就放弃了一度怀有的希望。不过，它占据了荷属圭亚那的一部分，总算在地峡以南得到一小块殖民地（1815年）。英国对美国的战争（1812—1814年）并未使美国与加拿大之间的边界发生变化；在落基山两侧尚未开始有人定居之前，1818年为划定一条西至落基山的人为的但是稳定的边界线开辟了道路。英国的西印度群岛，再加上特立尼达、圣卢西亚和多巴哥（1815年），对于英国防止欧洲列强在中美或南美施展不利于己的阴谋，具有战略上的重要性。在美国的海军力量依然很弱的情况下，这些地方对于美国也间接有着重大的价值。从商业上讲，北美独立以后，英国对美国的贸易显著地扩大了，不久以后，英国与南美洲的交易虽然更具有投机性质，但是交易额却大有增长，这就意味着西印度群岛不再像过去那样成为大西洋贸易的枢纽。但是，在1830年，对于英国来说，西印度群岛依然比印度到当时为止更为重要。1783年以来受限制的西印度群岛本身与美国的贸易，也由于英国通过立法而比较容易进行了（参见第二十二章）。

因此，概括地讲，这一时期在政治地图上呈现出鲜明的对比。在欧洲内部，战争年代令人眼花缭乱的变化留下的痕迹已寥寥无几，而且，除了在德意志和较小程度上在意大利外，也没有沿着此后半个世纪所要遵循的路线清楚地指明。在欧洲以外的世界，也出现一些巨大的变化，但大多数变化比较持久，或者导致大方向相同的进一步的变化（印度、马来亚、澳大拉西亚、南非、北美和南美）。但是，法国的爆炸力在欧洲是不能以它对地图的影响来衡量的。尽管在1815年已经按照至少10年以前皮特就预示的路线确立了势力的均衡（参见第二十四章），尽管几个覆灭的王朝已经复辟，但是，要用"复辟"二字表述1815年以后欧洲其他各方面的情况，则容易引起误解。法国人和战争给欧洲造成的一切，无论是由于直接行动，或者是由于煽动，大多证明已不可逆转。人们通常说，1815年后的一代人是生活在一个与梅特涅的名字联系在一起的反动时期。确实，对"非正规"政府，曾有过强烈的反应，也有些人企图把政府与传统的支持联结在一起，而不是与试验或时机联结在一起。可是这些情况有的可以回溯到1799年或者更早，回溯到伯克和他的信徒，回溯到18世纪90年代知识分子理想的迅速幻灭，回溯到年轻时的梅斯特尔和博纳尔，回溯到波拿巴将军召回和雇用流亡贵族，并且下令在米兰大教堂为法国在意大利的胜利举行一次赞美上帝的感恩祈祷（1800年）——这个举动震动了督政府的某些成员，并且一步步导致1802年4月政教协定的缔结，和协定似乎包括的一切内容的实现。随着执政府和帝国的出现，高昂的革命斗争的短暂时期开始看起来像是介于部分地依靠传统来维持稳定的两种权力并未中断的制度之间的一个插曲。另一方面，1815年以前行之有效的行政改革和社会改革大多依然存在，而那些刚提出的改革则尚未失去它们的动力。在18世纪这一代的统治者没有一个人会被称为"反动派"，因为这个词新流行的含义是指政府所共同适用的准则的急剧的变革。在1776/1789年以前，听从政府算是正常，动乱是不正常。"革命"一词是用来形容政治中的命运车轮的一次转动，如果把这个车轮再转动一下，也许会带来人们所熟悉的东西，也可能出现人们所不熟悉的东西。"反动"这个词，如果用了的话，也并无褒贬之意，正如钟摆来回摆动时出现的"反作用"一样。那些相信人类会进步的人，一般与反对现存秩序的运动联系在一起。可是到了1789年以后，人们普遍认为"革命"是一个几乎无法逆转，而且可能要无限期地持续下去的尚未完成的进程；"反对"

就是一切要阻止这一进程的东西，通常带有邪恶的意思。那些讨厌"反对"这个臭名而在最近给自己贴上"保守派"标签的人们，正在鼓吹抵制被认为是一种进程的变革，不仅仅是维护他们反对当前敌人的权利或权力。

这个至今仍然使很多著作（不仅是政治方面的）具有其特色的新名词，可以与人类将会达到完美境界的观念和对此观念的反抗联系在一起（参见第四章）；我们无须坚持说这一类学说中的哪一种是普遍流行的，就可以在18世纪早期的许多政治思想和行动中随时随地觉察到乌托邦就在眼前的暗示。的确，到1830年，一种微妙的转变似乎已经开始，"反动"更多的是与"自由主义"，而不是与"革命"相对而言。这意味着，目标并不在于简单地用另一个政权代替一个政权，而在于保证在任何政权下作出决定的方法是通过公众讨论，而不是单单靠一纸命令或者暴力镇压。然而，19世纪早期的大部分自由主义者身上都带有乌托邦主义的味道；有些把过去理想化的浪漫主义保守派和一些最早的"社会主义者"（在1830年还没有这样的称号）也是如此。甚至功利主义者，尽管他们轻视天赋的权利和义务，最初也几乎没有认识到"最大多数人的最大幸福"这一原则可能给人类带来的好处是有限的。从切萨雷·贝卡里亚到杰里米·边沁及其信徒们，都把这一原则当作抨击根据常识看来可能妨碍幸福的各种制度，特别是在法律和财政政策方面的制度的最有效的工具；他们认为使人受不必要的痛苦，正如强征自相矛盾的赋税一样愚蠢。不幸的是，感觉到痛苦，甚至减少造成痛苦的原因，要比解释什么是积极幸福或去创造这种幸福容易一些；但是功利主义者的哲学虽然浅薄，但这并不一定就会贬低他们的武器的力量，至少从消极方面来说，在排除幸福的障碍方面是如此。他们的"制度决定人"的说法是站不住脚的；但是，尽管好的制度并不能使人变得善良或幸福，我们总可以承认，坏的、过时的或者起坏作用的制度使人更难变得善良或幸福。要想理清类似的行政管理方面错综复杂的问题这样的事，提出"它有什么用处"这样的问题要比提出"它的真相是什么"这样的问题更有效些。

在法国本土，制宪会议和立法议会（参见第八卷）除了消灭特权而外，废除了陆军、海军、地方政府、税收、教会、中小学和大学中的大部分现存制度，而留下一片建筑工地，上面除大堆垃圾外，还有一些重新施工的材料待装配，至少在纸面上是如此。随后的情况在本卷第十章有所叙述。不幸的是，在制宪议会给人印象最深的建设项目中，地方政府官员选任制度这一项受到战争和各种紧急措施的冲击，直到波拿巴实行新的省份建制（为了消除历史造成的割据状态而改用不带政治倾向性的省名），并亲自委派了 80 多个省长，才得以实行；这些省长失去了过去地方总督拥有的司法和财政大权，但是地方政府的一切权力却比过去更加牢固地集中起来了。另外一个建设项目是"教士公民组织法"（1790 年），此法以选举产生国教主教的原则为基础，与罗马的教阶制度和普遍原则水火不相容。该法始终没有赢得广泛的承认，最初取而代之的是一种教会和国家的分离（1794—1801 年），由于是在敌对状态中产生的，难以实现。后来又由拿破仑的政教协议（1802 年）所取代，由于这一协议正好反映出"大多数法国人"的法国天主教会观点，才得以经历复辟时代而实行百年之久。

国民公会（1792—1795 年）的人们对国内权力的集中程度正如其前人将之分散的程度一样，但是他们那没有生效的"1793 年宪法"表明：分权依然是目的，集权只被当作在紧急状况下图存的手段："没有道德，恐怖就没有用；没有恐怖，道德就没有力量"（罗伯斯庇尔语，1794 年 2 月 5 日）。紧急状况一部分是国民公会自己制造的；它过分热衷于"向历史宣战"，不仅在国内，同时还要超出国界"救援一切希望恢复自由的民族"。在随后发生的冲突中产生了法国人的强烈爱国主义，这种爱国主义最初带有革命精神，但是为时不久，就完全是好战的和贪婪的了。随着纸币（指券）的崩溃，督政府不得不让它的军队在被解放的国家里依靠私自劫掠和公开勒索维持生活；热月之后，崇高的希望在国内已经消失，法国公民的民族自豪感也逐步集中到军队和将军们的丰功伟绩上。督政府需要有一个具有平民精神的将军充当吉祥物，他们发现波拿巴是最适当的人选。

第十一章概述拿破仑的冒险事业，第十章则概述拿破仑作为执政和皇帝对法国的统治。这些年头是行政官员发挥才干的年头，无论他们是军人，或是文官；是走上"向天才开放的大道"的新人，或是在旧政权下只能得到比较平凡的前程的人，其中有许多人是贵族家庭出身，往往怀有忠君思想，他们为第一执政的共和国，为1804—1808年的共和帝国，或者最后为回光返照的世袭的王朝帝国。在1814年，除了王朝而外，得到恢复的东西极少。因此，不可避免地，王朝更多地使用给拿破仑效劳过的人，而不是"纯粹"保皇派。路易十八本人虽从未向"篡位者"屈膝，但是在他手下的大臣、省长和行政官员中，有很多人曾经卑躬屈节；而在"百日"期间再次屈膝的那些人，只要不是积极助拿破仑为虐，在滑铁卢战役之后，大多数都未被触动。政治性的辩论，以及在报刊、小册子和书籍中公开交换思想，都比战争期间的任何时候更加自由得多；1814年的宪章并不是骗人的东西，尽管在后代人看来（以及在那些完全是要推翻王朝，或者不会因推翻王朝而受到震动的当代人看来），这一宪章是有种种局限性的。用第三共和国的一位宪法学家的话来说："我们的行政始自帝国，我们的政治始自王朝复辟……大革命的作用是巨大的，但它依然是消极的。它摧毁了旧政权；它为现代制度扫清了场地，而拿破仑却在这块场地上建造了他的专制主义的大厦……实际上实行自由与权威相结合的现代体制基本原则的功劳，应属于王朝复辟。这个原则的作用历久不衰。"[1] 1830年以前和以后法国君主立宪制的试验，在第十二章作了概述。

在1830年以前，或者实际上在1848年以前，除了几个较小的国家以外，在其他地方，代议制政府几乎没有取得进展；不过在1815年以前，它根本没有取得任何实际的进展。欧洲的绝大多数人仍在从事传统的农业，他们有很多人都是文盲。科学家和学者们不大受政府形式的干扰，只要它们十分稳定就行；尽管在法国，精密科学技术的威望大大提高，而在德意志，哲学和语言学的威望则空前高涨（参见第五章）。官吏、职工和商人阶级一致要求宪法权利；工业中的逐步革命以及随之而来的财富转移（或者创造新财富），比起本身反映出新现实和旧传统之间的差别的积极政治鼓动来，更加使人们对宪法权利的要求变得不可抗拒。要使制度适应一个在变动中的社会模式，这种工作必然是缓慢的。像圣西门以及他往往持不同意见的信徒们

---

[1]　J. 巴泰勒米：《路易十八和查理十世时代法国议会制政府引论》（巴黎，1904年），前言。

（奥古斯特·孔德原来算是其中的一个）这样的政治预言家可能宣告
一个专家政治的、实证主义者的时代正在到来，将代替以土地为财富
和权力的主要来源，而土地依然是（在当时来说）表明财富取自其
他来源的最好证明的漫长历史时期。但是，对于埋头于错综复杂的当
代事务的人们来说，这样的预言家就显得离奇古怪，或者说异想天开
了。他们也不是"雅各宾党人"所理解的民主政治的先知。在那些
从1789年以来"什么也没有学到和什么也没有忘掉"的人当中，不
仅有特权时代的遗老（以及在特权很少遭到破坏的地方的特权的继
承者），还有"1792年的人们"，这些人徒劳地一直期待着重新上演
大革命的场面，如果可能的话，不演其在国内的暴力行为，但是不能
不演革命在国外的光荣冒险事业。

　　从1807年起普鲁士出现的"新面貌"（参见第十三章），到1815
年以后还没有消失，尽管立宪派的希望比在德意志的其他邦更加渺
茫；但是农奴的解放一开始就表明，农奴所得到的利益要比大地主
少，有些大地主当时就预见到，如果农民不再被束缚在土地上，土地
也就不再被束缚在农民身上。普鲁士对新老臣民以及比较软弱的邻国
的最大吸引力，不过是严格的行政管理和经济优势的前景而已。这种
优势首先来源于过去的传统，由于普鲁士各大学的研究成果——拟订
普鲁士邦法（Landrecht）而得到加强，"邦法"在1794年编纂成典
（但商法一直到1845年才编成）。优势之二来自1818年普鲁士确定的
适中的关税和1828年开始邀请愿意参加的邻国加入关税同盟。1818
年的法律一反过去那种限制谷物出口的制度，同时全面降低了税率。
它还使普鲁士所有各省第一次有了统一的制度，但边界线与面积二者
的比率仍然非常高。因此，关税同盟除了具有获得实际利益，或许还
有更长远的政治利益的前景外，会带来节省开支的直接效果。同时，
公路的修建旨在消除或者减少关税壁垒，例如在汉诺威和黑森之间开
辟从哈尔伯施塔特到科隆的公路（1819年）和由帕德博恩向南的支
线（1829年）以及从马格德堡到汉诺威的公路（1829年）。
　　在1823年起成立的普鲁士的各省议会中，莱茵兰省议会最为活
跃，但不存在中央代议制度。就汉诺威与英格兰的长期联系而论，
1815年以后的汉诺威令人感到奇怪地"反动"；但德意志中部和南部

许多邦都像法国那样有了以范围狭小的选举权为基础，但是保护公民权的宪法，例如拿骚（在 1814 年以前）、魏玛、巴伐利亚、巴登、符腾堡和黑森（都在 1816—1820 年间）。这些邦宪法（特别是巴伐利亚邦宪法）都是以启蒙思想，而不是以自由主义为基本精神的。联邦法案（1819 年）虽规定各邦实行立宪制度；但是不久以后，各邦政府和联邦议会就遇到了在它们看来不是宪政的而是革命的运动。早期的德意志自由主义者或激进派固然还有许多像啤酒上面的泡沫一样的浮浅的东西，但整个来说，实行代议制宪政的各邦政府没有像未实行宪政的各邦政府那样受到严重的威胁。

　　保持固定状态的原则部分地是由于奥地利的盟主地位而强加给德意志联邦的。虽然梅特涅在外交和行政方面足智多谋和随机应变，但在立宪问题上实行这个原则是合乎他的意愿的。但不管情况怎样，皇帝个人的观点以及这个君主国的特殊情况使上述原则很少有任何改变的余地（参见第十四章）。奥地利与众不同的地方在于，它的历史形成的各“民族”没有一个符合刚刚抬头的以种族和语言为标准的民族概念；再加上皇帝手下的政府缺乏实行宪法的经验，只有匈牙利王国有一部旨在保护马扎尔贵族古老特权的宪法，这些贵族的思想更接近英国颁布大宪章时兰尼米德贵族们的思想，而不同于当代自由主义者。从 1812—1825 年，皇帝避免召开匈牙利议会就不足为奇了。首先，避免战争符合他 1815 年之后在财政方面和政治方面的利益，因为欧洲的“运动各方”大都指望从战争中得到好处：希腊人期待俄国在 20 年代对土耳其作战，法国左派在 1830—1831 年鼓动路易－菲利普去干涉意大利、比利时或波兰。革命运动由于邻国害怕受到影响也可能触发战争：梅特涅感觉有必要对那不勒斯进行干涉，俄国则表示要干涉西班牙，法国也决定这样做。梅特涅也认为，各国统治者能有助于预先遏制这种令人困窘的局势。众所周知，那不勒斯国王斐迪南曾经答应梅特涅，不经奥地利同意决不进行宪政改革；但是，不大为人所知的是：“斐迪南还受到警告，不要试图取消缪拉所实行的法律和行政改革。”（参见第十五章，原文第 429 页）奥地利统治下的意大利北方政府与意大利其他各地的政府（也许要除去托斯卡纳的“自由主义绿洲”）相比并不算坏。这个政府并不比以前在法国统治下的政府更具有异族统治的色彩，反对外国统治本身的人为数很少，尽管他们向往着未来。我们很难用目前的标准来评价教皇国政府，它是马虎的家长式统治和严重无效率的独特混合物；但是，在红衣主教孔萨尔维任国务卿的时候，这个政府的意图很难说是"反动的"。孔萨尔维充分意识到向后看的危险性；在1814年8月写给未来的法国国王查理十世的一封信中，他已经在敦促国王和他的弟弟仿效梭伦的和解工作，而不要仿效查理二世"既然答应忘记过去，而又不宽恕任何人，破坏了自己的统治，为斯图亚特王朝的再次垮台做了准备，到他弟弟的统治时代终于垮台了——这一次永远无可挽回"。① 但是，在庇护七世逝世（1823年）后，孔萨尔维给罗马的狂热分子让开了路，1821年那不勒斯和皮埃蒙特的各种运动使意大利各地的警察活动得到强化，最直接受到影响的是受过教育的人中为数较少，但生活富裕而直言不讳的那些人（参见第十五章）。

虽然赋予"自由主义者"这个名称以明确的政治意义的是西班牙（参见第十六章），但是伊比利亚半岛的自由主义的性质从一开始就与众不同，这是由教会的独特地位决定的，并与陆军军官，很快又与王室和宫廷中互相敌对的集团有关。在1812—1830年之间，各党各派都不愿意放弃海外殖民帝国，这一点压倒了所有其他的问题，西班牙的1812年宪法——采取一院制议会，内容繁杂，而且没有关于修改的规定——是19世纪20年代自由主义者的战斗号角，但是到1830年以后，更加实际可行的比利时宪法开始起这一作用。

欧洲的小国在1815年以后有了发展议会制度的最好机会，它们之中有一些利用了这一机会，尽管是以不同的方式（参见第十七章）。它们比较起来不像别的政府那样全神贯注于国际政治，这产生了各种各样的后果。德意志内部各邦的宪法在上面已经讲到了。波罗的海已经不再是大规模角逐的焦点，斯堪的纳维亚各国在经济上都受到和平的沉重打击。在丹麦，直到石勒苏益格—荷尔斯泰因问题开始引起群情激愤以前，官僚主义的，但并非反动的政府的安静日子几乎没有受到扰乱。但是，瑞典在1809年体制下的三级会议和挪威的单

---

① 孔萨尔维致阿图瓦的信，1814年8月。P. 里涅里：《维也纳会议》，第271—272页，J. 勒弗隆转引自弗利希、马丹合编的《教会史》第20卷（巴黎，1949年），第309页。

一的众议院（1814 年），在老练的外国统治者贝纳多特（初为王储，登基后称查理十四世，1818—1844 年在位）的一王兼治下，才得以真正存在。尼德兰和瑞士由于强大的邻国谋求均势和遏制法国而获得独立，尽管这两个国家都受到外国政府的压力，不让政治避难者在它们境内进行活动。瑞士的政治在 1847—1848 年以前仍然主要是由贵族掌权的地方自治，但是在尼德兰，新教的荷兰和天主教的比利时两者之间的不稳定的结合推动了有组织的政党的成立，这一推动力经受了 1830 年之前开始的分离危机而保持下来。已经成为欧洲工业革命先锋的比利时（参见第二章，原文第 54—55 页），在英明的国王利奥波尔德一世的统治下，不久也被公认为欧洲大陆君主立宪的典范（参见第十卷，原文第 191 页）。它的独特的政教分离实行得相当不错，它的法兰西文化（在它作为法国的一部分 20 年之后）仍然掩盖着在大半个国土上作为受过政治教育的各阶层的文化基础的佛兰芒文化。在比荷合并期间（1814—1830 年），威廉一世为了抵制法国的影响，力图推行荷兰语而不是佛兰芒语，但得不到广大人民的响应。因为那时候的佛兰芒人对荷兰语还不能运用自如，甚至还不大懂得。

俄国皇帝亚历山大一世的在位（1801—1825 年）和他死后"十二月党人"起义的插曲的重要意义，在第十八章中加以论述。他的统治和以前的几位皇帝一样，是以差不多完全东方式的宫廷政变开始，而在神秘中结束，由于皇室内部对继承问题采取不必要的但不无前例的遮掩态度，这种神秘更加深了。然而，在他的统治期间，俄国比以往任何时候都更加成为欧洲的一部分了。在国内，斯拉夫派对"亲西方派"的反击，到 19 世纪 20 年代才刚刚开始，并且受到官方的怀疑；在国外，仇视俄国尚未成风，至少在 1828—1829 年的土耳其战争之前只是个别情况。亚历山大青年时期受到他的家庭教师法裔瑞士人、共和主义者拉·阿尔普的思想的熏陶；他有几年对信奉天主教的波兰大贵族亚当·恰尔托雷斯基亲王言听计从；在位的最后时期，他在外交政策上摇摆于另外几个非俄罗斯人顾问之间：一个是德裔职业外交家涅谢尔罗杰，一个是在意大利受教育、具有希腊人的思想感情、觉得在瑞士比在圣彼得堡更舒适的科孚岛人卡波迪斯特里亚斯，另一个是梅特涅，他对亚历山大的影响时断时续，每当亚历山大返回俄国，梅特涅的影响就减弱了。所有这些人都比较年轻（在

1815 年都不满 50 岁），而亚历山大本人，在 1825 年他的统治结束时，也只有 47 岁。

19　　　尽管有着这一切"西方的"影响，或者，也许是因为这些外国影响是施加在一个在俄罗斯环境中生长的人身上，亚历山大还有他的另一面——独断专行、刚愎自用和蒙昧无知；在俄罗斯帝国的内政方面，他的主要私人顾问全都是俄国人，虽然他们远远够不上老政治家的资格。斯佩兰斯基是东正教神甫的儿子，本人也是在神学院受教育的，他倾向于在传统的体制内实行行政改革；但在 1812 年他失宠以后，乖戾而残暴的阿拉克切也夫上了台，西方观察家们从来也没有摸清他的性格。叶卡捷琳娜二世原为一位德意志公爵之女，她乐于对一切采取玩世不恭的态度，这使她虽身在异域而能处之泰然。但是，像亚历山大一世那样处事认真的俄罗斯统治者，很可能在精神上陷入矛盾，一方面他主要受的是西方教育，一方面他周围却是原始生活状态。当 1813—1814 年间俄罗斯军队横扫欧洲的时候，在西方人眼里留下的形象是野蛮的游牧部落和"靠皮鞭的统治"；但是，不能再把俄国说成是"泥足巨人"（狄德罗语）了；不久，千方百计想要博得沙皇亲善的巴黎人却为沙皇本人的魅力和他的随从的举止文雅而惊异不已。过了最初几个月，俄国占领军就不再特别不得人心了；许多比较年轻的俄国军官成了最"先进的"沙龙的座上客，其中有些人还把西方思想和憧憬带回国去，在 1825 年 12 月之后，这些东西把他们送上了断头台，或者流放到西伯利亚。约瑟夫·德·梅斯特尔死后出版的著作《圣彼得堡之夜》（1822 年）是一部畅销书（不仅在法国），这部书文笔生动，对贵族社会有细腻的描写，并且预言最终势必发生一场会使俄国变得比以往强大得多的革命。卡拉姆津的七卷本（每卷都很快有了译本）《俄罗斯帝国史》（1819—1826 年）最早提供了有关俄国历史的可靠资料。[1] 在亚历山大一世死后而继承问题尚未解决的时候，梅特涅所作的评论是有点道理的："俄罗斯的传奇结束之日，就是俄罗斯的历史开始之时。"[2]

---

[1]　R. T. 麦克纳利：《1814—1843 年间法国新闻评论中的俄国形象》，载《东欧历史研究》第 6 卷（柏林，1958 年），第 82—169 页。

[2]　梅特涅致奥滕费尔斯的信，1825 年 12 月 18 日，见《回忆录》（英译本，1889 年）第 4 卷，第 261 页。

在共和政体的北美（参见第二十二章），制宪工作是在革命胜利之后，而不是在革命之前或者在革命期间交叉进行的。在战争及其余波期间，美利坚合众国对欧洲的直接影响不如战前的 20 年或 1830 年以后的 20 年间那么明显。法国人沉浸于他们自己的革命潮流中，不再需要仿效榜样，因为这个榜样发展进程的细节已不像先前它所起的普遍鼓舞作用那么与己有关。美国人同样有着自己专心关注的事情，他们对法国的好感也因希望的幻灭而减弱了。旷日持久的海战阻碍了他们与欧洲的接触，他们对这场对抗的感情随着哪一方最破坏或干扰他们的海外贸易这个问题而时时发生变化。总的说来，欧洲已经做的事情或者计划做的事情都加强了中央联邦政府的力量，因为许多重大决定都得由它作出——购买路易斯安那，保护美国商人，决定对英国的战争与和平（1812—1814 年），以及后来对欧洲干预中南美甚至向中南美殖民的谣传作出反应。

相比之下，中南美的历史倒是与这一时期的欧洲历史有密切的关系（参见第二十三章）。"说西班牙抛弃了西印度群岛和说西印度群岛抛弃了西班牙，几乎是一样正确。"[1] 的确，每个大行省的总督与马德里的联系要比他与不易到达的邻近行省的联系更多一些，这个事实意味着：第一，费迪南德七世的逊位（1808 年）使各行省不知所措，并且陷于孤立；第二，由这些行省形成的独立国家，不具备结成玻利瓦尔和其他一些领袖所梦寐以求的联邦的坚实基础。各行省的独立运动的意义是不明确的——最初有一部分是以国王的名义反对马德里的法国篡位者，但是不久（有些人认为从最初起）就宣布目标是永远摆脱任何欧洲政治君主的统治。不过，并未与母国的文明脱离。到 19 世纪 20 年代，英国政府关于在那些通过调停仍无法使之与西班牙和解的行省保持世袭君主制度的主张已经毫无前途可言，尽管有巴西由葡萄牙王储统治的例子，但此人宁愿对付新世界的各种困难，而不愿为旧世界的事务烦恼。那些新共和国的宪法虽然显示出法美两国的影响，但是完全拒绝采取法国的高卢主义和美国的政教分离原则，它们全都规定罗马天主教为政府承认的唯一宗教。

---

① 《剑桥近代史》第 10 卷（1907 年），第 277 页。

战时和战后列强的频繁改变结盟关系，在第九章、第二十四章和第二十五章中作了叙述。性质不同的政权和敌对的意识形态究竟能在多大程度上决定这种格局呢？在 1793 年，看来法国各邻邦的政府以及另外一些较远而受到威胁较少的政府，是为了捍卫旧秩序，反对革命法国的思想、榜样和传道式的侵略而结合在一起的。但是它们在行动上是三心二意的：两年后，普鲁士、荷兰和西班牙媾和了（1795 年 4—7 月）；叶卡捷琳娜二世虽然在名义上与奥地利、普鲁士和英国结盟，却因她在瓜分波兰而一直不让俄国参战。她的继承人保罗一世似乎为仇恨和激情所支配，而缺乏冷静的政策：一方面，他个人关注马耳他，对英国人在海上对待中立国的做法深感愤慨；另一方面，他又不赞成法国，想遏制法国在意大利和地中海的势力而靠近英国，两种思想展开了斗争。尽管如此，在 1799 年，一支俄国陆军派往意大利，一支俄国海军分舰队出现在科孚岛，都成了新的不祥之兆，使英法两国政府几乎同样感到惊慌。

随着拿破仑作为执政以及以后作为皇帝的权力得到巩固，只有像撒丁国王这样的被剥夺了继承权的君主才始终把拿破仑看作背叛革命的篡位者。尽管未来的路易十八也许会对教皇和稍后苏丹承认拿破仑的称号提出抗议，但是法国不再会屈服于别国政府在意识形态方面的任何抵制。他们可能害怕法兰西帝国力量过大，正如他们后来害怕俄国的力量那样，但他们的行动方针却受眼前形势变化的支配。对于拿破仑的权势是否能永久保持，他们可能心存怀疑，但在 1806 年 1 月巴伐利亚国王却把他的女儿嫁给了拿破仑前妻的儿子。四年后，另一个最老的王朝（也是第一个和革命的法国交战的王朝）通过联姻而与作为一个新王朝的建立者的拿破仑直接联系在一起；奥地利在 1814 年是不得已才拒绝接受其继承人的。甚至始终怀着仇恨的英国人也欢迎 1801—1802 年的亚眠和约，而且虽说不无疑虑，事先也无法确切知道，这个和约只换得一次短暂的休战而已；英国政府也没把波旁王朝的复辟当作重开战端的一个官方目的，在此之前皮特实际上是以此为目的的。对于亚历山大一世来说，在提耳西特与拿破仑结盟（1807 年），并不比两年前联合反对拿破仑需要更多的借口；虽然他们之间的谈判的长期拖延只表明双方在土耳其和黑海海峡问题上的想法有着多么深刻而无法解决的分歧，但是这种分歧并没有被宣传成是一次"冷战"的构成部分。沙皇在断然拒绝拿破仑向俄国公主求婚以后，由于拿破仑出其不意地娶了一位奥地利公主，以及不久以后法国吞并奥尔登堡而废黜了亚历山大的姻兄，都大为恼火，但是几乎直到即将入侵俄国的迹象变得十分明显时为止，在外表上还保持着友好和联盟。

在俄国的战役，以及后来向西横穿德意志，决定了拿破仑的命 22 运，但在另一方面，这些战役（再加上威灵顿的胜利在西班牙显然深受欢迎）使沙皇相信必须依靠群众支持的心情又一度复活了。在1804年，他曾经谈到"认为法国的事业是各民族的自由和繁荣的事业的普遍舆论"[1]。十年后他又指出，拿破仑不是被各国内阁而是被各国人民推翻的，必须为欧洲的一种既合乎宪政又是尚武的和民族的新精神找到一个出路。[2] 普鲁士政府在幸免向法国屈膝后，依然不大相信顺应民心有什么用处，而且实际上，拿破仑并不是被爱国的义勇军，而是被职业军队打败的。但是，普鲁士的军官们并不全都希望恢复官僚君主制度，例如格奈泽诺，希望德国建立自由主义政权的心情正如他向法国坚决复仇的心情一样强烈。沙皇的心情，加上他对波旁王朝和普鲁士都一样不信任，使得他在1814年坚决主张法国要有一个宪章。

导致1814—1815年在维也纳达成解决方案的那一段外交历史，在第二十四章中作了概述，此后几年的外交历史则见第二十五章。大家公认，在从事和谈的人们的心目中，与保证列强间公正稳定的平衡这一愿望相比，"合法性"只起很小的作用。关于以遏制法国为目标的四国同盟，与沙皇主张在普遍保证和解和现存政权的前提下列强结成基础更为广泛的同盟，这二者之间究竟有什么确切的关系，历史学家们依然意见不一。有人说，沙皇亚历山大为了确立在俄国庇护下的全球均势，指望依靠法国和西班牙这两个海上强国，在欧洲以外则依靠美国，以抵消英国的海上霸权和奥地利在中欧的优势；而且他一再提出扩大同盟的建议未能成功是卡斯尔雷和梅特涅在这几年中的真正

---

① 1804年9月11日。转引自 M. 布尔坎《神圣同盟史》（日内瓦，1954年），第19页。
② K. 瓦利谢夫斯基：《亚历山大一世的统治》第2卷（巴黎，1924年），第378页。

胜利。美国在沙皇心目中的重要性也许被夸大了，[1]但是他在1815年9月关于"神圣同盟"的设想肯定不是主张建立一支各国君主反对本国人民的警察力量。荷兰和符腾堡是最早参加这一同盟的小国中的两个，瑞士和汉萨同盟的城市在1817年夏天也参加了，美国直到1819年6月才拒绝关于参加同盟的邀请。神圣同盟的意图也不是计划建立反土耳其人的十字军，因为沙皇近来并不反对达成一项保证，包括保证土耳其的疆界，只要俄土两国关于布加勒斯特条约（1812年）的争端首先得到解决的话。

沙皇提出的更为广泛的方案，最初由于本身含义模糊而减色，随后被卡斯尔雷和梅特涅扼杀，最终由于他自己的心情变化而被埋葬。1820年秋，他怀着失望的心情从华沙来到特罗保，最后的议定书尚未签署，就传来他自己的谢苗诺夫团发生兵变的消息。他的1815年的神圣同盟没有恢复力量，但是他这时准备把范围缩小的同盟用于反革命目的，而法国袖手旁观，英国则提出抗议。几个月后，希腊传来的消息使他重又陷入一个新的进退维谷的境地。他可以不承认这次起义，但是他对起义的后果却不能漠不关心。他可能设法弥合对土耳其的关系的裂痕和抛弃如今令人难堪的仆从卡波迪斯特里亚斯（1822年7月）；但是，这个保守的同盟经受不了这场东方的纠纷，也经受不了坎宁利用东方的纠纷和西属美洲问题来破坏任何色彩的大同盟概念的信誉的做法。在沙皇本人去世（1825年12月）之前，同盟实际上已经寿终正寝；不到两年，由于俄国、英国和波旁王朝的法国联合一起，不依靠它去解决希腊问题（1827年7月伦敦条约），以及九个月后，俄国连三国联合也不理睬就对土耳其进行战争，从而公开地抛弃了该同盟。

在1815年以前和以后，尽管各国政府之间的关系是由它们的野心、恐惧和利益而不是由任何意识形态来决定的，但是所有统治者（拿破仑和亚历山大也不例外）对待本国人民的态度肯定都受到对

---

[1]　M. 布尔坎，前引书，第183页，注1，布尔坎就这个问题对 J. H. 皮雷纳的《神圣同盟史》（两卷本，1946年纳沙特尔版，1954年日内瓦版）一书提出疑问，但他对该书的绝大部分是推崇的。另外参看《克莱欧》杂志第9卷，第1期，第4册，J. 德罗兹对皮雷纳的论文的一个注（巴黎，1953年），第583页。

"雅各宾主义"的恐惧心理的影响。在 18 世纪 90 年代，这种恐惧并非毫无道理，无论在伦敦或维也纳，都同样地反映出来。对混乱和暴力的恐惧可能被大大地夸张了，但确实拿破仑所造成的死亡人数要比法兰西共和国（包括恐怖时期）及其所有短命的姐妹共和国所造成的死亡人数都多得多。可能有这样的情况：国内斗争结果会比对外战争造成更大的影响，美国革命、法国革命和美国内战可以作为例证。然而，18 世纪 90 年代的事件所造成的法国人的"大分裂"却是不易愈合的；在政治上，断头台切下的头颅比躺在国外沙场的尸体更加使人难忘。从 1800 年到 1815 年，战争和战争的需要到处都阻碍着国内改革，或者使得国内改革带上狂热的色彩；1815 年以后，由于害怕激进的变革导致内战，并从内战转成对外战争，必然促使政治成为死水一潭。保守主义不仅来自政府一边，因为在欧洲（甚至在美洲的容易变动的社会里），激进分子为数很少，尽管相应来说他们的呼声更强烈。而秘密公社和共济会组织并不是"人民的神圣同盟"反对君主神圣同盟的可靠支柱。 [24]

此外，并不是所有的激进分子都赞赏法国的榜样。第四章描述了思想界和文学界对法国榜样的某些反应。在这里可以补充几个事实：在思想上得益于法国革命不浅的马志尼，经常指责法国人重权利而轻义务；虽然性情古怪但是头脑灵敏的夏尔·傅立叶谴责法国人的自由和平等的观念，因为它仍然使政治和经济的权力把持在少数人和男性的手里；[①] 杰里米·边沁和早期的功利主义者虽然像法国人一样不尊重传统，但对天赋人权的"无政府主义谬误"也同样不尊重。他们主张进行斗争毫不留情地砍除枯木朽株，这往往使他们成了欧洲民主政治家的盟友；但是，他们同圣西门及其信徒们一样，也不得不仰仗技术管理专家，甚至开明的独裁者用"改良"方式传播幸福。边沁本人在晚年曾写信恭维埃及的独裁者穆罕默德·阿里，功利主义者对英国在印度的行政官员的影响是尽人皆知的（参见第二十章）。[②]

在 1815 年以后，激进主义与 18 世纪（不管是启蒙运动还是法国革命）之间最有力的联系大概是反教权的情绪，这种情绪已经变成

---

① R. C. 鲍尔斯：《夏尔·傅立叶对法国革命的反应》，载《法国历史研究》第 1 卷，第 348—356 页（北卡罗来纳州立学院，1960 年）。

② 参看 T. 斯托克斯《英国功利主义者与印度》（牛津，1959 年）。

怀疑一切授予圣职的宗教，特别是罗马教会的情绪，而对约瑟夫二世来说并非如此。许多国家的上层教士的特权地位促进了这种情绪的增长，从哲学上的怀疑，或者司汤达文雅的嘲讽，到保罗－路易·库里埃粗野的谩骂，在各种层次上都有所表现。到这时候，狄德罗的隐晦手法（部分地由书报检查制度造成）和伏尔泰或吉本的温和怀疑态度，都被正面的攻击所代替；但是，在这一时期更普遍的仍然是以前那样求助于"合乎常情的"唯理论或自然神论，认为基督教对于有教养的人是不相干的和荒谬可笑的；而不是在接受天启教的传统解释方面遇到令人讨厌的新困难（这起因于对《圣经》的批判或自然科学）的严肃的不可知论者的那种痛苦的探索（参见第六章）。在二者之间，一个厌恶享乐主义或物质主义而觉得基督教传统有很大社会价值的关心社会生活的品格高尚的人，实际上很可能采取"基督教自然神论"的立场，这和稍后的本杰明·乔伊特的立场不无相似之处。受过日内瓦学派熏陶的基佐毕生都力求在胡格诺派教会内部寻求一种可以回避这些最棘手的难题的折中主义的信仰，他在谈到虔诚的天主教徒时从来没有失敬之处。托克维尔念念不忘自己的天主教会教育，当他在 1820 年前后不再是一个专职而虔诚的天主教徒后，他并没有产生获得解放的感觉。他在临终时接受圣礼，这大概只是表示反对猛烈批评罗马的人，而不是表示自己完全回到天主教方面来。①

　　总之，男人中的绝大多数（且不说人类的另一半，她们的意向被男性思想家们严重忽视）并不认为宗教对他们的私人生活不相干或荒谬可笑，即使他们除了在出生、结婚和死亡时举行宗教仪式而外，往往由于习以为常而对宗教轻视起来。不论有文化的或没文化的，吃饱饭的或挨饿的，他们都可能像他们长辈一样，感到宗教戒律不适合他们的欲望；但对一个教导人们说不论文盲和无知者或者有学问的人在精神上同样都具有内省和洞察力的宗教，他们大概不会认为在理智上是无法接受的。就大多数人来说，生活的模式除受村庄或小镇上的邻居的影响外，还受季节的支配；如果他们有一点空暇，他们也无心去阅读报纸、参加或者观看有组织的体育和文娱活动。因此，

---

　　① D. S. 戈尔茨坦：《托克维尔的宗教信仰》，载《法国历史研究》第 1 卷，第 379—415 页（北卡罗来纳州立学院，1960 年）。

大概很可能是这种情况：在反教权激进主义得到群众反应的地方，那种反应并非经过思考后对基督教教旨本身的排斥，而是对教会和教士未能遵循教旨的一种抗议——有很多人在偶尔议论教士的时候，总是期待教士的行为能够达到一种他们从来不会想应用到自己身上的标准。在 1848 年 2—3 月，教士们一度深得人心，即使巴黎也是如此，这表明，共和主义者的情绪，或者至少是人民大众的情绪，并不一定是反教权的。

无论如何，19 世纪 20 年代最轰轰烈烈的运动——希腊人的起义和南美洲各国争取独立的斗争，它们的目标并不像它们的方法那么激进。反对异教徒土耳其人的单纯正教情绪，以及非常单纯的政治自由观念，是希腊参加战斗的人们普遍的动力；他们本地的领袖大都在不同程度上具有这种感情。在南美洲，某些领导人在宗教的和政治的目标上也许比较脱离本国的人民，但是，几个新共和国无论多么不稳，看来在事态发展过程中远没有开始时那么富有革命性。梅特涅肯定理解这一点。他似乎更关心南美的方法和榜样，而不是关心其结果；此外，他早在 1825 年就提出宁愿要一个小的独立的希腊，而不要一个虽在名义上从属土耳其而实际上仰俄国鼻息的大希腊，他说的似乎也是真心话。如果说在 1848 年以前的梅特涅的奥地利，以及在亚历山大一世最后几年和尼古拉一世整个在位时期（1825—1855 年）的俄国，依然以政治稳定为口号的话，这不仅应归因于统治者的个性，而更多地应归因于这两个帝国的特殊问题，1848 年奥地利的动乱和1856 年俄国的动乱使全世界都看出了这些问题，但几乎没有加以解决。

然而，从 1828 年左右起，在法国和比利时，日益高涨的不满情绪使得像基佐或路易·德·波特那样具有保守倾向的人都滑向（出于非常不同的原因）革命的边缘；在英国，对反对英国国教的新教徒以及罗马天主教徒采取宽容态度（在此以前在政治上不可能采取这种措施），而且要求议会改革的声浪越来越高；在德意志，普鲁士的关税同盟对未来具有深远影响；在美国，安德鲁·杰克逊当选为总统——所有这一切，加上已经偃旗息鼓的 1830 年的种种大变革，似乎在宣布一个新的世代已经到来，这个世代比较乐于面对讨厌的变革，在要求或预言变革时也较少乌托邦式的空想。托利党人和辉格党人逐渐演变为保守党人和自由党人。托克维尔所著《美国的民主》（两卷本，1835年、1840年）不但有多种文字译本，而且大量畅销，另一方面，本廷克决定在印度推行西方式教育（1835年），这两件事都具有某些新奇的意义。这两个人既是贵族出身，又有贵族的倾向，但是一个人公然在思想上作大胆的尝试，另一个人则在政策上采取大胆的行动，这在20年前都是难以设想的。格列高利十六世让位给庇护九世，一度给自由派天主教徒带来希望。普鲁东（第一个工人阶级出身的社会革命著作家）和卡尔·马克思比他们的先驱前进了许多，但是两人都声称对事实比对权利的道义基础更感兴趣，都不是乌托邦主义者。在人间建设天堂城市将让位给进行社会工程。

"如果国家的权力增大，舆论的威力也随之增大。"（参见第七章，原文第180页）1789年宣布的新闻自由受到了严格的限制，这不仅由于形形色色的政府压制或者操纵新闻和舆论，而且由于发行量小，缺乏财政上的独立，从而容易被用金钱收买。尽管如此，在拿破仑垮台以后，在法国和其他一些国家的宪法中还是重新确认了新闻自由的原则，报纸在种种限制之下，还是在法国整个复辟时期公众就各种原则进行的争论中，以及在对英国政治的直接影响，特别是在关于议会改革的辩论中，显示出越来越大的作用。文学和思想方面影响深刻的潮流在报纸上反映的当然不如评论杂志上反映得多，在战争以后，英国和法国有很多这类刊物；尽管它们往往是一些小集团的昙花一现的机关刊物，但却是文学上的古典主义与浪漫主义之间的战斗，哲学上功利主义与理想主义之间的战斗，以及在某种程度上宗教上的传统主义与批判主义之间战斗的论坛。

但是，这些争论的成败关键要在一般学校和大学中才看得出来；不管是一般学校还是大学，中心问题是教育的方法和教育的目的。卢梭的信徒们认为发挥个人的力量是最主要的，裴斯泰洛齐和罗伯特·欧文则认为在民众教育中首先要促进社会效用和社会目的。在中等教育和高等教育方面，威廉·洪堡在德意志大大推动了古典人文主义的传播；德意志的语言学家在大学预科学校中，历史学家以及法学家在大学中，也都是如此。但是，国家在组织世俗教学方面所起的作用，使它在1815年以后的普鲁士取得领导地位（至少对于小学），而在法国，复辟时期继续保持拿破仑实行的严密组织的传统，只是重点不同而已。拿破仑的教育总署并不敌视天主教，只要天主教信守政教协定和忠于帝国政权就行。在路易十八时代初期，教育总长丰塔内依然留任，保王派贵族们未能除掉拿破仑所创造的政教协定或教育总署这对孪生的怪物。不久以后，教士们在初等和中等教育中据有更多的权力，但是很难深深地渗入教育总署，不管夺取职位也好，或者改变它的方向也好。拉梅内和改革运动家们继续把教育总署看作"漠视宗教"的堡垒。

在英国，宗教对所有各级学校教育的影响，要比法国大，或许比德意志也大些。比安德鲁·贝尔领导的全国贫民教育协会和约瑟夫·兰开斯特创办的英国和外国学校协会为代表的初期的国教与反国教的宗派斗争并没有影响这种情况，甚至是造成这种情况的原因。兰开斯特还曾提倡他那独特而又节省开支的学生"互教互学制度"。双方都没有得到国家的资助，虽然历届政府都认为教育和宗教当然要有密切的联系。在捐资兴办的文法学校里，包括许多地方上的和少数为上层阶级开办的学校，拉丁文和希腊文是教育的主要内容，数学往往教得很少；但在一些不是捐资兴办的私立学校里，包括一些达到高等教育水平的反国教的学院，则教授各种语言，甚至教授一点科学。牛津和剑桥以校规松弛而著称。在这两个封闭社会中，至少有才能的年轻的英国国教徒可以相互教育，而且也确实做到了促使一些高年级同学中思想上的推动力；但是，所要求的最低标准几乎是不能再降低了。直到 19 世纪中叶，改革之风始终很轻柔。高等教育缺乏任何真正的制度，因而学术和文化的培育主要依靠那些利用和增加自己私人藏书的英国绅士们的阅读习惯，依靠他们对有非凡天才的人——这些人在地方上崭露头角后跻身于伦敦的文学界或法律界，或者通过大学而进入国教——的资助。收获有时不如人意，但也可能异常丰硕。

在政治和战争的风云变幻的背后，而且与这种变幻或者与已经扩散的新经济力量并无明显的关系，有些个人或者极少数人组成的小集团正在从事各种发现或者正在影响人们的思想，旨在使人们的生活方式或人生观发生更大的变化。科学发现必须由个人，而且有时很孤独地进行；伟大的人物过去都是在相对孤立的环境中工作，只是由于他们对观测、解释和整理自己在大自然中所发现的东西具有共同的爱好，或者由于都在细心研究有助于他们的工作的精确工具，彼此才发生联系。这种个人的智力活动虽然并不新颖，但是现在新的发现却日益增多。在这些人物中，有些人作为教师和写系统的论文来传播知识。由于组织和传播知识，就产生了科学家的专门职业和接受新科学思想的更普遍的愿望。在巴黎以及直接受到法兰西"文化帝国主义"影响的中心，国家给科学家以荣誉和资助，特别是对那些能够为它服务的科学家们。法兰西研究院和综合工科学校促进了其他地方的科学的发展，首先是对普鲁士学院、由洪堡弟兄新创办的柏林大学（1810年）以及德意志的其他学术中心有所推动，后来这些地方的声望都超过了法国的样板。

这种组织过程，以及天才科学家们的事业前景，在第五章中结合对拉普拉斯在数学分析方面，拉格朗热和约瑟夫·傅立叶在力学和热的抽象分析方面，伏打和安培等人在电学方面，多尔顿和贝采利乌斯等人在物理化学方面，拉马克和居维叶（从不同角度）在系统生物学方面，比沙和马让迪在实验生物学方面，赫顿和史密斯在地质学方面的成就的扼要介绍，都作了论述。不久以后，地质学和生物学就给关于地球上何时开始有生命和关于各不同物种的起源（科学家之间关于这一问题还继续有所争论）的传统信念以冲击。

"理论科学对工业依然很少贡献"，但是在理性的和经验的"机会强压下……工程人员和实业家的行为与科学家的行为产生了共鸣"（参见第五章，原文第141页）。例如，蒸汽机和初期的化学工业得

29　力于经验甚于理论，但是，萨迪·卡诺对热的见解或者法拉第的实验（两者分别产生了热力学和发电机）则表明发明和理论之间存在着联系。米制是法国革命的一项遗产，最初确定于1799年，但是此后40年未被广泛采用。采取统一规格的通用机器部件，保护发明家和专利，出版技术词典和技术杂志——所有这些都是在这一时代开始或发展起来的。在技术方面，英国当然起了很大的作用；在这个领域，本卷所论述的时期在英国以技工学校的普遍建立和英国科学促进协会的成立（1831年）而告终。

"1793年，十字架和三色旗在欧洲千百万人中已成为对立的象征。"（参见第六章，原文第146页）第六章考察了1793年以后40年中各国政府与各有组织的教会之间的冲突与和解，并指出教会内部

的某些问题，这些问题不仅起源于天主教徒对王位与祭坛的统一产生怀疑，也起源于特别是一些新教徒对传统的护教论提出更加深刻的挑战。施莱艾尔马声称，宗教"并不是一套教条式的主张或道德准则，而是一种内心的、直接的和直觉的，凭其本身的价值作为人类生活的主要部分而存在"（参见第六章，原文第169页）；基督教教义体现基督教徒的经验；它受历史的制约，它的表现形式也会由于这种体验的性质在时间的推移中发生变化而变化。因此，神学也必须准备去迎接新知识和新经验的挑战。

　　这一时期的政治斗争在各种艺术中（参见第八章）不如在文学、教育和教会活动中反映得那么直接。古与今之间、古典主义（或伪古典主义）与浪漫主义之间、尊崇有教养的人们的共同意识所能接受的形式与尊崇生动表达的个人感情之间交织在一起的战斗，并不是由穿着明显不同的制服的军队，而是由穿着五颜六色的衣服和采取不同姿势的聚合在一起的个人或集团进行的。一幅描绘帝国的战争场面的"古典主义"绘画，在效果上可能与一幅优雅的"浪漫主义"风景画同样感人。如果给这一时期的伟大音乐作品贴上简单的标签，那就更加轻率了。但是，音乐在社会中的地位也在发生与科学不无相似的变化，即在采取一种更加职业化的形式，除私人的室内乐而外，还出现了公开演奏会；作曲家也和著作家一样，与出版商和公众发生了利害关系。

　　科学和技术，教育的理论和实践以及通过报刊引导舆论、神学和宗教生活，以及音乐和视觉艺术等的发展方向，不是在所有点上都相同的。理论科学无论在方法或目的上，都不是与技术十分紧密联系在一起的。两者都专注于探讨可以衡量和可以利用的知识，从而都会产生新的力量：智能方面的力量会带来它自己特有的一种满足；经验方面的力量会带来无法满足的和显然无法控制的社会效果。科学和技术都没有使个人的生活和人类的社会事务变得井然有序的力量。以提高工作效率和提供就业机会为目标的"开明"教育思想，（使有才能的人有发展前途）与卢梭的解放人类和公民的丰富感情为目的的教育观同时发展，形成自相矛盾的局面。出于理性的自然神论和对公民爱国主义的革命崇拜，以及近乎宗教式的神灵膜拜，都会像过去的宗教体系所做的那样成为强权政治手中的玩物。理性和直觉只要能各走各的路，就不一定发生冲突。理性和直觉真的不可能是同一个人的两种活动吗？——他为什么不可能既对运用知识或改进实用手段感兴趣，又对珍惜自己的形象或重视自己和别人的关系感兴趣，或者对寻求人类生存的美妙和痛苦的根源也感兴趣呢？然而，每当一方想取得独占地位的时候，两者就兵戎相见了。就像帝国和教廷一样，它们很难纳入教皇基拉西乌斯的自主共存的理论。理性和实证的精神将会滑到唯理主义和实证主义的背心中去，还误以为黄袍加身；而直觉精神则会陷入主观浪漫主义的从表面上看不出的泥淖，还误以为是跳进一个碧波万顷的海洋。贝多芬的音乐也许最接近于能在这一时代把两者协调起来。

（周国珍　译）

第 二 章

1780—1830 年英国和欧洲的
经济变革

在 1834 年，夏多勃里昂觉得："欧洲正在朝着民主主义飞奔……法国和英国好像两个巨大的攻城槌，一再捶打旧社会行将坍塌的城壁。"主要是由法国革命和英国工业革命产生的政治上和经济上的自由主义的强大力量，的确已经开始侵袭欧洲。到 1830 年，英国通过直接影响或者模范作用，已在向欧洲和海外传播有利于经济迅速增长的新生产方法、新经济政策和新社会思想。英国主要依靠扩大国际贸易和依靠输出人员和资本，确实成为带动欧洲和世界发展的"增长的引擎"，其长远的结果是：国际的专业化和互相依赖有所增加，并建立了一个世界性的贸易和金融关系网。但是到 1830 年，除了英国和比利时以外，各国的面貌并没有剧烈的变化。尽管英国和比利时的煤田变成发展的重心，尽管各国普遍把工业放在优先地位，但是在欧洲的广大地区里，特别是在南部、中部和东部地区，人们的生活方式和人们的谋生方法依然和几百年以来的情况大致相同。1826 年，比利时的一位议员在看到本国工业不断增长时说："所有的国家都把它们的目光转到工业这个可靠的和无尽的财富源泉上，也转到能够使工业大大扩展的对外贸易上。"然而，在 1830 年，欧洲经济基本上还是农业经济。即使在英国，1760 年从事农业的人口占总人口的 40%—50%，而到 1800 年依然占 35%，1830 年仍占 25%。其他任何国家的农业人口比例都不如英国低：在 1830 年，意大利和法国的总人口中有 60% 是农村人口，普鲁士为 70% 以上，西班牙是 90%，俄国和整个东欧为 95%。

尽管如此，城镇的规模在不断增大，城镇人口在总人口中的比例也在缓慢上升。到 1830 年，欧洲大约有 25 个人口超过 10 万的城市（其中英格兰有 4 个，苏格兰有 1 个），而伦敦在 1800 年人口将近百万，这时已有 150 万了；巴黎人口在 75 万以上；君士坦丁堡可能有 50 万；圣彼得堡和那不勒斯超过 30 万；维也纳、莫斯科、柏林、阿姆斯特丹和都柏林超过 20 万；汉堡、华沙、米兰、罗马、马德里、巴勒莫、威尼斯、里昂、布达佩斯、马赛和巴塞罗那分别超过 10 万。然而，在 1830 年，欧洲城镇和人口的分布情况与 15 世纪中叶的情况没有多少差别。城镇相当均匀地分布在农村间，它们主要成为周围地区的工业、商业和行政中心。只有在三个地区（意大利北部、低地国家和英国），人口有明显的集中现象，而在这一时期，只有在英国，人口的分布有显著的变化（向中部和北部转移），城市人口也有显著的增加。在欧洲，城市的分布和人口的分布依然主要取决于农业；在英国，人口的集中已经和煤炭紧密联系起来。在欧洲，城市人口的增加主要是在大都市，在英国，则各地普遍增加。欧洲仍然保持着 1750 年普遍存在的倾向，即广大地区的人口密度趋向一致，大多数国家每平方英里在 60—90 人之间（比利时和意大利稍高，西班牙稍低）；英国人口的分布除伦敦外，集中在伯明翰—利物浦—赫尔三角地区，在这一时期，农业郡的人口并未减少，但是流入上述工业发展地区的人口则显著地日益增多。

不过，国家继续依赖农业，以及城市的缓慢增长，并不是衡量 1830 年以前经济变化的尺度。19 世纪经济方面的突出现象大概是欧洲人口的增加。欧洲人口在 1650 年约为 1 亿，到 1750 年增至 1.4 亿，到 1800 年达到 1.87 亿，到 1850 年达到 2.74 亿。在 1750 年以前，每年平均增长率为 0.3%；到 1900 年则为 1.2%。虽然欧洲人口普遍增长，但是各国的增长程度有所不同：在 1750—1850 年间，英国增长得最快——每年平均增长 1%；而像普鲁士、意大利、西班牙等国家，增长率只有英国的一半左右。在 1800—1850 年间，英国的增长率达到每年 1.5%，而在 1780—1830 年期间，欧洲大部分地区的人口增长率足以使其人口到 1900 年增加一倍。①

---

① 　　　　　　　　　　　　　　　　　　　　　　　　　　　人口（单位：百万）

年　份	俄　国	奥地利	法　国	德意志	英　国	意大利	西班牙
1800	约 40	28	28	23	15	18	15
1830	约 57	36	35	35	28	25	18

　　关于人口增长的直接原因——出生率增长或死亡率降低（也许二者兼而有之），现在没有确切的根据；关于决定这一社会指数的基本社会因素和经济因素，也同样无从确定。作为欧洲的一种现象，而且是 18 世纪初便开始的一种现象，我们不能像英国历史学家们往往解释的那样，用工业化进行说明。如果人口的增长是由于死亡率的降低，那也肯定不是由于药品和医院的改善，因为在 1875 年以前，这两方面都没有什么进展。如果说人口的增加是由于出生率不断增长，那也不是由于结婚年龄发生重大变化，因为现代的婚姻模式早在工业化和城市化之前就已经确立了。然而，大多数人口统计学家会同意这样一点：在 18 世纪，死亡率显著下降，这是人口增长的首要原因。在有统计数字可查的地区，人的平均寿命确实有所增加：瑞典在 1755—1840 年间从 33 岁增加到 40 岁；美国在 1789—1850 年间从 35 岁增加到 41 岁。1832 年法国人的平均寿命为 38 岁，1841 年英国人的平均寿命为 40 岁。特别是有更多的儿童活了下来，婴儿死亡率从原先触目惊心的水平逐步降低。人口经过几个世纪的稳步或缓慢的增长之后，到 18 世纪提高了增长的极限。随着瘟疫和饥荒威力的消失，死亡循环的幅度也缩小了，结果，人口不再出现周期性的大批死亡。

　　瘟疫的逐渐减少也许是出于偶然——是因为黑鼠莫名其妙地从欧洲消失了吗？但是，饥荒的影响的不断减弱则是农业改进的结果。亚当·斯密曾经论证说："农村的开垦与改进……必须优先于城市的增加。"食物供应和人口的长期平衡（后来马尔萨斯作了极度悲观的分析），意味着农业的进步对工业发展是必不可少的。只是因为粮食生产扩大，耕种面积和生产率都有增加，人口才能大量地增长，工业才能指望有劳动后备军。在 18 世纪，人口与资源的关系开始发生变化：1700 年以前；人口的多寡取决于传统农业生产食物的可能性，城镇和工业都集中在食物丰富的地区；1700 年以后，农业生产率提高了，加上交通的改善、工业化程度的提高，以及国际贸易和地区间贸易的增长，使欧洲有可能养活它的迅速增长的人口。在这以前，食物供应一直没有伸缩的余地，以致每一次歉收都意味着饥荒，意味着马尔萨斯所说的人口增长的自然抑制，可是这时，食物供应越来越有弹性了。在以前，只有在人口密度大的地区，先进农业才有利可图，而现在，这种经济状况也在发生变化，对食物和原料日益增多的需要在刺激着生产的不断增长。

34　　　在这种变化中，市场的力量是持续不断的物价上涨，特别是谷物价格从 1750 年开始上涨，到 1790 年以后已经达到战时的高水平，这一水平一直保持到 1815 年。促进生产增长的技术变化是：圈地，减少休闲地，实行更好的轮作和种植饲料作物；开垦荒地和增加耕种面积；为提高生产率改进技术和改变组织（以农场为单位，改变所有权和使用权）。意大利、荷兰和法国从 17 世纪开始一直继续到 18 世纪的垦荒工作，使西欧和南欧都增加了可耕的土地；在 18 世纪末 19 世纪初向乌克兰大草原、高加索和外高加索的移民，使俄国的东方部分增加了大量的农业地区；在英国，圈地和强占牧场使先进农业的可耕面积增多了。

　　　但是，不仅耕种的土地增多了，而且在更多的地方耕种的效率提高了。在欧洲农业的历史中，任何时期的革新都没有这一时期多。①最重要的发明是布拉班特犁和英国与之相应的罗瑟拉姆犁——亦即现代犁的原型。这种犁可以深翻，适合大庄园的精耕细作。它出现在 18 世纪初期，到 1800 年已经广泛使用。由于深耕，多施肥料（由更多的家畜供应），以及分畦耕作（由于条播机而更加方便），庄稼长得更好了；收割的进步（越来越多地使用大镰刀、脱粒机和扬谷机），使产量也增加了。同样重要的是相互关联的作物和牲畜的改善：在更好的轮作制中增加了饲料和块根作物（如苜蓿、紫花苜蓿、芜菁和土豆），有了更多的人工牧场（prairies artificielles）和更好的田间管理。所有这一切都使生产率的增长达到足以在冬季饲养更多牲畜的程度。同时选择良种牲畜和改进动物饲养则使牲畜的体重增加，羊毛和牛奶的产量增长。在伦敦史密斯菲尔德所屠宰的牛羊的体重的增长，是众所周知的事情；然而，德意志和尼德兰的牛奶产量的增长也是同样惊人的：在 1750 年，每头奶牛在产乳期的出奶量不到 150 加仑，而在 1800 年已经增至 220 加仑甚至 400 加仑，黄油搅拌和乳酪压制也有相应的改善。② 饲料作物与食物作物轮作的良好方法在佛

----

①　G. E. 富塞尔：《1500—1900 年的农具》（伦敦，1952 年）指出：在 17 世纪只有 7 项农业的重要发明，1701—1750 年有 8 项，1751—1814 年有 30 项，1815—1841 年有 16 项。
②　B. H. 斯里克·范·巴思：《公元 500—1850 年间的西欧农业》（乌得勒支和安特卫普，1960 年）；O. 奥尔迪什英译本（伦敦，1963 年）。

兰德等先进农业地区已经实行了一段时间，但是直到 1750 年以后才更普遍地应用。

　　概括地说，与"旧农业"联系在一起的是：耕种公地，农民使用土地要接受奴隶般的条件，而所得的粮食仅够维持生活——村庄和公地是农村生活的基础，在 1750 年，从法国东北部起一直到乌拉尔山脉，几乎全是进行三种田地轮作的公地，另有公共的牧场和树林，并使用原始工具进行耕作。"新农业"的趋向是有利可图的农业，那些小农场或者由小农场合并成中型农场，种植能换现金的作物（粮食或工业原料），农场对土地的使用由市场来决定。在 18 世纪，剩余农产品主要来自大庄园；而在 19 世纪初期，越来越多地来自小农场了。在 1750—1850 这 100 年中，欧洲农业的近代模式——精耕细作的家庭小农场——已经确立了。"最普遍的自发倾向"是：农户分散开来，农家聚居的村随之解体；例如，在比利时、荷兰、法国的佛兰德、巴黎周围、托斯卡纳和伦巴第，以及葡萄牙和西班牙的部分地区，都有这种精耕细作的小农场。在西班牙，据说"凡是小农场占优势的地方，土地就像是花园；凡是庄园很大的地方，土地就像是荒漠"。英国是个例外，在那里，大庄园耕种得最好，人们认为农民的小农场大多像爱尔兰的小农场一样糟糕。在欧洲的其他地区——普鲁士、波兰、俄国、罗马尼亚、匈牙利、意大利南部和西班牙南部，大庄园所以继续存在，一方面是由于地理条件使得精耕细作困难或者不经济，一方面是由于社会和政治条件加强了封建地主的所有权。

　　一般说来，整个西欧都有这样的动向：加强耕种者对土地的权利，废除各种封建的义务，使对土地的"从属"权变成"完全"的所有权。到 1850 年，除了俄国和罗马尼亚而外，农奴制已经从欧洲消失了。在农奴制的消失过程中，法国革命者树立了光辉的榜样，他们废除封建的权利，而不给予任何补偿。然而，这种新的自由主义只不过是把 18 世纪的王族已经取得的部分成就向前推进一步，那些王族试图削弱土地贵族的权力而加强王权。甚至在更早一些时候，封建制度已经在英国消失了，在法国也消失了大部分。在 1790—1815 年间，法国占有或影响所及的地区，如荷兰、普鲁士、西班牙和意大利，也都通过了反封建的法令，不过改革的程度和对封建主的补偿，各地区并不一样。另外，在 1815 年以后，例如在意大利和西班牙，封建权利又有一些恢复，以致南欧和东欧在整个 19 世纪期间都继续存在着半封建的土地租赁制度。

　　的确很难作出任何种类的概括。并非所有的土地都归农民所有或由农民使用；也不是所有的农场都是合并了的；更不是所有的农场都提高效率甚至有了改进。英国和法国北部的大庄园效率很高，正如德意志西南部的大部分公有地的农业一样；西班牙和法国西南部的合并起来的农场一般效率很低。随着封建占有的松缓和耕作的商业化，土地所有权的分布扩大了，但是在 1830 年，分成制农（métayers）或租地农（一般是短期使用）所掌握的土地比土地所有者掌握的土地要多。在比利时，租地农占优势，在瑞士小土地所有者占优势，而在伦巴第，分成制农占优势。土地收益分成制①可能是最普遍的而又最糟糕的租佃方法。关于伦巴第的情况，J. C. 劳登曾经这样写道："分成制农从来没有发家致富，但彻底破产者也极少；他们不是常常改变的。"尽管村社共耕制已经崩溃，大庄园的解体还在继续。例如，普鲁士关于促进合并的立法就比法国的立法更有效力，在法国，解体的情况主要发生在北部的大农场里，在 1780—1830 年这一时期里，已经完全没有解体情况的国家只有联合王国和斯堪的纳维亚。在欧洲其他地方，农场往往是由一小片或数小片土地组成，迟至 1900 年，欧洲 1/3 以上的农场还是分散的。尽管西北欧（例如斯堪的纳维亚）趋向于通常由合并而形成的中型农场，东欧和南欧（例如西西里）趋向于通过兼并形成非常大的地产和非常小的农场并存的局面，但是，即使在同一地区，农场的大小也千差万别。在同一国度内，这种差别也往往十分显著，例如法国北部和南部就相差很远。产品也有地区的差别，因为它反映出耕作单位的组织形式和土地肥力。到 1830 年，欧洲南部倾向于园艺专业化，而北部则专门饲养牲畜，东部则专门种植谷物。一般说来，从西北向东南，农业的精耕细作程度愈来愈差。精耕细作程度可以用资金和雇佣劳动力的数量，以及牲畜的集中情况来衡量，只有精耕细作生产饲料的情况下，牲畜的集中才有可能。在所有地区，日益发展的城镇的刺激作用是很明显的。正如 J.

---

　　① 土地收益分成制（métayage）是土地租佃的一种制度，耕种者向土地所有者缴纳一定比例的产品作为地租（一般为产品的一半），而土地所有者则全部或部分提供牲畜和种子。

凯尔德后来所指出的那样："随着城镇的数目和城镇的人口的大量增加，蔬菜和鲜肉的生产，饲料的生产，以及生产牛奶的牧场必然都要扩大。"谷物需要较少的资本、较少的劳动、较少的管理和较多的土地，所以越来越多地在欧洲的边缘地区种植，然后运往内地和西部。

正如土地占有方式、农场大小、精耕程度和产品种类各有不同，生产效率差别也很大。尽管普遍有所进步，生产力也显著增长，但是到 1830 年，已经完全在进行着会使欧洲的农场变得过小，并且一般来说会使农民与贫困画等号的过程。依然经常发生严重的，甚至危及生存的缺粮现象，尽管交通的改善减轻了由于缺粮而产生的致命后果。在南欧和东欧，依然有悲惨的贫困现象，因为农业工人是在大庄园（Iatifunadia）中、农民是在极小的农场中勉强维持最低限度的生活。正是在这些地区，土地所有权的集中是引起均权立法措施的一种因素和未来革命的源泉。

国际贸易对农产品与日俱增的需求是农业发展的一个重要的刺激。例如英国在 1700 年的进口货物中，"食品杂货"和原料只占30%，在 1800 年则占 60%，而在 1814—1845 年这一期间，食品在总进口额中平均占 28%，原料平均占 67%。这一时期，甜菜和土豆产量的迅速增长充分说明日益发展的国内市场对于农产品的重要意义；而羊毛生产的增长和改良（特别是由于普遍饲养美利奴羊），也是日益发展的国际市场具有重要意义的明证。1801 年在西里西亚建成了第一家甜菜制糖厂；到 1836 年，欧洲的甜菜糖总生产量达 75 万吨。土豆在 18 世纪最后 25 年间才在英国以外的地方广泛种植，而到1800 年以后，土豆的产量在法国和德意志迅速增长，到 19 世纪中叶，土豆已成为西欧人主要食品的一部分。英国是毛织品最大的生产国，所以羊毛产量的增长可以根据英国的进口来测定：从 1776 年至1799 年，英国每年平均进口羊毛 250 万磅，从 1830 年至 1834 年每年平均进口 3520 万磅，迄 1820 年为止，主要供应者为西班牙，其后则为德意志。美利奴羊在 18 世纪传入法国和德意志，它也为这两个国家日益发展的国内毛织工业提供了不可缺少的原料。

为了供养欧洲日益增多的人口，交通的改进也像食品生产的增长一样必不可少。城镇的扩大和工厂的增多不但要求运输食品，而且要求运输原料和制成品；货物的交流和货物输送的距离都有所增加。歌

37

德在 1825 年就注意到："铁路、快邮、汽轮以及一切可能的交通手段，都是文明世界追求的东西。"而且，这些交通手段必须价格较廉，特别是在运送矿石之类分量重而价值低的货物的时候，以便价格加上运费不至于大到使专业化无利可图的程度。例如，1816 年以后尼德兰的农业专业化就意味着向联合王国出口越来越多的黄油，从波罗的海输入越来越多的粮食。1830 年以前，工业中的大规模专业化只局限于英国，当时，它还差不多能够自给自足，但是它也越来越依靠进口的原料，在 1830 年小麦进口为 220 万夸脱，棉花进口为 2.612 亿磅，羊毛进口为 3230 万磅。

　　在英国内部（欧洲在较小的程度上），煤炭使用的不断增多是改进交通的最有力的推动力。当煤炭消耗量不大的时候，少量的煤炭是用牛马驮运和大车运输，在矿井和市场的距离幸运地像纽卡斯尔和伦敦一样的地方，才由河道和海路运输比较大量的煤炭。随着消耗的增加，最初是改进水路，然后又修建专门运煤的航道。英国最早的近代式运河是从圣海伦煤田到默西河的桑基运河（1757 年）和从沃斯利矿山到曼彻斯特的布里奇沃特公爵运河（1761 年）。开掘运河当然是欧洲的一项古老技术，但是，英国的运河系统是 1750—1850 年间在一些新的刺激之下，并在前一世纪改进主要河道的基础上修筑的。英国的运河是日益复杂和曲折的生产和分配过程的一个不可缺少的组成部分。英国的运河地图就是英国工业的地图；在 1750 年，可以通航的水道只有 1000 英里；到 1850 年，已有 4250 英里运河把主要河道和工业城镇与海港和伦敦联系起来。

　　欧洲的水路也有很大的发展，但是除法国和低地国家外，任何地方都没有像英国那样的与经济发展息息相关的运河系统，在上述这些地区以外，在 19 世纪前半叶，更多的是改进河道而不是开掘运河。在法国，到 1830 年，巴黎向南与卢瓦尔河联结起来，向北与比利时日益发展的工业和煤矿联结起来。比利时有一个苦心经营的运输网，一部分是古已有之，但在 18 世纪末 19 世纪初已经大大地扩充，它把蒙斯煤矿和沙勒罗瓦煤矿向南与巴黎联结起来，向北与布鲁塞尔、根特和安特卫普联结起来。然而荷兰虽然有许多运河，但一直到 1830 年以后才与比利时的运河系统联结起来，迄至 1830 年为止，荷兰未能得到比利时的煤炭作为发展工业的主要原料。欧洲其他地方，在

1830 年以前只是星星点点地开掘运河，没有一处像英国那样使运河形成全国运输系统的一部分。

公路的改进比修筑运河更为普遍，但在经济上则意义较小，改进公路的动机也各有不同。公路的改进好像 1789 年以前的反封建法令一样，几乎完全是开明专制主义的产物，是绝对君主制度和经济民族主义的产物。例如在法国，由于中央政权感到需要良好的公路，由于成立修筑和保养公路的行政机构和技术机构，由于车辆的改进和运输量的增加，到 1780 年就修成了 25000 英里有等级的公路。法国的公路系统是欧洲的模范，由于拿破仑的军事野心，它不但得到养护，而且远远伸出法国的边界，通向低地国家、德意志和意大利。在苏格兰正像在法国一样，对公路的需要部分是由于军事原因；但是在英格兰，经济的动机比较多，而且是比较零碎地解决的。1750 年以后管理公路的任务逐渐从地方当局移交给依法特设的公路通行税托收局，在 1829 年，这种托收局有 3780 个。英国的公路得到改进，蒂尔福德和麦克亚当的筑路技术在英国以外被广泛地使用；但是随着运河的迅速发展，公路在大量运输粮食、原料和制成品中只起次要的作用。从 18 世纪到 1830 年，欧洲公路改进得很少，在铁路发展之前，运输一直是经济扩展的一个障碍。

但是，在 1830 年以前，运输的改进并非仅仅是有了较好的公路和更多的运河；运输货物技术的重大发展是在 1830 年以后，以机车和汽船的出现而达到了高峰。在 1830 年已经有了机车，但是它们的存在只是作为未来的样板，而不是作为现实的例证。同样，虽然 1812 年在克莱德河上已经有一条汽船，1822 年在塞纳河上也有一条汽船，但是，直到 19 世纪 30 年代，木制帆船才结束了它的晚年的光荣历史，快速帆船使船舶的发展不是在体积上而是在设计上达到了完美的程度。在造船方面，用铜板包船底，船架和装备方面愈来愈广泛地使用铁，这都是重大的发展。但是在 1830 年联合王国登记的汽轮只有 39 艘，平均净吨位 87 吨。航运业的变化是在数量方面，不是在种类方面，欧洲的商船队在 1780—1830 年间迅速扩大了。从大不列颠对外贸易雇用船舶（英国的和外国的）的数目，可以对商船队的扩大管窥一斑。在 1783—1830 年间，英国外贸船只总数从 5182 艘（平均 180 吨）增至 19907 艘（平均 146 吨）。1830 年，在全世界各海洋上的船舶远比上列数字多得多，尽管它们的设计和体积 150 年来很少发生变化。

"这个时代的中心问题"，T. S. 艾什顿在他的著作中这样谈到英国，"是如何使数目空前增多的一代代孩子们吃饱、穿暖和有工作"。① 现在回顾起来，人口的增长是 1780—1830 年这一时期最惊人的特征，但是，对于当时的欧洲人来说，印象最深刻的则是英国工业的进步。英国的优越地位在 18 世纪归功于优越的政治制度，即与君主专制不同的君主立宪政体，在 19 世纪初期则几乎完全归功于机械技术。在 1740 年，"效法英国"（ál'imitation de l'Angleterre）一词已经成为人们的口头禅，而到 1830 年，英国已成为"工业欧洲的老师"，不断有人前去求教，英国也派遣企业家、工程师、工长和操作机器的工人到欧洲各地去建立和运营工厂。法国大部分的大型冶金企业都是在建立之前派人到英国访问的；1830 年，一个姓科克里尔的英国家族在比利时建立起欧洲最大的工业企业；1824 年雷米家族和赫施家族（他们有两个人在英国专门学习过），在英国炼铁工人的帮助下，将搅炼法引入了德意志。② 人们羡慕并且渴求英国的"神奇机器"（J. A. 布朗基在 1823 年这样称呼英国的机器）；禁止英国机械出口和工匠外流的法令在宣布取消的很久以前，就普遍无人理睬了。

英国是经历工业革命的第一个国家，但是这场革命的起因以及英国处于领先地位的理由，从来也没有得到充分的阐述。在英国的工业生产中，作为革命标志的急剧上升运动是在 1780—1790 年 10 年间发生的，但是，在此以前的 80 年间，生产率就以每年平均 2% 的幅度不断增长，对外贸易额增加了 3 倍。到 1780 年，法国的发展也是很显著的，工业增长率大致相同，贸易额也增加了 3 倍。但是有两点重要的差别。第一，从 1660 年以后，英国煤矿生产的煤炭是欧洲煤矿产量总和的 5 倍；在 1700 年，英国煤炭的产量超过法国产量的 30 倍，到 1800 年，依然超过 20 倍。在 1750 年以前，欧洲大陆很少使用煤炭，直至 1800 年之后才普遍使用，这比英国迟了 150 年。在 1700 年，英国每年的煤消耗量已经达到人均一吨半，到 1800 年又增

---

① T. S. 艾什顿：《工业革命，1760—1830 年》（牛津，1948 年），第 161 页。

② 参见 W. O. 亨德森《英国与工业欧洲，1750—1870 年》（利物浦大学出版社 1954 年版），其中对英国人在欧洲工业中的活动有详细的叙述。

加了一倍。英国的煤炭是历史上第一次用百万吨来计算的原料；煤炭的大量运输说明大量投资修筑运河是正确的；采煤中的种种问题促使蒸汽机更加完美；煤炭是大规模冶铁必不可少的燃料，而没有铁就不可能有工业革命；煤炭又是大量生产砖的必不可少的燃料，而没有砖，房屋建筑就永远跟不上人口增多的步伐。第二个区别不是那么明显，但具有更大的决定性作用。英国工业和商业的发展都是自发的，在法国和其他国家则带有人为的色彩，是专制君主追求大量消费和采取经济民族主义的结果。例如在法国，由于不同程度地由国家所有或国家资助，就形成了制造业的等级制度。① 英国也有享有特权的公司，但是一般来说，决定工业企业的收益的，亦即决定它们存亡的是市场而不是政府。

　　然而，企业自由只是英国社会环境的特点之一，英国的社会环境比其他各国都更有利于经济的变革。在这个环境里，政治是稳定的，社会是机动的；人们普遍接受非宗教的和个人主义的哲学；科学技术知识很普及；人身和财产比欧洲大陆有更大的保证。虽然其他国家同样有生活的世俗化，科学同样地发达，而且随着启蒙运动的到来，经济事务和社会事务也同样有了自由，但是与法国相比，英国在突破经济限制和行会制度方面要先进得多；与德意志相比，英国的有利之处是几百年来一直保持国家的统一，因而有一个完整的市场；与荷兰相比，英国有丰富的煤和铁。孟德斯鸠曾说英国人"在三个重要方面比其他各国人民都遥遥领先，那就是虔诚、商业和自由"。在英国工业化之初能够压倒潜在对手的有利条件之中，没有一个条件是绝对突出的，但是这些有利条件合在一起，却形成了光辉灿烂的星座。英国既然有了不妨碍革新的社会和政治气候，工业和商业已经发展起来，在地理上处于有利的地位（有煤炭和铁矿，位置适中，运输距离全都很短），又有充足的资本和扩大的市场等经济上的先决条件，那么，第二次工业革命发生在英国就是不足为奇的了。

　　然而，列举各项有利条件并不能说明问题。工业革命的特点是生产率的普遍增长，其前因、后果和构成都是极为错综复杂的。只有一

---

① 　W. C. 斯科维尔：《资本主义和法国的玻璃生产，1640—1789 年》（加利福尼亚大学，1950年），第 125 页。这里指出有四个集团：皇家工厂（由国家所有和运营），王室工厂（享有专卖特权和免税），享有特权的工厂（由国王特许，有某些特权），在这三类下面的是未得官方承认或赞助的企业。

件事是相当肯定的：转折点。在 1780 年以后，工业品生产显著增长，这种增长的技术基础可以认定是：迅速采用搅炼法、转缸式蒸汽发动机和改良的棉纺机。关于英国工业革命的远因，当时的和 19 世纪的解释都强调四个因素：主要由于亚当·斯密的功劳，经济政策由重商主义转变为自由放任；英国商业的扩张；由于有新的机器以及发明和使用这些机器的工程师和工匠，生产率不断增长；早期企业家的勤俭和献身精神，他们提供了开创新的工业过程所必要的资本和艰苦劳动。"我国是世界上第一个工业生产的国家，"1816 年弗兰克兰·刘易斯在下议院中说，"不是因为我国的劳动力比其他地方低廉，而是因为我们的人身和财产都有保障，因为我们有良好的政府，因为我国有一些独特的有利条件，因为我们有丰富的煤炭，因为我们有精巧的机器和机械，因为，由于我们所处的位置，我们不易受到战争的破坏，而在遭受战祸的国家里，一切改良的进程都被打断了；尤其重要的是因为我们有雄厚的资本积累，这是其他任何国家所无力抗衡的，而且，我们的资本家不是根据造成生产更不稳定的法律雇用工人"。[1]

亚当·斯密的自由放任理论肯定影响了 18 世纪的政治家，并且是 19 世纪国家政策的明显的基础，但是不能说亚当·斯密对 1780 年的工业化有任何直接的影响。在那时候，英国和欧洲大陆有许多人都认为要使经济增长必须采取比较自由的经济政策，亚当·斯密只不过是其中的一个。资本积累和发明创造当然是更为重要的。例如，T. S. 艾什顿就有这样的论点："能够以较低的利率取得资本""乃是 18 世纪中叶经济发展步伐所以加速"的原因。在 18 世纪初，利率为 7% 或 8%，到 1750 年下降为 3% 或 4%，这对于希望圈地的土地所有者来说，以及对于开挖运河和修筑公路的人来说，无疑是很重要的，尽管新的工业家主要是靠努力多捞利润来扩大资本的。英国银行业的发展也是很显著的，到 1800 年，伦敦有 52 家私营银行，各郡有 400 家，共同为工业提供大量的周转资产。发展需要资本，在 18 世纪后半期，除荷兰外，英国的资本比任何其他国家都更为充足而且利率较低。

但是，生产率增加的直接原因无疑是技术的进步：使用动力传动

---

① 英国议会议事录，第 34 卷，第 778 页。

的机器；用煤代替木材作燃料；用铁代替木材作建筑材料；由工厂进行生产；交通有所改进。在工业革命期间，较好的机器对生产率的影响大，收效快。罗伯特·欧文在 1816 年说："在我的新拉纳克的工厂里，大约由 2000 个年轻人和成年人管理的机械动力和操作……现在完成的工作量，在 60 年前需要由苏格兰的全部工业人口来完成。"[43] 这种进步说明从 1760 年至 1830 年情况发生了变化：在 1760 年，收入和人口增长得很慢，而到 1830 年人口的年增长率为 1.5%，平均实际收入也以同样的比率递增。

塞缪尔·斯迈尔斯说过："对英国工程技术的最大刺激是贸易——不但国内商业发展起来，而且扩大到了国外。"没有可以进入的国内外巨大市场，没有愿意而且有能力购买工业新产品的消费者，就不可能有生产大大增长的工业革命。特别是价格的降低才使市场有可能如此扩大，因为工业革命的产品趋于低廉而丰富。也许英国企业家最重要的发现是广大的市场，在这样的市场中，薄利多销机器制的廉价产品要比以高额利润小批出售优质产品更能成为普遍积累财富的基础。

现在可以叙述一下英国经济增长的过程和后果。英国本来是以农业为主，经济稳定而相对来说比较先进，但也拥有相当大的工业，特别是纺织业，又有偏重于国际贸易的成熟的商业组织。在 18 世纪初，英国开始逐渐改变它的农业和工业的生产方式，然而除了应付货币贬值和略微增加固定资本外，所余无几。人口在缓慢地增长，此外并没有什么要求变化的强大推动力，企业家的才能主要在商业上寻求出路。正如 P. 曼图所描述的那样，商人们变成了工业的鼓动者（les excitateurs de l'industrie），[①] 他们为农业生产和国内制造商积累资本并开发国内外市场。在 1740—1780 年这一阶段，对农业的大量投资以及对交通的较少量的投资，大大提高了经济的工业潜力，使 1780 年以后有扩大积累的可能。1740 年以后，人口的增长和国内外贸易的扩大提供了进一步的刺激力，而采用崭新的生产方法和增加国民收入用于生产投资的比例，使经济能够在按人口计算实际产量方面持续不断地增长。尽管在 1740 年以后总产量不断增长，但是只有在 1780 年

---

① P. 曼图：《十八世纪的工业革命》（巴黎，1906 年）。

以后，按人口计算的产量才猛烈上升；在 1700—1750 年间，按人口计算的实际收入的增长率每年为 0.3%，而在 1750—1800 年间则增至 0.45%，在 1801—1831 年间增至 1.1%，在 1831—1851 年间增至 1.5%，在 1782—1855 年间，工业产量的年增长率是 2%—4%，比 1780 年以前的增长率高 1 倍以上；在 1800—1830 年间，按人口计算的实际国民收入增加了 50%。1730 年以后，本国产品的收入显著增加，这是市场发展的主要刺激力，由于对殖民地产品的需求，这又是 1740 年以后殖民地贸易不断增加的推动力。从 1780—1800 年，国际贸易额增加了 1 倍，在增长缓慢的战争结束后，到 1840 年又翻了一番。这就难怪 G. R. 波特在 1836—1838 年出版的《国家的进步》一书中提到英国时，指出英国为"各国的翘楚"和"人类文明史上最伟大的进步"。这种进步在很大程度上应该归功于农业，因为尽管手工工业对国民收入的贡献从 1770 年的 20% 增加到 1812 年的 25%，1831 年又增加到 33.5%，但在 1780—1830 年间，农业仍然每年平均提供国民收入的 1/3。这是不足为奇的：在 18 世纪开始的农业革命使同样数目的农民可以养活到 1830 年增加将近 1 倍的总人口。

在工业中，纺织品和铁的生产，以及煤炭的开采，都有重大的进步。棉纺工业的增长可以从进口的原棉、雇用的人员（1831 年为 50 万人，其中约有一半在工厂里）、出口的数量、机器的使用（到 1831 年有 1000 万个纱锭，8 万台动力织机）等指标来衡量。[①] 炼铁工业由于采用焦炭熔炼、搅炼法和转动法以及蒸汽机而发生了革命：1788 年总产量约为 7 万吨，其中至少 1/5 是用木炭炉冶炼的；1806 年有 162 座焦炭炉，仅有 11 座木炭炉，产量为 26 万吨；到 1830 年，大概有 300 座焦炭炉投入生产，产量为 70 万吨。采煤能力由于蒸汽机（用于排水和拖运）和铁路而有显著的提高，1700 年已经生产 260 万吨，到 1780 年为 640 万吨，到 1800 年为 1010 万吨，而到 1830 年为 3000 万吨。英国工业化还有一个显著特点，就是工业集中于产煤区，到 1830 年，差不多全部棉纺织业都在兰开夏，40% 的炼铁业在南威尔士，30% 的炼铁业在斯塔福德郡。在 1780 年，炼铁和棉纺业在国

---

① （Ⅰ）原棉进口（百万磅）1771 年，4.8；1785 年，17.9；1790 年，31.4；1800 年，56；1811 年，90.3；1821 年，137.4；1831 年，273.2。（Ⅱ）棉织品出口：1820 年，2.5 亿码布，2300 万磅纱；1830 年，4.45 亿码布，6500 万磅纱。

民收入中大约占 5% 弱，在 1810 年起超过 10%，到 1830 年约为 ⁴⁵ 20%；在 1796—1798 年间，棉织品占出口总额的 13%，在 1815—1825 年间则占 40%。到 1830 年，制造业在国民经济中的地位，已经像它在 19 世纪其余年代里一样重要；在兰开夏、约克郡西区和布莱克地区，一个新的社会正在形成，在这个社会里，城市和工业的成分占主要地位，尽管存在着许多弊端和一些不公平的现象，但生活水平却是在逐渐提高。

1780 年以后，英国的国际贸易增长速度比工业生产快。然而，对欧洲经济更有意义的是，进口的相对增长和绝对增长更快一些：1796 年以后，英国的商品贸易多年来一直是入超（迄至 1830 年每年平均 900 万英镑），逆差的弥补是靠扩大无形收入、商船队的收益（1820 年英国占世界海运业的 40%）、商业和金融佣金、国外英国侨民（企业家、技工、官员）的储蓄，以及对外投资的收益（1817 年国外资产达 2500 万英镑，1832 年达 1.13 亿英镑）。英国贸易的入超是由于这样两个重要因素：自从机械化以后，英国的出口价格降低了（因而不利于以货易货，而且把工业革命的某些利益以廉价工业品的形式送给了外国人）；对于欧洲和海外的原料与食品的生产者来说，英国市场是重要的。1800 年英国贸易约占世界贸易的 27%，1840 年占 24%；在 1800 年的世界贸易中，非英国制品向英国市场输出的占 42%，1840 年占 36%；在其他所有国家的进口货中，1800 年英国产品约占 40%，1840 年占 25%。[1]

关于贸易的对象，在 1780 年之前和 1830 年之后，英国主要都是以美洲和欧洲为主：在此期间，一般来说，英国 1/3 的进口货由欧洲提供，40% 以上的出口货销于欧洲市场，而北美（包括西印度群岛）向英国提供 40% 以上的进口货，1/3 以上的出口货市场。在构成方面，英国贸易是后来欧洲与世界其他地区进行贸易的一个样板：出口货主要是新工业品——棉花、毛呢、铁器；进口货是原料和食品——在这一时期，小麦、羊毛和棉花占进口净额的 21%，茶、糖、烟草、糖浆和酒类占 30%。在 1800—1830 年间，在英国的进口总额中，原料从 40% 增至 70% 弱，食品从 20% 增至 30% 弱，而工业品则降至

---

[1]　A. H. 伊姆拉：《英国统治下的和平的经济因素》（哈佛大学，1958 年），第 2 章。

5%；在出口方面，工业品从83%增至96%，到1815年，棉纺品占出口货物的40%以上。由于英国仍然是唯一迅速工业化的国家，又是遥遥领先的最大贸易商，于是就在英国需求初级产品的基础上建立起国际专业化的格局。当双边付款在国际贸易中已很普遍的时候，进口就由出口直接反映出来；因而，销售英国工业品的北欧广大市场是直接随着英国从波罗的海国家进口谷物而浮动的。不过，由于多边付款制度还没有充分发展，18世纪的三角贸易还是趋向于多边的结算。英国对美国和北欧的贸易是逆差，但对其他地方（如南欧、南美和亚洲）则是顺差。美国对欧洲的贸易是顺差，但被世界其余地方的逆差抵消。即就欧洲内部而言，俄国和瑞典对英国的贸易是顺差，但被购买南欧的货物所抵消；比利时、法国和德意志在欧洲的内部的贸易中有盈余，以此弥补对海外（特别是对美国）贸易的亏损。

　　自从世界各地与英国的贸易这样频繁之后，由此产生的极其复杂的亏损和盈余便越来越多地在伦敦进行结算，以免金银块大量地流动。1832年，内森·路特希尔德宣称：一般说来，英格兰是"整个世界的银行……印度、中国、德意志、全世界的所有交易都由此处操纵，并在这个国家结算"。在1800年，伦敦已经是欧洲的商业金融中心，它提供短期和长期信贷、海上保险、航运、商业设施和货栈，这些服务都是独一无二的，尽管欧洲大陆的一些城市（例如巴黎和阿姆斯特丹）依然是国际结算的重要票据交换所。在1780年经营欧洲银行业务的有许多特许的公立银行、一些私立大商业银行和无数私立的小储蓄银行。银行业最初是从存款和贷款发展起来的，在18世纪期间，它日益从事调拨国际资金和发行钞票。1750年以后，旧的储蓄银行逐渐让位于半国营性质的发行钞票的银行；在1800年以后，各国政府纷纷把全部或部分发行钞票权交给它们，例如1803年授予法兰西银行在巴黎独家发行钞票的权利，1806年又授予它在有分行的省城独家发行钞票的权利。到1830年，英国、尼德兰联合省、瑞典、挪威、丹麦、普鲁士、法国和西班牙都有了拥有特权的发行钞票的国家银行。同时，商业和投资银行以及英国的农村银行也都应运而生，以满足经济发展所引起的对通货和信贷日益增长的需求，并且从中取利。主要的推动力是需要有贸易信贷和改善的划拨贸易差额的机构。但是，各国政府为了弥补开支和收入之间的时间差距，为了偿还由于持续的和普遍的收支不平衡（特别是在战争期间）而造成的国债，需要短期的和长期的贷款，这也是一个重要因素。在这一时期里，银行为了支持政府的确大大开展了接受存款以及购买商业证券和政府公债的业务。英国的银行一般都避免对工业发放长期贷款，但在欧洲大陆，例如在比利时，也开始有投资银行出现。

国际银行的设立对于未来也具有同等重要的意义。这种银行以伦敦为中心，专门应付日益增多的国家借款。1817 年乌弗哈尔—巴林—霍普合营银行向法国贷款 3.5 亿法郎，1818 年路特希尔德银行承担了普鲁士的第一次国外贷款。到 1825 年，法国、普鲁士、俄国、奥地利、葡萄牙、西班牙，甚至尚未独立的希腊全都有外债；在海外，也开始向南美洲的一些贫穷的独立政府发放了大批贷款。路特希尔德家族首先抓住国际金融业发展的大好机会，1815 年这个家族颇有策略地把五个成员安置在伦敦、巴黎、维也纳、法兰克福和那不勒斯。欧洲的国债总额大致从 1780 年的 5 亿英镑增加到 1820 年的 15 亿英镑，然后缓慢地增长，到 1848 年达到 17.3 亿英镑。

各式各样的金融发展都带来独特的通货膨胀和危机问题，这些问题因战争而加剧。通货膨胀不但引起一个重要的理论问题（主要用货币数量说的基本原理来解释），而且引起控制钞票发行额的实际问题。由于周期性的危机，包括大量的银行破产，人们开始考虑银行在经济繁荣和衰退时期的作用，考虑保护公众免受金融机构不稳定的影响这个实际问题。例如，英国由于对货币问题进行有系统的理论研究，终于在 1844 年颁布 "银行特许法"，企图以此控制银行和通货，从而防止危机的产生。

英国的对外贸易额远远超过其他任何国家。1830 年，第二个出口大国法国的出口总值还不到英国出口总值的一半，尼德兰联合省的出口总值不到英国的 1/4，其他欧洲国家的出口总值就更少得多了。工业的发展情况也是如此。欧洲任何地方的工业化都无法与英国的工业化相比。一般来说，距离英国愈远，其贸易额和工业化程度便愈低，受到英国发展影响最大的是英国的近邻。南欧、东欧和北欧则大不相同，这些地区在 1830 年以前依然变化很小。在南欧——西班牙、意大利和土耳其的欧洲部分，仍然是原始的农业经济，除加泰罗尼亚以外，工业的发展微不足道。土耳其由于国际贸易日益增长和采取非

常自由主义的贸易政策，圈地耕种和手工生产都有增长。1832 年
《奥斯曼导报》报道说："欧洲其他国家通过比较愉快或不愉快的政
治结合努力去实现的事情，奥斯曼帝国早已由良知、宽容和殷勤好客
完成了。……商业自由的威力在这里是没有限制的。……极端平和的
税收是这种商业自由的权威的补充。"但是，这种政策可能产生的良
好效果，由于政治制度造成了普遍的暴政和不安，不仅被一笔勾销，
而且还使财富的主要创造者、土地的耕种者成为不公平和压迫的叫天
不应叫地不灵的牺牲品。只有在分裂成一些民族国家之后，才会得到
较快的发展。

　　与此相反，意大利的经济不振主要是由于分裂，迄统一为止，意
大利始终是"一个停滞的和落后的文明国家"。在 18 世纪，政治的
分裂，贸易的壁垒，可怜的交通，行会的制约，狭小的市场，货币的
不统一，以及继续维护特权，使得一度十分繁荣的经济变为仅能维持
生活的农业经济。拿破仑的征服和统一曾经带来一些积极的利益，但
是这些利益被封锁和法国人的榨取抵消了。在战争以后，当这些利益
有一部分可以取得的时候，特权和旧政治疆界的令人不安的恢复，使
发展更加停滞不前。只有通往欧洲其他地区的天然门户伦巴第和皮埃
蒙特，才有比意大利的其他部分进步的农业和工业，但是，即使在这
两个地方，农业还是压倒其他一切活动，包括刚刚起步的软弱的纺织
品工厂化生产在内。其他地方有一些纺织工厂（机器在 1820 年引入
普拉托，甚至那不勒斯也在 1830 年之后建立了第一批棉纺厂），但是
在整个意大利，铁的生产微不足道，煤炭生产则等于零。1830 年以
前，任何地方都没有发生农业革命；尽管灌溉与合并以及封建制度的
衰落使农业生产有些增长，这种增长也只是与人口增长的速度相一致
而已。各地农民的境况都很悲惨。当约翰·鲍林爵士在 19 世纪 30 年
代访问意大利时，他曾报道农民目不识丁、愚昧无知、崇尚迷信、敌
视革新，以及"与世隔绝"。"有无数的农户几百年来占有同一的农
场，既未增加一文财富，也未增添半点知识。"

　　西班牙的情况与此类似。尽管有启蒙运动，有在启蒙运动影响下
认为可以用立法发展经济的维新的文官，有 80 个称为"国家之友"
的经济团体，因而在卡洛斯三世统治下有十分进步的经济思想和某些
自由化的商业生活，但是，使西班牙从一个头等国降为二等国的痼疾

依然未愈。西班牙依然以农业经济为主，生产出口原料（酒类、油类、羊毛、生丝和矿石），换回粮食和工业品，连手帕也从曼彻斯特输入。正如戈埃蒂所指出的那样，手帕上很鲜艳地印着著名斗牛士的面孔。谷物不足是西班牙经济中最显著的不合理现象，这是领主制度及其耕作太差的大庄园（Latifundia）所造成的结果，也是除了北部之外普遍缺乏小型或中型农场所造成的结果。饲养牲畜占有重要地位。直至 1836 年才撤销的牧民荣誉会（Mesta）拥有破坏性的移动羊群，威力可以从牧民荣誉会的特权看出来，而佃农的势力则很小。有2.5 万"毫无生气的村庄"，但足以刺激密集农业或者成为工业发展中心的大城镇却寥若晨星。西班牙工业之所以不振，一部分是由于城镇小和未能开发殖民地市场，但也由于保守的行会存在的时期太长。城市中产阶级人数很少，而且受到贵族的轻视；在农业很少盈余而工业盈余甚至更少、交通极差和市场狭小的经济中，他们宁愿依赖行会的保护是可以理解的。政府对工业的支持微不足道，就像在法国一样。对外贸易大多掌握在外国人手里（例如在加的斯），对外贸易的利润都流向国外。"领土辽阔、闭关锁国、商业关系停留在重商主义思想能够想象到的极端排他性上的"西班牙大帝国的经济，在 1800年比过去的西班牙有较大和较快的发展，但是它对工业品的需要不是通过西班牙的工业化，而是通过外国人（特别是英国人）来满足。战争使情况更加糟糕：它摧毁了政府，加剧了通货膨胀，中断了羊毛贸易；最终，战争使英国在西班牙本土和西班牙殖民帝国占据了工业品的市场。西班牙殖民帝国曾经是西班牙财富的保障，它既是金银的源泉，又是一个市场，在一个每 20 人中就有一个贵族的社会里，它又是贵族阶级谋求职业的途径。只有拥有制海权并已打入南美市场的禁区的英国，才能在殖民地独立来临时处于有利的地位。由于失去帝国，又加上通货膨胀，已有的货币问题加剧了：从 1770 年至 1800 年物价上涨了 60%，而 1800 年以后物价上涨得更快。虽然法国的入侵促使成立一个自由主义的政府，并且在 1811 年起草了一部自由主义的宪法，但是在战争结束以后，马上又恢复了贵族的特权，经济发展又缓慢下来。1820 年自由派的起义毫无效果，但是到了 1830 年，西班牙再一次发生暴乱。在那时候，只有加泰罗尼亚，特别是巴塞罗那，有一些主要的工业，主要是纺织业。

　　东欧的经济增长率也比西欧缓慢。俄国在 1720—1851 年间人口骤增 4 倍，部分是由于向各方扩张领土——这种扩张在经济上的长远意义是：俄国获得新的潜在资源，并能够直接接近西欧的日益发展的经济。俄国也有相当的工业。的确，俄国大概是 18 世纪炼铁工业发展最显著的一个国家：1800 年，乌拉尔生产的铁为 6.55 万吨，因为缺少国内消费者，有一半要输往国外，主要是输往英国。但是，尽管产量突出，技术却十分落后，用的是木炭冶炼炉（1800 年有 87 座）和手工打铁。同时，考虑到俄国的幅员和人口，工业中的总成绩就不如表面上那么出色，在 1770 年，俄国约有 5 万名"工厂"工人，在 1825 年有 21 万名。工厂有抛弃农奴而雇用自由劳动者的倾向，但是到 1830 年，只有棉纺业雇用的工人大多为自由工人，随着工厂生产的发展，庄园生产逐渐衰落，从而逐渐破坏了大概在欧洲是独一无二的封建庄园的自给自足状态。另外，到 1830 年，俄国还发展起一种显著的地区专业化。在北方，农奴制已经逐步消失，新经济作物（如亚麻、土豆和大麻）比率的增大是来自自由农民的生产。中部和南部的黑土地带仍然保持着农奴制，尽管它提供市场的产品也日益增多，这部分地是为了满足地主对工业品，特别是对进口货愈来愈大的需求，同时也在迫使农业进行改革，例如更广泛地采用三茬轮作。俄国的出口品很少——铁、亚麻、牛油、木材、谷物；进口货则多种多样——纺织品、金属制品、砂糖、酒类、油类以及多种消费品。俄国由于对英贸易的顺差，能够进口南欧的奢侈品，愈来愈多地装饰贵族家庭。但是，在 1830 年以前，经济发展缓慢而不稳定，在解放农奴以前，发展必然受到了阻碍。

　　在奥地利帝国，可能促使经济发展的启蒙运动和改革在 1789 年突然停顿了。继之而来的是封建的反对，在弗兰茨二世统治年代，竟然达到限制建设工厂的地步，尤其是在维也纳。结果，工业的发展迟缓起来；尽管封锁刺激了棉纺业的机械化，而和平和从英国进口廉价物品却带来了危机，直到 19 世纪 20 年代末期，生产还是停滞不前。在 19 世纪 30 年代，进步很迅速：到 1840 年，波希米亚的手纺机几乎完全不见了，蒸汽机得到普遍使用。农业也发生了变化，市场的扩大促使生产更多的谷物（例如在匈牙利），新产品（例如土豆、甜菜和细羊毛）也增多了。但是，由于弗兰茨在 1798 年恢复封建的权利，

大批贵族土地成为世袭财产（特别是在匈牙利），这就使农业的商品
生产困难起来，直到 1848 年以后，还有大片肥沃的土地没有开发。
尽管如此，在主要农业地区，贵族地主还是推动了有利可图的大规模
耕作和 1815 年以后的土地改革。到 1830 年，在奥地利的领土内，机
器的使用仅限于纺织工业（主要是波希米亚的棉纺业）；其他工业
（冶铁和制糖）的机械化只是在下一个 10 年才开始。

在北欧，一度是欧洲巨大商业中心之一的波罗的海国家的重要性
降低了，这时只进行铁、木材和谷物的贸易。斯堪的纳维亚的经济主
要是农业经济，但在这一时期里，农业有显著的改进，土地的占有方
式发生了变化，各地纷纷建立由类似英国自耕农的自由土地所有者经
营的、很有效率的中型农场。但是，除了瑞典的冶铁工业以外，斯堪
的纳维亚的工业依然规模很小，行会的势力虽然收缩，但在整个时期
依然是强大的。英国在冶铁方面作出的榜样以及英国对铁和木材的需
求，是促进斯堪的纳维亚工业生产的重要因素。瑞典的发展最引人注
目：谷物生产大量增加，到 1830 年，该国几乎不再需要进口粮食；
铁的生产从 1750 年的 6 万吨增加到 1781—1830 年间的每年平均 8 万
吨，虽然瑞典在欧洲铁的总产量中所占的比重在 1800—1850 年间从
10% 下降到 2%。尽管瑞典的铁厂老板在各企业中起带头作用，他们
迅速采用搅炼法，在 1804 年引进第一台蒸汽机，而且愈来愈多地使
用水力，但是他们无法与英国的焦炭冶铁竞争。木材加工居第二位，
在 1780—1830 年间，出口量增加了 60%。铁和木材都以英国为主要
市场，要不是由于战争，由于英国冶铁工业的迅速发展以及英国对加
拿大木材采取保护政策，本来可能增加得更快一些。不管怎么说，
1830 年瑞典给人的印象是一个政治上稳定、经济上稳步前进的国家 [52]
（在 19 世纪 20 年代放宽了关税），农业有所改进，开始有较好的交
通（例如戈塔运河），有两个重要的大城市，还有木材和冶铁这两个
发展中的工业部门，此后会刺激经济更迅速地发展。

挪威于 1814 年由丹麦让与瑞典，它有一个农业经济，出口木材、
鱼类和某些金属。除木材外，它的资源比瑞典更为有限，而木材工业
的发展则由于垄断和由于害怕毁灭森林而限制产量也受到了阻碍。然
而到 1800 年，该国的大部分土地已经为耕者所有，民政机关掌握在
非贵族出身的人们手中。在战争以后，可耕地有所扩展（虽然该国

仍然依靠进口粮食），伐木量和海豹与鲸鱼的捕获量有所增加，但是到 1830 年，经济仍没有真正增长的迹象。丹麦的繁荣已经依靠出口食品（特别是谷物），虽然在这一时期中商业和运输业也占有重要地位。丹麦控制着波罗的海的入口，直到 1857 年都征收通行税；它在 1800 年有 700 艘船，在 1839 年有 1600 艘；哥本哈根是波罗的海的重要贸易中心；关税的改革以及早就建立的保税货栈（1793 年）促进了过境贸易。战争的结束必然带来英国的竞争，但是丹麦需要英国市场，因此在 1824 年签订了以互惠为基础的商务条约。农业在发展，实际上到 1830 年已经完成了农场合并的过程，因此，在那个时候，丹麦的经济即便说不上先进，也是比较繁荣的。

在欧洲大陆上，比利时是经济最为发展的国家，尽管法国和德意志也有重大的进步。然而，德意志经济的强大在 1830 年还很不明显。伏尔泰预言德意志注定要永远贫穷，似乎已被几次战争和 1815—1828 年普鲁士的萧条所证实。虽然州的数量减少了，而普鲁士的面积又很大，使得德意志的分裂状态有所缓和，但是没有关税同盟作为走向统一的最起码的步骤，工业化是不可能的。比利时和英国新工业的竞争阻碍了德意志旧工业最先进的和最有市场的亚麻织物和冶铁的发展。容克贵族在农业中的支配地位和行会在工业中的支配地位，都使不利于发展的制度结构得到了加强。然而，1815 年以后的逐渐工业化乃是土地改革和取消关税壁垒的结果。1815 年之前就开始了废除农奴制和消灭行会对工业的控制；在 1818—1834 年间随着关税同盟的形成，州和州之间的关税壁垒也垮台了。德意志拥有煤铁资源，这些资源以后将给欧洲最大的重工业提供原料，但在 1830 年之前几乎没有开发。在德意志的两个最大煤田中，鲁尔由于它的宝藏无人知晓和由于它靠近比利时的煤铁企业，在这一时期发展很小；而上西里西亚的煤田则与世隔绝，如果没有普鲁士政府的资助，是根本不会开发的。结果，冶铁依然主要依赖于木炭。早在 18 世纪 80 年代，焦炭冶炼和搅炼法已经引进上西里西亚，但是在 19 世纪中叶以前，其他地方并未普遍采用。即使在上西里西亚，使用焦炭冶炼也只是在煤矿的附近地区；在西里西亚的其他地区，由于木材丰富，使用木炭冶炼的时间甚至比德意志其他地方还要长。莱茵河东岸的山区对于生产金属制品是最重要的，在 1840 年，德意志 1/3 的鼓风炉仍然由这里提供原料。广泛分布在德意志中部的炼铁工业，在 19 世纪由于鲁尔、西里西亚和从外国进口的廉价铁的竞争而日趋衰落。如果说德意志的未来在于煤和铁，那么它的过去和现在却在于羊毛和亚麻的织品。1800 年亚麻织布是主要的工业，那时在普鲁士的出口中纺织品占 75%，其中有 60% 是亚麻布，只有 4% 是金属制品。西里西亚—威斯特伐利亚的亚麻布特别受到整个欧洲的欢迎。波罗的海各港口输出的基本出口品——谷物、木材和布匹，在战后时期都有减少。主要运往西班牙、英国和美洲的亚麻织品，在 1815 年以后与廉价的英国亚麻布和棉织品相竞争，出口日益减少，这在亚麻布的手工织工中间不断造成社会性的悲剧。但是，制造羊毛织物也是德意志的一项古老的工业，自从 18 世纪引进美利奴羊之后有了相当大的发展。即使如此，1820—1840 年间，仍有大宗生羊毛输往约克郡。纺织是一项新兴工业，1800 年以后迅速发展，1815 年以后纺纱机械化程度不断提高，到 1835 年已有 15 万个纱锭。三项巨大的制度改革——废除农奴制、限制行会势力和组成关税同盟（Zollverein），再加上从比利时和英国来的企业家和技术工人，以及国家兴建企业和资助企业——是 1830 年以前德意志经济所以得到发展的原因。然而在当时，占统治地位的依然是农业经济，即使在工业最为发达的几个州（莱茵兰、威斯特伐利亚和萨克森）也是如此。为了建立足以维持专业化的巨大的国内市场，而且，正如 1814 年一个拥护统一的人所论证的那样，为了防止造成"波罗的海沿岸是葡萄园、哈尔茨山脉是玉米地，或者莱茵河畔的山区是牧羊场"的局面，经济的统一是很有必要的。

在 1783 年，所谓低地国家的地区是由奥属尼德兰（比利时）、[54] 联合省（荷兰）和列日公国组成的。比利时是欧洲首先发生工业革命的国家，英国工业革命也是首先通过这个门户传入欧洲的。比利时的工业所以突出，基本原因是：比利时地理位置优越，能通向三个逐渐发展的巨大市场（法国、德意志和英国）；可以通航的河流加上运河，在 1830 年提供 1000 英里以上的国内水路，使比利时得天独厚地与西欧大平原连接起来；比利时有容易开采的煤矿和铁矿，虽然不如英国或德意志的储量多，但也足以促使发生工业革命并坚持下去；由于纺织和冶金都有古老的工业传统，就提供了技术熟练的劳动力；拥有安特卫普这样一个巨大的商业和金融中心。在这些有利条件以外，还要加上历届良好的政府：在比利时并入法国时期，公路得到改善，开通了斯凯尔特河，在对纺织品和金属制品的需求迅速增长的时候有一个长期"和平"的受到保护的市场；1815年以后与荷兰合并，在威廉一世明智的支持下，在19世纪20年代，工业趁机发展起来。政府对工业有直接的支持——由威廉和国家发放贷款，也有间接的支持——关税减轻和金融机构扶助工业；例如，在1830年建立兴旺的冶铁业时，这一类的鼓励就起过很大作用。比利时在1780年已经有一个很大的城市社会，为了养活这个社会，佛兰德的农业像英国农业的效率一样高。尽管1815年的和平导致比利时脱离法国和形成莱茵河流域的市场，导致欧洲市场向英国货物开放，但在1820年以后，却有减轻关税、政府补贴工业以及发展运河来作为补偿。1821年，由于派遣伦琴中尉去考察英国的冶铁工业并与比利时的冶铁业作一比较，保证了技术的迅速提高。伦琴发现只有一家比利时钢铁厂——列日附近塞兰的约翰·科克里尔钢铁厂能够比得上英国的钢铁厂，他建议建立一个国营工厂，采用英国工厂的设备，开始时雇用英国技术工人。这个建议没有被采纳，而是由政府向科克里尔两次发放大批贷款，以扩大他的工厂。科克里尔工厂是欧洲第一批统管生产和销售全部过程的组织之一，由一位有杰出才能的企业家将之扩大成一个工业帝国，在1830年，这个工业帝国的规模在欧洲首屈一指。比利时像英国一样，也是个大产煤国，从1790年起，产量随着工业的普遍扩大而增长，到1830年已达250万吨。纺织工业也迅速发展起来，1829年纱锭数量等于1810年的2倍，织机等于3倍。然而，为比利时的经济发展提供主要基础的是默兹河沿岸的煤铁联合企业。尽管如此，用焦炭冶炼取代木炭冶炼进展得很慢，在1820年以后才由奥尔邦在格里文日和由科克里尔在塞兰建立第一批烧焦炭鼓风炉，即使到了1842年，比利时的120座熔铁炉中也只有45座是烧焦炭的。扩大银行业以提供信贷和资本，对工业发展具有重要的意义，它促使工业和银行业的紧密联系，这种联系后来成为德意志的特点。特别是1822年成立"低地国家民族工业促进总公司"（向工业家提供贷款）和"荷兰贸易公司"（促进出口），防止了金融对工业化和商业的卡脖子现象。到1840年，比利时尽管由于脱离荷兰而发生秩序混乱，它在技术上仍然是欧洲大陆最先进的国家，它生产消费品以及汽船、火车头和纺织机械，正如 J. H. 克拉彭所指出的那样，比利时"在工业方面是唯一能和英国并驾齐驱的国家"。

虽然比利时在法国和威廉一世统治下颇为繁荣，荷兰却全面遭殃。荷兰的商业经济在 18 世纪已经落后。最后一场英荷战争损害了依然很重要的对美洲的贸易和对东方的贸易，削弱了荷兰的商船队，从而引起荷兰商业的彻底衰落；在拿破仑时期，荷兰失去一些殖民地和许多船只，荷兰的商业每况愈下。威廉一世的目的是要"使尼德兰再度成为在世界贸易中占相当地位的集散中心，荷兰王国的地理位置使它有权享有这种地位"；但是他所恩赐的政策注定是要失败的。比利时注重保护贸易，荷兰注重自由贸易，这种政策上的不可调和的矛盾，使得两个国家在合并之后不可能有一个统一的政策。威廉一世修筑的公路、运河和港口对比利时有直接的好处，而对荷兰却只有长远的利益。如果政治上保持统一，那么，建立一个统一国家的主张——由一个工业的比利时和一个商业的荷兰组成一个有效的帝国——是很有可能实现的。但是 1830 年的革命使比利时暂时失去了市场，使荷兰更加长久地没有工业。使荷兰重新成为货物集散地的努力成效很少；在 18 世纪 90 年代，汉堡垄断了英国商品的经销权；从 1800 年至 1815 年，虽然在封锁之后贸易仍在继续进行，荷兰却失去了它的传统商品；1815 年以后，关税以及英国的竞争使它难以重新获得原先的市场。威廉的解决办法是通过单一的贸易公司进行贸易，这个办法失败了。原先的批发商品——香料、糖、鲱鱼和亚麻布，被煤、铁和棉花取而代之了，而这些又都不是荷兰专有的物品。鹿特丹和安特卫普的未来是有保证的，但是较小港口的前途却更可能成为农业地区的集市，而不是国际的商业中心。荷兰势必要从商业转向农业，1801 年和 1804 年法国取消封建特权，更助长了商业性农业的发展，这到 1830 年已经对荷兰的贸易发挥重大的作用。

法国在 18 世纪是西欧人口最多和最富有的国家，但在 1780 年以后却被英国超过了。甚至在此以前，更多的资本积累、更多的工业投资和更完善的金融机构已经使英国遥遥领先。在法国，行会的势力、沉重的课税以及限制性的商业和航运制度，也阻碍了经济的发展。战争进一步扩大了英法两国经济上的差距。米什莱在观察 1800 年的欧洲时，注意到法国的群众在涌向兵营，而英国的群众则拥向工厂。农业继续在法国经济中占有统治地位，它的最显著特点是"稳定不变"。然而，尽管基本粮食作物仍然居于最重要的地位，大城市的要求却引起一场农业革命——建立人造牧场，种植块根作物，围场和改进牲畜饲养。这场革命是1750年以后在巴黎附近开始的，然后慢慢地扩展，直到建设铁路之后才对农业发生猛烈的影响。重农主义者认为"国家的财富与国土的地力恰好成正比"，他们促使政府和大地主改进农业。的确，18世纪的许多农村贵族为了满足日益增长的市场需要，是靠锐意经营他们的庄园而不是靠领主权利来积累财富的。但是，市场很少超越省界，而且唯一巨大的专业化是栽培葡萄酿酒。在南方较为贫瘠的土地上，两年轮作制一直保持到1830年以后；其他地区实行三年轮作制，但除巴黎附近和法国的佛兰德以外，农业毫无进展。甚至在1789年以前，土地所有权都已经普遍分散，到处都有不可胜数的自耕农。法国革命主要关心的是法律关系和所有权关系，结果有大量财产易手，但这对于耕作方法并没有很大影响。的确，除了栽培土豆和甜菜而外，1830年以前，农业没有大的变化。工业的情况也是一样。尽管修筑了公路和运河，但在铁路建成之前，法国经济的地方主义及其分散的小规模家庭工业依然如故。在18世纪，煤炭的产量比较大，但是来自分散的煤田，而且就地使用，大多是在中央高原及其边界地区。1760年以后，圣艾蒂安的煤经卢瓦尔河运至巴黎，1789年法国煤的总产量为50万吨，1830年为180万吨。但是，由于迟迟不采用蒸汽机，继续使用木炭炼铁（1819年以后为了保护地主利益，又增加关税以维持木炭的价格），以及容易得到比利时的煤，在1840年以前，煤炭的生产受到了限制。在18世纪，炼铁业由于燃料短缺和政府朝令夕改而受到阻碍；虽然从比利牛斯山到比利时边界到处都有炼铁厂，但是大多数铁厂的规模都很小。在1827年，这种地理上的差异依然存在，那时共有424座鼓风炉，分布在45个省；生产单位都很小，在所生产的34万吨铁当中，只有4万吨是用搅炼法生产的。在1830年，仍然有86%的铁是用木炭冶炼的。纺织工业（例如北方各省的棉纺和毛纺织业）的变化比较大，但是除1815—1830年间米卢兹的棉纺业外，没有根本性变化；在1830年，共有50万个纱锭和2000台动力织机在运转。到1830年，法国的原棉消耗量共达7000万磅。羊毛纺织业的变化比较慢，而丝织业则更慢一些。法国工业技术的普遍落后，可以从 1840 年法国只有 2803 台蒸汽机这一事实看出来。尽管战争促进了英国的工业化，但是它却夺走了法国的殖民地市场，而又没有给予法国永久性的欧洲市场作为补偿。战争还鼓舞了在大陆体系下和拿破仑帝国政区内的保护工业。在战后的竞争世界中，由于英国货可以自由进入欧洲，法国只有棉纺织业发展迅速。

因此，1780—1830 年这一时期并不是欧洲普遍工业化的时期，尽管煤、铁和纺织工业都有重大而又广泛的发展。在英国以外的地方，一般只有棉纺织业发生工业革命，到 1830 年，欧洲大陆棉纺织业的棉花消耗量将近英国的 3/4。然而在这时候，英国生产的煤仍然占欧洲总产量的 80%，铁占欧洲总产量的 50%，蒸汽机几乎占欧洲总台数的 100%。因此，一般说来，这是人口和贸易增长的一个时期，而不是工业化的时期，"贸易中贪得无厌的原则"，特别是英国贸易，是经济增长的主要推动力。人们说："在没有英国商业的地方，根本就没有商业可言。"这也是一个充满希望的时期；在受人羡慕和效法的英国鼓励之下，乐观主义和对进步的信心成为 19 世纪的特征。法国革命尖锐地提出了阶级关系问题和阶级冲突的危险；工业革命虽然突出了贫富的对比，却使人人都怀有富裕的希望。这两种革命都有助于打破旧制度层次分明的社会等级制，都鼓励政治上和经济上的自由主义，从而导致以经济上的差异代替法律上的差异作为社会作用的基础，以放任自由作为国家政策的基础。维护旧制度的旧势力极力要保持现状，它们可以推迟但是不能阻挡自由扩展的私人利益集团反对故步自封的和束缚手脚的腐朽当局而引起的变革。实行经济自由主义的结果是：工业中的行会制度的衰微（在立法的帮助下），个人取得更大的自由（可以占有和处理财产，为了经济上的机会可以迁居别处），贸易的自由化。工厂主和商人很快就组成影响国家政策的压力集团。1819 年德意志"商工联合会"和 1820 年"伦敦商会"提出的要求贸易自由化的两个著名请愿书，正是工厂主和商人的努力的典型表现。在这一时期——1783—1793 年——的开始，整个欧洲都在进行关于贸易特权的谈判，虽然被战争多次打断，但在 1815 年后谈判又继续了。正像亚当·斯密和古典经济学家所阐明的那样，自由贸易和放任政策的优越性已被新的政治经济学"证明"。亚当·斯

58

密的自由主义的影响极为普遍，在 1800 年以前，《国富论》一书已有法文、德文、意大利文、西班牙文和丹麦文的译本问世。亚当·斯密不仅攻击重商主义，而且向自由主义者提供了在"一只无形的手"能够操纵的自由竞争的世界里经济利益协调的理论。J. B. 萨伊的市场法则加强了亚当·斯密的乐观主义，这一法则强调供应，认为生产为消费提供资金，而供应创造自己的需求。T. R. 马尔萨斯和 D. 李嘉图一派则不那么乐观，他们相信一切成本都可以归结为劳动代价；他们说明资本积累和人口增长如何会提高地租，直至报酬递减律降低利润和节余，结果成为静止不动的、工资仅能维持生存的经济。因此，古典经济学家虽然证明放任自由是正确的，但在李嘉图的体系中包含着地主、资本家和工人之间的利益冲突，也就为马克思的经济学、为阶级斗争理论提供了理论基础。既然存在着工人阶级的不满和暴力行动，阶级斗争理论似乎是有道理的。

　　然而，在工人阶级逐渐获得经济和政治觉悟的社会中，社会的动荡不安是对现状不满和对财富分配不满的产物。现在，能力和出身一样，成为更加普遍的进身之阶，历史上从来没有那么多出身卑微的人从贫穷中上升为有钱有势的人。不过，从来没有如此之多的对现存思想和制度的怀疑，也从来没有如此之多的对未来社会的安排计划。都市化、工厂和较好的交通和通信设施，使工人阶级更容易联合起来。国内秩序混乱一部分起因于群众的经济不满（例如害怕机器），一部分起因于革命思想（例如巴贝夫、圣西门和傅立叶的思想）。这种混乱引起反动和镇压；但是也有助于中产阶级和上层阶级的激进分子和人道主义者，他们主张进行社会改革，要求政府更加积极地去规定新兴工业中的工作条件。到了 19 世纪 30 年代，人们普遍同意拉马丁的说法："如果社会和政府不去探索和解决无产阶级问题，将会使这个问题成为当今社会中最可怕的爆炸性问题。"这时英国已经通过了第一批工厂法，这些法令不久即成为其他国家效法的样板。不管怎么说，工人阶级的条件是在逐步改善的：1830 年英国的实际工资比1780 年提高了 50%；在 1840 年，路易·菲利普建立的一个委员会也表明，法国工人阶级的经济状况肯定比大革命以前好得多。在其他地方，除了比利时而外，改善不大显著；然而凡是从事工商业的人口比率有所增长的地方，生活水平和生活方式都向更好的方面改变。正如麦考利 1830 年在谈到英国时所说的那样："如今我们国家比 1790 年还穷吗？我们坚决相信，尽管统治者有种种管理不当之处，但英国几乎一直在变得越来越富。有时略有停顿，有时暂时倒退，但总的趋势是不容置疑的。一个浪头也许会后退，但是潮水显然在汹涌而来。"

（郑项林　译）

第 三 章

武装力量和战争艺术

一 陆军

克劳塞维茨在他的经典著作《战争论》的第八卷中描述了他所理解的在他生活时代所发生的战争中的革命。他说，18 世纪的战争是国王之间的战争，而不是各国人民的战争。战争并不危及民族的存亡（正如奥斯特利茨战役和耶拿战役之后的普鲁士那样），只是征服敌方的一两个省。这类战争只是国家的事情，只是一个独裁政权的事情，与人民的利益毫无关系。暴力受到谋略的制约，事实上，这就是20 世纪所谓的"有限战争"。

然而，1789 年以后发生了深刻的变化。克劳塞维茨继续说：

> 虽然根据一般看问题的方式，在 1793 年，所有的希望都寄托于一支很小的武装部队，任何人都没有想到会出现这样一种力量。但战争再一次突然变成人民的事情，变成 3000 万人民的事情，每个人都把自己看作是国家的公民……
>
> 在所有这一切都经波拿巴之手完善之后，这支以全民族力量为基础的强大军事力量就踏遍欧洲，确确实实地粉碎了一切，当它只是与旧式军队遭遇的时候，其结果是丝毫不容置疑的。但是在一定的时候引起了反抗。[在另外的地方]战争本身变成了人民的事情……
>
> 因此，自从波拿巴时代以来，战争首先在一方，然后又在另一方成为全民族的事情，具有一种完全新的性质……①

---

① C. 冯·克劳塞维茨：《战争论》，J. J. 格雷厄姆上校英译本，3 卷本（伦敦，1873 年），第 3 卷，第 54—55 页。

对于 1789 年以后的历史学家来说，在军事问题上也和其他问题上一样，一个基本问题是要区别哪些是真正革命性的东西，哪些是在 18 世纪或者更早的时候已经逐渐发展起来的。克劳塞维茨作为法国革命时代和拿破仑时代的战争的目击者对这一分界线应该划在哪里不抱任何疑问。在他看来，当时各大强国的军队，就像在整个 18 世纪的一般情况那样，纪律、训练、装备和服役的一般素质都大致相同。他认为，18 世纪的有限战争所以变成他那个时代的总体战争，是由于把民族精神灌输到战斗中去，结果形成整个民族间的相互对立。战争的目的、军队的规模和作战的地域，仿佛全部被新精神给扩大了。战争成了全民族的事情。结果，有限战争的限制被推翻了。作战的目的现在变成了"把敌人打倒，不到敌方颓然倒地就绝不可能住手或在双方的战争目的上达成任何谅解"。

对克劳塞维茨的观点很难表示异议。在这个时期的战争中那些革命性的事物并不是因为武器的变化而引起的，新的战术方式和方法的影响也颇为有限。产生这些革命性事物主要是由于"全民皆兵"的出现，由于"全民武装"使得大规模扩军成为可能，以及由于放弃了边疆政策或王朝政策而采纳了新的民族政策。"全民武装"就是这种政策的军事工具。

当然，这并不是说在大革命前的年代里从来无人知道或无人考虑爱国主义对战争的影响，以及将这种精神以征兵的形式实际加以应用。萨德就曾主张征兵可以避免暴力和欺诈手段：这种手段是以拉壮丁的方法来组成名义上的志愿兵。法国的军事改革家吉贝尔不仅主张全民兵役制，而且主张军事训练应有民族特性。卢梭声称只有一支由全体公民组成的全国民兵才足以保卫一个自由国家。但这些人提出这些主张时并不抱希望，特别是吉贝尔已预见到只有政治革命才能带来军事革命。

即使法国大革命到来时，最初它也并没有使人意识到将会培育出一支新型的军队和新的作战方式。1789 年的陈情书曾多次要求取消地方民兵，其用意是政治的革新将使对武装力量的需要减少而不是增多。接着又采取了一系列行动解散旧王室的军队，而没有组织任何有效的军事力量来代替它，至少在当时没有组织。这种暂时的无组织状态所造成的最严重问题是失去了 2/3 的军官。在 1789 年的将近 1 万名军官队伍中约有 7000 人是贵族。当然，并不是所有这 7000 人都反对大革命，更不用说那些平民出身或靠运气擢升的军官了，但他们中间确实有许多人是反对大革命的，而且很快就弃职投奔到特里尔和科布伦茨的流亡贵族那里去了。攻占巴士底狱，组建国民卫队，1790年2月颁行新军事体制的根本法令（其中规定任何公民都能升任各级军阶和职务），以及在新的誓词中要求把对国家和宪法的效忠置于传统的对国王的效忠之上——这一切都加快了瓦解的过程。军官的叛离从1791年全年一直持续到1792年。

　　早在1789年12月，杜布瓦－克朗塞就要求实行全民性的短期兵役制和建立一支小型的正规军。他主张应将公民权与服兵役的义务结合在一起。但是制宪议会决定保持领饷金的志愿入伍制。从理论上对征兵制的反对在国家武装部队的实际需要面前是毫无用处的，特别是在大革命日益增长的暴力行为使得欧洲其他王国的态度变得逐渐敌对的时候更加如此。因此，从1791年6月开始，法国陆军的规模就不断扩大，那年夏天下令从各省国民卫队的志愿人员中新组建总人数为10万人的158个营。1792年5月立法议会要求再招募7.4万名志愿兵。然而，这次志愿的原则在执行中有所限制，每个省和地区都分配定额，如果志愿的人数达不到指标，其余的则通过抽签强征入伍。次年春天又使用了同样的办法。许多志愿兵在1792年年底就已服役期满，估计需要约3万名新兵。这么大的数目光靠招募志愿兵是不大可能实现的，于是国民公会同意在18岁到40岁的未婚男子中，通过抽签征召人员来弥补志愿兵的缺额。向各省派出了专员去催促征兵活动。

　　尽管如此，志愿兵役制显然完全失败了。实施大规模的强制征兵已迫在眉睫。1793年8月23日国民公会通过了卡诺的法令，通过征兵组建543个营，直接由陆军部长管辖，分配到前线的11个军里去。

　　［据宣布］国家号召所有的法国人都来保卫自由……从此时起直至敌人被逐出共和国的领土为止，所有的法国人都需服从军队的需要。年轻人开赴前线，有家室的人制造武器、运送粮食，妇女制作营帐和被服或到医院工作，孩子们把旧布料改成绷带，老人们被送到广场上为战士们鼓气，教导他们仇视国王和保卫共和国的统一。

这是近代全民武装的宣言。这些号召都实现了。有 40 万以上的 18 岁到 25 岁的年轻人，即被征人员中的第一类应征入伍。他们和志愿兵一起满足了共和国军队在其后五年里的需要。到 1794 年春，法国已有 75 万军队。此外，在 1793—1794 年冬天实现了旧军队的余部与新军队的合编，而这是疑虑重重的早期革命政府所坚决反对的。

拿破仑原则上沿用了已在共和国军队中确立的征兵和晋级的方法。与此同时，执政时期和帝国时期的军队最清楚地显示出那些在这一时期妨碍全面贯彻"全民武装"原则的实际局限性。

共和六年（1798 年）的一项法令把已在实施的征兵条例更合理化了，虽然这些条例直至 1811 年才最后编入法典。按法律，所有 20 岁到 25 岁之间的法国男子都应服兵役，但即使在此年龄范围内，其普遍性也是有限的。首先，法律本身就免除了许多种人的兵役义务，包括已婚男子，不管是否已婚但有人要靠其供养的人，后来还有教士。其次，出于财政和经济原因，通常只征召花名册上的一部分人，直到帝国最后的危急年代才改变。最后，那些被征召的人可以找人替代，这种特权实际上早已形成，到 1802 年 5 月就合法化了。

在督政府时期，最初从拿破仑开始，每年的征兵数目由立法议会批准，并决定各省分配的名额。市政当局给那些应征的人员进行体格检查，决定哪些人应入伍并处理替代问题。这样的安排当然为行贿舞弊开了方便之门，许多环节都有可乘之机。于是拿破仑试图将整个制度更直接地置于中央控制之下。1802 年他下令在各省设立征兵委员会，由省长和几名军官助手组成，其职责是审查所有那些要求免除兵役的人。三年后，地方议会被解除了一切与征兵有关的职权，它们的工作由省长和副省长们接管。从此，这些官员们负责拟订适于服役人员的名单、严格按抽签办法选出实际应征者，安排新兵体检和处理找人替代问题。在这些场合中，团的军官也在现场，即可视需要提出专业性意见，也负责把选出的新兵送到他们的营地。

这一整套做法明显地违反了一条革命原则，即平等的原则。不管最初的抽签选拔做得如何公平，最后能花钱找替身这一特权显然是对富人有利。以科多尔省为例，在帝国中期一名替身的代价是 2000—3500 法郎，被征入伍的人中只有很小一部分人付得起这个价钱。更何况拿破仑企图通过控制报名和体检这些早期环节来消灭舞弊的办法是否十分成功也是大可怀疑的。

　　但是，如果说平等的原则在这一方面受到了损害，那么在另一个或许更为重要的方面却受到了国民公会、督政府和拿破仑的一贯遵循。革命军队从建立之日起就为那些雄心勃勃、满腔热忱的年轻人提供了发挥才能的机会。拿破仑始终如一地坚持了这个传统。的确有可能从最低一级晋升到最高一级，拿破仑手下的元帅们的履历充分证实了这一点。从本质上讲这是一支能打仗的军队。晋升不是靠出身或文化水平，而是靠作战英勇。荣誉只能通过战斗中的实际行动来获得。尽管拿破仑颁授各种勋章或荣誉称号时从不吝惜，但区分成功者与失败者的关键是作战的素质。这样一来，现在军官们与旧政权的军官相比，要和士兵们接近得多了。他们之间的关系很像今日一些技术兵种存在的那种关系，例如一架飞机或一辆坦克里的全体乘员常常不重视他们之间的军阶差别。在大革命和帝国时期的法国军队中，这种没有差别的现象之所以更有可能发生，也是因为当时他们还没有建立由专职军人组成的总参谋部。

　　但是不难认为这一时期的征兵像 20 世纪那样有条不紊。在 1800 年到 1812 年之间，拿破仑共征召了约 110 万法国人。即使是 1812 年到 1813 年的紧急征召，其人数也远没有达到应服役名册上的一半。随着需要的增加，拿破仑先是使用外籍军团，然后使用盟国和仆从国的军队。但是，这种表面上有节制的做法掩盖了这个制度内在的一些过火行为。这些过火行为使服兵役从光荣的义务变成了广泛的苦役，特别在 1805 年以后战争变得几乎连绵不断时更是如此。例如，在 1803 年有 17 万以上的 1792—1799 年度征召的士兵仍被留在部队里，并且一直无限期地留下去。那些当年未被征召的或已经找替身的人也并不保险。因为难保日后不征召那些属于以往应征年度的人服役。这种情况 1805 年就出现过。最后，在极度需要的时候，应征年度也可以提前。例如，为了尽力弥补在俄国和莱比锡战役中遭到的损失，提前于 1813 年 10 月征召了应该在 1815 年服役的人。这样的年轻人从法律上说不到服役年龄，然而在 1814 年战争的最后阶段约有 8 万名这样的人在兵营受训。正是这些弊病使许多法国人认为征兵制是不可忍受的，以致拿破仑的许多坚决支持者在 1815 年的危急时刻还企图说服皇帝不要再进行征兵。

除法国之外，普鲁士是在这个时期里社会和政治解放与军事上全民服兵役同时并举的最重要的国家。在提尔西特和约之后的几个月里，施泰因和他的革新派同行们一致认为普鲁士的解放需要有一支全民的军队，而在普鲁士，只有通过给予所有普鲁士臣民以基本的社会和政治权利才能建立起这样一支军队。同法国一样，政治上的解放和军队实行征兵制成为全民武装的两大支柱。

诚然，这些革新者在很长一段时间里，由于弗里德里希·威廉三世疑虑重重和拿破仑所加的种种限制而受到阻碍。国王的态度很重要，因为他是整个19世纪许多欧洲国家里保守思想的典型。弗里德里希·威廉认为由义务兵或民兵组成的军队对职业军队的效率是一种威胁，也是对国王权威的潜在威胁。拿破仑根据1808年9月的巴黎条约，不准普鲁士军队总数超过4.2万人，并且禁止建立民兵。现在很清楚，甚至后备役的替换制也是建立在非常有限的基础上，因而在1813年实际上没有组成一支人数众多的民族解放军。但在另一方面，为了播下新思想的种子以便在情况好转时就能获得丰收，做了许多工作。新的陆军部自1809年后在沙恩霍斯特的主持下消除了对1806年的惨败起很大影响的民众与军队之间的隔阂。征兵和培训军官方面的改革也向同一方向发展。当1813年危机到来时，全民动员的概念已经过充分的辩论和筹划，因此有可能在很短时间内采取行动。首先，东普鲁士邦议会决定动员由18岁到45岁的壮丁组成的一支后备军。然后，在1813年2月整个普鲁士实行了全面征兵。所有年龄在17岁到40岁的男子，除了已参加军队或志愿的民兵者以外，都要按东普鲁士的模式编入后备军，或编入国土防卫部队和游击队。这种精神与大革命时期法国的全民皆兵的精神是一致的，到1813年年底，普鲁士已有约30万人（占人口的6%）拿起了武器。这支军队几乎是腓特烈大王的常备军人数的2倍。

这一时期还有一项军事革新表明普鲁士和法国取得了颇为相似的进展。耶拿战役以后，普鲁士的革新者们，特别是沙恩霍斯特，急于结束贵族垄断军官队伍的情况。用格罗尔曼的话来说，"为了打仗，不一定要出身于哪个特定的阶级"。1808年8月国王的一项命令宣布："今后任命军官职务，平时将根据知识和教育，战时则根据武勇出众，机敏过人。……在军界中一直存在的根据社会地位给予的特惠，从此一律取消。任何人，不管其家庭背景如何，都有同样的义务和同样的权利。"

　　国王及其亲信不久就对这种做法加以限制，1815 年以前即已如此，以后就更加坚决了。但是这些革新带来的某些机构改革，例如为选拔和培养军官而设立的新的军事院校，给普鲁士人留下了长远的影响。尽管对社会地位的要求在很大程度上依旧存在，但一个军官所具备的智力素质的价值得到了正式承认。

　　当然，全民战争时期来到的最显著的标志是武装人员和军队规模的剧增，这种战争在 20 世纪被称作总体战。18 世纪的将领们自马尔伯勒以来，作战时投入的军队人数在 5 万到 7.5 万之间。腓特烈大王在洛伊滕和库纳斯鲁多夫战场上使用的军队只有 4 万多一点，而在莫尔维茨战役则更少。1796 年，拿破仑在他对奥地利和皮埃蒙特联军的战果辉煌的战役初期，似乎只有 3.5 万人。在马伦戈战役时，他率领的军队增至 5 万。到 1805 年乌尔姆战役和 1806 年耶拿战役时，他调动的军队已各达 18 万到 19 万人，及至 1812 年入侵俄国时，他集结的军队总人数竟达这个数目的 3 倍。拿破仑的对手们也顺着这个总趋势发展。的确，单独作战时没有一个国家能与拿破仑匹敌。但奥地利在乌尔姆战役中集结成了 8.5 万人，在瓦格拉姆战役中人数更多。1806 年普鲁士投入耶拿决战的总人数几近 15 万。1815 年，俄国、普鲁士、奥地利和英国一致决定集中近 60 万军队，分数路向巴黎进军。

67　当林尼战役和滑铁卢战役在同年 6 月打响时，法国、普鲁士和英国的约 25 万人聚集在战场上决一胜负。"武装集群"的时代从此开始了。

　　如果说从人力方面来看，战争的性质已经改变的话，那么从所使用的武器来看情况却远非如此。这一时期的武器还是在 18 世纪里缓慢发展起来的那些武器，而且一直沿用到 19 世纪下半叶。政治大革命带来了意义不可估量的道义力量，但早期的工业革命在战争的物质和技术方面的成就与之相比却微不足道，尽管这场革命使英国有能力进行长达 20 多年的战争。

　　滑膛枪是当时的主要步兵武器。这种滑膛、枪口装弹的燧发火器早在 18 世纪初就已普遍使用，而且直到滑铁卢战役后整整一代人的时间里，它一直是步兵的标准武器。有膛线即来复线的枪管的优越性自 16 世纪以来即为人们所知。早在美国独立战争时期，英军中就有来复枪手。但是，制作来复线耗资大，而且很难与前膛装弹的方式结合在一起。因此，这一时期一直普遍使用燧发滑膛枪，通常还配上刺刀。这样，步兵使用的是一种近代的射弹和突击兵器合而为一的武器。

欧洲任何型号的滑膛枪或燧发枪都不是很有效的武器。火石会磨耗，枪膛因使用粗糙的火药而损坏，火药本身在潮湿的气候条件下也很难保持干燥。装填弹药的复杂过程使得即使是训练有素的士兵的射击速度也很难超过每分钟 1 发，最多 2 发。子弹在约 200 码以外一般已无杀伤力，而且只是对较大的目标才有效。例如，法国的滑膛枪在这个距离的误差是约 9 英尺。因此，步兵往往要等目标十分接近时才开火。

在这一时期，阻碍发展一种真正有效的步兵武器的种种技术难题，同样也阻碍了制造出准确度高的火炮。弹道学在 17 世纪已经颇为发达，落后的不是炮火的理论而是实践。只要火炮还没有膛线，还由前膛填弹并用粗糙的火药发射，就不可能获得快速和准确的炮火。与步枪一样，火炮在熟练的炮手的操纵下每分钟发射一次，至多两次。由于没有消除后坐力的装置，每次发射后还得重新校正炮位。一门发射 12 磅炮弹的大炮最大射程可达到 3500 码，但其有效射程只达到一半或更少，因此通常使用的射程要近得多。 68

古斯塔夫二世·阿道尔夫以来的军事革新家们曾试图以统一火炮型号和加强其机动性，特别是战场上的机动性来改进野战火炮。法国的革新家格里博瓦尔在 18 世纪中叶在这方面作出了不少贡献，他在七年战争后出任军事总监。他缩短了炮管的长度以减轻火炮的重量，他还改进了旋膛工艺，减少游隙，从而增加了准确性。他把野战炮的口径减少为三种，即发射 4 磅、8 磅和 12 磅炮弹的火炮。他还主张用马牵引火炮。此外，他的改革实践成为 1778 年出版著名著作《野战中新式火炮的使用》的基础。此书的作者谢瓦利埃·迪泰尔是一个团的炮兵军官，拿破仑后来在此团中任尉官。

法国的军事思想和实践从旧政权末期到大革命和帝国时期一直缓慢但又持续地发展，这一点我们在炮兵里比在其他任何兵种里看得更清楚。[1] 尽管拿破仑是个天才，他在炮兵战术方面的革新并不比他在其他兵种方面的革新更突出。在那些年代里，炮兵总的来说沿着三个

---

[1]　关于这方面的发展，参阅马蒂·洛尔马《革命战争期间的法国炮兵》（赫尔辛基，1956 年）。

方向发展，这种发展同拿破仑本人的业绩几乎全然无关。首先，炮兵逐渐被组成独立的团而不再分散配属在步兵或骑兵中。尽管拿破仑做了一些变更，但当时在埃及和稍后在俄国，配置炮兵的最起码的单位一般是师。其次，越来越多地使用马匹牵引的炮兵，1792年4月立法议会通过的有关此问题的法案说明了这一点。最后，炮火在战场上的集中使用：炮兵的价值不再只是骚扰敌人，阻碍其在战场上集结兵力，而是在发起步骑兵袭击以完全摧毁敌人之前，在敌人的阵列里轰出一些缺口。迪泰尔的书拿破仑肯定读过，他在书中写道：

> 在为炮兵寻找阵地时，首要考虑的目标应是敌人的部队而不是它的炮兵。除非其炮兵对我方所掩护的部队干扰极大，否则就不必理睬。一条必须遵循的原则是除了为保护我方部队迫不得已外，决不要同敌人的炮兵进行炮战。如上所述，我们的主要目的必须是在能够摧毁敌人的部队或他们的掩体时向他们开火。

炮兵的相对力量和重要性在第一帝国的战争中不断增长。这或多或少是对兵员质量下降的补偿，在某种程度上也许还表示拿破仑的天才日趋衰退，遂渐渐以蛮力替代计谋。在1805年和1806年的战役中，帝国陆军平均每千人配备两门大炮，到1809年的战役时这个数字略有增加。到了1812年增至每千人三门半大炮，在战役的某些阶段这个比例还要更高些。1796年马尔蒙在卡斯蒂利奥内用19门大炮突破了敌人的战线，而1809年在瓦格拉姆和1812年在莫斯科，为了完成相似的任务集结了100多门大炮。在滑铁卢，拿破仑在战斗开始时也集结了同样多的大炮。

既然提到滑铁卢，那么注意一下下述情况也是很有趣的。在那场战役中，英国人用马匹牵引的炮兵证明要比法国人的优越，而英国人当初正是从法国人那里学到了这种机动的重要性。1818年，法国陆军部设置的一个调查委员会报告说，英国人通过改进马拉炮兵的组织，"已经把野战炮兵发展成一支新兵种"。

骑兵除了执行侦察，在进攻和退却中担任掩护，和在远离主力的地方进行小规模独立作战外，在战场上也一直起到重要作用。自从火器出现以来，有关这些作用的性质和适用于骑兵的武器的概念有过很大的变化。在不同的时期，骑兵装备有火器，通常是一支短小的马枪，一般说来无多大作战价值。在另一些场合，像古斯塔夫二世·阿道尔夫、克伦威尔和马尔伯勒等司令官们则坚持认为，骑兵在战场上的价值就是作为一种突击武器，应使用冷兵器马刀。在保护步兵战线薄弱的侧翼方面，骑兵的作用肯定是非常重要的，但它们在进攻尚未突破的步兵阵线时，其价值颇令人怀疑。

大革命初期的年代里，法国军队的骑兵极为薄弱。许多逃亡贵族原来都在骑兵团中供职，有时整团整团投向敌人，骑兵的专业性很强，无法迅速重建。而且，作为由诸兵种合成、能独立作战的单位而组成的师的建制逐步发展，导致使用骑兵的规模日趋缩小，骑兵与步兵的关系也越来越密切和灵活。把马刀而不是火器视为骑兵适用的武器的倾向也日益明显了。

拿破仑作出了几项重要改革。首先，他把重骑兵团的数目由 25 个减到 14 个，减了几乎一半。但他把保留下来的那些团装备成名副其实的重骑兵，他们着用胸甲和背甲。他们从未被分散成师属骑兵，而是保持下来当作战场上后备的突击力量。他们的编制是单一兵种组成的旅或师。滑铁卢战役的那天下午以密集队形冲击威灵顿方阵的就是内伊指挥下的胸甲骑兵。 70

拿破仑的第二项改革是大量增加普通骑兵团和轻骑兵团，逐渐把龙骑兵从骑马的步兵改造成真正的骑兵，使他们更像猎骑兵和骠骑兵。这一时期整个欧洲都在把龙骑兵从一支独立的兵种改变成常规骑兵。拿破仑把大部分轻骑兵、猎骑兵和骠骑兵作为军属骑兵，一个军配有二到四个骑兵团。余下的轻骑兵被编成旅，与龙骑兵一起组成骑兵后备队。这支后备队即使在战场上的突击中用不上，也能用来进行追击。这种追击有时能将一场不分胜负的战斗转化成一场击溃战。在乌尔姆战役和耶拿战役中，这种骑兵追击起了关键性的作用。

这一时期各国武装部队的主要兵种是步兵。实际上自 16 世纪的矛枪兵以来他们一直是如此。大量装备和训练步兵要比骑兵和炮兵更容易。总的说来，步兵在发展这一时期的战术上起的作用是决定性的。

到西班牙王位继承战争时，以及在 18 世纪的大部分时间里，步兵的通常作战方式是排成横队。横队中步兵部分由二至三行滑膛枪手组成。他们有时一起开火，有时各自开火，有时整个横队一起开火，有时以连、排为单位开火。前文中已指出，滑膛枪不那么有效，因此步兵火力的目的是通过持续不断的齐射来造成威胁。但是除非距离较近，否则就是这种齐射的杀伤力也不大。这就意味着步兵必须靠高度的队形纪律来弥补其火力之不足，而这一点是要经过长期训练才能达到的。

法国在大革命前的一段时间里，对步兵在战斗中的最佳展开方式肯定有过不少探讨，因为并不是所有的军事评论家都认为排成横队是一个好办法。其最严重的缺陷之一是在战场上组成横队往往要占用好几个小时的宝贵时间，而正在列队的部队通常无法进行有效的战斗。吉贝尔就认为步兵横队尽管在火力控制和防御上是最好的战术部署，但在进攻时密集的纵队有时更有效，特别在地形起伏的战场上更是如此。吉贝尔还认为，在排成横队以前，以营为单位的纵队在战场上更容易展开，而且在战斗进行时调动也更快速。他写道：

> 在30年前和今日的一些军队的战术中，为组成横队而进行的调动过程非常缓慢和复杂，往往要用好几个小时。队形必须在远离敌方的安全地带排列，而且一旦组成，要改变它是很危险的。但是采用我的方法，就可以在尽量晚的时间和尽量接近敌人的地方安全地组成队形。而且在队形组成后还可以改变其序列，也就是说，根据敌情采取对应措施。[1]

在大革命前的20年里，在法国横队形的主张者和纵队形的拥护者不断进行舌战。结果，1791年制定新的步兵操典大体上是一种吉贝尔所主张的折中办法。这个一直沿用到1831年的操典在许多情况下倾向于使用横队；但通常组成横队的方法是先排成密集的纵队，而且纵队在进攻中的一些优越性也得到认可。换言之，指挥官有权依照自己的判断来决定使用横队或纵队。

在同一时期，另一个争论不休的有关问题是在主要阵线前布置散兵活动的利弊。那些神出鬼没的散兵对有条不紊的阵列的骚扰作用在

---

[1]   J. A. H. 吉贝尔伯爵：《战术概论》（伦敦，1772年）第1卷，第183页。

18 世纪是众所周知的，并且，肯定在奥地利军队中已经使用。奥地利人用一伙克罗地亚人作散兵。萨克森元帅从中得到启发，在他自己的军队中也配备了散兵部队。英国人用来复枪手组成别动队，使之担当相类似的角色，在美国独立战争期间他们用此来对付森林地带的狙击手。尽管 1783 年以后解散了别动队，但到了 1800 年在英国军队中重又出现轻步兵或来复枪队。有名的来复枪旅实际上就是由此发展而来的。这种轻步兵在营一级有选择地组成，装备有轻型步枪并接受散兵作战的特别训练。法国人在 1791 年的操典中没有专门提到这一问题。但是现代法国权威们声称并不是因为官方反对散兵活动，而是为了让指挥官能够根据自己的判断见机行事。

那些在 1789 年之前大体上只是泛泛而论的题目，到了 1792 年就变得具有非常现实的重要。革命的法国最初同欧洲的各王国进行战争时，并没有突然摆脱老传统。1792 年和 1793 年，法国的将领还倾向于使用横列队伍，因为他们军中老兵都是这么训练出来的，而新兵最初也适应了这套旧办法。瓦尔米战役就是这么打的。使用密集横队进攻也尝试过一两次，例如在热马普战役，但结果不大令人满意。然而，到了 1794 年，特别是在那些由于大量新征入伍，虽然士气并未低落但纪律松弛的法国北方军中，要以横列队形作战实际上已不可能。于是大量法国步兵分散成散兵作战，在进行骚扰射击时隐蔽起来，遇到反击时就后撤。洪得夏乌特战役的情况就是这样。沃尔莫顿的汉诺威兵团与一大群法国散兵打了四个小时。那些散兵受到攻击时退到树林、篱笆和建筑物后面隐蔽起来，不断射击，直到把他们面前的横队完全打乱。

这种松散的队形是勇敢但缺乏训练的热情战士们的自然反应。但是那些法国的新入伍士兵一直在很快地取得经验。事实上，有效的散兵战同列成横队作战一样，都需要熟练的战士。下一步就是由那些专门训练的散兵为列成纵队的步兵发起进攻打乱敌军铺平道路。这种情况在 1794 年 9 月的斯普列蒙战役中曾出现过，进攻的纵队上着刺刀冲入敌阵。这些纵队跟在散兵的后面，以连或分队为单位组成，其纵深有 24 人或 12 人。不管是哪种组成，只有前两行能使用火器，其余的人只能靠人多硬冲来完成任务，但用这种做法对付一支已被散兵火力打得凌乱不堪的单薄的横列队形却十分有效。

　　到 1795—1796 年，法国的混合编队作战已臻于完美。这是由散兵、横列队形和纵列队形相结合，再加上炮兵和骑兵的支援。这种混合编队可根据不同的地形和敌情使用各种战术。但基本上是以散兵骚扰敌人战线，用仍排成横列的各营来阻挡敌人，不让它进行有效的集中，最后在选定的地点用纵队进行突破。

　　不管是因为革命热情引起的士气高涨还是因为战术的确优越，法国军队使用散兵和密集纵队横扫了整个欧洲。纵队在多次战斗中证实比横队优越。然而，如果横队中的士兵训练有素，指挥的将领在使用横队时能适应新的情况，那么新战术仍可能被旧战术击败。在伊比利亚半岛战争和滑铁卢战役中，威灵顿就做到了这一点。纵队在与未被打乱的步兵横队对抗时处于十分危险的无防御状态。训练有素的火力总是要比单纯的勇猛精神更为优越。以下两段引文把这个问题的实质阐述得十分透彻。第一段引文出自 1802 年出版的一本作者佚名的英文小册子。

　　　　法国军队是由混合编队的士兵组成的。他们是些新入伍的毫无经验的志愿兵。最初他们遭到挫折，但同时战争也造就了一批军官和战士。在开阔地带，他们把军队编成纵队而不用横队，因为他们要保持横队队形有困难。他们把进攻作战的范围缩小到某些点上，向这些点投入整旅整旅的部队，不断地用新部队补充那些被击退的部队，直到把敌人打败，占领阵地。他们完全知道自己无法按常规作战，于是企图把战斗范围局限于一些重要地段上。这种办法奏效了。只要能取得最后胜利，他们就毫不顾及损失。他们不爱惜他们的士兵，因为他们不愁无人补充。数量上的一贯优势是他们的有利条件，只有高度的技巧和指挥恰当才能与之对抗。

　　第二段引文写出了情况的另一面。它选自比若在 1815 年后所写的著名的叙述。

　　　　英国人普遍占据着一些精心挑选的居高临下的防御阵地，他们只暴露出兵力的一部分。首先进行一阵通常的炮战。不久，我们就匆忙地向前推进，既不研究阵地的情况，也不考虑是否有可能从侧翼进攻，只是从正面硬攻。离英军阵线约 1000 码时，士兵们有些激动，相互招呼着加速前进；纵队开始有点混乱。英国人静悄悄的连枪都不举，沉着得看上去像一堵长长的红墙。这情景无疑对我们年轻的士兵产生了影响。我们很快就冲得更近了，高喊着"皇帝万岁！冲啊！上刺刀！"士兵们用枪口挑起军帽，开始跑步前进。激动引起了混乱，队列有点乱，我们一边打枪一边向前冲。但英军的阵线依然静悄悄的，一动不动。甚至当我们离他们只有 300 步时他们还是不举枪，似乎根本无视迫在眉睫的风暴。对照十分强烈；在内心深处，我们每个人都在想，敌人这么久不开火，那么，控制了这许久的火力一旦发射出来，一定够我们受的。我们的热情冷下来了。英国人那种即使只是表面上的不可动摇的坚定沉着压倒了我们闹闹嚷嚷、令人发昏的混乱，使我们发慌了。就在这极端激动的时刻，英国兵抬起了枪口。一种不可名状的情绪使我们许多人停住了脚步。敌人开火了，他们持续不断的密集齐射横扫我们的队伍，使我们伤亡惨重。我们回过身来想重整旗鼓。就在此时，敌阵中爆发出三声震耳欲聋的欢呼，在第三声欢呼声中他们冲到我们跟前迫使我们狼狈逃窜。①

　　但是这类英国人胜利的故事只是表象，不应无条件地接受。首先，拿破仑知道纵队只有在充分做好准备的战场上才能取胜。他曾说过："即使在开阔地带，纵队只有在压倒优势的炮火准备后发起进攻才能突破横列队形。"而威灵顿尽管对横队信心十足，也知道这种队形需要有掩护。对他同法国人进行的战役加以研究就会发现，他只要条件许可，总是首先用自然地形，其次用布置在前面的散兵，最后用侧翼的炮兵和骑兵来掩护他那由步兵组成的横队。

　　这一时期的军队还在另一个方面打破了过去 100 多年来的传统。大多数 18 世纪的军队缺乏机动性是因为他们通常得依靠预先储存好的仓库进行补给。很难说这是对 30 年战争中野蛮和破坏的一种反作用，还是许多士兵常有的那种出于人类本能的小心谨慎。客观事实是

---

①　转引自 S. 威尔金逊《拿破仑之前的法国军队》（牛津，1915 年），第 58 页。

仓库决定了交通线，从而也决定了作战的规模。

吉贝尔在这一方面同他在其他许多方面一样，预见到了打破传统，获得机动性和突然性的好处。如果军队不受其补给的限制，能按自己选择的路线运动，它就能获得采取决定性行动的机会。吉贝尔写道：

> 一个好的军事管理当局从一个地区的资源中能够获取惊人之多的东西。我指的是像佛兰德和德意志大部分那样的土地肥沃、人口众多的地区。我的观点既不排他，也不极端。我不会对一支军队说："不要辎重队，不要仓库，不要运输工具；要经常依靠所在地区就地供应；必要时得向乌克兰的荒原进军；上帝会给予你们食物。"我认为军队应该有辎重队，但数量应尽量少，应同其兵力相称，应同其作战地区的自然条件相称，也应同一般作战所要求的物资力量相称。如果军队的出发点是河流或边境，就应以此为基地，选择从防御和作战计划方面看都适当的地点，建立仓库和兵站。但如果必须进行一次大胆的作战或强行军，军队就有必要打破常规。设想敌人出乎意料地在我方无法也不愿进攻的地点立足，我们如果向其侧翼进军则定能将其赶跑或从后面包围击溃。按现在的做法，进攻方向一变就得重新安排兵站和运输线。为了设置这些新仓库不得不花15天时间。我想避免的就是被供应限制住我们的行动。在这种情况下，我的运动是主要的，其余一切都是次要的，我必须要它们服从我的运动。我们一定得在敌人以为我们被供应问题捆住手脚时能前进。这种新的作战方式必须出其不意，使敌人无暇喘息，使它在付出代价后认识到一条经久不变的真理，那就是，在一支组织严密、头脑清醒、有耐心、能机动作战的军队面前，没有什么阵地是能够守得住的。一旦紧急情况过去，我方的运动达到了目的，后勤补给就可以恢复通常那种有条不紊的制度了。①

法兰西共和国的军队建立就地征集军需的制度，既是根据某种军

---

① 吉贝尔：《战术概论》第2卷，第58页。

事理论，也是出于当时国内行政管理混乱状态的逼迫。拿破仑在
1796 年 3 月接管衣衫褴褛、饥饿不堪的意大利远征军时，他告诉他
们出路在于征服米兰和富饶的伦巴第平原。显然，对获胜的军队来
说，只要他们的战场在富饶的人口稠密地区，这就是维持供给的办
法。1812 年波兰和俄国的情况恰好相反。正如克劳塞维茨后来指出
的，靠士兵各自觅食来维持一支军队是行不通的。如果一支军队要
"就地生存"，那就得按正常手段依靠地方当局有计划地征集。

　　如果不对拿破仑在上述种种发展中作为一个将领所起的作用作一
番评价，那么，本章的概述将是不完全的。首先应指出的是拿破仑不
是一个伟大的军事革新家。在这一方面他无法与古斯塔夫二世·阿道
尔夫或腓特烈大王相提并论。他对武器或战术的发展并未作出任何重
要贡献。甚至在他专修的兵种炮兵方面，他也只是在中期和后期的那
些战役中才发明了密集炮火掩护。即使如此，他使用炮兵的方式，也
并不表明他发展了一种新战术概念。在各兵种中，各类武器的应用和
使用这些武器时的战术观点更多地出自路易十六时期的革新家和大革
命初期军队的实践而不是出自拿破仑本人。这种评价也适用于"全
民武装"这种庞大军队的发展过程。据说拿破仑在圣赫勒拿岛上曾
说过："我打了 60 场战役，可是除开我一开始就知道的东西外，什
么也没有学到。"这对他的将才，至少在一个方面，是完全确切的
评价。

　　那么，拿破仑作为一个"伟大的统帅"杰出在什么地方呢？那
就是：他能调动非常庞大的、有时多达 20 万以上的军队，以过去无
法想象的速度驰骋在欧洲大陆的广大地区。他能神机妙算地把这支大
军运动到预定的阵地迎敌，把敌人各个击破。他还能在关键时刻为自
己集中起绝对优势的兵力。拿破仑把革命的激情和军事上打破常规的
做法发展到登峰造极。"闪电战"既是第一次意大利战役的特色，也
是乌尔姆、奥斯特利茨和耶拿诸战役的特色。后来的各次战役也表明
他有分散敌人兵力然后各个击破的本领。事实上，滑铁卢之战尽管最
终失败了，但开始时却颇有希望，有着与以往同样的成功因素。侵俄
战争失利的原因，部分是因为拿破仑作战的地域一开始就过大，无法
亲自予以有效控制；部分是因为道路和农业状况大大低于西欧的水
准，不可能进行迅速的运动和就地取得补给；还因为俄国人能够后

76

撤，而且他们决定后撤而不是死守硬拼。

这种完全是属于个人的指挥才能，这种能在敌人的部署上找到弱点并迅速集中占压倒性优势的兵力给予打击的指挥艺术，还产生另一个后果。拿破仑是亲自计划、亲自指挥各次战役的。他觉得如果不把全部细节交代清楚，他就连最有经验的元帅也信不过。因此，他没有建立常设的参谋机构，也没有留下参谋工作的传统，与他同时代的普鲁士革新家们，不管有什么短处，在这一点上都比他聪明。他们已完全认识到个人领导的害处，因此吸取经验教训，建立了常设的参谋机构。这一点是普鲁士军队在 19 世纪获得较大成功的奥秘之一。

二　海军

吉本在谈论军队时说，将它们用于"临时性的无足轻重的较量"的那种战争的年代，到了纳尔逊和拿破仑时代就结束了。这时，能获得决定性胜利的战争，其规模已发展到空前之大。代表海军将才的纳尔逊和代表陆军将才的拿破仑在集中兵力这个基本战术原则上完全一致，因为在绝大多数情况下，正如纳尔逊所说，"只有依靠数量才能消灭敌人"。而且，由于旧的"作战指令"已被新的信号手册（特别是霍姆·波帕姆爵士的《航海词汇》）所取代，纳尔逊就享有战术上的自由。这使得他能像在尼罗河战役中那样非常杰出地随机应变，或者像在哥本哈根和特拉法尔加海战中那样精密地设计出独特的攻击方式。那时期英国海军拥有大量才华出众的军官，这就使他能够取得成功。在他的率领下获得胜利的舰队是由圣文森特勋爵训练的，他的"那帮兄弟们"受过美国独立战争的洗礼。一种新的领导精神补偿了当时行政机关中的种种缺点，而他的对手却由于缺乏作战经验和大革命早期过火行为的影响，其效率受到了损害。

如果说风帆时代的海上力量是依靠一支高效的作战舰队、一支兴旺的商船队，以及一批能对殖民领地发动攻击的海外基地这三个因素的话，那么，战争开始时英国处于有利地位。尽管如此，负责战争总方针的邓达斯所采用的传统战略，受到了海军当局越来越多的批评，因为这种战略消耗资源。在征服殖民地的政策方面，由于 1795 年取得好望角，1796 年取得锡兰等地而大获收益。但在欧洲大陆，经过八年的战争连一个立足点都没有得到。英国人好几次在欧洲大陆上登陆，都遭到可耻的失败。直到战争后期，先在埃及和意大利南部，随后在西班牙，两栖作战的战术才逐渐完善。海上力量的进攻性用途，即在敌方漫长的防御线的任何一点上登陆并维持一支部队的能力，得到了成功的示范。威灵顿曾告诉一位海军军官："要是有人想了解这场战争的历史，我就告诉他，正是由于我们的海上优势我才有能力维持我的军队，而敌人却做不到这一点。"①

　　随着拿破仑的势力扩张到整个大陆，封锁他的舰队和破坏他的贸易就需要集中更多的舰只。封锁战略是从上个世纪发展而来的，但战术的变化却仍不过是理查德·豪和纳尔逊的公海远距离封锁以及圣文森特、康华理和科林伍德主张的近海封锁。由于当英国战舰驶离战位时，法国舰队就有机会突破封锁（他们的确这么做了），前一战术的成功遇到困难。对布雷斯特、罗什福尔、加的斯和土伦的近海封锁，最后决定了战争的胜负。但这个胜利来之不易，不仅需要参加封锁的舰艇和人员有极大的耐力，而且还需要用后备舰艇来替换和补给在战位上的舰艇，这样的后勤支援，耗费浩大。然而，如马汉所说，正是"这些从来没有被拿破仑的'大军'看在眼里的、远方的历尽风暴的舰艇，挡住了他统治世界的企图"。②

　　不管这个战略是由战列舰或是由快速巡洋舰来执行，对它的最大考验是拿破仑的大陆封锁政策。这项政策是在特拉法尔加海战使法国再也不可能成功地入侵英国之后制定的。法国有人主张一方面让英国为了封锁几乎整个欧洲的海岸线而精疲力竭，另一方面又不让它进行海外贸易，这样就会把它拖垮。但是通过扩大信贷制度，发展新的贸易方式以及赫尔戈兰等地为基地进行有组织的走私等办法，英国出口的实际价值从 1805 年的 1100 万镑增加到 1811 年的 4300 万镑。③

　　法国人采用武装私掠这种传统的办法来破坏英国的贸易。作为对策，英国在 1798 年制定一项法令，规定除了特许的走私船（为它们支付的保险费较高）之外，所有船只必须有军舰护航。从西印度群

　　① 《T. B. 马丁爵士信札》，R. V. 汉密尔顿爵士编（海军文献协会，1898 年）第 2 卷，第 409 页。参阅《基思文件》，C. 劳埃德编（海军文献协会，1955 年）第 3 卷，第 259 页及以下。
　　② A. T. 马汉：《法国革命战争中海上力量的影响》（伦敦，1893 年）第 2 卷，第 118 页。
　　③ E. F. 赫克谢尔：《大陆封锁政策》（牛津，1922 年），第 42、166、245 页。

岛或波罗的海起航的庞大船队往往只有一到两艘快速帆舰护航，但在危险水域布置了支援舰队。到了战争末期，船队被敌方俘获的危险已很小。私掠船依然在英吉利海峡出没，因而劳埃德保险社的保险商们对海军部施加压力，要求给予更好的保护，但是显然这种袭击对法国人已无多少好处。另一方面，由于英国舰队的活动，欧洲大陆从海外的进口几乎完全停顿了。①

　　法国在 1793 年 2 月对英国宣战时，没有一支值得称道的海军。为了同一支拥有 115 艘战列舰，总数达 400 艘的敌舰队作战，法国人只拼凑了 246 艘舰艇，其中战列舰只有 76 艘，而真正能服役的不过 27 艘。这些舰艇是旧政权的海军遗留下来的，但雅各宾派对军官阶层的敌对态度使服役的海军军官所剩无几。港口一片混乱。1791 年的法令取消了商船队和海军之间的一切差别。海军陆战队被解散了。当时盛行的平均主义解除了一切纪律的束缚。莫拉·德·加尔在他从布雷斯特起航的首次短程巡航中抱怨说，他根本无法使 50 个以上的水兵在一定的时间里留在甲板上。②

　　对旧海军最激烈的抨击来自让邦·圣安德烈，他是一个对海军并不甚了解的煽动家。由于他对这个贵族化职业"不可一世的骄横"有着刻骨仇恨，大委员会于 1793 年 9 月授命他组建一支共和国海军。但这一步为时已晚，无法挽救土伦的舰队。英军在 12 月撤离土伦之前胡德焚毁并俘获了 42 艘各类舰艇。让邦尽管比不上卡尔诺，还是靠着他充沛的精力在布雷斯特成功地建立了一支新舰队。无能的莫拉被维拉雷·德儒瓦斯所取代。后者在 1791 年还只是海军上尉，到 1794 年就升为海军元帅了。旧海军的另一些人员，像范·斯塔贝尔、尼埃里和冈托姆等人，尽管出身资产阶级，同样很快地升为将官。著名的舰艇设计师萨内像过去为旧海军建造舰艇一样，为新海军继续造舰。维拉雷的舰队在 1794 年"光荣的六月一日"海战中表现出来的狂热勇气使让邦的工作大增光彩，但这次的经验告诉他光靠革命热情

---

①　战争期间的 327 项报告中有 200 项报告表明没有获利。1803—1813 年间，圣马洛的 156 艘私掠船只俘获 170 艘船只。L. 维尼奥尔：《经济史杂志》（1927 年）；H. 马洛：《最后的私掠船》（巴黎，1925 年）。但根据《劳埃德船舶登记杂志》，战争初期英国损失惨重——七年损失 3466 艘；其中有许多又被夺回。

②　E. 谢瓦利埃：《法兰西第一共和国海军史》（巴黎，1886 年），第 51 页。W. 詹姆斯：《英国海军史》（伦敦，1837 年），第 1 卷中有关于两国海军统计数字的对比。

而没有训练和纪律是不够的。一支 2.5 万人的海军炮兵重新组成了，军官也不再由士兵选举产生。对海军军籍登记进行了修改，使 8.8 万名海员有义务服兵役。1794 年 2 月用三色旗取代了波旁王朝的白色旗，以象征这种新的精神。[①]

由于担心各军港不效忠而在国民公会时期开始的海军行政机构的集中化，到了督政府时期继续进行。当局着手重建一支拥有 1300 名军官和 6 万名水兵的职业化共和国海军。越来越多的旧海军军官被重新起用，其中包括布律埃斯、维尔纳夫和德克雷等人。同样，在拿破仑统治时期也把陆军的方式应用于舰队。水兵被编组成营。在比旧时更广泛的选拔基础上建立起由将、校、尉级军官组成的领导阶层。1810 年，作为候补军官的少年们登上了为他们设置的训练舰艇。不管是在岸上还是在港内的舰艇上，训练都很紧张，但这还是无法弥补航海和作战经验的缺乏。事实上，法国海军从来就没有经历过纳尔逊和拿破仑所开创的那种战争艺术上的革命。

1801 年到 1814 年间德克雷领导海军部的整个时期始终贯穿着一种毫无生气的战略态度。除了远征埃及和 1805 年的舰队活动，那些偶尔突破封锁外出的巡航都由于指挥官避免战斗而毫无建树。德克雷千方百计不让皇帝把舰队用于进攻，所以皇帝完全有理由埋怨他找不着一位不惜牺牲几艘舰艇来赢得胜利的海军将领。这种战略方针是"保持一支舰队"。按这位海军大臣之见，只要法国及其盟国在它们的主要港口建造足够多的舰艇，英国的海军力量就会被削弱。因此，在特拉法尔加海战中海军主力被摧毁后制订了一项大规模造舰计划，建造了 83 艘战列舰和 65 艘快速舰。结果是尽管法国在战争中舰艇损失惨重，到 1814 年舰队还拥有 103 艘战列舰和 157 艘快速舰。这场海上战争的特点从双方的损失对比中足以窥见一斑。法国在战争中被俘和被击毁的舰只共有 377 艘，由于舰只失事而损失的是 24 艘，而英国相应的数字是 10 艘和 101 艘。[②]

拿破仑从他前任手中继承的另一战略方针是进犯英国。雅各宾派在开始这场战争时原打算派 5 万名法国军队在英国登陆。1796 年隆

---

① 参阅 L. 雷维－施奈德《国民公会成员让邦·圣安德烈》（巴黎，1901 年）；N. 汉普森：《共和二年时期的海军》（巴黎，1959 年）。

② 迈克尔·刘易斯：《海军社会史，1793—1815 年》（伦敦，1960 年），第 348 页。

冬当奥什的入侵部队抵达班特里湾时这个计划几乎实现了，但当时天气坏得根本无法登陆。拿破仑设想的各种计划在此无法细述。但有一个事实足以说明问题，到 1805 年 8 月已有 2343 艘船只能从海峡各港口运送 167590 名士兵去登陆，法国和西班牙联合舰队进行牵制的庞大计划也似乎准备就绪，然而能立即登船的士兵人数却不到 10 万人。英国非常成功地阻挠了皇帝的那些计划，因此甚至在特拉法尔加海战惨败之前，皇帝已把他的战略转向征服欧洲大陆而不承认他曾企图进犯英国。[①]

除了在 1827 年的短暂时期里为克拉伦斯公爵重新设置海军最高长官这一职务之外，英国海军一直由海军部和海军委员会共同管理，直到海军委员会（连同分管粮秣、运输和伤病员等下属委员会一起）于 1832 年被取消为止。1778 年到 1790 年查理·米德尔顿爵士任海军委员会长官时，以及 1805 年到 1806 年他作为巴勒姆勋爵任海军大臣时，负责军事和行政工作的海军部同负责文职人员和供应的海军委员会之间的关系最为融洽。然而他认为这种两元制不会令人满意，因为海军委员会长官的地位仅次于海军大臣，是海军一切事务的主要动力，因此他在海军部里也应占有一个席位。当他的改革意见遭到否定后他辞职了，但在一段时间里继续担任顾问。[②]

在 1801—1804 年间圣文森特任海军大臣时，这两个机构的关系最为紧张。作为行政长官，长期以来他深信"海军的文职部门腐败透顶"。战争刚一结束，他就不顾海军委员会的反对，以充沛的精力亲自着手调查各造船厂。他发现情况比他想象的更糟。"朴次茅斯已经够糟了，而查塔姆更是无法形容。"以严厉著称的圣文森特轻而易举地破坏了早期工联主义者约翰·加斯特领导的一次造船工人罢工。但当阿丁顿内阁因拒绝采取行动对付木材托拉斯这样强有力的组织而"反抗"时（圣文森特原话），他以辞职相威胁，迫使他们成立了一个调查委员会。然而在 1804 年，皮特成了圣文森特的辉格党同人福克斯称作"经纪人造反"的代言人。他对海军的所谓无能状态的攻

---

①　E. 德布里埃：《登陆英伦三岛的计划，1793—1805 年》（巴黎，1902 年）第 4 卷，第 464—466 页。

②　《巴勒姆文件集》，J. K. 劳顿爵士编辑（海军文献协会，1910 年）第 8 卷，第 33 页。参阅 O. 默里爵士《海事录》，1938 年。

击导致了政府的倒台。圣文森特误以为和平能够持久，因而的确限制建造小舰艇，并且没有充分利用商船造船厂。但是当海军调查委员会的报告在随后几年公布时，他所指控的掠夺和投机行径证明确有其事。①

这就是他留给后任梅尔维尔勋爵的遗产。1805 年 4 月对海军财务局的第 10 号调查报告公布时，梅尔维尔被控在 1792 年经管此机构时滥用公款。通过了一项对他的不信任案，但在实际弹劾中（这是历史上最后一次这样的弹劾）却以他不是有意造成那些损失为理由，宣布无罪。② 正是这次审判使科贝特成为政府的批评者，也使当时最杰出的快速舰舰长科克伦勋爵成为议会中的激进派议员。

梅尔维尔下台后巴勒姆重任海军大臣，他是担任这一职务的最后一个海军军官。在他的短暂但十分重要的任期内，海军的两个部门实际上合为一体。这位八旬高龄的海军上将除了筹划特拉法尔加海战之外，尚有余时进行许多行政改革。他将海军的工作部门化，并禁止海军现役军官请假去参加议会的会议，虽然他尚未禁止他们当选为议员。各种规章都予以刷新，1808 年增订的《海军部军官规章和指令》基本上是他一手制定的。最后，他建立了新的文职设计师和工程师办公厅来代替 1796 年成立的海军工程总监办公室。

这个机构在 1813 年撤销之前，担任领导的是塞缪尔·边沁将军，他是杰里米·边沁的兄弟，曾在俄国长期担任行政管理工作。他为造船厂的革新做了不少工作。1795 年他把蒸汽机应用于抽水和驱动马克·布鲁内尔爵士发明的大量生产船台垫块的机器。他还聘请伦尼修筑了普利茅斯港的防波堤，此后该港代替托尔贝成为海峡舰队的主要锚地。他在他的继任者威廉·塞宾斯爵士（自 1813 年至 1832 年任监督官）之前就使用对角桁架和水密舱来加强船体，不过用这种新方法建造的第一艘大舰是 1815 年的"豪"号。③ 82

这一时期军舰的船体除了开始使用椭圆形船尾和船体稍许加大外，没有什么实质性的变化。由于上甲板的大口径短身炮的数量大为

① 《圣文森特信札》，D. B. 史密斯编辑（海军文献协会 1922 年，1927 年），第 1 卷，第 378 页，第 2 卷，第 33 页。参阅 J. S. 塔克《圣文森特传》（伦敦，1844 年）第 2 卷，第 123、208 页。
② 《议会辩论集》第 4 卷，第 255 页以下。《年鉴》（1806 年），第 112 页以下。《圣文森特信札》第 2 卷，第 37 页。
③ 见边沁夫人《S. 边沁爵士传》（伦敦，1862 年），以及《调查委员会第三号报告》（1805 年）。

增加，根据火炮的数目来确定舰级的旧办法变得十分混乱。于是在
1816 年统一制定了下述新标准：一级舰为三层甲板的战列舰，有 100
门以上的大炮和 800 名水兵。二、三、四级舰为双层甲板的战列舰，
分别拥有 80 门、74 门和 50 门大炮。五、六级舰为单甲板的快速舰，
分别拥有 36 门和 24 门大炮；各舰的任务是巡洋，不属于战列舰范
围。那些较小的双桅炮舰和单桅炮舰不属于大型舰艇，由低于上校级
的军官担任舰长。1803 年，英国各皇家造船厂的规模可以用它们所
雇用的造船工匠人数来作比较。德特福造船厂是 420 名，伍尔威奇是
360 名，查塔姆是 640 名，希尔内斯是 180 名，朴次茅斯是 900 名，
普利茅斯是 800 名。一些工匠被选送到朴次茅斯的皇家海军学院深
造，以便形成一支海军造舰的力量。

这些庞大舰队的建造和维修造成了比上个世纪更为严重的木材缺
乏。造一艘 730 吨级 74 门炮的军舰需要 1977 车橡木，570 车榆木，
139 车杉木和 2500 车松木，共值 4.7 万英镑。在战前，除了建造商
船要用木材约 8 万车外，建造军舰约用 2.5 万车。一个委员会预料到
英国橡木的短缺，建议使用杉木，结果战争中一些军舰是用从加拿大
进口的杉木建造的。另一种尚未开发的木材资源是印度的柚木。孟买
的工匠们于 1805 年用柚木建造了第一艘快速舰，在战争结束前还造
了几艘一级战列舰。为了节省木材而采用的其他办法还有用"墙式
船舷"来代替老式的"内倾式船舷"，以节约弯形木料；用铁制支架
来代替木制肋材。拿破仑封锁波罗的海的企图改变了这个行业的旧有
模式，使得从北美洲进口木材的比例从战争开始时占原进口量的 1%
增长到战争结束时的 54%。1803 年圣文森特攻击整个合同制度时，
爆发了一场非常严重的木材危机。商人们在海军委员会和下院一部分
人的支持下，拒绝提供木材直到政府倒台为止。这种自私的做法对国
家安全造成的危害并不亚于敌人的政策。①

自 1779 年开始使用近程的大口径炮以来一直到战争结束，在大
炮方面没有什么引人注目的改进。英国水兵在使用大炮和小型武器方
面的训练远胜于他们的敌人，英国人的射速约为每 2 分钟 3 发，但有

---

① R. G. 艾尔比昂：《森林和海上力量》（马萨诸塞州坎布里奇，1926 年），第 115、356 页。参
阅《圣文森特信札》和《海军编年史》第 12 卷，第 34 页。

效射程只略大于 1/4 英里。然而，大部分海战是在更近的距离进行的。纳尔逊在给向他建议使用一种新式瞄准器的人的信中写道："我当然想看看这种瞄准器。但我希望我们能够像往常一样尽量接近敌人，这样，我们的炮火就不会错过目标。"① 实际上，海军军官们依然靠操纵军舰而不是靠操纵大炮来达到舷炮齐射，而且在作战中主要采取登上敌舰将其俘获的办法而不是将其击沉，因为实心炮弹除非偶然引起敌舰爆炸，否则是很难击沉木质军舰的。这是海军的伤亡远比陆军为少的主要原因。甚至在特拉法尔加大海战中英军仅有 449 名阵亡，而敌人损失的 4408 人中大部分是在战斗结束后的风暴中淹死的。但是英国军舰在同美国的哥伦比亚式大炮较量时，依靠近距离战斗的做法却失败了。哥伦比亚式炮是一种介于大口径短身炮和远程炮之间的火炮。由于装备军舰是军械署的责任，因此在训练方面没有统一性。施拉普内尔于 1787 年发明的榴霰弹除了用于臼炮之外很少得到应用。在战争的最后 10 年，炮术的标准肯定是降低了。尽管如此，如果一名军官是个热衷于炮术的人，他也能取得令人瞩目的成功，布罗克指挥的"香农"号只用 11 分钟就战胜了"切萨皮克"号便是一例。霍华德·道格拉斯上校对海军炮术的低劣印象尤深，他在 1820 年就此发表一篇论文。这篇论文在法国受到重视，但在英国却遭到冷遇。直到 1832 年，他和几个有影响的朋友一起创设了"优秀"号军舰炮术学校，其后果是解散了海军炮兵队，在此之前，一切炮术问题都是由它负责的。

有两件发明将使海战完全改观，尽管这在 100 年之后才发生。这两件发明是火箭和潜水艇。威廉·康格里夫爵士将他发明的燃烧火箭 84 称作"没有炮身的大炮灵魂"，1804 年曾用这种火箭攻打布洛涅，后来又在海上和陆上均使用过。潜水艇同火箭一样，也产生于这一时期，但由于推进问题而同样未能进一步发展。布什内尔在美国独立战争中曾企图使用水下舰艇，但另一个美国人罗伯特·富尔顿于 1803 年为法国人建造的"鹦鹉螺"号才是第一艘能"钻到水下的船"。英国海军部后来雇用了富尔顿，让他建造各种型号的水雷和"鱼雷"（他起的名字）用来攻击布洛涅的法国舰队，但是大部分军官认为这

---

① 《公文集》第 4 卷，第 292 页。

些武器违反战争规则。①

富尔顿的名字通常是和轮船的发展联系在一起的。如果 1802 年建造"夏洛特·邓达斯"号的威廉·赛明顿被认为是航海工程之父的话，那么富尔顿于 1807 年建造的"克莱蒙"号则是美国第一艘商用明轮船，而他的双体船"德莫洛戈斯"号（1814 年）则是第一艘蒸汽动力的军舰，尽管它从未参加过战斗。② 由于使用风帆英国海军在战争中占了压倒性优势，海军部就不急于鼓励发展蒸汽动力的军舰。尽管在 1822 年以后海军使用了拖轮，但明轮船不适合于作军舰。第一艘参加实战的蒸汽动力军舰是 1824 年缅甸战争中的"黛安娜"号。在欧洲水域第一次参加作战的是在希腊独立战争中由阿布尼·黑斯廷斯指挥的"卡尔特里亚"号。黑斯廷斯和他在希腊海军中的上司科克伦勋爵都对蒸汽动力的前途十分热情。他们在 1827 年的作战活动促使了纳瓦里诺海战的爆发，这是风帆军舰之间的最后一场海战。

这场史无前例的漫长而大规模的战争对英国人力的需求，可以从征召加入海军的海员人数得到说明：1793 年是 2.4 万名，1797 年是 12 万名，1814 年是 14 万名，到了 1820 年下降为 2.3 万名。1801 年的统计表明海军征召了 13.5 万名水兵，商船队雇用了 14.4 万名海员，而当时的英国人口只有 800 万。征召这么多人的办法与以往几乎相同，但随着压力的增大，这些办法不得不加以扩大和补充。得到所需要的 3500 名军官倒不困难，因为海军比陆军的财源茂盛，他们有机会获得俘船奖金、俘虏奖金（每名俘虏得 5 英镑）和运送公共财物的运货奖金。快速舰的舰长们当然要比进行封锁的舰队获利更多，但将领们对在他们的封锁岗位上俘获的每一艘船只都享有 1/8 的收益。因此，像基思勋爵这样的指挥官，因占领了好望角而获得 6.4 万英镑。他在地中海服役的四年中，尽管一仗未打，但他那份战利品和运货奖金却达 112678 英镑。海德·帕克爵士在他西印度群岛的岗位上据说获得 20 万英镑，而埃克思默斯勋爵在东印度群岛则获得 30 万

85

---

① 关于康格里夫，见《海军杂录》第 4 卷，第 423 页以下。关于富尔顿，见《基思文件》（海军文献协会，1955 年），第 3 卷，第 7 页以下。

② 参阅 H. P. 斯普拉特《蒸汽船的诞生》（伦敦，1958 年）；G. J. 巴特利特：《大不列颠与海上力量，1815—1853 年》（牛津，1963 年），第 197 页。

英镑。[1] 在一场战争的开始，一项"奖励海员"法令规定了分配的比例。尽管很多钱财落入了经营战利品的海军法庭的律师们手中，海军军官们仍然能发大财。随着和平的到来，艰苦的日子开始了，军官们只能领到半薪。由于没有退役军官名册，高级军官之间的竞争非常激烈，以致许多人战争一结束就在军界之外找到了工作。

参加海军的人的年龄和来源基本上同以前一样，大部分来自英格兰南部和苏格兰低地的海军世家。尽管为了让孩子早日提升往往弄虚作假，谎报海上服役时间，但通常的入伍年龄是 12 岁左右。从 1794 年起传统的"舰长侍应生"改称为"一级志愿水兵"，二级水兵由将来担任军士长的人组成，三级则是少年水兵。舰长依然可以特别照顾某些人，但是进入海军学院必须由海军部提名，该学院在 1806 年改名为朴次茅斯皇家海军学院。然而，绝大多数少年直接登舰服役。

军舰上的职务顺序是舰长或指挥官、副舰长、中尉、航海长、炮长、水手长、船工长、航海军士和见习生。见习生有许多种，一般分为老生和新生。老见习生并不指年龄大小，而是那些未能被提升为中尉或正在等待委任的人。那些代理航海军士职务的新见习生被授予临时中尉的军衔以区别协助航海军士长驶船的真正航海军士，这些临时中尉将在许许多多的小型舰艇上担任军官。要升到舰长，必须具有有利的关系，在遥远的驻地有时会出现惊人的升迁——连续两任东印度群岛海军司令的儿子在 17 岁时就当上了小军舰舰长；但是，此后的晋升就只能靠资历了。

当时称为海勤军官的有两种：授衔（或行政）军官和委任（或专业）军官，后者又分为诸如军医、事务长和随军牧师这些文职人员和从军士升任的航海长、炮长、水手长和船工长等人。1816 年的一项法令最终确定了一些改革，使委任军官（包括军士长）的地位有所改善，以便吸引适当的人才。他们从此可以晋升为尉官，并穿着军官制服。甚至在战争初期加薪中唯一没有得益的牧师，在 1812 年也增加了工资，不必再依靠水兵的布施来补充他微薄的薪金了。这种提升在不断进行，但下级水兵晋升的机会却越来越小。[2] 在确定了舵

① C. N. 帕金森：《在东方海域的战争，1793—1815 年》（伦敦，1954 年），第 349 页。《基思文件》第 3 卷，第 218 页。刘易斯：《海军社会史》，第 316 页以下。
② 刘易斯：《海军社会史》，第 44 页以下。

86

手、文书军士和厨师这些职务的同时，号手、清炮手等过时的职务被取消了。舰上还有一队陆战队员，他们与其他舰上人员有所区别，因为他们穿着不同的制服，执行纠察任务，自 1802 年称为"皇家"海军陆战队。

普通水兵中既有被战时优厚的赏金吸引来的志愿兵，也有被征兵局强征来的水兵，这个局于 1793 年取代了过去不定时的强征办法。然而，如果舰上人员不足，舰长仍可派出征兵队或从海上遇到的商船上强征水手。直到 1795 年，按法律只能强征海员入伍，但在那年制定的两项"定额"法案规定了英国各郡和城镇应提供的兵员数额，例如，剑桥郡为 126 名，德文郡为 393 名，伦敦为 5704 名，达特默思为 394 名。地方长官受命依据教区名册征兵，从地方税中支付赏金，并接受顶替人员。但实际上，人员不足时他们就从监狱中收罗往往完全不适宜服役的犯人充数。海军上将科林伍德在 1797 年水兵哗变后不久写的信中表达了当时颇为普遍的看法，认为那些"定额人员"是这场动乱的祸根。因为他们同通信协会、爱尔兰人联合会等社团有联系（虽然并没有发现他们受雅各宾党人的直接影响）。科林伍德在信中说："比利·皮特手下的人，来自各郡的志愿兵，还有那些潦倒的政客们才是真正闹事的人。他们喝饱了啤酒，一派胡言，蛊惑大众，倒霉的水兵只是为他们火中取栗的工具。……你能指望这帮从绞刑架上和监狱中漏网的渣滓干什么好事？可是这种人在这场战争里却占了我们许多军舰上兵员的大多数。"[①] 还应指出，这些人（例如在诺雷建立"海上共和国"的首领帕克和斯皮特黑德哗变领袖乔伊斯）出色地组织了 1797 年 4 月和 5 月的哗变。

对水兵的请愿无动于衷和海峡舰队长期的无能领导是哗变的直接起因，因为水兵的要求是出自多年来的不满。普通水兵的薪水自共和政体以来一直停留在每月 19 先令。现在薪水虽然提高到 25 先令 6 便士，但还得扣除给格林尼治皇家水兵收养院、随军牧师和买工作服（当时还没有制服）等种种费用。水兵们必须等军舰领到饷金后才能领取他们的工资券，而工资券在港口兑换时又被大打折扣。伙食上的

---

①　《科林伍德通信集》，E. 休斯编（海军文献协会，1957 年），第 85 页。参阅 C. 吉尔《1797 年的海军兵变》（曼彻斯特，1913 年）；G. E. 曼纳林和 B. 多布里《海上共和国》（伦敦，1935 年）。水兵们的请愿书存海军部档案局 1/5215 卷中。

舞弊是食物极差的主要原因，水兵们还抱怨得不到适当的医疗。但是在这方面出现两项改进措施，规定必须分发柠檬汁以防止败血症和1813年开始提供肉类罐头。由于担心水兵开小差，当局没能满足上岸休假的要求。在战争末期，逃兵的数量达到惊人的程度。在战争结束之前也不可能放松严厉的纪律措施。战争结束后出现了改善服役条件的倾向，这表现在废除了诸如吊打和夹道鞭笞刑等野蛮的惩罚。此外，给伤员发放抚恤金（这时格林尼治皇家水兵收养院已收养2700名士兵，达到顶点）和照顾阵亡士兵的妻子和家属的办法也有所改进。为了照顾孤儿寡妇，军舰的花名册上，记载了一些伪造的阵亡士兵的名字，他们的薪饷被用来做慈善事业。但是，哗变事件没有再度发生主要是因为纳尔逊向军官们传授了他带兵的艺术，并且用他所获得的胜利提高了水兵在人们心目中的地位。

疾病和逃兵造成的减员加剧了因维持一支庞大的舰队给国家带来的人力上的紧张情况。对战争中死亡的103660名海军的分析表明其中有82%死于疾病，20%死于海难事故，只有6%是在战斗中阵亡的。除了这些损失之外，还有113273名逃兵。[①] 如果没有18世纪最后10年里海军医学上发生的革命，因病死亡的人数可能还要多。由于吉尔伯特·布兰爵士和托马斯·特劳特医生的坚持，40年前詹姆斯·林德提出的改革措施大部分得以实现。这些措施包括对舰上的病号给予更好的治疗，采用分部门的办法使军官能更好地管理水兵，以及在1795—1796年通过普遍分发柠檬汁来消灭败血症。几年以后开始接种牛痘，从而使天花也得到控制。只有斑疹伤寒和黄热病这两种主要威胁仍未消除。海军外科军医的地位在1805年也终于得到改善，他们成为穿制服的后勤军官，并增加了工资，因而吸引了较好的医生到海军服务。[②]

武装私掠巡航和海防民团这两种职业使得征兵更为困难。当局对私掠船一直是不满的，因为它占去了海军一部分宝贵的人力资源。1803年到1806年之间，尽管由于巡洋舰遍布海上而私掠船的收获不

88

① 参阅刘易斯《海军社会史》，第442页，和W. B. 霍奇在《R. 统计协会学报》（1855年）上的文章。
② 参阅C. 劳埃德和J. L. S. 库尔特合著《医学与海军》第3卷（爱丁堡，1961年）。

大，但仍然有约 407 万人在私掠船上工作。[①] 为了抵御入侵，1798 年成立了由渔民和沿海志愿人员组成的民兵组织海防民团，在沿海一连串的碉堡和信号台上值勤，并用他们的船只组成一道最后防线。这支民团从来就不是一支有效的武装力量，它反而为许多本应该在海上服役的人提供逃避兵役的去处。在 1810 年入侵的危险早已过去时，民团的人数达到了 23455 人的最高峰，这是颇能说明问题的。[②]

对一艘军舰上的人员所作的分析表明，其比例大致如下：志愿人员占 15%，强征入伍的人占 50%，按名额分配征来的人占 20%，见习少年占 8%，外国人占 15%。[③] 外国人中有一些是自愿参加的，但大部分是在海上被强征的，他们无法通过正常的领事途径得到释放。这部分人中最多的是美国人。这一方面是因为随着交战国商船数目的减少，美国的商船激增，另一方面是因为伪造的国籍证明文件太多，很难把真正的美国公民和英国的逃兵区别开来。很可能是由于这一点，应官方要求而获得释放的美国人只占很小一部分，在 1803 年到 1805 年期间要求获释的 1500 名美国人中，只有 273 名获释。据估计，1812 年有 6000 名以上的美国人在英国军舰上服役，其中有 2500 名因拒绝同自己的祖国作战而遭监禁。[④] 依照 J. Q. 亚当斯的看法，1812 年到 1814 年的战争的主要原因是英国坚持搜查商船的权利，虽然战争的根源可能在于英国要求征服加拿大。英国人要求搜查中立国的船只以寻找违禁品和逃兵，其根据是斯托厄尔勋爵提出的观点"海上司法权的基本原则是公海上的船舶并不构成所属国的领土的一部分"。与此针锋相对的是美国的"航行自由、运货自由"原则及属于同一类的主张"贸易自由和保护海员权利"。这一长期争端早在 1806 年就几乎酿成战争，当时英国军舰"豹"号的搜查队在离亨利角只有 10 海里的地方从美国船只"切萨皮克"号上带走了一名逃兵和三名国籍不明的人。美国的赔偿要求遭到拒绝，这种情况直到 1812 年还未改变。在战争前夕，屡遭反对的那条中立国必须在英国

①　J. 巴罗：《安森传》（伦敦，1839 年），第 467 页。在战争期间签发了约四千份捕押许可证；见签发登记册，行政文件 7/325.649。

②　《基思文件》第 3 卷，第 133 页以下。

③　刘易斯：《海军社会史》，第 139 页。

④　J. F. 齐默尔曼：《对美国海员的强征》（纽约，1925 年），第 106 页。参阅 A. 斯蒂尔《剑桥历史学报》第 9 卷（1949 年），第 331—351 页；T. 罗斯福《1812 年战争》（纽约，1882 年），第 42 页。

许可下才能进行贸易的敕令被取消了，但是政府虽然能够作出一些让步，却从来没有放弃追捕逃兵的权利。这个问题在和平条约中也没有提及。

英国政府的顽固态度所依仗的是它的海军建立起来的海上霸权，而这支海军由于胜利而变得有些疏忽大意。美国只有 8 艘快速舰和 8 艘较小的军舰来同包围欧洲整个海岸线的庞大的英国海军对峙。考虑到美国海军在 1798 年以前遭到忽视，这支小舰队的效率令人瞠目。美国海军部于 1798 年成立，同时建立了一支 720 人的海军陆战队。尽管某些人害怕设立一支常备的武装部队对民主制度可能造成威胁，但是为了保护新兴国家日益增长的贸易，实际上必须振兴海军。到 1812 年，海军兵力已增长到 4000 名水兵（全部志愿人员）和 500 名军官，其中有许多人在同法国共和时期的"准战争"和对阿尔及利亚海盗的作战中积累了经验。但是在对英国人作战的第一年中取得成功的主要原因是美国的由乔舒亚·汉弗莱斯设计的三艘 44 门炮的快速舰要比欧洲的快速舰更为优越。当时各国的军舰因为上甲板上大炮的数目增多，因此实力要比估计的强，一艘 44 门炮的快速舰实际上多装了 22 门臼炮。这样武器精良、久经战斗的军舰要比英国的 38 门炮的快速舰更为厉害。尽管如此，随着伊比利亚半岛战争临近尾声，英国海军把庞大的海上力量移向美国海岸，成功地切断了沿海的交通并进行了几次登陆，其中有一次烧毁了华盛顿城。马汉从中得出的战略结论是，"战争不是由几次杂乱无章的战斗或海上较量决定的，而是通过集结兵力并巧妙地加以配合使用来决定的"。① 90

但是在大西洋西部，私掠船的活动依然十分活跃。在战争过程中，美国军舰仅俘获 165 艘船只，而美国的私掠船却俘获了 1344 艘，其中有些船只极为值钱。新斯科舍人在这方面也不甘落后，但是在哈利法克斯处理的俘获船只的数字表明海军在破坏贸易方面的作用更大，海军的快速舰俘获了 490 艘船只，而私掠船的成绩是 200 艘。② 若不是英国人在那时已实行一套有效的护航办法，他们在美国私掠船

---

① A. T. 马汉：《海上力量及其与 1812 年战争的关系》（伦敦，1905 年）第 1 卷，第 5 页。
② 埃塞克斯学院刊印的船名册（塞勒姆，1911 年），参阅 J. 麦克莱《美国私掠船史》（1899年）。

手中的损失一定还会惨重。

英国在经过 20 年全球范围的海上战争之后，取得了海上霸权。虽然为了日后的和平，英国归还了已征服的爪哇等地，但从阿森松岛、圣赫勒拿岛、好望角、毛里求斯岛直到锡兰的一系列基地确保了英国通往东方的航线。尽管在战争中蒙受损失，注册的商船总数从 16079 艘增加到 24418 艘，总吨位上升了 100 万吨以上。[①] 与此同时，英国海军拥有军舰 1168 艘，其中包括 240 艘战列舰，这支力量大大超过了其他任何国家。法国、西班牙、荷兰、丹麦和美国的海军都被它所击败，而瑞典和俄国的海军当时尚无足轻重。英国海军独霸海洋的时代开始了，但是风帆时代的海战已经接近尾声，蒸汽铁甲舰和爆炸弹的时代即将降临了。

（乐瑞夫　译）

---

① C. E. 费尔：《贸易风》，帕金森编（伦敦，1948 年），第 83 页。

第 四 章

文学和思想中的革命影响
和保守主义

　　法国革命是空前未有的、异乎寻常的，对于欧洲甚至世界的未来都会产生可怕影响，这一点没有逃出某些同时代人的眼睛。法国革命最激烈的反对者埃德蒙·伯克早在 1790 年就意识到他在目击第一场"完全的革命"。康德在 1798 年预言说：这种现象永远不能从人类的记忆中抹去。约在 25 年之后，司汤达宣称："在 2000 年有记载的世界历史中，大概从来没有发生过在习俗、思想和信仰方面如此激烈的一场革命。"甚至像德意志民族主义者阿恩特这样吹毛求疵的观察家在回顾中也不得不承认："如果我不公开承认我们从那一野蛮和疯狂的革命受到极大的恩惠……不承认它把在事件发生前 20 年或 30 年大多数人只要一想到就会发抖的思想注入了人们的头脑和心灵中，那么，我就会是一个极端忘恩负义的人，就是一个伪君子。"

　　法国革命从一开始就使欧洲的知识分子受到很大的冲击。在那初期阶段，欢乐远远压倒了恐怖。的确，大家都感到有一个令人吃惊的新世界正展现在眼前。威廉·华兹华斯在《序曲》中有抒发这种心情的不朽名句：

　　　　生逢曙色多佳幸，
　　　　天堂极乐属少年。

　　他的朋友和合作者柯尔律治曾经用生动的文笔追怀，"希望像已经足月的神之子一样从全人类的心灵中生了出来"。青年诗人骚塞、戏剧家托马斯·霍尔克罗夫特以及激进派托马斯·潘恩和詹姆斯·麦金托什爵士，也同样热烈拥护法国革命的原则。伯克进行攻击的几个月以后，麦金托什就在《为法国人辩护》（1791 年 4 月）中作了热情的辩解。

在德意志，法国革命深深地震动了知识界。在法国革命 40 年之后，黑格尔把这次革命比作日出的奇景。与他同代的其他主要思想家，我们仅举极少突出的例子，如费希特和谢林，以及年迈的康德、诗人克洛普施托克、维兰德和荷尔德林，历史学家赫德尔、约翰内斯·米勒和施勒策尔，全都毫不含糊地欢迎法国革命。那些在巴黎亲眼见证革命的德意志人向国内寄回充满激情的长篇报道，进一步传播了这种表示欢迎的态度。其他地方，如奥地利改革家宗南费尔斯，瑞士教育家裴斯泰洛齐，意大利诗人阿尔菲耶里，西班牙青年作家马尔切纳，瑞典政论家托里尔德，还有许许多多其他的人，都此唱彼和，扩大几乎震荡全世界的反响。阿瑟·奥康纳曾于 1795 年 5 月在爱尔兰议会发表演说，他的几句话绝非过甚之辞："整个欧洲思想界经历了一场革命，这场革命既不局限于这个国家，也不局限于那个国家，而是像使革命诞生并且仍然继续哺育它成长的一些伟大事业一样普遍。"

这种普遍存在的热情基于种种不同的动机，而这些动机的总根源则是这一时代对社会和政治所抱的极端乐观的态度。启蒙运动的中心信念是相信人和社会能够达到至善的境地，现在这种信心已经达到最强烈的程度。在 1784 年，康德曾经信心十足地断言："每经过一次革命，启蒙的种子都发出更茁壮的幼芽。"到了 1792 年，他仍然坚决相信人类必然向着日益完善的知识和道德的境界前进。对法国革命的广泛传播和热烈欢呼这一事实本身就向康德证明：人类存在着一种利他的道德素质，至少在它的基本构成方面是如此。因为，正如他指出的那样，在表明拥护革命的心情时，需要有勇气和大公无私的精神。[①]

在法国，进步是人创造的这一思想的主要宣传家是孔多塞侯爵，他的名著《人类精神进步史梗概》是在 1793—1794 年动乱的日子里写成的。甚至在恐怖时代的高潮中，当自己的生命危在旦夕的时候，孔

---

① 康德的论文《人类是否在继续向好的方面前进》，1792 年写成，六年后才得到发表。

多塞仍坚持他的人类道德在不断完善的信念，1794 年 4 月，他为坚持自己的世俗信念而牺牲。他明确地看到了人类最光辉的前景，在《人类精神进步史梗概》一书中，他以大胆而哀婉的词句作为结束语：

> 这种冥想是他的一个避难所，在这个避难所中，他对迫害者的记忆不会来纠缠他；在那里，他在思想中与恢复了天赋权利和尊严的人生活在一起，忘记了为贪婪、恐惧或嫉妒所苦恼并因此而堕落的人；在那里，他和他的同伴们生活在一个由理性创造的、为人类之爱所熟知的最纯洁的欢乐而增辉的乐土中。①

　　威廉·戈德温在英格兰颇有影响，他在《关于政治正义及其对道德和幸福的影响之研究》（1793）中，曾经设想一个与过去基督教徒所期望的太平盛世没有多大区别的世俗的天堂。他预言说："在那个幸福的日子，将没有战争。"这一预言与仍然流行的全世界博爱的理想（即基督教四海之内皆兄弟理想的世俗翻版）毫无二致。与此 93 极为相似的是，孟德斯鸠用"共和精神就是和平"一语所概括的普遍的信念。因为，不仅在革命的法国，在其他地方也是如此，大家都期望在专制的王朝、那些世世代代的苦难制造者被推翻之后，战争自然就会停止危害人类；至少，作为帝王狩猎活动的战争就永远不会再发生了。由此可以推论：当人民处于作为统治者的新地位的时候，他们就会把战争丢在一边，因为卷入战争不符合他们的利益。举例来说，这就是康德为法国人争取代议制政权的努力深深打动的原因，康德认为这种政权"不可能是好战的"。出于同一原因，他认为推翻绝对君主制度是走向代议制的联邦的第一步。这时候，康德已经开始认为战争是道德的最大障碍，但是他非常现实，并不抱有当时十分普遍的幻想，即马上就会消灭这种最大的社会罪恶。他在著名论文《论永久和平》（1795 年）中，只是设想一个以日益尊重国际公法为特征的渐进过程：战争一点一点地变得更为人道，而后变得不那么经常，直到完全消除侵略行为。

　　相信进步的另一方面，是希望法国革命会带来人们向往已久的理

---

　　① 《人类精神进步史梗概》，琼·巴勒克拉夫英译本（伦敦，1955 年），第 202 页。

性时代。尽管反理性主义的学说在 18 世纪从来没有绝迹，而现在又显然获得阵地，但是一般来说对理性的崇尚特别是对政治中的理性主义的崇尚依然非常流行。威廉·戈德温认为理性是通往真理和美德的正确无误的向导。他是在加尔文教派中特别严格的一派的教养下长大的，但是很快就认为宗教束缚人类自由运用理性的本能而开始摒弃一切宗教，最后则醉心于智力本身。他认为由一系列理性法则体系化了的纯粹的人类理性是医治人类一切政治和社会病症的灵丹妙药。康德和黑格尔，孔多塞和戈德温，以及许多思想相同的人们，全都梦想一个理性的王国，很多人深信他们的时代正是在地球上建立这一王国的第一阶段。黑格尔在他的《历史哲学讲义》（1830 年）中，热情地描绘了他们在法国革命最初进行立宪试验时的思想状态：

> 顷刻之间，理念、正义观树立了权威，非正义的旧体制经不住它的冲击。就这样，制定了与正义思想相适应的宪法，从此，一切都建立在这一基础之上。自从太阳悬在天空、行星围绕太阳转动以来，从来也没有想象到人的存在以他的头脑，亦即以他的思想为中心，而他在理念的鼓舞下建立起现实的世界。阿那萨戈拉首先提出理智统治世界的口号，但是到现在人类才进展到承认思想应该支配精神现实的原则……一切有思想的人都为这个时代雀跃欢呼。①

奇怪的是，另外一些人站在完全相反的立场上来歌颂法国革命。在受到当时正在开展的浪漫主义运动的影响的人们当中，最流行的思想是：这一革命已经开始在纯感情的基础上建立人类的生活。我们也不可否认，过去在等级社会压抑之下的非理性的强大力量被革命释放出来了，对于事态的这样一种转变，浪漫主义者由于对极端理性主义持批判态度，也就当然认为是件极大的好事。在一定意义上，我们甚至可以说，在法国革命许多方面所显示出来的非理性的，或者说下意识的冲动的爆发，正是浪漫主义对理性开战的信号。两种运动在热烈争取自由这一方面又是一致的。在由三种理想组成的法国革命的战斗口号中居于首位的"自由"理想，很自然地与欧洲浪漫主义特别是

---

① 《历史哲学讲义》，见《黑格尔全集》（柏林，1840 年）第 9 卷，第 535—536 页。

在最初阶段所特有的主观主义态度融合在一起。被称为"自身解放"的这一潮流可与文艺复兴中的类似倾向相比，但是远远超过了它。自古以来的忠诚和信仰的束缚在过去一段时间里已有松弛，但是法国革命使这一过程发展到了顶点。突然之间，一切思想和理想再次被投入了坩埚，因而某些早期的浪漫主义者认为个人本身就是唯一坚定的支柱。费希特不仅在高度主观主义的原则上发展了一种认识论的体系，而且甚至宣称，善与恶只有在个人的良知意识到它们的时候才存在。这种极端的观点影响了大胆的青年思想家弗里德里希·施勒格尔和他的一些朋友。同时，浪漫主义对自由的追求也不限于个人。弗里德里希的兄弟奥古斯特·威廉认为，每个民族集团都有它自己的天才，因而必须容许自由发展它自己在文学以及其他艺术中的艺术表现形式。显然，要求所有文明民族同法国古典格调的僵硬标准相一致的时代已经一去不复返了。因而，文化方面的爱国主义已经变成浪漫主义的主要副产品之一。然而，人们将会看到，浪漫主义者对法国革命的态度是错综复杂的，而且绝不是明确赞成的。

　　争取自由和博爱的革命憧憬，在经过充满希望的序曲之后，很快就遇到失望和沮丧，然而争取平等的伟大而艰苦的斗争却有着更为长久的影响。夏多勃里昂感到遗憾的是：平均主义的热情在法国已经成为占统治地位的政治情绪，它像野火一般燃遍其他欧洲国家，最终又燃遍世界的各个角落，而且在这一过程中，它虽然几经浮沉但是锐气未减。正如人类一切伟大的理想一样，对平等的原则可以作出几种不同的解释。例如，它可以意味着所有人类不论社会地位高低都有尊严。这正是罗伯特·彭斯的诗篇《人总是人》（1795年）的主题。平等的原则也可以意味着逐渐消除经济上的不平等。因而，托马斯·潘恩早在1791年就在《人的权利》中主张官办教育和建立一种在社会正义的事业中能够导致收入再分配的税收制度。正是基于同一思想，1789年的《人权及公民权宣言》主张所有的人，由于他们是人，都有享受福利和追求幸福的平等权利，著名的法国科学家拉瓦锡（他后来在恐怖时代牺牲了）大概是第一个宣布这一思想为一种政治原则的人。[1]　康德

95

---

① 见1789年拉瓦锡作为国民议会议员为他自己的选民起草的《指示》，《全集》第6卷（巴黎，1893年），第335页。

进一步发展了这一思想，他竟至反对一切世袭特权，认为每个人一生
下来就有平等的机会。他还指出，应该把公民在法律面前一律平等当
作人基本的而且确实不可剥夺的权利之一。除非这一点能付诸实施，
否则他理想中的法治国家就永远不会确立起来。自称为"人民的护民
官"的巴贝夫和他在 1796 年密谋中的几个同伙使平等主义达到它的应
有的结论，他们把产品共有和建立"一个没有贫富之分的真正社会"
纳入他们的社会纲领。在政治领域中，平等的思想还意味着公民仅仅
作为社会的一员，就有参与确定整体意志的权利。这样，政治的重心
就从君主转移到产生一切主权的人民或者国家。在这方面，美国和法
国的《人权宣言》标志着世界民主运动的一个重大阶段。在潘恩的
《人的权利》中，以挑战的姿态记录了这些民主的成就，兰克认为上一
世纪没有任何其他政治思想的影响可与人民主权思想的影响相比，他
把人民主权形容为"现代社会永远活跃的酵素"。①

96　　　　平等思想一旦形成之后，就不能不导致要求两性享有平等的待遇
和平等的机会。例如，孔多塞在 1790 年就论证说："要么是人类之中
没有任何人享有任何真正的权利，要么便是大家都享有同样的权利；
任何人只要他投票反对别人的权利，无论是出于宗教、肤色或是性别
的考虑，他就是放弃了自己的权利。"② 支持女性解放事业的，在迄
至那时为止享有特权的男性中，的确不乏其人。杰里米·边沁、弗里
德里希·施勒格尔和特奥多尔·戈特利布·冯·希佩尔就是大力帮助
宣传这一运动的男性楷模。希佩尔在他的论文《论妇女公民权的改
善》（1792 年）中发出惊异的呼声，他说：法国尽管在极力争取平
等，但是还没有提高妇女的法律地位。巴黎的国民公会确实拒绝了要
求妇女选举权的请愿书，1793 年 10 月 30 日，国民公会强制取缔了
在革命前期纷纷成立的所有妇女俱乐部。有人认为，这一镇压妇女的
事件可能与发生在同一个月的对王后玛丽－安托瓦内特的审判与处决
有关。

　　在这方面，这一运动的一位妇女先驱者的命运是值得一提的。在
法国革命前不久，奥林佩·德·古日（她是一位诗人的私生女，本

　　① 《以十六和十七世纪为主的英国历史》（柏林，1861 年）第 3 卷，第 287—288 页。英文版（牛
津，1875 年），第 2 卷，第 542 页。
　　② 《论准许妇女享有公民权》，1790 年发表于《1789 年社会报》。

人是一个二流剧作家）出版了一部长篇小说《哲学泰斗》，在这部小说中，她要求给予妇女平等的教育。革命刚一开始，她就投入了火热的战斗。她的许多活动之一是创办刊物《不能再忍受》，接着在1791年9月，她大胆发表了《妇女和女公民权利宣言》（以下简称《宣言》）。然而为时不久，由于她感到妇女解放被束之高阁，同时又对审判国王心怀不满，她就脱离了革命，猛烈抨击雅各宾派的专政。1793年11月3日，由于胆敢给罗伯斯庇尔写一封公开信，她便在断头台下为这种大胆行动付出了当时所需的代价。在《宣言》第十条中，痛快淋漓地表达了其大胆的女权论："妇女已经有走上断头台的权利，她也必须有登上讲坛的权利。"

英国后来成为妇女解放的先锋，在那里，玛丽·沃斯通克拉夫特（爱尔兰血统）由于发表《为女权辩护》（1792年）而轰动一时。她在这篇文章中主张教育机会均等（甚至包括男女同校），呼吁男女应在共同的人性基础上相互合作。在她的遗著长篇小说《妇女的不幸遭遇》的片段中透露了上述论文的背景：不幸的婚姻、酗酒、龌龊、贫困、生男育女，特别是野蛮的男子对于无依无靠的妇女的虐待，所有这一切都是她纳入小说的真实的回忆。在她短促而波澜起伏的一生快要结束时，她成为威廉·戈德温的妻子，虽然他们夫妇都不赞成婚姻制度。她的女儿玛丽的出生对她来说是致命的，她于1797年逝世，而女儿玛丽后来成为雪莱的第二个妻子。

在其他方面，平等的原则也作为法国革命的成果而得到发展。人人有公民权的概念使犹太人没有公民资格的陈规不可能再继续下去。在启蒙运动时期，欧洲社会中长期以来对这些受侮辱的、被剥夺公民权的人的偏见已经减弱了。约翰·洛克和约翰·托兰德曾经要求宽容犹太人，1740年英国议会通过美洲殖民地人民入籍法案，大大推进了在世界那一部分为犹太人争取平等的总的事业。当美洲殖民地脱离母国的时候，1776年的《弗吉尼亚权利宣言》确认了为了普遍的平等，但没有特别提到犹太人。在德意志，莱辛的剧本《智者纳旦》（1779年）表现了宗教宽容的人道主义思想。意味深长的是，剧本的男主人公是以莱辛的朋友摩西·门德尔松为典型，门德尔松出生在德绍的犹太人区，但这时已是一位驰名遐迩的哲学家。两年后，普鲁士的高官克里斯蒂安·威廉·多姆在柏林出版了其颇有影响的论文《论犹太人公民权的改善》。

　　法国是第一个给予犹太人全部公民权利的欧洲国家。米拉波所著《关于摩西·门德尔松和对犹太人的政治改革》（1787 年）畅谈犹太人的问题，他对一个如此富有天才的民族竟然长期被剥夺发展他们的能力的机会表示遗憾。米拉波作出结论说："一旦这个民族的成员充分享有公民权，他们很快就会上升到有贡献的公民的水平。"同年，一位犹太发言人宣称："我们不要求恩惠、照顾，也不要求特权，我们只要求有这样一项法律，它能够使我们拥有一切人都毫无例外地会分享到的人权。我们还要求撤除把我们和其他公民隔离开的壁垒，因为我们不准备再去忍受自己与其他人之间的侮辱性的区别。"在国民议会中讨论犹太人解放问题的时候，另外两位犹太人作家——塞尔夫·贝尔和萨尔金德·胡尔维茨也尽最大的努力来宣传这一事业。在国民议会中支持这一事业的人中，有米拉波、罗伯斯庇尔，以及最出力的格雷古瓦神甫。1791 年 9 月 28 日，法国宣布犹太人为平等的公民。这就发出了逐渐解放欧洲犹太民族的信号，表面上看来，这一过程似乎到 1917 年俄国革命才告完成。

　　最后，平等的思想是与对奴隶制的容忍完全水火不相容的。正是在平等主义的基础上，法国的"黑人之友协会"诞生了，制宪议会宣布法国殖民地的奴隶都是法国的公民。对于最终废除奴隶制度，法国的革命原则所起的作用正如英国废除奴隶制运动的强烈宗教感情所起的作用一样巨大。

　　至于说臭不可闻的奴隶贸易，英国就应该在取消这种贸易中起带头作用，因为在 18 世纪期间，英国控制奴隶贸易总额的一半以上。这种贸易所包含的对人性的贬低，不仅遭到一大批基督教的和人道主义的作家和诗人，特别是约翰·韦斯利、巴克斯特、汤姆森和考珀的谴责，而且也遭到亚当·斯密、约翰逊博士和《对人的观察》的著者的儿子戴维·哈特利的非难。然而，首先采取相应的政治行动的却是公谊会的教友们。正如解放犹太人的情况一样，这一运动也是在美洲开始的，它的主要代表人物是约翰·伍尔曼（1720—1772 年）和安东尼·贝内泽（1713—1784 年），后者是在撤销南特敕令之后离开法国的一位胡格诺派教徒的儿子。主要是由于贝内泽的努力，大西洋两岸普遍展开了拥护废止奴隶贸易的宣传活动。在英国，1783 年公谊会的教友们建立一个"拯救和解放西印度群岛的黑奴和阻止非洲海岸的奴隶贸易"的协会。三年以后，年轻的托马斯·克拉克森把一篇用拉丁文写成的、由剑桥大学副校长皮卡德博士推荐得奖的论文译成英文出版，标题为《论奴隶制度和贩卖人类》。克拉克森是争取废止奴隶贸易的最坚强的战士，他的合作者是一群人道主义的福音派教友，即亨利·桑顿、扎卡里·麦考利和格兰维尔·夏普领导的所谓"克拉珀姆教派"，他们在议会的发言人是有影响的威廉·威尔伯福斯。废止奴隶贸易派并不全力攻击奴隶制度本身，因为他们认为，结束奴隶贸易不仅会迫使种植园主对待他们的奴隶更人道一些，而且还会最终导致奴隶的解放。西印度群岛的种植园主以及其他既得利益集团强烈地反对这一改革意见，某些原来支持废止奴隶贸易运动的政治家，当他们在法国革命事件的影响下，开始认为这一运动是"雅各宾主义的可恶的蛛网中的一根丝"（伯克语）的时候，也不再支持这一运动了。

　　虽然在 1792 年下议院已经同意逐渐废止奴隶贸易，但是直到 1807 年，英国议会才通过了威尔伯福斯所提出的关于禁止英国臣民和英国船只参与任何奴隶贸易的法案。同年，美国也制定了类似的立法。1808 年，托马斯·克拉克森出版他的具有丰富资料的英国废止奴隶贸易的历史①时，是怀着极为满意的心情的。但是直到 1811 年规定今后凡有违反者一律以重罪论处时，英国的禁令才产生更大的效力。在英国的巨大压力下，特别是英国派海军在非洲海岸附近的洋面上巡逻，欧洲其他从事奴隶贸易的国家（丹麦除外，它已经走在英国前面）才在 19 世纪最初几十年间都效法英国的榜样。随后就是废除奴隶制度本身了。

　　上面已经提到，文化上爱国主义的高涨是与浪漫主义者对表现自由的要求分不开的。然而，民族主义政治学说的来源则更为复杂。虽然文化上的爱国主义带有明显的感情色彩，肯定是民族主义政治学说的组成部分之一，另一个同等重要的组成部分则是民主主义的人民主权思想。在法国革命中，这两种思想结合起来，由此产生的民族主义很快就在欧洲其他部分以及欧洲以外的地方显示出它的爆炸力量。当

---

① 《英国议会废止非洲奴隶贸易的兴起、进展和完成的历史》，2 卷集（伦敦，1808 年）。

被压迫的民族集团大声疾呼要求解除他们的苦难的时候，在民族主义的革命冲击下，在制度与文化方面格格不入的国家就摇摇欲坠了。沃尔夫·托恩称爱尔兰为"一个被压迫、被侮辱和被掠夺的民族"，并非没有道理。他是丹东和托马斯·潘恩的门徒，也是爱尔兰人联合会的创立者（1791 年），他的原则都是从法国的榜样引申出来的。他的观点从一开始就是毫不妥协的，当他的大部分追随者认识到在爱尔兰不可能以立宪方法进行自由主义的议会改革时（如埃德蒙·伯克的很有卓见的《致赫尔克里士·兰格里什爵士的几封信》主张允许爱尔兰天主教徒有选举权，就没有受到理睬），就都接受了他的观点。1798 年沃尔夫·托恩为建立爱尔兰共和国发动武装叛乱以失败而告终，这位领袖也被处死。托恩死后出版的自传是这一时代有关爱尔兰生活的最杰出的作品。尽管这一次起义和其他一些民族起义大都失败了，但是却有颠覆某些较大政治单位的危险，欧洲各民族对拿破仑政权的抵抗也是如此。不过，当许多较小的政治实体由于实行统一而受到攻击并终于被摧毁的时候，民族主义也能从完全相反的意义上起作用。例如，拿破仑在德意志和意大利所造成的剧烈变化就为德意志民族和意大利民族未来的统一铺平了道路。

100　　荷兰历史学家约翰·赫伊津哈在爱国主义与民族主义之间划了一条有益的界线。他认为，前者主要是一种依恋的感情，而后者则是自豪感压倒一切，这种自豪感往往导致目空一切和侵略成性。这两种感情虽然有时泾渭分明，但在现实中却很容易相互混淆；例如，雅各宾的爱国主义很快就沦为侵略性的民族主义，这种民族主义引起或者至少是加强了受其蒙蔽者的爱国主义的反应。不管怎么样，在这一时代所发展的民族主义不仅与四海之内皆兄弟的理想发生矛盾，而且也与个人解放的理想日益冲撞。像巴雷尔或卡尔诺之类的雅各宾派，以及后来费希特在他的《对日耳曼民族讲话》（1807 年）中，都极力贬低个人而抬高民族的地位。这种感情在危机时代是很自然的，而当黑格兰坚决主张只有把个人意志融汇到整个社会的历史意义中才有真正的个人自由的时候，它就变成一种固定的教条了。因而，人道主义启蒙运动的两个基本理想在雅各宾派专政时期已经完全放弃了。如果说法国革命的爆发正赶上启蒙理想的最高潮，那么，在 1793 年以后的严峻年代里，潮水便开始后退了。结果产生的幻灭情绪被人恰如其分地描写为"启蒙运动的挫折"①。我们可以从这一背景出发来研究保守主义的起源。

自然，启蒙运动的领袖们并不愿意承认他们的失望。康德在他的论文《学派之争》（1798 年）中，企图以雅各宾派所犯的错误不能与过去时代暴君的罪行相提并论的想法来安慰自己。他承认法国革命从表面上看是一次失败，但是仍然坚持说，最终必定会证明它是造福于人类的。费希特也表示了类似的观点。然而，更普遍的是：恐怖时代和法国的侵略使人产生惊恐万状和大失所望的感情。协和广场上的断头台所做的残酷无情的工作不能不使人触目惊心。丹麦诗人扬斯·巴格森最初曾以《自由颂》欢颂法国革命，现在则写他的铿锵有力的《复仇女神赋》了。在德意志，弗里德里希·席勒和其他一些理想主义者都认识到，自由的理念也会被人滥用，理性也和宗教一样会被人用于罪恶的目的。现在席勒认为，法国人的教养还不够讲平等的程度。他作为激动人心的剧本《强盗》的作者接受法国公民资格之后不久，就对法国革命产生强烈的对立情绪。他像前人贾姆巴蒂斯塔·维科一样，现在得出这样的结论：一种正在衰落的文化会产生比蛮荒时代更坏的混乱和腐败状态。诗人荷尔德林的话大概最为深刻："使国家变成一座地狱的原因，恰恰是因为人们企图使它成为自己的天堂。"

在英国也是如此，许多以前赞美法国革命的人现在都变成它的敌人了。华兹华斯由于革命的恐怖行动而极端沮丧，他在《序曲》中表达了这种心情：

> 现在法国人反倒成为压迫者，
> 把自卫战争变成征服战争；
> 他们已经完全忘记了
> 过去为之斗争的美好理想；
> 在皇天后土的明鉴下，
> 公然提高自由的价钱。

---

① 艾尔弗雷德·科班：《寻求人性。启蒙运动在近代史中的作用》（伦敦，1960 年）。

　　柯尔律治的瑰丽的《改宗歌》（1797 年）标志着他的政治态度的转变。一年之后，他觉得"不论什么时代，不论政府形式如何，统治者总是一丘之貉。他们要多么坏有多么坏"。不过，他的反感还不像他的朋友们那样激烈。许多年之后，他说：虽然他从来不是一个雅各宾派，但是雅各宾派的信条中有许多好的东西，而且反对党的错误也同样严重，远远令人难以宽容。直到 1815 年以后，他才对他依然称为雅各宾主义的势力的壮大感到更为吃惊。而骚塞则早在 18 世纪终了时就完全抛弃他过去的观点，变成一个顽固的保守派了。有人说他可能是第一个使用具有近代意义的"保守派"一词的人。①

　　在有可能发展保守派的政治观之前，必须充分认识法国革命的种种危险。在这方面，没有其他任何思想家比都柏林出生的辉格党政治家埃德蒙·伯克做了更多的工作。伯克在他著名的《关于法国革命的感想》（1790 年）中，就已经认识到大众民主本身就包含着暴政的因素，并且由于法国革命具有半宗教的性质，它充满了劝人入教的精神。伯克使用保守派的整个武库向革命学说进行猛攻，特别详细阐述了政治和社会延续性的好处。他坚决主张，社会是正在生存的人们、已经作古的人们和尚未出生的人们的结合体。在过去的一切伟大传统中，他最热烈拥护的是骑士精神。这样一段独具慧眼的妙论是值得全文引用的："骑士时代一去不复返了。继之而来的是诡辩家、经济学家和计算家的时代；欧洲的光荣永远消逝了。我们永远、永远也不会再看到那种对显贵和异性的极大忠诚，那种高尚的谦恭态度，那种尊贵的温顺神情，那种由衷的服从品质，这些品质甚至在受人奴役之中还保持一种高贵的自由精神。金钱难买的精神美德，为国捐躯的侠义行为，对男子气概和英雄事业的大力支持，已经全部一去不复返了。那种感觉污点像创伤一样疼痛的、在对付暴力时勇气倍增的、碰到任何事物都会使其高贵起来的、邪恶一遇到它就会退避三舍的敏感的原则性和纯洁的荣誉感，已经一去不复返了。"伯克像大多数早期的解释某种信条的人一样，肯定是对他所讲的问题言过其实了。结果，那些反对他的人们——菲利普·弗朗西斯、托马斯·潘恩、玛丽·沃斯通克拉夫特以及其他一些人，就很容易指责他对旧政权的罪恶行为不

_____

① 杰弗里·卡纳尔：《罗伯特·骚塞和他的时代》（牛津，1960 年）。

闻不问和对 1789 年以前法国人民遭受的苦难漠不关心。尽管如此，伯克的思想在英国和国外都有广泛的影响。

上自帝王开始，来了一阵赞美的大合唱。叶卡捷琳娜大帝和波兰最后一代国王斯坦尼斯拉斯像乔治三世国王一样热情称颂。在德意志，诺瓦里斯称颂《关于法国革命的感想》是一部反对法国革命的革命著作。出生在西里西亚的普鲁士政论家弗里德里希·根茨把《感想》译成德文，并加了大量的注释和附录。根茨最初曾以热烈的词句欢迎 1789 年的事件，但是，他在第二遍或第三遍熟读《感想》之后改变了自己的观点，这时正当普鲁士从严阵以待的中立转为公开的战争。根茨把他的译本呈献给国王弗雷德里希·威廉二世，并在 1792 年 12 月 23 日上书国王，宣称他是由于怀着反对法国诡辩术的坚定目标而翻译了"在所有语言中出现的对革命思想的最有力的驳斥"，并且说他本人在附录的一卷中"企图在政治和哲学的基础上发展一种反对革命制度的完整理论"。此后不久，根茨就得到了早已垂涎的"军事顾问"的头衔。在对麦金托什的有力回答中，他以一个改变信仰者的热情，详细论证了法国革命早期的理想与残酷的现实之间的矛盾问题。

歌德像伯克一样，从一开始就反对法国革命。当时他已经 40 岁了。他阐述他自己的信条是：如果说青年倾向于民主观点，那么中年人则易于看到贵族政治的价值。歌德于 1776 年定居魏玛，他在魏玛的模范宫廷中的从政经验使他更加坚信：改革必须从上至下，秩序比自由更为可贵。虽然歌德并不是法国旧王朝的辩护士，但是法国革命的几个方面，特别是政治渗透一切的倾向，使他深感不安。结果造成的永不休止的骚乱状态使人民"像躺在一张病床上"来回翻身一样，不断地从政治的一边翻到政治的另一边。他认为政党和报刊的纷纷出笼是不健康的现象，他的喜剧《市民将军》（1793 年）表现了他对宣传的强烈反感。最主要的是，这位法兰克福的贵族非常害怕无知群众的起义，他预言说，这些群众会很容易成为厚颜无耻的政客和残酷无情的暴君的牺牲品。结果，千百年发展起来的欧洲文化就会毁于一旦。这些预言与伊拉斯谟在宗教改革运动的动乱时期所作的预言十分相似。

浪漫主义者对革命思想的积极贡献在上面已经简略地提过。使革命家和浪漫主义者发生共鸣的是自由的观念。另一方面，某些主要的浪漫主义思想家则属于最早对革命的平等主义（至少对它的更为深远的含义）提出批评的人们的行列。他们担心，受过教育的阶级有朝一日会被群众所吞没。欧洲文化在降低水平的过程中，会庸俗化到不复存在的地步，根据一些当代历史学家所说，古代罗马文明就曾落到这样的下场。柯尔律治有一次曾讥讽硬把智慧归功于人类大多数的讨好群众的行为。德意志的荷尔德林、弗里德里希·施勒格尔、格雷斯和谢林，法国的司汤达、阿尔弗雷德·德·维尼等，都对群众文明日益侵犯个人自由的可怕前景表示哀叹。斯塔埃尔夫人也预见到这样一个时代，在那个时代里，胜利的群众会要求知识高的人降低标准，去讨好现已成为主人的知识较低的人。崇拜她的自由主义者邦雅曼·贡斯当曾经给一个朋友写信说："你和我都不应生活在这个世纪里……今天已不存在个人，而只有穿着制服的军队。"他还哀叹道："我们这些仍然穿着自己的衣服、而不是穿着制服的可怜虫，已经不知道何去何从了。"

像阿尔弗雷德·德·维尼或者西里西亚的诗人约瑟夫·冯·艾兴多夫那样一些过去的杰出人物当然要痛惜封建主义和骑士精神的时代的消逝了。亚当·密茨凯维奇也是如此，在他的伟大史诗《塔杜施先生》中，以绚丽的色彩和怀旧的心情描绘了他的故土立陶宛的波兰士绅传统的但是已经消逝的生活。的确，在欧洲浪漫主义运动中，反对平等主义的主题是如此明显（至少在 1830 年以前），以致某些历史学家说浪漫主义是欧洲贵族阶级的绝唱。可以肯定的是，这种观点包含着相当一部分真理。在浪漫主义贵族的名单上，可以把夏多勃里昂、拉马丁、缪塞、拜伦和莱奥帕尔迪放在前列。在其他没有贵族身份的浪漫主义者中，也有些人对过去比较确定的社会等级的时代有着怀旧的感觉。在这里，令人想起"威弗利小说"的创作者。不错，歌德在狂飙突进运动时代的剧本《铁手骑士葛兹·封·贝利欣根》已经开创了骑士戏剧的传统，但是，骑士小说这一体裁却是以后才开始出现的，它为广大读者所喜爱则要归功于司各脱的想象天才。他的全部作品把封建主义思想和爱国主义感情巧妙地结合到一起，完全沉浸于过去的传统之中，而且由于苏格兰英雄理想的时代比欧洲其他大多数国家距离现代要近得多，而使那些传统得到复活。

在那些别有用心的反革命知识分子之中，有一群有影响的法国流亡作家是值得特别注意的。在他们里边，布列塔尼人夏多勃里昂子爵显然独树一帜。他在流亡伦敦期间出版了《关于革命的历史的、政治的和道德的评论》（1797年），在这部早期著作中，他就已经宣称法国革命是不可避免的。在他于1809年开始执笔的长篇自传《墓畔回忆录》中，重新对法国革命的主要原因进行不偏不倚的分析。他告诉我们，贵族政治经历了三个阶段。首先是有一个光荣的优越时期；其次是特权时期，在这个时期里，贵族政治日益衰败；最后进入空虚时期，贵族政治走向灭亡。但是，对没落的旧政权的统治阶级失去信心，并不意味着他很信任在贵族时代之后掌握政权的人民。在1830年七月革命之后，法国的政治重心似乎比其他任何地方都有更大的移动，夏多勃里昂对完全不再尊敬任何性质的权威感到痛心。他在《回忆录》中发牢骚说："一切权威都不复存在了：经验和年纪，出身或天才，智能或美德，一切都遭到否定、批判和蔑视。"他在自己周围所看到的是"一个没有神圣权威的世界"。各种派别的浪漫主义者有一点是一致的——他们都讨厌中产阶级的统治。

自封的里瓦罗尔伯爵一生的最后九年（1792—1801年）是在布鲁塞尔、伦敦、汉堡，最后在柏林度过的，他以锐利的眼光对革命的情景作了观察。伯克曾经在《政治报》上读过里瓦罗尔对法国革命初期阶段的记述，他称里瓦罗尔为法国革命的塔西佗。里瓦罗尔像伯克一样，但是独立地发现了法国革命与较早的宗教改革运动颇为相似。他指出，自从1798年以来，政治斗争往往转化为宗教的或半宗教的斗争，尽管法国革命显然具有反基督教的性质。新的革命政治哲学在取代宗教的职能，虽然这是一种纯粹世俗性的职能。里瓦罗尔认为这是一种非常危险的现象。他还像他的流亡同胞马莱·迪庞一样，认为新的政治狂热甚至比旧的宗教狂热更为残酷无情。与新思想作斗争，枪炮是没有用处的，必须有同样新的思想。他哀叹的是：同盟国在与法国革命进行战斗中，总是欠缺"一年时间，一支军队和一种思想"。里瓦罗尔还观察到，人毕竟不是像启蒙的哲学家们企图说明的那样具有理性的动物。在他看来，人类受非理性的甚至反理性的权力欲的支配则是司空见惯的事情。政治学必须研究一下人类情欲的理论。甚至最文明的民族，也远远不像人们一般认为的那样摒弃野蛮行为。对于一般大众来说，启蒙运动的时代并不存在，而且也永远不会到来。里瓦罗尔肯定是对群众行为进行心理研究的最早的人士之一。他为法国革命的狂风恶浪所震惊，在著名的对恐怖时代的控诉书①中发挥了作为作家的最大威力，这个控诉书后来给文学批评家圣伯夫留下了深刻的印象。

里瓦罗尔还像伯克一样很早就预见到，法国革命总有一天会"由军刀"来结束，革命的继承者必然是暴君。他本人喜欢强有力的立宪君主国。在他看来，某种社会上层人士是不可缺少的，但是，他对于他那个时代的贵族却不存任何幻想，他说，这些贵族只不过是他们祖先的幽灵而已。里瓦罗尔也是争取国王与教会结成保守同盟的最早的战士之一。

在坚持己见、毫不妥协的约瑟夫·德·梅斯特尔的论战文章中，宗教和政治纠缠在一起，解也解不开。当法国人入侵他的故土萨伏伊的时候，这位以前的自由主义者被迫于1792年出逃。他不久就摇身一变，开始采取极端反革命的态度，的确，1796年他在纳沙特尔所出版的《法国评论》很快就成为流亡者的圣经。德·梅斯特尔甚至比伯克更有力地强调宗教的社会职能。他在给一个朋友的信中写道："一个贵族所能犯的最大罪行就是攻击基督教的信条。"他解释说："一个贵族就是一个世俗的传教士：宗教就是他最主要和最神圣的财产，因为宗教保护他的特权，一旦没有宗教，特权也随之消失。"②因此，在他看来，法国革命所呈现的一切魔鬼般的可怕情景，正是上帝对不虔诚的法国统治阶级的惩罚。一旦此罪已赎，法国就会重新抬头，秩序和宗教也会随着王政一起恢复。德·梅斯特尔的政治思想在某些方面似乎是神权政治思想，因为他坚决认为社会秩序的存在是神命的结果。然而，如果深入一步进行分析，我们就会了解：在他的心目中，宗教的职能（用马克斯·韦伯的话来说）就是驯化下层阶级。德·梅斯特尔所关切的是社会秩序和从属关系在国家政权中的必要性。正因为如此，他完全否定一切成文宪法，特别是近代议会制度；

---

① 《法语新辞典引言》（巴黎，1797年）第1卷，第231—235页。里瓦罗尔的同时代人也许不会同他一样作出如上评价，但我们回顾历史，这却是昭然若揭的。参阅汉斯·巴尔特《安托万·德·里瓦罗尔与法国革命》，载《瑞士世界历史论丛》第12卷（伯尔尼，1954年）。

② 《未发表的书信和短文》（巴黎，1851年）第2卷，第262—263页。

正因为如此，他坚决主张统治阶级与人民永远要依照血统或财富来分开，因为他担心，一旦人民普遍失去对权威的尊敬，整个政府就会垮台。

在法国流亡者博纳尔子爵的政治思想中，激进的成分少，保守的成分多。他回国后对帝国默默地支持，甚至就任拿破仑的教育总署的咨议。他把法国革命的无政府主义倾向归因于理性主义哲学家们的腐蚀力量。1796 年博纳尔的《政治权力与宗教权力学说》在康斯坦茨出版，其中对法国革命的各种理想，特别是对政治平等和人民主权的理想，进行了猛烈的攻击。国家必须而且永远应该分成君主、大臣（亦即贵族）和臣下（亦即人民）这三个范畴。他非常讨厌独立表达个人思想，而给予传统一种光荣，对过去的理想仅仅由于它们年深日久而加以颂扬。在革命的风浪当中以及在风浪的余波中，他都渴望社会稳定，而且到 17 世纪而不是 18 世纪的法国社会里去寻求。同时，像博纳尔一类的天主教守旧分子否定 18 世纪关于人性的乐观主义，而回到基督教的原罪观。这与革命思想相比，表现出极大的不同。

在操德语的国家里，特别是在普鲁士，瑞士人卡尔·路德维希·冯·哈勒的反革命理论曾经引起相当大的轰动。这些理论的要点已经包含在他的《一般国家学说手册》（1808 年）之中。在他的主要著作《国家学说的复兴》（1816 年开始在温特图尔出版）里，他的思想得到更充分的阐述。正是根据这部书的题名，才把 1814—1830 年这一时期作为欧洲的复兴时期来描述，尽管英国从 1660 年到 1688 年的复兴时期也是一个典型。哈勒是伯尔尼的一个贵族，而伯尔尼的社会结构受法国革命的影响很小，他以封建的或行会的传统作为他的政治思想的中心。他充满了对中世纪的盲目崇拜，尽管他自己承认他从来没有读过关于那一时代的任何一部著作。只要是存在已久的君主、贵族，或者平民寡头集团所行使的政治权力，哈勒都给它加上神圣的色彩。他甚至走得更远，居然提出一个"强者生存的自然法则"，这个邪说令人想起诡辩家卡利克尔斯，当然还有霍布斯，以及预言家尼采和社会达尔文主义者。哈勒甚至比约瑟夫·德·梅斯特尔更明显地利用宗教作为一种统治工具。他改信天主教（1820 年）似乎主要是出于政治的动机。

　　虽然往往比哈勒的思想更精微的保守主义意识形态在欧洲王政复辟时期自然会大大盛行，但这一时代也出现了第二次革命的热潮。雪莱在这方面居于最主要的地位。对于一个 1792 年出生的人来说，法国革命只是一个传闻，并不是亲身经验。在伊顿公学时，雪莱就已经起来反对学校的各种仪式。那时他第一次读到戈德温的《关于政治正义之研究》，这一著作对他的锐敏的心灵产生了深刻而长远的影响。他的早期作品《仙后麦布》有些部分读起来简直如同把这位哲学家的文章改写成了诗行。他的成熟的诗篇，如《伊斯兰的反叛》和《解放了的普罗米修斯》等，也都宣传戈德温的思想：人类完美境界、平等主义、无政府主义和不抵抗。这位青年煽动家在牛津大学的大学学院期间所写的战斗性小册子《无神论的必然性》反映了戈德温的激烈的反教权思想，由于这本小册子，雪莱被学校开除了。雪莱既然反对一切有组织的宗教，婚姻作为一种圣礼对他来说就毫无意义了，他又追随戈德温的脚步，宣称现在的婚姻制度是人类幸福的敌人。他在为《仙后麦布》所写的注释中说："夫妻相爱到什么时候，他们的结合就应该维持到什么时候。在他们感情恶化之后，硬要他们同栖的任何法律，都是不可容忍的暴政，都是最不值得容忍的东西。"雪莱在他自己的波澜起伏的一生中，就是这样行动的。法国小说家乔治·桑也是用同样的原则指导自己的言行的。在讨论 1792 年实施但于 1816 年废除的离婚法时，她于 1837 年写信给拉梅内说："对于毫无希望的不幸婚姻所造成的野蛮的不公平状态和无穷无尽的痛苦，我只能找到一种补救方法。这种补救方法就是给予解除此种婚姻的权利，以及再婚的自由。"

　　雪莱曾经多次涉足当代的政治。例如，他曾前往爱尔兰去促进撤销合并运动和天主教徒解放运动，并且拟定一个交给公民投票表决的议会改革计划。他还积极支持给予妇女平等权利的斗争。雪莱认为，他那个时代的贵族阶级是"靠技术工人的劳动吃饭"的"社会寄生虫"。他始终不变的热情，他对残暴和苛政的极度厌恶，使他写出了讽刺诗《无政府状态的伪装》（1819 年）。他起初是理性的鼓吹者。但是后来他离开了戈德温的教条式的理性主义，因为他这时已经认识到"在心灵能够爱、慕、信任、希望和忍受之前，道德行为的理性原则是撒播在人生大道上的种子"。①

　　雪莱的朋友拜伦勋爵作为政治激进主义的旗手甚至享有更普遍的名声。的确，他对全世界的革命运动公开表示同情，他甚至积极地支持意大利和希腊的革命运动。不过，拜伦并不热爱民主，他曾一度称之为"恶棍的贵族政治"②。难道法国革命没有表现出暴民也可以转化为压迫者吗？他以同样的心情在 1820 年写信给约翰·卡姆·霍布豪斯说："请不要误会我的意思：我并不反对纯粹的改革原则，而是反对会为民主暴政开路的下流的、狡猾的、肮脏的平等论者。"③ 拜伦非常以他的贵族出身自傲，这就难免给人这样一种印象：他对压迫者的憎恨超过他对被压迫者的同情。他的激进主义可能由于在与拜伦夫人分离（1816 年）以后的日子里他的名字为上流社会所不齿而更加尖锐起来。不管动机为何，拜伦的讽刺诗肯定激发了英国国内外的革命热情，特别是《唐璜》的最后几章、《青铜时代》和最后的但同样感人的《审判的幻景》。他为希腊独立事业而牺牲生命，使全世界的政治理想主义者都受到感动。正是在意大利、波兰、俄国和巴尔干各国，以及在海因里希·海涅和青年德意志运动的政治思想活跃的德意志，最强烈地反映出拜伦死后的影响。马志尼在 1835 年写道："总有一天民主政治会记得拜伦所给予的一切东西。"

　　在拜伦的俄国崇拜者和竞争者当中，我们只要举出米哈伊尔·莱蒙托夫的名字就够了，他是俄国唯一真正的而又重要的浪漫主义者。莱蒙托夫也像他的伟大偶像一样，认为自己正处在与社会环境交战的状态。对于沙皇尼古拉一世的令人窒息的政体和支持这一政体的社会各阶层，他只有像在《悼普希金》一诗（1837 年）中所表示的那样横眉冷对而已。普希金本人在《村庄》一诗（1819 年）中大声疾呼废除农奴制度，在 1826 年的审判中，曾经明确提到他的早期诗歌影响了一些十二月党人。上述两位诗人都不得不为他们的大胆行为付出代价，从莫斯科被流放到边远的省份。

　　在 18 世纪最后三十几年出生的几代人，也都是亲眼看到必然改变地球整个面貌的工业大革命的初期阶段的人。当时有些人对于其最

----

① 《解放了的普罗米修斯》序言（伦敦，1820 年）。
② R. E. 普罗瑟罗编：《书信与日记》（伦敦，1898—1901 年）第 5 卷，第 405—406 页。
③ 约翰·默里编：《通信集》（伦敦，1922 年）第 2 卷，第 148 页。

后结果仍难估计的变化带有惊异的眼光，这是不足为奇的。新工业蓬勃发展的地区的可怕现象往往损害了浪漫主义者的美感。在英国，骚塞在《关于社会的进步和前景的对话》（1829 年）中，早就谈到后来拉斯金和威廉·莫里斯在反对机械化世界的畸形发展的斗争中所提出的问题。美国作家乔治·蒂克纳在 1819 年参观泰因河畔纽卡斯尔及其周围地区之后，这样描述他的印象："在煤矿的每一个竖井旁，都有大量开采出来的好煤在不断燃烧，大地上的景象简直是一片火海，这映照着机器和操作机器的人，看起来实在可怕。我们仿佛走进了但丁的阴暗世界一般。"约翰·马丁有强烈感染力的绘画《神罚的伟大日子》中的远景，是从他在死沉沉的夜里跑遍"黑乡"得到了启发。他对儿子说，甚至在神罚的地狱中，他也想象不出任何比这更可怕的东西。浪漫主义者对城市化生活中日益增多的人工因素也抱有反感。也有些人，特别是骚塞，担心可能有一天会无可挽回地打乱农业和工业之间的平衡。在骚塞匿名发表的《英格兰来信》（1807 年）中，包含着对工业革命中人的地位问题的最早的一些批评意见。他的结论一针见血："在商业中，甚至比在战争中还要厉害，把人和牲畜主要当作机器使用，而且对牺牲他们更加毫不在乎。"柯尔律治也对经济问题与社会、道德和宗教性质的问题的依存关系作了很多的探索。他讨厌政治经济学家的主要学派的教条，因为那些政治经济学家完全从经济方面探讨人类劳动的问题。因而，他始终不断地谴责那种把"人当作东西、工具、机器、财产"的制度。他在《朋友》（1809年）中明确地说："那些宁愿牺牲人去创造国家财富（它只是在统计表上才是国家的）的经济学家们忘记了即使从爱国的目的出发，也不应该将任何人作为东西来对待。"

　　日内瓦的历史学家和经济学家西蒙·德·西斯蒙迪表示了同样的看法。他也认为经济学家们过分脱离现实，他还指出，那些经济学家往往主要是从生产者的观点而不是从整个社会的观点去看问题。西斯蒙迪为了猛烈反对大卫·李嘉图的《政治经济学和赋税原理》（1817年），把他在这个领域的主要著作定名为《政治经济的新原理，或财富与人口的关系》（1819 年）。他的部分论战的矛头指向亚当·斯密的法国门徒让－巴蒂斯特·萨伊，萨伊曾经断言，由于每一件产品都会找到它的消费者，所以工业生产率的任何增长都必然有益。西斯蒙迪则认为，这等于本末倒置。他在 1818—1819 年访问英国期间曾经研究英国在拿破仑之后的危机，这一研究使他得出这样的结论：这次危机的根本原因在于工人阶级消费水平太低，他们的购买力不足以吸收增加了的工业产品。他断定说，除非彻底检查现行的经济结构，否则还会出现同样的危机。在他所提出的社会改革建议中，包括要保护工人不受失业的威胁和允许他们为抑制压迫的目的组织工会的法律。他对工业革命混乱时期的关切集中体现在他的告诫之中，他说，人类的利益不应牺牲于"一切工业同时出现的贪婪行动"。一言以蔽之，"必须防止富人的贪婪"。

上面最后提到的三位思想家——骚塞、柯尔律治和西斯蒙迪，还可以加上巴伐利亚人弗朗茨·冯·巴德尔——很清楚地预见到了卡尔·马克思对资本主义的基本控诉之一，即资本主义把人变成了物。因此，人们从马克思逝世后所发表的文章中了解到他在青年时代曾经深受浪漫主义思想的影响，并不会感到奇怪。不过，浪漫主义者也反对将会渗透马克思主义的唯物论和幸福论的精神。另外，西斯蒙迪尽管拥护影响深远的社会立法，他却像反对资本主义一样地反对社会主义，因为他认为两种制度都是中央集权，所以都是人压迫人的制度。

只是在 1815 年之后，偏执的社会改革家夏尔·傅立叶才开始受到较多的注意，即使在法国也是如此。尽管傅立叶不是一个浪漫主义者，但他也为工业革命的某些现象深感担心。他不喜欢集中化和大规模生产，对新工业时代必然对较小的企业构成威胁这一事实极为痛心。他的以农业手工业经济为基础的理想在很多方面是倒退的，但是他有若干新鲜的和向前看的思想，如必须可能地使劳动变得吸引人和愉快。他比以前的任何思想家都更加坦率地针对竞争性组织所造成的浪费进行攻击，并提出他自己的所谓"法伦斯泰尔"的独特设想，"法伦斯泰尔"是由约 1600 人和约 5000 英亩土地组成的一个集体。傅立叶不仅在他的热烈的理性主义方面，而且在他对许多改革家都认为极为可怕的婚姻制度的明显轻蔑方面，与戈德温颇为相似。他还同戈德温和孔多塞一样，对人体的日益完美和人寿的大大延长充满希望，明确地预言平均寿命可以达到 144 岁。

在英国，罗伯特·欧文在宣传和实践社会改革方面取得了异常卓越的成就。欧文出生在威尔士，曾在曼彻斯特工作数年，在那里，他完全了解到工厂制度丑恶的一面。在他成为苏格兰新拉纳克纺织厂的经理和股东之后不久，便开始以真正空前未有的方式改造那个企业。他不顾合伙人的坚决反对，增加了工人的工资，把工厂的劳动时间从每日 16 小时减少到 10 个半小时。他废除了招收 10 岁以下的童工制度，住在这一村庄的所有儿童从 5 岁起接受免费教育。在拿破仑战争结束时，从当时的任何标准来说，新拉纳克都变成一个模范的场所。此后，欧文开始推进工业条件的更普遍的改善。他在《新社会观》（1813 年）中，像骚塞在他之前所做的那样，把工厂的监工对无生命的机器的爱护与他们对有生命的机器的轻视作了对比。他在一篇呼吁书《致英国制造业主》（1818 年）中，竭力强调儿童过早就业的恶果。欧文的一些（绝非全部）建议被纳入 1819 年的皮尔法案——第一个有效的工厂法。就是在这一时期，欧文开始动员国外的公众舆论。他邀请外国的政治家们视察新拉纳克，当他出席亚琛代表大会并提出《代表劳动阶级提出的两份备忘录》的时候，又与他们作进一步的接触。也是在那里，他与当时极端保守的弗里德里希·冯·根茨相见，根茨对欧文计划的反应带有讥讽的意味："我们不想使群众富有而不再依靠我们。如果他们达到那样的地步，我们怎能管理他们呢？"①

　　由于不满足于他的斗争所取得的小小的成功，欧文于 1825 年离开旧世界前往新大陆。他的名声先于他本人到达新大陆，因为几年以前，纽约就创办了以他的原则为基础的"公社促进协会"。欧文到达新大陆以后，从基督教拉普派手中买下印第安纳州的和谐村，拉普派像其他几个宗教社团一样，是按照公社的路线经营他们的居民点的。欧文的居民点（已改名新和谐公社）的指导思想与前一代不同的地方是"其目的在于向全世界传授一种新的生活方式，而不是只让特选的少数人摆脱人类邪恶的毒害"（G. D. H. 科尔语）。这个目的并
112 没有实现：拉普派显然过着一种俭朴自足的生活，而新和谐公社则从一开始就发生内讧，部分原因是其中的成员是杂凑在一起的。新和谐公社耗费了欧文 4/5 的财产，面临垮台的时候，他得出这样的结论：除非预先经过道德训练，人们不可能适合在公社中生活。1828 年回

---

① 《罗伯特·欧文生平自述》（伦敦，1857 年）第 1 卷，第 183 页。

到英国之后，他一度成为工会运动的领导人。坚定的博爱主义是他的改革热情的主要源泉。虽然他承认 17 世纪的公谊会教徒约翰·比勒早已具有他的某些思想，[①] 但他反对现存的一切宗教，并且谴责基督教教会。欧文相信人的性格完全是由外界社会的影响形成的，他不能接受基督教所谓的道德责任心系每一个人所固有的观点。他在大半生中都是一位坚强的理性主义者，直到最后，一种经过长期压抑的对超自然的追求才使他转向唯灵主义。

克洛德·亨利（圣西门伯爵）是他那个时代最有创见的也是最有叛逆精神的思想家之一，他热烈欢迎工业时代的曙光，甚至宣称全部历史都在向这一完美境界前进。虽然他本人是名门贵族的后代，但是他完全背叛了自己的阶级，起初在法国革命期间放弃了自己的贵族称号，后来又把贵族纳入"游手好闲的阶级"，依照他的意见，这一阶级是应该推翻的。尽管圣西门本人在青年时代曾经参加美国独立战争英勇作战，但他把军官阶级也列入这个阶级之内。他认为最重要的阶级是实业家阶级，他对"实业家"所下的定义是："所有为生产操劳或是为一切社会成员提供一种或几种手段去满足他们的生活需要或物质享受的人。"这一定义包括三类人：农场主、工厂主和商人。他不仅建议实业家要在国民议会中占较大的比例，而且建议这一阶级的成员要以专家为顾问，计划公共事务和作出大规模公共工程的设计。他进一步提出，行政部门要由银行家组成。至于整个新制度的构想，则要一位元首去完成——这个建议颇有开明专制主义的味道，但是也有现代极权政治的可怕回响。当然，圣西门完全准备抛弃个人自由的理想，因为它"会大大阻碍群众支配个人的行动"。他一再反对"危险的、破坏性的和革命的" 18 世纪，在他的想象中，19 世纪则是以"组织、凝聚和统一"为标志的。他否定人民主权的思想是不足为奇的。在给权力主义的药丸裹上糖衣的特殊努力中，圣西门试过使他自己和他的门徒们相信：在新的工业制度下，政府的职能将不再是令人厌恶的人对人的统治，而是按照任何具体情况的需要管理各种事情。弗里德里希·恩格斯也是怀着同样的幻想来展望"国家的消亡"的。

113

---

① 《关于开办一所讲授一切有用的商业和农业知识的实业学院，以便使富人有利可图、使穷人丰衣足食、使青年受到良好教育的建议书》（伦敦，1696 年）。

　　人们原先期望太平盛世的前景将是法国革命的成果，而这时却把它与工业革命（如果可以使用当时还未发明的这个术语的话）联系起来。过去人们把共和国与和平完全等同起来。现在，圣西门则相信：在新的时代，行政制度和工业体制会自动地是和平的。回头来看，1789年的政治革命依然是具有伟大意义的一个历史转折点，但是这个转折必须有相当广度的一种科学革命才能完成。除物理学外，圣西门认为他的著名门徒奥古斯特·孔德命名为社会学的科学新分支，具有极大的重要性。圣西门不和后来某些盲目崇拜科学的人一样，他完全了解那个时代的精神苦闷，但是在他看来，返回任何旧有的宗教都是行不通的，主要原因是：自16世纪以来，教士并没有跟着时代的科学精神前进。他对那些死心塌地为拿破仑的军事独裁政权效劳的科学家们，也不是毫无非议。不过，他仍然坚信，在未来的社会中，科学家和学者们能够在知识方面，甚至在精神方面起领导作用。为此目的，他主张设立一个所谓的"牛顿委员会"担负中央领导的职能。

　　在他早期著作中，圣西门并没有太多注意工业革命的有害影响，但是，由于1817年发生严重而普遍的危机，由于他研究了英法两国工业情况，他认识到这一问题的迫切性。他的论断为卡尔·马克思的论断开了先河。他写道："工人看到他们自己被剥夺了对他们的劳动的享受，而这种享受正是他们劳动的目的"。因此首先必须改善工人阶级的命运。的确，圣西门提出了非常现代的思想，社会必须以提高人数最多而又最贫困的阶级的福利为目标进行组织；这比他早期坚持的机会均等和废除世袭特权大大前进了一步。这种新的学说形成他在1825年逝世前不久所写的最后著作《新基督教》的基本思想。他突然想起他的雄心勃勃的社会改革计划是可以从基督教伦理观中找到根据的。他虽不赞成基督教伦理观的整个体系或基督教理论的其他方面
114（他的确认为已经过时了），但他依然对耶稣关于人类应该彼此视为兄弟的教导具有深刻的印象。于是，尽管从基督教的博爱中删除了人爱上帝这样重要的一个因素，它仍然与纯世俗的宗教挂起钩来。

　　圣西门逝世后不久，他的几个门徒发表一项题为《圣西门主义》（1828年）的声明，除系统地阐述老师的思想外，还加上了一些新的思想。这篇声明强调给予所有人工作（或者如后来所称的"充分就

业"）的重要性，并且主张进行宏伟的公共工程计划，如挖通苏伊士运河与巴拿马运河，发展全世界的铁路网等。特别有现代意味的是，这些计划旨在统一全球。为了贯彻执行这些计划，声明提出建立规模巨大的工业公司。所以如果说他们的学说包括了一些高度发达的资本主义的真正特点的话，它也首先提出一些社会主义的基本原理，如在"各取所需、各尽所能"的口号的基础上取消遗产继承制度。在声明的执笔人圣阿芒·巴扎尔（他从前与神秘团体烧炭党有联系）的影响下，声明中包括了这个和其他一些明确的社会主义思想。后来，皮埃尔·勒鲁变成了圣西门派左翼的思想家。这一经常采取怪诞方式的运动开始不久，就披上了一种教会的外衣，而以巴扎尔和巴泰勒米－普罗斯佩·昂方坦为它的精神领袖。在不可避免的分裂之后，古怪的昂方坦单独承担领导责任。后来人们所称呼的"圣西门教"吸引了许多信徒，其中有一大批犹太人，特别是圣西门的得意门生，在许多年后编辑老师全集的奥兰德·罗德里格斯，以及第二帝国时期在银行界大显身手的埃米尔·佩雷尔和伊萨克·佩雷尔兄弟。主要是圣西门主义的救世味道引起了某些新解放的犹太人的共鸣。[①] 他们虽然固守他们所继承的传统的那个部分，但是他们已经远离了他们祖先的宗教，甚至能够以圣西门为他们的救世主了。这一宗派的非犹太人信徒的态度大概也同样令人惊异，因为这些堕落的基督教徒的宗教热情在圣西门的圣经《新基督教》中得到了，或是似乎得到了满足。

　　如果说在一方面孔德的实证主义受到了圣西门的启示，那么我们也可以从另一方面把他和前面提到的两位社会改革家与下一代人联系起来，这只要引用弗里德里希·恩格斯对于他认为是他本人和卡尔·马克思的先驱者的三位前辈所作的赞词就可以了解。恩格斯写道："德意志的社会主义绝不会忘记它是建立在圣西门、傅立叶和欧文这三人的学说的基础之上。不管他们的学说是多么奇妙和充满空想，他们属于所有时代的伟大思想家，通过天才的直觉，预见了我们现已科学地表明的无数真理。"[②]

　　在政治和社会思想史中，从 1789 年至 1848 年这一时期构成了一

115

---

① J. L. 托尔蒙：《政治上的救世主降临说——浪漫主义阶段》（伦敦，1960 年），第 80—81 页。
② 《德意志农民战争》第 3 版补充序言（莱比锡，1875 年）。

个完整的时代。特别是法国，二月革命标志着一个时代的终结，在这一时代的开始与结尾之间，有意大利生出的布奥纳罗蒂对巴贝夫1796年的"平等派密谋"的叙述（1828年）作为中间的纽带。布奥纳罗蒂曾亲自参加这一密谋，他给后来人们所称呼的巴贝夫主义罩上一种神秘的光环。他的最主要的门徒奥古斯特·布朗基是一个长期从事密谋活动的人，在他一生的76年中，足足有33年是在监狱中度过的。这场革命剧中的"女主角"是弗洛拉·特里斯坦，她的父亲是一个有秘鲁血统的西班牙人，母亲是法国人。她是第一个设想建立国际工人联合会的人，这在她逝世前一年所著的《工会》（1843年）一书中有所描述。

在主张比较和平地进行社会改革的人们当中，特别值得提出的是艾蒂安·卡贝和路易·勃朗。前者受到托马斯·莫尔的《乌托邦》的影响，也同样受到巴贝夫思想的影响。他在匿名出版的《伊卡里亚旅行记》（1839年）中，描述了一个共产主义的乌托邦，在这个乌托邦中，国家绝对地控制一切主要的活动。一切私有财产都被废除，作为平等的象征之一，强制穿完全一样的衣服。公民从摇篮直到坟墓，都要接受思想教育。卡贝也像欧文一样，在美国试验了他的思想，他在伊利诺伊州瑙武建立的伊卡里亚居民点最后也遭到与欧文的新和谐公社一样的命运。路易·勃朗，父亲为法国流亡贵族，母亲是西班牙人，他以《劳工组织》（1839年）一书出了名。他与大多数社会主义者不同，和激进民主派同样相信普选一旦实施，它就会成为社会进步的一种工具。建立一个强大而仁慈的国家的思想强烈地吸引着他，因为他相信，社会主义不能以其他任何方式第一次建立起来，虽然在建成后，合作将会以更大的效率来代替竞争。

恰恰是卡贝和勃朗分别给国家规定的在社会转化中的作用，与皮埃尔－约瑟夫·蒲鲁东的思想发生了矛盾。在当时的社会改革家中，几乎只有这位伟大的无政府主义者恢复了对自由的崇拜，而其他许多社会改革家已经决心把自由作为平等的祭坛上的牺牲品。另外，蒲鲁东几乎是唯一真正平民出身的社会改革家。这一事实可以帮助我们理解他为什么对那些并非来自普通人民的社会主义知识分子非常不信任。关于他的思想和影响的任何讨论都不在本卷的范围之内。

那位真正和海神一样变幻莫测的人物拉梅内神甫，在他曲折的思想历程的晚期阶段，也猛烈攻击许多改革家和革命家的独裁主义的计划。另外，拉梅内神甫与他们还有不同之处，他不仅像马志尼那样既强调人的权利，也同样强调人的义务，而且最重要的是他坚信，只能在以上帝为共同的父亲的思想基础上维护平等的观点。对于他（而不是对于马志尼）来说，人类平等的理想来自基督教，没有基督教，平等就没有发展的前途。他几经思想变迁，始终坚信社会改造工作必须以基督教为基础。早在 1817 年，在主张返回基督教的主要论文《论对宗教的漠视》中，他就主要提出以基督教为改造法国社会，当然还有欧洲社会的手段了。拉梅内并非完全是单独地大胆企图把基督教与革命思想调和起来。法国合作运动的创始人比歇以及稍后的康斯坦丁·佩克尔都是为同一目标而努力。而在波希米亚，信奉天主教的哲学家贝尔纳德·博尔扎诺于 1831 年构思出一个乌托邦社会——《来自最美好的国家》，这部书直到他去世数十年之后才出版。然而，没有一个人是像拉梅内那样怀着对太平盛世的热情而写作的。他的《一个信徒的话》（1834 年）用圣经的语言表达激进的社会思想，不到一年就印了八版。教皇格列高利十六世在他的通谕《教皇通谕》中谴责了这部书，毫无疑问，梵蒂冈在拉梅内神甫的神学盔甲中发现了严重的裂缝。尽管如此，拉梅内怀疑教皇已经屈服于沙皇尼古拉一世以及梅特涅公爵的强大压力，这一点并没有错。看起来，梅特涅甚至对通谕的词句本身都施加了影响。[①]

拉梅内在他的自尊心深受伤害之后，便以令人吃惊的一百八十度大转变作为反击：他摒弃了教会和整个基督教，而逃避到一种融合自然神论、泛神论和崇拜“人民”偶像的模糊不清的思想中。此后，他在签名时把“拉·梅内”写成“拉梅内”，以示断绝与贵族的任何联系。他曾经作为基督教复兴的先驱活动了很多年；现在，这同一个人又成为自然神论人道主义的倡导者之一。拉梅内的思想不稳定从他常常改变职业也反映出来。他最初是一位教师，随后有些勉强地从事圣职，再后以写作深刻的政治和宗教书籍驰名欧洲，后来又成为一名新闻记者，而现在，在 19 世纪 30 年代后期，则是一个政治小册子的

117

① 参看 A. 布杜《罗马教廷与俄国，1814—1847 年》，2 卷本（巴黎，1922—1925 年）；里斯洛特·阿伦斯《拉梅内与德意志》（明斯特，1930 年）；安德烈亚斯·波施《拉梅内与梅特涅》，载《奥地利历史研究所学报》（维也纳，1954 年）。

作者。在他的论文《论现代的奴隶制度》（1839年）中，仍然闪烁着他的著作特有的光辉。在这篇论文中，他描绘了一幅令人触目惊心的资本家与无产者之间的敌对情绪的图画。马克思和恩格斯在八年之后起草划时代的《共产党宣言》的时候，极有可能受到这篇著作的影响。总之，拉梅内的直接影响要比他的社会思想更为激进；虽然他是一个相信选举权而不相信革命的渐进派，但是在1848年，他在国民议会与激进的极左派坐在一起。他逝世（1854年）以后很久，他的许多思想又在几个欧洲国家在基督教社会党的政治纲领中复活了。在他死后，对这位尽管多变却是大胆的思想家的争论一直继续了100多年。

（曹道明　译）

第 五 章

科学和技术

在 1793 年革命和 1830 年革命之间的时期，科学技术界摆脱了启蒙运动的状况，呈现出 19 世纪的姿态，孔狄亚克和联想主义心理学的旧理论，发展成为孔德和实证主义的理论，认为认识是为了预见，而预见则为了掌握。18 世纪法国革命哲学家中的最后一位孔多塞，留下 18 世纪的圣约《人类精神进步史梗概》，在他死后于 1795 年出版。在这本动人的小册子里，认为科学的作用是带来了进步，是教育人类认识自然之理的工具。但是，革命的一代与其说是自然主义的，倒不如说是以救世为己任的。它把这种仁慈的教育使命变成某种近乎工程技术的东西——建筑工程、社会工程，或许还有人类本身的工程。百科全书派已经因为把科学从玄学中解放出来而自豪。而现在，实证主义者将使这种解放臻于完美，甚至要把科学从本体论中，实际上是从一切谬论中解放出来，从而把握观察、经验和行动以外的实在。孔德希望摒弃绝对的言论而赞成相对的言论。因此，他把人类历史而不是某种外部的实在看作经验的源泉。在他的哲学中，理性主义把注意力转向历史思想；到那时为止，历史思想一直是敌视精密科学的浪漫主义者的工具。历史上的人取代了运动着的物质，成为典型的自然进程，而在历史上兴起的科学也成为历史的动力，成为造成时代与时代之间的一切差异的因素，并且由于逐渐认识到它自己的方法而具有了革新的希望。

法国革命在文化的各个方面造成的极端政治化就这样改变了科学的发展前景。科学思想中的实证主义是法国革命合乎情理的产物。它不是这一派或那一派、这一党或那一党的产物，而是革命的意识和行动——不管是左是右——的产物。这是革命和帝国两方面都加以攻击

的哲学。在一个为了有利于发挥天才而改造世界的年代里，科学一定
会在运用社会学方面发挥自己的作用。这种新的哲学不仅出现于言辞
之中，还形成了种种机构。它给科学本身（而不是仅与自然有关的
科学上的发现）命名并加以分类。它使培根的梦想差不多要实现。
这是一种由来已久的民主梦想，期望科学使普通人的工艺技术变得崇
高，并以遇到的各种问题使这种工艺技术繁荣发展。

　　法国人在文化方面依然处于领导地位，但为时不久。1815 年后，
法国终于失去了优势。在 19 世纪，法国各种机构的模式以及法国的
学说的推动作用的存在时间要比法国科学的活力持久一些。因为科学
事业也可以用托克维尔关于革命乃是旧政权下公民的各种倾向达到极
点的观点来说明——共和二年之前它向内部爆发，此后便向外部爆
发。拿破仑有时被描绘成一位开明的暴君。当你想到实际上管理科学
和学术事务的那些人正是在行将覆灭的君主国的大臣兼哲学家杜尔哥
的学派中形成的，这个说法就有了实际的内容。杜尔哥的计划预先设
想出科学以及其他许多事物的革命变革。在 18 世纪 90 年代颇具影响
的教育计划中，特别是塔列朗和孔多塞的教育计划，考虑到以科学为
中心建立一个全国性的系统。心灵手巧而又品行端正的公民将接受科
学及各种实用技艺的训练，科学院将从一种荣誉和特权的机构，逐渐
变成整个法国的共同教育领导，变成国家的最高学术机关。

　　由于科学院在法人性质方面反而为特权分子和精神贵族付出了代
价，有步骤地实行科学机构化的计划便失败了。1793 年 8 月 8 日国
民公会撤销了所有的科学机构，认为它们与一个共和国是不相容的。
在恐怖时期，科学团体不复存在。它的成员或参战或退隐，反正都离
开了科学工作。确实，革命时代的科学文化史给予革命各个阶段的价
值，必然不同于政治的或军事的历史所给予的价值。按照 18 世纪 90
年代的一些知识分子的看法，大革命的创造性时期并非始于攻占巴士
底狱时或 8 月 4 日之夜，亦非始于 10 月的日子或共和二年那振奋人
心的日子——他们认为这一些统统是狂热情绪最后一次大发作所引起
的无政府状态——而是始于罗伯斯庇尔的垮台和温和的、政治上受到
蔑视的督政府的筹建时期。

　　知识分子——思想家——的重大建树是创办了法兰西国家研究
院。这是旧科学院披着共和外衣的复活。它把国家保护科学、艺术和

文学的责任纳入新的秩序。在路易十四统治下的大君主政体时期，科学、艺术和文学原被认为是装饰品，而此时则成了市民福利的陪衬。研究院的存在为共和三年宪法明文规定。其体制受到公共教育管理法的制约。这样一来，科学和学术就要在两个主人手下效劳：一个是合作团体，对它来说，选举意味着能产生优秀人物，另一个是注定要成为国家的一个部门的教育体系。内部的部署反映了正在改变的价值标准。法兰西科学院是无可替代的。它过去是（复辟后也是）法国文化特色的最高体现。与此不同，法兰西国家研究院由三个分部组成，科学为第一分部，有 60 名驻院院士；伦理学和政治学为第二分部，有 36 名驻院院士；文学和美术为第三分部，有 48 名驻院院士。每个分部根据学科——数学、机械、天文等，再分成若干个所。1799 年 4 月 4 日，法兰西国家研究院在罗浮宫的女像柱大厅举行开幕典礼。此后，第一分部就恢复了旧科学院的作用，它成为科学界发展抱负的圣地，也是各类标准的监护者。它也为国家服务，作为技术方面的最高法庭。逐年编纂的《学术论文集》继承了旧政权时期大型学术丛书的工作，它与《哲学学报》并列为自然研究方面最佳成果的汇集。然而，在这两方面更起作用的早就是荣誉称号了。在 19 世纪，专门化使科学的各部门分开而不是结合，各专业的学会和学报急剧增加，已经超过任何机构独自集中体现全部工作的能力。

　　然而，百科全书派的意识形态在法兰西国家研究院开了花。遗憾的是，"意识形态"一词用来表示某种（不可信赖的？）政治事业的思想内容。对于本来的"思想家"——德斯蒂·德·特拉西、卡巴尼斯、沃尔内、杜邦·德·内穆尔——来讲，这个词的意思完全是属于心理学的，即我们怎样通过思想而获得知识。依照他们的观点，思想是凭感觉得来的。他们的出发点是孔狄亚克的科学哲学。根据这种哲学，人是由自己的经验造成的。如果这样，那么，改进人的方法就是赋予他更好的经验。他们以这种经验主义为依据创立政治科学和社会科学，并获得在自由主义的政治中谋求进步的科学思想。的确，他们没有能在思想史或哲学史上取得举足轻重的地位。人们也许是根据他们的片言只语而不是成部的著作去评论他们的。但是，正如一位"活的百科全书"多努所说，他们是为研究院描绘蓝图的人。在他们身上，人的开明观点的科学灵感转化成政治上的自由主义。

　　确实，意识形态的影响远远没有达到顶峰，它使整个科学机体恢复活力，并把科学的生命注入教育形式之中。1795 年，法国有过许多教育计划，但自从四年前取缔各宗教基金会以来，就不曾有过学校。根据 1795 年 10 月 25 日的法律，在最高一级建立了法兰西国家研究院，而这项法律的主要目标则是实行普及教育制度。每省设一座中心学校，提供中等教育。这些学校是公立中学和大学预科学校的前驱；它们实际上都是在督政府时期开始创办的。科学是主要学科。教授科学并不是为了某种道德价值（如同思想家们常常希望的那样），而只是因为它在一个忙于征服、忙于商业和工业，以及充满机会的现代国家的事务中具有实际的重要性。按照需求的次序排列，设计、数学、物理、化学和自然史都是受人欢迎的学科。

　　这样的次序是由各行业的前景所决定的，各职业学校都存在着这样的前景。在高一级的教育中，督政府遵循综合和实用的原则，把已经在旧政权下得到证明的东西应用于新政权对技术的需求。巴黎天文台从革命者手里收回，交还给天文学家。新成立的经度局接过编写天文历书《天文年历》的任务。古老的法兰西学院绝无仅有地度过了革命的岁月而原封未动，它由于热心于科学而名声大振。两个偏重实用而不重理论的学校恢复了，即矿业学校和桥梁道路学校。国立工艺博物馆收藏着从人民的敌人那里没收的、具有技术价值的物品。以此为中心，又建立了全国第一个科技博物馆，并给商人和手工艺者讲授技术课程。新的医科院校也在旧巴黎大学、斯特拉斯堡大学和蒙彼利埃大学的原址建立起来了。自然史博物馆的前身是皇家花园，在恐怖时期兴起并享有盛名。它的规章制度民族化了，也更合理了。它尤其得到卢梭主义者的喜爱和支持。卢梭主义者偏爱那些低下的、似乎比较民主的、有关田地和花卉、飞禽和走兽的科学。

　　最后，奄奄一息的国民公会批准创办两个培养 19 世纪法国优秀知识分子的摇篮，即后来的高等师范学校和综合工科学校。前者在草创初期即告失败。在准备培养教师的同时，显然必须建立一个学校的体系，但是共和三年的高等师范学校却是全凭一股不切实际的热情搞起来的。将近 1400 名学生，从法国各地一下涌入仅有 700 个座位的博物馆礼堂。他们的资历参差不齐，有的近于文盲，有的，如傅立叶，已是高水平的青年物理学家。所有的人都必须在学完四个月的课程之后成为教师。结果一塌糊涂，无法进行下去。专门来确立标准的师范学校直到 1812 年和拿破仑的统一时期才开学。这一行动虽受挫折，却集中了教员，譬如拉普拉斯和拉格朗热、贝托莱和蒙日，他们都是处于法国科学界领导地位的伟大人物。

暂时的失败并未使科学家们对教育撒手不管。虽然从机构上来说，这次失败把科学家和思想家分开了。这些思想家本来是可以教授伦理哲学和政治哲学课程的，由于具有人道主义和心理学观点，他们从此就聚集在医药学校的周围了。而物理学家们则在创办最早，也一直是最严格的工艺学院之一的综合工艺学校（最初称公共工程学校）里找到了发挥才能的广阔天地。这个著名的学校，这个一切工程科学的摇篮，于 1794 年 12 月 21 日开学授课。它立刻取得成功，因为它是建立在教育学经验的两块坚实的基础之上的。第一，在为全民入伍而开设的"革命课程"中，有一种民主的因素；第二，从以前设在梅齐埃尔军事工程学校又吸收了一种专业因素。在 1793 年的军事紧急时期，当局曾指望科学家们领导军工生产。这一指望并未落空。一个科学团体破天荒第一次动员起来，为准备战争的国家服务。军需、军械、交通工具、火药——整个法兰西变成一个为军队服务的国营工厂。尽管技术问题缺乏理论价值，但是理论科学家们都是最能了解和解决它们的人。特别是为了保证制造火药用的硝石的供应，需要让老百姓学会一种新的、简单的提取技术。在整个战争时期起指导作用的是拉扎尔·卡尔诺。技术上的领导人是加斯帕尔·蒙日。他们一个是梅齐埃尔军事工程学校的毕业生，另一个是他过去的老师。两人都忍受过旧政权对有才能的人的轻蔑，两人都渴望维护，或者毋宁说保障技术人员的职业尊严。与那些徒有虚名的人不同，技术人员是懂得业务并从事某项工作的。

这样一来，综合工科学校就变成了一条渠道。通过它，资产阶级汪洋大海般的不满情绪和理想主义奔腾而出，变成狂热的行动。从整个法国革命的角度来看，这或许只算得上一条小小的支流；但若从它在种种重大的事件中，把科学文化带入 19 世纪来看，它却又是个主流。这个学校长期带着它创建时的特点。它的体制是准军事性质的。该校人数不多，起初只有 392 名学生，都是通过竞争性的考试选拔的优秀分子。整个课程需要刻苦学习四年。学生们在这里第一次有系统地学习科学和数学课程，固然趋向于实践，但是指导他们的却是第一流的、全都是在严格的传统中培养出来的科学家，这种传统把一种笛卡儿精神、一种追求趋于秩序、统一和学说上的完美的数学规则灌输给法国的知识界。学生既能干又热诚。在他们生活在综合工科学校的日子里，由于意识到将被带到科学的最前线而感到振奋，他们在那里得知人类的未来、共和国的未来，以及他们自己的未来取决于他们在这样一种毫无掩蔽的情况下如何行动。而他们也确实不负众望。在头几班毕业生中有与19世纪科学中的基本函数和分析方法相联系的许多名字——柯西、科里奥里、彭赛列、泊松、盖－吕萨克、沙迪·卡尔诺、菲涅耳。在他们中间，还有富于幻想的青年工程师。他们在想象力方面与圣西门一起远远超出技术的范围而达到专家治国的境界，超出公共工程的范围而达到公共事业的改革的境界；而他们在实际中则要修筑铁路和开挖运河，苏伊士运河便是其中之一。在1814年级中有奥古斯特·孔德，他在实证主义中创立了最有影响的现代科学哲学，从而把该校的精神系统化了。

综合工科学校和其他学校对教师们产生了同样的影响。19世纪开头几十年的大批有系统的论文，吸引了科学史家的注意。此事可以这样解释：科学家们暂时不是与同事们交流信息，而是与自己的学生交流信息。他们出版自己的讲义，如拉格朗热的解析函数论，蒙日的画法几何学，拉普拉斯关于概率的论文，居维叶的比较解剖学和拉马克的动物哲学。与文献方面的这种合理化和概括化的运动相平行，为了教学而重新组织的必要性使科学变成这样一种行业，它立足于教育机构，又反过来向教育机构传授有益于科研和发现的准则。简言之，科学家成了教授。这种看来十分自然的发展所具有的重要性，怎么说也不过分。这是在整个法国革命中，职能专业化的一个特殊例子。因为在那以前，科学还只是一种业余爱好，犹如文学或哲学，全靠私人或公家赞助者的财力或青睐。

法国就这样几乎一下子拥有了一批现代科学机构，其教育方式、教师和学生的质量，使法国成为欧洲的科学之首。或许正是这种过分的集中，即高等学术研究建立在一个城市而不是全国的基础上，使法国最终失去了在3/4世纪里无可争辩地领导科学的地位。因为法国的做法是造就一批尖子，而不是训练整个民族，是讲究质量而不是追求数量。大概正是由于科学教育与巴黎和革命传统联系在一起，在资产阶级一旦变得安全和能够自卫时，就使法国的科学失去了这个阶级的人才。科学的基本特点就是要大胆，而这已经不再是资产阶级法国的特点了。

但是，如果说这些都是缺陷，那么，它们被巴黎发出的灿烂光芒所掩盖着。1830 年 8 月 2 日，索雷在魏玛拜访了歌德。他听到巴黎的消息了吗？这位上了年纪的圣哲叫道："啊，你对此伟大事件做何感想？是火山喷发了。"① 他并不是指的七月革命。他指的是科学院（复辟后又采用这个名字）发生的居维叶和若弗鲁瓦·圣 - 蒂莱尔二人在物种不变与物种变异问题上的公开决裂。1804 年，亚历山大·冯·洪堡在拉丁美洲的林莽和崇山峻岭中生活了四年之后回来了。他急急忙忙带着各种采集品和标本赶到巴黎。这些都是他在 19 世纪第二次大航海的年代里，在进行前人未作的地理学、植物学和人类学的考察期间收集到的。在巴黎，他向法兰西研究院的人们展示了他的发现，把它们陈列在博物馆里并与作为派往低地国家、德意志和意大利各国博物馆的代表随共和国军队出征的文化劫掠者所带回的资料进行比较。1801 年，亚历山德罗·伏打及其助手布鲁尼亚泰利被"召到法国"（这是法兰西研究院的说法），要求他用电池的原型——伏打电池来产生电流。10 月 15 日、21 日和 25 日，伏打在第一分部演示了基本实验。拉普拉斯极细致地观察了每一个细节。11 月 7 日，伏打开始宣读他的著名学术论文《论电流和伽伐尼流的一致性》，亦即电流和静电的一致性。当时，第一执政亲自参加。他是有权参加的，因为自 1797 年以来，他就是机械分科的院士。他还威严地出席了后来伏打通过论文所需要的两次会议。会后，拿破仑亲自动议颁发一枚金质奖章，并设置奖金以鼓励与此新现象有关的进一步发现。1807年汉弗莱·戴维由于用电解法分离出碱金属钠和钾，获得这笔奖金。1813 年他收到安全通行证渡海到达巴黎，在法兰西研究院接受给予他的荣誉。

1796 年 5 月 19 日，波拿巴将军下令把列奥纳多·达·芬奇的某些手稿（还有其他物品）从米兰转移到巴黎，在这道命令中说："一

①　约翰·艾克曼：《与歌德谈话录》，H. H. 胡本编（莱比锡，1925 年），第 596 页。

切有天才的人，文坛上的所有著名人物，都算是法国人，不管他们出生在哪个国家。"① 不过，拿破仑是要使巴黎成为科学界，而不是文学界的讲坛，是要它在文化领域内成为欧洲的首都。的确，拿破仑式的开明专制主义的变种将会以科学家取代哲学家。只要文人是那种在法国古往今来受尊敬的政治家和道德家，文学就被抛弃或者取缔。拿破仑开始对思想家表示轻蔑，尽管他们抱着自由主义的愿望，他们的声名却下降了。1803年，拿破仑改组第二分部，把它摒除于法兰西研究院之外，以压制思想家们，而这个研究院正是他们创建的。此后（正如以前一样），他便从科学家中挑选有学问的廷臣。贝托莱和蒙日是受宠者。卡尔诺曾是胜利的组织者，后一度重操创造性的数学研究，但在百日期间出任内务大臣。拉曾拉斯一度担任内务大臣，后来荣任参议院议长。后来，夏普塔尔任内务大臣，居维叶任教育大臣。富尔克罗瓦任教育督察员，约瑟夫·傅立叶和拉蒙曾任省长。科学界的行为本是专业的和非政治性的，这证实了安德烈·马尔罗的一个论点，即一个有效率的政权必然使用它的技术专家。在帝国的余晖中，法兰西科学院继续独霸欧洲舞台，直到拿破仑的一代完全灭绝为止。复辟并未打断双重权力制，自从执政府时代以来，科学院就是在这种制度下发展起来的。拉普拉斯和居维叶分别于1827年和1832年去世，在此之前，他们一直是制定法律的人，是拥有新的头衔——数学侯爵和生物学男爵——的新人。而给他们颁发贵族证书的实际上是路易十八，而不是拿破仑。

　　他们是一等光度的双星，他们的引力和整个星座的引力都不是政治性的，而是教育性的和社会事业性的。1823年，统计学这门分析性的而不是简单叙述性的科学的奠基人阿道夫·凯特勒到巴黎留学，以取得在布鲁塞尔天文馆工作的资格。他发觉自己对拉克鲁瓦的概率课比对天体力学更有兴趣，回国以后把他的天文馆变成统计学的而不是天文学的中心。年轻的德意志化学家迫不及待地寻求最新发明，他们一部分人去瑞典向贝采利乌斯学习，一部分去巴黎向盖－吕萨克求教，后来，他们为自己所在的大学赢得了19世纪化学的领导地位。他们的后继者不必离乡背井去求学了。1806年在布拉格、1815年在

---

　　① 转引自爱德华·麦克迪编《列奥纳多·达·芬奇的笔记本》（纽约，1955年），第46页。

维也纳、1825 年在卡尔斯鲁厄、1827 年在慕尼黑、1828 年在德累斯顿、1829 年在斯图加特、1831 年在汉诺威相继创立高等技术学校，整个德意志大概都仿效综合工科学校的样板。

除了英美等一小部分通用常衡制的地区外，在科学家和其他人的日常活动中，公制是法国革命的最实际的遗产。以大自然作为米的依据，取从敦刻尔克到巴塞罗那测量的子午线的四千万分之一为单位，这个决定乃是革命初期的自然普遍论的产物。经过种种困难，其中既有政治上的，也有测地学上的，经过不少对选择任何单位制时的武断因素的妥协，到 1799 年，确定度量的工作始告完成。于是欧洲各国代表应召去参加首届公制大会，"从法国手中领取公制"。但在 19 世纪 40 年代以前，包括法国在内，任何地方都没有在日常生活中使用新制。

从一开始，拿破仑就觉察到有可能把法兰西研究院当作一个使法国的普遍主义转变为文化帝国主义的工具。他不仅是军队的统帅，而且是研究院的院士，在一大群随军科学家的簇拥下，于 1798 年驾临埃及。这些科学家以蒙日、贝托莱和若弗鲁瓦·圣 - 蒂莱尔为首，包括一些矿物学家、考古学家、制图家和博物学家。到达以后，他们把自己组织在一个开罗研究院里。罗塞塔石碑是他们最著名的发现。埃及学是他们留下的一笔遗产。这笔遗产的基础是他们的赞助人将他们丢弃以后，经过了长久岁月才建立起来的（正因为如此，英国博物馆后来成为遗产继承人）。

法国的研究机构，在意大利已经竞相仿效阿尔卑斯山南共和国 1797 年宪法第 297 条规定，在米兰创办一所科学、文学和艺术研究院，设三个分部。这一机构于 1802 年变成意大利共和国研究院，将院址迁往波洛尼亚，1805 年意大利成为一个王国后，又改名为帝国研究院。拿破仑曾经大力保护意大利的科学。在埃利萨统治时期，佛罗伦萨科学院恢复了。它把各种科学放在第一位，还负责保护托斯卡纳方言的纯洁性。在巴黎挂上勋章的伏打，到意大利成了一位伯爵。正是在拿破仑自己的倡议之下，欧仁于 1810 年分散他的研究院，而在威尼斯、帕多瓦和维罗纳建立分院，并把科学分部迁回米兰——意大利的进步和工业精神的策源地。在大帝国的其他地区，原本是各首都的科学机构已经下降为行省级的研究院。在巴黎的中心，居维叶以

第一分部常务秘书的身份，经过通信联系，把西欧的科学囊括于中心周围。复辟以后，这些机构又各归合法的君主；但是不论在什么地方，公共事业中对科学的极端重视都转化为 19 世纪的进步主义，技术工作在向有才能的年轻人招手。

整个这段时期中，在法兰西帝国的两翼，两个系统的科学机构，在来自巴黎的科学引力和政治斥力的影响下，都幸存下来了。柏林皇家科学院和围绕着它转的圣彼得堡的卫星，都是以法国为样板的。往东，法国的力量通过欧洲这个连续统一体施加于普鲁士和俄国。但是往西，在战争所造成的暂时真空，以及海洋和历史永远在盎格鲁—撒克逊制度和大陆制度之间造成的深沟巨壑的那一边，尚在襁褓中的费城和波士顿的学会都是唯伦敦皇家学会的马首是瞻，照搬它的模式，由私人自愿地组成在大陆上（至少从科尔贝尔以来）认为应该由国家创办的机构。

在所有的大城市中，最具有科学潜力的是柏林。弗里德里希·威廉三世宣称："国家在体力方面的消耗必须用智力取得补偿。"这话是在他受到创伤的 1806 年冬天说的，当时他的军队在耶拿溃败，他的都城成为法国人的猎物，他的世袭领地成为人家的战利品。[①] 的确，德意志的科学和学术在 19 世纪上升到领先地位，完全可以说是普鲁士这只长生鸟在向前飞翔时的一个光荣伴侣。在整个启蒙运动中，法语一直是普鲁士科学院的用语，也是普鲁士国王的用语。普鲁士科学院的许多院士都是法国人（俄国科学院的许多院士则是德意志人）。德意志化运动勃发于文学自我认识的浪漫主义的黎明。从一开始，它就以德意志人对"科学"（Wissenschaft）的独特概念来表达对民族特点的追求。按照这种概念，艺术、学术、科学都是创造性和意识的最高能力的组成部分。

普鲁士科学院的重建完成了一系列的改革，其中洪堡兄弟起了领导作用。在耶拿和提尔西特战役之后，这不仅是学术的问题，而且是通过学术消弭民族灾难的问题了。威廉·冯·洪堡是人文主义者，当时在柏林。亚历山大·冯·洪堡是博物学家，当时在巴黎。他们的合作是哲学和科学在德意志文化中的伙伴关系的一个缩影。亚历山大·

---

① A. 哈纳克：《柏林普鲁士皇家科学院史》（两卷本，柏林，1900 年）第 2 卷，第 556 页。

冯·洪堡熟悉法兰西研究院的工作，并亲身体验过该院由于强制实施标准而在精密分析上取得的成果。他要用同样的精密科学的精神和实践来改革普鲁士科学院。但是，这种眼光比思想家们的眼光远大得多。他和他的哥哥把他们的科学院嫁接在德意志大学传统粗壮的树干上。

柏林大学创立于1809—1810年，首先是代替已经失去的和十分令人惋惜的哈雷大学和埃尔兰根大学。但是，这不仅仅是一个教师和学生的问题。必须把柏林的所有学术机构联合起来组成一个庞大的统一的基础，这个基础应该将在天文台、植物园、博物馆和图书馆里对真理的探索与通过老哲学家把这种探索传授给年轻的爱国者结合起来。而且，科学院的每个成员也是大学的当然成员，有资格并受鼓励在大学讲课。这种新转折的重要性是难以估量的。它把科学传授给全民族中受过教育的阶层。因为德意志文化不像法国文化那样只用首都的腔调说话，而是在分散于全国各地和许多邦中的许多大学里，用成百个声音说话，这正是它的特点和力量所在。柏林大学从来没有压倒那些更古老、更小而更自豪的学术中心——海德尔堡和格廷根、马尔堡和吉森、柯尼斯堡和蒂宾根、莱比锡和维尔茨堡各大学。然而，撰写科学院历史的人写道："柏林大学的创办像一个燃烧点发出耀眼的光芒，一切光线全都从这里发出。"① 因为在这些大学里，科学是能够广泛地普及和传播的，如果采取法国的方式，把科学院的老爷架子与培养技术尖子的专门学校结合起来，就绝对办不到这一点。

128

这一传播不久以后就开花结果。语言和历史的研究在德意志复兴的学术中走在前列，到19世纪30年代，这些方面的收获远远超过科学研究的范围。不过，基础已经打好。在此基础上，到19世纪中期，德意志将建立起它自己的科学的崇高殿堂。在德意志，科学、学术和大学的事业也就是在社会和政治中最开明最进步的那些人的事业。不管莱茵河以东政治自由主义的结局如何，其科学之家是德意志。采用研究班的方式，让高水平的学生通过科学研究本身受到教育，这是从德意志各大学里语言学、古典文学、古文书学以及历史学的研究方法中发展而来的。科学实验室本身或许不能说成是德意志的发明。早在

---

① 哈纳克：前引书，第2卷，第557页。

18世纪90年代，实验室就已经从由私人建立发展到由机构建立的阶段，它们通常不再是属于一个人——比如说拉瓦锡或者普里斯特利。综合工科学校、自然史博物馆以及伦敦英国科学知识普及会，全都设置了实验室。但是，正是在德意志大学里，实验室适应于用研究班方式研究科学，成为科研与教学相结合的工具，成为博士学位的来源地。

　　第一批成果属于本章所讲述的时期。1826年尤斯图斯·李比希在巴黎师从盖－吕萨克学成之后回国。在吉森大学开办了科研和教学实验室。这所大学总是被恰当地用来象征化学领导地位从莱茵河西岸到东岸的转移。1828年弗里德里希·维勒完成了尿素的合成。这是在实验室通过实验重新制造出来的第一个新陈代谢的产品。生物学的研究已经带着歌德所鼓动的一种理想主义（虽说不是神秘主义）的色彩繁荣起来。谢林为首的自然哲学学派以某种普遍变异的观点来思考自然的统一体，并把生物学引向研究原始的、几乎柏拉图式的形式。他们的基调是赫德尔的和历史循环论的，是黑格尔的和通过时间行进的意识。但是此时生物学同样受到了分析精神的锤炼和加强，并且投入了实验室。从歌德错误的而十分不科学的具有主观和唯心色彩的理论出发，约翰内斯·米勒建立起感觉力和感觉器官反射特性的生理学——眼睛不管睁开还是受到刺激都会报告有光的存在。德意志当时还没有适合于成立数学学校的气候。高斯是靠自学成名的，他有意识地在格廷根大学的孤寂环境中生活和工作，就像以前的欧拉一样，他是一位常常用拉丁文写作的欧洲人物。然而在1825年，卡尔·古斯塔夫·雅各比在柏林开办了一个研究班，探索法国学派的分析方法。从这个班中，他得到一批追随者。为了发表他们的研究成果，为了摆脱对综合工科学校学报的依赖，他们于1826年创办了自己的学报——《克雷勒学报》[①]，这个杂志大概在当时各国为了满足各门学科与同行交流的需要而出版的专业期刊中是最杰出的一种。最后，在1827年5月12日，亚历山大·冯·洪堡在巴黎生活了1/4世纪之后离开该地，他不平凡的生涯中的后30年是在柏林度过的。那时候，

　　① 这个学报的全名为《纯粹和应用数学学报》，以主编人数学家克雷勒的姓氏简称《克雷勒学报》。——译者注

柏林既是普鲁士的首都，又终于适合作为科学的首都了。

到 1830 年，英国在科学方面展现出另一番前景。英国的科学，如同它的公共生活一样，终于度过了姗姗来迟的它的旧制度的最后阶段。当然，它在实用的、经验主义的、个人主义的，更不必说具有个人特征的风格上，总是有引人注目的成就。这种英国风格与法国人推理的缜密和德意志人玄学的深奥交相辉映。托马斯·杨和光的波动说，汉弗莱·戴维和电化学的诞生，约翰·道尔顿和化学组成的原子假说——所有这一切都说明在拿破仑时代的生气勃勃的科学研究工作。同样说明问题的还有：几乎是英国独家于 1830 年建立了地层地质学，法拉第发现了由磁产生电流。然而，即使详述起来，这也不过是一段与发明家的个人机遇分不开的、讲述科学家而不是讲述科学的插曲。也正是这些积极的、有批判力的头脑，一方面赞赏英国科学家的独创性，一方面认为英国科学正处于不健康的、对自己不利的状态。查尔斯·巴贝奇所写的《英国科学衰落之反思》于 1830 年发表。这篇论文号召把自由主义和功利主义的现代化模式贯彻到科学中去。但是，对此一号召有所反应则是改革时期及以后的事了。在英国，法国革命的影响对科学和对政治一样，来得较迟。

在英格兰，科学尚未成为职业，也没有任何领导科学事业的机构。（在苏格兰有几所大学，但规模小，质量差。）道尔顿是位大学校长，杨是个万事通，戴维则是追名逐利的人。地质学是教士们和有钱人的业余爱好。皇家学会与其说是英国科学的管理者，还不如说是个陈列馆。英国科学完全无人领导。不幸的是，皇家学会染上了追求地位的腐败毛病，这种毛病折磨着 18 世纪，教会的、市政的、大学的，以及议会的公共生活。到 19 世纪，赞助科学的贵族在那些他们的 17 世纪的祖宗们曾经以参加表示支持的协会里已经显得不合时宜、荒谬可笑。数字可以说明问题。在 1830 年，巴黎科学院有院士 75 人，普鲁士科学院有 38 人，而皇家学会会员却有 685 人，其中大部分没有科学上的资格。学会依靠他们的捐款过日子，所以他们能够在自己的名字后面写上 F. R. S.（皇家学会会员）的字样。

科学和取得权力这二者之间的分裂，比皇家学会中科学会员与贵族会员之间的划分更加深入于社会结构。自从查理二世复辟之后，科学的发展就完全在英国国教之外进行了。它处于不信国教者的保护下，而不是处于信奉国教者的保护下了。在各公学中，既不讲授科学，也不讲授任何现代的学科。牛津大学也是如此，剑桥大学也几乎如此。剑桥大学仍然不如过去那样坚信数学。直到 19 世纪 20 年代中期，导师们还是讲综合而不讲分析，并使用老掉牙的牛顿符号，以致毕业生看不懂从大陆来的论文。这样一来，英国的科学就依赖于那些在非国教派学院或者苏格兰各大学里就读的人以及那些自学者了。其恶果之一是英国数学成果的贫乏，简直等于一无所有。数学早就是理论的语言，是物理学上鉴别力的仲裁者。一般说来，英国的科学文献缺乏高雅的风格，这常常是那些完全靠自我教育成材的杰出人物所不能幸免的一种缺陷。在英格兰，当排斥不信国教者进入牛津和在剑桥取得学位后，思想上的活力实际上就与趣味上的高雅分了家。在这种不利条件下，英格兰还能取得那么多成就，与其说它有某种在科学上自立的优点，还不如说它在思想上的活力。很难想象，戴维、法拉第和杨如果经过数学上的训练，他们的成就不会更大一些。

与此同时，在欧洲文化范围的两个末端之外，俄国和美国则是把迥然不同的机构求助于同样迥异的科学机会和财力物力来源。实际上，受到保罗一世压制的圣彼得堡帝国科学院，于 1803 年进行了改组并获得一定程度的自主权，但是直到 1815 年以后才恢复它的元气。这时，它用法文出版刊物，而不再像 18 世纪那样用拉丁文了。俄罗斯人也开始替换在院士中占多数席位的波罗的海沿岸地区的人和德意志人。俄国对科学一直实行欧洲大陆的那种国家干涉主义。另一方面，拿破仑战争使美国加剧了由于共同语言和共同度量衡而造成的主要依赖于英国科学机构以及采取自愿形式的倾向。费城和波士顿的医生、教授、开明的牧师以及公务人员，把美国哲学学会和美国艺术和科学研究院恢复成多少带有荣誉性的服务团体。哈佛、耶鲁、哥伦比亚、普林斯顿和宾夕法尼亚等大学宁愿以 18 世纪非国教派的学院或者苏格兰各大学为模式，而不以牛津和剑桥为榜样，并不断增加自然史和自然哲学的课程。然而不论是美国还是俄国，科学上的主要问题不是如何发展而是如何吸收。两国都念念不忘的文化伟人、18 世纪的博学之士和哲学家——罗蒙诺索夫或本杰明·富兰克林，但是，两国都不能形成基础科学深远而绵绵不断的水流。俄国和美国做出的大部分贡献均是依赖环境的那些方面，诸如地理和地质勘探，气象学和

131

天文学的情报，地区性动植物的研究。

以上所述均属与科学的公共历史有关。对于个别科学史的讲述应该与自然而不是与社会联系起来。本章所讲述的时期中的科学本身的长时期的发展，将在评述数学和实验——把对世界的描述归结为精确的量的叙述的两个主要手段——是如何使人们对现象的认识逐渐加深和逐渐扩大时最明确地显示出来。一方面，科学在对传统的分析方法充满信心的金色光辉中从 18 世纪步入 19 世纪；另一方面，实验手段已不再简单地是一个波义耳、一个拉瓦锡或一个普里斯特利手中的法宝了，它已经成为一种系统的、有规律的工作程序。实验在已建立的实验室进行，把可以再现出来的结果在专门杂志上报道。这不仅是一种规模上的变化。因为在这一进展取得以前，实验一直被看成是一种培根式的，即分类科学的典型手段，而不是被看成在抽象的以数量计算的科学中对数学的补充。如果要找出这几十年的中心主题，那就是精确的、量的科学渗入了"自然史"，渗入了以前那种适合于搜集和标记世界上一切事物和奇迹的典型标本的情趣中了。

这是分析方法的黄金时代。18 世纪的任务是把牛顿力学从几何术语转变为代数术语，确定适合于后一术语的量。科学描述了具有惯性质量的物体在径向力——引力或斥力——作用下的运动规律。太阳和行星是力学体系的巨大模型，而拉普拉斯的《天体力学》则是这一科学思想的丰碑。这部五卷本的巨著收集了他从 1808 年到 1823 年间的优秀论文。拉普拉斯在论文中指出，对于牛顿引力定律的每一个明显的例外，事实上都是说明该定律正确的例证。在这部著作中，他一个一个解决了预言与观察之间的所有差异，证明了看起来异常的现象实际上是行星本身相互吸引的表现，并推测了经过修正的天体理论。实际上，"牛顿的世界机器"一语是个误称。真正的"世界机器"是由拉普拉斯计算出来的。

《世界体系》是篇很好的、可靠的通俗文章，它表达了拉普拉斯对决定论的和宇宙的科学的信念，这种科学是运动着的物质的科学，符合于牛顿的定律。甚至连太阳系从某种原始的星云到现在的质的团聚这样一种历史发展也可以包括在这一思想之中。拉普拉斯的另一篇伟大著作，在数学上更具有独创性的《概率分析理论》，也并非与他高度的决定论无关。一个具有无穷智力、感觉无限精细的头脑可以明察世界上每一颗物质微粒的位置与速度，从而完全精确地预测未来。但根本不存在这样的头脑，也不存在这样的感觉。正是由于我们能力有限，我们就不可避免地犯错误，而不是因为事物结构的某些不完善，使科学回到可能性，犹如依赖拐杖一般。正是分析这门学科估计到并因此减少了错误的作用，限制了无知的作用。在高斯更为孤独的工作中，表现出恒星运动的完美与观察的不完美之间类似的联系。第一颗小行星谷神星是在 19 世纪的第一天夜晚由皮亚齐在巴勒莫天文台发现的。根据极少的几个要素计算它的轨道，使高斯想出一种新的、更一般的计算天体轨道的方法。高斯还提出了误差定律，即在一系列的不同观测中提取最大概率值的最小二乘法，或者说（像几何里的同样问题）在靶子上分散的弹洞中找到靶心的方法。

　　虽然牛顿对天体运行的解析证明是这门学科最重大的突破，然而，拉格朗热从宏观到微观，从彗星到质点，对一般力学加以抽象化，在代数学的严格性方面，可作为数学物理的机智和判断力的楷模，站在这一代人的前列。1788 年出版的《分析力学》宣布了巴黎分析学派将向新的实验领域——热、光、电、化学挺进的方针。拉格朗热的书全是文字，没有任何几何图形，也没有任何图表或图画。在他的书里，从虚速度原理到整个统计学，从达朗伯原理到动力学，通篇都是方程式。

　　即便如此，约瑟夫·傅立叶在 1822 年的《热的解析理论》一书中还是避而不谈头脑比较实际的人们为之焦虑不安的一个问题：热是一种无重量的流体物质呢，还是物质微粒运动的一种表现？他写道："关于热的本质，不确定的假设尽管可以形成，但支配着热的作用的数学定律的知识是不受任何假设影响的，只需细心地检查普通的观察所指出的，并受到精确的实验证实的主要事实就行了。"他解释说："热的作用，是受到离开数学分析的帮助就发现不了的永恒的规律所支配的。我们要解释的理论的目的正是要揭示这些规律；这种理论把物理学对热的传导的所有研究都归结到由实验提供要素的积分学问题。"在另一处他说："这些考虑提供了存在于抽象数字科学和自然原因之间的关系的唯一例证。"这也是各种关系中一个有启发性的例证，正是对一个物理问题进行这样的分析，导致傅立叶想出用正弦和余弦级数来展开一个函数。他说："深入研究自然是数学发现的最富饶的泉源。"① 这种从拉格朗热和傅立叶的所有模式中极度的抽象是非常卓越的。不过，这也许过了头。它不像热是物质还是运动这一比较朴素的辩论，而是始终没有引导到一种能的科学。但它明显地符合纯理性力学的精神。

物理学有两大特点。它的序的模型是天文学的，它的技术是分析式的。这样，牛顿的万有引力定律就作为力的定律的典范，运用到其他领域中。物理学家们努力用微分学的形式来表达他们的发现。他们建立的方程式往往以受力的作用的质点为元，这种力随着任意两点间距离的平方而急剧减小。早在 18 世纪 80 年代，库仑就用一架扭秤演示了平方反比关系决定着的被看作物质的磁荷与静电荷间的相互作用。牛顿引力也是一样，在两力心间只得到了这种主要是几何的关系。理论认为，在两质点之间的空间没有物理的联结，没有力学的联系。1791 年，伽伐尼产生出第一个人工电流，环绕包括青蛙腿部神经和金属电偶作基本元素的电路流动。从 1800 年开始，伏打学会用成对的银圆片和锌圆片组成的"堆"来保持电流。每一对圆片中间用一层湿的薄毡隔开。从 1806 年起，汉弗莱·戴维在分离新元素中使湿电池在化学上得到应用。然后在 1820 年，汉斯·克里斯蒂安·奥斯忒的理想主义信念——一切自然力最终归于同一——得到了酬报，他发现通过导线的电流对有磁性的小针能发生作用。这一作用的消息传到巴黎以后，安培立即证实了电流间具有相互吸引和排斥的作用。安培是一位技术上的多面手。与他所受的训练相符，他把这新的学科称为"电动力学"，并着手研究微粒力学形式的电磁感应。这一工作要求高超的技巧。因为安培必须非常精细地研究每一电流微元，并需假设在任意两个运动着的电质点之间的作用力是径向的。他明确地说，在他看来，科学的解释就在于把现象分解成各对质点之间作用和反作用的相同和相反的力的量。安培起了极大的澄清作用。他取消了静电和动电之间类别的不同，把其中的差异纳入力学的范畴。在重力方程式里表现为高度的那一项，在电学方程式里就成了静电势。

同时，在这些年中，实验室通过另一条途径把定量法带到物理学

134

---

① 约瑟夫·傅立叶：《热的解析理论》，A. 弗里曼英译本（剑桥，1878 年）。所引各段分别见第26、14、24 和 7 各页。

中，不是用武断的抽象，而是具体地通过测量和通过简单的、系统的计数法。由于决定性地利用了拉瓦锡的物质不灭原理以及氧化和反应的思想，化学已经完成了它的革命，取得精密科学的地位。虽然这一理论工作是基本的，但拉瓦锡还是通过分类和命名，通过语言原则而非计量原则组织了这门科学。同时，原子假说最终把大量具有普遍意义的数字加在化学大家族的各个物质上。这不是简单的过程。约翰·道尔顿往回沿着直接通向 17 世纪牛顿哲学和微粒哲学的渠道思考，一直上溯到古代和伊壁鸠鲁把自然界的变化看作各部分的重新排列而不是质的改变的方针的所有道路。他首先观察到气体扩散和溶解的物理现象。这使他想到粒子的相对重量问题，并从这一物理问题出发，进而达到这样一个化学思想，即化合物的各成分的百分比一定与组成它的原子的重量成比例。如果真是这样，则化合物的稠密结构应该是单个原子之间的结合。这里新的东西是关于原子的两种观点结合起来的思想：第一，将原子在化学上按其重量（而不是形状）这一物理属性加以区分；第二，原子是属于化学元素的（而不是物理分法的最后点）。

就连道尔顿自己也不完全清楚他的优点在于利用重量尺度作为化学家的度量标准。使他更为高兴的是，原子总是以最简单的比率结合起来这一纯粹的（然而是错误的）数字观念。在若干元素结合成为一种化合物时，比率是 1:1，而在其次高一级的序列（如氮和氧），按不同比例形成一系列化合物时，比率则为 1:2，或 2:1。这样，在道尔顿看来，水应为 HO。他也没有证明定比和倍比的两个经验定律。他只是设想了化学成分的不变性，然后提出原子假说作为一种解释。正是由于他喜欢最简单的比率，他才没有能从盖－吕萨克在综合工科学校的实验室里取得的了不起的发现里看到对原子模型本身的证实。1809 年，盖－吕萨克证明：进行化学反应的气体的体积在反应时是按照某种小整数的比率进行的，但并不一定是最简单的比率。这样，一分氧与两分（不是一分）氢结合成两分水。相同体积的气体含有相同数量的粒子就是最明了的解释。通过安培和阿伏伽德罗各自提出的假说，即分子可能是多原子的，这一论点就和道尔顿的重量比率相一致了。

此外，大量互相交叉的发现使这些本来清晰的关系模糊起来，并带来了原子假说所包容不下的知识。由汉弗莱·戴维开创的电解法带来了丰富多彩的新金属——钾、钠、钡、锶、钙和镁。在巴黎，盖－吕萨克鉴定了在相反电极上产生的气体元素——氯和碘。这个时期最伟大的化学家是贝采利乌斯。他规定了现在依然通用的元素符号，并以氧为一百作标准制成元素化合重量表。由于金属以及与金属结合的氧、氯或碘等具有相反的极性，他认为化学结合就是荷正电的原子与荷负电的原子之间的相互吸引。据此，他按照元素的带电性质进行元素的二元分类，并且不承认多原子分子。这些和另外一些成果所造成的混乱，使原子假说的命运变幻无常。然而，它毕竟作为一种科学假说而不光是作为本体论的一种方法存在下来了。物质结合的科学对数学规则的这种依从，使化学成为一种精密的而不再仅仅是一种描述性的科学，现在，这种科学是与物理学而不是与自然史联系在一起的。

136

　　回过头来再稍微谈一下物理学。在19世纪的科学中，实验和理论两方面的结合，第一次给经典的微粒力学带来了阴影。19世纪光的波动说是托马斯·杨和奥古斯坦·菲涅尔的共同创造。杨是靠自学成功的奇才，带点英国式的天真，缺乏数学造诣。在1802年和1804年他公开演示实验，不太完美地显示了干涉现象，证明光的周波。菲涅尔是个技术上的多面手，他的短暂的科学生涯集中在19世纪20年代。起初他对杨的工作一无所知，而用二阶偏微分方程表达了与杨相同的结论。他们在当时的物理学界奏起了一个不和谐的调子，因为他们用媒质而不是用真空中的粒子描述波的运动。此外，菲涅尔还认为媒质（即以太）具有自相矛盾的弹性和导磁性，这在以后将成为法拉第当时尚未想到的连续场的基础。

　　在19世纪，生物学是即将出现的科学，它受到实证主义者和浪漫主义者的同样喜爱，比较解剖学统治了这一世纪的头三十几年。然而，与此同时，一些伟大的技术专业——组织学、胚胎学、生理学以及细胞学和病理学的先声——正在实验室中形成。由于这几方面的研究，到19世纪中期，生物学将超出浅薄的自然史和摆脱对医学的依赖。从智力上来说，生物学的问题是一个在科学上自我了解的问题。这门科学的特征、本质和对象都需要予以确定。在过于简单化了的解释中，机械论和生机论作为可能的答案提了出来。生命现象可以归结为物理本质的规律，即力学吗？或者生命是另一回事吗？也许是无法解释的吧？它的界限甚至进入了化学领域，在化学中，人们对有机化合物和无机化合物之间不适当的区别还记忆犹新。人们或许认为，由于维勒于 1828 年合成尿素，这一问题在原则上已经解决了。但是并没有真正解决，因为真正的问题要比生机论更为深刻、更为复杂，这个问题最多处于一种模糊的地位。生物学应该是什么样的一门科学？虽然不是数学性质的。那么是什么呢？它要考虑哪一级的模式呢？是有机体的模式吗？如果这样，有机体便是它探求的终极目标，是整体而不是部分。或者是物理学的模式吗？如果这样，它的探求目标将是各部分的秩序和安排，如同在物理学里一样，而不会是整体的某种高级智慧。对于上述有关范围、方法的种种问题，在这几十年中，四位主要的生物学家分别作出了不同的回答。尽管如此，他们的工作却十分协调。这对于科学家的言论和行动之间的差别提供了很有启发性的教训。拉马克和居维叶尽管在理论问题上各执己见，态度坚定，却通过比较解剖学共同创建了生物分类学的基本分类。另一方面，比沙把自己看成是生命的研究者，而马让迪把自己看成是活机器的研究者，但他们却相继地站在 19 世纪实验生物学的伟大、深刻传统的前列。

组织学的创始人格扎维埃·比沙可以看作专业生物学家的一个原型。比沙把生命作为他的科学的对象，并在一个有名的公式中把它定义为"抵抗死亡的各种功能的集合体"。由于这个原因，他常常被称为生机论者。然而，比沙并不把生物学看作逃避决定论的避风港，也不认为它缺乏物理学的精确性。他的研究方法是最严格地把分析技术应用于有机体。他习惯于把有机体的研究分解为各种成分的知识。他在组织里发现这些成分每种类型都有一种专门的功能。以下就是他于1801 年发表的《普通解剖学》的要旨："一切动物都是各种不同的器官的集合体，每一个器官都发挥自己的功能，同时又联合起来保护整体。它们在组成个体的总机器中，是许许多多个别的机器。但是，这些个别机器本身则是由十分不同类型的若干组织所组成，就是这些组织形成了器官的真正要素。化学有它的简单的物质……解剖学有它简单的组织，这些组织的结合……形成器官。"[①] 比沙关于动物和植物

① 《普通解剖学》（巴黎，1812 年）第 1 卷，第 79 页。

两种生命分别存在于对称和不对称的器官中的学说，则不大走运。他在分析方面的向前冲刺，由他对解剖的热情而更加锐不可当。他在巴黎主宫医院的病房和陈尸室里练习解剖。就在那臭气熏人的角落里，他染上了热症，于 1802 年去世，年仅 31 岁，正是奋发有为之时，他鼓舞着所有认识他的人们。

　　实验生物学的实践在法兰西学院的弗朗索瓦·马让迪的生涯中得到发展和巩固。他在该学院设置了第一个实验室。马让迪既严厉又刻板，他认为有机体是化学和物理学中的复杂问题。他出版了比沙的一本经过修订的著作。作为编者，他在脚注里简略地指出他老师的美好成果和观点错误。马让迪由于严厉谴责一切一般性的观点，他本人只留下一系列美妙的发现，特别是在神经生理学方面，而没有一个思想体系。也许，甚至更重要的是他树立了实验纪律和尊重事实的榜样。克洛德·贝尔纳是他的大弟子，在他的工作中，实验在精确、丰硕和论证方面的确能与数学匹敌。法国的重理性体现于德意志的彻底精神，给德意志的科学带来了冷静和现实主义，并预示了生物科学与德意志文化的密不可分。1824 年普雷沃和 J. B. 杜马确定了青蛙卵受精过程中精子的作用，并观察了受精后的演变。1827 年，卡尔·冯·贝尔验证了一只母狗卵巢里的卵子。这一发现宣告了细胞学和胚胎学的诞生。

　　这一实验主题为生物学在将来成为严密的科学做好了准备。然而，在它当时的状况，分类学方面较简陋的工具似乎仍然是在整个自然界的生物领域中排列一切事物的方法。拉马克的《无脊椎动物自然史》在 1815 年和 1822 年间出版。居维叶的《动物界》以 4 卷本出现在 1817 年，随后从 1821 年到 1824 年又陆续出版了 7 卷本的《骨化石研究》。在这些卷帙浩繁的力作中，自然史从亚里士沙德的分类法过渡到近代动物学的分类法。这门比较新的科学通过古生物学把古老的自然与生命联系起来。它通过比较解剖学严格的技术，确立了处于空间和时间中的物种间的关系。调整的原则即各部分相互关系的原则是居维叶提出的。他写道："每一个有机体，组成一个集合体，一个单一的、紧密的体系，其所有部分都互相适应，并通过互惠关系在任何一定的行为中合作。其中任何一部分在其他部分不起变化时也不可能变化，因此，每一部分如果单独来看，都指示和反映着其他各部分。"① 这样，看到一颗牙齿，居维叶就可以断定蹄子是什么样的，或者消化系统是什么样的。通过这个办法，他把动物的结构与它的生活方式联系起来了。

拉马克把居维叶的方法运用于无脊椎动物的分类。他做这一工作非常精细而熟练。虽然居维叶和拉马克在实际工作中是互相补充的，但是他们的思想所推测的生物秩序模式却迥然不同：一个是自然主义的和变化的，另一个是神学的和天意的。拉马克于 1809 年出版了《动物哲学》一书。其他的论点后来作为进化论的先声非常有名，为自然选择的机械进程提供人道的和理想的角度的另外解释。拉马克的观点实际上是从狄德罗所开创、由歌德充实了的有机的和浪漫的自然哲学中演绎出来的。他的进化论是把这种观点运用于分类学，而这一理论自达尔文起才闻名于世。在他那个时代，拉马克关于物种变化的猜测被同事们视作一个有天才的观察家完全进入歪门邪道，必然消失于无声无息之中。在拉马克的动物哲学中，活的自然乃是一种塑造力，它通过有机组织进一步的变异和完善而不断形成各种各样从最简单到最复杂的动物。但是，动物内在的趋于复杂化和专门化的倾向并不是起作用的唯一因素。与这种倾向形成对照，外界自然环境也在施加影响，使这种倾向受到约束，形成我们误认为不可改变的物种。环境的改变引起需要的改变。需要的改变产生行为的改变。行为的改变变成习惯，这些习惯最终改变各个器官甚至整个有机体。这样，外界环境就是有机物创造性地予以适应的一系列不断变化着的情况和机会。

居维叶在说明生物的适应性，即有机体与其生命的经济学之间、形式与功能之间的关系这一惊人的事实方面，远比拉马克更具特点，更为保守，也更有说服力。这其实不过是来自创世说的老观点。自从分类大师亚里士多德时代以来，这一观点一直受到尊重，并长期充当基督教自然神学的支柱。按照这个观点，自然界的一切都是神造的，每一个结果都是为了贯彻造物主的旨意而设计的。居维叶的科学思想是保守的、是亚里士多德理论的另一种方式，就居维叶的著作对达尔文所具有的价值来说，这是一种极为重要的方式。与其说他是一位生

---

① 乔治·居维叶：《骨化石研究》（新版，5 卷 6 册；巴黎，1821—1824 年），第 1 卷，第 45 页。

物学家，还不如说他是一位博物学家。他在科学上把"普通物理学"
和"特殊物理学"，即自然史加以区别。居维叶大概也会同意本章的
论点：是定量化和实验造成二者的差异。"普通物理学"包括力学、
动力学和化学，吸收定量化并使用实验手段。而研究个别事物，可以
不顾抽象理论的自然史则不然，居维叶认为在自然史中，实验是行不
通的，因为分解一个活着的整体就是毁掉研究的对象。应该由比较来
代替实验，这样，博物学家就只能通过观察和敏锐的判断去搞清楚由
物理学家所发现的规律在自己的领域内起作用的情况。

　　尽管居维叶坚信物种不变，但却是他的自然史的比较而不是拉马
克的猜测为进化论生物学做好了准备。居维叶早就把动物的结构看成
是它的生命方式的一种功能。达尔文要做的只不过是把创世说的论点
颠倒过来，从自然的角度而不是从神学的角度来解释适应性罢了。他 140
要做的就是把分散种群的分类问题转化为历史性的门类学问题，寻找
谱系和进行比较。居维叶本人提出了地球上种群的延续问题。在他的
晚年，古生物学这门形式古老的新科学得到了很大发展。如果说在一
方面生物学由于逐渐掌握了实验手段而加入化学和物理学的行列；那
么，在另一方面，它通过自然史渗透到地质学和对世界的描绘里
去了。

　　由于古生物学提供了一把钥匙，19 世纪初叶成了地质学蓬勃发
展的时期。它在这一时期初步掌握了本学科的材料。直到 18 世纪 90
年代，对地球的研究只不过是对矿物学的模糊观念加上对此行星起源
的一些猜测而已。1795 年，詹姆斯·赫顿的《地球论》用历史学的
语言宣布了自然的一致性的原则。赫顿是要把地质学家限制在从当前
起作用的自然力的影响中得出来的归纳类比中。他需要近于无限的时
间（"既无开始的痕迹，也无结束的前景"）。他所鼓吹的"火成论"
学派主张原始形成物的火成起源。他们的观点不断受到"水成论"
派学者的强烈反对，后者是 19 世纪初亚伯拉罕·戈特洛布·维尔纳
在萨克森地区弗赖贝格矿业学校的追随者。他们赞成水成论，反对火
成论。他们认为地层是经过一系列巨大洪水泛滥后沉积而成的。如果
没有发现化石地层的技术的话，这些争论恐怕还不能得到解决。先驱
者是威廉·史密斯。他是一位英国排水工程师。在 1810 年和 1820 年
间，根据嵌在岩石里的有特征的化石群，他查清从东英吉利和英吉利

海峡直到威尔士的煤层组的连续层。在巴黎盆地较新的地层里，居维叶和布隆尼亚尔使用类似的古生物学指示物进行了地质分类。

居维叶及其大多数英国同行于 19 世纪 20 年代根据地质灾变理论找到了证据。他们仍然是把这证据放在缩减到人类历史范围的时间表里。毫无疑问，神学的种种成见使他们倾向于赞成洪水论。然而，不管是对是错，这不是《圣经》上的简单问题，这是上帝与自然之间的关系这一更为深刻的问题。地质学是首先触及自然的历史和结构的科学，因而它首先把上帝看作统治者而不单单是造物主。在这方面，科学也没有以绝对权威说话。跨过 19 世纪初叶科学的前沿，当我们穿越居维叶在生物学中新的实验性学科与旧的自然史的实践之间划定的分界线时，我们就为单纯叙述性的科学留下精确的和定量的领域。把生命的各种形式按其漫长的地质连续过程的秩序从比较简单到比较复杂排列起来，古生物学就以进化论为工具，为给科学按历史年代排列准备了证据。但是还没做到这一点，还没有完全做到这一点。

当活动的领域从理论转移到实践，从科学转移到工业时，英国，而不是法国，就成为欧洲技术的领路人和导师。蒸汽机的发展对工业化过程是真正的革命因素。动力的增长开始按指数沿着曲线无限上升，必然超过风力或下落的水力、人力或畜力利用滑轮、杠杆、齿轮和螺旋所产生的动力。在瓦特于 1800 年退休后，特里维西克改进了引擎，使用更高的压力，双向活塞，减少了横梁。水平汽缸到 1825 年以后才出现。引擎不再局限于抽水或为高炉鼓风，它已经在机车上使用，并替代水轮向工厂提供动力。1807 年，富尔顿的蒸汽船从纽约开到奥尔巴尼。特里维西克于 1805 年造出一台火车头。斯蒂芬森于 1813 年造了一台更好的火车头，在吉林沃思煤矿使用。1830 年，斯蒂芬森的第一列火车从利物浦驶往曼彻斯特。但是，使当时的人们留下更深的印象的是蒸汽机在棉纺织业的使用，先用于纺纱，后用于织布。从水到蒸汽的改变，把工业从农村的溪流旁边转移到人口集中的地方。早期工业化时代简陋的工厂给英格兰中部地区的许多城市刻上一条条的面痕。到 1830 年，曼彻斯特的棉纺厂的规模已经十分庞大了。但是，除了法国某些地方散在着几个大棉纺厂而外，在英国以外的地区，棉纺厂还没有一个超出实验工厂的阶段。

工业技术的这个最重要的部分与科学没有什么联系——除了詹姆

斯·瓦特定名的"太阳和行星式齿轮"联动装置之外；他通过这一联动装置，使活塞的往复运动转变成轮子的旋转运动。确实，提出证据，要大家相信科学是使技术产生丰硕成果的种子，是颇费脑筋的。科学和技术的密切合作带来硕果累累，那只不过是近百年来的事。然而弗朗西斯·培根所作的预言早就形成了一种信念。在19世纪初实现这一信念的前夕，这种信念比以往任何时候都要更加坚定。理论科学对工业起的作用仍然很小。但是，如果把科学活动的概念加以扩大，使它不仅包括有条理的自然知识，而且包括贯穿于整个技术领域内的理性主义、经验主义乃至机会的强制而构成的有系统的模式，那么，工程师和实业家的行为就会与科学家的行为合拍了。

理性——百科全书运动把狄德罗的夸张言论远远抛在后面，现在，它在两本巨著《技术百科全书》和《不列颠百科全书》以及许多较小的技术词典中恰如其分地得到体现。这在原则上与系统的生物学的分类并无分歧。这应该被看作描述性科学在工业上的应用，是公开宣传实践中使用的最佳方法并使之标准化，而不是推广由理论引起的某种新鲜事物。公开宣传是由各工业促进协会对发明者进行奖励的条件之一，这种协会在英国有皇家技术学会，在拿破仑时代的法国有技术促进协会。同样，专利权最终必定进入公共的领域。欧洲大陆的专利法始自法国革命。所以，系统的交流现在不仅在英国，而且在普鲁士，甚至在奥地利的"改进技术的"地主中间，通过各种协会和有关农业情况的出版物已经开始进行了。农艺学试图取消千百年来愚昧的常规，而代之以描述性的耕作科学，对于所有的生产者都是如此。经验让位给技术，秘密让位给公开，手工艺让位给机械化和劳动分工。在许多方面，理性就这样进入了工业，分析方法进入了各种元素。康涅狄格州纽黑文的伊莱·惠特尼即使不是通用零件的发明人，也是一个提倡者。把这场运动描绘成科学家关于自然统一体的假设所产生的理性的可能性进入了机械领域，是不是异想天开呢？从那时起，研究机械的人在分析机器结构时可以像解剖学学者一样指望得出一般的规律了。亨利·莫兹利把工程技术的实践重点放在切削统一的螺钉上。他的车床装上了滑动刀架以保证平面。这种车床是基本的工具机，而精密的工具机是工程技术的保证。莫兹利1829年制成的测微器使公差趋近于零。与他同时代的传记作者和他的学生詹姆斯·内史密斯在谈到感人的品质时曾经说："莫兹利先生的特点是热爱真实和准确。"[1]

物质的性质以及通过经验对物质的性质的认识，在一定的限度内决定最合理的技术能够从物质中得到什么东西。化学工业虽然并不是最惹人注目也不是规模最大的，但就其产品和潜力来讲，却是最新奇的。它的革新也不依赖于理论。原子假说对染色工厂或硫酸工厂没有帮助。甚至拉瓦锡围绕燃烧理论重新确定科学的方向，对制造商的需求也毫不相干。对实业家有利的是日益增多的介绍各种化学品的处理和变化的详细经验的书籍。商用纯碱和硫酸是主要的重化学品。生产纯碱和硫酸的有效而经济的操作法在19世纪30年代已经采用。利物浦的詹姆斯·马斯普拉特于1823年用吕布兰法从海盐中提取纯碱获得利润。他不懂得其中进行的化学反应。直到19世纪90年代吕布兰法被取代为止，没有一个人弄清楚这件事。吕布兰法是使硫酸钠与木炭和石灰融合而产生纯碱。吕布兰本人当时所以想到这个方法，是与熔化矿石进行荒谬的类比。那是很久以前的事了。他于1791年在巴黎取得专利，而后来使他不能利用专利的因素则是政治的、个人的和经济的，而不是理论的。在整个工业界，机遇和运气在技术可能的范围之内确实起着决定性作用。铅室法制造硫酸依赖于铅的不渗透性，这样生产者就不再因为使用玻璃器皿而使生产规模受到限制。苏格兰从18世纪中叶开始用这种方法生产，英格兰则稍晚一点。使这种生产在19世纪30年代扩大的是纯碱贸易所开辟的市场。所有化学工业的情况均是如此。每一个新的出路，每一次降低价格，都会牵动酸、碱、肥料、漂白剂、染料、玻璃、肥皂和火药之间整个的联系纽带，并且都促进了经济的发展。

关于技术进步中的重要主题，也许要用拉马克的用语而不能用达尔文的用语来理解。因为工业需要机会的强制。技术是艺术，不是自然，是受目的指导的。机器所获得的特点是继承得来的。只是一些演变来的公式才构成铁工业的发展。工业化中最主要的物质变换是用铁取代木和石作为基本结构材料。19世纪简直就是铁的世纪。然而，这并非某种重大发明产生的结果。由焦炭代替木炭不是引起生产的扩

---

[1] 转引自弗里德里希·克莱姆《西方技术史》（纽约，1959年），第285页。

大，而是使这种扩大有了可能。到拿破仑战争末期，只有英国普遍采用焦炭作为燃料。铸造业在设计上作了改变以适应新的燃料，并扩大了规模以满足市场需求。铸铁和锻铁在钢产生前仍然起作用。当用蒸汽吹鼓风机的时候，炼铁炉就高了起来，尽量向上伸展，以取得像拉马克的"长颈鹿"那样的成效。一想到技术的重大组成部分的各个阶段的情况，就使人不禁想起进化论的比喻。举例来说，在运输上，运河和公路网适合于高度专门化和临时产生的情况，由于对廉价和稳定的运输的需要而迅速扩大了。我们所讲述的这一短短的时期几乎包括整个运河时代。可以想象把这一时代用一种图显示出来的情景。在图上，各运河的宽度随年代的变化而不同，在某些出现沼泽的时期，运河可能很宽，只是在环境发生细微变化后，才变得很窄，像一条线一样。1830年以后，铁路取代了运河，其速度之快就像运河兴起时一样。

144

　　偶尔也会有一些呼声越过依然把科学和工业实践分开的界线。汉弗莱·戴维在人道主义者的呼吁下设计了矿工安全灯。约瑟夫·夫琅和费是个光学家。他发现了太阳光谱中的吸收谱线。按照科学委托人的严格要求，在制造精密仪器的过程中发展了技术，从而使工作母机大大受益。新元素得到了原来未曾预见的用途。伟大的化学家贝托莱使用氯发展了漂白技术，并用心研究染料的合理化。冒险家们用氢充灌气球，在1794年的弗勒吕斯战役中开始从空中观察炮火。菲涅尔在法国公路和港口管理部门任工程师谋生。他设计了透镜式灯塔，以取代常使船长们苦恼的光线微弱的火把和马灯。1799年在伦敦创立了英国科学知识普及会，通过传授科学知识来改善穷人的生活。该会的赞助人朗福德伯爵本杰明·汤普森原是一个有发明天才的美国人，后背叛祖国，由巴伐利亚选帝侯封为贵族。他也是热力学实验的创始人，暖气管的设计者，一度是拉瓦锡遗孀的丈夫。19世纪20年代，各技工学校进行了提高工人本身科学水平的运动。1831年，英国科学促进协会按照存在时间很短的德意志这类协会的样子，准备把科学传授给人口中更有影响的那部分人，并且使全民族养成为进步而努力的精神。

　　在这些混杂的声音中，有两个表达了较为深刻的思想。萨迪·卡尔诺于1824年出版了《热动力论》。迈克尔·法拉第于1831年宣布了电流在磁场里的感应现象。这两个发现完全没有联系。它们实际上开始了两个新的学科——热力学和物理学中的场论，使物理学超越了古典的牛顿传统。看来更有意义的是它们在基础科学和合理技术之间建立了对话，从此没有中断过。从技术方面来说，它给理论家提出了值得思考的问题，而科学则以动力来武装技术作为回报，极大地增强技术能力，以致技术的使用决定了人类和国家的命运。两者的结合就这样成为文明的主宰。

卡尔诺的《热动力论》是一篇完全抽象的学术论文。然而，其论证则都是关于蒸汽机的，毫无疑问，L. J. 亨德森的著名论点——蒸汽机对科学的贡献大于科学对蒸汽机的贡献——就是受到他的论证的启发。把热转化为运动（如蒸汽机所做的那样）的最佳条件是什么呢？这是卡尔诺提出的问题，或者说是综合工科学校的分析精神通过他的口提出的问题。为了回答这个问题，他想象出在一台理想蒸汽机里的可逆热循环。两个热库，一个温度较高，另一个较低。从前者放出的热使汽缸内气体膨胀，首先在恒温下，然后在恒压下推动活塞。不断地重复这些步骤，活塞就压缩气体，并使热进入第二个库。① 卡尔诺想用这个理想的引擎，从起动状态出发又回到起动状态，来代替实际使用的完全不可逆的引擎，因为这种引擎摩擦很大，漏热，活塞砰砰地来回移动。结果发现热的动力只决定于使用动力时的绝对温差。这一推理就建立了热力学这门科学。它是从蒸汽的嘶嘶声中抽象出"一切可以想象到的热引擎"的普遍情况。

法拉第的发现使知识来自力量和力量来自知识得到相互印证。他对事实的审慎态度可以看作一个决定性的事例，说明实验已经能够达到历来属于数学的那种精确程度。对他来说，感应电流是给予一系列精明的和耐心的实验的酬报。在这些实验中，他寻求产生与奥斯忒效应相反的东西，从磁场里取得电流。他最初的一些尝试遇到了挫折。电流只在磁铁放入或抽出线圈的一刹那在电路中流动。但是，从失望中取得经验而不是退缩，这就是法拉第的天才的特征。他发现保持电流的秘密就在于不断地通过力线（这是后来他起的名字）。一句话，

---

① 此处按原文译出。按卡尔诺热机的机制为：（一）绝热膨胀（对外做功）；（二）等温压缩（向低温热库放热）；（三）绝热压缩；（四）等温膨胀（从高温热库吸热）。参见王竹溪《热力学》（高等教育出版社 1960 年版），第 74 页。——译者注

他已经发现了发电机的原理。他本人是一位科学家，对事物本质的兴趣甚于实际的好处，求名甚于求利。然而，在整个科学的漫长历史中，电力工业在此以后的发展是破天荒第一次把基础研究（不只是合理方法）的一个重要部分大量运用于工业生产之中。从发电机源源流出的电力增强了蒸汽的能力。不仅如此，如果再往前看，严格分析在电磁"力线"中的空间关系就是相对论以及相对论关于物质与能量之间的可转化性（不管是通过聚变还是裂变）这一预言的基础。

　　力量来自知识，这是无可辩驳的事实。

（王念恩　译）

第 六 章

宗教：欧洲和美洲的政教关系

到 1793 年年底，十字架和三色旗在欧洲千百万人的心目中已成为对立的象征了。在法国，由"教士公民组织法"大大加深了的教会与革命之间的严重分裂，这时看来已无法弥合（参阅第八卷第二十四章）。法国天主教会必须改组，同新法兰西的民主制度取得一致；高级圣职人员必须由人民选举，并独立自主，不受外国人的控制——在 1790 年对于制宪议会来说，这已经似乎是不言而喻的了。但是，这就引起了资格和权能的严重问题。即便是一个国民议会，它有什么权力如此大张旗鼓地改组天主教会的一个分支呢？不幸的是，法国革命的第一个原则，即人民主权，是与天主教的基本教义和传统相对立的，而罗马则认为这些教义和传统对于天主教这一宗教团体的精髓来说是必不可少的东西。庇护六世对公民组织法进行谴责已经为时过迟。那些拒绝对该法宣誓的教士被剥夺了公权，或被迫亡命异邦，或投奔地下教团，往往鬼鬼祟祟地去干挑衅性的反革命活动。紧接着，那些宣誓拥护"公民组织法"的"爱国教士"也同革命发生冲突，特别是在 1792 年 8 月 10 日革命向左摇摆以后。许多人痛恨对他们的良心所提出的无情要求，如实行身份登记、鼓励神职人员结婚、处决国王等。另一方面，革命的领导人对公民组织法所带来的结果越来越感到失望，它破坏了爱国事业，引起了教会分裂和社会秩序的混乱。1793 年达到了破裂的关头。3 月传来消息说，拒绝宣誓的教士们在旺代叛乱中发挥了作用；7 月，许多拥护"公民组织法"的教士参与了联邦主义者的暴动。于是，在雅各宾党人的心目中，教士们统统不可信任，他们不是实际反对爱国事业的阴谋分子，就是潜在的阴谋分子。在内战和外国入侵的狂潮中，对拒绝宣誓拥护"公民组织法"的教士们的恐惧扩大了，变成对整个神职人员的猜疑，在许多地方竟发展为对基督教本身的攻击。

　　在 1793 年秋天开始有意进行的反基督教化，其原因是错综复杂的。它并不是一个单独的运动，而是往往由一个地方的爆炸性局势或由某人的反复无常所引起的一系列的运动或事件。它一反政治事件的常规，第一次组织的运动并不是在巴黎，而是在外省开始的。驻在外省的代表们，最著名的如驻在涅夫勒的富歇，开用暴力破坏圣像之先例。这些代表在军队和地方上的革命党人的协助下，禁止人们去做弥撒，把教党充作俗用，处决被俘获的拒绝宣誓拥护"公民组织法"的教士，以高压手段强迫教士们背教或半背教地结婚。用一种对理性和共和国的崇拜取代了对基督的崇拜。在巴黎圣母院举行著名的理性节（1793 年 11 月 9 日）之后，巴黎各区在公社的资产阶级反教权派的鼓励下掌握了运动。国民公会的非基督教化的立法像公社的猛烈非基督教化一样轰动了整个社会。自古以来教士垄断教育的情况被废除，1793 年 10 月，当国民公会投票通过革命的最严厉的反基督教法案，用新的革命历法取代与整个国民生活息息相关的旧格里历的时候，法国断然与它信奉宗教的过去决裂（见原文第 691—692 页附录）。

　　在天主教历史学家们看来，非基督教化运动在很大程度上纯系破坏性的行动。确实，它的消极面在如下的情况中达到了极点，如：巴黎的无套裤汉任意胡闹，穿上抢来的祭袍在国民公会门前示威游行；埃贝尔的刊物《迪歇纳老参报》极力鼓励他们，满纸是下流的言辞；地方议员对崇拜圣像的攻击，其中有些人过去是神甫，他们怀着叛教者的狂喜心情进行破坏。但是，即使就其破坏方面而言，非基督教化运动也不仅仅是一场单纯的不敬神的恣意胡闹。它深深地植根于革命爱国主义这一集体心理，植根于法国受到外国军队的包围并害怕内部叛变这种被围困的心态。欧拉尔称早期的非基督教化运动为"国防上的权宜之计"。[1] 大量的破坏活动是由沿着行军干线向前线推进的军队干的，或者是由企图用突然的引人注目的恐怖行动来威吓敌对的农村居民的那些非正规"革命军"的小部队干的。这种非基督教化

---

[1]　A. 欧拉尔：《基督教与法国革命》，英译本（伦敦，1927 年），第 122 页。

147

运动与其说是对基督教的象征和教条的合乎理性的攻击，不如说是为了恢复公共秩序和对不顺从的反对派神甫的宣传作出的激烈反击。再者，发生一些渎圣行为的背景是军事和经济危机。教堂的装饰品不仅被当作"盲目信神的小玩意"而抢走，而且成为供应造币厂的宝贵物资。教堂里的钟被摘下送到铸造厂去冶炼为造炮的金属。1793 年夏，爱国者正是为了搜寻这些钟才和愤怒的教徒发生冲突，并失去了他们对教堂这个神圣地方的敬畏感。

非基督教化运动除了破坏之外还有一个积极的目的。雅各宾派领导人不仅要摧毁基督教，而且还要用一种更符合被包围的革命力量之需要的信仰而代之。自从马蒂埃的著作发表以来，人们对一系列的革命崇拜有了较深刻的理解，这种崇拜代替了天主教，一直持续到拿破仑同罗马教皇缔结了政教协定。[①] 贯穿这些崇拜的是一个共同目标，那就是为爱国主义创造一个庄严的中心。同旧政权的人员一样，革命者也相信有必要建立一套国家信念，以维护统一，避免坠入邪恶的深渊。这些崇拜在某种程度上是人为地创造的。然而，马蒂埃声称，如果我们（与涂尔干一起）承认社会也和上帝一样可以成为一种真正的宗教崇拜的对象，那么这些崇拜的基础同样也是宗教性质的。他们所关心的是不是基督教那种先验论的宗教，而是将要在人世上实现公正和博爱的一种新的社会意识形态。这正是 18 世纪的哲学家所追求而大革命力图在政治上将其变为现实的梦想。这种崇拜在一定程度上是临时形成的，其目的是以人类世俗的宗教来取代天主教及其超自然的理论体系，而这种人类世俗的宗教以各种形式贯穿着此后的欧洲历史。自 1790 年的联盟以来，出现了一种自发的爱国主义崇拜，这种崇拜最初与旧有的信仰并立，后来却与之对立了。它的信条体现在《人权宣言》中，它的教士是那些立法者，它的洗礼仪式是在"爱国圣坛"举行的公民宣誓，它的象征是帽章、三色旗和自由帽，它的赞歌是游行和历法。1793—1802 年间的各种革命崇拜就是由这种对爱国主义的崇拜的庆祝活动演变而来，它们是在合法教会黯然失色之后组织的。在理性崇拜（1793 年 11 月至 1794 年春）中，对革命共和国的崇拜是首要的，哲学上的唯理论与对自然和理性的崇拜则居于

---

① 　A. 马蒂埃：《革命崇拜的起源》（巴黎，1904 年）。

第二位，如果说这些崇拜在巴黎开始产生时其特点是轻举妄动，在各省对这种崇拜的庆祝活动则往往是很严肃的。资产阶级的少女们扮成理性女神，或贝尚松的雅各宾派派出 12 名使徒传播新福音，并无嘲弄的意思。罗伯斯庇尔的共和二年花月 18 日（1794 年 5 月 7 日）的报告所开始的对最高主宰的短暂崇拜，标志着对枯燥无味的理性崇拜和它的某些倡导者的暴力手段的反对，但基本上与它没有什么差别。罗伯斯庇尔企图创立一种更加统一的、能团结起灰心丧气的爱国者，并能沟通有神论者——天主教徒和非天主教徒——在美学上令人满意的崇拜形式。在这种崇拜形式中，"各派别可以无拘无束地、不受迫害地结合在一个统一的自然宗教中"。尽管在牧月 20 日的盛大节日中受到崇拜的最高主宰类似卢梭的《萨瓦牧师的自白》中的神，但在他的新教皇的眼里，他还是革命正义、公民道德和爱国义务的约束力。罗伯斯庇尔宣称，无神论是"贵族"性质的；对最高主宰的崇拜是"社会"和"共和"性质的。只有相信天命和永生的人才会有勇气"更加忠于祖国，并更敢于对抗暴政"。

149

　　热月政变之后，爱国信仰虽仍然存在，表现为官方对共和历每旬第十日的崇拜。然而，随着爱国热忱的下降，激情也消失了。忠于这种崇拜的人主要来自一小部分开明的资产阶级分子和官员。各地的下层人民把旧宗教和新宗教融合为对烈士的崇拜，例如对萨尔特的佩兰·迪盖（一位乘三色翅膀升天的共和派烈士）或更有组织的对共和三烈士马拉、夏利埃和勒佩尔蒂埃的崇拜。但是，对未受教育者来说，民族崇拜的理性主义太冷淡，而那些说教和古典的象征主义又太抽象。只有偶尔举行的演讲会、节日和游行的盛况才能激起民众的想象力。但是，即使非基督教化运动未能提供取代旧有宗教的有组织的信仰，但它给予旧有宗教以沉重的打击。在那些失去了主持弥撒和教育儿童的神甫的教区里，对宗教的冷漠态度蔓延开来。对农民社会来说，打乱传统的习惯大概比新思想的冲击更为令人不安。过去只限于贵族和资产阶级的那种公开的怀疑，这时已在下层阶级中深深扎根。造成法国教会恢复缓慢的一个严重障碍就是补充神甫的工作中止了。

　　热月政变以后，政府对基督教的敌视态度并没有停止。但是，舆论的压力造成广泛的缓和，在许多教区恢复了宗教生活。在西部，奉命安抚叛乱者的将军们和代表们不得不在当地同意实行宗教自由，这

就开创了一个可以推广到法国全境的先例。国民公会通过从 1794 年
9 月到 1795 年 9 月之间发布的一系列法令，在法国实现了政教分离。
国家不再为崇拜任何东西支付款项；信仰自由予以保持，尽管受到严
格的控制；那些尚未让渡所有权的教堂（仍作为公社的财产）可以
由公民的团体用作公开举行礼拜的场所；教士要宣誓服从共和国的法
律。这时，宣誓效忠的教士、在共和历第十日举行宗教仪式的官员、
愿意重新宣誓的天主教徒以及诸如有神博爱教这样一些小的折中教派
可以心神不安地轮番使用教堂。

　　1794—1802 年的政教分离标志着欧洲政教关系中的一次有趣的
试验。它引起人们将它与几年前在美国建立的比较持久的制度进行比
较。美国宪法第六条规定，禁止在任命联邦职务时进行宗教考试；同
时宪法第一条修正案规定，"国会不得制定有关建立宗教的法律或禁
止自由信仰宗教的法律"。这两种制度在某种程度上都受到宗教的不
容忍性与自由平等的天赋人权二者之间水火不相容这一情况的影响，
也受到在一个多元化社会里维持教义的一致这个问题的影响。但是，
这两种制度的不同点也许比两者之间的共同点更为明显，并表现出
"政教分离"这一词是何等的灵活。在美国政教分离建立在政府和基
督教各派之间的相互信任之上，实际上与各州政府和联邦政府宽容地
承认教会的权益有密切关系：例如，为随军牧师提供公共资金；对用
于宗教事务的财产实行免税；各州制定禁止亵渎神明的法律等。然
而，在法国，热月党人和督政府的态度常常是露骨地表现出敌意。鼓
励政教分离的因素主要不是对政权归俗的早熟的热情，即主张国家完
全不介入一切宗教信仰的许多 19 世纪自由派所珍视的那种思想。法
国实际上自 1789 年以来就为实现政教分离采取了步骤，特别是在
1792 年实行的世俗结婚和离婚。这一措施反对天主教认为结婚是永
久性的结合这种婚姻神圣观，而主张结婚是可废除的民事契约这种世
俗婚姻观。但是总的来说，革命领袖们仍属于他们那一世纪的人，他
们热衷于国家崇拜和国家在宗教事务方面握有无限权力这种老思想。
政教分离是不得已而为之，是"屈从政策"，用它的提倡者的一句话
来说，就是"密切注视你所不能阻止的事情"。① 既然天主教不能

---

①　A. 马蒂埃：《热月党的反动》（巴黎，1929 年），第 181 页。

（通过"教士公民组织法"）实现革命化，又不能（通过非基督教化运动）加以消灭，那么，就必须对它采取容忍态度，但要很警惕地容忍它，不使它恢复过去的统治地位，而且使它逐渐从民族的道德心中消失。从民法的观点来看，各教派不具有任何法人地位：它们不能接受捐赠，也不得组成有正式发言权的全国性组织。针对拒绝宣誓拥护"公民组织法"的人而制定的严厉法律仍保留在法令全书中，虽然实际应用时往往是较松弛的，特别当督政府实行"摇摆政策"，感觉有必要得到右派的支持时更是如此。但是，1797年的果月政变带来了类似大恐怖时期的一场迫害。此后便作出坚决的努力来恢复正在衰落的对每旬第十日的崇拜。政府强行规定第十日为休息日，宣布小学师生以及市政官员必须参加它冷冰冰的仪式，这些人身穿制服列队前进，而且往往有乐队伴奏。但是，这场运动很难进行下去（特别是在农村），并使督政府与宣誓效忠的教士发生冲突，后者在"礼拜日先生"和"第十日公民"的斗争中不愿抛弃前者。

如果说督政府不愿意本着冷静的中立精神实行政教分离，那么许多神职人员也是如此。多数未宣誓效忠者——在果月政变之前迫害缓和时，数以千计的流亡者回国，从而使他们的队伍壮大了——不承认政教分离是可行的制度。许多人大肆鼓吹反革命，为王室祈祷，诅咒那些占有了被没收的外逃贵族财产和教会财产的人，还在一些农村地区实际上煽动白色恐怖。然而，以圣绪尔比斯会总修道院长、品德高尚的埃梅里长老为首的少数派试图把天主教的事业与波旁王室的事业分开。当天主教神职人员中这两派面对是否要服从一个革命的非基督教政府这一棘手问题时，他们发生了严重的分歧（和一个世纪后围绕保皇党人归顺第三共和国的问题发生的分裂差不多）。自然，争执是围绕不断要求神职人员宣誓效忠而产生的。宣誓效忠"公民组织法"曾受到罗马教廷正式的严厉谴责，但随后的各种宣誓情况与此不同。不妥协分子听命于他们的流亡主教，拒绝一切宣誓效忠。他们怎么能够支持篡位者或完全服从一个实施严重敌视天主教教义的法律的政治制度呢？最好是使法国成为传教国家，私下保持自己的信仰，这总比与异教徒和分裂教会者公开共用一个神坛为好。另一方面，妥协分子接受了后来提出的大部分宣誓（虽然许多人不肯作出果月政变后所要求的"仇恨王室"的宣誓）。如果不宣誓效忠，从而取得公开做弥撒的权利，那么怎么能够保持天主教的存在，又怎么能够保持罗马的传教士同宣誓效忠教士进行竞争呢？埃梅里对积极的效忠和消极的顺从加以区别，对赞成法律和仅只服从法律加以区别，就宗教而言，则仅限于保证不扰乱公共秩序。直到签订政教协定的前夕，天主教两派之间的争论达到教会分裂的边缘。原来的法国天主教会分裂成不是两个而是三个敌对的教派。

在 1795 年之前，大革命威胁到罗马天主教会在法国和比利时的存在。当大革命波及意大利半岛后，它大有吞没这个天主教中心地之势。1797 年 2 月，根据托伦蒂诺条约，法国关闭了教皇国派驻的公使馆；迪福将军于 12 月在罗马被害导致贝尔蒂埃将军于 1798 年 2 月占领该市，并宣布罗马共和国的成立。1799 年，"公民教皇"庇护六世被送往法国监禁，他在瓦朗斯的去世似乎预示着罗马教廷的解体。

152
然而，使欧洲感到震惊的是，不到两年法国大革命便与罗马教廷和解，于 1801 年 7 月 15 日签订了法国政教协定。这是怎么实现的呢？巴黎和罗马的两位新领导人的掌权为此铺平了道路：拿破仑于 1799 年成为第一执政，基亚拉蒙蒂红衣主教于 1800 年 3 月 14 日在威尼斯秘密会议上当选为教皇，称庇护七世。基亚拉蒙蒂任伊莫拉主教时就已表示他准备同阿尔卑斯山南共和国合作。1797 年圣诞节，他在著名的"雅各宾式"布道中对他的教徒说："你们要做虔诚的基督徒，你们也就会成为很好的民主主义者。"作为教皇，他任命孔萨尔维红衣主教为国务卿，这预示着将要出现一个新的、更为开明的教廷。然而，要求和解的主动建议却来自拿破仑。尽管拿破仑不是虔诚的天主教徒——弗雷德里克·马松写道："他的整个信条局限于一种宿命的唯灵论，根据这种信念，他的司命星代替了上帝"——但是作为政治上的现实主义者，他赞赏传统宗教对民众的控制力，其价值观念可以保障社会秩序，使人们安于不平等的地位和顺从世俗统治。[①] 拿破仑为了达到绥靖与和解的目的，需要宗教方面的和睦，以便消除法国教士中的严重分裂，促使将莱茵河流域的天主教徒和强烈信奉教皇极权的比利时人纳入法国的边境地区，以及为法国在意大利称霸铺平道路。前 10 年的历史不祥地表明，不同教皇商量，企图单

---

① 转引自 J. 勒弗隆《革命的危机》（巴黎，1949 年），第 175 页。

方面解决宗教问题总归要失败。为了外交上的目的，拿破仑可以发出威胁说要效法英王亨利八世。但是，拿破仑不可能创建一个信奉新教的法国，而重建拥护"教士公民组织法"的教会也没有什么好处，因为这个教会在群众中没有多大影响，而且反正已在他的控制之下。他可以继续实行政教分离——但这无助于解决教士之间的争吵，也不符合他的独裁主义精神。法国基本上仍然信奉天主教。然而，如果说天主教是不可摧毁的，那么，大革命的长远成果也就是不可摧毁的。因此，必须迫使法国的教士承认他们已失去在旧秩序下享有的特权，承认国家世俗化所取得的不可抗拒的进步，例如离婚、世俗婚姻和宗教平等；他们必须承认已世俗化的教会财产不可变动：最主要的是他们必须与波旁王朝脱离关系。拿破仑从军事角度对局势作了明确的分析，他说"人民需要有一种宗教。这个宗教必须掌握在政府手中。今天由英国资助的 50 名流亡主教领导着法国的教士。我们必须清除他们的影响。为此，就有必要借助教皇的权威"①。

马伦哥战役的胜利给拿破仑带来了他所需要的政治稳定，几天之内拿破仑便同罗马教廷开始了谈判。新教皇为了在教会的"长女"法国恢复天主教传教的自由，准备作出许多牺牲。尽管如此，经过几个月艰巨的讨价还价，经过几次外交危机并提出许多草案之后，才签订了政教协定。新的政教协定在几个方面与 1516 年的政教协定相似。但是，1516 年的政教协定是在罗马教廷与领导着一个具有坚定共同信条的国家的天主教君主之间缔结的；而新的政教协定则是在并没有真正的精神纽带的两个格格不入的政权之间所达成的交易。罗马教廷并不是想使大革命成为神圣不可侵犯，而是要限制它的成果。中世纪的那种政教关系已一去不复返。这一点在有关天主教在法国的地位的条款中表现得最为清楚。罗马竭尽全力要使天主教在法国得到"支配地位"（这意味着其他宗教在法律上居于次要地位）。但是它不得不接受只承认天主教为"大多数法国人所信奉的宗教"。罗马教廷放弃了关于发还被没收的教会财产的要求，作为交换条件，勉强接受了由国家支付主教和某些教士的俸给而不是由捐款支付，虽然由捐款支付将会在一定程度上恢复他们原有的经济独立地位。参加宗教仪式的

153

---

① 布莱·德拉穆尔特：《政教协定谈判文件集》（巴黎，1891—1897 年）第 3 卷，第 50 页。

自由得到保证，但须遵守（根据一项极为含糊的条款）警察当局的规定。在拿破仑一方，他得到了提名主教的王室旧特权，教皇则保留了对主教的正式任命之权；法国的教区重新进行了划分；教士受命为政府祈祷并宣誓服从并效忠于政府。教区牧师将由主教提名，并需得到政府的批准，二者的俸给均由国家支付。为了便于重建教会，天主教和拥护"教士公民组织法"者双方的主教管区都要保持空缺状态。教皇的《惩罚》（*Tam Multa*）通谕温和但坚定地要求天主教的主教们辞职。多数主教顺从了——但是有相当数目的少数主教拒绝这样做，于是罗马教廷宣布他们的主教教座处于空缺状态。法国天主教会的传统认为，主教的职位是基督授予的神圣权利，而不是一位至高无上的教皇所恩赐的可解除的职务，因此上述做法对法国教会的传统是一个可怕打击。这样大批罢黜主教在历史上尚无前例。这是教皇行使主权的一次行动，它标志着向 1870 年梵蒂冈公会议上教皇极权主义取得胜利迈出了重要的一步。

颁布政教协定的共和十年芽月 18 日（1802 年 4 月 8 日）的法令还包括一系列基本条款，即严格限制教会自由的详细规定。拿破仑希望通过这一法令来制止教皇极权主义的侵蚀，并重申旧政权在政治上限制教皇权力的主张。法国教士与罗马教廷之间的联系受到限制，并建立起从政府经主教管区到下层教士的一环套一环的控制系统，这时有许多下层教士可以由他们的主教随意撤职。基本条款也是针对归正派和路德派教会而颁布的，它们是在同罗马天主教平等的基础上建立起来，（在很大程度上）得到其资助和受其控制的。它们从一贯受迫害的反对派这一角色一变而成为政府的驯服的支持者。这样，大革命所宣布的宗教平等便被保持下来，但不是（像热月政变之后那样）通过将各教派与国家分开，而是通过相反的办法，即对主要教派给予国家所确认的同等地位。教会的一致对一个国家的政治稳定必不可少这一信念公开被抛弃了。拿破仑的宗教事务发言人波塔利斯向立法会议发表讲话时，高高兴兴地接受了具有统一信念的旧式基督教国家的死亡。只要各教派都严格处于政府的控制之下（这是一个非常重要的条件），各种不同教派的存在会鼓励它们为国家效力而进行健康的竞争。"对维护公共秩序和道德来说，至关重要的并不是所有的人都应有同样的信仰，而是每一个人应热爱自己的信仰。"①

在宗教事务部长的严密监视之下，法国各教派保持了前所未有的平静状态。以前的拒绝宣誓效忠者和宣誓效忠者之间的联合在迅速实现。作为部长，波塔利斯尽最大努力在两派之间公平地划分教区，避免使原来的"爱国教士"受害。使罗马感到惊愕的是，为新主教管区任命的60名主教中，竟有12名是原来的宣誓效忠者，其中有几名还迟迟不愿正式承认教士公民组织法所造成的分裂。但是主教们很快就全神贯注于重建教区的紧急任务中。他们由于克尽职守而赢得了"紫衣地方长官"的绰号，接受了作为拿破仑政体支柱的地位。他们颂扬拨乱反正并恢复宗教活动的"新居鲁士"，"第二位君士坦丁"。1806年，他们毫不犹豫地同时接受了一本以夸张的言辞鼓励服从皇帝的教义问答手册，和一个新的圣日，即圣拿破仑节，这个拿破仑只不过是一位虚构的受戴克里先迫害的殉教者。这一圣日定为8月15日，也就是皇帝的生日和圣母升天节那天。

正当法国的宗教活动继续恢复的时候，德意志的天主教会——在1789年可能是最富有的教会——受到巨大的损失。到1803年雷蒂斯堡议会休会时，那些被法国剥夺了莱茵河左岸的领土的世俗诸侯们得到了赔偿，这种赔偿在很大程度上是靠牺牲帝国的一些信仰基督教的邦的利益而作出的。在随后的世俗化运动中，一些古老的诸侯兼主教和大批修道院和修女院失去了独立地位，大部分被信奉新教的邦所吞并，虽然信奉天主教的奥地利和巴伐利亚也参加了这场掠夺。被世俗化的不仅是教会的土地。虽然教区教堂免遭于难，但宗教团体的财产却被大量没收，与此同时它们所资助的许多学校也关闭了。1789年共有15所天主教大学，到1815年只剩下5个天主教神学系。奥地利没有采取这种掠夺行动，但是巴伐利亚却相反，在那里，修道院图书馆的藏书当作干酪的包装纸按重量出售，弗赖辛大教堂一度被拍卖给当地一个屠夫。1803年在德意志的政教关系上是划时代的一年。首先，老的信教的邦的教士们突然落入世俗政权的桎梏之下，发现自己受到独裁的新教诸侯们，或者受到奥地利和巴伐利亚的约瑟夫派官员们的控制，于是，他们与法国天主教徒一样，开始转向罗马寻求保护

---

① 布莱·德拉穆尔特：前引书，第5卷，第387页。

和指导。"费布朗尼乌主义"（德意志模式的主张主教统治限制教皇权力的运动）开始让位于教皇极权主义。其次，1803—1815 年间德意志政治地理的简化进一步破坏了正在消失的 "教随国定"（cuius regio eius relgio）的原则。像巴登、符腾堡、拿骚和黑森这些新教曾占主要地位的邦，成为各教派混合的邦。巴伐利亚由于吸收了许多新教徒也变得如此，这时新教徒占其总人口的 1/4。在这种情况下，已不可能保持原来的有统一信仰的邦。在这里，如过去在普鲁士一样，对信仰自由而言，宗教多元论大概是比自由主义的政治理论更为强有力的推动力。以前关于容忍不信奉国教者的辩论让位于各教派之间争取平等的斗争。在理论上，宗教平等原则日益为人们所接受，虽然在实际中并非总是如此。

在德意志发生的巨大变动要求同罗马教廷达成和解。然而制定一项内容广泛的德意志政教协定的努力失败了，后来为莱茵联盟订立一项政教协定的计划也未能实现。在意大利北部，恢复宗教和平的工作最初进行得较为顺利。1803 年，罗马教廷和意大利共和国大致依照法国政教协定的精神签订了政教协定，但使孔萨尔维感到高兴的是，该协议对天主教会更为有利。然而，如果说拿破仑为与罗马教廷缔结协定树立了模式的话，那么，他也为逃避执行协定开创了先例。在公布政教协定的条文的同时，公布了梅尔齐法令，该法令比基本条款更加严厉，有些条款与协定的条款大相径庭。

在巴黎圣母院由教皇主持为拿破仑举行的隆重的皇帝加冕典礼（1804 年 12 月 2 日）似乎确定了罗马和巴黎之间的和解。自 8 世纪以来还未曾有过对一个政权给予如此隆重的祝福。就连查理曼大帝也是亲自前往罗马接受加冕的。但是，和解徒有其表，其实并不牢靠。庇护七世出于无奈才接受赴巴黎的邀请，他还希望就教廷的某些紧迫的外交目的进行讨价还价：废除 "基本条款" 和梅尔齐法令，恢复教廷使团和天主教在法国的国教地位。然而几个月的紧张谈判没有得到什么成果。教廷感到受挫和沮丧，而拿破仑所获得的辉煌外交成就却促使他危险地认为教皇是会顺从的。

不出几个月，那不可靠的协议便破裂了。法国军队于 1805 年 10 月占领了教皇统辖下的安科纳港。这是一个粗暴行动。教皇怒气冲冲的谴责信——拿破仑在奥斯特利茨战役之前不久收到此信——扬言要断绝外交关系，而信中语气的明显突然变化被拿破仑理解为教皇想无耻地利用他的军事困境。随后双方在外交上进行了尖锐的交锋。1806年2月，拿破仑要求对法国的敌人关闭教皇管辖下的各港口，并把它们的公民驱逐出罗马。教皇拒绝了这些要求。双方的外交立场都强硬起来。1806年春，意大利的大部分国土被分割为大帝国的采邑时，教皇国的政治地位变得岌岌可危，不过，只是到了签订提尔西特条约之后，拿破仑才敢于肢解它们，而且是一个一个地肢解。1808年2月罗马被占领，接着边界地区被兼并；1809年5月，教皇国被纳入法兰西帝国，6月10日，教皇的旗帜从圣安杰洛城堡降下，升起三色旗。教皇坚强不屈地对帕卡说："我们清楚地看到法国人想强迫我们讲拉丁语，那我们就讲拉丁语吧。"教皇在《每当想起》通谕中宣布将一切敢于亵渎彼得的遗产的人开除教籍。7月6日，拉德将军率领的突击队用斧头劈开了教皇宫殿的大门，把教皇塞进一辆马车，急忙解往萨沃纳软禁起来。

拿破仑把这场冲突说成是有关教会财产的分歧，它与教皇的精神领袖地位没有任何有机联系。在巴黎看来，这一解释有充分的说服力。意大利半岛——拿破仑说唯有他一人将与这位情妇共眠——对他是非常重要的。不仅对于他在地中海和东方的宏伟战略是如此，对于他在反对第三次反对联盟的战争中的直接军事安全亦如此，因为在威尼斯平原的奥地利军队或英国海军在沿海一带的登陆都可能包抄他的侧翼。[①] 教皇国的中立地位威胁着法国的防务体系：它们可以阻止军队向南方转移，它们漫长而防守单薄的海岸线易遭海上袭击，在它们的首府暗藏着敌人的间谍。因此，它们必须接受这位皇帝的天主教军队的保护，以防备信奉异端的英国人、闹分裂的俄国人和异教徒土耳其人。拿破仑坚持，"教皇陛下应当像我在宗教方面尊重你那样，在世俗方面尊重我……教皇陛下是罗马的最高统治者，而我是它的皇帝。我的所有敌人应该也是你的敌人"。如果教皇允许他的国家成为法国的保护国，那就无须发生冲突。

但是，教皇的观点完全不同。在拿破仑看来是政治调整的事情，罗马则认为是渎圣。拿破仑的主张是把教皇政府的世俗事务与宗教事

157

---

① 参阅 L. 拉特里耶《拿破仑与罗马教廷，1801—1808年》（巴黎，1935年）。

务严格区分开来；庇护七世的主张则是以坚信二者不可分离为基础。庇护七世同他的后任们一样，坚持认为世俗权力具有宗教功能。正如他在《每当想起》通谕中所说："主教教区的自由……是与全球天主教会的自由和豁免权紧密相连的。"教皇国的领土完整是其宗教自由的保证，它的政治中立是它的宗教普遍性的象征。负有超国家使命的宗教领袖绝不能从属于单独一个国家，也不能把天主教会限制在单独一个帝国范围内，即使是所谓的西方帝国。文艺复兴时期的教皇们曾像世俗诸侯们那样进行战争，但庇护七世却认真对待他自称在人世间代表和平之神的说法。参加法兰西联盟将有损于罗马教廷同反对法国的那些国土上的千百万天主教徒的联系。再者，拿破仑本人由于提出带历史性的要求，自称为查理曼大帝的继承者——教皇就是从这位"罗马皇帝"那里获得作为某种可收回的采邑的领地的——从而很早便把整个辩论从暂时的军事需要的水平提升到高度原则水平。罗马方面不能忽视随着法国在意大利的政治扩张而出现的宗教改革——延长政教协定，以及随之而产生的民法典和允许不信国教者有信仰自由，甚至实行世俗结婚和离婚。在大革命的摇篮法国出现的可悲事情，在罗马教廷的特别领地意大利似乎被视为是不可容忍的。

随着教皇被绑架，冲突进入一个新阶段，这时拿破仑心血来潮，企图把巴黎变成既是其帝国的世俗首都，又是宗教中心。几乎整个罗马教廷枢机主教团被迁移到巴黎，许多枢机主教被安置在左岸的一些饭店里，并向他们提供了年金，大多数主教接受了。随后运来了大量的教皇档案，这些文件是在冬天艰难地运过塞尼山隘口的。为了在巴黎圣母院附近为教皇建造一座宫殿拨了一大笔专款。但是，教皇顽固地拒不接受为他安排的担任帝国牧师的角色。虽然他能够采取的手段无几，但绝不是束手无策。教皇国以及其由年迈的红衣主教们实行的过时的治理方法虽然表现出软弱无能，但罗马教廷却拥有巨大的道德影响，拿破仑对此作出了极为错误的估计。虽然教皇的罗马天主教最初对这位皇帝束手无策，因为正如法国天主教法学家和高级教士们所指出的那样，开除教籍时并没有点他的名。但是被监禁的教皇掌握着更有效的武器：他可以拒绝向皇帝提名的主教颁发授职令，从而使政教协定不起作用。1806 年，他开始在意大利采取这种制裁措施，并于 1808 年将其扩大到法国，到 1811 年帝国有 27 个主教教区没有主教，同时一种新形式的主教叙任权之争动摇了帝国教会的组织结构。教会秩序的混乱带来的损害相当之大，在容易受害的帝国边远地区最为明显。数以百计的意大利神甫由于拒绝宣誓顺从皇帝而被流放；西班牙的教士掀起了游击运动（特别是在约瑟夫·波拿巴于 1809 年解散了托钵僧和修道士的各个教派之后）；比利时人则非常倔强，以致一位沮丧的地方长官建议将他们的神甫中的 2/3 驱逐出境，由来自法国南方的驯服的法国人替代。

然而，拿破仑相当牢固地控制着法国的僧侣统治集团。从签订政教协定到教皇被监禁这一段极为重要的和平岁月给他们带来了好处。虽然一些秘密团体所煽起的教皇极权主义思想开始渗透到下级教士之中，主教们却不愿意由于公然反抗而破坏他们辛勤经营的教区重建工作。然而在大革命以后，法国教会自主运动是温和而有限制的，其特征是深刻地意识到罗马教廷作为维护天主教团结的纽带是有作用的，并担心再次回到像教士公民组织法引起的那样教会分裂。拿破仑于 1809 年和 1811 年就他与教皇的争执中提出的问题征求两个小型教会会议的意见时，这一点就清楚地表现出来。他们对拿破仑就这场冲突所作的解释给予有保留的支持。教皇没有提出任何教规上的理由来拒绝向那些在行为和教义方面无可非议的主教们授予圣职。世俗权力的丧失本身并不能成为理由，因为教皇国的逐渐扩大是人为的，而人所给予的东西，他们也能够收回去。如果教皇继续破坏帝国教会主教教区的话，必然会导致重新回到过去年代的传统——包括 1438 年的国事诏书——根据这种传统，选举结果不是由教皇敕令，而是由大主教教区或地方宗教会议批准。但是教会会议坚决表示他们对他们面对的效忠之争感到困惑不解，强调他们对罗马教廷忠诚不渝，并恳求恢复教皇的自由。

到 1810 年夏，拿破仑仍未能摆脱困境：他是否继续让他的教区主教空缺呢，还是让未按教规授予管辖权的教士去任职？如果采取后一种做法，怎么能够在不引起教会分裂的情况下做得到呢？他暂时可以——像路易十四在争取国王特权的斗争中那样——说服主教管区的教士团体拥立他所提名的主教为该区的代理主教。这样会赋予他们以行政权，尽管没有批准和任命圣职的权力。拿破仑的行动在重要的巴黎和佛罗伦萨主教管区遭到强烈的抵抗，它们由于得到教皇的秘密敕书而态度强硬，但不久便被镇压下去。皇帝的宗教事务顾问们建议在政教协定中增加一项条款，根据此款，教皇如拖延六个月，便可由大主教教区或最年长的副主教授职。但是，如何才能促使教皇同意呢？显示法国天主教会的团结一致，采取诉诸宗教会议的权威这一具有历史意义的理论，也许能够使他屈服。1811 年 6 月 17 日在巴黎圣母院召开了盛大的全国会议，帝国教会的 95 名"神父"（其中大部分是法国人和意大利人）出席了开幕式。但是，在秘密会议上主教们共同表现出勇敢精神，使皇帝的计划严重受挫。特鲁瓦教区主教在开幕式的讲道中富有感情地谈到会议对罗马教廷的依恋，脱离罗马教廷，主教管区就会成为从天主教的主干上砍下来的枯枝。与会者在皇帝的舅父费什红衣主教的带领下宣誓服从被监禁的教皇。使拿破仑愤怒的是，奉命研究主教授职问题的委员会宣布，不求助于教皇，全国会议便无力解决这一问题。全国会议被解散，固执己见的委员会领导人们被监禁在万森。然而，帝国的主教们在单独行事时并不那么大胆。如红衣主教莫里曾幽默地说，装在桶里并不好的酒，装到瓶子里也许就能变好。大多数主教在分别受到压力的情况之下，承认全国会议有资格在教皇拖延六个月之后改变授职权。全国会议在 8 月复会，以便将这一法令登记备案，他们这样做了，但有一个附加条件，即应提请教皇批准。

于是，拿破仑被迫采取第二种办法来对付庇护七世。教皇由于被监禁并同他的顾问们隔绝而变得软弱了，或如拿破仑委婉的说法"变得成熟了"，因此他有可能在说服和威胁之下屈服或至少作出让步。教皇受到他的医生的监视，可能有时给他服麻醉剂，同时作出精心的安排使他无法了解外界的情况；他接连不断地受到外交使团的打扰，这些使团中的高级教士一再诉说他正在把教会投入混乱之中。但是，庇护七世所受的修道士训练使他在监禁中并不像皇帝所希望的那么脆弱，在萨沃纳他很快重新过起了他早期那种"贫僧基亚拉蒙蒂"的简朴日常生活：做弥撒、沉思、缝补衣服和洗涤他长袍上的鼻烟味。他意识到，所争执的问题超出了世俗权力和"六个月条款"，具有极大的重要性：教会作为一个完善的团体（societas perfecta）自由存在的权利，它所服从的目的和遵循的法律是宗教性质的，与俗权统治的目的和法律截然不同。由于疾病和不安，他有时衰弱到危险的地步。1811 年 5 月，他同意作出某些笼统的让步，但又立即反悔；同年 9 月，他在全国会议派出的高级教士组成的"神圣旅队"的压力之下签订了让步条款，拿破仑却鲁莽地加以拒绝；1813 年他在枫丹白露同拿破仑举行一次非比寻常的单独密谈之后——奇怪的是他被拿破仑的魅力所吸引——他同意签订一项所谓的政教协定，但不久又加以否认。然而，正当庇护七世几乎到了山穷水尽的时候，拿破仑在军事上的失败使他摆脱了只身接受磨难的处境。在旷日持久的个人意志较量中，教皇顽固的教皇极权主义并没有被皇帝坚定的君主极权主义所征服。

到了 1815 年，欧洲许多地区出现了宗教信仰觉醒的迹象。在教义上，大部分宗教界的反应仍遵循带有强烈传统色彩的渠道。然而也出现几次重要的尝试，试图向欧洲知识界的精华重新解释基督教教义，这些人在很大程度上已背离了这一信仰。人们对为基督教教义作辩护的老方法已无动于衷。如夏多勃里昂所说，主要的问题不再是如何应付对正统观念的背离，而是如何对付由于怀疑而造成的冷漠态度。上帝启示人觉悟的传统概念——早期的大部分教义辩护曾以此为根据——似乎由于启蒙运动而受到广泛的怀疑。《圣经》的启示广泛地被认为是对实际上或有可能通过理性而认识的事物的揭示，是多少有点作用的自然宗教的重现。一度作为基督教令人信服的"证据"的各种奇迹，现在成为需要加以解释的难题，因为它们日益与科学所揭示的自然界的统一法则格格不入。同时，以前证实上帝存在的"证据"，例如本体论的证据，或精心构思出来的证据，被休谟，并且更加从根本上被康德所否定。显然有必要采用新的辩护方法，甚至需要对启示的作用作出新的解释。尽管夏多勃里昂、施莱艾尔马赫和拉梅内探讨这个问题的方法有所不同，但每人都试图把浪漫主义的词汇应用于神学方面，用能够激发人们想象力的新观点来表达自己的信仰，并向知识阶层表明他们之所以拒绝基督教是因为他们误解了它的性质或它的价值。他们将迫使持冷漠态度者"认真考察他们迄今由于无知而加以鄙视的事物。这就是我们对他们的全部要求。我们不是要他们相信，而是要他们考察"。[1] 新一代的辩护者由于受到对历史

161

―――――――――――

[1] 费利西泰·德·拉梅内：《论对宗教的漠视》（巴黎，1817—1823 年），导言。

和发展的意义的发现，或由于受到由谢林和黑格尔所宣扬的上帝存在于宇宙万物之中的思想的影响，力图表明教会不是野蛮状态僵死的遗物，而是活生生的有机体；宗教不是已经过时的迷信，而是生活的表现，它与人们的个人心灵和美好的社会生活是不可分割的；教义不是新教的《圣经》或天主教的传统中一劳永逸地宣布的一套一成不变的永恒主张，而是在历史中前进和发展的启示。

通过浪漫主义，罗马天主教会在文艺界这个领域里找到了新的辩护者，而这个领域一个多世纪以来一向是持敌对态度的。引人注目的是，教会的主要辩护者（也有一些重大的例外，如拉梅内和莫勒）不是教士而是世俗人，他们往往是放弃怀疑论或新教而皈依天主教的：小说家如曼佐尼，政治作家如德·梅斯特尔，新闻记者如约瑟夫·格雷斯，艺术家如在罗马聚居的德意志的"拿撒勒画派"，他们摒弃了洛可可和巴洛克风格的古典异教造型艺术，而采纳中世纪大师们的宗教象征主义。许多浪漫主义者在天主教教义中找到了表达想象力的象征，也为启蒙运动所压抑而大革命的灾难所激发起来的感情找到了宣泄的出路。夏多勃里昂的《基督教真谛》（1802 年）预示了以美学方法研究宗教，尽管这种方法还较肤浅，它却沟通了从情感出发的自然神论和从情感出发的天主教教义之间的鸿沟，促使有感情的人离开卢梭而转向罗马，离开模糊不清的心灵宗教转向天主教会的教义体系。他放弃斯多葛派的怀疑主义而改信宗教是出自感情而不是出自推理："我痛哭后便相信了。"他为宗教辩解的目的是把天主教教义描绘成并非冰冷的法定信仰，而是神秘、美好、同情和富有诗意的活生生的宗教，是欧洲文明和艺术之源。在其他地方，特别是在追随诺瓦利斯的德意志浪漫主义学派当中，对社会统一的渴望导致将中世纪作为单纯信仰和精神统一的时代而加以理想化，把它描绘成在教会和帝国的温和的指导下由行会、教团和各等级构成的繁荣的合作社会结构。传统主义者——如博纳尔、德·梅斯特尔和拉梅内——也（以某些不同的方式）着意阐明宗教的价值观念而不是它的真理。他们宣称天主教对社会是必不可少的。世俗权威只能影响人们的外部行为，而天主教却能触及人们的内心意志，在一个被启蒙运动的个人主义和大革命的无政府状态弄得支离破碎的社会中，天主教提供了道德和政治义务的基础。博纳尔仍然主张限制教皇权力，但德·梅斯特尔和拉梅内则把他们的传统主义同一种新的教皇极权主义结合起来，他们的根据主要在于社会秩序与统一的需要，而不在于教义方面的论据。他们争辩说，主教派所主张的限制教皇权力论，以及它宣扬的教会的最高权力在于贵族式的主教全体会议的理论会造成教会分立和不团结。德·梅斯特尔在《教皇论》（1819 年）中通过比喻强调，精神方面的最高权力和世俗事务中的最高权力同样是绝对必要的：承认主教全体会议高于教皇同允许三级会议控制国王一样危险。拉梅内争辩说，政治上的限制教皇权力论以及它关于世俗政府与宗教指导分离的要求，会使诸侯们摆脱神圣法律的约束，因而将导致专制统治。在已经提出一些人们所渴望的有可能维持和平与秩序的欧洲联盟计划的时代，新教皇极权主义者可以表明，教皇是能够解决自由与秩序之间的矛盾的某种基督教政体的基石。他是基督教世界合法而必要的仲裁者。拉梅内有一句名言：“没有教皇就没有教会；没有教会就没有基督教；没有基督教……就没有社会。”

　　到 1815 年，天主教神学研究处于低潮。大革命在许多方面破坏了神学院的生活；原有的经院哲学正在衰落；为笛卡儿哲学的新辩解虽然颇得人心，但似乎由于力图在自己所熟悉的领域里对付理性主义而受到限制。拉梅内在他的《论对宗教的漠视》（1817—1823 年）中把传统主义思想应用于神学，从而在思想上开辟了一条富有成果的新途径。他讥笑单凭个人的理性便可获得对宗教的确信这种说法：只有在具有权威性的人类普遍理性中，即通过传统——上帝给社会的最初启示——一代传给一代的共同感觉（sensus communis）中，才能找到这种确信。这种共同感觉哲学，由博坦这样的追随者们在神学方面加以发展，促成了一种类型的信仰主义，贬低理性在宗教中的作用，因而受到罗马的指责。这里，在很大程度上像浪漫的天主教信念一样，激烈反对启蒙运动的做法太过分了：对传统主义的夸大导致背离理性，就像浪漫的中世纪精神往往导致逃避令人迷惑不解的现实返回到理想化的过去一样。在重建神学方面做了比较大胆的尝试的是德意志，在那里不得不应付新教学术成就和唯心主义哲学的挑战。与传统主义者相比，受康德和费希特影响的波恩的格奥乐格·赫尔梅斯教授（1775—1831 年）试图为罗马天主教提供一个更为牢固的思想基础。但是“赫尔梅斯主义”把“积极怀疑”作为宗教探索的起点，而把

162

赞成信仰的真实性作为纯粹理性论证的必然结果。1835 年罗马谴责它为半理性主义。比较正统的是在蒙斯特、兰茨胡特和慕尼黑大学的天主教浪漫主义者的团体，慕尼黑大学到 1830 年已拥有格雷斯为历史学教授，巴德尔为思辨神学教授，以及年轻的多林格尔为宗教法和教会史教授。对罗马天主教神学的未来发展趋向最有影响的也许是蒂宾根大学天主教神学系，在那里，受谢林哲学影响的 J. S. 德赖和《象征主义》（1832 年）的作者 J. A. 莫勒提出了有关教规和教义发展的一套理论，成为纽曼的理论的先驱。蒂宾根天主教学派认为他们的教会不是静止的而是能动的、具有生物形态的活的有机体，它不断发展并使自己适应新的历史环境，然而又总是通过其传统保存着原来的基督启示的本质。

　　欧洲旷日持久的战争以及它们带来的民族耻辱与民族胜利在新教徒当中也至少短暂地激起了道德上的热情和精神上的需要。爱国和宗教复兴是可以相互支持的：悔悟和再生是各自的词汇里所共有的概念。耶拿的惨败促使普鲁士的教士们热烈支持施泰因领导下的民族复兴。解放战争广泛地被宣扬为十字军东征，它的战场上回响着新教徒的赞美歌。军事上的惨败被解释为锻炼人民使其得到改造的烈火，军事上的胜利则被解释为神对正义事业的公正评判。时代的动乱似乎预示着上帝的启示，促使产生了种种奇怪的幻想家：英国预言家理查德·布拉泽斯；沙皇亚历山大的知己女友克吕德纳夫人；以及容－施蒂林，他的预言导致符腾堡那些相信太平盛世会到来的人成群结队前往里海和黑海之间去等候基督的第二次降临。

　　19 世纪初期，早已渗透到大部分新教教会中的基督教理性主义往往受到各种形式的福音派虔信主义的阻挠而被迫作出让步。虔信主义与神学自由主义之间的尖锐对立和它往往带来的虔诚深度和学识深度之间的分离，以及传统的正统派与那些企图（往往是勇敢地，但有时是鲁莽地）使他们的信仰与当代文化和进步知识相协调的人们之间的分离，构成了那个时代的悲剧之一。"合乎理性的基督教"仍拥有许多倡导者，并包括广泛范围的信仰。但是，有许多新教徒感到在精神生活中存在着一些方面只靠普遍意义上的宗教是无法满足的，有关自然和理性的抽象概念也无法加以解释。传统的虔信形式恢复了。导致新教复兴的一个有利因素是一种保守的新忏悔主义，它以留恋的心情（有时透过带有浪漫主义色彩的眼光）回顾宗教改革时期的英雄年代以及在 18 世纪被忽视、重新解释或丢弃的老教义的权威。1817 年是宗教改革、1830 年是《奥格斯堡信纲》的 300 周年纪念，这使德意志和斯堪的纳维亚的路德教会重新意识到他们是更大的整体的一部分，是伟大的宗教传统的继承者。在 39 条信纲中对温和的加尔文派发出的呼吁早已是英国圣公会福音派教义辩护的中心内容：1801 年约翰·奥弗顿在《确定真正的国教教徒》一书中系统地阐述了这种教义辩护，该书以挑衅的口吻宣称，只有福音派教徒才具有英国国教的资格。

这种忏悔主义往往与各种类型的虔信主义纠缠在一起。有关 19世纪福音派或虔信派的多次信仰复兴的比较史有待人们去撰写，这将是一项艰巨的任务。要概括说明各种类型的新教精神并非易事。它们尽管有共同的特性却分为多种多样，从沉默的神秘主义直到宣扬可怕的地狱之火。有些信仰复兴教派被罗致于一个国教的范围之内，不致为害；另外一些教派如瑞典的"新读经师派"、日内瓦"信仰复兴派"的一些团体或荷兰的基督教归正宗，由于对国教的不热心于宗教或教士鼓吹理性的现象感到失望而分化，倒向分离主义。有时候信仰复兴主义者会明确地发出社会的抗议的呼声，如在挪威，追随汉斯·尼尔森·豪盖的农村世俗传道士形成了反对挪威议会中政府官员的农民反对派的核心。在另一些地方信仰复兴主义者也许是贵族和保守分子，例如容克贵族中的一些虔诚阅读《圣经》的人；年轻时的俾斯麦曾在波美拉尼亚见到过这些人，并从他们当中挑选了自己的新娘。信仰复兴主义者中更具有宗派主义和禁欲主义的形式，则是一些在政治上清静无为，将精力投入严格的宗教生活中的派别。然而，大多数信仰复兴教派同样都强调保罗教义所阐明的罪恶与神恩、法律与福音的矛盾；强调必须通过对耶稣为人赎罪而流血的信仰来达到个人皈依宗教；强调由圣灵洗清罪孽；强调对《圣经》中神的教导要逐字逐句加以解释。他们对形成全面的形而上学体系几乎丝毫没有浓厚兴趣，而往往是像他们反对理性主义一样，引人注目地没有理智。在信仰复兴主义盛行的地方，它对情感信仰和福音主义的强调，往往不仅破坏了系统神学的教条主义，而且也破坏了它的明确性。特别是严格的加尔文派渐渐变得克制和温和了。悲观主义的加尔文派教义认为只有命中注定的上帝选民才能获得免罪，这与信仰复兴派充满自信地提出的拯救全人类的主张几乎是格格不入。在欧洲和北美洲的新教教会中出现了一系列新的尝试，企图把上帝的绝对权力的学说同人的责任的理论结合起来，以及把神预定的命运同人对接受或拒绝拯救的能动作用结合起来。

165
　　新教信仰复兴派的一个突出特点是对"注重实际的虔信"的关心，这在教会办的各种志愿社团的庞大网络中显示出来，其规模往往是跨教派的，有时还是国际性的。各种《圣经》出版协会（詹姆斯·斯蒂芬称它们的英国团体为"伟大的新教宣传机构"）广为传播《圣经》的各种文本，从俄国直到南洋，宗教小册子出版会的出售宗教书刊的小贩散发了数以百万计的小册子，它们不仅进入农舍和经济公寓，而且还进入上流社会的客厅，这些客厅对手捧《圣经》的说教是闭门不纳的，但欢迎像汉纳·莫尔的《关于伟人风度对世风的重要性的遐想》之类的斯文的布道。在英国，从"伦敦城特拉斯孤独贫民救济会"到奴隶解放运动等许多慈善事业中，福音派说服了许多中产阶级人士和少数贵族为道德改革和建立"生气勃勃的基督教"的事业服务。浸礼宣教于 1792 年建立后，在欧洲和北美洲成立了许多争取异教徒改宗基督教的传教团体。虽然他们为 19 世纪新教在全世界范围的传播奠定了基础，然而他们在国内激发虔诚精神方面，也许比在海外建立这种精神更为成功。传教和慈善团体提供了一种浪漫主义事业，它可以把理想主义和行善的模糊感情用来为宗教目的服务。它们在地方上和全国范围内同教会一起共同努力。例如，在法国的归正宗中，"大陆传教会"的巡回传教士传播信仰复兴派主张虔信的教义，同时，宗教小册子和《圣经》出版会的代理人们把零散的会众联系在一起，劝导他们摆脱由于一个多世纪以来迫害而一直被禁锢其中的"精神樊篱"。①

　　虔信主义福音派对社会影响最大的地方可能是英语世界。英国的新教各教派（特别是卫理公会）一般比英国国教更容易适应新兴工业城市的条件，而国教古老的教区制度往往被大量集结的人口所破坏。英国国教在老教区建造新教堂方面遇到许多法律上的困难，但不

---

①　D. 罗贝尔：《法国的新教教派，1800—1830 年》（巴黎，1961 年），第 345—346 页。

信奉国教者能够在繁华起来的街道上很快建起砖造的小教堂，通过他们的世俗支持者中的骨干分子渗透到教区牧师和助理牧师未曾访问过的角落。那些使人失去个性的工业城市中的工匠和手艺人、小农场主和农业工人、渔民和矿工等处在有组织的文化的边缘的人们，在小教堂的和睦生活里找到一种集体感；在激情洋溢的信仰复兴活动和祷告会中，受束缚的感情和受压抑的心理得到解放。然而，不应夸大新教对劳动群众的吸引力。早在 1830 年以前，各主要教派，包括卫斯理会在内，明显地变得比较高雅和中产阶级化了。在许多小教堂里，收座位租金的办法把出钱租座位的较富裕的人与那些坐在比较阴暗和不大舒服的角落里的免费座位上的贫苦人分隔开来了。1851 年的宗教普查表明，当时宗教对劳动群众是没有多少直接影响的。

　　18 世纪最后的几年里，北美洲的信仰复兴传统发展成为又一次大觉醒。它最初的几次大爆发是在东海岸的一些大学里发生的，特别是在耶鲁大学，该校校长蒂莫西·德怀特与他的追随者莱曼·比彻一样，认为信仰复兴运动是维护新英格兰已建立的秩序免受杰斐逊式的"雅各宾主义"和上帝一位论的侵蚀的一种手段，当时哈佛大学的人员似乎不幸倾向于上帝一位论。东部的觉醒与 1800 年以后席卷西部的觉醒相比，是守规矩和有节制的。随着越过阿勒格尼山脉向西流动的人口几乎蜂拥般地猛增，东部的教会日益深切关心那些不信教的边疆大众的基督教化问题，以及维护受到移居西部这股离心力威胁的这个国家的文化统一问题。然而，最成功地跟随边疆居民的足迹的人，不是来自东部的有教养的长老会或公理会的传教士，而是来自那些经验并不丰富的教礼派的传教士，即那些与他们的会众过着同样原始的劳动生活的浸礼会农民传教士，或那些鞍囊里装着《圣经》和赞美诗集、乘马奔走于各个孤立的居民点的卫理公会巡回牧师。卫斯理的牧师巡回传教制度非常适合于边疆地区，到 1844 年，卫理公会已发展成为美国最大的新教派。环境促使边疆的宗教充满激情、粗犷、民主气氛和不信任僧侣神权，这里的信仰复兴运动在很大程度上达到了歇斯底里的地步，特别是在大规模的野营布道集会上，这种集会吸引了广大地区的移民，并给单调的小屋生活带来了受人欢迎的安慰。到 1830 年，西部的某些激情由查尔斯·G. 芬尼这位有魅力的人传播到东部，他是那一世纪最伟大的信仰复兴主义者（或许穆迪除外）。芬

166

尼的办法表明，信仰复兴主义变得多么自觉和有效。一个世纪以前，乔纳森·爱德华兹将信仰复兴视为"上帝的惊人杰作"，对它要祈求和传播，然而要把它作为上天降下的神秘阵雨而等待其降临。芬尼著名的《信仰复兴演讲集》（1835 年）满怀信心地提出了能够掀起信仰复兴的合乎人情的办法。他的新办法——诸如设立"急于忏悔的教徒席"，坐在这里的忏悔者在神职人员的指导下，在关键时刻与会众分开——表明他很懂得利用人的心理，这标志着近代大众福音传道发展的一个重要阶段。

167　　　但是，对许多基督教知识分子来说，教条地遵奉《圣经》或老教派布道的字面意义是越来越困难了。《圣经》是神灵的启示和绝对正确这种狭隘的概念一步步被推翻。基督教的辩护者们喜欢指出《圣经》的道德价值：这一主张日益受到像汤姆·潘恩那样勇敢的人们的反驳，他们使人注意许多《旧约》故事的内容是残酷而不道德的，或对某些最重要的基督教教义，如替代赎罪等，从道德上表示厌恶。同时，随着科学知识的发展以及世界根据自身的机械规律可以越来越多地从内部得到解释，在自然秩序中发生奇迹般的变化（如《圣经》里的奇迹）似乎更不可能了。看来越来越不需要假设一位通过特殊的天意直接参与创世的上帝。随着地质学的发展，有自尊心的科学家必须对《创世记》作出更形象的解释。岩石表明地球不是仅仅经历了 6000 年而是非常非常古老的，创世也不是在六日之内完成而是经过了异常久远的时间。

　　像岩石一样，《圣经》也有其不同的地层，这些地层的揭开动摇了人们对《圣经》确定无疑的真实性的信心。多少世纪以来，《圣经》广泛地被认为是上帝直接给予的启示。不管《圣经》的启示是文字上的还是完全灵感的，它都是千真万确的神灵的启示，是教义、历史和精神教诲的有机整体的宝库，从中援引的任何经文都是权威性的。但是，在开始应用新的分析方法——已经应用于其他古代文献——对《圣经》进行剖析并探索它的不一致处时，人们的注意力也开始集中于《圣经》写作中的人的因素上，集中于其作者的复杂性，集中于其中所包含的传说、神话、圣史和原始诗歌。德意志的"高层次评论家"如格廷根大学的艾希霍恩和哈雷大学的德·韦特等人步泽姆勒的后尘，揭示了《旧约全书》首五卷的一些个别部分，通过对它们的文风、词汇和内容的比较，把它们加以区别并断定它们的写作时间。对《以赛亚书》和丹尼尔的"预言"也开始了类似的研究工作。评论家们对探讨《新约全书》则裹足不前，尽管他们在阐明"同观福音问题"（头三部福音书极为相似，在某种程度上与它们的不一致处同样令人迷惑不解）方面取得了某些进展。艾希霍恩认为，这三部福音书的作者使用了同一个文献，即阿拉米语的《原始福音书》（*Urevange-Lium*）；另外一些评论家，如埃克曼和吉泽勒，则提出这三部福音书来源于口头传说，是在第一世纪末写下来的。"第四福音书"之谜也引起新的注意，布雷特施奈德的《或然说》（1820 年）对它的真实性和出自约翰之手的说法提出当时存在的种种疑问。与此同时，对于神学中基督的原型——历史上的耶稣的探索仍在继续。在保卢斯等理性主义学者的手中，这种研究工作在很大程度上仍然局限于巧妙地企图用自然原因来解释被福音书的作者所误解的奇迹。

　　然而，新教的正统派仍然常常认为，基督教真理的成立与否要根据《圣经》文字的真实性来确定。这种情况在英国尤其如此，那里对德意志的高层次评论极不相信。康诺普·瑟沃尔在 1825 年说："看来，在牛津大学似乎一位神学家通晓德文就会被怀疑为异端……就像几个世纪以前通晓希腊文被怀疑为异端一样。"① 然而，已经有一些人试图把他们的信条建立在不像"无谬误的"《圣经》那么易受攻击的基础之上。高层次评论家的工作不仅仅是破坏性的：由于产生了对启示的一种看法，认为它不是一种其真理是永恒和完整的、静止不变的教条，而是与人类发展的各个阶段相适应的缓慢的演变过程。莱辛说，启示是上帝对人类的循序渐进的教育。随着在启示和记录启示的文献之间划出明显的区别，对"灵感"和"启示"两词的限制性的解释逐渐被打破了。有人争论说，《圣经》本身不是上帝的启示，虽然其中包含了这种启示。反对《圣经》的文字并不损害它的正确性，因为它的真理是内在的和精神上的。《圣经》中的真理是象征性和道德方面的而不是文字上和历史方面的，这种概念得到德意志唯心主义哲学家的支持，这些哲学家对思辨神学的影响从康德的《纯粹理性

168

---

① F. D. 施莱艾尔马赫：《评路加福音》（伦敦，1825 年），康·瑟沃尔译，前言，第 9 页。

批判》和《实践理性批判》二书问世到黑格尔于 1831 年去世是多方面和深远的。抱有希望的神学家在全部公开宣称笃信宗教的一系列唯心主义体系中看到了建立一种建设性有神论的材料，它可以将基督教置于不受唯物主义损害的基础之上，并解决哲学与宗教的对立。科学的进步并没有扰乱康德关于真实信仰的概念，因为这种进步既没有影响实践理性，也没有使内在的道德意识失效，而康德认为道德意识是他所设想的信仰的基础。黑格尔的宏伟体系把基督教描绘成积极的宗教，它最清楚地揭示了上帝，在历史和人类意识中呈现自己，并认为基督教的首要教义——如道成肉身和三位一体——是哲学真理的象征性表现。

　　黑格尔在柏林大学的同事和对手施莱艾尔马赫（1768—1834 年）在他的神学中为新教作出最大的努力，促使其具有新的思想基础。他的《论宗教：致蔑视宗教的知识界人士》（1799 年）虽然在很大程度上是浪漫主义的产物，却在神学中开辟了一个新时代。在他所著的《基督教信仰阐明》（1821—1822 年）一书中，他的思想发展成为有系统的形式，这表明他是 16 世纪以来最伟大的新教神学家。开始，他给宗教下了简单但是基本的定义。他声称，宗教不是一套教条式的主张或某种道德准则，而是一种内在的经验，这种经验是直接的和直觉的，凭其本身的价值作为人类生活的中心部分而存在，忠于它自己内在的权威。他不是求助于老的外在的证据——《圣经》、预言、奇迹——而是求助于充满生气的宗教意识。宗教的核心和对其理解的准则是一种对超越我们自身的力量的完全依赖感，即"直接意识到一切有限事物普遍存在于无限的上帝之中"。宗教意识在艺术、科学以及全世界各种伟大的积极的宗教中找到了多种多样的表现方式，但是它的最高、最全面的表现方式在于基督教以及其通过基督本人而体现的赎罪经验。基督教教义，如同基督教的《圣经》一样，是宗教信仰社会的共同经验的具体表现——尽管它们永远不可能是一种完整的表现。经验，而不是教义或文字，是首要的。如果接受施莱艾尔马赫重新下的定义，那么有教养的人和信仰之间的许多障碍均可视为虚构的。"奇迹""启示""灵感""神恩""预言"：这一切都是表达人们从根本上直觉地意识到上帝的存在，以及表达人类对上帝的需要的各种形式。

到 1815 年，政界人士普遍认为应利用宗教力量为社会复兴服务。拿破仑本人开创了先例：他签订的政教协定令人信服地说明世俗政府需要得到教会的支持，以及君主需要教会给予神的赐福。在外交方面，沙皇计划的基督徒君主之间的神圣同盟虽然仍是一种偏执的姿态，但是在各国内部却热烈主张君主和教会之间结成神圣同盟。不必阅读博纳尔或德梅斯特尔的著作也可看出法国大革命的宗教和政治革新之间存在一种联系。雅各宾派通过同时攻击教会和君主制强调说明了旧秩序的这两根支柱之间的团结一致。现在，甚至贵族中那些怀疑基督教的人也认识到教会作为防止未来革命的堡垒所具有的价值，而流亡和苦难给某些人带来了从怀疑转为信仰的忏悔反应。1789 年以前，在伏尔泰的怀疑主义全盛时期，在政治舞台的最前面并不常见虔信宗教的人。事情起了变化：全俄罗斯的沙皇曾一度改信圣经神秘主义；法国的查理十世是一位虔诚的信徒；普鲁士的弗里德里希·威廉三世是一个世纪以来历届国王中第一个树立基督教徒家庭生活的模范形象的人。在法国，有一个由宗教骑士组成的强大的政治—宗教秘密团体，其组织形式有一部分是模仿共济会，但其理想却模仿中世纪军事和骑士团体。在普鲁士的容克贵族和威尔伯福思的议会"圣人"当中，虔信主义颇为盛行。

　　教会的需要在 1815 年以后的政治复兴工作中起了相当大的作用。经孔萨尔维在维也纳会议上进行巧妙的游说之后，教会的俗权几乎交还给庇护七世，虽然对"正统性"的关怀尚未能达到恢复德意志各教权公国的地步。新近扩张了权力的各邦，或业已世俗化的各邦，都需要同罗马教廷达成某种形式的外交协议，以便恢复行政秩序或划定教区的新界限。在德意志，罗马天主教会的处境十分艰难，因为只有六名主教在世，而其中五名已年逾 70。通过一系列引人注目的协议，在欧洲大部分地区重新建立起天主教教会。于是，通过谈判为下列地区达成了政教协定发布了划界通谕：巴伐利亚（1817 年）、那不勒斯（1818 年）、俄属波兰（1818 年）、普鲁士（1821 年）、尼德兰联合王国（1827 年签订，但未执行）、巴登的上莱茵教会省、符腾堡、拿骚和黑森（1821 年和 1827 年）、瑞士（1828 年）。随着主管区和教区的生活重新走上正轨，往往由于战争和革命而变得松弛的教会和国家之间的关系再次密切了。在重建工作中，耶稣会（由庇护七世于

1814 年恢复）发挥了重要的作用。

在欧洲部分地区，宣告宗教信仰的各邦重新出现并在很大程度上保持了它原来的严格程度。宗教法庭又回到西班牙；撒丁再次宣布必须举行斋戒和复活节圣餐；在教皇国，犹太人重新被迫迁入犹太人居住区，接种牛痘和点路灯作为法国革新的危险遗留物而被清除。然而，在意大利和伊比利亚半岛以外的地区，基督教的复兴同许多政治方面的复兴一样，具有与自由主义达成某种妥协的特征。即使在恢复天主教为国教时，政教协定也往往反映出 1789 年以来世俗主义所取得的进展。拿破仑的政教协定一度被罗马教廷看作对形势作出的特殊让步；到 1815 年，它已成为常常被仿效的范例，通过它对曾经一度同国家生活不可分解地交织在一起的天主教的领域加以限制并仔细地划定了界限。关于教士不受世俗管辖权的古老规定，他们的审查权和指控异端的权力，以及他们对教育的垄断都已废止。[①] 一个靠薪俸维持的教会缺少免受一个咄咄逼人的极权大国侵害的保障，而大革命以前的巨额捐款却提供了这种保障。世俗化以后一些教堂变得比较贫困，这使得天主教会对追求名利的贵族不再具有那么大的吸引力，而为有才能的人开辟了前程，但它也限制了这些教堂共同的独立性。更为甚者，罗马教廷沮丧地看到对天主教的冷漠和宗教自由在天主教仍占主导地位的一些国家里蔓延开来。1824 年，利奥十二世抗议在法国"异教崇拜和天主教信仰平起平坐"的做法，同时对治理比利时的根本法和 1818 年的巴伐利亚宗教法令也提出了类似的抗议，因为二者都对非天主教徒给予平等的公民权利。罗马教廷于 1816 年对比利时的主教们说，如果说容忍异端是可以允许的话，允诺保护异端教派及其错误则是绝对不允许的。

罗马教廷仍然信任君主们。由于受孔萨尔维的影响，庇护七世在受到压力时，明智地拒绝参加维也纳体系。既然他已摆脱了同拿破仑的联盟，他不愿再同梅特涅结盟。但是，"维护正统性"的事业则得到罗马强有力的支持。教皇君主国坚决同情"君主家族"，并施加影响来反对日益高涨的立宪主义和民主浪潮。民主在以前意味着督政府军队的侵略和掠夺，现在则意味着烧炭党和秘密团体的阴谋诡计，这

---

① A. 拉特雷耶：《天主教会与法国革命》（巴黎，1946—1950 年）第 2 卷，第 260 及以下各页。

些人使得各公使馆处于一种酝酿反叛的状态。而且，人民主权论，或者甚至议会制度的实践，怎么能够在教皇国得到承认呢？难道教皇主张在精神世界所拥有的绝对主权同他在世俗世界屈从于世俗的、选举产生的意大利议会不自相矛盾吗？把世俗权力普遍地强加于宗教领域，曾经迫使庇护七世反抗拿破仑，现在，这种倾向促使庇护七世的继承者们反抗他们那个时代最强大的政治潮流，从而把他们拴在反动的车轮上。庇护七世于1823年去世和孔萨尔维随之倒台后，狂热派的影响达到登峰造极的地步。利奥十二世发出了从教义上谴责政治上的自由主义的一系列通谕中的第一道，不久又由格列高利十六世的《对你们感到惊异》（*Mirari Vos*）通谕（1832年）而得到加强，这个通谕谴责主张良心自由是"荒谬"，谴责新闻自由是"可恶"，并把那些鼓动臣民起来反抗统治者的人称作"魔鬼的儿子"。然而，在罗马之外，世俗天主教徒，甚至教士，往往被迫采取与教皇的立场相矛盾的立场；被迫开展群众性的政治行动，公然支持自由主义，甚至进行反叛。

　　至少在南美洲，反对西班牙政府的历次革命很少采取反天主教的形式，甚至也很少采取真正反教士的形式。在西班牙出生的主教们大多是强烈的保皇派，但许多美洲出生的下级教士都支持革命。在墨西哥，总督贝内加斯尊奉洛斯雷梅迪奥斯的圣母为保皇军的女将军，而叛方的神甫伊达尔戈则宣称瓜达卢佩的圣母为叛方的庇护女神。革命领导人自称是虔诚的天主教徒，新成立的各共和国的宪法像拥护君主制的巴西的宪法一样，依然规定天主教为唯一的国教，并禁止公开崇拜其他教派的权利。但是拉丁美洲的革命给罗马教廷提出了一个微妙的问题。许多主教外逃或死亡（到1829年墨西哥连一个主教也没有）导致叛乱政府强烈要求罗马的承认并要求得到西班牙国王所行使的圣职授予权。然而，罗马教廷为南美洲的叛乱政府任命主教是公然冒犯"最信奉天主教的西班牙国王"的特权，也是冒犯正统原则。但是，拒绝授予圣职可能导致教会的分裂，而且在孔萨尔维看来，可能为改宗"卫理公会、长老会甚至太阳神教"打开方便之门。罗马犹豫了很久。在1816年和1824年，教皇发布通谕，敦促叛乱的各殖民地的教士支持他们马德里的合法君主。但是到了1827年，利奥十二世采取了批准为南美洲某些教区任命专职主教的重大步骤，格列高

172

利十六世继承了这一方针。

在欧洲，一些天主教领导人也不得不对王权与教权统一的原则提出疑问。在革命的时代里，把教会同某一王朝紧紧联系在一起似乎是危险的。难道这种做法没有驱使那些敌视政治反动的人成为教会的对立面吗？一个不得人心的政权的倒台，如 1820 年西班牙的费迪南德或 1830 年法国的查理十世的倒台，使那些曾经出力支持他们的教士们信誉扫地。如果说 1789 年以前教会与国家之间的密切联系自然而然地得到默许的话，那么，法国大革命已打破了这种连续统一体，而它在经过几十年的世俗主义的蔓延后于 1815 年恢复时，似乎是政治反动的一种蓄意玩弄的策略。此外，正统的统治者为保护教会所索取的代价往往是非常昂贵的。信奉约瑟夫主义、高卢主义或异教的君主们所认为的国家对教会的合法保护，在天主教徒看来也许是干涉教会内部的精神生活。国家对政教协定中令人讨厌的条款经常采取回避态度：答应给的捐款不是总能兑现，教会的自由可能受到模仿"基本条款"而制定的警察条例的限制。罗马在处理这些问题上喜欢采取教廷同大臣之间举行高级谈判，和发挥它传统的巧妙而机智的外交方法。一般说来，它对天主教徒特别是教士们为了宗教目的而采取直接政治行动是持怀疑态度的。然而，各种类型的立宪政府的出现使天主教徒有可能在议会范围内动员自己的力量。如果说反教权主义者能够在政治上组织起来，天主教徒为什么不能这样做呢？在 1830 年之前，当拉梅内的《前途报》宣传天主教自由主义思想的时候，已经有人带头在天主教政治行动方面进行了几次成功的尝试；这些人或出于策略原因，或出于意识形态上的信仰，接受了政治自由主义的先决条件：新闻自由、辩论自由、信仰自由，甚至教会与国家分离。据辩称，这些可以用来为天主教的目的服务。在当时的条件下，教会往往从主张自由的开明政权得到比处于贵族专制的束缚下更多的好处。

在教权掌握在天主教手中，但王位由不仅是异教徒，而且是外国人占据的国家——如爱尔兰、比利时、普属莱茵兰、俄属波兰——脱离国王和教会的政治的动向是显而易见的。在这些地方，争取民族独立或地方自治的斗争也许会成为争取教派自由或平等的斗争。爱尔兰的争取天主教解放运动提供了先例。奥康内尔旨在把天主教徒从他们在国内处于无权地位的状态中解放出来的运动同时也是反对英国统治的民族主义的表现。他在 1823 年创立的天主教协会在某些方面是后来的欧洲天主教政治行动的先兆，它采取的手段是群众集会、请愿、报刊和讲道，以及呼吁实现公民自由和宗教自由的自由主义原则。早在拉梅内之前，奥康内尔已表现出他既是天主教徒，又是自由主义者，他的自由主义是以信仰为基础的。他在 1811 年宣称："我主张天主教解放……所遵循的原则不仅限于爱尔兰……它包括英国的不信仰国教者以及西班牙和葡萄牙领地上的新教徒……我像憎恶贵族制度一样憎恨宗教法庭。"①

　　然而，比利时的天主教领导人由于机会主义的而不是意识形态的原因而被迫趋向于政治自由主义。1815 年，信奉天主教的比利时同加尔文派教徒威廉国王统治下信奉新教的荷兰的合并，造成宗教上和政治上的紧张状态（第十七章［上］）。在性情暴躁的根特主教的领导下，比利时的僧侣集团对 1815 年的"根本法"中令人反感的自由主义进行了猛烈的抨击，因为它保证了一切教会的平等地位，这样就把谬误与天主教真理置于同样的合法地位。然而，到了 1828 年天主教政治领导人的立场发生明显的大改变。由于对威廉的约瑟夫主义式地对待教会的做法感到厌恶——特别是他扩大国家对天主教教会学校和神学院的控制——他们决定同他们的反教权的自由派对手通力合作，要求政府建立保证新闻自由和教育自由的适当的议会政体。专制主义比自由主义具有更大的危险性。经过一番犹豫，每一方都暂时消除了对对方的诚意的怀疑，同意在自由主义宪法的范畴内继续他们的斗争，其办法不是过去那种强制手段，而是求助于辩论的力量和舆论。比利时的天主教徒参加了规模巨大的反政府请愿运动：下级教士（但不是他们的主教）给 1830 年的革命带来群众的支持。这一联盟的长远成果是 1831 年的比利时宪法，根据该宪法，教会享有受到整个欧洲羡慕的自由。教会和国家不是完全分离，因为三大教会的神职人员的薪俸都由国家支付。但是，天主教徒终于获得了管理他们自己的学校，成立宗教团体，任命主教，以及畅通无阻地同罗马教廷联系的自由。然而，罗马对这一系列事件感到不快。阿尔巴尼红衣主教称

174

―――――――――――――――

　　①　J. 奥康内尔编：《丹尼尔·奥康内尔议员的生平和演说》（都柏林，1846 年）第 1 卷，第 109 页。

这个联盟是"荒谬的",罗马教廷驻巴黎使节、后来的红衣主教兰布鲁斯基尼痛斥那些帮助推翻合法君主并为制定一部"无神论"宪法铺平道路的教士们是不负责任的。

　　弗里德里希·威廉三世在莱茵兰面临的问题在某些方面同荷兰国王在比利时遇到的问题相似:这就是在一个新教占主导地位的国家里如何同化那一部分具有强烈地方传统的天主教徒。普鲁士西部新省份的居民大多数信仰天主教,那里工业日益发展,而且早就同法国自由主义有接触;东部较老的一些省份的居民主要是新教徒,他们从事农业,而且比较保守;新老两地区之间的紧张关系并没有导致革命。莱茵兰没有成为"普鲁士的爱尔兰"。但是到了 19 世纪 40 年代,可以清楚地听到即将来临的"文化斗争"的隆隆响声。莱茵兰的普鲁士官员往往是专制和严厉的(其中一人检查了为但丁的《神曲》的翻译本所做的广告,理由是神圣的事不可能是喜剧)。同时,柏林企图把天主教纳入普鲁士国家制度之中,这有助于将主张莱茵兰政治独立的事业同莱茵兰天主教的事业结合起来,建立共同防御阵线。尽管莱茵兰 80% 的人口信仰天主教,但由于任命文武官员时偏袒新教徒,教派平等的原则被破坏了。许多教区当中,只有市长一人是新教徒。柏林担心普鲁士人的道德心受罗马的控制,因而设法支持天主教当中反对教皇极权主义的一派。于是科隆和特里尔的主教教区由两位"费布朗尼乌主义者"高级教士施皮格尔和霍梅尔任主教;而理性主义者赫尔梅斯教授则被任命领导波恩大学的天主教神学系。但是,事实证明,最具有挑衅性的是婚姻立法。从 1803 年开始,普鲁士的同异教徒通婚者的子女必须接受父亲所属宗教的教育。这个规定于 1825 年扩大到莱茵兰,它不仅违背天主教教规,而且似乎是意在促使人们改宗,因为许多这样的婚姻是新教徒官员与当地中产阶级家庭的女儿之间的结合。1837 年,这种不满在著名的"科隆事件"中爆发出来了,这是政府同新上任的不妥协的科隆大主教德罗斯特－菲舍林之间的正面冲突。这位大主教在同异教徒通婚问题上不肯让步,他禁止聆听"赫尔梅斯派"的讲课,这一做法很见效,不久课堂中便空无一人。德罗斯特－菲舍林的被捕,导致了显示天主教团结的声势浩大的示威,导致了骚乱、骑兵队的冲击和小册子的宣传战,这一切标志着德意志天主教政治发展的前奏。

大概没有一个地方像法国那样大张旗鼓地宣扬王权与教权统一的政治，在那里，正统主义和天主教似乎是密不可分的。一位怀疑论者说："我认为上帝在 800 年前就为波旁家族死在绞架上了。"教会从极端保皇党人那里得到许多好处（第七章）。然而，教会的恢复依然是旧秩序的准则和大革命的成就之间明显的妥协。"最信仰基督教的国王"对待教会的态度反映了他的矛盾心理：他的宪法宣布天主教为国教——然而却保证信仰自由。新教的教会仍然得到宗教预算的资助。旨在消除革命成果的努力几乎没有起作用。取代拿破仑的政教协定的尝试失败了，而这一协定给许多流亡教士带来不愉快的联想。拿破仑的另一杰作、象征大革命带来的世俗政权对中等教育的控制的教育总署（Université）仍然存在，不过现在由一个教士担任教育总长。严厉的渎圣罪法依然是一纸空文。为恢复宗教团体的自由所做的事很少。再者，王权复辟政府的态度依然是坚决主张限制教皇权力的，"基本条款"不但仍被收入法令全书，而且实际加以实行。拉梅内和他的主张教皇极权主义的支持者在憎恨之下宣称，历届保皇政府与恶魔般的大革命妥协到如此地步，以致法国不再是天主教国家，而成为世俗的、对宗教冷漠的、"无神论者"的国家。拉梅内由于对所谓的"王权与教权统一"感到失望，开始倾向于天主教自由主义，后来他成为天主教自由主义最大的鼓吹者。他的《革命的进程》（1829 年）一书呼吁教会摆脱政治牵连，"使自己完全脱离一个政治上无神论的社会"。教会必须加强其队伍内部的团结，进一步密切把它与它的一切精神权威的中心罗马教廷连在一起的各个环节。现在政治的和宗教的团体不再是结合在一起的有机体，再也不可能实行过去那种神权政治制度了。教会必须接受它在对之持冷漠态度的国家中所处的地位，为了它自身的利益大胆利用宪法声称保证给予的各种自由权利（第10 卷，原文第 77 页）。

在新教占主导地位的国家里，人们可以看到政教关系的各种主要类型。一个极端是瑞典、丹麦和挪威这些路德宗占压倒优势的国家，它们仍然是公开宣布信仰宗教的国家，脱离国教是非法的。另一个极端是美国，它在政教分离制度下，宗教生活的分裂不像在欧洲常见的那样表现在教会和教派的分裂，而是表现在众多教派之间的分裂，在联邦政府看来这些教派是自由和平等的。但是，任何事情都不能阻止

176

各州根据非常不同的原则来管理自己的内部事务。任公职须经过宗教甄别，在一些州（特别是在南方）一直保持到进入 19 世纪之后很久。尽管到 1800 年政教分离在州一级已被广泛接受，但各种形式的州教在康涅狄格州一直保留到 1818 年，在马萨诸塞州持续到 1833 年。但是，许多反对政教分离的人，像莱曼·比彻一样，开始接受这样的观点：政教分离的结果激励那些被解除了官职的神职人员从事新的活动，"他们通过自愿的努力、结社、传教和信仰复兴活动所产生的影响要比他们以前留辫子、穿带有扣环的鞋、歪戴帽子和手持金头手杖时所产生的影响大得多"。[①] 对许多欧洲人——不论是反对傲慢自大的国教的不信奉国教者还是对国家万能主义感到烦恼的国教信徒——来说，美国的制度似乎为宗教自由提供了一个可行的样板。托克维尔或哈里特·马蒂诺等旅游者觉得自相矛盾的是：北美的宗教在自愿捐助的条件下，比受到保护和确认的欧洲宗教还要兴盛；在旧世界往往是严重对立的基督教和民主制度，在新世界却奇怪地结合在一起了。

相对之下，国家万能主义在德意志仍很盛行。在普鲁士，对新教两个教派的指导权日益被置于政府的统一控制之下。除行政上的集权之外，还企图实现教派的联合。1817 年，在宗教改革 300 周年之际，弗里德里希·威廉三世号召路德宗和归正宗自愿组成一个统一体的福音派基督教会。从许多方面来看，实现联合的条件似乎已成熟。以前各种教义上的隔阂（尽管有时由于新信仰的复兴而得到加强）在很大程度上被 18 世纪理性主义的潮流所淹没，对许多教士和受施莱艾尔马赫或唯心主义哲学家影响的神职人员没有多大影响。但联合应当采取什么形式呢？采取以残存的共同信仰为基础的教义上的"思想上的联合"呢，还是采取在宗教仪式和组织方面的外表上的联合？又应如何实现这种联合呢？是依靠终于摆脱官僚机构控制的各教会本身的主动行动呢，还是依靠国王的特权和内阁的命令？当国王发挥他在教会方面的热情，制定出供两个教会使用的一种新礼拜仪式或程序的时候，争执就发生了。虽然它遭到了相当激烈的反对——特别是因

---

① 莱曼·比彻：《自传，通信及其他文献》，C. 比彻编（伦敦，1864—1865 年），第 1 卷，第 344 页。

为它在有些地方与做弥撒相似，并在礼拜活动中将唱赞美诗和讲道降到次要地位——但它经过一些修改后逐渐被推广到普鲁士各地，不过往往是通过粗暴的行政压力才得以推广的。正如施莱艾尔马赫所辛辣地讥讽的那样，像红鹰勋章这样的荣誉竟授予不应得到它的人，既不符合法律，又不符合程序。到 1835 年，在莱茵兰和威斯特伐利亚的反对行动已在很大程度上被克服，但是保守的西里西亚路德派教徒的顽固态度是用武力镇压下去的，导致了可悲的教会分裂和大批人移居美国。在德意志的其他地区也如法炮制的这种联合，有时进行得比较顺利，在普鲁士一直是各教派之间的联盟，它们保留了各自的教义特性，不过在礼拜仪式和行政管理方面是共同的。

到 1830 年，英国国教的统治地位已大为削弱。在拿破仑战争期间和以后，我们的"教会与国家的愉快组合"广泛地被视为我们赖以平安渡过那场淹没了许多不幸国家的大洪水的诺亚方舟。除了沃伯顿和佩利提出的有关政教联盟的实用主义论点之外，还有伯克的虽已过时却很雄辩的主张：英国仍然是一个基督教联邦，在这里，教会和国家是"同一回事，是同一个整体的不同组成部分"。政治家们，无论是辉格党还是托利党，都同意克罗克把威斯敏斯特大教堂看作"英国政体的一部分"的观点。在政治动乱时期，关于建立国教的经过深思熟虑的论点，似乎比任何时候都更加有力，于是议会于 1818 年拨款 100 万英镑，1824 年拨款 50 万英镑，以便在人口稠密地区建立新教堂。但是，对将英国圣公会定为国教的主张所持的异议——从 1689 年便已看得很清楚——变得越来越强烈了。因为在英国，像在其他地方一样，仅仅容忍异教已无济于事，对宗教平等的要求越来越难以抗拒。1829 年，天主教解放运动给英国"新教体制"的观念以沉重打击。与此同时，随着不信奉国教的新教徒的人数增多，他们更加大声疾呼对他们的二等公民地位表示不满。1811 年他们已强大到足以通过有力的游说来阻止西德默思企图限制他们的巡回牧师，即那些"裁缝、赶猪人、扫烟筒人等"的活动自由的做法，因为这些人粗鲁的讲道打破了英国圣公会各教区的沉闷空气。1828 年，不信奉国教者争取到废除宗教考查法和市镇机关法，但是，当他们实际上仍被排斥在牛津大学和剑桥大学之外，由教区牧师主持葬礼和婚礼，并被迫向教会纳税的情况下，他们争取平等的运动并没有停止。教育越

178

来越成为国教教徒和不信奉国教者之间争夺的战场。国教教徒认为，国教必须是国家的教育者。但是，英国圣公会全国贫民教育协会支持的教区学校受到不信奉国教者大力支持的英国和外国学校协会所属学校的挑战，后者讲授的是在非教派基础上精心归纳的基督教教义。在不信奉国教者和不可知论者的支持下，世俗的伦敦大学于1828年成立，它的兴办使英国国教对英国大学教育的垄断出现了小小的但具有重要意义的缺口。1831年，当布里斯托尔主教的府邸在由于改革法案而引起的骚乱中被烧毁时，对国教的日益尖锐的攻击似乎达到顶峰。具有讽刺意味的是，虽然教区牧师的水平大大提高了——年迈的西德尼·史密斯大约在1835年对年轻的格莱斯顿说："每当你遇到我这样年纪的牧师时，你可以十分肯定他是一位糟糕的牧师"——神职人员现在不如在18世纪沉睡的年代里那样得人心了。30年代，一支尽管由不同成分的人组成但却无比庞大的队伍站在反对国教的一边，他们是：愤愤不满的不信奉国教者；要求"多来几头猪，少来几个牧师"的宪章派；爱尔兰的不愿向外来教会缴纳什一税的天主教徒；痛斥滥用教会财产行为的功利主义者——J. S. 穆勒说，这些财产本来应用于"培养学识，传播教义和教育青年的"。托马斯·阿诺德大声疾呼："现在的教会已到了人力无可挽救的地步。"这成了他的名言，从某种意义上讲，他是正确的。但是，由皮尔和布洛姆菲尔德开始的行政整顿，牛津大学的宗教复兴运动，以及阿诺德自己提倡的那种自由主义的圣公会教义，都使牧师们适应了德意志学术界一些令人震惊的东西，这一切很快就为英国国教提供了恢复精神的新力量。

（陈秀珍　译）

第 七 章
舆论与教育

　　法国革命和王政复辟时期，舆论初次在欧洲成为一支巨大的力量。首先，革命者们把他们的福音传播到整个欧洲。后来，反对法国霸权的人们既在战场上也通过报刊去进行反拿破仑的战争。当1814—1815年欧洲又恢复和平时，传统的统治者们发现狂风暴雨是无法平息下去的。旧世界与新世界之间，通过报刊和结社，继续进行着公开的和隐蔽的斗争。旧世界有财有势，但是它永远不能扼杀变革的恶魔。动力来自欧洲。亲希腊主义对于受过古典教育的欧洲人是富有感染力的，其目的在于援助希腊的爱国者；但也引起这样一个问题：为什么反对压迫者的斗争仅限于爱琴海沿岸地区呢？由于丹尼尔·奥康内尔的"天主教协会"的活动，新教的英格兰议会投票赞成爱尔兰信奉天主教；信奉天主教的比利时对此十分羡慕，并且效法它去反对信仰新教的荷兰。报刊越来越成为宣传政治变革和经济变革的工具，成为渴望政治和经济权力的中等阶级发表意见的主要手段。

　　由于欧洲所有国家的舆论日益自信和大胆，政府控制舆论的活动也随之加强起来。拿破仑看到了控制舆论的重要性，梅特涅也是如此。甚至在英国和复辟时期的法国那样自由主义的国家中，政府也表现得十分活跃。因为，如果说这是一个革命的、充分显示民众意志的时期，那么，它也是国家权力日益增长的时期。凡是启蒙运动所提倡的东西，法国革命都确立下来了。革命和变革所带来的主要好处，就是形成统一的国家权力。如果说各国政府注意控制舆论的表达方式，那么，它们更加注意的乃是控制舆论的形成途径。教育本来是教会关注的对象，它越来越成为政府关注的对象了。在1789年以前，这一过程就已经走过很长一段道路了。在拿破仑政权和复辟政权的统治下，这一过程稳步向前发展。政府之所以注重教育，首先是想要给它本身训练一些未来的官员，并创造一种有利于使它的权力维持下去的精神气质。这些职责是可以任意加以解释的，例如德意志诸邦一般来说眼界很宽，认为提倡民族文化对国家有利。也可像法国那样作狭义的解释，拿破仑就是在更为明确的功利主义基础上建立他的教育机构的。不论广义也好，狭义也好，其实质是相同的，每个国家的政府都把教育体系当作维护自己权力的主要堡垒之一。

　　这种所谓的"教育体系"是指进行文化教育和培养未来的律师、教士、官吏的大学和文法学校。另外还有一个教育人民的大问题。在英国，国家在那时候还没有正式过问这件事。在法国，革命者们空话倒是说了不少，但是一直到波旁王朝复辟之后才干实际的事情。在这一时期，只有德意志诸邦曾经大踏步地前进，这在很大程度上受瑞士理论家约翰·海因里希·裴斯泰洛齐的影响。甚至在这里，危险也悬在头上。从宗教的、人道主义的或者实践的立场出发，希望穷人能够受到教育。但是，他们如果利用自己的知识要求比神命所定更高的地位，那又如何是好呢？这个难题就远远超过民众教育的范围了。欧洲大陆各国的所有教育机构日益由政府控制起来，要去完成政府给它们规定的任务。不过，人类的心灵并不理睬那些好心的牧人和朋友为他们划定的圈子。知识既可以使一个人成为良好的小官吏或者有能力的下级军官，也能够使他阅读合法或非法出版的报纸上的批评文章。所以，如果说国家的权力在不断增长，舆论的力量也在不断加大。二者之间的冲突是不可避免的。如果再加上民族对抗或宗教对抗，像在比利时、意大利、奥地利帝国所属地区或者波兰那样，问题就更加复杂严重了。某些有关国家的历史就反映出这种冲突的情况，但是，它们对于教育体系，以及对于舆论的社会组织，都留下了自己的痕迹。

　　在这一时期，报刊成为表达到处兴起的公众舆论的最重要手段。在英国，它已经达到最先进的阶段，尽管那里的报纸规模还比较小，报馆也很穷，总是向"钱"看，只有到了这个时期的最后，它才成为像19世纪中叶那样表达民意的伟大喉舌。虽然在18世纪，英国的报刊比其他国家的报刊更自由一些，但依然在很大程度上受到政府的支配。1792年福克斯提出的诽谤法使陪审团有权裁定哪一些是所谓的诽谤罪，哪一些是公布的事实，从而保护了报纸；但是在通过这一法

案时，正赶上开始与革命的法国进行斗争，正赶上政府开始取缔报纸
的积极活动。1795 年，埃尔登夸口说："近两年对诽谤的检举超过以
前的 20 年。"① 这些事实不仅表明政府十分积极，而且也表明报纸作
为公众舆论的喉舌越来越重要了。1798 年和 1799 年关于防止印刷和
散发煽动性文字的法案，要求各种报纸、书籍和论文的印刷者和出版
者登记姓名和住址。政府还发现了一种更加阴险然而同样有效的控制
办法，这就是增加报纸和广告的税额。1789 年，报纸的印花税提高
到 2 便士；1815 年，又提高到 4 便士。1811 年，纳税的报纸有
24422000 份，不过到 1821 年，这个数字变化很小。数字很高，但是
没有大幅度上升。1821 年，《泰晤士报》所交纳的印花税比其主要
竞争者《纪事晨报》和《信使报》的印花税总和略低一些。由于审
判卡罗琳王后（1820 年），该报的销售量从 7000 份增加到 1.5 万份
以上。税收使报纸的发行量难以扩大，广告收入也很难为它提供一
个真正稳定的财政基础。尽管政府采取这一切措施，尽管总检察长
根据诽谤法具有广泛的权力，但是在战争年代中，并未实行书报检
查制度。

在这一时期开始的时候，真正的书报检查基于报纸尚未能达到财
政独立这样一个事实，报纸一向依赖政府或者政党。财政部筹集资金
创办新的报刊。新闻记者索取酬金以压制闲话杂文，如果已经发表，
就予以批驳。在法国革命的最初几年，政府每年用于报刊的开支将近
5000 英镑；譬如，《泰晤士报》在 1789—1799 年间，每年获得 300
英镑的津贴。与 1807—1830 年的托利党政府关系最密切的报纸是
《信使报》。坎宁说，为了使该报支持珀西瓦尔内阁，曾对其业主之
一 T. G. 斯特里特支付 2000 英镑。在 19 世纪 20 年代，政府往往只在
友好的报纸上刊登公告，并且购买大批的报纸送人，以及散发自己的
小册子。

报刊独立的新传统在慢慢地成长。在这方面有一个重要的报纸，
这就是詹姆斯·佩里在 1789 年买下来的《纪事晨报》；在一段很长
的时间内，实际上一直到战争结束时为止，它成为主要的政治性报
纸。《泰晤士报》创办于 1785 年，但在 1803 年约翰·沃尔特第二次

---

① H. R. 福克斯·伯恩：《英国报纸：新闻史中的几章》（伦敦，1887 年）第 1 卷，第 244 页。

182 接管之前，并没有很大影响。此报原来与阿丁顿家族有关，但在1806 年以后，沃尔特使它独立于各个政治集团之外。他加强该报的经济地位，并于 1814 年采用柯尼希蒸汽印刷机。他雇用比较严格认真的记者。他抨击邮局维护局内职员的私利而垄断外国邮件，结果获得更好和更快的新闻通讯服务。《泰晤士报》所奉行的独立批评的较高标准，在一些期刊上也得到反映，如约翰·亨特和利·亨特的《考察家报》（1808 年）和两大季刊——辉格党的《爱丁堡季刊》（1802 年）和托利党的《季度评论》（1809 年）。

随着新世纪的到来，在战争初期受到压制的激进批评的传统又开始复活了。1802 年，激进派记者中的翘楚威廉·科贝特创办了《政治纪事周报》，用以批评政府的各项措施。1809 年，科贝特因批评某些民兵遭到鞭打一事而入狱两年。亨特兄弟也把改革和自由主义措施作为他们的纲领的一个重要部分。他们好几次处于危险境地，最后在1813 年 2 月因攻击摄政王而各被罚款 500 英镑，各入狱两年。1816年，科贝特发行廉价版的《纪事报》，每份 2 便士；翌年，人身保护状暂时中止，他便逃往美国。在战后严酷的反动年代中，政府对激进派新闻记者和小册子作者采取严厉措施；例如，1819 年的出版法使廉价的周报纳入 1798 年的新闻报纸法和印花税条例的范围之内，并要求期刊的出版者和印刷者具结。政府和私人团体都控告激进分子，如滑稽地模仿他人作品的威廉·霍恩，尤其是自然神论者和共和主义者理查德·卡莱尔，因狂热争取出版自由而受到长期监禁。在争取言论自由的斗争中，首当其冲的是小册子作者，而不是比较富裕、可能遭到更大损失的报纸。卡莱尔终于在 1825 年获释，而 1822 年出任内政部大臣的皮尔也看出检举并没有什么好处；在 1822—1829 年间，几乎没有任何诽谤案件。

卡莱尔和霍恩都是激进的极端分子；政治性报刊的重大改革的出现，特别与《泰晤士报》的发展，以及与 1817 年接任主编的该报第一个伟大的编辑托马斯·巴恩斯的工作有关。该报在巴恩斯的领导下，力求和广大的中等阶级携手一致。该报以出色地报道国内新闻和准确地反映公众舆论驰名。关于巴恩斯，正如 1830—1834 年间给布鲁厄姆勋爵当秘书的德尼·勒·马尔尚后来所写的：“他在英国所有人口稠密的地区都有通讯员，他努力从这些通讯员那里了解公众舆论

的情况。究竟是他指导舆论，还是他追随舆论，这对他说来几乎都是
一样。因此，他的报纸赢得信誉，他一向自称是这种信誉的保护
者。"①《泰晤士报》抨击彼得卢，反对六法案。它支持王后，并引导
由审判王后所产生的伟大的舆论运动。它支持 1829 年的天主教解放
运动。国王乔治四世逝世后，它对乔治进行批评。在争取议会和行政
改革的运动中，通过《纪事晨报》的詹姆斯·布莱克和《考察家报》
的奥尔巴尼·方布兰克这样一些记者的工作，报刊发挥了非常重要的
作用。地方报刊早先在政治上是无足轻重的，此时在《利兹信使报》
和《曼彻斯特卫报》（1821 年创办）中也有了鼓吹改革的杰出人物。
边沁派的意见在《威斯敏斯特评论》（1823 年）及 R. S. 林图尔的
《旁观者报》（1828 年）上发表。19 世纪 20 年代托利主义的垮台，
从当时托利党报刊的低劣质量中反映出来。托利党极端派报纸《晨
报》（1828 年）因为攻击威灵顿，1829 年被威灵顿政府控告。"在这
次事件中，整个新闻界都联合起来了"，格雷维尔写道，"在几篇非
常有力的文章中，对整个讼案进行最强烈的谴责，把这种谴责传遍全
国的每个角落。"② 大约在同一时期，J. W. 克罗克认为，应该由一位
内阁大臣控制报刊，因为"政治家可以安然无事地藐视报刊，或者
只把它当作劣等机器来看待"的日子已经过去了。③ 历届政府都认为
控制报刊极为重要，可是做不到这一点。自 1789 年以后，英国报刊
确实向前迈了很大的步子。方布兰克在《考察家报》发表文章说，
1830 年威灵顿的倒台是"对具有驾驭时代和控制舆论力量的天才的
政治家们的一次警告"。④ 这种变化大半应归功于报刊。

　　在法国，报刊的威力是 1789 年的革命冲力所释放出来的新的力
量之一。它的潜力一旦显示出来，就通过德穆兰、马拉以及埃贝尔这
样一些新闻记者的手，在促使君主制度崩溃中发挥巨大作用。出版自
由本是三级会议《陈情书》中的共同要求之一；《人权和公民权宣
言》中也曾提到它；并在 1791 年和 1793 年的宪法中得到保证。然

---

　　① 《泰晤士报》的历史：《"雷公"在形成中，1785—1841 年》（伦敦，1935 年），第 458—459
页。
　　② C. 格雷维尔：《国王乔治四世和国王威廉四世在位时期纪事》，H. 里夫编，第四版（伦敦，
1875 年），第 1 卷，第 259 页。
　　③ A. 阿斯皮诺尔：《约 1780—1850 年的政治和报刊》（伦敦，1949 年），第 233 页。
　　④ H. R. 福克斯·伯恩：前引书，第 2 卷，第 32—33 页。

而，报刊像其他一切舆论喉舌一样，都落入革命法庭的手中，其后又处于督政府逐渐加强的控制之下。波拿巴花费更大的力气而且更有效地维护了这个传统。他高度意识到报刊的威力，而且高度赞赏 1789 年以来报刊作为舆论喉舌所取得的巨大进展；他说："四家敌对报纸所造成的损害超过 10 万大军在战场上所造成的伤亡。"他极欲阻止散发与政权敌对的消息，并想掌握一些报纸，以便发布官方对各种事件的说法，并嘲笑其他一切事情。实际上，他所遵循的是一条既积极又消极的新闻政策。在 1796 年战役期间，他和巴黎的新闻记者保持密切接触，利用报刊宣传来确立自己在法国和意大利的地位。1800 年，官方报刊把他说成是马伦戈战役的英雄，其实他对这一次胜利没有什么功劳可言。在后来的许多场合中，法国政策的真实目的或者法国军队的正确行动都被隐藏在以《政府通报》为根据的官方报刊的错误失实的报道的烟幕后面。在 1799 年雾月政变之后，立即采取了严厉的措施。1800 年 1 月的一道法令查禁了塞纳省的所有政治性报纸，只保留了 13 家，而这 13 家必须受到严格的新闻检查。许可出版的报纸受警察部新闻局的严密监视，警方还密切注意着印刷商和书商。

此外，到这时候，法国的思想和法国对各国人民的舆论和意志的感染力，已经遍及欧洲的大部分地区。各国的旧政府竭尽一切力量阻止新精神的蔓延。根据他们所认识到的报刊的作用，他们解释说，报刊的任务只是报道事实，而对事实不加任何评论。在奥地利和普鲁士，政府都在法国的威胁下加强了它们的规章制度。有时候，人们建议说：各国政府本身应该利用报刊，就像法国人所做的那样；但是，各国政府最初没有积极的政策，似乎把报刊当作一种危险的武器。在德意志，似乎也不把报纸当作文明生活的一种真正不可缺少的东西。1798 年，当科塔创办了德意志第一份政治性的大型日报《总汇报》时，有一个记者提醒他说，在伦敦或者巴黎，日报是一种便利群众的东西，有成千上万的人希望阅读；可是在德意志，日报仿佛是一种不必要的东西，因为邮局每周只投递两次。尽管如此，到 18 世纪末，报刊的重要性在德意志日益增大；本来是属于个人的言论自由的要求，现在却与出版自由的要求更加完全地统一起来了。

在法国人侵入的许多国家中，法国军队似乎带来了自由的新曙光。但是，如果谈到公开发表意见的话，这种曙光不过是海市蜃楼。无论在瑞士还是意大利，法国侵略者的来临都在粉碎旧的枷锁，使人民对报刊发生新的兴趣，新闻活动盛极一时。在瑞士，新的海尔维第共和国的宪法保证出版自由，政权的支持者和反对者都十分活跃。然而，自由的曙光犹如昙花一现，在拿破仑政权统治下，又恢复了严格的控制。1796年的意大利战役也出现同样的情况，法国人的报刊宣传非常活跃，在他们占领的威尼斯和热那亚一类的城镇中，出现了一些同情革命的报纸。新的活动以及比较广泛的言论自由是显而易见的，阅报的习惯普及起来了，可是，拿破仑的意大利王国也制定了严格的出版法，国家控制的绳索又拉得紧紧的，像1796年以前一样。

在法国本土，从雾月政变时期开始就已经严格起来的出版制度，这时更变本加厉了。共和八年宪法并未确认出版自由，在帝国时期尽管有个出版自由委员会，但只给人以十分渺茫的保证。在法国报纸中，最重要的是从1789年以后存在的贝尔坦兄弟的《辩论报》。它拥有1万—1.2万个订户。政府对它的控制逐渐加紧，1805年为它任命了一名特别检查员，并将其改名为《帝国报》。皇帝亲自指派一名编辑，并将它的部分利润用作文人们的年金，到1811年，该报的全部财产被国家没收。拿破仑一方面严格控制任何怀有敌意的评论，一方面亲自提供对他本人的事业有利的消息和意见；1810年，他写信给富歇，要他警告《政论家》的编辑，因为有一篇文章似乎在偏袒西班牙修道士；他还要求富歇组织一些文章，指出那些修道士确实愚蠢而无知。1807年，他命令地方报刊只许刊登官方《通报》发布的政治消息。1809年，每一省只允许有一种政治性报纸继续存在，这条规定在整个法兰西帝国境内贯彻执行，乃至1811年，巴黎的报纸只准许以下四种发行：《通报》《帝国报》《法兰西报》《巴黎报》。1810年，印刷商的户数受到法律限制，实行普遍的书籍检查；政府对于在书籍中发表批评性意见的态度，从禁止刊印斯塔埃尔夫人的《论德意志》并命令她离开法国一事中已昭然若揭。随着局势的恶化，拿破仑的出版政策也越发严厉起来。

在拿破仑法国的所有藩属中，脖子被卡得最紧的大概是德意志，在法国兼并的莱茵河左岸地区，虽然法国革命激起人们对自由的向往，但法国人的控制是很严的；在帝国时期，莱茵联盟诸邦也保持同

186　样的体制。科塔的《总汇报》移至巴伐利亚，最初到乌尔姆（1803年），继而到奥格斯堡（1810年）。它从1805年起受法国人的控制，只能原封不动地重复法国的命令；譬如，它把1811年法军准备远征俄国说成是旨在保卫德意志的海岸线，以防止英国的进攻。在萨克森，《莱比锡报》也同样奉萨克森政府的命令，避免刊载冒犯法兰西帝国朝廷的任何稿件，或发表对法国人有害或不快的任何消息，除非这一消息已在《通报》上报道过。1811年，德意志报纸只许转载《通报》上的政治新闻。

在奥地利和普鲁士之类幸存的国家中，拿破仑的支配地位使它们的政府处于一种十分为难的境地。它们的整个传统就是要避免任何形式在报刊上公开探讨可能引起争论的问题；另一方面，拿破仑的宣传范例又启发它们也需要有一个积极的出版政策。这两种观点是难以调和的。在普鲁士，弗里德里希·威廉三世有一道敕令（1798年），命令各报纸极力避免发生可能触怒外国宫廷或政府，或者可能促进革命思想和同情革命的任何事情。1809年，政论家亚当·米勒制订了一个由一家官方报纸引导和指挥舆论的计划，但是这个方案并未得到任何的结果。普鲁士大臣哈登贝格实际上赞同非常严格的控制，因为他不想引起法国人的怀疑；因此，诗人克莱斯特的《柏林晚报》（1810—1811年）很快就被禁止刊登政治性文章。在奥地利，根本没有政治讨论，因而不存在独立的报刊，尽管梅特涅根据自己担任驻巴黎大使的经验看到了报纸的重要性，希望利用报纸来支持政府的利益。他在控制报刊方面的主要代理人是弗里德里希·冯·根茨，此人曾建议梅特涅创办一种政治性报纸。1810年开始发行的《奥地利观察家报》被接管过来，根茨为该报撰写了几篇最重要的文章；虽然人们认为该报有一定的独立性，实际上它是处于政府极严密的控制之下的。

在战争年代，德意志没有一种报纸在政治上具有任何真正的重要意义，尽管在期刊上浪漫主义者和反浪漫主义者笔战不休。民族主义和日耳曼主义已经从R. Z. 贝克尔和约瑟夫·格雷斯等人的言辞中隐约可闻，前者在戈塔出版了《德意志国民日报》，后者原是法国革命的支持者，但早在1798—1799年就转而批评法国的制度，结果，他的出版物被查禁了。在解放战争期间，报刊首次获得为德意志舆论说话的权利，虽然得到政府勉强的和暂时的默许。柏林各家报纸自己决定不发表任何有关战争的消息。在柏林，施莱艾尔马赫、尼布尔和阿希姆·冯·阿尔尼姆主持的《普鲁士通讯》（1813—1814 年）表达了反抗法国人的新精神；政府对这家报纸确实颁发了许可证，但是相当害怕在柏林再增加出版一些报纸会造成的后果，因为原来存在的那些报纸就已经难以控制了。在拿破仑垮台的年代中，德意志舆论的最重要喉舌是格雷斯的《莱茵信使报》，该报于 1814 年在科布伦茨出版。格雷斯对拿破仑的抨击给人留下深刻的印象。在和平条约签订之后，他要求建立一个强大的德意志，他反对完全由王公们决定德意志的命运，并主张普鲁士的宪法应该以人民为基础。他攻击巴伐利亚和符腾堡的反民族主义的态度，因此，他的报纸被这两个邦查禁；最后，普鲁士政府 1816 年 1 月终于取缔了这家报纸，当时，这家报纸处于莱茵兰的管辖之下。

一位德意志学者论断说：随着出版事业的发展，在德意志，人们逐渐认为出版自由并不是著者或读者的个人权利，而是属于全体人民的一种集体自由，是他们的共同人格的自然表现。① 在战后的各国宪法中重新出现了对自由的保证，正如 1789 年的《人权宣言》所做的那样。1814 年的挪威宪法在对生命和财产的一般保证中，也确认了出版自由。在 1815 年的荷兰宪法中，以及沙皇亚历山大一世赐给新波兰王国的宪法中，都确定了这种权利。在德意志和意大利，反动政府对公众舆论的一切表现都采取严厉手段。在法国，报刊和小册子文章中所反映出来的舆论问题，是复辟期间主要的内政问题之一，它与一些有关的问题，诸如教会的要求问题、各教派会众的权利问题、教皇在管理教会中的地位问题等都有极为密切的联系。1814 年的宪章规定有发表和刊印"符合法律"的意见的自由，"如果滥用此种自由，法律可以给予约束"。这里所指的限制在不同的时期，是以不同的严格程度进行解释的，但是法律从来没有认真地去制止关于政治原则的大辩论，而这种辩论却是复辟时期法国历史的中心。它使法国人民在代议制政府的实践中受到了基本的训练。辩论的核心问题是1789 年的大革命；它的挑战是无可回避的：究竟应该维护还是推翻

① O. 格罗特：《德国报学史：问题与方法》（慕尼黑，1948 年），第 110—111 页。

大革命所建立的制度？议会上下两院辩论这些问题；报纸上报道这些问题。在 1830 年的危机越来越逼近时，自由派主张说：宪章是大革命的顶峰，它意味着大革命已经取得胜利。保王派则认为这是一种阴谋和一种罪行，并担心另一次暴动正在逼近。虽然双方的意见完全不同，但是基本问题则是很简单的：1789 年究竟应该肯定还是否定？而报刊则处于这场大辩论的正中心。

在复辟的最初几年，法律对任何自由表现意见都是敌对的。1814 年 10 月通过一项法律，其中规定：不经国王批准，任何报纸或其他出版物都不得问世，不经当局许可，任何人都不得刊印或出售书刊。"百日"之后，极端保王派的无双议院通过了一项取缔煽动性著作的法律，这严重地打击了左翼的报纸。虽然出版法在实施，违法的新闻记者也受到了惩处，但是，非难的声浪逐渐地越来越高。1817 年，基佐和鲁瓦耶－科拉尔创办《哲学文献》，它要求给予出版自由以及关于出版方面的犯罪由陪审团进行审判；其他的期刊，如自由派的《智慧女神》，则采取不定期出版的办法，以逃避新闻检查。1819 年通过了比较自由的出版法，要求报纸的所有主交纳相当数量的保证金，但是废除了检查制度，并规定由陪审团审判关于出版方面的犯罪行为，这种比较自由的出版政策只是昙花一现。在贝里公爵死后的保王反动时期，新闻检查制度一度恢复（1820 年）。1822 年，法院被授权带有危险倾向的报纸勒令暂时停刊，新闻犯罪的定义扩大了，这类案件不由陪审团审理。维莱尔内阁特别积极地把一些报纸和期刊送交法院审理；它开始策划购买反对派的报纸，将其置于内阁的控制之下；它甚至恢复书报检查制度，但是，查理十世登基（1824 年）后将这种制度废除了，它只维持了几个星期。

法国报纸像英国报纸一样，开销很大，而且担负着很重的印花税。法国报纸对人数不多的有政治觉悟的阶级有很大影响，到 19 世纪 20 年代中期，像《立宪报》和《辩论报》之类的反对派报纸占了优势；这两家报纸是夏多勃里昂 1824 年被解除政府职务时带到反对派这一边的。1826 年，它们在巴黎政治性报纸的 5.6 万个订户中，各约占 2 万个订户。内阁的报纸总共只有 1.4 万个订户。查理十世在位期间，报刊和公众所面临的重要问题是教权主义。自由派从 1820 年起被排除于政府之外，他们越来越把注意力转向宗教问题，并力图破坏王位与教权的统一；他们的攻击目标特别集中在耶稣会士和教皇至上主义。1825年，《立宪报》被指控"凌辱国教"，结果法院宣判无罪，裁定说：凡是反对未经法律许可的社团，不构成凌辱。1826年，高卢派贵族蒙洛西埃伯爵发表著名小册子《略论打倒宗教、破坏社会和推翻王权的一种宗教和社会制度》，这只是攻击耶稣会士和教士的日益增长的势力的大批小册子中最突出的一种。

　　维莱尔所采取的主要的反措施之一是所谓的"公正与友爱法"，该法增加印花税和扩大印刷者和出版者的责任。这引起强烈的反对，而当贵族院看来不拟通过的时候，就将此法撤销了。1827年政府再次强行实施书报检查制度，但翌年就被马蒂尼亚克内阁废除了。在他的继任者波利尼亚克任内，梯也尔、米涅和卡雷尔创办了以推翻王朝为宗旨的《国民报》（1830年1月）；同年2月，《环球报》改为政治性日报，极力抨击国王的政策。"七月敕令"又规定报纸须经内阁批准。梯也尔和自由派新闻记者群起抗议，这时政府企图没收《环球报》《时报》和《国民报》，遂触发了七月革命。

　　在法国，自由派和反动派都结成社团，从完全遵守法律的到秘密组织，色色俱全，交织成一个伟大的时代；其他国家也是一样。在天主教和保王派一边，法国有宗教骑士团和圣母会，西班牙有除暴天使会，教皇国家有圣约会。在公开的自由派社团中，最成功和最重要的是丹尼尔·奥康内尔的天主教协会。在法国，由于1827年恢复书报检查制度，就出现了以夏多勃里昂为主席的"出版自由同志会"；其后不久，又成立了"天助自助"协会，该会实行消极抵抗，拒绝纳税，曾得到基佐和布罗格利等立宪党人的支持。更早些时候，成立了一个名叫"烧炭党"的秘密团体，它与意大利的烧炭党人有关，其目的在于推翻王朝。这个团体与杰出的自由派知识分子和议员们有联系，在许多省设立分部，但是，它在1822年发动的几次起义都被轻易地镇压下去了。和平鼓动和革命密谋之间的界限是很容易越过去的。在德意志，青年协会和体育俱乐部最初都是和平性质的，但各邦政府却恐慌万分，于是就爆发了一系列的事件，从1817年的瓦尔特堡节开始到大学生卡尔·赞德刺杀科策布，以及1819年的卡尔斯巴德法令。烧炭党人在意大利最有力量；西班牙1820年革命幕后是共济会分会在起作用。新潮流甚至遍及俄罗斯帝国。在波兰，维尔纽斯

190

大学中学生团体发展壮大，既鼓吹民族主义又提倡浪漫主义，其中最重要的是爱学社，成员中包括伟大的波兰诗人亚当·密茨凯维奇。1823年，爱学社的领导人被捕，并流放到俄国。波兰的这些团体都曾受到德意志大学生联谊会的影响。在俄国军队中，也是由于受到西方思想的影响，产生了像"幸福协会"之类的秘密团体，它们的主张导致1825年的十二月党人革命，这是近代俄罗斯的第一次革命运动。如果说自由派和革命者的舆论是以这样的方式更高度地组织起来，那么，各君主独裁政府的秘密警察也相应地强大了。1815年以后，政府对于事态发展的敏感，远远超过18世纪的前届政府，而且对于所厌恶和恐惧的鼓动采取更有效得多的镇压手段。

　　1815年以后，德意志和意大利报刊的经历是这两个国家的骚乱和镇压的总的动态的一部分。1819年的卡尔斯巴德决议对于20印张以下的所有出版物加强了预先审查，并规定一切印刷物都要注明发行人的姓名，而各邦政府必须将它们执行决议所采取的措施通知邦联议会。在奥地利，本来就没有什么自由可言，所以法令的有无大概是无关紧要的。在普鲁士，政府在1815年以后曾经讨论比较开明的措施，但是毫无结果，1819年制定了更加严厉的检查条例。同年创办了《普鲁士国家总汇报》（以下简称《总汇报》）作为一种官方报纸，然而，它所起的作用很小。《总汇报》仍然是德意志最大的报纸，但是它处于梅特涅的直接影响之下，并且受到严格的检查，结果有些文章压了很久才得以刊出。巴伐利亚的书报检查使科塔遇到很大困难，他的抗议没有得到什么同情。在战后的最初几年，在像魏玛这样一些小邦中才可找到最大的自由。魏玛的《反对派报》（1817年）讨论制宪和经济问题，在科策布死后为大学和大学生申辩，抨击普鲁士的镇压行动，不过，这家报纸也像其他同类的日报一样，不久就关门大吉了。在19世纪20年代，德意志的报刊处境悲惨。报纸发行量很小，力量过于薄弱，赚不了什么钱。1816年，莱比锡的出版商布罗克豪斯写信给奥肯说，科塔所以使《总汇报》正常出版，是由于要保持他的名望，而不是由于报社给他相应的工资。1824年，这家报纸有3602个订户。虽然德意志出现一些能干的新闻记者，然而他们很少有用武之地，像博尔内和海涅这样的人不得不到国外去。各报都是七拼八凑起来的，国外消息往往是整个从外国报刊剽窃来的。不

191

过，编辑的工作也并不轻松，因为各邦政府常常作出一些严格的规定，不准刊登可能使他们有意怀柔的某国政府感到不快的国外消息。尽管存在着重重障碍，但是报纸仍然一步步取得进展。随着工商业的日益自由，广告显得更加重要。新闻的传递开始快了起来，柏林和德意志西部、荷兰、法国之间建立了每日往返的邮政制度。这就使柏林的两家报纸——《福斯报》和《施彭纳报》在 1824 年得以每日出版；正如《福斯报》的编辑给国王的信中所说，公众更多地参与政治事务，通过每天的广告，贸易和商业得到了发展。1823 年，《施彭纳报》把第一台蒸汽印刷机引进柏林。普鲁士的报纸总发行量，根据印花税统计表，在 1823 年为 35516 份，1830 年则上升到 41049 份。

在欧洲的其他许多国家中，情况并不比德意志更好一些。在意大利，只能办文艺性的报刊。1818 年米兰有一个主张建立强大的、统一的意大利的团体创办了《和解报》，但是翌年在奥地利政府的压力下，这家报纸只好停办，尽管它的许多主张在《世界统计年鉴》上重新出现。1821 年在佛罗伦萨创办的《文萃》也很重要，它一直维持到 1833 年才停刊。在所有这些报刊以及类似的评论性刊物中，都强调需要对意大利的经济和文化体制进行改革；在《文萃》和其他期刊的撰稿人中有年轻的马志尼。在镇压的力量较轻的其他国家里，报刊对自由主义思想的胜利起了很重要的作用。在瑞士，1815 年以后一直进行严格控制；1823 年巴塞尔甚至完全禁止报纸出版。然而，在 20 年代后期，通过像《阿彭策尔报》（1828 年）及《新苏黎世报》（1821 年）一类的报纸，大大推动了自由主义的浪潮。在北方的一些国家里，也发生了冲突。虽然荷兰宪法保证出版自由，但这种权利却受到政府法令的限制，荷兰政府惩办了表达南方诸省的不满的一些比利时新闻记者。当以精干的新闻记者路易·德·波特为首的比利时自由主义者与天主教徒携手联合一致的时候，形势更加恶化了。1828 年，比利时议员夏尔·德·布鲁凯尔争取废除 1815 年关于报刊的法令没有成功，同年，波特因在《低地国家信使报》上发表一篇文章而被科以罚金并且入狱。次年，王国的南方诸省积极进行请愿，出版自由是请愿者提出的要求之一。波特依然积极攻击政府，因此 1830 年 4 月，他由于在报纸上发表文章鼓吹成立一个支援那些抵抗政府的人们的协会而被放逐。报刊不断攻击荷兰的统治，而政府也不断予以惩办，终于在 1830 年 8 月爆发了革命。在瑞典，政府在 1812 年也得到了取缔敌对性报刊的权力，而且恣意使用这种权力。可是，像《阿梅卡伦报》（1816—1820 年）和《守卫报》（1820—1836 年）一类的反对派报纸越来越重要了，它们鼓吹自由派的纲领，主张改革四院制的议会和建立代议制政府。

　　政治上的自由主义是思想的主要潮流之一，它通过欧洲思想和行动的渠道时起时落。1815 年以后，自由派的流亡者在许多国家的人民中间结成了一条同情和理想的国际纽带，正如在上一个世代法国流亡贵族以完全不同的方式所结成的那样。自由主义并不是唯一的国际性运动。以扩大发行《圣经》为宗旨的圣经会，从英格兰（在英格兰，1804 年创立了英国和外国圣经协会）发展到其他许多国家，一度受到沙皇亚历山大一世的热情鼓舞。在文学界和文化界，这正是浪漫主义高奏凯歌的时代。就整体来说，浪漫主义在政治上同情保守派，它的理想是中世纪过去和谐的和僧侣统治的秩序。它遍及欧洲所有的国家，但是，它的真正中心却是德意志，它的胜利使德意志成为欧洲思想的真正中心。这个时期也是唯心主义哲学的伟大时代。从康德开始，相继传到费希特、黑格尔和谢林。浪漫主义和唯心主义都是这些人物的信条。他们认为，人并不是一个孤立的理性的个体，而是传统的群体的一员，是民族的一员，他所继承的感情的东西像理性的东西一样多。对于哲学家来说，真正的个性并不在于孤立，而在于承认人在伦理世界的地位并且尽到人在这一世界的本分，而黑格尔把伦理世界与世俗国家等同起来。18 世纪是一个伟大个人的时代，19 世纪则是集体和民族奋发的时代。对于人类大众来说，可能需要更大的自由和更平等的权利，然而，这是从一种社会背景（历史的、政治的或文化的）之中来观看的。对过去的尊重是要从对历史记录进行的更值得尊重的考察来观看的。在法国，1821 年就创立了巴黎文献学校；德意志的大部头原始资料汇编《德意志历史文物》于 1826 年开始问世。在当代世界中，舆论被认为是一种巨大的社会力量；在政治方面，大家都知道，舆论的最重要表现是要通过报刊；在社会和文化方面，人们认为中小学和大学是通往新世界的关键，而新世界是以更深刻地了解人类个性为基础的。

　　最主要的是一个脉络，就是自由和精神自发性的脉络。社会和学校的职责应该是不使儿童学习无益的死知识，而是发挥独立生活的能力和儿童内在的力量。这本是卢梭的思想，然而他却把这种思想主要用于个人的发展上。19世纪的任务是把他的思想不仅用于少数天才，而且用于全体人民群众。冯·施泰因男爵在他1807年的《拿骚备忘录》中谈到要鼓舞人民能够真正参加国家的工作。普鲁士的改革家们在约翰·海因里希·裴斯泰洛齐（1746—1827年）的著作中找到他们可以采取的手段。裴斯泰洛齐早期屡遭失败，第一次获得成功是在斯坦兹教育一群在瑞士1798年革命的动乱中成为孤儿的儿童。后来他创办了几所学校，声誉日益提高（尤其是在德意志），欧洲各地都有学生来他这里就学。他是一位实践家，并不是一个哲学家，他的基本思想是：教育应该从儿童本身出发，而不是从最终希望儿童成为什么样的人的抽象理论出发。基本途径是依靠感觉印象；一旦开动机器，儿童就会自己教育自己，因为一切教育的最重要部分是自我发展。"对于人的一切教导"，他写道，"不过是帮助大自然按照它自己的方式去发展的艺术；这种艺术主要依靠儿童所获得的印象与其发展能力的精确程度之间的关系与协调一致。"[1] 卢梭在《爱弥尔》中所讨论的不过是个人情况，而裴斯泰洛齐所关心的却是普通人民以及提高他们的一般生活水平。他的教育思想是一种深刻的社会思想。整个人类的需要与单个儿童的需要是相同的，而穷人的孩子比富人的孩子需要更好的教育。

费希特在《对德意志民族的演讲》中采用了裴斯泰洛齐的思想；这些思想影响了普鲁士制定教育政策的官员和必须执行这一政策的教师们。这些思想从根本上鼓舞人们相信：国家的责任是教育它的人民读书和写作，这不仅是出于功利主义的原因，而更重要的是因为国家有责任发挥它的公民们的新的力量，以便成为比他们以前更加完美、更加发达的人。裴斯泰洛齐的著作在英国是为人所知的（1827年出版了他的一些早期书信的英译本），即使我们不能证明有什么直接因果关系，反正在同一时期的英国思想家当中，也怀抱着同样的关于自由、自发性和发挥力量的思想。边沁的教育思想比裴斯泰洛齐的更讲

194

---

[1] J. H. 裴斯泰洛齐：《格特鲁德怎样教育她的孩子们》，L. E. 霍兰和 F. C. 特纳译成英文，E. 库克编，第4版（伦敦，1907年），第26页。

求实际，但是在功利主义学派中，尤其是在詹姆斯·穆勒的学说中，可以看到同样的自由和自我活动的观念。穆勒说，任何阶级都不应排除于教育之外，因为教育的存在是为了传播幸福的艺术。虽然知识、道德和幸福未必能够完全结合在任何一个人的身上，但是肯定能够完全结合于各阶级和各民族之中。这一时期英国最重要的教育思想家罗伯特·欧文也具有同样的论调。他深信 18 世纪的关于人的性格皆由环境造成的传统说法是正确的，认为治理得最好的国家乃是最关心教育本国公民的国家。他觉得，这种教育必须教导公民成为有理性的人，这几乎是当时的平民教育制度并非想要完成的工作。问题是很实际的："用理性教育任何人民，他们就会变得有理性。向受过这种教育的人提供正当的和有益的职业，他们就会非常喜欢这种职业，而不喜欢不正当的或者有害的工作。"① 但是这种正当而有益的职业，没有文化的穷苦人并不是唾手可得的。国家在这项工作中一定要担负主要的责任。英国平民教育制度的奠基人之一詹姆斯·凯－沙特尔沃思爵士也得出同样的结论；他在 1832 年认为教育是解救曼彻斯特工人们的痛苦的一个重要手段："因此，没有文化的人正应该由国家关心。"②

　　寻求自由与自我发展，对裴斯泰洛齐和欧文来说，主要是关心对人民的教育。德意志的思想家们，特别是威廉·冯·洪堡，在中等教育和高等教育中也追求同样的目标。在 18 世纪，德意志高等教育的传统大体上是讲求实际的；大学存在的目的是训练人才为国家服务。19 世纪初叶，费希特和神学家施莱艾尔马赫等人开始计划在柏林开办一所新大学，其目的不是制造官僚，而是提高思想修养。耶拿战役的失败对他们的计划似乎是灾难性的；事实上，这次失败使普鲁士人更深刻地考虑自己国家的未来。显然必须创造一些新的资源；其中有些应该是物质的，另一些应该是精神的。国家必须挖掘新的精神潜力；它必须用精神力量来弥补物质方面的损失。这些思想并不是在 1809—1810 年间担任内政部宗教和教育司司长的洪堡所特有的，但是他比其他同代人阐述得更加全面。他亲自致力于个人的发展和自

195

---

① R. 欧文：《新社会观》第 3 版（伦敦，1817 年），第 65 页。
② 詹姆斯·凯－沙特尔沃思爵士：《回顾民众教育的四个时期：1832—1839—1846—1862》（伦敦，1862 年），第 60 页。

由，认为教育在其每个阶段都必须以尽可能最充分地发展个性为基础。他的思想中以及当时德意志文学界的伟大人物如赫德尔、歌德和席勒等人的思想中的巨大力量，乃是希腊人思想中的巨大力量。正是由于研究希腊世界，不仅是咬文嚼字、学究式地研究狭义的"古典教育"，而是鉴赏其全部语言、历史、文化和艺术，像伟大的语文学家 F. A. 沃尔夫那样的人才找到了充分自我发展的关键。这是实现完全协调的途径，是认清人不是因其所知或所能，而是因其本身的存在才有价值的途径。新人文主义的理想，原来是少数贵族的理想，已被洪堡带入高等教育和中等教育的主流之中。他直接担任公职的时间很短，但是他的工作的效果却是永恒的。

对于洪堡和一些有同样想法的人来说，教育是启发国民精神力量的关键。1810 年 10 月新成立的柏林大学就是旨在整个德意志推广普鲁士的影响，发扬整个德意志民族的精神。尽管它是一个国立的机构，却保持各学院的传统社团组织和某种自治权。在学术上，柏林大学的标准从一开始就很高。在其他各邦，许多古老的大学几乎都在同时进行改革。海德尔堡大学在 1802—1803 年间由巴登政府改组。在巴伐利亚，国王路德维希一世于 1826 年在慕尼黑建立了一所大学，这所大学相当于信奉天主教的南方的柏林大学。普鲁士政府在新获得的西部诸省境内于 1818 年创办了波恩大学。在这些大学以及德意志的其他大学里，制定了大学学习和研究的近代标准。教授们都是为追求知识而追求知识的学者。强调独立学习和研究，而不是要求机械式的死记硬背。在每一个学术部门——在古典语文和历史中，在德意志研究中，在法学中，在哲学中，在历史中和在科学中，德意志人都是出类拔萃的。有许多来自异域的学生，其中有爱德华·埃弗雷特和乔治·蒂克纳，他们在 1815 年到达格廷根，是络绎前来的美国学者的第一批。

促使德意志各大学获得新生的精神因素也对中等学校产生了巨大影响。新人文主义又再度成为最主要的力量，而真正起带头作用的乃是语言学家。从旧的拉丁学校演变而来的大学预科（中等学校）有为大学准备学生的权利。在普鲁士，1810 年实行中学教师考试；逐渐形成一个脱离教士而独立存在的教师职业。始于 1788 年的最后毕业考试，1812 年又重新进行，同年采用大学预科学习的标准方案，

196

其基础是在 10 年期间学习拉丁文、希腊文、德文和数学，旨在进行通才教育。1817 年单独成立了教育部，1825 年，地方教育行政机关也脱离了主教会议。这种发展并不是完全一帆风顺的，在 1819 年，为中小学教育制定普通学校法的方案毫无结果；但是，到 1840 年国王弗里德里希·威廉三世去世时，教育部长冯·阿尔滕施泰因及其助手约翰内斯·舒尔策已经改进和完成了普鲁士大学预科的学习和人员的组织工作。虽然各地有所不同，例如在弗里德里希·蒂尔施的影响下，巴伐利亚的课程就比普鲁士的课程更具有纯古典精神，但是德意志其他各邦的发展情况大致是一样的。

在反动时期，如在 1815—1830 年间，各国政府对大学里的思想自由或言论自由自然是非常惴惴不安的。普鲁士和德意志其他各邦所进行的改革的结果，使政府对大中小学的权力加大了。洪堡及同一时代的其他一些人真诚地为自我表现和个人自由而奋斗，尽管他们认为政府的活动是实现这些目标的唯一途径。在他们的继任者掌权的时候，就不是注重个人自由，而是倾向于国家控制了。洪堡曾经希望柏林大学有自己独立的收入。他的继任者冯·舒克曼予以反对，因为这样就削弱了国家对这所大学的控制，因此这个主张遂被搁置一边。冯·阿尔滕施泰因宣称：大学不是国中之国，不应该干出有害于总的政治局势的任何事情。在 19 世纪 20 年代，普鲁士发布一系列法令，限制学童私下阅读书籍，命令他们学习"真正的"，而不是"肤浅的"哲学，并且指示班主任监督本班学生的活动，并报告学生们离校后的情况。政府的活动虽然从一种意义上说是扶植和发展教育事业，而在另一种意义上却是束缚和阻碍教育事业，这是不足为奇的。

革命时期的德意志作家们看到了民族在一种文学潮流或者一种世界潮流中担负的任务，而德意志在各民族的国际文化活动和友好活动中在发挥自己的作用。费希特的《对德意志民族的演讲》（1807 年）是上升的德意志民族主义的主要文献之一，它就是以上述思想为基础的。费希特认为，重建国家的唯一道路是：要采取一种不仅能够培训有文化的阶级，而且能够感化全体人民的国民教育制度。他认为，他在裴斯泰洛齐的思想中已经找到了完成这项任务的方法。研究和实行这种方法是国家的责任，国家由于忽视宗教和道德已经落到目前的地步。国家在采取这一方针时，也可能遭到反对，但是绝不要推行比已

经实施的义务兵役制更激进的东西。这种比拟是很有趣的。事实上，
公民上学的义务是与他服兵役和纳税的义务有密切联系的。两者之间
的矛盾是不可避免的：一方面是确信个人的创造性活动，一方面又同
样深信教育制度必须在道德和行为中产生一种固定不变的典型，一种
被人独自认定是正确或健全的典型。1815 年以后，学术界对德意志
的见解多半是属于自由派的，不仅在学生中如此，在教授中也是如
此；1819 年，柏林大学教授德韦特在科策布死后被解聘，因为他与
谋杀科策布的凶手赞德的家庭有交往。早期自由派的领袖就像是弗赖
堡大学的罗特克以及基尔、格廷根和波恩大学的达尔曼这样的教授。
不过，在德意志的知识分子中间有一种持续不变的传统，即自由创造
精神高于对一般政治的日常关心。1798 年洪堡写信给歌德说："我不
为政治事务操心。"① 这种传统一直继续下来了。斯塔埃尔夫人很尖
锐地指出：德意志思想家在知识活动中很敏捷，而对政治事务则很迟
钝。民族的天才在哲学问题上已经达到登峰造极的程度，但是也带来
这样一个后果：那些"不起来提高最轻率的概念"的人就没有真正
的目的。"在德意志，一个不专心致志去理解整个宇宙的人，实际上
就无事可做。"② 于是，国家就乘虚而入，所向披靡，完全占领了一
切阵地。

　　不过，在拿破仑时期的法国可以见到政府在教育领域中的活动的
最合乎逻辑的发展。不论是 18 世纪的思想家们，或是革命时期的政
治家们，都认为教育是国家的一种主要职能，虽然革命的议会只不过
提出一系列有趣的方案而已。当时第一执政正在恢复法国的各种制
度，他当然对教育是关心的。他发现自己正处于一切都飘飘荡荡的革
命潮流中，他是一个日益兴旺的帝国的主人，而这个帝国却没有各种
帝国的制度。他希望学校培养出缔造一种新型社会的人才。他想要谆
谆教诲的是秩序和忠于他的政权的精神。他很难指望他的同代人普遍
接受这一点，但是他怀抱着去指导下一代人思想的希望。为了达到这
一目的，他非常乐于去利用天主教，但完全要按照他自己的主张。他
永远当主宰者。他的目的是很清楚的。他所需要的是一个具有固定原

198

---

① F. 迈因克：《论世界主义和民族国家》（慕尼黑和柏林，1908 年），第 52 页。
② 斯塔埃尔夫人：《德意志》，英译本，3 卷（伦敦，1813 年），第 1 卷，第 172 页。

则的教学实体。没有这种原则，国家就永远不能形成一个国家，就会不断地处于动乱和变革之中。必须找到一种指导政治舆论和道德舆论的方法。

他的计划花了一些时间炮制出来了。第一个步骤是共和十年花月11日（1802年5月1日）的法律，此法规定在每一个上诉法院所在地建立一所公立中学。它们主要是寄宿学校，并把大批奖学金发给军人和官员的子弟。这种学校取代了中心学校，在形式上类似陆军子弟学校。陆军子弟学校是巴黎的一所主要寄宿学校，也是由督政府建立的。此外，公社或私人均可兴办中学，虽然私人办学校需要当局的批准。初等教育实际上受到忽视，对它兴趣不大，又没有钱。如果各学校要按照拿破仑的意图完成自己的目标，那就需要有一个完全依靠政府的全国性组织。大革命前的思想家们（如杜尔哥）和议会的雄辩家罗朗早就有这种想法。这是用世俗形式来体现的耶稣会士们的思想，对拿破仑肯定发生了影响，尽管男子教学公会由于依附于外部权威罗马，一般来说并不合乎他的心意。拿破仑看来是在1805年2月初次形成建立这样一种教学组合会的想法的。1806年他下令开办教育总署，1808年，教育总署正式成立。教育总署是一个世俗的教学组合，有等级组织和严格的纪律。最高的领导者是听命于皇帝的总长和评议会。在这一中央组织下面，法国被划分为若干"学区"，各个学区由学区长来领导。总长和评议会制定教育方案，每个教师只能按照政府计划所规定的内容进行教学。私人办教育并不受压制，只是被纳入庞大的组织之中，这个组织旨在联系所有高等学校和中学教师，以便使他们都感到自己是一个整体的成员，从学校的最低位置直到政府的最高位置，都由一根链条拴到一起。根据1808年的法令，教学的基础是天主教教义，对皇帝和皇朝的忠诚，以及遵守教育总署的以造就"热爱宗教、热爱君主、热爱祖国、热爱家庭"的公民为宗旨的规章。

这些新制度的精神在实际上是天主教和保守派的精神。富尔克罗瓦自1801年起就主管教育，但由于有过一段革命经历，未被任命为总长。这个职务落到信奉天主教的丰塔内的身上，评议会充满了强烈的反革命气氛。因此，天主教在学校中的势力当然很强，而且当然要竭力维护宗教的正统观念。不过私立学校（一般说是天主教学校）

却在政权下面遭到很多的磨难。它们被迫拿出一部分学费充作教育总署的基金，而且他们至少在理论上必须派遣学生到公立中学和社会办的中学去听课。1811 年，更严格地管理私立学校的规定制定了，继而又采取了控制那些"小神学院"（即为主教管区神学院培养牧师的学校）的措施，而实际上这些"小神学院"招收了许多不准备担任圣职的学生。

在高等教育方面，拿破仑保留了在大革命期间建立起来的职业学校。曾于 1795 年短时间成立的高等师范学校，原为培养在中等教育中担任高级职务的人才，1808 年又重新建立起来了。除这些学校外，高等教育就掌握在神学院、法学院、医学院、理学院和文学院的手里，其目的完全是实用的，即培养为国家服务的人才，保证在需要时有训练好的官员。1808 年规定的业士学位考试也具有同样目的，即为担任文职官员开辟道路。值得注意的是，当德意志的大学教育正在向广度发展的时候，法国的大学教育主要追求纯功利主义的目的。拿破仑政府的确对科学显示了真正的兴趣。在 19 世纪最初几十年间，法国在欧洲的科学思想中实际上处于领先地位（见第五章）。督政府创办的中心学校的课程都有很强的科学性。但是，在这些事情上，拿破仑却在较新的思想和旧秩序的古典主义之间采取中间路线，教学纲领偏重于古代语言，而且也是以维护政权的安全为方针。这位皇帝对批判性思想的仇恨，从他在 1803 年取缔法兰西研究院（1795 年成立）的伦理学分部一事就暴露出来了。

在 1814—1815 年的动乱之后，这种由国家控制的制度原封不动地保留下来，而且由复辟的波旁君主政权继续推行下去。波旁王朝复辟时期的主要问题皆与宗教和个人自由有关，在这个总题下最容易考察。在东欧和南欧诸国中，国家的控制甚至更加严厉。在意大利，法国行政当局曾对那不勒斯大学进行改革，并在比萨建立一所培养师资的师范学院。1815 年以后，这些改革均被废除，师范学院也关门了。在奥地利帝国，对教师和教学大纲的控制特别严密。1821 年，皇帝在莱巴赫对大学预科学校的教授们说："现在到处流行新思想，对这些，我永远不能也不愿意赞同。一定要铲除它，而坚持积极的东西。因为我不需要博学之士，只需要合格的公民。把青年造就成这样的公民是你们的任务。凡是为我服务的人，就必须按照我的命令进行教

200

学。谁要是办不到这一点，或者是来传播新思想的，可以自动离校，
否则我会辞掉他。"① 当亚历山大一世的统治快要结束时，类似的思
想在俄罗斯帝国日益有影响。他在位初期，曾对教育做了很多工作。
教育经费大大增加，成立了教育部，在哈尔科夫和喀山创办了新的大
学，在圣彼得堡建立了一所教育学院，1819 年改为大学。1804 年公
布了大学章程，给予大学以相当大的自治权，并把每个大学列为全国
划分的各学区之首。在波兰王国也实施一种宽大的政策。1807 年，
在新的由法国控制的华沙公国就建立了一个教育厅，为小学和中学做
了许多事情；1816—1817 年又在华沙建立一所新大学。然而，在
1815 年以后，由于反动势力日益猖獗，这种良好的工作大多停止了。
书报检查制度加紧了，把教育部并入圣主教公会，大学受到严密的监
视，有些教授被解聘了。在 1830—1831 年的波兰起义之后，维尔纽
斯大学和华沙大学都被关闭了。新沙皇尼古拉一世的思想在 1828 年
的一项规章中得到体现，它将地区学校和大学预科学校分开，并且指
定后者只许招收贵族和官员的子弟。又说：如果不保持阶级的区别，
教育就可能变成危险的东西——这一点今后必须更广泛地注意。

201　　　　与所有这些国家形成对照的是英国和文化上依然是英国殖民地的
美国。这两个国家都把教育寄托给私人的首创精神或者是慈善活动。
美国的新英格兰诸州有关心这些事务的老传统，但是在整个共和国发
展一种小学体系，其进展必然是缓慢的。一些大学——哈佛、耶鲁以
及比它们年轻的姐妹学校——在人力、物力方面，以及办学目标方
面，仍然是有限的。在这个新成立的国家中，只有一个重要的领导人
既能深刻地考虑教育问题，又对这种问题有实际兴趣，这就是托马
斯·杰斐逊。他在一生事业中，都希望在弗吉尼亚建立一个从小学到
中学、从中学到大学的综合体系。他是弗吉尼亚大学之父，该大学是
1819 年由州议会批准建立的。杰斐逊制定了这所大学的蓝图；他费
尽心机聘请有能力的教授，而且往往是从国外请来；他渴望以最开明
的方针来管理大学，使学生得以自由选修当时在美洲还无人知道的课
程。不过，美国教育的这种独特传统直到 1830 年才开始形成（见第
10 卷，原文第 116—117 页）。

---

① R. W. 塞顿－沃森：《捷克人和斯洛伐克人的历史》（伦敦，1943 年），第 165 页。

英国在斯图亚特王朝统治时期，国家未能对它的教育机构进行任何真正的控制。1688 年以后，它放弃了这种企图。英国人认为，应该让古老的独立社团，或者依靠私人的努力去完成这一任务。属于第一类的是牛津大学、剑桥大学和旧式文法学校。这些学校都有许多弱点，虽然在 1830 年以前已经有了 19 世纪伟大改革的先兆。在牛津，1800 年已经实行一种新的考试规程；而在剑桥，高标准的数学荣誉学位考试为取得荣誉开辟了一条虽然狭窄但是严格的道路。批评的声浪越来越大，特别是来自那些拥护学费少而效率高的苏格兰各大学的人们。在中学里，伟大的一代公学校长的先驱者们已经在工作了。塞缪尔·巴特勒于 1798 年任施鲁斯伯里公学校长，托马斯·阿诺德于 1828 年任拉格比公学校长。旧的大学和文法学校在宗教上是信仰英国国教的，宗教甄别的存在是 1828 年建立非宗派主义的"伦敦大学"（现代伦敦大学的前身）的一个重要原因。国家也开始施加更大的影响。功利主义者在为此而努力，因为正如边沁所说，教育"只是通过地方行政官来进行工作的政府"。1816 年的贫民教育特别委员会揭露了在管理慈善信托方面的许多弊端，并且导致后来为进行更有效的控制而制定立法。1827 年派出一个委员会去访问苏格兰各大学，尽管在 1858 年以前没有根据该委员会的报告采取行动，但它是后来对牛津和剑桥进行调查的先兆。在初等教育方面，1807 年惠特布雷德就曾提出建立教区学校总体系，尽管在英格兰，1830 年以前政府并未采取帮助初等教育的直接行动，而爱尔兰经常是试验国家活动的新方式的场所，在那里，早在 1815 年国家就向基德尔地区协会提供援助了。到 19 世纪初叶，英国人已经认清教育人民是一个巨大的问题。如果国家本身不承担这项工作，唯一足以胜任的其他机构就是教会了。

在英国也像在其他国家一样，教会和教育之间的传统关系是根深蒂固的，而且并不像 18 世纪的德意志那样，日益增长的国家权力没有使这种关系消逝。在教育领域内，私人组织与由地方首创的中央组织相结合的这种典型的英国形式，可以追溯到 1698 年创建的基督教知识促进会，该会成立初年对建立慈善学校是十分积极的。也是由私人兴办的主日学校，在 18 世纪 80 年代就开始发展起来。19 世纪的英国人，除极少数外，全都认为教育应该以宗教为核心。有一些重要

202

的思想家，如欧文和边沁，是宗教与教育分离论者，但分离思想对全国大多数人所产生的影响微不足道。但是，如果说大多数人认为宗教应为教育的基础，至于其内容如何，则有很多不同的见解。最尖锐的分歧产生于信奉国教者和不信奉国教者之间，而在这段时期中，不信奉国教者的势力正在增长。1828年，随着宗教考查法与市镇机关法的撤销，不信奉国教者终于获得政治和社会的平等。英国初等教育中的宗教问题也经常被归纳为一个简单的公式——"国教对不信奉国教者"，其实严格的教派观点和不严格的非教派观点之间的分歧，并非和信奉国教者与不信奉国教者之间的分歧完全一致。不过，英国圣公会教士安德鲁·贝尔鼓吹成立的全国贫民教育协会（1811年）和贵格会教士约瑟夫·兰开斯特鼓吹成立的英国和外国学校协会（1814年）确实是对立的，一方主张比较严格地根据教义去教育人民，另一方则主张采取比较非宗派的态度。同样确实的是，随着这两个协会都在加紧活动，彼此的分歧就更加尖锐，而教派对峙问题也更加激化。1805年特里默夫人写信给贝尔说，兰开斯特的计划是一种有组织的企图，它要"教育全体老百姓，完全置本国宗教于不顾"。①全国贫民教育协会本身的建立本来就是由圣保罗大教堂的一次慈善布道促成的，这次布道告诫国教信徒们说，他们必须团结起来为国教谋福利。1830年，两个协会就已经扫除相当多的国内大量存在的文盲，尽管还有很多文盲有待于扫除。英国初等教育的发展，到底在多大程度上受到宗教对立的阻碍，这是很难估计的。千真万确的是，当国家本身不能发挥任何积极作用的时候，如果没有这两个协会，则将一事无成。

　　在英国，宗教对立是由两个教会本身相互斗争，而国家则是在幕后当仲裁者。而在欧洲的其他一些国家中，这种冲突把国家本身也卷了进去，形成国家与教育之间的关系问题，从而表明个人或团体与权力不断增大的国家机构之间的斗争的一个侧面。在拿破仑统治下的法国，已经明文规定天主教是教育的根本基础之一，但是，国家与宗教观点之间几乎没有什么真正的谅解。信仰天主教的资产阶级虽然企图使学校天主教化，但他们一向把国立学校看作反对宗

---

① R. 索塞、C. C. 索塞：《安德鲁·贝尔牧师的一生》（伦敦，1844年）第2卷，第136页。

教的，国立中学充满了在反教权的气氛中成长、对宗教很少有用的文武官员的子弟。在复辟时期，天主教舆论的一般态度是：它不要求结束国家的垄断，也不要求独立于政府而经营天主教学校的权力，而是力图使现存的体系进一步接受天主教的控制。事实上，直至波旁王朝政权最后几年，人们对国家垄断和教育自由的问题是不大关心的。

在 1815—1830 年间，法国舆论所面临的重大问题，如在另外一节所述的，就是自由过少而教权主义过多。天主教反动势力取得的一些重大胜利是在学校之中。1822 年恢复教育总长一职，由埃尔穆波利斯的主教弗雷西努斯阁下担任，此人于 1824 年担任宗教事务大臣（公众教育归该部管辖）。1822 年，高等师范学校受到取缔，基佐和维克托·库赞失去教授的席位。复辟政权对初等教育比拿破仑关心得多，1824 年将初等教育置于主教们的控制之下。小神学院的数目和声望日益增长，耶稣会士们又慢慢回到教学的岗位上来。当维莱尔政府被马蒂尼亚克政府所取代的时候，1828 年的敕令严格限制了教会在教育事务中的权力。主教失去了他们对小学的大部分控制权。禁止未经批准的修会的成员（实际指耶稣会士）担任教师。小神学院也受到限制。假如国家不支持教会的要求，天主教徒会采取什么态度呢？一般来说，他们趋向于要求教育自由，以便使他们可以把自己的孩子放到他们感到合适的学校里去培养。教会的利益，正如天主教思想家拉梅内当时所主张的，就在于得到教育自由、信教自由和出版自由。本来可以期待自由派抱有同样的观点，但在实际上，他们非常害怕教士（特别是耶稣会士）的影响，不敢完全坚持他们的自由主义。

在尼德兰联合王国，由于天主教会和新教政府之间的矛盾、荷兰语和法语之间的矛盾，以及荷兰人和比利时人民族感情之间的矛盾，问题就更为复杂了。巴达维亚共和国政府在 1806 年通过了关于初等教育的一项十分全面而且有效的法律，其中按照 18 世纪启蒙运动的精神，包括一种极为广阔的并非教条主义的宗教教育。荷兰政府在 1815 年以后虽然并未立即在信仰天主教的比利时各省推行这一法律，但它对那里的初等教育的确很感兴趣，因而在教科书和教室使用的语言的问题上引起争论。在南方操佛兰芒语的诸省中，以荷兰语当作国

204

语的官方政策也很不得人心。国王威廉一世为了有利于国家统一，急欲控制天主教和新教，他的教会政策的精神实际上与拿破仑的政策一脉相承。荷兰政府一般是敌视天主教的，与教士统治集团发生过很多纠纷。政府想要控制对教士的培育，这显然是一个发生摩擦的领域之一。1825 年，政府命令关闭小神学院，像在法国一样，小神学院是进入主教管区神学院前的教士预备学校。准备当教士的人必须先进国立学校，然后进入卢万的哲学院；他们从哲学院毕业才能进真正的修道院。政府进一步规定，在国外受教育的教士不得在王国内担任圣职。20 年代后期，比利时人反对和荷兰联合的情绪高涨，教育问题是造成麻烦的一个重要原因。教育自由，也像出版自由一样，是1829 年南方诸省请愿者所提出的要求之一。1828 年，比利时的天主教徒和自由派达成共同行动的协议。自由派由于法国维莱尔内阁的倒台受到鼓舞。天主教徒受到爱尔兰的奥康内尔的榜样以及拉梅内思想的新转变的影响。1828—1830 年间，比利时报刊抨击荷兰的政策，这在前面已经提到。1830 年，政府停办哲学院，并对学校问题以及使用法语问题作了让步，但这些措施都太晚了，无法挽回南北两部分205 之间的关系（见第十七章，一）。

　　如果说不论在何地教会和政府都是死对头，那当然是夸大了。在斯堪的纳维亚、奥地利和德意志各邦中，两者紧密无间地合作。维克托·库赞在他关于德意志教育情况的报告（1833 年）[1] 中，谈到德意志教派影响的力量，虽然他认为和其他各邦比较起来，在普鲁士，教士的精神比较弱，而政府的精神比较强，国家权力的概念本身就深受宗教法规的影响。普鲁士的思想家们认为上帝和祖国是相辅相成的力量，他们倾向于把正统观念和服从等同起来。库赞的报告表明，普鲁士的教士们在初等教育中积极合作，他认为这是普鲁士小学兴旺发达的主要原因之一。在其他原因中，他特别指出的是：国家和地方当局在学校管理上相互合作；1794 年的"全国通用法律汇编"中重申强迫入学的原则，并对宗教问题作出开明的规定，即不强迫信仰不同的儿童都接受学校提供的宗教教育。在提高教师和学生们的教育水平方面，一项特别重要的办法是建立许多教

---

[1]　V. 库赞：《论德意志一些邦、特别是普鲁士的公共教育》，第 3 版（巴黎，1840 年）。

师培训学院。在 1808—1826 年间，新建学院 17 所，它们确实是向前迈进的先锋队。根据 1831 年的统计，王国内 7—14 岁的儿童估计约为 200 万，而小学生则相当于其中的 99%。奥地利所达到的水平要比德意志的许多邦低得多，但玛丽亚·特蕾萨、约瑟夫二世和弗兰茨二世都制定过关于学校的法令（弗兰茨二世 1805 年制定《德意志人学校基本章程》）；在奥地利王室领地中，有相当大的一部分儿童至少接受了一些教育。

政府狠抓教育并且取得成功的另外两个国家是荷兰和丹麦。前者在 1789 年以前的年代里，通过私人办学对改进人民教育作了相当的努力。1798 年在新的巴达维亚共和国设立了教育部。前面已经提到的关于初等教育的法律形成荷兰教育制度的永久基础。除具备合格证件和一个特定学校的聘书外，任何人均不得任教。每个区有一个督学，全体督学组成公众教育地方委员会。内政部颁布了学校一般法规。1811 年法国科学家居维叶访问荷兰时，发现几乎全部儿童都已入学（虽然并非义务教育），老师都很出色，而且薪金优厚，视察制度的效率也很高。在丹麦，建立一个全国性的教育体系本来是重新组织丹麦农村社会的改革浪潮的一个支流。1789—1814 年间存在的最高学校委员会草拟了一个乡村学校规程，于 1806 年在岛屿各主教区开始实施，1814 年在整个王国推行。儿童从 7 岁到行坚信礼（一般为 14 岁）必须强迫入小学（见第十七章，二）。

英国对当时教育实践的主要贡献是以欧文为先驱的幼儿学校，以及互助制，或称兰开斯特制。拿破仑战争结束以后，这种制度曾在丹麦产生过虽然短暂但是巨大的影响。俄国的亚历山大一世对此很感兴趣，在瑞士曾被多明我会的教育家、弗里堡的吉拉尔神父使用过，在美国也流传很广。互助制大概是由贝尔和兰开斯特各自独立采用的，虽然关于它的真正创始人有很多的争论。贝尔在马德拉斯的一个礼拜堂当牧师时，曾任儿童收容所监督。由于他发现老师们不能胜任，他就逐步让比较先进的孩子去教别的儿童。老师一旦掌握这种方法，就能够利用年长的孩子或者班长传达他的问题、检查答案、测验其他的孩子等，可以同时管理很多学生。约瑟夫·兰开斯特认为这种制度是他的发明，他说："按照此种办法，任何能读的孩子就能教；而比较落后的孩子也可以按照共同的模式去做通常由教师去做的事情，因为

能读的孩子就能教，尽管他对此一无所知。"① 这个方法的优点当然
在于它十分省财，能够以很少的财力而开始普遍建立学校。它的严重
缺点是死板而做作，因此与裴斯泰洛齐为代表的伟大的教育自由运动
形成对立；再有，它并没有真正认识到教师工作的重要性和复杂性。
当贝尔访问裴斯泰洛齐的时候，尽管贝尔对裴斯泰洛齐其人十分钦
佩，却认为他应该辞退 4/5 的教师——这是不足为奇的。

207　　　兰开斯特制是一条死胡同，最后，到处都把它抛弃了。然而，它
在法国却有助于提高人们对初等教育的兴趣。1815 年成立的初等教
育改进会在创办学校方面表现了很大的积极性，它赞成兰开斯特制；
根据该会 1821 年的报告，它已在 1500 多所学校中采用这种制度，不
过此后数字下降了。在各种修会（其中最著名的是基督教学校兄弟
会）经营的学校中没有采用此制。一般说来，政府对初等教育相当
关心。1816 年政府拨款 5 万法郎，1829 年增至 10 万法郎，1830 年又
增至 30 万法郎。在这时候，法国的市镇一半左右都有了某种类型的
学校；1833 年又制定了普通小学法。

　　到这时候，工业主义的阴影已经开始移向欧洲，虽然过去只是笼
罩着英国。贝尔—兰开斯特的方法已经带有一些工业文明的烙印。互
助制本身就是一种在教育领域的大批生产。事实上，当时无论在工业
中还是在教育中，都竭力强调劳动分工和工厂机械化之间的联系。贝
尔说他的方法"像蒸汽机或者纺纱机，它减少劳动，使工作效率提
高许多倍"②。边沁的教育思想深受兰开斯特和贝尔的影响，他在
《著作选》中写道："利润达到最高，而费用减到最少。"③ 欧文的思
想则截然不同，这可以从他最初为工业社会条件下制定的教育理论看
出来。他认为，如果要使教育产生效果，就不应以儿童为终止；他想
要通过夜校为成人提供进一步的教育。19 世纪 20 年代在英国兴起的
技工学校，以及 1827 年在亨利·布鲁厄姆启示下建立的、以传播有
益书刊为宗旨的实用知识促进会，都是以同样的思想为背景的。但是
在这里，读书识字可能与政治发生极为密切的关系。如果人们能读，

---

① 《兰开斯特的"改进"和贝尔的"试验"的实践部分》，D. 萨尔蒙编（剑桥，1932 年），第
33 页。

② 同上书，第 69 页。

③ J. 鲍林编：《著作选》（爱丁堡，1843 年）第 8 卷，第 25 页。

他们就可能进行批评；而在英国，也和欧洲的每个地方一样，正像凯尼恩勋爵所说，官方认为：任何批评都可能"使人民对约束他们生活的宪法感到不满"①。1809年，有一个人写信给贝尔谈到这样的危险；不以确定的教义为基础的大众教育可能"在宗教和行政中都产生极端自由放任的原则"②。值得注意的是，边沁本人也感到有必要在《著作选》中否认对人民进行较好的教育会导致社会差别的消灭，并且引用苏格兰和德意志作为相反的例证。

德意志人对自己的免疫力没有那么大的信心，对这一问题是心存疑惧的。普鲁士教育大臣冯·阿尔滕施泰因不相信使老百姓得到比最低需要更多的知识的一种初等教育制度能够提高他们的原有地位。他的君主弗里德里希·威廉三世则承认自己的思想十分混乱。大众教育究竟有没有固定的界限？如果有，界限又是什么？如果没有，那就根本无从约束了。使这位国王大费思索的问题影响着整个欧洲社会，远远超出了他对这个问题表述的范围。这个社会问题像是一只解开了缆绳、通过波涛汹涌的大海驶向未知的目的地的、漂浮不定的小舟。自由派和反动派，浪漫派和古典派，教权派和世俗派——各种敌对势力在中小学和大学中，在团体和沙龙中，在报刊和议会中厮杀起来了。国家曾企图以教育来达到自己的目的，按照自己的方针制造舆论。欧洲各国人民则在国家的监护下骚动不已，要求在更大程度上掌握自己的命运。

（沈国勋 译）

---

① W. H. 威克沃：《争取出版自由的斗争，1819—1832年》（伦敦，1928年），第26页。
② R. 索塞、C. C. 索塞：《安德鲁·贝尔》第2卷，第599—600页。

第 八 章
欧洲艺术的几个方面

一 视觉艺术

这一时期虽然是欧洲艺术史上最辉煌、最多产的时期之一，但其成就并不在于表现单一的宗教的或哲学的原理。似乎没有一个时期，在其目的、个性和表现方式上如此充满矛盾；只要对比一下大卫与普吕东、透纳与康斯特布尔，或者德拉克洛瓦与安格尔的作品，这些矛盾是可以一目了然的。在建筑艺术方面，卡尔顿王府或马尔梅松宫的极度典雅与部雷或勒杜的奇突蛮石之间也出现类似的鸿沟。标新立异随着时代的发展而层出不穷；雅克－路易·大卫在十年之间从一名国民公会时代的官方画家进而成为皇帝的首席画师。最初被斥为"哥特派"和"大胡子"的安格尔，后来被尊为学院派的大师，而博学多闻的、贵族气派的德拉克洛瓦却成为色彩、豪放和异国情调的卓越代表。

这一时期之初，这些复杂现象并不十分明显。18 世纪最后 20 年中突出的艺术事件，是大卫的《荷拉斯兄弟之誓》的出现（1785 年在巴黎展出）。在这幅画中，那种随着尼古拉·普桑而消亡的严谨的纪念碑式风格赫然复活，并主宰法国艺术达整整一个世代。这幅画的主题——典型的公民美德和不顾个人安危——预示了大卫个人作为革命者所起的作用。它的朴素、简洁的风格，它的极端明净的空间，以及有意地把主要人物组合在一侧另加上去的平面上，一扫残存了三个世代的洛可可遗风。只有画面右方使人产生美感的一群哀伤妇女使人想起大卫青年时曾与布歇接触，只有他那不饰艳色的粗犷笔法使人想起他终生对鲁本斯的尊崇。

《荷拉斯兄弟之誓》的重要意义，不因大卫借鉴前人而稍有减低。像温克尔曼那样的理论家早已在鼓吹返归淡泊与单纯，提出了类似大卫的构图原则。他的门徒拉斐尔·孟斯（1728—1779年）试图以油画来阐明这些原则，尽管他那比较单调的人物群像只不过是意大利巴洛克古典主义的残存形式的重现而已。狄德罗认为应该把道德价值放在第一位，而把感官享受放在第二位，他赞扬大卫的老师维安的"巧夺天工"和"无比单纯"。这些艺术家和理论家仅仅开始了向新古典主义的温和转变；大卫的杰作则赋予这场运动以足够的势头去左右官方的审美观点达半个世纪之久。

虽然仅此一项成就就会使大卫名列大师，但这既不能解释为什么热里科对他的尊重，也不能说明德拉克洛瓦在1860年为什么说他是"整个现代派绘画和雕刻之父"。他的全部艺术力量最初表现于《圣罗克向圣母玛丽亚为瘟疫受难者说情》（1780年），在这幅画中，对角线式的紧张布局，以及在《荷拉斯兄弟之誓》绘成以前几年的泼辣笔法，清楚地显示出鲁本斯的影响。大卫艺术的进一步表现，是他毫不含糊地描绘出瘟疫受难者按捺不住的痛苦。唯有科学的现实主义与巴洛克的原则的这种结合才能解释热里科为什么尊重大卫。这种现实主义在1793年的《马拉之死》（布鲁塞尔）中达到顶峰。同时，在他的最大型的国事绘画中，是用大于实物的比例来描绘当代政治历史的情景的，这种比例以前专用于宗教的和寓言的题材。这些作品都是依据确切的文献来画成的，确切的文献本身即反映出一种新的科学观点，并为美国画家 J. S. 科普利所引用。在这类作品中，《网球场宣誓》是大卫及许多门徒所作的一系列拿破仑绘画和后来的国事绘画的原型；这幅画系1791年由立宪会议订货，只完成了精细的草稿。

在1795—1814年这一时期，大卫的作品没有重大的革新；在督政府和拿破仑的赞助下，他的作品有了一定的柔和笔触和精细线条——这也许是研究了在革命年代没有发现的希腊雕刻的结果。由于他和他的画派日益受到官方的庇护，他终于被认为是死板的古典主义的保卫者。这一观点现在仍未完全消失，用之于大卫的那些学生们也是恰如其分的，他们承袭大卫的图案形式，而以纤弱的造型和机械的轮廓取代他那有力的笔触。另一方面，大卫的比较优秀的学生所显示出的才能多样性，正是大卫本人才能的多面性质的反映。大卫的天才的各个组成部分，为弟子们分别吸取并加以发挥，后来在法国绘画中形成两个（或三个）不同的发展路线。这些路线现在称为"古典主义的""浪漫主义的"和"现实主义的"依然最为合适；它们的因素——在同一画家的作品中可能出现一种以上——对于整个法国 19 世纪的绘画是非常重要的。

211　　　　介于大卫与德拉克洛瓦那一代间的主要画家之一是安托 - 万让·格罗（1771—1835 年）。他虽然忠实于他的老师的古典主义原则，但是他 25 岁就在意大利开始充任拿破仑的各次战役的画师，从此一帆风顺。他的第一幅（也是最浪漫主义的）波拿巴肖像（现藏凡尔赛宫）记录了波拿巴在阿尔柯拉过桥的情况。格罗像他的老师一样钦佩鲁本斯，鲁本斯的狂热精神使他的作品具有新古典主义的框架。格罗在从大卫的艺术向浪漫主义艺术过渡中所占的地位的全部重要意义，从他的《拿破仑视察亚弗鼠疫病院》（1804 年，罗浮宫）一画中可以看得最为清楚。这幅画的主题是附加于战争的一种恐怖；它还强调代替传统圣人的皇帝的奇异治病（和自己不受传染）的能力。伊斯兰的背景更为后来浪漫主义派的异国情调开了先河；尽管在画某些人物时，格罗采取希腊化时期的和米开朗琪罗晚期的形式，一种超越大卫的《圣罗克》的现实主义使超自然的英雄主题有了可信性。这种古典主义的、文艺复兴的、伊斯兰的和现实主义的因素的混合，为这一时期的错综复杂现象提供了一个很有价值的答案。

我们现在不能讨论给格罗带来那么多荣誉的战争画，也不能讨论从他的一幅明快感人的 20 岁自画像（图兹卢）到上了年纪的雷卡米耶夫人像（约 1824—1825 年，萨格勒布）的一系列肖像画。

格罗主要关心的是拿破仑历史的外观和个性，而他的师兄安娜 - 路易·吉罗代（1757—1824 年）则用新古典主义的形式去表现想象的和传说的主题。他的《熟睡的恩底弥翁》（1792 年，罗浮宫）表明古典主义的形式与浪漫主义的情调是可以相容的。吉罗代的主要技法是：不合理的光与影，以精确的、纤细的和拉长的轮廓勾画温柔但是没有血色的脸谱，大有舞台设计的意味。尽管如此，他的《我相接见拿破仑的将领们》（1801 年为马尔梅松宫所作）反映出拿破仑本人也爱好浪漫主义的幻想，而《埋葬阿塔拉》的情调却期待着王政复辟的宗教复兴。

吉罗代在这方面的成就，却为一位更为博学、更有创见的艺术家皮埃尔－保罗·普吕东（1758—1823 年）的作品所压倒，普吕东在求学期间接受了教会人士以及让－雅克·卢梭的教导。在第戎，他在德瓦斯热的指导下学习，并于 1784 年获得"罗马奖"，同时已经开始了灾难性的婚姻生活。在意大利，他研究了达·芬奇、拉斐尔、柯勒乔和彼得罗·达·科尔托纳的绘画，还受委托复制了彼得罗·达·科尔托纳所绘的巴尔贝里尼府邸的天花板。回国以后，他被迫从事书籍插图。他所画的插图精致迷人，这预示了后来出现在他的大部分绘画中的，并可与柯勒乔相比拟的柔和的明暗对比。对大卫的胜利不以为然的几乎只有普吕东（和上了年纪的格勒兹），但大卫却以谦恭的雅量把普吕东比作华托和布歇。尽管普吕东一直受到一个虽然人数很少但是十分热诚的小圈子的支持，但一直到 18 世纪 19 世纪之交，他才得到一点官方的垂青。然而，到了 1796 年，他在《乔治·安东尼》（第戎）和《安东尼夫人和她的孩子们》（里昂）中创作了两幅浪漫主义时代最美好的肖像画。他对古典的和爱欲的题材所作的自由的和抒情的处理也开始受到注意。1799 年他开始担任公职，受命对圣克卢的一处天花板绘画《智慧带着真理从天上降下》（罗浮宫）。他在意大利受到的训练使他有能力以 18 世纪以来几乎无出其右的全面性和说服力去处理伟大的寓言。在这些作品中，这位有魅力的装饰画家显示出是一位善于操纵活动人物形象的人。他的杰作也许是 1808 年为正义宫绘制的《复仇和正义追击罪恶》；在这幅作品中，普吕东独特地以该隐和亚伯的圣经题材作为一幅世俗作品的基础；而这一点，再加上其构图强烈的戏剧性质，就使此画远远超过许多空洞抽象的庄严寓言画。热里科临摹了这一作品，他以强烈的光与影对形态的简化，往往就是普吕东原作所暗示的。普吕东是波拿巴家族的一个宠儿，他画了皇后约瑟芬的肖像（罗浮宫），又给玛丽－路易丝当绘画教师，后者在 1810 年委托他画了《维纳斯和阿多尼斯》（华莱士收藏）。大概由于这些交往，他在复辟时期未能被委托去画重要的宗教作品；然而，恰恰是一幅宗教画，即 1822 年所作的伟大的《耶稣受难》（罗浮宫），结束了他有几分悲剧性的生涯。

泰奥多尔·热里科（1791—1824 年）是生来就能自由运用先辈们的革新的那些艺术家之一。凡是拿破仑的学校和革命学校所能教导的东西，他都以创造性的想象力，以强有力的笔法，以观察事实的习惯发扬光大了。他若得享天年，很可能把大卫的新古典主义的英雄模式、浪漫主义艺术的火热感情、现实主义的新科学观熔于一炉；没有他，这些东西大都分道扬镳，虽然它们的汇合点在 19 世纪的艺术中往往具有特殊的重要意义。他跟第一位老师卡尔勒·韦尔内一样，是个赛马爱好者和英国狂。1810 年，他加入了大卫最学院派的学生之一盖兰的画室；但在大卫的学生中，格罗显然是他真正的榜样。热里科的大型作品《禁卫军军官》（1812 年美术展览会，现藏罗浮宫）在很多方面都与格罗的《马背上的缪拉》相近，尽管热里科所绘的骑手的旋转动作、他的马匹的疯狂以及战场的荒凉，都是他比格罗对鲁本斯进行了更富有想象力的研究的结果。《受伤的重骑兵》（1814年，罗浮宫）对打仗具有更加独特的看法；它描绘的事件是消极的，而它的新的内省情调则是浪漫主义的真髓。热里科于 1816 年前往罗马，当大多数研究古代艺术的人在观摩花瓶、玉石和浮雕的线条的时候，热里科则像雕刻家一样，用强烈阴影分割整体的技法去研究帕特农神庙中楣上的古代晚期的驯马者群像和各种投掷者。他像歌德一样，对科索河下游一年一度的种马竞赛十分着迷。具有特别意义的是，他对这一场面的大量习作成为他逗留罗马时期的主要纪念品。由于仔细地研究了西斯廷教堂的全部壁画，他对米开朗琪罗比对拉斐尔更为钦佩；他还像大卫一样，对卡拉瓦乔的自然主义产生了深刻印象。所有这些影响，加上精确考证的习惯，后来在他创作《梅杜萨之筏》的两年工作中起了一定作用，《梅杜萨之筏》是一幅在格罗的《亚弗鼠疫病院》启示下绘出的关于无名的英雄主义的作品。这一主题使热里科精确地绘制了死者、垂死者和疯狂者的素描，所有这些习作全部都是现实主义绘画的里程碑。《梅杜萨之筏》是为了抗议官府在一场海上灾难之后所表现的无能，它引进一些浪漫主义的特征，例如一个得以保命的黑人和表现人类无力反抗自然的大海本身。这幅完美的作品在 1819 年的画展中并不成功，被运往英国巡回展览，热里科在 1820 年也随之而去，建立了在 19 世纪最初几十年中至关重要的英法两国艺术联系的环节之一。在英国，他作了一些充满动力的埃普索姆赛马的速写，还作了反映伦敦生活的石版画和素描，如《煤车》《阿代尔菲地窖》和《死刑》等。

在他回到巴黎后生活的三年中，给人印象最深的作品是硝石场精神病患者的肖像，描绘精神错乱的各种状态（1821—1824 年）。他完全没有强调这些精神病患者的恐怖，他的态度既是科学的又是人道的。1824 年，他死于坠马事故，当时还满怀抱负，并且觉得他的工作几乎是刚刚开始。

欧仁·德拉克洛瓦（1798—1863 年）于 1816 年入盖兰的画室，成为热里科的亲密伙伴，并在某种程度上是热里科的精神继承人。有了他，法国的浪漫主义绘画达到了不用象征和抽象就不可能逾越的极限；但限于本章的范围，只能涉及他的 40 年活动中的头 10 年。德拉克洛瓦出身于上层资产阶级家庭，并且据说是塔列朗的儿子。他开始学画时，正值第一帝国的秩序业已崩溃，让位于一个新的信仰与教条的时代。如果人们记得这次政治反动——一次世界大动荡的后果——的气氛，那么，他在日记中表现得十分清楚的复杂的个性就更容易理解了。由于他精通古典，他一直尊崇法国传统的条理和明彻。他不仅熟悉拜伦、司各脱和歌德，而且熟悉但丁、莎士比亚和塔索，他能从所有这些人的著作中寻找题材。

德拉克洛瓦于 1822 年以其《但丁和维吉尔共渡冥河》一画初次参加巴黎画展；这幅画的题材虽出于中世纪的基督教，但是由于作品的主人公对黑暗和神奇的情景所产生的肉体的和心理的反应，由于施以空前未有的明亮色彩，引起了当代人的兴趣。这幅画的折中主义表明，不管他的个性多么坚强，依然受到他所熟悉的各次大战役后罗浮宫所收藏的杰作的指引。尽管从整幅画中都看得出鲁本斯的影响，但是坠入 18 层地狱的魂灵的浮动形象则显然取自米开朗琪罗的《最后的审判》。在稍后的作品中，德拉克洛瓦表现出对威尼斯画派色彩的理解；而对他的艺术的形成起重要作用的英国画家，则首推波宁顿和康斯特布尔。德拉克洛瓦在看过康斯特布尔于 1824 年随同一批英国人的作品展出的《干草车》后，重画了他的《希阿岛的屠杀》（1824 年巴黎画展）的若干部分，这个故事是 19 世纪绘画史上脍炙人口的逸闻之一。这幅作品不只丰富了无名英雄主义的浪漫主义肖像画的宝

214

库，还表达了艺术家个人对希腊人的志向和悲剧的同情。他所作的具有异国情调的土耳其骑兵及其俘虏的肖像深受拜伦的影响。在这幅画里，德拉克洛瓦第一次运用单色（黄、粉和绿）的小点，使其在短距离内与活着的或垂死的受难者的肤色相融合。这一技法使此后几代的画家对他不能忘怀。德拉克洛瓦于 1825 年访问英国，会见了波宁顿、埃蒂、威尔基和劳伦斯。他在英国和法国都研究过中世纪的和拜占庭的珠宝饰物、书籍装订、镶嵌工艺、墓葬和盔甲；这些素材出现在《萨丹纳帕路斯之死》（1827 年）中，这幅画展示出动物、珠宝、贵重的织物、奴隶、妇女和横死；1826 年受委托为行政法院所作的《查士丁尼法学汇编》，显示出他对古代世界最后一些阶段的迷恋。他跟热里科一样，采用了面版画这一新的手段；在他的 19 幅《浮士德》版画（1828 年）中，极其出色地运用了这一手段的柔和的明暗对比。

　　在我们讨论的这一时期结束时，32 岁的德拉克洛瓦已成为法国浪漫主义画派的领袖，学院派绘画已逐渐由让－奥古斯特－多米尼克·安格尔（1780—1867 年）来主宰。安格尔 12 岁进入图卢兹美术学院，在那里，他逐步对拉斐尔产生了不可动摇的爱好。他于 1796 年前往巴黎，进入大卫的画室，大卫认识到他的绘画天才，雇用他参加绘画雷卡米耶夫人的肖像。然而，安格尔和以莫里斯·奎伊为首的一群被称为"大胡子"或"原始人"的学生们交游，大卫本人的革命不足以满足他们的拟古主义的趣味。他们的灵感来自介绍古物——玉石、花瓶和浮雕——的书籍，这些古物都是新近从南欧发掘出来的，它们的雕刻极力突出和加强线条的特色。在文学方面，这一集团偏爱荷马、莪相和《圣经》。年轻的安格尔除受他们的影响之外还受弗拉克斯曼的影响，后者为荷马、埃斯库罗斯和但丁的作品所作的版画在法国脍炙人口。这种对拟古主义与抽象纯洁的追求，与大卫对洛可可形式的道德主义—古典主义的净化毫无关系；安格尔就这样以疯狂的热忱追求线条的纯洁，虽则在他获得"罗马奖"的作品《阿喀琉斯迎接阿伽门农的使节》（1801 年）中，这种"纯洁"多少有所减弱。初稿大概是在 1805 年完成的《朱庇特与忒提斯》，虽然是一幅早期作品，却显示出这种线条的抽象，其形式的完善达到他以逐渐结晶而著称的一生所达到的顶峰。同这一时期的几个创新者一样，安格尔基本色调是极高的。

在后期任何作品都难以超越的一组早期肖像画中，比如在里维埃家族成员的三幅肖像（1805年，罗浮宫）和1807年在罗马绘制的安格尔的同僚格拉内的肖像（埃克斯－昂－普罗旺斯），安格尔卓越地运用了同样的原则。同样值得注意的，是他那些画得特别出色的肖像素描，这主要是他侨居意大利不下18年期间的作品。作为一个南方人，他觉得住在罗马比巴黎更为安适，但在那里，他的作品最初并未受到热烈的欢迎。这一时期，他继续画出一些极好的肖像，还作了几幅绝妙的人物画，其中有1808年的瓦平松的《浴女》和1814年的《土耳其皇宫的女奴》（均藏罗浮宫）。由于经常参考拉斐尔和意大利的不朽艺术，他所擅长的对线条构图的技巧遂逐渐退步。他摆脱自己的早期拟古主义风格，也许正是略具拉斐尔风格的《路易十三宣誓》受到普遍欢迎的原因。他胜利地回到巴黎，被选入法兰西研究院，并开办一所重要的教授绘画的画室。在这一职位上，他成为学院派画家的鼻祖和反德拉克洛瓦样板的十字军。安格尔本人背离大卫的原则，基本上走的是浪漫主义（亦即原始主义）的方向，但是具有讽刺意味的是，他又感到自己是抵抗浪漫主义的领袖。如果少受一些压抑、多受一些人文教育，他的天才可能在毫无可疑的方向上发展。可是，在19世纪60年代和70年代的现实主义实验已经过度以后，画家们终于又回到安格尔及其形式抽象的正格上来。 216

虽然庚斯博罗和乔舒亚·雷诺兹爵士于1788年和1792年相继去世，源出于提香和凡·戴克，却又经18世纪自然主义和人文主义修正的英国肖像画传统，似乎并未受到挑战。尽管英国第一位风景画大师理查德·威尔逊于1782年逝世，而历史绘画又引起大多数主要画家的注意，可是在1790年，差不多每一个有声望的画家都首先是肖像画家。威廉·比切（1753—1839年）和稍后的约翰·霍普纳（1758—1810年）依然接近雷诺兹的风格。乔治·罗姆尼（1734—1798年）继续作画，而约翰·奥佩（1761—1807年）和亨利·雷伯恩爵士（1756—1823年）均已出名；前者笔法有力而用色柔和，后者天资过人而失之肤浅。雷诺兹最有天赋的继承者托马斯·劳伦斯爵士（1769—1830年）于1789年在皇家艺术学院以夏洛特王后的全身像（国立美术馆）而一鸣惊人。在这幅画中，以浪漫主义的光亮部分增强师承于雷诺兹的单纯的贵族气派，这种与肖像画的民族传统相结合的浪漫主义的光亮部分正是他的非凡的成功的关键。劳伦斯后来所作的任何全身肖像画都没有超过他在18世纪90年代所作的全身画像，尽管后来的某些作品显示出惊人的深刻，例如《约翰·朱利叶斯·安格斯坦》（皇家艺术学院，1816年）。劳伦斯的肖像画表明，到18世纪末，英国社会的成员虽然比过去更希望具有贵族风度，但是其中金融家和各行各业的首脑人物却与日俱增，他们经常请这位画家为自己画像；他最杰出的一幅皇室肖像（1822年，华莱士收藏）反而把乔治四世本人画成一个事务家，身穿黑色衣服，从文件堆中抬头看望。

这时，牛顿的科学和数学原理应用于工业和商业，已为物质财富开辟了无限的前景。当伦敦社会的画家们正在这样一个世界里功成名就时，诗人、版画家、空想家和思想家威廉·布莱克的独特天才对在他的早期抒情诗中和后来的象征的、预言的著作中所表现的科学唯物主义提出了挑战。布莱克（1757—1827年）的艺术几乎体现了浪漫主义的全部基本特征。他的《天真之歌》（1789年）和每首歌的插图表现了一种感受深刻而质朴无华的抒情风格，其重要性堪与1785年大卫的更加惊人得多的另一种返璞归真相比拟。特别耐人寻味的是，作为一个勤奋的版画家，布莱克居然研究出一种恰恰与他早期诗歌的自发性相匹配的实验性技法。在出版他的那些诗歌时，正文与插图融为一个有机整体，仿佛在抗议文学全盛时期排字和拼版的机械式的压缩。布莱克对理性主义（甚至对法国革命思想中的理性主义成分）的幻想进一步破灭了，对压制创造力和感官能力的谬误加深了认识，这使他产生一种广博的象征主义体系，其中充满了一个物质主义世界中体现在人身上的种种罪恶。为了使这些概念得到视觉上的表达，布莱克不只凭借生动的想象，还运用各种各样的和非正统的视觉材料。哥特式的墓刻，仿米开朗琪罗早期和后期壁画的版画，某些新古典主义形式和莫蒂默与富塞利的当代作品，都被他吸收融会了。一种极无理性的空间感和比例感，一种激烈的明暗对比，和一种破碎的、火焰般的色彩体系，使布莱克的象征主义插图与他早期的抒情插图迥然不同。他的著名的素描《远古时代》（1794年）中所出现的这些特征，在《怜悯》（塔特美术馆）和 1797 年开始为《预言书》所作的插图中甚至更加有力地显现出来。布莱克这时已经完善了一种复杂的技术，即大幅彩色版画先用胶版印刷，然后用铜版（一般是凸蚀）压印，最后用手工着色。我们可以在令人惊恐的《尼布甲尼撒》（1795 年，塔特美术馆）中看到这一点。

　　在苏塞克斯的费尔帕姆度过一段相对平静的生活（1800—1803 年）之后，布莱克返回伦敦，把以后 17 年中的大部分时间都用于反映人类赎罪和基督在十字架上受刑的主题；这时他的许多素描都与耶稣受难有关，其中有为他的《耶路撒冷》所作的插图《站在被钉在十字架上的基督面前的阿尔比恩》和《上帝拥抱的灵魂》（约 1818 年）。1821 年他为维吉尔的《牧歌集》所作的 17 幅木刻版画问世。这些版画虽然尺寸小，却表现出一种崇高的哀歌情调，后来这种情调渗透了布莱克的追随者塞缪尔·帕尔默、爱德华·卡尔弗特和乔治·里奇蒙的作品。布莱克最为重要的后期作品，也许是为《约伯记》所作的一组插图（1823 年）；他为但丁的《神曲》所作的一组纷乱而动人的插图，在他逝世时尚未完成。布莱克作为一位艺术家，虽曾受到罗赛蒂的赞赏，却有一个世纪之久几乎默默无闻。

　　虽然布莱克并未冲击乔舒亚·雷诺兹爵士的原则的最高权威，但是另一位出身同样微贱的伦敦人不久便在皇家艺术学院确立了一种艺术，它违反几乎所有的艺术准则。约瑟夫·马劳德·威廉·透纳生于 1775 年，他在皇家艺术学会的古代艺术学校学习（并研究他所能借到的素描和图片）的时候，原是一位地形图画家。18 世纪 90 年代中期，他受雇于托马斯·格廷（1775—1802 年），复制和完成 J. R. 科曾斯的水彩画。透纳对这些画上显示的比例和高度想象力产生了强烈的反应，在他的所有作品中都重现了科曾斯的省略前景、全面大气透视、加大比例等技法。他在 1802 年就已成为皇家艺术学院院士，但是直到同年游历巴黎和阿尔卑斯山以后，才开始显示出作为一个水彩画家的全部才能。他在罗浮宫对意大利的大师们（首先是提香）的精心研究，构成了此时有助于他的敏锐观察力的科学的基础。与布莱克不同，他的独创性没有使他丧失官方的赏识。他主张，英国风景画应与任何流派的任何题材处于同等地位，但这一要求受到顽固的压制，直到他经常以某个无可非议的早期画派为模式而绘制学院的巨幅

218

作品时，他的至高无上的权威才得以确立。1801—1805 年间，他创作的一些大型海洋画都竭力仿效——而且在某些地方超过——雅各布·雷斯达尔、贝克赫伊森、范·德·费尔德和 C-J. 韦尔内的风格；而到 1815 年左右，他便开始创作意在与克劳德一比高低的壮观的组画。同时，他继续创作像板上油画《泰晤士河》（约 1807 年，塔特美术馆）之类的作品，这更清楚地表明他个人的兴趣——暖色与冷色的巧妙平衡，在强烈而有节制的基本色调内表现形式与距离的复杂性。这种风格的大型绘画有《萨默山》（1811 年，苏格兰国立美术馆）和《霜冻的早晨》（1813 年，国立美术馆）。他继续刊印画册，到 1814 年又预约出售根据他的水彩画制成的版画；这样就确保了此后使他能与批评者相抗衡的独立性。

　　1819 年，透纳在他的画家生涯中极重要的时刻访问了意大利。在罗马和那不勒斯，他像青年学生那样勤勉地研究前辈大师和古代雕刻作品；作为一个时髦的旅游中心而取代罗马的威尼斯，成了他的素材的重要来源。他在 19 世纪 20 年代的许多大型油画都以地中海为主题，尽管其中有不少并不像他刊印的佳作诸如《英格兰的河流》（1821—1827 年）和《英格兰的港口》（1826—1828 年）等那么成功。19 世纪 20 年代末，透纳的风格发生了重大的变化。他的真正富有想象力的热情重新出现于《尤利西斯嘲弄波吕斐摩斯》（1829 年，国立美术馆）；而在佩特沃斯大厦所画的蓝色纸上的光彩夺目的水彩画（约 1830 年，不列颠博物馆），则标志了透纳的色块重要的简化和平涂，这使他达到了以高山为题材的和其他后期水彩画的凝练和壮丽。透纳这时已经停止仿效过去的大师，充分发挥表现火、空气、水、大气层状况、雨、云、山脉和波涛的潜在能力。拉斯金认为，透纳通过解剖整个大自然，正向那些认为人体是艺术表现最高结构的人们提出挑战；从 1830 年至他的艺术生涯结束止，透纳绘制了许多可证明这一点的杰作。他的最优秀作品有《芬戈尔洞》（1832 年）、《国会大厦的燃烧》（1835 年）、《奴隶运输船》（1840 年）、《驶离港口的轮船》（1842 年）、《诺拉姆城堡》（约 1840 年）和 19 世纪 40 年代的一组海景画（国立美术馆和塔特美术馆）。在这组画中，透纳放弃了刻苦学得的正统画法，以前所未有的鲜明的基本色调，把他的画面效果，包括静态的和动态的，完全建立在大气和色彩的透视上。

在这些作品中，透纳是以最大的浪漫主义画家出现的，但它们又受到许多水彩画（特别是以高山为主题的）的挑战，在水彩画中，他是不受皇家艺术学院的竞争条件制约的。

透纳于 1851 年逝世，这时他已经丰富了他自己和国家陈列馆的收藏，而且得到素来认为风景画在绘画中占次等地位的一代学院派画家的全面支持。约翰·康斯特布尔（1776—1837 年）既缺乏透纳的艺术鉴赏力，也没有透纳处理世俗事务的技能，他那不谙事故的才干迟迟得不到人们的响应。他是一个磨坊主的儿子，惯于观察风向和天空，早年曾引起鉴赏家乔治·博蒙特爵士的兴趣，因而熟知克劳德和格廷的作品。康斯特布尔直到 23 岁才进皇家艺术学院学习；但是不久就开始临摹安尼巴莱·卡拉齐、加斯帕尔·普桑、雅各布·雷斯达尔和威尔逊的作品。与此同时，他还接受了本杰明·韦斯特关于"光与影永远不是静止不动"的意见；然而，精确的地貌学和对庚斯博罗早期森林题材的爱好，奠定了他热爱地方的和独特的景物的基础，与透纳的僻远和朦胧形成强烈的对比。康斯特布尔开始在皇家艺术学院展出是在 1802 年，当时他画了一幅小小的德达姆风景画，虽是主要取法克劳德，却已具有直觉性，这是他本人的主要魅力。《内兰德附近的斯托克》（1807 年，国立美术馆）也表现了这一特性，它说明康斯特布尔的兴趣不在于风景优美的地点，而在于随阳光而骤然变幻的熟悉的景物。这种以露水、阳光或云影使熟悉的景物改观的本领，是康斯特布尔对浪漫主义艺术的独特贡献。1810 年以后，他的油画在规模和内容方面都变得更有雄心了，这也许是他研究几年前由乔治·博蒙特爵士购得的鲁本斯的大幅油画《斯蒂恩城堡》的结果。鲁本斯的技法影响出现在《德达姆溪谷》（1811 年，北安普敦郡，埃尔顿会堂）中；但是，从康斯特布尔这一时期的小幅油画素描来看，显而易见，除地点的直觉性外，他还着意于一种新的时间的直觉性。他此后 15 年的创作历史，就是在六英尺的画布上，为表现特定时刻的特定景色而进行斗争的历史，他选用这样的尺寸并不是由于对工作适宜，而是为了确立风景画作为一种高尚手段的地位。透纳虽然早已取得这种成就，但他沿用前辈大师的模式而谨慎选择的史诗般的风景类型，远比康斯特布尔的处于自然状态的乡村景色容易接受，因为这种绘画生动的暗绿色遭到了往往由于有意想不到的真实而产生的反感。康斯特布尔的抱负首先在《白马》（1819 年，美国弗里克收藏）中得到实现。此后，他创作了《斯特拉特福德磨坊》（1820 年）和名不虚传的《干草车》（1821 年，国立美术馆），只有《跳马》（皇家艺术学院，1825 年）才能与《干草车》相提并论。在这后两幅作品中，康斯特布尔的最大难题得到了胜利解决。这样的作品不可能重复出现，但值得注意的是，康斯特布尔在 19 世纪 20 年代的许多大型油画都很成功；他小幅的速写（许多画在纸上或卡片上），也属于整个世纪中最为令人喜爱的作品。

这一时期第一位重要的德意志画家阿斯穆斯·雅可布·卡斯滕（1754—1798 年）生于石勒苏益格。他曾在哥本哈根美术学院和吕贝克求学，然后于 1783 年前往意大利旅行。他未能到达罗马，只访问了米兰和曼图亚，在那里，他那高傲而略有进取性的心灵深为朱里奥·罗马诺的狂热的艺术所触动。他回到柏林后，执教于美术学院，1792 年前往罗马，在那里一直逗留到去世。尽管他采取新古典主义的形式，他的画面的阴暗和忧郁，以及他自己的悲惨历史，却表明他是一位浪漫主义的先驱者。

在他的追随者中，有埃贝哈德·韦希特尔（1762—1862 年）和戈特利布·席克（1776—1812 年），这两个人在受到他的影响以前，已经在法国受过大卫的熏陶，而他们的作品，特别是席克的肖像画，就有几分法国的雄浑和博爱。约瑟夫·安东·科赫（1768—1839 年）虽然主要以新古典主义风格风景画的代表人物知名，但在 1795 年到达罗马后，则受到卡斯滕的影响。他声称，卡斯滕的作品帮助他摆脱了他所接受的学院式训练的束缚。他的风景画虽然具有新古典主义的明晰和层次，但是往往取材于高山和群岭，也经常描绘森林、薄雾和瀑布，这些内容在 19 世纪初期浪漫主义的地貌画中占有很大比重。

在德意志浪漫主义风景画家中最伟大的莫过于卡斯帕尔·达维德·弗里德里希（1774—1840 年），他生于波罗的海海岸，求学于哥本哈根美术学院（1794—1798 年），主要住在德累斯顿。他那与透纳和科曾斯有些类似的比例和距离的夸大，因用于创造无限恬静和辽阔感的光线和轮廓的效果而更见显著；他那些一向很微小的人物通常总是内省地凝视着画面的深处。弗里德里希的《群山中的大教堂》（杜塞尔多夫)、《海上生明月》(1823 年，柏林) 和《雪中墓地》(1819 年) 是他的高度个人风格的典范。在他的追随者中，应该提到挪威出生的约翰·克里斯蒂安·达尔 (1788—1857 年)。他的风景画因与荷兰的 (或许也与英国的) 艺术的接触而具有豁达和博爱的意味，是对早期外光派绘画的重要贡献。达尔对那不勒斯湾的油画素描虽与柯罗有共同之处，但他跟康斯特布尔一样，就云彩结构所画的习作表明，他与歌德同样对于分析气候现象深感兴趣。

德意志浪漫主义画家中最有抱负的菲利普·奥托·龙格 (1777—1810 年) 的艺术，因为他的画面结构精细和繁杂而深受其累。由于深陷于雅各布·伯麦的神秘主义以及瓦肯罗德、诺瓦利斯、蒂克和荷尔德林的观念，他那基本上属于新古典主义的绘画技法，以及轮廓粗犷和色调刺眼，几乎不能适应于对无限空间作泛神论的表达。然而，在他著名的肖像画例如他的双亲和子女的肖像画 (1806 年，汉堡) 中，他作为观察者和工艺师的才能，取得了较大的成功。

所谓拿撒勒画派之所以未能在欧洲艺术史上取得高于学院派的重要地位，其原因还在于他们企图用一种最适于对逸事题材作唯物主义和文献式表达的语言，来表现真挚的、新发现的精神境界。

弗朗西斯科·何塞·德·戈雅 - 卢西恩特斯 (1746—1828 年) 出生早于大卫，在远离当时艺术古都的地方工作。尽管如此，他不但毫无疑问地属于第一流画家，而且至少是一个跟大卫一样的道德家；他的现实主义只有热里科能与之媲美，而且在发挥层层深刻的想象力方面无与伦比，直至晚近在文学领域方有匹敌。他出生在阿拉贡的富恩特托多斯，在 1771 年访问帕尔马和罗马之前，曾在萨拉戈萨和马德里学习。1771 年他返回西班牙后，开始画宗教油画和壁画，并从 1775 年起，为皇家挂毯作坊设计图案达 17 年之久，作坊的负责人是德意志的新古典主义画家拉斐尔·孟斯。在他为挂毯所作的大都是洛可可风格主题的图案中，他的才能开始充分地显示出来了；1778 年进入宫廷后，他发现了委拉斯开兹的艺术，这对于他的肖像画臻于高度真挚与纯朴大有裨益。到 1780 年，他成为国王的画家之一，虽然他在肖像画方面也像在其他领域一样发展缓慢，但他这时已成为自己所描绘的马德里社会中富裕的和被人争相结识的成员。甚至他的皇室画像（查理二世，1806 年，马德里）也完全不是现实主义的作品；
但是，他的全部肖像画所显示的多面性和纯朴性，都令人想起威尼斯
222 画派和早期西班牙画派最伟大的画家们。1793 年，在一场大病以后，
戈雅不幸失聪；另外，由于他富有而摆脱了对委托者的屈从，遂开始
描绘他所谓的能够充分表现幻想与创新的主题。他的调色板上也开始
有了使他某些佳作因而生辉的暗灰色；1799 年，他的重要的蚀刻组
画的第一幅：《幻觉》问世。1808 年，反拿破仑战争的爆发带来了新
的危机；曾经培育他的社会崩溃了，他一度是法国改良主义的支持
者，如今目睹了引起他的某些最可怕的观念的恐怖场面（《战争的灾
难》，1808—1815 年）。1819 年的又一次疾病和 1823 年法国重新占领
西班牙的突变，加深了这位行将就木的艺术家的痛苦；他的充满恐怖
感的蚀刻版画《谚语》（《奇想》）是在 1820 年以前完成的。这时，
他创作了一些优秀而全然脱俗的肖像画，以及诸如《橄榄园》（1819
年）等宗教画。他的某些杰出的风俗画是在他自愿流亡波尔多时所
作，亦即从 1824 年直至他的逝世。

在新古典主义雕刻家中，以轮廓精美的浮雕和柔和的造型闻名于
英国的约翰·弗拉克斯曼（1755—1826 年），因其为但丁和埃斯库罗
斯的作品所绘的插图而影响了世纪之交的欧洲艺术。安东尼奥·卡诺
瓦（1757—1822 年）以严格的古典风格制作了拿破仑时期欧洲的领
袖们的大型人物雕刻，但是某些墓葬纪念碑以及他的草稿和图案则表
现出来源于巴洛克式的动力和戏剧性。伯泰尔·托瓦尔森（1770—
1844 年）像卡诺瓦一样，虽然达到了登峰造极的境界，并且颇著声
望，但未能长久地影响欧洲艺术。虽然他受到的是早期古典希腊的而
不是希腊化的雕刻的影响，但他的人物依然暴露出当代浪漫主义的比
较肤浅的一面。

在欧洲雕刻艺术中比较歉收的新古典主义阶段之后，法国出现了
一个与新现实主义相结合的伟大的、引人注目的力量。泰奥多尔·热
里科的雕刻作品虽然很少，但他确实是这一流派的创始者。弗朗索
瓦·吕德（1784—1855 年）完成了巴黎星形广场凯旋门上辉煌的浮
雕《1792 年义勇军出征》，虽然这件作品和更有深度的《拿破仑的觉
醒》（菲克辛，第戎附近）不是在本章所论及的时期以内完成的。安

托万 – 路易斯·巴里（1796—1875 年）到 1830 年才制作他那出色的青铜动物群像，而杜米埃的杰出的漫画也是从 1830 年以后不久开始的。大卫·德·昂热（1788—1856 年）和让 – 雅克·普拉迪埃（1790—1852 年）均属最有成就的浪漫主义雕塑家之列，他们现在重新引起评论界的注意。

这一时期在建筑史上具有特殊的重要意义，它标志着一场方兴未艾的革命的开始。在从根本上突破风格连续性的同时，建筑物的功用和规模以及建筑科学本身发生了一系列急剧变化，这种变化又经常为人口、贸易、工业和金融信贷等新的压力所加速。这一时期最优秀的建筑物包括索恩的英格兰银行以及法国的市场和证券交易所。

223

大多数上述变化现象，与其说发端于浪漫主义运动的兴起，不如说发端于科学方法的运用。最终导致传统破产的有关历史风格的确切文献，是在 17 世纪由狄戈德茨的《罗马古建筑》（1682 年）开始的，他的主要目的是纠正帕拉弟奥、塞里奥和其他许多人在测量方面的差错。继而在整个 18 世纪出现了一系列精确的著作，先是论述罗马古迹的，后来则是探讨那不勒斯、西西里、达尔马提亚、希腊、埃及和近东的宏伟建筑的。这类著作不仅为背离维特鲁威的教条提供依据，而且通过这些著作，建筑师们学会了多立斯柱式、埃及无柱式大型建筑和近古的空间的（而非雕刻的）建筑艺术的巧妙重力安排。

在法国，这门复兴了的历史科学，是与人们对结构工程的兴趣相匹配的，这种工程对建筑艺术是具有重大意义的。18 世纪初成立的"桥梁道路协会"，以及该协会在 1750 年创办的学校，日益受到鼓吹恢复基本结构的建筑师们和理论家们的尊重。其中，洛吉埃神甫的《论建筑艺术》（1753 年），主张使建筑要素还原到原始茅屋的水平，他嘲笑使用已经忘掉其结构目的的特征。理论家阿尔加罗蒂和米利齐亚采纳了一种相似的理性主义，若干建筑师也采用了这些原则，并以对结构和材料的科学研究来充实它们。在这群人中间，值得注意的有桥梁道路学校校长 J. R. 佩罗内（1708—1794 年）和今先贤祠的建筑师、哥特式结构技术的初期研究家之一 J. G. 苏夫洛（1713—1780 年）。伟大的结构理论家隆德莱（1743—1829 年）和迪朗（1760—1834 年）则是这些先驱的后继者。

法国革命使结构科学和扩大了的风格表现手法之间的这种结合，推迟到世纪之交才开花结果。这一时期的最初几年主要是以 C. L. 勒杜（1736—1806 年）和 E. L. 部雷（1728—1799 年）的设计著称。勒杜在大革命前夕为包税商们在巴黎周围建造的 35 座岗楼既显示了纯形式的技巧，也显示了新古典主义的新风格的技巧。在为阿克－塞南（杜省）的盐矿所作的城镇规划中，他把这种技巧与巴洛克式的设计传统结合起来；某些建筑物（也许是受洛吉埃的启发）预示了蛮石立体与几何立体的融合，这种蛮石与几何立体出现于革命期间他在狱中所作的设计里。虽然他的著作在 1804 年就已被发现，但他的门徒部雷的著作直至晚近才为人所知。他最为著名的设计之一，是装有桶状拱顶和饰有平顶镶板的宏大的皇家图书馆，而他为一座博物馆和圆形剧场所作的计划则预示了 19 世纪公共建筑的巨大规模。这些建筑的最主要的特点，大多是方块形式和夸大的、连续的水平线。部雷运用各种手段去加大他的作品的尺寸，细心地以光与影产生感情的效果。这两位建筑师的任何大型象征主义的设计都没有付诸实施，但他们的影响却在星形广场凯旋门的巨大无柱块石上得到暗示，这座凯旋门是根据他们的同代人、拿破仑一世悉心庇护的封臣之一 J. F. 查尔格林（1739—1811 年）的设计，于 1806 年开始建造的。"桥梁道路协会"的赞助者拿破仑认为，公共工程、道路、供水干线、桥梁、码头和市场的庞大规划比建筑学著作更重要。他所施予的大量优遇终于落到由皮埃尔－弗朗索瓦·莱奥纳昂·方丹（1762—1853 年）与夏尔·柏西埃（1764—1838 年）的一个合伙公司的手里。他们为马尔梅松宫所做的工作（1799 年以后），以及由柏西埃发表的设计图，是第一帝国装饰风格的一个概要，其中有粗大的直线形，孔雀石和青龙木，以及希腊罗马式和埃及式的纹饰。柏西埃和方丹在完成罗浮宫他们所担负的部分和精心装饰的骑兵竞技场凯旋门时，显示了他们的全部才能；方丹在获得复辟的波旁王朝的保护后，他在那座小巧的、引人沉思的赎罪小教堂（1816—1821 年）中完成了自己的杰作，教堂呈正十字形，入口前是一个垫高的筑有回廊的墓场。

拿破仑时期修建的实用建筑物，出人意外地使才华横溢和多才多艺的弗朗索瓦·约瑟夫·贝朗热（1745—1818 年）有了用武之地。他在 1779 年就设计了小型的巴加泰尔宫，后来又以帝国风格设计了许多建筑物。他为小麦市场（1813 年）所安装的铸铁圆屋顶现已拆除，是以他在 1782 年绘制的图样为基础的，这说明法国建筑师在迅速吸收现时的技术。亚历山大－泰奥多尔·布隆尼亚尔设计的证券交易所（1826 年）本来是一幢朴素的矩形大楼；它的巨大的科林斯式列柱上面是无饰纹的胸墙；它的内部是一个有走廊的大厅，每个柱间上方有一个钟形小阁。圣马德莱娜教堂动工于 1764 年，后来按照拿破仑的意愿，由皮埃尔－亚历山大·维尼翁重新设计，作为奉献给"大军"的庙堂，于 1807 年重新开始修建。这座庞大而不美观的建筑物最后终于在 1842 年落成，它有科林斯式列柱、顶部照明和半圆形结构。

　　在复辟时期，教堂建筑重新兴起，但除了赎罪小教堂和伊波利特·勒巴设计的学术性的洛雷泰圣母教堂（1823—1836 年）而外，最初并未产生任何杰出的作品。拿破仑以后时期最伟大的建筑师雅克·希托夫和亨利·拉布鲁斯特在 1830 年以前没有产生重要的作品；但是希托夫的著作丰富了古典建筑艺术的文库。1823 年柏西埃的学生 P. M. 勒塔鲁伊利（1795—1855 年）所著《近代罗马建筑》第一卷问世，这标志着对盛期文艺复兴建筑艺术的兴趣又已复活，并大大增加了可供采用的种种风格。然而，如果说 18 世纪的科学遗产范围广阔，使建筑师在选择式样时无所适从，以致这些风格仅仅成为他们的主体结构的附加物，那么，应用科学的其他分支（也是 18 世纪的产物）将会构成可用的结构技术，表明上述附加物的看法是不正确的。

　　法国的建筑师不仅获得国家的积极赞助，而且政府鼓励他们与技术和理论并肩前进，而在英国，主要赞助者依然是地主个人和城市的投机商人。甚至摄政王也只有采纳投机商人的某些计划才能实现他的雄心勃勃的规划。在技术方面，英国的建筑师比英国的土木工程师略逊一筹；这个时期最宏大的私人建筑——由詹姆斯·怀亚特为百万富翁贝克福德设计的芳特希尔的"修道院"于 1795 年动工——完工后不久便倒塌。这一时期的两座皇宫不久便全部或局部拆毁，而伦敦大火则不仅烧毁包括许多这一时期工程的议会大厦，还烧毁一些最著名的剧院。

　　法国的建筑理论取自 18 世纪的实验观点和卢梭式的原始主义的

成分颇多，但英国的建筑师们多半得益于所谓"风景如画"派的理论家，其中理查德·佩恩·奈特和尤维代尔·普赖斯两人的观点在18世纪90年代由汉弗莱·雷普顿（1752—1812年）第一次作了系统阐述，并加以实际运用；雷普顿是一位时髦的风景园艺师，1795年左右成为当时尚未成名的建筑师约翰·纳什（1752—1835年）的合伙人。纳什曾经受教于泰勒，在他个人的建筑物中往往保有帕拉弟奥的因素，但是由于采用他的合伙人的视觉技法而变得更重要得多了。雷普顿喜好别致的破格布局，断断续续的轮廓线，遮断光线的表面，以及掩映前景的通幽曲径。不规则的花木种植确保远景的时隐时现。纳什最初只为润色雷普顿的方案而设计小屋小舍和附属建筑，在这项工作中，他任意采用任何中意的建筑风格。在1800年以前，他就已经开始为威尔士亲王和宫廷工作，因而不久就能运用自己的方法修建各种风格的乡间别墅，有城堡式的、托斯卡纳式的、意大利式的、哥特式的、帕拉弟奥式的和中国式的（例如在扩建布赖顿的皇家楼阁时）。这些建筑物虽因魅力和突破风格的连续性而著称，但很少显示他随机应变的即兴创作的才能，这种才能在他开辟摄政公园，以及设计公园同卡尔顿王府和圣詹姆斯宫之间壮观的连接工程中则是明显可见的。这种把商人的头脑、冒险家的眼光与审美家的思辨能力融为一体的特殊才能，使纳什做了一件前无古人后无来者的奇事，那就是提出一份伦敦的城市规划，这一规划足以同拿破仑一世的规划相比。他完成这一规划，不仅不像在法国那样依仗政府动用广泛的权力，而且还面对着一个空前嫉恨皇室开支的国会。摄政公园的规划公布于1812年大都市迅速扩展之时，因而又使雷普顿的原理运用于市郊发展的详尽方案。纳什的建筑设计包括一个很大的二重圆形广场，一座在波特兰广场轴线上的皇室楼阁（从未建造），和至今尚存的宏大的两侧阶梯形看台。从属于这些建筑的，还有两个"风景如画"派风格的村落，一条环形大道，以及一些商场和一条运河。虽然这些工程持续到19世纪50年代，但议会于1813年批准建造摄政街本身，它延长波特兰广场一线，并像莱普顿的花园小径一般弯弯曲曲，终于同卡尔顿王府的轴线相交接。这条曲线上有皮卡迪利圆形广场和牛津圆形广场，以纳什设计的圆形柱廊的万灵教堂与波特兰广场交会，它标志着"风景如画"原则对路易十四传统的轴对称规划的胜利。后来增建的有卡尔顿王府的露台，特拉法尔加广场，西岸区的改建，秣草市剧场，灾难性的白金汉宫第一次规划，以及新的不列颠博物馆和国立美术馆。

　　纳什的外向风格跟他的同时代人约翰·索恩爵士（1753—1837年）的内向而敏感的个性适成强烈的对比。纳什以其壮丽的涂灰泥的建筑物正面和配景特别为人铭记，而索恩的名字则使人联想到迷宫般微妙的封闭空间。索恩是伯克郡一个营造商的儿子，在师事因设计1769年的新门监狱而著名的老乔治·丹斯和设计过卡尔顿王府和布鲁克斯俱乐部的要求严格的亨利·霍兰以后，于1778年前往意大利，逗留到1780年。他不但访问过罗马，还访问过帕埃斯图姆、西西里和马耳他；他很尊崇16世纪的某些建筑师，特别是佩鲁齐，这表明他是恪守天主教教义的。他的事业起步维艰，但于1788年任英格兰银行测量师时，终于打开了局面。没有任何建筑物比这座建筑物更适合于他的天才，由于地点的缘故，这座建筑物只能造成一系列松散的大厅和庭院，围以防御性的实墙。他1792年与丹斯合作的银行证券所的最初草图说明，在他们研究古代的宫殿、浴场和陵墓时，18世纪后期最有独创性的建筑师们是怎样注意古代建筑师对于内部空间的利用。皮拉内西出版的著作本身就显示出这一点，它们必定在激起索恩的想象力方面也起过作用。索恩与众不同之处，在于内部空间的严格造型，在于起拱时不用飞檐，在于以凹线和凹进的镶板做成精细的表面。他精于用天窗和弦月窗进行隐蔽照明，这使他名居少数几个浪漫主义高级建筑师之列。可是很清楚，他的原则不只来自古代建筑和英国典范，而且跟他的同时代人不同，他受了洛吉埃神甫在法国创始的原始主义理论的启发。[①] 这种原始主义在达利奇的用普通砖大胆地营造的绘画管和陵墓（1811—1814年）的细部中出现。在这里，习惯使用的柱式组成部分全都予以简化、代替、去掉或缩减到基本形态。这样一种建筑物，在风格上纯粹以结构与功用的要求为出发点，确实意义重大，因为在那个时代，公认的风格已经变得几乎只指外观了。索恩的独创性可以从1812年他开始在林肯律师学院广场为自己

227

---

　　① M. A. 洛吉埃：《论建筑艺术》（巴黎，1753 年；英译本，1755 年）。索恩熟知此书，他在去世时拥有五个手抄本。

建造的私人住宅和陈列室中管窥一斑。

　　假如我们只研究这一时期英国建筑艺术中的突出人物，那么，纳什和索恩当然是最重要的了。如果我们考虑这一时期的新古典主义的或哥特式的风格，那就会发现几乎每个主要的建筑师都同时采用这两种风格。哥特式建筑艺术的发展，这时已超过草莓山的洛可可风格，但尚未达到里克曼的教科书（1817 年）和 A. C. 普金的《哥特式建筑艺术典范》（1821—1823 年）问世以后的那种科学的"精确性"。这时的哥特式建筑既没有 18 世纪哥特式的魅力，更缺乏奥古斯塔斯·韦尔比·普金和威廉·巴特菲尔德的作品中的信念。哥特式的优秀榜样也许要数巴思威克（平奇）的圣玛丽教堂和切尔西的圣路加教堂，后者是 1818 年重要的"教堂建筑法"的产物（萨维奇设计）。

228　　希腊风格的复兴在苏格兰找到了比在英格兰更为肥沃的土壤，由 A. 埃利奥特、爱丁堡中学的设计者 T. 汉密尔顿，以及后来的 W. H. 普莱费尔创立的一个学派，一直活动到 19 世纪中叶（尤其是在格拉斯哥）。在英格兰，这一学派的最佳产品大概是由威廉·英伍德和亨利·威廉·英伍德设计的圣潘克拉斯教堂（1818—1822 年）。教堂的主要施工者威廉·威尔金斯（1778—1839 年）和罗伯特·斯默克（1781—1867 年）并不是有天赋的人。他们的建筑物，以及他们比较有天赋的晚辈查理·罗伯特·科克雷尔（1788—1863 年）和查尔斯·巴里爵士（1795—1860 年）的建筑物，显示了规模和功能的特点，倘若只研究他们的风格，这些特点是容易被忽略的。诸如威尔金斯的国立美术馆（1833 年动工）和现已拆毁的斯默克的邮政总局（1824—1829 年）等建筑物，尽管在风格上有一部分来自对 18 世纪古典主义作品的研究，但在功能方面却是崭新的；斯默克设计的规模宏伟的不列颠博物馆（1823—1847 年）也同样与上一世纪的传统截然不同。前所未闻的大规模建筑类型——俱乐部、银行、博物馆，以及接踵而来的工业和商业建筑物，连同它们附带的一些问题，便是新建筑艺术的特点，这个特点远比建筑师所选择的风格形式更能给新建筑艺术打上 19 世纪的真正的烙印。在法国，建筑师们所受的技术训练，使他们在 19 世纪上半叶就能使用新的结构材料和适合他们的技术，有效地处理这些新的问题。在英国，建筑师的训练很少注重新的技术，纯粹的结构问题日益掌握在工程师手中，他们的某些工程被认为是这一时期最好的纪念碑。

二　音乐

在 1790 年到 1830 年间，音乐艺术经历了一次重大的转变，从强调理性时代的严格形式转变到强调具有相当大的自由和个性，甚至怪诞的模式。不敢逾越雷池一步的早期交响乐的狭小天地，已经逐渐让位于浪漫主义的富有魅力的奏鸣。作曲家们获得了社会解放——从权贵们的家庭侍从变成独立的艺术家，这种发展促进了这一转变过程。

在 1790 年，乐师主要还是一种手艺人。埃斯特哈齐亲王常常被喻为海顿的保护人，而实际上是海顿的雇主。正如厨师所做的糕点必须适合王公的口味一样，作为府内用人之一，海顿也有他的职责，包括创作适合于各种用途的乐曲。莫扎特由于反对这种雇佣关系，决心成为自己的主人，结果陷于贫困，过度劳累，终于早逝。几年以后，贝多芬得以不靠任何固定的隶属而自立生活。这在一定程度上是由于资产阶级对音乐的兴趣日益增大，在他们的积极支持下，不仅举办公开音乐会可以增加收入，而且对出版的乐谱的需求也多起来，从而使艺术家能有独立的社会地位。同时，对音乐家在社会中的作用的尊重已经达到这样一个阶段，就连维也纳的贵族们也能够容忍贝多芬的直率的、有时只能认为是粗鲁的行为了。在社会上平等对待艺术家的同时，作曲家本身也日益自觉地关心自己的艺术，结果，许多人都乐于公开他们对音乐和美学的观点。舒曼、柏辽兹和瓦格纳都留下了大量的评论文章，这些文章迄今仍被人们阅读，以求领略其中固有的旨趣。他们的报纸杂志式的文章与过去以纯说教为宗旨的作曲家的著作截然不同。到 1830 年，浪漫主义的音乐哲学已经牢固地居于统治地位。

在本书的前几卷中，对公开音乐会在英国和法国的兴起已经作过概述。① 在本章讨论的时期内，某些倾向变得更为显著，其中两种倾向最为重要：一是竭力摆脱季节的限制，比如赞成在四旬斋期间举行音乐会，因为歌剧院在那个期间概不营业；二是要求设立长年可以使

① 第六卷第四章，叙述加尔默罗会修士音乐会（1672 年创立）和宗教音乐会（1725 年创立），附有从 18 世纪至现在的公开音乐会参考目录。第八卷第四章，讨论 18 世纪上半期由韩德尔主持的和 18 世纪下半叶由莫扎特主持的四旬斋的音乐会。

用的较为固定的音乐厅，以取代咖啡馆和经常举行室外音乐会的公园。现将 18 世纪末 19 世纪初成立的在音乐史上具有某种重要意义的音乐团体名称列表如下：

表 8 - 1

成立时间	地点	音乐团体名称
1771 年	维也纳	音乐家协会
1776 年	伦　敦	古代音乐演奏会
1781 年	莱比锡	莱比锡音乐厅演奏会
1791 年	柏　林	声乐学院
1812 年	维也纳	爱乐乐团
1813 年	伦　敦	皇家交响乐团
1826 年	柏　林	交响乐团
1828 年	巴　黎	音乐戏剧学院乐团

　　除伦敦的古代音乐演奏会（1776—1848 年）和维也纳的音乐家协会（1771—1871 年）以外，这些组织现在仍然存在。维也纳、柏林和莱比锡在上表中比较突出，这表明在 19 世纪，德语国家在器乐方面占有领导地位；在表 8 - 1 中没有意大利的城市，则反映出在这个国家的音乐生活中，歌剧占统治地位。在某几个团体的宗旨中，历史主义的态度是显而易见的。1829 年在门德尔松的主持下重新演出巴赫的《圣马太受难曲》，是柏林声乐学院开办以来最值得注意的大事。阿贝内克领导的巴黎音乐戏剧学院乐团，在贝多芬已经定居维也纳 30 年的时候，在为确立贝多芬在法国因而也是在欧洲的地位方面，也许比其他任何团体都更重要。此外，伦敦古代音乐演奏会规定，要演奏的必须至少是 20 年以前的作品。尽管赖夏特已于 1784 年在柏林采用印刷的音乐会节目单，但是在 1800 年前，这种节目单并未普遍使用。近代的独奏音乐会在 1830 年以后成为一种流行的娱乐形式，这主要应归功于帕格尼尼和李斯特的精湛技巧和国际声誉。

　　1790 年年末，随着尼古拉·埃斯特哈齐亲王的去世，海顿的生活出现了一个转折。虽然海顿在埃斯特哈齐家族服务的那段岁月并不枯燥乏味，但他在那里的雇佣地位和他在外界所赢得的尊敬和声誉极不相称。现在安东亲王继位了。他不像他的父亲那样爱好音乐，因而海顿就得到了一种新的自由（虽然名义上仍保持小乐队指挥的职务），他也充分地利用了这一有利条件。1790 年 1 月，他接受了伦敦小提琴家和演奏会经理约翰·彼得·萨洛蒙要他访问英国的邀请（见第八卷第四章）。正是由于 1791—1792 年的这次访英和随后在 1794—1795 年的第二次访英，我们才有了海顿的最后 12 部交响曲，而且比较间接地又有了两部伟大的声乐作品《创世纪》和《四季》。他的最后 12 部交响曲是为在伦敦公开演出而创作的，除了第九十九号交响曲是在两次访英的间隔期间写于维也纳之外，其余实际上全都是在英国创作的。另外，海顿在创作这些交响曲时显然试图迎合伦敦的音乐趣味，作为大都市的伦敦所拥有的物质条件，使得维也纳和埃斯特哈齐宫廷的管弦乐队的设备相形见绌。他在给一个朋友的信中谈到 1788 年创作的第九十一号交响曲的时候说："为了适合英国人的趣味，必须做大量的改动。"伦敦交响曲之所以绚丽多彩，大概是由于这种取悦群众的需要，伦敦群众听到一成不变的老调就容易厌烦，乐于欣赏最新的器乐效果和革新。现在以别名行世的著名乐章，如《时钟》（即第一〇一号交响曲）、《惊愕》（即第九十四号交响曲）和《军队》（即第一〇〇号交响曲），显然是为了向广大听众提供新奇的东西而写作的。从旋律的选择上，也可以看出他取悦听众的类似努力。这些旋律确实通俗而不低级。这种类似民歌和舞曲的曲调特征，使得海顿成为 19 世纪初期最受欢迎的器乐作曲家，19 世纪是受广大听众的趣味支配而不是受鉴赏家们支配的一个世纪。

　　海顿这些作品的光辉完全不是表面上的。六十几岁的海顿没有失去大约 20 年前在为埃斯特哈齐亲王写作的作品中显示出来的生命力和创造性。一种令人心旷神怡的清新气息依然存在；不过，若非经过几十年的经验达到成熟的地步，伦敦交响曲就不可能具有这样的性质。事实上，这些作品无论在结构和音响方面都是 18 世纪交响曲的顶峰。海顿的青年时代曾偶尔尝试在首乐章中用缓慢的引子，如今已成为一个常有的特征。这样，旧政权时代的吕里的法国序曲的显著特征便得以保留；在从贝多芬到塞扎尔·弗兰克的 19 世纪交响曲作品中，这是一个常见的组成部分。然而，老年的海顿及其后继者却又不

231

像吕里那样，他们通常采用某个主题性的过渡把引子和乐章的主体结合起来。

　　海顿在安排他的首乐章主体部分时，最终决定采用克里斯蒂安·巴赫①和莫扎特所喜爱的奏鸣曲形式，中间有一支优美如歌的旋律作为"第二"主题，与起始部分中较为强劲的男性起始主题形成鲜明的对照。在海顿的早期作品中，这样的对照经常仅用一个调，第二主题只是第一主题的装饰性换调而已。但是，在伦敦交响曲中，他用旋律的二重性补足音调的二重性，而旋律自古以来是容易辨别和记忆的。海顿决定采用对照的主题，这使他的作品具有造型的清晰度，因而比过去更加通俗化。正是由于海顿的影响，莫扎特的模范曲式成为标准形式，贝多芬在他的九部交响曲中一概沿用这种形式。在管弦乐配器方面，海顿也表明愿意师承短命的莫扎特。当时世界各国并不仿效巴黎长期采用的在交响乐队中包括单簧管的做法。莫扎特在最后的一些作品中使这种乐器发挥音响的潜力，毫无疑问，这种创新的成功吸引了海顿。结果，在伦敦交响曲的配器中，单簧管的重要性不断增大。不过，海顿并不仅仅是依样画葫芦；他的总谱和曲式的广度表明，他所支配的大型管弦乐队不仅激励他去创作大型的音乐作品，而且激励他创作更伟大的音乐作品。

　　如果说在伦敦，海顿的交响曲创作达到了顶峰，那么，在他回到维也纳后，这两次访英的效果依然持续很长时间。在他的各种经验中，英国国歌《神佑我王》的朴素和庄严留下了深刻的印象。他在感动之余，为奥地利写了"皇帝颂歌"《上帝保佑皇帝弗兰茨！》，这也许是他最家喻户晓的乐章。然而，最重要的是，海顿在英国产生了对于韩德尔的音乐（特别是清唱剧）的真正热情。

　　斯维滕男爵（见第八卷第四章）在任驻柏林大使时期（代表考尼茨与腓特烈大王就瓜分波兰问题进行谈判），对韩德尔的一些清唱剧已经有所了解。他于1777年回到维也纳后，就组织清唱剧的演出，促进对韩德尔音乐的广泛了解。莫扎特曾为几部清唱剧补写管弦乐部分。海顿无疑听过几场演出。所以，当他在英国发现听众对韩德尔的

---

　　①　他是塞巴斯蒂安·巴赫最小的儿子，生于1735年，称"伦敦"巴赫。他与阿贝尔合作，在1765—1782年间指挥伦敦流行的"巴赫—阿贝尔音乐会"。

作品有普遍的传统和广泛的热情时，他的想象力活跃起来，使他创作了几部自己的清唱剧作品。

海顿从伦敦带回了相传是为请韩德尔谱曲而写的《创世纪》的歌词，韩德尔也许是拒绝了，也许是来不及谱曲便已去世。歌词的作者不确知，而认为出于托马斯·林利之手一说依然值得怀疑。作者很可能是纽伯格·汉密尔顿，他曾为韩德尔的《参孙》和《亚历山大的节日宴会》写过歌词。海顿返回维也纳以后，开始为斯维滕男爵所作的德文歌词谱曲，而斯维滕男爵对某些纯音乐效果也提出一些建议。

斯维滕男爵对图画形象感兴趣，这在很大程度上促成了使《创世纪》如此迷人的朴实无华的音乐描述。因为海顿对歌词所作的想象处理使乐章具有一种自发的清新感。清唱剧的序章"开天辟地前的混沌情况"并不是如标题所示的混乱局面的表述，而是一连串黑暗和空虚的画图。整个作品的画面既简单而又有效果。首章"黎明"中 C 大调的突然光亮对这一点表现得最为突出。

斯维滕男爵还根据詹姆士·汤姆森的脍炙人口的诗篇写成《四季》的歌词。当时对英国文学的普遍兴趣影响着德国浪漫主义时期的作家，海顿的两部清唱剧歌词来源于英国也是这个原因。斯维滕男爵在《四季》中所起的作用比在《创世纪》中要更大一些。他的手稿上附有大量对乐思的提示，其中大部分是海顿准备采用的。幸运的是，正如许多稿边小注的性质所显示的那样，这位艺术赞助人具有敏锐的音乐感。[①]《四季》很少表露它是戏剧作品；它只是一系列的具有勃鲁盖尔绘画风格的乡村生活画面。无论描绘一个狩猎场面，还是描绘一次欢乐的营火晚会，海顿都使之浸透了一种很难令人想象出自一位老人手笔的色彩和生气。

就公演的情况而论，《创世纪》和《四季》是海顿一生最后 10 年最重要的作品，虽然这么说并不是否定他最后的一些弥撒曲和弦乐四重奏的艺术完美性。19 世纪初，除了海顿的两部清唱剧的普遍流行和人们对韩德尔作品的持续热情而外，塞巴斯蒂安·巴赫的《受难曲》也重新上演起来。这三位作曲家的合唱作品在英国和整个欧

233

[①] 《皇家音乐协会会报》第 89 卷（伦敦，1962—1963 年），第 63—74 页，特别是第 71 页。

洲形成一种巨大的力量，推动清唱剧团体和合唱队的纷纷建立。在对艺术欣赏日益沉寂的时候，这些组织为积极参加音乐活动提供一个机会，起过重要的作用，这种作用在今天来说要比在 19 世纪初更有实际意义。

　　毫无疑问，海顿定居维也纳也促使路德维希·范·贝多芬到那里去。他的目的是向这位伟大的作曲家学习。贝多芬于 1770 年出生于波恩，但是从 1792 年到 1827 年他逝世为止，他一直住在维也纳（见第八卷，第四章）。由于这个原因，一般认为他是一位维也纳作曲家。贝多芬受教于海顿并不十分成功，1794 年海顿前往伦敦以后，课业便完全停止了；尽管如此，奥地利的首都还有许多使年轻的贝多芬留恋的东西。

　　当时的维也纳是一座受爱好音乐的贵族们保护的音乐城市。这些贵族有洛布科维茨、利希诺夫斯基和金斯基等亲王以及斯维滕男爵。1803 年，皇帝利奥波德二世的儿子鲁道夫大公成为贝多芬的门生，并同其他贵族一起成为贝多芬的赞助者。贵族的财政支持使贝多芬除了从演奏会和出版物得到的收入以外，又增加一大笔进款。1808 年，威斯特伐利亚国王杰罗姆·波拿巴在卡塞尔授予贝多芬一个宫廷官职。然而，他在维也纳极受重视，以鲁道夫大公为首的一个贵族财团每年赠给贝多芬 4000 弗罗林（盾）。这是支持一位不作为私人仆从承担义务的独立艺术家的突出例子。[①] 贵族家庭都乐意接待大有前途的青年音乐家，我们从资料中读到，贝多芬曾在斯维滕男爵家中演奏《平均律钢琴曲》中的赋格曲。这也是对 J. S. 巴赫的音乐重感兴趣的许多例子之一。贝多芬的演奏技巧使许多人家都为他敞开大门，他的即兴演奏很有名声。他的早期作品不可避免地反映出两位伟大的先辈海顿和莫扎特的风格。然而，作为作曲家，他的声誉也在增长，到 1800 年，他已经写成几首钢琴奏鸣曲、最初的两部钢琴协奏曲、六首弦乐四重奏（作品第十八号）和第一交响曲，最后这部作品是特意献给斯维滕男爵的。1804 年，贝多芬的全部天才及其特质在《英雄》交响曲中显现出来。

234

---

　　① 盾在 1811 年"金融特许证"中的贬值（见第 402 页）是贝多芬的一大烦恼。参见 E. 安德逊编《贝多芬书信集》，3 卷本（伦敦，1961 年），第 1 卷，第 48 页。

　　这部交响曲完成以后，贝多芬写信给莱比锡的出版商布赖特科普夫和黑特尔，在信中说这是"实际题名为波拿巴"的"新型大交响曲"。法国的路易十四和英国的查理二世可能吹嘘说，由于他们的赞助，在他们的时代曾经直接产生一些受委托创作的最伟大的音乐作品。但是，拿破仑从来不以音乐的保护人著称。在19世纪初叶的知识界中，他成为表达对专制主义不满的普遍象征。在音乐史上，贝多芬改变《英雄》交响曲的献题最能说明拿破仑共和政体的崇拜者们后来的失望情绪：1806年终于在维也纳出版的《英雄》交响曲删掉了拿破仑·波拿巴的名字，改为"纪念一位伟大的人物"。因而，这部交响曲是呈献给维也纳的贵族之一洛布科维茨亲王的。

　　这部降E调交响曲在贝多芬的音乐中，实际上在整个交响曲的历史中开创了一个新时代。单是它的长度就足以引起争论，毫无疑问，这是布赖特科普夫和黑特尔出版商拒绝刊印这部作品的理由之一。这是可以理解的，因为这部交响曲的规模超出了海顿或莫扎特所写的任何作品。它的第一乐章本身就是一个庞大而复杂的结构。它的主题之所以值得注意，不是由于它们本身适应旋律，而是由于它们适于展开。开头几个音符引起这位作曲家结构最严谨的乐章之一，而在发展部分导入的一个新旋律实际上是乐章有机发展的一个组成部分，并不仅仅是一个插入的枝节。在这部作品中，结尾也具有较大的意义。在过去的交响曲中，最后的结尾只是一种加强而已，而现在它变成了第二展开部，在乐曲最后恢复到原调之前，使其进一步扩大和发展。其余的乐章也有力量和创新，例如：葬礼进行曲调子缓慢，谐谑三重奏带有浪漫主义的低音号声，最后的乐章有变奏曲。这些变奏曲基于一个简单的主题和取自贝多芬本人的芭蕾舞剧《普罗米修斯》的同样简单的旋律配合，如果没有处理素材的作曲技巧，它们是很容易变得平庸无奇的。

　　《英雄》所具有的特征——激情和节奏感，也是贝多芬绝大部分作品的突出点。在1808年完成的第五交响曲中，这种激情表现得更加强烈。如果说整个第一乐章是由头四个音符发展起来的，那就未免言过其实；不过，开头几个小节的节奏渗透这一乐章，并贯穿在整个交响曲中，这都是千真万确的。第一乐章表明贝多芬集中他的主题材料的能力。第二主旋律是由开头几个小节的变体而产生的，这一变体

235

在乐章的进程中发展到最大的程度。贝多芬一贯把他的素材还原到它的基本音素，在这一乐章的发展部分，他最高度地运用了这一手法。他一个音符一个音符地压缩主旋，最后留下单一的音符，由于经过调整，它仍然保有主题的意义。在慢板乐章较有抒情意味的曲调之后，是一个阴郁的谐谑曲，它不间断地过渡到末乐章。最后两个乐章间的过渡乐段，在贝多芬的任何作品中都是富有戏剧性的引人注意的部分之一；这是他在作曲过程的较晚阶段才插入的。五十小节音乐由于几乎从头到尾都"PP"（极弱地），又为坚定的鼓声所支持，使不断增强的紧张变得几乎无法忍受，这时突然进入充满胜利喜悦的 C 大调终曲而得到解脱。

在贝多芬的第五和第七交响曲中，节奏的首要作用再次明确表现出来。事实上，第七交响曲中那种近乎恶魔般的疯狂，曾引起当时的某些批评家对作曲家的神志提出疑问。托维认为，贝多芬的许多主题单凭它们的节奏形式便可辨认。在第五十九号弦乐四重奏第一乐章（献给拉祖莫夫斯基伯爵的第一套四重奏曲）中，可以发现节奏的支配达到极端的程度，它的第二乐章开始于一个音符上的适度的跳跃。正是这种节奏的而不是抒情的基础，使贝多芬的音乐甚至能向鉴赏能力最差的听众表达它那感情的力量和率直。第五交响曲的终曲没有莫扎特或舒伯特的那种旋律美；它既无和声的纤巧，也没有配器的矫揉造作。但它却有一种能使任何听众产生即时兴趣的带强烈节奏的质朴表现手法。

第九交响曲自 1824 年首次演出后，便成为一个引起争议的题目。神秘的开始部分很清楚地预示着一部规模宏大的作品，确实，这部长度超过一小时的交响曲（几乎二倍于海顿的任何交响曲）在贝多芬的同时代人中间曾经引起迷惑不解。第一主题的力度为两个乐章定了格调；在快板的序章之后是一首谐谑曲（而不是习惯的慢板乐章），这样一来，除了三重奏部分有短暂的牧歌式的松弛外，乐曲始终维持着一个紧张度，直到第三乐章的柔板为止。这个优美的慢板乐章（一个双主题自由变奏曲）本身，就驳斥了当时的流言：贝多芬在将近 30 岁时便患耳聋，此时已经全聋，因此对纯粹的声音之美已经失去了兴趣。

虽然对第九交响曲的前三个乐章的伟大几乎没有任何争议，但合唱的末乐章迄今仍是引起议论的题目。它是代表贝多芬在交响曲形式方面所达到的顶峰呢，还是必须视为一个重大的失败？肯定地说，它对人的声音的要求，即使是专业合唱队也难以做到；它的主旋律与取材于它的勃拉姆斯第一交响曲的末乐章相比，在深奥与和谐两方面都很欠缺。大家知道，贝多芬有一些时候打算为席勒的《欢乐颂》谱曲。经过仔细斟酌之后，他决定将这首诗歌并入第九交响曲，用以代替纯器乐的末乐章。在合唱前，以一个扩展的乐队前奏开始。前三乐章的素材得到利用，仿佛在寻找适当的旋律为合唱作伴奏。而每次尝试都因大提琴和低音大提琴那种犹如吐字清晰的滔滔雄辩而遭到失败。最后，"欢乐"的旋律受到热情的接纳，乐章得以顺利进行。尽管如此，主题仍有三次乐队变奏，继之以乐章开始部分的疯狂喧嚷，后来又为合唱所打断，"啊朋友们，不要这种声音！让我们对别人讲话时，更要使人喜悦和欢乐"。

　　在这一乐章（以及它的基本曲调）引起的许多评论中，我们可以引用瓦格纳的两段，因为这两段清楚地揭示了贝多芬风格的双重侧面。瓦格纳评论道："这位音乐家觉得有必要投入诗人的怀抱，以创造真正的、永远富有效果的和弥补不足的旋律。"另一次，瓦格纳又说："这个曲调的真诚简朴，在我们内心唤起一种神圣的敬畏之感，至高的艺术从来没有产生过在艺术上比这个曲调更简朴的东西。在作曲的过程中，这一曲调变成坚定的合唱，这是一次新型宗教集会的合唱，像塞巴斯蒂安·巴赫的圣歌一样，由其他补充声部以对位的方法作为衬托。"① 确实，这个曲调以其至高无上的简朴代表着具有普遍性的旋律，卢梭曾为这种旋律而赞叹，海顿有时也曾取得这样的成就。音乐语言的这种在各民族和社会各阶层中同样明白易懂的普遍性，就驳斥了那种把贝多芬晚年的音乐归结为彻底的浪漫主义音乐的轻率的判断。另一方面，瓦格纳关于新出现的宗教集会应怀着"神圣的敬畏"倾听这一类似合唱的乐曲的想法，表明在浪漫主义音乐的作曲家中间的一种十分显著的态度。贝多芬的作品确实在某种程度上着了先鞭，也就是说，一位作曲家不再是以娱乐甚至启迪听众为目标，他把自己看作社会的高级牧师，把听众看作宗教集会的与会者，

① 《全集》，9卷本（莱比锡，1871—1883年），第3卷，第385页；第9卷，第123页。

把他的音乐视为宗教仪式的一部分。与莫扎特或海顿相比，我们从贝多芬的作品中得到启蒙运动的理性和浪漫主义的奇想在更大程度上的交融。

第九交响曲末乐章的歌词表明了当时的理想主义，即人类的博爱："所有的人都在成为兄弟。"这种乌托邦式的梦想完全成为共济会员崇拜的对象，并使海顿和莫扎特、维兰德和歌德这样的杰出人物加入他们的行列。贝多芬的末乐章完全适应当时的思潮，在它出现于共济会的歌本之后，此曲便广为流传。

席勒的《欢乐颂》只是贝多芬热衷于这位诗人的理想的一个事例而已。作为一位历史学家，席勒还写过关于尼德兰争取摆脱西班牙统治的早期斗争情况。这一主题象征着19世纪初期人们对政治自由的向往。结果，通过贝多芬为之配乐的歌德的悲剧《埃格蒙特》，使当时的德国受到一大冲击。这两个人虽然在气质上并不一致，但是彼此都敏锐地领悟到对方的伟大之处。现有涉及他们实际交往的原始文件很少，但是它们本身即可说明问题。1811年4月，贝多芬委托业余音乐家冯·奥利瓦带给歌德一封信：

> 您不久即可收到从莱比锡寄上的《埃格蒙特》的乐谱……我热情地拜读了《埃格蒙特》这部奇书，也同样热情地从音乐角度思考它、体会它、表现它。我万分希望知道您对乐谱的意见，即使非难也将对我和我的艺术有所裨益。

整封信充满了谦恭。歌德的回信是亲切的；他计划在魏玛剧院演出这部音乐作品，并认为这样一次演出肯定会给他本人和贝多芬在当地的许多崇拜者带来极大的快慰。歌德一向措辞谨慎，但这次他在评价《埃格蒙特》的乐谱时，却用了很有力量而且异常坦率的语言：

> 当卫队的鼓声伴送埃格蒙特走向死亡时，[克勒尔兴的] 幻象消失了。这的确是需要音乐的时刻，而贝多芬以神奇的天才表达了我的意图。

238 另一次评论说：

为歌谱曲往往背离原作精神：诗人很少觉得［他的全部意思已经真正］得到了深刻表达，我们领会到的往往只是作曲家的艺术和气质……贝多芬却在这里创造了奇迹。

贝多芬唯一的歌剧《菲岱里奥》在主题上与《埃格蒙特》相似，但在时间和背景方面有所不同。贝多芬寻找剧本花费好多年时间，因为他对自己的使命严肃认真，不愿考虑微不足道的主题。莱奥诺拉在面临极大危险时对弗罗列斯坦的爱情依然忠贞不渝的故事终于完全适合他的严格要求。几经变迁，《菲岱里奥》遂成了我们今天所看到的形式。虽然这是贝多芬唯一的歌剧作品，但是它具有当时法国歌剧的许多特色，实际上，只有结合拿破仑时代的法国歌剧历史才能完全理解它。

除了莫扎特的《后宫诱逃》和《魔笛》之外，具有高度艺术性的德意志歌剧作品很少。格鲁克作为意大利歌剧作曲家的长期活动，往往掩盖这样一个事实：在他的积极创作的晚年，他实质上是一位法国作曲家。格鲁克去世后，法国音乐中还长期存在他的精神。法文的《奥菲欧》和《阿尔塞斯特》，以及两部《依菲姬尼》歌剧，都曾在法国舞台上风靡一时，结果，格鲁克在法国取得了如同韩德尔在英国的地位。实际上，一种格鲁克风格主宰了法国歌剧。与此同时，法国革命造成的社会和政治的大动荡也深深影响了法国的音乐生活。日常生活的动荡反映于戏剧高潮的急剧增长和以格雷特里的《狮心王理查》（1784 年）为原型的"救难式歌剧"的广为风行。地牢和坟墓占主要地位、男女主人公在千钧一发之际得救的恐怖场景已经成为公认的戏剧公式。这类作品中比较著名的《罗多伊斯卡》（1791 年）、《埃利沙》（1794 年）、《梅迪亚》（1797 年）和《二日》（1800 年），赢得了国际声誉。它们是佛罗伦萨人凯鲁比尼创作的，他继吕里和格鲁克之后成为法国主要的音乐家，尽管他原是外国出生。也许更重要的是，他虽然没有获得拿破仑的宠信，却也同样显赫一时，从 1822 年至 1842 年，他作为巴黎音乐戏剧学院院长巩固了在国内外的声誉。凯鲁比尼与他的著名的前辈一样，作曲方法也不同于意大利传统的歌剧作曲家，他扩大乐队和合唱队的作用（见第六卷第四章）。在为特

239 殊事件所写的共和国颂歌中一般有老百姓参加，这很清楚地表明法国革命在集中人们对群众的注意力方面所产生的影响。革命当局这类临时的委托使凯鲁比尼得到发展他自己的合唱与管弦乐风格的机会。这种作品通俗易懂，配乐极为轻松，因而有"壁画"（al fresco）之称。凯鲁比尼在居住维也纳期间（1805—1806 年），曾经监督他的一些"救难式歌剧"的演出，从而得到海顿和贝多芬的尊敬。此外，显而易见，这些歌剧的主题以及凯鲁比尼对它们所作的音乐处理，对贝多芬的《菲岱里奥》是极为重要的。

在建造大型歌剧院和音乐厅的世纪里，"壁画"技法日益重要起来。凯鲁比尼的作品和他的对手斯蓬蒂尼的作品（《贞女》，1807 年；《斐尔南德·科尔特斯》，1809 年），可以被认为是梅耶贝尔和瓦格纳早期的大型歌剧，以及要求那种特别巨大演奏力量的柏辽兹的作品的先驱。

在当时流行的歌剧中，贝多芬认为凯鲁比尼的《二日》和斯蓬蒂尼的《贞女》的歌词最为优美。因此，《菲岱里奥》的歌词来自一个法国歌剧的脚本，这是不足为奇的，这个脚本是《二日》歌词的作者让·尼克拉·布依所著《莱奥诺尔，或夫妇之爱》的德文译本。所以，就主题材料而言，《菲岱里奥》属于革命后法国歌剧的一类，它有救难、地牢情景、掘墓，以及关于政治自由的说教。

尽管贝多芬迫切希望写出一部歌剧，可是他缺乏莫扎特所具有的天生的戏剧感。《菲岱里奥》的第一稿在 1805 年演出三次，然后即予撤销。第二稿经过精心删节，把材料由三幕压缩为两幕，一年后又遭到失败。1814 年，这部作品再度修改，歌词由 G. F. 特赖奇克改写。这个人在使法国救难式歌剧适应维也纳趣味方面有广泛的经验（包括上面提到的《梅迪亚》和《二日》在内）。直到初次上演过了九年以后，《菲岱里奥》才获得成功。先前几次的失败可以部分地归因于演出是在法国人占领维也纳的困难时期进行的，但是，为使作品富有效果，必须作若干的修改，也确是事实。

《菲岱里奥》的最后定稿成功地占据歌剧舞台达一个半世纪之久。尽管如此，作为一部依靠纯音乐的创作来要求永垂不朽的作品来说，《菲岱里奥》由于采取过多的交响乐成分而牺牲戏剧的完整性，因而受到了普遍的批评。人们在作这种批评时往往以第一幕中著名的正规四重唱作为例证，虽然就其本身来说，这段四重唱是与上下一脉相承的。但是，十分矛盾的是，贝多芬由于运用主要与纯音乐有联系的形式（诸如两重唱和奏鸣曲的形式）来作他的戏剧表现，由于把这些形式纳入歌剧的框架并形成一个整体，才预示了未来的音乐进程。因为在 19 世纪和 20 世纪的浪漫主义和新浪漫主义的作品中，戏剧的和标题的意旨与器乐的各种模式的融合是一个显著的特征。在《菲岱里奥》的第二幕中，话语声与管弦乐交织在一起的过渡段是特别生动的。这种过渡段源出卢梭和莫扎特（见第八卷，第四章），并为韦伯和瓦格纳指明了道路。

　　尽管《菲岱里奥》取得了最后的成功，但永远未能与意大利和法国歌剧在维也纳的优势地位抗衡。19 世纪初，意大利最成功的代表人物是罗西尼（1792—1868 年）。《唐克雷迪》的成功（威尼斯，1813 年）使它的作曲者居于在整个欧洲上演的意大利歌剧的领导地位。继《唐克雷迪》之后的是《塞维尔的理发师》（罗马，1816年），从 1815 年至 1823 年，罗西尼签订合同，每年要给米兰的拉斯卡拉歌剧院和维也纳的意大利歌剧院各写一部歌剧。当他在 1822 年到达维也纳的时候，人们对他的欢迎达到真正狂热的程度。他同贝多芬和舒伯特会面，贝多芬对他的"精彩的歌剧"（《理发师》）表示祝贺。没有一位专业音乐家会否定罗西尼的显著特点：他那富有感染力的旋律，他那对于歌剧技法及其潜在力量的充分掌握，他那对于一出滑稽歌剧的成功绝对不可缺少的幽默感。应皇家剧院经理的邀请，罗西尼于 1823 年到达伦敦，受到宫廷的青睐。当他五个月后离开伦敦的时候，已经腰缠 7000 英镑了。随后他作为意大利剧院经理定居巴黎，1826 年被任命为国王首席作曲家。《威廉·退尔》（巴黎，1829 年）是他最后一次值得记忆的成功。他在这部作品中，成功地把法国革命歌剧的特质搬到一个遥远的时代，同时又使其充满自己的意大利式旋律的生命力。后来，在他 37 岁时，罗西尼实际上已完全引退，究竟什么原因，从来没有得到令人满意的解释。从他以后出现的少量作品中，如 1842 年的《圣母悼歌》和 1863 年的《庄严的小弥撒曲》，就可以证明他的行动并非由于音乐创作力量衰竭。说也奇怪，《小弥撒曲》竟是威尔地《安魂曲》的先河。

　　罗西尼音乐的强大感染力会压倒贝多芬的声望，从一般听众的观

点来看是完全可以理解的。然而，比较难以解释的是：为什么德意志
的歌剧在宫廷和官府的支持下，从最初兴起的时代起就比意大利和法
国的歌剧发展得慢呢？尽管有莫扎特的《后宫诱逃》，可是皇帝约瑟
夫二世要在维也纳建立一个民族传统的努力却失败了；而且必须承
认，后来的《魔笛》和《菲岱里奥》在德意志歌剧史上占有的地位，
并非作为歌剧发展的主流，而是作为单独的杰作。最后还是卡尔·玛
利亚·冯·韦伯的《魔弹射手》促进了民族风格的发展。这部歌剧
于 1821 年在柏林剧院首次演出（通常演出歌剧的林登剧场当时被斯
蓬蒂尼所经营的一个意大利剧团占用，斯蓬蒂尼是拿破仑和普鲁士国
王弗里德里希·威廉三世宠幸的作曲家）。

　　《魔弹射手》之所以成功，并不仅仅是由于韦伯选择民间传说和
迷信，因为当时德意志浪漫主义题材的歌剧已经屡见不鲜。然而，韦
伯的大胆想象力，再加上体现他的思想的高超的音乐技巧，像德意志
文学作家在前几年一样吸引了公众的注意力。《魔弹射手》具有一部
成功的浪漫主义歌剧的一切要素：角色是农村人物，而不是历史人物
或神话人物；有一个白璧无瑕的女主人公与一个愚不可及的男主人公
相对立；丑角邪恶透顶。有令人望而生畏的超自然场景，有以短小民
歌式的语言描绘的乡村景象，合唱则具有朴实无华、通俗易懂的风格
（第三幕中的女傧相合唱就标题为“民歌”）。歌剧的高潮出现在第二
幕的“狼谷”一场，假扮成黑衣游骑兵的恶魔（用一段回复到情节
剧传统的道白）正在制造魔弹。这一场令人想起浮士德与魔鬼之间
的契约，它的力量在于巧妙运用管弦乐，管弦乐增加紧张感，并刻画
出凶恶的气氛。在这地狱的一场中，与 18 世纪的特别是与意大利的
歌剧场景相比，道白和歌词都很少。为了创造魔窟的可怕气氛，韦伯
利用了单簧管、长笛等乐器的不同音域，而且他从来没有忽视圆号。
以管弦乐作为他的歌剧的主要动力，这属于浪漫主义的系统，与咏叹
调依然占主要地位的意大利风格相比，德意志歌剧走上了良好的道
路。在这个世纪较晚一些时候，这种富有启发性的对管弦乐的处理，
使瓦格纳获得引人注目的成功。

　　韦伯的《欧利安特》是创作一部不用对话的、更为“严肃”的
作品的尝试。不过，《欧利安特》从来没有得到真正的成功。韦伯在
1826 年为伦敦所写的他的最后一部歌剧《奥伯龙》中，进一步发挥

了有关管弦乐的作用的浪漫主义想法。大致在同时，早熟的门德尔松在他的《仲夏夜之梦序曲》中同样富有创造性和想象力地运用了管弦乐中的管乐部分。（门德尔松作为作曲家后来的生涯属于下一个时期。）《奥伯龙》的序曲和歌剧正文都由人们熟悉的法国号角声占主导地位。纵观18世纪启蒙运动到19世纪浪漫主义的演变，很明显，早期的主旋律乐器就是发声较高而又清晰的小提琴。另一方面，法国号如怨如诉的声音，更适合于新的看法和极力采取新的题材。就韦伯的《奥伯龙》而言，最显著的特点是主题本身极其简单，它的兴趣不在于旋律的性质，而在于洪亮的音响。

对18世纪和19世纪之交的作曲家（和诗人）的分类是极其精细的工作，所依据的是他们所创作的艺术作品的性质，而不是他们的出生年月。一般认为韦伯是一位浪漫主义作曲家，可是他仅比贝多芬小16岁，并且在1826年先于贝多芬去世。贝多芬晚期的最著名作品，如《庄严弥撒曲》《第九交响曲》，以及最后一些四重奏曲，都是在韦伯的《魔弹射手》之后创作的。另一方面，在文学中，像施莱格尔和蒂克这样一些诗人，是在19世纪头10年和20年代写作具有显著浪漫主义特征的作品。

在贝多芬和歌德的时代所进行的艺术论战中，浪漫主义和古典派的对比是一个热门的话题。"古典音乐"一词具有严格的界限；不过，为了同浪漫主义风格作对比，还必须有一个描述性的术语。在贝多芬的成熟作品中，浪漫主义成分是显而易见的：强烈的个人和个性表现，这些作品占用相当长的时间，偶尔出现标题性的低声。由于这些特点，后来的作曲家们都很推崇贝多芬，并且为了说明自己观点的正确而过分夸大贝多芬的浪漫主义倾向。他们认为贝多芬不是正统结构的大师，而是通过他个人的情感使音乐升华的人。他们认为《第五交响曲》不是合乎逻辑的结构，而是隐藏在音符后面的狂怒。为了说明交响诗在19世纪广为流行，他们往往引用贝多芬的《田园（第六）交响曲》的标题作为这类作品的始祖。但是，当这部交响曲的慢板乐章完美地表现乡村场景的气氛时，音乐本身恪守交响曲形式的规范。的确，贝多芬的音乐从来没有失去严格的自我约束，而浪漫主义风格则规定作曲家有绝对的自由。甚至在贝多芬的最有个人特色的过渡乐段中，他也始终运用普通的语言，他的语汇是海顿继承者和歌德同代人的语汇。

243

个人主义倾向和自行其乐（有时甚至是反常的），则属于贝多芬曾经给予深刻的影响，但他从未完全参加一个派别。

在他的最后几部作品中，贝多芬只喜欢弦乐四重奏。早在1798—1800年间，他就写了包括六个四重奏的组曲，即第十八号作品。这些四重奏在许多方面都具有18世纪作品的特征。它们与海顿的大多数同类作品一样，作为一组作品出版，而不是单首问世。的确，贝多芬所采用的作曲方法大多以海顿为样板。在1806—1807年，贝多芬写了第五十九号作品（包括三个四重奏的组曲），题献给俄国驻维也纳大使安德烈·基里洛维奇·拉祖莫夫斯基伯爵，此人从1793年起直到1836年去世一直住在维也纳。从1808年至1816年，这位伯爵维持著名的拉祖莫夫斯基四重奏乐团，他本人为第二小提琴手。后来，这个四重奏乐团成为舒潘齐四重奏乐团，以西纳为第二小提琴手。在早期的职业弦乐四重奏乐团中，舒潘齐四重奏乐团也许是最重要的一个，由于他的精湛演奏及其与贝多芬的密切关系，势必使它建立一种至今仍很风行的公开演奏的室内乐的传统。卡尔·默泽尔在柏林建立了一个同样有影响的职业乐团，从1792年到1796年，这个人曾在普鲁士国王弗里德里希·威廉二世的私人弦乐四重奏乐团中演奏。后来默泽尔终于建立了自己的乐团，1813年在柏林定期公演。今天，默泽尔主要是作为贝多芬早期的拥护者而为人们所记忆，而贝多芬以及默泽尔和舒潘齐的四重奏从依靠王室或贵族的庇护转到依靠一般群众的支持，也是这一时期所发生的社会变革的特点。

贝多芬题献给拉祖莫夫斯基的三首四重奏曲可以名为贝多芬室内音乐的"英雄奏鸣曲"，他成功地发展了用于这种音乐手段的自己的语言。1824年后所写的以所谓"最后的"四重奏曲为顶峰的晚期作品中，由于不断增加矫揉造作的成分而令人扼腕，日益不受群众的欢迎。在创作这些作品的时候，贝多芬的崇拜者感到莫名其妙，并得出结论说，他们这位作曲家已经越过为所欲为和精神错乱之间的界线。值得注意的是，当海顿的声誉随着每一部新作的问世而日益增长时，莫扎特和贝多芬两人却自行其是地写作，完全不顾公众的期望。19世纪后半期人们忽视海顿，而把富有魅力的莫扎特和贝多芬加以神化，其原因可以直接追溯到这三位作曲家各自对待听众的态度。与海顿是三人中的长者这一事实，当然也有关系。尽管如此，贝多芬的最后几部四重奏曲也并非一概艰深或难懂。它们的广泛表现力是显而易见的。贝多芬的作品一三〇号中的《德国舞蹈风格》极其简朴，具有 18 世纪的风格。作品一三二号中的《进行曲风格》也是如此。这首简洁的进行曲之前是一个亲切而不平凡的乐章，标题为"一个康复者对上帝的感恩，利底亚调式"。这是贝多芬 1825 年重病康复后写成的作品。这一乐章使用一种古老的教会调式，并在旋律的处理上采取对位的手法，所以使音乐具有一种净界的意味；同时，这种处理标志着一种倾向，这种倾向随着 19 世纪的推移而日益突出，可以用"历史主义"这一术语加以概括。16 世纪的帕莱斯特里纳的对位技巧对于 19 世纪初期作曲家的魅力，同一个自以为颓唐和污浊的时代中向往纯洁的愿望结成了一体。格列高利圣咏及其调式也有类似的吸引力；在这里可以看出从贝多芬的利底亚调式的感恩乐章到柏辽兹的《末日经》引文，再到勃拉姆斯《第四交响曲》所用的弗里吉亚调式，都是一脉相承的。这些音乐现象与 19 世纪初哥特式建筑的魅力同出一源。这里应当提到布瓦塞雷埃和歌德努力筹集基金重修科隆大教堂的事情。另外，应该强调指出，后来在学术界和艺术界十分风行的迷恋过去的倾向，正是贝多芬的四重奏（作品一三二号）的一个要素，但绝不是主要的特征。这些最后的四重奏曲的另一个特征是为运用赋格技巧提供机会。赋格式的过渡乐段也出现于贝多芬的其他作品，尤其是《第三交响曲》和《第九交响曲》。贝多芬对赋格的兴趣同海顿和莫扎特一样，是以他在斯维滕男爵家中所得到的对巴赫作品的熟悉程度为基础的。在 1815 年以后，赋格过渡乐段，甚至整个赋格乐章的增加是十分显著的。从作品一〇二号大提琴奏鸣曲直到作品一一〇号钢琴奏鸣曲都是如此，而在作品一三一号和一三三号两部四重奏中达到了高潮。这似乎表明，贝多芬希望用一种古老的、几乎非个人的作曲技巧来包罗他的表现力量。其结果对于他的大多数同时代人虽然深奥莫测，但在 19 世纪和 20 世纪的听众中却唤起了由衷的敬佩。当 1827 年贝多芬逝世时，整个欧洲一致认为失去了当代最伟大的音乐家。舒伯特仅在一年后逝世，却很少受到注意。

近代艺术歌曲的发展归功于德意志人的倡导，正如歌剧的历史应该是意大利的光荣一样。在音乐厅里由专业演员为购票的听众演唱的并非歌剧的新的世俗歌曲，构成一个完全不同于古老的民歌和情歌的新范畴。这种新的艺术形式要求听众认真和专心地领悟；要求歌唱家具备一种不局限于歌剧的素养；要求钢琴家能作精湛的伴奏，这种伴奏是很复杂的，它像近代的交响乐，而不像吉他的乱弹。这些是浪漫主义歌曲的社会的和技巧的某些必要条件，但是新的德意志歌曲（lied）仍然需要有一位天才的作曲家使其生翼。维也纳学校教师弗朗茨·舒伯特（1797—1828年）扮演了这个角色。舒伯特1815年所作的《魔王》如同蒙特威尔地1607年所作的《奥菲欧》一样惊人，因为前者所草创的艺术歌曲和后者所开始的歌剧一样具有权威性。由于舒伯特及其后继者舒曼、勃拉姆斯和沃尔夫的努力，使一个没有德意志歌曲的独唱音乐会就像一个没有意大利的咏叹调的歌剧演出会一样不够典范。

舒伯特的作曲方法的形成过程是很短的。所谓"第一柏林歌曲派"最早刊行的作品，是在18世纪50年代出现的。这些作曲家的革新虽然影响了下一代，但他们不久便被人遗忘，只有埃马努埃尔·巴赫是唯一的例外。第一柏林歌曲派抛弃了可能适合于流行歌曲的歌剧咏叹调、小步舞曲及其他舞曲，把注意力直接放在与卢梭的理想相一致的民歌和准民歌上，从而创作了我们今天所知道的思想丰富和感情深厚的歌曲。

"第二柏林歌曲派"的重要出版物，大致是在1790—1810年之间出现的。J. A. P. 舒尔茨、J. F. 赖夏特、K. F. 策尔特尔和其他一些人从埃马努埃尔·巴赫的实验中吸取教益，开始创作适合于歌德和席勒所倡导的德意志新诗的旋律。不过，"旋律"一语本身就表明音乐的局限性。例如，钢琴伴奏即便不完全被认为起从属作用，也往往被当作可有可无：

> 任何一个不聋不哑的人都能唱的歌曲的旋律，必须能够独立而不依赖一切伴奏，并且必须……牢牢把握歌曲的基调，使人在听过之后就再也不会想象没有歌词的旋律或没有旋律的歌词……这种旋律……因而既不要求、实际上也不允许任何伴奏的和声。[1]

---

① J. F. 赖夏特，1781年语。全段摘自 A. 爱因斯坦《舒伯特》（伦敦，1951年），第28页。

另外一个限制在于分节诗的特性。根据民歌中的规则，歌德和席勒强烈地感到，一首诗的每一节都应该用同一的旋律伴和。速度和力度的调节，以能表达必须有的感情上的细致差别为准。这些理性和诗歌方面的基本原则，受到第二柏林歌曲派作曲家们的充分尊重。

舒伯特推崇歌德的诗歌，但不能接受这位诗人的限制。他继续创作充满活力的音乐，使其随同诗歌的情绪或动作的发展而发展。结果，使舒伯特获得荣誉的歌曲，一种是自由体的，即不分节的，另一种是为只有一节的诗歌所谱的曲子，因而不使作曲家的灵感受到束缚。在舒伯特的 660 首歌曲中，约有 1/10 是为歌德的诗所谱的曲子。舒伯特于 1815 年作《魔王》时，年仅 18 岁。表现孩子痛苦的哭声所用的强烈的不协和音，是这首歌曲中最精彩的部分。舒伯特依次在每节诗中升高半音，加强了它的效果。在舒伯特的前辈们为分节诗歌谱曲时，就不可能运用这样一种累积效应的手段。[1]

《魔王》脱稿后两年，作家的朋友们把它交给莱比锡著名的布赖特科普夫和黑特尔出版公司。为了征求意见，出版商们将《魔王》交给了德意志作曲家德累斯顿的弗朗茨·舒伯特。这位不幸的同名者只是由于这段逸事而得以留名于后世，他断然说："我从未写过这首清唱剧。"他还说，他非常希望调查"究竟是谁鲁莽地把这种无聊作品寄给你们，并且查出那个盗用我的名字的家伙"。这首歌曲终于在1821 年由维也纳的卡皮－迪亚贝利出版公司出版了。然而，1817 年的这一"意外事件"使这位由浪漫主义产生的、生性豪放不羁，而其天才没有被人们正确理解的新型作曲家得以拨云见日。保守的出版商和批评家与他们认为格调太老或太新的作曲家之间的摩擦，当然并不仅限于舒伯特的作品；人们还会立刻想到巴赫的赋格曲和贝多芬的最后几部四重奏曲的不受欢迎的情况。但是，这些早期作曲家有足够收入（而且有足够数量的被接受的作品作为后盾）使他们能够冒险去做一定数量的试验。在舒伯特的一代，艺术家不适于庸俗的资产阶级社会的这一传统已经开始了。在马勒说的"我为子孙后代作曲"这句名言中，在长篇小说、音乐喜剧和电影剧本所反映的舒伯特、肖

---

① 关于歌德反对这种自由处理分节诗的意见，参见爱因斯坦，上引书，第 45 页；另见《音乐季刊》第 35 卷（纽约，1949 年），第 511—527 页。

邦和李斯特的一般形象中，都体现了这种传统。

舒伯特最成功的单节诗作曲，是 1822 年为歌德的《群峰之巅皆宁静》谱写的一支。舒伯特用新的浓缩音乐表现手法配合简短的诗歌模式，用自由的音乐语句配合歌德的不等长的诗行；除这些成就外，还加上声线与钢琴伴奏之间强烈的旋律反变移。

最后，应该提一下舒伯特 1818—1819 年为施勒格尔兄弟的诗的谱曲。《来自慈悲的玛利亚》的歌词是 19 世纪的中世纪精神所确立的宗教方向的样板，而它的半音性则使人想起塞巴斯蒂安·巴赫，而且也可以说为兴德米特开了先河。另外，还有根据 A. W. 施勒格尔的德文译本为彼特拉克的十四行诗所谱的三首曲子。舒伯特对这些"发声"文学作品的爱好，使他的作品与柏林歌曲派迥然不同，正如对十四行诗的狂热成为浪漫主义诗人们反抗旧政体的标志一样。曾为莫里哀和布瓦洛所痛斥的十四行诗体，这时又被发掘出来，并为华兹华斯和 A. W. 施勒格尔所模仿。这是欧洲采取不合理的发声模式的总趋势的另一个侧面。作为作曲家，舒伯特的创新态度后来受到门德尔松和李斯特的竞相仿效。

尽管舒伯特在非常年轻时便写出了优美的歌曲，但是他要找到自己的器乐语言还是需要时间的。舒伯特的早期交响曲中有前辈大师们的影响，事实上，他作为一位歌曲作曲家的天才似乎阻碍他创作交响曲和弦乐四重奏曲。死板的拍子和反复的旋律削弱了纯音乐的结构。在 1820 年左右，他的风格发生了变化；舒伯特从这一年起直至 1828 年逝世，即从 23 岁到 31 岁，写出了他的重要作品，这些作品摆脱了 18 世纪的风格，在早期作品中只是隐约可见的个性这时完全发挥出来。舒伯特最成功的作品是 1822 年的《未完成交响曲》和 1828 年的"无限长"《C 大调交响曲》，这两部作品的题名和诨名在用语上矛盾正是 19 世纪浪漫主义的特点。

舒曼最先谈到这部伟大的《C 大调交响曲》的无限长度。用不着说，这样的长度一旦为听众所觉察，就不可避免地成为以时间为尺度的艺术中的一个不利条件。把时间尺度延伸到不合理的和闻所未闻的比例，就终于要产生四联歌剧和长篇大套的交响乐。舒伯特竟让他的《未完成交响曲》以这样两个乐章的形式存在，也是浪漫主义风格的特点。他不写完这部作品的原因，迄今仍不得知。然而，尽管这部交响乐曲从形式上讲可能未完成，但是事实上它却使倾向浪漫主义的听众感到完全满意。这两部交响曲和舒伯特的许多其他作品一样，也充满另一种似乎自相矛盾的特征，即交响乐形式和抒情曲形式的交织。把主题材料无情地压缩到两个和三个音符的群，甚至一个音符的群，似乎不符合抒情的气质。尽管如此，歌唱的主题从未像在舒伯特的最后作品里那样成功地组合成一种真正的交响音乐形式。而且，这些主题一旦表达出来，便以原有的旋律形式大量地重复。

这种不断的重复，如果出自一个较小的作曲家，是会令人厌倦的，而且，舒伯特的作品又特别冗长，然而，舒伯特创新地运用色彩来缓和这些情况。他创造新色彩的方法是：或是用不同的主调，或是用另外的总谱重复他的旋律，有时主调和总谱一起改变。作曲家通过他的音程和管弦可能达到的音响来取得各种色彩，于是就产生了在交响乐形式和室内乐形式中都是罕见的延伸现象。这也是舒伯特提倡采用比较暗淡和比较柔和的色彩的那个时代的特点。他不止一次呈现他的第二主题群，使听众对音程和音响的进展始终发生新的兴趣，这种方法几乎是无与伦比的。

舒伯特最后的《C大调交响乐曲》是以圆号旋律在无伴奏情况下开始的，没有任何曲调能够更好地说明这种一心为色彩而色彩和为音响而音响的倾向。在这个又长又突出的过渡段中，比在韦伯的《奥伯龙》或门德尔松的《仲夏夜之梦》的《序曲》中，都更明显地表现出对小提琴在18世纪所起的作用的扬弃。浪漫主义对纯粹声响的迷恋在音乐艺术中能够达到它的最大效果，这是理所当然的事情。不过，这种热情所反映的创作态度，并不是音乐家所独有。实际上，诗人们在几十年前就表现出这种态度了。1778年，在托马斯·沃顿的《英国诗歌史》第二卷问世时，他已经从中世纪法国的《号角诗》中摘译了一些。英译文在讲到神奇的号角时说："号角上挂着一百只小铃……如果有人用手指轻轻一碰号角，这一百只小铃就发出悦耳的响声，不论是竖琴、提琴、处女的玩笑、海妖的歌唱，都不能发出这样甜蜜的乐声。"这一段文字，确实就像沃顿对过去的艺术怀有的奔放热情一样，给德意志浪漫主义者造成了深刻印象。1805年，当阿尔尼姆和布伦坦诺准备出版他们重要的民歌集《儿童的神喇叭》时，沃顿对于魔术号角的描述为他们这个集子提供了标题以及标题版图。因而在学者

249

和诗人对号角的魔术般声音赞美了若干时期之后，最终还得由韦伯和舒伯特的管弦艺术从现代交响乐队的实际音响来表达和解释它。

　　作者在编写这篇综述的过程中，承爱德华·奥勒森先生（牛津大学基督教堂学院）给予协助，谨表谢忱。

（周国珍　译）

第 九 章

1793—1814 年战争时期的势力均衡

为抵抗法国在革命时期和帝国时期所进行的扩张而相继组成的联盟，所采取的总的模式和政策，在欧洲外交史上都有完全确定的先例。自从中世纪结束以后，任何一个妄图称霸欧洲大陆的王朝或国家，都曾受到各邻国所组成的联盟的遏制。这种往往被表述为保持均势的政策的传统性反应，以间歇的方式起作用。它并不是一种始终一贯的政策，只不过是对周期性的危险作出的集体反应而已。欧洲各国在间歇时期处于不稳定的平衡时，均势的原则很少引起人们的注意。只有当某个强大而好战的国家由于大力扩张它的势力和领土而在欧洲体系中造成明显的不平衡的时候，其余国家才充分消除它们的分歧，进行合作以恢复平衡。这样的一些联盟是怎样的不稳定，在一次失败或一次胜利之后又是怎样容易瓦解，已经由革命战争和拿破仑战争的几度起伏一再予以证明。

在 18 世纪的大部分年代里，欧洲体系是相当稳定的。从 18 世纪初期西班牙王位继承战争终于遏制了法国在路易十四时代取得的优势起，迄 18 世纪最后 10 年革命军的胜利再次使法国构成一种威胁为止，欧洲的均势一直没有受到严重的破坏。诚然，英国在海军、商业和殖民等方面所取得的成就曾使 18 世纪成为英国占主宰地位的一个时期。但英国在其他大陆攫取殖民地，并没有打破欧洲内部的均势；相反，英国的利益需要保持这种平衡。然而，毫无疑问，在欧洲各国政府看来，英国在七年战争中获得的胜利未免太过分了。当美洲 13 个殖民地于 1776 年起来造反，而英国又未能迅速把叛乱镇压下去的时候，法国、西班牙和荷兰共和国便起来为大英帝国的崩溃推波助澜，以便对英国人从它们手中夺去殖民地一事进行报复。此外，欧洲其他六个国家也组成一个"武装中立同盟"，以抵抗英国人任意运用他们的海上优势。美国独立战争表明英国受到一次挫折，并且在这种意义上再次肯定了平衡的理想。

不过，这种平衡是如此的脆弱，如此的敏感，只要在某个地区稍微减少一点势力或威望，就会引起进一步的位移。由于英国一时的丢脸，以及法国由于政治腐败、经济破产和 1789 年以后发生国内革命而逐渐被削弱，剩下的三个强国——奥地利、俄国和普鲁士就更加野心勃勃了。所有这三个国家通过 1772 年议定的第一次瓜分波兰，都获得了领土。1774 年，俄国在损害奥斯曼帝国的情况下，向前推进了自己的疆界。1779 年，奥地利和普鲁士为相互在德意志诸邦获得某些领土达成协议。1783 年俄国兼并克里米亚，1792 年俄军把土耳其人远远赶到德涅斯特河。很久以来，法国就把支持波兰和土耳其当作一项对外政策，而这些事件表明，法国在欧洲的势力下降到了何等程度。

由于法国拥有比当时欧洲的任何一个强国都要多的战争资源，它的这种明显的衰弱就更加令人惊异了。因为缺乏可靠的统计，我们对 18 世纪末的人口总数不可能作出任何精确的计算。但是可以肯定，法国拥有 2000 万—2500 万人口，是享有独特优势的。不错，从数字上看，神圣罗马帝国和俄罗斯帝国大概要多一点，因为二者各自的人口都有可能达到 2500 万—3000 万。但是，神圣罗马帝国并不是一个统一的国家，而俄国的经济又停滞不前。西班牙拥有 1000 多万人口，已经成为二等强国。意大利拥有 1500 万人口，依然衰弱和四分五裂。唯有英国在气势、文明和人民的比较统一方面能与法国匹敌，但在 1789 年，它的人口总数还不到 1000 万——也就是说，不及法国人口的一半。如果加上爱尔兰，不列颠群岛当时的居民也才有大约 1400 万，只接近于法国国王统治下的居民人数的 2/3。

革命前夕法国政策的软弱无力，既不能一概归罪于法国外交部，也不能一概归罪于法国的军事科学。宫廷的奢侈无度，财政的浪费和无效，王室会议的缺乏魄力和方针，这一切合起来削弱了法国的力量和威望。但是，正如包括阿尔贝·索雷尔和弗雷德里克·马松在内的许多历史学家所强调指出的那样，在旧政权的末期，外交部是法国官府中工作最有成效、消息最为灵通、办事最为勤勉的一个部门。外交部的传统及其部分工作人员都保留到革命时期和拿破仑时期。对于18 世纪末法国的军事思想家，也应该给予同样的称赞。在大革命前夕，军事艺术中最重大的进展是炮兵的改进，1776 年以后，在让·巴蒂斯特·德·格里博瓦尔的大力指导下，法国在这方面居于领先地位。另外一些军事评论家，特别是吉贝尔伯爵，都主张建立一支人民军队并强调在士兵中鼓励个人首创精神的好处。他还强调，有必要通过把军团分成几个师和减少它们的长长的辎重车队，以求得很大的机动性。他指出，罗马军团都驻扎在他们所侵略的国家外围，靠打仗获得战利品和赔款来养活自己。在这里可以从根本上看到使法国革命军与众不同的昂扬斗志、行军和调动迅速等新原则的主要部分。

如果法国人是由一个不像路易十六那样麻木不仁的君主来统治，如果大臣们不是为国内危机而如此分心，那么，法国本是可以获得与18 世纪 80 年代俄国、普鲁士和奥地利所取得的利益相应的补偿的。1789 年以后，骚乱的加剧、王权的衰微以及贵族（包括许多军官）的逃亡国外，更进一步损害了法国的威望。同时，一度被约瑟夫二世轻率的改革搞得乱七八糟的奥地利，在 1790 年 1 月约瑟夫死后迅速恢复了元气。仅在六个月内，约瑟夫的继承者利奥波德二世就与普鲁士人达成协议，取得了一次小小的外交转机。为了遏制奥地利，普鲁士曾与土耳其人结成联盟，并且鼓励匈牙利人和奥属尼德兰（比利时）人民反抗维也纳政府。利奥波德摆脱了普鲁士的阴谋以后，很快便与匈牙利贵族和解，并镇压了比利时的叛乱。到 1791 年，他又与土耳其人议和。英国政府一直敦促采取这一行动，因为奥俄联合对奥斯曼帝国作战如果胜利，就会危及君士坦丁堡。

在 1790—1791 年，当奥地利复原的时候，法国则日益混乱。1791 年 9 月，国民议会宣布革命已经结束，它自动解散，由根据新宪法正式选出的立法议会取而代之。实际上，革命仍在聚集力量，不出半年，立法议会就投票通过对奥地利皇帝宣战。表面的不满没有隐蔽的动机来得重要。在阿尔萨斯也拥有土地的一些德意志王侯，不承认法国的一个议会有废除他们在那里的封建特权的权力。教皇庇护六世对没收教廷在法国的财产和兼并阿维尼翁提出抗议。而巴黎的革命

253　者一方，却对利奥波德二世提出愈来愈多的反指控。他允许法国流亡
贵族在法国边境组织武装匪帮；1791 年 7 月 6 日，他邀请一些强国
与他共同制止法国革命采取危险的极端措施；8 月 27 日，奥地利和
普鲁士在皮尔尼茨联合宣言中声称，他们认为路易十六的处境是与所
有欧洲君主休戚相关的大事。

　　这些外交警告主要是一种恫吓，利奥波德二世希望通过这种恫吓
威胁革命领袖们，并保护他的妹妹玛丽·安托瓦内特和她的丈夫路易
十六。这对国王夫妇曾经恳求他给予援救，并且给予酬谢的礼物，但
是礼物不大够。那些希望看到革命被外国军队消灭的法国保王派，同
样缺少一个足以动用军队的有力的支柱。然而，到 1791 年年末，法
国立法议会的许多议员也开始赞成打仗了，虽然是出于相反的理由。
乔治·库东在 12 月写信给他的选民说："革命需要一次战争来巩固
自己，这也许是一项正确而明智的政策。"① 1792 年春，战争的狂热
在巴黎迅速高涨，尽管利奥波德二世在 3 月 1 日猝然去世，立法议会
仍然于 4 月 20 日投票表决进行战争，仅有 7 票反对。于是开始了一
场由复杂的动机和矛盾的估计酿成的冲突，使欧洲遭受 23 年的灾难。

　　普鲁士支持奥地利，1792 年夏，普奥联军进入法国。那些充
满幻想的法国逃亡贵族向侵略者保证说，他们会被当作解放者而受
到欢迎；事实恰恰相反，法国的农民们对待他们是怒目而视，充满
敌意。9 月，缓慢前进的联军到达了巴黎以东 100 英里的瓦尔米。
在那里，在浓雾中进行的一场炮战，使联军的指挥官们的信心受
挫，随即停止了这一年的侵略战争。维也纳的内阁和柏林的内阁一
致认为，法国的问题可以等到不断加剧的混乱使法国更加脆弱的时
候再去解决。当时，他们把注意力转向在他们看来更为严重和更为
迫切的波兰问题。

　　由于 1772 年的第一次瓜分而清醒过来的波兰人，企图组织起来
保卫留给他们的那片缩小了的领土，但是俄国人不愿意让波兰复兴。
1792 年俄军袭击已经残缺不全的波兰国家，于是，必须阻止俄军前
进的问题，不仅在维也纳和柏林，而且在伦敦、斯德哥尔摩和君士坦
丁堡，都成了当务之急。在圣彼得堡，女沙皇叶卡捷琳娜衡量了强硬

---

①　《G. A. 库东通信集》，弗朗西斯克·梅热编（巴黎，1872 年），第 57 页。

的反对势力，决定作出让步。她撇开奥地利不管，以共同分赃为条件换取普鲁士的支持。1793 年 1 月两个强国进行第二次瓜分波兰，波兰王国的领土只剩下 1/3 是独立的。对于波兰人来说，从第一次瓜分到第二次瓜分的间歇时间是短暂的而且是毫无用处的，但是对于法国人来说，波兰危机所引起的骚乱却是天赐良机。

　　法国人在瓦尔米的"胜利"，同新的仓促选出的国民公会在巴黎举行开幕式恰好在同一时间。革命群众已经推翻了国王的宝座（1792 年 8 月）。国民公会宣布：法兰西是一个共和国，法国人愿向希望推翻他们的压迫者的一切民族提供援助，并决定将路易十六送上断头台（1793 年 1 月）。之所以采取这些大胆挑战的行动，一部分是由于军事形势发生了突然变化。在瓦尔米战役之后，联军便向后撤退，这时法国人反过头来变成了侵略者。在三个月之内，他们攻占了美因茨、斯佩耶尔和布鲁塞尔，兼并了萨伏依和尼斯。判处国王死刑的国民公会被这些胜利冲昏了头脑，又为抗议处决路易十六的声浪所激怒，1793 年 2 月对英国和荷兰共和国宣战，3 月对西班牙宣战。英国通过外交活动、海军压力和给予补贴的办法，迅速增加了它的盟国。葡萄牙、皮埃蒙特－撒丁、教皇国和那不勒斯王国均加入这个集团。普鲁士、奥地利、巴登、符腾堡、巴伐利亚和德意志一些较小的邦国都和伦敦谈判签订协约。俄国废除了与法国的通商条约，叶卡捷琳娜向英国人保证她将不与法国人达成任何协议，也不承认他们的征服，但是，她的价码是英国对波兰的命运要保持沉默。

　　联盟各国对法国展开多方面的攻击，迫使法军从莱茵河一带撤退，并被赶出奥属尼德兰。但联军缺乏统一指挥，而且法国本土的防卫十分森严。到 1793 年 9 月，当共和国进入第二个年头的时候，革命的将军们再度反守为攻，"共和二年的胜利"把侵略者完全赶出了法国。反革命的反抗在旺代依然余烬犹存，但到 1794 年夏天，使"恐怖时期"成为必要的那种危险局势已经过去。罗伯斯庇尔已被推翻（1794 年 7 月 27 日），救国委员会的专政权力已被剥夺。然而，为保卫胜利成果而作出的巨大努力使革命军事化起来。得胜将军们的威望上升，立法机构的成员威望下降。在 1794 年以后，巴黎那些随风转舵的政客们越来越依赖于共和国军队的支持，依赖于从"被解放的"省份勒索来的款项。法国陈兵于它所侵略的地区的周围，当

254

住在边境地带的比利时人、荷兰人、德意志人和意大利人冒着法军占领的危险而提出抗议时，他们被告诫说，付出多高的价钱也不可能买来自由。

255　　　在明显地看到法国不可能被轻易肢解或赔偿损失时，第一次联盟马上就瓦解了。普鲁士人担心叶卡捷琳娜夺取波兰剩余的领土，便于1795 年 3 月媾和，把莱茵河左岸割给法国。三个月后，西班牙也与法国达成协议，将圣多明各割让给法国。面对法国节节胜利的局面，俄国、普鲁士和奥地利已经在其他地区取得补偿。在第三次瓜分波兰时（1795 年 1 月），三个邻国瓜分了波兰的残余领土。同时，这三个东欧强国还缔结了具有更深远意义的秘密协定。如果奥地利不能从法国手中夺回它的比利时各省份，它可以获得巴伐利亚或威尼斯共和国的领土作为补偿。而且，奥地利和俄国重申它们的意图，即当形势显然有利时，它们要按照叶卡捷琳娜和约瑟夫二世于 1782 年所提出的界线，瓜分土耳其苏丹在欧洲的领地。

意味深长的是，1795 年的协定默认了法国的扩张，同时，又期望通过给予欧洲大陆其他强国以相应的补偿而恢复平衡。但是，这种排解办法有两大缺点：一是答应给奥地利的酬谢遥遥无期（除了分得波兰领土而外），二是英国既未从法国征服比利时省份得到补偿，也未从东欧三国瓜分波兰地区得到好处。因此，英国和奥地利就有理由继续同法国作战。到 1795 年年底，这些理由更加充分了，因为法国人在战胜荷兰共和国以后，把它改组为与法国结成亲密同盟的巴达维亚共和国。法国人的这一措施巩固了他们对比利时省份的控制。英国人则通过掠夺荷兰的海外属地进行报复。锡兰和开普敦已由英国人控制（1795—1796 年），但是，以这些在遥远地方的所得与欧洲各强国的扩张相比，似乎小巫见大巫了。

1795 年以后，法国人便把他们的军事矛头指向两个仍然拒绝承认他们的既得利益的国家。他们不能直接进攻英国，因而他们就转向奥地利。1796 年，波拿巴开始了第一次意大利战役，迫使皮埃蒙特－撒丁王国求和，并承认法国对尼斯和萨伏依的吞并。教皇不得不放弃罗马涅、波洛尼亚和弗拉拉。在意大利半岛，法国的统治取代了奥地利的优势；波拿巴用兵如神，把奥地利人连连击败，一直到1797 年 4 月双方同意停战为止。根据同年 10 月所签订的坎波福米奥和约，奥地利获得了威尼斯、伊斯特拉和达尔马提亚；另外，法国还应允利用自己的影响，帮助奥皇获得萨尔茨堡以及巴伐利亚的一部分。作为交换条件，奥地利人把比利时省份和莱茵河左岸割给法国，并且承认在法国影响下成立的意大利北部的阿尔卑斯山南共和国和利古里亚共和国。

　　这时，第一次联盟已经彻底瓦解，但是英国仍然拒绝言和。自1795 年以来在督政府领导下的法国，一直期待着它的常胜将军能促使英国签订和约。在波拿巴看来，横渡英吉利海峡入侵英国太冒险了（法国支援爱尔兰叛乱的远征已经屡遭失败）。于是，他就率领 3.5万人从土伦港乘船（1798 年 5 月）入侵埃及。他避开英国的地中海舰队，在途中占领了马耳他，7 月在亚历山大港登陆。纳尔逊在那里迅速堵截他，摧毁了他的舰只（尼罗河战役，1798 年 8 月 1 日）。

　　当波拿巴渡海出征埃及的时候，法国的局势看起来很稳定。共和国完成了路易十四所未完成的事业，把法国边界推进到它的"天然"界线——莱茵河、阿尔卑斯山和比利牛斯山。此外，为了加强这些边界，革命政府把荷属尼德兰变成一个仆从国家——巴达维亚共和国。在南方，由于兼并尼斯和建立另一个仆从国家——利古里亚共和国（热那亚），法国军队就控制了通往意大利的沿海航路，在那里，利古里亚共和国的边界与控制波河流域的阿尔卑斯山南共和国的边界相接。这些策略不仅孤立了皮埃蒙特和帕尔马，而且使奥地利的势力局限于阿迪杰河以北的地区。通往意大利半岛的钥匙掌握在法国人的手中，由于"解放"意大利中部和南部可能获得的利益，对于共和国的将军们来说，这条路线几乎是一个不可抗拒的诱惑。

　　1798 年 2 月，法国军队开进罗马，他们囚禁庇护六世，宣布成立共和国。4 月，法军占领瑞士。年底，他们攻下皮埃蒙特；1799 年年初，他们将那不勒斯王国改为帕特诺珀共和国，并把托斯卡纳大公逐出佛罗伦萨。由于法国人进入南意大利，由于他们占领了爱奥尼亚群岛和马耳他，以及由于波拿巴进军叙利亚，法国主宰地中海东部地区就成为可能。革命军的屡次胜利，第一次威胁到俄国人十分关切的一个地区。1796 年继承母亲叶卡捷琳娜王位的保罗一世，对伦敦所提出的由他带头组织第二次反法联盟的建议表示欢迎。

　　皮特在 1798 年 11 月送交圣彼得堡的建议提出了第二次联盟的纲

领，并邀请沙皇保罗带头促进这一计划。不仅如此，这些建议比维也纳会议上精心拟订的解决办法要早 16 年出笼，这说明它具有很了不起的预言性质。皮特建议说，法国必须退回到革命前的边界；荷兰共和国必须恢复独立，并与比利时各省联合起来，以增强抵抗法国未来侵略的力量；同样，瑞士也必须恢复它的领土和独立；奥地利将得到意大利的领土，作为失去比利时省份的补偿；普鲁士则将从德意志诸邦中得到补偿（作为促使它加入联盟的诱饵）。为了保卫从法国到意大利的通道，皮埃蒙特－撒丁王国应予恢复，并重新得到萨伏依以便加强其力量。对于皮特的希望来说，不幸的是，普鲁士没有加入第二次联盟；俄国、奥地利和英国也没有交换他所提出的三国相互保证决不单独媾和的誓约。

　　这三个国家制订了把法国人赶出德意志领土、尼德兰、意大利和瑞士的计划。到 1799 年夏天，法军被迫跨过莱茵河，并在意大利和瑞士几次惨遭败北。苏沃洛夫和科尔萨科夫统率的俄军在意大利战役和瑞士战役中担负繁重的作战任务，他们对英国和奥地利的盟军日益不满。10 月，法军的抵抗开始加强。马塞纳把俄国人赶出瑞士，布律纳击败并赶走了企图入侵荷兰的英俄联军。沙皇保罗由于自己军队的失利和损失而恼火，决定俄国退出联盟（1799 年 10 月 22 日）。同一个星期，波拿巴把他的孤立无援的军队留在埃及，重新在巴黎露面。11 月 9 日，雾月政变推翻了失去信任的督政府，成立了临时执政府。到 1799 年年底，波拿巴已经巩固了他作为第一执政和法兰西共和国元首的权威。

　　经过 10 年革命之后，法兰西民族渴望重新建立秩序和稳定。但是，其他强国政府经过八年的战争和几经改变的联盟，则希望得到与法兰西共和国获得的利益相当的补偿。如果波拿巴满足于在法国已经获得的"天然边界"之内巩固自己的国家，而允许其他强国进行相应的兼并，那么，此后 15 年的战争也许是可以避免的。但是，为了保卫革命的胜利成果，他坚决要胜过它们，拒不承认其他强国的适当利益。换句话说，他企图加强和扩大法国的优势，这就意味着使欧洲处于一种不平衡的状态中。

　　因此，波拿巴必须对"拿破仑战争"承担最主要的责任。然而，研究一下其他国家首都在 1800—1813 年期间所考虑的外交对策，有助于说明在这 13 年中英国、俄国、普鲁士和奥地利为什么未能组成四国反法联盟。在这四个强国中，唯有英国坚定不移地反对法国的扩张。俄国、普鲁士和奥地利都曾透露过只要给予足够的领土作为酬报，就愿意与法国结盟。四国政府相互之间的妒忌和猜疑，使波拿巴有大量的机会坐收渔利。如果可以说，他有任何一贯的外交政策的话，那么，他的外交政策就是至少同一个大国结盟，去对付其他几个国家。他所选择的扮演这一合作者角色的国家，首先是普鲁士，其次是俄国，最后是奥地利。不过，对于每一个合作者，他都不曾给予所许诺的全部诱饵，每一个强国都感到它同法国合作是一种屈辱并感到失望。不过，波拿巴直到最后还怀有这样的信心：每一个政府都有利用的价值，只要他抛出足够引人的诱饵，他便会勾引任何一个强国（英国除外）回到自己一边来。

在 1800 年和 1801 年的谈判中，波拿巴表明了他在分化敌人方面是何等得心应手。当俄国在 1799 年年底退出第二次联盟时，他不能放过争取这位古怪的沙皇保罗的情谊的机会。法国人羁押 7000 名俄国俘虏，而奥地利和英国都不愿意作出牺牲使他们获释。波拿巴为了羞辱保罗以前的盟友，把这些俘虏装备齐全地交还俄国，不要任何补偿，这是很厉害的一招，因为沙皇是爱兵如子的。在这一主动行动之后，第一执政随即提出一项建议：因为保罗最近当选为马耳他骑士团首领，就应该把马耳他岛置于俄国的保护之下。1798 年占领马耳他的法国军队被封锁在瓦莱塔，当时正在投降的边缘（他们于 1800 年 9 月 5 日向英军有条件地投降）。英国曾经在 1798 年答应把马耳他给予俄国，但是现在不出波拿巴所料，伦敦的内阁拒绝把它的新征服地交给沙皇管辖。保罗的对策是：恢复"北方武装中立"以对抗英国的海上力量，并制订派兵进攻驻印英军的计划。

波拿巴是怎样肆无忌惮地挑动保罗的虚荣心和为保罗的野心撑腰打气，可以从俄国首相费奥多尔·罗斯托普钦伯爵在 1800 年 10 月 1 日给他的主子草拟的方案中看得出来。他建议肢解奥斯曼帝国，使俄国得到摩尔多瓦、保加利亚，或许还有鲁梅利亚和君士坦丁堡。法国仍可保有埃及，而用波斯尼亚、塞尔维亚和瓦拉几亚去安抚奥地利。因为普鲁士并不垂涎奥斯曼帝国的领土，所以只要允许它吞并汉诺威、明斯特和帕德博恩，便可以换取它的同意。由于法国和西班牙加入（复活的）"武装中立同盟"，英国势必要表示同意（失去汉诺威而不要补偿）。

当一群宫廷阴谋分子将保罗勒死（1801年3月11日）并扶立他的儿子成为沙皇亚历山大一世后，这些宏大的计划随同法俄两国的"亲善"而成为泡影了。波拿巴宁可相信，这次使英国人感到宽慰的恰合时宜的政变是由伦敦暗中挑起的，这也就不足为奇了。

在维也纳宫廷中，哈布斯堡王朝的希望在1800年和1801年时而增大，时而消失。像俄国和普鲁士一样，倘若结果确实有利的话，奥地利是乐意跟波拿巴交朋友的。但是，保罗背弃第二次联盟使奥地利更加依赖于英国的支持，而英国人却并不准备支持奥地利。自从1793年以来，奥皇弗兰茨二世便委托图古特男爵主持外交，这位男爵玩弄一套不正当的策略。1799年在拉施塔特召开讨论德意志事务的会议，当这次会议失败后，两名法国代表在离开会场时被人刺杀，图古特是否参与其事，迄今未能肯定。但是，他的肆无忌惮，他的庶民出身，他的阴谋外交，都使他不得人心。他以奥地利在1801年2月28日以前不与法国签订单独和约为条件，又从英国得到200万英镑的津贴（1800年6月20日）。然而，就在这同一个星期内，波拿巴在马仑戈的胜利再次破坏了奥地利在意大利的优势，带来了暂时的休战。9月，图古特辞职，首相科洛雷多伯爵和副首相路易·科本茨尔伯爵向拿破仑求和。但拿破仑决定重启战端，莫罗在霍恩林登击败奥军（1800年12月3日），使这次战争结束。奥地利接受吕内维尔和约，1801年2月9日签字。

吕内维尔和约的条款往往被人说成是四年前在坎波福米奥所缔结的条约中的条款的重申。实际上，吕内维尔和约的条款更为广泛，对奥地利来说，蒙受的耻辱也更大。在意大利，奥地利的势力范围再一次缩至阿迪杰河；在它庇护下的托斯卡纳大公丧失了自己的领地；弗兰茨二世不得不接受整个德意志帝国均承担义务的和约条款。波拿巴不仅利用这些条款再次肯定法国在意大利半岛的支配地位，而且将奥地利纳入重新安排德意志诸邦的计划之中。德意志较大的邦早就想要吞并它们较小的邻邦，包括300来个教会领地、自由市和小块的世袭领地。奥地利推行分而治之的政策，曾经支持将德意志分成许多邦。随着奥地利势力的削弱，野心勃勃的德意志诸侯们都转向巴黎。他们送给狡诈而贪婪的法国外交大臣塔列朗的"礼物"成为塔列朗个人财富的基础。一个合并的过程开始了，德意志的 300 个邦合并到不足 40 个。

波拿巴在 1802 年 4 月 3 日致塔列朗的一个便笺中解释了他为德意志各邦拟定的发展计划： 260

> 我打算分别进行三项谈判：第一是与俄国以君子讨论的方式进行，使那个强国尽可能地对符合我们的目的所作的安排承担义务；其次是与柏林的宫廷谈判，以调整与它有关的事务，诸如有关奥伦治亲王、巴伐利亚选帝侯和巴登选帝侯的事务；第三是与奥地利谈判，以便商定有关托斯卡纳大公的安排问题。通过这些手段，德意志帝国将会发现自己实际上分成两部分，因为它的事务将由两个不同的中心进行指挥。假若这些安排得以成功，德意志的政体还能存在吗？存在，也不存在。说它存在，是因为并未取消它；说它不存在，是因为它的事务将不再是统一指挥的，柏林与维也纳之间的对立必将比以往任何时候加剧。到那时候，时间和其他考虑将会决定我们的政策。①

波拿巴的外交斗争也如他的军事作战一样，力求压缩敌方的活动区域，而保留自己的行动自由。他的论点是：其他每个大国都有一定的利益范围；当在某一大国的利益范围之外发生变化的时候，都无须同这一大国进行磋商。根据他的理论，欧洲大陆在英国的利益范围之外。然而，他硬说法国可以有普遍的要求，他本人有权干预所有的地区和所有的问题。他这种狂妄自大的态度，在他与西班牙进行秘密谈判时表现得很明显。根据在圣伊尔德丰索达成（1800 年 10 月 1 日）、经阿兰胡埃斯条约（1801 年 3 月 21 日）确认的初步协议，西班牙将路易斯安那归还法国，作为交换条件，波拿巴为西班牙国王卡洛斯四世的一个女儿和女婿在意大利建立了"埃特鲁里亚王国"。他还在西班牙的协助下使葡萄牙屈服。这个伊比利亚半岛上的小王国从 1793 年起与法国作战，它仰赖英国的援助和贸易。1801 年春天，波拿巴

---

① 《拿破仑一世书信集》，32 卷本（巴黎，1858—1870 年），第 7 卷，第 6019 号。

发现他已无法击退英军保住埃及，于是回师攻击英国的盟友葡萄牙。在西法联军的进攻下，葡萄牙人屈服，将本国的一部分领土割让给西班牙，葡属圭亚那的一小块割让给法国（1801 年 6 月 6 日）。

法国大有吞并整个葡萄牙之势，这促进了英法两国之间的和平谈判。当乔治三世拒绝批准小皮特关于取消对罗马天主教徒的限制，以小皮特为首的英国内阁于 1801 年 2 月 5 日宣告辞职。皮特和外交大臣威廉·格伦维尔很可能是由于预料到必将缔结一个和约，他们宁愿避免承担作出他们认为并不妥当的让步的责任。当然，数星期后上台的阿丁顿内阁则更加无能，更加优柔寡断。同第一执政折冲樽俎的艰巨任务落到了继格伦维尔勋爵任外交大臣的霍克斯伯里勋爵的身上。初步协议（1801 年 10 月 1 日）规定：英国人所占领的所有殖民地（除了从西班牙夺取的特立尼达和从荷兰夺取的锡兰）必须恢复原状；英国人必须从马耳他撤走。

正式的亚眠和约（1802 年 3 月 27 日）是由约瑟夫·波拿巴和康华理侯爵议定的。它肯定了初步协议的条款，并进一步规定：英国人必须在条约生效后三个月内从马耳他撤走，马耳他岛必须在所有大国的担保下归还马耳他骑士团。除了法国保有葡属圭亚那之外，奥斯曼帝国和葡萄牙的权利和领土应予尊重。相互交换战俘，大不列颠和法兰西共和国今后要和平友好。

在实际上，亚眠和约只能被看作一个停战协定，因为它没有触及英法两国分歧的最关键的问题。虽然波拿巴承认英国人有权干预某些海上国家（西班牙、葡萄牙和巴达维亚共和国）的事务，而他却拒绝同英国人讨论比利时省份、萨伏依或瑞士的命运问题。在伦敦和巴黎，经过 10 年冲突之后出现的和平前景使人欢天喜地，群众纷纷游行，但是在英国，这种热情很快就冷了下来。当 1802 年春天公开发表正式条约的条款时，英国议会内外的评论都带有一种怀疑和失望的调子，这对和平的持续是不吉利的预兆。在 1802 年期间，有三方面的发展愈演愈烈，使英国加强了重启战端的决心。

和约的一个后果是暴露了波拿巴的殖民野心，它震撼和惊醒了英国的舆论。波拿巴占有了路易斯安那以控制密西西比河河口，法属圭亚那也扩展到了亚马孙河口，他从而得以控制美洲最大的两条河流，为建立一个加勒比帝国据有了潜在的基础。法国在 1795 年得到西属海地的一半领土，在 1800 年重新获得路易斯安那，又根据亚眠条约得到了多巴哥。1801 年 11 月，波拿巴趁海上停战之机，派遣勒克莱尔将军率远征军前去镇压海地的黑人起义。勒克莱尔和他的大部分军队都丧生于黄热病，海地计划的失败使波拿巴对征服新大陆的兴趣减低了。但是，他仍然加紧进行使英国政府同样感到惊恐不安的其他冒险。法国在印度的据点的恢复，使他有了向印度派遣军队和军舰的借口，驶往印度的军队数量之多远远超出紧急形势的需要。1802 年 4 月，一支法国考察队在澳大利亚南岸进行勘察，称该地为"拿破仑地"。同时，波拿巴还表示他决不放弃他在奥斯曼帝国的利益。他派能干而善于观察的军官弗朗索瓦·塞巴斯蒂亚尼前去促进贸易，实际上是调查从特里波利到叙利亚的防御情况。被任命为法国驻君士坦丁堡大使的布律纳将军，于 1802 年 10 月 18 日接到指示，要他千方百计地重新确立法国从 16 世纪以来就在那个首都保持的首要地位。

　　对于英国的工厂主和商人来说，停止战斗不但未能使他们解忧，反而使他们更加不满。他们希望和平将会使 1786 年的商业条约重新生效，但这是不现实的，因为这个伊登条约虽然有利于英国，但却有损于法国的工业家。波拿巴在条约中闭口不谈贸易关系，这一事实就应使英国的乐观情绪有所降低。可是，即使像明托伯爵那样见多识广的政治家，居然也大胆预言："我们的商业将会深深打入法国本土，在巴黎兴旺起来。"[①] 然而，随着和平的恢复，英国的对外贸易非但没有扩大，反而下跌了。从 1792 年至 1800 年的八年战争期间，英国的对外贸易总值几乎增加了 1 倍；但当和平结束了海上封锁后，法国及其仆从国家的商船即恢复了同它们所收回的殖民地之间的交往。波拿巴要设法保护法国的工厂主，使他们排除比较先进的英国企业的竞争，这是可以理解的，但这也使英国人非常恼火地发现，高额关税实际上也使英国货物不能向荷兰、西班牙和意大利输出。至 1801 年，即战争的最后一年，从联合王国驶出的商船总吨位将近 200 万吨。1802 年，即和平的第一年，总吨位已有所下降，1803 年就更下降了。

　　当波拿巴的行动很清楚地表明普遍的和平不是使法国在欧洲的扩张停止而是使其加快脚步的时候，英国商业界在失望之余，大大忧虑

----

① 《明托勋爵的生平和书信》第 3 卷，第 209 页。

起来。根据塔列朗的看法，波拿巴在亚眠条约以后的行动第一次显示出他每胜利一次，就使自己放纵一分。甚至在条约签字以前，他就"接受"了意大利共和国总统的职位（1802 年 1 月 26 日）。1802 年年底以前，他把皮埃蒙特并入法国，他的军队重新占领了瑞士。① 在同俄国取得默契之后（1801 年 10 月 10 日），他便鼓励对德意志领土进行彻底的重新分配。表面上的借口是对由于法国占领莱茵河左岸而被赶走的几个德意志诸侯，需要以莱茵河彼岸的土地给予补偿。主要的受惠者是普鲁士和德意志的几个二等邦，如巴伐利亚、巴登、符腾堡和黑森－达姆斯塔特等。被比较强大的邻邦兼并的有 100 多个小邦，其中包括 45 个自由城市，以及除一个以外的所有教会领地。参加雷根斯堡议会的德意志各邦的代表接受了上述变化，奥地利屈服于压力，亦表示同意（1802 年 12 月 26 日）。

　　伦敦日益高涨的不满情绪以及维也纳的愤恨和羞辱使新建立的和平紧张起来，但是波拿巴认为这并不足以妨碍他的进程。他成功地取得了和平，并同罗马教皇达成一项政教协定（在 1802 年 4 月 18 日复活节公布），使他在法国的威望上升到新的顶峰。在第二次公民投票中（1802 年 8 月 2 日），他成为终身执政；在两年后举行的第三次公民投票中，他成了皇帝。如此的胜利足以使头脑极为清醒的人也会忘乎所以。这有助于说明他在 1803 年和 1804 年的飞扬跋扈态度如何使本来就不稳定的和平加速土崩瓦解。

　　英国报刊对波拿巴及其家族的恶意和诽谤性的攻击，使他怒不可遏，而英国驻法国大使惠特沃思勋爵的沉着冷静也未能使他息怒。当惠特沃思抗议法国不断扩展它的边境时，波拿巴干脆把皮埃蒙特和瑞士当作"不值钱的东西"予以放弃。他指出，英国人未按规定撤出马耳他和亚历山大，因而践踏了条约。在 1803 年 3 月 13 日的一次外交招待会上，他猛烈谴责惠特沃思，声称英国人希望战争；5 月 2 日，惠特沃思申请回国护照。尽管塔列朗和约瑟夫·波拿巴百般拖延谈判，惠特沃思还是在 10 天后离开巴黎，5 月 17 日渡过英吉利海峡。第二天英国政府宣战。双方的破裂究竟应由波拿巴还是应由阿丁顿内阁负主要责任，迄今仍是一个争论的问题。

---

① 参阅原文第 274 页注。

如果英国人再拖延一年或者更久，那么，他们几乎肯定会在更不利的条件下被迫恢复敌对状态。由于尼德兰、西班牙和北意大利已俯首听命，波拿巴便计划发展他的海军力量，以与英国的海军力量旗鼓相当。和平延长是否能使他做到这一点，这是个疑问，但是，战端的重启要比他所预料的快些，则是很清楚的事情。1803 年 3 月 6 日，他命令德坎将军率领一支远征军从布勒斯特驶往印度，他的指示没有认真地预料到在 1804 年 9 月以前会重开战局。10 天以后，一艘快船赶上前去，通知德坎不要驶往印度，而要驶往毛里求斯。将路易斯安那匆匆卖给美国一事，也同样显示出他对紧急情况缺乏预见，因为谈判是在三星期内完成的（1803 年 4 月 12 日至 5 月 2 日）。不管波拿巴如何希望将来会有一天能够在海上与英国人相敌，但他无法忽视这样一个事实：英国人在 1803 年保持着二比一的优势，这就足以破坏他的殖民计划。从此以后，波拿巴的活动范围就只限于欧洲，这种限制对世界历史来说预示着很重要的意义。约翰·霍兰·罗斯得出结论说：“从种族扩张的观点来看，1803 年的重启战端是本世纪最重大的事件。”①

英国人的顽强态度打乱了波拿巴的计划，而这一结论由于波拿巴采取疯狂报复行为又进一步得到证明。5 月 22 日，他下令把在法国的从 18 岁到 60 岁的英国男子一律作为战俘加以逮捕。这种对平民进行野蛮报复的行径，践踏了公认的惯例，尤其是连英国驻土耳其大使和驻丹麦大使也成了不幸的牺牲品。在汉堡逮捕乔治·朗博尔德爵士，进一步破坏了外交豁免权的准则，甚至连普鲁士优柔寡断的弗里德里希·威廉三世也向巴黎提出强烈的抗议。英法关系的日益恶化还由于处理英国科学家和探险家马修·弗林德斯的问题而为人们所大肆宣扬：1803 年下半年他进入毛里求斯，当时并不知道和平状态已经结束。四年前，在敌对状态下，英国人曾经允许甚至协助一个法国科学探险队进入南太平洋，但是，毛里求斯当局却无视弗林德斯从法国政府领到的护照，他们不仅没收了他取得的资料，而且将他扣留七年。

1804 年 3 月对当甘公爵的逮捕和处决，其残忍程度远远超过波

①　约翰·霍兰·罗斯：《拿破仑一世传》，第 6 版（伦敦，1913 年），第 1 卷，第 429 页。

拿巴其他所有暴行，因而值得在这里比较详细地加以记述。在大革命高潮中，对保王党阴谋的恐惧在法国已经变成一种病狂；对秘密回国的逃亡贵族，甚至对那些窝藏他们的人，一律处以死刑。在执政府期间，保王派数度策划除掉波拿巴。其中功败垂成的一次，是在波拿巴乘马车经过时，一颗"炸弹"爆炸了（1800 年 12 月 24 日）。虽然这次暴力行动立即归罪于雅各宾派恐怖分子，有许多人被逮捕并被驱逐出境，但是进一步的调查发现是保王分子派人干的勾当。1803 年重启战端以后，新的阴谋又蠢动起来，保王派和雅各宾派的阴谋分子联合起来，还得到英国政府下级官员的援助。波拿巴的秘密警察向他报告的这些阴谋勾当，在审理当甘事件的时候势必要考虑在内。到1803 年年底，他已经掌握了确切的证据，证明英国的外交代表，包括驻巴伐利亚的使节和驻符腾堡的使节在内，参与了范围广大的旨在推翻他的阴谋。

265　　　　1804 年 1 月至 3 月间，兜捕了为首的阴谋分子。共和国将军夏尔·皮什格吕于 1803 年 8 月秘密返回法国，打算把莫罗拉入阴谋活动，两人都在 1804 年 2 月被捕。勇猛无匹的布列塔尼人乔治·卡杜达尔被揭发后于 3 月初落入法网。但是，显然还有一个主要人物有待缉拿，因为一些被捕者招供，有一位法国亲王将会在适当时机前来参加他们的活动。警察起初错误地推测他们所期待的是阿图瓦伯爵；后来，波拿巴听信在莱茵河的法国特务的误报，把注意力集中到当甘公爵身上。这位波旁家族的年轻亲属正在巴登的埃登海姆过着平静的生活。

　　　　1804 年 3 月 15 日夜，法国士兵和宪兵越境进入巴登，包围当甘公爵的住宅，把他解回法国。查不到任何把他与跟他有关的阴谋联系起来的证据。然而，波拿巴还是把他送上了特地在万森组成的军事法庭。军事法庭判定他是一名武装反法的流亡贵族，将他枪决（1804年 3 月 21 日）。

　　　　欧洲大多数宫廷对当甘公爵的死讯感到恐怖，但未作出积极的反应。他在中立地区被捕，迅速而秘密地审讯后便仓促处决，这无疑说明波拿巴已经依靠有意采取恐怖和报复的行动，以杜绝日后的阴谋，恫吓波旁家族及其追随者。同时，他已爬上通向王位的最后阶梯。两个月后（1804 年 5 月 18 日），奴颜媚骨的元老院向这位新恺撒奉上了一顶帝冕。死到临头的乔治·卡杜达尔向他致敬。据说这个大胆的囚徒曾这样讲："我们所做的比我们预期的还要好，我们原想使法国有一个国王，而我们如今使它有了一个皇帝。"

5 月，在波拿巴加上拿破仑一世的称号的同一个星期里，威廉·皮特出任一个临时内阁的首相，在英国再度掌权。他立即与外交大臣哈罗比勋爵一起开始筹划第三次反法联盟的工作。不幸的是，巴黎发布指控英国外交官参加最近的反拿破仑阴谋的文件，损害了英国的声望；没有一个人相信信誉扫地的阿丁顿内阁所作的无力的否认声明。不过，皮特还能从沙皇亚历山大的态度中得到一些安慰——俄国为当甘公爵事件提出的抗议使拿破仑大为恼火，遂即从圣彼得堡召回了法国大使。作为报复，亚历山大拒绝承认拿破仑的帝号，尽管普鲁士和奥地利都已经承认。沙皇对于拿破仑插手地中海东部地区疑虑重重，从 1804 年 1 月起掌握俄国对外政策的亚当·恰尔托雷斯基亲王则赞同结成新的反法联盟。皮特的重新上台颇合俄国人的心意，英国及时提供的津贴促使双方进行谈判。11 月，亚历山大派遣尼古拉·诺沃西利采夫前往伦敦，授以全权缔结盟约，但是直到 1805 年 4 月 11 日才达成协议并签字。奥地利自从 1804 年 11 月以来就以一项秘密防御条约与俄国结盟，这时也加入了正在具体化的联盟，并于 1805 年 8 月 9 日得到英国的津贴。

第三次联盟的内在缺点，产生于三个盟国的同床异梦。恰尔托雷斯基亲王梦想他的祖国波兰在俄国保护下重新统一，而他的主子却希望除波兰外再获得君士坦丁堡和达达尼尔海峡。奥地利希望重新得到它在意大利和德意志事务中丧失了的支配地位。英国政府则期望击败法国，使它退回到以前的边界。皮特并不相信亚历山大及其使节所声明的俄国只是要从拿破仑的桎梏下解放受压迫的民族的说法，但是他欢迎这个以在欧洲大陆上的新战争来转移法国注意力的机会。

至于拿破仑，他希望推迟到秋天再与奥地利决裂。在 1805 年夏天，他仍然希望他的海军能够长期控制英吉利海峡，以使驻扎在布洛涅的几个师入侵英国。在 8 月的第一个星期，他亲自前去布洛涅进行部署。但是他的海上计划失败了，月底前，他命令待命部队开往德意志诸邦。10 月 20 日，他迫使在乌尔姆的一支奥地利军队投降，11 月 13 日，法军进入维也纳。10 天前，俄国和英国在柏林的外交使节就已经把弗里德里希·威廉拉到联盟的一方。普鲁士外交大臣冯·豪格维茨伯爵携带最后通牒前往布尔诺会见拿破仑（11月28日），但又放宽条件，使之成为一种和解的建议。拿破仑在12月2日（加冕一周年纪念日）在奥斯特利茨击败了奥俄联军。当豪格维茨下次在维也纳与法国皇帝会谈时（12月14日），他表示了祝贺。拿破仑并没有受骗，但他在第二天把汉诺威奉送给普鲁士，以离间普鲁士和英国的关系（申布龙条约）。

奥斯特利茨战役不仅使普鲁士保持中立，而且瓦解了第三次联盟。1805年年末纷至沓来的轰轰烈烈的事件，标志着拿破仑扮演的戏剧中的一个转折点。10月21日，拿破仑在他给"大军"的第9号通报中力促奥地利人不要为英国人作战，而要与他进行合作。"我希望欧洲大陆和平"，他坚持说，"我所想要的是舰船、殖民地、贸易，而这对于你们和对于我们是同样有利的。"[1] 他那种趁英国每况愈下之时扩大法国海外势力的愿望仍然引诱着他。自从1803年以来，他在海军建设上已经花费将近5亿法郎。但是，在这份第9号通报发表的同一天，纳尔逊在特拉法尔加角沿海一带进攻33艘法国和西班牙的军舰，击沉或俘获22艘，而英国连一艘军舰也没有损失。特拉法尔加海战迫使拿破仑只得把他的精力用于欧洲，别无选择。

在普莱斯堡强加于奥地利的苛刻条款（1805年12月26日）把哈布斯堡家族的势力摒于意大利之外，缩小了他们在德意志各邦的势力及领土。弗兰茨二世同意承认拿破仑为意大利半岛的一个王国的元首，承认巴伐利亚和符腾堡的选帝侯具有国王地位。奥地利还被迫偿付4000万金法郎的赔款，但拿破仑也允许它兼并萨尔茨堡和贝希特斯加登，作为小小的补偿。

在1802—1803年的变革以后，德意志诸邦的重建一直在进行着，到了1805—1806年，这项工作受到了一次有力的推动。巴伐利亚、符腾堡和巴登成了与法国结盟的主权国家。它们和12个较小的德意志邦都切断了过去束缚于哈布斯堡王室和神圣罗马帝国的一切纽带，并组成以拿破仑为保护人的莱茵联盟（1806年7月12日）。许多小公国和骑士领地，即在联盟地区内的外国领地，都并入较大的邦，它

---

① 《拿破仑一世书信集》第11卷，第9408号。

们作为回报，保证一旦发生战争，即以 8.8 万名兵员支持法国。在拿破仑宣布他不再承认神圣罗马帝国（德意志帝国）后，弗兰茨二世放弃了已经成为一个外交牌位的选帝称号，自立为奥地利皇帝弗兰茨一世。

到 1806 年，拿破仑已据有法国的"天然"边界以及边界之外的领土。西班牙是屈从他的盟友。法国的势力遍及整个意大利半岛，因为约瑟夫·波拿巴在同年 2 月取代了那不勒斯的波旁王朝国王费迪南德四世。6 月，路易·波拿巴当了荷属尼德兰的国王。在从荷兰到瑞士的一段莱茵河畔的德意志各邦都与法国结盟，也包括瑞士本身在内。在莱茵河、阿尔卑斯山和比利牛斯山以外地区建立一系列仆从国的政策已经完全实现。

1806 年的整个夏季，拿破仑一直在同英国和俄国谈判，这两大强国仍然拒绝承认他的帝号或他的征服地。奥斯特利茨战役以后，沙皇亚历山大已把他的军队撤到波兰。在伦敦，1806 年 1 月皮特的去世导致内阁的改组。格伦维尔勋爵组成内阁，由查尔斯·詹姆斯·福克斯主持外交，但福克斯当时已在病中，于 9 月去世。在夏季结束以前，英国和俄国都拒绝接受拿破仑的建议。

与此同时，在柏林，外交大臣豪格维茨与法国进行谈判，而哈登贝格亲王和主战派则寻求俄国的援助。对普鲁士来说，10 年中立（1795—1805 年）除汉诺威之外，没有得到什么好处。1806 年 8 月，柏林宫廷通过它驻巴黎的大使获悉，拿破仑已私下把汉诺威交还给乔治三世。普鲁士人没有等待俄国的军事支持，就向拿破仑发出一个最后通牒（1806 年 9 月），而拿破仑则以迅雷不及掩耳之势予以反击。在奥尔施泰特和耶拿同时进行的两个战役中（10 月 14 日），法军所向披靡。普鲁士的抵抗土崩瓦解，两星期后拿破仑已进入柏林。

法国的历史学家们把 1806 年对普鲁士的胜利看作第四次联盟的失败。实际上并未组成新的联盟，在本章中，"第四次联盟"一词将用于 1813 年组成的联盟。普鲁士被征服后，拿破仑挥师跨过维斯杜拉河，与俄国决一雌雄。柯尼斯堡附近艾劳①一役（1807 年 2 月 8日）代价颇高而且胜负未决。他第一次发现自己在孤军作战，没有

①　苏联巴格拉季昂诺夫斯克。——译者注

任何一个大国是他的积极的或默契的盟友。他向维也纳的宫廷提出建议以退还西里西亚作为奥法联盟的代价，这一提议被拒绝了。他转而又向普鲁士人提出，以重建普鲁士王国为双方合作的报酬，弗里德里希·威廉的回答却是跟亚历山大缔结更密切的联盟。当春季到来的时候，拿破仑出动他的军队，再度在柯尼斯堡附近寻找俄军作战；在弗里德兰战役（1807年6月14日）中，法军获胜，亚历山大同意签订停战协定。拿破仑决定观察一下能否以俄国取代普鲁士或奥地利来作为他控制欧洲的伙伴。

提尔西特和约使法国和俄国化敌为友，在欧洲平分秋色。为了顺从沙皇的愿望，拿破仑答应弗里德里希·威廉仍然保有缩小了的普鲁士邦的王位。拿破仑在秘密条款中同意帮助俄国"解放"土耳其欧洲部分的大部领土，而亚历山大则承诺，如果英国人拒绝他的调停，他就向英国宣战。瑞典、丹麦和葡萄牙也将被召唤来追随同样的方针。通过封锁与英国通商的整个欧洲海岸线，英国的繁荣必将遭到破坏。

旨在排斥英国贸易的大陆封锁或称"大陆体系"的设想，原是早已有之。提尔西特和约之后，这种设想已经有了成功的可能性，因此，拿破仑急于孤注一掷。由于此举未能达到目的，并迫使他采取了加速他的垮台的一些措施，"大陆体系"往往被描述为一项不切实际的计划，它表明拿破仑对经济的无知。但在另一方面，弗朗索瓦·克鲁泽新近对史料作了迄今最详尽的研究，他的结论是，坚持认为封锁不能奏效是一种谬见。封锁的失败并非由于这一伟大的设想本身有缺陷，而是由于未能长期坚持到它发挥效力的程度。英国商人的坚毅和灵活，使他们能够在海外另行开拓市场，而在一些关键时刻，欧洲的意外事件就使大陆市场重新部分地开放，因而，英国从未连续两年以上蒙受大陆体系所给予的全部惩罚。[①]

在伦敦，由于福克斯去世，乔治·坎宁进入改组后的内阁担任外交大臣。1807年7月中旬得悉拿破仑和亚历山大正在讨论一项协议，坎宁当机立断采取行动。丹麦海军规模虽小，但能帮助法国和俄国封

---

①　弗朗索瓦·克鲁泽：《英国经济与大陆封锁，1806—1813年》，两卷本（巴黎，1958年），第2卷，第854—855页。

锁波罗的海。当丹麦人拒绝向英国出租他们的舰队时，英国的一支海军和陆军混合部队包围了哥本哈根（8 月 16 日），并在两星期后夺走了丹麦的战舰。瑞典人由于惧怕俄国，仍与英国结盟，而俄国的海军力量本身还不足以单独封锁波罗的海。英国人继续从波罗的海获得沥青、木材和其他海军补给品，在应急时，他们还从美国购得更多的物资。虽然亚历山大履行提尔西特和约向英国宣战（1807 年 11 月），但并未步步紧逼英国。英国人占领了丹麦的赫尔戈兰小岛作为仓库，继续把商品运往斯堪的纳维亚和北德意志海岸。

在欧洲的另一端，伊比利亚半岛具有另一条难以封锁的长长的海岸线。为了更严密地控制这条海岸线，拿破仑要求（1807 年 7 月）葡萄牙与英国决裂，当里斯本的政府表示拒绝后，一支法国陆军便侵入葡萄牙，葡萄牙王室逃往巴西。西班牙虽然 10 年来一直是法国的盟友，但也受到同样苛刻的对待。拿破仑把卡洛斯四世和他的儿子费迪南德召到巴荣纳，逼迫他们退位（1808 年 5 月 5 日），并且宣布自己的长兄约瑟夫为西班牙国王。西班牙人民以出人意料的毅力奋起抵抗，英国人支援他们。因此从 1808 年起到 1814 年倒台，拿破仑一直觉得他的资源被"西班牙的溃疡"耗尽。

在此以前，拿破仑是同各国政府作战，而从 1807 年以后，他发现自己是在跟各民族作战了。因失败而变得坚强起来的普鲁士人和奥地利人开始进行训练打一场解放战争，但他们像在 1805—1806 年一样，未能同心协力。拿破仑相信，只要亚历山大足够严厉地警告他们，他们就不敢向他发动进攻。他设法在埃尔福特与沙皇举行会谈（1808 年 9 月 27 日—10 月 14 日），但是，尽管亲善之辞溢于言表，结果却表明毫无结果。拿破仑赶往西班牙镇压反抗，但镇压尚未成功，他就因要事而于 1 月返回巴黎。奥地利人正在备战，并私下取得亚历山大的不介入的保证（拿破仑对此只能有所揣测）。到 1809 年 4 月，双方军队开始交战。奥地利人在巴伐利亚战败撤退，拿破仑于 5 月 13 日进占维也纳。然而，查理大公从屡屡败北中已经学习到一些东西；代价惨重的阿斯佩恩战役使法国人处境危急，直至拿破仑召来了援军方得解脱。他在瓦格拉姆的胜利（7 月 5 日）结束了这场冲突。1805 年起任奥地利内阁首相的施塔迪翁伯爵让位于代表奥地利进行和平谈判的梅特涅。

270

　　1809 年的战争使拿破仑的高压手段在德意志爱国者中间激起的义愤和反抗精神加剧了。三年前，纽伦堡书商帕尔姆曾因散发反法小册子而被法国军事法庭判处死刑。1809 年，图林根的一个青年试图行刺拿破仑以解放德意志，也被处死。1810 年，勇敢的蒂罗尔人领袖安德烈亚斯·霍费尔也遭到了同样的命运。拿破仑要求普鲁士交出外交大臣冯·施泰因男爵，因为他图谋反法，施泰因如果不是逃往俄国，也会因此丧命。德意志爱国者敢于批评或反对法国皇帝，犹如犯了叛国罪，这种处置使得所有有头脑的德意志人都深思他们首先应忠于哪个国家。

　　奥地利人于 1809 年时机未成熟就发动一场解放战争，结果使奥地利遭到惨重的损失。梅特涅力图拖延和谈，拿破仑失去耐心，便在申布龙宫与弗兰茨一世仓促签订一个条约（1809 年 10 月 14 日）。弗兰茨向莱茵联盟、萨克森和意大利王国割让土地。俄国已在 1809 年从瑞典夺取了芬兰，这时又分得奥属波兰的部分领土。出人意料的是，奥地利在作出如此丧权辱国的让步之后，竟然寻求与法国结成联盟。这时担任首相的梅特涅认为，奥地利必须有时间进行恢复和整顿。1810 年 3 月 9 日，他签署了一份联姻条约，把弗兰茨一世的女儿玛丽·路易丝女大公许配给拿破仑，后者已于上年 12 月与第一个妻子约瑟芬离婚。1810 年 3 月 11 日在维也纳举行代理婚礼，[①] 玛丽·路易丝到达巴黎后，于 4 月 1 日正式成婚。1811 年 4 月 20 日生一子，赐罗马王的称号。

　　拿破仑跟奥地利人的婚姻，并不合俄国人的心意，1810 年以后，亲英派又在沙皇宫廷中得势。亚历山大正如其他人已经认识到的一样，开始明了拿破仑可能是一个�啬而多疑的朋友。法国得以腾出兵力去确保萨克森选帝侯的国王称号，并为热罗姆·波拿巴缔造了威斯特伐利亚王国。但是，约定的对土耳其的瓜分并没有进行，而且沙皇的亲戚奥尔登堡公爵发现他的领地未经预先告知就为法国吞并。为了遏止英国商品的走私登陆，拿破仑在 1810 年决定占领从荷兰到波罗的海的海岸线。亚历山大抱怨这些都是违反提尔西特条约的行动，但他自己也规避了这项条约。他虽然拒绝英国商船进入俄国的港口，但

---

　　① 在婚礼的宗教仪式上，由查理大公代表拿破仑。——译者注

英国及其殖民地的货物却由悬挂中立国旗帜但由英国战舰保护的船只运上岸去。这些商品的进口税增加了沙皇的财源，在 1810 年年底，他提高了由陆路运抵俄国的法国商品的关税。这些有意的冒犯，加上关于波兰的争执，以及圣彼得堡在法国陆军元帅贝纳多特被指定为瑞典王位继承人时产生的疑心，使法俄联盟在 1811 年解体。

在 1812 年的头几个月中，拿破仑与普鲁士缔结一项征召 2 万人的条约（2 月 24 日），与奥地利缔结一项征召 6 万人的条约（3 月 12 日），以便对俄国作战。到春天，他已有 60 多万部队待命。亚历山大方面为了迫在眉睫的冲突也做了迅速而切实的准备工作。1812 年 4 月 5 日，他与瑞典结成攻守同盟。5 月 28 日，与土耳其人媾和。他向普鲁士的弗里德里希·威廉提出的秘密建议，使这位左右为难的君主向他保证（3 月 31 日）：普鲁士除非万不得已，决不援助拿破仑。梅特涅从维也纳传来信息（4 月 25 日），说奥地利军队在对俄国人作战时只是虚张声势。7 月，俄国与英国媾和，并结成联盟。此外，还与在英国支援下骚扰驻西班牙的法国军队的西班牙起义者经过谈判达成一项协议。

对英国人来说，与俄国"亲善"是一场及时雨，因为农业歉收和对欧洲贸易的削减，使他们在 1810 年和 1811 年遭受严重的经济困难。1812 年 6 月美国对英国宣战，又使英国人增加了困难。作为一个中立民族，美国人既受惠于拿破仑的大陆体系和英国国王为对付这一体系而直接下达的敕令，同时也因之而受到损害。欧洲的事件掩盖了 1812—1814 年的英美战争，使这次战争的间接重要后果没有立即显示出来（参见第二十二章，原文第 598、601、611 页）。

拿破仑于 1812 年 6 月 24 日开始入侵俄国，9 月占领并焚烧莫斯科，11 月和 12 月大军灾难性地撤退，这些都加速了欧洲结盟关系的逆转。1812 年 12 月 30 日，在拿破仑麾下统率两万普鲁士军队的冯·约克将军单独与俄国人媾和。一个月后，弗里德里希·威廉以为拿破仑征集军队为借口离开柏林（仍在供养一支法国驻军）前往布雷斯劳。实际上他去和亚历山大谈判一项协约，以求俄军与普军立即进行合作（卡利什条约，1813 年 2 月 28 日）。在这一关键时刻，他们的计划旨在把法国限制在莱茵河左岸。然而在 4 月，于一年前出任英国外交大臣的卡斯尔雷子爵提醒亚历山大，皮特在 1805 年曾建议

272

法国应该退到大革命前的边界。自从 1812 年 7 月就与俄国结盟的英国，于 1813 年 6 月 15 日又以进一步的保证和 100 万英镑的津贴来加强这一关系。同时，英国和普鲁士也结为盟友，普鲁士人从英国获得 60 多万英镑，作为 1813 年的津贴。英国也已经诱使瑞典答应给予军事援助。

于是，到 1813 年夏，包括英国、俄国、普鲁士、瑞典、西班牙和葡萄牙在内的第四次联盟业已形成，与拿破仑对垒。然而，奥地利至少在名义上仍然是法国的盟友。弗兰茨及其首相梅特涅，都认为与法国决裂并不明智；相反，他们主动在拿破仑及其对手之间进行调停。1813 年 5 月拿破仑发动进攻，2 日在萨克森的卢岑和 20 日在鲍岑击败俄国和普军。俄国和普鲁士呼吁奥地利支援。联盟国家的政治家提出了他们知道拿破仑绝不会考虑接受的条款，即要求法兰西帝国退回到 1789 年法国的边界。作为调停者的梅特涅提出了缓和得多的三点解决办法。解散拿破仑在 1807 年建立、1809 年作为复兴的波兰国家的核心又加以扩大的华沙公国。法国放弃在北德意志兼并的领土，伊利里亚转让给奥地利。拿破仑所作的这些小小的让步并不就是奥地利人想要提出的实际条款，与联盟各国的苛刻要求也很少有相似之处。拿破仑明白这一点，但是奥地利的建议使他进退维谷。如果拒绝这些建议，连他自己的臣民也会认为他完全不合道理。如果接受，则意味着联盟各国对他的让步还会得寸进尺。为了拖延时间，他于 6 月 4 日接受了普列斯维茨停战协定，因为他相信，他能比敌人更快地集结军队，充实兵力。在这一点上他失算了。因为联盟各国知道，当停战协定期满时，奥地利军队必将同他们联合起来。根据 1813 年 6 月 27 日的赖兴巴赫条约，弗兰茨一世答应，如果拿破仑到 7 月 20 日仍不接受和平条件，他就对法国宣战。

拿破仑在这场外交战中已经失败。梅特涅 6 月 26 日至 30 日在德累斯顿访问他时就已看到这一点，还劝他派代表参加在布拉格召开的会议。虽然停战从 7 月 20 日延长到 8 月 10 日，但布拉格会谈并未取得进展。拿破仑拒绝了奥地利提出的温和的建议，虽然梅特涅警告法国谈判代表说，8 月 10 日前接不到满意的答复，奥地利将在 11 日采取敌对行动。如果拿破仑接受这些条款，联盟各国的政治家们就打算宣布，这些建议不过是"初步"纲领，在以后的会谈中将提出苛刻的条件。拿破仑也许已经料到这些；总之，他没有表示同意。8 月 11 日，奥地利宣战。

联盟各国不仅把拒绝那些似乎合理的条款的罪责推到法国皇帝身上，它们还争得时间来加强它们的兵力和协调军事计划。尽管如此，当俄国、奥地利和普鲁士的军队在德累斯顿一同扑向拿破仑时，拿破仑击退了它们（8 月 26—27 日）。但是，他再也不能依赖莱茵联盟中的德意志盟友的忠诚了——10 月 14 日，一支 8000 人的巴伐利亚分遣部队背叛了他。两天以后，他在莱比锡以寡敌众，对抗联军。双方都企图寻找增援；10 万俄军和普军于 17 日到达；18 日，这场"民族大战"以法军的惨败而告终。拿破仑最多不过 4 万人的残部于 11 月初撤过莱茵河。20 多万死伤或被俘者留在德意志各地。

奥地利于 1813 年 8 月介入战争后，拿破仑首次面临四大强国组成的"大联盟"。他的敌人们这次实现了皮特在 1799 年和 1805 年徒然提出的誓约。自 1813 年 6 月起生效的英—俄以及俄—普的赖兴巴赫条约禁止各方单独与拿破仑谈判。奥地利在特普利茨与俄国（9 月 9 日）和与英国（10 月 9 日）签署的协议中也包括同样的规定。1814 年 1 月 29 日，卡斯尔雷劝使四大联盟国同意，法国应退回到它在波旁王朝时所获得的边境。英国政府一再重申的观点，即必须消除法国的优势地位和恢复欧洲的均势，成了"大联盟"的官方政策。

由于拿破仑在 1813 年年末撤过了莱茵河，他的盟友背弃了他，他的帝国也崩溃了。他在西班牙的残缺不全的师团，也已在由威灵顿指挥的英西联军追赶下，越过比利牛斯山撤退。在意大利，由拿破仑立为那不勒斯国王的约阿基姆·缪拉正在与奥地利人谈判。到 1814 年年初，20 年来法国企图获得和维持的在欧洲的优越地位已经告终，均衡的原则又得到了巩固。因此，导致拿破仑退位的 1814 年的历次战役和谈判，以及 1814—1815 年在维也纳会议上议定的和平解决办法，将留在以后的一章（第二十四章）中叙述。

从历史的角度来看，1793 年后法国势力的暂时扩张和拿破仑帝国的建立，总显得过分和反常。这两件事根本违反中世纪晚期以来便对欧洲社会形成起决定作用的那种主要政治倾向，即趋于建立一个各自分立的主权领土国家体系的倾向。到 18 世纪末，许多早期的君主制王国已经发展成为具有明确地理界线的有机的民族王国。革命时期的事件加速了这一转变。拿破仑在被分裂和被征服的民族中间，得以充分利用受到摧残的民族意识，大凡在这些地方，特别是在意大利人和波兰人中间，他都发现能够唤起热情和征得兵员。但是，他为迫使整个西欧统一于拿破仑王朝之下而作出的努力，却与欧洲主要民族的感情和愿望背道而驰。他企图通过把法国势力扩大到德意志和意大利来保障法国的安全，却导致了相反的结果，这一事实具有一种历史嘲讽的成分。他鼓励较大的德意志邦吞并较小的德意志邦，以及他求助于意大利的爱国主义等政策，加速了德意志和意大利的发展和巩固，使之成为直逼法国边界的一等强国。在拿破仑死后的50年内，法国的相对势力衰落到这样一个程度，以致使这个"大国"不再构成，也不能构成对欧洲均势的威胁。

关于瑞士的注释：

　　赫尔维蒂共和国系在法国于 1798 年 4 月占领后建立，曾两次痛苦地遭到暂时撤除（1798 年和 1802 年）和一次突然重新占领（1802 年 10 月），但终于根据拿破仑的"调解法"予以解散（1803 年 2 月）。重新成立的瑞士联邦虽稍有声望，但仍系附庸，1815 年方才恢复独立（参见原文第 256—257、262、658 各页）。

（周国珍　译）

第 十 章

1793—1814 年战争期间
法国国内的历史

　　法国革命的军队所取得的许多胜利中的第一次，是 1792 年 9 月 20 日在瓦尔米的大捷，这次战斗标志着欧洲的一次 20 年战争的起点，其间只有 1802—1804 年两年内勉强保持和平。对法国来说，这意味着一个新政权——共和国——的开始。它始于民主，继而中等阶级当权，随后成立执政府，最后转为军事独裁，从 1804 年起采用"帝国"的名称。

　　这一新政权是从 1789 年以来发生的社会、经济和行政的巨大变革产生的。民主共和国在 1793 年和 1794 年打算实现大革命的抱负，它把经济平等与 1789 年所获得的公民权利的平等结合起来。它这样做，必然给全世界提供一个鼓舞未来的社会主义的样板。但是，这些理想的寿命都不长。资产阶级共和国像军人专政一样，只要巩固 1789 年取得的成就就已心满意足，而现在这些成就已经确定不移，连 1814 年的反动也对之无可奈何。

　　如果法国不是几乎一直处于战争状态，使此后 22 年间的国内政策为之所左右的话，1789—1792 年行政和社会方面的成就，以及社会主义的实验，无疑会形成另外的情况。战争，以及在这场斗争的最初五个月期间（1792 年 4 月至 9 月）法国由于节节败退而面临的危险，激发起人民的爱国热忱，同时也对敌人入侵和封建领主复辟担心。大多数资产阶级、手工业者和农民面对着危险，都团结起来进行抵抗，而资产阶级只得对人民的要求暂时作出一些让步。

　　另外，革命党人认为，他们只有对反对者实行恐怖统治才能对付国内的危险。于是，战争就造成了恐怖统治。在 1792 年之前，革命只偶尔引起流血，如今却在血泊中打滚；暴力和残杀成为一种行政手段。

无套裤汉拥护暴力和恐怖，他们本身并不是一个社会阶级，而是一群相当混杂的工人、低微的手工业者和小店主，只受过部分教育，但是热烈爱国，很快以最原始的方式作出反应。当时国家正在危急之际，资产阶级虽然感到震惊，却对这些伴作不知，为的是挽救法国和革命。

276　　自 1789 年秋天起执政的资产阶级不得不临时改变态度，承认短期内牺牲个人自由和经济自由是必要的。它同意把个人自由暂时束之高阁，首先增进财政和社会的平等。这样一来，战争就产生一种新政权，它虽然昙花一现，但是对在法国和欧洲日益增多的社会平等思想家却起了鼓舞作用。没有战争就不会有恐怖统治，但是没有恐怖统治就不可能取得胜利。而没有胜利，一位将军也就不可能把共和国改变成军人专政或者建立一度拥有欧洲 2/3 以上土地的帝国，而当它在 1814 年最后崩溃时使世界变得面目全非。

瓦尔米战役结束时，立法议会由名为"国民公会"的新议会所取代，这一机构采取北美议会的名称，是因为它要为法国制定一部新宪法。[①]

国民公会不只是由有产者投票选举，而几乎是由普选产生的。但是，在一个特别紧张的时刻，在巴黎、外省和边境地区举行选举的时候，那些不拥护革命的人都没有投票，以免引起注意。只有一小部分最革命的人——不到 1/10——才去投票。国民公会几乎全部由资产阶级组成——大多数是律师，在 750 名代表中只有两名工人。它存在仅仅三年多一点，直到 1795 年 10 月 31 日。这一时期明显地分为三个阶段："吉伦特国民公会"阶段，结束于 1793 年 6 月 2 日；"革命政府"阶段，以 1794 年 7 月 27 日罗伯斯庇尔的倒台而告终；最后是"热月反动"阶段。

国民公会的第一个法令是废除君主政体，在 1792 年 8 月 10 日早

---

① 国民公会最初几个月的事件（从 1792 年 9 月 21 日会议起，到 1793 年 2 月 1 日法国对英国和荷兰宣战止）在第八卷第二十四章中已有叙述。这里只重复一下主要的情节。

晨冲击杜伊勒里宫之后，根据起义的巴黎公社的要求逮捕了路易十
六，这一政体便已经停止。中等阶级的国民公会要反对公社而坚持己
见是有些困难的。它无意大规模重新分配财富，更不愿恢复 1789 年
废除的经济管制。但是它的某些成员，即山岳派，却认为无套裤汉曾
经帮助他们取得胜利，为了继续得到他们的支持，必须作出一些让
步，至少暂时需要如此。另一个集团，即吉伦特派，与首都、各大港
口以及各大城市的重要商人有联系。它对无套裤汉疑虑重重，不肯实
行管制，认为这是对财产的侵犯，是决不能接受的。介乎这两个集团
之间的绝大多数代表，像是一片未定的平原或沼泽。国民公会里并没
有现代意义的"党"，更不用说整个国家了。尽管如此，所有的成员
都是热忱的爱国者，他们决心击退入侵，取得和平，从而保护新的制
度不受外国的干涉。起初，幸运似乎在向他们微笑。入侵者撤退了，
革命军队进入比利时、德意志的莱茵兰、萨伏依和尼斯，这些地区都
举行投票，赞成并入法国。国民公会表示同意，并在吉伦特派的压力
下，甚至宣布将给予"一切想重新获得自由的人民以博爱和援
助……"（1792 年 11 月 19 日）。

　　与此同时，国民公会对路易十六的命运问题却意见分歧。温和派
以及许多吉伦特派满足于把他监禁起来，直到战争结束；但是无套裤
汉支持的山岳派决心要打击君主政体的根本，使之不可能复辟。在微
弱多数的情况下，路易以叛国罪被判死刑，于 1793 年 1 月 21 日上了
断头台。这一处决震撼了欧洲，也使得大多数投票赞成死刑的山岳派
与基本上想保留国王生命的吉伦特派之间的鸿沟加宽了。另外，国王
的下场以及国民公会的兼并政策使战火重新燃起。一个反对法国的强
大联盟已经形成。在整个欧洲，只有土耳其、斯堪的纳维亚和瑞士依
旧与它和平相处（参见第九章，原文第 254 页）。

　　这一联盟所集结的力量动摇了法国军队，只应征参加一次战役的
许多志愿兵都还乡了。北方军总司令、瓦尔米战役的胜利者迪穆里
埃，于 1793 年 3 月 18 日在比利时的内尔温敦被打败了。他把自己的
失败归咎于政权，并与奥地利将军科堡谈判，企图率兵向巴黎进军。
但是，士兵们表示拒绝之后，他就投向敌人，并且带走陆军部长博浓
维尔和前去逮捕他的四个特派员。这次叛变使国防瓦解，引起了一场
政治危机，而冬季里经济情况的恶化使这一危机更加严重。由于一再

大量发行，指券贬值 50% 以上；由于对谷物价格缺乏控制，整个生活费用不断上升。在 1792 年希望战争、在 1793 年希望兼并的吉伦特派疯狂反对一切对物价的控制。由于叛国分子迪穆里埃与他们有密切联系，这一事实使他们看来更应对危机负责。

278　　　　像在 1792 年一样，这次危机产生了另外一批革命机构。监视委员会和革命营（非正规部队）又一次出现了。在雅各宾俱乐部里，无套裤汉逐渐取代了资产阶级，这些俱乐部在政治舞台上日益频繁而有效地进行干预。未经政府批准而擅自逮捕的事件增多。嫌疑分子的名单已经拟定。由无套裤汉控制的、公社领导的巴黎各区，指责吉伦特派使国民公会陷于瘫痪，指责政府在促使革命垮台。5 月 31 日无套裤汉起义，国民公会内部的斗争就像 1792 年 8 月一样，已达到了顶点，不过这次是反对国民公会的。武装的无套裤汉提出要求：开除吉伦特派领导人；解散 5 月 8 日建立的、显然敌视无套裤汉的十二人调查委员会；清洗官员；建立一支“革命军队”；控制面包价格；征收财产税；政府救济老人、病人和“共和国保卫者”的亲属。国民公会不肯让步，直到 6 月 2 日被 8 万名武装的无套裤汉团团围住，经过最后挣扎，才被迫接受他们的要求。29 名代表和 2 名吉伦特派部长被捕了。

但是在许多省里，吉伦特派担任主要行政职务，他们发动叛乱反对巴黎的无套裤汉。这个叫作“地方的”或联邦的运动，在诺曼底、波尔多地区、里昂、罗讷河谷和普罗旺斯特别厉害。由于它是三个月前（3 月 10 日）在旺代和毗邻各省发生猛烈叛乱之后接着出现的，所以显得分外严重。那一地区的农民的利益是与资产阶级的利益相矛盾的，他们在国民公会颁布法令另行征召 30 万人入伍时揭竿而起。1793 年 6 月初，有 60 多个省反对或者公然起事反抗山岳派的国民公会。不是两种政治观念之间的斗争，而是两个社会集团之间的斗争：一方是受到保皇党人支持的、对自己发动的革命的高涨感到惊慌的中等阶级上层分子；一方是得到无套裤汉支持的、决心使用极端措施来保证“公共安全”和击败法国国内外一切敌人的中等阶级下层分子。

紧接 6 月 2 日之后，取得胜利的山岳派随即通过一部将会表明其各项原则毫无令人惊惧之处的宪法，企图以此安抚全国，平息叛乱。此前，国民公会已经在讨论新宪法，但由于吉伦特派和山岳派争吵不休，起草工作就耽搁下来。吉伦特派一旦被清除出去，这一工作很快就完成了。1793 年宪法比 1791 年宪法民主得多。它规定男子有普遍选举权和公民投票权；它宣布各民族有决定自己命运的自由，以及普 279 天下的自由人的友爱关系。它的第一条宣布社会的目的是谋求"共同福利"；它确定了劳动的权利，享受国家救济和受教育的权利，但是和罗伯斯庇尔的意愿相反，它保留了《人权宣言》中规定的私有财产权。它主张经济自由，它规定了造反的权利。这部宪法把立法权授予由选举产生的、任期仅为一年的立法议会，把行政权授予由立法议会以外人士中选出而实际上从属于立法议会的部长会议。这部宪法经公民投票通过（赞成者 180 万人），但是认为当时不宜实施，就放在一个杉木"柜"中，送交国民公会主席保存。尽管如此，它在历史上起了重大的作用。它破天荒第一次正式向全世界提出社会民主的问题。它成了巴贝夫、布奥纳罗蒂和后来的路易·勃朗、巴尔贝和饶勒斯等一些社会民主党人的指南，这些人都对它赞美不已。

由于宪法现在暂停实施，国民公会就在 10 月 10 日宣布，直到战争结束，法国政府依然是"革命的"，即非常的政府。这个革命政府在夏季里采取许多个别的措施来加强自己的力量，虽然没有任何全盘的计划，但是得到无套裤汉的支持。共和二年霜月 14 日（1793 年 12 月 4 日）的法令把它以法律的形式集中表现出来。在实际上，行政权由国民公会的两个委员会——救国委员会和全国治安委员会行使。前者已于 1793 年 1 月 1 日成立，在法英关系日趋紧张时叫作国防委员会。在迪穆里埃叛国后，经过改组，委员削减至 9 人，其职责为除财政和警务外，就一切事项向政府提出意见。清除吉伦特派以后，这一委员会又一次经过改组。在 1793 年 7 月和 8 月，国内外形势逐渐恶化而粮食又严重匮乏之际，该委员会（也叫作大委员会）发展成形，以便实行一年专政统治，挽救法国免遭敌人侵略。它由 12 个成员组成，然而他们没有形成一个融洽的集团。其中有军事和经济问题专家，如罗贝尔·兰代、拉扎尔·卡尔诺、普里厄·德拉科多尔等温和派；在"左翼"，有政治领域的罗伯斯庇尔、圣茹斯特和库东。让·邦·圣安德烈和普里厄·德拉马恩处理海军事务。与无套裤汉有密切关系的比洛-瓦雷纳和科洛·德布瓦等"极端派"；中间派的有善于折中的巴雷尔；而在右翼，有前巴黎最高法院成员埃罗·德·塞

谢勒。全国治安委员会的历史和国民公会本身一样久，其前身是立法
议会的监视委员会，从 1793 年 9 月起，它也由 12 个委员组成，他们
在任九个月，负责控制政治警察。这两个委员会对国民公会负责，国
民公会每个月都能够把它们改组或者撤销。它们形成一种"代议制"
政府，只要获得议会的信任，就拥有无限的权力。

　　全国治安委员会通过特派员（派往外省和军队的国民公会成员）
和政府派到地方行政官员那里的"国民代表"来迅速执行它的决定。
革命监视委员会已经合法化，受权在地方监视嫌疑分子；可是在实际
上，它们常常越权。雅各宾俱乐部所起的作用已得到正式承认，作为
对地方当局的一种民众监督。选举都已推迟，特派员在民众俱乐部的
协助下，负责改组行政会议的工作。在另一方面，许多省自动组织起
来逮捕嫌疑分子、征用粮食和供应市场的"革命军"，却被看作不服
从命令而予以取缔。法国有史以来最严格的中央集权在代替制宪议会
首倡的权力极端分散。这些措施首先获得的效果是，制止了 2/3 的省
有发动叛乱反对巴黎之虞的一场内战。7 月 13 日，诺曼底暴动的联
邦党人在厄尔河畔的帕西被击败了。大多数省都团结在国民公会周
围，于是叛乱仅限于三个地区，即旺代、里昂、普罗旺斯以及暴动的
城市马赛和土伦；国民公会派正规军前去镇压。

　　为了平定叛乱并防止他人效尤，无套裤汉在 1793 年 9 月 4 日和 5
日举行游行示威，迫使国民公会采取过激措施，这些措施汇总在一起
就形成了"恐怖统治"。早在 1793 年 3 月，已经开始把"嫌疑分子"
投入监狱。9 月 17 日的法令命令逮捕规定的几类嫌疑分子。迄今依
然很难确切知道究竟有多少法国人是作为嫌疑分子而身陷囹圄的，估
计在 30 万—50 万之间。为了审判这些人而建立了革命法庭。1792 年
8 月 17 日已经在巴黎组成了第一个特别法庭，但是它审理程序之缓
慢激起了 9 月大屠杀，并于 11 月 29 日予以撤销。迪穆里埃叛国后，
又建立起一个革命法庭。在 9 月分成四部分，其中两个部分同时进行
工作。在外省城市中建立起来一些法庭和军事法庭。至少有 1.7 万名
嫌疑分子被判死刑；把立即处决和死于狱中的人也计算进去，受害者
人数达 3.5 万或 4 万名。这一数字和 16 世纪的受害者人数一样多，
虽然与 20 世纪俄国、西班牙和德国的大规模屠杀还难以比拟。89%
的死刑发生在叛乱地区（西部、罗讷河谷，以及北方和东方边境地

区）。有 6 个省没有人被判处死刑；在另外 31 个省中，每个省的死刑都不到 10 起。受害者之中人数最多的是工人（31%）和农民（28%）。从总数来看，贵族和教士受害的并不多，但从他们本身的人数和重要性来看，比例却是很高的。

从 1793 年 10 月至 1794 年 7 月，"恐怖统治"盛行一时。它主要是政治性的和镇压性的，其目的绝非如有时人们所说的在于消灭一个社会阶级。它基本上是一种用以保护国家和革命的防御措施。这两个"政府委员会"，除了必须对付"国内敌人"而外，还必须在整个边境线上击退外国军队，在陆地和海洋上与欧洲联盟作战。在这场斗争中，法国如果利用它的全部人力，是能够克服众寡悬殊的问题的。法国约有 2600 万人口，是欧洲大陆人口最多的国家；的确，如果把面积和资源考虑在内，它的人口实在过多了。由此产生的大批失业者是很容易吸收到军队里去的。

建立国民自卫军是走向征兵的第一步。早在 1793 年 2 月，国民公会就已下令征兵 30 万，正如我们上面讲过的，这触发了旺代的暴动。国民公会见到这一措施不够充分，又受到无套裤汉的压力，就宣布"普遍征兵"。它要求 18 岁至 25 岁的未婚男子应征入伍，并要求其余的人共同为一个目标而努力：取得战争的胜利。要把武器、粮食、装备供应这些人，是需要作出巨大努力的。法国在欧洲大陆上是唯一工业发达、足以迅速提供所需要的一切东西的国家。武器工厂成倍增加，所有纺织厂都改为军工生产，制造军服和皮鞋的作坊到处像雨后春笋一样出现。通过征用，匮乏的情况改善了。他们请求科学家改进装备，发明新的作战武器。沙佩发明的信号机和孔泰改良的气球都第一次出现在战场上。在入侵之后一年，即 1794 年春，救国委员会已经能够在各条战线上以优势兵力迎击敌军。

对于旧政权来说，要支付这样一次战争的费用几乎是一个无法解决的难题，但是在这时候，指券使政府几乎拥有无限的基金，因为他们只要印刷钞票就行了。不过，这也带来一个新的至少在规模上空前的问题：通货膨胀及其直接后果——生活费用高涨。这不仅是滥发纸币的结果，也是由于征兵，从田地上夺走了主要劳动力生产有所下降的结果。同时，又加上连年的歉收。在 1788—1789 年的饥荒以后，从 1791 年至 1793 年一直粮食不足。由于此原因，以及由于农民不愿接受不断贬值的指券，市场存货极少。食品价格不断上升，通货膨胀影响到一切日用品的价格。

在这种情况下，无怪乎那些身受其苦的人感到革命并没有达到它的目标——各城市的，尤其是巴黎的无套裤汉持有这一观点。他们对于财产的想法和资产阶级的想法大相径庭。无套裤汉和农民一样，倾向于保持公社的习惯，本来赞成以个人劳动为基础的财产，但是受到全体人民需要的限制。1793 年 9 月 2 日，巴黎地区要求国民公会"一劳永逸地规定生活必需品的价格、工资和工商业的利润"。他们补充说："贵族、保皇党人、温和派和阴谋家无疑会这样说，'这是和私有财产神圣不可侵犯相抵触的'……但是这些坏蛋难道不知道，私有财产权只以基本必需品为限吗？"他们以这么一种严格限制的私有财产的概念，反对那些革命资产阶级的想法，实际上也是反对国民公会的几乎全体成员的想法。简言之，他们不仅希望"权利"平等，还希望在工资上和必需品的分配上也同样平等。他们的理想是一个由独立的小生产者和土地所有者组成的社会的理想。他们的政府理论倾向于无政府主义。他们宁愿通过人民群众在基层议会中公开辩论和投票表决来直接进行治理。他们的主要代言人是埃贝尔、雅克·鲁和一个叫作"愤激派"的集团。不过，这些人并不是能够煽动群众的、有创见的思想家；恰恰相反，他们只是在小册子和报纸上，作为无套裤汉"响亮的应声虫"出现的。

为了和不断上涨的生活费用作斗争，国民公会不得不大大地有违初衷，对供应品实施远比旧政权时代的任何一次限价更全面和更严格的控制价格。1793 年 9 月 29 日，在无套裤汉的压力之下，规定了最高价格和最高工资。"革命军"和各委员会使用恐怖手段强迫农民供应市场，在最高限价之内出售产品。1793 年 7 月 26 日的法律规定对囤积者处死刑，但是实际上很少执行。不过，仅仅由于这项法律的威胁，再加上各革命机构的活动，就足以改善对市场和商店的供应。在巴黎和其他城市里都发了定量供应卡。

改善粮食供应不过是无套裤汉的纲领中的一部分而已。他们还想增加对富人征税和均分土地，以此缩小不平等的差距。与此同时，他们还有些人甚至谴责温和主义的"宣誓效忠的"教士（以及拒绝宣誓的教士），因而攻击基督教本身。早在 1790 年，随着民众举行的示威游行和一年一度的节日（例如 7 月 14 日），已经发展了一种"革命的"宗教信仰；另外，无套裤汉还增添了一种对"自由烈士"的崇拜，旨在使法国"非基督教化"。救国委员会的大多数成员，包括罗伯斯庇尔本人在内，都反对这些可能使民众疏远革命、使国防陷于瘫痪的倾向。虽然该委员会促使国民公会采用革命历——这也许是革命时期最厉害的反基督教措施——却又放手让丹东一伙（宽容派）开始反对革命。与此同时，它下令把公认是"共和国敌人"的嫌疑分子的财产分给穷人，以此来安抚无套裤汉——这都是一些难以实行的措施，而且要在长期以后才能见效。该委员会一方面逮捕无套裤汉的代言人，因为他们猛烈抨击它的政策并计划举行新的起义；另一方面又逮捕了丹东一伙，先发制人地防止和平妥协和国王复辟。埃贝尔、愤激派和宽容派分子都被接连不断地迅速押上革命法庭，判处死刑（1794 年 3 月 24 日、4 月 5 日和 13 日）。

　　有四个月工夫，罗伯斯庇尔领导的救国委员会拥有全权，但是它把无套裤汉的领导人判处死刑，实际上失去了巴黎人民的支持。圣茹斯特这样写道："革命已经冻结了。"该委员会想以"美德"的名义，利用恐怖来取得革命的最后胜利。为了弥补反基督教措施，并希望团结群众，它试图创立一种自然神宗教——对最高主宰的崇拜。它还实施社会保险政策，通过国民福利总登记，对身体强健的穷人给予失业津贴，对病人的家庭给以援助，对老年人进行救济。同时采取免费强迫初等教育的原则，在各殖民地废除奴隶制度。但是这些革新由于缺乏经费而不得不推迟实施，而以后实现的希望看来也是渺茫的。

　　恐怖统治、对防务作出的巨大努力，以及经济和社会控制，都产生了预期的效果。在国内，一些叛乱已经平息。里昂和马赛于 1793 年 10 月 9 日和 25 日，土伦于 12 月 18 日先后收复。旺代人在 12 月 23 日被粉碎，虽然西部地区的叛乱还以游击战方式继续下去，但是这次朱安党叛乱与其说是危险，还不如说是麻烦罢了。1794 年春天，法国军队的绝大部分都能用来迎击外来敌人。他们在进攻中取得一些局部胜利以后，于 6 月 25 日在弗勒侣斯取得辉煌的胜利，从而重新打开通往比利时的道路。内战结束和外敌入侵停止以后，恐怖统治及其一切限制已经令人再也不能忍受了。

　　然而，恰恰在弗勒侣斯大捷之际，恐怖统治加剧了。为了致力于中央集权，外省的绝大多数革命法庭和军事法庭已予废除，嫌疑分子在巴黎进行审判。面对着新的"贵族阴谋"（试图谋杀救国委员会的某些成员就是明证），罗伯斯庇尔的 6 月 10 日法令改变了革命法庭的程序，甚至取消被告所享有的极少保障，不许他们作任何的申诉。在巴黎，从 1793 年 3 月到 1794 年 6 月，处死了 1251 人；从 6 月 10 日到 7 月 27 日该委员会垮台，处死了 1376 人。这一次新的恐怖统治发生于捷报频传，似乎没有必要实行恐怖的时候，它扩大了救国委员会与全国治安委员会之间的鸿沟，并且加深了救国委员会成员间的不团结。在胜利的影响下，雅各宾派资产阶级在过去一年中和无套裤汉的联系纽带也松弛了，前者的自由放任与后者的统制经济发生了冲突。大多数法国人转而反对恐怖统治，反对似乎应该对此负责的罗伯斯庇尔。在这时候，无套裤汉正越来越远地离开政府，因为政府在 3 月处死了他们的领袖。另外，巴黎公社在 7 月 23 日首次公布限制工资，这也使他们恼火；限制工资在实际上等于强制降低实际工资，因为当时尽管限价，生活费用依然在不断上升。

1794 年 7 月 27 日（共和二年热月 9 日），国民公会推翻了"救国大委员会"，这是因为它已经失去了代表们以及民众的支持，从外省召回的恐怖分子由于受到罗伯斯庇尔的威胁而与温和的"平原派"联合起来的结果，罗伯斯庇尔及其同伙经过一番徒劳的挣扎以后，就被宣布为"不受法律保护"，遭到逮捕，并于次日落得个身首异处。他们试图建立的平等和民主的共和国的远景也随着他们一起烟消云散。

罗伯斯庇尔垮台的第一个后果，就是恐怖统治迅速结束。物价和工资限制不久也取消了（1794 年 12 月），共和二年的社会立法只不过试图实施一次就完蛋了。一些幸存的吉伦特派被召回现在称为的"热月"国民公会。国民公会出于需要，曾经有一年工夫支持罗伯斯庇尔，因为要使 1789 年的那些原则保持下去，军事上的胜利是必不可少的；而现在呢，大多数人重又捡起个人主义和自由主义的思想。1793 年宪法被认为过分民主，不宜实施。革命政府依旧执政，但是其方式却收敛多了。由三个委员会代替以前的两个委员会分别掌握权力，救国委员会的许多权力转交给立法委员会。其他革命委员会的人数和范围也缩小了。在温和派（这时候民主党人已分裂为新埃贝尔派和雅各宾派）影响之下，也由于受到青年叛乱分子、逃兵和获释的嫌疑分子集团的压力，国民公会逐渐走上了反动的道路。它禁止民众俱乐部和团体的活动，并在 11 月 12 日封闭了巴黎的雅各宾俱乐部。12 月 24 日，它取消了最高限价法令，恢复了经济自由。这一措施使物价更加猛烈上涨，随之而来的是大量发行指券。1795 年 5 月，指券贬值 68%，到 7 月，贬值 97%；后来叫作"恶性循环"的东西开始了。投资者破产，工人几乎挨饿，只有暴发户、时髦妇女和花花公子穷奢极欲，任情作乐。由于前一年开设的大多数武器工厂关闭造成的失业，也由于 1794 年冬季的严寒（这是本世纪最冷的冬季之一，连河流都有几个星期冰冻），工人阶级的苦境更加恶化了。

1795 年 3 月，人民的失望变成了愤怒。4 月 1 日，一群不受约束的民众冲进国民公会，要求恢复 1793 年宪法和采取控制粮食短缺的措施。来自富人聚居区的国民自卫军轻而易举地驱散了示威群众，20 个山岳派代表遭到逮捕，富于战斗性的无套裤汉被缴了械。但是这些措施远不足以平息巴黎穷人聚居区普遍存在的暴动情绪，反而火上浇油。5 月 20 日，无套裤汉又一次冲击国民公会，杀死了一个代表，但是未能强迫实施他们的纲领。温和派控制的那些"政府委员会"组织了一次反击。又有 14 个山岳派分子被逮捕，并在军队协助之下（这是革命时期第一次使用军队来对付民众示威者），使圣安托万区投降。许多无套裤汉被逮捕，40 个人被处死，引起的反应遍及法国各地：这是白色恐怖。人民起义被粉碎了，资产阶级掌握了政权。1793 年宪法被宣布作废，国民公会开始起草一部新宪法。保皇党人认为这种局势正是夺权的良机；但是一支逃亡者组成的部队试图在基贝隆登陆（6 月 27 日—7 月 21 日），却惨遭击退，而 1795 年 10 月 5 日巴黎保皇党人的一次起事，也被 1793 年在围攻土伦时崭露头角的青年将领波拿巴率领的政府军镇压下去。

政治的变迁不应抹杀热月党国民公会在宗教和教育方面完成的工作。从某些方面来看，这是一个了不起的成就。为了结束 1790 年开始的宗教危机，它使政教分离。这种试验并没有消除宗教冲突，但却是一种富有远见的努力，它的寿命比经济和社会领域里的试验的寿命长一些，而且在全世界引起了强烈的反响。免费强迫初等教育并未付诸实施，但是建立一些"中心学校"恢复了中等教育，它打破了过去的传统，把科学、艺术和现代语言放在主要地位。高等教育得到改进，创立了综合工科学校和其他机构（参见第五章，原文第121—123页；第七章，第198—200页）。知识分子以这些成就而自豪：法国已作为一个"伟大的国家"出现。国境以外的捷报频传也似乎证明这个称号是当之无愧的，当1795年欧洲大陆恢复和平的时候（参见第九章，原文第255页），由革命产生的新政权似乎终于站稳脚跟，在法国内部得到巩固了。

行将结束的国民公会企图使法国具有一个稳定的政治结构，而这是1791年的制宪议会以及1793年的国民公会本身都不曾办到的。如今它起草了一部新宪法，并在1795年（共和三年）8月17日得到通过。它还得到公民投票的支持（100万票赞成，5000票反对）；600万选民中绝大多数弃权。这部宪法与1793年的宪法比较起来，甚至与1791年的宪法比较起来，在民主方面要差得多：选举权以财产资格为基础，以督政府作为资产阶级共和国。人权宣言（1789年）被权利和义务宣言所代替，删去了最重要的一句话："人人生而自由，具有平等权利。"正如朗热内代表在辩论时所说："你如果说一切人权利平等，那你就是煽动所有被剥夺公民权的人或者为了全体公民的安全而暂停行使公民权的人起来反对宪法。"热月党人只愿意谨慎地这么说："在同一法律面前人人平等。"这一宣言并没有提到1793年宪法所包括的教育、劳动、社会救济或起义的权利；但是它保留了财产权的定义，即人人"享有并支配其财产、收入和劳动果实的权利"。这样一来，就明确允许经济的自由了。

1792年共和国实行的普选权，在1795年的共和国里已经消失不见。只有交纳直接税的法国人才能叫作"公民"和有权投票。选举似乎可能比1791年扩大一些，在1791年，纳税至少相当于三天工资的人才有选举权；但是不能确定，1795年乡村地区的选民是不是比1791年多。两级选举制继续保留；要成为第二级选举中有选举权的人，年龄必须在25岁以上，拥有财产的收入要相当于当地200天的工资，或者出租土地或房屋，租金相当于当地50—200天的工资。总共约有3万名有选举权的人参加选举会议。

自从1789年以来，只有唯一一个议会拥有立法权；而如今在法国第一次有了两个议会：500人院和元老院，后者有250个成员，都已经结婚或者是鳏夫，年龄都在 40 岁以上。代表们并没有财产资格的限制。每年改选 1/3 席位。行政权则授予五人组成的督政府——因此它就成为这一政权的名称。督政官由立法两院选举产生，任期五年（每年更换一个督政官）。督政官拥有的权力要比 1791 年国王的权力大得多。他们任命部长，部长不过是他们的代理人。他们控制行政机构、军队、警察和外交。只有财政单独由 5 个国库专员和来自财政部的 5 个人掌管，这些人像督政官一样，按照同样方式选举产生。1790年创设的行政管理机构大体上保留下来。各省一如既往，但是由选举产生的 5 个人来管理，而他们又受到督政府任命的一个中央专员控制——中央专员是帝国时期省督的前身。曾经在革命政府中起过重大作用的 1790 年设置的县已被取消，但是每个区由一个市政机构管理，这一有趣的试验的寿命并不比督政府长久。在另一方面，少于 5000居民的市镇则撤销其镇议会，代之以选举产生的镇长和副镇长。一般来说，中央集权还不如 1792—1793 年厉害，但远远超过了 1791 年。特别是督政府有权废除行政法令，把任何官员暂时停职或撤职，并派人代替他直到下一年为止。司法机构的变化极少。每一区依旧只有一个地方法官，但是每一省现在只有一个民事法庭。

　　新宪法试图减少民众俱乐部和团体的活动。虽然新闻界已经受到控制，能够依法勒令报纸停刊长达一年，不过在督政府时期还是比国民公会时期有更大的自由。教会和国家已经分离，可是依然想建立一个官方的宗教，先是自然神博爱教，随后是理性主义的"十日"教，两者都遭到了可悲的失败。宪法起草人竭力防止恢复不久以前的议会或委员会专政，预防军人的统治。他们尽可能分散政府的权力，规定选举产生的机构每年都有部分人员改选。但是行政权和立法权之间的冲突始终是可能的，也无法预防，而且在紧急状态下，例如战时，也无法保证一定支持政府。这部宪法也恰恰就是在紧急状态下被抛弃的。

　　经济形势每况愈下。巴黎的生活费用如果以 1790 年为 100 法郎，据说在 1795 年 11 月已经超过 5000 法郎。穷人阶级的境况到了危急的程度。民主派想通过批评新宪法来重新获得人民的支持，现在他们最勇敢的发言人是巴贝夫。巴贝夫于 11 月 6 日在他的《人民论坛报》上写道："一般说来，政治革命是什么呢？特别说来，法国革命

288

是什么呢？就是贵族和平民之间、富人和穷人之间的一场公开战争。"保皇党人也想利用当时的形势。虽然西部地区残余的朱安党匪帮已被打败，他们的头目被枪毙了，保皇党人在立法团中至少有200名代表，还可能争取过来同样数目的无所属的温和派。所以他们改变策略，想在立法机构中赢得多数，合法地取得政权，或者在一位将军及其部下的帮助下取得政权。他们所依靠的是莱茵和摩泽尔方面军司令皮什格吕。督政府并没有广泛的政治基础：它只能依靠一部分富有的资产阶级，也就是革命使他们的地位变得重要一些，使他们有机会获得被没收的土地或者通过军需合同而发财的那种人；总而言之，就是那些上流人士和显要人物。由于权力过分分散，督政府和立法两院彼此能够施加的影响非常有限，以致督政府求助于发动一系列的政变。第一次政变发生于1797年9月4日（共和五年果月18日），从而结束了两年来试图按照宪法统治法国的"第一届督政府"。

这个"第一届督政府"是由国民公会中巴拉斯、勒贝尔、拉雷韦耶尔－勒波、卡尔诺、勒图尔纳这样一些判处路易十六死刑的成员组成的。它当初想把那些真诚的共和派，特别是雅各宾派人士拉到自己的周围。但是，巴贝夫依然没有就范。1795年12月5日曾发出逮捕状要逮捕他，他就转入地下，并和意大利人布奥纳罗蒂以及国民公会的其他成员一起，密谋以一种共产主义政权来取代督政府。巴贝夫这样做，就成为大革命中想把迄今认为仅仅是哲学上的乌托邦变成现实的第一个政治家。此外，他还抛弃了在法国到那时通常使用的造反方法，组织了由一小批人领导的平等派密谋，他以为自己可以依赖这些人，他们不会泄露密谋者的最终目标。

经济危机有利于巴贝夫支持者（巴贝夫派）的宣传鼓动。指券已经一文不值，另用土地券来代替，它不过是同样货色的一个新变种，初次发行后不久就贬值70%，而且在继续迅速贬值。必不可免地重新使用金属货币，等于是突然收缩通货，这对穷人来说是一场灾难。督政府迟疑不决，内部发生分歧，最后在卡尔诺的压力之下，决定捉拿巴贝夫派。由于奸细的告密，巴贝夫派的领导人于1796年5月10日被捕。在最高法院出庭受审的这些人中间，巴贝夫和另一个人被判死刑并被处决。"平等派密谋"后来在19世纪产生了广泛的反响。在当时，它促使督政府向温和派靠拢。1797年（共和五年）

春，立法两院改选 1/3 成员期间，温和派取得了显著的胜利；督政官勒图尔纳落选，由温和派人士、巴塞尔条约的谈判者巴泰勒米继任。自从巴贝夫密谋发生以后，卡尔诺也向同一个阵营靠拢。由温和派（其间混进了很多保皇党人）占统治地位的立法两院希望早日和平，不再继续兼并。保皇党人指望和平将有利于路易十八的及早复位，虽然保皇党人中的立宪派与君主专制派在政权性质上是有分歧的。但是，共和派督政官们的意见却与立法两院相抵触，督政府的政策并不完全是谋求和平。事实上，它受到了那些想"解放"自己祖国的国外流亡者和"爱国者"的影响，也受到想让战争继续进行下去的那些军人的影响，这些军人或是想扩大共和派的宣传，或是出于野心勃勃或者贪图钱财。在法国的三支主要军队之中，有两支（在意大利由波拿巴率领的军队和在桑布尔和默兹由儒尔当率领的军队）都不断叫嚣要继续作战。只有一度由皮什格吕指挥，现在由莫罗指挥的驻莱茵和摩泽尔的军队，才不那么起劲。

1796 年和 1797 年的历次战役有利于主战派，并且使共和派的力量得到加强。在意大利的军队取得的辉煌胜利，遮掩了法军在德意志的败绩（参见第九章，原文第 255 页）。波拿巴以对联盟的伟大征服者的姿态出现。由于他在被征服的国家里征收捐税，以致可能停止使用纸币，并部分地用以平衡预算，于是任何党派，甚至政府，都越来越难以反对他的政治观点。但在国内，财政形势依然不能令人满意。恢复硬币导致通货突然紧缩，而 1796—1797 年的大丰收又促使这一情况进一步恶化。农产品价格下降。毫无疑问，城市贫民的境况由此得到了改善，但是农民的情况却更糟糕了，赋税收入令人失望。在克利希俱乐部里聚会的保皇党人和温和派——因此他们叫作克利希派——乘机强迫废除一系列制裁流亡者及其亲属和拒绝宣誓的教士的法令。他们以为督政官已经有两个是他们的盟友，只要第五个督政官巴拉斯与他们合作，全体督政官就会接受他们的主张。如果相反，巴拉斯与勒贝尔和拉雷韦耶尔站在一起，他们还可依靠已经当选为五百人院议长的皮什格吕将军发动一场政变。碰巧巴拉斯从波拿巴那里收到了在意大利从一个保皇党代理人昂特雷格伯爵那里搜到的一些文件。这些文件揭露了皮什格吕的叛国行为。巴拉斯于是站在勒贝尔和拉雷韦耶尔一方，共和派遂在督政府中占确实的多数。这一个多数派

290

决定用计谋来击败克利希派；就求助于危险性显然最少的奥什将军——新任桑布尔和默兹军司令。奥什的部队借口开往西海岸为入侵英国做准备，打算在途经巴黎时逮捕克利希派的领导人。克利希派从内阁中被清除出去之后，由奥什本人出任陆军部长。督政府里的反对派揭露了这些准备工作，他们指出两点违反宪法：一是桑布尔和默兹军队未经立法机关同意，擅自进入宪法保护区（即巴黎及其周围地区）；二是任命奥什当部长，他未达到法定年龄。督政府只得撤销前议，密谋没有奏效（1797 年 7 月）。

保皇党人和温派立即重新组织国民自卫军（把共和派排除在外），要求封闭经督政府同意设立的"宪政俱乐部"。可是他们既缺乏勇气，行动又不迅速。皮什格吕也迟迟不愿动手，督政府又一次先发制人挫败了他们。无套裤汉自从 1795 年 5 月以来受到了镇压，督政府不可能求助于他们，于是没有选择的余地，只能去找波拿巴。由于立法两院猛烈攻击过波拿巴的意大利战役，他曾经通过属下各部队，向巴黎寄去几份谴责保皇党人和要求消灭克利希派的请愿书。他的部下奥热罗将军和别人一起，恰恰从意大利驻军那里休假到了巴黎。于是三个督政官巴拉斯、勒贝尔和拉雷韦耶尔就向他们求助。

291　1797 年 9 月 3 日（共和五年果月 17 日）夜，这三个人就逮捕了克利希派的头目和督政官巴泰勒米；卡尔诺听到风声，得以逃脱。在立法两院的一次会议上（依法召开，但除共和派外别无他人出席），宣布 198 名代表的当选无效。其中 33 名被判处流放国外，另外还有 12 个人（包括巴泰勒米在内）也被流放。保皇党人于春季当选以来所通过的一切"反动"法令都予废除，以前惩治逃亡者和拒绝宣誓的教士的法令重又生效。在宪法允许的范围内，一条新的法律规定报刊要在一年之内接受警察局的审查。宪法或者政府机构都没有变动。督政府里加上了两个共和派，弗朗索瓦·德·纳夫夏托和梅兰·德·杜埃，但它只满足于任命共和派人士去代替有"温和派"观点嫌疑的官员。可是在事实上，督政府和立法两院已经再也不能自由行动了。他们从属于驻意大利的军队及其领袖、前来拯救他们的波拿巴。波拿巴立刻把他对外交政策的主张硬塞给他们，特别是与奥地利签订的坎波福米奥和约中的条款。他已经想让国内感觉到他的影响，但是当时形势还是对他不利。

　　果月 18 日政变实际上把督政府统一起来，使它能够集中力量改进现有的机构。在这方面，它在执政府和帝国的前期工作上起了有益的作用，但是很少被人们承认。财政是它的第一个问题。政变后六天，在 9 月 10 日，财政部长拉梅尔提出一个法案，以实质上宣告破产的方式来减少国债；这样一来，督政府就可以摆脱和将军们联系在一起的那种财政监护制度。9 月 30 日通过的法令使国债从 2.5 亿法郎减至 8300 万法郎（削减 2/3）。每一张政府债券的 1/3，即"1/3公债"，依旧记在公债的大账簿里。另外 2/3 用在一定程度上可以作为购买国有产业的价款的债券予以偿还。债券持有者因此受到了部分损失，但是国家的财政似乎好转一些。开征新税使岁入增加：除制宪议会已经开征的三种直接税之外，又加上了一种门窗税。这"四种老税"就成为法国财政制度的基础，一直到 1914 年。依靠由公务员组成的直接税局，税款能够更有效地收集起来，赤字减少，国家的财政状况比 1778 年以来的任何时候都好。

　　另一个重要改革是征兵问题。立法议会和国民公会的征兵办法是招募志愿兵，以及把当时（1793 年 8 月）18 岁至 25 岁的男子"征召服役"或者作"战时总动员"。从此以后，就再没有征召过一个人。儒尔当将军和德尔布雷尔议员提出的征兵法长期确立了普遍义务兵役制："每一个法国人都是士兵，保卫祖国是他的义务。"所有市民只要到 20 岁就必须在征兵名册上登记——也就是"应征"。在和平时期，服役期规定五年；但是政府可能并不是将所有应征的人都征召入伍，在这种情况下，就用抽签的办法来挑选。从此以后，征兵就成了法国的一项基本制度。

　　虽然制定了几项重要法律，果月的政权却未能使政局稳定。雅各宾党人显然重又掌权，猛烈镇压——督政府恐怖——特别降临到已经回国的流亡者身上（其中有 160 名被枪决）和拒绝宣誓的教士身上（有 263 名教士被流放至圭亚那，那里的气候在当时是能置人于死地的，人称"旱断头台"）。另外有 1500 人左右被拘留到雷岛和奥莱龙岛。不过，督政府的大部分成员是温和的共和派，他们像害怕保皇党人一样害怕无套裤汉（现在叫作无政府主义者）。这些"无政府主义者"与法国所占领的国家和新成立的姊妹共和国中的"爱国者"联合起来，似乎显得更加勇不可当了。所以，"第二届督政府"不久就

292

开始把雅各宾党人看作嫌疑分子。但是 1798 年（共和六年）4 月的选举，政府虽然经过细心准备，结果还是雅各宾党人占了多数。不过，由于许多选举会议发生分裂，获得少数票的候选人也被宣布当选。这需要由立法两院按照 1798 年 1 月通过的一项法令，决定哪些代表当选有效。根据 5 月 11 日的法令，他们否决了 106 名新当选的人，其中有 104 名雅各宾党人，即排他分子，以及两名保皇党人。53 名获得少数票的候选人却被认为当选，但是还有 53 个席位空缺。许多法官和其他正式当选的官员也被宣布当选无效。这件事叫作花月 22 日政变。

如果在国外保持和平的话，督政府也许可以依靠这个新形成的多数。但战火不仅没有熄灭，反而又在熊熊燃烧了。波拿巴和塔列朗不能入侵英国，就促使督政府派兵远征埃及。在邻近法国的地方，法军侵入了意大利和瑞士。隔不多久，法国就面临第二次反法联盟，到 1799 年春天（就像六年前一样），除了比利牛斯山以外，在各条战线上都受到了攻击（参见第九章，原文第 256—257 页）。法军不得不后退到阿尔卑斯山和莱茵河。

这些失败使法国的爱国志士大为不安。军队把过错推到政府身上。自从花月（1798 年 5 月）22 日反对雅各宾党人的政变以来，雅各宾党人也在怪罪政府。1799 年（共和七年）4 月的选举以后，雅各宾党人在立法两院里又一次成了多数派；他们在将军们的怂恿下指责督政府应对灾难负责。1799 年 6 月初，五百人院要求督政府解释它的政策，并宣布五百人院的成员之一在一年前的当选不符合宪法，因而无效。督政府有两个星期默不作声，以后的回答也是闪烁其词，敷衍而已。拿破仑的弟弟吕西安·波拿巴领导的反对派宣称督政府的复文不能令人满意；促使被认为应对花月 22 日政变负责的两名督政官辞职。虽然整个程序都是依法进行的，这件事还是被称为共和七年牧月 30 日（1799 年 6 月 18 日）政变。卸任的两名督政官由罗歇·迪科和穆兰将军接替，这两个人都很圆滑，据说是雅各宾党人。他们和巴拉斯、西哀士、戈伊埃一起组成"第三届督政府"，挑选有雅各宾党名声的人当部长，例如富歇任警务部长，罗贝尔·兰代任财政部长，康巴塞雷斯任司法部长，贝纳多特（后由杜布瓦－克兰塞）任陆军部长。

雅各宾党人似乎又一次在国内掌权了。他们像在 1792—1793 年那样，企图以"救国"的口号激励全国。在频繁发生政治暴乱和谋杀事件的各省里，地方当局于 7 月受权逮捕贵族和逃亡者的亲属以及嫌疑犯作为人质。此外，又在法律上规定，这些人质负责赔偿受害者的损失，并向拘捕人员支付酬金。富人按等级分摊 1 亿法郎贷款，以国有土地作为补偿，用以支付必不可少的军饷，以免再印声名狼藉的纸币（8 月）。又采取立即实施征兵法的措施，任何人都不能免除。设立调查委员会，以确定谁应对军事上的失利负责和查究某些前督政官的行为。对新闻和俱乐部的管制撤销了，雅各宾党人又一次在马术厅聚会了。但是这些"救国"措施只是一时奏效，不久就遇到了强大的阻力。人质法并没有一律实施，强制贷款触犯了整个富裕的资产阶级（现在的统治阶级），他们指责雅各宾党人恢复罗伯斯庇尔和巴贝夫的财产均等计划。不管是督政官也罢，部长们也罢，都不能失去扶持他们上台的资产阶级的支持，于是在 8 月 13 日，西哀士和富歇决定封闭雅各宾俱乐部。政府既然失去了雅各宾党人的支持，就只得转而谋求军队的支持了。

反法联盟本来预期 8 月初在法国西南部和西部会发生大规模暴动。西南部图卢兹周围的暴动，在 8 月中旬就被镇压下去了。西部的暴动互相配合得不好，在 9 月里爆发以后就平息了。与此同时，法国军队在苏黎世对奥俄联军、在阿姆斯特丹以北对英俄联军都取得了重大胜利。这些成功使督政府松了一口气。不过，它既然失去了雅各宾党人的支持，如果再得不到军队的支持，怎么能存在下去呢？它怎么能不逾越 1795 年宪法的范围呢？这部宪法是为和平时期制定的，对于战时的特殊情况没有作出规定；由于规定立法机构每年改选 1/3 代表，更造成了不稳定，促使掌握行政权的人为了长期政治计划而发动政变。

果月（1797 年 9 月）18 日政变发生以后，有些政治家和知识分子就想修改宪法。但是修改宪法的程序至少需要九年工夫，可是当时形势紧迫，延搁这样久是决不能容许的。因此必须借助于一次新的政变，对督政府的政治家们来说，现在政变已经是一种很熟悉的方法了，他们不仅在法国运用了三次，而且还经常劝告"姊妹共和国"也运用它。在阿尔卑斯山南、利吉里亚、罗马、巴塔维亚和赫尔维蒂等共和国已经一再发生政变，其中大多数是由将军们（布律纳、儒贝尔等）进行的。执政的资产阶级想要稳定政府、修改宪法、挫败反革命，其策略是既维护"1789 年的胜利果实"，又不致因恢复1792—1793 年的体制而使本阶级的其余部分担惊受怕；这势必要求助于一位将军。1799 年夏督政官西哀士声称："我在找寻一把剑。"首先想到的似乎是莫罗，但是他与证据确凿的卖国贼皮什格吕有旧，这段历史令人惴惴不安，而且优柔寡断的天性也使他难以中选。于是就考虑到儒贝尔。他有搞政变的经验，但在军界缺少威望。为了让他有机会取得这种威望，就任命他为驻意大利军司令，但在 1799 年 8月 15 日，他在诺维的第一次作战中就阵亡了。剩下的人选只有陆军部长贝纳多特，但是据传他跟雅各宾党人有勾搭。

这时形势发生戏剧性的变化，局面立即改观了。大家以为还在埃及的波拿巴，出人意料地于 1799 年 10 月 9 日在弗雷儒斯登陆。人们欢迎他，把他当作一位救星。法国人民并不知道他在远方遭到的败绩，依然认为他是意大利的神奇的胜利者，两年前曾使欧洲获得和平。他们以为他能使法国再一次得到光荣的和平。至于说计划中的政变，现在波拿巴既已回国，还有哪一个将军能比他更合适呢？波拿巴于 10 月 14 日抵达巴黎，西哀士一伙立刻向他进行游说，而且很容易就把他说服了。西哀士心想这次政变还会像以前的政变一样：一旦新宪法生效，波拿巴就会悄悄引退。哪知道波拿巴把他们的提议，当作取得他已经在意大利和埃及取得的那种最高权力的敲门砖。

政变在 11 月初就已经策划好了。大多数成员都参与其事的元老院以一次"无政府主义者的阴谋"为借口，决定在宪法允许的情况下，把立法两院从巴黎迁至圣克卢。与此同时，它还打算任命波拿巴为驻巴黎军队的司令。第一幕于 11 月 9 日（雾月 18 日）毫无困难地完成了；第二幕却几乎遭到失败。必须敦促立法两院违反法律程序去修改宪法。元老院中少数成员表示反对，五百人院中的绝大多数代表显示出强烈的敌意，有些代表甚至要求宣布波拿巴不受法律保护。幸亏他的兄弟吕西安是五百人院的议长。他在紧急关头上宣布暂时休会。他们共同调兵包围圣克卢城堡，以"保护"代表们。士兵们冲进五百人院，代表们纷纷跳窗而逃。与此同时，西哀士、罗歇·迪科和巴拉斯共同辞职，使督政府归于瓦解，另外两名督政官却被关在卢森堡宫，由莫罗严加看管。

　　这样一来，就必须建立一个临时政府。当天晚上，西哀士和波拿巴召集了一批他们知道同情于他们的代表。这些人决定把政府委托给由两名前督政官（西哀士、罗歇·迪科）以及波拿巴组成的"执政委员会"。这个临时的"执政府"将在两个立法委员会（各由 25 名代表组成，其一是元老院成员，其二是五百人院成员）的协助下，负责起草一部新宪法。实际上，执政府拥有全部权力，而且违背西哀士的愿望，波拿巴立刻就取得了领导地位。

　　这种显然毫不间断地取得的成就成了波拿巴一生经历中的特征，也是执政府时期政治上稳定的关键，这种稳定使国内有希望恢复秩序，给国外带来和平。那时波拿巴才 30 岁。但是他天赋有过人的智慧和从事工作的无限能力。他的永远不会满足的野心使他不屈不挠地超越他的原定目标。他似乎正是革命的化身。可是甚至更有意思的是，他是一位 18 世纪的人物——一位开明的暴君，也许是在所有暴君中最开明：伏尔泰的一位忠实儿子。他既不相信君权，也不相信人民的意志，更不相信议会的辩论。他信赖推理甚于理性，信赖"有才能的人"——尤其是数学家、法学家、政治家（哪怕是玩世不恭或者贪污受贿的）——甚于实际的技术人员。他认为毫不动摇的、目光敏锐的意志，以刺刀为后盾，其力量是无限的。他蔑视并害怕群众，但相信能够随心所欲地制造和指导舆论。他被描绘为最"平民化"的将军，但是基本上是一个士兵，也始终是一个士兵，无论服装或者头衔都不能改变这一事实。

　　波拿巴强加给法国的专政是一个军人专政。它的真面目最初被"共和八年宪法"伪装起来。这部宪法"简短而又含糊"，是自从全国三级会议以来就在这方面负有专家盛名的西哀士起草的。自从 1789 年以来，这部宪法第一次不包含对人权的宣言或者保证，也不提自由、平等或博爱。但是它明确地表示制裁流亡分子的法律和出售国有土地的法律决不改变，再度使革命者吃了个定心丸。

　　波拿巴作为第一执政，独自被赋予巨大的立法权和行政权。他的两个同僚是只有咨询权的多余角色。他可以单独创制法律，任命部长、将军、官吏、地方行政官和参政院的成员。1799 年，在任命三个立法机构——元老院、立法院和保民院——的成员时，起主要影响的也是他。普选恢复了，但是采用了一些办法使它归于无效。西哀士发明了一种制度，即按照全体选民 1/10 的比例选出"名流"。用互选办法补足自己的成员的元老院必须从这些名流中选出立法院议员和保民官。但是这一制度从来没有实施过。1802 年，波拿巴用普选来取代选举团，这些选举团原来是由选举产生的、成为终身职的富裕公民组成的，并由他们选出各个立法机构的候选人；然后元老院就从这些人中间进行挑选。在三个立法机构中间，只有元老院还有一点自主权，因为其成员是选举产生的终身职，而且作为宪法的维护者有一定的重要性。但是它很少行使自己的权力，它所颁布的"元老院决议案"把越来越大的权力授予第一执政。保民院的职权是审议政府提出的法案。但是它表现出了某些反对派的迹象；其中最有独立性的成员早在 1802 年就被清洗出去，它的权力在 1804 年就已经削弱，而在1807 年它就被撤销了。立法院的职权是不经过辩论通过或者否决法案；但事实上，它几乎没有否决过任何法案。

这部宪法像以前两部宪法一样，也交付公民投票表决。毫无疑问，当时大多数公民是投赞成票的，但是应该指出，投票时间长达一个月，政府使用了一切可能使用的方法来施加压力，甚至在投票的最后结果揭晓之前就已经颁布这部宪法了。投赞成票的超过 300 万人，可是弃权的有 400 万人。

比"共和八年宪法"重要得多的是执政府的行政工作，特别是这种工作所采取的精神。在最高一级，参政院起着决定性的作用。它是从前的国王会议的翻版，由波拿巴指定他特别器重的"有才之士"组成。参政院有双重任务：起草法律和处理行政的争端。起初，波拿巴经常参加它的会议，以后也和它保持密切联系。地方行政依旧以省为基础，省以下则有一些变动。一大革新是由政府委派和撤换省和新建立的专区的首脑。这些省长和区长恢复了旧日总督的传统，而行政的集权更进一步发展了。协助省长工作的有省参议会（一种行政法案评议会）和省议会；后者由任命的一些可靠的人组成，任期 15年，它不起什么妨碍作用。区长有一个专区参议会，更不妨碍他的工作。在人口不足 5000 的市镇中，市（镇）长由省长任命，其余的市（镇）长则由第一执政任命。市议会更不比上述各级议会可怕。只是在人口不足 5000 的市镇里，议员是直接选举的，任期 20 年。其余的市（镇）议会的议员则由县议会提名的候选人中选任。

司法制度发生了相当大的变化。除地方治安官外，法官不再由选举产生，而由政府任命，但是不能撤换；因此，他们的独立性得到保证，他们成为法官集团的核心。法院等级制度恢复了。每个专区设一个初审法院，初审法院上面有 29 个上诉法院。它们有几分像以前的高等法院，但它们的职能依然完全是司法性质的。对于刑事案件，每个省都有一些地方即决裁判法庭和一个重罪法庭；在这一方面，拿破仑撤销了"起诉陪审团"，但是勉强保留了裁决陪审团。居于最高地位的是最高法院。然而实际上却有一些反常的地方。在执政府和帝国统治期间，警察有至高无上的权力而且是无所不在的，特别法庭成倍增加，任意逮捕案件不胜枚举，以及由于行政诉讼而拘留于国家监狱中等，使人们回想起了以前的国王下令监禁或放逐某人的密封信和巴士底狱。

由于设立了一大批专门官吏，其中包括国家任命的专职收集直接税的人，使财政制度得到了改善，而以前由地方当局征收直接税，效率很低。制宪议会听从经济学家派的意见，曾经废除了间接税，但如今作为综合消费税，重新加以恢复和巩固。波拿巴为了与英国经济进行竞争，想使法国的货币和信用具备它们以前所未有的标准。1803年 3 月 28 日的法令构成了法国实施了 125 年的货币宪章。为了和英格兰银行相抗衡，波拿巴在雾月 18 日政变的财政支持者的协助下，建立了法兰西银行。它在以钞票形式贷款给国家和为巴黎大商贾的票据贴现方面做出了很大贡献；但是要到几十年后整个法国才感到它的好处。298

教育变成了一种广阔的公共服务，教师由一个机构，即"教育总署"统一领导。公共救济也成了一种国家的服务，医院和慈善机构都由政府管理起来。

军队当然是这个政权的宠儿。概括地说，它依旧像国民公会和督政府建立它时的那样：征兵入伍（但有替代的条款），把年轻的新兵和老兵混合编制，并且提供晋升到最高军阶的机会。可是，拿破仑创办了圣西尔军事学校来训练步兵军官，为资产阶级取得军官资格铺平了道路，同时，综合工科学校日益军事化，为炮兵和工兵提供军官。

这种大规模的行政改组，包括政府任命大批高薪官员，使波拿巴有机会开始一种和解工作。督政府之所以垮台，部分原因是它的政治基础狭小。波拿巴对这一点完全心领神会，于是他既向右派也向左派寻求盟友，他赢得同情的最成功的方法，就是任命政界各派人士担任当时新设立的职务。议会中容纳了所有革命派的某些前议员，虽然显然是俯首听命的人。省长的人选也是这样，在第一批省长中有 15 名制宪议会议员，16 名立法议会议员，19 名国民公会议员和 26 名过去督政府立法两院的成员。有些过去是恐怖分子，另一些则属于贵族。波拿巴向流亡者大开门户，他们大多数都回国了。只有那些不肯妥协的人——直认不讳是保王党和民主党的那些人——才照旧受到折磨，起初这些人似乎为数不多；但是当这一政权暴露出它的缺点的时候，他们的人数就逐渐增多，而对他们的镇压也就更加严厉了。

波拿巴进行和解工作的影响，不仅表现在使野心勃勃的人感到满意。他还想要结束 1790 年以来分裂法国的教会分立，为他所希望建立的新社会提供持久不变的模型。与军队、司法、教育和行政机构一起，"民法典"和"政教协定"构成了波拿巴在上面建立他的政权的"中流砥柱""花岗石块"。

299　　　波拿巴是一个开明的专制君主，像伏尔泰一样认为"人民需要一种宗教"。环境恰好有利于与罗马达成协议。教皇庇护六世逗留法国时，于 1799 年死在瓦朗斯。他的继任者庇护七世于 1800 年 6 月抵达罗马，正好听到波拿巴取得了新的胜利。谈判于 9 月开始，10 个月后结束，签订了一项政教协定（参见第六章，原文第 153—154 页）。这样一来，分裂法国如此之深、毒化法国革命达 10 年之久的教会分立，终于结束了。新教教会和犹太教会也都置于控制之下。另一个"花岗石块"是"民法典"。从路易十四起，君主政权一直梦想使全体法国人遵循一部统一的法典，1789 年以来，每一个议会都曾为此而努力。但是，决定性的推动力却是波拿巴于 1804 年 3 月 21 日颁布的"拿破仑法典"。它包含了革命取得的一些伟大成就：个人自由、工作自由、信仰自由，以及国家的世俗性质。在平等方面，"民法典"宣布在法律面前人人平等，同时保障已经取得的财富，有许多条确定、保持和保护私有财产，特别是地产。在另一方面，也很少提到工资或薪金劳动，仅仅禁止终身契约。它借口使经济"法则"自由发挥作用，给雇主以完全自由。它甚至违反权利平等，规定在发生工资争端时，只听取雇主的证词。在涉及妇女的时候，法典也置平等于不顾。与男人相比之下，妇女的合法权利极为有限，虽然并未废除离婚。最后，各殖民地（当时正发生公开叛乱）恢复了奴隶制。"民法典"像"政教协定"一样，是旧政权和革命之间的一种妥协。在两者之间的裂痕不太深的地方，它巩固了后者。这显然是一个困难的任务，而完成的速度则快得惊人。

如果要把这些"花岗石块"砌得很牢固，和平是必不可少的。在意大利（1800 年 6 月 14 日马伦戈战役）和德意志（1800 年 12 月 3 日霍恩林登战役）取得伟大胜利之后，波拿巴于 1801 年 2 月在吕内维尔与奥地利签订和约，1802 年 3 月 27 日在亚眠与英国签订和约。于是，10 年以来欧洲第一次得到了和平。波拿巴似乎是遵守他的雾月诺言的，当时他说："公民们，现在革命已经按照它开始时的原则予以解决了。它已经完成了。"的确，随着国内恢复秩序和国外恢复和平，革命和旧政权似乎已经完全调和一致了。对于取得这一非凡成就的英雄，不应该有"举国上下感恩戴德的表示"吗？如果自发地作出表示，确实是很宝贵的，但是，唆使制定一项对"拿破仑·波拿巴应该成为终身执政吗？"这一问题举行全民投票的法律的，正是波拿巴本人和他的朋友们。在类似的条件下举行的公民投票甚至使波拿巴获得了更多的票数。他的野心的这次暴露，表明媾和仅仅是他的计划中的一个步骤。波拿巴和英国政府对于和平的概念并不相同。对于前者来说，这是通过和平方法使法国甚至更加强大的一种手段；对于后者来说，这是它可能作出的最大让步。

因此，亚眠和约是建立在一种误解的基础之上的，随即就触发了危险的经济冲突。战争刚一结束，波拿巴就转而鼓励发展工业。棉纺织业迅速复兴；原棉进口从 1789 年的 477 万千克增至 1803—1804 年的 1100 万千克。对发明新机器的人给予竞赛奖。省长们奉命编制本省的财产统计清册。但是，为了保护这种发展中的工业和防止可能有害于新成立的法兰西银行的黄金外流，拿破仑对一些物品实行极高的保护关税，使希望恢复 1786 年伊登条约的英国人大为失望。这样一来，包括比利时在内并且一直延伸到莱茵河畔的法国向英国货物关上了大门。荷兰、瑞士和阿尔卑斯山南的市场也几乎是可望而不可即。

由于英国再也不能在海上捕获船只大发横财，对它的贸易来说，和平反而不如战争更为有利可图。波拿巴的扩张政策似乎是漫无止境的（参见第九章，原文第261—263页），如果不是这种政策使英国政府感到惊慌的话，英法两国的经济冲突也许还不足以重新挑起战争。

1803年5月对英战争重又爆发，使保王党人的活动死灰复燃，因卡杜达尔密谋案而更加显著。波拿巴决定给予狠狠打击，以威慑任何新的尝试。对当甘公爵的处决（参见第九章，原文264—265页）虽然引起旧贵族和某些资产阶级分子反对，但也成为重新加强警察的借口。警察头子和前恐怖分子富歇希望巩固自己日益增长的势力，开始向主子阿谀奉承，他献计说：防止未来的阴谋的最好办法，就是把终身执政改为世袭制的帝国。到那时候，暗杀也丝毫不能改变政府的形式！元老院在富歇授意之下致函波拿巴，建议采用一个世袭的头衔，但是没有指明采用皇帝的称号。波拿巴的胃口还要大一些。他要求元老院表明它的"全部意图"。可是，那个极为驯服的保民院已经在表明它的愿望："应该拥戴波拿巴为法国的世袭皇帝。"（1804年5月3日）接着举行全民投票让人民表达他们的意见，其结果和1802年一样。于是再一次修改宪法，其中规定："现在把共和国政府托付给一位皇帝。第一执政拿破仑·波拿巴为法国人的皇帝。"

政府的组织极少变动。然而拿破仑的权力却加强了，三个立法机构的独立性甚至变得更少，参政院的影响也削弱了。拿破仑迅速地着手建立类似旧君主政体那样的一种体制。他首先要让教皇亲自为他加冕，其仪式甚至比波旁王朝的国王加冕还要隆重。庇护七世犹豫不决，但是他为依然根基不稳的政教协定担忧，促使他终于接受了要求。1804年12月2日在巴黎圣母院举行了仪式极为隆重的加冕礼。像查理曼一样，皇帝从教皇手中接过皇冠，戴在自己头上。保王党人大为震惊。至于共和国的老战士们，他们的想法和德尔马将军一样："一出多么可笑的哑剧！为推翻这一切而献出生命的几十万人竟白白牺牲了……"从此以后，罗马之鹰装饰在三色旗上，并且和金色蜜蜂一起画在新王朝的纹章上。1802年创制的荣誉勋章的装潢，很快就和以前的骑士勋章，特别是圣路易勋章一样，无论金牌的外形或者绶带的颜色都很相似。1804年对拿破仑的家族恢复了王公的称号；1808年创立了皇室贵族阶级，其中包括世袭的国王封地领主、亲王、公爵、伯爵和男爵。他们可以让长子继承，但是与旧贵族阶级有所不同，他们没有财政或者司法的特权。拿破仑想把旧贵族与新贵族混合在一起；但是回国的逃亡者却瞧不起这些农民的儿子，说他们"装扮成爵爷的样子"，却保留儿时的谈吐和举止。

所有这一切既疏远了共和派，又没有像皇帝所希望的那样把保王党人安抚下来。皇帝从革命那里借来的一件新武器——宣传，作了精心的加工。定期刊物的检查更加严格，报纸的数量减少了。最后，1810 年 8 月 3 日颁布敕令：除塞纳省外，每省只许有一个定期刊物。除转载官方的《政府通报》的文章而外，不许刊登政治论文。非定期刊物也受到检查。另一方面，拥护这一政权的作家得到了大量津贴。所有独创的或者个人的文艺思想都遭到禁止。斯塔埃尔夫人遭到流放，夏多勃里昂和邦雅曼·贡斯当都受到迫害。剧院当然受到严格的监督，剧团和戏剧的演出都得服从一种军事纪律。皇帝的宣传渗透到艺术、教育，甚至教会之中。尽管如此，反对者依然坚持不懈。国家监狱像以前一样挤得满满的：只要有一点点反对皇帝或者政权的言论就要遭到逮捕。为了这么一行拙劣的诗句："是的，伟大的拿破仑是一条大变色龙"，诗人德索盖斯于 1804 年被送进了一家疯人院。有时候，嫌疑分子在警察监视之下幽禁在特定地区或者堡垒里；也会强迫他们参加军队，或者把他们的儿子当作人质，比如说放在公立中学或者军事学校里。

这种独裁使拿破仑可以进行战争达 11 年之久，而不必过多担心法国的舆论。在欧洲大陆上，战争有时因停战（有几次停战时间很长）而中止，但在海上或者在殖民地，它从来没有停止。随着海上战争带来了封锁。随着对大陆的封锁于 1806 年开始，拿破仑则力图对英国封闭欧洲市场。为了这个目的，他使法国成为一个"大帝国"的核心和试图为法国的利益改变整个欧洲经济的"大陆体系"的中心。

从 1807 年起，拿破仑更把自己当作查理曼的继承者而不是革命的接班人。他以婚后无嗣为由而与第一任妻子约瑟芬离了婚。1810年，他与奥地利女大公玛丽－路易丝结婚，次年生一子，似乎使帝国的未来有了保证。

"大帝国"被设想为由法国统治的一种联邦，但是没有任何民族

302

概念或者"天然"边界。法国本身包括 130 来个省，一直延伸到莱茵河的彼岸和阿尔卑斯山的另一边。1810 年以保护海岸为名吞并了荷兰，不久以同样的理由，把德意志北部直至吕贝克的海岸划分成三个新的"汉萨"省。在南方，意大利有 1/3 已经并入帝国，拿破仑的儿子刚一诞生就被授予"罗马王"的称号。1812 年，拿破仑甚至仓促决定吞并整个加泰罗尼亚，把它划分成四个省。法兰西帝国周围全是由皇帝的亲属统治的臣藩国家，如他的兄弟热罗姆为威斯特伐利亚国王，路易为荷兰国王（迄 1810 年），约瑟夫为西班牙国王，他的继子欧仁为意大利总督，他的妹夫缪拉为那不勒斯国王，他的妹妹埃利兹（意大利人巴乔基的妻子）比较温和地统治卢卡和皮昂比诺。与皇帝小圈子的关系不那么密切的其他地区也在法国的统治之下，其中有以拿破仑为它的监护人的赫尔维蒂联邦；在易北河以西的德意志的一些小邦组成莱茵联盟，由前美因茨大主教夏尔·泰奥多尔·德·达尔贝格领导；在东方，萨克森的华沙公国远达维斯杜拉河都是帝国的势力范围。被法国的卫星国包围的普鲁士已经变得不能为害了。

303

　　于是，在 1796 年之前那么错综复杂的中欧地图变得简单多了。不管拿破仑后来在圣赫勒拿岛会怎么说，他从来没有使意大利或者德意志统一的意图。然而，由于减少国家数目，重新划定边界和使迄今分裂的居民合并起来，更加上在建立新制度的同时，还引入了民族自由、主权和独立的革命思想，拿破仑就为意大利和德意志的统一铺平了道路。拿破仑在他亲手缔造的这些国家中强制推行革命的主要改革，即废除国内通行税，禁止农奴制，或多或少全面消灭封建主义，废除行会和大部分特权，思想和信仰自由，用教会财产资助新的行政机构，而最重要的是实施"民法典"，即"拿破仑法典"，它似乎是最近一切社会成就的综合体。这些制度唤醒了人们的思想，它们并没有激励人们对新主子怀有深厚的感情，反而鼓励他们考虑自己过去、现在和未来的处境。他们为什么不能像法国人那样变得统一和独立呢？结果就产生了对拿破仑政权的反抗，而由于不可避免的战时征税，由于军队征用物资和占据民宅，最后还由于大陆封锁所造成的经济衰落，这种反抗更加严重。对于波尔多、南特、勒阿弗尔、阿姆斯特丹、不来梅、汉堡、吕贝克、马赛、热那亚、威尼斯和那不勒斯这些大港口来说，封锁就意味着完全毁灭。即使打断了英国的竞争，工业也没有得到什么好处，因为拿破仑的权力以法国为中心，他首先偏袒法国工厂，把一切可以到手的原料都运往法国。德意志和意大利的纺织业开工率不足，工资削减，失业现象严重。纺织业的劳资双方以及各大港口的商人，都开始带头反对帝国。只有鲁尔以及比利时和萨尔（当时是帝国的组成部分）的钢铁厂还有所发展，因为它们为战争做出了贡献。至于拿破仑希望用来取代殖民地产品（例如甜菜制糖）的"代用品工业"，还刚在襁褓阶段。

因此我们能够看到，到了 1812 年，在皇帝统治下远远不能令人满意的"大帝国"是一个人为的实体，只要皇帝的运气稍有逆转，它就可能土崩瓦解。在 1812 年，虽然法国军队占领了欧洲的 3/4，而通用法语的地区比 1750 年还要少。在帝国内部，拿破仑采用高压措施，在新兼并的荷兰、德意志和意大利诸省强制推行法语，这只能使当地语言具有更大的抵抗力。在臣藩或者盟国中并没有大力推行法语，但是法国的军队和官员带来了法语的表现方法，这也引起了争取纯洁和发展民族语言的抵抗运动。随着法国军队的进驻，法国语言倒撤退了——自从德意志和意大利文学已经拥有 60 年前它们所缺少的杰作而现在能够与法国匹敌以后，情况更是如此。这些作品贯穿着浪漫主义的新风格，它利用民间传统和历史上的光荣事迹，充分显示出每个民族的独特性格，与帝国的千篇一律的古典主义完全背道而驰。

即使在法国，最好的文学作品不是避而不提拿破仑的权势，便是对它进行攻击。从 1803 年起，夏多勃里昂被认为是可疑分子。斯塔埃尔夫人更加遭到白眼，被流放到国外去了。在《高丽娜》和《论德意志》中，她强调指出这两个被拿破仑任意宰割、其最深切的愿望受到压抑的民族的独特性格。艺术像文学一样，也反对官方的古典主义（参见第八章，一）。大卫成为这个政权的艺术家，但是比较年轻的法国画家们群起反对传统。在国外，戈雅描绘西班牙战争的场面表示抗议；意大利雕刻家卡诺瓦虽然受到波拿巴家族的极大尊敬，依然谴责把意大利的艺术品搬到法国去。贝多芬拒绝把他的《英雄》交响乐章献给皇帝——共和理想的一个叛徒（参见第八章，二，原文第 234 页）。虽然法国在科学领域中占有优势（参见第五章），然而，甚至对政治波动在原则上不如文学艺术那么敏感的科学，在革命时期和帝国时期也呈现出一些民族特征：科学家们抛弃了拉丁文或者法文，而用他们自己的文字写文章。

在那些岁月里，任何地方都找不到对帝国体系的有力辩护。政治和经济思想家们或者像让－巴蒂斯特·萨伊那样提倡自由主义，或者拥护重新恢复以前传统的君主专制政体——崇拜伯克以及理论家约瑟夫·德·梅斯特尔和路易·德·博纳尔（参见第四章，原文第105—106 页）。拿破仑统一欧洲的企图，在知识分子中间得不到比在政治家或者人民中间更多的支持。单凭一个人的意志，或者说得不到欧洲大多数居民全心全意的支持，不可能建成一个统一的欧洲。"大帝国"的脆弱结构出现得太晚了，或者说太早了。它注定是要毁灭的，它也一定会很快垮台的。

正是拿破仑本人由于在 1812 年对俄国作战，想用武力把俄国保留在"大陆体系"之内，而加速了帝国的灭亡。1812 年俄罗斯战役的惨败，激发了德意志、西班牙以及"大帝国"所有各地对他的反抗。1813 年春，他在德意志打了几次胜仗，但在莱比锡战败（1813 年 10 月 16—19 日）之后，法国军队不得不撤退到莱茵河。1814 年 1 月，法国在各条战线上都受到攻击。盟国巧妙地宣布说：它们并不是同法国人民作战，只是同拒绝接受法兰克福宣言所提出的条件的那个人作战。在 1814 年前三个月里，皇帝率领人们称为"玛丽－路易丝"的由新兵组成的一支军队，取得了几次辉煌的战略上的胜利，但也无济于事。他既不能击败占压倒优势的盟国军队，也不能把绝大多数法国人从麻木不仁的状态中唤醒过来。一度是那么温顺的元老院和立法院要求和平，恢复公民的和政治的自由。

3 月 9 日，联盟国终于签订了它们自 1793 年以来非常不幸地未能达成的总条约：它们同意不单独进行谈判，而继续作战直到击败拿破仑为止。然后，联军的司令官们集中他们的兵力，毅然决然向巴黎进军。3 月 30 日，他们抵达法国首都的大门口，而拿破仑却已经移师向东，去攻击他们的后方。法国当局既然用不着害怕皇帝，就赶紧进行谈判。元老院建立了以塔列朗为首临时政府。塔列朗宣布皇帝倒台，并且也没有和人民协商，就请求路易十六的弟弟路易十八还朝，后者在联盟国中只有英国是坚决的支持者。拿破仑匆匆赶到枫丹白露，他的将军们强迫他放弃斗争并宣布退位。联盟国准许他退居于他的故乡科西嘉和意大利海岸之间的厄尔巴岛。

于是，法国的未来由巴黎条约确定下来。它保留 1792 年的国界，再加上萨伏依的西部、米卢兹和萨尔布鲁克。在它的殖民地中，它仅仅保有了马提尼克、瓜德罗普、圭亚那、塞内加尔的几个贸易站和波旁岛。

法国被迫退回到 1792 年的国界线，但是保留了在 1792 年已经确实取得的"革命胜利果实"的主要部分：废除封建制度，出售教士和逃亡者的财产之后的土地再分配，经济上的自由主义，户籍不再由教会掌管，教育和行政的改组。所有这些变革都在执政府和帝国时期得到巩固，在法国建立的任何政权，再也不可能不接受以"1789 年原则"为基础的一切经济的、社会的、行政的、宗教的和文化的制度。只有政治体制是可以改变的。但是，当 1814 年以立宪形式恢复的君主政体在 1830 年企图抛弃这些基本原则的时候，余烬未熄的革命火花再一次燃烧起来把它摧毁。18 年后，革命以更加民主的方式，再一次肯定了 1789 年胜利果实的主要内容。

306

（陈复庵　译）

第 十 一 章

拿破仑的冒险

　　拿破仑最后一次但并非最小的一次胜利，是在圣赫勒拿岛获得的。他在那里创造了拿破仑传奇；他在那里住了很长时间，足以使他正确地剖视自己的一生经历，重新予以解释，以便适应后来决定19世纪欧洲进程的自由主义和民族主义的力量。于是波拿巴主义作为一种充满生气的力量被保留下来，第二帝国的基础便奠定了。虽然他在流放中经常抱怨说，他的一生经历本应在莫斯科告终，但是"百日王朝"和圣赫勒拿岛上的"殉难"，却使他的经历平添了希腊悲剧的成分，目空一切、不可一世终于招致了应得的惩罚。就像莫扎特的乐曲《唐乔万尼》（拿破仑在耶拿战役前不久听过这一乐曲，颇为让人意外的是，他竟表示赞赏）一样，他的性格和经历把典雅的成分和由浪漫的、疯狂的和无限野心所构成的粗犷曲调融为一体。

　　圣赫勒拿岛的扑朔迷离和传奇，依然使人们难以认识拿破仑的真面目。[①] 本章的任务就是要把他作为一个既是他的那个时代的产物而又塑造了这个时代的人物，对他作一番介绍；并对他的性格与当时在欧洲起着作用的道德力量和物质力量之间的相互作用加以分析。

　　拿破仑1769年诞生于科西嘉的阿雅克肖，那正是法国占领该岛的一年。他的父亲卡洛·波拿巴抛弃了爱国领袖保利将军的事业，在法国行政当局中跃居高位。由于法国总督的从中帮助，他为拿破仑在布里埃纳军校谋得一席之地，后来拿破仑便由此进入巴黎军校。这两所王家学校都是排他性的，需要有贵族出身的证明才得入学。

---

　　① P. 盖尔教授的《拿破仑——拥护和反对》（1949年）一书，对研究拿破仑的法国历史学家们进行了透彻的分析。他的结论是："争论还在继续。"

拿破仑在同学中间显然显得有点孤僻，因为他始终不平地认为自己在法国征服者中间是一个异族爱国者。他在数学方面的才能，很快就为人所瞩目。他在参加为选拔炮兵而举行的毕业考试中，名列全国第42名，并被授予中尉军衔。他像炮兵中大多数出身于小贵族、比正规团队的军官受过较好教育的青年军官一样，热情地欢迎革命的到来。他在1791年写了一篇得奖论文，反映出卢梭的精神。当制宪会议决定把科西嘉并入法国的时候，他在科西嘉的政治活动中支持法国人和雅各宾派，并且经陆军部批准，从正规军调职到科西嘉志愿营。他的第一次作战经验，是1793年参加了对撒丁的贸然入侵。由于法国国民公会下令逮捕保利将军，遂促使科西嘉发生内战和英国人占领该岛。

波拿巴家族作为亲法派的领袖，被迫流亡土伦。在土伦向英国舰队投降的危急关头，拿破仑有幸就在附近。他第一次获得了巨大机会，应召代替那个因指挥围攻土伦港的雅各宾派军队的炮兵而负伤的军官。他所拟定的攻击重要据点埃吉莱特堡的计划送到了巴黎，成为卡尔诺的命令中的基本内容。这一计划成功地付诸实施，并于1793年12月收复土伦，这使拿破仑晋升为准将。奥古斯坦·罗伯斯庇尔在写给他哥哥马克西米连的一封信里，把拿破仑说成是"一位出类拔萃的炮兵将领"。

葡月危机时，他有幸恰恰又在巴黎。那时他已经受到过两次挫折，几乎断送了他的前程。在1794年热月（7月）罗伯斯庇尔派垮台并被处决之后所进行的整肃中，他由于和奥古斯坦·罗伯斯庇尔有过交往而被逮捕，但经过一次审讯就开释了。随后政府怀疑科西嘉受英国影响，就把科西嘉军官调离意大利方面军，拿破仑被派到旺代前线。他抵达巴黎后就借口患病，避不接受这一命令。但就在葡月危机（1795年10月5日）爆发前两个星期，因为他拒绝向西部军报到，他的名字就从将领名册上勾销了。当巴黎各区起事反对新成立的督政府时，巴拉斯奉命指挥政府军。此人在土伦事件发生时曾作为代表，衔命前往南方。现在他召来拿破仑作为炮兵专家。因此，正是他的"葡萄弹的硝烟"摧毁了巴黎给予共和政府的最后一次威胁。

论功行赏，拿破仑晋升为少将，并受命担任内防军司令。人们往往这么传说，他在1796年3月被任命为意大利方面军司令，是他同巴拉斯遗弃的情妇约瑟芬·博阿尔内结婚时，巴拉斯送给他的结婚礼物。然而，我们没有理由怀疑督政官之一拉雷韦耶尔的说法，这是督政府严格根据军事方面的理由一致作出的决定。自从1794年以来，拿破仑就不断怂恿政府在意大利发动攻势，但卡尔诺认为，在普鲁士和西班牙于1795年退出战争之前，这是无法实行的。当谢雷奉命率领意大利方面军发动攻势时，他显得那么犹豫不决，于是督政府就决定以筹划并保证完成这次进攻战略的人来代替他。

不出一个月，拿破仑在蒙特诺特和芒多维附近连战皆捷，把皮埃蒙特的军队打得溃不成军，并在洛迪战役中迫使奥地利军队撤至曼图亚附近的四边筑有工事的堡垒中，然后于5月中旬进入米兰。他在圣赫勒拿回首往事时，认为洛迪是他的事业和他的观点中的一个里程碑。"只是在洛迪战役以后的那天晚上，我才体会到自己是个杰出人物，开始抱有完成大事业的雄心，而在此之前，这在我的思想中只不过是一个梦幻而已。"这时候，他在一次和前途息息相关的较量中，迫使督政府作出让步。督政府并不打算征服伦巴第；他们只希望利用它，在全面和约中以它交换莱茵河边境地区。现在他们建议把意大利方面军的指挥权一分为二：克勒曼去占领伦巴第，拿破仑则挥师向南，去劫掠罗马和那不勒斯。由于拿破仑竭力反对，这一命令撤销了。拿破仑屡战屡胜的威望，以及因之而源源不断运往巴黎的金钱，已经使他能够左右政府了。

这时他写信给卡尔诺说："不久我就可能进攻曼图亚。如果我占领该地，那就谁也无法阻止我深入巴伐利亚了。"但是，莫罗未能在莱茵河发动攻势，致使奥地利人使用内地交通线，发动猛烈反攻夺取布伦内罗山口，于是在这一年余下的日子里，拿破仑只得被迫采取防御战略。奥地利人在卡斯蒂利奥内（8月）、巴萨诺（9月）、阿尔科拉（11月）和里沃利（1797年1月）诸战役中，相继发动了不下四次反攻，但往往都是功亏一篑。

及至1797年3月，拿破仑得到了增援，得以取道乌迪内迅速向维也纳推进。在离维也纳不到100英里的莱奥本，他为签订和约进行初步谈判，根据这一和约，法国将保留比利时和伦巴第，而奥地利得到威尼斯作为补偿。巴黎的政治形势有利于他造成的既成事实。在立法机构中，温和派和保王党人有可能居于多数，他们有可能在里尔谈判中与英国媾和，并为复辟帝制铺平道路，这种危险迫使雅各宾派督政官巴拉斯和勒贝尔与拿破仑采取一致行动，于是他把奥热罗派往巴黎，发动了反对立法机构的果月军事政变（1797 年 9 月）。拿破仑兼并意大利的计划因而在坎波福米奥和约（1797 年 10 月）中得到了批准。在担任意大利总督的末期，他几乎毫不掩饰他对督政府的蔑视和在法国夺取权力的野心。他曾经对随从人员说："你们以为我在意大利打胜仗，是为了让督政府中的那些律师占便宜吗？"

他在塔列朗支持下劝说督政府把入侵英国的计划改为远征埃及（参见第十九章）。他指责该入侵计划是不切实际的，而威胁印度则对于即将发生的激动人心的行动能提供更好的机会。他认识到，"在巴黎，什么事情都不会长久地为人们记忆的。如果我长时间仍然无所作为，我就将完蛋"。

远征的规模如此庞大，包括一个由各学科的科学家组成的队伍，可以令人设想它的目标是要在埃及建立一个永久性殖民地，如果情况顺利，就利用它作为踏脚石进而征服印度，在那里为英国人制造麻烦的机会是多得很的。1797 年，阿瑟·韦尔斯利就已预见到法国与土著王公接触的危险性。"他们不久即会运用他们从欧洲学到的新方法去训练人数众多的军队，对于东印度公司常备部队的少量战斗人员来说，再没有比这更加可怕的了。"拿破仑在回首往事的时候，喜欢说他围攻阿克尔半途而废，这就"失之交臂没有掌握住他的命运"。但是在那时候，他清楚地知道：尼罗河战役已经打消了继续东进的任何希望，而他的远征叙利亚则是一次有限的附带行动，用来先发制人防止土耳其人的进攻而已。奇怪的是，尼罗河战役虽已决定了远征埃及的命运，却也给予拿破仑在法国夺取权力的机会。他居然能够把尼罗河的败绩归罪于他的海军将领，而在他返回法国之前，他在阿布基尔打败土耳其人取得辉煌胜利的消息已经传到国内。尼罗河战役使反法联盟死灰复燃。土耳其、那不勒斯、普鲁士和奥地利接连参战。由于儒尔当在莱茵河畔施托卡克战败（1799 年 3 月），儒贝尔在诺维败北（1799 年 8 月），整个意大利都丢掉了，法国似乎有再一次遭到入侵的危险。8 月初，拿破仑收到了几份法国报纸，从而知道了欧洲的形势。三个星期后，他秘密乘船离开了亚历山大。现在只能孤注一掷了：他很清楚地看到，不仅埃及远征军的命运取决于在欧洲获得的胜利，而且危急关头已经到来，他要么上台执掌最高权力，要么上断头台。

拿破仑抵达法国后，陆军部长贝纳多特提出：由于他没有接到命令就离开自己的军队，应该对他进行军法审判。但是，公众舆论的反应使政府一筹莫展。拿破仑从弗雷儒斯到巴黎的一路上，人们向他欢呼，把他当作唯一能使共和国重新取得胜利与和平的人物。雾月政变的重要意义已在第十章（原文第 294—295 页）中分析过了；显然，唯一的决定性因素是拿破仑在这样一个时刻抓住了法国人民的心理，即他们正感到雅各宾恐怖统治和异国入侵有卷土重来的危险。西哀士和政治家们认为他们既能够利用他的声誉，也能够把他掌握在手中；结果呢，却是拿破仑压倒了那些政治家。但是执政府和拿破仑的专政能否存在下去，一直是个问题；直到获得马伦戈大捷，签订了吕内维尔和约和亚眠和约，在国内又签订了政教协定，它才具有极高的威信。

1796—1797 年，拿破仑在意大利进行的各次战役几乎像是奇迹；一年中取得 12 次大捷，一经公告，就像晴天霹雳似的震撼了全世界。它揭示一种新型的"闪电战"，于是人们势必把它归功于司令官的天才和革命军队的锐不可当。对军事历史学家来说，它似乎是七年战争以来形成的战争理论和条件发生变革的顶点。从拿破仑早期的军事笔记中可以清楚地看出，他作为一个年轻的职业军官，吸取了创立一种运动攻击战的学说的布尔塞、吉贝尔和迪泰尔等军事思想家的思想。但是要实现这些思想需要有一种能够从个人主动精神代替机械训练和军纪的新式军队。正如吉贝尔在 1772 年所预言的那样："在帝国臣民成为共和国公民的国家里，建立战无不胜的军队将是容易的。"到1796 年，革命已经创立了这样一支军队。革命时期大批正规军官移居国外，使普通军士出身的、如意大利方面军的马塞纳和奥热罗这样年富力强的青年将领有了脱颖而出的机会。师级以上能够指挥作战的、受过专业训练的军官特别缺乏，这就令人不难理解，像具有拿破仑这样条件和经历的人，为什么能够在 27 岁这样令人难以置信的岁数时就当上了高级指挥官。

这样，拿破仑在他的第一次战役中（这是他以后历次战役的样板）就掌握了使新的理论变为事实的工具。然而，探讨拿破仑的作战方法的来源并不是要贬低他的军事天才。他本人说过："一切事情都在于实行"，这是关于战争理论和实践之间的区别的至理名言。第一次世界大战时有一个愤慨的法国将军曾经叫嚷道："拿破仑并不是一个伟大的将军，他只不过是不得不对联盟军作战而已。"对于这种话，拿破仑可以像回答他的一位部长那样回答道："你显然没有参加过瓦格拉姆战役"，在那里，光是奥地利军就是很难对付的敌人。在1796年之前，没有一个法国将军能够像拿破仑那样进行那么大规模的攻击战，在他那个时代中，没有一个将军能够成功地做到这一点。

据说，拿破仑忽视战术上和技术上的革新。的确，在革命战争和拿破仑战争中使用的武器，是1789年很久以前设计的。直到19世纪30年代，设计才开始发生根本性的变化。这种迟误不能仅仅归咎于军事上的保守主义，人们不能指责革命政府或者拿破仑对科学缺少兴趣。拿破仑以自己成为法兰西研究院院士而自豪，他和一些杰出的法国科学家关系密切，经常向他们请教技术问题。不错，他撤销了在弗勒侣斯战役（1794年）中初次使用的军事气球观测队，但在1802年，他曾经指示火炮专家马尔蒙重新设计野战火炮。战火的重起打断了这一计划，然而不论如何，它也只能是对30年前就已经完成的格里博瓦尔的精妙图纸作一些加工而已。事实上，革新的停顿是当时技术上的普遍情况，即使在技术革命发展最为迅速的英国也是如此。在另一方面，工业已经发展到足以装备大批新兵的程度。瓦尔米战役（1792年）是迄今所知一次最大的炮战，法国在1793年生产了7000门大炮。军事领域中技术的迅速变化不利于军事天才的出现，就像第一次世界大战中的情况一样，而技术上趋于稳定时期倒最能发挥拿破仑的指挥才能。

拿破仑很少干预小型战役的战术，因为他的职责是掌握作战的全局。但是，他在军队组织中进行革新的广度往往被人忽视。在这方面，最重要的发展就是扩充近卫军。1810年8月，他把一个很长的关于建立近卫军的备忘录送交贝西埃尔，决定把它扩充到100个营，或者说总数达8万人。有时候，人们把建立近卫军说成是一种应急措施，借以弥补拿破仑的部队不断降低的素质。但在1810年，他已经能够获得相当长的喘息时间，并不十分缺乏兵力。

近卫军的意义在于：它和其他军队的警卫队不同，是包括有各兵种的一支部队。它的精锐炮队由杰出的德鲁奥指挥，此人以"大军中的贤哲"著称。近卫军的士气和团结精神都极为旺盛。拿破仑对于他精心建立的近卫军如此重视，以致在鲍罗季诺战役中不肯牺牲它，但是，在从莫斯科撤退时，却在冰天雪地中几乎覆灭。为了进行1813 年的战役，只得依靠幸存的一点骨干重建近卫军。即使如此，它在 1813 年、1814 年和 1815 年的历次战役中依然是决定性的武器。1813 年 6 月，拿破仑写道："在大多数的战斗中，近卫军炮队总是一个决定性的因素，因为它始终近在身边，在需要它的任何地方，我都能动用它。"他在报告蒙米赖大捷（1814 年 2 月）时写道："老近卫军超过了我对一支精锐部队所抱的一切期望。它就像美杜莎①的脑袋一模一样！"如果作为政治家的拿破仑没有让作为将军的拿破仑去完成一件不可能完成的任务，如果近卫军的大部分老兵没有在俄国丧失的话，他在战场上很可能仍然是无法打败的。

　　克劳塞维茨在试图分析拿破仑战争时承认说，战略不能归结为一个"体系"。拿破仑在圣赫勒拿岛上缅怀往事的时候，嘲笑战争的"准则"："一个永远不能实施的，即便实施也了解会给军队造成多大损失的准则，究竟有什么用处呢？"不错，拿破仑在他的历次战役中，从一开始就有一个基本原则，即以混成师为单位分散前进和集中作战。因此，他的笔下常有"重新集结部队"的词句。但是，他对这一原则应用得极为灵活，因而没有两次拿破仑战役或战斗是相同的。像奥斯特利茨、瓦格拉姆、鲍罗季诺和滑铁卢这样一些"按照固定形式进行的"战斗则是例外。在正常情况下，战斗总是一步一步进行的，而且是在混乱中进行的，因而有足够的时间使新的师团赶到战场来扭转局面。如果说奥斯特利茨战役是拿破仑战术上的杰作，那么，他在乌尔姆的战斗就达到登峰造极的地步，他所采取的战略方案事先就决定了奥地利的麦克将军及其 5 万官兵的投降。拿破仑在战略上爱用的策略充其量可以说只有两种：一是从侧面威胁敌人的后方和交通线，如在马伦戈战役、乌尔姆、耶拿、弗里德兰、斯摩棱斯克（这一次没有奏效）和蒙米赖那样；二是攻击正面分散很宽的敌人的

---

①　美杜莎（Medusa），希腊神话中三个蛇发女妖之一，被她的目光触及的人立即化为石头。——译者注

中央部分，以便逐一地将敌人击败。这就是他在皮埃蒙特第一次战役和滑铁卢的最后一次战役中使用的战略。

滑铁卢战役的构思依然是光芒四射的，但是被执行中的差错毁掉了。与 1814 年比较起来，拿破仑这时有一支由被释放的战俘组成的、经验丰富的军队，士气高昂，但很脆弱；有几个将军由于接受波旁王朝复辟而失去信任。作战前夕，布尔蒙将军带着参谋人员开了小差，使必胜的信心发生了动摇。拿破仑未能把无可替代的参谋长贝尔蒂埃请回来，苏尔特的替代是不能胜任的，还不如留在巴黎当陆军部长的达武。内伊自从背叛了路易十八，带着军队投奔拿破仑以后，内疚使得他心绪纷乱。格鲁希是个很好的骑兵司令，但没有独立指挥的经验。缪拉在 1814 年背叛过拿破仑，因而已经失宠，最后以托伦蒂诺战役遭到惨败而告终。

1815 年 6 月初，在比利时边界线上的联军大约是 9 万名比利时人、荷兰人、汉诺威人和英国人，由威灵顿统一指挥；另有 12 万普鲁士人由布吕歇尔指挥。拿破仑的计划是趁他们沿边界线分散驻扎时，突然发动袭击。到 6 月 14 日，他已经在边界线上的沙勒罗瓦集中了 12 万兵力，但这时威灵顿和布吕歇尔甚至对他要发动攻势毫无所悉。他向元帅们说明，他打算分成两翼作战，留一个预备队，分别打击英国人和普鲁士人。15 日，法军与一支孤立的普鲁士部队遭遇；16 日，布吕歇尔便把 9 万人集中到林尼。拿破仑命令内伊在四臂村牵制英国人，并把能够抽调出来的每一个人都派去攻击普鲁士军右翼，而他本人则进攻他们的中央。拿破仑击退了普鲁士人，但是决定性的包围运动却失败了，因为戴尔隆的部队所接到的拿破仑的命令和内伊的相互抵触，两个战场他都没有及时赶到。

要不是这次乱中出错，林尼战役可能就是决定性的胜利。结果，拿破仑在几小时之内就失去了战略的主动权。正如一位英国军事历史学家所指出："这次战役就是在 16 日下午 9 点到 17 日上午 9 点这 12 个小时之内输掉的。"[①] 布吕歇尔在夜色掩护下脱离接触，他大胆地决定朝北退向瓦弗，而不是向东退向他的基地。拿破仑由于过分疲劳，也由于过分自信，认为普鲁士人总得有好几天不能作战，于是直

314

---

① A. F. 贝克：《拿破仑与滑铁卢》（伦敦，1936 年）。

到 17 日中午才决定和内伊会师共同对付威灵顿，并派遣格鲁希率领3.3 万人去追击普鲁士人。可是一直得不到指示的内伊在 17 日晨虽竭力作战，却不能把威灵顿牵制在四臂村。威灵顿退往蒙圣让的坚固防御阵地，而拿破仑在追击威灵顿的途中却为大雷雨所阻。

6 月 18 日晨，拿破仑率领 7.4 万人面对着拥有 6.7 万人的威灵顿。决战的舞台已经部署就绪了，因为拿破仑以为普鲁士人已经失去战斗力或者已被格鲁希牵制住了，而威灵顿却接到布吕歇尔的通知说，至少有一个普鲁士军团在中午时分可与他会合。拿破仑麾下曾经在西班牙作过战的将军们警告说，英国部队轰击密集纵队的火力是极为可怕的，但是拿破仑对此置之不理。他已经决定向中央发动密集的正面攻击，并把战斗中战术的掌握交给内伊。可是这一次内伊却是英勇有余而智谋不足。炮兵专家德鲁奥劝拿破仑把开始作战的时间推迟到中午，以便让地面晒干。12 点 30 分，有一个纵队接近他的右翼，查明是普鲁士人。这时拿破仑本来可以停止战斗，不过战机可能错过了，他宁愿冒险在普军可能介入之前先击溃威灵顿。

格鲁希的情况究竟怎么样呢？拿破仑在 6 月 17 日中午给格鲁希的命令中，要他向冈布卢推进，并在那慕尔和列日的方向寻找普鲁士人。18 日凌晨 2 点，拿破仑接到依旧停留在冈布卢的格鲁希的报告说，有一个普鲁士军团在瓦弗。直到上午 10 点，苏尔特才通知格鲁希"向瓦弗运动，向我们靠拢，与我们建立联系"。接着催他赶快行动的两个通知直到下午 4 点和 7 点才送到他那里。这时候，格鲁希已经听到滑铁卢战役开始时的炮声，他正确地判断：这时要渡过迪勒河向炮声响处进军已经为时过晚。但是，如果他拿出更大的魄力在 18 日晨而不是在下午 4 点在瓦弗大举进攻的话，他完全可能阻止或决定性地推迟普鲁士人从瓦弗侧面进兵。即使格奈泽诺过分低估了格鲁希的兵力，在指挥普鲁士军向前推进时也是会有所踌躇的。

格鲁希失败的原因，一方面是他本身的处理失当，一方面是拿破仑的失误。在惨败以后，他为自己辩护说："在战争中，只有总司令才可以凭灵机一动，突生妙计，他的副手只能严格执行命令。"这番话也揭示了格鲁希的个性。他未曾表现出主动精神、权威或者魄力：他以呆板的服从命令为借口来回避责任，而他接到的拿破仑的命令却是不够确切的，而且为时也太晚。他们都没有认真考虑布吕歇尔在林尼战役后能恢复元气，及时与威灵顿会合的可能性。如果拿破仑考虑到这一点，他就会在 17 日晨命令格鲁希以全速向瓦弗进军，夺取迪勒河的渡口。不管怎么说，在决战中让独立的一翼处于遥不可及的地方，这是和拿破仑的根本战略背道而驰的。拿破仑在马伦戈战役中曾由于冒这种风险而几乎败北，只是因为道路不好行军缓慢，德塞才能及时与他会师。

尽管有了这种失误，只要迅速击溃威灵顿，一切还能挽救过来。当内伊作出错误决定，先派出没有骑兵支援的步兵纵队，然后又派出没有步兵支援的骑兵的时候，已经失掉取得胜利的最好机会。在德鲁奥的猛烈炮火准备以后，各兵种谨慎协同进行攻击，就可能迫使敌人组成方阵，这时再由骑炮兵和分散的炮兵发射霰弹，就能使他们化为齑粉。牵制拿破仑 1.5 万名后备队的普鲁士军，此刻大批赶到；再加上近卫军在下午 7 点以后发动的最后的、势力已经减弱的攻击也告失败，最后终于使法军惊惶溃败。

这就表明，拿破仑在他的最后一次战役中已经精力不支，不能忍受战斗的疲劳，使战事顺利地发展下去，并作出明确的决定。他后来承认道："我的内心里已经不再有稳操胜券的感觉。" 316

但是，尽管拿破仑的军事天才为他的事业奠定了基础，显而易见，他从一开始，就不仅仅是一个职业军人。他年轻时就在激烈的科西嘉政治斗争的洪炉中学会了怎样判断人和对待人，他关心政治和文学就像关心军事一样。仅仅作为一位将军是制服不了那些政客的，也不可能像拿破仑在雾月政变后所能做到的那样，建立起一个全民复苏、举国一致的政府的。他可以毫无愧色地这样说："我并不是作为一位将军来统治法国；这是因为举国上下一致相信我具有一个统治者的治国才能。"作为第一执政，他有时一天工作 18 个小时。据估计，在他 15 年的统治期间，大约口授了 8 万封信函和命令，平均每天 15 件。罗德雷对他说，杜伊勒里宫中的生活是抑郁寡欢的。"是的"，拿破仑说，"伟大也是这样。权力是我的情妇，但我是像一位艺术家那样热爱权力。我爱它就像一位音乐家爱他的小提琴一样"。他自己有一次这样说："我死了以后，他们会怎么说我呢？他们会'喔唷'一声的。"1807 年 3 月，他写信给约瑟芬说："在我的一生中，我已经把我的一切——安宁、兴趣和幸福，都奉献给了我的命运。"

他传奇般的工作能力，似乎是出于他的意志力和高度紧张的神经活力，而不是因为特别强健的体魄。到最后，他不得不以早衰作为代价。甚至在1805年之前，他就已经两度出现类似癫痫的神经危机。夏普塔尔写道："他从莫斯科回来以后，见到他的人都注意到他的体质和精神都发生了巨大的变化。"很难认出这个衰老、肥胖、时常昏昏欲睡的人，就是以前那个身材细小，精神抖擞、精力旺盛的第一执政。在1812年和1813年历次战役的关键时刻，他的精力和判断力都因为身体失调而有所衰退。

他手下的一个部长莫利昂证实道："他在野外宿营以及进行军事行动时，不仅希望要亲自统治法国，而且要亲自治理法国，他做到了这一点。"他不允许他的部长们集体负责，他们的工作是通过国务秘书马雷来加以协调的。只有塔列朗和富歇能够与他当面相对。但是当塔列朗在1808年、富歇在1810年失去官职以后，夏普塔尔的这句评语就得到了证实，即拿破仑要的"只是奴才，而不是顾问"。甚至当皇帝的宫廷在豪华和繁文缛礼方面都超过波旁王朝宫廷的时候，拿破仑的私生活依然是简朴、勤劳、甚至是小市民式的。花花公子缪拉对他说，他的衣服不时髦。他的裁缝抱怨说，账单上的钱数太少了。他从来没有搞过波旁宫廷那种正式的朝觐。约瑟芬也好，玛丽-路易丝也好，或者他的哪一个情妇也好，都不允许施加任何政治影响。他粗暴地对待斯塔埃尔夫人，因为他既害怕又讨厌她自命为"女政治家"。他对雷米扎夫人说："在他的宫廷里，他不允许由女人来统治；她们毁了亨利第四和路易十四。"拿破仑经常对他的兄弟们讲授统治术。他对荷兰国王路易说："一个君主在他统治的第一年里被人认为是和善的话，在第二年里就会受到嘲笑。""不论在国外还是在国内，我都只是靠我造成恐惧来进行统治的。"他告诉年轻时的朋友布尔里埃内说："友谊只是一句空话，我对谁都不关心。"他向他的秘书A. J. 凡吐露真言说，他发脾气往往是假装的，为的是让人感到害怕，"否则，他们会恩将仇报"。

像这么一种残酷无情的暴君形象，远远不是拿破仑整个的真实写照。从他的出身和脾气来说，他是一个地中海人，热情而暴躁，具有丰富的想象力；爱交际，健谈，对人对各种思想都极感兴趣。他既懂得如何令人望而生畏，也懂得如何令人倾倒。他的亲密伙伴科兰古，当了 10 年的侍从长和外交大臣，科兰古这样记载说："皇帝的感情是通过每一个汗毛孔表示出来的。只要他愿意，谁也不能有比他更大的魅力。"他超人的才智配上了惊人的仪表，尽管脑袋大，而且身材比较矮，只有五英尺六寸高。大卫所画的理想化的肖像以及拿破仑庞大的图片宣传机构出产的其他肖像画可能会使人怀疑，但是拿破仑死后用石膏制成的面形确实显示出了古典美的特色。雷米扎夫人是拿破仑倒台后对他进行尖锐批评的人，这样描绘了他的外貌："他的前额、他眼睛的位置、他的鼻子的线条全都是美丽的，使人觉得像是古代的一个圆形浮雕。"

　　在军事思想上，拿破仑个性的影响是无可抗拒的。他在圣赫勒拿岛上说："一个将军最重要的品质是了解手下兵士的性格，获得他们的信任。""军队就像是共济会，我就是他们的大长老。"他以空前精湛的手段玩弄军人荣誉、竞争和袍泽情谊等感情，即使灾难和杀戮都不能打破他们之间的联系。甚至在心惊胆寒地从莫斯科撤退之际，他的军队里的怨言也要比当时威灵顿的军队撤离布尔戈斯时的怨言少。威灵顿认为，拿破仑和军队在一起，对士气的影响相当于 4 万名士兵。这不仅是由于他的职业技巧和胜利带来的威信。马尔蒙解释说，这是因为"皇帝与士兵亲密无间，士兵因而崇拜他；但这只是杰出的常胜将军才能采用的一种方法；别的任何将军如要这么做，就会有损于他的名声"。拉纳元帅经常诉苦说，他自己"应该得到同情，因为他不幸热爱上了这个'婊子'"。1815 年拿破仑登上"伯雷勒芬"号的时候，身体肥胖，已届中年，而且已彻底失败，可是两三天之内，他把官兵迷得神魂颠倒，连英国海军部都感到吃惊。"这个该死的家伙！"海军上将基思勋爵嚷道，"如果他有机会与国王陛下会见，不出半小时，他们俩就会在英国成为最要好的朋友"。

　　拿破仑的个性是智慧和想象力的光辉结合。他是革命时代的产物，那时候，社会习俗的坚硬外壳已被冲破，对于头脑清楚、意志坚强的人来说，不可能做到的事似乎是没有的。启蒙运动的科学的唯理主义精神和卢梭的浪漫主义情感，这两种激发革命的强大力量塑造了他。他年轻时写的文章中的那种浪漫主义，很快由于强烈的利己主义而变质，正如他的文体已经改变，不再夸张地模仿卢梭的了。但是，

318

他的性格中的浪漫主义成分并未消失，反而转变为一种浪漫主义的野心，其所以说是浪漫主义的，是因为它漫无止境，充满完成远胜古人的伟大业绩的梦想。对于腓特烈大帝那种经过仔细盘算的有限野心，拿破仑已经感到不满足了。1804 年他写信给他的哥哥约瑟夫说："我相信我的命运注定是要使世界的面貌改观。""如果我成功了，我将成为历史上前所未有的最伟大的人物。"作为拿破仑的协理专员之一起家的莫莱，认为"他更多关心的是树立盖世无双的名声和无可超越的光荣，而很少关心身后留下一个'家系'、一个王朝"。他热爱高乃依和平庸的我相的诗歌，是因为它们的主题是歌颂英雄的光荣。他的异乎寻常的崛起应归功于他的想象力和智慧之间取得巧妙的平衡。但是，如果这种平衡一旦被打破，如果想象力变得无法控制，而对于一些事实的现实评价又无法为人理解的时候，又会发生什么事情呢？莫斯科和圣赫勒拿岛，正如奥斯特利茨和帝国一样，在他的天性中似乎都是注定要发生的事情。

　　他在革命时期的经历使他极端害怕暴民和"意识形态"。值得注意的是，他的自信心和内心的勇气曾经两度发生动摇，一是雾月在圣克卢面对着充满敌意的议员们的时候，一是前往厄尔巴岛的路上在普罗旺斯遇到保皇党暴民的时候。他打算在执政府的主要工具参政院里搜罗各党各派最有才能的人，不问其过去如何。夏普塔尔说："波拿巴想把所有的东西都捏合在一起，把 10 年来在性格上和意见上截然相反的人，互相憎恶的人，彼此曾经排斥过的人，都肩并肩地放在同一个委员会里。波拿巴就是用这种方式集中了每个领域中的所有人才，使所有派系混杂起来。对于我们来说，法国革命的历史就像希腊人和罗马人的历史一样遥远。"1803 年，他在参政院设置了协理专员的职务。这是一些隶属各部的年轻人，可以列席参政院的会议，以便得到锻炼，担任较高级的文职官员。他们经常被派去执行特殊使命，并直接向拿破仑汇报。到 1813 年，拿破仑已经任命了 300 个协理专员，并给予他们以各种鼓励。他吹嘘说："我能够无往而不胜，因为在我的士兵和我的协理专员协助下，我能够征服并统治整个世界。"拿破仑具有这样大胆的、富有想象力的想法，至少超越他的时代 50 年。他声称自己已经建立了"从未有过的最严密的政府，其运行最为迅速，其行动最为有力"。"人们愿意受到什么样的统治，我就怎么样去统治。"执政府完成的一些重大事项——民法典、政教协定、荣誉勋位和法兰西银行，其中有很多是正确合理、经久有效的，因为它们符合革命时期的各统治阶级——资产阶级和自耕农——的利益和希求。

拿破仑尽管绝顶聪明并有追求实事的热情，但他在政治洞察力方面却有着致命的局限性，在他的政策中有着自相矛盾之处，这是他所不能发现或者不愿解决的。他始终是他继承的传统和他所处的环境的俘虏。他在 1794 年离开科西嘉，但是他与自己的家族和追随者的关系，表明科西嘉宗族集团的感情是根深蒂固的，这严重地妨碍了他的政策的推行。他对当甘事件的反应，显示了科西嘉人对家族间仇杀观念的一种基本想法。"他们没有谋杀我的权力！"当他获悉阿图瓦伯爵参与卡杜达尔密谋案时，这样大嚷道。他没有参加对路易十六的处决，如果波旁家族不顾这一事实而硬要谋害他，他就有权杀死对方家族集团的一名成员。拿破仑一直认为内伊元帅之被处死应该由威灵顿负责，于是在他的遗嘱中也出现了有关这种想法的一个古怪例子，即把他的一点遗物送给曾经试图暗杀威灵顿的一个人。他对年轻时的朋友毫不忘旧。曾是军校学生和尉官的他的密友德马齐，从逃亡国外返回法国后，就马上被任命为皇宫内掌管服饰的官员。老保皇党人马雷夏尔·德·塞居尔曾经签署授予拿破仑初次获得的中尉军衔，在杜伊勒里宫受到了极其隆重的接待。他把他的老保姆从科西嘉找来，参加他的加冕典礼。

他对于波拿巴家族的要求则更加无法抗拒了，虽然对他更为爱戴、更为忠诚的却是博阿尔内那一边的亲属。他的继子欧仁·博阿尔内在意大利是个忠心耿耿、很有办事能力的总督，但是拿破仑始终不敢立他为皇位继承人，唯恐这样会过分冒犯他的波拿巴亲属。1804年，富歇责骂拿破仑的兄弟们"无能到了惊人的地步"；但是，如果说他们缺乏拿破仑的才干，却是异常任性和充满野心；不论是他们或者他们的姐妹，都没有被他们杰出的弟兄压服。他们的抱怨、生气和自命不凡使拿破仑极为恼怒，以致诉苦道："从他们说话的口气看来，别人会以为我把父亲的遗产处理失当了。""我总是和那不勒斯王后吵得不可开交。"由于他觉得对家族具有一种责任感，于是在建立帝国的时候在政治上犯了错误，让他的亲属担任各国的国王。约瑟

320

夫，先是那不勒斯国王，随后是西班牙国王；路易是荷兰国王；热罗姆是威斯特伐利亚国王；他们都不称职。如果拿破仑希望他们服从他的命令，那么他很快就感到了失望，因为他们希望他把他们当作独立的君王。拿破仑认为吕西安第二次结婚不是门当户对，可是吕西安拒绝解除婚约，在 1802 年以后总和他吵架。1807 年年底，拿破仑希望让吕西安的女儿夏洛特和西班牙王位继承人费迪南德联姻；但是吕西安拒绝按照拿破仑的条件重新加入皇族。

拿破仑对待缪拉和贝纳多特的态度就越发奇怪了，这两个人都以最厚颜无耻的背叛来报答他。他知道缪拉是一个卓越的骑兵指挥官，但在政治上毫无用处；但是他依然让他当那不勒斯国王，因为他娶了拿破仑的妹妹卡罗利娜。贝纳多特是个有政治头脑的将军，在 1804 年的叛逆案中幸而没有被捕。拿破仑在 1809 年的一封信中提到他："贝纳多特是我不能信任的阴谋家。他几乎使我的耶拿战役遭到失败，他在瓦格拉姆表现平平，他在奥斯特利茨没有起到应起的作用。"可是，拿破仑却让他当上元帅，封他为亲王，默许他为瑞典王储，仅仅因为他的妻子德西雷·克拉莉是拿破仑最初想与之结婚的姑娘，而且是约瑟夫的小姨子。

拿破仑对于他手下将军们的品德的判断却是英明的。他认为德塞如果不是在马伦戈阵亡，将是"法兰西首屈一指的将军"；拉纳如果没有在埃斯林战死，也可能是这样。内伊和缪拉在战场上作为带兵的将领是盖世无双的，但不过仅此而已。贝尔蒂埃是个极好的参谋长，如果让他独自去干，就会把事情搞得一团糟。只有马塞纳、达武，可能还有苏尔特，才能独立指挥大兵团作战。因此，1808 年他让朱诺指挥葡萄牙方面军，1811 年任命马尔蒙为司令去和威灵顿作战，仅仅因为他们是他年轻时的朋友和随从参谋，这都是违背他自己的正确判断的。与此类似的、付出重大代价的错误是：在 1812 年的俄国战役中，让他的弟弟热罗姆去指挥一个军团，以及在撤离莫斯科的最后阶段中，当缪拉显然已经慌张失措的时候，还让他去指挥大军。

拿破仑在使他的将军们不过问政治方面是成功的，但其代价为不断赐给他们荣誉和财富。1808 年设立拥有世袭称号和大片地产的皇室贵族，公然与革命的平等原则背道而驰。拿破仑为此辩解道："我对某些人不问其出身如何，赐给他们称号，这并没有损害平等的原则，何况平等原则现在已经被推翻了。"他还说，必须消除旧王朝那些贵族的声望。他在 1808 年对约瑟夫说："我的意图是让将军们成为如此富有，我就永远不会听到他们由于贪财好货而玷污最高尚的职业，或招致士兵们的轻视。"但是他鼓励元帅们奢侈过度，成了精神上的堕落，在帝国终于崩溃的时候，他们想到的只是保护自己的生命和财产，而不是为他们的恩主战斗到最后一息。具有讽刺意味的是，拿破仑首先赐封为世袭公爵的勒费弗尔，当元帅们 1814 年在枫丹白露强迫拿破仑退位的时候，他脱口说了句真心话："难道他以为我们有了称号、荣誉和土地以后，就会为他而杀掉我们自己吗？"

　　前雅各宾党人蒂博多警告拿破仑，不要恢复世袭君主政体，但是拿破仑却认为在革命造成的社会变革的基础上，为什么不能建立"法兰西第四王朝"。1804 年加冕以后，尤其在和奥地利联姻并生下罗马王以后，他希望他的王朝已经获得了合法的承认。他娶了玛丽·安托瓦内特的侄女以后，甚至养成了一种可笑的习惯，把路易十六叫作"我的姑夫"。他难以相信奥地利的皇帝弗兰茨会共谋摧毁自己的女婿和外孙，等到明白过来已经太晚了。亨利·贝尔（即作者司汤达）作为一名协理专员，有时和拿破仑接触密切，他说："拿破仑犯了一切暴发户所犯的错误，把他自己跻身于其中的那个阶级估计过高。"他没有认识到，在法国，君主政体的原则已经随着路易十六而一起死亡。资产阶级也许准备承认暂时性的拿破仑专政，但是他们迟早会要求在政府中分享一杯羹。1812 年 10 月的马莱阴谋案，只是宣告拿破仑已在俄国阵亡，政府就几乎被推翻，而且没有一个官员想到要拥立他的儿子为拿破仑二世，这件事使他极为震惊。1815 年他从厄尔巴岛回来，在巴黎发现的舆论趋向甚至使他更为震惊。他不得不接受斯塔埃尔夫人的朋友、"理论家"邦雅曼·贡斯当拟定的一部自由主义宪法，作为"帝国宪法补充条例"。在"五月校场"举行颁布新宪法的隆重仪式时，拿破仑身穿加冕时穿的服装，上面有精工绣制的仿文艺复兴时期的图案，这和他的个性以及时代精神都是格格不入的。

　　拿破仑赞赏宗教在政治上的重要性，这很可能开始于他在科西嘉政治中以及 1793 年法国联盟派内战中的切身体会。在 1793—1794 年，他和雅各宾派最能干的特派员之一奥古斯坦·罗伯斯庇尔密切接触，后者经常警告他的兄长马克西米连说，富于战斗性的雅各宾党人的无神论，有使旺代叛乱在各省蔓延之虞。在意大利，拿破仑意识到了教士和农民的宗教狂热一旦激发，对他这一支小小的军队是多么危险，这种思想也反映在托伦蒂诺条约（1797 年 2 月）中谨慎对待教皇的问题上。据传他在埃及的时候接受了穆斯林的信仰。1801 年与教皇签订的政教协定显然是拿破仑个人的策略。"在宗教中，我没有看到上帝下凡化身为基督的奥秘，却看到了社会秩序的奥秘。""人民需要一种宗教；这个宗教必须掌握在政府手里。"尽管他在圣赫勒拿立下的遗嘱中宣称："我死时和 50 多年前我生时一样，信仰天主的、使徒的、罗马的宗教"，但是拿破仑始终是伏尔泰和启蒙运动传统的一个不可知论者，这简直是无可置疑的。他在圣赫勒拿对贝特朗将军说，"这使他感到烦恼，因为他无法相信宗教"。

　　他在政教协定中与教皇拼命讨价还价，其目的是要使教皇及主教们成为他的政策的工具，他的"精神上的长官"。18 世纪的一些开明君主不是视教皇们为无足轻重的吗？教皇坚持不受世俗权力的支配，使得拿破仑大为愤怒，因为这和他想要建立一个西方帝国这个日益强烈的想法是格格不入的。他在圣赫勒拿时说："我应该像控制政治界那样控制宗教界，而且像君士坦丁那样召开教会会议。"1806 年，他写信给教皇说："陛下是罗马的君主，而我是罗马的皇帝。我的敌人也应该是你的敌人。"当教皇拒绝实行大陆封锁的时候，他就在 1808 年 2 月占领了各教皇国；1809 年，在瓦格拉姆战役期间，他宣布把罗马并入法兰西帝国。在梵蒂冈逮捕教皇，可能超出他的指示，他的指示是要逮捕红衣主教帕卡。但是，拿破仑希望先把教皇幽禁在萨沃纳，后来幽禁在枫丹白露，把他孤立起来，不再抵抗。1815 年他承认"我瞎了眼。我总以为教皇是个性格非常软弱的人"。但是，他对教皇的态度已经像启蒙运动一样不合时宜；天主教不再采取守势了。和浪漫主义运动以及反革命政治哲学结合起来的宗教复兴，即将在波旁王朝复辟期间达到极盛，梅斯特尔、博纳尔、夏多勃里昂和丰塔内等人的文章已经预示了它的来临。政教协定本身鼓励了这一运动的发展。不过，人们很容易夸大拿破仑和教皇争吵的政治影响。不管拿破仑与教皇的关系如何，卡拉布里亚、西班牙和蒂罗尔的宗教狂热总是要爆发的。即使在逮捕教皇以后，莱茵兰、低地国家、波兰，甚至旺代的天主教舆论似乎并没有很大的骚动。

　　拿破仑在和英国打交道的过程中，也成了他十分蔑视的革命"理论"的牺牲品。在他看来，正如国民公会的看法一样，英国坚持残酷的商业"寡头政治"，极力压制老百姓对法国革命原则的渴望。他对英国武装部队中仍然盛行的野蛮军纪感到吃惊。他是个饮酒有度的人，对于英国上层阶级的酒精消耗量也极感兴趣。英国军官的"酗酒"是他在圣赫勒拿岛上经常谈到的一个话题。英国报纸的言过其实，特别是当像《晨邮报》这样一家报纸竟然说他是"一个难以确定的人，一半是非洲人，一半是欧洲人，一个地中海的混血儿"的时候，使他大为恼怒。革命时期发行的纸币"指券"引起了疯狂的通货膨胀，在他的心目中是和他青年时代的贫困联系在一起的；这就使他对理财家们极不信任。他看到英国的债台高筑，自1797年以来就一直乞灵于纸币，因此他认为英国的财富是脆弱的和不堪一击的。

　　经济战的武器就是以这种设想为基础的，这一武器是他从国民公会继承下来，并在特拉发尔加战役之后发展成为大陆体系。拿破仑打算通过亚眠条约，在政治上和商业上把英国人排除于大陆之外；正是由于英国人同法国签订一项商约的希望的破灭，以及拿破仑在大陆上的冷战进攻，条约终于未能谈成。一位法国历史学家在评论拿破仑不能维护和平的时候说："不能说他的天才不足以完成这一任务；但这确实不是他的性格所能胜任的。"[①]

　　1798年，拿破仑向督政府报告入侵英国的前景时是很悲观的。"尽管我们竭尽全力，但在许多年内我们仍将不能取得制海权……进行这一工作的适当时机也许已一去不复返了。"但是，他对海战技术的无知，使他不能理解或者不愿承认英国海军的优势是无法对抗的。他在圣赫勒拿岛时抱怨说："这一行业太专了，闭塞了我的一切思路。我的思路总是归结到这么一点上：除非自幼培养，否则就不可能成为一名好的水兵。"拿破仑和那个倒霉的海军上将维尔纳夫不同，并没有意识到自从革命以来，英法两国海军在航海技术和火炮射击的

----

　　① A. 旺达尔：《波拿巴的即位》（巴黎，1905年）。

水准方面已经有了巨大的差别。在美国独立战争时期，两国海军以大致相等的条件进行交战。但是，革命使法国海军失去了大部分有经验的军官，解散了海军炮手队伍，败坏了军纪。英国采取持续不断地严密封锁法国各海港的战略，使法国海军得不到足够的训练，而持续不断地在海洋上艰苦地航行，却使英国人在驾驶、信号和射击的水平臻于完善。1782 年罗德尼在桑特海峡战役中首先打破列队向前的战术，现在已由纳尔逊发展成为一种歼灭战，这等于是拿破仑的陆战在海上的翻版。特拉发尔加战役之前不久，维尔纳夫写道："我们的海军战术已经过时；我们只懂得如何列队运动，这正中敌人的下怀。"

　　考虑到拿破仑曾经做了大量的准备工作（见第三章，二，原文第 80 页)，他在 1803—1805 年之间当真打算入侵英国，这几乎是无可怀疑的。与此同时，筹组"英国方面军"使他在大陆和平时期能够集中训练他曾经指挥过的最精良的部队。如果他确曾认真考虑不使用作战舰队暂时控制海峡，就径自用驳船运送部队过海，那么，他也很快就抛弃了这种想法，因为每次涨潮时，显然只有一部分驳船能够出港。1804 年春，拿破仑向土伦舰队司令拉图什－特雷维尔海军上将发出详细指示，要舰队和驳船队协同作战，要他绕过纳尔逊在地中海的封锁，和维尔纳夫的罗什福尔舰队会合，然后进入海峡。"让我们成为海峡的主人六个小时，我们就将成为全世界的主人。"法国海军上将中最杰出的拉图什－特雷维尔在 1804 年 8 月死去，于是这一计划搁置了几个月。

325　　　1804 年 12 月，由于西班牙参加对英国作战，形势顿时改观。法国驻马德里大使乐观地报告说，在短短几个月之内，西班牙就可以有 30 艘大战舰准备就绪。拿破仑这时想出了他的"宏伟计划"，即目前在土伦的司令官维尔纳夫要驶往马提尼克，与西班牙舰队会合后，再和冈托姆的布雷斯特、罗什福尔和费罗尔联合舰队会师。这样迫使英国舰队分散兵力去防护西印度群岛，维尔纳夫就可以回来临时控制海峡，掩护船队横渡。维尔纳夫在 1805 年 3 月底起航，成功地躲过了纳尔逊，当时纳尔逊日夜思考的是对西西里、马耳他和埃及的威胁。他直到 4 月 18 日才确实知道维尔纳夫已经通过了直布罗陀海峡。5 月中旬维尔纳夫到了马提尼克，而纳尔逊由于航行迅速，紧跟在他的后面。冈托姆未能突破封锁，维尔纳夫此时接到指示，如果冈托姆不能在 40 天之内和他会合，他就返回费罗尔。因此纳尔逊得以派出一条快船，把维尔纳夫离开西印度群岛一事通知海军部。停在乌尚特海面上的考尔德的舰队奉命截击并阻止维尔纳夫进入费罗尔。维尔纳夫在和考尔德经过一次小冲突以后，就躲在科鲁尼亚避难。到了 7 月 18 日，纳尔逊回到直布罗陀，发现维尔纳夫并未重新进入地中海，遂北航去和考尔德会合。

拿破仑的计划开始时进行得很顺利，但是他未能使英国舰队分散。当时接替邓达斯出任海军大臣的巴勒姆勋爵，坚定地遵循集中兵力的原则。拿破仑以为纳尔逊已经返回地中海。他在 7 月 16 日命令维尔纳夫到布雷斯特和冈托姆会合，但是允许他"如遇不测"可以便宜行事，退至加的斯。8 月 14 日，维尔纳夫重又出海，可是一看到 5 条战舰就转而向南驶往加的斯。命运真是捉弄人，这些战舰并不是英国舰队的前卫，却是阿勒芒的罗什福尔舰队。拿破仑从 8 月 3 日起就在布洛涅等待，准备让军队上船。迟至 8 月 23 日，他还写信给塔列朗说："还有时间——我是英国的主人。"不过，他的海军部长德克雷海军上将从来就不相信可能使英国舰队分散兵力，这时请求拿破仑不要命令维尔纳夫向北行驶，以免必遭覆灭。8 月 24 日，拿破仑向贝尔蒂埃口授命令，要大军解散布洛涅大营，向多瑙河开拔。

英国舰队一旦集中，对于把自己封锁在加的斯的维尔纳夫来说，是足以致命的；他本来应该尽早驶往土伦。到 9 月底，纳尔逊在加的斯外的海面上以 30 艘战舰对抗法西舰队的 33 艘战舰；他唯一担心的是维尔纳夫不会上当而出战，于是把主力放在海上远处，以隐蔽实力。维尔纳夫的心情已处于绝望的境地，深感他的舰队在素质上处于劣势，也知道自己的指挥权即将由别人接替。最后他接到拿破仑的命令，要他"不惜一切代价"驶往那不勒斯，以反击威胁大军侧翼的英俄远征军。当维尔纳夫于 10 月 20 日从加的斯出现的时候，遇到的是必然的下场。纳尔逊在离开朴次茅斯之前就拟定了作战方案，并且在与各舰长会议时作了充分的说明。"罗德尼在一点上突破他们的队列之后，我就要在两点上突破。"在得到进一步的增援以后，他将发动三路纵队的进攻。纳尔逊和科林伍德率领两个纵队突破了敌方队列，打垮了他们的中央和后卫。"战果若少于 20 艘战舰，我是不会满意的。"纳尔逊临死时，知道有 18 艘战舰已经沉没或者降旗投降；

326

结果，在维尔纳夫的舰队中，只有 10 艘战舰驶回加的斯，其中只有 3 艘还能作战。

特拉发尔加一役在好多年以内消除了对英国制海权的任何威胁；但是拿破仑不承认这一决定是不可更改的。1808 年西班牙之所以具有魅力，部分是由于希望西班牙海军"再生"。1807 年坎宁决定夺取丹麦舰队，以及 1809 年远征瓦尔赫伦岛，都表明英国政府对英国海军优势重新受到挑战是认真对待的。拿破仑的战舰在 1807 年减至 35 艘，他希望到 1812 年有 102 艘。可是到那时候，英国海军已经占有压倒性优势；1813 年拿破仑只有 71 艘战舰，英国的战舰共计达 235 艘。

如果说特拉发尔加一役无限期地推迟了对英国发动直接的海陆军攻击，那么，经济战这个武器还有可能使它屈服。由于耶拿战役以后普鲁士崩溃，以及 1807 年与俄国签订提尔西特协定，拿破仑就控制了欧洲的整个北方海岸线，而英国大部分对欧洲的贸易，都得经过这些地方。1806 年 11 月，拿破仑发布柏林敕令，宣布"英国各岛处于封锁状态"；禁止和它们进行一切贸易；凡属于或来自英国及其殖民地的一切货物均将予以没收。因此，大陆体系在开始时是以出口而不是进口为目标，事实上它是进行抵制而不是封锁。拿破仑对他的弟弟荷兰国王路易说："我的意图是用陆地征服海洋。"1807 年 8 月，他曾经预言英国的处境，说："英国船只满载着毫无用处的财富在公海上徘徊，在那里，他们自称是统治海洋的独一无二的主宰，但是想从松德海峡到赫勒斯蓬特找一个对他们开放、能够接待他们的港口却不可得。"拿破仑对英国的财政结构已有固定的看法，他对于这种抵制能迅速收效是很乐观的。如果英国的出口受到抑制，它的脆弱的支付
327 平衡就会失调，它将无力用金镑（"圣乔治的骑士"）去资助各大陆盟国。然后，失业会引起一场革命，至少会引起群众骚动，迫使政府媾和。

起初，英国的舆论嘲笑"柏林敕令"，一些漫画上画着"波尼"在封锁月亮。自从 1803 年起就已实施的海岸体系，证明收效很小；英国商品通过荷兰以及德意志的北部港口继续流入。而且，世界市场日益扩大，可以用来代替欧洲。在 1803—1805 年间，英国商品输往欧洲的只占 33%，输往美国的占 27%，而有 40% 输往世界其他各

地，主要是各殖民地和南美洲。与南美洲的走私贸易数量相当大，1806 年占领布宜诺斯艾利斯和蒙得维的亚以后，希望大大增加了。但是在提尔西特会见以后，就开始感到压力了。拿破仑在他的 1807年 7 月的《大军公报》中威胁道，"大陆体系可能将不是一句空话"。在 1807 年 7 月，英国皇家海军强行登上美国的快速炮舰"切萨皮克"号搜查逃兵，英国人担心会和美国发生战争。北欧和美国如果同时抵制英国商品，情况就会变得极端严重，因为两者要占英国出口贸易的 60%。再者，拿破仑歧视英国商船，可能使有利可图的对殖民地的贸易转移到中立国手中。英国政府于 1807 年 11 月和 12 月发出枢密院令，作为对柏林敕令的回答，要求中立国船只具有英国的港口许可证。拿破仑反过来也对中立国增强压力，于 1807 年 10 月发出枫丹白露敕令，12 月发出米兰敕令，宣布凡遵照英国枢密院令办理的中立国船只将按英国船只处理。杰斐逊总统希望通过他在 1807 年12 月的禁运法，迫使交战各方放松控制，但在实际上它只有害于美国利益，因而于 1809 年 3 月废除。

　　1807 年英国的总出口量虽然是令人满意的，但是数字掩盖了这样的事实：那一年下半年出口数量大大下降，在 1808 年整个上半年继续如此。对欧洲出口跌至 1500 万英镑，而 1807 年同期则为 1950万英镑。这一危险局势却意外地由于伊比利亚半岛战争的爆发而得到解除。葡萄牙王族的出逃，以及西班牙殖民地拒绝承认约瑟夫国王，意味着英国和南美洲的贸易现在已经变成公开和正式的了。西班牙人的叛乱和法国在贝伦的败绩（1808 年 7 月），反过来又鼓励奥地利向拿破仑发动进攻；而且，在 1809 年的瓦格拉姆战役中，拿破仑对北欧又失去了控制。英国的出口量在 1809 年达到创纪录的高峰。早在1809 年 3 月，拿破仑就开始对他的严禁政策犹豫不决。"走私贩子"获利极大，以致他宁愿批准和英国在殖民地产品上进行有限的贸易，征收高额关税，以交换法国的葡萄酒和丝绸。1810 年的特里亚农敕令使许可证制度合法化，但是他至多只占英国出口量的一个零头。

　　瓦格拉姆战役后，拿破仑能够对欧洲加强控制了。荷兰、汉萨同盟各城市和奥尔登堡公国被并入法兰西帝国。冷酷无情的达武被任命为北德意志方面军司令。1810 年 10 月的枫丹白露敕令指示没收英国的工业产品并予焚毁，建立特别法庭打击走私贸易。英国经济本已陷于重重困难之中，这些措施又使它受到了打击。伊比利亚半岛战役和瓦尔赫伦岛战役使英国的黄金储备和支付平衡达到极为紧张的程度。对南美洲市场能力估计过高了。殖民地和新大陆的市场可能抵消欧洲市场的损失，但是归根结底，这些市场只能以殖民地产品支付，而欧洲实际上是这些产品的唯一消费者。1810 年，英国各港口堆积着过剩的殖民地产品。到了 1810 年 9 月，破产的浪潮预示着严重经济危机即将来临。1808 年和 1809 年的农业歉收愈发使失业和贫困加重，政府被迫进口小麦。另外，拿破仑已经成功地使英国与美国发生纠纷。他提出，如果英国也废除枢密院令，他就取消米兰敕令。1811年 2 月，麦迪逊总统未能说服英国政府撤销枢密院令，于是又实施禁运。拿破仑看出预料中的英国经济危机已经为期不远，就鼓励英国从法国和荷兰进口小麦，而用黄金支付货款。物价高涨和货物匮乏在1811 年激发了卢德派骚乱，如果拿破仑禁止小麦出口，使物价高涨和货物匮乏现象更加严重，是不是会更有利呢？但是，从大陆进口的小麦未必能起决定性作用，因为它仅是 1810 年进口小麦总数的 1/4，而且 1810 年农业获得中等收成也使形势得到缓和。1811 年是英国出口最糟糕的一年，直到拿破仑退出莫斯科为止，前景依然是暗淡的。在这段时间里，美国于 1812 年 6 月向英国宣战，同月，那个令人反感的枢密院令终于废止了。

从经济战线上这种波动看来，大陆体系在严格执行的时候，似乎能对英国施加强大的压力。要发挥决定性的作用，它就必须如此实施一段相当长的时间。而事实上，它只是在 1807 年中期到 1808 年中期，从 1810 年中期到 1812 年中期才正式生效的。对英国最危险的威胁是大陆体系加上和美国交战。1812 年，拿破仑认为只要在俄国取得胜利就会决定英国的命运，这也有一定的道理。但是他大大低估了英国经济的坚韧性和恢复能力。当金融和信贷制在法国还无人知晓时，在英国从戈多尔芬、沃波尔和小皮特的时代起就已经建立起来。拿破仑也没有考虑到英国工业革命的速度和规模。1785 年，英国和法国在经济发展上大致相同。但是 1785—1800 年之间，法国由于革命大动荡而停滞不前，英国则经历了人类历史上一次重大的技术革命。到 1800 年，博尔顿和瓦特已经制造和安装了几百台蒸汽机，特别是在重要的供出口的纺织工业里。

　　拿破仑为了进行大陆体系这一场赌博，不得不付出很高的代价。他要这么干，不仅是把它作为经济战的一种方法，也是想把欧洲贸易的轴心决定性地从英国转移到法国。在 1802 年，法国工业先是欢迎能有机会来利用没有英国人竞争的欧洲市场。但是到了 1810 年年初，法国经济遇到严重困难。工业原料匮乏，由于法国向敌国和附庸国勒索巨额战争赔款和捐税，大陆的购买力也降低了。自从 1793 年以来日益衰落的法国海外贸易，已经牺牲殆尽，像马赛和波尔多这样的大港口城市对现状不满的人、潜在的保王势力在在皆是。虽然拿破仑强烈关心工业的发展，并给予工厂主以大量津贴，但是 1810—1812 年的经济萧条仍然归咎于拿破仑的政策。拿破仑在执政府时期赢得的资产阶级的支持，由于 1810—1812 年的危机而无可挽回地消失了。拿破仑所优先考虑的农业，损失较少。再加上出口剩余的葡萄酒和小麦，以及发展甜菜糖和靛青来取代殖民地产品，也使农业获得了好处。

　　拿破仑在为大陆体系进行宣传时鼓吹说：欧洲必须忍受暂时的困难，以便从英国的"海上暴政"和商业控制下解放出来。如果他真正要在欧洲发展一个自由贸易区，就可能赢得更多的支持。但是 1810 年的特里亚农税率表明，只有法国可以免受这一体系的困苦，而欧洲的其他国家则不在此列。1810 年，拿破仑对他的驻意大利的总督欧仁说："我的政策是法国先于一切。"梅特涅曾经预言道："这样大量的法令和敕令将会使整个大陆的商人的地位遭到破坏，但对英国人来说却利多害少。"此外，尽管拿破仑努力发展公路和运河，但是在铁路尚未出现的时代里，陆上运输总是不可能和比较便宜的海上运输进行竞争的。不仅在法国，而且在意大利、德意志和低地国家，对拿破仑关于拥护启蒙运动和平等的要求能作出响应的大多是资产阶级，但由于推行大陆体系，他失去了他们的支持。这个体系的必然结果，是他的欧洲政策——与西班牙发生纠纷、同教皇决裂以及对俄国交战——的致命错误的一个重要因素，虽然不是唯一的因素。

　　有些历史学家想把拿破仑帝国在欧洲的扩张，解释为他与英国进行斗争以及大陆体系的副产品。这种看法低估了拿破仑野心之大以及他的欧洲政策的根本性质。早在 1805 年，塔列朗就看出拿破仑的征服与他想参加欧洲合法君主俱乐部的愿望之间的根本矛盾了。如果法国的"自然边界"和拿破仑王朝得以维持下去，拿破仑就必须承认欧洲的势力平衡。因此塔列朗在奥斯特利茨战役后想和奥地利保持一种"安静的和平"，而在提尔西特协定之后，就为了自己的利益偷偷地把自己解脱出来，不再和拿破仑共命运，他还自以为这样做也是为了法国和欧洲的利益。但是，拿破仑在他所缔结的条约和联盟之中，只愿意承认附庸国，决不承认平等国。这种态度的含义是要求成为"万国之君"。但是，即便拿破仑能够击败那些君主，他怎样能够把各国人民镇压下去呢？按照 1815 年以后的发展情况来看，令人疑惑不解的是：拿破仑身为皇帝，竟会如此不注意民族主义的力量。他在圣赫勒拿岛上编造了一个传奇故事，把他的一生经历说成是代表各国人民反对各个王朝的斗争。可是，这不过是事后的编造和对事实的歪曲。拿破仑帝国否认民族，1810年以后就更变本加厉了。

　　拿破仑作为启蒙运动和法国革命的接班人，具有世界主义的观点。最足以说明这一点的情况是，1809 年奥地利爱国青年斯塔普斯打算在维也纳暗杀拿破仑，而拿破仑竟然完全不能理解这个青年的心理。斯塔普斯被捕以后，拿破仑和他谈了一会儿话，结果认为他必然是个疯子。1789 年，法国人拟订了《人权宣言》，并非单指法国人的人权。到 1802 年，欧洲的旧制度腐朽衰败，似乎将导致出现一个统一的欧洲，具有一样开明的法律、行政机构和公民。拿破仑是《拿破仑法典》的热忱宣传者；这部法典是一只船，它把法国革命的行政的和社会的原则输送出去，远达伊利里亚和波兰。他对威斯特伐利亚国王热罗姆说："在德意志就像在法国、意大利和西班牙一样，人民渴望平等和自由主义。《拿破仑法典》的恩泽、公开审判的司法程序、陪审团——这几点必须成为你的君主国的特点……你的臣民必须享有在德意志其余地区所没有的一种自由、一种平等。"

　　拿破仑并没有预见到：扫除旧制度的垃圾只会促使潜伏着的民族主义的种子勃然萌发。等到他明白这一点，已经为时太晚了。不仅他一个人犯这种错误，他同时代的许多人也都犯这种错误。直到 1805年为止，道义的和思想的力量似乎都在拿破仑的一边。仅仅在 1804

年，贝多芬才把《英雄交响乐》删去奉献给拿破仑的字样;[①]歌德始终钦佩这位皇帝，而对于德意志的民族主义则终其一生完全不感兴趣。参加维也纳会议的政治家们像拿破仑一样不关心民族的原则，但是他们的不关心却更没有理由，因为他们已经能够看到危机迫在眉睫的预兆。必须承认，在革命战争和拿破仑战争的压力下和混乱中，事态的进展和思想的演变非常迅速，人们的头脑是跟不上的。

拿破仑在其早期的经历中，对意大利的民族愿望似乎愿意给予鼓励。阿尔卑斯山南共和国于 1802 年成为意大利共和国，1805 年又成为由欧仁总督管辖的意大利王国。但在 1806 年，两西西里王国赐给了约瑟夫，1808 年又赐给了缪拉。为了使波拿巴家族和帝国的显贵人物获得好处，从意大利的领土中划分出好几个公国。1806 年，帕尔马和皮亚琴察两个公国并入法兰西帝国；1808 年兼并了托斯卡纳，1809 年又并吞了教皇国。1809 年从奥地利割取的伊利里亚各省，依然通过一名总督直接处于拿破仑的控制之下。1811 年，拿破仑封他的儿子为罗马王，预示着意大利将会并入一个欧洲帝国。罗马将成为"帝国的陪都"，并拟定了在卡皮托利尼山营造巨大皇宫的计划。拿破仑在意大利实行的改革，虽然是部分的，而且并不一贯，却是意大利统一运动发展中的一个里程碑。法律和行政的统一，以及实行征兵制，有助于打破地方分立主义。意大利军队在自己组建的师团里善于作战；拿破仑的军官和文职官员将成为 1815 年以后统一运动的先锋。但是只有像阿尔菲耶里和福斯科洛这样的极少数知识分子转而公开反对拿破仑，因为他违背了他们要求意大利统一的希望。缪拉在 1815年试图激发意大利人的民族主义去反对奥地利，响应者却寥寥无几。积极抗拒法国统治的，只是一些局部地区、教士和反动分子：在1806—1808 年间，卡拉布里亚的游击战牵制住了相当大数量的法国部队。拿破仑似乎全然不顾政治上的错综复杂情况；就像他不顾1806 年迈达战役军事上的不祥之兆一样，那时候，斯图尔特将军指挥的英国步兵的火力，在几分钟之内就击败了雷尼埃将军的几个纵队。

在德意志，拿破仑继续执行黎塞留和路易十四的传统政策，即使

[①]　此处年代疑有误，应为 1806 年，见第九章，原文第 234 页。——译者注

德意志保持分裂，加强莱茵联盟内各仆从王国的地方分立主义。直到1806年，他希望普鲁士会继续作为臣藩留在他的体系之内；后来，他懊悔没有在耶拿战役之后，乘机把普鲁士彻底消灭掉。1807年建立萨克森华沙公国，似乎是为恢复波兰所采取的一个步骤。但是，拿破仑对波兰实际感兴趣的，只是把它作为他的战略中的一个马前卒。在提尔西特会见时，他先是提议俄国应占有整个波兰，西里西亚应划归热罗姆·波拿巴——该公国是折中解决办法的产物。1812年，他对波兰独立发表了闪烁其词的声明，使波兰人大失所望。

德意志的民族主义，在它对政治发生影响之前很久，在知识界中就已出现了苗头。18世纪末，以歌德、康德和席勒这样一些伟大作家为首的德意志文化复兴，其观点最初是世界主义的。在两个世纪交替之际，浪漫主义运动开始使启蒙运动的理性主义和世界主义发生变化：它感兴趣的是历史、习俗、传统、民众的语言和文学，其先驱为赫德尔，这对民族意识是一种强有力的兴奋剂。德意志知识界中当初对法国革命的热情，让位于保守的和宗教性的反动，它谴责恐怖时期的无政府主义和无神论，而赞扬一种独特的、无与伦比的德意志文化的精神优越性。但是，民族主义依然被认为是文化的，而不是政治的。席勒在1802年写道："德意志的伟大在于它的文化和民族性，它并不以德意志的政治命运为转移。"

1806年普鲁士的崩溃，是知识分子的文化的民族主义演变为政治的民族主义的转折点。像费希特、阿恩特、克莱斯特和施勒格尔这样的年青一代知识分子，开始鼓吹爱国，反抗拿破仑。普鲁士政府的垮台使民族主义者有机会获得控制权：弗里德里希·威廉被迫于1807年任命施泰因和哈登贝格为大臣。哈登贝格在他关于改革的备忘录中（1807年9月）写道："当前的各次战争只是法国革命的继续，而法国革命则使法国在血雨腥风中获得出人意料的力量。新原则的力量是如此强大，一个国家如果拒绝接受它们，就注定要屈服或者灭亡。"格奈泽诺曾经看见过美国民兵在独立战争中的行动，他也写道："革命调动了全体法国人民的民族力量……如果其他国家希望恢复力量的平衡，就必须开辟和利用同样的资源。"弗里德里希·威廉和容克贵族害怕和讨厌"雅各宾"政策，阻挠施泰因的大多数影响深远的改革措施。不过，在1808年施泰因被免职以后，沙恩霍斯特和格奈泽诺却成功地对陆军进行了一次有效的改革。由于废除奴役制度和降职处分，取消外国雇佣兵，以及对军官团进行严格的审查，军队的士气和战术都提高了；1813 年采用征兵制，使军队得以迅速扩充起来（参见第八章）。

在奥地利，改革工作也只有像查理大公、施塔迪翁和霍尔迈尔这样的少数几个人在搞，并且因为皇帝弗兰茨不信任"雅各宾主义"而受到阻碍。军队现代化了，1808 年又建立了战时后备军。在瓦格拉姆战役败北以后，皇帝厌恶那些把他拖进一场灾难性战争的"爱国者"。1813 年 4 月，他写信给拿破仑说："战争的每一次拖长，就使各国君主不能认真地致力于消灭日益蔓延的雅各宾派骚乱，不久将威胁到各国王位的存在。"1809 年战争中兴起的爱国主义吸引了奥地利人和哈布斯堡王朝，而不是德意志人，霍费尔领导的在蒂罗尔的游击战，其矛头所向更多的是反对巴伐利亚人的反教权主义，而不是反对法国人。

无论是在 1809 年或 1813 年，中欧都没有出现像西班牙那样普遍的游击战抵抗运动。民族主义精神，在知识分子、改革派和军官的比较小的圈子以外，几乎还没有兴起。19 世纪的德意志民族主义者创造了一种浪漫主义的传奇，那时，他们把莱比锡战役称为"民族大战"。拿破仑帝国的崩溃如果简单地归因于民族意识的高涨而排除军事的和外交的因素，就会歪曲对欧洲历史的正确剖视。

因为西班牙是首先大规模抵抗拿破仑的范例，它就被当作欧洲的一种普遍性运动的不祥之兆。一提到拿破仑的两个师在贝伦向西班牙游击队投降（1808 年 7 月），他就特别恼火。其实，杜邦的新兵是被西班牙正规军击败的，他签订了撤军协定，这个协定后来又遭到了破坏。拿破仑在宣告占领布尔戈斯（1808 年 11 月）的通告中，试图消除这种大肆宣扬的说法。"如果像施泰因先生这样的人，连不能抵抗我们雄鹰、不能怀有武装群众的崇高理想的正规部队都没有，而能够看到随之而来的种种灾祸，以及这种兵力对正规军可能造成的阻碍如何微弱无力，那是一件好事情。"的确，法国军队在战场上打败西班牙军队是毫不困难的；要是没有威灵顿的军队，有组织的抵抗就会很快瓦解。威灵顿在 1809 年 8 月写信给国内说："西班牙军队是不会作战的；他们未经训练，没有军官，没有给养，没有任何种类的工

334

具。"1809 年 10 月，他又写道："至于说到他们的热诚，连我们国内对此都在大肆渲染，我却深信全世界的人都把它的作用完全估计错了。"西班牙令人难以逆料的特点，在法国波旁王朝于 1823 年对西班牙进行干涉的历史中即已表现出来。威灵顿和大多数观察家们当时都以为法国将遇到 1808 年那样的麻烦。但是并没有发生这种情况，这主要是因为这一次法国人进行干涉，是代表国王和教会反对少数的自由主义改革派。西班牙的民族主义，与 19 世纪自由派中产阶级所产生的欧洲民族主义的普遍运动几乎没有什么共同之处。

拿破仑从一开始起就把西班牙人民的脾气完全理解错了。在提尔西特会见以后，他的心情就变得极为固执和冷酷。当时任驻巴黎大使的梅特涅，于 1807 年 10 月说："近来拿破仑的处事方法已完全改变。他似乎认为自己已经到达那么一种境界，以致节制已成为毫无用处的障碍。"1808 年 2 月，拿破仑写信给科兰古说："关于西班牙，我只能对你说，你能够理解到，必须大力改造这一个对普遍利益毫无用处的国家。"1808 年 4 月，他写信给他在西班牙的代表缪拉说："如果在西班牙出现运动的话，他们会像我们在埃及看到的那些运动一样。"即使在马德里人民于 5 月 2 日起来反抗法国人，并且必然受到缪拉野蛮镇压的时候，拿破仑还这样写道："西班牙人和其他国家的人民一样，没有一点区别。他们将乐于接受帝国的制度。"他在 5 月 28 日告西班牙国民书中写道："我希望你们后代能够说：'他是我们国家再造的恩人。'"

拿破仑对于西班牙的海军和经济潜力的看法也超过了实际。西班牙的海军和经济由于波旁国王卡洛斯四世、他的王后及其宠臣戈多伊这三个声名狼藉的、腐朽的统治者的无能而管理失当。戈多伊本人一心想把葡萄牙搞到手，就使西班牙和法国保持不即不离的联盟关系，但在耶拿战役期间，他已经显示出背叛这一联盟的迹象。1806 年年底，拿破仑要求西班牙参加大陆体系，并派出一支军队占领了汉诺威。1807 年 10 月，他派遣朱诺占领葡萄牙，答应戈多伊可把葡萄牙南部作为自己的公国。当朱诺的军队越过西班牙的时候，他的部队得以通过一些战略要地。与此同时，卡洛斯四世的继承人费迪南德唯恐戈多伊在他的父亲去世后篡位，就和拿破仑商谈要把戈多伊推翻。于是拿破仑心里就有了想法，要用高效率的法国人的行政管理来改造西班牙，其办法或是让费迪南德和波拿巴的一位公主结婚，或者废黜腐败的波旁王族成员。一次反对国王和戈多伊的叛乱发生了，国王宣告退位。拿破仑在巴荣纳召集王族与他会晤，商谈的结果是国王和费迪南德都放弃王位，而拿破仑把它赐给了他的哥哥约瑟夫。

直到巴荣纳会谈为止，西班牙人民一直是安定的，因为他们以为拿破仑会支持费迪南德反对戈多伊。当马德里的最高贵族在巴荣纳接受拿破仑的开明宪法的时候，各省就如火如荼地出现了自发的起义。坎宁赶紧支持起义者的政务会；韦尔斯利在维米耶罗一战（1808 年 8 月）获胜，迫使朱诺撤出葡萄牙。西班牙正规军主力在塞科河上的麦迪纳一触即溃（1808 年 7 月）；杜邦奉命率领两个师南下去占领加的斯。他在这里被获得游击队支持的两万名西班牙正规军追及，被迫在贝伦投降（1808 年 7 月）。拿破仑终于被迫认识到他是在进行一场大规模战争，于是下令把大部分大军从德意志调到西班牙。1808 年年底，他亲自指挥在西班牙的军队，在拉科鲁尼亚战役中几乎追歼了穆尔的军队。以后拿破仑再也没有去过西班牙，但又不信任约瑟夫的能力，而宁愿从巴黎直接发命令给他的那些拒不服从又爱争吵的元帅们。

伊比利亚半岛战争的转折点发生于 1810—1811 年。拿破仑在1809 年处理了奥地利问题以后，把他的 10 万名最精锐的部队交给马塞纳，命令他把"英国豹赶到海里去"。马塞纳被威灵顿在托里什—韦德拉什防线上的防御战术所击败，同时也因为苏尔特出于妒忌没有从安达卢西亚赶来支援他。自此以后，威灵顿就能够采取攻势，并在萨拉曼卡战役（1812 年）和维多利亚战役（1813 年）获胜后，把法国人赶出了西班牙。

在西班牙虽然有一个人数相当多的亲法派，但是拿破仑的错误在于认为有足够能量的中产阶级会欢迎《拿破仑法典》中的种种改革措施，其中包括教会财产的世俗化。事实上，西班牙主要是一个受教士控制的农民国家，为宗教狂热和反动的地方爱国主义所支配。在18 世纪，卡洛斯三世的一些开明改革就曾受到人们愠怒的敌视。拿破仑把半岛战争描述为"一次僧侣战争"；而它的确像一场大规模的旺代战争。1810 年在加的斯召开的西班牙议会颁布了一部自由主义的宪法，和在拿破仑监视之下于巴荣纳制定的那部开明宪法相抗衡。

但是，根据以后的历史看来，很难相信这就是大多数西班牙游击队奋斗的目标。费迪南德于 1814 年复位的时候，人民高呼"专制国王万岁"，"打倒宪法"。这并不意味着就是法国人的干涉本身引起爆炸，尤其是如果拿破仑遵循他原来的支持费迪南德的意向的话。拿破仑一旦决定约瑟夫留在王位上，他就不能及时地在西班牙知难而退，使自己的威信不受到损害。他在 1813 年 11 月惊呼道："我为了要使约瑟夫统治西班牙牺牲了几十万人。以为必须让我的哥哥来保障我的王朝，这是我的错误之一。"一些久经战斗的部队陷在西班牙不能脱身，他们本来很可能使 1813 年的德意志形势扭转过来，而拿破仑却直到 1814 年初才提出让费迪南德复位。

从这一分析中可以得出的结论是：拿破仑的心理状态和他的政策，与 18 世纪的一些开明君主有许多共同之处。他自称要成为"人民的国王"，这只能存在于传奇故事中，实际上则并非如此。在他加冕的第二天，他说了几句十分离奇的、也许是谶语式的话："我来得太晚了，人们都太开明了。现在已不可能干大事情了。比比亚历山大吧。"他的力量和弱点，就在于他试图驾驭他所不能理解而且也不能控制的爆炸性的政治势力。

（陈复庵　译）

第 十 二 章

1814—1847 年法国的政治情况[①]

　　打败并废黜了拿破仑，并不就等于恢复了波旁王朝。这种解决办法得到了能对作出决定产生影响的人们——一方面为同盟者，另一方面为以元老院和塔列朗所领导的临时政府为代表的帝国政府中的首要人物——多少有点勉强的赞同。然而，即使如此，未来政体的确切性质依然未定。是君主制，这没有疑问，但是，是什么样的君主制呢？是 1789 年以前的那种君主制吗？国王以"君权神授"说进行统治，他可以随心所欲，只受到自己的良心以及国家的各种集团和团体的传统特权的限制。或者，是 1791 年的那种君主制吗？国王仅拥有国家授予他的权力，作为国家的主要公仆，要按照双方自由签订的契约进行统治。

　　元老院派，包括革命议会的残存议员，显然希望保证第二种办法获得胜利。他们得到俄国沙皇亚历山大的支持，亚历山大已经宣布他的意图：要在法国保持一个符合时代的开明精神的政体。皇帝逊位的当天，元老院就通过了一部以人民主权原则为基础的宪法。宪法中说：已故国王之弟已被拥戴登上王位，"不附带任何条件"，而且，只要他宣誓遵守本宪法即可执政。这个条件是这位觊觎王位者不能接受的；在他不幸的侄子路易十七神秘地死去之后，他认为自己是唯一合法的君主，在关系到他的权力和尊严的问题上，他总是表示坚定不移的。不过，这位亲王相当机智，而且在患难中也成熟起来，他也愿意作出必要的让步。他巧妙地要弄手腕，保持君权不受人民意志支配

---

　　① 关于路易－菲利普统治时期的发展情况，在第 10 卷里涉及很少，我们依照编者的要求，在本章作了扼要的介绍。

的原则。他并不匆忙离开 1807 年以来他所逗留的英国；而当他于 4 月 24 日到达法国的时候，受到北方人民的热烈欢迎，各种代议机构和陆军元帅们纷纷向他表示效忠，都加强了他讨价还价的地位。

338

他在进入首都的时候，发表了"圣多昂宣言"，其条款是由他的代表和元老院的代表联合制定的：以起草过于匆忙为口实，撤销了元老院通过的宪法；国王答应由议会两院组成一个委员会制定另一部宪法，并且保证这将是一部自由主义的宪法；此外还简单地叙述了这部宪法所要体现的一些原则，并为安慰那些在前政权下得到利益的人们而作了一些保证。

这部以《宪章》为人所知的新宪法是在 1814 年 6 月 4 日庄严颁布的，它规定了迄 1848 年革命为止的法兰西国家的框架（1830 年稍有改动）。它在本质上是一部折中的宪法，这一事实本身就充分显示出当时法国各方政治力量和社会力量的对比。

在一篇冗长的历史序言中，确认了王权来自王朝权力或者来自君权神授（又称正统原则）的理论，而把旧的专制主义所受到的一些限制说成是国王自觉自愿作出的"仁慈的让步"，[①] 因而无损于他的权威的原则。但在另一方面，许多条款中都确认了大革命在政治和社会方面的胜利果实：在法律面前人人平等，人人都要纳税和服兵役，个人自由，思想和言论自由，宗教自由——但作出这样的新规定，即宣布罗马正教为国教，而并不像在拿破仑的 1801 年政教协定的体制下，它仅仅是大多数法国人的宗教而已。第一帝国的民法典原封不动；当初作为"属于国家"而出售的教会和流亡贵族的财产，仍归原买主所有。以前的政权所授予的称号、勋章、年金、品位继续有效，国家承认它的全部财政义务。最后，波拿巴执政府时期所建立起来的高度中央集权的行政体系也保持不变。

在《宪章》所确立的政治机构中，国王仍拥有相当大的权力："国王之人身神圣不可侵犯……行政权仅属于国王。"（第 13 条）"国王为国家最高元首、统率陆海军、宣布战争、缔结和约、与他国结盟、签订贸易协定、任命政府各部官员、制定执行法律以及保证国家安全所必要的规章和法令。"（第 14 条）

---

① "我们按照皇上的意志，给予我们的臣民仁慈的让步……"

大臣们对国王负责，而不是对议会两院负责。国王还拥有部分立 ₃₃₉
法权，因为只有国王能够创制法律；对于某些有争论的条文，未经国
王的同意也不得附加修正案。两院代表国民的意志：一是由国王指定
的贵族院，一是众议院。众议院议员的选举方法，将由一项法律作出
规定。但是，《宪章》规定，选举人必须是年满 30 岁并交纳 300 法
郎直接税的人，而要取得候选人的资格，则必须年满 40 岁，并且交
纳 1000 法郎的直接税。在制定法律方面，两院地位平等；但国家预
算必须先由众议院投票表决。贵族院有时要起高等法院的作用，审理
叛国的罪行。国王有权召集两院开会，并决定会期的长短；国王可以
解散众议院。法官要由国王任命，但不得予以罢免，以保证其独
立性。

　　这种体制虽系仿效英国的模式，但不能称为具有现代意义的议会
制，因为政府并不依靠议会多数。只有在承认不到 9 万名因其财富而
享有特权者（这是交纳 300 法郎直接税的选举人的人数）合法地代
表全国人民的情况之下，才能说它是代议制。即便我们感到宪法对能
够参加国家政治生活的人数限制得过严，我们也必须承认，当时的法
国在物质和社会条件方面，距离实现一种真正的民主制度还十分遥
远。法兰西民族半数以上是文盲，只是通过街谈巷议了解国家大事。
在宗教势力强大的地区，例如在布列塔尼，教士的意见就是法律。全
国大约 75% 的人口住在小村庄里，从事农业劳动。除了拥有 70 多万
居民的首都以外，只有两个城市（里昂和马赛）的人口超过 10 万，
而人口超过 5 万的也只有波尔多、鲁昂、南特、里尔和图卢兹等五个
城市而已。地方小镇彼此之间以及它们与首都之间，通过由国家保养
的约 2 万英里的王家道路网联系起来，保持畅通；但是许多村庄实际
上仍然是孤立的，因为缺乏修路的手段——有什么东西能够代替徭役
呢？至于主要公路，每隔一段距离就设有驿站，由于在旅程中所耗费
的时间和金钱过多，大多数人都无法利用它，而且货物和思想的流通
也显然受到限制。

　　一贯受拿破仑压制的报刊，在复辟后又要受到控制发行量的限 ₃₄₀
制。1826 年，首都的 14 家政治性报纸总共只有 6.5 万个订户，并且
不零售。最后，高度中央集权的行政体系有助于扼杀地方的政治生
活，而把政治生活集中于巴黎。邦雅曼·贡斯当在 1812 年写道，"这

个国家今天只在首都存在"。

在"享有政治权利的人们"（即少数足够富裕而得到选举权的公民）当中，我们可以区分出三个社会集团。一是大地主：与通常所说的相反，这个阶级并不完全忠于保守派；除了在大革命期间设法保住自己土地的贵族之外，还包括一些"新富"，他们由于购买"国家财产"而在大革命中得到利益，获得了地产。虽然前者可能倾向于反动，后者却必然拼命反对恢复旧制度的一切做法。在自由主义反对派的领袖当中，我们甚至可以见到旧制度的贵族和地主，如拉法叶特和拉罗什富科－利昂库尔公爵。二是工业巨头、商人和银行家，与英国的情况相反，这些经济活动过去是把贵族拒之于门外的。富有的资产阶级通过继承，占据着经济领域的这些统治地位。他们和那些购买"国家财产"的人们完全一样，担心恢复旧制度和实行国家控制；而且，出于阶级的原因，他们也没有那么大的耐心去接受贵族的要求。三是重要的文职官吏，他们来自上述两类人，特别是来自第一类，按着名分，他们是当时内阁的支持者；如果他们想要忘记这一事实，立即免职会使他们马上清醒过来。

新政权的开始并不一帆风顺。路易十八回国还不到一年，就不得不在拿破仑的进军面前可耻地逃跑了。起初，整个国家好像很乐意接受这次革命，这可能是由于在一大部分舆论中充满了不满情绪。这种不满主要是由路易十八的政府无法控制的局面造成的。过去 20 年征服的领土，由于拿破仑的失败不可避免地丢失了，大家还是沉痛地感到这是民族的耻辱。也正是由于这次失败，国库必须紧缩开支：公共工程停建了；大批文官解雇了；拿破仑军队的许多军官只能发一半薪饷，因为他们已经派不了什么用场；最后，继续征收不得人心的间接税（消费税），尽管国王的兄弟在返回法国时曾经轻率地许诺废除这种税收。国王也无力平息以前的"流亡贵族"要求归还他们原来的财产的呼声，这些财产现时已在别人手里。他也同样无力平息一些教士和贵族要求重新建立旧秩序的呼声，尽管《宪章》已经清楚表明国王的意向。人们仍然指责路易十八，特别是指责波旁家族的亲王们，说由于宫廷恢复过时的制度、浪费钱财重建禁卫军仪仗队，由于明目张胆地对过去流亡时期的难友给予特殊的恩宠而更加促使他们提出这些要求；赎罪礼又唤醒人们对大革命时期的记忆；最后，公然采取过分公开袒护教会的政策，令一部分国民感到不平。直到今天，这些指责看来也是合情合理的。

尽管如此，假如拿破仑安分守己地待在他的小岛上，这些错误显然还不足以酿成一场灾难。他奇迹般地轻易返回巴黎，这主要是由于军事上的因素，并不意味着整个国家希望恢复帝国专制主义。在就拿破仑所颁布的新宪法"补充法案"进行公民投票和选举新的立法机构时，大批公民和选举人都弃了权。

国王第二次回国时所处的情况，对这个政权的未来有着极为重大的关系。滑铁卢战役以及拿破仑二次退位（1815 年 6 月 22 日）的直接后果是，法国人之间已具备条件打一场内战。保王派在 1814 年几乎还不存在，现在却人数众多，而且对他们的对手充满仇恨。一年以前，所有为国家效劳的人都毫无困难地聚集到路易十八的身边，而现在，那些决裂而去投奔拿破仑的人发现自己名誉扫地，不可能再回头了。皇帝只是让位给他的儿子，军队正如巴黎的一部分老百姓一样，热情地效忠于皇朝。由拉法叶特等自由主义者控制的立法院倾向于路易十八的堂弟奥尔良公爵。但是，就在这个立法院里，也有拿破仑二世的许多党羽。威灵顿率胜利之师正向巴黎挺进。他决心尽最大努力扶持波旁国王复位。但是，他将发现有 10 万人在拿破仑手下最得力的干将之一的达武元帅指挥下在巴黎城下决心死守等待着他。在这种情况下，战斗的胜负是难以预料的。如果说在这种情况下法国设法避免了在国外继续打仗和在国内发生内战的双重灾难，这在很大程度上要归功于一个十分没有节操的人物的手腕。约瑟夫·富歇当过国民公会代表，在第一帝国时期为警务大臣，第一次复辟时期作为弑君者被赶下台。当拿破仑从厄尔巴岛回来的时候，又让他重任警务大臣。富歇利用职权，与各派都有往来。滑铁卢战役以后，他的目的似乎是要以尽可能小的代价将国家引向一种解决办法，按照他对事物的现实主义观点，从长远来看，这一办法是不可避免的。他希望以这种方式为国王服务，能够保住自己的利益，以及在大革命中受益的阶级的利益，而富歇正是这个阶级最好的代表人物。

这一计划首先要求除掉拿破仑。当拿破仑退位后前往罗什福尔港的时候，这第一个目标就实现了。富歇任命一个临时政府委员会，自己任委员会的主席。他撵走了拉法叶特，委派后者去联军司令部执行一个毫无希望的任务，同时请求议会起草一部宪法，使其忙得不可开交。最后，他说服了达武，如果仗再打下去，即使打赢了，也只会毫无意义地拖长战争，增加外国侵略的祸害。于是，7月3日签署了一项军事协定。根据这项协定，法国军队撤过卢瓦尔河，威灵顿和布吕歇尔的部队则兵不血刃地占领首都。从那时起，拿破仑二世在巴黎的党羽就发现自己无能为力了。路易十八已经跟随威灵顿的部队从比利时匆匆赶回法国。富歇偷偷去朝见国王，在圣但尼会见了他。尽管路易十八对富歇深为反感，还是答应任命他为大臣之一。第二天，富歇不动声色地告诉他在临时政府的同僚们，他们的任务业已完成，万事俱备，只待国王回朝。只要用一小队国民自卫军，就足以封锁议员们进入立法院的道路。他们没有表示任何反抗，就回家去了。

　　路易十八于7月8日重新进入杜伊勒里宫。一切都需要从头开始，而且是在比1814年不利得多的情况下进行。在1814年，联军虽然战胜，但却有所节制，他们几乎立即撤离法国，没有索取任何赔款。这一回，他们下定决心要让这个不可救药的民族尝一下失败的苦头，赔偿最后一次战役的大部分费用。在缔结和约之前，有100万外国军队占领着法国的61个省，他们横征暴敛，骚扰捣乱，使居民苦不堪言。根据第二个巴黎条约（1815年11月20日），法国除再次割让一些领土外，还要支付大量赔款，允许外国军队暂时驻扎在边疆省份。这些灾难是与国王的还朝有关联的，因而不可避免地激起人民感到耻辱的爱国情绪，指责波旁家族是可耻地"装在外国人的提箱里回来的"。

　　全国截然分成两个阵营，这一事实对于前途也是同样严重的。在1814年复辟的时候，分不清谁是胜利者，谁是被征服者。可是这一次，气急败坏的保王派坚持要对那些带来1815年灾难的叛逆者实行报复；而皇帝的追随者，由于他们在"百日王朝"的行动，发现他们再也不能得势了，于是不得不在恐惧中生活并成为反对派。自由主义的革命思想与帝国的军事民族主义之间的不自然的而且极端危险的联盟，必然使这个反对派得到好处。

　　路易十八复位后，他的政府执政的头一年里发生了三件对于这个政权的前途十分重要的事情，即白色恐怖、保王派的不和，以及代议制政府的流产。

巴黎所发生的事态一经传出，南方的保王派的各省人民便作出了反应：皇帝的一些追随者遭到屠杀，特别是在加尔省和马赛；而有更多的人不得不忍受各种苦难和耻辱。路易十八在还朝的时候宣布说，他要从轻处理那些在 1815 年 3 月由于参与其事而起过决定性作用的军政要员；不久发表了 57 个人的名单。政府要实行温和政策的最好保证在于内阁本身的组成上；坐在塔列朗和富歇旁边的，几乎都是过去为拿破仑效劳的人。但是，这个内阁在一个新组成的众议院的会议上是通不过的。由于第一次复辟时期的议会两院来不及就《宪章》规定的选举法进行投票表决，国王希望为 1815 年 8 月底举行的选举而扩大拿破仑时代的选举人团，即把选举人的最低年龄从 30 岁放宽到 21 岁，把候选人的最低年龄从 40 岁放宽到 25 岁，并把代表人数从 262 名增加到 402 名。结果，使政府大吃一惊：当选的大多数代表是比较年轻的和狂热的保王分子，他们很快就被人称为"极端保王派"。正如路易十八所说，这是一个"无双议院"。

甚至在开会以前，代表们就已经公开表示，他们拒绝与一个有弑君者富歇参加的政府合作。塔列朗只得牺牲他的老伙伴，任命富歇为国王驻德累斯顿的代表，然后自己引退（9 月 22 日）。路易十八任命阿尔芒－埃马纽埃尔·德·黎塞留公爵来接替塔列朗的位置。这是一个大领主，他慷慨无私的人品很受人们尊敬。他在流亡俄国的时候，曾为亚历山大一世效劳，任新从土耳其人手里赢得的南方省份的省长。由于沙皇对他友好，因此人们希望他将会取得比塔列朗所能取得的更好一点的和平条款；塔列朗由于在维也纳会议上的反俄举动而落得骂名。埃利·德卡兹是新内阁中仅次于首相的最重要人物，他原是个年轻的法官，出生于波尔多地区，富歇曾经很不明智地任命他为巴黎警察局长，从而使他成为掌管全国警察的大臣。德卡兹灵活善变，具有极大的魅力以及搞阴谋的才能均属罕见，并且为人毫无节操。他成功地博得了老国王的欢心，不久就以他为宠臣，称他为"亲爱的儿子"。

在"无双议会"的压力下，内阁制定并实行了一些镇压措施，如允许不加审讯就可把嫌疑分子投入监狱；对发表反对当前政权的文章或声明的人严惩不贷，建立重罪法庭，按军法程序惩办企图造反的人，把在"百日王朝"期间支持拿破仑的那些过去的弑君者赶出国

344

门。其中几个首要分子受到审讯，并被判处死刑——其中包括内伊元帅。他在贵族面前受审而激起很大的义愤；处决这位英勇军人是波旁政权的一个洗刷不掉的污点。保王派的反动还表现在对行政机关和军队进行有步骤的大清洗，至少有1/4的军政官员被撤职。

在1816年最初的几个星期里，政府试图制止反动分子的行动。就在这时期，众议院中极端保王派和温和（或内阁）保王派之间第一次发生分裂。结果温和派占少数；政府无法使选举法得到通过，预算也是在休会（1816年4月29日）前克服极大困难才得以通过的。

显而易见，当议会复会时，内阁将会发现它已经不能执政，因为多数派对宠臣德卡兹的敌视态度十分强烈。德卡兹如果辞职，他就会使极端保王派的发言人在议院中所鼓吹的原则得以确立，从而，国王必须选择多数派能够接受的人担任大臣；这就等于在《宪章》的范围内实施议会政治。在盟国再三劝告的鼓舞下，路易十八决定解散"无双议院"（1816年9月5日），通过这一行动表明国王高于国民代表；具有奇妙的讽刺意味的是，这一姿态却受到那些装作是自由主义原则的捍卫者们的欢迎。

德卡兹精心准备的选举还是由原来的选举团进行，但是代表名额恢复到262人，他们的年龄也按《宪章》的规定提高到40岁。这样一来，就能够排除一大批极端保王派的代表，在新的议院中，内阁派就成了多数派。此后，由于三权——国王、内阁、议会协调一致，路易十八才能够尝试建立一种中间路线的政府，其目的一方面是阻止极端保王派的要求，另一方面是使那些与大革命藕断丝连的人们重新回到君主制方面来。第一个目的达到了，而第二个目的没有实现；因为尽管竭尽一切努力争取自由主义分子的支持，结果只能使反对君主政体的各党派的力量加强了，并使政权本身陷入危险之中。这第二个目的没有得到足够的突出。

这次尝试进行了四年（从1816年到1820年），在这期间，国家的政治力量，像在议会中一样，分为三种倾向。

极端保王派（这是他们的对手对他们的称呼，而他们喜欢称自己为"真正保王派"，或者简称"保王派"）不允许有任何企图去把君主制度建立在对革命原则或革命分子的让步上。有些人，例如哲学家路易·德博纳尔，认为路易十八的《宪章》是"一部愚蠢和黑暗的作品"；另外一些人，例如夏多勃里昂，表示愿意接受《宪章》，并希望根据《宪章》建立一个既是君主政体的又符合时代潮流的社会秩序。他们摒弃酿成大革命的 18 世纪哲学家的那种意识形态，并且设法去恢复教会在社会中的影响。当时，拉梅内是主张教会和君主实行联合这个理想最狂热的捍卫者。《日报》是拥护这种极端教权主义倾向的报纸；《辩论报》大概是当时最有影响的报纸，它采取夏多勃里昂的路线。夏多勃里昂主编的杂志《保守党人》从 1818 年 10 月到 1820 年 3 月不定期地出版，曾出色地捍卫了该派的主张。极端保王派得到王储（国王的弟弟阿尔托瓦伯爵）的支持，而且总的来说，得到王族和宫廷的支持；以及教士们最有力的支持。该派的指令由一个叫作"宗教信仰骑士团"的秘密组织传达到全国各地，这个组织可以说是天主教和保王派反共济会的团体，它是第一帝国结束时建立起来的。对 1814 年君主制的恢复不无影响。这个组织在众议院内设有一个分部，这使得该派纪律严明和步调一致，局外人对此无不感到吃惊。

内阁派或就性质讲称为立宪派的人支持政府的中间道路政策。它 346 控制着行政机构，可以通过国家官方报纸《政府通报》说话。一小群以"空论派"而知名的作家——鲁瓦耶 - 科拉尔、基佐、布罗伊公爵等，是其思想鼓舞的来源。他们真心实意地忠于君主制度和波旁王朝，用德卡兹使之家喻户晓的话来说，努力"使国王接近全民，全民接近国王"。

以独立派为人所知的集团，把所有反对现政权的人——自由派、共和派、奥尔良派、波拿巴派，都包括在这个并不确切的名称之内。邦雅曼·贡斯当是这一派的智囊，拉法叶特是这一派的旗帜，银行家拉菲特是这一派的财东；国王的表弟奥尔良公爵则小心翼翼地与之来往。先是共济会的秘密社团，后是烧炭党（1821 年左右从意大利传入），使这一派大为发展，并具有实力。经常变换旗号的报刊《立宪党人》，后来成为这一运动最有名的喉舌；但是，在德卡兹时代，该派的观点则发表在邦雅曼·贡斯当精心编辑的、不定期出版的评论杂志《智慧女神》上。立宪派利用它较多的人数，使搁置很久的选举法得到通过：按《宪章》所规定，选举人必须是缴纳 300 法郎直接税的人，候选人则必须是缴纳 1000 法郎者；选举必须直接投票，所有选举人都要到省城去投票（这一规定有利于自由派，因为它的成员大多数是城里人）；最后，众议院每年要改选 1/5 的议员。右翼保王派竭力反对在新的基础上重建军队的法律，因为它似乎过分有利于原第一帝国的军官。盟国也由于同样原因深感不安。然而，黎塞留于1818 年设法结束了外国军队的占领；尽管 1817 年国家遭受了严重的农业危机，法国财政部还是依靠巴林家族（伦敦）和霍普家族（阿姆斯特丹）的贷款，付清了 1815 年条约规定的全部赔款。

黎塞留在亚琛谈判非常成功，于 1818 年年底返回法国，决心重新制定他的国内政策。盟国对自由主义思想在法国的传播十分担心，希望看到国王的政府向右翼保王派靠拢。由于德卡兹本人决心坚持他的对左派和解的政策，内阁中遂发生严重的危机。结果黎塞留辞职，成立一个以德索尔将军为名义上的首相而以德卡兹为真正首脑的新内阁（1818 年 12 月 29 日）。德卡兹请国王封了 60 名新贵族，从而巩固了自己的地位。这些新贵族在贵族院中形成对他有利的多数。在空论派的鼓动下通过一项给予新闻以较大自由的法律；主要的新内容是，对新闻记者的起诉必须由陪审团审理，从而保障他们不受政府的武断制裁。

在选举中（1819 年秋），独立派获得极大成功，德卡兹本人对此亦大吃一惊，他决定改弦易辙。然而，他的某些同僚拒绝跟着他如此完全改变阵线；结果发生一次新的危机，政府也重新改组，德卡兹不得已亲自出任首相（1819 年 11 月）。正当他忙于和右派磋商修改选举法的时候，一个意外的事件使他丢掉了权力。在 1820 年 2 月 13—14 日夜里，一名狂热分子暗杀了国王的侄子贝里公爵，而在亲王当中，只有这位公爵能够保证波旁家族长支的延续。当时夏多勃里昂写道："真正杀人的并不是那个万恶的凶手。"实际上，保王派认为德卡兹负有教唆犯罪的责任。路易十八不得不听从意见将他的"亲爱的儿子"免职，召回黎塞留公爵领导政府。清除德卡兹就保证了走中间路线的立宪派的解体，该派其余的成员不是要去依附右翼就是要去依附左翼，而在"右翼中间派"和"左翼中间派"的标签下或多或少保留他们原来的一些色彩。

新闻又毫不迟延地重新被置于严格的检查制度下，并且像在1815 年一样，政府有不加审讯就加以逮捕的权力。但是需要有一部新的选举法，以扭转看起来在近几年内就会由左派控制议会多数的倾向。经过激烈的辩论以及首都街头的骚动，1820 年 6 月末通过了新的选举法。新选举法规定两种选举团：一种是行政区选举团，包括全部缴纳 300 法郎直接税的选举人，选出 258 名代表；另一种是省选举团（即大选举团），由各省 1/4 的选举人（即纳税最多的人）组成，它要选出另外的 172 名代表。这就意味着给予那些最有钱的人（因而推定是最保守的人）两个投票权。所以，1820 年的这部选举法称为"双重投票法"。

有两件事情加大了由此预期的后果。一是自由派和波拿巴分子企图采取暴力行动，结果失败了。这次行动的后台是拉法叶特，它吓坏了那些真正希望安定的人们。二是贝里公爵的遗腹子出世，这是保证王朝得以延续的类似奇迹的意外事件（1820 年 9 月 29 日）。1820 年 11 月的选举相当大地加强了极端保王派在议院中的势力。然而，黎塞留对新的多数派的领袖们寸步不让，他打算与德卡兹遗留下来的大臣们共同治理下去。当两院在 1821 年年底复会的时候，多数派与左翼反对派联合投票谴责政府的外交政策。由于国王年老体衰，没有决心给予有力的支持，黎塞留便辞职了（1821 年 12 月 12 日）。

新内阁完全由国王的兄弟"殿下"可以接受的极端保王派的成员组成。的确，看来王储已经开始以其兄长的名义主持朝政。在这个新班子里，核心人物是财政大臣约瑟夫·德·维莱尔伯爵。1822 年 9 月，当他成为首相的时候，他的一把手地位就确定了。维莱尔出身于图卢兹地区的小缙绅家庭，由于擅长辩论和精通政务，在众议院中是出类拔萃的。由于他的努力，法国的财政出现了一个在法国的历史上几乎是独一无二的正规和繁荣的时期。作为政府首脑，他毫不疲倦地参加议会辩论，富有机谋，他的计划既是坚定的，又有弹性。但是，由于他的思想基本上注重实际问题，由于他那诡诈和多疑的天性，再加上他在外交政策上的胆小怕事的和平主义，他的政府带有一种低三下四和实用主义的特征。对于一个已经为浪漫主义的春风所鼓舞、对第一帝国的壮丽事业念念不忘的民族来说，这种特征是令人不快的。他也不敢挺身而出反对反对他的一派提出的某些荒唐要求；由于他个人的恩怨，他使保王派更加四分五裂了。他认为他得到国王的信任和议院多数的支持，他是能够控制局势的，因此，不想去安抚反对派或

348

者去掌握舆论。

当保王派政府上台的时候，反对派认为它很快就会由于无能而威信扫地。他们很快就发现自己错了，因为维莱尔和他的同僚在其艰苦的斗争中取得许多胜利，以致在两年之后，这个政权似乎已经坚如磐石。在整个行政部门，凡是有同情左翼嫌疑的人，都为忠诚可靠的人取代了。烧炭党的新密谋都被警察粉碎，并遭到严厉的惩处。新闻被置于这样一种管理之下，即虽然没有恢复检查制度，但它的言论自由却被大大地剥夺了。根据 1821 年 2 月 27 日的法令，中等教育要受教士的监督；建立教会事务和国民教育部，这就确认由教会掌管教育了。这个部由弗雷西努斯主教阁下主持，实际上，他是个开明而温和的人，有 19 位大主教和主教被封为贵族。

政府地位得到强有力的巩固，是由于法国干预西班牙革命所取得的成功，而不是由于所有这些措施。这次干预是在大陆列强取得一致意见之后决定的，尽管自由派猛烈地反对。维莱尔本人只是在顾虑重重下，在 1822 年年底出任外交大臣的夏多勃里昂的压力下才勉强同意。拿破仑在西班牙的挫折的惨痛教训，使这一计划显得过于冒险了。但是在实际上，这一计划的执行是完全成功的，至少在军事上是如此。军队凯旋，士气大振，对君主政体忠心耿耿；西班牙自由派的垮台使国内的敌人灰心丧气。法国自由派发现自己已经名誉扫地，因为他们曾经预言会发生许许多多的灾难，还因为他们见到一次使国家的自尊心得到某些满足的成功显得垂头丧气。夏多勃里昂可以吹嘘了："八年的和平还不如二十天的战争使正统君主的地位得到加强。"政府迫不及待地从这一有利形势中捞取政治资本。1823 年 12 月底解散了众议院。翌年 2 月 26 日和 3 月 6 日举行大选，内阁赢得压倒性的胜利：自由主义分子反对派从 110 席锐减到 19 席。正如路易十八所说：这是个"重新恢复的议院"。胜利的一派打算获得时间，悄悄地重新进行在 1816 年 9 月中断的复旧工作：它首先做的事情是通过一项法律，停止每年改选众议院的 1/5 代表，并把议员的任期延长到七年。

然而，保王派在议会中取得的巨大胜利本身，就构成了危害派内团结的条件。到 1820 年，已经出现一群极右翼的代表，他们指责维莱尔过于温和：如果消灭左派，他们就会有充分的行动自由。在

1824 年的"重新恢复的议院"里，这种"反反对派"的代表大约有70 名。首相很不明智，他对批评他的政策的一些右翼人士采取报复手段，因而加剧了双方的争吵。他在这方面所犯的最严重的错误是将夏多勃里昂撤职。这位伟大作家的威望和自负由于西班牙远征的胜利而达到顶点，使首相极为难堪。1824 年 5 月，夏多勃里昂在贵族院中拒绝支持维莱尔一心想实现的贷款折换计划，因此，他以最无礼的方式被免职了（1824 年 6 月 6 日）。夏多勃里昂立即成为反反对派的首领，并把《辩论报》拉了过去。于是，《辩论报》便开始用激烈的言语痛斥政府的过失。"这个政府缺乏冒险精神，毫无光荣可言，充满诡诈狡猾，权欲熏心；它是一个为法兰西民族精神所不齿的政治制度，与《宪章》精神背道而驰；这是一种暗无天日的专制主义，把厚颜无耻当作力量；贪污腐化已经形成一种制度……"

　　路易十八的逝世（1824 年 9 月 16 日）和他弟弟查理十世的继位，使事情暂时有了转机。新君主毫不困难地显然受到各派的欢迎，甚至是由衷的欢迎，这一事实着重说明了 1816 年以来所取得的进步。1816 年当时每一个人，包括盟国在内，都以为改朝换代将会在国内引起麻烦。查理十世虽然不如其兄聪明，但具有比较迷人和更为宽宏的性格。登基之后，他非常急切地要把工作做好，并赢得臣民的爱戴；因此，他很快就宣布自己恪守《宪章》，而且取消了维莱尔在路易十八去世前不久重新建立的新闻检查制度。

　　另外，政府的成员也原封不动。夏多勃里昂被免职以后，维莱尔无可争议地成为政府的首脑。尽管如此，他还是无法抵挡住他的多数派中要求采取反动措施的那部分人的压力；这不仅由于他需要这部分人去对付人数迅猛增加的右翼反对派，而且也由于新国王的观点使他倾向于极端保王主义的纲领，特别是在宗教问题上。

　　查理十世在位时期所通过的第一项重要措施是对流亡贵族给予赔偿，人们往往把它归因于查理的反动思想。其实，路易十八才是这一措施的倡议者，它所牵涉的也远远不是法国人中个别阶级的利益。只要那些在革命中被剥夺了土地的前地主不承认所发生的转让——他们怎么能承认呢？——这种财产就像沾染了一种道德污点，其价值就降低，买卖也就困难；尤其是新主人感到内疚，感到心里不踏实，因此就不能真心实意地拥护君主政体。解决办法就是让前地主接受赔偿，

351 取消他们的权利要求。困难在于寻求这笔大约 10 亿法郎的巨款。维莱尔曾经想过，如果以 3 厘公债形式来分派赔款，就有可能提供这笔款项；每年需要用来支付这项新的国债的钱，可来自 5 厘公债的兑现，当时这种公债的市价已经大大超过其票面价值。这一措施是在 1824 年 5 月提出的，但遭到贵族反对而未获通过。吃一堑长一智，维莱尔在 1825 年年初改变了他的策略；首先，他使议会通过了必须给予流亡贵族以赔偿的原则，然后使其接受挖掘必要财源的财政安排。但是，在两院和报刊上激烈辩论的过程中，又使人想起了大革命时期许多令人痛苦的往事。小投资者——多半是巴黎的资产阶级——由于利率下降和股票市场的普遍疲软而蒙受损失。而席卷全欧洲的经济危机使这种情况更加恶化。然而，如果人们指责内阁牺牲人民的利益去满足流亡贵族的贪婪，那么，至少法国从此不再存在两种财产，"国有财产"的问题就从政治生活中消失了。

与此同时，政府在加强它维护天主教的政策。其主要表现是：通过一项法律，对凡在教堂中渎圣者处以死刑。这项法律实际上是不能应用的，因为要证明所犯罪行的条件十分严格；但是，它的鼓吹者——其中包括博纳尔——想要以此表示反对国家世俗化的原则；而反对派也是从原则出发谴责它为神权政治开辟道路，因为它要求世俗权力进行干预，去维护一个纯属神学性质的真理。1825 年 5 月 29 日，国王在兰斯加冕，典礼几乎完全按照古老的宗教仪式进行，仿佛表明国王已向教权屈服。

自从 1820 年起，政府的宗教政策更加坚决地对教会有利。如今，它在其他方面也开始显露出它的后果。教会与国家之间的关系依然保持在拿破仑的政教协定的范围内：1816 年和 1817 年黎塞留为改变协定而进行的商谈都失败了，因为议会的多数议员主张法国教会自主，而罗马教廷却寸步不让。尽管如此，新设立了 30 个主教管区，国家拨给教会的预算也比 1815 年增加了一倍。大力补充新的教士；允许主教开办教会学校或小修院，不受教育总署管辖；神学院（大修院）
352 的学生人数在 10 年内几乎增加一倍。1825 年，新就任圣职的青年教士的人数在很长时间中第一次超过入土的老教士的人数。各种教会团体也复活了，当时的法律本是不允许它们存在的，但是政府以宽大为怀，并不追究，1825 年甚至通过一项承认修女会的合法地位的法律。

至于修士会，除了少数的例外，它们只得满足于事实上的存在，而无权拥有集体的财产。其中之一是耶稣会：庇护七世已经重建耶稣会，1826 年他们业已掌管七所中等学校，为了逃避教育总署当局的控制，都伪装为小修道院。我们已经看到，教育总署本身越来越受到教会的支配。正如大革命前一样，教育工作似乎要成为教士的天下了。世俗人受到鼓励协助教士进行虔敬和福利工作。由耶稣会士建立和赞助的著名的团体吸收贵族出身或地位显赫的人作为会员。它的会员还支持各种各样的其他活动，其中包括"传教协会"，它为天主教国外布道团募集钱款。国内布道团则财源充足，大张旗鼓地制造声势，力图使在大革命时期脱教的人重新信教。虽然作了这些努力，据教皇驻巴黎的使节马基阁下在 1826 年的估计，全部人口中有半数以上对宗教漠不关心，巴黎只有 1 万人参加圣事仪式。

在这种情况下——且不说还有 50 万虽居少数但非常活跃的新教徒——任何一项也许只有在百分之百的天主教国家才行得通的政策，或者要强迫人民百分之百地信奉天主教的政策，肯定会引起敌对的反应。的确，大约在这段时间里，反对派的论战似乎都是集中到宗教问题上。教士的主宰一切，政府对教会团体的屈从，教皇极权主义，教士的愚民政策，宗教裁判所的建立，重新向教会缴纳什一税，尤其是已经达到骇人听闻地步的耶稣会的阴谋活动——这些就是成千上万的小册子、报纸文章、漫画和歌曲传播的主题。不管是否巧妙地配合，这些战术给予自由派双重的好处；他们无须直接攻击国王或宪法，就能使这个政权威信扫地；他们还能分裂保王派，因为在保王派中有相当多的一部分人依然留恋伏尔泰的理性主义或者 18 世纪议会中法国教会自主运动。

政府被这场斗争削弱了，在议会中遭受两次惨重的失败。内阁想防止由于代代继承所造成的地产的不断分割，以加强政权的中流砥柱——土地贵族的地位。为了达到这一目的，它于 1826 年提议制定一项法律，修改拿破仑民法典中关于继承的部分，打算在能够纳税 300 法郎的富户中确立长子的优先权。自由主义反对派谴责这一措施，认为是在企图恢复旧制度的社会秩序及其长子继承权。贵族院摒弃了这一提案。在 1827 年议会再次开会时，维莱尔和他的司法大臣佩罗内对于日益敌对的潮流在鼓动舆论感到吃惊，他们企图进行反击，打击他们认为的祸根——报刊。由于国王不愿采取在出版前检查新闻的制度，由于法院在处理这类案件时显得软弱无力，补救办法似乎只有制定一项新的法律，对报纸以及一般印刷物的发行给予相当的限制。法案在众议院中引起关于新闻自由问题的重大讨论；左翼和右翼反对派同心协力捍卫新闻自由。最后，代表们虽然终于通过了这一法案，但在贵族院的坚决反对下，政府不得不把它撤回。

这一反对势力必须予以粉碎。维莱尔劝说国王任命 76 名新的贵族院议员。同时解散众议院（1827 年 11 月 6 日）。维莱尔这样做的理由是：由于舆论越来越反对他，由于 40 名众议院代表升入上院，反正要举行部分选举以补充缺额代表，还不如干脆提前举行大选，给反对派来个措手不及。如果他能再次获得一个起作用的多数，他就可以继续左右议会的局势七年。这是一场赌博，但是失败了。因为1827 年 11 月的大选证明，即使在当时，维莱尔也没有估计到自己在选民中是如此的不得人心：在新的议院里，只有 170—180 名代表支持政府，而具有自由主义倾向的左翼反对派的代表人数几乎相等，还有约 70 名右翼反对派。查理十世只得更换大臣，选择一个由次要人物组成的班子，其中有几个是上一届政府的成员。不设首相，一个名叫马蒂尼亚克的波尔多律师担任他的内政大臣，此人颇为可爱，有口才，是国王在议会两院中的喉舌。这届政府很快发现自己的日子很不好过；国王希望继续执行维莱尔的政策，但为了在众议院取得多数，内阁却不得不向左派让步：更换行政人员，对新闻采取比较自由的新制度，建立选举人名册以防止政府的专制。然而，考虑到反对派运动的特殊性质，所作出的主要让步却要损害教士的利益。国民教育部从宗教事务部中分出来了，由一名非宗教人士担任大臣；耶稣会会士不准当教师，小修院也受到一定的限制，不得收容无意成为教士的学生；这样一来，教育总署就重新控制了中等教育（1828 年 6 月敕令）。政府为了迎合舆论，还想执行一种比维莱尔的政策更为积极的政策。人们曾经指责维莱尔过于轻易地屈服于梅特涅或坎宁的要求。法国支持希腊的独立而进行干涉，使民族的虚荣心得到了一定程度的满足，但并没有改善政府在议会中的处境。

查理十世对马蒂尼亚克执行的路线越来越感到不满，他与几个右翼保王派别——反反对派、维莱尔派、内阁派秘密商谈，准备组织一个完全合乎他口味的内阁。1829 年 8 月 8 日，这个新政府突然宣布成立，它的组成简直是有意使舆论大哗：朱尔·德·波利尼亚克亲王担任外交大臣，不久又出任首相，他的名字令人想起旧宫廷中最坏的恶习；此外，他过去是一个流亡贵族，又是教派的工具。德·拉·布尔东纳伯爵担任内政大臣，自 1815 年以来，他一贯在众议院里发表最反动的观点。最后是陆军大臣德·布尔蒙将军，人们认为他在滑铁卢战役之前出卖了拿破仑，并在 1815 年提供不利于内伊元帅的证词。《辩论报》总结了一般的印象：“科布伦茨，滑铁卢，1815 年。这个政府有三条原则，三种人物……不管你怎么使劲压它、挤它，滴下来的只有耻辱、灾祸和危险。”

正当人们期待有所显示力量的时候，这个政府却按兵不动，使得反对派既感惊奇而又放心。政府只是尽可能长期地推迟召集议会，同时试图在外交政策方面赢得一些威信，这就是计划远征阿尔及尔的目的。1830 年 3 月，在议会的开幕式上，终于炫耀了一下力量。查理十世从宝座上发表演说，宣称：“谁要耍罪恶的阴谋，给我的政府设置我不愿预见到的障碍，我会找到力量去粉碎它，因为我决心维持公共秩序，法兰西人民对自己的国王一贯表示的信任和爱戴是我的坚强支柱。”以 221 票赞成和 182 票反对通过的多数派答词是对国王的一种客气的非难：“《宪章》……确认全国人民有权参加有关群众福利的讨论。根据《宪章》，您的政府的政治观点要与您的臣民的愿望取得一致乃是正确处理公共事务的必要条件。陛下，我们的忠诚和虔敬，使我们不得不告诉您，这种一致现在并不存在。”这一次，冲突的实质是很清楚的：政府究竟是代表国王的意志呢，还是代表众议院多数的意志？如果采取前一个解释，查理十世可以坚持说他依然忠于《宪章》的条文。如果采取后一个解释，实际上必定是建立一种英国式的议会制度。国王下令众议院休会，接着又解散了它，宣布举行新的选举。选举是在 7 月的最初两个星期进行的。尽管政府做了一切努力，尽管国王亲自干预，结果反对派获得 274 个席位，内阁派只获得 143 个席位。限定的选民不买国王的账。然而，查理十世决心维护自己的特权。由于成功地占领了阿尔及尔（7 月 5 日），也由于他想到在大革命时期他的兄长路易十六尽管作出让步也无济于事，他就更加鼓起勇气这样做了。

355

　　7月26日的《政府通报》公布了在绝密情况下草拟的四项敕令。《宪章》第14条规定，国王有权制定保护国家所必需的任何规章和法令。上述四项敕令就是以这一条为依据改变了新闻管理法和选举法，而在正常情况下，这本来是议会的事情。期刊的出版要事先得到许可，而且每三个月要重新申请一次。7月选举的众议院还没有开过一次会就被解散了。新的选举要在一个打算阻止自由派参加投票的制度下进行。在宣布这次政变时完全没有军警的戒备，而为了对付肯定会发生的抗议活动，任何不像波利尼亚克政府那么愚昧的政府都会采取预防措施的。巴黎的三天骚乱和奥尔良公爵的追随者们的果断行动结束了查理十世的统治。他退位了（8月2日），然后去英国避难。

　　就这样，建立一个把旧君主制的传统与大革命所传播的原则结合起来的制度的企图，遭到了可悲的失败。假如国王的手腕巧妙一点，他是否可能将自己的观点强加给国民，使他的政变获得成功呢？我们可以设想，即使成功了也是不牢靠的。因为，从全面考虑，政治问题虽然是这场新革命的直接原因，却不是唯一有关的问题。贵族和教士等旧统治阶级想在国王的庇护下恢复他们过去的优势，而资产阶级则决心保护他们在1789年大革命中业已赢得的地位。这两个阶级在社会和道德方面的冲突更为深刻，也许更为根本。然而，对法国来说，这15个年头也并不是白过的。不仅仅是由于有一个出色的政府，国家恢复了稳定和繁荣；也不仅仅是在1814年和1815年两次失败以后，整个民族已经确确实实重新站起来了；除了所有这些而外，它还能够在有限的范围里，第一次对实行代议制政府进行了试验。

　　"光荣的三天"的胜利者——那些在街垒上开枪的人们——大多是共和派和波拿巴分子，这是毫无疑问的；但是，一当查理十世让了路，他们发现也无法将自己的意志强加给政治家们。拉法叶特是唯一有足够的名气充当这一派领袖的人，而他像往常一样，表现出软弱无能和举棋不定。相反，奥尔良派的势力却很强大，一方面由于巴黎的中产阶级厌恶混乱和危险，从而支持他们；另一方面还由于那些挺身而出反对查理十世的代表很得人心。当时，革命是以"宪章万岁"作为战斗口号而风起云涌的，因此从道理上讲，胜利就不大可能导致宪法的变更。

　　尽管如此，为了满足"市府大厦派"的要求，为了明确表达反对查理十世的自由派的意图，众议院还是匆匆忙忙对《宪章》作了星星点点的修改。因为"似乎真的要把本来就属于法兰西人民的权利给予他们"，遂将 1814 年的序言部分删掉，从而把国民主权的原则拐弯抹角地肯定下来。天主教不再是国教了，和在拿破仑的统治下一样，再一次成为"大多数法国人的宗教"。第 14 条的措辞作了修改，以防止产生查理十世所作的那种不正当的解释。永远废除了新闻检查和特别法庭。授予议会两院创制法律的权力。在表决已经宣布的新选举法之前，选举人和候选人的年龄条件分别放宽到 25 岁和 30 岁。新的君主（后来称路易－菲利普一世）要称为"法国人的国王"，而不再称"法国国王"。白色国徽将由三色国徽取而代之，传统的百合花图案也将改成高卢鸡。最后，在 8 月 9 日举行了授权仪式，这次仪式有意识地表明新的君主政体的契约性质。只是在亲王宣誓遵守经过修改的《宪章》之后，他才登上王位，从四个典礼官手里接过当政的标志。

　　在随后的几个月中，通过了几项新的重要的基本法，这就完全表现出新政权的特征。首先，是组织国民自卫军（1831 年 3 月 22 日）。 ³⁵⁷ "其职责是保卫君主立宪制度、《宪章》以及《宪章》所确认的权利，保证服从法律，维持或重建秩序和社会治安，支援作战部队。"自卫军由选举产生的军官指挥，听从民政当局——市长和省长的调遣。实际上，它只是由缴纳若干直接税并买得起装备的公民组成的。因此，前来报名并拿起武器来保卫政权的并不是普通老百姓，而是中产阶级。随后几年，在与民众叛乱进行斗争时，这支资产阶级民兵往往是首当其冲。自卫军和小心翼翼穿上自卫军制服的公民君主之间产生了一种感情的一致；只是在新政权的最后几年，这种一致才告破裂。

　　其次，是市政组织（1831 年 3 月 21 日）。市政当局是由一个限定的选举团选举出来的；除了文职官员和某些中产阶级的各行职业的成员而外，其中还包括按不同比例参加的纳税额最高的公民：在居民不足 1000 人的市镇为 10%，在居民超过 1.5 万人的市镇为 2%。后来又有一个类似的制度，使最富有的市民拥有派代表参加省议会的特权。

　　再次，根据 1831 年 4 月 15 日通过的选举法，取消了 1820 年的双重投票制度。取得候选权的纳税标准从 1000 法郎下降到 500 法郎，取得选举权的纳税标准从 300 法郎下降到 200 法郎。

最后，贵族阶级衰落了。1830 年 8 月，由于断然地废除查理十世新封的爵位，贵族院处于支离破碎的状态。另一些贵族自动引退，以便不向新国王宣誓效忠。1831 年 12 月 29 日通过一项法律，规定任何新贵族的爵位今后一律不得世袭，因而削弱了贵族院的贵族性质。

这样一来，已经垄断了财富并在很大程度上垄断了知识文化的法国资产阶级，又进一步垄断了政权。在政府里，由于贵族已被赶走，或者出于对查理十世的忠诚而自动离开，资产阶级控制了升官的一切途径。政府的人力物力均用来为资产阶级的物质利益服务：例如，在复辟时期建立起来的保护关税和保护贸易制度（尽管布罗伊和基佐作了一些走向自由交流的努力），却依然排除外国的竞争并允许国内的陈规陋习继续存在。法律禁止工人们联合起来保卫他们的利益。在一个人口增长速度比生产发展速度快的国家里，供求法则自由运转的结果必然是降低工人阶级的工资；因此，我们就会看到这样的明显对比：中产阶级商人日益富裕，而劳动人民则日益贫困。这种社会病症 1831 年 11 月在里昂市就表现得很清楚：丝织工人从省长那里得到关于最低工资的规定；工厂主拒绝按规定办事；于是工人暴动，占领公共建筑物；政府罢免了那个省长，并派兵占领里昂，因为工人阶级的贫困不应扰乱资产阶级的秩序。

新政权的政治基础仍然狭窄而且不牢固。它既没有宗教的传统，也没有民众的赞同，前者是旧君主政体的力量所在，后者是共和制度的基础，甚至也是依靠公民投票的拿破仑制度的基础。七月王朝是在巴黎暴动者的压力下建立起来的，在应该由 430 名代表组成的众议院中，只有 219 名参加了这项工作。往最宽处说，在 3500 万法国人当中，资产阶级只有 300 万人。而在这些资产者当中，只有 20 万人左右特权人物参加政治生活。最后，在“享有政治权利的人们”内部，由于矛盾重重，这就进一步缩减了政府的国民基础的程度，使其更难被称为全民的了。因此，如果用图解的话，可以把这个政治制度画作倒置的金字塔形。

秩序和繁荣是资产阶级的理想，也是新政权的理想。雄心壮志，以及过去和未来的精神力量，使反对派——无论是右派还是左派——的力量更加强大了。毫无疑问，历史学家们低估了正统反对派（又称查理派）在最初是多么危险。只要路易－菲利普的地位不稳固，正统派就可得到军队内部和政府内部大量的秘密支持。巴黎的老百姓对垮台的君主无疑是敌视的，但他们对于新国王也抱着同样的态度。为了推翻"篡位者"，就连共和派和正统派之间也出现了半成形的联盟，双方都希望在权威一旦倒台的时候捞到好处。旧王朝可以在外省搜集许多党羽，特别是在教士的势力依然很强的地方，如在西部，以及在南方地中海沿岸一带的地方。正统派的报纸充分利用新闻自由，它们既不缺钱，也不缺人才；其中之一是夏多勃里昂，他对新政权狠狠打了几记耳光。最后，大陆上的毫无热情承认路易－菲利普的列强，全都期待着来一个第三次复辟。至少有两位君主——尼德兰的和皮埃蒙特的——提供了财政援助。

　　由于王公们及其谋士们的愚蠢，把所有这些王牌都丢光了。于是他们主张把年幼的波尔多公爵的母亲——贝里公爵夫人推到前台来。按照他们的如意算盘，只要她在王国的某一选定的地点登陆，周围有许多忠心耿耿的党羽，派来讨伐她的军队就会倒戈，她就可以像1815 年拿破仑经历的那样重新获得王位，假定这个计划（颇有点像出自沃尔特·司各特的手笔）有过一星半点成功希望的话，那也应该在革命后的最初几个月，即在路易－菲利普的政府还没有能控制无政府状态的时候进行尝试。但是，由于微不足道的原因，这个举动一再推迟。到1832 年 5 月 29 日贝里公爵夫人真的在马赛附近登陆时，政府已经站稳脚跟，而且有所戒备了。即便如此，她还是一直推进到旺代。但是，6 月 3 日发生的暴乱很快就被镇压下去了。公爵夫人躲在南特她的一些忠实追随者的家里。直到 11 月，路易－菲利普的警察才终于发现她的隐蔽所，将她捕获。她被监禁在波尔多附近的布莱城堡里。但是，一位公主身陷囹圄，这种浪漫主义简直无以复加了！还有一个情况，更加使人难堪。算是路易－菲利普走运，这位自1820 年以来一直守寡的公爵夫人却怀了孕。她生下一个女孩，从此名誉扫地，于是马上让她恢复了自由。这一荒诞不经的灾难使正统派丧失了卷土重来的一切可能性。他们只能在报刊上和议院里发表徒劳无益的反对意见。律师贝里耶是他们在议院里的发言人，大家认为他是当时最伟大的演说家。他们采取了一个包括普选和地方分权在内的貌似民主的纲领，想以此来赢得民心。

　　波拿巴分子能够利用拿破仑的传奇正在以难以置信的速度向上增长这样一个有利条件，而政府却愚蠢地推波助澜。例如，它组织极其盛大的仪式，迎接皇帝的遗体返回法国（1840 年 12 月）。但是，帝国英雄史诗中的幸存者们没有理由对新政权不满，因为新政权给了他们许多荣誉和物质利益。拿破仑的儿子在维也纳的夭折（1832 年 7 月 22 日）完全打乱了这一派的计划。新的王位觊觎者路易 - 拿破仑在斯特拉斯堡（1836 年）和布洛涅（1840 年）两次企图发表政变宣言，只落得个可笑的下场。第一次失败后，他只是被撵到美国去了；第二次失败后，他被关进了汉姆城堡。

　　共和派显得更加活跃，也更加危险了。他们仇恨路易 - 菲利普，也仇恨在 1830 年 7 月窃取他们的胜利成果的资产阶级政客们。于是，他们经常采取暴力行动。在最初时期，实际上实现了新闻自由和结社自由，这使得他们能够收罗一大批党羽——大学生、小职员，后来还有受过较好教育的工人阶级的成员。一个叫作"人民之友"的团体把这一派内最活跃的分子团结到一起。他们想乘议会中一位最孚众望的人物拉马克将军的葬礼（1832 年 6 月）之际，在巴黎发动一场革命。起义者在首都的部分地区设置了路障，经过两天血战之后才被击溃；在这次冲突中，国民自卫军十分勇猛。

　　经过另一次流血悲剧以后，政府完善了它的防御系统。1835 年 7 月 25 日，当国王带着几个儿子正在检阅国民自卫军的时候，一阵机枪子弹像雨点一般扫射接受检阅的队伍，打死打伤 41 人，但没有打中国王。这件事是两个共和派狂热分子莫里和菲埃奇干的，他们把一挺土制机枪架在一扇百叶窗后面。由于群情骚然，政府乘机使"九月法"得到通过。这样一来，就使巡回法庭的诉讼程序中更加有力了，而在不真正恢复新闻检查的情况下，尽可能地使新闻受到严格的监督；这种监督的措施也用于印刷品和其他的插图，反对派在攻击国王和那些官居高位的人的时候，过去一直非常有效地利用这些东西。

　　如此戒备起来之后，政府就能够制止革命思想的公开传播，不过，它还不能防范罪恶的阴谋。又发生了几起企图谋害国王生命的事件。共和派的理想受到许多知识分子的间接支持，其中有乔治·桑和欧仁·苏等小说家；有拉马丁等诗人；有路易·勃朗和朱尔·米什莱等历史学家。共和思想里充满了社会主义，因而拥有一大批工人阶级的听众；政治解放被看作社会解放的手段。因此，劳动的权利、工人管理工厂、工人分享利润等，都成了共和派纲领的组成部分。社会主义思想的传播有如排山倒海，甚至通过路易－拿破仑在狱中所写的《消灭贫困》一书渗进了拿破仑党，还通过拉梅内和比歇渗入了某些天主教集团。

在 1830 年以前，天主教虽不能说是百依百顺，但一直是忠实地拥护当局的。而现在，它也产生了一个新的反对派。七月革命以后，政府由于对宗教抱着敌视或鄙视的态度而疏远了教士。一小批受拉梅内影响的、有才华的年轻人进行了回击。他们在自己的《前途报》上宣称，他们要与法国国内以及国外的自由主义运动团结一致，并且决心使教会从国家的卑鄙控制下解放出来。1832 年，当拉梅内受到罗马的谴责的时候，他的追随者们继续在资产阶级当中鼓吹天主教信仰的复兴。由于教士们接受了新政权这一既成事实，政府也比较优待他们。将近 1840 年时，这种和平相处的局面被打破了：天主教徒们开始要求中等教育和大学教育自由化，反对教育总署的垄断。在一位法兰西贵族、杰出的演说家夏尔·德·蒙塔朗贝尔的领导下，成立了一个真正的天主教党。这个党给政府造成了严重的困难，促使天主教徒不再在道义上支持政府。

这些轰动社会的思想潮流几乎没有渗进政治生活，依照宪法的规定，政治生活依然局限于选民和议会两院的小圈子内。物质利益和钩心斗角是这个小圈子的日常生活内容。其中没有什么惊天动地的大事。我们只能看到有三件重要的事情先后支配各政党和内阁各集团的无聊表演。在革命刚刚结束后，成为问题的是：新政权本身能否存在，它应该执行什么路线；此后，到 1832 年年底，当新的君主政体已经度过初期的危机并明确维护它的保守主义的时候，政治活动是由国王硬要凌驾政府之上这一顽强意志支配的。最后，在 1840 年以后，当路易－菲利普已经达到他的目的后，反对派的努力集中于改革制度的问题。1830 年 8 月 11 日新国王任命的第一个内阁班子反映出它是由发动革命的各种人物组成的。有一派，即议会中的自由主义理论家——基佐、莫莱、布罗利、卡西米尔·佩里埃——希望革命只是更换一下君主，允许更加真心诚意地执行《宪章》所规定的制度，他们主要考虑的是"恢复正常"。另一些人——杜邦·德·勒尔、拉菲特、热拉尔元帅——认为革命是朝着要建立一个更加民主的制度的出发点；他们的口号是"扩大七月的战果"。不久，这两种倾向分别被叫作"抵抗"和"运动"。这个第一届政府所能做的，不过是要赢得时间，减少损失，对舆论作某些让步，以及撤换有效忠查理十世嫌疑的文职官员。路易－菲利普非常积极，他花费大量时间接见代表团，发表爱国的和安抚的讲话。

　　10 月底，"抵抗派"不愿再和投降政策发生关系，建议国王让"运动派"证明它的无能和罪行。这是雅克·拉菲特内阁的起点，时间是 1830 年 11 月 28 日。这位重要的银行家，软弱、虚荣、渴慕名望，实行阿尔芒·卡雷尔所说的"投降政治"。首都似乎每天都发生暴乱。1831 年 2 月的民众暴力行动是针对教士的：圣日尔曼·洛塞瓦教堂、巴黎大主教宫和其他建筑物遭到抢劫；教士们不敢再在街头露面。"运动派"的外交政策不明智地鼓励自由主义革命，直接导致与大陆欧洲的战争，而且，这种情况发生在军队几乎处于一片混乱的时候。

　　1831 年 3 月，改变政策的舆论已经成熟，路易－菲利普把权力交给了卡西米尔·佩里埃。他是金融资产阶级的典型人物，厌恶社会秩序的混乱，他给政府工作带来了几乎是狂热的意志和精神力量。他强迫他的同事和所有官员绝对服从。就是国王本人，在这位专横跋扈的大臣面前也得折腰，不再直接干预事务。卡西米尔·佩里埃在众议院宣布了他的纲领："在国内要安定，但不要求自由作出任何牺牲；在国外要和平，但不损害荣誉……我们认为，暴乱既无权强迫我们参加战争，也无权推动我们革新政治。"值得注意的是，他并没有采取什么非常措施就实现了这个纲领，只是把"抵抗派"的力量重新团结在自己的周围，并把自己的能量注入了国家机器里去。甚至在为保卫新政权而与左右双方的敌人作斗争的同时，他还设法使一些根本性的法律得到通过，这些法律实际上构成了政权的体制。佩里埃的政府只不过一年多一点就结束了，因为当时流行性霍乱正在大量吞噬巴黎人，而他也于 1832 年 5 月 16 日得此病死亡。但是，在一年时间里，他挽回了似乎无可救药的局势，防止了欧洲战争，制止了无政府状态，真正为新政权奠定了牢固的基础。

　　佩里埃一死，国王得到了解放。从许多方面看，他在曾经登上宝

座的人们当中是最有能力的一个。他出生于 1773 年，曾从著名的
德·让利夫人受过特别良好的教育。他不但有广博的知识，还有非常
实际的见解；他能流利地讲四种语言，在必要的时候还会下厨做饭；
关于怎样理财，即便是最精明的生意人对他也没有什么可教导的。大
革命开始时，他像他的父亲菲利普－埃加利泰一样，属于雅各宾派。
他很幸运，由于年纪小而没有参加革命集会；他曾作为一个士兵为共
和国服务。为了自我宣传，他参加过瓦尔米战役和热马普战役这一事
实成为说不完道不尽的宝贵主题。他被他的上司迪穆里埃所连累，结
果自己也不得不流亡国外。他度过了艰难的岁月，因为革命者憎恨
他，那些依然效忠波旁王朝的流亡贵族也讨厌他。几年后，他重新赢
得了王族长支的堂兄弟们的好感，并和一个杰出和虔诚的女子——那
不勒斯国王的公主玛丽－阿梅莉结了婚。复辟期间，他小心谨慎，对
君主毕恭毕敬，君主对他也很宽宏。与此同时，他还讨好把他当作靠
山的自由主义反对派。已经 57 岁了，他还是精力充沛，论长相颇似
路易十四，只是长着很长的络腮胡子，不久以后，他的胡子大大出了
名。在许多方面，他体现了扶他上台的资产阶级的缺点和美德：爱好
家庭生活，喜欢跟自己的许多漂亮孩子在一起；生活简朴，作风民
主；节俭到了贪婪的程度；天性温厚而善良；身临险境时也很勇敢。
另一方面，他总是诡计多端，见风使舵，不喜欢单刀直入，痛痛快
快；他说话和蔼可亲，滔滔不绝，善于掩盖自己的真实思想；然而，
他欺骗大家的结果，势必失去正直人对他的尊敬和信任。在这种机会
主义和随机应变的后面，隐藏着一个统治法国的决心。在复辟时期，
国民的意志被宪法置于国王的意志之下，民众不得不奋起斗争，争取
摆脱从属地位。1830 年以后，情况倒过来了：既然革命已经确定人
民至高无上，必须为确保自己的势力而斗争的乃是国王了；在修改后
的宪法的范围内，这种斗争只能通过暧昧的手段来取得胜利，而玩弄
花招正是国王的拿手好戏。

　　由于政治家们野心勃勃的竞争，由于卡西米尔·佩里埃纠合到一
起的人数众多的抵抗派意见分歧，使国王能够实现自己的计划。左翼
中间派在阿道夫·梯也尔的感召之下，高唱英国模式的代议制政府理
论："国王为君，不管政务。"而拥有空论家和基佐的左翼中间派则
满足于复辟时期的立宪制度，在这种制度下，国王在政府中有积极的

发言权。在这两派中间游离着一百来名议员——"第三派"，他们唯一的原则就是利用政府为自己服务，同时又在批判这个政府的过程中得到好处。后来又出现了一个"王朝右派"，他们主张把忠君与共和派纳领的一部分调和起来。从卡西米尔·佩里埃逝世（1832 年 5 月）到 1840 年 10 月，竟有 10 届内阁相继上台。其中最值得注意的是布罗伊公爵的内阁（1835 年 3 月到 1836 年 2 月）和莫莱伯爵的内阁（1836 年 9 月到 1839 年 3 月）。前者是一位毫不通融的空论家，他不愿意仅仅按国王的旨意办事，因此被国王免了职。后者恰恰相反，他是个俯首帖耳的十足的廷臣，因此，众议院各派领袖联合起来，把他赶下了台。

364　　　　1840 年发生了外交危机，由于梯也尔缺乏深谋远虑，东方问题差一点导致一场欧洲战争。结果，组成了一个比较长命的内阁。名义上，苏尔特元帅是首相，而真正的政府首脑则是基佐。事实上他是外交大臣，只是到了 1847 年 9 月那位年迈的元帅满载荣誉和大量财富终于退休以后，他才得到首相的头衔。这届内阁一直到君主制本身垮台才告结束。它所以特别稳定，似乎有三个主要原因。第一，国王和他的首相之间存在着完全的谅解；基佐接受了过去的经验教训，始终心甘情愿地让国王在政府里运用他希望运用的那部分影响；基佐的人所共知的坚强性格使他的态度中不存在任何卑躬屈膝的缺点。第二，众议院里的各党派瓦解，政府就有可能以赐予个人恩惠的办法获得多数；内政大臣迪夏特尔擅长此道，因而专门委派他去干这项肮脏的勾当。第三，基佐本人的品格，当时他风华正茂，经验使他的才能成熟起来。在那个时代，具备如此突出的资质的政治家真是凤毛麟角：他头脑极为聪明，历史知识渊博；他是个天才的演说家，具有提高辩论水平的才能；他有勇气，并且对自己的使命具有崇高的思想。从另一方面说，他蔑视舆论，无意争取舆论；他顽固地拒绝考虑他的对手们的愿望里可能包含着什么有价值的东西，使得那些对手十分恼火。1847 年，他宣称："政府的责任就是一步一个脚印，很聪明地向前走；要坚持下去，但要规定界线。"新一代的代言人拉马丁回答他说："假如这就是一位主持政府的政治家的杰出天才的话，那么我们不必用一个人，只用一块界石就可以了。"

受到国王鼓励，并且国王本人也具有的这种狭隘的保守主义，结果必然要导致这个政权的垮台。1846 年年底，改革政治制度的问题变成了各个反对派的共同纲领。他们的要求涉及两件事情：一是代议制度的败坏，因为众议院里有文职官员，他们的投票非常明显地受到政府的控制；二是选举制度的破坏，政府可以通过贿赂或其他手段，随心所欲地左右人数受到严格限制的选民的投票。1831 年的选举法把纳税标准从 300 法郎降为 200 法郎，使选民人数增加到 16.6 万人；从那以后，仅仅由于中产阶级的财富增长很快，选民人数就达到了24.1 万人（1846 年）。但是，在一个拥有 3500 万人口的国家，这个数字又算得了什么呢？在每 75 个男性居民中，只不过一个人有选举权而已。

1847 年议会刚一开会，梯也尔和反对派的其他一些人士就提出一个议案，要求把纳税条件降低到 100 法郎，并且不作任何资历调查，只按照职业或工作，赋予各个阶层的人民以选举权。这样一来，就可以增加约 20 万新选民。虽然所提出的改革这样有限，基佐却利用忠实于他的多数把它否决了，他宣称国民只希望在和平和繁荣中生活，如果让这种无益的政治煽动发展到群众中去，将会是有害的。

反对派决心去震撼一下国家的这种的确过于冷漠无情的状态。由于法律禁止政治性的集会，他们就想采用在英国行之有效的办法——举行政治宴会。谁能阻止可敬的市民们聚集到一起吃一点冷小牛肉和喝一两瓶酒呢，即便是在这种场合发表讲话或举杯祝酒？1847 年在巴黎开始了宴会运动，接着发展到地方的主要城镇；最受欢迎的讲话人是拉马丁，另外还有共和派律师勒得律 - 罗兰。虽然一开始共和派在各委员会里只占少数，但是他们千方百计使这一运动成为对整个政权的真正进攻。促进这一运动的是从 1846 年年末开始的全国经济危机。危机首先影响的是农业；在一年的大歉收之后，食品价格随即猛涨，给贫苦阶级带来了巨大的灾难。其次，工业既缺少资金，也缺乏订货；极其宏伟的修筑铁路计划只好停了下来；许多工厂解雇工人；有一百来万人失业。

1848 年两院刚一复会，议会中就表现出舆论已在反对政府了。在就开幕词进行首次辩论时，一部分保守派分子投票反对政府，使政府的多数降为 33 票。基佐似乎大为震惊。但是，国王对忠告听而不闻，对舆论视而不见，拒绝考虑对制度作任何丝毫的变动。他说：

"决不进行改革，我不愿意改革。假如众议院通过这个提案，我就叫贵族院否决它。假如贵族院也投票赞成，我还拥有否决权。"反对派认为，为了战胜这种顽固态度，必须展开新的宣传鼓动恫吓国王。于是决定重新开始在议会复会时业已停止的宴会运动，而且就在巴黎进行。1848 年二月革命已经是不可避免从这里开始了。

夏尔·普塔说得很对："从来没有一个事件如此不可避免，而又如此出人意料。"所以说"出人意料"，是因为在发起这场运动的人当中，没有一个人打算或者希望推翻这个政权；因为政府在过去粉碎了比这危险得多的有组织的企图。所以说"不可避免"，是因为在1830 年建立这个制度、后来发展成的那种状况，最终在国民中间完全丧失了任何坚实的基础。不但政治生活为占少数的拥有特权的资产阶级所独霸，而更加糟糕的是，国王用狡猾的和收买的手段，甚至使得这个少数对公共事务也没有任何的实际控制权。在实际实施的制度和作为这个政权的基础的国民主权原则之间存在极大的矛盾。最后，正是路易－菲利普的政府的成功导致它自身的毁灭；因为，它给国民赢得的秩序和稳定使人们忘记了当初他们接受 1830 年篡位的迫切理由：害怕革命的混乱，害怕战争。

（严维明　译）

第 十 三 章

1795—1830 年德意志在体制和
社会方面的发展

到 18 世纪的最后 10 年时，民族意识在德意志受过教育的人们中已经发展起来。正如迈内克说的那样，这种民族意识"并未有意追求，而仿佛是偶然得到的"，其发展盖源于当时德意志诗人和思想家的杰出成就。但是这些在总人口中为数不多的人感到，他们属于一个文化民族，而不属于一个政治民族。歌德和席勒在他们的讽刺短诗（1796 年）中就表达了知识分子的这种情绪：

> 德意志？它坐落在何方？我的地图似乎没有一张是标明它的位置的。文化的德意志在哪里开始，政治的德意志就在哪里结束。

18 世纪即将结束时，在哈布斯堡领域以外的德意志，其历史有两个显著的特点：一是弗里德里希·威廉一世和腓特烈大王建立了成为欧洲重要政治力量中心的勃兰登堡－普鲁士；二是一批多半住在普鲁士以外的作家创作出一批文学和哲学著作。这些著作使法国人早些时候所作的关于德意志不能出现才子的断言成为无稽之谈；也正是这些著作经过了一定的时间以后为德意志在欧洲赢得了知识界的领导地位。德意志历史上的这两个新因素在根源上几乎完全不同。它们在进一步的发展中时而互相促进、时而互相制约的过程，以及大体说来顽固保守的统治阶级在这样或那样的影响下对法国革命和拿破仑时期的各种重大政治事件所作出的反应，必然成为阐明从 1795 年巴塞尔和约到 1830 年法国七月革命这一时期中德意志社会和体制方面的主要内容。

德意志社会和经济生活的基础在许多方面和 30 年战争，甚至和更早一些时候以来的情况没有多少变化。德意志是一个农业国。"上层阶级"保持着中世纪发展起来的、现在大半受到法律的保护、成为神圣不可侵犯的各种特征；同时，在德意志，为数众多的实际上独立的政治力量统治着面积相差悬殊的各个领地。它们为了种种实际目的，把神圣罗马帝国看作根本不存在似的。这个没有定型的国家，起初只有许多小的文化中心，连一个首都也没有，直至本章涉及的 30 年中才开始逐渐形成为一个民族国家。尽管德意志民族无疑地有着朝气蓬勃的文化生活，但是在政治和社会生活方面却死气沉沉，乃至在法国人入侵和占领了广大的国土以后才激发起他们争取民族独立的强烈愿望；而且也只是在军事失利的刺激下，普鲁士一批精明强干的高级官吏才决心努力倡导及进行社会改革和行政机构的改革，而这些改革在德意志各邦中这个最先进的邦早该实行了。

首先关于农民问题。他们占人口的 3/4 以上。要对他们作一个简单扼要的描述是很困难的，因为在这个国家，各个不同的地理区域的条件千差万别，即使在同一个地区内，一个小的政治单位与另一个单位的差别也极大。在这个时期的最初几年里，对于那些早已习惯于组织严密的农场和半个世纪以来大大改进的耕作技术的英国旅行者们来说，德国的农业显得很落后，几乎停滞在中世纪的水平上。这里占优势的还是旷野式土地耕作制，狭长形的份地零星分散，仍然沿用村社的耕种方法。结果个人的积极性受到挫伤，因而不去仿效先进国家，也不引进人工牧草、作物轮种等改进的方法。当旅行者们从西往东走时，他们发现耕作的情况越来越糟，而农民也更为愚昧，社会地位也更低下。普鲁士东部省份的农民实际上被束缚在土地上，与农奴毫无差别，他们要为庄园主担任各种各样、有时无尽无休的劳役。庄园主还自设法庭，对农民握有完全的裁判权。在易北河以东这片原来开拓的殖民地上，和北部的梅克伦堡一样，庄园都很大，它们主要由贵族地主本人来操持经营，部分劳动由农民承担，还有部分劳动从更早些时候起就由雇佣的无地劳工来担任。

在德意志中部，尤其严重的是在西部和西南部，它们是发生政治上最大分割的地区，庄园也大多是由分散的小单位组成，所以长期以来通常采用农民服劳役的方式来替代缴纳现金作为地租。但是，封建制度的某些残迹虽然经常受到一些开明人士的谴责，却几乎到处可见。迫于人道主义的压力，同时也是对英国的实际榜样和对法国重农主义理论的响应，神圣罗马帝国的许多邦在普鲁士之前就废除了农奴制。奥地利是在玛利亚·特蕾西亚和约瑟夫二世统治时期废除农奴制的，巴登是在卡尔·弗里德里希执政时期，而石勒苏益格和荷尔斯泰因公爵领地则是在丹麦之后废除的。腓特烈大王至少保护了普鲁士农民对他们的世袭土地的权利，阻止了贵族采用某种圈地的办法，牺牲农民的利益来扩大自己的庄园。在这方面，梅克伦堡是臭名昭著的。然而，腓特烈大王这样做，纯粹是出于考虑军队的利益，因为根据邦的制度，征兵的主要对象是健康的农民。出于同样的军事目的，他力图不干扰地主贵族的特权，因为他们给他提供军官和高级文职人员。国王和贵族之间逐步达成的部分谅解是，如果贵族放弃他们阶级与中央政府有关的传统权利，同时正如他们逐渐被迫去做的那样，进入政府部门工作，那么，他们至少应当继续完全拥有自己的庄园和农民，免缴土地税，并且不受政府的干涉。即使在法国革命以后，东部的农民也很少给地主带来麻烦，而在莱茵河一带，农民甚至对于很小的从属地位都愤愤不平。因此，在普鲁士不是来自下层的压力，而是来自政府官吏与一个开明君主的努力，促使实行改革。他们只是在很小的程度上得到了地主的支持，这些地主从外国的经验中知道雇佣劳动可以给他们提供比现存的制度更高的效率和更多的收益。

在普鲁士境内，无论在威斯特伐利亚或东部的省份，属于皇室领地上的农民都获得了自由。在威斯特伐利亚，主要是由冯·施泰因男爵促成，而在东部各省，5 万多富裕的农民曾用牲畜为皇室效劳，因为他们在耶拿战役前已经从弗里德里希·威廉三世的改革热情中得到了好处，其中许多人不仅获得了个人自由，还享有对份地的世袭权。

在普鲁士衰亡以前，施泰因清楚地看到，如果这个国家要在这个迅速变化的世界上立于不败之地，那么，在瓦解封建旧秩序中取得了那些小小的开端以后，一定要继续采取许多进一步的改革。但是，只是在 1806 年遭到彻底失败以后才使施泰因获得机会采取果断的行动。在此以前，普鲁士城镇中的工商业者阶层几乎和农民一样逆来顺受，毫无进取心。1792 年赫尔德写道：德意志被罗马教廷授予"顺从的国土"这一光荣称号，确实当之无愧。由于需要有一个殷实发达的中产阶级以便课以重税，国家很久以前就大力鼓励发展私人企业。但是在普鲁士和在德意志其他地方一样，小规模的工商业在许多行业中仍占巨大优势。甚至在普鲁士的城镇中，几乎没有人认为自给自足经济的前资本主义理想是不足取的。在城镇中也没有要求自治的丝毫迹象，即便德意志西部和西南部的所谓自由城镇也是实行完全非民主的寡头统治，而普鲁士的城镇则驯服地屈从于由政府任命的虎视眈眈的地方长官的管辖。手工业行会中历史悠久的自治权也所剩无几了。譬如，在许多城镇中长期驻有军队，物价在很大程度上受军事长官的控

370 制。又如，谋求新工作的学徒和家庭仆人必须提交载有个人全部历史的"就业申请书"。商人和制造商的自由，根据腓特烈时代继承下来的重商主义政策，受到严格的限制，一切货物进入城镇都要缴货物税，在每个邦的边界又要缴进口税。但是，商人、店主、工匠和他们的家属可免服兵役，而有别于学徒和农民。这是因为考虑到他们的职能在于只是提供军费。

普鲁士城镇中的各种自由职业者、公务人员、文职官员以及一般受过教育的人也免服兵役，而且被免除公民的种种负担。所以，文官政府完全由职业行政人员、挑选出来的商人、店主和在城镇议会中受政府任命的人掌握。在普鲁士之外，帝国的许多自由城镇实际上是一些小的共和国。它们在多数情况下都越出城墙，向外扩展了相当大的地盘。这些城镇中的议员享有尊敬的地位，而且常常收入优厚。不过他们几乎总是少数显要的名门望族的成员。仅仅在普鲁士，贵族才履行为国效劳的义务。这个传统是两个军人国王树立起来的。在其他地方，贵族享受特权而不尽义务。虽然很多庄园已被抵押出去，但是拥有土地的贵族仍然包括所有的富人。他们的年轻子弟的职业像在法国一样受到很大的限制，而不像在英国不受限制。在大多数的邦里，高等法院和政府部门的职位都保留给当地的贵族。但是，还有许多人愿意或被迫出外去谋求职位，尤其愿意到某个更大的邦的军队或政府部门中工作，因为在那里比在自己的邦里有更大的发展前途。教会势力很大的邦给天主教徒提供了特殊的机会，奥地利对于帝国的骑士和他们的后裔也给予特殊照顾，而普鲁士则通常录用具有突出才能和非凡

精力的人，而不论他们出身是贵族还是平民。在这个大改革时期，普
鲁士的一些主要内阁大臣如施泰因、哈登贝格、沙恩霍斯特及格奈泽
诺都不是土生土长的普鲁士人。贵族让他们的子弟很早就意识到自己
的特权地位。他们不和平民子弟一起上学，与英国的贵族子弟一样，
如果不进专门为贵族子弟开设的"贵族学校"，就聘请私人教授。这
些贵族子弟不从事工商业，同时为了表明其区别于一般人的贵族身
份，即便他们是家庭中的幼子，也在自己的姓前冠以"冯"（von）
字。通常他们在一生中都小心翼翼地注意保持这种高傲的地位。除非
他们像一些行为古怪的人那样，受到启蒙运动思想的影响，也许加入
了旨在摧毁这种阶级障碍的组织——共济会。贵族的社会特权受到重
要的法权的支持。对于这些法权却难以找到合情合理的辩解。最重要
的一个特权就是免缴土地税。土地税是普鲁士和其他大多数邦中最普
通的直接税形式。对于农民来说，这种赋税加上有关的其他捐税，在
1800 年前后的普鲁士约占一个农民土地净产量的 40%。无怪乎歌德，
这位受到魏玛公爵宠爱并多年在这个小公国里担任繁重职务的诗人，
都发现"农民经常被掠夺一空"。他曾把农民比喻为蚜虫，在玫瑰叶
子上吮吸饱了以后，反过来却被蚂蚁捕食了。他又说，"现在问题已
经严重到了如此地步，上层社会一天的消耗已超过了下层群众一天的
生产"。

　　令人吃惊的是，尽管社会上存在着如此严重的不调和，在德意志
中产阶级的少数知识分子中竟没有对它至少进行一次持久的和公开的
抗议，而这些知识分子所受的教育使他们对欧洲在这个理性时代的大
众舆论的倾向是很熟悉的。在法国，在许多方面再也无法容忍的弊端
经过几十年的抨击和哲学上的剖析之后，最后人们企图通过以暴力推
翻现存的国家的办法来清除它们。在德意志，卢梭、孟德斯鸠、伏尔
泰、狄德罗和启蒙哲学家的著作得到热情的传诵，但是由此而产生的
对社会的批评仍然停留在纯粹的文学评论的水平上，或者只是引出一
般化的结论，与实际明显脱节，以致没有人会严肃地对待它们。文学
上的"狂飙突进运动"在 18 世纪 70 年代初就开始了，显然充满了
卢梭的思想感情，尤其是戏剧对于当时社会上存在的一些不人道和不
公正的特征进行了公开的嘲笑，但是歌德的历史剧《铁手骑士葛
兹·封·贝利欣根》（1773 年）中班贝格主教的放荡不羁的谄媚者，

或者伦茨的《家庭教师》（1776 年）中心胸狭隘、自私自利的贵族雇主都是新颖的和独创的文学题材，表现的是一个丰富多彩世界中的某个特殊方面，而不是要求采取政治和社会行动的时弊。"狂飙突进运动"中另一些不甚突出的文学作品亦是如此。例如在诗歌和民歌方面，年轻的格廷根诗人们就谴责了暴政和农奴制，美化了简朴恬淡的生活。最伟大的理性主义作家莱辛在他的《爱米丽雅·伽洛蒂》（1772 年）中，提出了比同类的作家更强有力的抗议，因为人们不可能看不出，他在那个现代化了的弗吉尼亚故事中刻画的表面上是一个意大利王子，实际上则是一个被权力和阿谀奉承所腐蚀的德意志小暴君。但是，莱辛故意回避主题的直接政治含义，把他的悲剧停留在一个家庭悲剧的水平上。在 80 年代和 90 年代，一些才能平庸的剧作家写出了一大批这类家庭戏剧，总的倾向是显示中产阶级的美德，以烘托贵族的罪恶。席勒的早期剧本《强盗》和《阴谋与爱情》是这类作品中的佳作。

372

这些最优秀的作家在其成熟时期都力图使自己的作品能满足具有更高鉴赏力的读者，其中包括受到法国文学和思想熏陶的贵族阶级的读者。他们当然力戒偏见，尽管他们的同情心仍然是属于中产阶级的。他们延续了欧洲启蒙运动的传统，努力摆脱各种政治的、社会的或宗教的偏见，竭力在他们严肃的作品中反映他们感到人性中基本的和永恒的特性——温克尔曼在希腊艺术中找到的崇高安详，以及赫尔德在他的《关于人类历史哲学的思想》中视为伟大文明特征的伦理探索，虽然他们各自根据时间和地点的特殊条件采取了独特的形式。

莱辛的《智者纳旦》、歌德的《伊菲格涅亚在陶里斯》、席勒的《唐·卡洛斯》等在这 10 年中创作的作品都经历了法国大革命的爆发时期。他们以各自不同的方式受到了同一个信念的鼓舞。这个信念起源于文艺复兴时期，即相信人有能力在不求助于超自然的力量的情况下，通过正确地使用人类的智慧和克制卑劣本能的途径而达到完美的境界。但是，我们今天阅读这些作品时，会发现它们并不像当初作者们所想象的那样具有普遍性，因为这些伟大作家最突出的特点是他们极端的自我意识和内心反省。原来时常受到虔信派很深影响的宗教态度和感情，在这个理性时代已经与教会脱离了关系，但是仍然表现得超凡脱俗。譬如，原来祈望超自然的力量来拯救灵魂，现在这种愿望转变为对思想感情的渴求。在有些作家身上个人的自我修养更多的是伦理性的；在另一些作家身上则更多的是哲理性的或美学的。但是从根本上说，它往往是一种信念而已，就是认为，"尘世"所珍视的东西对于一个人来说是极不重要的；反之，一个人只依靠最低限度的物质帮助而能达到某种精神境界却要重要得多。

狄尔泰在总结他认为在莱辛与黑格尔之间的德意志文学和思想方面的主要特点时，曾指出当某一时代的人感到自己生活的那个政治和社会的世界是令人厌恶的，但又不可能改变的时候，他们便努力通过内在的调整使自己独立于这个世界之外。当然，在法国大革命时期，德意志作家中企图使自己的作品对社会产生直接影响的作家屈指可数。最坦率的宣传家施洛策尔是哥廷根大学教授，该地位于隶属于英王的汉诺威这片实际是中立的土地上。默泽尔父子都来自符腾堡，该邦是在这个极权政府统治下唯一幸存的实行代议制的邦。法国革命爆发后在普鲁士和其他邦实行了更严厉的新闻检查，使得大多数作家根本不可能对于政治和宗教问题自由发表评论，甚至歌德认为一贯不很公正的一个戏剧评论家也被立即驱逐出魏玛。于是，对于一些可能被认为危险的问题，在发表意见时一般都采取假设和想象的方式。几乎没有一个作家认为自己的意见会对行动产生任何作用。

因此，不难想象，法国攻占巴士底狱和国民议会的最后辩论的消息，如同早些时候美国独立战争的消息一样，受到了德意志许多作家的热烈欢迎。他们对这些消息都抱有一种朦胧的进步的同情心，对法国的思想也持一种踊跃接受的态度，虽然他们都没有明确表态。另一方面，宫廷以及与其有密切关系的人（如歌德）则惊惶不安，从一开始，就不表示同情。在魏玛，维兰德和赫尔德坚持他们自己早先的理想，直至恐怖措施和国王的遭到处决使几乎全德意志的舆论都转而支持各邦的诸侯。广大的人民群众忠于本邦的王朝是有缘由的。在许多中小邦中，专制主义已变得真正宽大仁慈了。在普鲁士，那些最不喜欢腓特烈的人们也不得不承认他的勇气、无私和干练，虽然人们都庆幸他的继承人弗里德里希·威廉二世减轻了以前因争夺权力强加在人民身上的压力，但对比之下，弗里德里希·威廉二世既软弱无能又荒淫无耻。

1797 年，弗里德里希·威廉三世即位。在没有公众舆论的推动下，国王及其内阁顾问拜姆和海尼茨效法奥地利国王约瑟夫二世，采取了一项积极的政策，以期提高公众的福利，取消对工商业的限制。前面曾提及其主要结果——皇室领地上的农民获得了自由。国王原来还想把这个改革扩大到全体农民，但是他不得不放弃这个计划，首先是因为遭到了几乎所有土地贵族的反对；其次是因为 1803 年以后国际形势日趋恶化，他要考虑其他事情。可是，有一些东普鲁士的地主确实仿效了国王的榜样。虽然国王的自由经商思想现在广泛地被许多有影响的官员所接受，但是在当时因英法之间的斗争而造成的十分困难的经济形势下，国王不愿冒险彻底改变普鲁士传统的重商主义政策。1798 年建立的财政委员会也只限于讨论废除贵族不缴土地税的特权，但是特权阶级至少要以较高的新税率缴税，而在过去有一部分是豁免的。

374 1804 年 10 月，国王显然在拜姆的谏劝下，加强了他的内阁大臣中改革派的势力，让冯·施泰因男爵担任负责税务、关税和生产的行政总署成员。施泰因是莱茵兰的帝国骑士，他的家庭与帝国数百年来有着密切的联系。他本人从 1780 年以来一直忠心耿耿地为腓特烈大王创建的国家效劳。现在他把维护帝国的强烈愿望和对国家的忠贞二者结合起来。他超人的才干和充沛的精力使他在 1796 年赢得了威斯特伐利亚议会高级议长的职位。通过议会，为普鲁士君主管理威斯特伐利亚省。但是同年在他经过提升担任了中央政府的工作后，由于他给拿骚－乌辛根公爵写了一封直言不讳的公开信，他作为正在迅速衰亡的帝国骑士阶级的捍卫者的名声，在全德意志的知识分子中变得人人皆知了。拿骚－乌辛根公爵曾吞并了施泰因祖传的一些土地。这种强占土地的斗争在 1803 年开始后，德意志西南部和莱茵兰等地一些大的公国也发生了类似的土地兼并。施泰因早已谨慎地把他自己在莱茵兰的大多数庄园变卖掉，而在普鲁士南部买进了大片土地。这一行动清楚地表明了他对普鲁士的信心。

施泰因以性格刚强而闻名，他有时甚至对人恫吓。他的朋友雷贝格说，"他最痛恨的是人们犹豫不决、窃窃私议和掩盖不愉快的真实真相"。然而，他乐于听取反对的意见，而且一再考虑。这位天生的行政官吏，也是一位博览群书的人。他对经济学和历史的兴趣确实超过了他对富于想象力的文学的兴趣。他清楚地知道作为一个领导者不仅需要刚毅不屈的品质，而且必须能够借鉴历史上的伟大先例而对事物采取高瞻远瞩、豁达睿智的态度。他给国王聪颖过人却又放荡不羁的侄儿路易·斐迪南亲王着重推荐的作家是普卢塔克。他曾希望改造这位纨绔子弟。他写得最好的信件是给赫尔德和让·保尔的一位朋友冯·贝格的信，其中充满了魏玛的人文主义。但是，他在经过细致的了解后选中的妻子却是一位汉诺威将军、乔治二世的私生子的女儿。她既是一位品德高尚的淑女，又是一位名门闺秀，她的家庭地位足以满足他传统的门第观念的要求。他在生活中追求的是行动，而不是沉思冥想。他对冯·贝格夫人说，他最向往的品质是在艰难困苦中仍能保持积极主动和坚韧不拔。

　　施泰因从他在哥廷根大学的学生时代起，就和他的朋友 A. W. 雷贝格和恩斯特·布兰德斯一样，十分崇拜英国和英国的制度。他的这两位朋友都是汉诺威官员，他们对法国革命进行了严厉的批评。雷贝格是伯克于 1790 年出版的著作《关于法国革命的感想录》的第一位德国评论者，而布兰德斯在法国革命前几年就成为伯克的朋友和崇拜者。他们三人都信仰一个有机的社会，认为国家不仅在时间上，而且在数量和空间上都应该持续连贯，但是他们是进步的保守主义者，而不是像浪漫主义宣传家亚当·米勒那样的空谈理论家。施泰因十分崇尚实际，对于建立在抽象原理上的任何政治行动都抱一种非德意志式的不信任态度，但是他通晓法国的政治著作，非常乐意学习法国的经验，尽管他对于法国的道德堕落和浮华轻佻十分厌恶。

　　1804 年，施泰因成为行政总署成员时，他以极大的精力贯彻由财政委员会倡议的几项行政改革：简化对盐业专卖的管理；取消某些国内的关税；设立统计局；将各省的税务局和"军事和领地委员会"加以合并。他非常急切地希望通过充分的口头讨论，向改进各级政府的决策工作方面发展。他需要类似英国内阁那样的机构，即一个由有实权的大臣们组织的委员会，而不是当时德国存在的那种由国王及其大臣的顾问们所实行的个人统治制度。在腓特烈大王时期，所谓顾问只不过是秘书人物，但是到了弗里德里希·威廉三世即位时，由于其能力和精力与腓特烈大王相差太远，而且性格怯弱，因此他最初依赖门肯，后来又依赖拜姆，每采取一个新步骤都要征询他们的意见，使得像哈登贝格那样仅仅成为部门首长的内阁大臣们十分厌恶。施泰因在 1796—1804 年在威斯特伐利亚的省议会中任高级议长时，就曾经企图发扬省的三级议会制中还残存的一些比较悠久的传统。在这方面，他不仅受到雷贝格的影响，而且在 1786 年他前往英国作了为期六个月的访问期间，亲自取得了关于英国制度的第一手材料。1807年年初，他被弗里德里希·威廉三世解除了职务。他在退休后写的《拿骚备忘录》中，发展了关于自治的思想，提出"振奋公众精神，恢复公民感情，发挥潜在的或未能正确的力量；利用各种不同来源的资料；协调民众和政府机构之间的精神、意见和需要；激发捍卫国家独立、民族荣誉的爱国主义精神"，并把它们树为奋斗的伟大目标。

在巴塞尔和约与耶拿战役之间，普鲁士政府的指导原则是维持和平，以便从事国内行政和军队的改革。1795 年，国家的人力物力过早地遭到了巨大消耗，但也证明了进行这些改革的必要性。对增加国家兵力的新办法作了研究：减少根据邦的制度免服兵役的人数；组织民兵；对军队中施行的非人道的纪律予以放宽；除贵族外，普遍接受其他人士担任军官。但是在这次改革运动中至今尚缺乏一种紧迫感。人们很难相信腓特烈训练有素的军事机器会真正失去效率。国王往往对于那些掌握指挥权的老将过于心慈手软。再者，一种巨大的乐观主义情绪普遍存在着，尽管国王本人并没有这种情绪。1799 年一位高级官员曾对法国使馆随员说，法国人自下而上的富有生气的革命在普鲁士将缓慢地由上而下来完成，因为国王本人就是一位民主主义者，他正在小心谨慎地仿效约瑟夫二世的方法，不断地努力削弱贵族特权。照此下去，不要几年，普鲁士就会不存在一个特权阶级了。确实，在耶拿战役以前，弗里德里希·威廉二世统治时期造成的灾难与危害在某种程度上已经消除。国债已经减少了近 2/3；1700 万银圆存放进了被战争弄得枯竭的国库。但是由于税收自腓特烈大王以来没有改变，因此尽管实行节约，仍不能应付急需。军事要塞和武器装备都没有恢复到原先最高的有效水平，对士兵们甚至在冬天不发大衣。鉴于经济和军事形势已经发生了巨大的变化，按照原来的方针路线来指挥一支军队显然已经变得不可能了。正如后来所发现的那样，参谋工作完全跟不上时代的需要。腓特烈式的战术在耶拿和奥尔施泰特战役中已经证明，用它来对付拿破仑在应付新的形势时所显示的超人能力是绝对不够的。

在普鲁士失败后，一群势力强大的高级官吏决意立即实行改革，尽管他们深信要使普鲁士能够与革命的法国相抗衡，就一定要进行更为深刻的政治和社会改革。在法国，通过自愿的合作，国家的巨大潜力能够充分发挥出来完成共同的事业。正如施泰因在危机发生前很早就意识到的那样，最重要的是各个阶级都要团结在政府的周围，但是在社会上的许多明显的弊端被肃清前，就不能期望实现这种团结。犹如在耶拿战役以前开始的改革一样，首先要考虑的是农民和农业的状况。施泰因在 1807 年 10 月重新担任首相以前，政府在实施废除私人庄园农奴制的计划方面取得了很大进展，而在此以前，这个计划一直遭到大多数地主的强烈反对。在东普鲁士，大庄园主对于资本主义的剥削方法非常适应，因此无须进行多少说服工作，因为他们中间许多人已经在越来越多地使用无地的劳动力。有一个时期，在农业庄园方面，交易十分兴旺，许多庄园易手了。在地主和农民之间原来存在的世袭关系相对地变得罕见了。东普鲁士的地方长官施勒特尔和施泰因的同事舍恩，像当时政府所在地柯尼斯堡的其他许多人一样，都深受亚当·斯密思想的影响，主张对私人企业不加限制。必要时解除地主对农民所承担的义务，作为他们放弃对农民所有权的补偿。这一点在他们看来是废除农奴制的优点之一。他们甚至赞成大规模地围圈农民土地，只要这种步骤有助于在和围圈土地相等的地区内形成大型的农民份地，比通常的份地大 4—8 倍。这些份地都免除劳役，并保持世袭的使用权而不论这些土地是租借来的还是长期保有的，以便发展一个类似自由民的阶级。施泰因本人是赞同这一措施的，其意图是想借助经验来修改计划。他大胆地使 1807 年 10 月 9 日颁布的关于解放农奴的敕令适用于根据提尔西特和约留给普鲁士的各个省份，而不必和它们的三个等级的代表磋商。关于圈地的条款是在 1808 年 2 月 14 日的附录中增补的。这个重要的法令取消了当时存在的对买卖土地的一切限制。这样，中产阶级乃至农民中的买主也可以得到迄今为止一直为贵族所保留的地主庄园。反之，贵族也允许从事工商业。结果消除了现存的森严的等级制度或阶级地位的法律基础。

　　那时可以充分预见到，为完成这一改革将颁发进一步的法令。但是，1808 年下半年，施泰因在法国人的逼迫下辞职，而留下来的那些改革者就显得不够有力，无法对付地主们集体的自身利益。那些负责通过"十月敕令"的人们原来至少在某种程度上企图实现社会公正，但这一措施最终根本没有使这一目标实现。战争带来的困难时期一旦过去，地主立即获得自由，迅速地向资本主义发展。由于许多农民无力缴付现在要求他们必须缴纳的地租等款，因而地主获得了无地的劳动力的新来源。在 1816 年实行所谓"调整法"之后，这种惨状尤为严重，因为这些法律完全是为地主的利益服务的。1807 年和 1808 年的法令确实使私人庄园的农民，同早些时候皇室领地的农民一样，成为国王的直接臣民，不再隶属于地主。地主不能作为中间的权威而限制农民的行动自由。在这个意义上，这些农民获得了自由，但是像领地农民一样，他们并没有从他们自己的土地所承担的繁重劳役中解脱出来。1811 年 9 月 14 日的法令采取了进一步的措施，但是它只影响到农民中较富裕的那个阶层。根据 1816 年 5 月 29 日的法令，他们被迫放弃一大部分土地。有的放弃了 1/3 土地，有的竟达一半。所以，在 19 世纪 20 年代的农业危机中，许多农民发现他们都陷于严重的贫困之中，致使不少人成为无地的劳动者。另一方面，关于鼓励农民扩大土地的条款实际上从一开始就是一纸空文。与此同时，贵族仍然保持着许多特权：免缴土地税（直至 1861 年），警察权（直至 1872 年），在庄园内拥有裁判权和狩猎权（直至 1848 年）以及教会圣职的授予权（直至 20 世纪）。大约从 1809 年起还为他们建立了信贷银行，但是农民必须等到 1849 年才能得到这样的信贷援助。因此，在各个方面，施泰因的这一部分改革是代表当时个人主义倾向的胜利。尽管它表面上似乎是出于一种对农民的人道主义的关怀，它实际上还是有利于有产阶级。领地上的官吏首先发现，原来地主对农民承担义务所花的费用要比农民为地主服劳役的价值大得多。但在实施这些改革后，经过严格的核算，证明地主是受益者。

在耶拿战役之后，迫切需要改革的第二件事是中央政府的行政组织问题。在战前，这个问题议而未决；战后到了 1806 年年底，这个问题引起了一场异常激烈的争论，致使施泰因不得不提出辞职。当时国家已面临最大的危机，国王本来希望施泰因出任外交大臣。施泰因提出若要他接受这一职务，必须免去贝姆的职务。贝姆是国王手下大权独揽的内阁顾问。国王接受了他的辞呈，但对他严厉训斥。九个月后，经过劝说，他重新回到政府，被任为首相，可以直接晋见国王，但是贝姆仍留在朝廷，只是由于王后迫切地对他恳求，施泰因才没有再发脾气。他至少获准分配贝姆担任他认为贝姆可以胜任的工作。次年 6 月，贝姆最后成为最高法院院长，与此同时，政府的体制问题总算得到了暂时的解决。

1807 年夏天，哈登贝格被法国人逼得辞职。9 月，当时在里加的国王接到了他提出的一个重要的改革方案。该方案是在阿尔滕施泰因和尼布尔的协助下制定的。它的主导思想是普鲁士必须下决心向敌人学习，向革命的、拿破仑的法国学习，学习他们如何采用在君主坚决控制下的民主制度来加强国家的统治。国王迅速成立了两个专门委员会。一个是主要由以前的行政总署成员舍恩、阿尔滕施泰因和尼布尔等人组成的"当前问题委员会"，负责处理文官制度的改革事宜。另一个是以沙恩霍斯特和格奈森诺为首的"军事改革委员会"。施泰因重新入阁，提出了一个由他自己起草的全面计划，对政府的主要部门及其议事程序进行改革。这个计划很快得到了国王原则上的同意，虽然施泰因不得不同意推迟实施，即等到法国人从占领的普鲁士领土上撤走以后，财力上有可能时再予以实施。

施泰因要求同当时的法国一样，按合理要求设立五个部——财政部、内务部、外交部、陆军部和司法部——来代替传统的三个集体负责的委员会，即一个负责外交事务（内阁部），一个负责宗教和司法，另一个负责一般行政管理（统一管理地方的和专业的部门的行政总署）。五个部的大臣的工作由国务会议来统一协调。国务会议除了五个大臣之外还有几个枢密顾问参加，国王亲自主持会议。这些部都正式建立了。虽然起初财政部与内务部合并，由施泰因领导，但是建立国务会议的设想却没有得到国王的赞同，主要是因为他感到自己不能胜任会议主席职务。哈登贝格在离职以前的一两个月中，担当了类似首相的角色，而在某种程度上，在国王和贝姆的合作下，协调了各个委员会的决定。施泰因不得不满足于一种类似的临时安排。当哈登贝格作为他的继任者回来时，这种情况仍然没有改变。直至 1810 年，国王才接受哈登贝格的建议，称他为"国务总理"，并承认他为政府首脑，代表大臣们与国王保持联系或者至少控制这种关系。施泰因至少打破了过去两个部门之间的联系完全靠文牍的惯例。现在他和大臣们每周举行一次会议，商讨有关事务。国王由于认识到他个人能

379

力不足，不再像以往那样摆脱他的内阁独断专行地统治国家。在哈登贝格成为国务总理时，他一如既往，仍是一个机会主义者，一遇到来自贵族的反对，就越来越多地恢复原来的官僚主义统治办法。他相信自己的外交灵活手腕胜于相信施泰因十分珍视的民主原则。在维也纳会议以后，他成功地抵制了威廉·冯·洪堡企图将某种程度的内阁责任制列入宪法的努力。直到去世，他始终独揽大权。从洪堡的信件中，我们对哈登贝格所获的印象与施泰因在其回忆录中对他的描述非常相似：

> 哈登贝格有着乐天派和追求享乐者身上常有的那种和蔼可亲、温文尔雅的性格。他思维敏捷，精明强干，还有一副讨人喜欢的外表。但是，他的性格中没有道义的和宗教的基础，缺乏远大的目标，缺乏巨大的动力和坚定性。他的理解力缺乏深度，知识博而不精。由此产生了他的弱点：浅薄轻浮，在顺境中过于自信，在逆境中怨天尤人。这些缺点又因为他耽于声色、骄傲自大和虚假伪善，危害更大。……他的目的并不是要干一番伟大的事业和做好事；他所追求的是这种事业可能带给他的荣耀。因此，他不能正确地予以理解，也从来没有完成一桩伟大的事业。他去世时，没有受到人们的崇敬，同时也没有人为他感到哀痛。

施泰因的观点在1808年11月19日颁发的"市政改革法令"中得到了最充分的但仍然只是部分的体现。他和哈登贝格、舍恩和阿尔滕施泰因一样，并未鼓吹在社会和经济方面实行放任主义，他对早已消失了的乡村庄园制度显然过于理想化了，把自己对英国的地方自治所勾勒的图景描绘得也许过于美好。这些都导致他在一种合作制度中，而不在一种没有控制的私人企业中，去寻找一个组织严密的社会所具有的自然基础。一个公民不应当被一个遥远的中央政权的命令所摆布而且不能发表自己的意见，而是他本人应当立足于当地的社会团体中，首先参加有组织的地区性自治活动，再由这些地区性的组织，通过区和省的各级组织，可能间接地影响中央政府。

"市政改革法令"要求第一个城镇对其全部行政管理工作负责，而不必在一切重大问题上将主动权和决定权交给中央政府的代表——

地方特派员。只有警察和法庭不受地方当局控制，因为维持治安仍被认为是中央政府的职能之一，虽然为了方便起见，在一些小城镇里，可以将警察交给镇议会控制。城镇分成各个选区，其中有一些居民被称为"积极公民"，由他们选出一个代表会议，再由代表会议选出城镇执行委员会。但是并非人人都需要成为"积极公民"，除非他们想在城镇里购置房地产或从事某种职业。如果他像大多数居民那样，只是在别人家里租房居住，那么他仍是一个"合法公民"，既不享受"积极公民"的权利，也不尽其义务。实际上，没有人想要取得"积极公民"的资格。"这些人是奉命而不是让他们管理自己"（泽莱），而且新的镇议会主要是由店主和商人组成的。在"积极公民"中，只是那些最贫穷的、年收入低于 150 塔莱尔（大城镇为 200 塔莱尔）的人，即收入相当于一个学徒工资的人，才在代表会议的选举中被剥夺选举权和被选举权。

腓特烈大王在某些行业中曾企图鼓励私人企业的发展，但是并未获得很大的进展。这些行业都是一些在他看来可以使普鲁士更少地依赖进口并增加税收的行业。但是普鲁士与德意志其他地方一样，行业中传统的行会形式仍很盛行。任何希望从事某一行业的人都必须参加有关的行会。这些行会的规章制度违反常情地烦琐复杂。施泰因的部分目标就是要废除这种强制性。但是，当时只可能在屠宰和面包等行业中建立比较自由的行会形式，同时也只可能取消另一种中世纪式的垄断——强制佃户在指定的磨坊碾谷物，即研究英国采邑制度的学者们所熟悉的"碾磨特权"。然而，自由企业的原则在 1808 年 12 月 16 日的备忘录中终于得到了承认。后来哈登贝格又颁发了 1810 年 11 月 2 日的敕令和 1811 年 9 月 7 日的工业法，引进了全面的法国制度。这时，一个人只要缴纳一定的费用并得到政府的许可，便可以自由地从事某一行业。政府对于诸如制药业（和扫烟囱业！）继续进行监督，因为事关公共福利，看来需要监督。行业组织作为一种自发组织延续下去，同时在普鲁士于 1815 年获得的新领土上，如同在德意志大多数其他的邦一样，旧的行业制度也获准继续存在。直到 1845 年，仍然没有一个比较统一的自由企业制度被引进普鲁士。施泰因也曾希望消除城乡在经济作用和行政管理形式方面存在的显著差别，其中涉及限制城镇发展工业生产。作为第一步，他必须取消货物税，即一种专门对城镇抽的税，同时还要寻找替代这种税收的办法。当时政府为了支付战争赔偿费，急需现款，所以想要找到替代的办法颇难如愿。东普鲁士仿效英国进行了征收所得税的试验，结果很快归于失败，不敢再试。

施泰因离职后，按照他赞成的方针所制定的 1808 年 12 月 26 日法令，对省级政府机构进行了改组，但它们没有发生根本的变化。"军事和领地委员会"现在虽然也称为政府，却保留了原来的大部分职能。然而，司法与行政分立的原则在地方政权中得到了系统的贯彻，行政部门失去了早先拥有的涉及邦财政或治安问题的管辖权。在普鲁士各省，如同当时德意志的大多数邦的情况一样，以前对于司法部门曾给予政府名称，而现在都改称为最高地方法院。这些法院把原来在宗教与教育事务以及有关主权问题上的行政职能移交给地方政府。政府的工作第一次合理地划分给各个专业部门，但是共同负责的原则不变。政府主席只是政府工作的主持人，而不是独裁者。政府的自由放任主义思想替代旧的重商主义所达到的程度体现在关于政府主席职能的一项永久性的指示中，它坚决认为政府对自由企业的干涉必须限制在最低限度之内。施泰因曾建议各个不同阶级的群众代表应当参与政府工作，在委员会中与常任的官员一起共事。这个建议在勃兰登堡—普鲁士曾做了短暂的试验，但很快就被抛弃了。

贵族的这么多特权遭到废除，这对于普鲁士军队产生了直接的影响，因为在军人国王领导下的普鲁士军队在其社会结构上恰恰反映了普鲁士农村的社会结构。贵族为军队提供军官，农民主要充当普通士兵，所以士兵们常常发现他们在军队中仍然受他们青少年时代就认识的地主少爷们的控制。当社会阶级之间的障碍受到市政改革法令的冲击而被突破时，正在进行的军队改革必须对这个新的因素加以考虑。身为首相的施泰因兼管政府行政改革和军队改革。他全力支持沙恩霍斯特的激进思想。沙恩霍斯特在这个至关重要的阶段担任了军事改革委员会的常务主席。

提尔西特和约以后，许多高级军官纷纷辞职，军队大量裁员，因为法国最后只允许普鲁士保持一支至多拥有 4.2 万人的军队。这些都促进了改革工作的进行。国王指导军事改革委员会把注意力集中到三个重点问题上：改革选拔军官的办法，取消在普鲁士之外招募士兵以及修改军队惩罚制度。沙恩霍斯特在炮兵中被擢升高位是凭借他自己的能力。他最初在汉诺威，后来在普鲁士，提出在新的军队中选拔军官应该完全根据才干，在和平时期要挑选那些品行端正、受过相当教育的人；在战时要以英勇善战、足智多谋为标准。经过多次讨论，他得以贯彻自己的主张。在军官候选人之间，不因出身关系而区别对待，人人都要通过同样的考试。但是沙恩霍斯特授予连级指挥官很大的选择权，让他们在面试应征者时考察应征者是否具备他本人所重视的那种正直人士所应有的品质。1808 年 8 月 6 日颁布的一项法令正式宣布了这些新的原则。

　　沙恩霍斯特花了更长的时间才使普鲁士实行他一开始就希望采用的作为唯一可能振兴国家基础的征兵形式——法国式的全国兵役制。可是国王三次拒绝接受他的建议，直至 1813 年年初才表示同意。普鲁士旧军队的部分士兵是根据邦的制度在自己的领土上征集的；部分是在邻近那些允许募兵活动的邦中招募来的；按上述方式征集的人数占一半以上。到了军事改革委员会开始仔细研究这个问题的时候，由于拿破仑战争而引起的政治形势的最新变化，堵塞了最佳的途径。于是，首次采用了军人休假制度，作为在法国强行限制军队人数以前对人员减少的一个补救办法。每一个连队每月都有一批士兵复员回家做后备兵，再把按照各邦的制度征来的新兵予以补充。这些新兵经过一个月的训练后，又让另一批人来接替他们。这样，军队一方面保留了一支由长期服役的老兵组成的骨干力量，另一方面又有一支经过初步训练的源源不绝的后备力量，而军队的总人数却没有超过将要确定的编制的最大限额。

　　在旧军队里当兵的是农民和学徒工，还有外国的一些地痞流氓。现在为了准备征召他们之外的其他人员入伍，第一个步骤是需要改善服役条件。在战时，普鲁士军队的老问题之一是怎样使士兵尽量不开小差。一批士兵（其中大多数是“外国人”）都是在别无出路的情况下被劝说参军的，其余的人是被强征入伍的。他们除了出于对军官的恐惧以外，几乎没有任何战斗动机。这样一批人必须被训练成为一支听从命令的部队，而且必须用鞭笞和其他最严厉的体罚来执行纪律。如果要把来自特权阶级和非特权阶级的人一起征召入伍，他们显然应该受到更人道的待遇。这是时代精神所要求进行的一项改革。尽管旧派军官对此提出了强烈的抗议，1808 年 8 月 3 日还是颁布了一项体现这一改革的命令。在这一年的 3 月，沙恩霍斯特已经起草了一份报告，提交给军事改革委员会，主张建立类似民兵的"地方部队"，目的是征召以前免服兵役的那些阶级的人。他建议从他们中间征召年龄在 19 岁至 31 岁之间的所有合格的男子。他的这一主张甚至遭到了高级官员中最爱国的某些人的强烈反对，因为他们认为这样将会给普鲁士的经济和文化生活带来损害。即使撇开这点，国王也不可能同意，因为当时正在同法国谈判关于撤走占领军的问题。1808 年 9 月 8 日与法国达成了一项协议，明确禁止建立这样一支民兵。

1808 年年底，法国不得不放松对普鲁士的军事压力，因为拿破仑在其他地方急需增派兵力。但是，普鲁士不愿参加奥地利预谋在 1809 年进行的叛乱，虽然西班牙举行了起义，而其他地方也出现了抵抗拿破仑的迹象。弗里德里希·威廉再次拒绝了关于实行义务兵役制的报告。这个报告是 1809 年 6 月任命的一个特别委员会提出的。这个计划不但对沙恩霍斯特原来的建议根据某些批评意见作了修改，还考虑建立由上层阶级中的志愿人员组成的特别骑兵分队。这支骑兵部队，同吕措轻骑兵团一样，是后来解放战争中称为"自由军团"的雏形。特奥多尔·克尔纳曾在这支部队里服役，并且阵亡。1809 年 7 月奥地利终于在瓦格拉姆失败了。

在以后三年中又实行了一连串进一步的改革，其中包括具有深远影响的教育制度的大整顿，虽然当时普鲁士必须向占领军缴纳特别税，财政负担很沉重。经常不能如期交款。这时担任首相的是哈登贝格。他是 1810 年 6 月经路易丝王后在弥留之际亲自推荐再次出任的。他担任此职直到 1822 年本人逝世时止。1811 年，一群爱国的将军和高级文官第三次敦促国王与拿破仑断绝关系，因为他们预见到法俄之间的战争迫在眉睫，但是国王仍谨慎行事，在没有得到奥地利和俄国的支持以前拒绝采取行动。而在梅特涅领导下的奥地利不愿再冒另一次失败的风险。1812 年春，普鲁士甚至不得不答应为拿破仑进攻俄国提供两万兵力。这支部队最后由约克将军统率，在波罗的海诸省活动，没有参加向莫斯科的进军以及嗣后的灾难性撤退。但是，约克未与政府商量，擅自与俄国人签订了陶洛根协定（1812 年 12 月 30 日）。甚至在国王反对这个协定并解除他职务时，约克仍一意孤行，继续推进其计划。只是由于 1812 年冬法国人在俄国遭到了惨败和约克采取了这种大胆的决定，这才终于迫使国王采取了行动。这时担任俄国皇帝政治顾问的施泰因作为特使来到柯尼斯堡。在那里他和约克获得了东西普鲁士贵族的支持，准备举行反对拿破仑的起义。他们决定征集一支 2 万人的民兵或战时后备军，同时决定靠当地的这种贵族的支持来承担它的经费。

现在沙恩霍斯特终于有可能来实现他的夙愿了。征召后备军使常备部队扩大到 3 倍。1813 年 2 月 3 日发出了组建志愿轻骑兵支队的号召。2 月 9 日撤销了邦体制中关于免服兵役的全部规定。这就意味着实行全民兵役制了。2 月 12 日被定为动员日。原来在东普鲁士征兵中认为有必要作出的让步，即允许雇人代服兵役的做法也废除了。这个甚至在法国也准许享有的特权的最后一个陈迹终于消失了。

关于普鲁士反对拿破仑的起义终于获得成功一节，在叙述其漫长的准备过程时，这里必须将其外交和军事方面的情况省略不谈。国王本人的行动没有导致任何堪称英勇的业绩，虽然有些历史学家一直坚决认为国王采取的谨慎的政策最后证明是正确的，并且认为如果过早地举行起义则注定要遭到失败。国王行动迟缓的原因是由于在宪法上他没有作出果断决定的能力，尤其是所作的决定将会对他的王朝带来风险时，他更是犹豫不决。弗里德里希·威廉只能以一个普鲁士人的地位来思考问题，而大多数爱国者，包括他的王后在内，现在都以德意志人的地位来思考问题。即使普鲁士独特的利益在一定时期可能受到严重的损害，他们出于作为一个民族所具有的自尊心也急切地希望确保独立。

关于这种民族自尊的感情，从 1795 年以来在德意志毫无疑义发生了巨大的变化。一个明显的原因只是由于大规模的外来侵略以及伴随而来的混乱和灾难。但是以前当德意志遭受外来的侵略或者外国将其国土当作战场时，几乎没有任何德意志人具有这种国家遭受蹂躏的意识，因为直到 1800 年他们中间任何人都确实很少认为"德意志"是他们的祖国，而只是想到在德意志历史著名王朝治下的他们自己的小邦。这个新的因素看来就是所谓的民族意识。这种意识通过一种新文化的出现已在受过教育的人们中存在着。他们十分珍视这种新文化，把它看成是德意志民族所特有的东西，而不是地方性的东西。新文化主要是指文学和哲学方面，即语言方面的创作。这就是许多有才能的作家为了这一目的逐渐形成的统一的文学语言，它脱胎于目前仍在家庭中或熟识的朋友之间使用的方言，正如今天瑞士使用的德语那样。真的，在许多非常杰出的作家中，这种对于本民族所取得的成就而产生的自豪感有所削弱，因为他们持续不断地忠诚于人类，认为它是唯一值得给以最大尊敬的对象。甚至费希特的民族主义中也具有很大成分的世界主义。他和许多浪漫主义的同时代的人们认为德意志注定要领导全人类走向最崇高的理想。正如我们现在看到的那样，在这种态度中存在着一种无视其他国家文化的危险。这在过于肯定德意志文化的优点中有时已经很明显了。但是，假如没有受到这种世界性的理想的激励，普鲁士的伟大改革者，特别像施泰因和洪堡等人，显然不会如此孜孜不倦地致力于他们自己的使命。

虽然行政和军事改革的首要目的是要在普鲁士人民中创造一种新的精神，但是最直接产生这种效果的改革还是教育制度的改革（参阅本书第七章，原文第193—196页）。在奥地利遭到失败后的黑暗岁月中，尽管在财政上和政治上存在着严重的困难，但是教育制度的改革还是得到大力的推行，并产生了深远的影响。1808年施泰因辞职前，曾向国王推荐威廉·冯·洪堡担任内务部中负责宗教和教育部门的领导人。这是一个令人吃惊的选择，但是非常合适。威廉是才干出众的洪堡两兄弟中的兄长，早年通过在柏林的犹太人接触到知识界的复兴。他25岁时和一位志同道合而且同样富裕的女子结了婚，离开了文官职务，以便和她在一起完全为了充分发挥他们各自的内在的力量而生活。他写了一篇论文，论述对国家权力的限制。这篇论文成为阐述自由主义的经典著作之一。他在耶拿居住了一两年，与席勒和歌德保持着密切的联系。后来，他又在巴黎度过了几年。最后，在普鲁士驻罗马的外交机构中谋得了一个实际上挂名的职务，以便在那里纵情玩乐。他对于学校教育，根本没有直接的了解，因为他自己是由家庭教师教育的。他对宗教也毫无兴趣，把教会的事务完全交给他的助手、歌德的侄子尼古洛维斯去处理。但是，他在法兰克福和哥廷根大学学习过，认识海涅和沃尔夫，本人还翻译过希腊文。和他的魏玛朋友们相比，他甚至是一位更热心的人文主义者和文化的倡导者。他在1809年3月至1810年6月短暂的任职期间，对于普鲁士和以后德意志的中小学和大学的教育制度都留下了他个人的印记。

费希特在 1807—1808 年之交的冬天，向当时在占领下的柏林的广大听众作了题为《对德意志民族的演讲》的公开讲演，呼吁实现民族自我复兴。他十分强调建立一个新的教育制度的必要性，以便培养各个阶级的独立自主的人才。这些人虔诚地献身于他们的国家，视国家为唯一永恒的现实。他热烈地颂扬裴斯泰洛齐及其在瑞士的工作。洪堡和他的助手们在对裴斯泰洛齐的教育方针作了修改后，制订了关于普及初级教育制度和建立师范学校培训师资的计划。洪堡本人对于改进普通中学做了大量的工作。他当然赞成普通中学，而反对那些注重实用知识、崇尚启蒙教育的现代学校。他主张中学要通过深入学习拉丁文、希腊文和数学来训练学生的思维能力，同时通过广泛的辅助课程给学生灌输一般的文化知识。这个教育制度在洪堡离职后由居维恩加以全部实现。事实证明它是非常成功的，为全德意志树立了榜样。早在 1812 年就建立了中学毕业考试制度，规定男孩必须通过考试方可升入大学（对女孩尚未作出规定）。

洪堡的最大成就是他给新建的柏林大学制定了规划并配备了师资。这座与当时的科学院保持着密切联系的大学取代了在占领区的哈勒大学。柏林大学正式成立于 1810 年，也就是在洪堡离开柏林出任普鲁士驻维也纳大使之后不久。同嗣后的纽曼一样，洪堡认为大学的作用不仅仅是传授知识，而且要发展和培养学生的智力、判断力以及道德修养。这样，学生能很快地获得任何一项职业所需的专业知识和技能，而且在从事工作时有哲学作指导。他与当时杰出的学者如费希特、施莱艾尔马赫、尼布尔和萨维尼等观点完全一致。这些学者也正是他为柏林大学挑选的第一批教授。他给予这个典型的德意志大学一个突出的特点——强调追求新的知识。虽然绝不是所有的教授和学生都能达到这个很高的理想，而且随着时间的推移，变得愈来愈困难，但是取得的成绩还是十分巨大的。一个关于大学教育的新概念也由此介绍给了全世界（参阅本书第五章，原文第 127—128 页）。然而，尽管柏林大学自诩享有"教学自由"，实际上，它在财政上几乎完全依赖国家，而且它不同于科学院，在聘请教师时，学校不享有自主权。

至此，在我们了解从拿破仑战争以来普鲁士在德意志历史上所起

387

的作用以后，我们一定会认为战争期间在普鲁士发生的社会政治方面的变化比在德意志其他地方发生的变化要重要得多。但是对于当时的人们来说，情况是不同的。帝国本身很快证明没有力量来承受法国革命及其后果所带来的巨大震动。1792 年居斯蒂纳军队的第一次进攻就表明在这样一场危机中德意志西南部的那些小邦是多么软弱无能，虽然普鲁士和奥地利的军队暂时拯救了它们。普鲁士不久便忙于处理波兰发生的事件，因为俄国和奥地利正在对波兰进行第三次瓜分，而且它们都企图尽量少分给普鲁士土地。在普鲁士匆忙退出与法国的斗争并于 1795 年签订巴塞尔和约的时候，美茵河以北的德意志从此获得了十年左右的不稳定的喘息时期。正是在这些年代中，在魏玛和耶拿的歌德和席勒创作了他们的最佳著作。正如席勒 1794 年在宣布他们新的文学期刊《时序》创刊时所说的那样，在这些作品中，他们有意识地要"重新赋予人们思想自由，在真理和美的旗帜下，通过培养人们对于纯粹人性的和超越时代影响的事物所产生的那种更广泛和更高尚的兴趣，把在政治上四分五裂的世界团结起来。"

魏玛是德意志中部的萨克森小公国之一。在革命以前，选帝侯领地萨克森在德意志各邦中，面积占第 4 位。由于它在工业和艺术方面的成就，在战争结束前一直占有重要地位。萨克森的首府德累斯顿非常幽美。它所收藏的艺术珍品仅次于维也纳。许多浪漫主义作家从德累斯顿的这些艺术珍品中吸取了灵感；莱比锡仍然是书籍出版业的中心。1765 年建立的弗赖堡矿业学院这一时期在促进自然科学方面的贡献超过了任何一所德意志大学。德意志的第一所林业学院迟至 1811 年才在塔兰特开办。在这些学术机构中要求学术研究结合实际的强烈倾向在许多小规模的，而在当时却是高度发达的工业部门中十分明显。在萨克森境内的一块普鲁士飞地上，人们从 1785 年起在梅泽堡附近就可以看到德意志的第一台蒸汽机把水从矿坑中抽出来。但是即便在这样一个条件优越的地区，现代化工业的进展仍十分缓慢。交通不便和行会控制严重地阻碍了工业的发展。直到 1830 年以后很久，从总体上来说，在德意志境内资本主义的迹象极少，只有一些家庭工业，而且专门生产纺织品。这些家庭工业分布在如萨克森和西里西亚等高原地区的一些土地贫瘠的村子里，因为那里的人民特别需要这样的副业。

　　在普鲁士退出联盟后,奥地利在 1795 年和 1796 年继续进行斗争,并取得了一定的胜利,虽然巴登和符腾堡很快被迫放弃了联盟,向法国纳贡。1797 年,奥地利军队在意大利被拿破仑击败以后,奥地利也和拿破仑签订了坎波福米奥和约,在秘密条款中奥地利同意莱茵河左岸最后将并入法国。次年,法国在拉什塔特大会上公开提出这个要求,最后代表帝国国会的多数代表予以接受。同时,也商定了一个计划;把莱茵河右岸的教会土地归还给世俗,以补偿德意志诸侯由于这一合并而损失的领地。但是,两国再次发生了冲突,直至 1801 年 2 月签订吕内维尔和约,第二次反法联盟战争结束以后,这个计划才付诸实施。

　　德意志西南部的人们的生活,现在发生了具有深远影响的变化。这种变化首先是由德意志大小诸侯和法国外交部长塔列朗之间无耻的交易造成的。他们牺牲了帝国思想的最后支持者——信奉教会的王公、自由城镇和帝国骑士的利益。在德意志南部建立傀儡公国符合法国的战略要求,因为法国惧怕奥地利。巴伐利亚、符腾堡、巴登和黑森－达姆施塔特都欢迎这个为它们扩张领土提供的机会。1803 年 2 月 25 日与帝国国会的代表达成的协定企图拯救帝国宪法的某些部分,但是未获成功。在 1805 年战争中,德意志南部各邦被迫支持法国时,帝国本身实际上不再存在了。德意志南部的最后一批自由城镇、帝国骑士和许多伯爵的领地都被并吞了它们的土地进一步扩大了巴伐利亚和其他归于法国的那些邦的领土,而且这些邦现在都宣布为主权国家。它们在 1806 年 7 月 12 日都加入了莱茵联盟,接受法国的保护,放弃了神圣罗马帝国授予它们的称号。一个月后,弗兰茨二世放弃了由选举产生的皇帝称号,成为奥地利皇帝弗兰茨一世。这样造成的领土变化,包括德意志各邦数目上的锐减,与因 1815 年和约而造成的变化比较起来是很小的。1815 年和约使在以前的德意志能够予以区别的 300 多个独立领地缩减至 39 个邦。法国的占领在德意志各地激起了新的民族感情,它不仅具有文化意义,而且具有政治意义(关于这种感情的出现,我们前面已作了叙述)。要求建立一个统一国家的愿望开始变得明显,与各个邦维持本身独立自主的情绪相抗衡。而且,革命时代的思想激发了各个邦制定宪法和消除阶级特权的要求。

　　正当莱茵联盟已经建立、在普鲁士实行许多重要改革的时候,在

389

其余的德意志的邦中发生了许多社会和政治方面的变化。但是其中多数变化证明只是暂时的。另外，仍然保持着旧边界的那些邦，例如萨克森（现在是一个王国）、梅克伦堡和德意志北部的一些小邦根本没有受到影响。由于法国的长期占领，法国的法律和行政制度在莱茵河左岸的一些邦里牢牢地扎下了根，因此在 1815 年以后的很长时期内还可以感到它们的影响，拿破仑法典直到 1900 年仍继续有效。在拿破仑创立的那些邦里——威斯特伐利亚、贝格和法兰克福——尽管根据法国的概念进行了许多改革，但是几乎没有一项是完成的，在签订和约后可能会重新开始。另一方面，在南部和西南部大大扩张了的纯粹的德意志各邦，如巴伐利亚和其余的一些邦，扩张的进程本身就有必要对行政管理进行一些深刻的变革，因为被兼并的一些领地具有异族的性质。拿破仑统治下的法国被认为是实行一种高度集权的和理性的极权主义的典范。

　　虽然拿破仑的帝国没有再持续多少年就土崩瓦解，但是在这个时期，他不仅改变了德意志的政治地图，而且通过附庸于他的国王及其政治家，以自上而下的革命，给德意志引进了政治和行政管理方面的主要做法。在法国，当一个天才的组织者驾驭群众的力量使之为加强他自己的权威而效劳的时候，这些实践成为一个自下而上的群众民主运动带来的最后结果。德意志的统治者们乐意接受这些思想，因为在拿破仑统治下的法国的政治制度只会把腓特烈大王和其他开明君主已在追求的目标引向必然的结局。德意志的统治者们一方面吸取了法国的思想，另一方面又接受了其他一些具有真正革命新内容的政治和社会思想。这些思想同贵族与教会已得到公认的特权的持续是格格不入的。这些思想也使一般保守的公民迷惑不解，而且对于它们的最后结果往往几十年都不能作出决断，但是不久事实变得十分清楚，旧的政权在德意志与在法国一样，不可能再恢复了。

　　表面上，在德意志南部各邦中负责这些改革的政府相互间的差别很大，有着很不相同的历史传统和地方环境需要对付，然而同一巨大的潮流推动着它们前进。在巴伐利亚，从 18 世纪中叶以来，赞赏信奉新教的北部在文化方面所获成就的人们一直企图对占统治地位的罗马天主教教士进行某些抵抗。在选帝侯马克斯·约瑟夫的支持下，1759 年建立了巴伐利亚科学院，其宗旨是鼓励传播符合公众普遍利

益的有用知识，并且同当时在社会上十分流行的迷信和懒惰思想进行
斗争。独创性的科学研究在科学院活动中只占次要的地位，而巴伐利
亚在文化和启蒙思想方面都大大落后于北部。科学院在纵情享乐的卡
尔·特奥多尔（1777—1799 年）的领导下，遭到了挫折，尽管 1783
年当耶稣会被停止活动后，科学院接管了慕尼黑耶稣会学院的校舍，
法国革命引起了对任何形式的启蒙思想的强烈反对，但是 1799 年选
帝侯马克斯·约瑟夫二世即位后，放手让外交大臣马克西米连·冯·
蒙特格拉斯处理一切。蒙特格拉斯是"先觉社"秘密团体的成员，
为了逃避追捕，曾于 1785 年离开巴伐利亚，但在流亡期间一直与这
位未来的选帝侯保持着联系。他一贯是法国激进思想的崇拜者。他无
须法国人的劝导，便主动对巴伐利亚的财政、行政和文化生活进行改
革。他采取了严厉的、有时考虑欠周的措施，匆促地企图让教会屈从
于政府，剥夺教会对修道院的所有权，努力建立现代的行政机构。为
了帮助完成这些改革，他召见了基督教一些重要学者，要求安泽尔
姆·费尔巴哈协助改革法律，委派 F. H. 雅各比和 F. W. 蒂埃尔施去
加强科学院，让谢林、尼特哈默尔和萨维尼在大学里树立榜样，同时
让黑格尔担任纽伦堡文科中学校长。

　　西吉斯蒙德·冯·赖岑施泰因在巴登以同样的方法把领土扩张政
策与实现行政现代化的强有力措施结合起来。关于前者，他得到了法
国的赞许，并牺牲了许多衰弱的德意志小邦的利益；关于后者，则是
按照法国的做法，使领土扩张后的政府行政工作变得现代化。巴登充
分利用了拿破仑希望使法国军队保证能够随时进入德意志南部的愿
望，因而能把边界延伸出去，直到占据了上莱茵河的全部河岸。善良
的卡尔·弗里德里希大公于 1811 年 83 岁逝世时，他所统治的地区比
他在 1738 年作为侯爵继承的领地几乎大了 9 倍，巴登也十分重视改
善中、小学和大学的教育工作。巴登迟至 1803 年才获得了海德尔堡
大学，对这座衰败不堪的大学进行了彻底重建。只有到这时，它才成
为德意志的重要大学之一，后来成为浪漫主义运动的中心。

　　在符腾堡，弗里德里希一世于 1797 年成为公爵。当时他已中年，
到许多地方旅行，对自己的能力充满信心，决心不和任何人共享他得
之较晚的权力。他是一个刚愎自用、荒淫无耻、大腹便便的专制暴君，
继承了他祖父卡尔·欧根最坏的传统：挥霍浪费，讲究浮华虚饰，大

肆屠宰（美其名曰狩猎），根本无视那些谦恭的代表机构的意见，对他的施瓦本臣民十分珍视的独立教会也完全置之不顾。他把在1803年获得的新领地称为"新符腾堡"，并完全当作一个被征服的国家来对待。1806年，拿破仑使他成为国王，他和邦议会进行了一番斗争后，中止了旧宪法留给它的权力，并要求它全都无条件地服从。几个世纪以来，组织健全的路德教会已经为自己赢得了一定程度的独立，而且积累了大量的基金，它明智地、慷慨地用这笔基金来维持教会、学校和慈善事业。由于国王的臣民中约有1/3的人现在是天主教教徒，天主教会和基督教路德教会都享受平等的权利，并都受内务部宗教局的管辖。路德教的财产由国家接管，国家也承担在此以前由路德教会资助的各项事业。学校实行了国有化，但蒂宾根大学却丧失了捐赠的基金和自治权。尽管所有这些措施都很不得人心，但臣民们也不得不承认国王整顿了财政，并使国家在付出遭受许多苦难的代价后，拥有一支富有战斗力的军队。当然，这支部队是为拿破仑效劳的。

　　在德意志南部各邦，以这些不同的方式进行的改革使它们在实现法律面前一律平等的理想方面前进了一大步，虽然只有巴登完整地采用了拿破仑法典。基督教的各个教派都获得了平等的权利；每一个体格健康的男子都有义务服兵役。当然，如同在法国那样，给有钱的人留有余地，可以让他们找人替代。所有的臣民一律要根据其财力纳税，原先的赦免规定被废除了。在其他方面，贵族的特权经过严厉的削减后由法律加以管制，而且随时可以修正。经济改革还包括废除国392　内关税，虽然保护关税，在一些由于特殊需要似乎需要保留的邦中加以保留。度量衡制实行了标准化；农奴制已被废除，但是农民并没有免除地租和劳役，只是在很少的情况下，能够赎买豁免权的农民才被豁免。同时，地主仍保留了裁判权。许多改革因缺乏可靠的官员而没有完全实行。但是，总的来说，这些新的邦在统一行政工作方面，取得了飞速的发展，所以甚至1813年的危机也没有抵消改革者们的工作。

　　1815年以后，德意志南北之间自1806年开始产生的大部分分歧依然存在，并持续了好几十年。在南部各邦，政策上没有发生反复，而在北部，边界几乎没有任何变化的那些小邦，则感到它不必进行激烈的改革，只是在某些情况下，作了一种保守的变革。在南部和北部，政府制度都保持了独裁主义，因为在 1814—1820 年期间南部各邦得到批准的宪法并不是对民众要求的让步，而是依据法国在君主制复辟后的 1814 年宪章的方针所采取的权宜之计，目的是进一步加强内部的统一和团结。虽然口头上承诺要实行"人权"，实际上有效的权力仍然掌握在政府手中，甚至对预算的真正控制也没有交给由选举产生的下议院。统治者一方面保留了全部主权，另一方面在取得负责大臣们的合作下进行工作。对于这些大臣们的职责，一直没有给予明确的规定。受过教育的少数人，有大量财产的中产阶级、商人、工厂主和自由职业者都不满意这种状况。关于这一点，他们转而支持巴登由卡尔·冯·罗特克领导的自由运动便是证明。这个运动不断坚持由人民来实行统治的激烈要求。正是在争取实行代议制宪法的斗争中，政党首次在德意志开始形成。

在北部，当法国的威斯特伐利亚王国还存在时，汉诺威、不伦瑞克和选帝侯领地黑森所实行的政治、社会和经济改革于 1815 年被迅速取消了，并企图尽可能在最大的程度上恢复到旧的邦议会制。萨克森地区虽然依附于莱茵联盟，但是在弗里德里希一世国王的领导下，却保持了该地区原先的政治和社会生活的形式，尽可能地不作变更，而且这种情况一直持续到 1827 年他逝世时为止。汉诺威 1814 年又恢复了以前的寡头政治制度。1819 年在创立了一个两院制的邦议会中央代表会议，对它也没有产生多少实质性的影响。在不伦瑞克，尤其在黑森，统治者的独裁行为甚至失去了贵族的同情。1830 年巴黎的七月革命当然在这两个邦里引起了骚乱，结果导致在某种程度上类似南部各邦的宪法的产生。另外，巴黎七月革命的消息在萨克森也引起一场群众性的抗议运动，在大臣们中间增强了革新派的力量，因此现在有可能实现一个依据德意志南部的方针路线制定的宪法。不久，汉诺威在 1833 年获得了一部现代宪法。在德意志中部的一些小邦（魏玛是其中最有名的一个），在和平后不久，统治者也同意制定宪法，把原先的邦议会制稍加现代化，但是旧的独裁主义的秩序并没有多少改变。

与此同时，虽然弗里德里希·威廉早先曾作过保证，普鲁士仍然没有宪法，而且像奥地利一样，直到 1848 年才有了宪法。普鲁士的统治者一贯憎恶法国革命以及法国革命所代表的一切事物，虽然如前所述，他们曾吸收了法国的一些重要思想，对军队和行政机构进行了重大改革。其中最重要的改革是实行全民义务兵役制。这一制度在普鲁士于 1814 年被确立为永久性的制度。在德意志各地，人们经过了战争年代的苦难和惨重损失以后，自然渴望和平与安宁，这种情绪清楚地体现在所谓"比德迈尔"时期的文学中。由于即便是普鲁士的经济生活也只是缓慢地采取资本主义的形式，而它的人民和一般的德意志人一样，把简朴的生活和密切的监督当作不可避免的东西予以接受，因此政府表面上以恢复一个更美好的过去作为目标，便有可能成功地抵制民族主义、民族自决及言论自由等革命思想。这些思想的传播无疑会威胁一个多民族国家的生存。奥地利由于同样的考虑，所受的影响更为强烈。普鲁士、奥地利和俄国三国君主于 1815 年缔结神圣同盟，他们签署并批准了一项共同的反动策略。浪漫主义知识分子的思想在各地蔓延，他们美化他们心目中的中世纪——一个没有现时代那种猜疑和分歧的时期，那时候教会和国家确保建立一个真正的有机社会的基督教秩序。在德意志的大学里，许多青年有着大量的激进主义思想，但是在这种思想刚刚公开显示出来时，梅特涅就与普鲁士政府一起商定镇压性的卡尔斯巴德决议。由奥地利和普鲁士所支配的德意志邦联很容易地被说服来批准这些法令。对民众代表制的理想所作出的唯一让步是普鲁士在其各个省中产生了建立在严格保守基础之上的议会。甚至不关心政治的歌德在其晚年（1828 年 10 月 23 日）
给埃克曼的信中也宣称，德意志的统一定会来到，虽然他强烈地希望在实现统一时不要抹杀许多地方的文化中心。但是坚决主张德意志统一的，只是西南部的德意志邦中的一些夸夸其谈的自由主义者，而普鲁士和奥地利这两个唯一能促成德意志统一的强国却继续推行着各自王朝的政策，只是在抵制改革的时候才联合起来。

394

（姚乃强　译）

第 十 四 章

1792—1847 年的奥地利君主国[①]

这是哈布斯堡君主国奇特的命运：在经过它的整个历史上变化最多（内政方面）的、从 1780—1792 年的 12 年之后，要在几乎各方面，在它的统治者们的相当精明的头脑所能设想的将近完全昏厥的状态中，度过其后的 56 年。毫无疑问，这种局面主要归因于它的君主弗兰茨。1792 年 3 月 1 日，利奥波德皇帝意外地过早去世，使年仅 24 岁尚未成熟的弗兰茨登上宝座，他亲身占据皇位 43 年，他的幽灵占据皇位 13 年。弗兰茨丝毫也没有继承他父亲的宪法信念。同那位在他少年时代把他带到维也纳、并在那里培育他将来当政的叔父约瑟夫一样，他在信念方面是一个彻头彻尾的专制主义者。他认为，政府应该是君主意志的表现，而表现君主意志的正常手段就是接受和执行君主命令的一个官僚机构。在他统治之下的人们的最高的（如果不是唯一的）公民职责就是做他的良民，衡量政治制度和社会状况的标准乃是它们产生此种效果的能力。

的确，假如否认在他的专制主义中还存在一种消极的仁慈，那是不公平的。他秉性善良，礼贤下士，具有一种高度的正义感。他认为，一个君主对于臣民也负有一种义务，也就是要以正义对待他们，并加强他们相互之间的正义；君义不应为一种贪得无厌的对外政策而牺牲臣民的生命，也不应为了个人的享乐而挥霍臣民的财产。然而，他恰恰是与开明相反的人物。虽然他完全不是一个笨蛋，也算不上是一个坏人，他的头脑超过一般的水平，而且具有从任何情况中引出自

---

① 根据编者的要求，本章涉及的历史时期延续至 1847 年，因为在奥地利历史上，1830 年不是一个里程碑。

己认为正确的结论的分辨能力，但是，他鼠目寸光，缺乏想象力，对于不知晓的事物疑虑重重，胆战心惊；他没有一丁点儿他叔父的那种社会远见、想象能力，以及不断克服不足的急切心情。再者，约瑟夫具有同对手较量，甚至挑动对手的战斗准备，而弗兰茨恰恰相反，不论遇到什么争论或者不愉快的事情，总是退缩不前。这些弱点使他没有任何可能为了改革去努力推行约瑟夫的改革政策，也使他甘心接受一种在形式上，甚至在实质上不像约瑟夫那样完全的专制主义，因为他完全能够把利奥波德避免树敌而达到真正和解与约瑟夫由于树敌过多而给家族惹来的麻烦作出比较。因此，不管他的极权欲受到多大的非难，但是常识却告诉他说，在他即位时所面临的危险局势中，只有确认利奥波德所作出的让步，并保持由此产生的政治和社会条件，才能渡过难关。然后，也许就有可能向后倒退一步，达到更完全的专制主义。而在他的各行省中，几乎所有的议会除了希望完全地、真正地实行约瑟夫二世的遗愿而外，并无什么更大的要求，只有匈牙利人利用这个机会，另外还要求撤销伊里利亚行署和允许更广泛地使用"民族语言"。在这个基础上，很快就达成了协议。弗兰茨于6月6日在布达加冕，8月8日在布拉格加冕，然后他便能把注意力完全集中于已经爆发的对法国的战争了。

　　结果，奥地利直至1815年才获得了真正的和平；因为在此以前，甚至在它并未积极交战的间隙期间，它主要是医治前一次战役所造成的创伤，或者准备下一次的战役。在这些年代里，弗兰茨的哲学以及体现其哲学的"体系"越来越明显地形成了，看起来，这多半是两个事件冲击的结果，一是巴黎的革命法庭处决了他的姑母及其丈夫；二是1794年他自己的警察分别在维也纳和匈牙利发现了两个交织在一起的"雅各宾密谋"。维也纳的"密谋"反映了对普遍不得人心的战争的真正不满情绪，只有一两个参加者持有真正图谋不轨的观点；但是，除了这极少数人而外，维也纳的"密谋"几乎是由一小撮只会喊喊赞美自由的歪口号的分子搞起来的幼稚可笑的事件。在匈牙利，有更多的人受到法办，在他们之中，确实有些人曾经大胆地空谈，但是那里的情况并不比维也纳严重，而且有一件事实使人对整个案件感到可疑：自己承认为密谋集团领袖的一个叫作马蒂诺维茨的神父原来是利奥波德的警探。但是，对于弗兰茨来说，这两次被警察充分利用的事件，竟成为任何人都不可信任的证明。他进行了大规模的逮捕，并严加惩办，以儆效尤。从此，他的体制变成以无为和压制为主的制度。但是，这不等于缺乏行政管理；中央各部在这些年里抛出的法令比以往任何时候都多，其中包括几篇重要的文件，特别是1803 年的刑法典和 1811 年的民法典。弗兰茨统治下的奥地利，即使在其最坏的时期，警察恐怖也远远比不上希特勒统治下的德国和斯大林统治下的俄国。

　　弗兰茨不无理由地认为秘密社团是颠覆思想的主要温床，加入任何这种社团的人实际上都是危险的；共济会员特别靠不住。但是一般说来，控制的作用在于预防，而不是在于惩罚。由于政治原因而被捕的人数相对来说是很少的；用现代的标准来看，定罪也很轻，显著的例外是 1794 年所作的判决，以及另外几件为杀一儆百而作的判决，特别是 1820—1821 年在伦巴第所作的判决。弗兰茨本人对警察的报告很感兴趣，他甚至有自己的情报人员，并鼓励告发人直接给他写信，以此作为主要的消息来源。许多人的一举一动、一言一行虽然长期受到最严密的监视，还是平安无事地度过了这些年。然而，控制是非常普遍和无孔不入的，尤其对专业阶级和"文化"阶级，弗兰茨根据他从法国革命事件中引出的结论，认为这些人是社会安定的主要危险；他对文职官吏和军官的控制也很严，因为国家的安全有赖于他们的忠诚。在这些人中，从最渺小的到最高级的人物，大都生活在这种控制的阴影之下，惶惶不可终日。这种制度，如果说不是异常野蛮的话，那么，即使在当时来说，也是特别蒙昧落后的。弗兰茨在这件事情上同在其他所有事情上一样，是有逻辑性的，他追寻颠覆活动的根源，而在抽象和推理思维中找到它以后，就大刀阔斧地去砍；真是有条不紊。在马蒂诺维茨密谋之后，当时担任匈牙利总督的亚历山大大公曾上书要求取消一切形式的教育，只培养未来的官僚。弗兰茨的观点比较积极，认为教育很有作用，他大大增加了小学和中学的数目，后来又创办了几所新的技术学校。但是教学内容受到严格的控制，要符合他认为正当的目的，即培养"具有高尚情操、笃信宗教和热爱祖国的公民"。因此，教育主要委托给教会来办，拨给教会的教育基金也大大增加了。同时，教会本身完全隶属于国家，因为在教会与国家的关系问题上，弗兰茨毫不妥协地坚持约瑟夫的传统。另一个"压制思想"的武器是书报检查制度。规章订得更加严格了，工作转到了警察的手中。不久，在奥地利既不可能出版也不可能输入任何哪怕有一丁点儿非正统思想或有批评政权嫌疑的东西。一个特设的"重审委员会"对在1780—1792年的缓和年代中批准出版的全部著作重新作了审查，有2500多种著作遭到查禁。

398　　　所有这些工作，无论是建设性的还是压制性的，都是在君主国的西半部（包括在相应年代中的加里西亚和威尼斯），由遵从中央各部发出的命令（往往最后由弗兰茨本人发出）的官僚机构贯彻执行的。各邦①的邦议会完全形同虚设。在这个意义上，弗兰茨统治下的奥地利毕竟回到了约瑟夫二世时代，特别是自从中下级官员大部分要从中产阶级甚至寒微门第选拔之后。贵族出身的作家痛心疾首地抱怨说：国家被这样一群拿薪水的刀笔师爷侵占了。另一方面，中产阶级的作家们又认为奥地利仍然是贵族阶级的禁猎场。大贵族像在军队甚至社会中一样，几乎垄断了较高的文官职位，只有司法领域是例外。他们在社会制度中的主宰地位没有受到挑战。当约瑟夫的土地税最终取消后，利奥波德逝世时遗留下来的悬而未决的最重要社会问题是要不要强制废除徭役。②负责研究这个问题的委员会在1796年提出报告说，它赞成保留徭役，因为这是"培养服从和谦逊的一所良好的学校"。结果，同年颁布了一个特许令，其中规定只有与地主达成协议才能批准减轻徭役。这是迄1848年为止在匈牙利以外发布的关于农民问题的最后一项立法，除此而外，那一时期有为加里西亚和布科维纳发布的"徭役特许令"，使这两个邦与波希米亚邦和德意志—奥地利邦划一；还有一个法规要求许多邦的地主自己出钱雇用合格的律师去主持世袭法庭。世袭制度本身在中下级法官间是依然存在的，因为这比发给薪金的工作人员要便宜一些。

一个有影响的思想流派还反对进一步发展工业。人力依然十分短缺，特别是在战争年代；农业的利益要求把一切可用的劳动力留在土地上；教士们和保守派异口同声地叫嚷：随着工业无产阶级的增长，

---

①　这里像在德语中一样使用"邦"（Land）一词，因为用任何其他的词（如"行省"）在某些场合就法律意义上说是不正确的。在君主国中具有"王国"性质的那些部分认为"行省"一词降低了它们的地位。

②　指佃农在地主的土地上所完成的强迫劳动或劳役，在奥地利君主国，甚至在非斯拉夫人居住区，通称"徭役"（robot），在斯拉夫语中意为工作。

尤其是如果允许他们集中在城镇的话，就会给社会带来种种的危险。与此相反的一个思想流派，即老的重商主义派，为了保持奥地利收支平衡而采取完全不同的观点；另外，由于不断进行战争，奥地利就有绝对的必要去扩大自己的工业生产。但是，甚至在这个领域内，除非万不得已的时候，一般来说并没有解冻，所以，弗兰茨在位的前 15 年中，工业发展极为缓慢，企业主要是小型的，而且多数在农村地区。此后，大陆封锁带来了突然的兴隆，但是它并没有使所用的工业部门得到好处，主要的得利者是纺织业。

　　从全体来看，随着时间的流逝，随着他本人取得更多的经验和对治理国事尝到更多的甜头，以及在他手头形成相应的组织和机构，弗兰茨的"体制"变得更加有系统了，而且更确切地反映出他自己的思想。君主国的西半部对这个制度没有进行抵抗。邦议会的成员完全赞成议会的保守主义。接受分配给它们的非实质性的任务，只是言不由衷地提出一些抗议而已。中产阶级满意地发现他们在迅速扩大的官僚机构中所占的地位。农民本来希望得到进一步改革，因而曾经表现出相当的不稳，而现在又恢复昔日那种"卑躬和顺从"了。在维也纳只是偶然地发生示威游行，而且反对的是不得人心的战争、物价暴涨或物资短缺，并不是反对政治压迫。对弗兰茨处理国务能够提出严肃批评的，只有他自己内部的一小撮顾问。在这些年间，其中最主要的是：他过去的导师科洛雷多伯爵（他有几年负责领导弗兰茨的办公厅，即其私人秘书，每个问题都咨询他），他自己的兄弟查理、约翰和赖纳，还有几个不大出名的亲信，有一个叫作巴尔达齐的亲信好多年间一直极有势力。在这些人中，没有一个对弗兰茨的绝对权威提出疑问，但是他们经常批评他用以行使权力的国家机器的效率以及他对大臣的人选。弗兰茨在有时间听取的时候，是非常乐意去听各种建议的。他不断调整国家机器，频繁地撤换大臣，但是他从来不放弃他本人的控制，因而数不尽的调整只产生很小的实际效果。

　　只有一个短暂时期，他听别人谏劝，对自己的臣民要求比消极服从更多的东西。这是在 1806 年，也就是在奥地利被迫签订普雷斯堡和约（1805 年 12 月 26 日）之后，这个条约非常苛刻（有效时期长），仿佛给整个君主国猛烈一击，群情骚然。那个时候，正当他采用奥地利皇帝称号两年之后，他放弃了神圣罗马帝国皇帝的称号。这时，他把对外政策交给了菲利普·施塔迪翁伯爵掌管。这位伯爵是莱茵兰人，他认为：他负责准备的复仇战争，如果人民不把它当作自己的事业，就不可能赢得胜利。因此，他制订了一个旨在唤醒日耳曼民族感情的改革方案（因为他所指望的主要还是奥地利境内和境外的日耳曼人）。弗兰茨不同意施塔迪翁提出的有关社会或政治改革的任何建议，但是他批准开展一次宣传运动。这次运动在当时的皇后玛丽亚·卢多维卡、查理大公和约翰大公的赞助下，大大激发了日耳曼族奥地利人（虽然不是君主国的其他民族）的民族热情。但是，这种堕入异端的时间是非常短促的，它倒成为恢复一种加强的正教的原因。查理大公由于在阿斯佩恩打败拿破仑激起了人们的希望。此后，1809 年的战役却同 1806 年的战役一样以惨败而告终。结果签订的申布龙（维也纳）条约比普雷斯堡和约还要苛刻得多。弗兰茨将施塔迪翁免职，与人民携手合作的思想也随同提出这个思想的人一起消亡了。查理大公和约翰大公也相继失宠。弗兰茨不再听信他们，现在主要是听信他新任命的外交大臣梅特涅；梅特涅原先就具有皇帝的一大部分盲点和偏见，不久又把其余的绝大部分化为己有了。

直到此时，匈牙利至少在形式上受到与君主国其他部分不同的待遇。弗兰茨虽然反对一切宪法，但他始终认为：匈牙利宪法是社会和政治稳定的保证，把它作废或者公开破坏它都是不明智的。而匈牙利议会一方，1792 年由于发现他们的新国王准备重申放弃约瑟夫主义而非常高兴，因而很爽快地接受了新国王关于与法国立即开战的呼吁，而新国王则以此作为推迟考虑议会的陈情书的借口，马蒂诺维茨密谋动摇了弗兰茨对匈牙利人的善意的信心，但是由于此案而进行的逮捕除了使匈牙利的领导者们坚持像弗兰茨本人那样严格的保守主义而外，也使匈牙利的人民大吃一惊。许多年来，双方的关系是在一种彼此都不满意的基础上维持着，但是这种不满意还没有达到促使哪一方去冒风险进行正面冲突的地步。弗兰茨按照宪法程序请求国会同意他所提出的增加兵员和军需的要求。为了达到这个目的，他总是定期地召开国会（1792 年之后，曾于 1796 年、1802 年、1805 年、1807年和 1808 年召开），因此，他不得不满足于他能够从匈牙利人身上榨取的东西，而他得到的东西总是比他的需求少得多。然而，他毕竟捞到了一些油水，而且，尽管有些担惊受怕，特别是在 1805 年，但是从来不需要认真去对付叛乱的威胁。

匈牙利人堪以自慰的是能够看到国会几乎定期地召开，而且由于这个机构在谈判时不屈不挠，匈牙利对战争的负担额，不论是人力方面还是金钱方面，都比较小。贵族们继续享有他们的免税权，他们仍然对农民进行几乎毫不受到限制的统治，他们依旧通过县评议会控制地方的各种事务，总的来说，政权对匈牙利的管理要比对西部各邦松一些。警察并非无所不在，书报检查也不甚严格，知识分子一般来说享有较大的自由，因此，一场相当大规模的语言与文化复兴运动能够一帆风顺地发展。另外，战争给匈牙利的小麦生产者带来了巨额的利润，他们的产品可以在市场上随意高价出售。

另一方面，弗兰茨在每届议会召开时，总是坚持（按宪法的规定）首先讨论他本人的提案，而且一俟他的提案讨论完毕，他就立即解散国会。因此，匈牙利人的陈情书始终没有达到在国会里开展辩论的阶段；只是在对弗兰茨的提案进行讨论的过程中，安抚一下偶然的诉苦而已。匈牙利人最主要的要求，一是在公共生活中扩大使用马扎尔语（替代拉丁语），作为准备阶段，首先在中等教育中使用马扎尔语（替代德语）；二是改变单方面的经济体制，这种体制在实际上是强迫匈牙利从奥地利进口它所需要的工业品（按出厂价格加上高额进口税）和向奥地利提供它的全部农产品（按奥地利规定的价格）。弗兰茨并没有痛快答应这两点要求。在强大的压力下，他于 1805 年和 1808 年在语言问题上作了一些微小的让步，而对经济问题则寸步不让。

一次次的冲突之所以平息下去，几乎完全是由于约瑟夫大公的努力。1796 年亚历山大在一次事故中身亡后，由约瑟夫继任总督，他以非凡的机智在国王和民族之间进行斡旋。即令如此，双方的积愤还是愈演愈烈。1807 年匈牙利人非常坚决地表示不愿对一次显然以加强奥地利在德意志的地位为目标的战争出人出钱，以致使国会得到在历史上有名的"可恶国会"的诨名。1808 年的国会则完全相反，得到一个"慷慨国会"的绰号，这主要是由于在它召开之前已经受到空前未有的压力和贿赂。

在申布龙和约签订以后，一场危机似乎是难以避免的，除非君主国的整个情况有所好转。但是在实际上，情况一开始就趋向恶化。侵略、失败和残酷的领土分割，件件都够令人痛心的，而它们又合在一起，使得弗兰茨已经无法制止的一种内部过程发展到了危急的关头。许多年来，政府已经入不敷出，一部分靠借款、一部分靠发行纸券（国库券）来填补财政赤字。政府用这种纸券支付政府官员的薪金（以及征收赋税），仿佛它与银币具有同等的票面价值，但是在实际上，随着纸券流通量的增多，纸券在奥格斯堡贴现时的折扣不断加大，1810 年已经猛增到极大的程度，以致到了 1811 年，金、银币的开价已为其面值的 1/10。内地物价也以同样的速度上涨。在采取各种紧急措施全都失败之后，财政大臣沃利斯伯爵于 1811 年 2 月 20 日颁布了一项特权令，把当时流通的 10.6 亿（古尔登）的纸券全部回收，持有者以每 5 张纸券兑换 1 张新发行的具有同样面值的补偿券。又宣布：新币与旧币一样，与完全等量的银币同值，要求人们这样通用。政府的一切支出以及税收都以新币进行，然而政府公债的利息却削减了一半。政府保证补偿券的发行量不超过 2.12 亿的新数字，这个数字与纸券最后开价的票面价值相等。在通货膨胀期间的私人债务一律按照签订借款合同那个月奥格斯堡的纸券开价为基础进行偿还。

虽然阻止通货膨胀很必要，但是这个激烈措施给许多个人带来了严重的困难，也引起了广泛的混乱。在此后的几十年中，君主国的居民对"国家破产"一直记忆犹新，成为他们自己或他们父辈的一生中最惨痛的经历；正是这种记忆，甚于其他任何一个因素，触发了维也纳和匈牙利的 1848 年革命。而且，上述措施只是奏效一时，连本身的目的都没有达到。有几年物价稳定在 1811 年的水平上（按新币计算），但是在 1812 年，政府就不得不违背自己的诺言，发行新的纸币，结果通货膨胀又开始了，使靠固定收入生活的各阶层人的生活条件同颁布特权令之前一样痛苦。

此外，特权令引起了与匈牙利之间的险恶的危机。1811 年召开的议会断然否定把特权令应用于匈牙利的合法性。议会承认发行货币是君主的权力之一，但争辩说：印刷无担保的纸币是对这种权力的滥用，只不过是一种通过不合法的手段间接提高税收的办法而已。因此，它拒绝接受分派给匈牙利的那一部分新币，也拒绝提供分期摊还的基金。1812 年 5 月 18 日，弗兰茨突然解散了议会（13 年后才重新召开）并且以敕令的方式颁布了特权令。

　　然而在 1815 年，奥地利终于恢复了和平。这一次，和平的持续 403
时间较长，而且呈现的景象也与以往有所不同。奥地利终于成为得胜
的一方。它收复了自 1792 年以来丧失的所有旧领土（除尼德兰和德
意志西部边陲的领地以外），也在实际上收复了 1792 年以后任何时期
夺取的全部土地（除克拉科夫现为自由市以外）。它还取得了伦巴
第。它在德意志的地位可以说比神圣罗马帝国解体以前更具有实际影
响。它通过直接占领和对意大利的其他宫廷施加影响而主宰了意大
利。现在它是接受战争赔款，而不是支付战争赔款了。

　　尽管如此，此后的 10 年依然是非常艰苦的岁月。首先，通货膨
胀依然严重。1816 年 7 月 1 日，国家实际上再次拒付很大一部分
（这次为 60%）国债；而且又过了几年之后，在一家新成立的国家银
行的帮助下，它才有可能稳定住纸币的行市，最后恢复硬币制。国家
的财政就这样表面上恢复了秩序，但是，这种秩序却仅仅是表面上
的。厉行节约，尤其紧缩军费，使每年的赤字减少了，但是始终未能
消除。国家年年要靠借债过日子，通常要为贷款付出很高的利息，这
笔钱成为国家预算中很大的一个项目。只要国家的纸币按其票面价值
开价，似乎就没有人注意这一点。历任的财政大臣都设法在银行家朋
友们的帮助下做到这一点。但是，事情很清楚：一旦债台高筑，总有
一天要加倍还钱。

　　对于穷人来说，1815 年和 1816 年是黑暗的岁月，农业歉收，物
价暴涨，饿殍遍野。此后，随着通货收缩，战争刺激的中止，以及英
国工业品和俄国、罗马尼亚小麦的重新充斥市场，出现了严重的经济
危机，使在大陆封锁时期兴起的工业以及匈牙利和加利西亚的小麦种
植者都受到严重的损害。有大批的失业者，由于作战军队的复员，失
业情况更加严重。直到 20 年代后期，生产才开始复苏，整个经济才
开始接近与"和平"这个字眼相适应的状况。

　　同时，弗兰茨在经过这么多年的风风雨雨之后，并没有白白丧失
一块土地，国内也没有出现严重的困难（所有这些成就都是在他停
止采纳他的两个弟弟的谏劝之后取得的），这一个事实使他深信自己
的治国方针的正确性，他继续应用这些原则，如果说有什么变化的
话，那就是比过去更加严格了。在这方面，他受到梅特涅的怂恿和鼓
励。梅特涅如果说不是这个"体制"的制定者，他肯定是拥护这一

404　　"体制"的帮手。在政治空气中唯一重要的变化是，由于梅特涅和弗兰茨的第四个妻子、虔诚的卡罗琳娜·奥古斯塔的影响，同天主教教会的联盟变得更为亲密无间了。在梅特涅和新任警察头目塞德尔尼茨基（此人比任何前任都更不开明）的管辖下，对报刊、大学以及一般文化生活的控制更加严厉了。收复的或新夺取的行省，都根据现在确立的自上而下的中央集权原则组织起来。不错，伦巴第和威尼斯在名义上是王国，驻有一名总督（赖纳大公），有一些单独的制度，以意大利语为行政、司法、教育的正式语言，但是，他们并没有享有比弗兰茨的其他领地更多的实际自治权。只是匈牙利有一点儿例外。在1820 年与 1821 年，匈牙利各县反对提供梅特涅为扑灭意大利的革命火焰所需要的人力与物力，于是，政府向各县派去"行政官"，用主力军队去搜括政府所需要的一切。但是，这种活动实际上非常困难，而且耗费太大，1825 年弗兰茨终于找到了一个权宜办法：重新召开议会，对于过去侵犯议会的权力表示歉意，并保证今后尊重议会的权力。然而，这一切无非是表明他将运用合法的形式来达到自己的目的而已。

　　与在战争年代一样，在随后的 15 年中，全体国民似乎并不比他们的统治者们有丝毫的进步。在 1820 年和 1821 年，伦巴第—威尼斯发生许多骚动，这些骚动与其说是反抗奥地利的统治，还不如说是意大利其他地方革命运动的反映。在逮捕了相对的少数人之后，"王国"俯首帖耳了。在奥地利和波希米亚各邦，局势完全平静，加利西亚也是如此。这个时期温和的却因而具有其魅力的"比德迈"文化，基本上是被接受的。

　　只有匈牙利螳臂挡车，匈牙利议会迟至 1825 年还是向后看而不是向前看：它捍卫中世纪的政体，而不去探索一种新的生活。甚至弗兰茨在 1830 年召开的那次议会，情况大体上也是如此。在这个时候，西欧、俄属波兰和意大利都出现了革命形势，梅特涅似乎又感到有动员防卫工作的必要了。议会的大多数成员与梅特涅一样，急切地希望防止革命传染病菌的蔓延，他们毫不犹豫地投票赞同提供所需的物资。与此同时，弗兰茨要求议会在他生前为他的长子斐迪南加冕。按照匈牙利的传统，在加冕时要重新宣布民族的权利，君主——表示同405　意之后，宣誓尊重这些权利。因此，他们坚持要求弗兰茨最后要正式听取他们的长期受到忽视的陈情书；弗兰茨答应在翌年召开的议会中这样做。

事实上，议会迟至 1832 年才召开，推迟的口实是 1831 年在加利西亚和匈牙利发生了霍乱病，但是实际上是害怕政治的传染病。在那时候，西欧自由主义的胜利已经在整个君主国内引起广泛的反响。改革的思想突然风靡各地。根据当时的情况，在匈牙利境外鼓吹改革是不无危险的，而在匈牙利，伊斯特万·塞切尼伯爵的活跃才能却使政治空气发生了几乎神奇的改变。塞切尼是一个贵族青年，他在西欧旅行时，对于西欧和本国之间情况的差异感到十分震惊。回国以后，他创办各种实业，包括多瑙河轮船公司在内；他的文章震动了公众舆论：根据他的革命学说，一贯受人尊敬的匈牙利宪法与其说是保卫匈牙利不受外国压迫的堡垒，还不如说是一座监狱，把匈牙利禁锢在贫穷落后之中，因为正是这个宪法规定了一系列神圣不可侵犯的特权，如贵族免交赋税，他们的土地不可剥夺，他们几乎是自己农民的暴君。

塞切尼的提案在议会很少取得实际的进展；的确，他也没有能够为匈牙利的改革运动指明他所希望的由上而下、有秩序地前进的方向。但是，他鼓动了改革运动的浪潮。在历时四年的议会闭幕之前，弗兰茨的体制由于他于 1835 年 3 月 2 日驾崩而受到一次致命的打击。斐迪南是一个头脑单纯的人，显然除了挂名而外，没有亲临朝政的能力。弗兰茨留下一个政治遗嘱，吩咐他的儿子"不要移动国家机构的任何基础，要进行统治，不要去变革"，并且接受最小的叔父路德维希大公以及梅特涅的监护。但是，梅特涅的大批敌人拥戴斐迪南的兄弟弗兰茨·卡尔以及波希米亚贵族，在过去几年实际上主管君主国内政和财政的弗兰茨·科洛拉特伯爵加进了这个摄政委员会（实际上是这样一个机构，虽然其正式名称为国务会议）。路德维希大公参加摄政委员会主要是代表未来，即代表他的儿子王储弗兰茨·约瑟夫（因为斐迪南已不可能有后嗣）。但是，科洛拉特则是梅特涅势不两立的对手，他的自由主义虽然远远不是出自真心，但正是为了这个缘故，他成为维也纳一切自由主义者的希望，也成为由于其他任何理由而不喜欢梅特涅的所有人的希望。其实，新政权并不比旧政权更进步多少，尤其是像路德维希这样一个鼠目寸光、能力有限的人，仅仅出于一个忠字，试图实现弗兰茨在临终前的教诲。但是，新政权的工作效率无比地低，它本身的停摆主要是由梅特涅和科洛拉特两派势均力敌、相互牵制造成的。这时郁积已久的民族的、政治的和社会的不满情绪，正像波浪一样滚滚冲向新政权的前后左右，它冲垮新政权的基础只不过是个时间问题罢了。

因为，不管怎么说，1848 年三月革命前时期（Vormärz）的君主国与 18 世纪 90 年代的君主国是迥然不同的。人口增长大致为 40%，各邦之间、邦内各地之间的增长率有所不同。国家大部分仍旧是农业地区，但是以维也纳为首的较大城镇在迅速成长，工业在长期停滞之后再次向前发展，它的性质也有了改变。广泛采用机器，以波希米亚和下奥地利的纺织工业为先导，许多工业都从手工业操作走向工厂生产。这一过程的第二阶段是紧跟着铁路建设开始的。建设铁路不仅需要发展许多与工程和设备有关的新工业，而且第一次使大规模发展重工业和采矿业有了可能。在君主国的阶级构成中，现在又增加了代表新的金融利益和工业利益的一个强大的、独立的企业主阶级，以及为数不少的（虽然集中在地方）工业无产阶级。农村本身，无论在社会方面还是经济方面，都在变化。地主，特别是比较先进的邦中的大庄园主（开路先锋是波希米亚和摩拉维亚的大地主）拼命为获取利润而生产。这一因素以及其他一些因素正在改变农民与地主以及与国家之间的关系。当然，各种因素并不是在同一个方向一齐起作用。

所有这些进展在引起一系列的社会问题，这些问题困扰着君主国的所有各邦，虽然并不是同等程度。到 1847 年，几乎所有各地的农奴都有取得斗争胜利的希望，由于农奴们勉强去完成地主的徭役，由于他们千方百计地逃避纳租，他们所创造的价值已经显然不如自由雇佣劳动。因此，比较开明的地主们就自动申请"解放"这个阶级；主要的、突出的大问题是对地主的赔偿问题。除了其庄园坐落在边远地区或者缺少资本的那些地主依然对前资本主义经济恋恋不舍而外，改革的主要反对者是政府，它宣布公家不能为改革提供资金，甚至反对由私人企业去实现改革的建议，因为它们企图在信贷市场上与政府相竞争。事实上，那个农民阶级的地位比自耕农的地位糟糕得多，在大多数的行省里，他们的人数现在超过拥有小块土地的自耕农。人口的急剧增长使得自耕农难以靠占有的一小块土地维持生计，有的沦为

无地农民。在 19 世纪 40 年代，接二连三地发生沉重的灾难，1846
年和 1847 年的两年大歉收使灾难几乎达到难以忍受的程度，在这两
年中，每年都有成千上万的人纯粹由于饥饿而死。食品价格再次飞
涨，比 1844 年上涨 1 倍至 2 倍，乃至 4 倍。另外，迅猛发展的纺织
工业突然进入严重的生产过剩危机。受剥削的工厂工人领到的工资少
得可怜，仅能使他们保持不致饿死而已，而现在呢，许多工人连这一
点工资也领不到了，只能依靠组织得很糟糕的公共工程，或者依靠慈
善团体的救济。于是发生暴乱和捣毁机器的事件，在维也纳、布拉格
和其他工业中心的郊区充满在饥饿中挣扎的乞丐。

　　然而，穷人的苦难并没有威胁到君主国的统一或者它的制度的稳
定。构成威胁的是君主国内各民族的愿望，不过各民族之间的错综复
杂关系以及经常发生的相互对抗也为利用一个民族作为盟友去反对另
一个民族提供了机会。三月革命前时期的最初几年，在这些民族运动
中，最强大的依然是匈牙利的民族运动，它发展得异常迅速。塞切尼
在 1830 年是个先驱者，到 1836 年已经被年青的一代推开了。这一
代人的喉舌是狂热的和激进的路易·科苏特，他是一个放纵的但是富有
感染力和说服力的人，拥护每一种自由主义的和民主主义的改革；与
那个愿意跟维也纳合作的塞切尼不同，他告诉全国人民说，最主要的
事情就是要把与维也纳的联系降低到国事诏书所确定的限度，一方面
作为争取民族独立权利的起码条件，一方面作为任何进一步的政治、
社会、经济和文化改革不可缺少的先决条件。

　　国务会议起初采取镇压的手段：1837 年，科苏特和其他一些人
被逮捕并投入监狱，全国实行半独裁的统治。但是，1840 年东部问
题的爆发迫使国家再次采取绥靖政策。科苏特被释放了，并且成了民
族的偶像，他的自由主义和反奥地利的主张已经深入人心。在这种形
势下，以格奥尔吉·阿波尼伯爵为首的一群自称为"进步保守派"
的大贵族聚集到一起，炮制了一个包括人民群众在社会和经济方面的
许多迫切要求在内的纲领；但是其中规定：改革要在周密的保安措施
之下、自上而下地进行，同时要加强政治控制，确保与奥地利的联
系。1843 年，这个集团要求梅特涅让他们去管理匈牙利。反对派联
合起来进行反击，1847 年，他们之中头脑最清楚的费伦茨·戴阿克
为他们制定了一个民主的和民族的改革纲领，其中包括成立一个负责

408

内部事务的部和一个以扩大选举权为基础的议会，彻底解放农民，贵族也要纳税，以及与特兰西瓦尼亚合并。"政府派"本身采纳了许多内政改革的方案，因而在1847年11月召开议会时，这些方案大多得到通过，虽然在与中央政府的关系这个主要问题上存在着很大的分歧。

然而，匈牙利的运动是一个阶级的行动，不要说血统，就是在感情上，也几乎完全是马扎尔人的。在他们（至少是上层）看来，匈牙利应该是一个马扎尔民族的国家，这时，运动的发展遭到了占人口一半以上的非马扎尔人日益强烈的反对。马扎尔和非马扎尔人的第一个冲突主要是关于前者要求在公共生活中扩大使用马扎尔语的问题。在利奥波德时代的议会就已经开始的长期斗争中，匈牙利人起初只不过要求在他们本邦与中央政府的联络中使用大多数居民的本族语言，以及在小学以上的学校使用本族语言授课。但是，就连前一项要求也遭到克罗地亚人的反对，因为用马扎尔语代替中立的拉丁语会使他们处于不利的地位；匈牙利人反驳说，为了一小撮克罗地亚贵族的缘故去牺牲他们的方便和民族尊严是不合理的。

然而不久以后，冲突就向广深方面发展了。沙文主义的马扎尔青年一代完全不听取克罗地亚族的反对意见，并且通过立法，强令内匈牙利对非马扎尔语的使用在各个领域里都缩小到异常狭小的范围之内；极端分子要求用强制手段使全体居民都变为马扎尔人。与此同时，非马扎尔各族人民的民族意识也开始觉醒，有几个民族在发展民族的雄心，这些雄心甚至与匈牙利—马扎尔理想的比较克制的形式也是完全势不两立的。带头的是克罗地亚人，法国人在拿破仑的"伊利里亚王国"中的统治有力地激发了他们的民族感。在30年代初期，克罗地亚贵族从因循守旧、墨守成规中解脱出来，转向顽固的民族主义。他们近乎病态地反对马扎尔人，梦想建立一个包括达尔马提亚和斯洛文尼亚有争议的一些县份的大克罗地亚，并与匈牙利分离，直接效忠于皇帝。这个新运动的核心人物是思想豁达的留德维特·加伊，他怀着一个更大的梦想——建立包括所有南部斯拉夫人的"伊利里亚"，为了达到这个目标，他竭力与匈牙利和特兰西瓦尼亚公国的塞尔维亚人取得联系。维也纳对这一切欣喜万分，尤其科洛拉特，他发现可以利用克罗地亚人作为武器去反对叛逆的马扎尔人。过了一些时候，政府确实醒悟过来了，看到"伊利里亚"主义所包含的危险性，于是就将它压制下去，但是继续鼓励克罗地亚民族主义，而在实际上，这种民族主义又是用不着去加以刺激的。

匈牙利的塞尔维亚人也背弃了匈牙利；他们之中有许多人的心是寄托在贝尔格莱德的，只是暂时用眼睛盯着维也纳，在维也纳的直接指使下，那些居住在军事边界线的塞尔维亚人同处于相似地位的那一半克罗地亚人一起活动起来了。他们对"伊利里亚主义"并没有多少热情，认为那只是天主教徒设的一个圈套；不过，他们还是乐于同克罗地亚人携起手来反对布达佩斯。有一些斯洛伐克人也把眼光转向布拉格，甚至转向俄国，梦想建立一个捷克—斯洛伐克政治实体或者一个伟大的泛斯拉夫国家。另一些斯洛伐克人则说，他们宁肯当匈牙利的良民，但是决不当马扎尔人。还有一些斯洛伐克人，实际上连同内匈牙利的很多德意志人和绝大部分犹太人，是支持匈牙利人的，他们不但不抗拒马扎尔化，而且认为这是一个有利的良好机会。

过了一段时间，匈牙利的大戏在特兰西瓦尼亚重新开锣了。由于排他主义和保守主义思想作怪，起步比较晚，随后这个大公国的贵族就热烈支持与匈牙利的联合。在这时候，他们企图按匈牙利的模式制定立法，而这一立法触犯了"萨克森人"的民族感情和传统权利，驱使他们更靠拢维也纳了。与此同时，当时占人口足有一半的、毫无特权的罗马尼亚人则鼓吹社会解放和民族自由。他们许多人的最终理想是与喀尔巴阡山外的弟兄们统一起来，形成一个独立的民族国家。但是，只要多瑙河诸公国仍在土耳其的统治下，他们就不得不寄希望于维也纳。

在西部，自从国家统一的愿望占据意大利全体人民的心灵以后，意大利诸行省在精神上已经不依附于君主国了。就伦巴第和威尼斯本身来说，民族运动更多的是感情上的表现，并不令人生畏（在意大利的所有大城市中，威尼斯被认为是最不革命的）。然而，皮埃蒙特的查理·阿尔贝特正在伺机促使这两个行省摆脱奥地利的控制，这已是路人皆知的事实。这种前景，以及保护奥地利在意大利的其他代理人的义务，都使奥地利有必要在阿尔卑斯山以南保持一支强大的军队，从而减少驻在其他危险地区的兵力。

在这些危险地区中，仅次于匈牙利的是加利西亚，但是仅在一个时期发生过危险，在"三月革命前时期"结束以前这个行省的最危险期已过去。1846 年 2 月，在巴黎的波兰民族委员会显然错估了形势，企图在克拉科夫和加利西亚的基地发动一场革命。他们希望以应允自由和土地为酬报，那里的农民就会加入他们的队伍。但是，农民却用发给他们的枪支举行了反对他们的地主的起义。这个不幸事件带来的主要正面结果，是列强允许奥地利吞并克拉科夫。这次失败使奥地利的波兰人十分沮丧和愤恨，但是，除了少数急性的人以外，他们都认识到，在实行瓜分的列强所组成的反对他们的共同阵线面前，再加上本国农民对他们所抱的敌视态度，不可能重新开展斗争。帝国当局在刚萌发民族情绪的罗塞尼亚人身上又找到了一个同盟者，东加利西亚的罗塞尼亚人是一个落后、贫穷和几乎没有语言的民族，积极欢迎奥地利官僚们的领导，以回答他们所给予的免受波兰地主盘剥的保护。

在君主国的心脏部分，为恢复行省自治、反对中央官僚专制主义的斗争是由波希米亚的议会领导的，它在 40 年代就已经大露锋芒了。这次斗争与匈牙利的运动和克罗地亚的运动的早期阶段一样，实质上是一个地方自治运动，在许多方面不是进步而是倒退，因为运动的支持者们奉为圭臬的 1627 年的"修订土地条例"与匈牙利宪法并无二致，实质上是一部阶级特权的宪章；虽然议会里包括一个维新党，但是迟至 1848 年，它在议会中占有的席位还是极少的。然而，波希米亚和摩拉维亚也轰轰烈烈搞起了捷克民族复兴运动，这种复兴不仅在语言和文化方面，自一开始便具有强烈的政治倾向。这一运动的直接目标只是争取捷克语言在教育、司法和行政中与德语具有同等的权利，然而在这一目标的背后，却是幻想建立一个捷克民族国家（在君主国内部），其领土不仅包括波希米亚王国诸邦，而且包括北匈牙利的斯洛伐克地区。许多年轻的捷克民族主义者也怀抱着极为激进的社会思想和政治思想。尽管如此，捷克的贵族们却支持和赞助捷克民族运动，作为反对以德意志人为主的官僚政治的盟友。

411　　君主国的德意志人，在君主国的所有民族成员中，从政治上讲是最多种多样的。除了大学生而外，德意志人只有极少数受到正在使马扎尔人、克罗地亚人和捷克人心醉神迷的浪漫民族主义的影响。除了蒂罗尔而外，也没有任何非常强烈的地方主义。整个的奥地利体制，

虽然像反对捷克或马扎尔民族主义一样地反对德意志民族主义，却主
要依靠于大部分由德意志人（出生或过嗣）组成的官僚机构和军官
团。另一方面，又有很大一部分德意志人中产阶级依靠为皇帝服务维
持生活。因此，这个阶级的绝大多数人忠于君主国，也有不少拥护君
主国的体制的中央集权性质，这是因为德意志人的地位受到波希米亚
和摩拉维亚正在兴起的捷克民族主义的威胁，也在较小的程度上受到
可与之相匹敌（虽然还弱得多）的施蒂里亚和卡林西亚的斯洛文尼
亚民族主义的威胁。他们希望一个中央集权国家会成为最好的保障。

　　另一方面，在君主国（伦巴第—威尼斯除外）的企业家和专业
阶级中，绝大部分又都是德意志人或者操德语的犹太人（当时，犹
太人一般都自认为是德意志人）。起来反对官僚政治的高压政策的主
要是德意志人和德意志—犹太人，认定书报检查制度是一个累赘的是
德意志人和德意志—犹太人的知识分子。结果，特别是维也纳变成轰
轰烈烈的改革运动的中心，这一运动从自己的观点出发严厉地批评政
权，而由于参加运动的人的社会地位和财政状况，其重要性与其人数
的比例是非常不相称的。运动的弱点在于不能调和自由主义与各民族
的相互冲突的要求，这一点不久就很显然了。

　　于是，在 1847 年和 1848 年之交，君主国中的几乎每个社会阶级
和几乎每个民族都对体制不满和要求变革。只要像巴黎的革命事件那
样稍一触动，就足以摧垮旧的结构，但是继之而来的是什么，当时还
没有人讲得出来。

　　　　　　　　　　　　　　　　　　　　　　　（姚乃强　译）

第 十 五 章

1793—1830 年的意大利

以 1793 年和 1830 年为上下限，并没有很大用处。在此期间，意大利发生了许多重要的事情，但是它们本身并没有什么意义。1793年刚刚开始，法国驻罗马的代表就被谋杀（1 月 13 日），可是，这件事不足以标志一个时代。那时，意大利虽已卷入欧洲外交和军事的斗争，但是，它的历史进程到 1796 年才发生决定性的变化。在那一年，可以说 18 世纪已告结束，法国革命进入了这个半岛；意大利的近代史是从法国军队的进驻开始的。下一次的重大变化是在拿破仑体制崩溃时发生的，1799—1800 年间的复辟只不过是一个插曲。本章大致可以 1814 年为分界线。在拿破仑体制崩溃之前，整个半岛逐渐接受共同的行政管理和政治影响，这是几个世纪以来的第一次。1814 年后，虽然所有的复辟政权不得不考虑奥地利的支配地位，但半岛却再一次分崩离析。1830 年并没有改变这种状况。

要作这样的评价，首先必须从意大利在 1793 年的结构谈起。当时，意大利根本不是一个整体，它的组成部分以各种不同的方式应付革命的冲击。意大利的各个部分基本上是按地形划分的，在由山脉和气候划分开的各地区中，存在着千差万别的社会，甚至连语言都各不相同。政治界线加固了它们的地方主义。意大利包括一大堆国家，其中撒丁王国和那不勒斯王国，[①] 托斯卡纳大公国，较小的马萨和卡拉拉公国，帕尔马公国和摩德纳公国，以及比翁比诺公国，都是君主政体。共和国有三个：威尼斯、热那亚和卢卡。在圣马力诺，还有小小的第四个共和国。在波河流域，奥地利所属的伦巴第包括古老的米兰

---

① 撒丁王国包括萨伏依、皮埃蒙德、尼斯领地和撒丁岛。那不勒斯王国包括西西里岛。

公国和曼图亚公国。最后，教皇国横跨在半岛的中部。① 在这个大杂烩中，各个政府虽然表面上相差无几，却是在极其不同的道路上发展起来的。有几个政府受到"开明专制主义"的影响，不过，尽管试图搞合理化，它们的结构往往并不比整个半岛的结构更有条理。地方主义、特权和法规，其寿命都比实行改革的统治者以及他们的文官们更长。要选择一个 1793 年意大利"典型"国家是不可能的；各个国家像它们的景观一样千差万别。

只是在非常普遍的一点上，意大利才显示一定的同一性来。虽然生活条件相差悬殊，财富的组织形式多种多样，但是，除了大海港以外，所有国家和地区的经济都以农业为主。结果，所有国家和地区的社会结构都是由人数上占压倒性优势的农民所形成的，而它们的社会结构相互不同，也恰恰是由于农民人数比重的不同而产生的。在那个世纪内，人口增加了，农民的生活水平很可能下降了；他们大多数很穷，也有许多人贫无立锥之地。城市生活也深深嵌入了这一背景，它严重贫血，无法产生另外一个能与地主们争夺社会权力的阶级。只有教士能与贵族的势力相匹敌，但是他们同是土地占有者，两个集团的利益往往是一致的。还缺乏产生资本主义心理状态的社会先决条件；大规模的工业很少，各种特权、陈腐的重商主义思想以及地方主义等都大大阻碍它的出现。18 世纪的意大利是这样一种社会的集合体，特权阶级人数很少，但享有财富和权力，他们抗拒君主和官吏为了普遍福利而对他们展开的进攻。农民们在一旁观看，不了解在这场斗争中，他们的利益究竟在哪一边。不过，这种图景却由于地点的不同和时间的差异，有很多点是模糊不清的。

在法国入侵之前，这些社会就受到法国革命的第一次冲击。意大利半岛对外国的社会影响和文化影响是自由开放的，即便仅仅来自知识分子，也必定会引起反响。有些人兴高采烈，例如米兰人戈拉尼，他变成了法国公民，并参加了雅各宾俱乐部；其他人则比较犹豫，即便他们在为普遍启蒙的可能性而兴奋的时候。伦巴第的经济学家彼得罗·韦里认为，意大利人太不成熟，还不配靠美德来进行统治。在意大利人中间，最初就有如此远见的为数寥寥。在他们看来，法国革命

① 关于 1793 年以前意大利的结构，在第 8 卷第十三章第二部分中有更详细的叙述，请参阅。

只不过是在意大利历史上早已屡见不鲜的一种外交上的花样而已。（关于罗马教廷的特殊反应，参见第六章。）然后，在法国流亡贵族所口述的经历和君主政体的崩溃的影响下，统治者们和贵族们的看法开始发生了变化。正因为如此，革命在意大利所产生的第一个效果就是王公们不再庇护正在从事改革的文官；现在，特权阶级能够进行反击了。有些知识分子也惊慌失措；戈拉尼在恐怖时期放弃了革命。1793 年以后，这种变化又因战争而加速了。最后的结果是：意大利的众多的国家分成两个集团：一个集团与他国结盟，一个集团保持中立。

414　　　在前者中间，撒丁王国的立场是最容易理解的。在法国侵略者吞并了萨伏依和尼斯后，它与奥地利和英国结盟是合乎逻辑的事情，这种联盟几乎用不着在都灵的法国流亡贵族的影响。无论如何，战争似乎向撒丁国王提供一个机会，使他得以利用列强之间的矛盾恢复传统的扩张政策。那不勒斯变成一个交战国，这不仅因为它的女王是奥地利人，而且因为它作为一个海上强国具有特殊的利益——这既是它的弱点所在，也是它与法国和英国打交道的力量源泉。伦巴第是奥地利的领地，不管是否愿意，它还是被拖入了战争，而托斯卡纳、热那亚、威尼斯和摩德纳则是在半自愿的情况下保持中立的。热那亚对撒丁极不信任，又充分认识到与法国保持商业联系的重要性，它在1792 年就宣告中立了。威尼斯发现自己的处境更加困难，但是还保持中立。摩德纳的赫尔克里斯三世也是如此。在英国施加一些外交的和海军的威吓以后，托斯卡纳被迫赶走了法国公使，但是在 1795 年，它重新采取完全中立的立场，并与法国签订了一项条约。

　　在政府一级以下，意大利人的态度在紧张的战斗中慢慢明确了起来。有些人被法国流亡贵族所讲的故事吓破了胆，但是另外一些人开始对成立新的共和国抱有更大的希望。在这些年间，政治发展中最有趣的现象是对法国和对革命原则表示同情，这种同情逐渐将一股股差别很大的思潮拉到一起，它们的唯一的共同特征是对现政府不满。那些失去发言机会的改良主义者，那些教会里的反教廷分子和詹森派，那些共济会员，以及那些憎恨文化落后和顽固思想的先觉社分子，全都能在共和主义与人权中找到他们的希望的共同焦点。1793 年，有几个意大利流亡者向国民公会请愿，他们已经很有信心地宣布说：

"意大利人在等待你们。"这话是不真实的，而且实际上，对于大多数意大利人来说，这话永远是不真实的，不过，它倒是重新恢复的意大利政治生活所表露的第一个姿态。

关于这种新的政治异见的起源和性质，已经有过很多的研究了。这种异见是随着革命的进展，在某些国家中出现的恐慌所引起的。奥地利人虽然并不像某些统治者那样惊慌，但是，就连他们也开始对于约瑟夫二世所鼓励的改良主义者投以怀疑的目光。像彼得罗·韦里那样一度受政府重用的人，现在发现自己不被信任了。然而，不管当时的难民和后世的历史学家怎样断言，伦巴第在 1796 年以前还是产生了几个"雅各宾派"①，而在其他国家里，政府首先促使不满转为叛乱。在那不勒斯，镇压是迅速而残酷的。1794 年处决和流放了一批人；次年西西里发生起义的时候，情况就更为恶化了。1794 年，都灵也处决了一些人。法国驻在半岛的代理人当然要利用这样一种事态。在热那亚的蒂利和他的继任者卡库尔（他还曾在威尼斯和佛罗伦萨任职）从事宣传和谍报活动，帮助不满分子到中立国家或法国去避难。他们能够以国民公会 1792 年 11 月 19 日的法令为依据，其中保证"对所有希望恢复自由的人民给予友爱和支援"。迫害是他们最好的盟友；流亡的共同经验是使政治异见在意大利异花受精的决定性因素。流亡者从意大利所有各国前往法国，其中以撒丁和那不勒斯的人为最多。并没有多少证据表明他们在意大利曾经得到广泛的群众支持，但这并不影响后来编造出有关他们的传奇。流亡开始使法国革命的共和民主思想与意大利的民族意识结合到一起。避难者们发现把他们赶出来的政府乃是共同的敌人；他们之中有些人认为，只要与法国结盟，意大利很快就会成为统一的国家。在鼓吹这种观点的人们中，最主要的是法兰西共和国派驻奥内利亚（1794 年被占领）的专员布奥纳罗蒂。他变成了意大利流亡者敦促法国政府采取支持意大利革命的明智政策的主要渠道。可是，要培育意大利的民族主义，还要求比流放更多的东西；在下一步的过程中，只能由占领和革命来提供这些东西了。

_____

① 此词因被当时的宣传家和后来的历史学家滥用，意义含糊不清。它既不是指一般的积极政策，往往也不是指比对旧政权有更多敌意的东西。

　　1796 年的入侵结束了阿尔卑斯战争，革命进入了意大利。波拿巴不仅是改变那里的外交格局，而且摧毁了反法联盟，改变了欧洲的面貌。4 月的几次战役迫使撒丁接受停战协定，随后是在波河流域的一次战役，结果很快就使米兰陷落（5 月 15 日）、摩德纳降服（5 月 17 日）和奥地利人撤出伦巴第。曼图亚还有一批被围困的驻军。那不勒斯人仓促地达成协议（10 月正式讲和），教皇得到一个停战协定。一次秋季战役粉碎了奥地利人解救曼图亚和收复伦巴第的企图，同年年底，反法联盟完全崩溃了。热那亚同意关闭它对英国人开放的港口。法国和西班牙之间的圣伊尔德丰索条约（8 月 19 日）迫使英国撤走舰队和放弃科西嘉岛，摧毁了英国人在意大利舞台上采取有效活动的任何希望。到 1797 年年初，只有曼图亚还站在归降波拿巴和继续战斗的歧路之间；当它陷落的时候，联合局面开始经历它最后的

416 痛苦过程。波拿巴又进逼卡林西亚，并于 4 月 18 日签订了莱奥本草约。①

　　半个世纪以来，奥地利第一次不再是意大利的支配力量。法国现在是它的伙伴和对手，它将怎样运用自己的优势还不得而知。由于有秘密的草约，法国督政府还不能明目张胆地增添新的财产，用意大利的领土换取把国境推进到莱茵河畔。不管督政官们如何想望，波拿巴的威望与权力都使他们不能这样去做。而且，另外的一些政策在巴黎也有它们的支持者。1796 年给予波拿巴的指示已经超额完成了。联合局面已经打破，热那亚的臣服已经确定，英国在地中海的战略地位已经失去。此外还征服了大片土地。这里出现了难题；要想用它们去做交易的筹码，就必须去组织它们——但是怎样去组织呢？对于建立卫星式的共和国，曾经有许多意识形态上和政治上的论据，但是有些随着法国军队回到意大利的流亡者却要求更多的东西。他们想要一个统一的意大利。他们应该早已知道，法国人是不能容忍这一点的。1795 年督政府满怀希望地与撒丁的"暴君"进行谈判，准备让他留在王位上；督政府已经把所征服的奥内利亚周围地区作为法国领土对待了；波拿巴本人也公开宣布他在最近的将来直接管理他所征服的地域的意图。另外，意大利人不知道这样一点：早在 1796 年 5 月，法

---

　　①　本章最后一个附注，简要说明从此时以后发生的错综复杂的领土变化。

国驻意大利的外交代表就开始接二连三地向督政府汇报情况，这些报告使督政府更加不愿意采取一种在意识形态上正确的，或者甚至是共和主义的解决意大利问题的办法。督政府告诉它的外交部长说，意大利人已被专制主义完全浸透，他们不愿意得到自由。

意大利流亡者企图影响法国政策的希望，比法军入侵开始时的确更加渺茫了。他们与布奥纳罗蒂的联系损害了自己的声誉；布奥纳罗蒂因与巴贝夫的密谋有牵连而被捕后，便成了一个毫无用处的和令人为难的盟友。现在，督政府认为他的意大利朋友们有间谍之罪，然后根据极端错误的假定进行起诉，指控意大利爱国志士是巴贝夫社会革命党人。这种假定给意大利人带来巨大的和灾难性的后果，而且它的重要意义立即显现出来：法国人鄙弃了流亡者们于法军入侵后在皮埃蒙特建立的那个小小的阿尔巴共和国，并且命令意大利革命者不要去扰乱撒丁政府。统一论者的思想在意大利也得不到更多的支持；当 1796 年 9 月在米兰举行以组织意大利的最佳方案为题的征文竞赛时，只有 1/3 的意大利应征者主张统一。

417

在这个关键时刻，波拿巴的意见是最要紧的。他可以任意而为，因为他的政府在财政和军事方面都依赖于他。在意大利，坎波福米奥和约（1797 年 10 月 17 日）的实质是对奥地利作些让步，以换取奥地利默许波拿巴的创造物——意大利诸卫星共和国的继续存在。这些情况在 1796 年已经开始出现了。最初，为了法国军队的方便，把伦巴第交给一个由意大利人组成的叫作"中央行政公署"的机构。随后是勒佐和摩德纳发生革命；波拿巴不顾他的政府的意愿，纵容造反者，允许由摩德纳以及波洛尼亚和弗拉拉两个教皇使节管辖区合成波河南共和国（1796 年 10 月）。1797 年 6 月，利古里亚共和国的建立确定了热那亚的未来。7 月 15 日，波河南共和国又与伦巴第合并，组成阿尔卑斯山南共和国。当阿迪杰河与瓦尔泰连河以西的原威尼斯领土并入阿尔卑斯山南共和国后，这个共和国居然成为意大利团结的第一次伟大的试验。波拿巴对阿尔卑斯山南共和国的国民自卫军夸口说："创立共和国的是军人"，接着又警告他们说："保卫它们的也是军人。"

督政府无可奈何地批准了坎波福米奥条约，随后又立即任命波拿巴为出征英格兰军司令。对于一个野心太大的人来说，这是一个容易招致失败的职位。但他在意大利任总督期间的伟大成就依然作为政治现实而存在：威尼斯共和国消灭了，意大利北部统一为一个共和国的形式。法国军队依然驻在意大利。所以，革命的影响并没有以波拿巴的调任而结束。此后对法国统治的体验，对意大利人观点的形成也同样具有决定性的作用。现在他们所苦恼的是：摸不清督政府在意大利的真正目的；督政府频繁调动司令官并且没有控制他们的能力；根据已经开始出现的迹象，坎波福米奥条约并不是最后的解决，还可能开始战争。

最重要的危险信号是：一个条件更苛刻的新的同盟条约使阿尔卑斯山南共和国更牢固地依附法国；1798 年 2 月，罗马共和国作为一个新的卫星国出现。这个共和国的建立显然违反坎波福米奥的决定，1798 年 12 月法国兼并皮埃蒙特也是如此。随着 1799 年 1 月在那不勒斯建立帕特诺珀共和国，几乎使整个意大利都从属于共和制度；甚至寡头政治的卢卡也进行了清洗，按民主路线作了改组（1799 年 2 月 2—4 日）。各共和国的宪法虽然在细节和名称方面可以因地而异，但大体上与共和三年的法国宪法相似。[①] 几乎所有的宪法开头都有一个关于权利的宣言，内容包括对财产的特殊保证。对公民资格的规定虽有不同，但说明主权存在于全体公民的意志。这个主权批准设立两院制的议会，而议会则选举一个执行机构——政务院（虽然其成员在罗马和那不勒斯称执政官）。地方行政设省，省下分县或区，县地区下又分为乡。这些共和国的政策，正像它们的结构一样，没有什么差异；虽然大谈革命的立法，但是实行的并不很多。取消贵族，取消有利于贵族的诸如限定继承权之类的法规，将教会财产世俗化和保障购买者的权益，废除教会对教育的垄断，采用共和历——这一切在意识形态上都是可以接受的，但是从来不想使社会革命走得太远，也没有时间这样做。在意大利的某些部分，这类革新还没有实行，就已经由开明的专制主义者进行统治了。

另外，新建立的国家缺乏权力。在大多数这样的国家里，共和主义的社会基础太窄，无法实行真正的革新；阿尔卑斯山南共和国尽管

---

① 在 A. 阿夸罗内、M. 达迪奥和 G. 内格里编《意大利宪法》（米兰，1958 年）中刊出八部宪法。

不是得到大多数人民的衷心拥护，大概也是得到最广泛的承认的，但是斯塔埃尔夫人却指出，在罗马，只有雕像是共和主义的。那不勒斯的农民和无业游民忠于拿破仑式的波旁王朝，固然声名狼藉，但不论在什么地方，群众也都不支持新政权。缺乏群众的支持，正是各共和国在 1799 年被推翻时没有力量进行抵抗的原因。它们之所以缺乏群众的支持，则是因为与法国人关系暧昧；这些共和国毕竟是仰仗法国军队的保护才得以生存的，而保护者又利用它们作为剥削它们的居民的工具。新国家只实行了征税和引进一种对异教徒难以理解并肆意侮辱的历法；以专利法保护发明或对有 10 个孩子的父亲给予津贴，只不过拙劣地满足一下意大利社会的潜在要求而已。[①] 共和主义者并没有对不识字的农民群众做出什么贡献；雅各宾派的宣传从来没有比教区祭司的布道更能打动一个农民的心。真正的共和主义者在意大利人中永远是一个没有代表权的少数。那些在共和制度或法国剥削的影响下成为统一论者的人就更没有典型性了。意大利共和主义者即便当了官，也没有实权。他们对任何重大问题都不得独自做主，他们要受到法国将军们和外交使节们的牵制和阻挠，那些将军和使节唆使其他的意大利人反对他们，如有需要，就用政变教训他们一番。巴黎的督政府虽有时不同意它的使节们的个别行动，但对他们的一般业务则是坚决支持的。它要求驻意大利的大使们以监督者自居，监视各该驻在国政府的行动。意大利人在这样的困扰之下，只得去为法国军队征收贡赋，因此又必然招致人们对为 "大国" 的利益而收税者的憎恶。由于不能补救自己在国家财政上和经济上的弱点，他们就无法赢得法国人的信任；法国征服者在他们之间神经紧张地挑来选去，常常误把维护独立与完整的意图当作反法的或统一主义的情绪。几乎从一开始，这些共和国就注定要失败的。

　　事实上，法国人过分地神经紧张了。他们在这些年的通信中越来越多地提到统一论的危险，阿尔卑斯山南共和国也确实收留了许多反对法国的爱国者，因为整个意大利流亡者都被吸引到米兰，尤其是威尼斯的流亡者，他们对把家园拱手让给奥地利人极为愤懑。但是归根结底，意大利革命者还是不能丢开他们的暴虐的保护者。法国人毕

419

---

①　例如，那不勒斯宪法的第 401 款和利吉古里亚宪法的第 379 款。

竟是伟大的共和国的代表，这个共和国是拥护反对旧制度的各种势力的大革命的。当法国的占领终于在 1799 年垮台后，在意大利的统一论者当中，只有一个人能够参加反对法国人的联军，这就是阿尔卑斯山南共和国的将军拉赫兹。意大利其他"雅各宾派"，虽然他们可能吃过苦头，也可能属于光明党之类的秘密组织，但是仍支持法国军队所代表的共和事业。向撤退中的法国人进行攻击的群众是由教士和贵族领导的，不是由意大利的雅各宾派带头的。

当最后一个卫星共和国——帕特诺珀共和国出现时，第二次反法联盟已经形成。那不勒斯政府受到英国人在阿布基尔和马翁港的胜利的影响，偷偷与奥地利结盟（随后与英国和俄国结盟），它不顾英国的担心，侵入了罗马共和国。法国人在罗马遭到攻击后宣战，尚皮奥内将军于 1 月 23 日开进那不勒斯。王室逃往西西里岛，尚皮奥内企图效法波拿巴，建立新的共和国。但是好景不长，到第二次反法联盟战争时，法国人在意大利的地位很快就动摇了。到 4 月底，莫罗不得不把米兰丢给苏沃洛夫。都灵失陷了，1800 年年初马塞纳退守热那亚。法国人很快就放弃了南方，他们一走，帕特诺珀共和国葬送在枢机主教鲁福的农民军手中，结束了这场悲剧。1799 年 10 月，当波拿巴在弗雷儒斯登陆时，法国军队业已被分割或包围，意大利人在阿雷佐和科托纳充分显示了他们对昔日征服者的同仇敌忾，所有的卫星共和国全都崩溃了。对皮埃蒙特的短期吞并，在当地引起一场反对法国人的起义。现在，对于那些能够逃出的意大利人来说，开始了一个新的流亡时期。

1799—1800 年复辟的最重要结果是：流亡者相互团结起来了，而且勉强接受了对法国的依赖关系。盟国占领军很快就如先前的法国人一样不受欢迎，但又几乎没有证据表明有什么人想恢复卫星共和国。看来，意大利人非到不得已时，是不想更迭政权的。意大利人民在这些年里的反应是很难看到的，除非是在他们被军役和苛捐杂税激怒而起来反抗的时候，或者是被教士们逼得投奔共和主义者同胞的时候。无论如何，这次复辟只不过是一个插曲。1800 年 5 月，第一执政在第戎集结他的军队，然后穿过大圣伯纳德山口。他不久就到达米兰，在 6 月 14 日，马伦戈一战重新确立了法国在波河流域的霸权。双方达成了五个月的停战协定，奥地利人退回明乔河北岸。使许多意大利爱国者大失所望的是：波拿巴在米兰和都灵建立了傀儡政府委员会，并将伦巴第和皮埃蒙特置于法国将军的严密控制之下。他对意大利的政策究竟如何，或者他是否有过一种政策，这些问题已经讨论过千百遍了。他原来谈论自己对意大利的计划时的处境，使人不能不有所怀疑。最稳妥的办法是来看看他实际做了些什么。

军事胜利后，随即是征收赋税和进行外交的改组。最后，在吕内维尔与奥地利人讲和（1801 年 2 月 9 日），条件大体与坎波福米奥条约相似。除了在波拿巴小心翼翼地不去打扰新教皇庇护七世的罗马，以及在因距离太远未能直接干涉的那不勒斯以外，都建立了新的傀儡政权。法国统治的新体系核心是在北部的巨大的意大利共和国以及并入法国本土的皮埃蒙特，这是进入半岛的入口。随后的一系列疆域变更全都是为了加强法国的直接统治。

到 1803 年，战争又开始了。次年建立了帝国。意大利共和国变成意大利王国，1805 年 5 月 26 日拿破仑在米兰加冕，背诵了传统的誓言："上帝赐之于我，谁敢染指，必遭天祸。"欧仁·博阿尔内被任命为新王国的总督，而一直作为波拿巴最主要副手的前共和国副总统、伦巴第贵族梅尔齐·戴里尔则退休了。第三次反法联盟战争带来更多的变化，到 1811 年，整个意大利已经重新组合了。

整个半岛，有些地区已作为帝国的一部分，直接由皇帝或者他委派的总督统治，其余的则为半独立的地方长官辖区。这次改组，从地域上看，一直伸展到伊利里亚。只有在西西里岛（波旁王朝的人在那里策划复国阴谋）和撒丁岛，旧制度的政府依然存在。在这次改组中，除权宜行事外，很难看出其他的任何东西。如果拿破仑果真为意大利想出一个特殊政策的话，他必然会付诸实施的。他享有一种真正完全的自由，可以对半岛任意发号施令。如果他愿意那样做的话，他是能把意大利统一起来的。结果并非如此，意大利的命运是由相互冲突的策略的压力、家族的野心、贪婪、疯狂和法兰西的利益来决定的。

然而在这些年里，革命闯入了意大利的历史。关于这些年的意义，已经有过很多的争论。多年以后，拿破仑的一位文官写道："我们的政治历史是到 1802 年才开始的。"毫无疑问，这个时期在行政管理方面具有重大的意义。最长久的影响可能是在意大利王国境内，这是在半岛上还没有普及的各种学说和制度开始传播的最大的国家。但在整个意大利，无论在帝国属下的王国或者行省，法国革命的制度一帆风顺地流行了几年。这个时期在某种程度上是开明专制主义的复辟；拿破仑的行政管理为18世纪的改良派知识分子提供了适宜的活动场所。缪拉的内政部长祖洛过去是波旁王朝的财政部长；意大利王国的财政部长普里纳过去是皮埃蒙特的官僚。法律改革家罗马尼奥西被博阿尔内的政府聘为立法和司法问题的顾问。这样的人还有不少。各革命共和国的官员也为拿破仑工作，只是统一论者不在此列。

　　拿破仑改组在行政管理方面的另一个成果，是引进了《法典》。引进《法典》后，就按法国的方针改组司法制度。1806年封建主义在那不勒斯正式宣告结束，意大利开始具有新的行政和法律形式，这些形式来自许多意大利人认为是现代化和高效率的样板的法国的复杂官吏制度。征兵本是一个极不得人心的制度，却往往被说成是培养意大利民族意识的重要手段；事实也很可能是这样，但历史学家们却忽视了对这个问题作学术研究。一个比较明显的值得称赞的革新是推行法国执政府时期常常进行的统计调查。这些调查反映出对物质进步的重新关注，令人们再度追怀上一个世纪的改革者们。意大利王国在1807年开始一次调查，缪拉在1811年开始搞了一次。被波旁政府搁置多年的地籍测量，终于在1807年开始进行了。

　　无论如何，有一点是肯定的：成千上万的意大利人在1801—1814年获得了从事行政和军事工作的经验，直到复辟后（见本书原文第431页），这些经验还深深地影响着他们的观点。许多拿破仑时期的官吏在1815年以后继续从事行政工作。同时，他们在处理日常事务时，也多少缓和了意大利政府从巴黎或从皇帝的军帐中听命而来的专政。拿破仑的控制始终很紧；共和国宪法和意大利王国宪法只给予代表机构很可笑的一点权力。缪拉在那不勒斯享有较大程度的独立性，这只是因为他离法国较远。

　　有时候人们说，意大利的经济历史是意大利利益完全屈从于法国利益的最好的明证。的确，意大利的经济生活在1814年时处于低潮。但是，要弄清拿破仑政权对此究竟负有多少责任，却也并不容易。在18世纪，政治上的分割，对地方小市场的依赖，货物的通行税，货币的多种多样，信贷机构的缺乏，以及残存的特权和特殊利益，都窒息了经济的发展。1796 年的入侵严重破坏了已有的工业。因此，可以推断，拿破仑进行的改革是会产生良好效果的。他采取的最重要步骤之一，是为意大利王国的 650 万人口巩固一个单一的市场。在王国境外的地区，也有类似的法律制度、商业法规、十进制货币和改善的交通设备，这一切都有助于促进经济生活。某些经济发展带来了重大的社会后果，尤其是在伦巴第，由于在革命时代出卖土地，中小地产的数目增加了。有人断定说，由于革命战争的扩大，原有的阶级结构被打乱了，一个新的资产阶级利用这一时机开始巩固自己的地位。关于这个问题的确切史实，现在依然难以发现，但是也有一些例证，如在皮埃蒙特，由于贵族们为了缴纳法国人的征税，不得不出卖土地，因而大地产分成了小块。这些土地，以及从王室和教会没收的土地，却到了由别的途径发财致富的人们的手里。拿破仑将意大利共和国的三个选举团之一分配给商人们（其余两个分别给土地所有者和行会成员），而在那不勒斯新的立法机构的 100 个席位中，留给商人有 20 个，这些可能都是很有意义的。从另一方面说，尽管这些迹象表明注意到了新的社会要求，但是很难相信商人或制造商已成为人数众多或地位重要的阶层。据不完全统计，在 1811 年，商业人口仅占意大利王国总人口的 3.5% 左右。这是意大利当时工商业最发达地区的情况。由于缺乏更精确的统计数字，我们很难相信这么小的一个职业团体能够支撑一个起重要作用的中产阶级。从税收依靠农业这一点，也可以得出同样的推论来。即使在那不勒斯这个最突出的地区，也很难看出土地的易手达到可估计的程度；缪拉不久就抱怨说：废除封建主义的结果只是使土地进一步集中到前贵族的手里。

那么，看来很可能是拿破仑的崇拜者夸大了在他统治时期意大利半岛经济生活的发展程度，不过这种崇拜是可以理解的，尤其是在复辟时期。有几点明显的评价是有把握的。首先，对半岛的改组虽然克服了一些破坏力量，但是又带来了一些新的破坏。法国将皮埃蒙特吞并，切断了伦巴第丝织工人与早先向他们供应原料的纺纱工的联系。帕尔马与勒佐的葡萄酒贸易被隔绝了，伦巴第至帕尔马的自古以来的交通路线被改变了。改组甚至还给远离意大利的地区带来不幸的结果；1810 年汉萨同盟的城市被吞并，它们从伦巴第进口货物的大门也关上了。这种封锁具有摧毁的力量；意大利由于封锁不仅失去了在

18世纪期间泛滥一时的英国进口货，还丢掉了生丝的巨大市场。对其后果，在意大利王国已经作过最仔细的研究，那里的商业和工业生活不但为法国对英国进行经济战的利益所制约，而且还为拿破仑帮助法国工业家的愿望所左右。进口机械是不受鼓励的。这样一来，意大利就可以不作为竞争的制造者，而作为农业原料的供应者参加法国的体系了。另一方面，工业制成品如果不是来自帝国，就不允许进入意大利王国。1808年的商业条约规定帝国和王国相互有50%的关税优惠，这正符合法国制造商的利益。他们的产品逐渐代替了英国货，虽然由于有马耳他，始终未能全部代替。

424　　　由于这些政策造成的经济生活的失调，又因法国人的直接征税而更为恶化了。例如，为了维持驻扎在半岛的法国军队而需要费用，同时还有米兰和那不勒斯实行自卫的军备负担。意大利王国还要每月向帝国纳贡250万里拉。这些支出对业已负担过重的经济来说，真是雪上加霜。在意大利与法国联合所造成的种种不利之中，还可以加上征兵、突然单方面改变海关税则等其他的项目。

　　高利率的证据似乎表明，由于局势不稳和横征暴敛，很难筹集发展工商业所需要的资金。确切的数据是更难以找到了。也有一些良好的迹象，1810年和1812年，意大利王国的贸易有顺差，但这主要是倚仗农产品出口的增加。其他一些数字则令人得出相反的结论。1808年以后，丝织工人的数目减少了；毛纺工人虽未减少，但这无关大局，因为毛纺业历来不是以出口为主的行业。布雷西亚的军火工业当然由于官方的需求而稍为有利可图。但是，很有意义的一件事是：当1812年威尼斯商人为他们不能在贸易中运用的钱寻找投资场所的时候，他们选择了土地，这在意大利经济中，几乎是唯一能够从拿破仑的政策中获得很多利润的部门。各港口也是灾难性地衰落了。热那亚本来就被早先的几次入侵和英国封锁毁坏，当帝国的海关制度切断它与伦巴第的联系的时候，遭受了一次致命的打击。1809年以后，里窝那只靠与法国的海岸交易而勉强维持下去。1808年，当安科纳和马切拉塔并入意大利王国的时候，它们与的里雅斯特（这个港口已并入帝国）的贸易立即下降了。它们与地中海东岸地区和巴尔干半岛的生意被封锁切断了。那不勒斯也因此蒙受损失；但是它仍然能进行18世纪的出口贸易，将农产品输往法国。只是在1811—1813年间，在它的这种贸易中出现了逆差。

意大利的经济发展还有一些根深蒂固的障碍，这在拿破仑时期几乎未加以克服。如果意大利不能从外国进口机器和聘请教导使用机器的人员，那么，要搞工业化，它在技术方面实在太落后了。1811 年，在萨莱诺地区的工厂里还不知道有织布的梭子。即使没有封锁，我们也弄不清楚当时意大利是否有能够投入大工业的资本和足够的举办实业的想象力。最后，1813 年米兰的灾难性的破产浪潮乃是拿破仑时期对意大利经济的最有破坏性的影响之一。这时在意大利境内打起仗来，抗议的声浪自然也就大了。11 月 11 日，缪拉废除了所有的现行保护性法令，代之以低的关税。米兰总商会虽然只能就经济政策向欧仁提出抗议，但这至少是一个开端。到拿破仑时代末期，意大利的经济已经奄奄一息，很少进展，没有任何要积聚力量发展工业的势头，商业萧条，只有农业在拿破仑的战略和行政管理的影响下还有利可图。

关于拿破仑政权在意识形态方面的冲击，在前面已经捎带提了一下。不管对它评价如何，必须简略地探讨一下拿破仑与教会的关系。他忘不了 1796 年和 1799 年教士领导的农民群众对他的敌对态度。1800 年米兰大教堂举行庆祝意大利从异教徒和不信教的人手中解放的仪式，一篇《赞美颂》就把拿破仑的意图表现了出来，他绝不允许教士扰乱第一次阿尔卑斯山南共和国的情况再次出现。如果他能在法国一切如愿的话，他随时都准备对意大利的教廷作出巨大的让步；他默许废除利奥波德在托斯卡纳进行的改革。当讨论意大利共和国与罗马缔结政教协定的问题时，他所委派的副总统梅尔齐·戴里尔感到自己不得不作出让步，而作为身受启蒙运动熏陶的人，他又意识到这种让步是很危险的。后来，当与教廷的争吵又发展到劫持教皇的时候，拿破仑才勉强放弃了优待教士的政策。[①] 这对于政权的威望很有关系。1814 年，农民们再一次表明他们对于政府的更迭是漠不关心的或者近乎漠不关心的；他们没有一个人起来保卫摇摇欲坠的政权，只有中部和南部土匪横行的地区是例外，自从 1801 年以后，就连那

25

---

① 1809 年 5 月 17 日，拿破仑废除了教皇在世俗中的权力。当教皇颁布通谕《每当想起》来革除劫持教士者的教籍后，他马上就兼并了教皇国家。

些土匪也不像他们以前那样激烈地反对法国人了。对正在撤退的法国人进行了很少几次袭击，如此而已。对教士的安抚政策可能是成功的。为什么原来的统治阶级不反对拿破仑政权，这是更难加以解释的问题。个人利益，地方情况，以及真正的理想主义，肯定是比阶级的团结一致更起作用的因素。可以这样认为，所有的意大利人都感到为连绵不断的战争出钱卖命是不合理的，那些注意到自己必须看着巴黎的眼色行事的文武官吏可能比大多数集团更清楚这一点。不过，他们还是效劳了，而且接受了拿破仑赐给的封号。

426　　要想简要地评价 1793—1841 年这段时间对以后的意大利历史和复兴运动所做的贡献，这是十分困难的。因为在拿破仑统治下，政治结构是相对稳定的，会有时间去巩固新的风尚，而在 1799 年以前，这是有点不可能的。军队、官吏和新的法典在整个意大利起调节的作用。18 世纪 90 年代的激进分子，除少数人而外，在拿破仑为了表示控制他们的决心而采取了几次行动之后，都逐渐地与政权合作了。不过，人们还是不喜欢法国人当太上皇，其根源要追溯到 1797 年和 1798 年的幻想破灭。有些人依然渴求统一，虽然在 1814 年已经表明他们是多么微不足道。后来有人说复兴运动的根源是 1814 年以前就已经燃起的民族觉悟，这种神话是没有什么根据的。民族主义的文献有过一些，但并不多；库欧科讲述 1799 年那不勒斯革命的那本书是其中最大的成就。还有一些秘密团体，它们追怀 1798—1799 年统一论者，但往往局限于单纯作出反对法国人的姿态，没有能力制定一个积极的民族主义纲领。

只有两个地区不同于这些年的共同经验，这就是西西里和撒丁。后者的确是未动一根毫毛而从旧制度下幸存下来的，这表现在它对查理·埃马纽埃尔在皮埃蒙特的仆从们持敌对态度。西西里的经验与此不同，而且对它后来的历史也很重要。这个岛始终具有分裂的倾向，1806 年以后，由于有一个流亡的宫廷，独立情绪加强起来。这个宫廷鼓舞西西里的显贵们要求立宪，他们依然记得上个世纪那不勒斯的总督曾经企图抑制他们的特权。结果，由于玛丽娅·卡罗琳娜怀疑议会中的贵族派与英国人在搞阴谋，使那不勒斯的宫廷十分苦恼。议会的这些人受到地方爱国主义、阶级利益、肤浅的立宪思想和自由思想，以及搞阴谋的嗜好这样一种混合物的刺激，只是由于英国人的到来才使他们纠集到一起，显出好像一个民族主义运动的样子。至于在当地驻扎的英国军人，他们根本不信任玛丽娅·卡罗琳娜。当他们在1811 年派遣本廷克去向波旁王朝提出忠告时，事情变得更糟糕了。英国政府只是希望西西里有足够的平静，以便作为英军作战的根据地，因此，派本廷克去警告那里的宫廷，如果它不明智地坚持拒绝实行宪法改革，就不要再指望英国人会支持它去镇压西西里人民了。本廷克还被授权控制对西西里宫廷的津贴，并作为最后手段，有权以撤走英国驻军相威胁。由于玛丽娅·卡罗琳娜制造麻烦，使本廷克终于运用他的权力，把她驱逐出岛。这时，国王颁布了一部按照英国模式起草的宪法，其中还包含着 1812 年西班牙宪法的某些成分。本来指望这样做就会有一个稳定的政府。不幸的是，立宪运动现在已经瓦解了，本廷克实际上变成了一个独裁者，从而具有讽刺意味地继承了18 世纪总督们的衣钵。

英国在西西里岛上进行的宪法酝酿和有利于改革的宣传使人感到，1813 年有机会从这个岛上发起一场意大利解放运动。本廷克本来希望这样做。不幸的是，到 1814 年年初，这场游戏就不在他的控制之下了。莫斯科战役失败后，欧仁就班师跨过易北河，然后返回意大利。他拒绝了缪拉所提出的两人共同去与盟军讲和的建议，而是做好了防御半岛的准备。莱比锡战役后，奥地利已能调动大批部队去意大利，到 1814 年 2 月，欧仁被迫跨过明乔河撤回来。与此同时，缪拉与他的敌人达成了谅解。即使在那个时候，意大利似乎还有可能不受拿破仑帝国崩溃的影响，而保留它的新制度以及不再受外国干涉的独立性。甚至欧仁本人有可能成为以拿破仑的王国为基础的一个新的北意大利国家的国王。至少在缪拉投靠他们而参战前，奥地利人没有排除这种可能性。但是当缪拉终于向他进攻时，欧仁不得不在斯基亚里诺里齐诺停战协定上签字（4 月 16 日）。条款之一是必须派一个意大利代表团去巴黎陈述关于王国前途的意见。不幸的是，以孔法洛涅里为首的伦巴第的自由主义者偏偏在这个时候犯了一个严重的、致命的错误——支持米兰的起义。这次起事的确实原因不清楚，但是欧仁的一个部长被私刑处死，他本人也退到巴伐利亚。有几个参与者肯定是想要把缪拉拥上王位，另外一些人则幻想得到英国的支持。尽管在米兰曾出现了一个短暂的临时政府，但他们的所作所为却使这场游戏牢牢地掌握在奥地利人的手中。米兰被占领了，当孔法洛涅里和他的朋友们到达巴黎时，人们告诉他们说伦巴第是要归奥地利人的。

错误估计形势的不只是米兰的自由主义者；他们之中有几个人受到本廷克的煽动，本廷克希望他们能在为意大利制订的计划中起些作用。他刚一踏上里窝那的土地（3月9日），就鼓吹将意大利建成一个独立的宪政国家，他与已经占领托斯卡纳的缪拉激烈争吵，并且宣称要重建热那亚共和国，虽然他的指示是以撒丁国王的名义去占领它。"交给意大利人"，他极力主张说，他的言语使本国政府感到震惊。"看起来，他是想把整个意大利放松不管。"卡斯尔雷写道。这种不赞成的口气意味着本廷克必定要失败，他的意大利朋友们必将孤立无援。英国对自由和民族运动的政策到1814年春天很快冷了下来。卡斯尔雷被来自意大利的消息吓破了胆，并按照他所认为的欧洲秩序的利益行事，完全准备支持奥地利人在意大利的行动，而且不管本廷克怎么说，都丝毫不超出这一原则。为米兰起义所震动的奥地利人，改变了原来只收复明乔河以东土地的克制态度，这样就能够随心所欲地去对付缪拉了。

缪拉在1月跟他们议和。作为对他进攻欧仁的回报，奥地利人保证缪拉的王位，并且使他又得到原教皇国约有50万居民的地区。这个协议是他在3月和4月行动的基础，他完成了契约的义务。但是，他做得太匆促，也不热心。而且，在向意大利北半部进军期间，他还容许自己的军官去煽动人们支持一个民族主义的纲领。他的军队占领了半个意大利后，他的地位也似乎牢固了；就连卡斯尔雷都准备默认与奥地利人达成协议，如果能够为那不勒斯的波旁王朝捞到一些相当的补偿的话。不幸的是，缪拉并不相信这就是英国的政策，他只能看到本廷克反对他本人的行动似乎跟反对欧仁的行动一样强烈。因此，他又与欧仁勾搭起来共同搞密谋，这样一来，当刚刚复辟的法国波旁王朝在维也纳开始想起本家族那不勒斯的一支的时候，他的地位就削弱了。在议会中，缪拉的密使得不到发言的机会。实际上，由于英国人不能反对奥地利的意大利政策，他只能仰仗于奥地利的善心了。即便在这时候，如果他在拿破仑逃出厄尔巴岛时不放弃自己的计划的话，他还是可以保住自己的王位的。缪拉急于求成，遂侵入教皇国，赶走了托斯卡纳大公。1815年3月30日在里米尼发表了著名的宣言，他号召保卫意大利的自由事业，得到极小的反应。事情还不止于此。他没有能渡过波河，只好再次折向南方，终于在 5 月被击溃。在这以后，奥地利对他再也不施予恩典了。他在 5 月 19 日离开意大利，以意大利方式解决意大利问题的最后机会也随之消失了。

　　这些失败决定了复辟的方式。这种方式的基础是奥地利在半岛上的支配地位的加强。此种霸权的拱心石是新的伦巴第—威尼斯王国。于是奥地利得到了空前牢固的战略地位。在它的各省，一批迂腐的但是忠实可靠的（人数比拿破仑时期少些）官僚在军队的支持下统治着国家。拿破仑时期的许多官吏都撤了职。再一次引进奥地利的司法程序，但是法国的商业法规大体上没有改动，在前政权时代所进行的一切财产转让立即得到法律上的承认（1815 年 5 月 11 日）。正如约瑟夫二世治下的伦巴第那样，各行省享有极少的自治权，以明乔河为界的税卡又将它们分开。总督很少过问构成行省和各地区行政机关的主要纳税人。他执行由维也纳制定的政策，其中包括对奥地利实行优惠关税，为维持精干的警察和书刊检查制度而加征重税。

　　在半岛的其他地区，奥地利的支配权是由奥地利驻军和王朝联系来表现的。有两个国家由奥地利哈布斯堡家族直接统治。在帕尔马，玛丽－路易丝被拥上宝座，她的情夫奈珀克充当枢密官。她死后，这个公国归属帕尔马的波旁家族。托斯卡纳由斐迪南三世统治，如波旁家族离开卢卡回到帕尔马，他也有对卢卡的继承权。小小的圣马力诺是仅存的共和国。教皇国都复辟了；那不勒斯王国作为两西西里王国重新出现。撒丁王国吞并了热那亚和前利古里亚共和国的其余部分，还重新得到尼斯、萨伏依和皮埃蒙特。在摩德纳，弗朗西斯四世复位，根据安排，在马萨－卡拉拉公国的统治者——他的母亲死后，马萨－卡拉拉也要并入他的领土。

　　要概括这些政策是不容易的。每个制度都反映出地方因素的相互作用，拿破仑的各种成就的力量或弱点，流亡的教训或痛苦。没有两个制度是完全一样的，所有的制度均由一个奥地利政府严密监视，生怕产生敌对情绪，一旦发生，便要立即扑灭。虽然没有一个制度能够随意向改革的方向前进，但是每一个制度都能够自己决定在返回旧制度的道路上走多么远，而未发现拿破仑体制有某一部分可以保留的，则寥寥无几。在两西西里王国，梅特涅就复辟的性质给斐迪南一世作

429

了如下的规定：不采取极端的镇压措施，不拒付公债，不取消缪拉的年金和称号。另外还有一项秘密条约，其中规定未经奥地利批准，不得改变宪法。在那不勒斯的民众中，由于忠君者多而支持缪拉者少，复辟政权的明智和克制最初取得成功。拿破仑法典保留下来，封建主义没有恢复。拿破仑时代的官吏依然留职，西西里的独立受到尊重。缪拉自从入侵王国的企图遭到失败并于 1815 年 10 月被处决后，情况发生了变化。警务大臣卡诺萨采取一系列镇压自由主义者和缪拉的追随者的措施。1816 年 12 月，两个王国又重新合并，所有独立的西西里制度都被摧毁；英国人的存在曾经使西西里的立宪党人骄横一时，但是英国驻军已经在 1815 年撤走了。政府反自由主义倾向最突出的证据之一是 1818 年的政教协定，这一协定对罗马教廷作出了在 18 世纪的那不勒斯难以想象的让步。但是，1819 年的新法典还保存了拿破仑的司法改革。

在教皇国，枢机主教孔萨尔维曾经希望：在教皇特使管辖区和边疆地区收复后，就有可能对政府机构进行一些改革。他的目标是中央集权和使更多的世俗人参加政府。虽然复辟的政权并不严厉，1816 年 7 月 6 日的《教皇自动诏书》也并未清除拿破仑时代的所有创新，但是孔萨尔维的希望破灭了。托斯卡纳截然不同，这是一个自由主义的绿洲。在斐迪南三世治下重新采用利奥波德一世的法律，这些法律与拿破仑的法律一样开明而有效。自由贸易在托斯卡纳得到官方的嘉许，而当时在其他地区则被当作政治上的自由主义受到鄙弃。托斯卡纳是唯一在其境内不准恢复耶稣会的国家。在佛罗伦萨开始出现一群杰出的自由主义知识分子，他们后来对复兴运动作出了重大的贡献。帕尔马也避免了倒退，保存了拿破仑时期的法典和行政机关。在摩德纳，弗朗西斯四世虽然很快博得了一个不值得羡慕的吝啬的反动分子的名声，并且取缔了法国人的许多创新，但也没有恢复封建法律或委托赠与权。在撒丁王国，反动是正式完成的，国王和宫廷人员带着上一世纪的辫子和三角帽重新进入都灵。政府回到"干净人"（巴尔博后来这样称呼）的手里，所谓"干净人"，就是那些在 15 年间什么事情也没有干的人。现在，庸庸碌碌之辈上了台，而那些在拿破仑时代显示出才干的人则被当作道德败坏的瘟神敬而远之。但是，由于君主制很得人心，还有地方爱国主义可依靠，也就无须太苛刻了。

实际上，也不能把撒丁当作一个纯粹的意大利国家；在任何制度下，那里都必然感到法国文化的影响。稍经犹豫之后，拿破仑的货币保留了下来，尽管没有保留法典。另外，维克托·埃马纽埃尔不信任奥地利处理皮埃蒙特领土的计划。他的意图是在复辟时建立一个不受或几乎不受奥地利左右的国家。

这样的千差万别就使我们难以对各地区的复辟作一个总的概括。任何地区都没有完全的反动，任何地区都没有任何暴力的抵抗；应该这样推定：受到很大骚乱的只有极少数的意大利人。地方主义和重商主义再次流行。不过，复辟虽然未经多少困难即告完成，但不满的迹象很快就开始出现了。可以看出，复辟时期的自由运动与革命时期光明党之类的反法运动是有某些联系的。在拿破仑时期，从事反法运动的还有另外一些秘密团体，其中最著名的是烧炭党。这个组织是在那不勒斯作为一个反波旁王朝的运动开始的，在制度改变时期反对缪拉，然后到复辟时期又恢复反波旁家族的活动。在镇压匪帮时期，它的组织扩展到整个南方，而在 1814 年，缪拉的入侵又使它打进了罗马涅。它要掌握意大利复兴密谋的领导权，并且促使另外一些秘密团体（如皮埃蒙特联邦党）建立起来。它在各地的分部，其目标和社会构成皆因地而异。在那不勒斯，越来越多地从富裕阶层吸收党员。在教皇国，它是世俗的和反神权的。在皮埃蒙特，密谋者们幻想通过一个皮埃蒙特皇室成员进行活动。各地分部是自行其是；在那不勒斯，讹诈、恐吓或"保护"是家常便饭。关于这些秘密会社的情况依然很不清楚；许多史实还有待发现。而像"锅匠党"这样一些反自由主义的秘密团体的活动，就使得情况更加复杂了。

另外出现一些激起不满的动力，这不是来自秘密会社的多年策划，而只是来自对于复辟的失望。在伦巴第首先是如此，那里有一群聚集在孔法洛涅里及其报纸《和解报》周围的青年人，将自由派的宪政要求与教育和经济改进计划联系起来；孔法洛涅里本人曾试办兰开斯特式的学校，并且使波河上出现第一艘汽艇，与此同时，又与烧炭党人共同搞密谋。他的报纸于 1817 年创刊，只维持了一年，但是，在那一段时间里，它成为发表反对奥地利统治的文学作品和理论文章的主要场所。在其他地区，不满还有其他特殊的和地方的原因。在教皇国，罗马涅感到了卷土重来的教皇特使的统治与拿破仑行政官吏的统治有显著的不同。在南方，由于废弃 1814 年的宪法解决办法，西西里的分裂主义又复活了。在整个意大利都有因被迫闲散而大为不满的军人。而且，还有掌握了"职位向有才能者开放"的思想的新的一代，即意大利的朱利昂·索雷尔正在成长。对于这些压力没有可以节制的安全阀，奥地利人取缔了《和解报》，卡诺萨压服了那不勒斯王国。因为没有制度可以使人们通过其表达不满，1812 年西班牙宪法就具有很大的象征意义。在 1820 年掀起不稳的浪潮时，这些因素中有许多产生了强烈的影响。

432　　　　那不勒斯的革命是由军人领导的。虽然他们的利益在 1815 年已经得到保证，但是缪拉的许多军官感到他们受到不公正的歧视，难以晋级。烧炭党人与锅匠党人的对立在某些地区几乎酿成内战，这更加深了士兵们的忧虑情绪。烧炭党的地方支部与中等地主建立了联系，大多数支部由这些地主领导。烧炭党人自己所确定的目标是：限制君权，改革行政，继续向封建主义进攻和废除重商主义。至于烧炭党人更积极的对于土地改革的兴趣，偶尔也有所流露。1820 年，军人们和烧炭党人突然站到一起，这是由环境来决定的；从长远看，这是力量薄弱的根源，但是却形成了那不勒斯的革命。

那不勒斯政权的镇压措施在 1820 年 5 月和 6 月达到了顶点。同年 1 月，西班牙发生一次革命，而且取得了成功。当时看起来，并不要去进行干涉；可能由此认为，如果在那不勒斯举行起义，它们也是不会进行干涉的。另外，通过斐迪南，西班牙也与那不勒斯有连带关系。斐迪南曾要求继承西班牙的王位；为了维护他的权力，他曾宣誓遵守 1812 年宪法，既然他在西班牙能够做到这一点，为什么他不也宣誓支持那不勒斯的宪法呢？7 月 2 日，诺拉的驻军哗变，当地的烧炭党给予支持。第二天，卡普亚的驻军也举事，由佩佩将军领导叛乱者。政府立即屈服，答应制定西班牙式的宪法。由过去同情缪拉的人组成了新内阁，但是不包括烧炭党人；这一点很重要，因为自由派只能从烧炭党的地方支部得到公开或半公开的有效支持。佩佩成为内阁与烧炭党之间唯一真正的联系人。

那不勒斯革命发生一周后，西西里分离主义者也接着起义，这是不足为奇的。西西里的混乱很快就使有产者震惊，整个夏天全岛都处于瘫痪状态，而革命则受到贵族阶级和行会成员的掣肘。叛乱者还因起义发祥地巴勒莫与墨西拿之间的敌对而遭到削弱，他们终于在 9 月投降了。10 月 1 日在那不勒斯召开新的议会时，没有西西里的代表参加。新的议会支持烧炭党人的内阁，这个内阁盲目相信英国会在必要时前来保护那不勒斯的立宪派，同时，错误地相信了斐迪南的诺言。

不幸的是，英国对于干涉所抱的态度是：如果奥地利单独行动，它并无异议。在特罗保签草约（参见本书第二十五章，原文第 676—677 页）之后，斐迪南假装允许把那不勒斯事件提交盟国处理，一当他在热那亚平安地踏上英国的巡洋舰，他就否认了他所有的让步。他在莱巴赫正式要求援助。那不勒斯政府已经大为削弱，在军事上是因为许多部队调到西西里，在士气上是因为缪拉的军官们跟烧炭党的政治家们现在闹分裂。一支奥地利军队击败佩佩将军，于 3 月 23 日进入首都。很快就完成了复辟，流血不算太多。后来流放了很多人，但只处决了两个自由主义者。5 月实行大赦，只有原来发动兵变者除外。这次革命的失败是由于革命者内部的分裂，由于西西里岛叛乱（1821 年 3 月在墨西拿作最后一次反冲）分散了力量，由于缺乏一致的目标，由于斐迪南耍两面派，但是最主要的是由于列强默许奥地利动用军队来进行镇压。如果这次革命成功，就可能产生一个对过去遗留的东西具有特殊兴趣的宪政国家，从而切断统一的道路。现在失败了，它对复兴运动的神话和流亡人数的增加起了很大的作用。最主要的是它清楚地表明奥地利不仅要维护分裂的意大利，而且维护反自由主义的政府。奥地利军队迄至 1827 年一直驻在那不勒斯。

1821 年，皮埃蒙特也发生一次具有强烈军事性质的革命。领导者是军官和宫廷中的人员；这次革命与其说是民众起义，不如说是军事政变。革命者有与联邦党合作的打算，因为在那不勒斯，只有通过秘密团体才能得到广泛的支持。这样一来，革命就普遍地倾向于自由宪政主义，不管其策划者是否同意自由宪政主义者的特殊目标。那不勒斯的革命和奥地利的干涉使这次运动发展到危急的关头，也使它具有了爱国的和反奥地利的色彩；这意味着国王的态度是犹豫不定的。一位王室成员——卡里尼亚诺亲王查理·阿尔贝特知道这次密谋：即便不能立即得到国王的积极支持，也希望他能成为国王与密谋者之间的协调人。

1月，都灵学生的骚动引起报复行为，这加强了对宪法改革的要求。在查理·阿尔贝特与密谋者作了两三天含糊不清的讨论之后，事件于3月10日爆发了。驻军军官控制了亚历山大里亚。在都灵，从莱巴赫传来会议决定的消息时，王室会议于当晚即准备批准宪法改革。几天以后，革命者占领了都灵的城堡，维克托·埃马努埃尔无法扑灭这次叛乱，只好逊位。王储查理·费利克斯还在摩德纳；查理·阿尔贝特认为自己有权当摄政王，并宣誓忠于西班牙宪法（3月15日），其目的如他后来所说，是维护秩序。3月20日，查理·费利克斯命令他去诺瓦拉，他在那里被捕。随后是奥地利军队的干涉，动乱即告结束。奥地利人再次成为决定性的力量，革命者又因内部分裂和最终目标不定而大吃苦头。如同在那不勒斯一样，这次运动的失败在于根本缺乏群众的支持。巴尔博曾经写道：舆论既不表示支持，也不表示反对。梅特涅说这次造反是"一次可怕的混乱"，亦不算大错。哗变的想法本身就违反皮埃蒙特军队的传统。

这次失败对皮埃蒙特的未来并没有产生长远的严重后果。奥地利的占领即意味着反奥地利情绪的增长，尽管查理·费利克斯一度感到比过去更加信任他在提契诺河对岸的邻国。查理·阿尔贝特的身败名裂是对意大利后来的历史起重要作用的副产品。行政机构和警察遭到清洗。但是最重要的后果可能是关于运动的神话和造就的人才。马志尼在1821年目睹通过热那亚出走的皮埃蒙特流亡者之后变成了一个爱国者。

皮埃蒙特和那不勒斯的事态引起了其他地区的镇压行动。在教皇国，虽然教皇特使管辖区是秘密团体的一个温床，但是没有发生变乱（这可能要归功于孔萨尔维的智慧），直到1823年庇护七世去世和疯狂的反动分子利奥十二世继位，并没有太多的活动。此后的一些改革是悲剧性的，如犹太人被剥夺了许多公民权利；也有些改革是荒唐的，如解散预防种痘监督署。孔萨尔维被撤掉了国务大臣的职务；枢机主教里瓦罗拉被派到教皇特使管辖区去使他们驯服，并铲除秘密团体。1825年有人企图谋害他的生命，接着是处决许多人，但是直到另一个狂热分子庇护八世于1829年继教皇位时为止，情况并没有好转。与此同时，在两西西里，弗朗西斯一世在1825年成为国王，尽管奥地利政府终于解除了卡诺萨的职务，依然进行残酷无情的审讯和追查。不过，秘密团体还是继续存在。

在其他地区，政府是比较宽大的。不过在伦巴第，革命的危机暴露了自由党人与行省外的运动之间的联系。于是开始了一系列重大的政治审讯。首先是对被发现与烧炭党人有关系的八个人判处了死刑，但是一个也没有执行，只是在那不勒斯爆发革命后，这些犯人的监禁条件变得更为严酷了。然后是对包括《和解报》前主编西尔维奥·佩利科在内的一群人进行审讯。接着是更多的逮捕和审讯。最后，在皮埃蒙特革命之后又有一次审讯，孔法洛涅里本人也成为被告中的一员；他本来是希望以伦巴第的起义来支援皮埃蒙特人的。一个受审的囚徒又泄露了伦巴第的密谋与热那亚的运动之间的联系。这些审讯在几年内有效地摧毁了密谋和伦巴第的秘密组织。审讯是很有意味的，因为孔法洛涅里和阿里瓦贝内等贵族的社会地位表明伦巴第的上层阶级对奥地利统治的幻想破灭得有多么快。这些囚徒成了民族的殉难者。对他们似乎过重的判决，后来对为贝尔歇的诗篇和佩利科的《我的监狱生活》中关于复兴运动的神话提供了重要内容。但是，尽管有这些活生生的暴政的证据存在，镇压在其他地区却逐渐松弛了。1824 年，查理·阿尔贝特重新获得对皮埃蒙特的继承权。在帕尔马，虽然为了取悦梅特涅而进行了几次审讯，但玛丽-路易丝不是宽恕了每一个人，就是减轻对他们的判刑。就是吓破了胆的摩德纳国王弗朗西斯四世，尽管他的法庭宣判 40 人死刑，也没有任何一个人被执行。托斯卡纳在利奥波德二世于 1842 年即位之后比过去更为温和，梅特涅一再抗议那里对自由党人的宽容。这种宽容的象征之一是维瑟的《文萃》的问世。《文萃》开始出版于 1820 年，是爱国主义在文艺和学术上的集中反映；其中辑录了卡塔内奥的处女作和罗马尼奥西的几乎全部晚期作品。

由于 1793 年和 1830 年是人为划定的时间界限，由于在这段时期结束时半岛的情况依然错综复杂，所以很难指出意大利历史上的这段时期的普遍意义。经济的变化并不显著。工业格局在 1815 年以后才开始有点变化；直到 1817 年，比埃拉才有第一批动力织布机。对于大多数意大利人来说，经济生活依然意味着农业；只是由于拿破仑的立法和土地的出售，它的形式才稍有改变。在 1830 年，半岛的交通闭塞依然在扼杀农业；在那不勒斯，每百升谷物能卖 30 里拉，而在巴西里卡塔连 8 里拉也卖不掉。农村的贫困状态丝毫没有改善，而那不勒斯的乞丐人数却足以表明这种情况正在日益恶化。北方也是如此，在普列塞研究韦尔切利人的巨著[①]中已经注意到农民生活水平的下降，而这将是意大利在 19 世纪的特征。没有什么东西可以抵消这种农村贫困的日益加重的负担。对新的经济形式和思想已经发生了兴趣——早在 1816 年，库斯托迪的 50 卷本《意大利古典经济学家》的最后一卷已经问世——但是，这还不是在改变社会结构。保险公司和储蓄银行的创立是一个开端，对新农业技术的关心也很显著，但是，新的领导阶级还没有出现，传统的统治者们还在掌权。土地所有形式虽然稍有改变，但贵族们依然处于支配地位，他们不得不趋附于他们的集团之外兴起的一个拿破仑贵族阶级，这个新贵族阶级的地位是由新的限定继承制度巩固下来的；其他的阶级就无足轻重了。广大群众并不具有已经存在的那种民族觉悟和政治觉悟，虽然在 1793—1830 年间，有文化的行政官吏阶级的扩大可能是一件重要的事情，但是这个阶级一心要在复辟的政权中钻营个职位，竭力适应复辟的政权。

当我们探索这些年间的政治和法律的改革的效果时，就会回想起意大利历史学家耿耿于怀的问题："这个时期与复兴运动有怎样的关系呢？"因为意大利的政治与历史神话有连带关系，这个问题依然有某种重要性。最近研究复兴运动晚期阶段的著作强调皮埃蒙特人的野心与外交环境的作用，使人感到仿佛早期阶段的贡献主要是在意识形态方面，其主要特征是某些意大利人面对着各种不同的外国人而日益自我觉醒。这一点有足够的政治方面的证据，起初是布奥纳罗蒂及其亲密的伙伴们，后来是 1815 年以后反奥地利的情绪。但是，像这样从民族主义观点理解纯政治的证据，必定会产生很大的漏洞。比如，地方一向有一种强烈的不满情绪，这与争取民族自由是毫不相干的；西西里是很突出的例子。另外，有许多意大利人自愿为外国政权服务。他们坚持为有效率的政府效忠的世界主义传统，18 世纪的改革家们就是这样。梅尔齐和普里纳是意大利社会中最开明和最进步的人，他们对本国同胞的真正利益所在是很少怀疑的。

[①]　S. 普列塞：《两个世纪的农业生活》（都灵，1908 年）。

　　然而，我们不能以此来否定排外的证据。围绕着这一点，很快就形成了神话。而排外本身则成为形成复兴运动的第一代人的观点的社会与政治现实之一。这一神话的实质是把民族主义的要求与自由主义的要求等同起来，它有各种不同的来源，如雅各宾党人的宣传，拿破仑的行政机构，贝尔歇和福斯科洛的诗歌，焦亚和孔法洛涅里的经济发展计划。的确，只有少数人意识到这一点。当时最伟大的意大利作家曼佐尼尽管从他个人和从政治上对伦巴第的自由主义者表示同情，但他的政治活动却仅限于在 1815 年缪拉的企图流产之后写出《里米尼宣言》，以及在听到拿破仑逝世之后写出《五月五日》。同样确实的是，他是一个彻头彻尾的米兰人，他只是在去巴黎之后很久才访问托斯卡纳，他根本没有到过佛罗伦萨以南的地区。尽管如此，就连他也未能摆脱当时流行的思想潮流的影响；我们可以这样论断说，他把托斯卡纳语的惯用法应用于意大利语的演说和文章中，这对意大利民族性的贡献不次于任何一个烧炭党的密谋者。

　　这个时期在意识形态上的重要性还与它的长度有关。这个时期终了后，18 世纪那一代革命家几乎完全谢世了。一个在 1793 年是 20岁的人，到 1830 年就将近花甲了。那些在法国人占领时期成长的人，后来成为复兴运动的第一批领导人。他们之中有些人是拿破仑官僚政治和复辟官僚政治的两朝元老。到 1820 年，有许多 1792 年和 1793年的风云人物变成了谨慎小心的保守派。另外一些人则不是这样：皮埃蒙特的革命英雄桑托雷·迪·桑塔罗萨过去是帝国的专区区长；佩佩过去是拿破仑的一个旅长。在那些依然比较年轻的人们中间，1789年出生的巴尔博最初是拿破仑的一名文官，查理·阿尔贝特曾当过法国骑兵军团的军官。

　　如果不考虑无法估计的意识形态的和神话的影响，那么很清楚，意大利在 1830 年还不具备民族国家的客观条件。各种各样的观察家在这一点上是一致的。如下的说法显然是正确的："人民不再是一批迷惘的和消极的乌合之众，而是一个有机的整体，他们的期待和愿望不久就会变成要求。"① 在后来的整个复兴运动中，就没有群众登上舞台；由此可见，在 1830 年以前，他们肯定没有参加一种民族运动。

---

　　① 塞格雷教授语，见《剑桥近代史》（1907 年）第 10 卷，第 104 页。

南方的匪帮，1799 年或 1814 年袭击法国士兵的暴徒，或者对普里纳处以私刑，虽然有人认为他们集中反映了民族问题，但是并未形成一个民族运动。1830 年在意大利历史上并不是一个划时代的年头，如同以 1793 年划分 18 世纪一样，只是武断地以它来划分 19 世纪的意大利而已，如果能够说它是一个时代的分界线，那也只是因为这一年在法国历史中有一些意义，它使意大利的自由主义者们希望他们能够再一次看到法国成为国际革命中的"大国"。新的一代年纪很轻，他们忘掉了第一次入侵带来的失望。佩佩在 1830 年与拉法叶特不断接触；在摩德纳，齐洛·梅诺蒂能够利用弗朗西斯四世对法国人可能采取的行动的疑惧，使这位君主卷入自己的密谋。他们的希望表明了革命的几十年带来什么样的变化，但是也表明意大利在产生一个自主的民族运动之前还要走多么远的路程。

438 ### 关于 1793—1814 年意大利的主要领土变化的注释

　　在莱奥本草约（1797 年 4 月 18 日）中，双方公开同意将奥属尼德兰划归法国，并秘密商定皇帝也要放弃伦巴第。伦巴第再加上原威尼斯在奥利奥河与阿达河之间的领土，形成阿尔卑斯山南共和国的核心。皇帝得到达尔马提亚、伊斯特里亚，以及威尼斯的一些陆地。威尼斯人一度得到教皇特使管辖区，后来依照托伦蒂诺和约（1797 年 2 月 19 日）又归属法国；但是皇帝根据坎波福米奥和约（1797 年 10 月 17 日）得到了在阿迪杰河以东的威尼斯共和国的其余部分。此后是一些卫星共和国的建立和崩溃。在吕内维尔和约（1801 年 2 月 9 日）中，实际上重复了坎波福米奥和约的条款。重建的阿尔卑斯山南共和国得到了奥地利人的承认，不久即成为意大利共和国。利古里亚共和国和卢卡共和国得以恢复。托斯卡纳被赐给帕尔马公爵的儿子，成为埃特鲁里亚王国，并且由于得到小的普雷西迪国（1801 年 7 月 28 日）而扩大了版图。在斐迪南死后，法国人根据阿兰胡埃斯条约占领了帕尔马。法兰西帝国建立以后，热那亚、帕尔马和皮亚琴察都并入帝国，拿破仑的妹妹埃利兹·巴乔基被立为卢卡女王。根据普雷斯堡条约（1805 年 12 月 26 日），奥地利放弃了其威尼斯属地。意大利王国扩展到伊松佐河，后来又得到特兰蒂诺。达尔马提亚和伊斯特里亚成为法兰西帝国的一部分。约瑟夫·波拿巴到那不勒斯当国王，1808 年被缪拉取代。1807 年，埃特鲁里亚王国成为埃利兹的一个大公爵领地。1808 年 4 月，教皇的安科纳边区被并入意大利王国，1809 年又兼并了教皇国。关于 1814—1815 年的变迁，参阅本书第二十四章，原文第 657—658 页。

（徐烈成　译）

第 十 六 章

1793—1840 年左右的
西班牙和葡萄牙

在如何改革正在江河日下的社会问题上，伊比利亚自由主义标榜了两个互相冲突的理想：一是在传统的宪法范围内，由少数开明人士进行改革；一是以人民主权作为政治理论，进行激进的革命。这两种纲领的起源必须上溯到 18 世纪后半叶，那些诊断社会衰败症的早期医师的传统带有外国的影响。伊比利亚启蒙运动虽然使思想生活得到复苏，但是依照欧洲标准，却是衍生的和次要的：其意义在于它对在卡洛斯三世晚年控制西班牙君主政体的那些锐意改革的文官们发生了影响。不管他们是吸收了业已过时的重商主义，还是受到比较现代的重农主义的影响，或者在后来接受亚当·斯密的思想，他们总怀抱着这样一种信念：公民社会并不是万世不易的、神圣不可侵犯的结构，而是可以以政治经济学为基础、用立法手段合理地改进的。他们的目标是使国家进一步繁荣昌盛，因而强调有用的技艺和实际的改革，主张取消无用的阶级制度、无用的烦琐教育和对经济有害的慈善团体。与西班牙的改革家们相比，庞巴尔为增加税收而由一位过度劳累的大臣单独加紧对国家有效控制的做法，乃是在科尔贝尔的启发下产生的一个过了时的纲领。尽管如此，在葡萄牙自由主义者的眼里，这位多疑的独裁者却成为开明改革者的化身。

改革纲领由政府所发起的爱国团体传播到西班牙的各个地方。这些团体的活动往往是很幼稚的，仅仅炫耀从外国报刊上得来的一鳞半爪的科学知识。尽管如此，这些政府官员和他们在当地的支持者坚决提出一个纲领：根据国家的王权要求而确定的方针改革大学教育；发展公共工程，以改变某些省会的面貌；修建以马德里为起点的公路网；合理地划分行政区，扫除由于市政的怠惰与腐化和由于地方的特权所造成的对有效管理的障碍。除少数自然神论者以外，他们都不是异教分子，更谈不到是革命者了。君主政体是他们的工具，是"改革的神经中枢"，只要它的效用确切无疑，它历来所拥有的权力就不会受到挑战。到 1809 年，这种情况发生了变化。在 1808 年的危机中，君主政体和传统机构的软弱性引起了尽管还不明确但是已很普遍的制定一部宪法的要求。更加危险的是，尽管佛罗里达布兰卡（和葡萄牙的马尼克）竭力阻止跟法国进行文化交流，但出现了一个激进传统的萌芽。[①] 我们从萨拉曼卡大学中的激进分子小组的自发的和互不协调的活动中，从比科内利在马德里策划的共和派密谋活动（1795 年）中，从宗教裁判所在地方城镇偶然获得的奇怪的小册子中，都可以发现这样的萌芽。战争造成了一个和平派，戈多伊认为后来的自由主义就是由此产生的，这一派甚至会向法国大使欢呼"自由万岁"。1800 年，骚塞发现没有薪饷的葡萄牙水兵在为自由和波拿巴而举行暴动。后来，这些激进分子把对改革的模糊要求在西班牙转化为加的斯议会的明确的自由主义纲领（1810 年），在葡萄牙转化为 1820 年的各种事件。

就一个以启蒙运动和后来的自由主义为模式的现代社会来说，在西班牙和葡萄牙存在着什么因素呢？西班牙的贵族阶级显然是一个正在没落的阶级。它的经济地位正在受到打击，它的政治影响正在逐渐消失，它的价值尺度也受到了挑战。除了宫廷以外，高级贵族阶级已经丧失了政治权力。在葡萄牙，这是由于庞巴尔对各古老家族进行猛烈的打击；在西班牙，这是由于他们懒惰和清高，而由低级贵族出身的受过正式训练的文职官吏担当繁杂的行政工作。西班牙的波旁家族与法国的君主政体不同，拒绝改变这种做法的一切企图。[②] 虽然贵族们在学术振兴中占主要地位，但其一般趋势则与贵族的价值观念和利益都是背道而驰的。在文字上对一个无用的贵族阶级进行的猛烈攻击，乃是法国的论战的反响，或者是低级贵族出身的政客所为，并非被排斥在外的资产阶级的攻击。限定继承权是作为发展经济的"障

---

① R. 赫尔：《十八世纪的西班牙革命》（普林斯顿，1958 年），第 239—376 页。
② V. 罗德里格斯·卡萨多：《卡洛斯三世的内政》（巴利阿多里德，1950 年），第 24—36 页。

碍"，而不是作为阶级特权而受到攻击的。政治经济学家们论证说，限定继承权是繁荣农业的唯一最大的障碍物，因为土地不能买卖，就不可能对农业进行有利可图的投资。贵族操纵市政以及他们的庄园拥有裁判权，被认为是妨碍行政管理而受到抨击，而在封建捐税繁重的巴伦西亚和阿拉贡则作为社会不公正而受到批判。没有明确规定拥有财产的权利，以保护贵族的利益。在北方，贵族的概念含糊不清，几乎包括巴斯克诸省的全部居民。[①] 由于贵族的概念越来越模糊，在 19 世纪，自由主义派的军人、银行家和律师都被授予贵族的称号。这种扩大化的结果，使得贵族阶级的社会和政治影响得到了恢复和加强。

441　因此，尽管在 1809 年的环境下难以想象能成立贵族院，但在后来的几部保守—自由主义宪法中，总是规定设立一个包括世袭贵族在内的上议院。

　　威灵顿写道："在西班牙，掌握实权的是教士。"他们拥有这种权力是理所当然的。西班牙教会是一个民主机构：有一位大主教是烧炭工人的儿子，主教团是受人尊敬的和好善乐施的。作为一个慈善机构和作为一个劳动力的雇佣者，教会直接控制着贫苦阶级。不过，它的深远影响则来自同各种方式的社会生活发生密切的联系。在较大的城镇中，这种威望就下降了，例如在 19 世纪 20 年代和 1834—1836 年间曾经发生反教士的暴乱和焚烧教堂的事件，这在 20 年前是不可想象的。奥利维拉·马丁斯认为，由于世世代代受耶稣会的教育，葡萄牙人不得不陷入迷信和伪善，而由于经济上的苦难，就更加进入歇斯底里的状态。庞巴尔反耶稣会士的攻击，不但没有削弱反而加强了群众的信仰，从而助长了米格尔主义的"白色蛊惑宣传"。把教会作为维护国王利益的政治机构而加以攻击，就产生了西班牙的"詹森主义"，产生了涉及 1800 年教会分裂的关于王权的论争，并引起对教会控制教育的攻击；而由于教会作为一个经济机构的地位，又引起了对永久管业权、"不劳而食"的修道士和修女的恶劣境况的攻击。然而，自由派与教会之间的冲突并非仅仅是经济改革的产物。由于教会激烈反对新思想，由于奄奄一息的经院制度不吸收任何新的东西，由于任何意见都一定会被否决，自由主义者不得不起来进行斗争。如果

---

① A. 多明格斯·奥尔蒂斯：《十八世纪的西班牙社会》（马德里，1955 年），第 77—123 页。

自由主义者想要得到任何的进步社会，他们就不能不采取保卫行动；就连虔诚的天主教徒霍韦利亚诺斯，也因宗教裁判所企图摧毁他的教育改革而感到愤懑。在西班牙和葡萄牙，只有少数激进分子乐于参加战斗，尽管在 1822 年，葡萄牙的民主主义者曾公开呼吁学习革命法国的榜样。大多数的自由主义者，不管是由于深信还是害怕自由主义会被当作少数派纲领来谴责，都以历史上的原因为借口，极力避免公开的战斗。在加的斯议会中对宗教裁判所的攻击，是作为西哥特法的复活而提出的，当时是争取新闻自由的最低限度的自由主义要求。正是在这些问题上，我们可以看到自由主义者与 18 世纪的文官们是有分歧的：自由主义者虽然实现了王权派的纲领，但他们不是为国王的权力，而是为一个自由社会进行奋斗。

改革派认为，只有发挥资产阶级的力量，才能使国家富起来和增加国家的收入。西班牙资产阶级只是在逐渐地使自己适应这一使命：除高级文职官员外，专业阶级的报酬低得可怜，不受人们尊敬——律师享有崇高威望完全是 19 世纪的事情。商人阶级往往是保守的；那个典型的卡斯蒂利亚城市依然是一个地方贸易中心，一个经济落后的行政首都。在西班牙的边缘地区，人口的增长促使经济开始复苏。按照欧洲标准来看，人口的增长幅度是很小的，但由于西班牙的人口一直不增不减，这种增长还是很了不起的。经济复苏的原因是美洲市场向整个西班牙开放（1768 年）以及工资和物价之间的差距有利于投资和扩张。经济复苏在巴伦西亚、巴斯克诸省和加泰罗尼亚最为显著，结果造成一种后来在 19 世纪发生巨大政治影响的新的力量均衡。[①] 加泰罗尼亚是以棉花为基础的一个真正工业革命的中心，到 1805 年，在工业中已有一万名雇佣工人。加泰罗尼亚的软木塞和白兰地畅销起来。加泰罗尼亚人向西班牙展示了崭新的商业前景。在葡萄牙，庞巴尔和他的继任者面临着丧失以宏伟的马夫拉宫为象征的巴西繁荣。他的对策是采用垄断商业和开办皇家工厂等老药方。葡萄牙的贸易大部分依然掌握在外国人手里，虽然也有本地人正在东山再起的明显迹象。到 19 世纪 20 年代，里斯本商人试图迫使自由主义的制

442

---

① P. 维拉尔：《十八世纪的巴塞罗那》，见《外交文书档案的历史研究》第 2 卷（巴塞罗那，1950 年）。

宪会议接受他们建立真正民族经济的计划。①

　　这样，在西、葡两国，自由主义者不能从一个强大的工商业阶级那里吸取自己的力量，而没有这样一个阶级正好可以说明伊比利亚自由主义的软弱。西班牙的中产阶级人数虽多，力量也强大，但是它的构成却与西欧其他国家迥然不同。它包括城市里的中等土地所有者，这部分人后来是自由主义土地立法——剥夺教俗限定继承权和没收城市公有地——的得益者，并在地方显贵的影响下赋予选举机器以自由主义性质。尤其重要的是，中产阶级还包括军官团，这些人赋予它以特殊的力量。

　　伊比利亚半岛上的人民基本上仍然从事农业，情况极其复杂，无法进行概括。大致说来，农民占有土地的地区信奉天主教，富于保守性。卡洛斯主义和米格尔主义在巴斯克诸省和葡萄牙北部是根深蒂固的。1822 年，葡萄牙的守旧派企图动员北方来反对自由主义的南方。这种农业制度虽然没有对爱国团体所宣传的改革信念作出反应，但是既不像所想象的那样稳固，也不像所想象的那样技术落后。传统的制度尽管极端缺乏资本，却还能根据市场情况，把重点放在绵羊、小麦和橄榄上，甚至栽培茜草之类的新作物。因此，19 世纪初期，葡萄牙和西班牙在基本粮食作物——小麦的产量方面都有确实明显的增长。② 在地中海沿岸地区，由于排水和灌溉，生产的发展和产量的增长也都是显而易见的。

　　西班牙的农业问题是：在南部和西部的大庄园中无地的农业工人的悲惨处境，以及在中部的小农和佃农的贫困不堪。在 1760 年，政府对于可以把过剩劳动力与过剩土地结合起来的农业改革发生了兴趣。在改良主义者当中，有一派主张政府支持农民拥有土地，并且限制地租。而自由派则反对这种解决办法，赞成公开拍卖教会的土地和市政公有地，由新所有主去加以改进。在霍韦利亚诺斯的《备忘录》③ 中极力鼓吹实行这种解决办法。这种自由出售政策必然有利于

①　F. 皮泰拉·桑托斯：《里斯本的商业资产阶级》，见《经济评论》第 4 卷（里斯本，1951年），第 22—25 页。
②　A. 莫罗·德·霍内斯：《西班牙统计资料》（巴黎，1834 年），第 106—109 页。A. 希尔韦特的文章，见《经济评论》第 6 卷（里斯本，1953 年），第 65—80 页。
③　即霍韦利亚诺斯《马德里经济协会致卡斯蒂利亚最高王政会议关于土地法的备忘录》。——译者注

经济实力雄厚的人，而那些主张实行这一政策的人，肯定忽视了自由买卖土地将会给收入仅敷支出的农民带来什么样的社会后果。

在 1789—1808 年间，西班牙和葡萄牙的外交政策是软弱无力的，这在葡萄牙归咎于恢复唯宫廷之命是从的制度，在西班牙则归咎于王后的宠臣戈多伊把持朝政。事实上，这两个国家都是二等强国，无法采取中立的方式去摆脱法国依靠传统联盟的结构进行历次战争而强加给它们的无法忍受的压力。1793—1795 年的战争暴露了西班牙的软弱性。戈多伊没有别的选择，只能去和法国结盟，以此来对付他的宫廷敌人，以及防止出现他的敌人于卡洛斯四世死后一旦得逞，在葡萄牙建立一个公国的前景。他企图改变他的制度，但是为时已经太晚，因为拿破仑这时已不再确保他的地位，法兰西军队正在涌入西班牙，这加速了他的垮台。戈多伊才二十几岁，是个没有经验的禁卫军军官。他赞助文学，在教育问题上是个进步的温和派，而在攻击教会占有土地方面则是个激进的改革者（这项政策使教士们赞成制定一部限制君权的宪法）。他的主要弱点是，在政策方面随着宫廷的喜怒左摇右摆；他的权力来得很不光彩，而他又往往利用自己的后台，这样就树立了许多敌人。王储费迪南德的党羽与仇恨一个地方小贵族出身的宠臣的宫廷贵族互相勾结，促使他垮了台。费迪南德的爪牙组织了阿兰胡埃斯暴乱（1808 年 3 月），迫使惊慌失措的卡洛斯四世退位。国王向暴民屈服。在这次阴谋得逞之后，王储便与态度暧昧的贵族立宪主义，也许还与——虽然证据不足——全国范围的反对"哈里发"戈多伊的"自由派"密谋结合起来，不断企图败坏他母亲的名声并使他父亲的大臣名誉扫地。[1] 尤其重要的是，当戈多伊终于看到法国联盟的危险性，特别是对于在美洲的西班牙帝国的危险性的时候，费迪南德七世却正在以法国联盟为靠山。自从 1806 年起，太子的一派就谋求法国人的支持，费迪南德希望作为法国承认的被保护者来进行统治。因此，费迪南德是天字第一号的亲法分子，只是在巴荣纳遭到拿破仑拒绝以后，他才摇身一变，成为全国抗法运动的象征。

这次抵抗对于发扬西班牙民族主义的意义，正如德国的解放战争一样重要；在这场抵抗运动中，西班牙官方举棋不定，对能否战胜法

444

---

① C. 科罗纳：《卡洛斯四世在位时期的革命与反动》（马德里，1957 年），第 312—388 页。

军缺乏把握，又害怕对一个已经合法地从费迪南德那里接过权力的政府采取革命行动所造成的后果。要对约瑟夫·波拿巴的权力提出异议，就必须求助于这样一种理论：主权不在于国王，而在于国民。费迪南德在马德里留下的卡斯蒂利亚王政会议和政务会只是奉命同法国人和解；首都被法军进驻，无法考虑抵抗，他们唯一关心的是维持秩序，避免正式从法律上废除费迪南德的任何权力。[①] 在加泰罗尼亚，地方当局与法国将军实行合作，因为只有求助于一个法国军官所谓的"巴塞罗那的大批下等人"，才能够抗击法国人。可是，怎么能指望七十高龄的军事长官埃斯佩莱塔发出这样的号召呢？在占领的最初阶段里，官方的合作迷惑了法国人。

　　迫使合法当局进行抵抗的是下层人民；如果说"人民揭竿而起"这个由来已久的说法说明革命组织者的活动的话，它也正确地表达了革命的群众性质。1808 年 5 月 2 日的马德里起义乃是因与占领军发生摩擦而使仇外情绪加深的结果。5 月中旬，运动席卷各省：敌人的屠杀和群众的压力迫使军事长官和地方当局把人民武装起来，并且批准自动成立的地方政务会。运动不仅是针对法国人在马德里的屠杀，也是反对由法国人保护的戈多伊的最后一次拼死的斗争。西班牙全国各地纷纷成立政务会，正表明地方上的贵族已经接受了革命。这些政务会是革命的产儿，经常与旧政权的官员发生冲突。它们往往犯狭隘地方主义的错误；有时只不过是有名无实，连办公用的墨水和纸张都没有；在自己管辖的地区，收税和征兵都办得不力。但他们拥有足够的负责任的爱国者，推动建立"中央政务会"，这是形成西班牙政府的一个庞大的代表机构。作为最高的权力机构，即作为重新行使宪法权力的国家合法代表，它的地位遭到卡斯蒂利亚王政会议的反对，该会议主张旧的法制依然有效。而各个地方的政务会则谴责它保守。到1811 年，通过一系列的地方"雾月政变"，各地的政务会都由将军们控制起来了。将军们不理睬文职官员，他们认定一系列军事上的失败都是由于文职官员的无能，没有充分供应军队的给养。[②] 罗马纳出动

---

　　① 参阅阿桑萨－奥法里尔《辩护书》(《西班牙著作家丛书》，第 97 集，马德里，1957 年) 第 1 卷，第 288 页。D. 杜·德塞尔特《西班牙评论》第 17 卷 (巴黎，1907 年)，第 66—378 页。J. R. 梅卡德尔《法国占领时期的巴塞罗那》(马德里，1949 年)。

　　② 关于阿拉贡军区的不满和野心，参看阿耶韦侯爵的《回忆录》(《西班牙著作家丛书》，第 97 集，第 258—266 页)。

50 名掷弹兵驱逐了阿斯图里亚斯政务会；将军们跟保守派勾结在一起，阴谋反对在加的斯的中央当局。这些最初的武装暴动对自由派文官政府来说，乃是不祥之兆。

议会的召开使人民主权合法化了，这样就提供一种政治理论，足以使约瑟夫的合法性失效。保守派认为旧法律依然生效，这种观点不能适应 1808 年革命的现实；上自国王起，旧制度的各级组织的失败，已葬送了君主政体的旧"体制"，群众的抵抗使本来交给国王的权力又归还了国民。无论是人民主权论本身，或者是普遍的改革愿望，都不需要极度限制行政权力的 1812 年宪法。国王"像一只被关入宪法牢笼的野兽"；这样一来，19 世纪初自由主义的命运就和一部极其神圣的、不可变更的宪法联结在一起。这部宪法使有效的议会政治无法推行，也是任何国王所不能接受的。自由主义者把自己这个杰作说成是被哈布斯堡专制主义掩盖了的传统宪法的复活，企图掩盖人民主权的原则已经大打折扣这一事实。但是，阿圭列斯承认：一部"继承下来的"宪法如果不再"体现国民幸福这个首要的原则"，它就不能限制国民的合法权利。这就揭露了自由主义者的论点是一种诡辩。

加的斯自由主义者在政治理论方面本来已与 18 世纪的政治改革家背道而驰，但是，自由派的纲领却有很大一部分是从这些改革家那里继承下来的，再用从国外输入的以阶级、财产和契约自由为基础的社会设想加以补充和发展，而这种设想超出了国王的行政和财政权力。革命西班牙的联邦结构掩盖了加的斯的立法者怀抱的国家团结统一、公民在法律面前人人平等的理想：取消行会，取消地方管辖的飞地，消灭由庄园主掌握裁判权的庄园社会的残余，走上法律平等和按比例纳税的自由全民国家的康庄大道。自由主义者在经济立法方面，关心的不是合乎社会需要的重新分配土地，而是建立明确的和绝对的财产权，澄清旧制度混乱不堪的概念。因此主张圈地自由以反对牧主光荣会的放牧权；主张废除庄园，这一措施的意图是在可以接受的契约基础上建立财产权，而不是为了解除农民的沉重负担；因此主张将市有公地转归个人所有，而不进行可能与财产权相抵触的土地改革。19 世纪的解放纲领就这样拟制出来了，虽然战争阻碍了它的实施。

自由主义者被卷入对教会的攻击，这违反他们的政治利益。如果再加上有关王权主义的议论，攻击的目标就远远超出原来的范围。在对宗教裁判所的攻击中，进步的西班牙和传统的西班牙之间的辩论采取了现代的形式。在废除教会的司法权的问题上，在拟议中的攻击把永久管业权作为偿付国债的手段的问题上，尤其是在接受约瑟夫对修道院的镇压的问题上，保守分子与自由主义者之间发生了分歧，而使修道会的教士们加入了反对自由主义的反改革运动。这样，由于贵族十分软弱无力而无法组织的反击，现在就由受到威胁的教会来领导了；教士们拉选票的活动对产生 1813—1814 年的更加保守的普通议会起了作用。①

我们怎样估计西班牙军队在西班牙解放运动中的贡献呢？正规军接连败北。1809 年以后，西班牙的抗法战争以游击队为中心。游击队有 3 万人左右，他们的战术也不可能产生辉煌的战绩。但他们的确产生了由卡洛斯派和极左派双方继承的威力巨大的神话。游击队的抵抗成为爱国者的信念中和 1822 年突出表现出的用各种美好的言辞加以渲染的民族主义的一个组成部分。它把革命，把地方反对腐败的中央政府的自发起义浪漫化了。战争给自由派留下的最头痛的遗产是通敌分子，即亲法分子的问题。在西班牙和葡萄牙都有许多人由于贪图私利和迷恋官职而为法国人效劳；还有像卡萨诺瓦那样的政治冒险家，他在巴塞罗那由于掌管警察而大发横财。真正的亲法分子是那些出于信仰为法国效劳的人。他们的基本立场是西班牙作为一个单独的王国的独立地位可以由约瑟夫的君主政体来最好地加以维护；爱国者的抵抗必然导致军事征服，最后丧失政治独立。而且，费迪南德的退位并没有为抗法运动提供合法依据，所以爱国主义就意味着求助于"共和"学说，而国王本身对这一点是不能接受的。各种群众性委员会、激进的议会和服装褴褛的革命军队，都代表着无政府主义。亲法分子的悲剧是，他们押宝押错了。拿破仑对埃布罗河流域诸省提出了军事要求，并且把他哥哥实行的赢得民心的政策置之脑后，这就使亲法分子失去了存在的理由。但是，他们并不是卑鄙的卖国贼和通敌分子，他们往往是西班牙社会的进步因素，是怀抱自由思想的文官，他们从约瑟夫的君主政体中看到了改革西班牙的希望。

在葡萄牙，1808 年自由派起义一无所获；在西班牙，自由主义

---

① M. 阿尔托拉：《现代西班牙的起源》（马德里，1959 年），第 610—615 页。

试验随着费迪南德七世在 1814 年复位而告终。当费迪南德确信军队在支持自己，而且右翼的"波斯人代表团"在议会（这时已在马德里）中显示出反雅各宾情绪的力量之后，他对废除宪法就不再有任何犹豫了。最近以来，人们非常重视那个主张传统君主政体的波斯人纲领，它提供一条介于教条的自由主义和 18 世纪内阁专制主义（这两者都被认为是舶来品）之间的中间道路。[①] 波斯人纲领不合时代、没有明确的体制，根本无法实行，只能作为废除自由主义及其一切法规（1814 年 5 月 4 日）和恢复内阁专制主义（这是波旁王朝和布拉干萨王朝的君主们所熟知而且能够实行的唯一制度）的借口。民众的尊王主义为唐·卡洛斯提供了借口；只有唐·米格尔后来认为它是个蛊惑民心的农民运动。在葡萄牙和西班牙，复旧行动是无效的、不牢靠的和独断专行的，它经常受到军队的暴动、秘密社团以及流亡的自由主义分子的敌对行为的威胁。费迪南德需要像加拉伊和巴列斯特罗斯那样的与自由派有联系的财政方面的能人，因而鼓励建立一个比较温和的政府的试验性步骤，但遇到的是反叛和旧制度的恢复。自由派的要求充其量不过是反映诗人金塔纳的论点：凡是在自由社会里生活的人，谁也想象不出不自由社会是什么样子。往最坏处说，他们的要求证明，政治生活乃是夺取有限的恩赐官职的斗争。由于官职有限，自由派的官位追求者只能设法实行接管，不能和旁人分享。这种情况是形成军事自由主义的一个先决条件。

费迪南德的政权和葡萄牙的摄政会议只有偿付债务和繁荣经济，才能维持自己的地位；这意味着恢复美洲殖民帝国，恢复 18 世纪时同巴西的那种贸易关系，而两者都是超越所谓"二等朝廷"的财力的。西班牙拒绝让步或让英国人调停，"坚强不屈，仿佛欧洲就在它的脚下"；英国的外交在对待没落的帝国主义的感情方面表现得毫不老练，它在南美洲的贸易利益也损害了与西班牙的关系。最后，西班牙就企图孤注一掷，拒绝对不可避免的命运让步。这给西班牙的政策注入了一种疯狂的光荣感。费迪南德的西班牙无力建立一支军队来避免在美洲的失败：安达鲁西亚远征军摧毁的不是美洲的叛乱分子，而是君主政体本身。葡萄牙摄政会议和费迪南德七世都冒了很大风险，

448

---

① 例如 F. 苏亚雷斯·贝德格尔《旧制度的政治危机，1800—1840 年》（马德里，1950 年）。

离间军队中的各派。在葡萄牙，军队各派不和乃是贝雷斯福德的统治和高级军职一概由英国人垄断的结果。在西班牙，由于加强经济管制和害怕残留的自由主义情绪，政府只给在战争中急忙派赴战场的新军官阶层以低微的职位。在他们的敌手看来，这些军官是战争中的暴发户，被连连晋升弄得晕头转向，做着发动西班牙"雾月政变"的美梦。他们起来反叛了。同后来几代把革命看作一桩生意的将军们相比，这些军官是高尚的理想主义者，理应在自由主义的烈士名册中占有其地位。

在西班牙和葡萄牙，自由派革命的工具是秘密团体（它们在1815—1820年间的成功活动是由于伊比利亚的教士们迷恋于共济会的纲领）和武装起义，后者是一种军官的叛乱，其很不成熟的政治理论是，当一位君主的奸臣们或腐化的议会机构损害了全体国民的意志的时候，就要到军官团中去寻求这种意志的表现。武装起义总是采取一种死板的形式，并总带有一个弱点：由于担心周密的磋商会使计划败露，大多数武装起义都是仓促行事。但是，这个弱点由于政府的侦察不力和监禁不严而抵消了。1820年，被推选出来的领袖基罗加虽然身在囹圄，却被允许有进行密谋活动的完全自由。摇摇欲坠的专制制度鼓励了革命者任意行事。① 西班牙和葡萄牙的早期武装起义只不过造成了一些殉难者，如葡萄牙的戈麦斯·弗莱雷·德·安德拉德和加泰罗尼亚自由主义的代表人物拉西。平民的支持虽然不断增加，但毕竟是有限的，士兵们对于他们的军官们的自由主义则漠不关心。即使说在1817年有过一次共济会的即平民的大规模密谋行动，那也无济于事。1820年，在一些高级军官和加的斯共济会的一些著名人物由于被奥唐奈出卖了1819年的"值得敬佩的"密谋而感到恐惧之后，实际上由一批青年军官和毫无经验的鲁莽行事的文职人员领导的加的斯革命为什么会成功呢？使革命获得力量的是"士兵厌恶乘船前往美洲"，这种厌恶心情第一次引起军士和士兵们对革命的直接兴趣。英国领事认为这次叛乱"将会自生自灭"；它之所以取得胜利，是因为政府软弱无力，未能集结一支力量去与之战斗。② 3月，革命

───────────────

① J. L. 科梅利亚斯：《西班牙早期的武装起义》（马德里，1958年）。R. 卡尔的文章，收在 M. 霍华德编《军人与政府》（1957年）中，第135—148页。

② 伦敦档案局：外交部档案，73（西班牙）。韦尔斯利1820年1—3月的报告文件。

扩展到了萨拉戈萨、科鲁尼亚和巴塞罗那等大城镇。巴列斯特罗斯将军和奥唐奈向革命投降；国王被迫接受 1812 年宪法（列戈马上就接受了这部宪法），这并不是由于马德里的示威游行所显示出来的舆论力量，而是由于他已经完全不能控制军队了。

1820—1823 年的革命确定了伊比利亚自由派的以及其敌人的纲领和步骤，在西班牙，1812 年是在特殊情况下的一场彩排；在葡萄牙，1808 年革命没有达到目的。1820 年革命中新的党派组合是持久的。西班牙和葡萄牙的自由派都分裂成温和与激进两翼。

激进派的力量在于迄至 6—7 月为止统治西班牙的各个政务会的地方极端主义，在于列戈的革命军队。由此形成了革命的途径：在军事方面，实行武装政变；在民政方面，由各地的政务会接管政权。这些地方政务会的极端要求（特别是在加利西亚和南方）是建立联邦制度，即拥有统治权的地方政务会控制新建立的城市民兵，彼此直接发生联系。虽然这些热心家进行了革命，但他们没有明确地分享到高级官职。由"1812 年人"组成的政府，把新的革命者看作"一群可怜虫"。在首都，激进派能够煽动暴民的压力，但是，在人们看来这与其说是出现加尔多斯所描述的地狱般的恐怖，不如说像是节日的狂欢。从内阁力图重新控制军队和激进派利用马德里群众保卫列戈的军队之日起，爱国者的团结开始破裂，这种破裂使革命陷入瘫痪状态（1821 年 9 月）。在一个充分就业的首都，激进派是很软弱的；而在各省，政府则没有力量。迄至 1874 年为止，革命政治始终具有这种两重性。

"囚徒"内阁（1820 年 3 月）[①] 的那些流亡者企图控制在各个政务会和俱乐部中被奉为神圣的革命的委员会舞台，并对 1812 年宪法作保守性的修改，以满足国王的要求。在流亡期间，像马丁内斯·德·拉·罗萨这样的人都改变了观点，主张实行有限的选举权，建立上议院和强有力的行政机构。在政治方面最有能力的一个集团是获得大赦的亲法分子，他们本来是流亡分子的天然盟友，但是这些人由于有叛国嫌疑而难登仕途，变成现政权的职业批评家了。温和的纲领只　450

---

① 这个政府的成员都是 1814 年费迪南德七世复辟后曾被监禁或流亡的自由派，故称"囚徒"内阁。——译者注

有得到国王的坚决支持才能实现。可是，朝廷阴谋反对任何的宪法，甚至不惜与激进派携手。革命的最大弱点是：没有国王，宪法就无法实行，而国王的唯一目标却是破坏宪法。

国王的敌对态度促使大臣们去与"九月的受害者"结盟；这个与激进派的同盟是暂时性的，在1821年夏天，比较温和的内容碰到了各省重新掀起激进革命的局面。西班牙全境都脱离了中央政府的控制。失业和不断的征税助长了城市的激进主义，废除苛捐杂税成为"自由的晴雨表"。在加的斯，极端主义分子扬言要建立一个汉萨共和国；在科鲁尼亚，激进派宣布他们"拒绝服从一个令人憎恶的内阁的命令"。政府控制着首都；它在普拉特里亚斯的滑稽歌剧式的战斗（1821年9月）中击败了列戈的支持者，把议会中的"平原派"争取过来。马丁内斯·德·拉·罗萨的新内阁企图修改宪法，业已取得外国的强有力的支持，但是，由于国王的背叛，这些希望都成了泡影。国王始终没有领悟，在温和自由派的支持下修改宪法是有可能恢复王权的。[①] 他的拙劣阴谋活动造成了1822年7月的事件，成为革命的分水岭。民兵和炮兵联合起来对付近卫军的叛乱。在近卫军的军官当中，有些是右翼立宪派，其余的是专制主义者。国王不但与革命决裂——激进派这时谈论设立摄政会议——而且失去了他的保皇派盟友。他们"对国王的行为怒不可遏"，这是卡洛斯主义的起因。由于宫廷反革命已经威信扫地，保皇派遂寄希望于农村。

保皇派的反应是，由极右派恢复游击传统：由小股队伍到孤立的地区强征捐税，并在塞奥－德－乌赫尔以被俘国王的名义建立了一个摄政会议（1822年8月）。近代历史学家们夸大了这种地方保皇主义的力量。[②] 塞奥被攻克了，"现代的卡利古拉"[③] 米纳摧毁了加泰罗尼亚的保皇主义。由于保皇派方面唯一的重要军人埃罗莱斯男爵未能颠覆自由派的军队，反革命只有使用法国武器才能获胜，这是后来的卡洛斯主义的历史所证实的一个教训。大多数保皇分子准备接受法国的条件：制定一部温和的尊王宪法。"纯粹的"保皇派分子在胜利之后可能会忘记这些诺言。政府现在掌握在1820年秘密社团的爱国者

---

① 伦敦档案局：外交部档案，73（西班牙）。1822年3月10日赫维的报告。
② 例如 J. L. 科梅利亚斯《三年立宪时期的保皇派》（潘普洛纳，1958年）。
③ 卡利古拉（12—41年），罗马皇帝，以专制暴虐著称。——译者注

手里，在废黜国王之后，它丝毫没有去抵抗昂古莱姆军队的前进，革命以军队的背叛开始，现在又以军队的背叛结束。将军们企图通过谈判，求得一个保住他们的"工作和荣誉，使他们能够像在另一种制度下一样身居高位"的解决办法。[1] 文职官吏希望靠牺牲神圣的法典求得苟存。这是徒劳无益的。国王拒绝了昂古莱姆的和解建议。维莱尔预言将要爆发内战，放弃了法国所希望的通过宪法解决问题的办法。第一次内战以剥夺公权、建立清洗委员会，以及地方上的报复行为而告结束，只是由于法国占领军的存在才收敛了一点。

　　革命虽然是被外国武装击败的，但是到 1823 年，它已成为一个非常不得人心的集团的专政：温和派和亲法分子已于 1822 年 7 月退出政治舞台。这场革命的社会内容是 1812 年关于废除限定继承权、出卖公地和教会财产的纲领，它除了煽动革命的无政府状态外，对下层阶级是很少有吸引力的。而且，革命与教会发生了冲突。在早期，爱国者曾强调由宪法规定天主教为唯一的宗教，教士们也鼓吹接受革命；但是，由于政府不能控制报刊对人所共知的 18 世纪路线的攻击，而且发展到攻击正规修会的财产，其中立立场便削弱了。在最后的挣扎中，革命终于成为迫害者。1823 年，西班牙教会有许多人成为殉教者。[2]

　　1820 年春天，法国驻里斯本领事德莱塞普斯确信，西班牙的榜样将在葡萄牙触发一场革命；但是，特殊的不满情绪（国王不在国内，英国派占统治地位）使葡萄牙革命具有它自己的爱国主义的标志，既仿效大革命的法兰西，又仿效列戈的西班牙。[3] 所期待的"绅士革命"（德莱塞普斯语）是与波尔图驻军和里斯本下级军官的叛乱一起来临的，政府既没有精神力量也没有物质力量去对付 1820 年激进派的安逸思想。像在西班牙一样，革命发生了内讧，通过制定一部温和宪法来解决问题的希望破灭了，因为民主派认为，温和派致力于制定一部国王和全国人民都能接受的宪法，乃是他们的反动阴谋的证据。国王具有"必定会使他成为暴君的感情"，于是就被作为暴君来

　　① M. J. 金塔纳：《西班牙作家丛书》第 19 卷（马德里，1946 年），第 581 页。
　　② J. 卡雷拉·普哈尔：《十九世纪加泰罗尼亚政治史》（巴塞罗那，1957 年）第 2 卷，第 115 页以下。
　　③ 巴黎，外交部档案。《关于葡萄牙的政治通信》。德莱塞普斯的报告。

对待。若奥六世不喜欢宪法，但也不愿意支持专制主义的反动。后者
以他的王后和次子唐·米格尔为首，以煽动人心来取得力量。他的最
后解决办法是支持帕尔梅拉的主张，实行贵族宪政，体现在一部钦赐
宪法里，但是这个办法始终没有付诸实施。葡萄牙革命留下一个历经
磨难的激进传统，而受到革命立法威胁的那些阶级——教士、文职官
吏和地方贵族则抱着敌对态度。面对这些阶级，萨尔达尼亚看到，若
奥六世的长子佩德罗于 1826 年颁布的宪章必须靠武力来强制施行。
如在西班牙一样，这个问题不是两三个政党经过斗争就可以在宪法范
围里解决的。它牵涉到一部专制主义者不可能接受的宪法本身的存在
问题。这些冲突只能通过战争来解决。

　　西班牙的"不吉利的十年"（1823—1833 年）并不是一个不可
救药的反动时期。与卡洛马德联系在一起的卑鄙的内阁专政主义相对
立，有 1823 年兴起的人民中间的"纯粹"保皇主义和温和改革派坚
持不懈的努力。只有费迪南德七世能够在宫廷各派系之间进行仲裁，
阻止内战爆发；正是这一点使他继续得到民众的拥护，并给了这位多
病的专制君主以米拉弗洛雷斯所谓的"道德力量"。人民中间的保皇
主义对君主政体之所以有吸引力，是因为它敌视革命及其一切所作所
为；但它也很危险，因为它决心把自己的条件强加给君主政体，必要
时通过叛乱来实现。加泰罗尼亚的叛乱分子在 1827 年提出来的这些
条件，除特权问题外，成为卡洛斯主义的基本纲领，其中包括：解散
自由派的军队和行政机构，废除警察和教育，恢复宗教裁判所，建立
一个没有现代新花样的宗法式的君主体制。[1] 他们的力量在于教会和
保皇志愿军。我们对这支反动的民兵了解甚少。用支持唐·卡洛斯继
位要求的阿丁顿的话来说，这是一群"可恶的暴徒"，他们只能驱使
正规军去支持伊莎贝拉，而破坏唐·卡洛斯的登位机会。[2] 这支民兵
既不受陆军部控制，也不受财政部控制，它所进行的迫害活动产生了
关于这些年代暗无天日情况的传说。志愿军体现了群众的保皇主义，
"一种保皇主义的民主"，巴尔梅斯写道，"这是一支真正的市民军
队，它简直就是人民主权的象征。"这支队伍起源于富有战斗性的卡

---

[1]　A. 皮拉拉：《内战史》（马德里，1889 年）第 1 卷，第 57 页。特权问题指巴斯克诸省享有的自治权（fueros）。广义地说，这个名词用来指加泰罗尼亚的特权。

[2]　伦敦档案局，外交部档案，73（西班牙）。阿丁顿，1832 年 11 月 17 日。

洛斯主义。对自由派的事业来说，幸运的是，卡洛斯战争开始之前，这支队伍已经解体了。

1827 年叛乱之后，费迪南德七世竭力争取"知识分子"的支持。这一政策受到新王后玛丽亚·克里斯蒂娜的鼓舞，她的孩子将不得不与宫廷中的卡洛斯主义作斗争。这个政策使一批文职官吏和宫廷贵族居于显著的地位，他们是克里斯蒂娜自由主义的一个组成部分。他们向一个破产了的国王作出保证，去粉碎银行家们的抵制活动。由于费迪南德拒付 1820—1823 年间自由派的借款，伦敦和巴黎的金融市场曾以抵制活动来惩罚他。贵族中的典型人物是米拉弗洛雷斯；文官中的典型人物是巴列斯特罗斯和哈维尔·德·布尔戈斯。巴列斯特罗斯（1823—1833 年的财政大臣）系加利西亚一个小贵族，是一位精通现代会计方法的财政专家，由于庇护亲法派的知名人士，被人认为是个自由主义分子。毫无疑问，他的自由主义是被人夸大了，不过，他能够在那不吉利的 10 年中始终保持官职，这就是对那个时代最好不过的说明。布尔戈斯则表现出他的最纯粹不过的一种温和改良派。他是个亲法分子，始终不渝地赞赏 18 世纪的改良主义派和法国的行政管理方法。他论断说，只有改变制度，实行大赦以防止流亡者向"破坏信贷的来源"，"银行家联合会"才会提供贷款。像许多在 1820 年要求制定一部温和宪法的亲法分子一样，他现在认为，在一位开明君主领导下进行行政改革，将会满足自由派的愿望。如果用现代的内政部代替老的、臃肿的卡斯蒂利亚王政会议，只要下一道命令就可以"使埃布罗河下游地区繁荣起来"。在整个后来的那些年，明显的特征是有许多悔过自新的亲法分子，他们希望作为仆人为一个正在从事改革的君主政体效劳，以谋生计。诗人利斯塔作为一个宣传家，为能够修筑公路、发展工业以及保护有用的艺术的"强有力的合法政府"进行宣传。[①]

对于那些在萨默斯顿和巴黎受苦受难的自由派流亡者来说，葡萄牙的若奥六世之死（1826 年），唐·卡洛斯与后党的宫廷斗争，以及 1830 年 7 月的法国革命，重新揭开了伊比利亚半岛的争端。正如 1820 年一样，自由主义和保守反动成为伊比利亚半岛上的独特现象。

① H. 尤里施克：《阿尔贝托·利斯塔的生平、创作及思想》（马德里，1951 年）。

葡萄牙的王位继承左右着西班牙的政局，与唐·米格尔和唐·卡洛斯的反动的勾结相对立的是伊比利亚半岛的联合这一激进的前景。葡萄牙的自由主义者萨尔达尼亚准备参加对安达鲁西亚的一次袭击，而米纳则打算帮助葡萄牙的爱国者。这些企图只不过暴露了流亡者之间的小小分歧，并使费迪南德对后党和鼓吹温和行动的人们感到厌恶。

巴西皇帝唐·佩德罗希望通过他的女儿、未来的玛丽亚二世与唐·米格尔联姻来解决葡萄牙的王位继承问题，条件是米格尔必须接受 1826 年的宪章。当唐·米格尔被宣布为绝对的国王后，这种解决办法便宣告失败了。帕尔梅拉企图借助外国干涉谋求和解，而萨尔达尼亚认为，只有使用武力才能迫使保守的葡萄牙人接受由一位"窃取了"巴西的皇帝所制定的这部宪法。只有米纽省的自由主义为自由派的革命提供了基础。这次革命在 1828 年失败了，里斯本大搞恐怖活动，由于这场腥风血雨，就失去了欧洲的同情，削弱了米格尔事业本来非常牢固的国际地位。

唐·佩德罗失去巴西帝位，使他的犹豫不决、自由主义左派的绝望宣告结束。现在，唐·佩德罗把自己看作他女儿的英勇无私的卫士，看作统一葡萄牙自由派的领袖。他具有矛盾的性格，是能够作出非常果断的决定的。他率领一支靠西班牙自由主义者门迪萨瓦尔筹款来维持的雇佣军，长期围困波尔图，在纳皮尔取得惊人的海战胜利后占领了里斯本，并且在一个西班牙军团的协助下，通过签订埃武拉山条约（1834 年 5 月）迫使唐·米格尔放弃他的王位要求。

虽然这次胜利始终再没有发生相反的变化，但是自由主义和葡萄牙却经常无力偿债，经常不稳定。像在西班牙一样，只有在维护王位继承时，自由派的人们才能够共同战斗。派别的分歧已经个人化了。帕尔梅拉是一位不相信自由主义革命的外交家，他原来赞成英国式的贵族立宪制度，认为在必要时可以借助外国势力来强制推行。他的对手萨尔达尼亚则是个戏剧性的人物，但又是深受士兵爱戴的英勇军人，他的信条是宪章，而且只有宪章，随时准备同激进派（帕索斯·曼努埃尔，以及他主张的"玛丽亚二世的王位和 1791 年的原则"）联合。虽然认为葡萄牙自由派只有少数人，议会主义的外表掩盖着政党分赃制，这无疑是一种夸大的说法。然而，米格尔主义是一个群众性的信念，人们就像热爱唐·塞巴斯蒂安（天使们在里斯本

454

的上空齐唱赞歌宣布他的重新出现）① 一样爱唐·米格尔。米格尔求助于葡萄牙的农民、求助于里斯本的暴民、求助于被奥利维拉·马丁斯尖刻地描绘为"狂热、凶暴、无情、欺凌弱小者的"葡萄牙耶稣会士。流亡的哲学，即一个在暴政下呻吟而欢迎解放者的民族所抱的愿望，都由于自由派的军队在道义上陷于孤立而幻灭了。"不要让我为了解放你们而使用武力。"（1832 年 8 月唐·佩德罗登陆时的宣言）然而，只有使用武力才能推行自由主义。反雅各宾派的边沁主义者莫西尼奥企图通过法令来建立一个能够保持自由主义制度的自由社会。在他看来，能够使自由主义存在下去的东西并不是宪法，而是不断增长的财富，是摆脱自古以来存在的束缚的商业，是免去什一税负担的土地。但是，国内的繁荣并不会因此而实现；一旦失去了巴西的财富，葡萄牙的收支就不可避免地出现巨大的赤字。自由主义势必要遇到不可解决的债务问题，势必要以灾难性的利率向外国贷款，势必要受到那些在原则上受到攻击、在钱财上受到损失的人的敌视。

在西班牙，宫廷各派政治力量由于"拉格朗哈事件"（1832 年 9 [455] 月）而壁垒分明，国王不得不作出最后的抉择。玛丽亚·克里斯蒂娜通过颁布国事诏书，已经使得公众承认她的女儿的王位要求。这样把唐·卡洛斯排除在外，是否合法是可疑的；在国王患病期间，趁王后住在拉格朗哈夏宫而与内阁脱离接触之际，宫廷中的唐·卡洛斯支持者迫使撤回了诏书。② 王后把首都的温和自由主义者团结到她的周围，从而建立起一个克里斯蒂娜派的核心，重新确认诏书，并以由外交家塞亚·贝穆德斯领导的半自由主义内阁取代现有的大臣们。卡洛斯不能再指望来一次有利于自己的宫廷革命；他们的唯一机会在于进行一次这位合法争取王位者所避免的叛乱，公开求助于人们对教会和国王的根深蒂固的忠诚，求助于北方诸省的割据状态和农村对城市的仇恨。

与自由派联合的第一步是非常谨慎的。塞亚所进行的是老式的行政改革，但是他的内阁加强了自由派的力量：保皇志愿军被解散了，

---

① 唐·塞巴斯蒂昂（1554—1578 年），葡萄牙国王（1557—1578 年在位）。1578 年率军远征摩洛哥时阵亡。国内谣传他被俘，因此盼望他重返葡萄牙，引起种种传说和数起冒充他回国的骗案。——译者注

② F. 苏亚雷斯最近在《拉格朗哈事件始末》（马德里，1953 年）一书中批判了自由派所讲的这些事件的细节，但它们的政治意义依然未变。

地方军事长官们清洗了地方行政机构（以议会民主制代替政党分赃制），颁布了有限度的大赦，开办了一些大学，设立了自由派促进繁荣的灵丹妙药内政部。然而，塞亚顽固地支持唐·米格尔，坚决反对立宪派盲目地让议会承认伊莎贝拉的王位要求。行政改革已经足够了；任何形式的宪法都只会激怒卡洛斯派。

　　国王之死（1833 年 9 月）和卡洛斯派开始叛乱使得塞亚的有限纲领无法推行。国王去世的第二天，米拉弗洛雷斯提出严格以财产资格为基础召集议会并且实行全面的大赦，以期加强克里斯蒂娜的事业。反对塞亚的声浪从聚集在摄政会议里的宫廷小圈子扩大到自由派的舆论界，自从 1823 年以来，自由派发出这样的声音还是第一次。哈维尔·德·布尔戈斯以及反对任何体制改革的其他一些人都认识到战争需要议会作出某些牺牲，以求得阿丁顿所谓的"国内温和人士"的支持。这是决定性的一步。国王和议会中最保守的自由派携起手来了。国王永远不能破坏这种契约，直接受益者也不能永远把 1820 年激进派的继承人排除在外。塞亚的反对者无法搬掉他这个大臣，就在 10 月请来了将军们。利奥德尔一直在加泰罗尼亚建立自己的军队，他在同保皇志愿军斗争中得到第一次成为政治中的一个因素的巴塞罗那资产阶级的支持。当他和克萨达将军要求解除塞亚的职务并在"王国古代立法"的基础上召集议会的时候，保守的自由主义政治体制就充分表现出来了。当一个政党无法用行政手段达到政治目的时，就求助于军队的仲裁了。

　　塞亚倒台以后，由以马丁内斯·德·拉·罗萨为首的自由派内阁执政，在 1834 年的国王法令中对自由派作了最低限度的让步。国王法令是一部保守的钦赐宪法，却被打扮成具有历史意义的西班牙宪法。反对派拒绝接受这一法令，企图迫使议会控制内阁。内阁由于在北方进行战争而受到严厉的抨击。因为在那里苏马拉卡雷吉以他的指挥天才打败了派去讨伐他的每一个将军。由于法国拒绝给予援助，政府无力对付南方日益扩大的无政府状态。进步派被推上了台，不是通过议会中的胜利，而是由于 1835 年夏席卷加泰罗尼亚和南方的地方革命。各个城镇的情况彼此不同，但是各地政务会有效地统治着西班牙，其纲领包括改组内阁，实行 1812 年宪法，为爱国者创造就业机会，废除苛捐杂税，解散修道院，实行新闻自由，等等。王太后根据维利尔斯的忠告，在风暴面前屈服，召门迪萨瓦尔组织政府。

正是门迪萨瓦尔，在这时候以及在 1836 年 8 月革命以后，实施了 1820 年革命从加的斯议会继承过来的纲领。由于财政上的需要，不得不向教会的土地展开决定性的进攻，虽然在议会辩论中暴露出自由派左翼所特有的反教权主义的暗流。[1] 1820 年的废除民间限定继承权的法律生效了。在整个 19 世纪，人们都把"解放"土地以使资本获得利润看作自由派的具有历史意义的成就。在 1813—1855 年间，曾通过一系列法案，使国家和城市公地中的可耕部分归私人所有。到 1844 年，教会土地已经有一半以上被出售，大部分是卖给政府债券的持有者。同时，大概至少有同等价值的世袭地产从低级贵族转到新所有者的手里。正如改革者所宣称的那样，这一大规模的土地易手提高了农业生产率，但是，它并没有解决土地问题在社会方面的问题。虽然自由派的立法中包含一些旨在保护小耕作者的条款，但是几乎无可怀疑，公地的出售恶化了贫苦农民的命运，而其他土地的出售则加强了较大地主的势力，以及如最近的研究所证实的，也加强了最富裕农民的地位。[2]

在反对这种激进主义新浪潮的斗争中，出现了两个派别，一个是介于保守派和自由派之间的温和派，一个是激进的进步派，它们要在政坛上平分秋色。它们之间的对立是围绕各自的宪政理论形成的：一方面是国王和议会联合主权论，这种历史上的"国内体制"体现在 1834 年和 1845 年两部温和的宪法中；另一方面是包含在 1837 年进步宪法中的人民主权论。

温和派是一批著名人物，其中有杰出的、现已改悔的前激进分子；有业已作为一支政治力量代替旧贵族的官僚贵族；有加泰罗尼亚的担心群众暴乱的富裕资产阶级；有惧怕圣塞巴斯蒂安商人的要求的比斯开地主。他们在精神方面同法国的教条主义者十分相似，他们的政治理论是为他们的阶级的权力要求服务的：主张"智力统治"，反对激进派的"抽象空谈"，拥护符合"社会力量平衡"的宪政结构。他们主张建立强有力的政府，支持国王，也得到国王的支持。这一联

457

---

① 《议会日志》，1837 年 5 月。
② 如希门尼斯·德·格雷戈里奥《哈拉托莱达诺的人口》，载《地理研究》（1954 年）第 14 卷，第 214 页。

盟使王室成为温和派的机构，使温和派变成大权独揽的寡头统治集团，结果使国王和温和派的人一道灭亡。如果始终依靠国王任命大臣和解散议会的特权，那么，只要温和派能够控制地方政府和选举，他们就能够长久掌权。因此，对于进步派来说，击败温和派的地方政府法乃是一个生死存亡的问题。

　　与温和派的"大权独揽"相对立，进步派代表了城市激进派那种激起狂热传统的要求。进步派得不到国王的特权的支持，他们没有别的抉择，只能通过革命强行夺取政权；他们在 1835—1836 年，在 1840 年，在 1854 年和 1868 年都是这样做的。他们每次上台都是利用由经济困难（1836—1837 年的谷物价格达到 19 世纪除 1867 年以外的最高点）触发的地方革命，并在每一次或多或少得到军队的支持。每当发生地方革命之后，当地的进步派著名人物就组成政务会，最后由于马德里的政府更替而得到承认。这一最后步骤使马德里的领袖们与地方上的活动分子之间产生不和，这是进步派最严重的弱点。因此，进步派的宪政学说的主旨——人民主权论——乃是他们需要革命的表现，而温和派则认为这很可能出现"由鞋匠统治市府，面包师指挥民兵"的局面。[①] 用米纳的话来说，如果一个政府破坏宪法（例如立宪议会所制定的 1837 年宪法），对该政府就有"造反的合法权利"；这就是进步派在 1840 年为反对温和派修改地方政府法规的企图而掀起革命的理论根据。

458

　　当摄政王后抛弃门迪萨瓦尔的时候，是地方的极端主义分子拯救了进步派的领袖们。军队遭到反对派代理人的暗中破坏，未能抵御安达鲁西亚和加泰罗尼亚城市革命的浪潮。在马德里，政府虽然保住了地位，但是，1836 年 8 月，一些军士在拉格朗哈叛乱，迫使太后接受 1812 年宪法和建立激进的内阁，同时还对她的丈夫进行威胁和侮辱，因此，太后在余生中一直与进步派的政治家不和。最后的结果是发生 1868 年的革命，使她的女儿失去了王位。

　　由于温和派和王后受到严重打击，这一危机使卡洛斯派在政治上得到一个大好机会。但是，王位追求者的顾问们都把这个机会放过去了。在另一方面，由于进步派的 1837 年宪法没有采取一院制，也不

---

① 参阅 J. 德·布尔戈斯《伊莎贝拉二世在位时期编年史》（马德里，1950 年）。

反对 1812 年宪法所确定的国王特权，这就产生了以"合法的"进步派放弃激进的传统为代价，建立一个自由派联盟的可能性。温和派最大的政治错误是拒绝任何妥协，他们利用王权以便通过恢复国王对各市镇政府的控制来修改 1837 年的宪法。自由主义的政治体制已经山穷水尽；将军们当权的大门已经敞开，这是卡洛斯战争最后几年的重大发展。1840 年 9 月，由于一次地方革命和一次军事政变逐步交织在一起，进步派再度掌权。在 1836 年，进步派所依靠的是军士，而在 1840 年，他们依靠的乃是一位将军。

当政治家们不能向将军们提供金钱以支付军饷的时候，当政治家们指责将军们把军饷装进自己的腰包（这种指责引起 1837 年夏天的兵变）的时候，将军们就介入了政治。一个军团司令只有通过同情该军团的要求的陆军大臣，才能保持对该军团的有效指挥。将军执政与其说是军人权欲熏心的产物，不如说是文官政府软弱无能的结果和出于政治家们党派斗争的需要。政治家们希望军人的胜利将会提高其支持者的信誉，每个党派都想得到结束战争而取得的威望。军队不仅是自由主义的发源地，保卫自由主义免遭卡洛斯派的破坏，它还是自由主义国家中唯一稳定的集体。1837 年以后，各政治派别都意识到自己的弱点，发现只有求助于军队，才能将自己的意志强加给他们的对手以及强加给国家。埃斯帕特罗成为进步派的"利剑"，纳瓦埃斯则成为温和派的"利剑"。出于文官的需要，于是就产生了军人政治家这类新的人物，他们一直主宰西班牙政坛，直到 1875 年卡诺瓦斯恢复文官政治为止。在西班牙，军界和文官界之间的界限并不像欧洲其他国家那样鲜明。只有了解这一点，才能解释军人当政制度为什么会持续那么长时间。军官团与其说是一个军人等级，不如说是代表官僚利益的低薪职员阶级的一部分。军队的官僚们看待军事叛乱就像文官看待更换大臣一样——一位将军成功之后，支持他的人们自然都加官晋级。干预政治已是司空见惯的事，所采取的总是武装起义那一套固定形式，最初是从兵营里大叫大嚷，最后是用冠冕堂皇的词句提出战斗口号。文官们尽管可能会威胁说要用将军自己的绶带来绞死将军，但离开将军们维持政治秩序就不堪设想。尽管将军们扬言看不起那些腐败的政客和廷臣，但是，他们的一切行动始终离不开文官的支持。这种相依为命的制度与军人独裁有很大的区别。在这种制度下，军人革命被看作政治机器的一部分，一种推翻一个由于博得国王信任和操纵选举机器而使正常的政党轮流当政成为不可能的统治集团的合法途径。

军人野心和党派政治的一致，反映在胜利公爵埃斯帕特罗的生涯中，他曾在贝尔加拉迫使卡洛斯派让步（1839 年 8 月）。他以军事政治理论来掩盖自己的野心，即军队和军官团的职能是体现全体国民的意志。他以很难弄清此种意志为借口来为自己举棋不定辩护。虽然他在 1837 年对一个钦佩他的英国人说，"废除议会政府衰落而腐败的形式"的时刻已经到来，但他并没有毅然决然地去扮演克伦威尔的角色。从 1838 年到 1840 年，每届内阁都探询他的意图，而他似乎在待价而沽。[①] 一旦他决定支持进步派，巴塞罗那的激进暴民就起来示威游行，迫使摄政王后解散她的软弱的温和派内阁。这是埃斯帕特罗体现国民意志生涯的顶峰。在他作为唯一的摄政进行统治时（1840—1843 年），他失去了大多数进步派政治家以及巴塞罗那的支持，暴露出他是一个军人小集团和一小撮"无条件服从"的文官的考迪略。埃斯帕特罗和他那取得胜利的对手纳瓦埃斯，都只能作为政党领袖进行活动。一旦他们仅仅作为将军，他们就垮台了。

自由派尽管四分五裂和威信扫地，还是击败了卡洛斯派和米格尔派。令人惊讶的并不是卡洛斯派的最后失败，而是他们的初期胜利。这些胜利都是一个具有领导天才的退役上校苏马拉卡雷吉取得的：他利用巴斯克诸省的有利地形，从最初的几百个人建立起一支拥有精兵 3 万的军队，还有一个用缴获的大炮和熔化的铁锅制成的炮弹装备起来的炮兵团，一所工兵学校和几家兵工厂。他们在小规模的战斗中受到训练，后来敢于同自由派军队作战，并围攻毕尔巴鄂。[②] 这一大有希望的开端被分裂与不和断送了。"卡洛斯派需要人才，而由于分裂与不和，他们得不到这样的人才。"唐·卡洛斯是个虔信宗教、平庸无能的人，他无法控制一个在主要领导人与卡洛斯派激进分子、使徒派"暴徒"或纳瓦拉派之间分裂的宫廷。马罗托和纳瓦拉的将军们

460

---

　　① 外交部档案，巴黎。《政治通信（西班牙）》。1840 年 3 月 28 日鲁米尼的报告表明，政治家对埃斯帕特罗的政治意图毫无了解。

　　② C.F. 亨宁逊的《跟苏马拉卡雷吉作战十二个月》（伦敦，1836 年）一书中，有一段关于苏马拉卡雷吉军事生涯的精彩描述。

之间的最后一次派别斗争，导致缔结贝尔加拉和约，这使主战的卡洛斯派陷于绝境，退守加泰罗尼亚和阿拉贡的山区。

派系斗争只不过是断送了一个行将失败的事业。西班牙的极右教权派失败的深刻原因，在于它未能把自己的势力扩展到巴斯克诸省和纳瓦拉的家园以外，一旦自由派解决了招募和供养一支庞大军队的问题，这些地方就无力支持一场正规的战争。唐·卡洛斯的直逼马德里城下的远征乃是一次代价极大的失败；戈麦斯横扫整个西班牙，既没有引起抵抗，也没有得到支持。北方诸省只希望维护他们的独立以及他们用以对抗自由派中央集权主义的地方特权，而卡洛斯主义则不仅如此。卡洛斯主义的力量来源于纯朴的保皇主义，来源于宗教狂热，来源于阿拉贡省萧条的小城镇对经济的不满，来源于农民对城市文明的不信任（因此，受山谷里的人们欢迎的是夺取省会及其行政机构，战胜一个复杂而敌对的世界）。不管对后来的卡洛斯派评价如何，上述的原始纲领无论在地理方面还是在社会方面，都无法使运动向外开展。[①] 因此，它永远不能吸引保守的贵族或将军们。巴斯克的卡洛斯派的显要人物为了缔结一项和约而抛弃了事业，以便维护他们赖以割据一方的地方特权。贝尔加拉和约之后，卡洛斯主义作为一个神圣的家族传统，一个毫无作用地被奉为高贵，并自己把自己与实行宪政的西班牙隔绝开来的信念而存在下来。

葡萄牙的自由派步西班牙自由派的后尘。取得胜利的自由主义者们分裂成激进的一翼和保守的一翼，前者念念不忘 1822 年的光荣业绩，认为在城市进行蛊惑群众的宣传就会具有战斗的力量，后者所指望的则是朝廷和外交上的同情。两派都希望将军们给予决定性的支持；保守派先是指望特尔塞拉，后又指望萨尔达尼亚。萨尔达尼亚原来充当调停人，过了一段时间之后，由于他支持宪章而扮演了保守派的首领和总裁的角色，保护进步派的任务转而落到了另一把"利剑"——萨·德·班德拉身上。像在西班牙一样，介于保守派和自由派之间的宪章派得到王后的支持，他们的势力只有通过一次革命才能打破，因而这次革命使革命的政治家们面临着极端主义

461

---

① C. 塞科：《一位卡洛斯派国王的小传》，载《马德里大学学报》第 19 卷，第 339 页；J. 穆希卡：《卡洛斯派、温和派和进步派》（马德里，1950 年）。

盟友的要求。九月派叛乱（1836 年）是西班牙 1836 年革命的翻版。它向科斯塔·卡布拉尔领导下的保守的宪章派作了让步。而卡布拉尔像西班牙的温和派一样，拒绝在 1838 年妥协的宪法范围内工作，虽然宪法规定了间接选举制和世袭贵族制。科斯塔·卡布拉尔过去是个激进分子，他希望采取靠葡萄牙的资本来发展经济的英明政策，创立自己牌号的保守自由主义，这是他过去作为爱国者而继承下来的奇妙遗产。正如在西班牙一样，由于国王始终支持保守派政治家，就使得反对派比他们的思想和原有的要求更进一步向左转了。

在一些抱敌对态度的批评家看来，西班牙和葡萄牙的君主立宪政体似乎是掌握在职业政治家和地方首脑人物手中的一种新的封建主义。尽管有着种种缺点，但它仍然是近代社会的结构。传统的社会已经日暮途穷，无力再向前发展。它只能求助于过去。一切要把卡洛斯主义作为在 19 世纪决定西班牙命运的信条而进行的尝试（曾经有过多次这种尝试）都无法掩盖其彻头彻尾的反动性质。西班牙社会本身发生变化，使卡洛斯主义已经没有东山再起的可能。自由主义的立法摧毁了旧制度在农村的司法的和经济的基础。在加泰罗尼亚，一个近代资本主义的工业社会正在出现，它倾向自由主义。整个西班牙的商业阶级都把贸易不振归咎于君主专制。[①] 但是，一些显要人物从城市激进派那里察觉到了社会革命的来临，感到恐惧，已经使自由派阵营发生了分裂。

（严维明　译）

---

① R. 奥尔特加·卡南戴尔：《1832—1833 年的西班牙政治危机》，载《近代史研究》第 5 卷（巴塞罗那，1955 年），第 351—384 页；J. 比森斯－比韦斯：《十九世纪的加泰罗马亚人》（巴塞罗那，1958 年），第 48—52、227—243 页。

第 十 七 章

低地国家和斯堪的纳维亚

一　低地国家

18 世纪末，政治动乱波及欧洲，低地国家亦未能幸免。18 世纪 80 年代，低地国家的两半部分都卷入了改革运动，其中某些方面乃是法国革命思想的先驱。

荷兰介入美国独立战争（1780—1784 年），只是使联合省蒙受经济损失，并产生一种无能为力的感觉。他们把海军的败北归罪于执政威廉五世的疏忽，这就使反对 1747 年恢复的世袭执政制的势力增添了新的力量。同时，有些地区在启蒙运动思想鼓励下，也日益激烈地批判整个省和联省议会制度的基础——自私自利的城市寡头统治的无能，要求由富有的公民进行实际选举，而不是事实上指派地方行政长官。因此，"爱国"运动从一开始就分裂成两派：一为保守派，其唯一目的是打倒执政，把全部政权重新交给贵族寡头统治集团；一为民主派，企图使政权进行有限的进步改革。后者比较活跃，甚至组织民兵以便在必要时抗击执政的驻军。保守派起初出于自己的目的，利用民主派作为反对执政的压力集团。然而，这种貌合神离的联盟是不能持久的。1785 年，民主派在乌得勒支夺取政权，并到处加强自己的势力以便与保守派相抗衡，此后，联盟遂告破裂。这使保守派觉得，执政对于他们要比伙伴兼对手的危险性更小一些，因而就和执政言归于好。下层人民也照例站在威廉一边。及至奥伦治党形成之际，它和民主爱国派之间的内战已迫在眉睫。最后，普鲁士在英国政府的唆使之下，派兵于 1787 年 9 月 13 日越过了边境。民主派向法国求援而没有得到回音。随着阿姆斯特丹的降服（10 月 10 日），爱国运动就暂时告一段落。

　　很多支持者逃往奥属尼德兰避难。约瑟夫二世（1780—1790 年在位）在这里顺利地开始执政。他利用英国、法国、荷兰交战带来的繁荣，得以像在他的其他领地一样进行一连串改革，开始主要是宗教性质的改革，例如允许信仰自由，取消"无用"的东西，即忏悔祈祷、女修道院以及把训练教士的神学总院置于政府控制之下。这些措施起初几乎没有引起什么反对。然而战争结束后，繁荣逐渐变为严重的萧条，再加上歉收和饥馑，形势就发生了变化。皇帝发出的1787 年元旦敕令，本意是使过时的行政和司法机构彻底现代化，结果却伤害了许多人，这些改革剥夺了他们的司法权或政治权力。这些人先是用合法手段进行抵制，省议会拒绝对征税进行表决以示抗议；但是约瑟夫寸步不让，继续推行其计划，并且显然下定决心要用武力保证计划的实施。在比利时，"爱国"反对派实际上也是双重的。保守派，纠集各特权阶层、教士以及手工艺者行会，一心想要废除皇帝的改革，首先是恢复议会，保持他们原有的权力，因此他们被称为议会派。另一方面是主要由职工组成的民主运动，作为启蒙运动的代表，它与皇帝是一致的；但是，他们反对约瑟夫的专制，正如法国革命前的第三等级一样，要求建立一种资产阶级的议会制度。

　　法国和列日爆发革命。1789 年 8 月，那位君主兼主教被民众暴动逐出了列日。这促使流亡国外的爱国者的一支小小武装部队联合起来反对君主，离开了他们在荷兰领土上的庇护所，入侵布拉邦特和佛兰德。奥地利人只得撤至卢森堡。比利时各省"代表大会"显然受到美国样板的鼓舞，宣布"比利时合众国"独立（1790 年 1 月）。这个合众国的寿命并不长。保守派和民主派不久便放弃合作，为制定新国家的宪法而进行激烈的斗争。受议会派煽动的暴民迫使民主派逃往他们的理想正在取得胜利的法国。与此同时，约瑟夫的继承者、比较温顺的利奥波德二世（1790—1792 年在位）签订赖兴巴赫协定（1790 年 7 月），与普鲁士修好，而在此之前，普鲁士为了削弱哈布斯堡的势力，一直煽动比利时人的骚乱。同年年末，奥地利军重新占领了比利时各省，让列日的君主兼主教重掌大权（1791 年 1 月）。尽管在奥属尼德兰没有发生报复行动，甚至约瑟夫的改革大都已经废除，然而许多民主派人士依然留居法国。列日的很多革命者由于主教推行镇压政策而加入了他们的行列。他们全都把希望寄托于法军入侵他们各自的国家。

464

　　1792 年 4 月 20 日，战争果真爆发了，迪穆里埃在热马普告捷（1792 年 11 月 6 日）之后，比利时人和列日人联合派充当了他的顾问和助手。他们的目的是建立一个独立的比利时共和国，组成吉伦特派的政府；迪穆里埃认为，这应该是兼并的第一步。然而，吉伦特主义正在衰落，国民公会于 12 月 15 日决定在 1793 年 2 月举行公民投票，由精选出来的同情雅各宾主义的选举团表决这一国家是否立即并入法兰西共和国。只有在列日主教管区的某些部分，具有强烈激进思想的工人们才投票赞成合并。在其他地方，只不过是一出闹剧而已。公民投票刚刚结束，奥地利人在内尔温登获胜（1793 年 3 月 18 日），把法军赶出了比利时，于是在奥属尼德兰和列日，旧政权东山再起。这一次比前一次还要短命：1794 年 6 月 26 日，弗勒侣斯战役把此后 20 年比利时的命运与法国的命运联结在一起了。

　　毫无疑问，这一次法国人想要吞并他们征服的领土。不过，在实施兼并以前，国民公会想要利用这个国家，以缓和法国财政的严重枯竭和供应匮乏，办法是逼它大量纳贡，强行征用物品，付给它的则是大大贬值的指券。此外，无数艺术品被运往巴黎或法国其他地方的博物馆。征服者的掠夺，加上他们的反宗教措施，几乎使举国上下都感到愤恨。尽管如此，正是在这些倒霉的月份里，这个国家的机构都按照法国盛行的行政统一和等级制原则进行了改革。建立起市和区，不久又改为省，并引进法国高效率的司法、财政、邮政等组织体制，于是国民公会完成了约瑟夫二世所未能实现的国家和社会的现代化。列日主教管区经过 8 个世纪的独立之后，如今也永远与这个前奥地利领地合并了。1795 年 10 月 1 日（共和四年葡月 9 日），比利时各省正式成为共和国的一部分。许多法律，例如压制封建主义、显贵权利、贵族和行会的法律，立即实施了；其他一些法律，例如取缔不从事教育和保育工作的女修道院的法律，也逐步实施了。最后，在 1796 年 12 月 6 日，全部实施了法国的立法。当局并非按照共和三年宪法的规定，允许大多数行政和司法官员由选举产生，而主要是按照当时风靡巴黎的时尚，挑选温和的民主派加以委任，若人数不足时，甚至挑

465

选温和的保守派加以委任。

　　爱国运动被粉碎后，联合省通过保障法决定原封不动地保持他们的执政统辖下的过时的机构。议长范·德·斯皮格尔作出巨大努力以根绝臭名昭著的滥用权力，但由于各省和个人的自私自利，由于笨拙的威廉五世漠不关心而归于失败，甚至在东印度公司一事中也是如此；只有奄奄一息的西印度公司才在 1791 年被撤销，其领地交由政府直接管辖。一个更为主要的问题仍然是荷兰人对法国国内发展状况的态度问题。流亡国外的爱国者组成一个巴达维亚军团，法国国民公会于 1793 年 2 月向英国的忠实盟友荷兰执政宣战后，这支军团也参加作战。不久，在内尔温登战败，这支部队被迫撤退；弗勒侣斯战役后他们又卷土重来。1795 年 1 月，在荷兰行将被占领之际，执政携眷逃往英国。随着法军向前推进，爱国派就得势了：他们或是奉命或是自行夺取城市行政权，从而能够在议会里发号施令。他们宣布民众自主权、人权和公民权，废除一切爵位和官职的继承权，但是除此之外，他们主要只限于把现有机构换上新的名称。诚然，他们最关心的是他们和法国的关系，他们希望法国宽宏大量，结果成了泡影。最突出的是，新的"巴达维亚共和国"不得不交纳大宗战争特别税；它已经和法国结成紧密的联盟，这就使它长期背上了财政的重担；最后，它不但没有得到垂涎已久的比利时领土，反而要将马斯特里赫特、文洛和斯凯尔特河左岸割让给法国，1648 年蒙斯特条约中强行规定禁止在斯凯尔特河上自由航行的条款被废除（1795 年 5 月 16 日海牙条约）。

　　及至 1795 年秋，英国对荷兰的商战促使后者经济衰退，同时由于缺乏深入的改革，特别是由于缺乏真正代表全国人民的政府，这就使急躁情绪日益加剧。在一些激进的民众俱乐部的压力下，举行了一次选举。选出国民议会，准备起草一部新宪法。选举权几乎人人都有，但是复杂的间接选举制度又把它抵消了。绝大多数温和派都已回国。1796 年 3 月 7 日召开的议会在宗教问题上没有遇到什么阻碍：政治地位在 1787 年就已得到改善的天主教徒以及犹太教徒都获得了完全的公民权，政府对归正会不再给予支持。比较棘手的是难以在单一政府还是联邦制度之间作出抉择。在代表们的心目中，这在很大程

度上取决于把原先各省的债务合并起来是否有利的问题。在债台高筑 466
的省份中，主要是人口众多的荷兰，大多数赞成单一政府。关于民众
参政的程度问题，决定继续实行间接选举，只限于相当富裕的公民有
选举权。东印度公司置于国家控制之下，后来于1798年被撤销。宪
法由议会通过前，还得经过公民投票批准。凡是选民都必须宣布自己
反对继承原则，因而奥伦治党人被排除在公民投票之外，但是联邦制
拥护者和新教徒表示反对，这就足以使宪法于1797年8月8日遭到
绝大多数人的否决（108761票对29755票）。一切都得从头做起，这
就成了一个月前选出的第二届国民议会的任务。每况愈下的经济状
况，巴黎果月政变的榜样以及海军在坎珀多因的惨败（1797年10月
11日），使新议会里的激进派舆论哗然，保守派的反对愈烈。关于宪
法的讨论进展甚微，这样一直到1798年1月22日激进派发动政变，
将议会清洗，于是议会通过了新宪法，强烈地主张单一政府，其他方
面则大抵受共和三年法国宪法的影响，规定成立两院和五人执政委员
会。宪法提交给严格清洗过的全体选民，这次都获得通过（1798年4
月），赞成票甚至超过了去年夏天的反对票（153913票对11597票）。
但是，温和派坚决不愿忍受激进派的统治。巴黎的花月政变也清除了
激进派的势力，此后不久，丹代尔斯将军在海牙采取了同样的行动
（1798年6月12日），此人于1787年移居国外，1795年成为巴达维
亚军团的一员。第三届议会选举产生，并且成立了执政委员会，两者
皆持有温和观点。

　　法国国内政治的发展对比利时各州自然有更重大影响。共和五年
芽月（1797年3月）这里的选举和法国本土的选举一样保守。很多
人放弃了观望态度或者不再反对该原则，转而帮助右派候选人重返五
百人院，甚至用更为保守的本国人来替换先前由法国当局指派的官
员。这些人在关于宗教的法律废除之前就重新开放已经关闭的教堂，
并和虽拒绝宣誓仇恨王朝但继续发挥教士作用的教士取得默契，这种
道义上的赞许从一开始就使比利时的教士发生深刻的分歧。他们希望 467
发生的变化没有来临，却发生了果月18日（9月4日）政变。大多
数新当选的官员被革职，他们的前任重又掌权。由于共和六年的选举
即将来临，选民名单经过审慎的清洗，余下的选民也受到重大的压
力。首先是宗教界形势急剧恶化，政府严格要求举行仇恨王朝宣誓；

拒绝者遭到逮捕并驱逐出境，梅克林红衣大主教弗朗肯贝格被赶出国门。少数几个教区的教士宣了誓，可以公开举行礼拜仪式，但是遭到绝大多数信徒的抵制。由于受到日益强大的压力，没收的教堂财产遂作价出售，这也严重地触犯了虔诚的信徒。同时，贸易的停滞、失业、歉收和牛瘟使经济状况十分恶劣。实行征兵（1798 年 9 月）成了最后一个诱因。根特附近发生暴动；在英国和奥地利特务煽动之下，暴动像野火一样席卷整个佛兰德。但是，这一次"农民战争"和以类似方式在卢森堡森林里发展起来的"棍棒战争"，都缺乏组织性和武器，结果除了乱伐无主树木，销毁征兵和纳税人名册外一事无成。到了 12 月，就为法国人的讨伐镇压下去。数以百计的起义者被处死，几千名教士遭到迫害，大部分教士潜逃他乡。

在 1797—1798 年事态发展以前，比利时人在变化无常的政治中一直处之泰然。约瑟夫二世的政策破坏了他们对哈布斯堡王朝天然的忠诚；以致有些地方甚至期待着法国人来征服。1795 年掠夺事件结束以后，许多人依旧认为新政权和其他政权不过是半斤八两。果月政变公然违反选举结果，督政府的反宗教政策，最后还有征兵，使比利时人完全丢掉了幻想，几乎一致仇视法国的统治。与此同时，起义的彻底失败，欧洲列强的消极态度，越发使比利时人感到无力反抗他们的主子。在法国人统治的其余时间里随着战争的胜败无常，他们一会儿意志消沉地俯首听命，一会儿又希望得到解放。他们对自己一旦获得解放后的命运感到捉摸不定，拥护奥地利人复辟的人极少；比利时和荷兰旧政府人员曾经讨论过在奥伦治王室统治下低地国家重新联合的问题，但比利时人对此更不感兴趣。

比利时人冷漠的敌视态度，在他们并不踊跃参加 1799 年 12 月的公民投票（批准波拿巴的雾月政变）、1802 年的公民投票（赞成波拿巴为终身执政）以及 1804 年的公民投票（批准皇位世袭）中都表现

出来了：每次都比法国本土参加投票的人少得多。新统治者确实尽了最大努力来消除天主教徒对前政府的怨恨。在仇恨旧王朝的宣誓废除后，很多未宣誓的教士可以离开藏匿处，重开教堂，尽管流放国外的主教们毫不妥协，连平常谈过忠于共和国的话都受到他们的谴责。政教协定在缓和紧张关系方面起了作用，但是教会放弃自己的财产和权力，尤其是"基本条款"在某些教士中间引起了反对，并由此造成

了两个分裂。拿破仑和罗马教廷重新发生争吵，使整个教会再度成为反对派。另一方面，皇帝致力于建立国家和社会，也许能博得当时的法学家和后来历史学家的钦佩。然而，对皇帝属下广大的臣民说来，政府体制的完善可能主要表现在收税人员极其精明和能干。我们也许会对拿破仑的惊人军事成就叹服不已，当时他的许多比利时士兵无疑也是这样的；然而，由于战争中士兵伤亡增多，而拿破仑的野心又越来越大，于是益发加紧征兵，青年们都企图逃避服役或者开小差，结果是盗匪蜂起。正如在帝国的其他地方一样，知识分子对压制任何代议制政府的做法和好疑的警察到处横行感到愤恨。知识分子中只有极少数人升任县长之类的高位而得到安抚，这种情况在比利时比在法国本土少。不过，比利时各州虽然总是由法国人统治，他们的下属，如副县长、镇长等，现在则照例都是比利时人。即使这些人也不是始终如一地积极拥护这个政权的，但是多数属逆来顺受之辈。由于别无他法，他们准备接受唯一能任用他们的政权所赐给的荣誉和工作。

　　在真诚拥护帝国的人之中，大多是"黑"产业（即教堂产业）的买主，他们认为该政权是防止旧秩序复辟和保住他们新近获得的房地产的最坚强的保证。其中有些人是比利时工业革命的先驱：在这几年中，比利时真的成了欧洲新工业的发祥地。以古老的传统工艺和因近来人口增长而带来的大量廉价劳动力为基础，比利时制造商控制了整个帝国及其卫星国，以它们作为市场，有效地防止英国的竞争。自从根特的利文·鲍温斯于 1798 年得以把新式棉纺设备和操作技工偷运出英国以来，他的家乡成了欧洲纺织工业最兴旺的城市。从 1799 年起，兰开夏的工程师威廉·科克里尔在韦尔维埃造出了纺织设备；1807 年以后，他使列日成了法国经济势力范围内首屈一指的引擎制造中心。贸易兴旺，实业家们（而不是劳工阶级）财源茂盛，直到 1810 年，由于市场临时饱和引起的大跌价使很多实业家破了产。至于安特卫普，英国的制海权阻碍了它充分利用斯凯尔特河的自由通航；已经改善了的安特卫普港口主要由海军利用，这也使造船业有了长足的发展。

　　自 1799 年起，政府已在比利时站稳了脚跟，但是它在荷兰要先经历几番变革才能达到同样的目标——并入法兰西帝国。拿破仑作为执政官，最感兴趣的是从荷兰人那里得到日益增多的财政支援，为了

469

达到这一目的，拿破仑赞成和原先的商人阶级和好，并恢复其政治上的优越地位。由于这一贵族阶级仍然坚持传统的地方主义，1801 年 9 月的一场新政变大大恢复了各省原有的自治权。立法议会只能由富人选举产生，而后议会以地区为基础任命由 12 人组成的执政委员会。拿破仑与旧社会势力和解也是意在抚慰英国，诱使英国同意议和。新政权照例将由公民投票来批准。以往的骚动尽管滴血未流，但确实已使荷兰人对政治感到十分厌倦。他们对 1799 年英俄联军在赫尔德附近登陆毫无反应，就已证明了这一点，现在又是如此，只有极少数人参加公民投票：40 多万选民中，只有 6.9 万人参加，而且其中 3/4 投的是反对票。但是，"法国的算法"将弃权票算作赞成票，于是宣布通过了新宪法。很多奥伦治党人经过威廉五世批准当了官，由于考虑到奥伦治党人的情况，早先仇恨执政制的誓言业已作废：威廉似乎已放弃恢复荷兰人尊严的一切希望，实际上是在抛弃尊严。新政权唯法国之命是从，为战争出钱出人，但尚未奴颜婢膝到不顾本国的长远利益。他们确实是想争取中立地位，以便恢复贸易和繁荣。亚眠和约签订后，荷兰人失去了锡兰、埃塞奎博和德梅拉拉等领地，英国有几分赞成这一计划，但拿破仑极力反对，而且每一次试图讨论这一问题，结果都会提出新的要求和对巴达维亚独立的新威胁。

470　　但是，1801 年的政权更迭，并非完全由于法国意欲反对荷兰中立而引起的；法国的目的毋宁是要使卫星国的组织机构和制度与它的独夫政府协调起来。新宪法再一次提交公民投票（但是 35 万多选民中只有 1.4 万人投赞成票，136 票反对），这以后，路特格·扬·希默尔彭宁克出任政府首脑（1805 年 4 月 29 日），恢复议长的称号，实际上拥有独裁权力。此人在 18 世纪 80 年代是温和的爱国派，他是地地道道的现实主义者，曾作为荷兰驻巴黎公使策划了最近一次改革。独裁权力的恢复使他得以乘机在能干的部长辅佐下，不遗余力地开始行政和财政改革，使荷兰变成一个现代化国家。在对法关系中，希默尔彭宁克尽量设法保持巴达维亚的自治权，逐步阻挠法国海关在荷兰沿海对英国货物的控制。但是，在特拉法尔加战役之后，拿破仑为了加紧对英国进行经济战，决定将巴达维亚共和国和他的政策更紧密地联系在一起。另一方面，他认为不宜直接吞并，因为这将过于伤害普鲁士人的感情。于是，他将共和制改为君主制，由他的弟弟路易·波拿巴去进行统治。后者在希默尔彭宁克体面地辞职以后，就于1806 年 6 月称"荷兰国王"。全国大多数人又一次以听之任之的冷淡态度接受了这一新变化。所有公职人员都获准留任原职，便对新统治者有了好感。很多天主教徒希望在他们同一信仰的国王的统治之下，他们在社会生活中（虽然不是在法律上）依然受到的歧视将会一扫而光。最欢欣鼓舞的则是奥伦治党人：威廉五世去世（1806 年 4 月 9日）后，他们的正统主义已经进一步削弱，现在他们至少可以向一位君主致敬了，尽管他不是奥伦治家族的王子。

　　在此以前路易是温顺听话的，而在肉体上和精神上则都是一个废物，可是出人意料的是，一当上国王却非常认真。他的政府继续执行希默尔彭宁克的改革，而同时他又想使自己对被人羡慕的哥哥和宗主的忠诚与他对臣民的责任并行不悖。因此，他在为皇上征兵和实行大陆体系方面采取不合作态度。1809 年，他甚至允许美国船只驶入荷兰港口。同年，由于荷兰人无力对付英军在瓦尔赫伦岛登陆，致使拿破仑着手肢解该王国。荷兰只得割让那个岛屿，不久以后（1810 年 3月）又割让了莱茵河以南的全部领土，据认为那地方极难防范走私商人和英国贸易。法军还占领了荷兰的其余领土。路易不愿仅仅当傀儡，遂于 1810 年 7 月 1 日退位。同月 13 日，荷兰并入法国，接着一位法国总督就派到了阿姆斯特丹。

　　起初，人们轻易地接受法国人的统治，就像在以往 15 年中接受任何形式的政府一样，商界人士甚至指望取消边界上的法国海关关卡而带来经济复苏，不幸的是，这一措施直到 1812 年才实行，那时正当极度萧条之际，即使这样做也不可能带来很大好处。但是，民众的漠不关心不久就一变而为厌恶，尤其是在 1811 年 2 月 3 日下令实行路易国王曾经拒不实行的征兵的时候。叛乱接连爆发，特别是在俄国遭到惨败的消息传来之后：在这场大灾难中，参战的 1.5 万名荷兰人只有几百人生还。在一段时间里，发出强烈抗议的只限于庶民，因为他们是军事机器的唯一实际受害者。仪仗队的建立（1813 年 4 月）也使有产人士深感苦恼，从而滋长不满情绪。拿破仑在莱比锡战败后，局势告急。从 11 月 12 日起，哥萨克先头部队进入荷兰境内，法军留下卫成部队以便迎击，而法军军官却准备撤退，这时谣言四起，掩盖了实际情况。11 月 15 日阿姆斯特丹人民起义，在路易手下原来的一名高级官员 A. R. 福尔克领导下组成临时政府，其唯一目的是恢复秩序。在海牙，人民也于 17 日起义，但那里的事态发展却迥然不同，因为 G. K. 范·霍亨多普和 L. 范·林堡·斯蒂伦坚决要将它纳入奥伦治主义的轨道。这两个人都是奥伦治党人，自 1795 年以来，他俩一直采取超然态度。

叛乱期间，从 1811 年起，民众经常戴着橘红色的帽徽，这在巴达维亚革命前，原是属于执政的帽徽，他们动辄把目前的苦难和想象中的旧时代的美好光景作对比。像霍亨多普和林堡·斯蒂伦这样的知识分子特别顽固的正统思想，看来早就行不通了，因为威廉五世和他的儿子兼王储威廉六世已经将他们的活动集中在他们的德意志领地。只是在拿破仑占领了那些地区（1806 年）后，奥伦治新王子才重新表现出对荷兰事务感兴趣。1813 年，他察觉到帝国行将垮台，就在英国定居，准备一有机会就插手荷兰。可是他并没有在那里组织起一个党派，因此在 11 月间，霍亨多普甚至不知道在德国还是在英国才能找到他。但是，这并没有妨碍霍亨多普向全国各地派出专员，以王子的名义接管政权，并徒劳地试图说服 1795 年前各派知名人士参加的会议宣布拥护威廉。然而在 11 月 30 日，王子在斯赫维宁根登陆，两天以后，即公开采用威廉一世的名字和尼德兰君王的称号。

472　　　新国家的建立多半也应归功于霍亨多普。霍亨多普和王子都清楚地知道，若对以前与法国政权合作的人或反对奥伦治王室的人采取报复政策，就会断送新国家。从另一方面来说，自 1806 年起，大多数前爱国派人士已经习惯于君主政府，他们准备接受威廉的君主政府，只要它不是专制政府就行了。因此，由这位王子指派的制宪委员会——霍亨多普在其中起主要作用——决定，国王应受选举产生的议会控制，而议会则按照传统由贵族、城镇和乡村分别选出的代表组成。但是，霍亨多普关于议长权力应仅次于国王的建议却遭到失败，因为制宪委员会唯恐以前多次分裂旧共和国的对抗情绪再次出现。人们宁愿要中央集权而不要地方主义，中央集权的优越性从 1805 年起就清楚地显示出来了，这又恰恰违背了他的意愿。对各教派将一视同仁。照此起草的宪法提交给王子召集的 600 个知名人士讨论，1814 年 3 月 28 日获得通过。

威廉和霍亨多普都认为，新国家若要在未来的欧洲平衡中起某些作用，就必须成为反对法帝国主义的壁垒。这就意味着需要扩充领土和人口。可是照当时情况看来，唯一可能的办法是和比利时联合。

　　法军在1812—1813年屡遭挫折，也使比利时各州自1798年以来第一次出现动乱的迹象。1813年12月至1814年5月盟国占领时受到极其热烈的欢迎，虽然不久就证明了，普鲁士人和俄国人作为主人，并不比法国人更讨人喜欢。对于该国前途，大多数贵族和教士也许得到广大虔诚教徒的支持，要求恢复旧政权，并以恢复哈布斯堡的统治作为实现复辟旧政权的手段。他们的代表向肖蒙的联军司令部转达了他们的愿望（1814年1月），但是失望而归；弗兰茨一世对比利时已不感兴趣。可是盟国任命了一个极端保守的临时政府，似乎预示行将恢复旧的社会秩序。进步的专业人员和企业主反对那种前途，认为唯一的替代办法是与荷兰联合，荷兰的新制度似乎相当自由，荷兰连同其殖民地可代替失去的法国，作为比利时工业的市场。这种解决办法不但是威廉所希望的，而且正中英国政府的下怀。1814年6月，卡斯尔雷劝说列强支持他的计划，将低地国家联合成"一个最完善的联合体"①，并将由威廉一世立即接管其临时政府。王子和伦敦内阁之间，除其他事项外，还对年轻的奥伦治王子和摄政王的女儿夏洛特的婚事破裂，以及关于解决殖民地的问题都发生了分歧。这使威廉迟至7月31日在布鲁塞尔就位。两周以后对海外领地达成了协议：除了因亚眠条约失去的领地外，好望角和伯比斯仍由英国管辖。　　　473

　　威廉"扩大领土"②的确切限度要从平衡和补偿的角度考虑决定。默兹河以东的比利时领土连同整个萨克森将成为普鲁士的一部分，而尼德兰则兼并北莱茵兰的大部吗？最后，萨克森州保住了，但因此把德意志的下莱茵划归普鲁士，而尼德兰得到了默兹河右岸地区远至现在荷兰东部边界、比利时（不包括1919年凡尔赛条约将从普

---

　　①　这句话出自1814年6月21日列强协定的议定书（"以便进行最完善的合并"），见H. T. 科伦布兰德编《宪法的起源》第2卷（海牙，1909年），第33页。根据这一协定而起草的"八项条款"称（第一条）："这一联合〔即指荷兰和比利时〕应是亲密无间的，使该两国成为单一的统一国家。"见G. F. 德·马唐斯编《主要条约汇编补编》第6卷（格廷根，1818年），第38页。

　　②　"荷兰……的领土将得到扩大"，1814年5月30日的巴黎条约中是这样写的，见G. F. 马顿，同前引书，第6卷，第6页。1805年的英俄条约已经规定"为荷兰取得合适的地区，如上述奥属低地国家的全部或部分"（第3条）。见F. 德·马唐斯《俄国缔结的条约和协约汇编》第2卷（圣彼得堡，1876年），第433页。

鲁士收复的欧本、马尔梅迪和圣维特这几个地区）和卢森堡。卢森堡的剩余部分，作为前奥属尼德兰的一个省，将成为一个大公国，与尼德兰联姻，并参加德意志邦联；卢森堡城要塞由普鲁士军队守卫（1815 年 1 月）。威廉一听到拿破仑从厄尔巴回国的消息，即采用尼德兰国王的称号，他那支小小的军队和盟军一起在滑铁卢作战。

荷兰和比利时合并是一项艰巨的任务。由于宗教战争使勃艮第遗产归于分裂，荷兰人一直自恃繁荣和文化发达，蔑视贫穷落后的南方邻国，而后者则厌恶北方那些自私自利的异教徒。现在首先要把两个国家合并成一体，办法是修订 1814 年的荷兰宪法以适应新形势。1815 年 4 月，这个任务交由比利时人和荷兰人各半组成的一个皇家委员会承办，它必须认真考虑列强于 1814 年 6 月 21 日强加于新生的尼德兰的八项条款。其中包括将荷兰的巨额公债和比利时各省微不足道的公债合并起来，还有宗教自由，这使虔诚天主教徒的大多数比利时委员极为反感。但是委员会不得不遵守那些原则，主要讨论了议会的代表及组成问题。比利时人成功地挫败了荷兰人的反对意见，强行设置了两院制，第一议院由国王任命，作为保守派用以抵消选举产生的第二议院。而荷兰人则坚决反对按人口比例分配席位：比利时各省有 300 万人口，荷兰只有 200 万，110 名委员中双方各选举一半。由于社会保守主义，比利时委员接受了这部宪法（1815 年 7 月），但它还得由比利时的名人会议批准。

以根特的顽固不化的主教德·布罗格利为首的主教团，立即严厉谴责宪法中所载宗教自由、教育自由和新闻自由的原则为异端邪说，在他们的煽动之下，名人会议否决了这些原则（796 票对 592 票）。只是把 280 名缺席者算成赞成票，把投票时明确声明出于宗教原因而投反对票的 126 票宣布无效，"荷兰算法"才变魔术似的算出了多数：八项条款未经讨论就获通过。但是，教会继续进行斗争，不许信徒举行任何涉及宪法的宣誓，这就使他们不能担任大多数官职。同时，温和的天主教徒不愿让整个政府都落在新教徒手中，想寻求一种折中办法。梅赫伦大主教德·梅昂原是旧政权时代的一个高级教士，在法国征服前是列日的君主兼主教，他于 1817 年宣布宣誓并不表示在教义上作出让步，只不过是保护不同信仰的公民。布罗格利在流亡中去世（1812 年）以后，这种解释普遍为人们所接受。另一个引起争论的问题是谈判缔结一个新的政教协定，以代替拿破仑缔结的那一个。罗马教廷当然不肯让一个新教徒国王和拿破仑一样拥有特权去挑选主教，但是在许多方面来看，威廉是开明专制主义的一个后起代表，却决心保留这些特权。经过多次谈判，终于在1827年达成协议。在选定候选人之前，主教座堂的教士会议应该征询国王的意见，是否接受这些人；作为交换的是恢复宗教战争后在荷兰已经废止的主教等级制度。荷兰新教徒强烈反对后面一条，威廉则屈从于他们的鼓动。在另一方面，威廉认为自己有权责成教士会议征求他对提名的意见，而教皇却认为这太过分了，于是政教协定始终没有贯彻执行。国王一度考虑组织一个全国性的天主教会，就像他已经准许大多数新教徒派别有全国性机构一样（1816年），但最后他还是放弃了这一计划。

　　建立国家教育制度，这是与天主教徒发生冲突的另一件事情。在法国革命前，联合省的很多学校是由地区或城镇当局主办的，在奥属尼德兰，学校则完全由教会控制。玛丽亚·特蕾西亚和督政府曾努力建立国立中学，结果收效甚微，在拿破仑时代，宗教学院和帝国公立中学同时纷纷建立。至于高等教育，历史悠久的卢万大学已于1797年解散。威廉认为教会的教义是和现代国家极不相容的，国家教育的任务不但要减轻教会的过分影响，而且要让精心挑选的教师在青年中唤起尼德兰民族感情以有利于合并。按照不久前（1809年）使洪堡誉满柏林的办学方针，把联合省原先的高级中学中的三所于1815年改建为国立大学。1817年，在比利时的根特、卢万和列日也开办了三所大学，同时在所有大城镇设立国立"书院"，进行古典文学教育。最后，在普及教育方面，比利时和荷兰的文化水平不啻有天壤之别。荷兰是个新教徒国家，爱好诵读圣经，自古以来形成了基础知识的传统。这和比利时的初级小学较少，大多数负责教师又不称职，是不能相比的。如果说国家无力建立全面的基础教育制度，那么它至少在哈勒姆和列尔（安特卫普附近）举办了训练班来提高师资。

　　看来这些措施对比利时学校里教会占统治地位并不产生重大影响。很多初级小学是由修士或修女负责的，其他则一般在神父监督之下，而多数学院也是由神父开办的。自1824年起，教徒必须得到官方批准方能任教，其他教师则在1822年就必须履行这一手续了。此外，开办新的初级中学须由部批准并接受部的领导，不是国内大学毕业的人不得在这些中学任教（1825 年）。但是，只有国家直接干预训练教士工作，使教士驯服听话，天主教学校和教区才会停止向小学生或教徒灌输天主教所固有的反对精神。1825 年在卢万创立了哲学院，它和约瑟夫二世的神学总院显然类似。所有未来的教士，在神学院学习神学之前，必须到那里去听课，讲课的教授则由国王和梅赫伦大主教协商任命。天主教徒一致反对这一制度，哲学院的学生一直寥寥无几。这一失败使威廉认识到必须和教皇谈判。他保证不是非这个学院不可（1827 年），但是由于谈判破裂，他的诺言在 1829 年前并未兑现；即使在那时，他仍想处罚在国外而不是在卢万学习的神学院学生。这个学院一旦并不是非进不可，就变成多余的了，遂于 1830 年 1 月关闭。

除了和比利时教会进行斗争外，另一个冲突也削弱了这个王国的生命力。它作为抗法堡垒的想法并未实现，因为威廉认为仅仅在南部边界构筑一些要塞就行了。在佛兰芒各省法国化的成果，确实较诸在启蒙运动时代这一过程的全盛时期在欧洲其他地方取得的成果更为持久。在其他国家，富有浪漫色彩的本民族语言的复兴，把法语的使用一扫而空。在佛兰德则恰恰相反，两个世纪来由于政治和宗教偏见使它和尼德兰语中心地区割断了联系，民间方言彼此很难理解，因此无法替代受过教育的人继续沿用的法语。这使国王极为反感，因为对他的佛兰芒臣民几乎像对他的瓦伦臣民一样，荷兰语依然是陌生的。如果王国的这一半和另一半在文化上完全脱离，合并怎么可能有效呢？必须进一步与法国的影响作斗争，因为在此复辟时期，有那么多的法国书籍和报纸激发了比利时天主教徒的教皇极权主义精神。因此，威廉决定把比利时各省彻底荷兰化。他于 1819 年颁布法令，最迟到 1823 年，在佛兰德的行政和司法部门只许使用荷兰语；从 1823 年起，荷兰语就将逐步推广到初级中学。不会说荷兰语的资产阶级提出抗议，但是更加激烈反对的则是教会。因为在佛兰德几乎没有人通晓荷兰文，唯恐因此从荷兰调来很多官员、法官和教师，在天主教徒中形成新教徒的核心而对正统宗教造成威胁。人们一致表示反对，他们远非全部都是教士，再加上教士们使徒般的狂热情绪，国王只得让步了，在 1829 年，国王允许在公证文件上可以使用法语，并答应重新考虑有关学校的问题。实际上人们一有可能早就违反该项法律或者干脆置之不顾。只有极少数学者赞成这一法律。他们知道佛兰芒方言属于荷兰语系。这些人后来在王国瓦解以后，促成了佛兰芒语运动的兴起。从另一方面来说，这项法律反而使政府和职业界中很多人和威廉离心离德，这些人拥护约瑟夫的世俗国家传统，并且支持他的政策，反对教会占统治地位。 477

国王的其他比利时支持者，主要是一些实业家和企业主，这些人欢迎建立新国家，看到自己的愿望实现了。合并的头几年困难重重，英国的竞争势不可当，又加上丧失了法国市场。此外，王国内部也发生了利害冲突。传统上在荷兰最占优势的商人利益集团要求恢复自由贸易，而比利时人却比以前更加坚持玛丽亚·特蕾西亚时代以来一直享有的保护工农业政策。威廉在两种对立倾向之间采取的调和办法，引起很多人不满。农民和地主觉得难以抵挡俄国小麦的竞争，比利时的情况比荷兰更糟，因为荷兰的农业侧重于养牛业和奶制品生产；阿姆斯特丹和鹿特丹的商人忧心忡忡地发现，由于保护贸易制的进一步发展，以及尽管有维也纳条约但还是对莱茵河上运输货物征收重税，就加速了18世纪中叶已经开始的大宗货物市场的衰落。但是，威廉越来越倾向于保护工业，他从关税中抽出一部分资金来补贴新工厂。这一政策除了产生其他结果外，还导致荷兰开始工业革命，G. M. 伦琴在鹿特丹革新了造船业（1825年），英国工程师托马斯·安斯沃思把现代化的棉纺工业引入特文特地区。不过由于比利时工业发展较早，只有它才能在世界市场上成功地进行竞争。比利时工业的繁荣反过来又使安特卫普港得到了很大的好处，该港比荷兰港口的发展快得多。因此，荷兰臣民妒忌地指责国王使比利时人享有特权。

无论如何，经济政策多半应归功于威廉本人的首创精神，因此"商人国王"的绰号对他完全是当之无愧的。用陈旧的重商主义的术语来说，他是把兴旺的工业当作国家昌盛的基础。和英国的成就相比较，资金不足成了它相形见绌的原因。早在1814年，他就创办了尼德兰银行以加强通货的地位。1822年在布鲁塞尔建立的低地国家民族工业促进总会向工业提供所需资金。这个银行的4/5的资本属于国王个人，它实际上是1852年佩雷尔兄弟创办的动产信贷银行的先驱，并且迄今始终左右着比利时的信贷市场。贸易组织同样令人不满意。 478
为了促进推销本国产品，威廉在阿姆斯特丹创立了尼德兰贸易公司

（1824 年），他本人再次投入大量股金。这家公司确实为比利时的棉纺织品逐渐打开了荷属东印度群岛的市场，公司的活动不久就仅限于这一地区。其他公司也相继成立，但其抱负就较小了。

商人们只是竭力经营，并不关心政治冲突方面的琐事，但是政治冲突却日见尖锐。到那时为止，为数有限的选民对选举第二院议员一事没有什么兴趣，议会里的辩论也使人颇为厌烦。当比利时的天主教徒正有组织地进行反对的时候，他们的自由派同胞却支持政府的世俗主义，只是偶尔批评政府偏袒荷兰人而已，正像荷兰人议员进行相反的批评一样。然而，从 1824 年起，列日大学毕业的一些青年法学家开始拥护一种新自由主义。他们受到列日大学两个坚决拥护人民主权的人的说教的影响，同时也受到当时法国邦雅曼·贡斯当等人的自由思想发展的影响。他们之中有些人，如勒博、德沃和罗吉埃兄弟，是独立比利时的缔造者。他们要求用直接选举代替间接选举；议员不得兼任公职；有效地控制政府预算；内阁负责。与此同时，国王的教育政策出乎意料地使比利时天主教徒接受自由教育原则，这一原则他们本来是一直强烈反对的。老一代人也许把这仅仅看作策略性的活动，年青一代却从而使它发展成为自由天主教，真诚地相信任何形式的自由都有利于宗教，而且很快使拉梅内也信服这一教义。在法国，马蒂尼亚克内阁似乎已从教权主义后退，这两种新思潮按照法国的榜样便很容易获得了和解。这反过来又促使年轻的自由派消除了对教育自由的犹豫态度。自 1828 年起，他们和年轻的天主教徒一起反对君主专制。他们在报刊上发表的激烈的批判文章，不仅使知识分子选民，而且也使普通民众第一次对政治发生了广泛的兴趣，普通民众由于经济衰退特别容易接受反政府宣传。在 1828 年的最后几个月中，发起了要求教育自由和新闻自由的一场请愿运动，教士在其中成了出类拔萃的宣传家。

的确，早在 1816 年，由于政教冲突，新闻自由就受到了严格限制，现在有影响的反对派记者经常受到控告；对有才干的自由派路易·德·波特的判罪（1828 年 11 月）反而使他成了民族英雄。即使在第二院，辩论也越来越活跃，使国王十分气愤的是，10 年预算于 1829 年 5 月遭到否决。威廉对这些事态的发展十分关注，认为需要作出某些让步：他正是在这个关键时刻，决定哲学院并不是非进不可，同时修正了有关语言的法令；此外还实行了比较自由的新闻法。这反而鼓励了而不是消除了反对派的气焰。一张新请愿书上有 30 万人签了名。这一次讨论的是国家结构问题：1828 年年底，一家天主教自由派报纸①建议，在同一国王领导下实行比利时和荷兰分治，这一观点在德·波特在狱中所写的《人民之友致国王书》中也令人信服地加以鼓吹。究竟是在语言使用等方面作更大的让步呢，还是对新闻运动进行更严厉的镇压，威廉在这两者之间犹豫不决。1830 年的上半年和前一年相比，动荡的状况虽有所缓和，但仍在继续，任何事件都可以成为一触即发的导火线。这要到法国七月革命时才一起爆发，使比利时获得独立（见第 10 卷，原文第 247 页及以后）。

　　1815—1830 年间尼德兰王国的历史，基本上是荷兰和比利时未能真正合并的失败史。在前几段中极少提到荷兰人。因为他们在政治争端中其实没有起什么作用。在议会里，反对派中一般只有两三个特别独立的荷兰议员，而绝大多数比利时代表，最后甚至是全部比利时代表，通常都投票反对政府。事实上，这个国家的核心始终是荷兰人，比利时臣民总是觉得自己在其中不过是陌生人而已。他们除了对宪法宣誓表现出教皇极权主义的疑虑外，由于对荷兰文一窍不通不能担任很多公职。委派比利时人在荷兰任职几乎应该是不成问题的，可是语言法甚至使他们在本乡本土都不宜担任公职。至于低级工作，官方也宁愿录用荷兰人，因为他们受过较好的教育。例如在 1830 年，陆军的 119 名将领和参谋人员中只有 18 名是比利时人。这主要不能责怪国王威廉，虽然他的自负促使比利时臣民和他疏远：但是他不能不想到自己的身世和权力之由来。他的家族和荷兰历史结合了两个多世纪之后，他在荷兰的追随者把他从流放中请了回来；可是在比利时，列强虽然给了他一块领土，但他找不到相同的追随者。他在那里的支持者屈指可数，其中大多数企业家都不愿涉足政治或参加政府。他只有采取非同寻常的不偏不倚的态度，才摆脱了过去和现在的羁绊。在这种情况下，这就难怪荷兰人对比利时人的优越感始终存在而且有增无减。1830 年，查理·罗吉埃抱怨得对：比利时不是荷兰的

480

---

① 《低地国家天主教报》（根特），1828 年 12 月 30 日。

殖民地;[①] 而在荷兰,人们确实经常认为是如此。1829 年,有一个荷兰人说,在阿姆斯特丹,人们对比利时的情况就像对美索不达米亚的情况一样毫无所知。[②] 1814 年两国人民合并时,互相都觉得对方是外国人。当他们于 1830 年散伙时,如果可能的话,这种情绪就益发强烈了。

二　斯堪的纳维亚

在法国革命前大约 30 年中,两个斯堪的纳维亚王国及其附属国——冰岛除外,1783 年火山大爆发后,它的人口已减至 4 万——继续保持 1721 年北方大战结束后的相对平静和繁荣。哥本哈根作为丹麦和挪威"孪生王国"的政治和经济首都,非常繁荣,石勒苏益格和荷尔斯泰因两公国松散地但(1773 年以后)完全地附属于丹麦王国。斯德哥尔摩虽然不能和圣彼得堡相媲美,但也许依然是欧洲最重要的二等强国的中心,该国向东跨越芬兰大公国,在波罗的海南岸占有一个立足点,即皮内河以西的波美拉尼亚,另外还有吕根岛。

自从瑞典的查理十二世去世后,斯堪的纳维亚两国都不够强大,不足以对欧洲其他国家奉行独立的、举足轻重的外交政策。但是在任何重要的联合中,它们又被看作有用的资本。因此叶卡捷琳娜大帝在 1765 年 3 月与丹麦结成联盟,40 多年没有严重中断过,联盟的初衷之一是要保持瑞典的自由政体,即党派政治和外国津贴得以自由活动的四等级会议制政府形式。叶卡捷琳娜也将瑞典置于她的"北方体系"之中达 10 年之久(1762—1772 年),瑞典人由此可以继续和英国保持友好关系,而和法国则不能。但是瓜分波兰分散了叶卡捷琳娜的注意力,这就为 1772 年 8 月 19 日的政变提供了机会,年轻的古斯塔夫三世打破了四等级会议的权力。在法国的支持下发生的这一事件,开始了法国影响时期,一直持续到法国革命,而与俄国和丹麦的关系则继续紧张。

481　　　　然而在美国独立战争期间,经济利益使波罗的海三国在北方武装

---

① 见《政治报》(列日),1830 年 1 月 24 日。

② H. T. 科伦布兰德编:《1795—1840 年尼德兰通史资料》第 9 卷(1825—1830 年),第 2 册(海牙,1917 年),第 531 页,注 1。

中立中共同反英。这一联盟支持丹麦国际法学家马丁·许布内早在
1759 年宣布的原则：敌船上的中立国货物和中立国船上的敌方货物
应有豁免权，战时禁运品除外；其次是有权保持有效封锁而不是有名
无实的封锁。但是丹麦人在签订联盟条约的同月（1780 年 7 月）的
稍早时候，就和英国单独签订了一个条约，从而得到了好处。条约规
定食品不作为禁运品处理。可是这根本解决不了海军补给品的问题，
这和俄国、瑞典的利益更为有关，但俄国并不打算把对英的强硬言论
变成强硬的行动，瑞典力图召开一次国际会议制定中立法规，但是徒
劳无功。

　　另外参加联盟的只有四个国家，1783 年，凡尔赛和约签订后，
联盟遂即告终。五年以后互不信任达于顶点。结果瑞典进攻俄国，意
欲占领圣彼得堡。当时俄国人正深深地陷在对土耳其的战争中，但是
瑞典海军未能支持部队前进，于是陆军里的叛变分子发动了以安亚拉
同盟著称的一次可怕的贵族阴谋案。该组织要求芬兰独立，而芬兰境
内的瑞典地主希望在俄国保护下实现寡头政治自治。在丹麦作为俄国
的盟国派出挪威军队围攻哥德堡之前，古斯塔夫似乎已经到了走投无
路的地步。后来，古斯塔夫以他特有的机智，在群众中煽起了反对丹
麦人的情绪；英国的调停保住了他的第二座城市，于是丹麦甘愿讲
和。因此，次年国王就彻底战胜了军内阴谋分子。瑞典虽然在作战中
几乎损失了一半战船，但它的海军最后在斯文斯克松德取得了大胜
（1790 年 7 月 9 日）。8 月间，受到土耳其人强大压力的俄国人同意
不改变领土而媾和，在和约中，俄国人默然放弃了利用以前的条约作
为借口来干涉瑞典内政的任何要求。

　　由于战争的主要结果是瑞典的政体进一步发生变革，因此这里有
必要简单追述一下斯堪的纳维亚国家在革命时代前夕的内部发展。在
丹麦，君主专制和官僚政治不久前经历了改革和反改革。1770 年 9
月至 1772 年 1 月间，阿尔托纳的德籍内科医生 J. F. 施特鲁恩泽发布
的 1880 条法令，带来了欧洲启蒙运动影响和"孪生王国"的社会和
经济问题的全部最自由的思想。但是只有哥本哈根法院的改组以便对
不同阶级一视同仁，和比较人道的济贫法制度才是施特鲁恩泽死后仍
实行的重要措施，虽然他被处死和王后被流放使他名扬欧洲；王后原
是乔治三世的妹妹，她喜欢这位宫廷医生，曾经协助他掌权，而不喜

欢她的堕落的丈夫。强烈的民族主义反应一直持续到 1784 年，那一年 16 岁的王储弗里德里希的地位上升，超过了当时已变得无能的父亲克里斯蒂安七世，丹麦在 A. P. 伯恩斯托夫领导下进入了一个比较持久的改革时期。此人出生于汉诺威，是前外交大臣的侄子，他机敏地对外交事务施加影响——1780 年实施武装中立就和他有密切关系——但也支持一些措施，这些措施直到 18 世纪末使丹麦农民和丹麦经济享有比欧洲任何其他君主国更多的自由。

丹麦是以农业为主的国家，改革首先从圈地法开始，最早始于1781 年，到 1807 年有一半农田根据圈地法被圈。1787 年，新政府给予佃农以充分的法律保护，使其免受庄园主的欺压，翌年，终于正式废除了农奴身份，即根据契约而和土地拴在一起的人。其他措施则调整了佃农的劳役，使他们较易购置土地，并取消庄园主垄断育肥菜牛贸易等特权。到 1807 年，农作物收获量为 18 世纪中叶的 3 倍，只有无地的雇农阶级仍遭受残酷的剥削，为他人耕种。

商业上也采取自由政策。哥本哈根失去了特权，因为它曾阻碍了该省各港口的发展；所有丹麦臣民都可以和冰岛进行贸易；实际上谷物是可以自由买卖的——这对挪威南部关系极为重大，因为丹麦人在那里长期进行垄断，牟取暴利。到 1797 年伯恩斯托夫去世时，原料的关税率最高为 5%，即使是工厂制作的成品的关税率也不超过24%。在另一种贸易即奴隶贸易方面，政府显得极为开明，它于1792 年废止此项贸易，1803 年开始生效。这一切措施的总的结果是巩固了君主专制政体的地位：在法兰西共和国于巴黎宣告成立的那一年，感恩戴德的臣民在哥本哈根建立了自由柱。

诗人泰格奈尔将古斯塔夫三世称作"御座上的巫士"，他在瑞典的统治取得了难以评价的成就。1772 年，他按照古斯塔夫·阿道尔夫全盛时期的办法，恢复国王的行政权，并规定召开议会要由国王决定，从而平息了党派冲突。对国王权力唯一明确的限制是，他不能在议会确定征税日期之后继续收税，以及除自卫外不能宣战。随之而来的是文化上取得辉煌成就的年代，法国的影响在上升，行政上大有改善——改革货币，改变司法程序，加强海军，日益重视芬兰的需求——这些都曾长期受到党派斗争的阻挠。但是支持政变的贵族觉得没有得到足够的报答，于是如前所述，在 1788 年抓住了机会。召开议会是安亚拉同盟的要求之一,它在16年内只召开过两次;但于1789年2月开会时,教士、平民和农民支持国王而反对贵族,贵族被迫接受了联合与安全法。

这一措施几乎使贵族的特权丧失殆尽,大多数政府官职可由没有特权的阶级担任,渴望得到土地的农民可以用相同的代价获得大多数种类的土地,在当时,这是一个极重大的让步。作为交换条件,国王的权力也不受议会干预的束缚。议会不再有特权制定法律,在下次召开议会前各项税收无限期地有效——这一条是由国王傲慢地亲自宣布的,并在贵族院无视其中大多数成员的情况下获得通过。三年以后,国王被人仇杀;他的儿子继位,年方十三,但宪法原封未动。

法国革命对整个斯堪的纳维亚的直接影响甚微。古斯塔夫三世狂热地同情路易十六;早在1790年2月,他就封锁了法国传来的一切消息。不错,古斯塔夫三世死后,摄政团曾企图寻求国民公会的支持,但其目的是取得津贴和抵消俄国的影响:所谓瑞典的雅各宾分子不过是贵族中的少数派集团,他们在1800年举行的下一次议会中反对专制制度,可是徒劳无功。哥本哈根平静无事,只有在1794年木匠举行过一次罢工。芬兰的活动分子不是向西而是向东寻求鼓励。丹麦在挪威的官僚统治一直引起某种程度的不满,但即使在挪威,也只有和法国进行大量的渔业贸易的西部沿海城镇才具有强烈的同情。但是那里的骚动只要求改善当地政府,并对外采取措施不让英国海军干预他们的合法贸易。因为欧洲的冲突使中立国获得了千载难逢的良机。

斯堪的纳维亚国家都是大宗出口国。瑞典铁条的年出口量大约为5万吨,一半输往英国。丹麦的谷物,波罗的海沿岸和挪威南部的木材,瑞典的铜以及其他海军补给品,如沥青、柏油、大麻、帆布、兽皮和牛脂,在战时都日益有利可图。斯堪的纳维亚各中立国作为托运人、经纪人和货栈市场供应者的活动也大获其利。到1850年,丹麦和挪威的商船队比40年前扩大了8倍,哥本哈根的贸易成交额直到1870年都无出其右的。有些船只是英国投资在挪威制造的,其他船只则是低价购进的法国战利品:远东、西印度群岛和地中海的航线像国内航线一样,挂着中立国旗帜航行都大为有利可图。

在政治上,其结果是产生了斯堪的纳维亚的共同观点,它也许会发生持久的影响：1793 年，一位丹麦历史学家访问伦敦时提出了一个问题：“世界上有什么力量能够危害结成同盟的斯堪的纳维亚？”在战争的最初六个半月，英国人无视 1780 年签订的协议，捕获了 189 艘丹麦和挪威的船只。但在 1794 年 3 月，丹麦—瑞典中立协定签字，缔约双方各提供八艘军舰保护贸易，波罗的海宣布为中立水域。那时英国的态度稍为软化，接着在 1796—1798 年皇家海军不得不撤离地中海的时候，就鼓励中立国船队接管该地区的贸易，包括把西班牙羊毛输入英国。法国的态度恰恰相反，变得更强硬起来；这导致 1798 年 1 月（纳尔逊在阿布基尔湾大捷的七个月以前）开始实行护航制度，使英国又一次实施更为严厉的规定。

当丹麦负责护航的军舰拒绝英国的搜查权时，双方发生了一系列小冲突。在第三次发生这种事件以后，英国派遣海军分遣舰队至哥本哈根，强迫该国政府放弃护航。但是新沙皇保罗已转而反对英国，丹麦于 1800 年 8 月受辱之后，同年 12 月签订了第二个武装中立条约，还是那三个国家在其中提出了和过去相同的要求。次月，他们停泊在英国港口的所有商船都被扣留；丹麦所属西印度群岛被占领；3 月 12 日，帕克和纳尔逊率舰队驶往哥本哈根。他们的行动极为神速，以便在俄国舰队仍被冰困在波罗的海的时候就迫使丹麦舰队中立。但是纳尔逊的轻易成功也是由于另外两个对手之间缺乏合作：丹麦拒绝瑞典提出的在松德海峡东岸设防的建议，英国舰队沿着松德海峡到了丹麦的要塞的射程之外，瑞典舰队则因舰只不多（再加上逆风）而受阻485　于卡尔斯克鲁纳。英国舰队在那里找到了它们，瑞典人不战而降，这是在哥本哈根之战三周以后，也是那两位海军元帅获悉沙皇保罗被刺这一迟到的消息之前不久。沙皇亚历山大不愿意继续冲突下去，英国也向亚历山大作出了让步，因而丹麦和瑞典有幸分享到了好处，其中包括对它极为重要的在交战国一方沿海进行港对港贸易的权利。

1803 年 5 月，英法重新开战使丹麦、瑞典两国得到了更宝贵的良机。到 1805 年，保持一个共同的斯堪的纳维亚政策似乎是完全可行的。因为特拉法尔加战役使具有庞大商船队和以海上交通为生命线的丹麦和挪威有最充分的理由不与英国交恶。只是由于普鲁士举棋不定，才促使这两个王国迟迟不加入联盟，而瑞典的古斯塔夫四世在纳尔逊得胜的那个月里已经正式参加。古斯塔夫的这一行动，部分是他个人对拿破仑的挑战，是长期访问德意志的结果，也是当甘公爵遭到绑架给他造成的影响。但是古斯塔夫不是军人，德意志西北部战役失败，结果是吕贝克于 1806 年 11 月陷落；1000 名瑞典人向贝纳多特元帅投降。不过由古斯塔夫废除农奴制并建立政体的波美拉尼亚仍可能是和英国贸易的一个重要基地。同时，在瑞典国土以西，王储弗里德里希统率各公国的 2 万名丹麦人。神圣罗马帝国的崩溃使他宣布荷尔斯泰因为"君主国不可分割的一部分"（1806 年 9 月 9 日特许状），并提倡在那里使用丹麦语，但造成了长期的不良后果；然而，他立即需要考虑的问题是如何避免在极不利的关头被过迟地拖入战争。

　　1806 年 12 月的柏林敕令，是次年斯堪的纳维亚国家形成分裂的序曲，造成长远的后果。6 月，俄国在弗里德兰战败，无论如何都使瑞典处于尴尬的境地，但在 7 月 16 日，国王的德意志军团的 8000 名英军及时从吕根赶到，劝说古斯塔夫谴责新近和法国人停火一事，以便参加盟国的新攻势。但是一星期前在提尔西特签订的条约使这件事不可能办成，于是，英国远征军很快找到了借口，在丹麦登陆。瑞典人失去了施特拉尔松和吕根，好不容易才撤过了波罗的海。同时，他们与俄国的关系开始恶化，因为古斯塔夫拒绝了他也应与拿破仑达成协议的建议。但是瑞典也有感到宽慰的事，和英国结盟既可以保护瑞典的铁出口，又可以将英国的贸易集中在瑞典的西海岸：1808 年，哥德堡的进口额增长一倍，当时这个港口里的船只极为拥挤，多达 1200 艘，等着驶入波罗的海。

　　丹麦的处境则截然相反，没有这种收之桑榆的机会。1807 年 1 月 7 日英国枢密院的敕令停止了地中海的港口对港口的贸易，这使反对英国封锁规定的抗议益发强烈，可是在另一方面，只要拿破仑不将大陆体系应用于中立国，丹麦—法国关系中就不存在这种痛苦的事情。认为丹麦的政策现在偏袒法国，使坎宁容易在证据不足的情况下采取行动——有一份错误的报告称丹麦舰队正准备出海，在汉堡至阿尔托纳有一些可疑的迹象，表明法国人即将进入该公国。但是坎宁主要是由于意识到英国在这场危机中极为紧迫的需要，才促使他决定（7 月 18 日）在假设的法国人进攻丹麦之前先下手。那时伦敦对俄法 7 月 7 日的秘密条约一无所知：其中一些条款使坎宁追溯到道德问题作为借口，但同时也产生了一个有争议的问题，即难道比较温和的外

486

交手段就不能确保丹麦和英国合作，就不可避免地要失去欧洲大陆上并非不重要的友好关系吗？因为坎宁要求控制丹麦的舰队作为它今后行动的保证，使王储实际上不可能像他的驻巴黎公使所说的那样，在"使我们的大陆领地遭到暂时危险与使我们不再成为海上强国的危险"之间作出明确的抉择。事实上，3 万名士兵（包括来自吕根的军队）的登陆和对哥本哈根的三夜炮轰——炸死 2000 人，炸毁大教堂和大学校舍——迫使丹麦人缴出他们的 17 艘战舰和价值 200 万英镑的海军补给品。但是这些事件也使丹麦与拿破仑长期结盟成为既能保住荣誉又有利的事；因为丹麦人失去了舰队，甚至连保卫西兰岛对付拿破仑进攻的力量也没有了。

后果之一是发生了丹麦—瑞典战争（1808 年 3 月—1809 年 12 月）。一支法军在贝纳多特指挥下进入日德兰半岛，企图在斯科纳登陆；一支英国部队，其人数约为法军的一半，由约翰·穆尔爵士率领抵达哥德堡。由于穆尔对瑞典的意图存有怀疑，他的部队始终没有登陆；但是由詹姆斯·索马里兹爵士率领的英国舰队却起了比较积极的作用，掩护瑞典的海岸，还使贝纳多特部队中的 7600 名西班牙人去支援日德兰半岛上他们的同胞的暴动。贝纳多特的军队除去占领了 12 个月的空营房以外，其他一无所获。在由于瑞典小规模入侵挪威东部而开始的瑞典—挪威边界战斗中，挪威军获得的胜利则足以引以自豪，并且使它的丹麦指挥官奥古斯腾堡的克里斯蒂安·奥古斯特亲王深孚众望。这一场战争的结果未引起领土变化，瑞典的损失都在东方战线。

1808 年 2 月，俄军在拿破仑的赞助下，发动了征服芬兰的战役。大约 2 万名守军向北撤退，认为只要保住赫尔辛福斯港的坚固要塞斯维亚堡，待夏天一到，他们就可以收复失地；但是，斯维亚堡于 5 月 3 日不战而降。夏季确实收复了部分失地，守军的英勇行为有助于激发芬兰人的民族主义，但俄军增至 5.8 万人，那一年年底，就将瑞军赶出芬兰。1809 年 3 月，芬兰人和俄国谈判；5 月，俄军到达奥兰群岛，摆出了进攻斯德哥尔摩的架势。英国是瑞典的唯一盟国，在每年解冻期间总是派海军上将索马里兹控制波罗的海，现在英国人建议媾和。9 月，腓特烈港条约将芬兰连同奥兰群岛以及边境省份西波的尼亚的一部分割让给俄国，这样就有效地结束了 12、13 世纪十字军东

487

征时开始的斯堪的纳维亚势力和文化的向东扩张。

但是，连续发生了一系列事件使瑞典得到了一些补偿。外交上的孤立和军事上的失败都不无理由地归罪于国王；正当战争激烈进行之际，军队里的阴谋分子将他废黜了。他们召开议会，为新国王制定新宪法，于是，王位由古斯塔夫四世传给前摄政，即古斯塔夫三世的弟弟。查理十三世年事已高又无后嗣，选定王储显然是当务之急。议会看不中已废黜的国王的年轻儿子，同时两次否决了本该统一斯堪的纳维亚的那个候选人，即丹麦国王弗里德里希六世，他的专制主义原则使他失去了这一机会。自从他的父亲于 1808 年逝世后，他比以往更加独裁，实行严格的新闻检查，中断内阁会议，主要依靠他的军官进行统治。因此就选中了克里斯蒂安·奥古斯特亲王，其部分原因是为了取得挪威人的同情，但他于 1810 年 5 月暴卒，曾经考虑由他的哥哥或者再度由弗里德里希国王继位。这两个候选人都能为拿破仑所接受。1 月间，瑞典和拿破仑签订了和约。

贵族出身的瑞典中尉 C. O. 默尔纳的倡议使贝纳多特登上了王位，但是决定性因素还是拿破仑的态度，这位皇帝赞成提出一个法国候选人，他的本意是希望提出欧仁·德·博阿尔内。但是他的示意含糊不清，反而被理解为他直接下令推选贝纳多特。议会所考虑的，肯定是认为选中一位法国元帅将能保证国内安定，而且可以挽回对芬兰的地位。他们依旧记得贝纳多特在吕克贝和其他地方对付他们的同胞颇有策略。但是，很少有人能够预料到，他们正在建立的是拿破仑王朝中寿命最长的一个王国。病魔缠身的国王又活了八年，不过查理·约翰（此刻应称为新王储了）自 1810 年 10 月到达瑞典后，就成了实际上的摄政，全面负责瑞典有关国际冲突的政策，这场冲突已使他的第二祖国失去了芬兰。

在这段时期里，丹麦人被迫和最大的海上强国对抗，实际上输得一干二净，他们的最后一艘军舰于 1808 年被击沉。到 1814 年，丹麦商船总吨位的一半以上——大约 1560 艘船，价值 800 万英镑——被俘或被毁。甚至连冰岛这样的穷地方，也沦为一位放荡的冒险家"国王约根"的猎获物，一艘英国军舰的到达才结束了他的短暂统治；1813 年 1 月，当局不得不正式宣告破产。但是丹麦原有的经济的崩溃，长远看还不如对丹麦和挪威关系的影响严重。挪威不但切断了与行政中心的联系，而且失去了 1/4 谷物供应来源。英国最初实行严格封锁，最后连阿尔汉格尔来的少量谷物也不许输入，为的是逼挪威人不顾大陆体系而出口他们的木材。后来大约有两年时间，在国王弗里德里希允许下，使用英国进出口许可证，于是贸易大为发展。但在 1812—1813 年，英国得到俄国和瑞典的支援，对挪威木材的需求减少，就又加强封锁。可是，挪威的农作物空前歉收，因此挪威人民只得用树皮充饥或者眼睁睁挨饿。可是使挪威人和丹麦人感到聊以自慰的是，他们的私掠船使英国航运遭到了重大损失。

　　19 世纪初，挪威和丹麦在人口和财力上大致相等，挪威有自己的陆军，而且是主要由它为联合海军提供人力和物力。住在偏僻山沟里的农民在政治上大多是很不活跃的，偶尔爆发的反对丹麦官吏的骚乱也能很快镇压下去。但是在 1796—1804 年间，一个名叫 H. N. 豪奇的以在俗身份传教的农民是很有影响的福音传教士，而且为他称之为"弟兄"的人组织了赚钱的经济活动，他的到处传教使本国宗教开始复兴，结果使庶民受到很大影响，也大大加强了他们的决心。与此同时，城镇里的上层阶级要求建立某些国立机构，特别是一家银行和一所大学。1807 年以后，战争形势促使丹麦人为挪威指派了一个政务会，最后还任命一个总督；颁发了大学特许状。但是经过多年实际上的分立，就滋长了这样一种想法：挪威借助于英国的牢固贸易关系，也许是能够自立的。另一种办法是所有斯堪的纳维亚国家联合起来，这也不失为良策，特别是受人爱戴的克里斯蒂安·奥古斯特王子能够继续成为领导人的话。最后，还有那么一小批人，但是颇有影响，已经赞成和瑞典合并而不和丹麦合并。

　　1810 年 10 月，拿破仑胁迫瑞典对英宣战。从这时起，瑞典的前途似乎一度并不比丹麦光明。只是因为英国要利用瑞典的海军不向它们进攻，而是让它的护航队可以进出哥德堡和波罗的海，所以在拿破仑转而进攻俄国以前这一段动乱时期，瑞典的经济才没有崩溃。但是查理·约翰对事物发展的看法比瑞典本地人更为客观，他已经断定，在英国控制着波罗的海期间，企图重新征服芬兰是很危险的，尽管此举可以满足民族自豪感；如果成功，也将和俄国结为世仇。另一个办法是从丹麦手中夺取挪威，这将使瑞典具有天然边界，而且只要让对方享有广泛的自治权就能办到，主张来一场革命的人也许是乐于允准的。此外，对拿破仑的敌人来说，这可以作为弗里德里希支持拿破仑而应该受到的合理惩罚。

1812年1月，拿破仑占领了瑞典的波美拉尼亚。他的意图是迫使更加严格地实施大陆体系，结果却激怒了瑞典国内亲法的军界人士，这就使查理·约翰更易于实行自己的计划，要作为俄国的盟友来反对以前的主子。4月，俄国接受了在西兰岛联合登陆的计划，将从丹麦手中夺取挪威，接着由瑞典出兵牵制拿破仑在德意志的侧翼。这一计划并未实现，但是8月间，亚历山大在阿博向查理·约翰提出更为有利的条件，要他在9月——法军进入莫斯科的那个月——开始同样的行动。于是瑞典的参战一直推迟到冬天过后，那时英国根据斯德哥尔摩条约（1813年3月3日）成了缔约国，条件是英国将为夺取挪威提供大量津贴和海军援助，瑞典则出兵3万名，"直接在大陆作战反对共同的敌人"。

这个措辞含糊的条约签订以后，查理·约翰就把他的军队部署在波美拉尼亚，以威胁荷尔斯泰因，而他的盟国则要求他向在德意志境内的拿破仑军队进攻。查理·约翰非但不这么办，反而把一个瑞典将军处死，因为后者违抗他的命令，不是坚守盟国在汉堡的阵地。由于他不能调动盟军夺取挪威，因而在5月，他提出了愿意接受以特隆赫姆主教管区（包括挪威北部所有地区）以及德意志的其他地区作为补偿，但弗里德里希国王断然拒绝了。然而到最后，军事形势迫使拿破仑的敌人解决他们之间的分歧：一支16万人的军队交由查理·约翰指挥，其中只有3万名是瑞典人，他将负责首先向法军进攻。他在格罗斯贝伦击败乌迪诺（8月23日），在登尼维茨击败内伊（9月6日），几次交战都经过精心策划，这为盟军在莱比锡的胜利铺平了道路。但在这三次战役中，查理·约翰都审慎地把他的瑞典兵留作后备队。莱比锡战役后，他同意一起向莱茵河推进，可是他向北突破，而不是进攻石勒苏益格—荷尔斯泰因的丹麦军队。那里并没有重大的战斗：查理·约翰差不多拥有4∶1的优势兵力，加上公国中德意志人的同情，这就保证了他的军队的胜利。

但是基尔条约（1814年1月14日）的谈判绝不是一帆风顺的。梅特涅力图限制俄国的盟友得到的好处。英国从丹麦人手中夺得赫尔戈兰岛的同时，对查理·约翰的要求特别冷淡，因为他没有向莱茵方

490

面行动；只是在亚历山大的支持之下，查理·约翰才达到他的主要目标，对此他始终没有忘怀。在这种情况下，就难怪挪威的属地冰岛、格陵兰岛、费罗群岛都落入了丹麦人手中；丹麦人还将获得波美拉尼亚和吕根作为补偿，并按比例免去国债中挪威那一份，挪威也不必支付他们的部队为和拿破仑作战而必须增添装备的费用。

条约签订后的第二天，瑞典王储就离开了基尔，但在战争的最后两个月中，他的军队只前进到比利时，而法国的前途问题依然没有解决。直到他晋升的希望终于落空后，他才到巴黎与亚历山大以及其他领导人相会，以便得到保证，使英国重新开始海上封锁，并出兵支持他得到挪威；现在他的这一意图已经遭到了责难。

挪威人民拒绝接受基尔条约的约束，在短时期内尝到了独立的滋味。1813 年 5 月以后，他们的总督是克里斯蒂安·弗里德里希亲王，他是丹麦国王的年轻的堂弟和假定继承人。放弃挪威显然于他无益，因此他很容易就被人说服，出任临时摄政，直到选出农民、城镇和军队代表在艾兹沃尔德组成议会。一个月以后，官员阶级议员（他们占多数）就在议会里制定了一部宪法。此后，在 5 月 17 日，摄政同意作为独立的君主立宪制挪威的国王。这些事件使英国的反对党辉格党和商人阶级对挪威颇为同情。卡斯尔雷面临着一个棘手的问题，那就是国际法承认被割让省的人民的反抗权。为了避免这个问题，就把挪威人的起义归罪于丹麦人的幕后策划，并正式向哥本哈根施加压力。但是查理·约翰十分清楚，欧洲的危险显然已近尾声，除俄国外列强都欢迎找一借口，抢走暴发户从一个合法君主那里捞来的横财。

因此，当挪威人拒绝盟国特派员的要求而诉诸武力时，查理·约翰立即应战，这是他的所有战斗中流血最少，时间最短的一次——只在挪威东南部进行一星期的小接触——然后提出了条件，其中包括他接受宪法。11 月 4 日，瑞典国王被选为挪威国王，接替克里斯蒂安·弗里德里希留下的空位，条件是建立一个享有主权的联盟，而不是批准以基尔条约为基础的领土割让。那时维也纳会议已经召开，对此并未表示反对；丹麦对长期由俄军驻守的荷尔斯泰因，已不愁保不住了，但是被迫将波美拉尼亚和吕根卖给普鲁士。

对每一个斯堪的纳维亚国家来说，战后时期是贫穷而失望的时期。丹麦受到的打击最重，因为它的谷物贸易在挪威市场上失去了立足点，又因为 1815 年的法律而进不了英国；受到打击的哥本哈根只得放弃它在汉堡以北的商业领导地位。挪威南部的主要工业在一代人的时间里也垮了台，因为英国宁愿要加拿大的木材；瑞典的工业发展也落在后面。各国政府迫于严重的通货膨胀和商业衰退，无论如何只得挣扎着养活迅速增长的人口。

　　然而和其他许多国家受压抑的情况相比较，这些国家在恢复时期的情况是突出的。丹麦的艰难处境似乎使国王和人民的关系更为密切，而不是促使反对专制政体。该政体在 1800 年已经合乎逻辑地臻于完善，就在那一年正式取消了冰岛的议会。甚至 1830 年的革命在丹麦人中也未引起什么反响，在公国，只有受到外部德意志人支持的一次骚动，才导致成立地方协商议会。芬兰人也觉得在沙皇统治下并没有什么不好，1809 年，沙皇曾亲口答应他们这个新的大公国将按照 1772 年和 1789 年瑞典宪法的规定办事。虽然他们的议会直到 1863 年才再一次召开，但是允许芬兰有一个独立国家的内阁；保持自己的法律、财政和军事机构；收复了 1721 年失去的领土，从而扩大了疆域。

　　然而，瑞典和挪威的代议制是很出色的，这在当时是个新式事物，它经历了以后的历次动乱而保存下来。1809 年瑞典政府文件规定，议会可以绝对控制税收，参与立法，有权责成国王的顾问对自己提出的建议负责。这种制度是瑞典的历史传统和孟德斯鸠以及启蒙运动的思想之间的折中，使国王和官吏具有很大权力，特别是因为议会只需五年召开一次，而他们的狭隘阶级基础在 1867 年以前并未经过认真的改造。另一方面，挪威的宪法受法国 1791 年宪法的影响殊深，虽然其中一致采用的、作为宪法基础的 10 项自由原则也反映出了对英、美实践的认识。立法权和财政权集中于单一议院（分两个部分进行工作），国王的否决权只有在两部分议会开会期间才有效，议会至少三年举行一次。由于从一开始起就让全体自耕农和五年佃农都有选举权，他们的民族主义观点日益强烈，1814 年宣布的人民主权论原则自然而然地促使于 1905 年出现高度民主的、独立的挪威君主国。

　　瑞典和挪威不能在其自然疆界内共同形成查理·约翰所希望的大国是有许多因素的，而宪法的不同乃是其中之一。即使在战后恢复时期，这一点也是显而易见的，战后，一些小国都力图避免引起邻国的

492

恶意关注。1818 年，查理·约翰就任两国国王，由于他对基尔条约中偿还丹麦债务一事是否合法提出质疑，而且他的挪威臣民也拒绝承认，因而受到了亚琛会议的严厉谴责。他知道这是无可回避的，于是进行谈判，为挪威争取十分有利的条件，结果却遭到挪威议会无理而且最后造成危险的拖延。1821 年 7 月最后勉强批准偿还时，瑞典和挪威在挪威东部联合进行军事演习。人们至今仍不能肯定，国王之下令演习，究竟是想使那一年忙于应付意大利的列强少进行干涉呢，还是以此作为最后一招，以便把他的意志强加给挪威人。危机过去了，但挪威和瑞典之间的鸿沟继续扩大。

最后，我们要简单地提一下各国文化的发展。在古斯塔夫三世执政时期，斯德哥尔摩是赫赫有名的艺术之乡，那里有国家剧院（1773 年）、歌剧院（1782 年）、科学院（1786 年）。国王本人创作的散文剧一直流传后世。他的宫廷中有许多才华横溢之士。瑞典和挪威共同有着灿烂的农民艺术，其作品装饰着教堂和农村的家园。但是只有这一点是例外，瑞典一直摆脱不了占压倒性优势的法国的影响，直到浪漫主义运动和德意志样板带来了斯堪的纳维亚过去文化的直接鼓舞。著名的哥特学会会员及其杂志《伊杜那》（1811—1824 年）的撰稿人，不但包括瑞典的民族诗人埃塞阿斯·泰格奈尔和瑞典的第一个近代历史学家 E. G. 耶伊尔，甚至还包括瑞典体操之父 P. H. 林格，他作为一个平庸的诗人，企图使斯堪的纳维亚英雄栩栩如生地重现。

丹麦和挪威只有一种文字，有意思的是，第一个使用这种文字的作家路德维格·霍尔堡也是仅属于一人之下的最伟大作家——虽然是出生于挪威的人，他的许多戏剧、历史和哲学著作却都是在哥本哈根出版的。但当他于 1754 年逝世后，德语重又独霸丹麦文学，直到新世纪最初几年，那时祖国的多灾多难激励了丹麦的浪漫主义者，甚至比他们的瑞典同伙更加努力地从往昔的荣耀中寻求灵感。亚当·欧伦施莱厄的情况就是如此。在 1829 年于隆德举行的一次仪式上，泰格奈尔称他为"斯堪的纳维亚歌手之王"。格伦特维主教更是如此，他早期研究斯堪的纳维亚神话，后来以诗人、赞美诗作者和传教士而著名，但是首先是以爱国者著名。他被称为丹麦的卡莱尔，但是早在1814 年就依法建立了完整的小学教育网的这个国家里，这样一位哲人对广大群众的影响远为直接得多。因为这些小学的存在，使后来建立民众高级中学成为可能，最容易受影响的年龄的农民阶级的男女青年来到这里，根据格伦特维"活的语言"的学说对他们进行教育。

但是，1844 年和 1850 年建立第一批民众高级中学，却属于以后年代的历史。下列诸事也是同样情况：1830 年亨里克·韦格兰的第一部巨著标志着独特的挪威文学的出现；1847 年伊瓦尔·奥森的《挪威方言语法》一书开创了一种独立的、经过加工的挪威语；从丹麦语中清除冰岛习惯用法则比较容易，这是在 1835 年由《菲厄尼尔》杂志开始的；同年，许多版本中的第一本民间史诗《卡勒瓦拉》的出版，标志着芬兰民族主义发展到了一个重要阶段。斯堪的纳维亚各国人民在文化和政治上都加快进入了一个崭新时代，不亚于七月革命时期的法国人和议会改革法案时期的英国人。

494

（高志冲　译）

第 十 八 章

1798—1825 年的俄国[①]

在俄国，18 世纪末是卓有成就的时代，尽管沙俄政府的种种弊端正在变得积重难返，就像它对取得胜利已经习以为常一样。彼得大帝的梦想是尽可能地通过仿效欧洲的政治和社会上层建筑，而不是通过对俄国进行基本改造来实现的。比较富有的贵族已经完全西欧化了。由于已经有了现代战争所需要的狭窄的工业基础，由于采取虽然浪费但是有效的征用人力的方法，已经可以利用"以国家利益为理由"这个外交上和军事上的工具了。甚至在文化方面，也出现了一些象征民族伟大的标志。随着波兰在最后两次（1793 年和 1795 年）被瓜分，俄罗斯帝国的西境达到了极限，直到 20 世纪中叶才有所扩展。在南方的黑海沿岸，它取得了从德涅斯特河到亚速海以及到高加索北部各河流的地带。1796 年建立敖德萨，在高加索以东，基督教的格鲁吉亚王国自愿成为被保护国。从里海到中国辖区的边境，中亚的游牧民族越来越接受俄国军事、贸易，甚至文化带来的政治影响。

从出于财政和军事目的对男性人口所做的定期而粗略的普查可以推知，1800 年，按照新疆域计算，俄国的人口约为 3700 万。俄国虽然与中欧和西欧的条件不同，但是人口开始猛增却是类似的现象。1812 年，加上外高加索的若干居民在内，俄罗斯帝国的人口已经接近 4500 万；战争曾使这一数字略微减少。1825 年，算上比萨拉比亚，但还不包括芬兰和新波兰，人口几乎达到 5500 万。在 1800 年的大约 3700 万人口中，俄国的亚洲部分（即辽阔的西伯利亚地区），

[①] 编者和作者感谢 J. 弗兰克尔博士对本章做了某些删节。将日期从旧（儒略）历换算成新（格列）历，18 世纪需加 11 天，19 世纪需加 12 天。例如：1796 年 11 月 16（27）日；1801 年 3 月 11（23）日。

包括土著、囚犯、流放者和移民在内，最多只有 200 万人。在乌拉尔山以东，有一些产业工人，但在实际上没有农奴制。[①] 在俄国的欧洲部分，1800 年有 90% 以上的人口应该是农业人口，其中有一半以上是固定在土地上而肉体属贵族个人所有的农奴。[②] 在剩余的农业人口中，大部分是所谓国有农民，他们附属于公家的或皇室的领地，必须缴纳各种花样的租税，这与施加在农奴身上的地役权有所不同。俄罗斯帝国是个法定的有阶级的国家，界限分明的阶级之间的比例颇能说明问题。按当时的估计数字折中计算，除了农民之外，大约有 150 万城市工人和依靠他们吃饭的人，这些人像农民一样，必须缴纳人头税和服兵役，大多数居住在 500 个 "城镇"（凡拥有 1000 居民者都称为 "城镇"）中。此外，还有 25 万左右 "商人" 和非贵族出身的实业家（包括他们的家眷），他们都参加行会，享有自由的地位。所有这些阶级都被当时的一位统计学家阿尔谢尼耶夫定义为 "生产性的"，而 "非生产性的" 阶级则指世袭贵族（在 19 世纪最初 10 年，我们可以估计为 50 万）、官员（包括终身贵族在内，计有 25 万），教士（50 万）和军队及其从属人员（远远超过 100 万）。[③]

在 18 世纪上半叶，俄国农民不顾人头税的压力，或者正是为了缴纳人头税的缘故，努力扩大全国的播种面积。虽然当时的人们开始抱怨说，人口流向工业和城镇是在损害农业，[④] 但是统计表明，这只是一种次要的迁徙。具有更大意义的是向乌克兰和伏尔加河彼岸的移民。这两种迁徙都不是没有控制的。逃路的农奴只是少数。大多数移民是由主人指挥迁往他们的新庄园，作为奴仆被带进城市，或者付清代役租才允许移动，这种代役租实际上是一种赎金，可以代替 "周役"[⑤] 不断偿还。赎金的数额是根据农奴的工资或收益（因为他们有时自行经商）而任意确定的。除交纳代役租之外，完全不能解除奴

496

----

① 这些数字以及下边的数字都很武断，但与当时人和最近的历史学家们根据缴纳人头税的统计数字而作出的分析相吻合。

② 应该指出，强逼为妾的事情虽然司空见惯，但始终是不合法的，为社会所不容。

③ A. G. 拉辛：《一百年间的俄罗斯居民》（莫斯科，1956 年），第 25、28—29 页。P. A. 赫罗莫夫：《十九至二十世纪俄国经济发展史》（苏联，1950 年），第 79—84 页。

④ P. I. 利亚先科：《俄罗斯苏维埃社会主义联邦共和国国民经济史》（1952 年）第 1 卷，第 362、402 页。

⑤ 本文作者在《新编剑桥世界近代史》第 10 卷，第 371 页曾把 "周役"（barshchina，week-work）误译为 "恩役"（boon work）。

役。在古典经济学和人道主义使俄国确立自由劳动之前，这种奴役的严酷可以说达到了它的顶点。

　　即使拿美国黑奴作尺度来衡量，俄国的农奴，特别是没有土地的奴仆，也完全有理由被称作奴隶，尽管叶卡捷琳娜禁止使用"拉勃"（奴隶）这个字眼。农奴没有反驳主人的权利，主人可以随心所欲地惩罚农奴，把他流放到西伯利亚，发配他去充军25年，或者将他公开出售。农奴除了在村社公地中有不可转让的一小块之外，不能拥有土地。根据法律，他的动产一律属于自己的主人。法律对主人的残暴规定了一个限度，即不准主人危害他的农奴的性命，但是这唯一的限制只不过是遭到其他地主的责难而已，因为叶卡捷琳娜女皇规定，凡是为此目的而采取旧方式向君主请愿者，可处以流放。不但如此，君主还可以把这样一种奴役条件任意扩展到处于半自由地位的国有农民身上，于是将近100万连同土地被叶卡捷琳娜二世和保罗一世赐给宠臣的农民也陷入同样的命运。另外，尽管叶卡捷琳娜在她著名的1765年敕令中宣布说："除非为了国家的利益有绝对的必要之外，不得将人变为奴隶"，但是，农奴的枷锁此时却又套到乌克兰（甚至包括一些哥萨克边疆部落）与新获得的波兰诸省迄今自由的农民身上。至于保罗，他抱住俄国保守派的典型论点不放，认为农民在家长似的农奴主的管辖下，比在没有灵魂的国库的管辖下，会生活得更好一些。的确，保罗本人作为一个地主，比作为一个君主或军需总监，取得了更大的成功。

　　不过，说来矛盾，农奴制度却是更多地推动而不是阻碍了国运的兴隆。无论是国有农民还是私有农民，都应征入伍，提供炮灰；都缴纳人头税，每年虽然只有几个先令，在1805年却构成正常岁收的2/5弱。国有农民也被拉去从事重要的工作——修建哨所和公路。但是，他们大部分是自给自足的农民，其对国民收入的贡献还未纳入开始萌芽的交换经济。城镇的给养，工业和出口所需的原料，对免税地主贵族进行文化改造所需要的资金，主要是由私有土地上的农奴劳动的产品来提供——这些私有土地在某些地区和某些情况下，已经发展成为大庄园。

　　就连工业也还没有建立在自由劳动的基础上。事实上，彼得大帝所创立的冶金工业仍然依赖农民的劳动。虽然非贵族的业主们不能拥有农奴，但是他们的矿山和铁厂具有法人资格，可以雇用农奴。因而，在 1812 年，除冶金和采矿外，其他"制造业"拥有的 12 万名工人中，只有半数左右是自由人。当时，俄国的炼铁工业已经处于相对的衰落之中。在前一世纪头 30 年中，在乌拉尔山以东建立了按当时的标准来说巨大的铸造厂，而在叶卡捷琳娜执政期间，它们的生产效率比较小的工厂低。苏联历史学家声称，在小工厂里，10—13 米高的炼焦炉的单位产量比英国的新式炼焦炉还高，虽然在 1800 年进口了英国的新式设备。当时，俄国的铁产量在世界上居于首位——直至 1806 年以前，每年为 1200 万普特，即略低于 10 万吨；1806 年，法俄联盟切断了对英国的出口需求，这种需求占全部产量的一半。[1] 俄国能将其余部分就地吸收，这表明在 18 世纪后半叶它的工业和国内贸易都有所增长。与此同时，对外贸易额在叶卡捷琳娜开始执政时约为 2100 万卢布，而在她的统治结束时则为 1.1 亿卢布。1796 年占第一位的出口商品是亚麻和大麻制品，总额为 1300 万卢布，其次是铁，为 500 万卢布；在进口商品中，糖居首位，约为 550 万卢布，其次是呢绒，为 400 万卢布。[2] 就当时贵族生活的实际水平而言，有关进口葡萄酒之类奢侈品的官方数字比较低，这或许由于走私规模很大，缩小了表面上的贸易额。

国内贸易和对外贸易的增长几乎没有改变俄国农村的贫困状态；在人数不多的受益者中有商人阶级，这是得到 1775 年和 1785 年立法认可的三个城市阶级中的最高阶级，在 19 世纪头 10 年里产生了不少收入高达 10 万卢布的大富翁；另外还有同样多的贵族，他们比西欧和中欧的相应阶级更多地参加贸易和实业活动，拥有很大一部分工业企业，而作为"自由"工资劳动者雇用来的人实际上大多是他们的农奴。为了得到在商人阶级开办的工厂中做工的许可，这些农奴要向他们缴纳代役租。他们可以加入商人的最高行会，有利可图的烟酒垄断企业通常由他们经营，尤其重要的是，贵族作为土地所有者，从城镇与日俱增的食品需求中大发其财。

这时，俄国贵族已经没有世袭等级制度；地位视军阶或官阶而

① R. 波塔尔：《十八世纪的乌拉尔》（巴黎，1950 年），第 374—376 页。
② 利亚先科：前引书，第 1 卷，第 415 页。

定，文武官员皆分 14 等；在得不到女皇私人恩宠的地方，官员的地位几乎完全取决于他与宫廷的社会联系，其晋升则部分地取决于这种联系。比较高的职位授予资历很深的将军和文臣，比较低的职位授予来自世界各地富有家族的成员，其中有些家族（如斯特罗加诺夫家族）是最近被封为贵族的；还有一些低级职位授予极少数来自俄国在 18 世纪兼并的波罗的海诸省的德意志人。这种让异族跻身贵族的做法虽很不得人心，但是持续不断——甚至一直持续到 1914 年。虽然自从 1785 年的特许状颁布以后，地方贵族享有可以任命某些地方官员的权力，但是在首都圣彼得堡和莫斯科却不能行使这种权力，甚至在农村中，他们也要服从中央任命的地方长官及其僚属。在两个首都，拥有大量的土地（一向按农奴的数量，而不是按面积大小来表示）被人们当作有钱，而不是当作有势。上层贵族已经完全西欧化了，法语不仅成为他们的社交语言，而且成为另一种官方语言；直至 1914 年，沙皇外交部的信函中一直通用法语。这是彼得大帝极力鼓励国外旅行和国内教育的结果。与其他国家一样，贵族子女大多数接受私人教育，尽管不那么完美。当时有一两所时髦的私立学校，国家开办一些士官学校、见习骑士团，后来又创立斯莫尔尼女子学院。莫斯科大学（这是唯一俄国人的大学，因为多尔帕特大学是德意志人开办的）水平很低；如果在按常规进入军界或政界之前需要接受一点高等教育的话，这种教育通常是在德意志取得的。

　　19 世纪的俄国自由主义历史学家们喜欢这样述说：“俄国贵族由于在 1762 年摆脱彼得大帝强加给他们的服役，由于叶卡捷琳娜大帝的 1785 年特许状确认他们的权利，他们靠缩小君权而获得了权力。”实际情况并非如此。尽管特许状第 18 段确认贵族享有“得以免除服兵役”的权利，但是第 20 段又提醒他们，一旦君主号召，他们有“为国事不辞辛苦、不惜生命”的义务。其实，至少在此后的 75 年间，服几年兵役依然是在受教育的贵族家庭中间具有社会威望的一个条件；的确，人们会把逃避服兵役当作没有行使贵族特权的能力的证据。尽管有 1785 年的特许状，但只要沙皇下一道命令，就能够取消贵族的特权；沙皇保罗曾将几百名贵族贬为罪犯（大多数罪有应得），其中有一些人受到体罚。甚至在保罗一世刚刚被主要贵族和军官们暗杀之后的时期，斯佩兰斯基就写道：“我发现俄国只有两个等级：地主的奴隶和沙皇的奴隶。"①

不过，在叶卡捷琳娜大帝晚年，贵族对君主的俯首帖耳主要应归因于她个人的威风。波兰贵族青年亚当·恰尔托雷斯基在祖国最后一次被瓜分之后，和他的兄弟一起来到俄国。他曾经描写这位女皇令人敬畏的情景："一提到叶卡捷琳娜的名字，所有的面孔立即出现一种严肃和恭顺的表情……甚至没有一个人敢小声说一句抱怨或责难的话；仿佛……她所干的最荒唐的事都具有那么多的天意……"但是，就俄国政治的演变来说，叶卡捷琳娜在位的最后 10 年是一个突然衰落的时期。过去赞助启蒙哲学家的女皇，在俄国的国家利益胜过人民利益的时候，她的幻想就已经开始破灭，而法国革命则使她的幻想完全破灭了，她思想上的这种急剧变化从她与德意志学者格林的通信中反映出来。格林是她多年来接触最频繁的学术界人士。1793 年弑君事件的震动，使她失去了沉着冷静，并导致在俄国采取示威性甚至预防性的措施，例如不准在舞台剧本中有"共和国"一词，将有政治嫌疑的启蒙哲学家的画像从皇家收藏室中除掉，禁止某些共和国式样的时装。然而，她似乎指望法国解决自己的问题，早在 1791 年就预见将有一位"恺撒"降临；在王朝之间的反革命事业中，她并非是个积极分子，尽管她在 1792 年就乐观地为此制订了计划。她在不失体面的条件下给予法国流亡贵族以尽可能少的现金——10 万法郎。她答应派 1.8 万人给在科布伦茨的国际军，但这支部队到波兰后就不再前进了。她说波兰的反俄爱国者是不亚于巴黎的共和党人的雅各宾分子。

革命对两位文人诺维科夫和拉季谢夫的著名诉讼案件究竟有多大影响，已经完全弄不清楚了。今天看来，对尼·伊·诺维科夫（1744—1818 年）的长期容忍也许比对他的最后判罪更加引人注目。他作为慈善家和政论家的非凡生涯是从 18 世纪 70 年代开始的，他干了各种各样的工作，从创办一所孤儿学校起，一直到组织和宣传对 1787 年大饥荒的救济——这与托尔斯泰 1891 年的类似活动一样，是对政府极大的挑战。但是，他的主要活动是出版。整个俄国的图书年出版量，在他开始经营莫斯科大学出版社时为 166 种，在 1791

① M. 拉耶夫：《帝俄的政治家米哈伊尔·斯佩兰斯基》（海牙，1957 年），第 121 页。

年他的出版社关闭时则增加到 366 种，而在此后的 10 年中又下降到 233 种。虽然叶卡捷琳娜作为仁慈专制主义的捍卫者，亲自发表匿名文章抨击诺维科夫的讽刺作品，但是她显然不想让诺维科夫成为一个为政治理性主义捐躯的殉道者；然而，来自法国的反对君主制度的国际挑战，使局势变得不利于诺维科夫。1792 年，女皇下令将他逮捕，他不是因为犯罪，而是因为有犯罪意图，被判处 15 年徒刑。叶卡捷琳娜迟迟没有批准对诺维科夫的判决，她的继承人保罗把这个判决撤销了。保罗这样做的动机并非出于对受害者的同情，而是想要把前任的决定一概推翻。诺维科夫的真正罪过是与共济会有牵连。在 18 世纪末的圣彼得堡，共济会被视为圣马丁主义运动（当时法国作家圣马丁的信徒）的一个神秘派别。共济会同不信奉国教者的宗教狂有联系，一开始就同情革命和世界主义，这一切都表明是对正教和专制政府的挑战。一位信奉伏尔泰主义的统治者可能会给予理性主义异端——甚至共和主义异端以某些特权，但是，共济会则由于它的仪式和迷信而失去这种资格。

　　叶卡捷琳娜女皇为俄国自由主义的圣徒传记文学提供的第二位殉道者是亚·尼·拉季谢夫。根据彼得大帝制定的教育政策，拉季谢夫曾在青年时代到国外求学。他带回了某些启蒙哲学家（特别是马布利和雷纳尔）的平均主义和共和主义思想。虽然他对马布利的一部著作的相当大胆的解说已由诺维科夫出版，但是在他作为文官的仕途中没有引起人们的注意。直至 1790 年，他毫无顾忌地自行刊印《从圣彼得堡到莫斯科旅行记》。这部书连同一首《自由颂》，后来成为俄国文学和社会史的经典著作。[①]《旅行记》采取一个旅行者的日记的形式，是抨击农村的生活状况，农奴制度的悲惨，以及地主阶级和受益于它的政府的罪恶行径的长篇论述。女皇自己写道，她"从头至尾细读了他的书"，她的谨慎的评论很奇妙，一方面承认事实细节，同时又谴责作者的结论和动机。[②]拉季谢夫以扰乱和平、煽动不满和冒犯女皇等多种罪名被判处死刑。可是，叶卡捷琳娜却予以减刑，将他流放到西伯利亚。而保罗像处理诺维科夫的问题时一样，把

---

　　① 亚·尼·拉季谢夫：《从圣彼得堡到莫斯科旅行记》，R. P. 塞耶编（马萨诸塞州坎布里奇，1961 年）。

　　② V. A. 米亚科京：《俄国社会史片断》（圣彼得堡，1902 年），第 221 页。

他召回了。拉季谢夫甚至在 1801 年恢复了官职，但是，亚历山大一世的新政的种种缺陷使他大失所望，他于一年后自杀了。

　　诺维科夫和拉季谢夫的案件表现出俄国社会的征兆，在叶卡捷琳娜统治末期，它具有极大的对抗性质，但还没有形成一个政治运动。它同 12 月党人起义之间隔着亚历山大改革失败的整个时代。有些历史学家急于建立革命传统的连续性，但只有微不足道的证据支持他们。虽然拉季谢夫的著作在被查禁以前曾经流传，但是它的教训却长期没有发生作用。

　　这一类的偶然事件丝毫没有使沙俄政权丧失勇气。军事上和外交上的胜利唤起了官僚阶级、军队，甚至下层人民的民族自豪感。自从法国革命以来，俄国在瑞典战争和土耳其战争中连连取得胜利，并且最后消灭波兰以报多年的民族仇恨，这一切当然与那位世界主义的君主的个性是分不开的。普希金前一代最主要的俄国诗人、后来任司法大臣的杰尔查文在一首赞歌中称她为"费丽察"，这在俄文中相当于"光荣女王"之意。① 叶卡捷琳娜极力表现她像自己的臣民一样，是俄罗斯人，强调继承彼得大帝的遗志。"我在一天中每时每刻都在自问，"她写道，"如果他处在我的情况下，他会禁止什么呢？他会做些什么呢？"她一直过着糜烂的私生活，却丝毫不玩忽政务，这是尽人皆知的。"她可以随心所欲，"人们可以这样说，"她的放荡是神圣不可侵犯的。"的确，从波将金的时候起，她的宠臣的行政权力比过去减少了。普拉东·祖博夫一走出女皇的私室就举行他的早朝，除国家最高级的官员以外，由他分授一切官职，但是决策权不在他的手中。叶卡捷琳娜仍然通过她的国务大臣，陆军、海军和外交联合委员会的最高成员，以及比较间接地通过参政院长管理朝政。原先实行的集体管理行政的委员会制日益废弃，到保罗一世在位时期就更加衰落了。帝国会议（叶卡捷琳娜改组为"女皇御前会议"）很少召开。所谓起"指导"作用的参政院，实际上除了颁布帝国法令和充当最高上诉法院（此法院以办事拖拉而声名狼藉）外，已经失去一切职能。在那些从自己的利益和原则出发而看到事情的另一面的消极不满分子

_____

　　① 杰尔查文的长诗《费丽察颂》是赞颂叶卡捷琳娜二世的。英国诗人斯宾塞的长诗《仙女王》中的主人公格洛里阿娜（意为"光荣女王"），是赞颂伊丽莎白女王的。——译者注

中，包括沙皇太子保罗和他的儿子、未来的亚历山大一世。保罗是彼得三世的儿子，但由于他母亲发动的政变，他被剥夺了皇位继承权。女皇使他不能过问朝政，从他身边夺走了他的孩子们。她与宠臣波将金共同治理天下，将她那忧郁而失宠的儿子置于同哈姆雷特一样的境地。后来，保罗被允许住进圣彼得堡附近的加特契纳庄园，在那里操练允许他保有的 2000 名私人军队，这支军队从训练到服装，都是陈旧的仿普鲁士式的。

　　亚历山大在少年时代就深深卷入这种家庭的和王朝的倾轧之中。他父亲悲剧性的一生无疑通过他而对俄国的历史产生了间接但有力的影响。他的思想是在两种影响下形成的，也可以说在两种影响下终生相互矛盾：一种是在加特契纳受到影响，女皇越来越放任他，允许他接近那里；另一种影响是正式教育，女皇于 1784 年任命瑞士人弗雷德里克·拉阿尔普为他的导师。拉阿尔普的见解属于启蒙运动左翼；同时，他原籍瑞士沃州，对伯尔尼的称霸感到愤懑，同情法国革命和法国对他的国家的干涉。不过，他还是一直任职到 1794 年年底，在教育中遵循卢梭的教育原理，和他的学生一起阅读古代和当代的共和主义的经典著作。出于双方的信任，他与亚历山大保持终生的友情。叶卡捷琳娜的腐败政权，与拉阿尔普的原始浪漫激进主义是格格不入的。尽管该政权在战争中获胜，但它对于加特契纳所代表的和亚历山大所继承的兵营和操场上（而不是战场上）的尚武精神，也同样难以相容。因此，在 1796 年，18 岁的未来皇帝就写信给他的朋友、未来的宰相维克托·科楚别伊说，他想要放弃他的继承权，和他的妻子（巴登的伊丽莎白，两人于前一年结婚）"到莱茵河畔"过私人生活。他指名道姓地提到祖母宫廷中一些最有权势的人物，说这些人连"给他当奴仆他都不要"，抱怨说，"我们的国家事务乱七八糟，人们到处窃取权力……帝国除了扩张领土之外，什么也不干……"这种表白在亚历山大的个性发展中标志着一个重要的阶段，随后不久，他向恰尔托雷斯基透露了同样的心情。他向恰尔托雷斯基倾吐了他对被瓜分的波兰的真挚同情，甚至显示了他对法国革命的动机和成就（虽然不是对于暴力）持开明的敬意。可以认为，他们的长期友谊，实际上还有亚历山大对波兰的承诺，都是从这次引人注目的会晤开始的。

很可能，叶卡捷琳娜早就打算指定亚历山大而不是保罗做他的继承人，亚历山大 1796 年 9 月给女皇的一封信，可以理解为他勉强接受了女皇的意旨。[①] 但是，当叶卡捷琳娜于 11 月 16（新历 27）日逝世时，并未采取正式的步骤，亚历山大已派人去请他的父亲。保罗毫不迟疑地继承了帝位，但是颇能表明沙皇政权的特点的是，当第一个使者（祖博夫家族的一员）到达加特契纳的时候，保罗以为这又是来送催命符，于是对他的妻子喊道："我们完蛋啦！"看不出新沙皇会实行重大的改革，就连他那些主要是做做样子的小改革也被当时的人们和历史学家们夸大了。在沙皇统治的历史上经常出现对作为一个阶级的贵族的仇恨，而到保罗的时候，由于他嫉妒贵族与他母亲异常密切地勾结，由于他在加特契纳被排斥于贵族统治之外，就更加深了上述仇恨。但是，他所仇视的是象征他母亲统治的那些东西，而不是它的制度或者是次要的人物。因此，在举行被公认为保罗的父亲的彼得三世与叶卡捷琳娜大帝的合葬仪式时，就叫为叶卡捷琳娜的利益而刺杀彼得三世的年迈的奥尔洛夫手捧他的受害者的皇冠，而波将金的坟墓则被捣毁，他的遗体被草草埋葬到不为人所知的地方。不过，在 1796 年，大多数高级官员依然保留着自己的职位，甚至连为人们所十分痛恨的来自加特契纳的人员，虽然打入了军队，但并未能跻身于最高层。值得一提的只不过是象征性的东西，即采用了加特契纳的军装。

参与谋杀保罗的人员之一本尼格森将军承认，保罗最初显示一些"统治者的才能"。德意志人格勒本曾发现俄国的官吏们经常旷工，"在各部门庞大的办公室里，只有大小老鼠出没"。因此他称颂保罗给作为上诉法院的参政院带来了生气。在他即位后的头一年，就办理了 1.1 万起悬而未决的案件。他还称赞正规发放军饷的新情况，虽然对新的军装表示反对。保罗利用专制权力还有一些不大为人们所熟知的例子，例如他批准进口英国的纺织机器，指示彻底研究一位莫斯科药剂师关于甜菜糖制作法的报告——这样，即便不是开创，也是促进了俄国工业中这两个主要行业的发展。保罗在他的加冕宣言中为农奴

---

① N. K. 希德尔：《沙皇亚历山大一世》（圣彼得堡，1904 年）第 1 卷，第 279 页（附录）。希德尔和其他许多历史学家的大量推测与假想都是十分武断的。

对其主人的劳动义务作出了著名的规定，但是这个规定并不像一般设想的那样行之有效。虽然绝对禁止了在星期日和各个节日服役，但是限制每周服役三天则不过是说梦话而已。① 除了行不通之外，这个规定还激起极普遍的要求解放的愿望，导致一起起的农民骚乱，保罗又对这些骚乱进行了残酷的镇压。如果说这个和类似的禁令在实质上并非真正自由主义的表现，它们的意图就更谈不上是在向贵族的权利和利益进行挑战了。保罗以前的几代沙皇没有一个人在如此短暂的时间里把如此众多的国有农民变为私有农奴，而且，在他发布关于每周服役日数的敕令的那一年，保罗批准创立一家贵族土地银行，以便制止高利抵押的丑行，这表明他对贵族阶级的关切。事实上，他对前朝统治的积怨，使他不再恪守先例或保持现状，他的一些保守主义的禁令都是他自己的东西。所以，在波兰问题上，他反对实行最后瓜分，并且宣布说，如果事情不是已经不可挽回，他本来会恢复原状的。他召前国王斯坦尼斯瓦夫参加他的加冕典礼，并以王礼相待，不过没有亲自给予关照。保罗如此尊重波兰，真正从中得益，地位和荣誉双收的，倒是他的母亲的人质恰尔托雷斯基。

　　暴虐恣肆是保罗失败的原因，这开始于他下令禁止反映法国革命风尚的服装。根据同一精神，他不仅把俄国陆军切合实用的军装改成普鲁士老式样的不实用的新军装，而且重新采取辫子和香粉作为旧政权的纪律的象征。当苏沃洛夫陆军大元帅对此提出批评时，便被贬斥到自己的庄园，直到重召他服役，去指挥他1799年著名的意大利战役为止。在首都，保罗感到草木皆兵，迷信纪律，使得群众生活在难以忍受的律令之下。1785年特许状关于贵族通过省自治机关实行自治的规定被践踏了；贵族的地位被剥夺了，对他们也可以施加肉刑，而整个低级教士被剥夺了免受鞭挞的权利。由于害怕革命，俄国所有的私营印刷所再一次被关闭，最后并禁止从国外进口任何印刷的或手写的作品。然而，造成危机的关键是保罗对待陆军军官的态度。调动、降级、征召在文职部门和宫廷中任职的军官重新服役，这一切并不是什么重大改革，而是施行暴政。首都的卫戍部队生活在一种练兵场恐惧症之中。军官们在阅兵之前，总是先了结一下自己的事务，并

---

① 《俄罗斯帝国法律汇编》（圣彼得堡，1839—1843年）第24卷，第17909号。

随身带上一笔现款，以防从练兵场上直接流放西伯利亚。

早在 1797 年，亚历山大就对拉阿尔普抱怨说："一切事情都颠倒过来了，这只能增加混乱"，他要求"对一件最重要的事情得到指示，即恩赐俄国一部自由的宪法"。历史学家们附和亚历山大的朋友和同时代人的看法，往往忽略这封信里的妥协成分。当时亚历山大的父亲正在 43 岁的壮年，亚历山大什么时候，又怎能设想进行这种根本改革呢？据我们所知，虽然在这一阶段，亚历山大不可能，更不要说打算参与搞什么密谋活动，但是，他的思想和言论也许反映出保罗的那种精神失常的统治是不会长久的。正如亚历山大对拉阿尔普所说的那样，他这时已经聚集了一帮意气相投的政治朋友。这些人后来在他自己在位的头三年，有的帮助他制定了国内政策，有的没有做，而作为个人，他们长期得到他的宠信，同他亲如手足。首先是亚当·恰尔托雷斯基亲王，其次是恰尔托雷斯基的朋友帕维尔·斯特罗加诺夫伯爵，此人出身于一个富有的著名家族，但是较晚才跻身贵族，他在不久前的少年时代，是个空谈的雅各宾派。再其次是斯特罗加诺夫的表兄弟诺沃西利采夫；最后是维克托·科楚别伊伯爵，此人是总理大臣别兹博罗德科的外甥，当时已经是一个富有外交和行政经验的人。忠诚于亚历山大的还不止这几个人。有一个人堪称是加特契纳式练兵场纪律的代表，保罗将他从默默无闻中提拔上来，他也成了保罗之子的朋友。这就是阿·阿拉克切耶夫。此人实际上遭到所有历史学家的唾骂。他虽然残忍不仁，是一个蒙昧主义者，但为官清廉；虽然作为军人打仗不行，但是在行政管理方面还是很有效率的。亚历山大在位时期，不断地增大他的权力，以致最后非正式地操持着帝国的全部日常工作。在俄国历史上以他的名字称呼一个时代，即短暂的"阿拉克切耶夫暴政"。

把谋害保罗的阴谋归罪于英国大使惠特沃思，是有某些根据的。密谋的首领尼·帕·帕宁伯爵是这位大使的朋友，他支持亲英的对外政策，这一政策至 1799 年后半年才彻底改变。事情似乎是，惠特沃思曾经建议设立一种英国式的摄政制度，这种方式很可能被皇储亚历山大接受。但是，俄国与英国的关系日趋恶化，而且，由于惠特沃思与他的使团是在 1800 年 5 月离开俄国的，因此不可能证明苏联教科书中所说英国人的阴谋活动与实际上在 10 个月之后发生的保罗被暗杀事件有关的话是正确的。在此时期，帕宁丢掉了副总理大臣的职务和接近保罗的机会，于是密谋的领导权就转到莫斯科督军 P. 冯·德·帕伦的手中了。计划的拖延很可能是由于亚历山大迟迟没有同意。帕宁曾向亚历山大提出建议，但是亚历山大如何以及何时同意逼迫保罗退位则不得而知，至于说他曾经同意暗杀，这是绝不可能令人相信的话。正当密谋逐步进行的时候，可能与保罗最密切合作而且有可能救他性命的两个最有才干的人——阿拉克切耶夫和罗斯托普钦一时失宠，离开了首都。亚历山大的三个亲信恰尔托雷斯基、诺沃西利采夫和科楚别伊也是如此。不过由于免受嫌疑，这对他们未来的影响倒很有利。在 1801 年头几个月，保罗显得更心慌意乱，行动失常。当帕伦于 3 月 11 日（新历 23 日）夜间下手的时候，有些（虽然不充分的）迹象表明，保罗对他自己的家族已经采取防范措施，例如他与妻子疏远了，并对亚历山大存有戒心。这次政变采取俄国方式，即由高级军官和被收买的卫士下手。玛丽亚·费多罗芙娜皇后怀疑她的儿子参与密谋，企图亲自接替王位，但禁卫军按兵不动，本尼格森置之不理。于是派人去请亚历山大，亚历山大噙着眼泪登基。"别像小孩子那样了，"据说帕伦当时这样讲："马上去登基吧；在军队面前露面。"

这次密谋的成功使俄国的以暗杀方式实行改革的政治传统长期保持了下去，在十二月党人的兵变中，在后来的革命恐怖中，人们可以再次发现这样一种传统。据恰尔托雷斯基说，亚历山大本人终生为他登基时受到的精神创伤所折磨。他对弑君应负的责任尽管微不足道，却使他灵敏的天性走向犬儒主义和神秘主义的极端。"这是无可补救的"，他对恰尔托雷斯基说，"我必须忍受痛苦，这是无法改变的"。另外，这次暗杀重新造成了君主与贵族之间的裂痕。这种裂痕叶卡捷琳娜二世差不多已经弥合，但是以后又成为王朝的特征，阻碍它甚至与各特权阶级分享王朝的权力。

人们对政权的更迭普遍感到欣喜，这在两个首都、在担任文武官职的贵族中表现得最为明显。一位奥地利外交官说，这是对每位俄国沙皇（包括叶卡捷琳娜在内）的逝世的正常反应。然而，一场政治生活而不是民族生活中的革命已迫在眉睫。亚历山大把行政大权交到他祖母的两位国家重臣手中，任命已经退役的别克列舍夫将军为参政院院长，即实际上的首席大臣，并召回曾担任上述职务的 D. P. 特罗辛斯基担任他所说的"我的导师"。后者为他起草了即位宣言，宣言里丝毫没有亚历山大当皇储时同他的政友所讨论的革命自由主义的痕迹。现在，他许诺"遵循我们可敬的已故祖母的法律和精神来统治上帝托付于我们的人民"。这是那些密谋者的政策，而且亚历山大确实留用了帕伦，并且召回帕宁，一见面便对他说："唉，事情出乎我们的想象。"这两人都留用了几个月，直至这位年轻的皇帝立稳了脚跟，不知是出于轻率还是傲慢，将这两个人革职，永不录用。在废除他父亲的各种轻率措施时，最紧急的行动似乎是亚历山大本人在谋杀那天夜里想到的一件事。这就是召回一支给养不足的哥萨克部队。保罗派遣这支部队不顾一切危险穿过中亚对印度发动进攻，发疯似的表示他与拿破仑结成反英统一战线。在随后的三个月中，一般都恢复正常了。各种商品的进口，从面包、酒类到书籍、乐曲，都畅通无阻；边境向旅游者重新开放；私人印刷业重新得到许可；叶卡捷琳娜颁给贵族和城镇的"特许状"重新生效；教士再度被免除肉刑。"秘密发配"，即根据行政命令将人流放的办法，在名义上被取消了，不过实际上还以别的名目存在。

这一切都是老一派行政官员的成就。与此同时，亚历山大还把保罗所遣散的他未成年时的政友科楚别伊、恰尔托雷斯基和诺沃西利采夫召回俄国，与已在圣彼得堡的斯特罗加诺夫组成"少壮派"（保守的批评家们开始这样称呼他们）。如今，他们作为一个半官方的智囊团，聚会更加经常。不过，他们仍以"非正式"委员会的名义，不但讨论各种宪法方案和改革农奴制度的办法，而且研究官方颁布的立法的草案是否切实可行。除了这老少两派外，阿拉克切耶夫（两派人都讨厌他）尚未被召回帝国会议；但是，亚历山大还是受到他的文武助手，特别是恰尔托雷斯基的野心勃勃的敌手、反波兰的 P. P. 多尔戈鲁科夫亲王的影响。另外还有刚刚参加过瑞士体制改革的拉阿尔普，他继续为亚历山大献策进谏，而不会受到惩罚。

亚历山大能与相互毫不同情，甚至水火不相容的各派共事，这大概完全符合他不稳定的性情。由于他无意消除他们之间的分歧，因而遇事往往犹豫不决，这使他失去政治上对他的忠诚和知识界的尊敬。也许除了阿拉克切耶夫之外，谁也没有得到他的充分信任。亚历山大在位末期，在政治上与阿拉克切耶夫一样鼠目寸光。虽然他并不是一个"不可思议的人"——因为并没有发现他有什么难以解释的意图——但是，亚历山大在俄国的朋友们，甚至当着他在欧洲的对手的面，都正确地称他为两面派。在政治上，他表现出是一个犬儒式的实干家，尽管他的原则和情感都是罗曼蒂克式的自由主义、福音主义或者神秘主义的东西。在私生活上，他是一个不拘小节、温柔体贴的丈夫，由于仔细化装而长久保持风采，甚至被家人称为"我们的天使"。

通过亚历山大的传记来研究他在位的时期，已经不仅仅是一种习惯做法了。托尔斯泰曾经极力反对这种做法，但是又不能用别的来代替。苏联历史学家们尽管对亚历山大在位时期的经济和社会情况进行了宝贵的研究，但是他们执意把工业方面和农业方面的零星冲突说成是一种连续的发展，没有适当地将其与经济事业联系起来，更不要说与政府的政策联系起来了。后来同时出现两种毫无根据的说法：保守主义者说他不负责任地激发了革命，自由主义者则说俄国错过了进入西方历史主流的机会，这些大概只能从亚历山大的个性中找到解释。亚历山大一度曾对俄国爱国主义的发展起主宰作用，这种爱国主义的社会基础还有待加以分析。

在"非正式委员会"活动的初期，这位沙皇赞同委员会秘书斯特罗加诺夫对他意旨的记录。"改革要从行政开始"，但是委员会显然要"确定人权"和起草宪法。宪法是为了防止"独断专权"，而人权则被定义为自由、财产权（只要"不损害他人"）和机会均等。可是这些方针一直没有取得进展。激进派斯特罗加诺夫和保守派科楚别伊都认为，沙皇的正式顾问们的意见水火不相容，沙皇又毫无系统的主张。① 尽管如此，亚历山大允许他的"非正式委员会"进行自由辩论。恰尔托雷斯基声称："亚历山大在位时期的一切有益的改革，无不来自这些秘密交谈。"

这种说法并不完全符合事实，因为亚历山大的第一次行政改革，即设立一个"常设会议"，是在1801年4月施行的，当时非正式委员会还没有出现。保罗像前几代沙皇一样，对"帝国会议"的利用

---

① 1801年5月9日谈话笔记。希德尔：《亚历山大一世》第2卷，第343页。

反复无常，这次新改革的目标在于降低而不是提高它们的地位。常设会议的职能被局限于对立法提供意见，而这时已把兴趣集中到参政院了。"指导性的"参政院——这是人们强调其行政职能而不是强调其更起作用的司法职能时对它的称呼——在名义上监督各院和其他行政部门，但是，参政院院长的权威并不来自该院的权力，因皇帝与各院有着直接的联系。由于俄国的职位不是世袭的，参政院的人选大多从退役将军和显要官员中指定；而且，该院没有明确的职能，更不用说权利了。虽然它是俄国最古老的机构，但它仅仅是彼得大帝的创造物，他是照抄了外国的模式。不过，这并没有妨碍温和的保守派把它看成仿佛是民族的历史上牢牢扎根的东西，认为它是政治团结，而不是进行改革的基础。然而，所谓"参政院派"既缺乏组织，又缺乏独裁精神，不管怎么说，像帕伦和帕宁这样有权势的人物一度曾被革过职。"参政院派"的代言人站在该"派"的左翼，特别是沃龙佐夫兄弟，即西梅翁和亚历山大，前者是驻伦敦大使，后者不久成为帝国总理大臣，被改革派视为"非正式委员会"和官方之间的桥梁。沃龙佐夫兄弟在幕后，为亚历山大起草他在 1801 年 9 月加冕时颁布的所谓"给俄罗斯人民的特许状"。这个"特许状"是自由主义和宪政主义的东西，将人身保护权和参政院的牢固地位结合在一起。尽管如此，"非正式委员会"显然还是根据"好总不如更好"的原则，而拒绝加以接受。

沙皇请参政院对它的未来提出建议，可是建议还未提出，他便发布了他自己就参政院在解决立法问题和在行政活动方面的职能所作的决定。参政院把这解释为有向沙皇进谏的权利，这时，便对违反1762 年"特许状"的一项法令提出了抗议。根据这项法令，没有军衔的贵族必须服役 21 年，而这是除军官以外的所有人的普遍义务。这项抗议由斯特罗加诺夫的父亲呈交，结果被严厉驳回。具有讽刺意味的是，"非正式委员会"的另一成员诺沃西利采夫奉命传达这位专制君主的指示说：参政院的任务只是解决现有法律的矛盾。不过，尽管参政院的活动遭到如此悲惨的失败，但贵族反对派的主张，犹如另外一种鼓吹自上而下进行改革的神话一样，后来长时期产生了有力的政治影响。

比起亚历山大关于参政院的权利的模棱两可的定义来，较为成功的是在同一时期的 1802 年 9 月 8 (20) 日颁布的法令，这项法令撤销了主管国家各部门工作的"院"而改设"部"。这是"非正式委员会"的作品，也是它为时最持久的改革。保罗已经建立过两个这样的部——商业部和皇室土地部，现在又增设了内务部、外交部、司法部、陆军部、海军部、财政部和教育部。同院一样，这些部应向参政院报告工作，可是在实际上，参政院现在遇到了一个新的对手，即按照上述法令建立的"大臣委员会"。迄至 1807 年或 1808 年，亚历山大经常参加大臣委员会会议。大臣委员会自从成立以后，一直是主要的行政机构，直至尼古拉一世才开始将它的权力转移到沙皇个人的办公厅手中。新的部一般受到政界贵族的仇视，这些贵族把它们称为"维齐拉特"[①]，并说亚历山大关于政府的理想是"土耳其式的"[②]。保守派哀悼各"院"的消失（其实它们与参政院一样，是彼得前些年从外国搬来的新东西），把它们看成是民族天才的体现。实际上，贵族也只是刚刚对这些机构感到适合自己的口味，尽管这些机构也偶尔表现出一种俄罗斯的特征——在独裁统治下面宁愿集体负责。而且，直至 1917 年十月革命，甚至在此之后，"院"依然是国家部门内的机构。

一位批评参政院的人称"非正式委员会"委员为"年轻的马屁精"[③]，人们指责他们把改革当作升官的手段。实际上，科楚别伊已经主管一个国务部门，其他的人只捞到次要大臣的职位。委员会继续聚会，并于 1803 年取得了它的第二次，也是最后一次在立法方面的成功。这是一项教育改革。叶卡捷琳娜大帝 1776 年法令提出的纲领是要在所有各省发展初等和中等教育体系，但是由于财政拮据，而且俄国农村条件差，缺少教师和用俄语写的教科书，这项纲领迟迟没有执行。新的改革是要建立 42 所英国语法学校式的文科中学，405 所其他形式的中等学校，但与叶卡捷琳娜的纲领几乎同样不成功，在每个教区设立小学的计划也失败了。诺夫哥罗德省 1806 年登记的 100 所学校，两年后无一幸存。但是，把全国教育集中在几个大学区的新

[①] 维齐拉特（Vizirates），土耳其政府的"部"。——译者注
[②] F. F. 维格尔：《回忆录》（莫斯科，1928 年）第 1 卷，第 298 页。
[③] 季沃夫为皇帝写的备忘录，见 T. 席曼《尼古拉一世时代俄国史》（柏林，1904 年）第 1 卷，附录 2。

办法，却是有良好前景的，后来拿破仑在法国按同样方式进行了改革。在喀山和哈尔科夫创办了新的大学，恰尔托雷斯基被指派去主管维尔纳地区的大学和中小学校，在这些学校里，波兰语是主要的教学语言。

亚历山大没有通过"非正式委员会"对农奴制实行改革，这并非完全由于他本人对外界舆论十分敏感；其他成员似乎也丧失了勇气。它之所以遭到反对，不仅基于财产利益，而且出自社会和经济的考虑。虽然自由放任主义越来越占上风，但是，即使像亲英分子莫尔德维诺夫之类的亚当·斯密的忠实信徒，也无法对付没有土地的流动农业无产阶级可能引起的经济和社会混乱。斯佩兰斯基怀有同样的恐惧心理，所以，亚历山大和他的朋友们对农奴制度的反感，只形成了一项法令，允许农奴主通过订立个人契约解放自己的农奴。到1816年，只有大约25万的农民及其家属受益于这一措施。农民改革的主张并未丢弃。就连阿拉克切耶夫也曾制定一项解放农奴的方案，但只是在1816年和1817年，才零星地采取一些积极的措施，当时，波罗的海诸省的德意志人地主获准仿效毗邻的普鲁士的做法，解放没有土地的农民，在普鲁士已经证明这样做是有利的。对于改变既定的制度，没有一种尝试是贯彻到底的。亚历山大禁止不带土地登广告拍卖农奴，也禁止以出卖农奴偿还债务。但是，并没有禁止农奴主不经过法律手续对农奴施行惩罚性放逐，虽然这个问题曾于1803年提出，但1811年再次提出过。1822年明白确认皇家财产管理人有权放逐国有农民。

"非正式委员会"虽然未被解散，但已逐渐消失，进行国内改革的劲头也越来越小了，这主要是由于拿破仑法国的扩张迫使沙皇日益忙于处理外交军事事务，而不是由于委员们当了大臣之后忙于工作。把皇帝早期的自由主义思想与外交事务联结在一起的主要是波兰问题；1804年亚·沃龙佐夫退休后，沙皇任命波兰人恰尔托雷斯基为俄国外交大臣，这个问题就更加突出了。自从1795年最后瓜分波兰以来，波兰心脏地区的大部分，包括首都华沙，都已并入普鲁士。俄国的边界比1919年按种族划分提出的寇松线，即1945年的边界向西超出不远，只是现今苏维埃乌克兰的部分地区当时是奥地利的加利西亚，因此，普鲁士是波兰人的主要敌人。波兰人中，有些人，如恰尔

512 托雷斯基，向亚历山大的俄国求援，另外一些人则向法国求援。甚至成立了一个波兰军团，参加法兰西共和军的战斗。亚历山大访问梅梅尔，并与路易丝王后产生精神上的爱慕关系之后，对普鲁士日益表示同情，这时，恰尔托雷斯基的处境变得越来越微妙了。尽管如此，亚历山大还是坚持要恰尔托雷斯基接受外交大臣的职务，而后者则希望普鲁士在第三次反法联盟战争中保持中立将对波兰有利；正是他的敌人多尔戈鲁科夫，在俄奥盟军开赴奥斯特利茨吃败仗的途中，使得普鲁士做出对俄奥联盟有利的让步。普鲁士军队在耶拿溃败之后，恰尔托雷斯基立即建议亚历山大宣告自己是波兰国王，以期遏制拿破仑，可是未被采纳。到弗里德兰战役之后，已经为时过晚。在提尔西特条约生效期间，俄国的庇护似乎已使波兰人感到绝望，不过亚历山大与恰尔托雷斯基之间还保持着坦率的书信来往。1813 年，当俄国皇帝以波兰命运的主宰者的姿态出现时，他又去求这位波兰朋友给予指导。

在俄国，几乎所有的政治舆论都把在提尔西特会议上的投降视为国耻。法国随后对俄国在外交和经济方面的支配太明显了，以致人们往往把其他领域的政策行动归因于法国的影响，归咎于卑躬屈节、崇洋媚外，甚至生搬硬套。1808 年对瑞典的战争被理所当然地归咎于法国的诱惑与压力，因而爱国军官都避免参加这场战争以及后来对付芬兰民族抵抗运动的更加非正义的战争。其次，在对内政策上，由于归咎于一味仿效世界、实际上是法国，这就增强了贵族阶级的自身利益，有助于他们抵制亚历山大下一轮的改革试验。沙皇在这些试验中的代理人，实际上是试验的主要倡导人，是米·斯佩兰斯基（1772—1839 年）。他是一位牧师的儿子，曾在圣彼得堡的神学院受过教育，由于在内务部表现突出，1807 年博得亚历山大皇帝的赏识。作为俄国历史上的一个有力人物，斯佩兰斯基很可能被人估价过高了。不错，他变成了一个独夫委员会，除战争和外交领域以外，对极其广泛的根本问题和当前的问题提出报告和拟订解决办法。但是，无论是他那些长篇报告的性质，也无论是他实际上作为皇帝内阁总理大臣的不牢靠的权威，既未产生社会影响，甚至在最高级的官员中也没有威信，都不足以表明他将俄国带到了自由主义革命的边缘。他的内容最广泛的作品是 1809 年的宪法草案。它像 1819 年诺沃西利采夫起草的宪法一样，始终没有颁布。尽管其中振振有词地谈论公民权利，但对解放农奴却只字未提。这种自相矛盾的现象乃是官僚思想家斯佩兰斯基的典型特征，他总是在他的西方思想与俄国历史和俄国社会的现实之间寻求平衡。他是自由放任主义学说的信徒，却提倡保护新生的工业；他是自由主义者，却又主张在改革的初期阶段保留农奴制。

　　1808 年，俄、法两国皇帝在埃尔富特会晤时，斯佩兰斯基给拿破仑的印象很深，拿破仑说他是"俄国唯一头脑清醒的人"。从埃尔富特归来以后，斯佩兰斯基在亚历山大左右居于主要地位。这一年，他奉命负责改革教会教育和编纂俄罗斯法典。1809 年他起草两个法令，这两个法令使他作为一位改革家在当时被人们极端憎恶，而后来又被人们大加赞扬，其一为"宫廷高级侍从"法，反对宫廷中只是挂名而无具体责任的职位。另一项法令则规定：高级文官的提升必须通过考试或有大学毕业资格。由于遭到激烈反对，两项法令均未实施。不过，这两项法令使斯佩兰斯基仿佛成为贵族的死对头，其实他并不是。

　　同年，他向亚历山大提出了他的主要立法计划，即未被采纳的宪法草案。这个草案模仿 1799 年法国的执政宪法，对俄国政府的影响微乎其微。依照这个草案，沙皇政权建立在行政、司法、立法（或代议）这三个支柱上。这些支柱建立在各层次的基础上，从乡（几个村庄联合而成）一级开始，直到省政府一级为止。然后在中央达到顶点，由各个部与指导性的参政院合作，作为行政机构。参政院在司法方面作为最高和上诉法院；杜马（即议会）则作为代议制的立法机构。所有三权都直接从属于沙皇，但在某种程度上也从属于为沙皇出谋划策的最高会议。在这一整套计划中，后来实行的只有一项建议，即重新设立了国务会议。斯佩兰斯基成为国务会议秘书，鲁缅采夫任会议主席兼帝国总理大臣。新形式的国务会议由于有沙皇亲自参加，一时似乎很有权威，而实际上，与之分庭抗礼的参政院、大臣委员会和各部本身，不久就重新获得优势。斯佩兰斯基在 1811 年改组各部（这时各部中包括一个警察部和一个外国宗教信仰部），实际上是他最经得起时间考验的成就；其模式一直延续到 1905 的未成功的革命。

　　与此同时，斯佩兰斯基曾奉命准备进行财政和法律改革。他为此拟定的计划全都失败了。财政问题是与通货膨胀有关的预算赤字问题。整个欧洲的动乱不安，也使俄国付出了高昂的代价，因为提尔西特体系并未带来安全，而对土耳其的战争和大陆封锁则同样地消耗国家资源。纸卢布的价值在 1806 年相当于银卢布的 67%，而到 1810 年下降为 25%。斯佩兰斯基曾经采取一些补救措施，但停发纸卢布无法坚持下去；发行国内公债和出卖未占用的公地的收入十分可怜；营业税和临时性的自估土地税的所得，与它们激起的怨恨相比，简直微不足道；像俄国通常的情况一样，只有增加人头税和专卖伏特加的利润，使农民承受额外的负担，才在财政上得到成功。斯佩兰斯基编纂俄罗斯法典的初步尝试更没有使他增添什么名声。尽管他的草案充满拿破仑的思想，国务会议还是在 1812 年批准了它，但是它也同样始终没有得到公布。不过到了下一代皇帝在位时期，他付出巨大努力对繁杂的俄国法律进行整理、编制索引和摘要的工作，总算取得了胜利。

在保守的或者仅仅具有爱国热忱的俄国人看来，斯佩兰斯基实际进行和计划进行的，被说成是受法国人影响的改革，是提尔西特体系的一个方面。正因为如此，再加上沙皇指责他在高级官员中玩弄阴谋，言行不慎，或为人不忠，使他垮了台。早在 1811 年，卡拉姆津关于《古代和近代俄国研究》的著名论文代表了这种反应。这篇论文是专为亚历山大的妹妹叶卡捷琳娜女大公撰写的，几乎可以肯定，亚历山大曾经过目。[①] 对斯佩兰斯基的攻击没有指名道姓，但无疑可以看出，卡拉姆津指责沙皇从执政一开始就赞助的政策，就是斯佩兰斯基所持续推行的。卡拉姆津认为，叶卡捷琳娜的专制主义是尽善尽美的，因而要求保留和巩固她那个时代的政府机构。另一方面，他否定了为她的统治时代增添光彩的对外冒险活动，鼓吹孤立主义。真正使他不满的，是以斯佩兰斯基为代表的政府官僚主义化；但是，只要俄国存在着一味仿效外国而无所事事的贵族阶级和半数以上受奴役的落后农民群众之间的对立，卡拉姆津之类的人就拿不出任何切实可行的其他好办法。俄国社会对与法国的联系越来越反感，这就需要有一个替罪羊；显然，俄国的政治舆论认为，1812 年 3 月，斯佩兰斯

---

① 尼·米·卡拉姆津：《古代和近代俄国研究》，R. 派普斯编（马萨诸塞州坎布里奇，1959 年）。

基正是作为替罪羊而遭到革职、拘捕和放逐的。当时人们普遍认为，战争在欧洲是不可避免的，双方都在集结军队，俄国人想要伺机尽快打赢土耳其战争，以腾出部队投入西线。战争的直接原因与其说在意识形态，甚至战略方面，不如说在于贸易方面，这表明俄国的经济相对来说比较发达。亚历山大在 1812 年 4 月写给恰尔托雷斯基的信中抱怨说：拿破仑要求我们中断"与中立国的一切贸易"，而自由进口"由于我们付不起钱而加以禁止的法国奢侈品"。在信的结尾说："因为我不能接受这样的建议，战争将要来临。"① 直到最后时刻，俄国人还对正在集结兵力的侵略者以礼相待，甚至在法军已经跨过俄国边境之后，还提议要举行谈判，求得妥协。当时，亚历山大已由一个具有自由主义思想的皇帝转变成一个俄国爱国者，在他心里，民族和自由的观念完全交织在一起，因而在写信给英国摄政王时，他把保卫受农奴制度束缚的俄国，说成是"自由主义思想反对专制制度的……最后斗争"。

　　法国人的入侵增强了各个阶级的民族观念，可是并未促成全国的团结。在为时不久的战役中，无论是经验还是信念，均无团结可言。撤退战略是很高明的，对此，作为莫斯科地方长官一直鼓舞守城军队士气的罗斯托普钦在开始时就做了精辟的概括："沙皇如在莫斯科，将会永远令人生畏；如在喀山，将会永远令人胆战，如在托博尔斯克，将永远不可战胜。"沙皇想亲临前线指挥作战，人们并不欢迎；但是，当他离开军队前往圣彼得堡的时候，人们又认为这是玩忽职守。因为莫斯科是俄国牵动人心的首都，也是拿破仑明确的攻击目标，因此，当沙皇在斯摩棱斯克失陷以后驾临该地时，一时之间深得人心。在他召开的会议上，地方贵族献出 300 万卢布和 8 万名新兵，市民则捐献了 1000 万卢布现金，就连爱讽刺人的罗斯托普钦也记载说："俄国人这一次……忘记了自己只是一介匹夫，想到他们受到外国桎梏的威胁，因此奋身而起了。"亚历山大赞同他的第一任指挥官巴克莱·德·托利的撤退理论，但是由于下面的将军们的抗议和公众的愤懑，他不得不让土耳其战争的胜利者、年迈迟缓的库图佐夫接替

① 尼古拉·米哈伊洛维奇大公：《沙皇亚历山大一世》（圣彼得堡，1912 年）第 1 卷附录，第 363 页。

巴克莱的职务。库图佐夫被迫坚守鲍罗季诺虽然被后代子孙们看成是这场战争的巨大光荣，可是并未改变力量的对比，于是，他放弃了莫斯科。全市约 25 万人口，大概有不到 1/5 的人留在该城，不过并不是留下战斗；监狱被打开了，许多人已毫无气力。几乎可以肯定，放火烧城是罗斯托普钦所为；这是一个作战决策，它使拿破仑无法扎下冬营等候援军的到来。

莫斯科的灾难被舆论界视为耻辱，沙皇被某些人士指控为背叛。然而，那些怀疑亚历山大动摇或更坏的人，很可能是不公正的。亚历山大甚至申斥库图佐夫不该禀报拿破仑提出的条件，并且公开声称："我宁肯到乡下去与我的最后一个农民一起吃土豆，也不能批准有辱祖国的条件。"10 月 7（新历 19）日撤退刚一开始，尽管库图佐夫不光彩的追击办法抑制了人们的爱国热情，结果还是可以预料的。俄国正规军伤亡惨重，因为他们几乎同法国人一样，并不习惯冬天作战。游击队员经常是在像《战争与和平》中的杰尼索夫那样的正规兵的指挥下奋勇作战，但是不知道他们究竟有多少人。

随着胜利的反攻，就连俄国没有文化的民众也产生了一种自豪和期望的心情。被沙皇誉为欧洲解放者的士兵们，期望在他们凯旋归来时得到社会的奖赏；在其他阶级中，也有一些人认为，俄罗斯国家和沙皇从来没有像这时那样容易接受改革。但是，亚历山大这个具有自由思想的人已经转变成为一个福音派的保守分子了。他后来说是莫斯科大火"照亮了他的灵魂"。1812 年 12 月，他按照英国的模式创立了俄国圣经会；接着又与圣主教公会牧首戈利岑和另一个改变信仰的廷臣科舍廖夫组成一个虔诚的三人小组，假借共济会烦琐说教作指导。这些说教逐渐被吸收到这位沙皇最后阶段宗教信仰的东正教义中。亚历山大的所作所为判若两人，甚至比以往有过之而无不及。他是一位强硬的维护王朝利益的政治家，能与梅特涅、塔列朗或卡斯尔雷以平等的条件进行谈判。但是在外交和享乐之余，他又往往沉溺于克吕德纳男爵夫人之类热心者的赞美声中，或者陶醉于容·施蒂林和巴德尔之类的德意志道德家的空想国际主义。这种精神状态造成的有形后果，是神圣同盟条约，条约的文本写进了一份帝国宣言，在教堂中宣读。

沙皇准备向波兰人做出让步，这使俄国民众更加感到希望破灭。

1809 年吞并芬兰以后，俄国的主张是让芬兰继续保留一些权利——赫尔辛福的不起作用的名人会议，或者几乎纯属礼仪性的议会偶尔开几次会。但是，在那时候，与波兰人不同，芬兰人不是帮助拿破仑蹂躏俄国大地的传统敌人。然而，在维也纳会议上，拿破仑的华沙公国几乎完整无缺地交给了俄国，而就亚历山大来说，赐给波兰一部宪法，则是象征性地履行了他青年时代的一项许诺，这也是完全可以理解的——俄国人可能认为，这也许把他从别的承诺的压力下解脱了出来。依照这部宪法，通过把两国君主合为一人，波兰国家将与俄国不可分割地联结在一起。虽然恰尔托雷斯基曾经帮助起草这部宪法，并且领导过临时政府，但是第一位总督却是 18 世纪 90 年代波兰抗俄运动的一位老战士——扎亚切克。亚历山大的弟弟康斯坦丁成为波兰的独立军队的总司令，诺沃西利采夫则成为一种凌驾一切之上的高级专员。这部宪法本身，像欧洲的所有宪法一样，在政治上是自由主义的。有一个两院制的议会，不过，从代表产生的方式来看，即使下院也将大部分席位留给了贵族。大臣在名义上对议会负责，议会可以请求总督立法，也可以延缓实施提交它的各种措施，而且确实也这样做了。宗教规定为天主教；官方语言为波兰语；所有官员都是波兰人；但是波兰农民如同俄国农民一样，依然是农奴。

在维也纳会议上确立的"会议波兰"体制步履维艰，但没有垮台。在亚历山大亲临议会的那些年，应该说是有成效的。麻烦在于民族的反感。一系列爱国学生运动以及随之而来的镇压，导致了监管波兰教育的恰尔托雷斯基与诺沃西利采夫之间的摩擦。更为严重的是爱国密谋活动，其中包括有军官，并联合了在俄国和普鲁士统治下的波兰人，虽然规模都很小。其他集团与俄国密谋分子——后来的十二月党人——的联系虽一无所成，但陆军的密谋活动却产生了它们的殉道者，并继续抵抗，一直持续到 1831 年的大爆发。波兰人的公民权引起俄国方面的嫉妒。1818 年，亚历山大利用波兰议会开幕的机会，宣称波兰宪法是一个试验，他要将其推广到俄国，这更加激起了这种嫉妒情绪。另外，俄国人又不无道理地怀疑亚历山大抱有一种意图（始终未曾实现），即把立陶宛诸省分割给波兰，建成一个规模大的波兰，就像他把一个世纪以前彼得大帝从瑞典获得的芬兰诸省割让给新的芬兰那样。总之，人们认为皇帝偏袒波罗的海德意志人和外国人，这就加深了对于王朝的由来已久的不满情绪。然而，硬说亚历山大"仇恨俄国人"则是毫无根据的。他只不过是喜欢倾听众人发表不同的，甚至针锋相对的观点，而不喜欢有一批抱成一团的、唯唯诺诺的幕僚。

亚历山大回到俄国后，阿拉克切耶夫成为他最亲密的政治助手，虽然他在和平解决中并未发挥作用。当时的人由于对他仇恨而把他后来的权力和所负的责任夸大了，以致俄国人在编纂历史时也持此看法。他廉洁、专横而沉默寡言，被人们深恶痛绝，宫廷贵族把他视为恃强凌弱的暴发户，自由主义者把他看成肆意进行报复的反动分子。但是，俄国的军事和外交事务事无巨细均由沙皇亲自掌握，即使在其他方面，也没有证据表明阿拉克切耶夫对亚历山大有什么影响；他仅仅被亚历山大所利用，日益成为沙皇与大臣们联系的中间人。

518　　　亚历山大与阿拉克切耶夫合作的历史象征，是建立军垦区制度。它似乎以土耳其边境上的奥匈定居地为样板，但任何一个俄国行政官员都会想到这无异于哥萨克人的社会组织。1821 年，斯佩兰斯基在一次答辩中，阐述了将团队与国有农民的村庄结合成一体的种种好处。这会简化农民的财政义务，免除安顿军队宿营的负担，使家庭团聚，为农民提供劳力，使退伍士兵的生活有保障。这种制度并未达到预期效果。第一次试验就导致放逐农民这一灾难性行动，因而遭到彻底失败。接着，在 1817 年，开始将部队与已有村庄合并，最多时曾涉及将近 100 万俄国男女老少。村民必须遵守军事纪律，一度甚至硬性规定年度生育数额，违者罚款；而军队除了训练之外，还应参加田间劳动，往往像农民一样怨声载道。1819 年在楚古耶夫发生了叛乱，不得不加以镇压，阿拉克切耶夫以其一贯的残忍彻底执行了这一任务。然而，亚历山大对军垦区仍然很感兴趣，在他生命的最后一年，还建议建立新的军垦区，并且提议禁止开设酒馆以便有所改进。尽管如此，军垦区受到人们的普遍谴责，在亚历山大的不像他那样空谈和空想的继任者统治时期，便逐渐衰落了。

军垦区制是对一种政治改革的拙劣模仿，这种改革在神圣同盟实行家长式的专制主义时似乎可以行得通。此外再没有其他任何改革可言，沙皇的宗教也逐渐成为教权主义的东西，没有任何实际效果。具有代表性的是 1816 年的决定：戈利岑将圣主教公会牧首的职务与教育大臣的职务合二而一。1818 年戈利岑发布的教育指示预示着整个俄罗斯蒙昧主义时代的到来。在各种科学中要优先发展应用科学，人文科学则要以争取民族更大的光荣为首要目标——与 18 世纪欧洲许多其他国家一样，这也是彼得时代俄国教育思想的老调。但是，比较不一般的是，戈利岑坚决要求在科学教学中取消"关于地球起源和进化的徒劳无益的推测"。更引人注意的是，任命两个臭名昭著的官僚投机分子鲁尼奇和马格尼茨基分别为圣彼得堡大学和喀山大学的总监。这种越轨行径必然激怒贵族知识分子，为日后尼古拉进行更加不受宗教约束的镇压活动开创了先例。

由于沙皇把军队视为全国安定、实际上是民族精神的基石，因而当三个近卫步兵团之一的谢苗诺夫团于 1820 年发生兵变时，他的政治信心发生了极大的动摇。俄国人把这次事件归咎于那位波罗的海德意志人上校的胡作非为。这次事件表明军队中这两种成分之间的分裂。政治上的不满与其说是分裂的原因，不如说是它所造成的结果，因为当时有大批各种级别的军官被调到没有名气的部队，在其中某些部队中，后来的十二月党人趁机煽动不满情绪。另外还有来自外界的鼓动，这一事实使亚历山大重新部署他的政治和宗教防线，以对付"邪恶势力"。他竟将民族主义与革命的自由主义混同起来，1822 年把亲希腊的外交大臣卡波迪斯特里亚斯免职。亚历山大向夏多勃里昂解释说，他已在伯罗奔尼撒半岛的上空看见了"革命的征兆"。与此同时，他进入了更加相信教士神权的宗教的最后阶段，这主要是受到修士大牧首佛提乌的影响，此人是一个十分关心政治的教士，阿拉克切耶夫的同伙。1822 年，除亚历山大亲自创建的圣经会以外，所有秘密的和半宗教性的团体全被解散，亚历山大两个最老的朋友沃尔孔斯基和戈利岑被撤职，这都是阿拉克切耶夫和佛提乌两个人所为。

但是，尽管亚历山大已越来越适应当时通行的"王权与教权统一"的君主专制原则，但他在思想上仍然在改革阵营（毋宁说是已遗弃的营址）中坚守最后防线。从 1816 年以来，他似乎就已经知道在军官和其他年轻贵族中间正形成一些煽动叛乱的政治集团，最后导致十二月党人的兵变。但他似乎是这样对待策划中的密谋活动的证据的，即告诉瓦西里奇科夫将军说："我一向助长这样的错误；对我来说并不是什么难以忍受的事。"甚至迟至 1819 年，亚历山大还委任诺沃西利采夫起草一部宪法。结果，这部宪法比斯佩兰斯基10年前起草的那部还缺乏自由主义思想，主要引人注目之处是建立半联邦性的联省制。这样的权力代表制度曾经在某个地区的行政机构试行，但是整个宪法却迟迟未获准实施。另外，沙皇仍然打算废除农奴制，他不仅授意阿拉克切耶夫草拟解放农奴的计划，而且还审阅了颇有影响的《税收原理》的作者尼·屠格涅夫呈递的一项方案。

无怪乎屠格涅夫在同年加入了一个主要的革命团体，其中的贵族成员大多是机会主义改良派，既没有一定的策略，也没有一定的思想。这个团体是继1816年在首都近卫军军官中形成，最后联合成北方协会和南方协会，发动十二月党人叛乱的那些集团而成立的团体之一。毫无疑问，正如俄国的共济会以及沙皇本人的宗教团体一样，这一运动反映了当代人喜欢结成秘密团体的风气。参加该运动的人包括俄国两个最有名的家族——特鲁别茨科伊和奥博连斯基——的成员。诗人雷列耶夫是其成员。普希金虽然没有正式参加，但是他的政治反叛诗却鼓舞了密谋分子们。

鼓舞这一运动的，似乎还有以下事实：如一位十二月党人说的："从将军到士兵的各级官兵"，在战争期间目睹欧洲的自由与进步，留下了深刻的印象。领导人之一的别斯图热夫对俄国状况的批评很能代表该运动右翼的观点。他谴责钳制言论自由，国内特务横行，对教育施加限制，司法和行政腐败，官吏压榨农民，以及他们对人力物力的浪费，酒类专卖以及可以想象到的其他财政错误，忽视产业阶级，教士愚昧无知，贵族阶级昏庸无能或腐化堕落（只有在军队和官衙中供职的优秀分子除外，而这些人也感到沮丧）。其右翼，大致也就是北方协会，支持尼基塔·穆拉维约夫所拟定的一个宪法草案。这个草案受美国联邦主义者的影响，几乎没有创造性地反映出俄国的情况，尽管穆拉维约夫主张俄国独立于欧洲，在伏尔加河畔建立一个新的首都。草案规定农民在法律上是自由的，但是不拥有土地，因而享受不到与财产相关联的政治权利。保留皇帝作为"最高行政长官"，不过，之所以采取这种违背共和主义的措施，似乎是希望进行一场不流血的革命。具有更加深远历史意义的，是左翼的纲领性文件，虽然这个文件因为被查禁，实际上没有产生什么影响。这个文件的起草者是一位年轻的上校团长、臭名昭著的不在任的西伯利亚总督的儿子保罗·彼斯捷尔。它以俄国最古老的法典命名，称为《俄国法典》。但实际上，与其说它具有历史性质，不如说它更具有原始法西斯的特征。它规定实行普遍选举权和每年进行直接选举，这就给人以一种民主的假象，但它规定把一个扩张中的帝国完全俄罗斯化，波兰人在某些条件下才能获得自由，将犹太人放逐，明文规定设立政治警察，禁止组织政党，把教士纳入一个"行政部门"——所有这一切都是俄国社会专制主义的东西。佩斯捷利认识到俄国在兴起一个"财富贵族阶级，这个阶级比封建贵族阶级有害得多"，在这一点上，他甚至显示出马克思主义的先兆。

在这两个团体中，都有一些成员大胆采取俄国的传统手段——暗杀沙皇。但是，随着亚历山大在 1825 年 12 月 1 日（新历）逝世，他们认为转移权力的机会已经到来。在亚历山大临终之前，本来已经了解密谋分子即将采取行动，然而，阿拉克切耶夫因一场家庭悲剧而无暇他顾，没有采取对策。于是，密谋者得以利用亚历山大死后的三周空位期。这次空位期是由于亚历山大秘密指定继承人造成的。王储康斯坦丁在与一个波兰平民女子结婚后，放弃了他的皇位要求；1823 年，亚历山大临时指定他的弟弟尼古拉为继承人，而委托最高行政机关和教会机构执行上述指示。可是，当他的死讯传到首都后，没有一个人敢去执行这一委托事项。尼古拉大公因为没有与康斯坦丁预先商定，为了慎重起见，他宣布后者继位。可是康斯坦丁不承认这一步骤，不愿离开华沙。最后，尼古拉决定宣告自己即位，于是，已经向康斯坦丁宣过誓的军队又重新宣誓。北方协会的"青年校官们"看到这正是他们下手的机会，12 月 14（新历 26）日，这些"十二月党人"把他们的近卫军带到皇帝阅兵的海军部广场①，举行兵变。在那里，他们与忠于皇帝的部队面对面地相持着，几乎未放一枪（只是开枪打死了正在谈判的首都军事长官）。后来，尼古拉调来大炮用圆形炮弹进行轰击，把广场上的人们驱散。实际形势比看上去更为间不容发。旁观的人群都站在起义者一边，忠于皇帝的军队稍有动摇，十二月党人就会赢得胜利。另一方面，南方的激进分子接着也单独举行毫无成功希望的兵变，结果被轻而易举地镇压下去。因此，这次不成

521

---

① 原文如此，按一般史料应为参政院广场。——译者注

功政变的影响，只不过是阻碍了俄国历史的进程而已。

十二月党人起义，无论在动机或纲领中，自由意志论都不占支配的地位。相反，它与 20 世纪在西方社会的边缘地区所发生的军界知识阶层的起义相似。他们对国家复兴的要求倾向于民主形式和扩大公民权利，这与其说是为了争取天赋的正义，不如说是顺从当时风行的各种经济效益和社会效益的理论。他们抗议种种社会罪恶，普遍抱怨的基本上是俄国停滞不前。根据欧洲大多数国家的生活水平、公共道德和发展情况，这种抱怨是有道理的。但是，并非拿所有欧洲人的水平来看都是如此——即使人们忽视（俄国最伟大的知识分子普希金却没有忽视）这样的问题：一个俄国农奴的日常生活命运和人的尊严是否就不如一个英国的磨坊工人？因为当时有一些居于领先地位的成就，从普希金在文学方面的伟大成就，到圣彼得堡的亚历山德罗夫机器和纺织工厂的成功，都说明俄国发展中始终存在着悬殊的差别。另外，俄国在与西方角逐中，取得了无与伦比的军事和外交上的重要地位，十二月党人认为这是理所当然的，特别是由于他们作为士兵，了解到国家的荣誉在多大程度上应归功于应征入伍的农奴，而他们深以为憾的是，这些农奴是用他们所痛恨的德意志方式加以训练的。

其实，在过去 25 年，叶卡捷琳娜大帝的帝国与其说扩大了疆域，不如说提高了威望。在欧洲，除了把沙皇的主权扩展到芬兰和内波兰以外，俄国只是根据 1812 年与土耳其签订的布加勒斯特条约取得了比萨拉比亚。在亚洲，沙皇保罗于 1801 年兼并了格鲁吉亚，取代了原来的保护国关系。由此，俄国把高加索的悍勇部落囊括在它的管辖之下，从而激起了一场游击战争，到了下一代君主统治时期，发展成一场大规模的抵抗运动，牵制俄国军队达 25 年之久。提尔西特时代，在格鲁吉亚以南爆发了与波斯和土耳其的零星战争，使俄国取得了直到纳希切万以东的阿拉河边界的大多数小汗国，其中包括巴库。另外，根据 1813 年的古利斯坦和约，俄国取得了对里海的控制权和贸易地盘，这种贸易地盘后来根据 1828 年的土库曼查伊条约加以扩大，使俄国支配波斯北部的经济和政治达一个世纪之久。在帝国的亚洲疆域内，由于斯佩兰斯基进行"修正"的结果，西伯利亚开始进行行政改革。1819—1822 年，他被派去担任总督和巡阅使，这既是他继续受宠，又是他继续失意的标志。他的条陈被纳入 1822 年的三项法令，直至 1917 年，这些法令一直主宰着西伯利亚的命运。

与此同时，俄国出现了经济发展的正常标志，而且有官方记录可查。[1] 虽然考虑到使用农奴的农村庄园工场和家庭工业相互重叠，因此工厂劳动力的分类有武断之处，但是这些数字相对来说是很重要的。[2] 制造业（工厂），即不包括采矿和冶金，雇佣工人从 1804 年的约 10 万人（1799 年为 8.2 万人）上升到 1825 年的 21 万人左右。增长主要在纺织业方面，1814 年，纺织工人占工厂工人的 75%。棉纺织业的雇佣工人从 1804 年的 8000 人增加到 1830 年的 7.6 万人；毛纺织工人在同一时期从 2.9 万人增加到 6.7 万人，亚麻纺织业（大陆封锁期间，由于停止进口，它未得到任何益处）的工人在同一时期从 2.4 万人只增加到 2.7 万人。正如暂时禁止从英国进口纺织品促进了新生的国内工业的发展一样，中止向英国出口铜和铁却使采矿和冶金业陷入不景气的状态。在这期间，由于长期失去了英国市场，雇佣工人一直保持在 12 万人左右，几乎没有增减。

从各方面看，棉纺织业都是最先进的工业。自由雇佣工人的比例，与总平均占 50% 左右相比，棉纺织业最高（1825 年达 95%），不过其中许多人是农奴，以代役租的方式（见原文第 496 页）出去做工，特别是在"俄国的曼彻斯特"——伊凡诺沃，雇主中的某些人和大多数的雇佣工人似乎都是舍列梅季耶夫家族的农奴。棉纺织业的机械化程度也最高；1828 年，9 家工厂共有 3 万个纱锭。雇用 4000 名工人的圣彼得堡亚历山德罗夫工厂，18 世纪 90 年代进口了英国机器，1805 年引进了蒸汽机，1825 年全国共使用大约 2000 马力，而该厂一家就使用 170 马力，1828 年，《贸易与制造业杂志》声称，亚历山德罗夫工厂"无疑可以与英国最好的同类工厂相匹敌"，[3] 这种对民族工业的自豪感并不是个别的现象。一些守旧复古的民族主义者和商品出产者害怕劳动力的流动，因而反对工业化，他们的反对有一定影响。但是，他们遇到的是像《俄国人——十足的制造商和工厂主》的作者所提出的那样的告诫："难道英国的勋爵们，英国的贵

523

---

① 例如赫罗莫夫的《经济发展》中作为注释引用的内政部和财政部 1804—1822 年的报告。《经济发展》，第 49 页，注 1；以及《贸易与制造业杂志》的各期。
② 最近 J. 布卢姆做了修正，见《俄国的地主与农民》（普林斯顿，1961 年），第 323—324 页。列宁在《俄国资本主义的发展》（莫斯科，1956 年）第 496 页及以后各页的评论适用于更晚的年代。
③ 赫罗莫夫：前引书，第 52 页，注 1。

族阶级不如你们高尚？可是，他们经营商业……"①

官方的政策是进步的；比如，颇有影响的莫尔德维诺夫说，农业的进步取决于工业的发展。丝毫没有人像梅特涅那样害怕工业会产生一个具有新的社会和政治价值标准的资产阶级。政府开设了一家商业银行，虽然俄国的信贷银行（接受农奴为抵押品）仍然为贵族所独占。政府从事工业宣传，发起建立工业和商业协会，创办技术学校和商业学校，举行全俄工业展览会，并且发起组成 1818 年的帝国农业协会，有力地加强了叶卡捷琳娜大帝 1765 年建立的"自由"经济协会。

但是，在政府控制得最严的领域，如对外贸易和国家税收，发展并不显著。政府也许过于担心纸卢布的贬值。在 1814 年，纸卢布的价值为银卢布的 20%，从 1816 年直至 1840 年卢布重新正式得到稳定，始终停留在 25% 左右。即使将浮动因素考虑在内，从 1807 年至 19 世纪 30 年代，尽管发生战争，预算收入的变化很小（1829 年为 4.19 亿卢布）。这些收入主要依靠缴纳人头税和销售伏特加而从农民那里征收的钱。在同一时期，对外贸易成交额总是有很大的顺差，每三年平均增长约 25%（1814 年为 3.07 亿卢布，1826 年为 3.84 亿卢布）。1819 年实行十分自由的关税，此后连年出现大量的赤字；1822 年有意加以调整，转而实行高额保护关税。

19 世纪头 25 年的经济发展，当然只是触及俄国农村的皮毛，就全国人口的统计情况来看实际上并无变化。1807 年，由于铁矿和铸造业不景气，大部分有归属的劳动力被遣散，但是这些工人又回复到当地农民的地位，并没有迁徙他处。在像莫斯科省那样的先进地区，18 世纪的经济学家们所预言的流动现象开始显示出来；无论工业还是农业中，散工大量增加，城市工人有很大一部分是作为"农民"登记的（19 世纪 30 年代在莫斯科占 40%）。罢工和工人暴动随着雇工人数的增加而增加。苏联的历史学家们对此做过认真的调查研究——与农民起义一样，从起因到事件的发生，几乎全是地方性的。似乎可以相信的结论是：两种现象基本上相似，而工人呢，正如列宁

① 引自 1812 年莫斯科出版的一本德文书。转引自 V. 吉特曼所著三卷本《俄国历史》（苏黎世，1944—1949 年）第 2 卷附录，第 528 页。

所说，"尝到了资本主义和资本主义不适当发展的最大的苦头"。按照马克思主义的理论，他们实际上属于农业史的范畴，而不属于无产阶级的史前阶段。值得注意的是，在十二月党人的意识形态中，产业工人的问题只起到微不足道的作用。随后的两代的革命的和改良的知识分子，与工人阶级的宣传运动也毫无关系。他们一心想着的是俄国群众中的农奴制度，这与他们自己的西方化思想形成鲜明对照，使他们在文化方面的精神分裂症达到难以忍受的地步。

（孔致礼　译）

第 十 九 章

1798—1830 年的近东和
奥斯曼帝国

　　"近东"一词有时仅指介于地中海和各种定义的"中东"诸国之间的伊斯兰土地。在本章内，该词用以泛指所有地中海东部沿海地区——大致为在一个半世纪以前通称"利凡特"的地区；每当论述欧洲同这些国家之间的关系的变迁时，都必然涉及奥斯曼帝国的其他一些部分及其亚洲的近邻。这个正在衰微但实力依然很强的帝国，其各个部分的命运均有异常紧密之联系，以致难以把埃及的事务与希腊的、巴尔干的、多瑙河下游的事务，或与土耳其亚洲部分的事务截然分开。欧洲强国的贸易和战略活动渗透了所有这些地区——有主要为了地中海海上利益而来的法国人和英国人，也有主要活动在土耳其陆地边缘的奥地利人和俄国人，但是在每个方位都有许多相互的接触和对抗。最后，当代欧洲人的技术、习惯和思想对整个近东的古老的生活方式产生瓦解或恢复的影响，这种影响起源于（其或也多少激发着）上述的渗透，反过来又使渗透加速。

　　在这一缓慢的过程中，欧洲各国在对伊斯兰的关系上，同多而异少。驻君士坦丁堡的各国使节虽然互相竞争，甚至公开敌对，但是他们彼此之间总比与土耳其扑朔迷离的宫廷官员之间有更多共同的东西；君士坦丁堡和士麦那（今伊兹密尔）的西方领事和商人们，在土耳其的帕夏们看来，甚至在希腊和亚美尼亚的商人看来，依然都是"法兰克人"；在 1800 年左右，埃及麦木鲁克王朝的贝伊们认为，法国和英国的军队只不过是完全一样的外国药品的两种不同牌号而已。1827 年发生了这样的情景：英国、法国和俄国的军舰一起驶入纳瓦里诺湾进行挑衅，未经宣战就摧毁了停泊在那里的由玩忽职守的司令官和几个欧洲技术顾问所指挥的、处于消极防御状态的土耳其—埃及舰队。这一事件虽然错综复杂，但是比起 1800 年俄国和土耳其联合保护爱奥尼亚群岛，或者 50 年后克里米亚战争中的联盟关系来，更真实地反映了时代的情况。纳瓦里诺海战（见本书原文第 549 页）是政治上的一个反常现象，但却是 19 世纪上半叶的时势所趋的一个象征性标志。不能以强国之间在政治和商业上的冲突的枝节问题来掩盖欧洲向近东冲击这个共同因素。从政治上讲，列强相互之间的敌对比对伊斯兰的敌对更甚；可是，从更为深刻、更为长远的意义来看，它们的联合行动引起一场缓慢的革命，多年以后，这场革命促使这些地区从阿尔及尔到阿富汗、从君士坦丁堡（今伊斯坦布尔）到喀土穆起来反对欧洲的政治统治，并且部分地使用从欧洲借用的方法和原则来这样做。

526

其次，应该记得，欧洲只有极少数人熟悉近东，而访问过那些国家的人就更少了。直到 1789 年，关于土耳其的书大多描述的是一个不可思议的世界：它也许易于受到可能的进攻，容易从内部崩溃，但静止不变、自我克制、对外来的影响不太敏感。在拿破仑战争期间和以后，类似的书籍反映出一种更为大胆的侵略腔调，把土耳其说成是欧洲战争和外交的又一个舞台，说成是这样一个世界：在那里，积极的变革之风不只从外部吹来，而且从内部刮起（塞里姆三世、马哈茂德二世和穆罕默德·阿里）。对古老的奇闻逸事的讲述继续存在，但掺杂着更多的军事、政治和商业的构想。在直到 1830 年左右，在轮船、铁路和电话的时代到来之前，为了好奇和玩乐而前往旅行的人很少，而且往往带有浪漫主义的倾向；外交家以及陆海军的人员通常靠译员去了解人物和事件。公文和各种消息只是很缓慢地向各个方向传播；新闻往往在途中受到歪曲，命令或者报告不等到相应的决定生效，事情很可能已发生变化。

在动荡不定和重新形成的近东，战争的长远影响无论怎么说都不算过分。在欧洲，谈论奥斯曼帝国的衰败早已成为家常便饭，文案柜里充满了瓜分它的计划——有些空想成分多，有些空想成分少一点；不过，它们大多只是吞并若干省份的计划，很少或根本不考虑那里的生活方式需要改变，或者那里的居民，甚至那里的地方政府可以起重要作用，或者如何形成他们对自己前途的主张。富裕的希腊人中间的文艺和教育的复兴（见本书原文第 545—546 页）起初没有确定的政治目标，在人民中间也没有引起反响，也许只是朦胧地希望，有朝一日东正教会可能以十字架取代大清真寺圆顶上的新月形，这个清真寺原是君士坦丁堡的圣索菲亚大教堂。或许，这种事要由东正教俄国的代理人来实现，如果俄国愿意的话；但是，俄国的主要兴趣必然在于同它那向前推移的边界毗邻的土耳其省份——亚洲的亚美尼亚，欧洲的多瑙河各公国（大致相当于"罗马尼亚"）和位于巴尔干山脉南北两面的鲁梅利亚地区（大致相当于"保加利亚"）。这些省份都毗邻黑海；18世纪80年代，俄国人已经控制库班河和德涅斯特河之间的黑海北岸；20年后，由于征服了高加索，俄国人又控制了黑海东岸的大部分地区。1796年建立的敖德萨新港，在担任总督的法国流亡贵族黎塞留公爵（不久即成为路易十八的大臣）的有效统治下（1803—1814年）迅速发展起来，在俄土战争（1806—1812年）的大部分时间里，黎塞留使敖德萨与土耳其一直保持着兴旺的贸易关系。到1814年，敖德萨已经有来自各国的4万居民，在黎塞留兼任总督的黑海沿岸地区，俄国人、德意志人、保加利亚人、希腊人和犹太人混合定居，人数相仿。[①] 但这些地区的贸易，在战争期间多半是打着中立国的旗帜进行的，而相对来说，俄国在黑海中的海军力量此后多年一直处于初创阶段。

伊斯兰与西方之间的相互了解非常少，跟基督教徒一样，穆斯林在每个地方都由他们的信仰联结在一起，而不拘教派的分歧。直到晚近，对于土耳其人来讲，正如很早以前对于阿拉伯人来讲一样，伊斯兰教依然是献身于扩展他们的疆土的武士们的信仰。在《古兰经》和《伊斯兰教律》里所包含的信仰及其道德准则，由谢赫·乌尔·伊斯兰领导下的教律权威们加以阐释。土耳其人并不认为自己属于一个国家，甚至也不认为自己属于一个种族，他们只不过是讲土耳其语的穆斯林；讲土耳其语的非穆斯林并非土耳其人。在20世纪以前，土耳其人从来不用欧洲人笔下的"Turkey"（土耳其）字样。"奥斯曼"指的是一个王朝，在奥斯曼帝国内，苏丹的臣民包括属于上等

---

① 《俄罗斯帝国历史学会学报》第54卷（圣彼得堡，1886年），第25—78页；《黎塞留公爵在敖德萨……概述》（西卡尔在1827年所写，此人从1804年起定居于敖德萨）。

的穆斯林群体（米列特）和属于次等的但是有用的、容许其保持自己信仰的非穆斯林群体——正教的、亚美尼亚人的和犹太人的群体。一个非穆斯林户主一般要缴纳人头税，并按传统献出一个儿子为苏丹服役，这项贡奉在 1700 年以前已用纳税来代替。在帝国中，以伊斯兰为国教，可以皈依，但永久不能背弃。《伊斯兰教律》还有两条原则限制土耳其人政府和对西方的外交关系：第一，在处理反叛者时无须法律程序；第二，在伊斯兰统治下的土地，只能在战败时割让，不能在谈判中送给别人。

528

　　土耳其很早就有了印刷机，这是犹太人（1493 年）、亚美尼亚人（1567 年）和正教徒（1627 年）为了自己使用而引进的。可是获准用土耳其文印刷的第一个印刷所（1727 年）拒绝印刷宗教和法律书籍，它只印了不到 20 种书，就在 1742 年被封闭达 40 年之久。抵制西方思想的主要是教律权威和禁卫军，禁卫军原来是苏丹从基督教臣民中精选出来的少年护卫，但是这时已是一群超特权的世袭寄生虫，很少或者全无军队纪律。禁卫军无论在宗教方面或世俗方面都有感到惶恐的理由，因为 18 世纪的苏丹们和他们的大臣开始认识到军事改革的必要性，而法国顾问们也要求他们这样做。陆军和海军技术学校有时开办，有时关闭；第一个认真尝试进行激进改革的是塞里姆三世（1789—1807 年在位），但受到反对派的阻挠，结果他本人被废黜，主要的改革者被处死。马哈茂德二世（1808—1839 年在位）只得等待时机，后来他认为自己在国内已经足够强大，终于可以镇压禁卫军（1826 年）和再次进行陆军的改革了。但为了镇压希腊人的叛乱，他的改革已经为时太晚，而为了复兴一个真正的伊斯兰帝国，那就更嫌太迟了。因此，在他死后，他所期望的军事改革与技术改革，只得在 1839 年开始的改革（坦志麦特）时期，与更加不合味的一服苦药——西方立法混合到一起。然而，19 世纪技术改革的成功未必能长期阻挡 1789 年以后西方其他影响的浪潮。帝国依然是中世纪的封建结构，所受官僚制度之累甚于任何中世纪的西方国家。通货膨胀加重了负担，农业受到捐税的阻碍，工业也为经济萧条和欧洲人豁免权所拖累。从亚洲和西巴尔干征召的穆斯林士兵从来不太缺乏；但是苏丹们已经不再是战场上的领袖，而成了官僚政治的囚徒。帝国中最富有的人，不管是商人也好，还是希腊银行家和首都的官员也好都是非穆斯林，因而都是二等臣民。正教在帝国中虽已被驯化，但不算大家庭的成员，它的教士几乎跟伊斯兰教学者一样，对西方一向抱怀疑态度。

　　大多数省份都完全不像一个统一的帝国的组成部分。有些地区久已脱离，徒有省份的虚名而已；苏丹对于1783年丢失克里米亚只能作微弱的反应，而在1830年丢失阿尔及尔的时候已经毫无还手之力（见第十卷第十六章）。因为在这两次事件之间，其他一些地区的隶属关系被打破或削弱了。穆斯林对伊斯兰教忠心耿耿，但这并不意味着服从中央政府，尤其是一个距离遥远的中央政府。马哈茂德二世曾力图恢复他对尚未分裂的各省省长的控制；但在欧洲，即使穆斯林更占优势的地区，如阿尔巴尼亚和波斯尼亚，也由于山多地荒而不易统治；在亚洲，即使是安纳托利亚这一最土耳其化的和最可靠的地区，也有它自己的麻烦。安纳托利亚几乎未受欧洲的直接干预，但是它受到东方的库尔德部族的干扰，并受到征服高加索和土耳其亚美尼亚的俄国人的远距离威胁。属于伊斯兰教什叶派的波斯人，一向与正统的逊尼派土耳其人不和，而且经常由于更多的政治原因同他们打仗。在这一时期，波斯因受俄国的沉重压迫，对土耳其不可能有任何的危险性；在两次战败之后，它不得不在古利斯坦条约（1813年）和土库曼查伊条约（1828年）中向俄国作出许多牺牲。拿破仑战争期间，法国与英国在波斯进行对抗，波斯国王坐收渔利，他从双方接受大批津贴，而未对任何一方承担义务；但是，两个敌对的巨大代表团在德黑兰出现了，它们以缔结排他性政治同盟为条件，给予波斯国王金钱和军事援助，这标志着西方在中东和中亚的活动进入了一个新阶段（见本书原文第532页）。由于法英两国的活动是反对俄国的，所以苏丹不是不欢迎的，但从长远来看，这就意味着，即便是他的那些亚洲省份，也将因为接近欧洲强国在亚洲的"大竞赛"而危险万分。[1]

　　法国对埃及的一次入侵，虽然在以后的历史中起决定性作用，而且也符合过去30年所兜售的思想，但是完全切断了法国在地中海东部地区的各项传统政策——在外交上支持土耳其，根据关于外侨权利

529

---

　　[1]　H. W. C. 戴维斯：《在亚洲的大竞赛，1800—1844年》，载《英国科学院院刊》（伦敦，1926年）。

的协定，在拉丁基督教徒的庇护下保护法国商人，特别是在叙利亚和巴勒斯坦。法国虽然有其商业上的优势，但 1789 年，它在土耳其的威信是很低的；法国人对他们的老盟友的价值日益怀疑起来，丝毫也不去阻止叶卡捷琳娜二世的侵略行动，只要他们的另一个名义上的盟友奥地利不成为赔偿的东西就行。[①] 促使法国重新考虑对东方贸易的是雷纳尔和沃尔内一类的作家，以及马加隆和在开罗的其他马赛商人的请愿书（1790 年起），那些商人详陈这样的前景：如果使埃及成为法国东方贸易的货栈，就可以推翻英国在印度的霸权。也有一些英国人鼓吹采取先发制人的政策，以粉碎法国人的计谋。但是这些热心人士的活动和警告，由于两国政府不肯或者反对承担任何重大的风险，由于两家东印度公司害怕通向印度的捷径会损害它们的利益，就都被压下去了。1794 年，英国驻埃及领事与麦木鲁克王朝的贝伊们议定一项条约，但是外交部不予理睬，因为他已经被召回国，而且枢密院已于 1790 年决定，无论如何要反对取道苏伊士发展贸易的企图。巴黎的革命政府起初打算维持原有的政策。1793 年，年轻的波拿巴自愿以炮兵专家的身份前往君士坦丁堡，对方没有批准；但是，那里非正式地接受了一个法国使节，两年后，苏丹仿效普鲁士的榜样，承认了法兰西共和国，并派遣一个使节前去巴黎，请来几名法国军事教官。在他的土耳其顾问中，有少数人已经力主建立一支正规的军队和国库，以及与欧洲国家结盟，简言之，就是在 1801 年新法令中所体现，并在此后多年不断追求的"新面貌"[②]。

波拿巴在意大利的连连胜利（1796 年），使他和督政府的几个成员把视线转向东方的希腊和埃及。他的未来的两位元帅奥热罗和朱诺都娶了希腊女子为妻，所以当他派遣一个科西嘉希腊人到迈诺特人（"斯巴达人"）中间去宣扬他的威名时，这两位也都参加了。波拿巴称赞爱国诗人里加斯（见本书原文第 545 页），并安排在伯罗奔尼撒散发一份宣言，而且提供武器。他还派了一个代表到伊皮鲁斯，去见亚尼纳的狡诈而有野心的阿里帕夏，不久，法国人就出现于邻近的爱奥尼亚群岛（见本书原文第 535 页）。纵然督政府看到波拿巴扬威海

---

① M. S. 安德森：《列强与俄国的兼并克里米亚》，载《斯拉夫与东欧评论》第 38 卷（伦敦，1958 年），第 17—42 页。

② E. O. 西拉根：《拿破仑战争时期奥斯曼的政治》（奥里亚克，1952 年）。

外也许感到高兴，但是敦促督政府远征埃及的也还是他；塔列朗在法兰西研究院宣读的关于新殖民地（其中指明埃及）的益处的论文（1797年7月）鼓舞了他。波拿巴回到巴黎，就于1798年1月开始制订详细的计划；他和塔列朗（这时任外交部长）逐渐说服了督政府。集结在土伦的远征军伪装成"征英格兰军的左翼"。4月12日，波拿巴奉命占领埃及，以"确保共和国独占红海，在红海中自由航行"，并去调查开凿一条把红海与地中海连接起来的运河的可能性。

5月，舰队起航（其时正值爱尔兰发生叛乱），但是塔列朗认为土耳其可能默许，实属错误。的确，当法军占领马耳他、亚历山大和开罗的时候，除了英国已处于交战状态外，各国政府尚在犹豫之中；然而，纳尔逊在阿布基尔湾得胜（8月1日）的消息促使苏丹准许俄国的一支海军舰队通过博斯普鲁斯海峡和达达尼尔海峡进入地中海向法国宣战，并与俄国和英国缔结盟约，同时俄国也与英国结盟。奥地利由于害怕失去它在意大利的最后立足点，也于1799年1月被拉过去了。波拿巴的埃及冒险由于特别危害所有上述国家的利益，因而就产生了一个终于把法国排挤出东地中海区的联盟——这可以说是1840年事件（见第十卷原文第254—258、429页）的一次演习。即使同俄国结盟（1807年），也无法挽救拿破仑在东方的挫折。阿布基尔战役具有决定性的意义；这次失败不能归罪于拿破仑和他的舰队司令，而是由于海军处于无准备状态，由于纳尔逊好运当头和勇敢过人。[1] 督政府很快就失去了兴趣，不到一个月便拒绝派遣援军。不错，由于法国军队这时已经回不了国，督政府曾经建议（11月4日）他们开往印度或者君士坦丁堡；但是，它不曾提出计划或者进行援助，连援助的希望也没有给。没有任何证据表明，拿破仑在未经与巴黎磋商而率军进入叙利亚时（1799年3—6月），就曾打算进行这样的冒险。督政府的建议到达时，他已经兵临阿克，并且早在2月，他就已经清楚地说明自己的理由，即切断英国舰队的补给线，保障埃及的安全，迫使苏丹默认。占有埃及的强国也渴望获得叙利亚，这不是第一次，也不是最后一次。即使阿克已经陷落，拿破仑知道，扩大版图的迷梦和他的随员的故弄玄虚，都与实现他力所能及的事业的具体

531

---

[1] G. 杜因：《在埃及海岸的波拿巴舰队》（开罗，1922年）。

计划不尽相同。在从叙利亚回师时（1799 年 7 月），他击败了一支土耳其舰队和陆军，他忙于整顿上埃及和下埃及，对当时督政府的减少损失的意图不以为然；然而总的前景是暗淡的——科孚岛已于 3 月沦于俄土联合舰队，法军几乎被逐出意大利。他于 8 月秘密启程返回巴黎时留下命令说，如在 5 月以前不见增援，则与土耳其（不是与英国）谈判撤退问题；然而，他的缺乏斗志的继承人克莱贝尔早在 1800 年 1 月便接受了谈判条件，旋因战争重起，这些条件遂告失效；克莱贝尔去世时，已经信奉伊斯兰教的梅努将军对于使埃及成为法国殖民地的前景较有信心，并抱有一个毫无根据的信念，即认为英国可能默认。与此同时，法国在欧洲的希望也正在复活，当时已是第一执政的拿破仑同意梅努的看法。他立即着手同俄国就瓜分土耳其帝国进行和平谈判。

这些谈判拖延了好几个月。变化无常的沙皇保罗一世实际上退出了反法战争，同意实行针对英国的武装中立（1800 年 12 月），甚至轻率地派遣俄国分遣舰队参加俄法联合对印度的入侵。连奥地利也似乎对瓜分土耳其感兴趣。可是保罗一世从未同意让法军留在埃及，而所有这些计划都因他的遇刺（1801 年 3 月）而破产。拿破仑又立即开始同英国进行和平谈判。与此同时，英国人决心先把法国人逐出埃及，并责成土耳其为他们火中取栗。梅努阻挡不住英国人在 3 月的登陆，遂于 9 月被迫投降和撤走。10 月初，英国、土耳其和俄国分别与拿破仑达成协议（前两者系初步协议，直至 1802 年 3 月和 6 月才分别达成正式协议）。埃及将重归苏丹手中，但这并不妨碍苏丹请求英国人帮助它重振自己的权威，并留驻英军以便保护它不受法国的欺凌。在此期间，英国司令官也大力支持麦木鲁克贝伊们旧有的统治秩序（或者可以说是混乱），英国军队既无法与苏丹达成妥协，又无法保证有效地取代法国人的行政管理，遂于 1803 年 3 月撤走，此后不过两个月，英国和法国重新开战了。土耳其人和贝伊们毕竟都没有统治的能力，埃及的未来有待于穆罕默德·阿里来主宰。

直到 1798 年为止，英国政府对埃及没有表示多大兴趣。法国的征服改变了这一切，而在英国当局，除了邓达斯和他的几个"伦敦—印度"顾问以外，谁也没有料到这一次征服。邓达斯立即下令派遣一支印度部队前往丕林岛（不久转移到气候比较适宜的亚丁），叫他们封锁住红海口。他们与当地苏丹签订的条约（1802 年）成为日后吞并亚丁作为加煤港口（1838—1839 年）的口实。1801 年，一支印度分遣舰队开到红海西岸的库塞尔，但为时已晚，未能参加把法国人赶出埃及的战争，不过也在表明，如果从埃及入侵印度的话，法国的失败可能更惨。英国海军一直监视着法兰西岛（毛里求斯），1810 年把它占领。在波斯湾，东印度公司通过条约把法国人逐出阿曼，并在马斯喀特留一个驻扎官。他们在巴格达的驻扎官公署（从 1798 年起）变为永久性的（1802 年），不久（1802 年）又兼管过去在巴士拉设立的领事的工作，新官衔是"驻土耳其阿拉比亚政治代表"。马尔科姆率使团去德黑兰（1800 年）缔结几项条约，波斯不很确实地答应拒绝接纳法国人（见本书原文第 529 页）。伦敦和印度之间建立通过阿勒颇和巴格达的正常邮务（1802 年起），过去递送重要公文偶尔用过这条路线。1809 年与阿富汗国王签订了一项条约。这些有力的措施，再加上提普·苏丹在迈索尔的战败和阵亡（1799 年 5 月），就使英国人有信心去反对法国人染指印度的任何企图或者接近印度。实际上，英国的恐惧和法国的期望并不完全集中于这种史诗般的功业，而是集中于法国对埃及加强控制所产生的长期后果。因此，法国人在 1798 年的冒险就不只是从沉睡中唤醒埃及，而且还激发英国人采取更为积极的、从马耳他向东发展的前进政策。

533　　　　法国学者在埃及的活动受到普遍赞扬，而且后来都收录到卷帙浩繁的《埃及纪实》①里。其中包括工程师勒佩尔关于开凿一条运河的著名《研究报告》，②他根据一次草率的勘察，似乎证实了亚里士多德关于红海海平面高于地中海海平面的论断，于是主张以最低代价开凿两条带水闸的运河（苏伊士—尼罗河、尼罗河—亚历山大），这样便能使通往本地治里的路程缩短一半，时间减少 25%，只要这条路线能为欧洲在埃及的殖民地所保有。当时，埃及人颇为拿破仑坚持向伊斯兰教表明的敬重所感动（这并不为他的某些幕僚所欢迎），而且最打动埃及人的是，拿破仑不倦地宣传这样一种想法：土耳其人是堕落不堪的暴君，而开罗的爱资哈尔清真寺则是伊斯兰教教律和传统的

---

　　①《埃及纪实》，共 24 卷（巴黎，1809—1822 年），包括《历史序言》，《古代文化》（4 卷），《近代国家》（3 卷），《自然史》（2 卷），《农业与商业》（1 卷），《图集》（11 卷），《地形图》（2 卷）。
　　②《近代国家》（1809 年）第 1 卷，第 21—186 页。

真正宝库。这是一种埃及民族主义的萌芽，到许久以后才开花结果。英国占领（1801—1803 年）的主要目的不外是在战争期间把法国人赶走，这一点是不可想象的。法国人的威望并未被忘记。在 1803—1807 年的内战期间，法国和英国的领事都在积极活动，但唯一的受益者却是穆罕默德·阿里（1769 年出生在马其顿，与拿破仑和威灵顿同年）。他控制了苏丹的一支阿尔巴尼亚雇佣军，这使他能以巧妙的手段自立为开罗的帕夏（1805 年 5 月），后来又被苏丹承认为埃及的帕夏（1806 年 10 月）。苏丹承认拿破仑为皇帝（1806 年），而且当时拿破仑显然已是欧洲的霸主，这促使英国内阁唯恐法国卷土重来而下令重新占领亚历山大（1807 年 3 月）；但是远征军指挥无方，拿破仑与俄国结盟（7 月）又暂时破坏了他对土耳其政府的影响，而穆罕默德·阿里却深谋远虑，以留有和解余地的条件，通过谈判使英军撤退（9 月）。

现在，这位帕夏第一次成为亚历山大的主人，他知道英国人控制着地中海，所以在以后的几年中，他在地中海为英国船只和军队提供给养，做了一笔好生意，而且取得了谷物的垄断权（不久又垄断其他商品），使他的财库收益很大。他没收或再度征收了地主和寺院的财产，建立一支由于定期发饷而颇为可靠的军队。在以背信弃义的大屠杀（1811 年）粉碎了麦木鲁克的贝伊们之后，他把注意力转向东方。当时，穆斯林的清教派——瓦哈比派已经控制了麦地那、麦加和汉志，并在阻挡一年一度的朝圣。他向瓦哈比派发动进攻，既是执行苏丹的命令，又为自己捞到宗教的和政治的威望。经过野蛮而代价高昂的斗争（1811—1818 年）之后，他（和法国顾问们）取得胜利，为他尚武的儿子易卜拉欣弄来苏丹的任命状，使易卜拉欣成为汉志甚至阿比西尼亚的名义领主；这至少意味着他能够要求委派红海两岸某些港口的地方长官，对阿拉伯半岛和苏丹运往印度的产品征收税金。接着（1820 年），他从埃及直接进入苏丹去搜寻奴隶和黄金，但奴隶不能当兵，黄金也大失所望。然而，他对苏丹保持着一种不甚稳定的控制，包括尼罗河东西两岸，直至喀土穆以南 300 英里左右。苏丹尽管统治腐败、残酷而且长期骚乱，但也断断续续得到发展，并开始把开罗看作它的文化上的麦加。喀土穆在 1820 年还是一个小村庄，到 1883 年已有约 5 万人（2/3 以上是奴隶）；在英国占领期间，到 20 世

534

纪 50 年代，其人口增长到 50 万。

穆罕默德·阿里的成就首先受到英国人的欢迎，因为英国人的印度贸易在红海上受到瓦哈比派海盗的骚扰。据总领事亨利·索尔特的看法（1816 年），"帕夏已经完全变成一个商人，他完全依赖我们的仁慈，他的税收现在主要仰仗贸易……"这种贸易随时会因封锁亚历山大或者他的红海港口而中断。但是，他偏爱法国顾问们，他的野心不断增大，这引起了伦敦和君士坦丁堡的不安。他从 1819 年起就聘用法国上校塞韦，此人化名苏莱曼帕夏，在阿斯旺训练一支新模范军，先是从苏丹，然后又从在此以前并不好战的埃及农民中征兵。他已经在红海集结一支有用的舰队，从 1821 年起，他在地中海开始拥有一个海军中队。至于工程师、考古学家和教师，他也优先雇用法国人，他挑拨法国反对英国，又挑拨法英两国反对土耳其政府的干涉。他与大多数征服者的不同之处，在于他有现实主义的克制精神，知道如果英国与他为敌，他便无法与苏丹公开决裂或把苏丹作为攻击目标；他企图安抚所有三个方面，因而不情愿地去插手希腊（见本书原文第 548 页）和后来插手叙利亚（第十卷原书第 428 页），但是，他从两次挫折中恢复过来了，而且创立了一个王朝，在他于 1849 年去世后，这个王朝又存在了 100 余年。

如果说穆罕默德·阿里使埃及的历史得到一定的连贯发展，那么，战争的命运则比较变幻莫测地为东地中海的几乎每一个地区留下了它们的印记。当威尼斯连同它在北亚得里亚海的属国在坎波福米奥被割让给奥地利的时候（1797 年），它那些一向被忽视的南方属国也归属了法国，其中包括爱奥尼亚群岛及其对面大陆上的前哨阵地。4 个月前，这些地方就为法国远征军以短时"解放了的"威尼斯共和国的名义占领了。自由和法国原则的树木已经栽上了，它以不同的方式骚扰着意大利的天主教贵族和正教希腊居民。法国的第一次占领于 1799 年 3 月因奇怪的俄土联合而告结束，这次联合创立了一个爱奥尼亚共和国（1800 年 3 月），它在名义上是受俄土联合保护，但在实际上是受俄国单方面保护，有俄国的驻军。草拟和修改了一部贵族宪法，在俄国公使莫申尼戈的监视下实施，这部宪法比过去注意到人民信奉正教而使用希腊语言的情况。亚历山大一世在提尔西特（1807 年 7 月）把爱奥尼亚群岛交给了拿破仑，但是，较小的岛屿无法长期抵御英国的海上力量，科孚岛本身在拿破仑失败之后也投降了。随着这些统治者的更替，一种新的希腊民族感在这个以前属于意大利的群岛占了上风；俄国的占领左右了科孚岛人约翰·卡波·迪斯特里亚（卡波迪斯特里亚斯）的前程，使他为沙皇服务（1809 年）；尽管他在 1815 年对亚历山大一世有其个人影响，但他仍然不能取得这些岛屿的真正独立；他懂得，这样一个小国充其量只能取得一种虚幻的独立，而且英国也不会容忍俄国人在那里久存，所以他宁愿让英国保护和占领，不愿接受英国内阁一度提出的由奥地利占领的建议。英国实际上把群岛当作直辖殖民地，这很快就使他确信，正教的希腊人应该依赖正教的沙皇得救，但不是屈从。在俄国占领时期，他作为莫申尼戈的得力助手，在准备捍卫群岛抵抗阿里帕夏时（1807 年），就结识了伯罗奔尼撒的一些希腊人酋长，并与阿尔塔教区大主教伊格那修斯保持密切联系，伊格那修斯在希腊人中间颇孚众望，是个活跃分子，后来（退隐比萨时）成为亲希腊集团的中心人物。卡波迪斯特里亚斯对英国统治的厌恶，在他于 1819 年访问科孚岛期间更趋坚决，当时掀起的舆论使一大批爱奥尼亚人加入了"友谊社"，也许这并不为他所知（见本书原文第 538—539、546—547 页）。群岛从此动乱不已，直至 1864 年与希腊合并方告平定（见第十卷原书第 426 页）。

在科孚岛以北，战争给亚得里亚海东岸带来一些新的主人以及几场战斗。拿破仑虽然以鲸吞骄傲的威尼斯而使奥地利蒙辱（1797 年），但他或许不过视此为权宜之计；奥斯特利茨战役（1805 年 12 月）之后，他兼并了伊斯特拉和达尔马提亚的沿海地区，以及孤立的卡塔罗港，这个港口与达尔马提亚南端之间，相隔着古代的拉古萨共和国（今杜布罗夫尼克），但它提供一条通过半独立的黑山而进入荒凉内地的通道。俄国先发制人，在卡塔罗挫败法国人，但又在提尔西特和约（1807 年 7 月）中把这个港口割让给拿破仑，与此同时，拿破仑却占领了拉古萨，并保有之。瓦格拉姆战役（1809 年）之后，奥地利也被迫割让了它在波斯尼亚以北的内地省份；这些地方以及亚得里亚海的沿岸地区变成了法国的伊利里亚省，1815 年全部归还奥地利，并被马尔蒙元帅打上了拿破仑统治的通常印记——雷厉风行的行政改革和维新，敲诈勒索的税收和对征服者意旨的顺从。到最后，法国人并不受欢迎，但伊利里亚这一古老名称的复活，却勾起了某些

536

南部斯拉夫人的幻想。俄国人占领卡塔罗时（1806—1807年），曾传闻要派一支军队从多瑙河下游开往亚得里亚海，去挑起西巴尔干诸族的叛乱。五年后，俄国在多瑙河下游的司令官奇恰戈夫所制订的一个类似的计划又告破产，因为当时俄国必须赶快在布加勒斯特与土耳其媾和（1812年5月），率俄国的多瑙河军北上，去抵抗拿破仑的大军；但是，这也留下了一些影响。卡波迪斯特里亚斯认为，"俄国人被迫第四次抛弃给土耳其人任其报复的那些民族，需要得到某种抚慰"；他和奇恰戈夫迫切要求在土耳其欧洲部分增加俄国领事的人数，这些领事的首要目的不在于贸易，而在于使"被压迫者有精神准备，以便万一俄土结盟时，让他们以其热忱促成土耳其政府的良好意愿，或者将来有一天决定粉碎土耳其政府的反抗时，让他们作出有利于我们的公开声明"。这虽然不是一个新的建议，但在此后几年中是颇见成效的。"粉碎土耳其政府反抗"的决定在1812年未能作出，在1815年也未能作出，单是俄国人和巴尔干诸民族，永远也无法作出这样的决定（正如19世纪所表明的）。然而，俄国差不多成了决定性的因素，所以俄国人在这一时期的历史也许需要在此予以评述。

　　在臣服苏丹并被迫向君士坦丁堡供应粮食的摩尔多瓦和瓦拉几亚两个多瑙河公国，有大批富有的波雅尔（受封地主）。他们的文化，以及包括修道院在内的正教高级教士的文化，自17世纪以来大体都是希腊的东西，而那些大波雅尔的文化这时已与西方的影响相混杂。他们大多数集中在两个首府：一个是瓦拉几亚的布加勒斯特，一个约有7万人口的城市，人称"新雅典"；另一个是小得多的摩尔多瓦的雅西。它们各自都有科学院，希腊文书籍来自维也纳和莱比锡，启蒙537 哲学家的著作则由法国的教师和医生传入。两地执政的总督各有宫廷，国君通常是富有的法纳尔希腊人，往往由于曾在土耳其政府与欧洲使馆之间充当译员而通法语。

　　国君的职务极不稳定。在18世纪，这些官职和其他肥缺通常都为法纳尔希腊人购得，他们担任这种公职而成为苏丹的唯一代表。由于他们与波雅尔家族联姻，希腊的影响进一步扩大。购买官职的价格甚高，所以在三四年短暂的任职期间，迅速谋利势所必然，这对苏丹的财库颇为相宜。国君们虽然无权处理对外关系，但实际上却能够通过支持或阻碍奥地利或俄国对土耳其进行战争的政策取得酬报。这两个强国都提供了一些促成变革的因素：奥地利提供一个谷物市场，并在特兰西瓦尼亚、"小瓦拉几亚"（1718—1739 年占领），以及后来在布科维纳（1775 年吞并）建立较好的地方政府作为典范；俄国则坚持控制有关国君的任免和行使特权的条例。这些一再强化或扩大的条例和特权虽然往往受到随意的忽视，但在有利时机却为俄国干涉提供了条约的根据。① 从 1782 年起，俄国驻布加勒斯特和雅西的领事便充当条约权益的监视人，并很快又成为亲俄派的中心。在 1806—1812 年占领期间，俄国司令官下令要把沙皇奉为统治者而为之祷告，任命一位大主教管理莫斯科教区的神职人员，并把这两个省实际上作为俄国省份来看待。然而，连惯于在敌对强国之间投机取巧的统治阶级也发现，这种占领空前难忍，并对 1812 年俄国放弃其他地方而吞并比萨拉比亚（瓦拉几亚的一部分）心怀不满。在波雅尔中滋长着这样一种愿望：政府比较稳定，少屈从外国的压力，比较努力谋取本地方利益。大约 40 年来，由于需要更多的劳力，他们逐渐加重农民的实际负担，特别是扩大徭役，尽管在 1750 年以前就已经废除了人身农奴制。他们力求不受阻碍地从商业化农业取代传统农业这一过程中获得利益。②

在一小撮希腊化上层阶级的下面，斯拉夫人做礼拜仪式和使用的宗教书都逐渐改用罗马尼亚语，这对于希腊影响而言，并不足以构成威胁；民族语言也用于其他一些书籍中，主要用在编年史上。但是，作为一种实际力量的罗马尼亚民族感情几乎不是当地所产生，而是来自奥地利的特兰西瓦尼亚，那里的人操罗马尼亚语，学校也用罗马尼亚语，而且正教教士不受君士坦丁堡的希腊人牧首的监督。在约瑟夫二世的鼓励下，他们拒绝被视为在罗马控制下的东仪天主教徒，而且终于（1810 年）接受奥地利—塞尔维亚正教主教的监护。特兰西瓦

538

---

① 欧洲与土耳其签订的条约（1699—1812 年），其要点大都见于 C. G. 德科什和 M. S. F. 肖尔《威斯特伐利亚和平以后的和平条约简史》（巴黎，1818 年）第 16 卷，第 229—542 页；修订版（布鲁塞尔，1838 年），第 4 卷，第 339—441 页。1814 年之后的条约，见于 E. 赫兹莱特爵士《欧洲条约地图》，3 卷本（伦敦，1875 年）。F. 马唐斯：《俄国缔结的条约与协定汇编》，15 卷本（圣彼得堡，1874—1909 年），仅述及与奥地利、德国、英国和法国。

② 奥特提亚：《罗马尼亚农民的第二次奴役（1746—1821 年）》，载《在第十届历史科学代表大会上提出的对历史的新研究》（布加勒斯特，1955 年），第 299—312 页。

尼亚人乔治·拉扎尔（农民出身，有维也纳博士衔）把一种罗马尼亚语调引进他在布加勒斯特开办的学校，并以人民的语言及其罗马祖先的故事灌输自豪感。

这种新精神的果实成熟得很慢，但在1815—1821年间，布加勒斯特的希腊友谊社的大量活动，却是与图谋暴动但动机不同于希腊人的某些个人的活动有联系。有一个友谊社的协调人受雇于俄国领事馆。他所交往的驻比萨拉比亚的俄国军官后来都是杰出的十二月党人；他所接触的不但有卡拉·乔治和其他在俄国的塞尔维亚流亡者（见本书原文第542—543页），还有罗马尼亚职业军人图多尔·弗拉迪米列斯库，此人曾在俄军服役，这时正试图把反抗波雅尔地主的农民起义同一项摆脱土耳其枷锁的更广泛的计划结合起来。看来图多尔并非友谊社的敌人，只是想以他自己的方式利用即将到来的起义而已。一些俄国军官和领事馆官员希望使沙皇卷入对土耳其的战争，这也许会给俄国内部带来一些变革。他们的活动反过来唤起了塞尔维亚流亡者的希望，反对波雅尔特权的罗马尼亚人的不满，以及无处不在的希腊人的野心。大多数大波雅尔和法纳尔希腊人都对武装起义的后果怕得要死，但其中也有人对于沙皇顾问卡波迪斯特里亚斯的地位和亚历山大·希普西伦特斯所取得的信任印象很深。

希普西伦特斯于1820年当选为友谊社的领袖，是亲俄的一个希腊人国君的儿子；他曾任沙皇的侍从武官，在俄国宫廷中颇受欢迎，并且在俄国的1813年战役中失去一只胳臂。1812年年初，他越过普鲁特河入侵摩尔多瓦，但雅西的波雅尔对他很少支持，因此他几乎不敢继续向布加勒斯特进军，而自己发动起义的图多尔似乎正在把一场普遍反对波雅尔的社会运动转变为与小波雅尔结成反对法纳尔人的联盟。不管图多尔在布加勒斯特的真正意图何在，九天以后希普西伦特斯一到那里，便不可避免地引起这两个目的各异的人物的决裂。① 图多尔手下的几个将领倒戈了，他被希普西伦特斯逮捕处死，希普西伦特斯业已知道，卡波迪斯特里亚斯在3月就已不得不在莱巴赫请求沙皇谴责这次冒险。这就断送了一切希望，已没有可能迫使亚历山大一

539

① S. 斯特布：《图多尔·弗拉迪米列斯库与解放运动》，载《第十届历史科学代表大会上提出的对历史的新研究》（1955年），文中收集的证据说明，图多尔早在起义之前便与友谊社有过密切接触，而且并不反对友谊社的反土耳其宗旨。

世尽管在违背他当时的意愿的情况下立即向土耳其宣战，以挽救俄国在巴尔干的威望。

　　这次计划不周的起义不久便告终，但是它激发了伯罗奔尼撒的一次较有希望的运动（见本书原文第 547 页）。这恰恰是起义的目标之一，而且不管怎样，1821 年也成了罗马尼亚历史上的一个里程碑。起义开始后，两位国君感到必须给予一些支持。苏丹先是任命两个希腊法纳尔人去接替他们的职务，但是不久又决定委派可能帮助他抵御希腊人和俄国人的当地统治者。结果却适得其反。当土耳其军队进驻恢复秩序时，大多数最富有的波雅尔逃往俄国或奥地利，有些人甚至希望通过俄国的吞并而得救。许多较小的波雅尔至少已打算取得永久的保护关系，但是他们对希腊的影响却怀有更深的敌意；摩尔多瓦的小波雅尔在 1822 年坚决要求制定一部地方贵族的宪法。他们只好熬过沙皇亚历山大一世踌躇不定的最后几年，等候尼古拉一世新的前进政策；但是这一次，俄国在战时及战后的占领（1828—1834 年）就不仅是一个插曲了。俄国总督基谢列夫伯爵是个颇有教养而又明智的人，他在 1831 年的"建制条例"中体现出一套井井有条的制度。早该实行的行政改革在当时是最受欢迎的，且为后世的评论家所赞赏；然而，政治和经济方面的处理办法几乎是对希腊的或当地的波雅尔贵族阶级的彻底投降。国君不仅在宪法上受到波雅尔们的议会的限制，而且受到那些确保俄国优势的条款的限制。农民最低限度的保有地减少了，强制性劳动实际上又增加了，而且不经许可便几乎不能移动。这个条例在基谢列夫到任之前已大半拟定，他感到遗憾的是，他"未能保护农民抵抗贪婪和疯狂的寡头统治"，因为波雅尔们知道，俄国政府需要他们的支持。[①] 这些公国就这样开始了它们历史上的现代时期，其条件较适于经济开发，不甚适于政治或社会的安定。尽管如此，它们实际上是无可挽回地从土耳其分离出来，并在 100 年间能够倚仗西方强国抵制俄国对它们的垄断性影响。

　　"保加利亚"（Bulgaria）甚至不是一个通用的地理名词，而"鲁梅利亚"（Roumelia，一个不确切的用语）则包括操保加利亚语的全

---

① A. D. 塞诺波尔：《罗马尼亚史》（巴黎，1896 年）第 2 卷，第 407—419 页。

体坚强的农民和手工艺者，他们对过去伟大时代的回忆，在民谣和传说中，以及在"哈伊杜克"（在山区结成帮伙的爱国者）的功勋中依稀可见。这里也在发生变革和动乱。土耳其人的军事封建主义已趋衰落，代之而起的是贸易和手工业的发展以及进一步的财富分化。在历次俄土战争或奥土战争之后，保加利亚退役军人不是在国内参加打家劫舍的流寇集团，就是跟随反叛的土耳其显贵当兵。其他军人和工匠则流落异邦以躲避国内的暴力，逃到多瑙河诸公国，或者哈布斯堡王朝的领地，或者南俄罗斯（1812 年以后还包括比萨拉比亚）。在此时期，俄国所能提供的确实只是一个庇护所；较大的希望在 1812 年和1829 年两度彻底破灭。

虽然教会（除少数几个修道院）和许多有文化的城镇居民几乎完全希腊化了，但保加利亚人却从来没有被希腊人同化。保加利亚文的书籍以手抄本形式已经流传很久，尤其是阿索斯山修道士佩西于1762 年（访问奥地利之后）根据编年史撰写的通俗爱国史话。西方影响的潜移默化来自拉古萨的商人们和受过奥地利教育的塞尔维亚人，例如约万·拉伊奇，他在维也纳出版 4 卷本的《斯拉夫各民族，特别是保加利亚人、克罗地亚人和塞尔维亚人的历史》（1794—1795年）。大致在 1840 年以前，保加利亚似乎没有印行过任何书籍，但佩西的门徒之一索夫罗涅主教用保加利亚语布道，他定居布加勒斯特（1803 年），并与侨民和寄希望于俄国的人们同样怀有激越之情。他的一个门生在 1814 年以后创办了几所保加利亚教会学校，作为抵制希腊影响的武器。后来，伦贝格（利沃夫）大学毕业的罗塞尼亚青年尤里·韦涅林，因在比萨拉比亚进行研究而对斯拉夫民族具有更坚定的浪漫主义热情。他在莫斯科受到阿克萨科夫和其他亲斯拉夫分子的鼓励，开始研究保加利亚的历史，1829 年写出几部政论性作品①的第一部，它很少历史价值，但是推动了语言的复兴，从而自 1835 年541 起创办一些宗教色彩不浓、民族主义目的较为鲜明的保加利亚语学校。然而，这些人和其他人们的努力，这时还没有促成一次文化

---

① Y. I. 韦涅林（1802—1839 年）：《古代和近代保加利亚人同俄罗斯人的政治、民族和宗教关系》第 1 卷（莫斯科，1829 年）；第 2 卷，死后出版（1841 年）；及其他用俄语写的文章，均系驳斥当时流行的保加利亚人源于鞑靼—土耳其人的学说。他于 19 世纪 30 年代初次访问保加利亚。见《苏联大百科全书》（莫斯科，1949—1957 年）中的"韦涅林"条。

复兴。

当时，在塞尔维亚的山区和森林中，一个不算不富裕的武士和养猪农民的群体，已经受到来自不同方面的新压力。首先，哈布斯堡人帮助许多来自土耳其塞尔维亚的家庭在匈牙利南部（1686 年收复）的其他斯拉夫人中间安家落户；奥地利占领贝尔格莱德时期（1719—1739 年），使多瑙河南北的塞尔维亚人接触更多；后来，特别是在教育和宗教事务中，约瑟夫二世给予他的南部斯拉夫人一些特权，借以抵消马扎尔人的支配地位。这就使得苏丹统治下的塞尔维亚人转而寄希望于北方。同时，他们的曾经是可以忍受的处境，逐渐变得不可忍受。苏丹希望通过君士坦丁堡牧首的代表促进希腊化，使他们摆脱对奥地利的依从，在 18 世纪，君士坦丁堡牧首差不多就是苏丹的代理人。不过，苏丹又把难以驾驭的禁卫军从首都驱散到外省去，并把其中几个最坏的分子流放到塞尔维亚——这是一个原始地区，但也足够他们逞强肆虐，掠夺财富。许多塞尔维亚人都曾在奥土战争和奥德战争中为奥地利打过仗，可是奥地利于 1791 年缔结西斯托瓦和约撤出对土耳其的战争，使他们大失所望。另一些塞尔维亚人曾为彼得大帝的帮助所鼓舞，参加门的内哥罗起义（1711 年），如今又在叶卡捷琳娜二世侵略政策的鼓舞下，开始仰仗俄国，有许多塞尔维亚人早已定居俄国，以逃避匈牙利马扎尔人的压迫。塞里姆三世的改革排除了禁卫军，使贝尔格莱德地区的塞尔维亚人得到好处，但是，他的受人爱戴的贝尔格莱德帕夏受到禁卫军的牵制，终于被杀害（1801 年），禁卫军卷土重来以后，把七八十个知名的塞尔维亚人士斩首复仇。

这就是卡拉·乔治从 1804 年开始组织抵抗运动的起因，他在最初曾得到奥地利和俄国的一些援助和慰藉；但是，这时两大强国更关心的则是使土耳其人大力抵抗法国。一个派往圣彼得堡的塞尔维亚人代表团被告知说，尽管俄国不能支持起义，但是可以派一个领事去贝尔格莱德，作为他们的自治的保证人。这一点，以及在战场上的几次最初的胜利，促使塞尔维亚人提出他们的要求，他们组成一个国民议会（斯库普什丁纳），并根据一位奥地利塞尔维亚人（当时在俄国哈尔科夫大学当教授）起草的宪法，要选出由六个人组成的参政院。

苏丹则坚持说，由于他们已经不是请愿者而是反叛者，他们首先必须放下武器，服从命令。他们不听这一套，连连击败来自西方和南方的土耳其军队（1806年8月）；而且，当苏丹向俄国宣战时（12月），他们立即作为公开的反叛者出现，尽管土耳其已经作出很大让步（1807年1月25日的条约）。卡拉·乔治以为俄国人会胜利，甚至提出要接受一位俄国总督和驻军；但是，在接到亚历山大与拿破仑在提尔西特达成和解的消息以后，他转而相当认真地面向奥地利人，建议组成一个在哈布斯堡王朝统治下的大塞尔维亚，但要求不被当作匈牙利的一部分。当卡拉·乔治继续挑拨奥地利反对俄国时，沙皇则在两个计划之间举棋不定：是听从拿破仑三心二意的瓜分塞尔维亚之说呢，还是寄希望于从内部获得塞尔维亚人和其他潜在同盟者的信任，以便在不依靠法国帮助的情况下扩大他在土耳其的影响。在圣彼得堡，鲁缅采夫和科兰古继续为未来的瓜分进行辩护，但沙皇和拿破仑于1808年10月在埃尔富特会谈时，看来并未提及塞尔维亚。亚历山大不曾承认塞尔维亚宪法，而他的代理人的口头热情似乎也因他们在对付新苏丹马哈茂德二世时是否需要塞尔维亚人帮助而时有改变。卡拉·乔治先发制人，使他那个新的参政院本身宣布他是世袭亲王（1808年12月）；他进一步徒劳地求助于拿破仑，并再次求助于奥地利，都曾遭到议会的否决，而六个月前离开贝尔格莱德的一位俄国驻扎官，又于1810年年初卷土重来，此次随带军队，以确保俄国的影响。

1810年12月，拿破仑终于默许俄国人控制这些公国（俄国人从未撤离过），同时表示希望由奥地利控制塞尔维亚。塞尔维亚人相信，这些强国中总有一个最终会先于其他国家出来充当塞尔维亚自治的保证人，而苏丹也同样以为，其他强国的妒忌足以把俄国限制于多瑙河以北。沙皇急需与土耳其媾和，于是就匆匆草就了布加勒斯特条约（1812年5月28日签字，见本书原文第536页），对此条约的解释成为此后15年中无穷无尽的争辩的主题。根据第8条，塞尔维亚人应同爱琴海诸岛岛民一样拥有自治地位，能自行征集给苏丹的贡品，但允许有限的土耳其军队在贝尔格莱德和其他要塞驻扎。然而，他们在三方面受骗了。第一，奇恰戈夫对条约不满，梦想穿越塞尔维亚进军亚得里亚海，所以向塞尔维亚人隐瞒，甚至否认第8条的存在，直到他奉命（1812年8月）挥师北上抗击拿破仑为止。第二，苏丹正期待俄国的败北，无意使这一条见诸实施。第三，卡拉·乔治本人也拒绝服从这些条款，并伪称复仇的土耳其侵略军的行动与苏丹的意旨背道而驰。

结果是土耳其占领了贝尔格莱德（1813 年 10 月），成千上万的人家逃入奥地利；卡拉·乔治本人及大多数反叛首领一年后应沙皇个人的邀请，离开奥地利前去俄国。未流亡的一位领袖米洛什·奥布廉诺维奇在新帕夏的抚慰下归顺，接受了一个地区的领导职位。然而，一位塞尔维亚使节很快就向维也纳的君主提出证据，说明压迫又在重演；他数次获准会见卡波迪斯特里亚斯，两次会见哈布斯堡皇帝本人。卡波迪斯特里亚斯也许就是俄国致各列强书（1813 年 2 月 2 日）的作者，其中对他们进行干涉的权利提出了新奇的根据，即尽管穆斯林是苏丹的臣民，但基督徒只不过是他的进贡者，既无须忠诚于他，也有权接受任何欧洲强国的保护。这原是希望取得一种集体保证的要求，它不是苏丹而是土耳其的基督教徒提出的，所以根本没有提交国会，但其论点却是激进而又影响深远的。在一次重新组织的起义获得一些局部胜利之后，米洛什暂且直接从苏丹那里接受了经过修改的条款（1815 年 12 月）：土耳其人只驻扎在要塞内或要塞附近；塞尔维亚人自行征集固定的贡金，享有宗教信仰、受教育和在整个帝国经商的自由，有在君士坦丁堡留驻一名代表的权利。

米洛什的统治在贪婪和暴戾方面与许多帕夏不相上下。俄国人允许某些流亡者溜回塞尔维亚后，他们的头颅被米洛什割下来送往君士坦丁堡。他的政敌，那位不久前在雅西加入希腊人友谊社的卡拉·乔治，也是牺牲者之一（1817 年 7 月）；九年后，乔治的儿子因参与友谊社动员塞尔维亚人的计划而惨遭截肢的酷刑。在俄国对布加勒斯特条约发生争执期间（1816—1821 年），米洛什很少注意俄国在塞尔维亚人中间的利益；这些争执因希腊人的起义而中断。米洛什拒绝了希普西伦特斯的求援，并使塞尔维亚置身于希腊人的长期斗争和俄土战争之外（1828—1829 年），尽管他的自治权对土耳其人的潜在威胁终于间接帮助了俄国人。他的有条件地效忠苏丹的政策并非没有收获。在阿德里安堡和约时（1829 年 9 月），他公开要求土耳其按照阿克曼条约（1826 年 10 月）的解释，确认布加勒斯特条约第八条中允诺给塞尔维亚人的特权，另外把 1813 年瓜分去的六个地区归还给塞尔维亚。最后，在 1830 年 10 月，米洛什获得了他长期寻求的苏丹对他的世袭地位的承认，议会对此业已多次批准。他在实现自己抱负的同时，为塞尔维亚取得了真正的自治。虽在粗暴和腐败的统治之下，但此时这个国家总算有了学校、印刷厂和报纸，也有了初具规模的正规军。所有这些成就的取得，都不是一味仰仗俄国或其他任何强国，都不是采纳卡拉·乔治的那些轻举妄动的先后向奥地利、法国和俄国完全臣服的建议的结果。时间将向奥布廉诺维奇家族进行报复，因为卡拉·乔治的英雄主义比米洛什的残忍奸诈有更大的号召力；但是，我们很难理解，像这样一个其命运很可能为俄罗斯帝国和奥地利帝国所左右的国家，在 1815 年以后对土耳其采取一种比较不妥协的政策，怎么会产生那么多的成果。

希腊人的处境有所不同。他们虽然没有通过陆地边界与奥地利和俄国有直接接触而受其影响，但遭受的战争灾祸也比较少。沿海和岛屿上的人们与大海接触，因而接受了较多的外部世界的知识。他们能够使用他们的航海技能和资源，以致终于不但能够使俄国，而且能够使最大的海上强国英国和法国对解决他们与土耳其的争端一事感兴趣。

在地峡北部的山区，生活多半原始而无保障，但贸易和学校却使某些地区与外部世界保持接触。在伯罗奔尼撒，威尼斯人在 1687—1715 年间（条约规定为 1699—1718 年）的占领从某些方面来讲是有益于农业的，但是那些有利于罗马和威尼斯的规定却妨碍了希腊教会和希腊商人，因此他们对于占领的结束并不感到遗憾。2/3 的土地为穆斯林所有，而他们不足人口的 1/10。伯罗奔尼撒的希腊人具有一种地方自治的特殊地位，自治政府通过选举知名人士和教士来组成；最高的是元老院，它确定税收，与土耳其总督谈判，能够通过驻在首都的代表向苏丹直接提出要求。虽然这一体制并未排除行贿受贿、反复无常和暴力行为，但它使知名人士取得了政治的经验，能够轻而易举地从享受地方特权转而要求更多的东西。各个岛屿甚至享有更大的自治权，而且几乎没有任何土耳其人驻扎官。

俄国在 1737—1739 年的战争中没有求助于巴尔干的基督教徒；在下一次战争中，叶卡捷琳娜二世于 1770 年派遣奥尔洛夫弟兄前去伯罗奔尼撒组织牵制性的起义，但是他们不久便无法使希腊人相信那支小小的俄国军队心怀诚意，唯一的结果是向当地人民进行报复，不管反叛与否。尽管如此，俄国在希腊人中间的威望，还是通过库楚克·开纳吉条约（1774 年）和雅西条约（1792 年）而提高了，条约中包括一些含糊其词有利于苏丹的正教臣民的条款；还有，俄国在1783 年给予希腊船只悬挂俄国国旗进行贸易的特权。商人们能够凭借欧洲领事们的特许购得豁免权：当塞里姆三世试图通过亲自出售特权来补救滥用条款的弊病时，他不过是创立了一个受到公开承认的富裕的特许商人阶级。另外，派往国外学习或经商的商人子弟，在回国时也可能取得欧洲人的特权。希腊人充分利用了这些机会。战争未使希腊遭受蹂躏，希腊比以前人口增多，也更为繁荣昌盛了，岛屿上的商人从事转运或走私，获利尤多。富裕的希腊人慷慨捐资创办学校、医院和慈善事业。由于法纳尔人在首都的影响再加上各阶层的人到处进行活动，希腊人似乎能够及时地从土耳其欧洲部分的内部大获其利。另一个办法是公开反叛一个以其伊斯兰国家的号召力为强大后盾的帝国，这样做前景可怖，且难以预料，虽然有个别的法纳尔人在外来影响的诱惑下要冒险来个双管齐下。

　　文化复兴的重要性是很难加以评价的。其根源有些出自希腊内部，但出自外部的居多。比如，维也纳和的里雅斯特在 1750 年各有一个正教教堂，不久又有一个兴旺的希腊学校。在 1786—1820 年间，维也纳的“希腊人”（即正教徒）从 500 多人增加到 3000 人以上，其中包括许多大学生。许多希腊文书籍在维也纳和莱比锡（除威尼斯和的里雅斯特之外）出版，大多是有关教育和实用艺术的。[①] 有文化的希腊人已经有了一种从共同语言演化而来的语言，这种共同语言曾是拜占庭世界的混合语，但早已让位给各种流行的方言。意大利语是东地中海地区的商业用语，但在 18 世纪，仿古希腊语的写作在法纳尔人和富商的家庭中已经成为一种高雅的才艺。不过，这并不意味着土耳其帝国的自由散漫的政府给这些人提供了机会，因而出现了任何以暴力推翻土耳其帝国的政治计划是法国革命给予运动以新的推动

――――――――

① E. 图尔辛斯基：《奥托大帝即位前德国与希腊的文化交流》（慕尼黑，1959 年）。F. 瓦尔杰维奇：《德国与欧洲东南部文化交流史》（慕尼黑，1953 年）。

力。出生在塞萨利的韦莱斯蒂诺（古代的菲拉耶）的瓦拉几亚人里加斯·费奥斯（约 1757—1798 年），不完全是一个希腊民族主义者。18 世纪 80 年代，他在多瑙河公国的国君府中供职，以后定居维也纳，他翻译了许多振奋人心的作品，写了不少热情洋溢的诗篇，例如他的著名的用希腊文改写的《马赛曲》，通过各地的友谊社散发出去。关于这件事，很少有人知道。他还编绘了土耳其欧洲部分的大型地图。他公开声称的目的，是在法国人所宣告的自由与平等的旗帜下，同土耳其全体居民进行和解，不论他们的信仰和语言如何。他跟著名的土耳其人和阿尔巴尼亚人接触过，也许还跟亚尼纳的阿里帕夏接触过，但他交往的大多数是希腊人。后来，在 1797 年，当法国人在使爱奥尼亚群岛革命化时，里加斯动身前往伯罗奔尼撒，计划在那里发动一次起义，但是，他在的里雅斯特携带着 12 箱宣言被查获，在维也纳被定罪，并与几位同伙被押解到贝尔格莱德的帕夏处决。

　　阿达曼蒂奥斯·科拉伊斯（1748—1833 年）从 30 岁最后离开他在士麦那的家以后，从未重返地中海地区。他在蒙彼利埃学过医，1788 年定居巴黎，后参加法国革命，以后毕其余生致力于一项充满雄心壮志的工作，即教育希腊语世界使用一种既非盲目模仿古希腊语，又非单纯采取口语方言的书写形式。最终创造的纯洁化形式是人为的，如今已不太通行；然而，科拉伊斯理所当然地被尊为书面语言的缔造者，这种文字普遍使用了 100 余年，并依然与通俗文字相竞争；源于方言的富有想象的文学作品已使通俗文学丰富起来。他的爱国的、共和主义的、反教权的主张，在他所编辑的古希腊经典作品的绪论对话中显而易见，这些作品的出版和发行（1805—1817 年）是由希俄斯的一位富商资助的。科拉伊斯在起义前夕声称，暴力解决尚不成熟，需要再等一个世代，而且也许最终并不必要；但是，他的匿名即兴诗和短文实际上却在号召起义，而且，起义刚一开始，他就予以支持。他是一位学者，不是一个政治家，所以一方面低估正教在希腊民族生活中的作用，一方面又过高估计为新希腊制定一部共和主义和民主主义宪法的大好时机。他早期对卡波迪斯特里亚斯颇为敬重，后来却把他对希腊的统治当作暴政进行极其辛辣和毫不留情的谴责。

　　科拉伊斯是受多瑙河公国国君们资助在维也纳出版的一份希腊文文艺和爱国杂志（1811—1821 年）的创办人之一。这一杂志又与

1814—1815 年间维也纳的诗友社发生联系，该社受到沙皇和卡波迪斯特里亚斯的赞助，而且成为一个行时的慈善团体，把进款用于派送希腊青年到欧洲留学。科拉伊斯的杂志与政治团体友谊社是否有关系无法确定，后者原是秘密社团，其领导人物及外出联络人员既非上流人士，也没有受过高等教育。1814 年夏天在敖德萨创立友谊社的三个人与阿里帕夏统治的伊皮鲁斯也有联系，而这一地区在法国人占领爱奥尼亚群岛和更北的亚得里亚海岸期间，又与法国人发生了联系。大主教伊格那修斯（见本书原文第 535 页）也许就是这两个团体之间的纽带。[①] 现存的约 550 名友谊社社员的登记册表明，社员的发展在 1818 年以前十分缓慢，此后才从多瑙河下游迅速扩展到希腊，特别是在那些经商或航海的人们中间发展很快。这本登记册至迟从 1819 年年底起便不可靠；因为细流变成了小河，小河又很快变成了洪水。友谊社的存在几乎已不再是一个秘密，到 1821 年，它便融合到总的运动之中了。这个团体由于发端隐秘，而且只是革命趋势的征兆而不是起因，所以它吸引人们的手段有二，一是向人们确保俄国的武装支援，二是采用共济会俱乐部那样的戏剧性秘密程式。领导者们（阿什）的名字不得为外出联络员和他们吸收的成员所知，这些人模糊地认为他们的最高领导是俄国人和高贵的人。许多人错误地相信，沙皇的公使卡波迪斯特里亚斯是这个团体的领袖。当他明确拒绝介入后，坚持以单独指挥为条件的亚历山大·希普西伦特斯（见本书原文第 538—539 页）就接受了领导权（1820 年 6 月）。他不听劝告，并且，由于不断改变计划而失去人们的信任；他错误地把各公国作为自己主要攻击的目标，而让其他代理人去煽动伯罗奔尼撒和爱奥尼亚群岛。希普西伦特斯没有得到任何正式的鼓励，便自以为亚历山大一世只是等待一次自发的起义行动，或者，至少在行动开始后，他必然会插手，使起义免于失败。从长远看，他虽没有铸成大错，但这不是由于他的鲁莽之举为沙皇所公开否定，而是由于伯罗奔尼撒的某些酋长和教士采取的决定性行动，由于土耳其人的愚蠢，以及由于他们专心对付已经公开反叛的阿里帕夏。

⁵⁴⁷

---

① 更详细的情节和参考书，见本章作者《1821 年前的卡波迪斯特里亚斯与希腊人》一文，载《剑桥历史杂志》第 13 卷，第 2 期（1957 年）。

　　1812 年 4 月，一次蔓延很广但缺乏协调行动的起义在伯罗奔尼撒发难了，最初尚举棋不定，但不久就杀掉了大批的土耳其人。这一消息，再加上希普西伦特斯在北方的冒险，加剧了土耳其人的报复行为，包括处死君士坦丁堡的牧首在内。这又导致俄国大使的离任和两国关系的正式断绝。此后四年，其他强国竭力防止希腊的起义演变成俄国对土耳其进行总攻击的机会，因为如果这样，就可能引起整个欧洲的动乱。起初，它们是成功的。这时已成为沙皇累赘的卡波迪斯特里亚斯退隐日内瓦（1822 年 7 月），此后五年，他的活动只限于救济工作，至少在公开场合如此。英国和奥地利相仿，迫切希望使沙皇保持沉默；但是，梅特涅最初希望看到起义受镇压，而坎宁却开始注意到一个机会，即要么为英国的利益单独进行干预，要么与沙皇携手去保持对局面的一定控制。随便发生哪一种情况，希腊人都可能得到利益。尽管有个人的、宗派的、地区性的纷争，以及极端的野蛮残酷和严重地缺乏纪律，但希腊人拥有勇敢的士兵和熟练的水手。土耳其人

548　重新征服伯罗奔尼撒的失败，应该归咎于兵员缺乏（由于在其他地方承担义务）、指挥官之间的猜忌，以及他们在海上无法对付安德烈斯·米亚乌利斯率领的希腊船队，在陆地上也无法对付游击队对各关隘的骚扰，因而把守不住自己的交通线。每次暂歇期间，希腊的领袖们都互相争吵，有两次几乎酿成内战。一个不曾得到各敌对团体承认的议会公布了一部不受注意的"埃皮达鲁斯宪法"，并选举君士坦丁堡法纳尔人亚历山大·马夫罗科扎托斯为总统。战士们不同意组成一个正式的政府，但是"欧洲的"希腊人得到富裕的岛民、正在征集资金（在英国主要是通过拜伦的影响和边沁派的主持）的欧洲各委员会，以及大多数在希腊的亲希腊派外国人的支持。这些团体财权在握，至 1824 年年末，他们的势力看来已经完全确立。

　　与此同时，苏丹收买其名义上的藩臣——埃及帕夏（见本书原文第 534 页），允许帕夏征服和占领克里特岛，而且答应在征服伯罗奔尼撒之后另给酬报。米亚乌利斯已阻挡不住土埃联合舰队的海上通道。1825 年年初，帕夏的儿子易卜拉欣率阿拉伯军 1 万多人登陆，不久便踏遍伯罗奔尼撒的大部分地区，但没有足够的（或许相信将来会有足够的）力量将其系统地加以制服。希腊的临时首都纳夫普利亚未失守；希德拉和斯培西亚（最为富庶和活跃的岛屿）附近的

各岛仍未被征服；在西部，地峡以北的梅索朗吉昂坚守到 1826 年 4 月，亦即拜伦在此逝世以后两年多的时候；在阿蒂卡地区，法国亲希腊人士法布维埃的到来使得阿克罗波利斯一直抵抗到 1827 年 6 月方才投降。正在危急的时候，临时政府才同意（1827 年 4 月）各派别之间的和解：使科洛科特罗尼斯的"俄国派"和其他地方首领感到满意的是，大家一致同意选举卡波迪斯特里亚斯为任期七年的总统；选择亲希腊派军人理查德·丘奇爵士和刚愎自用的海军上将科克伦勋爵分别指挥希腊的陆海军，乃是向岛民和某些显贵的"英国派"作出的让步；主要受到地峡以北支持的科莱泰斯的"法国派"，则由于5 月公布了极端民主的"特里增宪法"而得到抚慰。至此，外国干预的局势终于形成。

没有外国的干预，希腊人的独立战争不会取胜；但同样的是，如果各强国袖手旁观，这场运动也很难被镇压下去。导致外国干预的原因之一是爱琴海上势将演成长期动乱和海盗出没的那种僵局；原因之二是先发制人挫败俄国的愿望；而更难以确切说明的则是受过古典教育的欧洲人，甚至包括对希腊有好感的评论家的关切，因为他们觉得这个国家是他们所熟悉的，至于塞尔维亚和罗马尼亚便另当别论。沙皇亚历山大一世在 1825 年 12 月去世之前，就已经停止了与其欧洲大陆的盟友就东方问题所进行的讨论，并倾向于采取主动的俄国政策，他的继承人尼古拉一世后来更坚定地奉行了这种政策。坎宁不喜欢埃及人统治伯罗奔尼撒和爱琴海上希腊人海盗出没这两个前景，但他几乎没有能力对某些希腊领袖向英国呼吁保护一事（1825 年 6 月）单独作出反应。结果是威灵顿公爵于 1826 年 4 月 4 日在圣彼得堡签订的议定书。双方政府同意通过联合或分别谈判对两派施加影响，达成和解，在不明确的边界范围内给予希腊人一种既自治而又附庸的地位，但须对土耳其领主作出报偿。4 月 29 日，在梅索朗吉昂沦陷后，希腊议会正式提出以此为基础进行调停，但坚持要求包括许多在起义期间几乎没有拿起过武器的地区。甚至在议定书签订之前，新沙皇还送给苏丹一份最后通牒，要求就俄土两国之间的重大争端进行谈判；由此产生的阿克曼条约（1826 年 10 月）是俄国的一次外交上的胜利，但并没有为希腊人达成像罗马尼亚人和塞尔维亚人所取得的那种条款。希腊人的一派曾向法国的波旁王朝政府求援，波旁王朝政府也

549

希望染指，但要参与的不是一次革命，而是一次十字军。这就拖延并扩大了谈判。

　　在坎宁担任首相的短暂时期，三方签署的伦敦条约（1827 年 7 月 6 日），实质与上述议定书相差无几，但是有一个附加条款，其中规定要派一支联合舰队进驻希腊水域，强迫两派停战，"但不参加任何敌对行动"。双方都接受了停战协定，但都没有完全遵守。乔治·坎宁于 8 月去世，但他的堂弟、驻君士坦丁堡大使斯特拉特福德·坎宁早在 18 个月以前就会见过马夫罗科扎托斯，这时他稍微背离了乔治·坎宁的指令，竟在一封私人信件中称炮弹为最后的仲裁人；海军上将科德林顿又把这一点向他的舰长们作了重述。这样，当土埃舰队于 1827 年 10 月 20 日在纳瓦里诺海湾为英俄法三国海军歼灭后，各国内阁都规避对这一决定性冲突负直接责任；梅特涅可以把它说成一次"可怕的大灾难"，而于 1828 年 1 月就任的威灵顿首相则说成是"不幸的事件"；然而，三国大使业已离开君士坦丁堡，而英国却未履行条约中的义务，即使是俄国单独把同土耳其的争端推向战争。埃及人对法国军队略事抵抗，便撤出伯罗奔尼撒，法军以三个强国的名义到达那里以后，留驻了五年（1828—1833 年）。可是，苏丹不肯屈服。他废除阿克曼条约，几乎招致俄国宣战（1828 年 4 月）；只是灾难性的第二次战役才迫使他同意了伦敦条约，作为在俄国刺刀下签署的阿德里安堡和约（1829 年 9 月 14 日）的一部分。[1]

　　希腊未来的地位和边界仍未确定。像梅特涅一样，威灵顿认为，一个在欧洲君主统治下的独立小国，不像较大的但却是附庸的地区那样易受俄国的影响。卡波迪斯特里亚斯作为总统，被英国和法国不公正地怀疑为沙皇的工具。他对希腊的贡献过去是被低估了，而最近也许又被希腊人过分理想化了。他的不幸在于，当他试图开创一个必要的个人统治时期时，他没有足够的办法加强这种统治，而且过分轻视地方精神：内讧以他的遇刺（1831 年 10 月）达到顶点，接踵而来的是准无政府状态。与此同时，即将成为第一个比利时人的国王的萨克森－科堡亲王利奥波德原来接受，然后又拒绝了希腊王位（1830 年 2—5 月）；巴伐利亚国王路易一世是个热情的亲希腊分子，他很乐意

---

[1]　关于希腊问题的国际方面，详见第二十五章，原文第 673—674、677—679、685—689 页。

地把王位接过来给了他 17 岁的次子奥托。威灵顿最初要做的只是解放伯罗奔尼撒和较小的岛屿，但是，撤离君士坦丁堡之后正在俄罗斯会谈的三国大使，推荐了一个更为慷慨的解决办法（1828 年 12 月），而且欧洲人认为，至少没有雅典的希腊是不堪设想的。1832 年，帕默斯顿把西部的阿卡纳尼亚包括进来，为奥托扩展了 1830 年向利奥波德提出的北部疆界。三国大使提议把萨摩斯岛和克里特岛也包括在这些岛屿内，但是，当政的帕默斯顿不能够或不愿意逆转与此相反的 1830 年的决定，他当初还批评过这一决定。萨摩斯岛取得了、希俄斯岛恢复了尚称可取的自治地位，直到 1913 年它们与希腊合并为止。克里特岛在埃及统治 15 年后，又于 1840 年归还苏丹；周期性起义持续两个世代之久，土耳其驻军终于在 1898 年撤离，该岛于 1912 年完全与希腊合并。

　　阿德里安堡和约的消息在西方政府中引起了短暂的惊恐，但在实际上，其条款并不可怕，只是对未来似有一种不祥之兆而已。俄国军队疲惫不堪，几乎无力攻占首都，而沙皇也无意于此。他已批准他的枢密院中一个有权力的委员会的报告，实际上重申 25 年前由恰尔托雷斯基提出的政策，亦即对苏丹继续施加压力，促进俄国利益，同时保存土耳其政权的一般结构，以避免或推迟极难解决的君士坦丁堡和海峡的前途问题。这与英国、法国或奥地利关于土耳其"独立完整"的概念相差无几，最大的不同点是俄国希望扩张到亚洲，打开通往地中海的大门，做一些无愧于正教帝国声誉的盛举，这些欲望必然会损伤原封不动的原则，并且可能在某一重大时机彻底摧毁这一原则。无论俄国的意图如何，它在 1829 年，甚至 1878 年，都没有力量单独寻求一个根本解决办法，而且在 1918 年，土耳其在欧洲的残余部分，也并非在俄国的压力之下被瓜分的。然而，1829 年俄国在阿德里安堡能够强加于人的条款，不仅在希腊，而且在日后罗马尼亚的历史上标志了无可逆转的一步。希腊的起义和穆罕默德·阿里的榜样还激发土耳其向国内复兴迈出决定性的第一步——1826 年 6 月马哈茂德消灭禁卫军，在土耳其视为"吉利事件"。"希腊民族主义的首次爆炸燃起了土耳其民族主义的第一个火光。"[①] 可是直到将近一个世纪之

① A. J. 汤因比：《历史研究》（节本），第 132 页。

后，土耳其人失去在欧洲的立足点时，他们才被别人，甚至被自己认为是一个"正当地为自由而斗争的民族"。在 1830 年，政治上的民族主义以及亲近这种主义的人，对于苏丹似乎跟对于梅特涅一样危险；从欧洲的观点来看，苏丹若非一个不值得同情的粗野而残忍的暴君，便是一个冷漠得使人恼怒的盟友。

（周国珍　译）

第 二 十 章

与南亚和东南亚的关系

　　本卷所述年代是英国统治地域扩大和它的影响加强的年代。在印度和印度以外都获得了新的领土，政府的活动超出维护秩序和征收赋税，进而采取与欧洲人的功利思想和道德观念相一致的经济和社会政策。起初，这种领土扩张是由于过分害怕法国在亚洲的势力增大，而英国人容许荷兰人在拿破仑战争以后回到东南亚，其主要原因则是希望有一个强大的盟国共同对抗气势汹汹的法国，但是在这时候，英国东印度公司最关心的事情是树立自己的威信，掌握印度的最高权力。1707 年最后一个伟大皇帝奥朗则布去世后，莫卧儿的霸主地位已名存实亡，而马拉塔联盟既没有统一的方针，也没有统治次大陆所必需的中央集权行政体系。在印度中部，直至英国领地的边缘，普遍存在着混乱和掠夺，这表明需要有一个最高权威者出现。为了印度的理由，英国东印度公司与马拉塔人冲突起来了。此后，除对俄国人的意图偶尔有所猜疑外，欧洲的政治在制定其对外政策时就变得越来越不重要了。

　　另一方面，欧洲思想对开展国内政策的重要性却日益增长。的确，康华理勋爵在孟加拉建立的行政制度中出现的缺点表明他太不注意印度人的思想和环境，而在其他地方准备进行的改革则较多地利用地方经验，即改变康华理的分权制的死板，使本地官员担负更多的责任，与村庄和个体农民而不是与大土地所有者协商解决土地税问题。但是，这些新的解决办法也完全符合欧洲人的经济观念。在东印度署的詹姆斯·穆勒、在马德拉斯的芒罗、在锡兰的科尔布鲁克、在爪哇的范·霍亨多普和莱佛士——全部认为他们是把传统的农奴转化为勤劳的农民，能够激励农民的是经济因素而不是"封建"因素。其实，

推行用现金交纳地租和土地私有的直接结果，往往是将农民送到放债
人的手里。对内和对外都建立比较自由的贸易，其受益者同样是商
人，而不是感到难以和欧洲的机器竞争的地方手工艺者。但是，在加
尔各答和孟买这样的城市里，这个商人阶级，再加上由新政府机构培
育出来的律师和官吏，对欧洲思想以及根据这种思想进行的社会改革
特别怀好感。受欧洲人思想影响最大的也许是社会政策，因为英国人
鼓励传播"有用的"知识，阻止殉夫自焚一类的习俗。另外，凡是
由英国人统治的地区，都废除拷打和断肢之类的刑罚，并试图制止行
贿和贪污。官吏中间有一种进步的感情，他们相信欧洲思想的力量可
以把亚洲的人民从旧习俗和迷信中解脱出来。沃伦·黑斯廷斯及其同
僚认为很值得研究的印度人思想，如今被福音派教徒斥之为邪恶，被
功利主义者鄙视为没有效能。由威廉·琼斯爵士、查尔斯·威尔金斯
以及孟加拉亚洲学会的其他先驱者们所作的翻译和研究，现在在德意
志似乎比在英国引起了更大的兴趣，弗里德里希·施勒格尔期望研究
印度文学会在欧洲激发第二次文艺复兴运动。而在另一方面，麦考利
认为英国的教育会在印度引起一次文艺复兴。

　　韦尔斯利于 1798 年就任印度总督。在他统治期间，害怕法国势
力在印度重新抬头是支配英国扩张最明显的一个因素。伦敦的督察委
员会主席邓达斯也和他同样怀着忧虑的心情，一听到拿破仑率兵远征
埃及，就向印度派去增援部队。韦尔斯利不仅关心法国人可能入侵，
而且还关心法国人与地方统治者秘密勾结的现实情况。他知道迈索尔
的蒂普苏丹派人去毛里求斯请求军援，法国总督已在征召志愿兵，有
些人已经报名。鉴于阿富汗国王扎曼有从西北入侵的危险，所有这一
切就显得更加不是好兆头了，韦尔斯利认为蒂普与扎曼已经达成某种
谅解。许多法国冒险家仍在为印度不同的统治者服务，韦尔斯利认为
这也是一种危险。他特别提防海德拉巴的尼扎姆的受过法国人训练的
军队，不久就劝说尼扎姆缔结了反对蒂普的同盟条约，依约，尼扎姆
同意解散自己的军队，由公司的一支部队取而代之，他承担这支部队
的军饷。当时还要求蒂普本人拒绝法国的援助，但他似乎不愿照办。
经过几次毫无成果的通信之后，英国军队开进了迈索尔。这是一次速
战速决的战争。在占领首都塞林加帕坦时，蒂普阵亡了，他的王国便
落到韦尔斯利的手里。王国的部分领土，包括海岸地区，归公司所

有，另一部分作为同盟报酬，交给了尼扎姆，虽然他实际上是无功受禄，其余部分是蒂普的父亲海达尔·阿里从古印度王朝夺取来的，因此物归原主。与此同时，新统治者被置于公司的严格控制之下，结成资助同盟：新统治者同意接受公司的一支部队，每年为此付给一笔津贴，并答应未经公司批准不与任何其他土邦发生关系。

这种资助同盟成为英国对其他土邦扩大控制，最终在整个印度次大陆确立英国最高权力的一种手段。各地统治者一有困难，公司就提供保护，以抵御外来的敌人或镇压国内的叛乱分子，作为报答，就得允许公司的部队驻扎在他们的地区，每年交纳一笔津贴，并放弃任何独立的外交政策。实际上，每年支付津贴有时拖延，从而多次引起争吵。另外还有一个变通办法，那就是可以不付津贴而割让领土。在1800年与尼扎姆缔结的资助同盟中，就可以看出这些花样，当时，他不得不把新近从迈索尔获得的领土割让给公司。

奥德已经和公司结成了这样的同盟，以致在阿富汗有可能入侵时，韦尔斯利就要求增加领受津贴的部队的人数，为了补偿这笔费用，纳瓦布不得不割让大片的领土。这些割让的结果是：除了与尼泊尔接壤的一段边界外，奥德已经被英国领土包围，因此就没有必要增加领受津贴的部队。此外，当这种旷日持久的苛刻谈判结束的时候，阿富汗入侵的危险已不复存在，因为锡克人的敌意以及自己财力不足，扎曼已经被迫撤退了。现在，增大英国在印度的权力，与保护公司领地防止外国入侵相比，已是更为重要的目标了。

马拉塔联盟始终是公司所面对的唯一可怕的力量。这个联盟的组织一直很松散，现在呢，由于领导人之间的意见分歧，它的结构似乎有崩溃的危险。帕什瓦篡夺了萨塔拉土王的权力，虽然依旧承认自己是土王的首席大臣；他对一些主要将领（如辛地亚和霍尔卡）失去控制，他们逐渐变成了独立的诸侯。这种形势招来了英国人的干涉。韦尔斯利对法国势力的疑虑，也促使他这样行动。军事冒险家德·布瓦内为马哈吉·辛地亚招募的军队，对辛地亚在印度北部树立政权帮了大忙，这种权力一直扩展到控制莫卧儿皇帝的都城德里。作为报答，辛地亚把以亚格拉为中心的大片领土送给德·布瓦内，德·布瓦内于1795年回国后，他的军队和领土委托给另一个军事冒险家佩隆将军。八年后，关于德·布瓦内对拿破仑发生影响的报告使韦尔斯利

555

更加烦恼。此外，霍尔卡按照辛地亚的先例，雇用了另外一个法国军事冒险家。如果说马拉塔政治上的不稳定给英国的干预提供了充分的机会，那么，法国影响的这些迹象也使韦尔斯利的干预有了充分的理由。

　　就在同一个 10 年内，有三个轻举妄动的和没有经验的统治者相继即位，这就使不稳定状态更加严重了。马哈吉于 1794 年死去，由杜拉特·劳·辛地亚继位。1796 年，一位新的帕什瓦——巴吉·劳开始执政，他不久就对大臣那那·法德尼斯处处掣肘感到不耐烦，后者在 18 世纪后 25 年间操纵浦那的政治，于 1800 年死去。最后，1797 年图科吉·霍尔卡死去后，立即发生一场争夺继承权的斗争，在这场斗争中，年轻的贾斯旺·劳·霍尔卡脱颖而出，显示出他是该家族中最能干又最不安分的一员。当马哈吉·辛地亚来到南方加强对浦那的影响时，那那却怂恿霍尔卡在北方给他制造麻烦。另一方面，巴吉·劳允许年轻的杜拉特·劳·辛地亚在浦那任意行动，于是挑起了贾斯旺·劳·霍尔卡的敌意。但是，杜拉特表明是马哈吉·辛地亚的一个不肖继承人，不能保护帕什瓦免受霍尔卡的报复。1802 年 12 月，巴吉·劳逃往巴塞因求援，韦尔斯利巴不得提供这样的援助。为了报答英国保护他去抵御外敌和镇压国内叛乱分子，巴吉·劳答应未经公司认可不同其他强国发生关系，并允许驻扎一支部队，由他给予津贴。为了偿付这笔费用，他不得不割让一部分领土。1803 年 5 月，他正式在浦那复位，但是辛地亚不愿英国人在浦那得到那么大的势力，8 月就和英国人开了战。不久就表明，法国人的危险又一次被夸大了。当英国人占领阿利加尔，夺得它的军械库和仓库后，佩隆并没有进行抵抗；接着他接受了英国人发给的安全通行证，腰缠万贯回到法国去了。当英国人向德里推进时，他的继承者布尔坎只微弱地抵抗了一下。英国人占领该城以后，莫卧儿皇帝就处在他们的保护之下了。不过这是韦尔斯利的看法，而皇帝则认为公司现在又完全归顺于他了。辛地亚也对拉杰普塔纳的王公们失去了控制，这些王公都已经处于英国人的保护之下。此外，他被迫割让北部和西部的大片领土，遣散他的法国雇员。最后，英国人要求他接受一支部队，由他支付津贴，开始他拒绝了。然而，由于对霍尔卡的猜疑，他迅速改变了自己的主意，于 1804 年 2 月接受支付津贴的一支部队的保护，答应未得公司的认可，决不与"任何大邦或强国"发生关系。① 英国人又一次从马拉塔人的内讧中收到渔人之利。

当时，霍尔卡已经准备和公司较量一番，要求辛地亚和他合作。辛地亚及时地把这一情况报告给英国人，英国人随即同霍尔卡打起仗来。英国人也许充分体会到了，要对付联合一致的马拉塔联盟是很困难的。但在事实上，他们已经能够逐一对付自己的敌人。即便如此，霍尔卡也是一个令人生畏的对手。与此同时，韦尔斯利使公司不断地卷入战争，在英国引起了越来越强烈的关注。而他对于批评者们并不试图加以抚慰，甚至不隐瞒对他们的轻蔑。他很少把自己的计划报告给本国当局。他相信会得到督察委员会第一任主席邓达斯的支持，因为他了解邓达斯"对土地和要塞是贪得无厌的"。② 但是，1802 年就任委员会主席的卡斯尔雷对领土扩张并不是那么热心，而更多地意识到它的危险性。此外，公司的财政状况早就令人担心，这时似乎又受到韦尔斯利的政策的损害。公司在印度入不敷出，它的买卖也亏本。由于拿破仑战争的结果，公司的一些欧洲竞争对手已被排除在外，这就使公司得到了从印度增加出口的机会。因此，公司董事会每年至少给韦尔斯利 100 万英镑，但他不是用这笔钱去做生意，而是去支付战争的费用。他不仅由于忽视董事会的管辖权及其商业政策而得罪了一般董事；他还由于准许印度建造的轮船把公司的货物运送回国而疏远了强大的航运业者。最后，似乎是他对马拉塔的政策使公司卷入了先是以辛地亚为对手、现在又以霍尔卡为对手的战争，而英国军队已经遭到了惨败。政府再也顶不住公司董事们要求把韦尔斯利召回的压力。因此，他在获悉不辞职便要被撤职之后，就在 1805 年辞职了。

在随之而来的和平和收缩开支的岁月中，公司有意放弃了一些新近获得的领土，向辛地亚和霍尔卡提出了和解的条件。并且撤销了答应给予拉杰普特诸邦的保护。这些邦实际上成了马拉塔首领们任意宰割的对象，听任他们的平达里辅助部队大肆劫掠。这些人是一群土匪，他们在战时也许有用处，但在平时，就成了中印度苦难的根源。

---

① 布尔汉普尔条约。为了作出让步以免引起他的敏感，支付津贴的部队不是驻扎在他的领土以内，而是驻在边界附近。

② 1800 年 1 月 25 日韦尔斯利给邓达斯的信，转引自 C. H. 菲利普斯编《戴维·斯科特通信集》第 1 卷（皇家历史学会，卡姆登第三资料汇集，第 75 卷）（伦敦，1951 年），第 20 页。

在比较正规的军队人数减少时，他们的人数就随之增多。他们现在无法无天，远出四处抢劫掠夺。公司作为莫卧儿人的后继者，如果畏缩不前，不敢维护它的权力，那就没有什么法律和秩序可言了。这一片土地将遭到强盗们的蹂躏，或者由于小王公之间的战争而陷于贫困。就连在旁遮普建立锡克族政权的兰吉特·辛格也为公司的消极态度所鼓舞，越过苏特里杰河去干预地方酋长之间的争端。当英国人对法国人在印度的意图疑虑重重时，辛格能够指望得到英国人的抚慰。但在1809年，当这种疑虑已经消除后，公司就决定维护自己的权益，只显示一次力量就足以说服辛格把他的精力用到别的地方去。

从公司的角度来看，资助同盟仍然是最有效的方法，既扩大英国的影响，又不增加英国在印度的领地。但是许多官员认为，缔结这种同盟的土邦未必能繁荣起来。托马斯·芒罗的意见就是这样：

> 在反对使用接受津贴的部队的意见中，有许多是很有分量的。它自然而然会产生一种趋势，使驻扎这种部队的每个国家的政府变得虚弱和暴虐，使社会的上层阶级失去一切荣誉感，使全体人民降低一等和贫困化。在印度，对一个坏政府的通常补救办法是搞静悄悄的宫廷革命，或者实行造反搞暴力革命，或者是外来的征服。但是英国部队支持在位的王公，反对内外的一切敌人，他们的驻扎排除了补救的一切机会。这种情况教导王公为了自身安全而相信外国人，使得他饱食终日无所用心；这种情况又向他表明完全不必害怕臣民的仇恨，因而他变得残忍凶狠和贪得无厌。[1]

统治者们也觉得难以忍受资助同盟强加给他们的种种约束。根据巴塞因条约，帕什瓦巴吉·劳不得背着公司同其他列强发生任何关系。不久以后公司通知他说，这些列强应包括马拉塔联盟的其他统治者，例如辛地亚和霍尔卡，而帕什瓦在名义上却是他们的宗主。公司认为在签订巴塞因条约之后，马拉塔联盟已经"解散"了。关系紧

----

[1]　1817年8月12日芒罗给总督的信，见 G. R. 格莱格《托马斯·芒罗爵士》（伦敦，1831年）第2卷，第7—8页。

张的另一个根源是，资助同盟使公司的常驻代表能够干涉所驻土邦的内部事务。由于巴吉·劳再三要求使用支付津贴的部队去镇压他的过分强大的臣民——大的扎吉尔达尔（即大地主），蒙斯图尔特·埃尔芬斯通 1812 年在潘达尔普尔商定了一项解决办法，大地主们答应按照惯例为帕什瓦效劳，只要他也尊重他们的传统权利，英国政府居间作为仲裁人。这位常驻代表实际上是在保护大地主反对他们自己的君主。当巴吉·劳在 1817 年终于对公司翻脸时，埃尔芬斯通很快就能够使大部分地主脱离他的事业，次年英国人兼并了他的领土以后，对大地主们表示特别的关照。

巴吉·劳发动进攻的时候，正是公司到处在和平达里人作战的时候，后者的活动威胁着某些公司领地的繁荣。作战行动迫使公司重新考虑它和马拉塔其他大邦之间的关系，后者对于平达里的所作所为一直是纵容的。公司曾请求马拉塔其他大邦予以支援，但是霍尔卡却效法巴吉·劳的榜样，他很快被击败，不得不签署一项资助条约。1805 年，英国人为了讨好辛地亚而放弃了与拉杰普特各邦签订条约的权利，现在却要求辛地亚通知拉杰普特各邦不必遵守这一保证，并且答应与那些土邦充分合作以反对平达里。平达里的威胁不久就消除了。拉杰普特各邦过去深受平达里和马拉塔人之害，而今和公司结成了同盟，承认公司的至高权力，并答应永远作为"下属"与公司"联合"行动。公司显然成了印度的最高权力机关。

在印度以外，公司以同样的方式向前推进。它首先担心的也是法国人搞阴谋。的确，英国人对待当地的统治者往往要比对待欧洲的敌手们谨慎得多。法国人于 1795 年控制荷兰之后，英国人随即迅速征服了海上的锡兰以及南亚和东南亚的其他荷属领地。爪哇暂时仍然留在荷兰人手里，但对英国公司来说，它似乎没有什么经济价值。法国入侵埃及以后，英国把准备用于夺取爪哇的兵力也调到红海去了。然而，当拿破仑的忠实走狗 H. W. 丹德尔斯元帅的改革增强了爪哇的军事力量的时候，当 1810 年英国占领毛里求斯之后，爪哇成为法国快速战舰和私掠船在亚洲水域搜捕英国商船的唯一基地的时候，夺取爪哇就似乎更必要了。英国人于次年占领爪哇，曾在代理总督 T. S. 莱佛士的鼓舞下制订广泛的经济和社会改革计划，但是，英国希望有一个强大的荷兰作为盟友，以反对气势汹汹的法国，因此，在 1816 年，

559　就让爪哇重归荷兰人统治。莱佛士不希望英国人放弃在东南亚的前程，于是给柔佛的苏丹树立一个竞争对手，在新加坡建立了英国公司，而且还得到他的正式同意。1824 年，作为全面解决分歧的部分内容，荷兰人承认英国在新加坡的地位，交出马六甲，并答应不干涉马来亚，而英国人则交出在苏门答腊建立的机构，并答应不干涉新加坡海峡以南的事务。英国人能够从新加坡和槟榔屿控制马六甲海峡，保护通往中国的海上航路。英国人在这个地区的目标是商业，不是领土。不过，他们神经过敏地尽量避免和当地统治者发生纠纷的企图则是失败的。当他们从吉打的苏丹那里获得槟榔屿时，是根据这样一种谅解，即他们要保护苏丹不受暹罗的侵犯，但是事实证明，他们并不愿意这样做：1821 年苏丹的国家遭到蹂躏时，他们只不过容许苏丹在槟榔屿避难而已。然而，罗伯特·富勒顿在 1824 年当了槟榔屿总督，他发现在威胁来临时，只要显示一下力量，就足以保护雪兰峨邦和霹雳邦免受暹罗的侵犯。尽管加尔各答政府不愿承担新的责任，马来亚各邦还是逐渐把英国人看成最高权威，在一个统治者继承另一个统治者的时候就向英国人报告，并在必要时仰仗英国人的保护。古老的柔佛帝国已经重蹈印度莫卧儿帝国的覆辙。新加坡唯一一位苏丹的权威在英国人面前黯然失色，他在廖内的对手的权威则在荷兰人面前相形见绌。

　　尽管公司不愿增加它在东南亚的领地，但在邻近印度边境地区，为了对地方压力作出反应，却有丰富的收获。在锡兰，由于公司占有滨海地区，康提王国与外部世界隔绝，形势非常微妙，双方都有大量挑衅性行为。像在印度一样，同觊觎王位的竞争者私相勾结，看来是左右地方政府的最有效办法。1802 年，英国军队正式扶植了一名傀儡当国王，但只留下一支没有战斗力的小部队作为国王的未来支柱，结果国王连同部队都被立即消灭掉了。然而，那位合法的统治者非常粗暴，使康提的主要酋长们敬而远之；他又十分轻率，使英国人得到进一步干预的充分理由，因此，在 1815 年，在桀骜不驯的酋长们的默许之下，一支英国军队得以将他废黜，兼并了他的王国。这时，整个锡兰都在英国人的统治之下。（公司于 1802 年把滨海各省转交英国政府统治。）1785 年缅甸人征服若开以后，在印度的东北边界上，英国人又遇到了另一个好斗尚武和不安分的邻居。缅甸政府不了解公司

的实力，但决定对公司推行强硬的政策。在随后几年里，双方关系中 ⁵⁶⁰
出现了纠纷，这是由于缅甸人抗议英国人让若开的叛乱分子和难民在
其领土中避难；由于缅甸人屡次入侵阿萨姆和曼尼普尔，引起更多的
难民逃亡；由于缅甸人威胁要进攻卡恰尔，并谣传缅甸对孟加拉有所
企图。宣布卡恰尔为英国保护地并未能阻止缅甸人的进攻，随后发生
的战争却一劳永逸地挡住了缅甸人，使英国人获得若开、丹那沙林以
及阿萨姆等重要的沿海省份。

　　然而，上述的种种征服活动却带来了行政管理的新问题。韦尔斯
利和孟加拉的许多官员认为，康华理勋爵在孟加拉建立的体制应当推
广到公司所属的其他领地。1793 年，康华理批准政府和富裕地主即
"柴明达尔"（此词包括从包税人到土王后裔各色人等）达成的永久
性税收解决方案。从此，柴明达尔全都成了按不变租金交租的世袭地
主。这种做法是为了使他们知道提高生产率只会对自己有利，而不会
引起政府对他们提出更高的要求，从而鼓励他们采取改进的措施。与
此同时，收税员和法官的权力严格加以分开，这是防止非法勒索的保
证。有了详细的规章制度，这就意味着准备建立一个法治而非人治的
政府。这也是一个欧洲人的政府，因为印度人只限于低级的和工资少
的职位。但是，康华理体制的这些特点现在都受到了攻击。

　　实际上，提出最严厉批评的是那些奉命在公司的新领地上从事建
立此种制度的工作的官员。例如，在印度北部割让和征服的省份里，
他们就抗议说：由于对土地的资源及其原主不够了解，无从作出任何
永久性的安排。此外，一旦土地的生产率上升或者货币贬值，永久性
解决办法对公司没有好处。反对税收不变的这些理由足以使英国政府
相信，未来的解决方案必须允许定期地修改。争论的另一个问题是，
解决方案是否要和柴明达尔共同制定。没有什么迹象表明康华理体制
已经使他们成为力求改进的地主。恰恰相反，这个严格的制度似乎使
他们对待佃户更加残酷，而不是更有效地改进耕种方法。他们发现，
公司的税收额即使不提高，它也不会降低或者延期缴纳；某些古老家
族被别人取代之后，其他家族就索取额外租金或者转租。土地一旦成
了可以出售的商品，土地的所有权似乎就要发生很大变化。这个问题 ⁵⁶¹
还需要作进一步研究，但是在印度其他地方，由于定期修正税收方
案，这种变化的可能性越来越大，而大量土地必然转移到商人、放债

者以及新政权的法院官员和税收机关的手中。公司的法官们对目不识丁而又轻信不疑的土地所有者画过押的抵押契据和债券上的条款是严格的，但这很快会给上述人员以可乘之机。然而，虽说公司法庭手续太复杂，收费太昂贵，不能满足村民的需要，但地方司法代理者（像村长和仲裁法庭）又太不正规，过于紊乱，不宜成为康华理体制的一部分。一些具有实用主义思想的官员怀疑英国人的统治是在培育一个收租者寄生阶级，那些目睹古老印度村落中生气勃勃和朴素美德的人，则害怕在一个改革和调整的时期，这种风尚会趋于没落。

在印度北部，税收解决方案是和村庄协商制定的，通常是与一群土地所有主，有时则是和村里的头人；而在印度南部，在托马斯·芒罗的影响下，解决方案是和个体"莱雅特"（即耕作者）协商制定的，更多的权力给了印度人，其中包括下级法官、村里的头人和法庭。在印度西部，由于蒙斯图尔特·埃尔芬斯通的影响，更多地注意维护社会特权。埃尔芬斯通和在解决税收和了解农民问题方面有着长期经验的芒罗不同，他充当驻浦那的代表，与马拉塔帝国的统治阶级有密切的交往，并且洞悉他们建立英国统治的种种困难。他不仅认识到贵族在人民中间仍有影响，安抚这些人在政治上是必要的；而且他还根据原则反对"平等"的倾向。他觉察到康华理体制中司法和行政措施有这种倾向，并且觉察到芒罗决心要和农民一道制定税收解决方案和轻视其他阶级的权利，也有这种倾向。因此，他制定特别条款，以维护古老的马拉塔帝国的统治阶级的感情。萨达尔（即重要人物）分成三个等级，公司的法庭对每个等级都给予相应的优待，而最大的地主（贾吉达尔）在自己庄园内有自由处置的权力。考虑到婆罗门随着印度政府的垮台而丧失了各种特权，以及他们依然能够操纵舆论，于是也设法安抚这些人。村里的头人和仲裁法庭允许担负一定程度的司法责任。在有前例可援的地方，例如在古吉拉特和孔坎的部分地区，税收解决方案也是和村里的头人或者业主们共同制定的，尽管在别的地方是和农民本身协商制定。但是，芒罗和埃尔芬斯通都发现，起诉人似乎喜欢公司的印度法官迅速审理，而不喜欢仲裁法庭拖拖拉拉的诉讼程序。村里的头人不能超越公司法规对他们权力规定的界限和范围，他们的所作所为也躲不过公司的税务人员疑神疑鬼的监视。在普遍反对康华理体制及其所依赖的分权制的情况下，税

务人员成了强有力的、家长式的人物，同时担任地方行政长官，控制
警察，在税收问题没有永久解决的地区，他还有权分派土地税额。

即使埃尔芬斯通在任时期，公司的统治方式也比他的前任更加有
条理，更加制度化得多。权力的划定和限制似乎不祥地威胁着地方势
力和威望；高级职位不是由印度高级种姓的人物担任，而是由经常调
换的外国人担任，也威胁到地方势力。接替埃尔芬斯通任孟买总督的
约翰·马尔科姆勋爵，于 1827 年在浦那接见大地主时，发现他们对
"我们的统治制度有摧毁他们所珍视的一切优越地位的趋势"而感到
惊慌，虽然他认为"在印度的这一地区保留的本地贵族的前景，比
我们领地中的任何其他地区好得多"。[1] 但是，在孟买司法体制中所
确立的贵族特权只是由公司董事会非常勉强地批准的，而詹姆斯·穆
勒等功利主义者们早就争辩说，公司应该成为独一无二的地主，在经
济上占用全部地租，以致寄生的地主阶级无法生存下去。这一原则虽
然从未认真执行过，却用来为繁重的税额作辩护，这类税额相当于预
估净产量的一半，甚至 2/3。在西北各省的税收解决方案，在存在贵
族特权的地方，也企图用支持村社的办法来代替贵族特权。曾在孟加
拉工作，后来担任西北各省代理总督的 T. C. 罗伯逊对这种"可怕的
试验"感到震惊，这一试验威胁着"要把整个社会的表面弄平，最
终使统治力量和土地耕种者之间没有什么明显的差别"。[2] 但是，这
种政策并不能阻止抵押的土地从贫困农民那里逐渐转移到精明的放债
者手中。与此同时，废除多如牛毛的国内贸易税和通行税，进一步有
利于商业阶级。所有这一切似乎与最佳的经济原则是一致的。

詹姆斯·穆勒主张，在这样一种体制下，"邦的需要其实无须依
靠征税来提供，只要把懒惰的地主阶级所得地租转移到公司名下就行
了"。[3] 然而，在实际上，高税额是公司定期税收解决方案中的通病。
在实行永久性柴明达尔解决方案的地区，农民的境遇并不见得更妙。
康华理根据自己在孟加拉看到该地由于饥荒影响而仍处于恢复阶段的
情况，设想柴明达尔离不开佃户，必然会慷慨地对待他们；但是由于

563

---

① 1828 年 1 月 16 日的《会议记录》。孟买司法评议会，1828 年 1 月 30 日，第 31 页。

② T. C. 罗伯逊：1842 年 4 月 15 日的《会议记录》，转引自 E. T. 斯托克斯《英国功利主义者与
印度》（牛津，1959 年），第 115—116 页。

③ 1831 年 8 月 2 日詹姆斯·穆勒在东印度公司事务特别委员会上的证词，见《下议院议会文
件》，1831 年，第 5 卷（总 65 卷），第 292 页。斯托克斯：前引著作，第 91 页。

人口增长，政府走上轨道，这种理由不再发生作用了，而按照习惯要施给的恩惠，公司法庭又难以强制执行，因而也就难得有人这样做了。政治经济学家们认为：在其他地区里，经济力量的自由活动必定带来生产的增长，使最有能力的社会成员得到好处；但是商人和放债者看来却成了实际上的主要受益者，他们和柴明达尔一样，不可能提倡改良农业。

　　英国在锡兰沿海各省建立了统治权以后不久，就剥夺了酋长和头人们的特权和权力。但是，在征服康提以后，对协助这次行动的地方首领给予特殊照顾，直到他们在 1818 年发动叛乱，政府才决定限制他们的权力。即使如此，康提各省的组织机构，特别是在司法行政中，还给他们保留一种特权地位，但在 1832 年科尔布鲁克－卡梅伦委员会提出边沁主义的建议之后，就推行了更加一致的原则。当政府对某些种姓放弃征用强迫劳役的权力时，这就向法律面前人人平等更前进了一步。科尔布鲁克在提出这项改革时指出，头人们不仅会利用这种劳役为他们私人的目的服务，而且会收受钱财免除个别人的劳役。这一项措施的背后，以及废除因服役占有土地和征收现金地租而不是实物地租的政策的背后，也都包含着对经济刺激的信念。

　　在荷兰东印度公司苟延残喘的最后 10 年里，爪哇也谈论着同样的改革问题。德克·范·霍亨多普在巴特那的荷兰人工厂中工作时，已经了解康华理体制的种种动机。他认为强迫向公司交纳实物和通过地方统治者（即酋长）进行统治的政策，使人民得不到物质刺激，也不能保证免受压迫，而这两者都是提高劳动生产率所必需的。但是反对的力量太强大了。甚至对许多新思想表示同情的丹德尔斯也认为人民太懒惰，不宜搞自由经济。他推行强迫交付产品的办法，结果由于封锁，政府仓库里装满了咖啡却不能外销。这时候，他希望有个真正拿破仑式的中央集权政府，他想使地方统治者变为政府官员，对王公们更坚决地实行荷兰的霸权。莱佛士继续执行这些中央集权政策，他认为"每一个当地权力机构都天生爱好滥用它的影响和任意压迫人民"。① 但是如果说他不信任"特权阶级"，他却在农民阶级身上发现了芒罗派的行政官员们所赞许的纯朴美德。H. W. 蒙廷格是受范·

564

---

① 莱佛士：《爪哇史》（第 2 版）（伦敦，1830 年）第 1 卷，第 37 页。

霍亨多普影响的一个荷兰官员，在他的协助下，莱佛士采用了一种土地税收制度，起初是和村里的头人协商制定，后来是和个体农民协商制定。可以指望这种办法会促进现金经济的发展。现金经济更适合于寻求出口市场的英国工业家的需要，而不适合于寻求殖民地农产品的荷兰商人的需要。尽管如此，荷兰人回到爪哇以后，还是继续实行地租制。但是结果证明，这并不足以满足他们的财政需要，1825—1830年间爪哇战争的费用使他们的财政需要加大了，这次战争是本地王公蒂博尼哥罗领导的叛乱引起的，他认为荷兰人骗取了他的世袭权。荷兰人的贸易也竞争不过英国人，尽管他们在1825年建立了一个国营贸易公司——荷兰贸易公司。约翰内斯·范·登·博斯于1830年出任总督，因此奉命进行经济改革工作。如果说他并不认为农民太懒而不能有自主权，但他也并不认为一定要有自主权，才能使他们懂得怎么样劳动最好。他的结论是需要用指导或者强制的办法去开导他们，并明令规定国家要求在特定地区进行耕种，用指定的作物代替现金地租。这种所谓"定植制度"包含一定程度的家长式统治，这和公司不问如何耕种，只迫使交付产品的制度是不同的。取得地方统治者的合作对定植制度的成功就愈发必要了，因此就恢复了地方统治者的许多旧日的权力。不过并不是全部恢复，因为丹代尔斯和莱佛士的改革并没有完全消失。定植制也不是单纯恢复以前公司的政策，虽然富有成果的出口工作交给了新的国家贸易公司。方法改进了，新的作物引进了，生产率一般都提高了。不过指导变成了控制，政府愈加关心爪哇，而忽视其他的荷属领地。

在此期间，英国东印度公司为了它的商业特权正在打一场无法取胜的仗。在英国对亚洲贸易的变化多端的潮流的后面，有公司对付不了的各种强大的力量。许多人在1793年反对延长公司的特许状的根本原因，无疑是一向害怕它所输出的印度丝织品、细布和棉花的竞争。可是，英国的机织棉布已经侵入公司在欧洲的市场，而当1813年需要再次考虑延长公司的经营特许状时，反对派更关心的是公司垄断对印度和中国的贸易阻碍了英国货物的亚洲市场的发展。因此，1813年剥夺了公司对印度的垄断权，1833年又剥夺了它对中国的垄断权。公司不久发现它无法和私营商人竞争，而印度的手工艺品一遇到英国工厂生产的商品同样是无法抗拒。但是，公司鼓励生产原料，同时在私营商人协助下，印度继续大量出口棉花、丝绸、硝石和靛蓝之类的商品。槟榔屿证明是一条有用的渠道，印度商品可以由此源源流入东南亚。它邻近科罗曼德尔海岸，这也激发了印度商人的进取心。新加坡的建立使英国布匹在同一地区易于推销，可是印度贸易也在继续稳步增长。在这一时期的开始阶段，还得从英国和孟加拉输出白银以偿付公司不断增加的从中国出口的茶叶。但是由于印度输出的鸦片和棉花数量不断增加，这个差额不久就弥补上了。结果，到19世纪第二个10年，贸易条件颠倒过来了，中国不得不输出金银来补偿它的收支逆差。在锡兰和爪哇，栽培外销作物也受到官方的鼓励。在锡兰，继1815年征服康提和19世纪20年代大规模修筑公路之后，以原有种植园为基础的咖啡种植业得到发展；而在爪哇，定植制使荷兰人有可能大力提高靛蓝、棉花和糖之类商品的生产。

英国公司就是这样在丧失它的经商职能，它不得不更加积极地参加社会改革。1813年的特许状法案结束了它对印度贸易的垄断权，使传教士能够比较自由地前来传教，并促使教育得到发展。公司一直小心翼翼地怀柔印度教徒和穆斯林，不伤害他们的感情，以致浸礼会传教士威廉·凯里和他的同事被迫到塞兰普尔的丹麦殖民区避难。在公司董事当中，有像查尔斯·格兰特那样的福音派信徒，但是他们至多只能设法任命一些志趣相投的教士去填补公司编制中牧师的空额而已。反对他们的人曾引用1806年韦洛尔兵变作为需要审慎的例证，当时拟定了一些条例，使服装和外表一律化，这引起了印度雇佣兵的愤恨，认为是冒犯了他们的宗教。但是，以前那么有效地用来煽动反对奴隶贸易的方法，现在又被用来向政府施加压力了；他们举行集会，写请愿书，威尔伯福斯及其克拉珀姆教派的同僚们则向有影响的人士发出呼吁。因此作出这样的规定：如果董事会不批准去印度旅行的申请，那么，督察委员会有驳回的权力。此后对传教士去印度任何地方都很少加以限制了，不过公司依旧打算在宗教问题上保持中立态度，公司官员继续对印度的各种宗教表示尊重，并对香客征收传统的捐税。然而，在传教士和福音派新教徒的压力下，英国政府于1833年发表声明，要求公司取消与宗教的所有这一切联系。自从废除香客税以后，去印度教圣地的香客数量似乎增加了。这根本不符合传教士们的期望，他们本来以为这些圣地是由于和政府有关系才获得声誉和名望的。要使政府不再管理用于宗教目的的土地和财产看来更加困难了。在此后 10 年，这个问题在锡兰变得特别尖锐，那里的传教士发起一场反对政府和"偶像崇拜"有联系的运动，迫使总督放弃了任命佛教僧侣和管理康提的佛牙庙之类的职责。传教士的运动还反对其他一些事情，主要的如要在英属印度废除殉夫自焚。他们搜集统计数据，公布举行仪式时的可怕情况，查阅印度教经文中的有关语句，以证明并不是非自焚不可。政府唯恐引起群众的愤怒，特别是唯恐孟加拉军中的高种姓印度兵的愤怒，起初只打算实行印度教经文中写明的一些限制。每当宣布举行殉夫自焚仪式的时候，公司官员就要查明那个寡妇是否是真正心甘情愿地走上火葬柴堆的。但是不久就有人提出，公司官员到场只会对殉夫自焚起鼓励作用；而且公司官员中也渐渐形成了一种看法：禁止殉夫自焚不会有什么政治上的危险。总督威廉·本廷克勋爵经过认真调查之后相信，这种看法是对的。1829 年，在孟加拉政府辖区内就依法禁止殉夫自焚。①

　　传教士在教育方面做了大量工作，因为大家都认为，传播西方知识会削弱对印度教的信仰，于是也就为传播基督教和进一步的社会改革铺平道路。1813 年的特许状法令规定：从公司领地的盈余赋税中，每年至少应拨出 10 万卢比，"用以复兴和促进文艺，鼓励印度本地知识分子在英属印度的居民中介绍和宣传各种科学知识"。② 但是，上述的规定引起了争论。有些官员认为，公司应该提倡复兴印度的传统学术。这种观点遭到传教士和福音派教徒的反对，因为它和印度教以及伊斯兰教联系在一起；同时也遭到功利主义者的反对，因为它和宗教本身相联系。詹姆斯·穆勒与 1824 年草拟的一份紧急文书大有关系，这份文书宣布：政府的目的不是讲授印度教或伊斯兰教的学术，而是讲授"有用的学术"——换言之，也就是西方知识。③ 用什么语言讲授也引起了进一步的争论，梵语是印度教学术的传统语言，似乎是使不得的，因为它是一种死了的语言、难学的语言和印度教的神圣语言。波斯语是古老的莫卧儿政府的语言，统治者和被统治者都不熟悉。口语种类很多，而且是地方性的。要把英语书籍译成所有的

567

---

① 1830 年，马德拉斯政府和孟买政府也照此办理。
② 53 Geo. Ⅲ c. CLV.
③ 1824 年 2 月 18 日给孟加拉的电报。

方言，那将是一件花费极大、长期而复杂的工作。教印度人阅读英语书籍似乎比较经济一些。本廷克本人认为，"英语"是"一切改进措施的关键"。麦考利在一份讽刺性的备忘录中嘲笑一般关于印度语言和东方学术的主张，他认为教印度人民学习英语的结果很可能是使印度发生一次文艺复兴："印度人民需要我们的语言，就像莫尔和阿谢姆的同时代人需要希腊语和拉丁文一样。"[①] 因此，总督在 1835 年作出这样的决定："英国政府的伟大目标应该是在印度本地人中间提倡欧洲文艺和科学；所拨出的一切教育经费最好完全用在英语教育上。"[②] 这是一种极端的立场，不久以后，官方对印度学术又给予一定的支持。不过，在以后 10 年中，政府任用公职人员时决定优先考虑懂得英语的候选人，因此，英语教育的至高地位得到了加强。1832年，根据科尔布鲁克委员会的建议，英国政府在锡兰同样推行英语教育。荷兰政府则在 1819 年就已宣布，它在爪哇的基本政策是推行荷兰语教育。

这是只适合少数人的一种教育，用麦考利的话来说，这是"可以在我们和我们所统治的千百万人之间充当翻译的一个阶层，这个阶层的人，在血统和肤色上是印度人，但在爱好、见解、道德和才智方面，却是英国人"。这样一个阶层的核心似乎已经在孟加拉形成：在加尔各答居住的富有的印度教徒——不少地主、商人、律师、公司官员——都爱好欧洲的奢侈品和欧洲的思想。1817 年，这些人在加尔各答发起创办印度教学院，那里用英语讲课。正像传教士们所预料的那样，许多正统的印度教徒发现新思想扰乱人心。但是也有很少数人发现，这些思想在引人走向基督教。在 19 世纪 20 年代和 30 年代，加尔各答的文化界发生了天翻地覆的变化：在书店里，伏尔泰、休谟和托马斯·潘恩的著作大为畅销；新创办了许多孟加拉文和英文的报纸杂志；文学会和讨论会犹如雨后春笋般出现，对一切事物都要问个为什么；青年人吃牛肉、喝葡萄酒，使长辈愤慨万分。但是，这种激情仅限于极少数人。在印度教内部掀起了一次宗教改革运动。在孟加拉出现文艺复兴之后，必然会出现印度教的革新。拉姆·摩罕·罗易

---

① 1835 年 2 月 2 日备忘录。见 H. 夏普编《教育资料选编》第 1 卷，第 107 页及以下。
② 1835 年 3 月 7 日的决议。见夏普前引书，第 130 页。

是婆罗门种姓，也是公司的一位老雇员，他率先提倡英国教育。当政府提议在加尔各答建立一所梵语学院时，他表示反对说，梵语很困难，因而"长期以来可悲地阻碍了知识的传播"。他还论断说，讲授欧洲的"实用科学"更有助于人民的"进步"。[①] 他本人学过梵语、阿拉伯语和波斯语，也研究过新学术，曾把基督教教义同印度教和伊斯兰教的教义作过对比。他甚至经过批准出版一部基督名言的选集，书名是《耶稣箴言——和平与幸福指南》。但是他拒绝接受基督教的神学，而且确实使一位著名的浸礼会传教士威廉·亚当牧师——"第二个降世的亚当"改信了唯一神教派。1828 年罗易创立梵社，此社规模不大，但它的影响远远超过它的社会人数。它根据精选的印度教经文，编成有系统的信仰一神教的书籍，供给受过教育的印度教徒。它的第一个聚会所的信托书上特别规定不设"偶像"或牲畜祭品，因为这种形式的印度教能够防止新教传教士更公开的批评。另外，它和新思想也没有矛盾，因为它的创始人是一位著名的社会改革家，一位反对殉夫自焚的人，一位西方教育的鼓吹者，甚至与边沁有书信往来。

在此期间，欧洲人对亚洲的态度发生了变化。他们对印度似乎比对中国更感兴趣了。在英国，这部分是绝对统治权造成的结果。议会辩论达到高潮时对沃伦·黑斯廷斯提出弹劾，使公众对一个受公司任意宰割的文明民族表示同情。更重要的是，孟加拉亚洲学会已在 1784 年成立，公司的一些职员开始认真研究印度的学术。人们怀着崇敬的心情阅读威尔金斯翻译的《薄伽梵歌》和琼斯翻译的迦梨陀娑的戏剧《沙恭达罗》。历史学家威廉·罗伯逊以上述作品为例，论证古代印度文明已经达到很高的水平。[②] 接着，德意志很快就开始认真研究印度的学术。1791 年福尔斯特把琼斯翻译的《沙恭达罗》转译成德文，很快博得赫尔德和歌德的赞扬。弗里德里希·施勒格尔向亚历山大·汉密尔顿学习梵文，后者是孟加拉亚洲学会创始人之一，由于英法战争爆发成了俘虏，假释期间（1803—1804 年）留在法国。1818 年弗里德里希的兄弟奥古斯特·威廉成为波恩大学教授，在那

[①]　1823 年 12 月 11 日拉姆·摩汉·罗易给阿姆赫斯特的信。见夏普前引书，第 99 页及以下。
[②]　罗伯逊：《关于古代作家的印度知识的历史探索》（伦敦，1791 年）。

里专门研究梵文文学。不久，德意志又指派一些人做同样的工作。法国也重视印度学术了：1786 年昂克蒂尔－迪佩隆把四部《奥义书》从波斯文译本转译成法文，1814 年法兰西学院设立了梵文讲座，1821 年在巴黎创办了亚洲学会。然而，受印度学术影响最大的却是德意志思想界。诚然，歌德对印度学术是有保留的，例如，他不喜欢在他看来是印度教比较荒唐的那些方面。[①] 可是，印度有许多东西使参加浪漫主义运动的德意志人——特别是探求人类原始语言、诗歌或人类宗教的人——神魂颠倒。也许印度会使欧洲获得新生。1808 年弗里德里希·施勒格尔认为印度文学对欧洲思想的影响，会像 15 世纪希腊和拉丁文学的影响一样重要。德意志的唯心主义对于印度的影响也是很敏感的，从谢林到叔本华，哲学家们都急切地表示他们的赞赏。早在 1823 年，克拉普罗特就把印欧诸语言称为印度—德意志诸语言，有时人们说，这类语言比源自拉丁文的那些语言（特别是法语）更为纯正。此种比较并非始终局限于语言的研究，而且扩展到政治、文化和种族方面的论断。

570

海涅把德意志人对印度的精神财富的渴求，同葡萄牙人、荷兰人和英国人对印度的物质资源的贪欲作了对比。在功利主义者和福音派教徒的压力下，英国人对于印度文明的确似乎在失去他们的一些敬意。詹姆斯·穆勒在他那本有影响的《英属印度史》（1817 年）中，批评了琼斯等赞扬印度文化成就的东方学学者。他反其道而行之，强调指出印度社会、道德和知识方面的缺陷，表明印度（也指英国）多么需要边沁主义者的改革。在为传教士自由进入印度进行斗争时，福音派教徒同样强调印度社会和道德方面的弊病，认为这些都是印度教带来的后果。格兰特专门攻击罗伯逊维护印度教的种姓之类的制度，[②] 威尔伯福斯则把印度的"宗教体系"斥之为"卑鄙、残酷和无法无天"。[③] 在争取禁止殉夫自焚和废除香客税的斗争中，也曾出现对印度教的类似攻击。关于英国教育问题的争论，也同样导致对印度学术的狂妄谴责。由于联想到欧洲的宗教争端，这场论战中的许多言

[①] "神庙中不要野兽"。

[②] 格兰特：《对大不列颠亚洲臣民的社会现状，特别是道德状况的考察，并论其改进办法》。1812—1813 年《议会记录》第 10 期（总 282 期），第 31 页及以下。

[③] 《英国议会议事录》第 62 卷，第 864—865 页。

论更为尖刻，例如在功利主义者和福音派教徒的文章中，都把印度教和天主教士的权术以及蒙昧主义作了对比。

对印度学术和文化的这类批评，在受过英国教育的某些印度人中间引起了反响。但是，英国教育决不鼓励奴性，早在 1828 年，加尔各答印度教学院的一位早期学员卡辛纳特·高斯就对詹姆斯·穆勒对印度文明的批评作了回答。他的一些论据很受重视，得以发表在加尔各答的一家大报上，但是大多数论据没有引起人们的注意。与此同时，还有许多英国官员鼓吹研究古老传统的东方学。埃尔芬斯通在孟买鼓吹过，莱佛士在马六甲和爪哇鼓吹过；1823 年在伦敦建立了皇家亚洲学会，1832 年 H. H. 威尔逊被选为牛津大学第一位梵文教授。他试图回击穆勒的批评，但是他回击的办法是把后者的《英属印度史》当作梵文经典那样来进行注释，因此，他的论点也没有引起人们很大的注意。埃尔芬斯通本人所著的一部《印度史》，以赞美的笔调描绘了这个国家的文明。但是，他所传达的总的印象是衰落的情景，他把印度人民表述为缺乏"诚实""大丈夫气"和"民族精神"。这种概括的论断不仅可以用于说明为什么存在外国人的统治，而且用于解释外国人统治的正确性，官员们也和功利主义者与福音主义者一样，全都是如此信笔而书的。政府原来是刺激英国人研究印度的兴趣，现在的工作却是压抑这种兴趣了，因为在一个改革的时代里，英国人到印度去是为了教导，而不是去学习。但是，必然的结果是：他们一旦完成自己的教学任务，他们就必须离开，埃尔芬斯通像麦考利一样乐于承认：民族独立乃是西方教育应有的结果。早在 1829 年，本廷克就已经公开邀请"所有当地的绅士、土地所有者、商人以及其他人士"对政府所要实施的改革发表意见。在锡兰，科尔布鲁克在公布他的委员会的文件时，除用英文外，还用僧伽罗文和泰米尔文，并且十分注意这些文件所引起的当地人的请愿书。另外，在 1833 年延长东印度公司特许状的法案中包含着一项宣言，即不得以种族或宗教原因阻止当地人担任任何职务，这也是有重要意义的，至少是对于未来。

（陈云程　译）

第二十一章

欧洲与热带非洲的经济
和政治关系^①

　　自从 15 世纪以来，欧洲的扩张浪潮一直冲击着非洲海岸。但到 18 世纪末，对这个大陆及其各民族的情况依然所知无几。即使有所知道，自从 15、16 世纪葡萄牙的发现和扩张达到全盛时期以后，欧洲对非洲的了解和兴趣也已减弱。人们对非洲海岸线比较熟悉，可是，对它进行科学考察主要还是 19 世纪初期的事情，当时的欧洲海员很少有登上东部海岸的。不过葡萄牙人却把他们一度获得的有关内陆的知识毫不在乎地告诉了其他欧洲人，或者说是被那些欧洲人暗暗印入了头脑。作为海外帝国的缔造者，他们已经超过了葡萄牙人。法国商人兼探险家沿着已被遗忘的葡萄牙使节开辟的路线，把塞内加尔河变成直达苏丹西部一些帝国和金矿的通途。他们从中世纪某些阿拉伯作家的著作中知道一点那里的情况，虽然那些作家所描述的并非总是最正确的东西。然而他们的野心受到了挫折，这部分是因为在法国缺乏坚强的商业后盾，部分是因为苏丹各族人民和英国海上力量都对他们怀有敌意。在几内亚，欧洲人满足于向美洲贩卖黑奴。黑奴可以很容易地从沿海地区的非洲商人和统治者手中购得。因此，欧洲人缺乏渗入内陆的任何刺激物，与此同时，已经树立起的非洲的各种势力在堵塞着任何这类渗入的途径。再往南，由于葡萄牙的商人们同样热衷于奴隶贸易，下刚果和安哥拉的非洲人王国，以及葡萄牙一度谋求建立的保护领地，都遭到很大的破坏。葡萄牙人曾经准备使东非成为

_____

　　① 根据编者要求，本章某些方面要叙述到 19 世纪 70 年代，以便和第十一卷第二十二章相衔接。

庞大的东方贸易帝国的一个组成部分，由于 17 世纪初荷兰人闯入印度洋，以及随后阿拉伯势力和贸易在东海岸的复苏，伟大的计划化成了泡影。随着罗得西亚高地上的莫诺莫塔帕文明的崩溃和金矿开采业的衰落，葡萄牙人沿着莫桑比克海岸，以及溯赞比西河而上远至太特的一小条殖民地，仅仅成为一小撮葡萄牙的社会渣滓和混血儿的避难所，他们从事一点种植业和贩卖奴隶。虽然在 16 世纪，葡萄牙火枪手和耶稣会传教士的勇气曾经使埃塞俄比亚的基督教君主国得以幸存，但不久以后，它就在伊斯兰的帘幕后面被孤立起来了。迄 1868 年内皮尔的远征队深入幕后为止，塞缪尔·约翰逊的《拉塞勒斯》也许是比鲁多尔弗斯的《历史》（1681 年），甚至比他自己所翻译的洛博的《阿比西尼亚之行》（1735 年）更好的一部回忆录。

573

在 18 世纪的大部分时间里，欧洲人在非洲的实际利益分为两个方面，一是战略上的利益，一是商业上的利益。两者的范围都很狭小，无须了解内地情况，或者使海岸线以外地区感觉到欧洲人的力量。所以出现战略上的利益，是由于非洲是这样一大块土地，它横在当时商业帝国的主要海上航道上，或者紧贴着那些航道。英国和法国的政治家们连做梦都思念着西印度产糖的岛屿对本国经济和力量的重要性。在整个 18 世纪里，他们的士兵也都在为控制北美大陆而战斗。如果说，对于欧洲人在美洲的冒险事业，非洲的最大意义永远是一个劳动力的泉源，那么，同西印度群岛进行贸易和运送开往美洲大陆的军队的远洋航道，都从非洲西端的海岸通过，这也同样是很重要的。1677 年，法国人在这里从荷兰人手中夺取了佛得角半岛背风面的小小的戈雷岛（荷兰人首先看出这个地方在战略上的重要性）。在 1756—1763 年、1778—1783 年和 1793—1815 年的每一次战争期间，为了占领这个小岛（往往也包括附近大陆上的一些商站，其中主要的是塞内加尔河口的圣路易），荷兰人与法国人的海上斗争都必然把英国人卷了进去。回顾往事是有点儿令人惊奇的，英国人竟然没有长期占领这一地区。在 1763—1783 年间，英国的确想这么办，当时英国人把在冈比亚早就建立的贸易点同在塞内加尔的征服地区合并成"塞内冈比亚省"，这是英国在非洲的第一个直辖殖民地。但是，殖民地的行政机构设想错误，再加上处理不当，它的商业目标由于戈雷（1763 年错误地把戈雷归还法国）的法国商人的竞争而受到挫折。在美国独立战争期间，英国人虽然夺回了戈雷，却失去了塞内加尔的殖民地。即使说在 1783 年有可能通过外交途径寻求和平解决办法（那时戈雷又交给了法国人），但是已没有什么动力使英国人继续保留塞内冈比亚殖民地了。看来用直辖殖民地政府来维护英国人在非洲的利益，是一项花钱多而收效少的办法，这确实是一条重要的教训。只要英国保持制海权，像戈雷这样的战略要地，需要的话随时都可以占领。至于其他地方，英国人的利益是在商业方面，最好应让商人们自己去处理，就像在黄金海岸那样。18 世纪末叶，在黄金海岸的英国商人为了维持他们的贸易站，每年只从本国政府领取小量津贴，但是所吸引来的当地贸易额却大大超过他们的荷兰和丹麦竞争者的商站。

然而，战时对塞内冈比亚的关切终于使英国政府与西非产生更密切的关系。早在 18 世纪 90 年代，英国政府甚至准备任命一名领事常驻内地贸易区，以便把横越撒哈拉沙漠的商队路线上的苏丹西部贸易拉到在冈比亚的英国商人的手里。[①] 这一计划毫无成果，只是为后来政府支持考察西非腹地以便发展英国贸易开创了先例。此外，由于戈雷的政治前途难以逆料，因而注意到了稍稍靠南的塞拉利昂河的优点，这里可以成为英国海军有巨大潜在价值的天然停泊场。

通往印度进而通往亚洲的航线，是 18 世纪欧洲各帝国角逐的另一重要场所，它们比通往西印度群岛和美洲的航线与非洲有更直接的关系。起初主要的焦点是南非。葡萄牙人多半忽视了这一点。他们认为南非的海岸线险恶难测，其内地也没有发展前途。西部降雨量少，土地贫瘠，人烟稀少。在水利条件较好的东部，班图人部落没有什么吸引贸易者的东西，同时力量强大，足以制止欧洲人的渗透。南非的这种与世隔离的状态，只有在荷兰人认识到南纬 40° 以南贸易风对往来于东印度群岛的船只有利时才告结束。东非沿海港口原来是葡萄牙人用作去印度的歇脚石，现在已弃而不顾，把注意力转向非洲的最南端了。在这里建立船只停靠的港口可以有双重用途，一是可以作为往东和往北在公海上长期航行的船只的补给站，一是可以在战时作为基地，使海军舰只能够由此保护友方船只并防止敌人进入印度洋。因

① 殖民部 267/10。1795 年 12 月，给陛下驻塞内冈比亚的代办兼总领事詹姆斯·威利斯先生的指示记录。

此，在 1652 年，荷兰东印度公司在好望角附近比较满意的停泊场桌湾开辟了一个居留地，这就是未来的开普敦。它的实力较弱的英国和法国的竞争对手暂时只能满足于分别利用两侧的圣赫勒拿岛和毛里求斯岛。然而，在美国独立战争期间，法国海军越发利用起开普敦来了。由于 1793 年战火重起，随后法国人占领了尼德兰，英国也就向开普敦下手了。1795—1803 年暂时军事占领之后，1806 年又第二次占领，最后在 1814 年把开普敦割让给了英国。

　　这一块殖民地就这样落入英国人的手中，现在它要比以前作为战略据点时期大得多。荷兰公司为了有效地防守开普敦和提供食品，曾经鼓励欧洲人在那里定居。这种做法证明是十分成功的，在完全改变这一政策以前，一个欧洲人的农业社会已经在开普发展起来，它所生产的东西大大超过公司的船只和驻军的需求，同时在公司的经济垄断和独裁政府之下，它也变得越来越不安定。由于人口自然增长，由于与本地的霍屯督人以及与公司为了降低生产成本（其实徒劳无益）从马来半岛和班图部落输入的奴隶通婚杂居，这一居留地在不断地扩大。越来越多的移民由于开普的生活限制多而就业机会少都折了回去。他们开始在内地广阔草原上经商和养畜，为自己谋求一种新的生活。他们向班图人占据的灌溉条件较好的东部和东北部地区扩张。在英国人到来的时候，一个特殊的、游牧的布尔人社会已经赫然存在。这是由顽强的、具有独特个性和开拓精神的家族组成的社会，17 世纪加尔文教派激励着他们，使他们把自己看成上帝的选民，去开辟洪荒，做有色人种异教徒的主人。游牧的布尔人基本上已经摆脱了对开普发生影响的当代欧洲文明的潮流，他们憎恨开普敦当局的控制或干涉。的确，在 1795 年，他们之中有些人已经在各自的共和国里宣布正式独立。同样意义重大的是，他们为了争夺土地和牲口，已在开普敦以东约 500 英里的大鱼河沿岸边界线上同班图部落进行战斗。

　　直到 1825 年左右，英国对于卷入南非内地这一并非需要的遗产而引起的各种问题，主要是从军事角度来考虑的。它首先关心的是在开普敦的基地。因此，它对内地的政策是控制游牧的布尔人和守卫边界——部分利用军队，部分利用本国退役军人移民，目的是防止班图人扰乱，以免损害开普敦的安全。在布尔人看来，这种积极的边界政策有助于抵消比较严格和比较有效的司法和行政控制所产生的不利影

576　响。可是，南非的局势本来就是不稳定的。不断发展的布尔社会总是渴望得到更多的土地，如今这只有牺牲密密麻麻地聚居在大鱼河以北和东北方的班图部落的利益才能实现。只有把边界不断往前推进，使班图部落民降低到奴隶地位，才能真正保证英国人和布尔人之间的平静关系。英国人如采取相反的行动，就必然会导致布尔人摆脱英国的控制，进一步迁往内地深处。不管怎么办，英国都将卷入布尔人和班图人的冲突之中，这种冲突几乎会无限期地深入内地，而且必然会影响到土地最富饶、班图人口最稠密的居留地纳塔尔。

　　纳塔尔是与英国有某种利益关系的一个地区，因为纳塔尔港（今德班）可能是东非海岸南端最良的海港之一。18 世纪即将结束时，这一带海岸开始再一次进入欧洲海上战略的范围之内。法国人在为控制欧洲贸易和帝国海上生命线的海上斗争中败给了英国人，他们对于经地中海和地中海东部地区前往亚洲的旧路线又发生了兴趣。由于 1798 年纳尔逊在阿布基尔湾取得胜利，拿破仑的埃及远征军受到了挫折，法国要在苏伊士地峡开凿一条运河的计划推迟了将近 70 年之久（见本书原文第 533 页）。尽管如此，法国对地中海东部地区的兴趣依然使英国人忧心忡忡。特别是因为英国东印度公司正逐渐转变为地方政府，为了快速运送往返于印度的紧急公文和官员，地中海和红海路线的有利之处受到注意。于是，以英国政府和东印度公司政府为一方，法国为另一方，在红海和波斯湾沿岸阿拉伯诸国以及地中海东部地区展开了一场外交阴谋和反阴谋的冷战。就战略上而言，东非海岸是绝不可能和这些阴谋无关的。事实上，从外交和商业方面来说，都有它为什么必然卷入的理由。1798 年，东印度公司与波斯湾口阿拉伯半岛东南部的马斯喀特的统治者缔结了第一个英国条约。17世纪后期，随着葡萄牙的势力由于荷兰人进入印度洋而削弱，马斯喀特的阿曼人就率先把葡萄牙人从莫桑比克以北的东非海岸赶走。阿曼人的统治者们一直坚持对德尔加杜角以北阿拉伯人沿海居留地的宗主权，尽管其有效地区仅在桑给巴尔岛上。但桑给巴尔岛的重要性，在

577　于这个地方的印度商人（其中有些现已成为英国臣民）正逐渐成为东非阿拉伯人贸易不可缺少的商人兼银行家。此外，在英国海上力量的庇护下，一位能干的苏丹——赛义德·赛德（1806—1856 年）看到，发展马斯喀特的非洲贸易和建立他自己的海军以控制大陆的港

口，对他本人和他的人民都有好处。

法国人虽然在争取马斯喀特宫廷的好感和在印度洋的海上斗争中最后都败在英国人手下，但是他们还是保住了在东非的利益。他们按照西印度群岛的样板，依靠黑奴劳动，已经开发马斯卡林群岛，建立了甘蔗种植园。最初，黑奴大部分是从马达加斯加弄来的，但是也有阿拉伯奴隶贩子经由科摩罗群岛，从大陆运来黑奴供应这里的市场。在马斯卡林群岛中，唯一拥有可用的海港的是毛里求斯，它已于1810年属于英国人，不过，留尼汪岛（波旁岛）依然在法国人手中。由于缺乏劳动力，再加上迫切需要抑制英国人在印度洋上日益增长的势力，法国人不仅向马达加斯加和科摩罗群岛靠近，而且和东海岸基尔瓦和蒙巴萨这样一些海港的统治者们联合起来，这些统治者对阿曼人势力的增长自然是怀有敌意的。

迟至19世纪60年代，战略利益在很大程度上是欧洲和非洲关系的基础，这时候，老式的海上战略被各种因素打乱了，如西印度群岛殖民经济的衰退，轮船采用复式蒸汽机，以及苏伊士运河的开通。尽管如此，在18世纪末来说，热带非洲对欧洲的头等重要意义是在商业上。例如，利物浦和南特这样的城市，主要是由于与"非洲贸易"有关而分别成为英国和法国最大的港口。在实际上，所谓"非洲贸易"就是在从塞内加尔河口到刚果河口之间的西非沿海地区做生意。虽然对其他产品，主要是对黄金（来自黄金海岸）、橡胶（来自塞内冈比亚）和象牙①的兴趣从未衰退过，可是在当时，"非洲贸易"实际上是向美洲贩卖黑奴的同义语。

尽管1778—1783年和1793—1815年的历次海战使大西洋的航运受到干扰，奴隶贸易却在继续扩大。到18世纪末，活着运抵美洲的非洲奴隶每年至少有7.5万人。他们的市场价格大约为400万英镑，为了在非洲购买这些奴隶，欧洲每年可能要输出大约200万英镑的货物。不错，这些货物并非全都产自欧洲，不过，其中最重要的例外只有印度棉花，其价值每年至多为30万英镑。因此，对欧洲工厂制品——锻制金属和金属器具、酒精、枪炮和火药、念珠和小件装饰

578

---

① "象牙海岸"位于帕尔马斯角和黄金海岸之间，因象牙贸易而得名，可是到1800年，即使在这个人口相当稀少的地区，大象的数量似乎也越来越少了。

品——来说，西非显然是一个绝不容忽视的市场。就英国而言，它占英国出口额的5%，而且随着工业化程度的增长，尤其是随着棉纺织业的发展，那里作为一个市场，有希望变得更加重要。此外，在非洲购买奴隶，然后到美洲卖出，这是非常赚钱的生意。当然，这种生意冒的风险也很大，特别是疾病，或者由于意想不到的长期航行而缺乏淡水和食物，可能失去一部分，甚至全部人类货品。不过，从非洲买来而在欧洲有销路的其他货物的利润，以及从美洲带回的货物的利润，可以在某种程度上抵消这些风险，虽然在18世纪，西印度群岛的蔗糖已不再用运载黑奴的船只运往欧洲。美洲殖民地和西印度群岛殖民地种植园的产品至少占英国进口额的1/4，所有的种植园依靠非洲经常供应的劳动力。即使撇开这一事实不谈，奴隶贸易也是殖民强国和海上强国一项重要的国家利益。例如，每年有100—150艘英国船只驶往西非，其中光从利物浦一个港口开出的即占2/3左右。根据现存的当时的一些估计数字，在曼彻斯特和伯明翰这样的新兴工业城镇中，至少有1/5，有时也许接近50%的工人是生产对非洲贸易的货物的。

从历史角度看来，奴隶贸易对于英国的重要性超过对于法国或者任何其他欧洲国家。首先，到18世纪末，英国商人获得了这种贸易的最大份额：到达新世界的奴隶至少有一半是由英国船运送的。法国人是最逼近的竞争者，在18世纪80年代，约占这种贸易的1/4，虽然此后在1793—1815年战争时期，由于英国制海权的影响，法国的份额大大减少。唯一勉强能够并驾齐驱大搞这类买卖的另一个欧洲国家是葡萄牙，葡萄牙商人在安哥拉和巴西之间有着他们独特的南大西洋贸易。在英国占有突出地位的这一背景下，英国1807年根据议会法案决定停止奴隶贸易，这对确立欧洲和热带非洲之间的关系的未来模式有着头等重要的意义。

579　　英国既不是最先，也不是唯一认识到奴隶贸易是一种不道德行为的欧洲人血统的国家。丹麦在1804年即认为奴隶贸易为非法，美国在1808年、尼德兰在1814年宣告贩卖奴隶不受法律保护。但是，荷兰和丹麦在当时奴隶贸易中所占的份额是微不足道的（每年分别为4000个和2000个左右奴隶），而在美国，只要有越来越多的联邦州在经济上依靠奴隶制，并能阻挠联邦法律的有效实施，关于奴隶贸易的禁令就难以生效。然而，英国不仅在贩卖奴隶中获得巨大利益，而且也有决心和海军力量来有效地实施停止奴隶贸易的法令。但是英国采取行动的重大意义，不仅在于——或者说实际上主要在于——一举废除了古老的 18 世纪奴隶贸易的一半。在 1807 年以后的年代里，横越大西洋的奴隶贸易的数量实际上在大量增加。其主要原因是古巴和巴西处女地的种植园经济发展了，美国南部种植棉花的面积显著扩大，从而使美洲对奴隶的需求大大增加。其他各国商人迅速填补了英国人留下的空缺。其中有些是欧洲人，① 但是大部分是南北美洲商人（因为新世界越来越不依附旧世界了），他们不仅补足欧洲人减少供应的差额，而且为他们扩展的经济弄来更多的奴隶。1810 年左右，据推测，每年运抵美洲的奴隶人数已经超过 18 世纪的最高数额。20 年后，输入的奴隶每年大约为 12.5 万人。迟至 19 世纪 40 年代初期，这种贸易达到最高顶峰，估计每年约有 13.5 万名奴隶。

英国废除奴隶贸易的真正意义在于其他方面。首先，由于英国在 18 世纪的奴隶贸易中居领先地位，它在西非要比其他任何国家具有更大的既得利益。它不能像丹麦人和荷兰人最后所干的那样，把它在西非的利益一笔勾销。英国商人要在非洲贸易中为海运、人力、资本和友好等寻求新的机会，一言以蔽之，他们要寻找新的贸易来代替贩卖奴隶。这件事谈何容易。在西非海岸，欧洲人和非洲人之间的现存关系几乎以出口奴隶的生意为先决条件。欧洲人不知道还有其他非洲产品可望提供类似的利润。至于非洲人呢，他们通常都没有组织起来，生产一些有价值的、数量稳定的其他产品，以便在沿海地区出售。19 世纪初，在代替奴隶贸易的四种主要产品中，只有一种可能发展到与奴隶贸易完全相等的水平。在西非，象牙已经越来越少，而橡胶和黄金的输出额也都不可能扩大，因为欧洲对橡胶的需要有限，而在欧洲技术传入黄金海岸内地以加强传统开采方法之前，黄金的产量也不可能增加。在欧洲，只有对棕榈油的需求稳步增加。而非洲的生产者和出口商也能够相应地予以满足。这在当时以"油河"著称的尼日尔三角洲最为突出。这里还在继续进行奴隶贸易，但是，有一

580

① 特别是西班牙人，因为当欧洲其他地方的文化改革和社会改革的力量正趋向于拟订反奴隶贸易法时，在西班牙的这两种势力却致力于清除教会禁止奴隶贸易的旧禁令。

些商业城邦应运而生，它们越来越依靠努力垄断邻近内陆地区的棕榈油输出发财致富。在 1800 年以前，英国对棕榈油的进口是微不足道的，到 19 世纪 60 年代，每年进口高达 150 万英镑，其中一半以上来自"油河"。

但是，除棕榈油这一主要贸易外，大多数非洲商人发现继续输出奴隶比较容易，也更为有利可图，特别由于美洲对奴隶的需求日益增长。因此，试图发展"合法"贸易的英国商人往往觉得工作难以进行。塞拉利昂公司的经验早就证明了这一点。该公司是鼓动反对奴隶制和奴隶贸易的一些英国人于 1791 年创办的。1772 年，他们说服英国王座法院首席法官曼斯菲尔德勋爵作出他的著名的判决：在英格兰的法律中没有奴隶制度的地位。结果，那些种植园主从西印度群岛带回英格兰的奴隶们便成了自由人。其中有些人觉得很难适应自由社会。在英属北美洲，英国于 1783 年失去的 13 个殖民地，那里的黑人在独立战争期间曾经站在英国人一边作战，很快也出现了类似问题。废奴主义者从而想出一个计划，要把这些以前的奴隶中的一部分重新送回非洲定居。他们选择塞拉利昂进行实验。几经周折之后成立了塞拉利昂公司，来管理在弗里敦建立的居留地。公司指望从与内地进行合法贸易中得到利润，作为支付行政管理费的来源，在这一殖民地的头几年里，这种开支必然是很多的。但是不久就很清楚地看出，在奴隶贸易还很活跃的地区，合法贸易是不可能兴旺的。从 1800 年起，这块殖民地只能依靠英国政府每年发给的津贴来维持。最后，随着英
581　国奴隶贸易的废除，英国殖民部直接接管了这块殖民地的管理责任。

其次，英国废除奴隶贸易的重大意义在于：英国废奴主义者们劝导本国政府相信他们的事业是正义的，还促使政府运用其影响和力量，把禁止奴隶贸易扩大到自己的王国之外。英国合法贸易不能同奴隶贸易竞争而获胜，这种物质上的重大利害关系成了它的道义上论据的后盾。拿破仑战争停止后，英国政府开始敦促其他各国政府禁止本国臣民从事奴隶贸易。到 1835 年，西欧沿海各国以及新独立的美洲国家都已采取立法行动禁止这种贸易，其中许多是出于自愿，但也有些是英国直接施加压力的结果。不过，正如已经指出的那样，制定法令禁止奴隶贸易是一回事，保证该项法律有效实施却完全是另一回事。在其他一些从事奴隶贸易的主要国家中，只有法国具有和英国相

类似的动机来实施这些法律。多数国家却苦于缺乏海军力量，不能确保在公海上航行的船只遵守法律。法国和美国的海军偶尔也采取反对奴隶贸易的行动，只有英国始终坚持海上巡逻，其唯一目的是拦截运奴船只。弗里敦因此成了一个重要基地，英国西非海军分遣队的舰船一度也利用几内亚海岸另一端的西属费尔南多波岛。其他各国海军力量的微薄，使英国人采取第二轮外交活动，即通过谈判，要求使它的战舰有权拘留别国运奴船，并送交混合委员会法庭，此类法庭在弗里敦以及其他地方都是和英国的海员法庭并存的。

但是，甚至在 19 世纪 30 年代，单凭外交和海军措施，显然不能完全禁绝从西非输出奴隶。只要南北美洲对奴隶的需求还是合法的话——美国迄至 1863 年，古巴和巴西迄至 19 世纪 80 年代还是这样——就会有不法之徒，甘愿在海上冒遭受拦截和拘捕的风险。要任何国家的海军一直全面监视可能输出奴隶的全部海岸线，那是不切实际的。何况英国海军的宿敌，如法国和美国，绝不会容许英国海军得到英国政府所企求的充分权力，来搜查和拘捕它们的商船。

于是，英国废奴主义者不得不把注意力转移到非洲本土，试图在 582 非洲海岸防止出售奴隶。这就涉及两项最重要的工作。其一是以前曾经和欧美各国政府议订过一套缉私条约，现在理所当然地要把它推广到非洲的统治者那里。但在大力开展这项工作之前，要在非洲各民族中间创造经济和道德方面的新风气，以期鼓励用不断增长的合法贸易来代替作为财富和权力来源的奴隶贸易。

显然，这首先需要对非洲内地进行考察，到这时为止，非洲内地还是隐藏在沿海奴隶贸易的屏障背后。他们想要发现：内地除奴隶外还能向欧洲提供什么商品，非洲的村社能在多大范围内组织起来生产和出售这类商品，以及有什么（如果有的话）运输工具能把商品运往海岸，再把作为交换的欧洲商品运往内地。在 1788—1855 年间，一批批欧洲探险家或者从海岸，或者从北非沿着穿越撒哈拉沙漠的传统商路进入内地，从而揭示了西非腹地地理上的一些交通要道。在这一考察活动中，英国起了突出的作用。芒戈·帕克和兰德兄弟最早负责绘制大尼日尔河 3000 英里的流程图，这条河起自西边的塞内加尔河或冈比亚河，从东南经过它自己的三角洲（油河），这都为进入西苏丹提供了最有希望的天然通道。把苏丹本身的古老文明和商业揭示给外部世界的主要拓荒者，是德纳姆和克拉伯顿、勒内·卡耶，特别是海因里希·巴尔特。在这些探险家当中，只有卡耶独自行动，和英国无关；德国人巴尔特，像第二次探险的帕克，以及德纳姆、克拉伯顿和兰德兄弟一样，都是英国政府雇用的。

　　促使英国官方注意于考察西非，无疑应归功于 1788 年在伦敦创立的非洲内地发现促进协会。该协会曾经发起最早的几次尼日尔考察旅行，从而导致 1795—1797 年帕克的第一次旅行。然而，有人论证说，非洲协会的目的并非像通常设想的那样，是和英国反对奴隶贸易运动，或者一般人道主义运动紧密相连的，毋宁说它的着眼点首先是科学的，其次是商业的。[①] 英国政府似乎曾经指示克拉伯顿在其第二次旅行时（1825—1827 年）要和苏丹统治者谈判一项禁止奴隶买卖的友好条约，这使考察活动第一次涂上了一种反对奴隶贸易的华丽色彩。[②] 其实把废奴主义事业首先引入非洲的，似乎不是那些探险家，而是新教传教会的传教士。18 世纪末，欧洲新教传教会的数量成倍增加，在英国也不少。但是，即使在新教传教会里，触及奴隶贸易问题最初还是间接的。头一个去非洲的新教传教团是莫拉维亚弟兄会传教团。早在 1737 年，该会就派一个先驱者，前去劝说南非霍屯督人改变信仰。但是不出几年，他就感觉到开普的社会环境中的敌对情绪，因此回到了欧洲。隔了两代人之后，福音宣传运动重新开始（这次是英国发起的），他们把塞拉利昂作为最初的奋斗目标是很自然的。但是，最先来到塞拉利昂的英国圣公会传教会（1806 年）和卫斯理会（1811 年）的传教团并不打算改变非洲人的信仰和建立新的社会秩序以废除贩卖人这类的野蛮行为。他们主要是帮助弗里敦获得解放的奴隶们去满足他们的需要，英国已负责接管弗里敦，而弗里敦也受到了欧洲的影响。传教士的活动扩大到西非真正土著中间主要是英国官方赞助反对奴隶贸易的结果，特别是由于英国西非海军分遣队活动的结果。

　　正是这些活动使塞拉利昂在西非与欧洲的关系中占有的重大意义远远超过了另外两个仿效它而为已获得解放的黑人建立起来的滨海殖

583

---

　　① 例如，可参阅 A. 阿杜·博亨《1788—1805 年的非洲协会》，载于《加纳历史学会学报》第 6 卷（阿基莫塔，1961 年），第 43—64 页。

　　② 殖民部 2/16。巴瑟斯特致克拉伯顿书，1825 年 7 月 30 日。

民地。由美洲移植到非洲的黑人组成的利比里亚共和国于 1847 年宣告独立，由于它原来是美国殖民协会的私人事业（1821 年），经常遇到重重阻碍。它得不到一个公认的政府才能提供的足够的财政支持和政治支持。1849 年法国人在加蓬建立的利伯维尔，并没有发展得像弗里敦和塞拉利昂那样，这主要因为法国海军对禁止奴隶贸易没有像英国人那样卖力或者始终如一。但是在 1807 年以后的 60 年间，有 7 万个黑人从捕获的运奴船上获得自由，被安置在塞拉利昂定居。其中多数都被欧洲和基督教文明同化，他们除了使塞拉利昂当地的克里奥耳人人口大增外，还对西非沿海其他地区的文化适应产生重大影响。其中有些人在海岸贸易中已成为相当富有的商人。更多的人则受雇于英国商人或传教士，而且并非全是职位低下，因为 1827 年建立的福拉湾学院的传教基金会已经开辟了一条重要渠道，使他们可以接受高等教育。不久以后，塞拉利昂培养和输送出去的不仅有办事员，而且有小学教师和牧师，最后还有律师和医生。它也培训从其他地区来的非洲人。塞拉利昂的某些克里奥耳人还在滨海地区的商界或者其他行业中取得成就。原来由拉各斯及其内地贩来的奴隶，得到自由后重返故土，这一著名的大迁移使欧洲的影响在那里开始大有增长，并且使传教团初次进入约鲁巴兰。在 1827—1834 年间，英国海军占领费尔南多波岛，在小得多的程度上在更东的地区，特别是喀麦隆，产生了同样的结果。

　　如果说塞拉利昂就此成为一个主要的温床，借以传播一种非正式的欧洲和基督教的影响，一种不可避免地带有英国色彩的影响，那么，这一殖民地的存在也有助于正式的英国势力在西非海岸地区得到加强。英国政府自从 1783 年以来破天荒第一次对西非领土的一个区域承担了行政管理的责任。不错，与塞内冈比亚的雄图大略相比，塞拉利昂的领土概念是很有限的，尽管由于有更多被解放的奴隶前来登陆，这块殖民地的疆域也自然扩大了一点点。但是，英国政府现在致力的是消灭奴隶贸易，这样一个政府的官员在海岸上的实际的和继续的存在就容易带来一些重大的后果。不久以前，塞拉利昂的一位总督查尔斯·麦卡锡爵士得出结论说：禁止从海岸输出奴隶的最有效办法，就是把它置于英国人的直接控制之下。于是他吞并了许多新的领土，在 1822 年，英国商人在黄金海岸和冈比亚的贸易站都由他的政府来管理。这样一来，麦卡锡就与阿散蒂人的军队发生严重的冲突，阿散蒂人是一个日益强大的内陆势力，已经有一些时候在谋求主宰黄金海岸沿海地区的一些小国了。英国政府认识到它对西非的行政管理使英国纳税人付出的代价日益增大，而大西洋奴隶贸易额依然不断增长，这就导致它于 1828 年改弦易辙，把它在西非直接承担的义务压缩到最低限度。

尽管英国对西非的兴趣是经商而不是殖民，这种传统态度一直持续到 19 世纪 70 年代，并且在 1865 年议会特别委员会的报告中作出了也许是最明确的反映，[①] 但是，在实践中要保持这种态度已经证明是不可能的。弗里敦，无论作为克里奥耳人的家乡或是作为一个重要海军基地，都是不能放弃的，而继续进行反对奴隶贸易的巡逻又造成无数紧张局势，因此，英国政府就几乎无法避免对西非进行干预。另外，英国商人的活动，以及在某种程度上还有传教士的活动，继续使他们的政府对西非承担更大的责任。这首先见于黄金海岸。1828 年英国官员撤走以后，这里的商人们以为最好为他们的商站建立一个自己的政府。他们选了一个代理人乔治·麦克莱恩来领导这个政府。这是一个有远见卓识的人，他认为英国人与阿散蒂人建立稳定的和平，并对阿散蒂人和大海之间的一些弱小国家拥有某种程度的管辖权，就能够最好地促进英国人在黄金海岸的商业利益。到 1842—1844 年，他走在官方政策的前面，大大扩展了英国的势力，以致使政府认为，最好还是重返黄金海岸，直接控制他所建立起来的那些非正式的保护地。不过，政府的代理人在同阿散蒂人或者和滨海各国日益接受西方影响的村社打交道时，一般都不像麦克莱恩那样成功，这到头来只能使英国殖民部更加深深地陷入黄金海岸事务的泥潭。最后，在 1873—1874 年，英国派兵讨伐阿散蒂人，并且兼并了黄金海岸。

在更东的地区也是如此。英国反对奴隶贸易的海军分遣队以及英国商人和传教士的联合行动导致了同样的结果。1849 年，外交部认为有必要开始派几个领事去几内亚湾。这样做具有双重目的：一是监视奴隶贸易，并同非洲的一些统治者谈判禁止奴隶贸易的条约；二是保护英国合法商人和传教士在同为数众多的非洲当局打交道时的利

---

① 1865 年，V（412）：《特别委员会关于非洲西海岸英国人居留地情况的报告》。

益。第一个领事是约翰·比克罗夫特,他在费尔南多波岛管理过获得解放的奴隶,也研究过兰德兄弟发现油河就是尼日尔河三角洲之后发展商业的可能性;他上任后,很快就推行依靠英国军舰的威力来扩大英国影响的办法。结果占领(1851 年)和最后吞并(1861 年)了拉各斯,在此以前,拉各斯是从内战频仍的约鲁巴兰输出奴隶的主要港口;另一个结果是英国人对三角洲以及该地各互相对抗的国家的非正式的管辖权增大了。

英国致力于对奴隶贸易进行斗争,并提倡代之以合法的贸易,意味着到 19 世纪 70 年代和欧洲瓜分非洲的前夕,它在西非沿海已经拥有广泛的利益,并在许多地方取得了可靠的立足点。法国是在西非具有相当利害关系的唯一另外的欧洲国家。但是,法国的处境大不相同。在沿海地区,法国商人(还有法国海军和传教士)的活动一般是断断续续的,相对来说并不重要。法国的利益集中在它传统的势力范围塞内加尔。在这里,法国军人兼行政官费德尔布将军试行了许多方案之后,终于找到一个很好的办法来代替过时了的橡胶和奴隶贸易的利益。在 1854—1865 年,他有计划地征服了塞内加尔河谷,使那里人民成为种植花生的农民,花生对于欧洲经济,特别是对于法国经济是另一种宝贵的油料作物。正当费德尔布要进展到尼日尔河上游和整个苏丹的时候,他的征服工作停顿下来了,这部分是由于法国国内灾祸横生,部分是由于苏丹人民顽强抵抗,他们在 19 世纪期间正在经历一场了不起的伊斯兰复兴运动。尽管如此,创造了欧洲势力日后在西非扩展模式的,乃是费德尔布的这种领土推进,而不是英国商人、传教士、海军官员和领事们在沿海地区的渗透活动。

不论是英国探险家,还是英国反对奴隶贸易的斗士,都不满足于他们在西非的成就。他们勇敢地进入其他地区,特别是进入东非和中非内地,在那里,由于桑给巴尔的阿曼人政府的势力和财富的增长,正在产生阿拉伯人兼营奴隶和象牙的广泛而具有破坏性的趋势。这些冒险行动之所以一涌而出,部分由于英国以及英属印度与桑给巴尔已经发生联系,但它也是开发南非带来的后果。到 19 世纪 30 年代,英国社会中日益增长的自由主义和人道主义倾向在这里造成爆炸性的局势。英国人的占领使基督教传教活动在开普的非欧洲人居民中蓬勃展开。大约从 1825 年起,传教士们鼓吹说:殖民地的法律和社会制度有害于有色人种的权利和利益，而负责指导英国政策的那些人对此则开始听得入耳了。1825 年以后开普的体制和法律的自由主义化，以及英国政府不愿付出高昂的代价将白人居留地的边界继续向前推进，这两个因素在 1836 年以后不得不促使边界上的许多布尔人由开普殖民地成群出走，进行著名的大迁徙。到了 19 世纪 50 年代，英国政府已经不得不承认内陆高原上几个布尔人共和国的独立，但不承认印度洋沿岸的布尔人共和国，并于 1845 年兼并了纳塔尔。然而，由于一些小而孤立的移民群的贫困（这件事本身就足以证明英国殖民地边界的局限性），就必不可免地导致更多的介入。布尔人不断要求土地，并在某种程度上要求奴役劳动，这就给非洲各族人民套上了难以忍受的枷锁，他们的政治凝聚力必然由于欧洲人居留地向前推进而受到威胁。布尔人共和国装备很差，不足以对付种族间的动乱以及由此产生的战争。在 19 世纪 70 年代和 80 年代，由于发现内陆盛产钻石和黄金，经济状况就开始发生了变化，与此同时，英国政策中的反殖民主义倾向也开始减弱。因此，英国人与布尔人之间就进一步发生冲突，在这些冲突中，占大多数的非欧洲人的利益几乎被忘得一干二净。

在种族上排他的布尔社会向南非内地扩展的影响之一是：在开普殖民地边界外可供传教活动的领域缩小了。只是在英属纳塔尔和像巴苏陀兰这样一些地区的班图部落中可以进行传教，这些地区人口非常密集，就像是白人居留地的洪水中的一些黑人小岛。但是，传教团从开普往北深入内地，主要是集中于各个布尔共和国和贫瘠的卡拉哈里沙漠之间的贝专纳狭窄走廊地带。在 1849—1851 年间，传教士中最伟大的先驱者戴维·利文斯敦穿过这条走廊，进入赞比西河中游比较肥沃的地区。但是要进入这个地区就得从开普往北，越过 200 多英里的羊肠小道，这是很不容易的。因此，在 1853—1856 年间，利文斯敦开始作横越大陆的伟大旅行，他首先到达安哥拉的罗安达，然后到了莫桑比克的克利马内。这次旅行产生了极其重大的结果。利文斯敦开始把气候宜人的中非和东非辽阔的高地的实际情况告诉了外部世界。这些高地的土著居民，没有受到布尔人扩张的侵扰，似乎是可以进行传教活动的一片沃土。葡萄牙要求得到这里的大片领土，理由是该地处于它早已建立的安哥拉和莫桑比克两块殖民地之间；但是据利

文斯敦发现，在内地唯一有实际影响的葡萄牙人是混血商人，他们寻
找奴隶和象牙的探险队正在逐步摧毁非洲人的生活。利文斯敦极其令
人信服地论证说，必须制止这种毁灭性行动，最好的办法是使欧洲传
教士和商人对高原地区发生潜移默化的影响，他们的榜样会使非洲社
会在物质和精神两方面都获得新生。他的宣传引起国内公众的注意，
在 1858—1864 年间，他受英国政府委托勘探和开拓从东海岸进入内
陆的通路。实际证明赞比西河并不是一条可以通航的有用航道，于
是，利文斯敦就北上进入尼亚萨兰高地。可是，他在这里亲眼看到非
洲社会遭到的破坏，甚至比葡萄牙商人造成的破坏还要大，因为在尼
亚萨兰，他所进入的正是来自桑给巴尔的阿拉伯商人和斯瓦希里商人
经营的贸易帝国的南部边缘。东非和中非需要基督教和合法贸易已经
变得更为明显。

　　利文斯敦呼吁欧洲的传教士和商人前往中非，把它从野蛮中解救
出来，但是直接的反应很小，而且不起作用；1873 年他在第三次伟
大的考察旅行中去世时，他形单影只，一切皆成画饼。但是，他本人
的魅力和他的发现的浪漫色彩，却使其他探险者纷纷涌入非洲的心脏
地区。在 1857—1877 年间，理查德·伯顿、J. H. 斯皮克、詹姆斯·
格兰特、塞缪尔·怀特·贝克和 H. M. 斯坦利先后把利文斯敦在最后
一次旅行中零星研究过的非洲内陆流域系统中的重大问题都解决了。
尼亚萨湖、坦噶尼喀湖、维多利亚湖、尼安萨湖和艾伯特湖全都标明
在地图上。大刚果河的全部流程都已勘探清楚，古老的尼罗河源之谜
终于揭开。这就为以后欧洲的渗透奠定了基础。1874—1877 年斯坦
利顺刚果河而下，揭示了这种渗透活动的一条交通要道。不久他就作
为欧洲渗透的最初代理人之一的身份出现，因为当他第二次来到刚果
时，他已受雇于国王利奥波德二世，参加刚果自由邦的建立工作。

　　但是，利文斯敦的历次旅行，他为报告他的旅行和自己思想而对
日益关心非洲的欧洲公众所发表的书籍和演说，都产生了更为直接的
后果，使英国人更加敌视东非的奴隶贸易。这里的奴隶贸易，在许多
方面都与英国人为之斗争的，并开始加以战胜的西非奴隶贸易大不相
同。东非各国之间没有贸易网，只是由非洲沿海的商人提供奴隶卖给
欧洲人。居住在沿海地区的阿拉伯人和阿拉伯化的非洲人经营贩卖奴
隶的商队，深入腹地，到 19 世纪 60 年代，实际上已经远达上刚果。

这些人都是穆斯林，对于他们来说，奴隶制是一种理所当然的事情。另外还有一点不同，他们不仅要经营奴隶，而且要同样地提供象牙。不错，大量的奴隶被输往阿拉伯半岛的穆斯林市场以及西亚的其他地方，同时也送到赛义德·赛德在桑给巴尔岛和奔巴岛创办的有利可图的丁香种植园从事劳动；但是，从内陆收购许多奴隶的首要意图是为了把象牙运往海岸，因为欧洲和亚洲都有大量的需求。在缺乏其他运输工具的情况下，头顶搬运便成了把货物运进和运出内陆的唯一手段。代价当然是高昂的，但是如果雇用搬运工人，既要付工资，又得供应伙食，代价之高就无人敢于问津了。因此，东非在奴隶制和奴隶贸易两方面都存在巨大的既得利益，这是任何基督教的力量所难以动摇的，同时也是发展其他合法贸易的主要障碍。另一方面，英国在东非却具备有利条件，它无须同欧洲和非洲的许多官方当局打交道，而主要地只与桑给巴尔政府打交道就行了。东非的整个贸易都由桑给巴尔提供资金，并由它来控制，而英国已经与桑给巴尔的阿曼人政府建立了友好关系。

早在 1822 年，当赛德仍在马斯喀特的时候，英国急于制止奴隶输入英属印度，就运用它在阿曼的影响，签订了莫尔斯比条约，从法律上限制阿拉伯运奴船只进入东非和阿拉伯半岛的近海水域。这个条约使赛德得到了一定的好处，因为它含蓄地承认他对德尔加杜角以北的东非海岸的宗主权要求，因此他忠实地和英国海军合作，严格执行这项条约。当他采取步骤，在阿拉伯沿海城镇实施宗主权时，得到英国的同意这一项保护伞也帮了他的忙。于是，他几乎毫不费力地签订了第二个条约（1845 年）。这一条约把阿拉伯的奴隶贸易进一步限制在赛德的非洲领土以内，有助于制止把奴隶偷运进印度。

但是，这些条约对于奴隶贩子在内陆的破坏性活动并无影响。恰恰相反，随着桑给巴尔的力量和财富的增长，就可能组织更加强大的商队，深入更远的内地，去寻求象牙和奴隶没有枯竭的泉源。人们对贸易的这一方面的注意，正是利文斯敦探险的一个结果。但是要反对这种贸易，就会使英国与被桑给巴尔的友好穆斯林政府和社会当作最根本的合法利益的东西发生正面冲突。然而，从 1869 年起，英国在桑给巴尔已经有了一位领事，即利文斯敦的老伙伴约翰·柯克爵士。他向赛德（1856 年卒）的继承者们提出这样的论点：桑给巴尔政府和人民的继续独立和繁荣非常需要英国的支持和保护，他们不能与英国作对。这一论点发生了作用。到 19 世纪 60 年代，在桑给巴尔日益增长的合法贸易中，英国和英属印度占有一种支配的地位。此外，1862 年英国和法国签署尊重桑给巴尔苏丹国独立的共同宣言，终于消除了法国人干涉东非的危险（由此而默许法国在马达加斯加和科摩罗群岛有行动自由）。但是即使这样，也只有当英国扬言要对桑给巴尔实行封锁的时候，才终于使苏丹巴尔加什于 1873 年同意宣布：在他的国土内奴隶贸易是非法的。这一条约有效地制止了桑给巴尔本土上奴隶的输入和输出，但是像以前签订的条约一样，对内地的奴隶贸易并不发生作用。那里的阿拉伯商人，虽然承认苏丹的最高君权，却在远离他的有效管辖范围以外活动。这个条约的主要实际效果是双重的：首先，从此以后苏丹的政府，甚至在桑给巴尔本身主要依靠英国的支持来维持；其次，英国实际上是执行一种帮助苏丹在东非大陆建立有效的行政机构的政策。

590

　　因此，到 19 世纪 70 年代中期，东非和西非的形势已大致相同。除非洲最南端外，欧洲人没有给非洲大陆留下任何深刻的印象。绝大多数非洲人仍然在当地政府的管理下，虽然这些政府的力量和意图由于奴隶贸易活动（或者在南非，由于欧洲人居留地的扩展）而受到很大损害或破坏。因此，正式进入热带非洲的欧洲势力是微不足道的。另一方面，在东非和西非（还有南非，虽然方式不同），占主导地位的外来影响是英国商人、传教士、探险家和领事们勇往直前的活动造成的。这对于 19 世纪 80 年代和 90 年代决定欧洲瓜分非洲的进程不无重大意义。

（陈云程　译）

第二十二章

1794—1828 年的美国与旧世界

1823 年 8 月 16 日，英国外交大臣乔治·坎宁异常和蔼地向美国驻伦敦公使建议，两国可以携手合作，共同反对法国干预西属美洲的独立，这时候他是为了尊重自由派托利党人所说的关于英国利益的逻辑，而强制抑制自己对共和原则的厌恶心情。作出这种姿态的动机是由于正统朋友们提出的问题，也因为意识到英国的工业主义需要美国的市场和原料。在华盛顿，门罗总统对这一建议的最初反应是效法杰斐逊和麦迪逊，鼓励同英国恢复友好关系，认为这将有利于美国在大西洋的利益。但是起决定性作用的是国务卿的主张。约翰·昆西·亚当斯置坎宁的建议于不顾，起草了那份不受约束的宣言，警告欧洲列强不要干涉西半球事务，这就是后来人所共知的门罗主义。

（门罗向国会提出的咨文写道：）今后欧洲任何强国不得把美洲大陆业已取得并维护独立自由的国家当作将来殖民的对象。
……
同盟各国①的政治制度在这方面与合众国是基本不同的。这种不同是由于他们有各不相同的政府而产生的。我们自己的政府是由许多鲜血和财富的牺牲换来的，它是由其最开明的公民的智慧造成的，在它的下面，我们享受了无比的幸福，所以全国人民为了保卫它是可以牺牲一切的。为着开诚相见，为着合众国与列强之间现存的友好关系，我们应当声明：我们认为列强方面把它们的政治制度扩展到西半球任何地区的企图，对于我们的和平和

---

① 指神圣同盟诸国。——译者注

安全都是危险的。

亚当斯是曾在圣詹姆斯宫①拒绝穿朝服的那位公使②的儿子，他的这些话表明了共和国正确的态度。富有外交经验，并在亚当斯家族顽固的清教徒习俗中长大的约翰·昆西，是比他的同僚们更加狂热的民族主义者，更加清醒地意识到美国自由行动的可能性，以及需要重申共和国摆脱欧洲列强共同行动的可能性。尽管它能否奏效要取决于英国的海军，但是门罗的咨文毕竟不是一纸空文。它向全世界表明了，建立在革命原则之上并显示出独特国格的美利坚共和国，是不会默许自己成为欧洲制度附庸这样一个角色的。共和制乃是美国的至高无上的利益；在成功地表明了这一点之后，美国就显示出了它已经发现自己是一个国家了。

在独立以后很久的一段时间里，国内外对于能否成立一个共和国始终感到怀疑；然而背离美国革命走回头路已经是不可能的了。13个前殖民地应该建立一套共同的政府体制，它应符合已证明武装斗争是必要的那些原则，否则就会沦为无政府主义或者外国统治的牺牲品。美国革命的意义是深远的。一个建立在天赋权利的基础上，建立在能在大陆上千差万别的情况下实现充分统一的联邦制度之上，建立在由一部成文宪法明确规定的有限权力的原则之上的国家，一个政教分离的共和国，否认帝国、王朝扩张以及旧世界民族主义的道德规范的共和国，其本性如果不是和平主义的，至少也是孤立主义的；在这样一个国家里，凡是拥护共和原则的人，不论原来是什么民族和种族，都享有公民权，在这里，政府压倒一切的目标是维护个人的私有物质利益——这便是 19 世纪初日趋成熟的那一代人所能体会到的意义。对这些人来说，在潮湿的波托马克河畔兴建的国会大厦尚未竣工的门廊和穹形的屋顶，镌刻着以玉蜀黍花纹为主题的浮雕的槽形柱子，就象征着一次崇高的政府体制的试验，尽管根基尚不稳固。如果美国能够保持其粗犷的性格而挡住欧洲世界的缓慢侵蚀的话，这种实验是有可能成功的。

592

---

① 圣詹姆斯宫为当时英国宫廷所在地，亦作为对英国宫廷的称谓。——译者注
② 即约翰·亚当斯，1785—1788 年曾任美国驻英公使。——译者注

　　然而，孤立主义与其说是一种客观状况，倒不如说是一种思想状态，忧心忡忡的美国人不得不在一个纷乱的外部世界的多方干扰下，摸索着走向他们新的社会组合。弗吉尼亚人、新英格兰人和宾夕法尼亚人开始意识到了，由于共同抵抗外界压力的结果，他们除了共同享有共和制度之外，还享有共同的特别是美国的国家特性。1794 年，共和国的自然边界仍不得不在英、法、西各国提出种种要求的情况下来确定。虽然杰斐逊的理想也许是要建立一个自给自足的农民共和国，但是美国没有海外商业关系就不能生存，更不消说发展了，这种商业联系使美国能够用原料换取工业制品，并吸引欧洲的资本和劳力用于美国国内的发展，正是为了这些目的，美国人才习惯于在西部各边境据点团结在合众国旗帜下，在公海上不仅保护他们的贸易，而且维护公民的归化权，后者对他们的国家特性来说是独一无二的。1794 年①华盛顿离开总统职位时，建议不要采取绝对的孤立态度，他知道这是不可能的，而是要避免永久结盟，否则会使共和国卷进欧洲列强那种格格不入的体系中去，从那时起直到坎宁在 1823 年表示承认美国真正的利益范围为止，美国人一直在国际政治旋涡中为保持其独立存在而奋斗。

　　共和国首先是一种理想，而不是一块土地或者一个民族；而且由于没有明确的地理界线及其人口构成，更使它变得非常抽象。向西移动的开放的边界和移民不断到来，激励美国人生气勃勃地想到变动、发展和前途，激励他们和欧洲的过去一刀两断，采取了命定要向西扩张的观点，而欧洲列强不断的侵扰对此是一种挑战。在阿巴拉契亚山脉到密西西比河之间的新拓居地，对形成年轻的共和国的命运产生了决定性的影响，为和欧洲恢复关系确定了条件，而且由于造成了一种新的、巨大的地方性利益集团，极大地改变了政治力量的对比。

　　1790 年进行的一次表明共和国特性的早期行动是人口普查。从这一次和以后每 10 年一次的普查中，我们知道人口从 1790 年到 1830 年之间增长了两倍以上，从 390 万增至 1280 万，这大部分是自然增长的结果，因为那时移民还很少。沿海较老地区里的人口越来越密，

---

　　① 原文如此。应为 1796 年。——译者注

人们特别对一些较大的港口感兴趣，最明显的例子是纽约，它的人口在 1790 年为 33131 人，而在以后 30 年内几乎增加了 3 倍；但是，人们也穿过阿巴拉契亚山脉的峡谷和隘口，向南、向西扩展，移民大军的先锋队越出州界，进入俄亥俄和田纳西地区，无论自然界的危险、印第安人、欧洲列强或者合众国政府最终都阻挡不住，也无法控制。

继丹尼尔·布恩①这样的游牧人之后，个人或者家族，骑马或驾车沿坎伯兰大道和威尔德内斯大道络绎不绝地顺俄亥俄河各支流而下，聚集在森林茂密的河边低地，以及带着钢枪和利斧在荒原上定居。来自印第安人的威胁，被一小部分合众国军队挡住了，从 1794 年的"鹿寨战役"，②直到 1812 年战争，通过历次或多或少不光彩的条约，使印第安人割让土地，并在 1825 年根据联邦政府的政策将剩余的印第安部落迁往密西西比河以西，终于获得了旧西北地区。早在 1784 年，外阿勒格尼的新拓居地就叫嚣着要作为富兰克林州加入合众国；1787 年西北土地法规定了如下程序：各州划给联邦政府的西部土地，应该作为"地区"进行行政管理，直到其人口达到足以被接纳为正式州为止，像 1792 年的肯塔基、1796 年的田纳西和 1803 年的俄亥俄那样。

移民者认为他们开拓的土地的所有权自然是属于他们的，这使联邦政府实行的主张由有钱的利益集团有计划地进行开发的土地政策受到挫折。1796 年法令规定每英亩土地最低售价 2 美元，一次可购 640 英亩，它吸引了好投机的投资者。这一法令历经修改，直到 1820 年法令规定将售价降至 1.25 美元，一次可购 80 英亩，不久以后又授予先买权。在 18 世纪 90 年代，1816—1819 年之间以及 20 年代中期购买土地成风的时候，比较优越的条件吸引移居者涌向西部。靠近俄亥俄河和密西西比河下游地区，居住着未开化的人群，人口稀少，那儿有剩余的玉米、腌肉、钾碱和木材，可以用木筏顺流运往新奥尔良市场。19 世纪 20 年代初期，汽船使整个密西西比—俄亥俄地区形成一个单一的经济体系，拥有内陆港口如纳什维尔、辛辛那提、圣路易斯和海湾港口新奥尔良。拓荒者定居在俄亥俄、印第安纳（1816 年作

① 丹尼尔·布恩（1734—1820 年），美国著名边疆开拓者，肯塔基等地区的开发者。——译者注
② 这次战役在俄亥俄西北莫米河滩进行，印第安人以许多伐倒在地上的大树作为屏障，故名"鹿寨战役"。——译者注

为一个州加入联邦）和伊利诺伊（1818 年加入联邦）的森林地区；种植园主则定居在密西西比（1817 年加入联邦）和亚拉巴马（1819 年加入联邦）的肥沃冲积层植棉区。

到了 1828 年，密西西比河以东大部分肥沃的森林地区都被占据了，另外有两个地区向西跨过密西西比河——1812 年成为州的路易斯安那和 1821 年成为州的密苏里。除了远在得克萨斯的斯蒂芬·奥斯汀[①]的移居地仍在向人们召唤外，对大多数美国人来说，继续扩展似乎已经很难了。向着大湖区绵延而去的空旷大草原可以生长小麦，但是习惯于采伐森林的拓荒者一直避而不去，至于再向西北的"密歇根地区"，在学校用的地图上仍被描述为"无边无际的沼泽地"。在国会于 1825 年规定的"印第安永久边界线"以外，密苏里的大本德和雷德河之间，横亘着一个由印第安人保留地构成的庞大的屏障；再过去则是高原地带，不宜居住，被描述为"美洲大沙漠"。只有捕兽者，偶尔还有传教士从密苏里的因德彭登斯出发，沿着皮毛公司和刘易斯和克拉克、派克、朗、英国植物学家托马斯·纳托尔等探险家开辟的小道前往落基山。共和国似乎已经到达它的自然边界线了。

这些边界并不是毫无冲突而确立的。在沃巴什荒原里，在密西西比河静寂的水上，在佛罗里达沼泽地，闯进去的美国人都发现欧洲人活动的迹象；美国人的权利只是依靠美国政府的外交和军事干预才确定下来的，在拿破仑动乱时期以及以后一段时期里，各国正忙于应付，美国政府就充分利用了这一情况。尽管英国人在 1794 年根据杰伊条约的条款撤出旧西北地区的军事据点，但是加拿大的省督们被怀疑勾结印第安部落，直至 1812 年的流血战争才使加拿大—美国关系缓和下来。自此以后，1817 年拉什和巴戈特才得以在华盛顿进行谈判，使大湖区实际上非军事化——这是裁军史上的一个里程碑。翌年，拉什和加勒廷也才得以在伦敦商定，美加两国的西北边界线划在伍兹湖到落基山之间的北纬 49°。根据 1795 年的平克尼条约，西班牙承认在密西西比河上的航行权，还给予美国人在新奥尔良的存栈权；然而共和国在大陆上的前途只是趁拿破仑无暇他顾的时候取得不

---

① 斯蒂芬·奥斯汀（1793—1836 年），美国得克萨斯殖民领袖。——译者注

受约束的好处才得到保证的。1803 年，杰斐逊以 300 万美元①从拿破仑手中买下路易斯安那：这一笔交易不仅包括新奥尔良，而且包括密西西比河和落基山脉之间的全部领土。1813 年美国占领西佛罗里达，1819 年与西班牙签订亚当斯—奥尼斯条约，获得了东佛罗里达，于是在一代人的时间里美国的领土就此扩大了。

西部各地居民如果要想改善仅足糊口的生活状况，就必须有剩余商品进行交易，还要有交通工具和市场。除了玉米酿的威士忌酒以及毛皮外，把林业经济产品越过山脉输往东部成本太高；把粮食和木材制品运往下游出售，则由于距离太远，没有把握和无人需要而受到限制。西部所需要的是成本低、销路稳定、能在欧洲市场出售的商品，就像过去南方种植的烟草那样。通过这种办法，这个未开发的地区就可以获得专业化的好处，也可以和欧洲先进经济结合起来而获利。密西西比河下游特别适宜种植商品作物，而开放这一地区时幸好大量需要这种作物。1793 年伊莱·惠特尼的著名发明——轧棉机，使到处都能生长的短绒棉得到利用，这样就有可能重新部署以黑人奴隶为基础的旧种植园经济，以便利用兰开夏无止境的对棉花的需求；到了 19 世纪 20 年代，沿墨西哥湾的处女地具有成本低廉的有利条件，而且商品易于顺河运往新奥尔良和莫比尔，使密西西比和亚拉巴马成为初级产品工业中心，每年用船运往欧洲 6000 万磅原棉。

596

棉花在西部以及在整个美国发展中所具有的重要性是怎么说也不过分的。纺织大革新使兰开夏成为早期工业革命的发源地，而棉花王国是这次革新不可或缺的重要组成因素；美国也从随之而来的生产力大发展中得到了好处。棉花使英国和一度属于它的各殖民地在商业上互相和解，但外交上的摩擦记录使人们看不清商业上和解的真心诚意。到 1820 年，英国和美国彼此又一次成为最好的主顾，在它们的要求平衡中，棉花是最主要的因素。1830 年，原棉几乎占美国出口值的 50%，其中大部分运往英国，而在运往英国的原棉中，76% 来自美国南方各州；棉织品一般占英国出口的 48%，其中运往美国的占 33%。就产品和市场而言，初级商品生产者和制造商之间的关系

---

① 原文如此。——译者注

相互补充到了最密切的程度。棉花将美英两国如此紧密地联结在一起，以致可以说它们不是两种各自独立的经济，而是单一的大西洋经济的两个部分，一个是"殖民地"，另一个是"宗主国"。

在美国，棉花的影响所及远远超出了新奥尔良、萨凡纳和查尔斯顿，甚至波及东部各港口，尤其是纽约，它在商业方面的有利条件使它得以控制这项贸易，这和它作为美国对利物浦进行贸易的终点站这一优越地位大有关系。巴尔的摩、费城和纽约的商行，已经在一个商业体系中同利物浦和伦敦的商行联系起来，其目标不仅是以英国的纺织品、金属制品和其他制品交换美国的原棉、面粉和木料，而且还着眼于美国国内的长期发展。在 19 世纪 20 年代末期，英国的商业银行家开始把北美看作投资的目标，不仅对 18 世纪 90 年代以来使亚历山大·巴林等少数人感兴趣的政府债券和土地所有权感兴趣，而且也对使土地向市场开放的手段（种植园主银行、公路、运河甚至铁路）感兴趣；少数更加精明的英裔美国人的商行，诸如巴尔的摩和利物浦的布朗兄弟公司，作为商业银行家正积累经验，在以后 10 年内放弃纺织物和谷物买卖而改营商业贷款，以及将美国债券卖给英国投资者。通过将英国所得利润向美国商业再投资，伦敦的金融界保护了美国，使之摆脱了在国际收支中的困难，并为密西西比河流域的进一步发展提供了资金。不仅提供资金，还同样提供劳动力。西行的空船可运输移民，这是使船主大获其利的一种商品，从 19 世纪 20 年代中期开始，一直是源源不断供应劳动力的源泉。货物、资本和劳动力轻易地越过大西洋。到了 1830 年，英美商业关系已经变成两个主权国家之间独一无二的重要事情。这就难怪乔治·坎宁支持恢复邦交了。

这一种新的平衡，使这个独立的共和国在大西洋商业中恢复了一种具有殖民地时代绝大多数有利条件而几乎没有那时的不利条件的地位，这是在经历了几十年紧张关系并最后导致战争之后才得到的。

1783 年，美国人依旧面临着英国殖民制度的问题，只是这时不再是置身其中向外看，而是置身其外向内看了。特别是这时不是被拒之于法属西印度群岛之外，而是被拒之于英属西印度群岛之外了。英国政府正确地断定美国人需要与英国人往来，因此采取谢菲尔德勋爵在他的《关于美国商业的观察报告》中鼓吹的政策，即拒绝在商业上向共和国让步。因为英国制造品物美价廉，英国的信贷慷慨大方，美国人继续从联合王国进口货物，1784 年进口总值达 1850 万美元，而美国人只能向英国输出 375 万美元的原料。造成的赤字只能东拼西凑，用别处赚来的钱弥补。

同西欧的贸易虽然令人失望，但是幸好同俄国、远东，后来又同南美建立了有利可图的贸易关系。在远洋上，新英格兰造的船舶行驶得快，美国佬船长驾驶得好，船上美国佬商务代理人比他们的敌手更会做买卖；由于鱼、酒、木材和皮毛买卖没有什么前途，他们熟练地操纵着一个复杂的贸易系统，使货栈里以及家家户户都堆满了大量进口货，富有外国情调而实用，给新英格兰的许多小港口带来了财富，并提供了硬币和汇票来清偿英国的账目。但是局势仍然是不稳定，一直到法国革命战争爆发，破坏了正常渠道，才使中立国商人得到了天赐良机。英国不得不仰仗北美的木材、面粉，并且随着英国工业化的发展，棉花和其他原料的需要量日增，也更需要推销它的制成品；受到围困的欧洲国家的运输业大多落到美国人手中。从 1790 年到 1807 年，美国出口额从 2000 万美元增至 1.08 亿美元，其中再出口从几乎是零跃增至一半以上。美国商船吨位超过了 100 万吨。这一段繁荣时期使美国成为一个重要的航海国家。

598

然而这种人为的、战争副产品的繁荣，又因为战争而陷于危境。特拉发尔加海战之后，封锁和反封锁使挂着美国旗的船只受到日益苛刻的管制；由于英国拥有制海权，因此与美国人冲突最严重的正是英国的制度。缴获美国船只和货物，在海上强迫英裔美国公民为皇家海军服役，大大触怒了美国舆论（虽然商人们是能容忍的，因为尽管冒风险，却能从贸易中赚钱），以致杰斐逊政府设法采取报复措施。1807 年以后所采取的禁止通商政策，破坏了贸易，使美国船只遭受到英法两国毁灭性的劫掠，不过也使英国工业急于获得市场和原料，相当成功地迫使英国在 1812 年战争前夕重新考虑枢密院敕令。

尽管结束 1812 年战争的根特条约（1814 年 12 月 24 日）没有产生明确的结果，但是美国同英国在经济上的联系有着新的重要意义这一教训，无论是英国还是美国政府都不会忘记。和平一恢复，美国在约翰·昆西·亚当斯领导下，就从更加强大的实力地位出发，继续推行适宜于初级产品生产和贸易的国家政策，即在互惠基础上打破美国海外贸易的障碍。就同联合王国的直接贸易而言，对于货物和船只的歧视税率虽在 1815 年废除；但是"航海法规"的苛刻规定依然有效，不准美国进入加拿大和英属西印度群岛，直到 1820 年美国禁止英国船只上的货物进入美国港口作为报复之后，英国才开始重新考虑它的政策。1822 年，由于西印度群岛的利益集团以及英国制造商为新开辟的美国重要市场感到焦虑而形成的压力，使利物浦勋爵和自由派托利党人考虑商业自由化政策，1823 年坎宁主动接近美国就是以这一政策为基础的。美国自由进入英属西印度群岛的谈判漫长地拖延下去；但是 1830 年谈判成功，标志着两国自由贸易利益集团的胜利，在英国是制造商，在美国则是南部种植园主，以及纽约、费城和新英格兰的商人们，这些人都意识到了大西洋经济的潜力。

599　　　　然而，具有讽刺意义的是，正当美国经济实力终于迫使英国承认大西洋贸易自由的好处时，美国内部却有些人鼓吹与此相反的政策。门罗向国会发表著名的咨文后不到 6 个月，就签署了一项关税法案，大大增加进口纺织品的关税；这甚至还是一种更加严厉的保护关税法案的先声，这项保护关税法案于 1828 年，即西印度群岛开放之前两年通过。

兰开夏是墨西哥湾各州发展的关键；然而对密西西比河上游地区来说，却不容易解决市场问题。有些粮食可以出售给下游，供给各种植园；但是任何规模的商业性农业都有待于运输小麦、面粉、腌肉和木材产品的问题得到切实解决，使肯塔基和俄亥俄也能利用东部沿海城市的市场。西部的政治家们大声疾呼促进这样的"国内改进"。在他们看来，互相竞争的波士顿、费城和巴尔的摩各港口的商人们展开各种运输计划的竞争，为的是将西部并入他们的贸易物资供应地区之内。由联邦政府修筑的穿越阿勒格尼山脉达到俄亥俄河畔的惠林的国家公路，承担不了大批运货。在布林德利和布里奇沃特的时代，① 解决方法似乎是在俄亥俄河或者大湖区与流入大西洋的河流之间开凿运河，打通分水岭。18 世纪 80 年代，华盛顿及其朋友们提出开凿运河，把波托马克河与卡纳华河连接起来，以后曾经试图提出过许多计

---

① 布林德利（1716—1772 年），英国开凿运河的先驱。布里奇沃特（1736—1803 年），英国内河航运事业创始人和运河开凿者。——译者注

划；但是最终成功的是纽约州，它在 1817—1825 年间，修成了伊利运河，穿越伊利湖和赫德森河之间比较平坦的地区。这一条大水道将布法罗到奥尔巴尼之间每蒲式耳小麦的运价从 108 美元降至 7 美元，不仅使纽约西部可种植小麦的土地立即吸引了新拓居者，而且使整个大湖区盆地连同俄亥俄、印第安纳和伊利诺伊的北部肥沃地区纳入东北部经济之内。波士顿市场上的廉价西部面粉挤垮了佛蒙特的农民，迫使他们乘着运河驳船或帆船同欧洲移民一起西移，到西北地区定居，那里的商业前途现在已经有了保证。

然而西北地区的目标却和产棉各州不同，着重于国内市场而不是海外市场。正如它的主要代言人亨利·克莱很快就指出的那样，几十年战争中欧洲对美国面粉的需求不断增长，恢复和平以后未必会继续如此。这一预言于 1815 年由英国颁布的谷物法所证实，该法实际上排斥一切外来谷物，除非国产谷物达到饥荒年代的价格。但对西北地区来说，幸亏海港城市和少数内地城镇人口剧增，就有了风险较小的、可以作为替代的现成市场。它还提供了一个吸引人的政治纲领。必须鼓励东北地区发展工业经济，以代替英国的工业经济，为西部产品提供市场，并成为制造品的国内基地。廉价的土地，运输方面的"国内改进"，国家银行提供贷款，为制造品确立保护性关税：亨利·克莱的"美国体系"的这四个重要点，构成了一项旨在有条不紊地发展自给自足的国民经济的纲领。

"美国体系"取决于能否使新英格兰迅速工业化。克莱在提倡这一计划时，只不过是建立在他的杰出的前辈亚历山大·汉密尔顿设想的经济政策基础之上。汉密尔顿的抱负是效法英国的榜样，将共和国建成一个强大的商业国家。

开国元勋们早已在费城做出保证，必须限制州权而加强中央政府的权力，以便建立一个单一的大陆经济。没有内部关税壁垒，由法庭按照共同的商业法监督执行合约，并有一个共同的财政制度和币制。汉密尔顿作为财政部长，用一系列激进措施来规定并加强了这些条件。他强制实施国内税，按照票面价值将联邦和州的公债转为长期公债，并建立国家银行（他对宪法中控制商业的权力作了新的、扩大的解释，以证明这样做是正确的），从而将商业利益与宪法结合在一起，扩大信贷，欢迎欧洲投资的利润再投资于美国企业，这对资本发展是至关重要的；他极力主张通过杰伊条约，竭尽全力重新建立同英国的商业关系。

所有这一切对于一个初级商品生产和商业国家都是极为有利的。不过汉密尔顿虽然是亚当·斯密的信徒，却依旧是一个十足的重商主义者，认为共和国若要富强，就必须同时效法英国，建立大规模的制造业。他在《关于制造业的报告》中反驳农业主义者，认为工业的优越性在于从劳动分工、使用机器、资本，乃至动员妇女和儿童来提高生产力，他主张实行保护性关税，以便新的制造业赖以建立起来。汉密尔顿过分乐观自信了。农业的和海外贸易的利益集团结合起来，挫败了他的关税方案。这些人更加现实一些，他们估计到用美国初级产品换取英国廉价制成品的好处。"实用工业品生产协会"曾打算在新泽西州帕塞伊克河的瀑布上制造各种产品，但归于失败。这说明美国人必须先引进技术和技术人员，大规模积累资本，并提高关税以防止英国廉价制成品的倾销，然后才能使新兴工业在国内立足。

然而汉密尔顿死后不久，他的时代就来临了。他死于1803年，[①]过了还不到一代人的时间，所有三个条件就已经部分具备了。早在1790年，在罗得艾兰的普罗维登斯，塞缪尔·斯莱特设法凭记忆造成了精纺机，他以前在德比郡曾为杰德第亚·斯特拉特操纵过这种机器。此后，就有大批纺纱工和织布工不断偷偷地从彭奈恩山脉渡过大西洋，在罗得艾兰的水力驱动工厂中搞成了纺织品的一些基本制造方法。从一开始起，美国的发明创造就是效法英国而加以改进的，正如装有高压蒸汽引擎、性能良好的密西西比河汽船的情况一样。此外还有一些迹象显示出独特的美国制造方法。在一个拥有大量农地的国家里，缺乏技术，"帮工"的代价又高，这就鼓励将大量资本用于机器，因为机器可以由没有技术的人来照管。1785年奥利弗·埃文斯的自动化面粉厂就将用于劳动力的开支降低了一半；1800年，天才的美国康涅狄格人伊莱·惠特尼改进技术，用装配需要由机床加工的通用零件制造滑膛枪，从而指明了批量生产的道路；1813年，在战争带来的繁荣时期里，波士顿一个商人家庭里的幼子弗朗西斯·洛厄尔设计出第一家大规模合理安排的工厂，穿着围裙的农村姑娘们住的

---

① 原文如此，应为1804年。——译者注

是供应伙食的模范宿舍，由她们完成制作农民服装用的标准粗布的全部生产过程。资本是由利润艰苦地积累起来的；但是到了 1830 年，洛厄尔的波士顿联合公司不仅控制了纺织厂，而且还控制了市场上的批发商店、房地产、水力和保险公司，成为比兰开夏的任何企业都先进而且有实力的单位。这虽然是个特殊的事例，但也表明了棉纺工业已在大西洋西岸，靠近原料产地和美国市场的地方站稳了脚跟。"拿鞭子的老爷和拥有织机的老爷"已经成了工作的伙伴。

若不是在拿破仑封锁时期贸易遭到破坏，国内市场几乎是无意中受到了保护，否则上述这一切是不可能发生的。杰斐逊的不通商政策及随后的 1812 年战争，摧毁了海外贸易，但是也将英国制造品拒之门外。结果造成的消费品短缺，不仅使面粉厂、家庭手工业和铸造业迅速发展，而且使新兴的纺织工业骤然繁荣起来。在根特条约签订之后，廉价的英国货又像潮水般涌来，前一段时间里蓬勃发展的大部分工业都夭折了；但是还保留了足够的纺织、铁器和其他商品制造业中产品比较粗陋的行业，形成一个要求国会加以保护的院外活动集团的核心。其结果是于 1816 年、1818 年、1824 年和 1829 年颁布一系列关税率，将税率按价提高到 25% 以上，有的甚至高达 45%。1829 年的"可憎的关税率"是一种反常的税率，但也显示出强有力的制造业利益集团正在兴起。特别引人注意的是，马萨诸塞州参议员丹尼尔·韦伯斯特态度的转变，他一度是新英格兰船运业利益集团最善于雄辩的代言人，当意识到该州的主要利益在发生变化时，就改而拥护保护贸易制度，热烈支持 1828 年税则。到了 1828 年，亨利·克莱的"美国体系"已成为切实可行的、经济国家主义的纲领，与共和国拟订的各种计划中的农业自由贸易相抗衡。

密西西比河流域从根本上改变了国家的政治平衡，突出了地区性。建立一个具有强有力的中央政府的政体，并没有从根本上改变政治方面的地理偏见。共和国初期，在不得不对付西部问题之前，政治上的效忠大致上以东北地区与西南地区为分野，以航海和商业利益集团与边疆和种植业利益集团为分野，以大西洋与大陆，商业与农业为分野，另外交叉的界线把北方内地的农场主和港口的普通民众划归南方，而把大种植园主划归北方商业巨头的行列。汉密尔顿和亚当斯领导的联邦党，与杰斐逊和麦迪逊领导的民主共和党形成了强烈的对照，各种主要的声音都可以从这两党中听到。在内政方面，联邦党人为了有计划地发展商业而鼓吹强有力的中央集权，共和党人则为了使农村地区自给自足而主张各州自治。

1795 年以后，外交开始左右国内政治，它激化了党派之间的争论，突出了种植业界和商业界之间极其敏感的深刻差别。两个政党都深深相信共和国必须置身于欧洲冲突之外；但是自给自足的农场主和初级产品生产者本来可以把烟草，后来还有棉花，在码头旁出售给外国商船，他们和依靠运输业为生的海外商人不同，更满足于商业的瓦解，对孤立主义更加视为当然。受到启蒙运动自由主义文化教育的弗吉尼亚士绅们，比起东北地区比较倾向于加尔文教派和托利党的商人、律师和教士来，则更同情法国革命的原则，在后面这些人看来，在法国革命恐怖时期以后，英国乃是反对暴民肆虐、保护宗教和道德、自由和财产的卫士。双方的这种激动心情产生出痛苦的结果，促使联邦党人于 1798 年通过了客籍法和惩治煽动叛乱法，以对付所谓有煽动叛乱活动的避难者，他们之中有几个是共和党的宣传家；因此，当杰斐逊总统设法保护美国商业，免受驾驶武器低劣的炮船的阿尔及利亚海盗的抢劫，以及在 1806 年转而对英国进行经济制裁时，联邦党人就认为这是无端牺牲他们的生计，于是也就无心团结爱国，共同对敌了。英国强制美国海员服役，深受其苦的是东北部，而不是南部或西部，但是战争在 1812 年爆发时，新英格兰却拼命反对；1815 年，新英格兰的联邦党人在哈特福德召开代表会议，通过决议，坚持州权，反对联邦政府进行战争，致使他们被指控为煽动叛乱。

联邦党人在 1812 年战争中的所作所为，使这个对国内政治一步一步失去控制的政党受到了致命的一击。在汉密尔顿领导下，联邦党人以一个英国模式的政党处理事务，有一个建立在一致原则之上的条理清楚的立法纲领，并追求始终一贯的利益。虽然共和国在其形成时期，在政治习尚方面幸而得到了这样坚定的方针，但事实证明，这种形式的政治不适合于旨在表达各种各样根本不同要求的联邦制度。联邦党人的行为在大陆上到处引起反对，而不是那么一成不变、具有多方面的才能而且往往善于变化的杰斐逊，从性格上讲很适宜于促使这种反对意见激化成为政治行动。弗吉尼亚种植园主、州权主义者、内地农场主、城市的技工，以及克林顿和伯尔的慈善团体纽约圣坦慕尼协会（该协会是杰斐逊从 1791 年溯赫德森河而上进行那次著名的考察植物旅行以后拼凑而成的）组成的反联邦党联盟，就像民主共和党那样，不仅能在 1800 年大选中从联邦党人手中夺取政权，而且后来成为赢得全大陆广泛支持的第一个基本上是美国全国性的政党。1800 年以后，联邦党人为了夺得行政权而争取大陆上的支持时，做法中过于一贯偏重商业利益；亚当斯和汉密尔顿发生分歧，后者又在 1803 年①和伯尔的一场因政治原因而进行的决斗中身亡，从此该党就变得只不过是新英格兰的残余势力了。和平恢复后，前联邦党人如约翰·昆西·亚当斯等人希望共和党能够反映全国性的意见；该党在吸收这些人后改名为国家共和党，在门罗总统任内，成为唯一有力的全国性政党。此后三届政府，联邦政府都掌握在一个政党手中，以致人们把直到 1828 年的这段时间称作"和睦时期"这样一个令人误解的名称。实际上国家共和党仅仅起了维持作用，直到组成该党的各利益集团联盟解体，组成一个新的政党为止。这种结合是新的西部脱离旧的南部地区的结果。

　　亨利·克莱、约翰·C.卡尔霍恩和安德鲁·杰克逊都出生于边疆地区家庭，其中两位的祖先原是苏格兰—爱尔兰人，居住在南阿巴拉契亚山坡地带。在 1812 年的战争期间，三人都成为杰出的民族主义者，杰克逊在新奥尔良光荣地战胜英军，克莱和卡尔霍恩都是国会中的"鹰派"，克莱还是根特和谈时美方的特派代表之一；但是移民的浪潮汹涌地冲过整个阿巴拉契亚山峡谷，使他们在极不相同的领域里发迹并取得领导地位。杰克逊是田纳西州的参议员，西部拓荒者的骄子；克莱是肯塔基州的参议员，西北地区商业利益的代言人；而移居东南沿海地区的卡尔霍恩则是南卡罗来纳州的参议员，南方产棉区的政治活动家。他们的经历集中反映出原来的西南部分裂成为三个地区，各自在国家事务中都有明显不同的主张。

　　1812 年战争后的繁荣时期，使棉花种植成为南部政治中的首要利益所在。杰斐逊时期的老一代，对烟草种植的前途感到悲观，在他们的遗嘱中解放了奴隶，并且指望一种与大西洋沿岸中部各州无大差

---

① 原文如此，应为 1804 年。——译者注

别的经济前途（连卡尔霍恩也投票赞成 1816 年的关税率），而年青的一代却全心全意地致力于种植业，坚持蓄奴制以及随之而产生的特有生活方式。领导权从具有自由主义和全国观点的弗吉尼亚王朝，转移至南卡罗来纳州的查尔斯顿植棉寡头政治集团手中，后者以狭隘的、比较遵纪守法的观点看待自己的特殊利益。这意味着在联邦政策中要保护奴隶制和推动植棉业。到 1820 年，植棉的南方地区顽固地反对实行关税率、建立国家银行、修筑国家公路、开凿运河和廉价出售土地政策，他们觉得所有这一切都是牺牲他们而使北部和西部得到好处。尤其是南部刚刚开始意识到，需要对它的独特体制加强宪法保护。随着各自由州的人口超过了南部，这就更有必要在参议院里保持蓄奴州与自由州享有平等地位。1820 年，北部提议批准密苏里作为禁奴州加入联邦，这在国会中引起了一场严重危机，只是通过一项妥协方案才得到解决，根据该方案，缅因作为自由州，密苏里作为蓄奴州加入联邦，并规定路易斯安那地区北纬 36°30′ 以北禁止蓄奴。这一妥协案使这项争执得到平息有 25 年之久；但这也向全国提出了警告，南部要求对它的特殊利益给予特别的照顾。正如年迈的杰斐逊所说的那样，这是一次"夜里传报火警的钟声"。

605　　南方沿海地区的背叛突出表现出密西西比河流域作为一支单独的势力在国内出现。眼光向西看的边远地区的公众在华盛顿只有很少的简单要求：由联邦政府保护免受印第安部落的侵犯，并将这些部落迁走；以尽可能低的价格取得公地的所有权，以及由联邦政府资助改善交通运输；此外，他们希望让他们单独地与国家一起发展，不受来自东部沿海地区的各种限制，例如合众国银行从费城开始实行的对信贷膨胀的控制。即使如此，在繁荣的 20 年代，这个将杰克逊选入参议院的旧的西部边疆地区，正在迅速发展起来。棉花和蔗糖的生产发展到密西西比河下游，使墨西哥湾各州和老南方地区一样，成为种植业利益的一部分；在俄亥俄河以北则有可能从事商业性种植，使西北部转而支持亨利·克莱，支持与东北部联合的建议，这些建议与新英格兰前联邦党人（他们不久就称为辉格党人）的建议完全一致。这两种倾向都还没有形成非常明确的主张，足以贬低杰克逊作为边疆英雄的形象而具有的力量，于是他在 1824 年的总统大选中获得的票数比约翰·昆西·亚当斯、克莱或克劳福德都略多一点（卡尔霍恩当选为副总统）；但是这次他并没有当选为总统，因为克莱劝说众议院里的肯塔基的议员投了亚当斯的票，后者就成了国家共和党王朝的最后一任总统。直到人们感觉到西部地区不仅成为一个新的派系，而且成为一股渗透到整个政治体系中的势力之后，杰克逊才接任了总统。

到这时为止，尽管《独立宣言》具有不可思议的魔力，但共和主义绝不是民主的同义词。曾经使新宪法得以通过的联邦党人一直活动着，以便恢复各方面利益的平衡，使之有利于产权和寡头政治的各方利益，而反对平均趋势。虽然很少有人像法学家詹姆斯·肯特和"埃塞克斯帮会"（就共和主义者来说，这些人是最保守不过的）那么保守，但是大多数人都希望政权掌握在出身高贵而有教养的可靠的人手中。甚至连杰斐逊，尽管他与汉密尔顿不同，主张把土地而不是把金钱作为理想共和国的基础，也同样认为政治权利必须取决于财产的多寡，并因此而确定：他的那所有着圆形屋顶的图书馆和带壁柱的房间，并且两侧有奴隶区的弗吉尼亚大学的办学宗旨，虽然是培养有才华然而并非高贵出身的年轻绅士，但这些人将成为贵族精英的成员。大多数州规定担任公职的人须拥有相当多的财产，像南卡罗来纳州，需要有高达 1 万英镑的财产才能当选为州长，而且在绝大多数州中，财产始终是选举的基础。这几乎没有什么例外，特别是由坦慕尼厅控制的有平民主义倾向的纽约市，政治是以 18 世纪的方式为有产者各派系所垄断。头戴假发，彼此默契的绅士们在秘密会议中操纵一切事务。这个时期之所以看来像是一个和睦时期，部分原因是人们的风度十分高雅。

密西西比河流域改变了这种状况。移居西部的美国人在性格上就拒绝接受祖传的生活方式的束缚，指望西方地平线上出现更自由、更美好的生活。边远地区往往是很严酷的环境，使社会关系具有一种新的、带有危机的性质。法官和牧师停留在山脉以东；在争取生存的情况下，家庭关系和信用状况都不如直接的人的品质更加重要。虽然移民们在行李中带有《圣经》以及布莱克斯通、莎士比亚和诺亚·韦伯斯特①的著作，并有参加祈祷和市镇集会的习惯，但不得不随遇而

606

---

① 布莱克斯通（1723—1780 年），英国法学家。诺亚·韦伯斯特（1758—1843 年），美国词典编纂家和哲学家。——译者注

安，适应环境。社会意味着邻里关系，虽然几乎没有大富豪，可是多数人拥有土地、一家锯木厂或者一家小酒店，财产不再是测验能否担任公职的标准。在边远地区，平等好像是不言自明的事情，因此新成立的各州实际上是实行成年男子普选权而加入联邦，也就是很自然的了。

这种平等主义的情绪直接影响了沿海各州拓殖较晚的地区，例如纽约州，它由于开凿了伊利运河而开发了指湖地区，[①] 而突然繁荣的指湖地区就是纽约州自己的西部。这种平等主义的情绪也间接鼓舞了工匠、店主和一般下层人士去争取选举权。沿海地区的各界居民，特别是人口迅速增长的港口费城、纽约和波士顿，开始出现骚动的迹象，对把持城市和州的事务的一些寡头们奉行的政策表示不满。因为，如果说各州的利益集团反对联邦在经济事务方面的干涉，而这种偏见并没有扩大到内政方面，这方面仍然由严格的重商主义原则所支配。要求迅速发展经济，实际上意味着改善交通运输，而在资金匮乏的地区，只能靠各州的直接行动去解决。从弗吉尼亚到马萨诸塞，公路、桥梁、运河和其他工程，不是由政府直接修建，便是由持有特许状的垄断集团修建；人们怀疑各商业辛迪加通过对州议会施加影响才得到了那么多特权，特别是在贸易萧条时期，失业的工匠们试图联合起来，但法院偏袒有产者，根据有关密谋活动的不成文法，使他们遭到失败。为了打破这种被信以为真的控制经济生活的特权，技工、商贩和神通广大的商业家族集团圈子之外的"制造商们"（他们依靠这些家族集团获得信贷），转而求助于选举权这一新武器。在群众压力下，东部各州放宽了宪法规定，取消了财产的资格规定（如马萨诸塞州在 1820 年，纽约州在 1821 年），废除了宗教甄别，使各选区的选民人数更接近人口数。政治家们不得不认真对待大大增加的新选民，这些人具有民主的倾向，对幕后操纵政治深为痛恨，指望将来能通过投票的手段来消除不满。这位民族英雄杰克逊正符合了这些受教育不多的、具有平民主义倾向的选民的不可抗拒的愿望；他在 1828 年以压倒性多数票当选为总统，不仅象征着西部取得了胜利，而且象征着对共和党旧政权的严格控制已忍无可忍的、民主的新美国的胜

607

---

① 指湖是纽约州西部 11 个狭长湖泊的总称。——译者注

利。这是一场政治上的革命。

政治利益的这种转变，得以在宪法范围内保持平衡，宪法从一开始就博得人们明显的拥护，但它在联邦政府和各州的权限范围方面却含混不清。建立强有力的中央集权政府的主张受到了关心州权者的反对，后者曾经使弗吉尼亚坚持将权利法案作为宪法的附加部分。汉密尔顿对商业权力作出广义的解释，为建立一个国家银行作辩护，在当时及以后都遭到那些唯恐削弱州权的人们的激烈反对。这一冲突不仅涉及对权力下明确的定义，而且也涉及主权的根本理论问题。共和国是全体美国人民创立的一个不可分割的"合众国"呢，或者仅仅是各州之间一种契约？每当一个州或几个州感到他们的基本利益受到联邦政策的威胁时，这种定义上的模糊就引起公开的争执。1798 年，针对共和党人而通过的客籍法和惩治煽动叛乱法，在拥护杰斐逊主义的各州就曾被斥为违反宪法。反对这些法令的肯塔基决议案和弗吉尼亚决议案就是以契约论为根据，主张各州有权判断是否违宪的问题；第二次肯塔基决议案宣称"拒绝承认这样的主权，拒绝执行在该文件幌子下炮制的一切未经授权的法令，乃是正当的矫正办法"。同样，在不同的情况下，联邦党人在哈特福德代表大会上认为新英格兰的根本利益由于进行战争而受到威胁，宣称"在故意、危险而明显地违背宪法、影响一州的主权和人民的自由的情况下，则该州不仅有权，而且有责任行使其权力以保护上述主权和自由……"在每次事件中，危机都平安度过了；但是以契约论为基础的各州有权拒绝执行国会法令的理论，在 1832 年危机中被坚持用来证明保卫至高无上的利益——棉花，言外之意也就是保卫奴隶制——而采取的非常措施是正确的。各州有权拒绝执行国会法令是一种极端的、值得怀疑的理论；但是在整个这一时期，鼓吹州权的人一直强烈抵制联邦政府扩大其权威的努力。

这一冲突集中表现在联邦最高法院要求把最高裁判权的权力扩大到裁决公民个人、各州或联邦政府本身的行动是否符合宪法，从而有权解释宪法本身的性质。美国最高法院在其成立的最初 10 年里扮演的是一种从属的、多半没有什么作用的角色；但是在 1801 年联邦党人任职的最后几个月进行的改组，主要通过任命弗吉尼亚人、联邦党人和国务卿约翰·马歇尔为首席法官，让即将离职的联邦党人加强了法院的权力和联邦主义性质。这完全是出于政治目的的策略，立即遭到继任的共和党人的非难；然而，尽管杰斐逊使蔡斯法官受到弹劾，但是在反对法院本身，特别是反对那位杰出的首席法官方面却未能取得进展，这位首席法官的任命是联邦党人在失去权力之际留在华盛顿维护中央权力的一名勇猛的斗士。法院在马歇尔领导下承担了它从那时以后在宪法范围内一直拥有的中心的和支配的地位。马歇尔虽然不是一位精通法律的法学家，但其在任的 30 年中，在 20 余件重要案件中发展了司法复审权的理论，扩大联邦政府对各州的最高权力，并认为宪法是不可分割的联邦的体现，联邦的最高权力则来自全体人民。

马歇尔的法院从一开始就将宪法的根本性质解释得非常明确。法官斯托里认为，"美国宪法不是由各州根据它们的主权地位草拟和制定的，而是应强调指出，正如宪法的序言部分所宣称的，是由'美国的人民'草拟和制定的"。马歇尔本人则认为：

> 迄今无人否认，合众国乃是为了多种目的，而且是为了许多最重要的目的而组成一个单一的国家的。在作战时，我们是一个民族。在媾和时，我们是一个民族。在一切商业条例中，我们是一个同一的民族。其他许多方面，美国民族是一个；唯一能够在所有这些方面统辖和管理他们利益的政府，就是联邦政府。

马歇尔以这些前提为基础，加强了联邦政府和最高法院的权威。在马伯里诉麦迪逊案（1803 年）中，他宣布一项国会法案违宪，由此确定了法院的司法复审权；在科恩斯诉弗吉尼亚州案（1821 年）中，他坚持州法院的判决须受最高法院的司法复审。在麦卡洛克诉马里兰州案（1819 年）中，他根据汉密尔顿的默许权力论，坚持认为合众国银行是符合宪法的。在吉本斯控奥格登案（1824 年）中，他否认一个领有州颁执照的轮船运输垄断企业在纽约州到新泽西州之间的赫德森河上专营的合法性，从而彻底改变了国会管理州际商业的权力。在弗莱彻诉佩克案（1810 年）中，他坚持契约的权利，即使当事一方是州议会亦应如此。在达特默思学院诉伍德沃德案（1819 年）中，他坚持学院的特许状是一种契约，因此立法机构不能加以破坏，这一判决对以后的商业公司具有极其重要的意义。马歇尔在职期间所作的判决是不得人心的，遭到了法学家和政治家的一致反对，特别遭到杰斐逊派共和党人和州权论者的反对；但是一般来说，对他所建立的司法体系的挑战，从未能得逞。

美国革命者在坚持英国人的并无实际权利的主张时，曾不得不抵制把他们束缚于英国社会的那种本能的、类似部落式的忠诚；革命从某种意义上说，实际上就是企图摆脱同暴政无异的欧洲民族主义。共和国的体制引起了强烈的自豪感和一种信念，认为美国代表着美好的未来，而欧洲则代表着腐朽的过去。各州议会大厦的雕刻、合众国银行、费城的供水系统、奥本的州模范监狱和伊利运河，都骄傲地代表着共和国的成就，它们可以和温莎城堡、威斯敏斯特教堂和伦敦塔相媲美；从费城到纽约州文明地区边缘的罗彻斯特，银行、交易所和别墅都按照作为建筑师的杰斐逊引进的希腊复兴式的风格建成，杰斐逊喜欢这种风格而不喜欢英国殖民地的风格，这正像用罗马、锡拉丘兹、伊萨卡和雅典作为城镇名字①一样，表示美国人的事业与希腊的独立事业相同，并在新世界的荒野上，使共和原则具有古典的高尚标志。

然而，建立一个法治而非人治的政府，毕竟是爱国热忱的抽象目标，它虽能激起隐居在萨斯奎哈纳的约瑟夫·普里斯特利这样的哲学家胸中的热情，但几乎无法使一般平民产生亲切的世俗感情。所以美国人不是把他们最深切的忠心献给遥远的联邦政府，而是献给本州或本地区。即使对杰斐逊来说，"我的国家"指的也是弗吉尼亚；当代表新英格兰的国会议员经过数星期的艰苦跋涉来到华盛顿时，他们以猜疑的眼光把那些时髦的、说话慢条斯理的来自种植园的同僚看成像是外国人一样。

如果说文化具有区域性质，它也依旧是地方性的，甚至带有殖民地的色彩。新英格兰人虽憎恨英国的政治，但是把英格兰称作"老家"，经营商业时还是用英镑、先令和便士。举止行动是共和党人的。但是服装和家具陈设呢，则如果不是去中国贸易的航行中掠夺来

---

① 前两个地名源于意大利，"罗马"在美国的地名译为罗姆；后两个地名源于希腊，"雅典"在美国的地名译为阿森斯。——译者注

610　的话，便是联邦党人的，也就是说英帝国式的或摄政时期①的风尚在国内的变种。虽然 1800 年和 1826 年的宗教大"觉醒"像草原野火般席卷内地，使野营布道会加强了福音传道，但各教会以克拉彭派②和英国剑桥大学为榜样，按照英国精神帝国主义的模式，建立起圣经会、宗教小册子出版会、禁酒会与和平会等一整套组织。美国人对他们所受的公费教育，对他们在大量新闻出版物中表达的出色演说和写作能力，对诺亚·韦伯斯特的辞典编纂原则都引为自豪；但他们也阅读非法翻印的司各特、拜伦、华兹华斯和珍妮·奥斯汀的作品，非法翻印书籍似乎是共和国的一种特权，乔尔·巴洛写的一部共和国史诗，也是用苍白无力的、旧式两行史诗体的变体写成的。

然而，在巴洛写成《哥伦比亚德》以后不到 20 年，费尼莫尔·库珀和华盛顿·欧文就用明显的美国风格写作了。这种新的美国意识大抵应归功于从土地本身散发出来的东西。欧文重现了赫德森河上的荷兰人的灵魂，该河上游被赫德森河画派的画家们描绘得金光灿烂，尤其是库珀刻画的森林生活和美国人的性格，成功地将浪漫主义运动的情调变为美国人的感受。由于气候恶劣，大陆上距离遥远，以及来自人和野兽的潜在危险，大自然绝不会使莱克兰的诗人们体验到那种亲切的感受；但是当美国人转向内地的时候，他们把阿巴拉契亚山峰峦起伏的荒莽，把河流、森林和远处的大草原说得那样宏伟而崇高，把他们自己和大自然融为一体，这时，那些西去的人们变得更加自我意识到是美国人了。

西部用另外一些方法培养民族意识。在比较原始的社会中生活的经历，使人们的习俗变得简单了，也使宾夕法尼亚人和弗吉尼亚人失去了原有的锋芒，使他们首先把自己当作美国人然后才是本州的公民。各个地区盼望华盛顿来治理它们，当它们成为正式的州以后，星条旗继续激发起新设计的州旗所不能激起的感情。边疆性格的那种桀骜不驯、精力充沛而又不受约束的特点，使西部人在发现外国人挡住他们前进的道路时，就会表现出勇往直前的民族主义精神。特别在移

---

① 指英国 1810—1820 年那一段时期。——译者注
② 大约 1790—1830 年间活跃在英国的一批社会改革家，以其活动中心在伦敦的克拉彭而得名。——译者注

民们沿森林、躲开陌生的空旷大草原向西北方大湖区前进时，他们越来越对上加拿大的英国势力感到愤恨。加拿大在美国的命运中已成为绊脚石，必须把它兼并掉，如果必要的话就用武力。

对英国的憎恨是形成美国民族主义的最早和最基本的动力。在那令人沮丧的长期革命战争中的战友情谊，引起了激荡人心的回忆，使美国人具有勇往直前的传统，在 1783 年以后，由于英国在加拿大的存在，始终保持了这种传统。并且使他们忧虑不安地确信：与这个宿敌的账还没有算清。按照杰伊条约，为了要求撤出西部的据点而付出了蒙受耻辱的代价，这对美国是一种蛮横的公开侮辱。英国多年来的大陆封锁一直使人们神经紧张，美国商人们被迫进入英国港口，而英王陛下的快速帆船在长岛视线所及的范围内巡弋；皇家海军的舰长们无视英裔公民归化证书，在公海上强征他们服役，公然蔑视美国国籍这个独特的概念，从而促使以前的革命爱国主义达到一个新的高度。这种强烈的感情使共和国于 1812 年向英国开战，而这却正是英国放松对美国商业的压力的时候，这表明一种呼声强烈的新的民族主义已经不是眼前有关的事件所能影响的。新英格兰对这种民族主义的响应最小，受到的损失却最大。战争的叫嚣并非来自沿海地区，而是来自大陆，在国会中喊出这种呼声的是代表南部的卡尔霍恩这样的鹰派人物，而更加突出的是一心想兼并加拿大的西北地区的代表人亨利·克莱。

1812 年战争对引起战争的具体问题一个都没有解决，而且连谁打赢了都很难说。但在心理上对美国人民来说是一段胜利的经历。种种屈辱，皇家海军的登陆，总统府被焚等，在美国人心目中，都由于在大湖区打了胜仗，特别是杰克逊的军队于 1815 年在新奥尔良大胜帕克南率领的参加过伊比利亚半岛战争的老兵而一笔勾销了。如果认为这次战争是争取独立的斗争的最后阶段，那是错误的；但是同宿敌的这最后一次流血战争，在从墨西哥湾直到大湖区的大陆战线上不管打得多么杂乱无章，却使美国人意识到他们不仅是一个共和国，而且是一个民族。当弗朗西斯·斯科特·基目睹英军连续炮轰后在麦克亨利要塞幸存下来的那面联邦旗帜时，在他的诗句中出现了新的基调，这首诗由一个英国作曲家作谱，使这个共和制的国家有了国歌。

（张大星　译）

第二十三章

拉丁美洲的解放

　　1807 年 11 月下旬，一支法国军队在朱诺将军率领下越过葡萄牙边界。29 日清晨，摄政王，也就是后来的国王若奥六世，他的患有精神病的母亲玛丽亚一世王后，他的悍妻、西班牙国王卡洛斯四世的女儿卡洛塔·若阿金娜和王室其他成员以及大批随从，乘船从塔古斯河设法逃往巴西。这支船队携带大批财宝，由英国战舰护送，途中被暴风吹散。有些船只于 1 月 15 日抵达里约热内卢。摄政王本人则在六天以后才在巴伊亚踏上巴西国土，28 日他在那里颁布了著名的敕令，宣布开放巴西各港口，与一切友好国家通商。他又乘船于 3 月 7 日到达里约热内卢。第二天在异常热烈的欢迎中登岸。

　　这一次王室的逃亡、朝廷的到来和港口的开放，立即产生了深远的影响。它给整个这一片殖民地带来了朝气蓬勃的新生机，"输入了新人、新资本和新思想"。[①] 随后创办了一家银行，买来了一部印刷机，开办了一所皇家图书馆，创刊了一份报纸。欢迎外国人到这个国家来，工业受到鼓励。欧洲的外交官，英国商人，德意志科学家，甚至还有一批中国的茶叶种植者都来到了里约热内卢，现在这个地方既是政府的所在地，又是英国在南美的海军基地。土生的巴西人和葡萄牙移民之间由于宿怨造成的激烈的敌对情绪，很快就变得明显可见。这时巴西人无论是在自己心目中还是在全世界的心目中，都获得了一种新的尊严，这终于在 1815 年 12 月得到了正式承认，巴西升格为王国，和葡萄牙王国地位平等。

　　布拉干萨王室从里斯本逃往里约热内卢，结果导致 14 年后巴西

---

① A.K. 曼彻斯特：《英国在巴西的突出地位及其盛衰》（查佩尔希尔，1933 年），第 72 页。

几乎以不流血的方式脱离了葡萄牙。正如拿破仑入侵葡萄牙最终使美洲的葡萄牙殖民帝国以和平方式瓦解一样，拿破仑之入侵西班牙，使美洲的西班牙殖民帝国，除古巴和波多黎各外，加速以暴力方式瓦解。

613

　　葡萄牙处于海上强国英国和陆上强国法国之间；西班牙是支持法国的。根据枫丹白露条约（1807 年 10 月 27 日），卡洛斯四世和拿破仑实际上已达成协议，双方瓜分葡萄牙和葡萄牙的属地。但是葡萄牙遭蹂躏后，下一个遭殃的就该轮到西班牙了。葡萄牙国王连同葡萄牙舰队都逃出了拿破仑的魔掌，西班牙国王却落入了他的手心。3 月 19 日，卡洛斯四世让位给他的儿子费迪南德七世。四天以后，缪拉率领的法国军队开进马德里。5 月，卡洛斯和费迪南德被拿破仑诱往巴荣纳，在那里被迫宣布放弃权利。6 月 6 日，根据拿破仑敕令，经在巴荣纳召开的"显贵会议"仓促批准，宣布约瑟夫·波拿巴为"西班牙和西印度群岛国王"。

　　可是拿破仑没有想到西班牙人热爱独立。在 1808 年 5 月 2 日这著名的日子，马德里人民起来反抗法国军队。这是全国奋起反抗侵略者的序幕。一省接着一省的抵抗委员会（洪达）① 纷纷涌现。阿斯图里亚斯委员会于 5 月，加利西亚委员会和塞维利亚委员会（傲慢地自称为"西班牙和西印度群岛最高政务会"）于 6 月对法国宣战，并派代表到英国。7 月 4 日，伦敦正式宣布英国同西班牙讲和，八天以后，阿瑟·韦尔斯利爵士原为入侵南美北部而在科克训练的一支远征军乘船出发，此去不是为了解放西班牙统治下的西属美洲，而是解放法国统治下的葡萄牙和西班牙。卡斯尔雷在 6 月 20 日写道，"由于在阿斯图里亚斯发生起义，西班牙君主国的复辟有了可能……但愿任何旨在瓜分从而削弱该君主国的措施都暂时停止"②。从此以后，就英国而言，解放西属美洲的想法就像征服其他地方的想法一样，都正式放弃了。西班牙和葡萄牙一样，成了英国的盟国，在共同的事业中联合在一起。卡斯尔雷在 8 月写道，如果西班牙拱手称臣，英国的"意图也仅限于同西属南美领地建立一种可能最适合于保护它们的

---

① 原文为 Junta，亦译为政务会、执政团等。——译者注
② 伦敦德里侯爵查尔斯·万恩：《卡斯尔雷子爵回忆录和通信集》（12 卷本，伦敦，1848—1853 年）第 6 卷，第 375 页。

独立和资源免受共同敌人的阴谋侵犯的联系"①；9月，坎宁在外交部确定，英国不能支持敌视西属殖民地的任何意图。②

对母国的入侵、王国覆灭和西班牙人大规模起义的消息在7月传到南美北部，8月传到新西班牙和拉普拉塔河地区，使得群情激愤，纷纷表示效忠。人们捐款支持爱国事业。拿破仑的代表很快就来了：萨塞内侯爵到了布宜诺斯艾利斯，保罗·德·拉马农副长官到了加拉加斯，但都受到了冷落，而且很快就把他们驱逐出去。萨塞内被监禁在蒙得维的亚，拉马农则落入了英国快速战舰"阿卡斯塔"号舰长的手中。卡洛塔·若阿金娜公主在里约热内卢大声呼吁，要求承认她是西班牙王室的合法代表，同样也无人理睬。在西属美洲人的心目中，里约热内卢干不出什么好事来。卡洛塔虽然在拉普拉塔河地区确实获得一些追随者，她的阴谋活动也激发而不是削弱了革命精神，但在那里就像在西属美洲其他地方——从新西班牙到智利——一样，人们纷纷宣布效忠于被监禁的国王费迪南德七世。

然而费迪南德是没有王冠的国王，在美洲的王家官员——构成殖民帝国文官的来自伊比利亚半岛的官僚——群龙无首。在西班牙本土，1808年9月以国王的名义勉强在阿兰胡埃斯组成了中央政务会，只是在两个月后才被迫逃往塞维利亚。1809年1月它在那里发出一个国王敕令，宣布在西印度群岛的西班牙领地不是殖民地，而是西班牙王国不可分割的一部分。因此有权派代表参加政务会。但是政务会的寿命不长。1810年1月由于法军侵占安达卢西亚，它又逃走了，这一次是逃到莱昂岛，政务会在这里解散，让位给五人摄政团，它受命召开一个能够同时代表西班牙和美洲的议会。

与此同时，在18世纪最后几十年已受到严峻考验（这是波旁王朝进行行政改革所未能预料到的结果）的殖民地政府结构开始出现崩溃的迹象。某些王家官员认为不管什么样的国王总比没有好，人们怀疑这些人和非法的国王约瑟夫·波拿巴勾结一起。在这一场权力危机中，西班牙人互相猜疑，美洲出生的西班牙人即克里奥尔人与西班牙出生的西班牙人即半岛人之间由来已久的敌对情绪爆发为公开的冲

---

① 卡斯尔雷致海军上将西德尼·史密斯爵士信，1808年8月4日。伦敦档案局，外交部72/91。
② 坎宁致斯特兰福德信，1808年9月2日，外交部63/59。

突。在新西班牙，代表克里奥尔人的墨西哥城市政会议和代表半岛人的检审法院都想把自己的意志强加给总督。在拉普拉塔河总督辖区，由于1806—1807年英国入侵时播下了革命的种子，肥沃了土壤，蒙得维的亚总督埃利奥和在布宜诺斯艾利斯的总督利涅尔斯彼此不和，再加上这两个城市互相妒忌，终于导致了蒙得维的亚暂时脱离了总督辖区，而布宜诺斯艾利斯本身于1808—1809年间也发生了西班牙人反对西班牙人和西班牙人反对克里奥尔人的斗争。在上秘鲁，查尔卡斯检审法院长期与该院院长（兼任拉普拉塔地方行政长官）不和，于1809年5月把他罢黜并监禁起来。在同一总督区的拉巴斯，克里奥尔人和梅斯蒂索人①于7月推翻当地的主教和地方行政长官，宣布"组织新的政府体制"并"在这些不幸的殖民地竖起自由的旗帜"②的时刻已经到来。在新格拉纳达总督辖区的基多，克里奥尔人贵族于8月叛乱，反对西班牙人总督，虽然他们热情地表示依然效忠于国王。

　　殖民地政府结构方面的这些裂缝暂时得到了弥补。西班牙中央政务会派了一位新总督到达拉普拉塔河地区，蒙得维的亚重又表示效忠。一位新的院长兼地方行政长官被派往查尔卡斯。从秘鲁开来的军队镇压了拉巴斯的叛乱。基多的克里奥尔人也屈服了。在中央政务会本身垮台之前，帝国体制上的危机，同时还有西班牙及其殖民地之间关系的危机，都没有充分暴露出来。

　　1809年1月，中央政务会宣布海外属地是西班牙王国不可分割的一部分，据此推理，那就是它们必须服从在西班牙的临时当局。然而哈布斯堡王朝对殖民帝国性质的看法并非如此，这也不是美洲人的看法。"这些王国和那些王国"是一句用来描述西班牙和西印度群岛的王家领地的名言。新世界的那些王国从来就不是属于西班牙的。它们是卡斯蒂利亚王国的遗产，仅仅由王朝纽带把它们和西班牙的各个王国联结在一起。波旁王朝想使殖民地政府合理化、体系化和中央集权化，因此却忘记了，或者说忽略了哈布斯堡的看法，西班牙人也是这样。但是克里奥尔人却还记得，正如18世纪的英国殖民地以王家

---

① 欧洲人和印第安人的混血种人。——译者注
② 里卡多·莱韦内：《关于五月革命和马里亚诺·莫雷诺历史论文集》（3卷本，第2版，布宜诺斯艾利斯，1925年）第1卷，第303页。

特权作为工具，拒绝服从议会的主权，并在斗争中取得胜利一样，西班牙殖民地在一旦没有国王之后，也同样拒绝服从半岛上的西班牙人。

1809 年在基多和丘基萨卡，以及在帝国的其他地区就已经听到了这样的论点，即美洲出生的西班牙人和西班牙出生的西班牙人一样，都是国王权力的维护者或剩余财产继承人；美洲的一些地区和西班牙的一些省份一样，有权成立自己的临时政府。由此不难进一步提出另一个论点，即自从国王成为阶下之囚，合法政府不复存在以后，统治权就已归之于人民，虽然所谓"人民"实际上只不过是指少数活跃的克里奥尔人而已；这种"人民主政"论，起初是一种既保守又革命的论点，在西班牙中央政务会解散，半岛显然已被征服的消息传来以后，给它增加了新的力量。"王国已崩溃，西班牙已丧失"，新格拉纳达革命运动的领袖之一卡米洛·托雷斯写道，"我们的地位难道不像家庭中父亲死时已经成年的孩子们吗？每一个孩子都应该享有各自的权利，建立新的家庭，自己当家做主"。①

随后在南美发生的起义运动，是从城市起义开始的，或者更确切地说是从市政会议的起义开始的。这种市政机构在 18 世纪末期至少在帝国的某些地区激起新的活动。在这些机构里，一般不能担任政府高级职务的克里奥尔人贵族和专业阶层有一定程度的代表性和权威。和两年前席卷西班牙的民族主义和君主主义的起义相比较，南美的起义是半民族主义和半君主主义性质的，它主要是争取地方自治的运动，大抵由各个首府带头起义，各省有的响应，有的抵制；运动一开始就显示出令人惊异的行动一致。其开端是 1810 年 4 月 19 日加拉加斯市政会议的一次特别会议罢黜了委内瑞拉的将军，于是各地政务会和市政会议接管了总督、都督和将军们的权力：布宜诺斯艾利斯于 5 月 25 日；新格拉纳达总督辖区的卡塔赫纳于 6 月初；总督辖区首府波哥大的圣菲于 7 月 20 日；智利的圣地亚哥于 9 月。这些新的当局无一例外都宣布效忠国王。委内瑞拉实际上直到 1811 年 7 月才宣布独立，拉普拉塔河地区诸省直到 1816 年 7 月才采取同样步骤。但是

---

① 胡莱斯·曼西尼：《玻利瓦尔与从开始到一八一五年的西班牙殖民地解放运动》（巴黎，1912年），第 271 页。

1810 年 5 月 25 日布宜诺斯艾利斯的革命，就像 1810 年 4 月 19 日加拉加斯的革命一样，即使没有正式宣布，实际上已等于是宣布独立。它以在法律上声称服从一个被俘的国王为幌子，开始时是摆脱法国统治的运动，一变而为反对西班牙的独立战争。

发生这种转变的原因，部分是由于殖民地当局本身昏庸无能，部分是由于少数有知识的克里奥尔人在一些梅斯蒂索人的支持下精心策划，决心"要在政府和贸易上取代半岛的西班牙人，在他们控制下，各愚昧无知的阶层成为他们用来达到目的的现成工具"。[①] 但是还有一部分原因是西班牙历届政府坚持敌对态度造成的后果。因为尽管君主政体已崩溃，半岛已遭蹂躏，而西班牙的自由派和保守派却仍然坚持帝国垄断和殖民地俯首听命的原则。摄政会议对委内瑞拉实行封锁。1810 年 9 月，在加的斯附近的莱昂岛召开了议会，并在 1812 年制定了一部自由主义的宪法，就是这个议会宣布两半球的西班牙属地组成一个单一的君主政权，一个单一的国家，一个单一的大家庭，美洲人享有和欧洲人同样的权利。但是殖民地要求在议会里享有平等的代表权，则不可避免地遭到了拒绝。在有关海外属地的一切问题上，以美洲人和菲律宾人为一方——最初他们在加的斯有 30 名代表——以半岛的代表为另一方，经常处于敌对立场。议会两次拒绝英国在母国与殖民地之间进行调解的建议。实际上，它所寻求的与其说是与反叛的诸省和解，倒不如说是要"凭借武力使它们无条件屈服"[②]。西班牙不可能像英国一样设想建立一个对国王效忠而结合在一起的联邦国家。它不需要 1814 年费迪南德和专制主义的复辟，这一点就足以表明西属美洲的独立最后成为必然的事。

除了墨西哥以外（参阅下面原书第 634 页），1810 年爆发的革命都是政治革命。其目的不是改组社会而是把权力从西班牙人转到克里奥尔人手里的再分配。它们还指望打破西班牙的商业垄断，使本大陆向世界贸易开放。南美革命运动起源于加拉加斯和布宜诺斯艾利斯，并从那里汲取力量，而这两个城市是对外贸易和外国影响渗透得最深

617

---

① C. H. 哈林：《美洲的西班牙帝国》（纽约，1947 年），第 346 页。

② 亨利·韦尔斯利爵士致卡斯尔雷信，加的斯，1812 年 7 月 5 日。查尔斯·K. 韦伯斯特爵士编：《英国与拉丁美洲的独立，1812—1830 年。外交部档案文件选编》（两卷本，伦敦，1938 年）第 2 卷，第 330 页。

的地方。在这些革命运动完成这一转变过程中（开始时只有和西班牙秘密的或公开的殖民竞争者进行非法贸易），逐渐形成了一场经济革命。但是在它们可能造成社会革命的时候，便停步不前了。它们使美洲出生的西班牙人的眼界大开。梅斯蒂索人，也就是混血人种，也有所得，虽然美洲印第安人一无所得；黑奴制和奴隶贸易到处都受到限制或取缔。尽管克里奥尔人取代了西班牙人，尽管大部分地区的政治体制面目一新，但在独立战争结束时，特别是农村地区和印第安人地区，殖民地社会的结构却没有什么变化，这显示出了传统制度的强大力量。

618

　　在另一方面，西属美洲的经济组织和它的行政组织一样，都已经彻底崩溃。独立战争是内战。克里奥尔人和西班牙人作战，但是西属美洲人也彼此交战。分离派和保王派——后者的人数在比例上大大超过北美独立战争时英国在北美大陆殖民地中的保王派——同样利用愚昧无知的群众，凶猛激烈的斗争一经开展，就发挥出无比威力，所到之处，均夷为废墟。它那毁灭性的烈火蔓延遍及整个大陆，在南美的某些地区，这样的灾难持续了15年之久。少数地区——巴拉圭是其中之一，中美洲是另一个——幸而受害较轻。在拉普拉塔河流域，布宜诺斯艾利斯以及和它同名的辽阔省份，迅速对对外贸易的新潮流作出了反应。智利的瓦尔帕莱索港是革命的产物。但是东岸地带①和以后成为阿根廷的一些内陆省份则受害很重。上秘鲁的高原地区，即现代的玻利维亚，一直是个战场。委内瑞拉也一样，成千上万的人死于刀剑之下。虽然受害程度各个地区不同，但是总的来说，南美的经济生活遭到破坏，殖民时代最后几年的繁荣也被摧毁了。通商路线废置，矿山荒芜，庄稼无人收割，牲畜无人放牧，劳动力的提供已被打乱，资金外流。

　　殖民帝国随着行政和司法方面的主要分裂而逐渐解体。英国在大陆上的13个殖民地成为美利坚合众国。13个国家替代了西班牙和葡萄牙的殖民帝国。但是除了拉普拉塔河一个地区以外，早期的革命运动由于个人之间和地区之间复杂激烈的竞争，以及由于目标和意见的分歧，均遭失败。在拉普拉塔河总督辖区取得的成功是不稳定的，胜

---

　　① 拉普拉塔河以北，乌拉圭河以东地区的通称，以后成为乌拉圭共和国。

利的代价也是高昂的。

　　在美洲四个总督辖区中最后建立的拉普拉塔河总督辖区，不仅包括现在阿根廷的几个省，而且包括乌拉圭、巴拉圭和玻利维亚等现代国家。1810 年 5 月 25 日在辖区首府废黜总督并成立政务会的事件，使准备已久的运动达到高潮（参阅前面原书第 614、616 页）。但是 **619**革命是在布宜诺斯艾利斯发起的。如果说它是克里奥尔人的革命，那么它也是"港口人"①的革命；这种革命绝不是任何地方都愿意接受的。例如巴拉圭河上游亚松森的克里奥尔人就不愿意由西班牙的统治改变为布宜诺斯艾利斯的统治。他们生来与世隔绝，遵守古老传统，加上布宜诺斯艾利斯对巴拉圭的贸易征收苛捐杂税，因而本能地不喜欢港口人。港口人想用武力把自己的意志强加于他们身上，但是没有效果。他们的军队在 1811 年两次败北，同年，巴拉圭都督辖区本身爆发革命，废黜了都督兼行政长官，建立了独立的政务会。其中有一个成员是何塞·加斯帕尔·罗德里格斯·德·弗朗西亚。他是民法博士和宗教法博士。1813 年他成了这个国家的两个执政官之一，1814 年成为独裁者，直到 1840 年去世为止。在弗朗西亚统治下的巴拉圭，要进去还勉强可以，要离开几乎是不可能的。拉普拉塔河地区各省永远丧失了这一地区。

　　和巴拉圭一样，拉普拉塔河对岸新兴城市、商业上的竞争对手蒙得维的亚，也拒绝接受布宜诺斯艾利斯的统治。蒙得维的亚像亚松森一样，憎恨首都表现出的垄断倾向，并且驻扎着西班牙军队，所以拥护西班牙的摄政会议。1814 年以前它一直是西班牙政权的前哨。不过它是孤立的。1811 年东岸地带周围人民在高卓人②游击队首领何塞·赫瓦西奥·阿蒂加斯的领导下举行起义。阿蒂加斯首先在蒙得维的亚和保王派作战，后来在 1813 年，又和布宜诺斯艾利斯的克里奥尔人作战。开始时蒙得维的亚打算从海上或河上封锁布宜诺斯艾利斯，但在 1814 年它自己最后却从陆地上受到围攻，向港口人投降，第二年被港口人抛弃，交给了东岸地带人。西班牙和葡萄牙长期以来都在争夺拉普拉塔河北部地区，在这一片有争议的土地上的三角斗

---

　　①　习惯上把布宜诺斯艾利斯的居民叫作"港口人"。
　　②　意为"骑马的人"，或骑马牧民，居住在阿根廷和乌拉圭，最早是私贩牛皮的人。

争，对毗邻的巴西总督辖区的葡萄牙王室来说是不能失去的大好机会。葡萄牙人表面上站在蒙得维的亚的保王派一边进行干涉，先是被英国驻里约热内卢大使和拉普拉塔河地区的调停人斯特兰福德勋爵制止了，他同时也设法遏制港口人的野心。但是到了 1816 年，就再也遏制不住了。葡萄牙人重又入侵，这一次至少得到了港口人的默许，因为他们对阿蒂加斯恨之入骨。蒙得维的亚随即被占，巴西的边界又一次向南延伸到拉普拉塔河流域。

620

巴拉圭已经取得独立。东岸地带已落入巴西之手。上秘鲁重新并入效忠国王的旧秘鲁总督辖区，它原是在 1776 年建立拉普拉塔河总督辖区时才划分出来的。1811 年，前去解放这几个山区省份的一支港口人军队到达的的喀喀湖上游，后来来自秘鲁的保王派军队才把他们歼灭。虽然在 1813 年和 1815 年，一支阿根廷军队两度突袭这一带山区，但每次都失败而回。拉普拉塔河各省永远丧失了上秘鲁，如同它永远丧失了巴拉圭和东岸地带一样。

因此，对拉普拉塔河总督辖区来说，1810 年 5 月布宜诺斯艾利斯的革命意味着肢解。外围瓦解，中央又处于无政府状态。在 1810 年以后许多年里，布宜诺斯艾利斯的历届政府都是交战的政府，在两条战线上进行作战，一条是在拉普拉塔河地区，另一条是在上秘鲁的边界线上，而且各行政机构——政务会（洪达），三人执政委员会，国会，执政府——都是和战争共命运，随着作战部队的兴亡而兴亡。1813 年召开的制宪会议把中央政府统一在一个最高执政官手中，并采取一切步骤向全世界表明阿根廷的独立，只是没有公然宣布而已。但是制宪会议未能制定一部宪法，而且拒绝承认阿蒂加斯控制下的东岸地带农村地区派来的代表，这些代表奉命前来要求立即宣布独立，建立各省都有自治权的联邦制政府。

迄至这时为止，布宜诺斯艾利斯一直掌握革命的领导权。现在这一领导权受到了挑战。阿蒂加斯作为"自由人民的保护者"、农民群众的原始民主和反对港口人的地方利益的战士，很快就不仅控制了东岸地带，而且还控制了毗邻的科连特斯、恩特雷里奥斯和圣菲各省；当原来的总督辖区的领土似乎要进一步受到肢解时，布宜诺斯艾利斯本身就发生了暴动和兵变，推翻了"全国"政府。到 1815 年，联合省已经变成为半独立的、组织不完善的，甚至半带敌意的各地区的联盟了。然而分裂的趋势暂时制止了。在布宜诺斯艾利斯市政会议的推动下，1816 年 3 月在内地城市图库曼召开了新的国会会议，虽然阿蒂加斯控制的地区没有派代表出席，其他各省都派了代表。正是这一个机构恢复了全国政府，并于 1816 年 7 月 9 日宣布阿根廷各省独立。

有些阿根廷领袖一再对共和国感到失望，就想建立以欧洲的一位王子为首的君主立宪国。图库曼国会甚至考虑重建印加王朝。但是在拉普拉塔河地区的革命还是维持下来了。这是绝无仅有的事。在智利，克里奥尔人贵族于 1810 年按照布宜诺斯艾利斯的方式，在圣地亚哥建立了政务会。由于贵族内部各阶层分裂，地区之间相互妒忌和个人之间彼此敌对，最后加上保王派从秘鲁入侵，自治运动就此遭到毁灭。保王派渴望为西班牙势力保存这一个据点。1814 年 10 月兰卡瓜战役标志着智利政务会的覆灭。在南美北部的委内瑞拉将军辖区，曾两次建立共和国政权，但两次都被推翻。在毗邻的新格拉纳达总督辖区，1810 年被推翻的总督政权，六年后又被由伊比利亚半岛的老兵组成的一支军队重新建立起来。

在早期革命运动中，南美最北部这两个地区遭到的灾难性后果是最严重的了。在委内瑞拉，1810 年 4 月在加拉加斯建立的政务会驱逐了殖民地的主要官员，向国外派出代表——其中派往伦敦的有年轻的西蒙·玻利瓦尔，后来是半个大陆的解放者——并召开了国会。国会于 1811 年 7 月宣布委内瑞拉独立，12 月通过了以美国联邦宪法为蓝本的一部宪法。但是克里奥尔人的领导是软弱无力的，这个国家不久就面临着经济危机，保王派的反扑也迅即开始。1812 年耶稣升天节的一场地震使爱国者的据点成为废墟，而保王派的中心却并未触动，自然界的威力加强了反动派的力量。在这一危急存亡之际，最近刚刚回国的弗朗西斯科·德·米兰达被推为独裁者。米兰达长期在欧洲和美洲企图推动西属美洲的独立，在他的令人惊讶的生涯中曾经任法国革命中的将军以及其他许多职务。但是米兰达失去了信心，与保王派领导人签订了投降书。当他企图逃离该国时，被手下的一些军官，其中包括玻利瓦尔所出卖，1816 年惨死在西班牙的监狱里。

委内瑞拉的第一个共和国就此告终。第二个共和国也和第一个共和国一样短命。玻利瓦尔经海路逃到新格拉纳达，找到一个基地，就由此率领一支解放军重返加拉加斯，进军中宣布要和西班牙人"决一

622 死战"。但是他取得的胜利只是昙花一现。奥里诺科河流域一帮半裸体的平原游牧部落人，追随野蛮的西班牙人何塞·托马斯·博维斯推翻了第二共和国。1814 年 7 月，加拉加斯再度被放弃，居民仓皇逃离城市，玻利瓦尔在 9 月末又逃到新格拉纳达。

然而新格拉纳达本身已经注定要覆灭的。从 1810 年以来，新格拉纳达人把主要精力放在起草宪法上。"人们广泛认为联邦制是完善的政体；因此每一个省或者往往只是一个省的一个地区都是一个主权州；每一个主权州，更不用说由各主权州组成的每一个邦联了，都制定了一部或者一部以上宪法。"① 在这种教条主义的狂热中，新格拉纳达到了 1815 年 1 月依然是一个既无组织又不统一，处于断断续续的内战状态的国家。同时，在 1814 年 7 月，西班牙决定要重新征服它的殖民地。巴勃罗·莫里略将军率领的 1 万名远征军在加的斯集中。它原来准备开往拉普拉塔河地区，但是考虑到平定委内瑞拉和新格拉纳达更为紧迫，因而改变了目的地。1815 年 4 月远征军到达委内瑞拉沿海地区附近，莫里略不久就向新格拉纳达推进。卡塔赫纳被围困 100 多天后首先陷落，首府波哥大的圣菲也随即失守。到 1816 年年中，新格拉纳达总督辖区重又建立，南美北部的革命似乎即将死亡或者已经气息奄奄。只有委内瑞拉东部地区的革命还不时显现一点生气。

这一年是革命战争的关键。1816 年反动势力达到顶点，革命事业成败未定。但是革命现在以双倍的力量东山再起。在南方，在分隔阿根廷和智利的大山脚下的门多萨，何塞·德·圣马丁正悄悄地组织他的安第斯军。"门多萨是通往智利的大门，智利是通往秘鲁的大门。"② 就在 12 月圣马丁准备出发时，玻利瓦尔在委内瑞拉作最后一次登陆，重新发动解放祖国的斗争，这成为西属美洲历史上最重大的巧合事件之一；玻利瓦尔也和圣马丁一样高瞻远瞩。"是的，是的，"他告诉同伴们说，"你们将同我一起奔向富饶的秘鲁。我们的命运召唤我们到美洲大陆最远的地方去。"③

① 戴维·布什内尔：《大哥伦比亚的桑坦德政权》（特拉华州纽瓦克，1954 年），第 6—7 页。
② J. P. 奥特罗：《解放者唐·何塞·德·圣马丁传》（4 卷集，布宜诺斯艾利斯，1932 年）第 1 卷，第 278 页。
③ 《西蒙·玻利瓦尔全集》（比森特·莱库纳和埃斯特尔·巴雷特·德·纳萨雷斯编，2 卷本，古巴，哈瓦那，1947 年）第 1 卷，第 223—224 页。

圣马丁生于乌拉圭河上游一个偏僻的传教站。他在西班牙求学，623
1812 年回到布宜诺斯艾利斯时是个职业军人、战略家和战术家。他
的假道智利而不是经过上秘鲁的漫漫长途把革命进行到秘鲁的著名计
划，是在两年以后拟定的。他的组织天才于是就集中在一个目标上，
即建立和装备一支军队，通过巍巍安第斯山的关隘进入智利。其中有
一个关口是在阿空加瓜和图奔加托两座高峰之间，海拔 1.26 万英尺。
1817 年 1 月一切准备就绪。每条道路都经过周密调查；为了掩饰圣
马丁的真实意图和进军路线费尽了心机；制定了精确的进军时间表；
虽然地形条件极其恶劣，夜间严寒，高山病以及同小股敌军遭遇战，
但穿越 500 来英里战线的整个行动都极其精确地顺利完成。2 月初，
圣马丁的每一个指挥官都准时到达指定地点。2 月 12 日，两支主力
纵队会师后，向查卡布科的保王军突然发动袭击，两天后圣马丁进入
圣地亚哥。圣马丁本人拒绝上台执政，圣地亚哥市政会议因而任命早
期起义领袖、随圣马丁一起越过安第斯山的贝尔纳多·奥希金斯为智
利最高执政官。奥希金斯的父亲是为西班牙服务的爱尔兰人，曾先后
担任智利将军和秘鲁总督。

查卡布科战役是南美的重大战役之一。但不是决定性的战役。直
到 1818 年 4 月，保王军在圣地亚哥以南的马伊普再一次败北，智利
的独立才算确定无疑，并为实现圣马丁宏伟计划的第二阶段——从海
上入侵秘鲁——铺平了道路。同时，奥希金斯开始建立一支海军，由
一些英、美商船和私掠船、以前用于东印度群岛航线的商船、一艘掳
获的西班牙快速帆船和另外几艘小战舰组成，最后由英国海员、后来
的邓唐纳德伯爵托马斯·科克伦指挥。这是一个非常勇敢但又极不可
靠的人，曾私自同英国政府作战，后来接受劝告为智利服务。这支舰
队的官兵都是英国人、爱尔兰人、苏格兰人、美国人和智利人，于
1820 年 8 月载着圣马丁的军队驶离瓦尔帕莱索湾（圣马丁拒绝服从
命令返回布宜诺斯艾利斯）。他们首先在往北 1000 英里的皮斯科登
陆，由此向高原地区派出一支远征军，接着舰队载着军队驶向利马以
北，封锁首都及其海港卡亚俄。鉴于保王军在数量上占优势，圣马丁
就采取了观望、等待和谈判的政策，这使科克伦大为不满，不久就失　624
去了耐心，结果保王军于 1821 年 7 月和平撤离利马。28 日庄严宣告
秘鲁独立，六天后，圣马丁被授予"护国公"的称号。

　　正如 1817 年圣马丁跨越安第斯山向南进军，最后又从海上入侵西班牙在南美的堡垒秘鲁一样，1819 年玻利瓦尔也作了一次同样英勇的进军，跨越安第斯山向北进军，最后从陆路入侵秘鲁。玻利瓦尔具有特殊的禀赋，几近天才，1783 年生于加拉加斯。他年轻时广泛阅读卢梭和雷纳尔、伏尔泰和孟德斯鸠、洛克和霍布斯的著作。玻利瓦尔在巴黎见过拿破仑并且崇拜他，把他当作"光荣的明星，自由的天才"[①]，那就是说，他崇拜拿破仑直到拿破仑登上王位为止。他还不满 22 岁的时候，曾站在罗马郊外的萨克罗山上发誓要把他的祖国从西班牙统治下解放出来。在他作为军人的早期生涯中（参阅前面原书第 621—622 页），既有过辉煌的胜利，也有过悲惨的失败，后来流亡到牙买加（1815 年 5 月），最后流亡到海地。玻利瓦尔即使在最倒霉的时刻也没有对自己的命运和事业丧失信心。当 1812 年的一次地震把加拉加斯夷为废墟时，他说："如果老天爷反对我们的计划，我们就要向他开战，让他俯首听命。"[②] 1815 年当一切似乎都已绝望时，他从牙买加发出的那封著名的信中也表达了同样的信心："美洲的命运已经无可改变地确定了。与西班牙连在一起的纽带已经切断……使这两个国家的精神调和一致，要比统一美洲大陆更困难一些。"[③]

　　1816 年的最后一天，玻利瓦尔在委内瑞拉加勒比海海岸的巴塞罗那登陆。三个月后他采取决定性的步骤，离开沿岸深入腹地，在那里他可以通过奥里诺科河直接和外界交往；他的权威也逐渐巩固了。他开始以安戈斯图拉（玻利瓦尔城）为基地，计划建立一个新国家：他设想，这个国家是个"保守的共和国"，包括委内瑞拉和新格拉纳达，使英国宪法中至少他认为是特别好的某些方面得到再现。[④] 他在这里招收了大批外国退伍军人，都是从英国、爱尔兰和苏格兰招募来的，其中许多人是拿破仑战争时期的遣散士兵。最后，他率领 3000 人于 1819 年 5 月下旬从这里出发，开始了著名的大进军，穿越奥里

625

---

　　① 玻利瓦尔的这些话，系根据他的副官、爱尔兰人丹尼尔·奥利里所说。《丹尼尔·弗洛伦西奥·奥利里将军回忆录·叙事》（3 卷集，加拉加斯，1852 年）第 1 卷，第 61 页。
　　② 《玻利瓦尔全集》第 2 卷，第 994 页。
　　③ 《一个南美人答本岛一位骑士问》，金斯敦，1815 年 9 月 6 日。《全集》第 1 卷，第 160 页。
　　④ 《解放者在安戈斯图拉议会发表的讲话》，1819 年 2 月 15 日。《全集》第 2 卷，第 1132—1155 页。

诺科河炎热的遍地沼泽的平原，从海拔 1.3 万英尺的寸草不生的皮斯瓦荒岭翻过安第斯山，在博亚卡击败西班牙的主力部队（8 月 7 日），四天以后胜利地进入新格拉纳达首府波哥大的圣菲，不久以后，随即宣告新格拉纳达和委内瑞拉联合成为哥伦比亚共和国，1821 年在库库塔为新建立的共和国起草宪法，玻利瓦尔对这部宪法其实并不完全满意。玻利瓦尔成为共和国的第一任总统，弗朗西斯科·德·保拉·桑坦德为副总统，在玻利瓦尔离职期间代理民政事务。

即使在博亚卡战役之后，如果从欧洲派一支军队去增援西班牙的总司令莫里略将军的话，战局还是可能扭转过来而不利于玻利瓦尔的。它肯定能够拖长战争的时间。1819 年，这样一支军队已经在加的斯集结。但是西班牙的事态又一次深深影响了西属美洲的事态。1820 年 1 月 1 日，拉斐尔·列戈上校竖起了起义大旗，反对费迪南德七世的独裁政权，宣布恢复 1812 年宪法。起义迅速扩展，国王被迫让步；于是派往美洲的不是军队，而是谋求和平与和解的代表。莫里略奉命同玻利瓦尔谈判，1820 年 11 月签订了停战协定后就返回欧洲。然而，现在即使是与立宪制的西班牙实行和解也已经不可能了。胜利的浪潮迅速涌来。停战协定满期以后，玻利瓦尔再度跨过安第斯山，在第二次卡拉博博战役（1821 年 6 月 24 日）中把除卡贝略港堡垒以外的委内瑞拉从西班牙统治下解放出来。在这次战役中，英国军团起了显著的作用。从此以后玻利瓦尔才能把注意力从以前的新格拉纳达总督辖区的东部和中部地区转向西部和南部地区，亦即保王派势力雄厚的帕斯托省和基多检审法院院长辖区。

帕斯托是新格拉纳达不可分割的一部分。基多检审法院院长辖区则不是。不过它原来附属于这个总督辖区，因此玻利瓦尔很自然地把它看作他新建立的哥伦比亚共和国的一个组成部分。除了瓜亚基尔港和瓜亚基尔省以外，它仍忠于西班牙。但是瓜亚基尔于 1820 年 12 月宣布独立后，声明它有权参加南美最符合它本身利益的任何联盟，这就是说，它可以和圣马丁最近登陆的秘鲁结盟，也可以和玻利瓦尔最近宣布独立的哥伦比亚结盟。这两位伟大的解放者都希望瓜亚基尔并入他们控制的地区里来。他们都派代表到瓜亚基尔。1821 年玻利瓦尔派遣他最杰出的副手、29 岁的安东尼奥·何塞·德·苏克雷从海上到达瓜亚基尔，在秘鲁和哥伦比亚军队的支援下，1822 年 5 月在皮钦查取得决定性胜利，从而结束了西班牙在基多的统治。与此同时，玻利瓦尔本人也开始进行艰苦的长征，从帕斯托到达基多。不管圣马丁有什么想法，玻利瓦尔肯定不打算让瓜亚基尔有多大的选择自由。他在6月中旬到达基多，就急忙赶到港口，从那时起，就瓜亚基尔人而言，自决已经成了空谈的问题。瓜亚基尔和基多一样并入了哥伦比亚。

这简直是一次强行占领，就在这种情况下，玻利瓦尔和圣马丁于1822年7月26日举行会晤。他们是以平等身份见面的。但是当时玻利瓦尔依然在吉星高照之际，而圣马丁的命运已开始走下坡路。精力充沛、一心追求"荣誉"、声望的玻利瓦尔是在取得一连串巨大胜利之后来到瓜亚基尔的。他是委内瑞拉和新格拉纳达的解放者；他刚刚在基多巩固了自己的地位；瓜亚基尔也落入了他的手里。另一方面，圣马丁却是病魔缠身，疲惫不堪。在秘鲁，他除了痛苦和误解以外几乎一无所获。他的手下人中间也出现了不满的迹象。科克伦同他发生了争吵，弃他而去。最主要的是秘鲁还没有获得自由。他解放了滨海地区，但并未到达高原，那里的总督势力仍然没有触动。要消灭这种势力，圣马丁需要玻利瓦尔的支援，但是又没有得到。两个人的会见是在私下举行的。没有第三者参加。但是从各自声明中可以明显看出来，他们对于将来秘鲁的政体（圣马丁主张以一个欧洲的王子为首的君主政体），以及在秘鲁进行作战和结束战争的方法都没有取得一致意见。玻利瓦尔答应提供帮助，圣马丁却认为不够；圣马丁主动提出要在玻利瓦尔领导下效劳，玻利瓦尔却又不能接受。[1]

对圣马丁来说，这是他的结局。他非常失望地回到利马。在他离开秘鲁前甚至就有过辞退的念头。这时他作出了决定。9月20日，他辞去护国公之职，移交给新成立的制宪议会，第二天就乘船去智利。"我对自己曾经为之战斗的那些国家作出的诺言已经实现了"，他宣布说，"那就是使它们获得独立，让它们自己去选择政府。一个幸运的军人留而不去，不管他是多么大公无私，对新成立的国家都是危险的"。[2] 他从智利迁居阿根廷，后来又到欧洲，待了25年多后在

627

---

[1] 对主动提出在玻利瓦尔领导下效劳一事的证据是有争论的。参阅格哈特·马苏尔在《瓜亚基尔会议》一文中的论述，《拉丁美洲历史评论》31卷（1951年），第189—229页。

[2] 《圣马丁档案文件》（12卷集，布宜诺斯艾利斯，1910—1911年）第10卷，第356页。

欧洲去世。

解放秘鲁的工作有待玻利瓦尔去完成。但是他不可能立即离开哥伦比亚，因为他需要处理的当务之急太多，何况他在秘鲁也不会立即受到欢迎。后来他应秘鲁人姗姗来迟但是日益急迫的请求，于1823年9月终于到达利马，发现这个国家正处于混乱之中，北面的特鲁希略城有一个总统，在首府也有一个，高原地区还有一个尚未战败的总督。1824年2月，卡亚俄的卫戍部队叛变投奔保王派。正当绝望的议会把独裁权力授予玻利瓦尔的时候，总督的军队从山区袭来，重新占领了利马。不过战争的最后阶段已经临近了。玻利瓦尔总是处逆境而表现得非常出色。他重整部队，征募新兵，8月6日在安第斯高原的胡宁大败敌军。夜间奇寒，"双方的伤员几乎全部冻死"；① 这次战役就是战争行将结束的开端。12月9日，苏克雷在阿亚库乔获胜，最后一个西班牙总督放下了武器，战争才宣告结束。保王派的几个据点——卡亚俄要塞，智利沿海的奇洛埃岛——坚持到1826年。阿亚库乔之于南美的西班牙帝国，正如约克敦之于北美的英帝国一样。整个秘鲁，直到秘鲁和上秘鲁的边界线德萨瓜德罗河，即查尔卡斯检审法院院长辖区，现在都落到了爱国者手中。只要把上秘鲁负隅顽抗的保王军消灭就行了，上秘鲁是西班牙殖民帝国中最先起义（参阅前面原书第615页）而最后解放的地区，这一项工作不久就完成了。当苏克雷向前推进时，上秘鲁人民都起而欢迎他。他召开议会，议会宣布拥护独立。于是1825年8月玻利维亚共和国诞生了。为了向玻利瓦尔表示敬意，共和国采用了他的名字，不管他什么时候来到这个国家都拥有行政大权，不久以后他就这样做了，共和国并请他制定一部宪法。

作为哥伦比亚的解放者、秘鲁的独裁者和玻利维亚的总统，玻利瓦尔的权力和威望在1825年年末达到了顶峰。这时他梦想建立一个西属美洲国家联盟，总部设在巴拿马。他还梦想把他帮助创立的那些国家建成一个更加紧密的联邦。但是无政府状态的浪潮正在兴起。他为玻利维亚草拟了一部宪法，并希望别的国家也会采用。他把这部宪 628

---

① 约翰·米勒：《威廉·米勒将军在秘鲁共和国服役期间回忆录》（2卷集，伦敦，1828年）第2卷，第134页。

法看作诺亚方舟，可以拯救一切行将灭顶的人。[1] 事实上，它只不过是伪装之下的君主制——共和国有一个终身总统，他可以指定自己的继承人；立法机构远非人民所能控制；还有一个监察院，监察官为终身职，监督宪法和法律的执行。"我从骨子里相信，"他在这一年写道，"我们的美洲只能通过强有力的专制主义来进行统治。"[2]

结局是悲剧性的。他的一切计划，一切希望全部破灭了。1826年6月召开了巴拿马会议，参加大会的只有秘鲁、哥伦比亚、墨西哥和中美洲的代表（参阅下面原书第635页）。这次大会除了对遥远的未来起到鼓舞作用外，是一次失败。安第斯联盟始终是个梦想。玻利维亚转而反对玻利瓦尔留下来担任总统的苏克雷。秘鲁当玻利瓦尔在的时候采用了他制定的宪法，但他刚一离开就废除了它，接着就入侵玻利维亚和哥伦比亚，哥伦比亚则发生了内讧。这位解放者变成了独裁者。有人企图谋杀他，在一个分崩离析的世界里他感到绝望。1829年他写道："美洲没有信义，美洲国家之间也没有信义可言。条约形同具文；宪法等于书本；选举等于战斗；自由等于无政府状态；生命等于痛苦。"[3] 最后他踏上了流亡的道路，1830年12月死于流亡之中。他的死同时是一种制度的消失。委内瑞拉在其伟大的游击战士何塞·安东尼奥·派斯的领导下，已经从哥伦比亚分离出去，原基多检审法院院长辖区也以厄瓜多尔的新名称脱离哥伦比亚。

像大哥伦比亚那么幅员辽阔、人烟稀少、地区分割的一个国家，也许绝不会有多少机会可以存在下去。但是在整个西属美洲，原来帝国的行政制度十分注意排斥土生美洲人担任政府的技术性工作，因此不管是墨西哥还是哥伦比亚，阿根廷还是秘鲁，要在这种制度的废墟上建立起能存在的和稳定的国家是极端困难的。在19世纪30年代，智利确曾找到解决这一问题的可行办法。1823年奥希金斯（参阅前面原书第623页）在那里垮台，他成了智利土地贵族仇恨的受害者，他们敌视他的社会政策，也敌视他的个人统治。他流亡后，接着经过七年的政治试验和争论——1823—1829年之间曾经有过三部宪法——以及日益严重的混乱和骚动。然而保守派势力在1830年内战

[1] 玻利瓦尔致古铁雷斯·德·拉富恩特信，1826年5月12日。《全集》第1卷，第1326页。
[2] 玻利瓦尔致桑坦德信，1826年7月8日。《全集》第1卷，第1390页。
[3] 《西属美洲一瞥》，据认为是玻利瓦尔所写。《全集》第2卷，第1304页。

中取得的胜利结束了这种混乱局面，在 1833 年制定的贵族宪法下， 629
智利成了一个骚乱的大陆上的一块和平的绿洲。

阿根廷就没有那么幸运。图库曼国会（参阅前面原书第 620 页）
于 1816 年宣布"南美洲联合省"独立。它重新建立了最高执政府，
迁到布宜诺斯艾利斯以后，于 1819 年颁布宪法。这就为建立一个高
度中央集权的统一的国家创造了条件。它无视各省实现地方自治的主
张和对一个城市、一个港口或者一个省份拥有经济霸权的担心。它也
无视许多省份事实上已经落到军事首领、平原地区的"考迪略"，以
及像圣菲的埃斯塔尼斯劳·洛佩斯和恩特雷里奥斯的弗朗西斯科·拉
米雷斯（他不久就把他的老盟友和实际上的主子何塞·阿蒂加斯①放
逐到巴拉圭）这样的人的手里，未必会驯服地服从布宜诺斯艾利斯
的命令。最后，发现至少有几个制定宪法的人参与了企图把共和国变
为君主国的计划。其结果就是"1820 年的无政府状态"。洛佩斯和拉
米雷斯率领他们的牧民骑兵进攻首都；议会和执政府均告消灭；全国
政府不复存在，只剩下了联邦的幻影。

在国家解体的过程中，布宜诺斯艾利斯受到第一次混乱的冲击后
迅速恢复稳定。1820 年 9 月，一个代表委员会要求马丁·罗德里格
斯担任省长（1820—1824 年）。罗德里格斯任命刚从欧洲回国的 41
岁的港口人政治家贝尔纳迪诺·里瓦达维亚做他的政府和外交事务秘
书。里瓦达维亚在三年之内在改善布宜诺斯艾利斯方面所进行的工
作，在英国驻阿根廷第一任总领事看来，要比所有他的前任的工作的
总和还要多。② 建立了一个代表会议，创办了一家银行和一所大学，
扩大了省界，改组了财政工作，改革了警察和司法机构。"布宜诺斯
艾利斯成了这样多方面的意义深远的立法和行政活动的舞台，这在以
前从未有过，以后也很少见。"③ 最后在 1824 年 12 月再次召开制宪
会议。这个机构于 1825 年 1 月颁布了一项"基本法"，规定在全国
宪法通过以前，各省可以自治，但是外交事务由布宜诺斯艾利斯的政
府来处理。根据这一法令，才使得有可能于 2 月间签订了英国与联合 630

---

① 参阅前面原书第 619、620 页。阿蒂加斯于 1820 年逃至巴拉圭，1850 年死于该地，同年，圣马
丁死于法国滨海布洛涅。
② 伍德拜因·帕里什致坎宁信，1824 年 4 月 27 日。伦敦档案局外交部档案6/3。
③ 迈伦·伯金：《1820—1852 年阿根廷联邦制经济面面观》（马萨诸塞州坎布里奇，1946 年），
第 87 页。

省之间的商务条约。最后，一年以后，即 1826 年 2 月，制宪会议任命因再次出使欧洲而不在国内的里瓦达维亚为共和国总统，12 月，制宪会议终于颁布了宪法。但是在布宜诺斯艾利斯制定宪法的人几乎没有接受经验教训。1826 年的宪法和 1819 年的宪法一样，势必会建立起一个高度中央集权的统一的国家，从而无视全国范围内的联邦主义情绪，因此不可能存在下去。一省接着一省地拒绝接受。总统提出辞职，制宪会议解散。这时，在里瓦达维亚体制的废墟上建立起来的，不是联邦式的国家组织，而是阿根廷最大的"考迪略"胡安·曼努埃尔·德·罗萨斯的专制统治。

这时候，阿根廷已对巴西开战，因为 1816 年巴西入侵东岸地带——后来的乌拉圭——（参阅前面原书第 619—620 页），并于 1821 年将它建成内普拉蒂诺省。但是，无论是东岸地带还是布宜诺斯艾利斯都不甘心让葡萄牙或者巴西统治拉普拉塔河地区。1825 年 4 月，从东岸地带逃亡出来的胡安·安东尼奥·德·拉瓦列哈率领"三十三名不朽战士"的解放远征军越过拉普拉塔河。东岸地带的农村居民也揭竿而起。在小城镇拉佛罗里达召开了议会，宣布赞成同阿根廷其他各省联合。布宜诺斯艾利斯的政府同意接纳，于是随即同巴西开战。战争延续了三年，陆上或海上都没有取得决定性的结果，只是使英国商业大受其害，最后，通过英国的调停结束了这场战争。早在 1826 年 2 月，坎宁就提议"蒙得维的亚的城市和领土"应当"成为并保持独立";[①] 在英国先是驻布宜诺斯艾利斯、后来驻里约热内卢的公使庞森比子爵长期施加压力之下，敌对双方终于在 1828 年 8 月签订和约，承认并保证独立的乌拉圭共和国的存在，作为双方之间的缓冲国。

争夺东岸地带的战争导致了里瓦达维亚在阿根廷的垮台。它还严重损害了巴西年轻的唐·佩德罗一世的威信。巴西在 1807 年是殖民地，1815 年成为王国（参阅前面原书第 612 页），到了 1822 年已成为独立的帝国;最后一次转变完全是葡萄牙国内的事态造成的。因为葡萄牙和西班牙一样，在 1820 年经历了一次革命。1821 年 1 月召开

---

① 坎宁致庞森比信，1826 年 2 月 28 日。前引韦伯斯特所编书（见前面原书第 617 页），第 1 卷，第 138 页。

了议会，一部宪法的基本内容已经准备就绪，使 1816 年即位的国王若奥六世陷于进退维谷的痛苦境地。13 年前他为了逃避拿破仑的毒手而逃到这个国家，长期以来顶住了葡萄牙人和英国人要他返回里斯本的压力。但是就连他也不能不看到，布拉干萨王室的前途正处于危急关头。他不愿意留下来，唯恐也许会失去葡萄牙王位；他又害怕离开，唯恐也许会失去巴西。经过剧烈的摇摆并看到里约热内卢的混乱局面，他终于在 1821 年 4 月 26 日乘船离去，随身带着大约 3000 葡萄牙人和几乎是巴西银行的全部财产，只把 24 岁的儿子和继承人唐·佩德罗留下来做摄政王。

到这时为止，巴西人都热情地拥护立宪主义的事业。现在他们觉得幻想破灭了。因为里斯本的议会发现，要使国内的自由主义和海外的专制主义协调一致是并不困难的。它打算把巴西降低到以前殖民地的地位是非常明显的。里约热内卢的政府应予推翻，各省都应依附于里斯本，并命令唐·佩德罗回国。这位急躁、热情的年轻王子，一向放荡、举止轻浮，现在成了巴西团结的象征和当地贵族的希望。1822年 1 月 9 日，他答应里约热内卢、圣保罗和米纳斯吉拉斯的请愿和呼吁，同意留下来。他选中圣保罗人若泽·博尼法西奥·德·安德拉达·埃·席尔瓦为首席顾问，此人曾任科英布拉大学教授，是著名的矿物学家和巴西独立的天才指挥者。5 月，唐·佩德罗接受了里约热内卢市加给他的"巴西的永久保护者和捍卫者"的称号。6 月，他召开了制宪议会，8 月，访问圣保罗。9 月 7 日，他在伊皮兰加小溪边接到葡萄牙的咨文，宣布他的一切活动都属无效。他宣布："时机已经到了！不独立，毋宁死！"随即赶回里约热内卢。10 月 12 日宣布他为巴西宪政皇帝，12 月 1 日加冕。这时仍须将葡萄牙军队从巴伊亚、马拉尼翁和帕拉等北方省份赶走，就像以前把他们赶出里约热内卢一样；在原为智利共和国海军服务、现改为巴西帝国海军服务的科克伦勋爵的帮助下，这个目的达到了。在南方的"内普拉蒂诺省"，驻蒙得维的亚的葡萄牙士兵长期以来就蔑视巴西人。但到 1823 年年末，巴西的独立已经完成。内战得以避免，分离主义倾向受到了抵制，行政管理的连续性得以保持。

但是制宪议会召开以后不到七个月，就被唐·佩德罗强行解散，因为它过高估计自己的权力，又明显地敌视巴西的葡萄牙人，这使他大为愤怒。他也与若泽·博尼法西奥决裂了。后者作为皇帝的首席大臣，不管其举动如何傲慢，却是巴西帝国的真正缔造者。若泽·博尼法西奥和他的两个兄弟由于在议会内外担任反葡萄牙派的领袖，被驱逐到法国去了。唐·佩德罗虽有自由主义的意向，但又有专制君王的本性，最后他下令制定一部新的或者经过修订的宪法，来代替议会原来起草的那一部。1824 年 3 月，根据皇帝的敕令，颁布了新宪法。这使巴西成为高度中央集权的统一的君主国，后来存在了 65 年。虽然它在形式上把广泛的权力掌握在皇帝手中，但在实质上也许具有足够的自由主义色彩。但是议会被解散了。宪法是皇帝赐给全国的，而不是议会提交给皇帝的，因此巴西人民有着强烈的不信任感。在强大的地方保皇派势力中心和 1817 年共和派起义的地方伯南布哥，不满情绪于 1824 年达到顶点，人们谴责皇帝，拒绝接受宪法，并企图建立一个新国家："厄瓜多尔邦联。"为了镇压这一运动，唐·佩德罗不得不再一次求助于科克伦勋爵，并暂停实行宪法中有关公民权利的各项条款。

　　1824 年伯南布哥反叛之后，接着发生了 1825 年的内普拉蒂诺省反叛，从而导致和阿根廷进行一场旷日持久、代价高昂和不得人心的战争，1828 年又签订了一项更加不得人心的和约。根据这个条约，巴西帝国最南边的一个省成为独立国家乌拉圭（参阅前面原书第 630 页）。在这段时间里，唐·佩德罗和葡萄牙、英国都签订了条约，后者非常关心唐·佩德罗和国王若奥取得和解。葡萄牙是英国最老的盟国。在坎宁看来，巴西帝国是共和主义的美洲和君主政体的欧洲之间的纽带，英国在南美任何地方的商业利益都不如巴西这样广泛。然而只是经过极其复杂的谈判，坎宁使尽了他的全部手腕和精力，葡萄牙才终于在 1825 年 8 月同它的前殖民地巴西签署条约承认了它，国王若奥在形式上拥有巴西皇帝的称号，而后就让位给他的儿子。但是巴西人民也充分注意到，在这个条约中，葡萄牙王位的继承问题还是悬而未决，而且更糟糕的是，根据一条先是保密的附加条款，唐·佩德罗同意补偿他父亲在巴西的损失，并负责偿还葡萄牙拖欠英国的债务。此后，又同英国签订了两个条约。一是 1827 年签署的商务条约，这个条约实际上是把英国同葡萄牙通商中在巴西长期享有的特权重复了一遍。二是到 1830 年废除奴隶贸易的协定（1826 年 11 月），对此唐·佩德罗同样无力抗拒。这两个条约都不受欢迎。但是第二个条约似乎威胁着巴西依靠奴隶劳动和种植园制度获得繁荣的根本基础，深深触犯了众怒，并且证明是无法实施的。进口奴隶的数额迅速增长一事就说明了问题。

巴西皇帝和扶持他登上帝位的巴西人之间的隔阂现在几乎已经形成了。1826 年唐·佩德罗的父亲逝世，他即葡萄牙王位，接着就予以放弃。但是正如巴西人想象的一样，他仍旧过分关心葡萄牙的事务。他的专制倾向愈发明显，他的私生活更加声名狼藉，而且也更加露骨地依赖他那些葡萄牙朋友和支持者。他同议会（1826 年以前从未召开过）的关系变得极端紧张，最严重的是国家的财政状况混乱不堪。这一切到 1831 年才结束，那时国家已处于革命的边缘，皇帝已再也不能依赖他自己的军队。他于 4 月 7 日逊位给他的年幼的儿子，自己乘上一艘英国战舰前往欧洲。从此巴西才掌握在巴西人手中。

另外两个国家试验实行君主政体。一个是占伊斯帕尼奥拉岛西部 1/3 土地的海地，另一个是墨西哥。海地原是法国的殖民地圣多明各，1804 年 1 月成为近代世界上第一个黑人共和国。同年 10 月，来自刚果的一个残暴的野蛮人让－雅克·德萨利讷称帝，成为雅克一世两年后遭到暗杀。18 世纪最后 10 年里在本岛法国人地区发生了种种恐怖事件后幸存下来的白种人，几乎被他杀光。他的帝国的北部落到另一个更加非同寻常的领袖亨利·克里斯托夫手里。此人以前也是奴隶，1811 年加冕为亨利一世，精力充沛、残酷而成功地统治着他的小王国。南部落到了另一个念过书的黑白混血人亚历山大·佩提翁手里，他作为终身总统，实行着比较温和但不是很有效的统治。接替他的是另一个黑白混血种的让－皮埃尔·布瓦耶（1818—1843 年）。1820 年克里斯托夫自杀，布瓦耶吞并了他的王国，随后又吞并了西属殖民地圣多明各，把整个岛屿统一在一个政府之下。圣多明各这个不幸的国家，1795 年名义上割让给法国，1801 年曾暂时被海地军队占领，后来又被法国费朗将军率领的一支小部队占领，1808—1809 年在英国舰只和西班牙军队的支持下发生暴动，结果重又归属西班牙。1821 年 11 月圣多明各再次起义，打算以独立国家的地位与哥伦比亚合并。结果在 1822 年年初重又落入海地的统治之下，此后 22 年

633

一直为海地所控制。

西班牙之所以失去圣多明各，既由于外来征服也由于人民起义。西属其他岛屿中，古巴和波多黎各继续忠于母国。对它们的统治比较牢固，国内也比较繁荣。此外，古巴既是可以对大陆殖民地采取军事行动的基地，又是保皇分子的避难所。尽管有些由于不满而引起的骚动，但是西班牙人也罢，克里奥尔人也罢，都不愿冒险惹起海地那样的奴隶暴动的恐怖局面。然而，在北美大陆上，18世纪末西班牙属地中面积大而且富庶的新西班牙总督辖区和毗邻的危地马拉将军辖区都在19世纪20年代宣布独立，不过这两个国家的革命道路和南美不同。

在新西班牙，就像在殖民帝国的其他地方一样，1808年半岛上的事态发展加速了美洲出生的西班牙人和西班牙出生的西班牙人之间争夺权力的斗争，这场斗争主要发生在墨西哥城（参阅前面原书第614页）。不过欧洲西班牙人在这里通过非法废黜总督而掌握了控制权，克里奥尔人的野心遭到挫败。新西班牙的革命实际上并不是从首都开始，而是从各省开始的。它与其说是政治运动还不如说是社会运动，是无产业阶级反对有产业阶级的一次反叛。它开始于1810年9月16日。当时瓜纳华托市多洛雷斯教区神父米格尔·伊达尔戈·伊·科斯蒂利亚号召他的印第安人教徒拿起武器。伊达尔戈是邻近的克雷塔罗城一个密谋团体的成员，原打算于12月举行克里奥尔人的起义，但计划泄露，被迫改为立即发动印第安人起义。事先既无计划，也没有组织。但是正如墨西哥检审法院所抱怨的那样，这次起义像瘟疫似的迅速蔓延。[①] 伊达尔戈只有少数几个克里奥尔人军官（都是克雷塔罗密谋团体的成员）和少数受过训练的军队。但是不久以后，他们手下就有5万名印第安人和梅斯蒂索人暴徒，非常野蛮地攻打并洗劫了省城瓜纳华托。那时他们的人数愈来愈多，就进而威胁墨西哥城。但是到达该城时，这位当时自称为"美洲总司令"的伊达尔戈却停止不前了，他的那支衣衫褴褛的军队向后转，1811年1月在离瓜达拉哈拉不远的莱尔马河岸溃散。六星期后伊达尔戈被俘，先在宗教法庭受审，后宣誓放弃起义并对自己参与其事表示忏悔，7月被枪决。

但是他点燃的火焰不是那么容易扑灭的。起义虽在北方失败，却

---

① H. G. 沃德：《一八二七年的墨西哥》（两卷本，伦敦，1828年）第1卷，第497页。

在南方兴起。另一个神父，一个更了不起的人物何塞·玛丽亚·莫雷洛斯继承了他的衣钵。他控制了墨西哥南方大部地区达四年之久，召开了议会并颁布了一部宪法，直到他也被捕并于1815年被枪决。以后，议会没有存在多久；在农村流窜的武装帮伙逐渐减少；到1820年西班牙发生自由派革命时，这里只剩下少数几个拒不妥协分子，东南地区有维森特·格雷罗及其追随者。瓜达卢佩·维多利亚（费利克斯·费尔南德斯）则绝望地在维拉克鲁斯山区和森林中孤立地游荡，但是命运注定他要成为墨西哥的第一任总统。

由于自由主义于1820年在西班牙获得胜利，尽管是昙花一现，墨西哥的形势却发生了变化。印第安人和梅斯蒂索人在一些克里奥尔人的领导和支持下发动革命。克里奥尔人和半岛人决心要使新西班牙不受老西班牙危险变革的影响，他们完成了这场革命。他们找到了一个克里奥尔青年军官阿古斯丁·德·伊图尔维德作为实现这一目的的工具。伊图尔维德原是总督派来镇压格雷罗的，但他反而向洛雷罗提出了个所谓的"伊瓜拉计划"（1821年2月），向这个受到战争折磨的国家的几乎所有各派都作出一些让步；同意墨西哥独立，墨西哥人和欧洲人一律平等，以及罗马天主教会享有至高地位。计划中还规定建立一个君主国，最好是由西班牙王室的一个王子来统治。格雷罗和他的部队接受了这个计划。总督辖区当局被迫默认。于是伊图尔维德于9月进入墨西哥城，建立摄政机构，召开议会，而后在1822年5月，在他的军队的欢呼声中登上了墨西哥皇位。7月，他加冕为阿古斯丁一世皇帝。但伊图尔维德虽然能夺得皇位，却不能保住它。他的野心和无能，无力支付军饷和别人的妒忌等都加速了他的垮台。12月，维拉克鲁斯港司令官安东尼奥·洛佩斯·德·圣安那"宣布"反对他，1823年2月他被迫退位。1824年8月宣布成立共和国，瓜达卢佩·维多利亚就任共和国第一任总统。

墨西哥发生的事件必然会影响毗邻的危地马拉将军辖区，亦即危地马拉王国。这个国家尽管在1811年至1814年间偶然发生过几次骚乱，至今却一直是效忠西班牙的。1821年9月，恰帕斯省决定与墨西哥共命运，同月，主要官员在危地马拉城召开政务会，宣布赞成独立。但是伊图尔维德却另有打算。1822年6月，一支墨西哥军队开进首都，在短短的一段时期内伊图尔维德得以统治这个古老的王国。

然而在他垮台以后，一个"全国制宪议会"于 1823 年 7 月宣布，这
个王国的所有各省都获得自由和独立，既不属于老西班牙，也不属于
新西班牙，它们联合组成中美洲联合省——这个联邦只存在到 1838
年，以后各组成部分就分成危地马拉、洪都拉斯、尼加拉瓜、萨尔瓦
多和哥斯达黎加。

在西班牙大陆殖民地争取独立的长期斗争中，并没有得到外部国
家的正式援助，就像法国和西班牙援助英国在大陆上的殖民地那样。
但是外国士兵和水手，特别是在玻利瓦尔麾下作战的英国和爱尔兰士
兵，以及随科克伦航行的英国和爱尔兰水手，都对起义者提供了不可
估量的帮助；英国商人和银行家的效劳也起了同样重要的作用。他们
的效劳当然不是大公无私的，但是他们提供了起义政府所需要的东
西——金钱、贷款和物资。英国的资金需要输出。西属美洲的英国经
纪人和商业代理人都殷切期待着开放西属美洲的市场，不管西班牙是
否允许。他们在一个接一个的获得自由的地区开始营业，他们的利益
在某种程度上受到皇家海军舰只的保护，而那些舰长也把大量硬币运
回英国。1824—1825 年间，当西属美洲大陆到处充斥着英国货物，
并在西裔美洲人的矿山大肆进行投机活动时，这使人想起了南海公司
骗局的那些日子，一个个革命政府都在伦敦成功地借到更多的借款。
1825 年年末幻想破灭，采矿计划的失败，成了拖欠债务的先声。但
是到这时候，英国以各种方式在拉丁美洲的投资已达 2000 多万英镑，
等于在美国投资总和的 3 倍以上。

没有一个英国政治家能够无视英国的商业利益。谁也不愿意放弃
对西属美洲的贸易。但是只要拿破仑战争还在继续进行，根本不希望
西班牙殖民帝国分崩离析的英国政府，宁愿集中全部力量和资源来反
对共同的敌人（参阅前面原书第 613 页）。卡斯尔雷甚至殷切地希望
促成西班牙同它的殖民地和解。但他非常清楚地看到，除非母国准备
"使美洲居民和欧洲西班牙居民一样在贸易上享有相应的利益"，除
非它认识到，再也不能把"这么辽阔的省份仅仅当作殖民地来对
待"，否则它们之"脱离母国是势所必然的，而且已迫在眉睫"。[1] 只

---

① 卡斯尔雷致亨利·韦尔斯利爵士信，1812 年 4 月 1 日。前引韦伯斯特所编书，第 2 卷，第 311
页。

有在这些条件下，他才准备进行调解。他不仅拒绝用武力支援西班牙，而且在 1817 年还明确表示，欧洲列强也不应随意这样做。[1] 到了 1820 年，他本人也已相信，承认西属美洲大部地区的独立，只是时间问题和方式问题了。然而直到 1822 年，英国才承认南美船只所挂的旗帜，这其实就是事实上的承认；到 1823 年年末，它才向西属美洲新成立的国家派遣领事和调查团；到 1825 年通过谈判商务条约，才在法律上承认墨西哥、哥伦比亚和拉普拉塔河联合省。

美国采取行动的时间比较早，于 1817 年向南美派出专员；1819 年同西班牙签订割让佛罗里达的条约，1822 年承认哥伦比亚和墨西哥，1823 年承认布宜诺斯艾利斯和智利。在签订佛罗里达条约以前，美国最伟大的国务卿约翰·昆西·亚当斯在承认问题上原打算（尽管很勉强）和英国执行一致的政策，但那时卡斯尔雷却另有考虑；1823 年，当法国军队在西班牙恢复独裁政权以后，坎宁谋求美国合作，发表联合政策声明，警告欧洲和法国，这一次亚当斯却裹足不前了。正如亚当斯对这位英国大臣所说的那样，他认为欧洲对西属美洲进行任何"积极而重大的干涉"的想法都是"十分荒谬，难以令人接受的"。[2] 他还认为，正如他对内阁所说的那样，在美国看来，"直截了当地"表明它的原则，比"像是尾随英国军舰之后的一条小船那样行事，更正当，也更加体面"。[3]

因此，1823 年美国单独采取行动。12 月 2 日门罗总统向国会提出的著名的咨文，[4] 部分是向南方各年轻的共和国表示同情的一种姿态。其意图则一部分是为了美国安全的利益，一部分也是在损害欧洲和英国的情况下提高美国在西半球的政治威信。这两个盎格鲁—撒克逊国家之间在一个共同目标范围内的利害冲突，再没有比这表现得更清楚了。英国和美国都反对欧洲干涉西属美洲，尽管发生这种干涉的危险始终是遥远的。它们都决心保持同西属美洲地区的自由贸易权，除了要像英国在葡萄牙享有的特权那样在巴西也同样享有或接近同样

---

[1]　参阅 1817 年 8 月 20 日他的通告备忘录。同上书，第 1 卷，第 14 页；第 2 卷，第 352—358 页。

[2]　布雷德福·珀金斯编：《H. U. 阿丁顿的一份被扣压的公文，1823 年 11 月 3 日，华盛顿》，《拉丁美洲历史评论》37 卷（1957 年），第 485 页。

[3]　德克斯特·珀金斯：《门罗主义，1823—1826 年》（马萨诸塞州坎布里奇，1927 年），第 74 页。

[4]　参阅本书第二十二章，原书第 591 页，和第二十五章，原书第 682 页。

享有外，两国都不谋求独立商业上的利益。但是他们之间的竞争只不过稍加掩饰而已。卡斯尔雷宁愿看到波旁家族的王子在西属美洲新建立的国家里掌权。坎宁则认为在巴西保持君主政体的原则是他把拉丁美洲同欧洲连在一起的宏伟计划中的关键（参阅前面原书第632页）。但是美国顽固地反对这些想法。它希望看到一种美洲的体制和美洲的政策占统治地位。此外，两国都害怕对方有领土野心。美国在西班牙的边疆地区的扩张，确实促使西班牙的统治垮台。坎宁和亚当斯还互相猜疑对方对古巴的意图，虽然是没有什么理由的。最后，除了政治上的竞争以外，又加上了商业上的敌对情绪。

　　但是门罗主义之所以重要，并非在于它做了什么，而在于它发展的结果。就坎宁而言，他在破坏美国已取得的任何暂时利益方面行动是迅速的。1823年10月他同法国驻伦敦大使朱尔·德·波利尼亚克公爵会谈（在会谈中波利尼亚克代表法国声明放弃武装干涉西属美洲的任何意图）的备忘录，被广泛用来表明英国"多么早、多么急于声明，它反对在外国帮助下把西班牙前殖民地重新置于母国的统治之下的任何计划"；[①] 除了这样加以反击之外，又加上1825年签订的商务条约使英国和美国之间在力量上产生很大差距，这对于那些新成立的西属美洲共和国来说，必然比得到美国承认更为重要。在欧洲，它们的影响也是起决定性作用的。三个东方大国虽然提出了抗议，但主要是走走形式，法国和英国这时试图劝导西班牙同这些新国家妥协。法国自己在1830年承认了它们。罗马教皇1835年也这样做了。然而，直到1836年西班牙才开始承认它的这些前殖民地，这一过程直到1895年才完成。

（张鸿良　译）

---

① 普兰塔致伍德拜因·帕里什信，1823年12月30日。伦敦档案局外交部档案118/1。

第二十四章

最后的反法联盟与维也纳会议
（1813—1815 年）

由于拿破仑的命运不济，因而他的敌人时来运转。于是，一个注定要取得最后胜利的反法联盟就在 1812 年与 1813 年那个兵荒马乱的冬天开始形成了。当大军的残余部队从俄国仓皇西撤时，沙皇亚历山大一世决定越过俄国国境，跨越欧洲追击拿破仑；并在俄军推进时寻找盟友。普鲁士根据 1813 年 2 月的卡利什条约成了第一个盟国。该条约规定提供明显的战争需要，并许诺恢复普鲁士原有的版图。奥地利对于俄军的推进的反应比较缓慢，但英国则于 6 月间在赖兴巴赫与普、俄两国都签订了结盟和提供津贴的条约。在停战未成和在布拉格举行的"和平"会议毫无结果之后，它们遂于 8 月重新对拿破仑作战。这一次是在德意志境内作战，而且奥地利终于参加了联盟。经过几次小规模的交锋后，1813 年 10 月 16—18 日的莱比锡战役粉碎了拿破仑在中欧的阵地，显示了联盟的令人难忘的力量。拿破仑最后的德意志盟友背弃了他，他的近 20 万军队彻底溃败，其中死、伤、病、俘者达 2/3。不到年底，法军从 1805 年发动战争以来第一次被限制在莱茵河以西领土之内。

1813 年秋天，同盟国在军事上节节胜利之日，却是英国外交大臣卡斯尔雷屡遭挫败之时。虽然他的国家多年来一直不断积极地反对拿破仑，虽然英国已把敌人赶出西班牙，使它的舰队变得毫无用处，并且给予盟国以资助，但是在中欧忙于对付拿破仑的盟友，对于英国的忠告却不大理会。此外，尤其使卡斯尔雷感到沮丧的是，驻维也纳大使阿伯丁和梅特涅一道提出 1813 年 11 月的"法兰克福建议"，企图向拿破仑提出以阿尔卑斯山、比利牛斯山和莱茵为界，以此谈判结束战争。这个最后建议显然违背英国的外交原则之一，是任何一个思想健全的英国外交大臣所不能原宥的。卡斯尔雷认为通过不称职的大使们同那些满不在乎的盟国打交道总不能够得心应手，于是便决定亲自前往欧洲。

640　　　卡斯尔雷的各项指示都是由他亲自起草并得到内阁批准的。① 这些指示构成了媾和时期的重要文件之一，使我们能够从中清楚地了解他的计划的结构。他的主要目的是要阻止法国在斯凯尔特河，"特别是在安特卫普"，建立一个海军据点。为了达到这一目的，他建议在荷兰的领导下把大多数低地国家联合起来。为了做到这重要的一步，他打算拿英国在战争期间新夺取的某些岛屿作为交易。他还希望建立巩固的联盟，以便使联盟的各色各样的行动和协议具有比较完善的形式。这个联盟将"不会随着战争的结束而结束"，而是要存在下去，以便阻止"法国向任何一个缔约国的欧洲领土发动进攻"。在解决领土问题方面，他要普鲁士向西稍稍扩展，希望重新建立荷兰、西班牙、葡萄牙和意大利的"安全与独立"，恢复罗马教廷，而且使撒丁得到加强。他在同一时期另外单独提出的"关于海上和平的备忘录"中，要求法国退回到原有的疆界。备忘录还要求建立一支海军以及军事均势。但在这方面，他不过是空谈平衡主义的理想而已。不论均势在军事上对英国能有多大好处，但它明显地威胁了英国在海军事务中明显的领导地位。所有这些观点他显然大都取自早先皮特的精辟分析。他原是皮特的信徒，皮特的遗训在 1805 年 1 月 19 日的"致沃龙佐夫的草案"中可见一斑。皮特当时曾与卡斯尔雷讨论过这个著名的政策声明，而且后者甚至可能在制定这一政策声明时曾经出过一臂之力。

如今卡斯尔雷离开浓雾重重的伦敦，前往严霜遍地的欧洲大陆时，年已 45 岁，与其说他才智过人，倒不如说他是一位有勇气、有性格的领袖人物；他具有坚强的克制自己的能力，坚定、坦率、超然而冷漠，对法语虽然不精通，但却熟谙外交政策。他于 1814 年年初抵达当时已迁到法国东部的联军总部。他在这里几乎每天都与沙皇亚

① C. K. 韦伯斯特：《英国的外交，1813—1815 年》（1921 年），第 123—126 页。

历山大、梅特涅和普鲁士首相哈登贝格商谈。后二人同意他把安特卫普交给荷兰的意见。他向他们说明他要让普鲁士在德意志西部向前推进的计划，并且关于在法国恢复波旁王朝是否可取一事，他和梅特涅的意见是非常接近的。

所有这一切都可作为在会议上与法国进行谈判的有用的准备工作；这个会议主要是毫无用处的"法兰克福建议"促使召开的。这次会议于1814年2月初在风景如画、人烟稀少的村庄塞纳河畔的夏蒂荣召开；联军决心要把法国限制在1792年的疆界以内。代表拿破仑与会的是对他一贯忠诚、效劳多年的前驻莫斯科大使科兰古。这次会议是在没有停战的情况下举行的，由于2月间军事行动变化不定，会议的气氛也随之迅速变化。2月初，拿破仑似已陷入毫无希望的困境，最后一个盟友缪拉最近抛弃了他，联军在四个星期内又前进了250英里，占领了法国领土的1/3，部队循着马恩河和塞纳河而下，直指巴黎，哥萨克的巡逻队甚至远达奥尔良。然而此时，拿破仑却在五天之内连打四个胜仗。

盟国在2月17日送交科兰古一个文件，提出了自己的和平条件；那就是我们所知道的"特鲁瓦基本原则"。卡斯尔雷在这个文件中谨慎从事，不让重提给予莱茵河左岸的问题。假使波拿巴愿意接受法国1792年的疆界，重建保持平衡的国家体制，放弃其大部分头衔，他当时本来可以结束战争的。这本是他挽救皇位的最后良机。但是他的王朝历时不久未能得以神圣化，他作为一国君主立足尚未稳固，即贸然同意让法国的疆土大减，这未免是一种耻辱，因而错过了这一机会。

尽管联盟总的来说处于有利的地位，但是由于法国打了几次胜仗所引起的慌乱，由于亚历山大在夏蒂荣不愿合作，以及他同梅特涅的关系很糟，因此联盟的许多分歧加深了。为了解决这些困难，消除总部的不良倾向、忧郁甚至惊恐情绪，卡斯尔雷提出了他长期主张的建立一个巩固联盟的计划。他的建议使各盟国很好地重新团结起来，并且迅速地被采纳，于1814年3月9日签署，而倒填日期为3月1日。这一联盟为各盟国的行动规定了明确的条件，规定四强各提供15万军队，英国则提供500万英镑津贴以便继续作战。此外还通过秘密条款，确认早先达成的关于重建国家体系的大部分协议。联盟因此得到加强，还接受了第 5—16 条中规定的一些重要义务，即四强一致同意各出 6 万名士兵（英国则提供相当的经费）共同作战，互相保卫，以对付法国将要发动的任何进攻，这支援军将由需要援助的国家指挥。对支援性的安排也作了详尽的规定；协议将持续 20 年。这个条约体现了一个世纪以来主张保持均势的作者们所一直阐述的想法，但过去从未将这些想法如此实际地写进一项国际协定之中。它标志着一种相当高明形式的保持均势的政治手段的出现。当然，它还将在和平的最初几年中经受考验。

642　　由于拿破仑坚持不接受"特鲁瓦基本原则"，夏蒂荣会议遂于 3 月 19 日散会，盟国在亚历山大的推动下，开始直接向巴黎进军。他们甘愿冒非同寻常的风险，把拿破仑抛在自己的后方，这一战略奏效了。在普俄军队攻下了蒙马特，他们的大炮从那里的山坡上可以控制巴黎城时，颇为消沉的巴黎便于 1814 年 3 月 30 日陷落了。巴黎一经占领，法国的政治继承权这个长期存在的问题便迎刃而解了。在战争的最后几个月中，曾经出现过五种可能的解决办法。梅特涅屡次表示，他对有一半哈布斯堡血统的玛丽·路易丝当拿破仑儿子的摄政，颇感兴趣。梅特涅还认为让拿破仑继续保留皇位也有好处，因为正是他才使法国革命走上了正道。卡斯尔雷从 1 月起就竭力争辩要恢复波旁王朝，只要法国人民乐意接受就行。亚历山大则三番五次敦促让瑞典王储、前法国元帅贝纳多特继位，或者甚至让法国人民举行公民投票。

从在战争结束时重新建立均势这一观点看，恢复波旁王朝是一个既省力而又最可取的办法。其优点是，他们具有正统性，他们重新上台对于任何一个外国支持者都不产生厚此薄彼的问题；他们登上王位后所采取的保守政策，将有利于消除法国的那种带有危险性的活动。他们可以接受旧日的疆界而不失体面，因为那显然就是他们原有的疆界。此外，3 月份在波尔多已有公众表示支持，而且巴黎也有一批人准备为路易十八建立政权。在占领巴黎前几天，几个主要盟国在对波旁王室问题上取得了一致的意见，这已经是昭然若揭了，从各国外交官于 3 月 28 日在第戎举行的盛大集会上为波旁王室祝酒一事，就完全可以作出这样的结论。因此，卡斯尔雷认为保证自己极力奉行的政策得以实现，无须立即赶到巴黎去。他和梅特涅都放手让沙皇去执行。

在巴黎，亚历山大成了一时的风云人物。3 月 31 日他在军队开进巴黎的凯歌声中来到巴黎。他听说爱丽舍宫布有地雷，就下榻位于巴黎圣弗洛朗坦路上的塔列朗的宅邸里，该处位于市中心，非常方便。现在尽管沙皇心有未甘，他已倾向于支持恢复波旁王朝，自从他同巴黎城内极力主张复辟的主要策划者塔列朗经常接触以来尤其明显。塔列朗扮演的角色常常被人误解为是复辟的主要建筑师，其实他只不过是对盟国的既定政策狡猾地推波助澜而已。他是一个足智多谋的人物。他的比较显著和积极的贡献在于引导临时政府度过了最初那些变化不定的日子——4 月 1 日他召集残存的元老院开会，通过取得全国人民信任的紧急措施，其中有保障公民自由，保证军官、债券持有者和业主的权益；他设法使自己成为继续进行行政工作的 5 名成员之一，并提出了一个宪法草案；他使元老院投票表决，解除国民对拿破仑的效忠，并进而对提出的宪法投票表决。这样使国王的权力有了明确的限度。此外，还明确规定逃亡者不能重新获得其土地，教会也不能重新获得其原有的地位。4 月 6 日元老院召回法兰西的路易－斯塔尼斯拉斯－格扎维埃即王位。他是个有才干的人，一个饕餮之徒，在流亡中一直躲在白金汉郡他的住宅里，患上了历史上最不合时宜的痛风病。

　　与此同时，拿破仑坐立不安地在枫丹白露皇家别墅等待着，不时想出对策，随即又把它抛弃。4 月上旬，他同亚历山大反复谈判，希望在皇后摄政下保住儿子的王位。亚历山大决心用基督徒的容忍精神来说明拿破仑进入莫斯科和他自己进入巴黎大不相同，提出要让拿破仑拥有自己的一个王国以减轻他的厄运。拿破仑的使节们由于大部分要求都遭到拒绝，就赶快抓住这个机会，起劲地讨价还价。他们从沙皇那里获得了可以给予厄尔巴岛的许诺。如果卡斯尔雷和梅特涅早一步到达巴黎，这项许诺就可能避免。退位条约已经拟就并且签了字。它体现了厄尔巴岛安排：拿破仑本人及其家族放弃法国的皇位，但他和皇后可保留其地位和称号；把帕尔马公爵领地交给皇后；每年由法国给拿破仑 200 万法郎，另拨津贴给予其家属和约瑟芬（她在几个星期后即去世）。尽管这些条件非常宽厚，但拿破仑面对着失败、退位和他的儿子未能保住王位，还是吞服了 1812 年起就一直挂在脖子上的一小包毒药。结果只是使他痛苦地折腾一宿。第二天，4 月 13 日，他鼓足勇气批准了枫丹白露条约。一星期后，他在别墅前的庭院里向禁卫军讲了话，就在外国军官护送下动身前往南方。他有时穿一件俄国式的斗篷，有时戴着有白色花结的帽子，有时穿一身奥地利军服，以免遭到昔日臣民们的侮辱和攻击。他从来没有那种浪漫色彩的冲动，要身先士卒手持宝剑战死在疆场。沃尔特·司各脱爵士多年来一直把拿破仑看成是极恶元凶，结果发现他只不过是一个令人失望的魔鬼。

644 　　拿破仑既已退伍，波旁王朝开始顺利复辟，盟国政治家从而能够同法国开始谈判和平条件。他们希望先确定条件，然后再解决那些亟待解决的、堆积如山的法国以外的问题。通过表面上看来是友好的协商，很快同塔列朗谈妥了条件并于 5 月 30 日签订了所谓的"第一个巴黎和约"。这个称得上著名的文件包括一个序言部分和 33 条正式条款以及一定数量的补充的、单独的和秘密的条款。它规定法国大致恢复到 1792 年 1 月 1 日的疆界。但实际上作了大量的调整，包括失去两个很小的地区；给法国增加了 10 多个革命前"孤立的属地"（其中一个最大的飞地为阿维尼翁及其周围地区），以及边界线上 6 个单独的地区，其中有两块比较大，一个跨越默兹河谷地，另一个就在日内瓦以南位于美丽的有湖有山的地区。（由于法国在 1815 年的所作所为，这些边境地区并未能保住。）根据条约，法国同意莱茵河自由通航，扩大荷兰领土，德意志各邦联合，瑞士独立和把意大利的属地让与奥地利以及英国保留马耳他岛。两个月内，各国派出全权代表前往维也纳参加欧洲和平全体会议。总的来说，条件还是夏蒂荣会议上提出的"特鲁瓦基本原则"中的那些条件，在这次会议上写进了国际法。根据秘密条款，法国同意服从盟国要在维也纳会议上对重新分配领土问题新作的决议。斯凯尔特河将实行自由通航，大部分原奥属尼德兰土地将由荷兰管辖，莱茵河左岸地区由荷兰、普鲁士和德意志的几个邦分辖。这样一来，法国东部边界上就设计出了一大片缓冲地区。

　　通过这"第一个巴黎和约"，盟国在恢复平衡的国家体系这一艰难历程上走完了第一阶段。不过三个月时间，他们签订了约束自己的肖蒙条约，占领了拿破仑的首都，把他遣送到他的厄尔巴岛王国去，恢复了波旁王朝，为法国制定了没有赔款、占领和屈辱的和平条约。塔列朗自己就把这个和约说成是罕有的照顾。总而言之，这件事干得非常出色，美中不足的只是在厄尔巴问题上犯了大错。即使如此，它为退位铺平道路从而减少法国发生内战的危险方面也起了作用。

6月初，大多数主要的政治家和君主休会前往伦敦，作为英国政府的客人庆祝恢复和平。人们把他们当作英雄来欢迎，特别是沙皇亚历山大和陆军元帅冯·布吕歇尔。这位俄国领袖开始时大受欢迎，但由于没有警察保护有点神经紧张，以致举止失当，对他的欢迎也就很快冷淡下来。像他这样文质彬彬而又机敏的人竟然会举止失措，这确实是令人惊愕的，而且这也使他失去了英国政府对他的同情。他的轻率举止，只有他的妹妹叶卡捷琳娜女大公才有过之而无不及。她比他先期到达伦敦。由于她任性胡为，而且由于她干预夏洛特公主新近同奥伦治的威廉订婚的联姻计划而使大家感到震惊。那些显贵人物把大量时间花在欢宴上，以致有关同盟的事务成就很少，甚至根本不打算干。6月14日，四强曾经商定根据最近在巴黎达成的协议将比利时地区交由奥伦治家族临时管辖。他们重订肖蒙条约，将各国承担派遣军队的数量改为7.5万名，并决定他们必须把维也纳会议延期到9月，因为亚历山大坚持要先回俄国一趟。

这年夏天给人印象最深的成就是卡斯尔雷同亨德里克·法格尔谈判解决了英荷问题。他们一致同意，英国应保留战时夺得的圭亚那的一些地区；英国要为瓜德罗普岛偿付瑞典100万英镑，该岛于1813年原已答应归瑞典，但在"第一个巴黎和约"中又转归法国；英国要承担荷兰欠俄国债务的1/2（300万英镑）；英国要为开普殖民地偿付荷兰200万英镑，该殖民地在战时被英国占领，现仍在英国手中。荷兰同意把这最后一笔款项用于修建防御工事以对付法国。新成立的荷兰其边界的最后具体划法留待维也纳会议去确定。

人们对于英国在这个问题上所采取的外交姿态未免会感到大为惊讶。它的外交大臣在维也纳和会召开前几个月就已经把他认为对本国利益至关重大的一些问题解决了：在肖蒙巩固了联盟并且一直维持到战后时期；在法国恢复了波旁王朝；将安特卫普及附近的比利时地区置于友好的奥伦治王室管辖之下；作为英国的一部分胜利果实在海外取得了适当的领土补偿；最近同荷兰解决了财政问题，并在重建平衡的国家体系方面取得一致意见。毋庸置疑，卡斯尔雷在为和平会议进行准备时满怀信心，确实是有充分理由的。

卡斯尔雷取得这样出色的成就是很幸运的，因为他所处的环境困难重重。多年来，法国的军队把欧洲践踏得不成样子，在征服的神秘魅力背后是满目疮痍：被洗劫一空的农庄，遭受亵渎的教堂，以及散发着腐臭气息的医院。法国也自食其果，1814 年，有将近 75 万的敌军进入了法国的国土，从而使它遭受同样的厄运。根据某些观察家的说法，在敌军面前，一股一股溃散的法军劫掠本国的农村，而且比入侵者还要厉害。在入侵者之中，西班牙军队最为凶残，因为他们对法国的残酷占领记忆犹新，但不久他们即被遣送回国了。剩下的普鲁士正规军在城市和庄园里大肆掠夺；而非正规军的哥萨克则挥舞长矛、跨着脏马，在农村中到处制造恐怖。此外，形形色色的士兵、逃兵和释放的战俘沿村乞讨，颠沛流离地往家乡走去。工商业停滞了，商船受到损失，又进一步增加了混乱。

同时欧洲有待其政治家们解决的问题也不计其数；需要恢复国家体制，决定各国的幅员、形式和疆界，为欧洲水道建立适当制度，创造条件，以利重建欧洲经济生活，为新成立的德意志联邦制定一部有效的宪法，确立瑞士各州之间以及和欧洲其他各国的关系，彻底废除奴隶贩卖，处理教皇和苏丹这些特别问题，以及建立一种体系以保护欧洲免受法国的经常威胁和新产生的俄国威胁。一个虽不是最重要但却令人头痛的问题是解决旷日持久争执不休的外交上的席次问题。

为了解决这些积累起来的问题，9 月各外交团云集一堂。作为奥地利弗兰茨一世客人前往维也纳的，有符腾堡国王弗里德里希一世、黑森的选帝侯威廉、黑森－达姆施塔特的世袭大公乔治、巴伐利亚国王约瑟夫·马克西米连一世、丹麦国王弗里德里希六世和歌德的朋友魏玛公爵卡尔·奥古斯特。普鲁士国王在他的白发苍苍的首相哈登贝格亲王陪同下，亲自莅临，其助手还有学识渊博的洪堡和一批专家，其中有著名统计学家霍夫曼。俄国的亚历山大一世在霍夫堡一套漂亮的房间里下榻，助手是维也纳会议中一批最具有国际性的顾问：俄国人拉祖莫夫斯基；他的日耳曼血统的外交大臣涅谢尔罗杰；从普鲁士逃亡出来的著名改革家施泰因；波兰的恰尔托雷斯基，波拿巴的仇敌科西嘉人波佐·迪·博尔戈。很明显，尽管有这些人与会，但在许多重要问题上沙皇打算由他亲自处理。

路易十八未敢前往维也纳。塔列朗任法国代表团团长。他在约翰内斯街的考尼茨宫舒舒服服地安顿下来。他的年轻而美丽的侄女德·佩里戈伯爵夫人作为女主人操持家务，不久就以精美的烹调而闻名。塔列朗有两名主要助手，一个是达尔贝格公爵，他是一位老练的职业官员，现在作为第二全权代表；另一个是拉贝纳尔迪埃伯爵，为人精明、勤恳，在夏蒂荣时曾任科兰古的助手。协助他们工作的还有一大批名流。随同卡斯尔雷前来的有三位驻欧洲的主要大使：一位是他的同父异母兄弟斯图尔特，为人乖僻而愚蠢，然而卡斯尔雷却十分喜欢他；另一位是亚历山大的朋友、驻圣彼得堡大使卡思卡特；再一位是克兰卡蒂，这是一位勤勤恳恳的官员，在海牙任大使时工作很有成效，忠于外交大臣，是他的主要助手。卡斯尔雷还雇用本国大使馆里的人员，以防备当时欧洲效率最高的奥地利谍报系统。奥地利代表团团长是梅特涅，其助手为冯·韦森贝格，这又是一位勤谨的职业官员；协助梅特涅的还有一大批助理和专家，其中特别是弗里德里希·冯·根茨，一位很有趣的知识分子和政论家，他既是梅特涅的秘书，也是维也纳会议的非正式的秘书长。在其次的政治家中突出的人物有巴伐利亚的首席外交官符雷德；罗马教皇的国务秘书红衣主教孔萨尔维；以及汉诺威的能干而老练的代表蒙斯特。

维也纳会议还是一种令人眼花缭乱的盛大节日，是贵族和王族试图恢复他们记忆中的18世纪那种豪华场面而举行的庆祝会。因此，形形色色的亲王、贵族、旅游者、乞丐、间谍和小偷都被吸引到维也纳来。三教九流全都麇集到这个欧洲各国首都中最富有音乐色彩的都城；海顿和莫扎特不久前刚在这里逝世，而贝多芬则仍然健在。谨慎、保守而且颇为平庸的奥皇弗兰茨一世是个异常慷慨的主人，虽然奥国的国库由于这次活动而元气大伤。宫廷的庆祝委员会为众多的宾客安排了丰富多彩的舞会、滑雪、溜冰、打猎、狂欢会、赛马、音乐会，以及多次盛大的宴会。在这些社交活动中，虽然也迫不得已做了不少工作，但结果会议却落下了一个不干正事、不负责任的名声。

卡斯尔雷于9月13日到达维也纳，几天之内其他各国的主要使节也相继到达。到了22日，四位主要代言人在其预备会议中便悄悄地决定："各项事务实际上必须由几个首要大国来处理。"[①] 他们不仅

---

① C.K.韦伯斯特：《英国的外交，1813—1815年》(1921年)，第193页。

想大权独揽，在做法上又不想触犯与会的其他各国代表，而且还想避免召开全会解决。这种狭隘的意图，由于塔列朗以及其他代表们机敏而又引人注目的反对稍稍开放了一些，组成了可以想象得到的最简单的大会机构。四大国（后为五大国）把持着领土问题不放手，而且一直是会议的神经中枢。由于第一个巴黎和约决定召开这次会议，因此条约的签字国（四大国外再加上葡萄牙、西班牙、瑞典和法国）组成了一个八国委员会。八国委员会多次举行会议，对会议事项均有正式记录。10月末，八国委员会成立了全权证书委员会接受各国代表的证书。维也纳会议的正式机构也经过审慎研究，成立了瑞士问题、意大利问题、河流、席次、奴隶贸易和统计委员会。此外，还成立了德意志宪法委员会，但一直不是会议的正式机构的一个部分。全体会议一直避不举行；根茨的挖苦话说得对，他说，在签署最后文件之前维也纳会议一直没有举行过正式会议。

俄国人对他们的具体目标一直保密。当他们把在8月份拟订的、以对俄国、普鲁士和奥地利进行赔偿为主导的计划开始透露出来时，外交上的激烈争吵就开始了。这个计划反对德意志统一；主张把华沙公国的大部分给予俄国；把波森、库姆和萨克森给予普鲁士；把南德意志部分地区、意大利北部、伊利里亚几个省和达尔马提亚给予奥地利。会议中争执得最厉害、最大的问题是如何处理波兰和萨克森的问题，而上面提出的这些条件却是问题的中心。尽管这两个地方并不毗连，但却密切地联系在一起了，这主要是因为沙皇坚持俄国的基本公式——波兰应归于俄国，萨克森则应归于普鲁士。由于俄国占领着这两个地方，因此，沙皇只要稍露声色，人们就会大惊失色。他的公式着重于俄国的利益，这就意味着会议的早期活动主要涉及公式中波兰部分的问题。

这一问题的背景是复杂的。由于波兰三次被瓜分的结果，俄国人从1795年以后就一直在原来的天主教波兰的边界上跃跃欲试。天主教波兰是1793年和1795年普鲁士和奥地利所获得的利益的主要部分。随后拿破仑乘1805—1806年的胜利之威占领了这个地区，建立了新的华沙公国，作为他在东欧的卫星前哨。这一地区对于波兰人来说特别重要，因为从地理上讲它位于波兰的文化中心。哥白尼曾在这里生活过，克拉科夫和华沙也在这里，这里有大教堂和最好的土地，波兰的历代国王都在克拉科夫加冕，也埋葬在那里。虽然这个公国的领土对于俄国人显然具有吸引力，但这块地方对于俄国人来说意味着他们又向一个丰富多彩的文化地区前进了一步。不仅如此，俄国人占领了这个地区，奥、普两国由此就失去其原有的波兰土地，则又意味着这两国势必要在别处谋求适当的补偿。

亚历山大其人无疑是当时最令人费解、难以捉摸和有趣的领袖人物之一。他最初被培养成为一个法国派的无神论者，以后又改变笃信基督教。他是一位敏感的理想主义者，因此他对自己不得不做出的严峻决定不满，而且往往又无法对付。他是一个伦理主义者，由于他意识到自己默许谋杀他的父亲而受到良心上的折磨。他在冷酷无情的势力均衡手段和理想主义的遐想之间摇摆：前者要求他在适当程度上维持总的平衡；后者则难以让人相信，如他说自己负有道义上的责任，要使波兰人幸福。波兰人应该在与俄国有联系的、独立的波兰王国中享有某种民族生存权。

对梅特涅来说，与这种类型的人是格格不入的；他们的那些模糊不清、出于感情冲动的政策应该受到诅咒。这位奥国首相把法国革命所产生的民族主义思想看作那个时代对许多民族的松散结构的哈布斯堡王室最大的威胁。他是一个主张彻底保持均势的政治家，愿意按照这种体制下的严格而机械的规定和惯例行事，他支持卡斯尔雷的总的想法：将原属荷兰的土地并入荷兰使之扩大，奥地利同时放弃其对莱茵河的传统防卫，而由普鲁士填补真空；德意志各邦在保守的奥地利管辖下进行联合。他谋求重建奥地利的权力，特别是在达尔马提亚、蒂罗尔和意大利各地区，并且阻止占优势的俄国新威胁向西扩张。为了抑制俄国的威胁，他希望普鲁士和奥地利能重新得到他们的波兰土地。然而，当梅特涅面对着俄国的图谋，他明白了，如把华沙公国的土地割让予俄国，俄国的边界就会推进到离维也纳不到 175 英里的地方。如果同时将萨克森并入普鲁士，那么普鲁士现有的 250 英里奥、普两国共有的边界就要增加 200 英里。俄、普集团本来已经使奥地利不安，在这种新的情势下，就肯定会对它构成威胁。因此，梅特涅打算把在这个问题上的政策简化为具有战略意义的原则，只能在俄国公式的一半上冒险，而不能同时在两半上冒险：如果俄国得到这个公国，普鲁士就不能占有萨克森；反之，如果普鲁士得到萨克森，俄国就不能占有该公国。

秋天里有一段时期，本来有可能采取后一个方案，阻止俄国攫取该公国，但这在很大程度上要看卡斯尔雷如何处理。第一个巴黎和约使他不再寻求英国的特定的目的。现在，他寻求的是一种公正的平衡，其办法就是沿着法国东部边界建立屏障系统；充分加强中欧，使它能抵抗将来来自东方或西方的侵犯；此外，对战胜拿破仑的各大国给予适当的报偿。他在1814年10月25日给威灵顿的一封著名信件①中这样概括地提出了他的论据：

> 只有两种方案可供考虑：两个德意志大国在英国支持下结成联盟，从而使德意志各小邦联合起来，与荷兰一道在俄、法之间构成一个中间体系；或者，奥地利、法国和南方诸国结成联盟以对抗由俄、普两国结成紧密联盟的北方大国。

卡斯尔雷非常赞同第一种方案，虽然这个方案由于这两个德意志大国暗中抗衡显然有些削弱，而这个方案却有赖于两大国的合作。他认为，俄国占有波兰就是"企图恢复我们大家曾协力摧毁的那种体制，即一个庞大的军事强国使另外两个强有力的国家处于某种依附和屈从的地位"。②虽然他支持恢复一个独立的波兰这种想法，但又认为未必能够实现。因此，他真的希望重新瓜分该公国，使普鲁士和奥地利重新获得它们原有的土地，而俄国的边界则仍然相去甚远。为了促成这一总的反俄立场，如有必要，他准备牺牲萨克森，以服从于遏制俄国这个更大的需要。

从9月中旬最早的一次会晤来看，卡斯尔雷显然会反对沙皇夺取公国的计划。他们的论点在10月和11月相互交换的信件和备忘录中都已详细地加以阐述；英国外交大臣企图让亚历山大恪守1813年赖兴巴赫条约中重新瓜分华沙公国的协议。但是沙皇争辩说，一则该条约已不再具有约束力，二则俄国方案可以保持均势。由于亚历山大亲自出马，仿佛自任为首相，因此卡斯尔雷处境尴尬就像是一个平民同皇室对阵一样。

---

① C. K. 韦伯斯特：《英国的外交，1813—1815年》（1921年），第218页。
② 同上书，第200页。

他并非不熟悉此道，因为就在前一个冬天里，他在总部曾经同沙皇坦率地充分地交换过意见，他们目前这种令人不安的会谈不过是维也纳会议日常例行公事的补充而已。虽然在处置公国的问题上，卡斯尔雷和梅特涅都反对亚历山大，但是俄国占有公国这一铁的事实使他们的反对没有什么分量了。在这种情况下，普鲁士的哈登贝格就大有举足轻重之势，或此或彼，都具有决定意义。他来到维也纳时，已经同意卡斯尔雷关于建立一系列壁垒以遏制法国未来侵略的方案，其中突出的一点就是要让普鲁士在莱茵河立定脚跟，他要求建立一个在奥、普双重领导下的德意志联盟，波兰的部分地区归还奥地利与普鲁士；俄国获得公国的土地；德意志的中部和西部的大部分土地归普鲁士，再加上萨克森的全部。他自然赞成扩大普鲁士，因为普鲁士在拿破仑时代受到了最大的屈辱。但是他要达到这一目的，并不是一成不变地非要这些地区不可。恢复的意思既可能是要恢复它原来的领地，也可能主要看有多少领地不能还给，那么它也可以接受别的领土。哈登贝格居然不能比较深刻地体会到问题的重点所在，这是令人惊讶的，因为这正是德意志历史上一个重要的十字路口。如果是在波兰领土上实现恢复，普鲁士的目光就会落到异国土地上，它的政策就会使它易于同俄国发生冲突；如果恢复和补偿基本上是在德意志境内，那么它的将来就会与它自己的文化更加紧密结合起来，它的政策就会使它同奥地利发生冲突。

651

哈登贝格和梅特涅事先都曾考虑过，如果普鲁士能协助挫败俄国对波兰的图谋，梅特涅就有支持将萨克森割让予普鲁士的可能。这种可能性符合奥地利的原则，当哈登贝格 10 月间给梅特涅写了一封密信的时候，这种可能性在维也纳便有了实质性内容。信中答应以反对沙皇作为决定把萨克森割让给普鲁士的条件。梅特涅与卡斯尔雷对这个诺言虽然深表怀疑，但还是决定接受它，梅特涅于 10 月 22 日写信给哈登贝格表明了这一点。在这封信中——据根茨说这封信使梅特涅"在三个月中所受的苦恼比他一生中所受的苦恼还要多"① ——他表示奥地利支持将萨克森交给普鲁士，只要普鲁士能够成功地反对俄国有关波兰的计划。

---

① 里夏德·梅特涅亲王编：《梅特涅亲王回忆录，1773—1815 年》，"维也纳会议"部分（伦敦，1881 年），第 2 卷，第 570 页。

对于卡斯尔雷来说，这是向实现他所希望的建立一个以奥地利和普鲁士合作为基础的坚强中心的计划迈出了显著的一步。必须尽快着手，因为亚历山大即将动身去匈牙利，因此三个"密谋者"遂于10月24日会晤讨论他们的立场，并起草了一个联合备忘录，提出以维斯杜拉河为俄国的边界。沙皇面对着三国的联合反对，大发雷霆，并且在哈登贝格和梅特涅的两国君主面前把他们痛骂了一顿。他的愤怒并未使弗兰茨动摇，但是使意志消沉而顺从的弗里德里希·威廉放弃了这种联合行动。三国的联合行动实际消失了，虽然哈登贝格直到11月5日才接到其君主让他退出联合的具体命令。卡斯尔雷让他们乘他不在时把联合反对沙皇的事情泄露了，这是一个大错误。沙皇取得了胜利。在随后几个星期里，卡斯尔雷和梅特涅仍然集中精力研究俄国公式中的关于波兰的部分。但是，由于没有更多的理由指望沙皇会作出适当的让步，他们被迫转向公式的另一个部分，即阻止将萨克森割让予普鲁士，尽管他们在10月间即已有条件地向哈登贝格作出过许诺。大家的兴趣就随之从波兰转移到萨克森问题上。

652

大家认为，目前引起激烈争论的萨克森地区问题，应由会议处理，因为萨克森支持过拿破仑，而且它的统治者迟迟不肯转向联盟。这简直没有什么道理。那么多的君主在那么多的场合都曾经以支持拿破仑为得计，因此，用塔列朗的一句名言来说，那不过是个"时间问题"。争议中的领土大体上是个长方形，朝西向莱茵河方向有一个不规则的突出部分；它横亘于勃兰登堡与波希米亚之间，被易北河一分两段，几乎整个北部与东部边界都与普鲁士接壤。萨克森比较富饶，北部宜于种麦，有牧草丰美的牧场，南部有古老的矿山和风景秀丽的群山。所有城市中德累斯顿远在南方，即使萨克森被瓜分，普鲁士也是无法达到的，但是莱比锡位于萨克森中西部，比较容易受到攻击。

兴趣的转移，由于梅特涅于1814年12月10日正式致函哈登贝格，拒绝把萨克森给予普鲁士而引人注目了。结果引起了疯狂的互相指责，致使卡斯尔雷再三向政府提出有爆发战争危险的警告。英国要同它的新近盟友发生冲突，看来虽然令人难以置信，但是直到圣诞节之后很久这种骇人听闻的可能性还是存在的。与此同时，由于哈登贝格和梅特涅得到了卡斯尔雷同意对萨克森问题进行干预，会议进入了一个新的阶段。这是最无所作为和令人沮丧的时刻，而且使卡斯尔雷卷入了英国内阁曾明确指示他要避免的，可能使本国陷入战争的一些事件之中。他本人原是内阁中最关心欧洲的成员，比其他同僚更加深刻地意识到在欧洲大陆建立有效的领土均势具有何种价值，因而在谈判的紧急关头，他就准备对于这种官方指示置之不理。这年秋季，令人烦恼的难题之一是谈判者对讨论中问题的统计数字方面固执地各持己见。卡斯尔雷建议另行成立一个统计委员会，以便在普鲁士杰出的统计学家霍夫曼的协助下，对那些地区及其居住的"人"数制定出一致同意的一套数字来。该委员会从 12 月 24 日到 1 月 19 日开了六次会，对他们的工作很有助益。

对于塔列朗来说，时机终于来到了。他于 9 月间作为战败国代表团团长来到维也纳。他由于签署了第一个巴黎和约的秘密条款，所以理所当然地不得参与内部决定；而且实际上由于各主要大国把主动权掌握在自己手里而被排斥在外。他拥护"神圣的正统原则"① 并大肆渲染。这一原则经常而又错误地被说成是这次和会凌驾于一切之上的主题。塔列朗本人把这一点说得很清楚。在所有与会的政治家当中，他接受的指示是最为明确的，就是详尽的"国王训令"。这一训令的内容是由他自己设想的，也许是由拉贝纳尔迪埃草拟的。他在训令中认为正统性是稳定国家体制中各个实体的最佳手段。但他发现，建立一种健全的均势很可能是整个欧洲的指导思想。他依据国王训令，同意瑞士永久中立，他设法限制普鲁士在德意志的西部所取得的利益，抑制它在新联盟中的势力（至于联盟本身也不应强大），阻止它重新获得提尔西特和约前所具有的力量。他要限制奥地利对意大利北部的渗透，通过恢复波兰独立或使之恢复到最后一次瓜分时的状况来遏制俄国的扩张。这显然是法国奉行均势的传统立场，其目的是要把对联盟各成员国的补偿减少到最低限度，这一点同样是明显的。

塔列朗在维也纳显露出非凡的手腕。他反对把法国永久排除在和会的核心会议之外，他把大部分的精力都用在跻身于这个核心会议方面。他提出让中小国家的那些心怀不满的代表来掌握领导权，就把几个为首的大国的政治家弄得心神不安。他极力主张限制对普鲁士的补

---

① 德布罗格利利公爵编：《塔列朗亲王回忆录》（伦敦，1891—1892 年）第 2 卷，第 203 页。

偿，反对把萨克森给予普鲁士，以致到了 10 月便把当时正热衷于他们的联合事业的卡斯尔雷、哈登贝格和梅特涅惹恼了。卡斯尔雷认为塔列朗应该首先协力遏制俄国；塔列朗由于预见到卡斯尔雷和梅特涅在波兰问题上要失败而常受到称赞。如果他在 10 月间同他们一起反对沙皇的话，他们也许就不会失败。这当然只是一种猜测，但在秋天里不论人们对他的行为有什么看法，到了冬季他的声望已明显地提高了。

12 月初，卡斯尔雷把可能发生战争这一特别糟糕的消息写信告诉利物浦伯爵时，他曾建议英国最好与法国一道共同进行干预或用武力进行斡旋。12 日，塔列朗送交梅特涅一份书面建议提出缔结同盟；由于得到了后者的鼓励，一星期后他又重复提出。此后不久，成立统计委员会一事无意中成了塔列朗能够参加维也纳会议的核心会议的突破口。当他初次参加会议而不受欢迎时，他威胁说法国代表团要退出维也纳会议，从而成功地顶住了他们的排斥。他不仅登堂，而且还要入室，要打进四强的核心中去。现在这一时机也已经唾手可得了。

卡斯尔雷虽然意识到塔列朗同梅特涅之间已经和解，但直到圣诞节为止，他都不敢向他们明确表示对联盟感兴趣。但是由于四大国在如何处置萨克森的问题上仍然僵持不下，他的态度终于和缓下来，表示准备建立条约的关系，并极力主张让塔列朗参加外长核心组。四大国于 12 月 29 日开会，卡斯尔雷和梅特涅要求让塔列朗参加高级外长会议。于是四大国扩大为五大国。他们的要求引起了哈登贝格和涅谢尔罗杰的激烈反对，因为在萨克森问题上，他们当然要设法避免三票对他们的两票这种局面。普鲁士的首相一向为人谨慎，平日由于耳聋，对于他所不喜欢的东西可以充耳不闻，然而这一次不仅听见了这个提议，而且激动得在 12 月 31 日的会议上声称：不把萨克森割让予普鲁士就等于战争。卡斯尔雷的内心深处也不能保持平静，他极力要求最好放弃召开维也纳会议。旧的一年在愤怒、怨恨和失败的气氛中过去，昔日的盟友这时都面临着战争的黑暗深渊。

新年元旦那一天，卡斯尔雷担心普鲁士会突然采取战争行动，便采取了决定性的步骤，向梅特涅和塔列朗提出了结盟草案。他们很快即讨论就绪，于 1815 年 1 月 3 日签署了"三国同盟"，保证互相支援以反对他人进犯，规定法、奥两国提供 15 万军队，英国也提供同等数量的军队；并规定邀请巴伐利亚、汉诺威和荷兰一道行动，后来它们都这样做了。同一天，涅谢尔罗杰和哈登贝格企图在法国进入五强行列之前在萨克森问题上求得妥协。当哈登贝格看不到有任何进展时，他便通知卡斯尔雷说，他要亲自提出让法国全权代表进入五强。于是，这些政治家便在萨克森问题上艰难地度过了冬季危机的最危险的阶段。维也纳会议最困难的阶段即告结束。塔列朗兴高采烈地向路易十八报告说："陛下，联盟现已瓦解，而且永远不复存在。法国在欧洲不再是孤立的了，而且……法国与两个最强大的国家以及三个二等国家协调一致了。"①

　　现在已经很清楚，妥协是可以达到的，尽管取得妥协的过程是非常艰难的。哈登贝格虽曾经表示调解是可能的，但是为了讨价还价，他依然声称要得到整个萨克森。梅特涅一想到可以遏制普鲁士这一诱人的前景便感到振奋，于是就采取针锋相对的立场，不同意将萨克森的任何一部分给予普鲁士。于是只好由穷于应付、孜孜工作的卡斯尔雷把他们引导到一个适当的折中方案上来。1 月 3 日梅特涅把奥地利针对俄国 12 月 30 日的正式建议而提出的反建议送交"四国君主会议"审议时，波兰西部的新边界实际上已在这一天得到解决。这件事大大帮助了卡斯尔雷。奥国的反建议揭示出奥地利在萨克森问题上与俄国的分歧仍然很大，但在波兰西部的边界问题上，意见则完全一致。它们的一致意见，实际上决定了这个边界线，并于 6 月写入了"维也纳会议的最后决议"中去。这就削弱了哈登贝格在萨克森问题上讨价还价的地位，因为俄国人已经达到自己的主要目的，现在就不大愿意为了盟友普鲁士的利益而去承担战争的风险了。卡斯尔雷就利用这一点，争取沙皇支持在萨克森问题上的妥协，从而 1 月份其余的时间便可用来和缓梅特涅与哈登贝格之间的僵持局面。

　　卡斯尔雷和塔列朗站在中间立场上，首先劝梅特涅降低并限制奥地利的要求。卡斯尔雷发现弗兰茨一世好战成性，但在蒙斯特的协助下，取得了满意的进展。作为答复，梅特涅于 1 月 28 日正式向五国提出，把萨克森的大部分地区（不包括莱比锡在内）让予普鲁士。接着，卡斯尔雷开始同普鲁士协商，特别是关于莱比锡问题。同哈登

---

① G. 帕莱恩编：《塔列朗亲王与国王路易十八书信集》（伦敦，1881 年）第 1 卷，第 242 页。

贝格磋商失败后，他就去找这位首相的顶头上司弗里德里希·威廉，但这次会谈极其艰难，他便转而求助于沙皇，后者同意将控制着维斯杜拉河中段的托恩及其周围地区让予普鲁士。普鲁士在莱比锡问题上一经让步，他就逼着他们减少对萨克森剩余部分的要求，劝汉诺威将德意志中部的一点地方给予普鲁士，以利谈判。接着，他主动提出再加上新荷兰的一部分，哈登贝格再次试图获得莱比锡失败之后，最后于 2 月 6 日同意接受不包括莱比锡在内、稍稍多于一半的萨克森土地和稍稍少于一半的萨克森"人口"。梅特涅马上表示同意，长久以来以萨克森人的护卫者自居的塔列朗也表示同意。萨克森危机过去了，剩下来的棘手问题就是把瓜分的细节向这块不幸国土的国王呈报了。这项任务 3 月间由梅特涅、塔列朗和威灵顿去完成。

656   普鲁士获得的全部土地还包括其他两个主要地区：在西部的一块土地和在波兰的一块土地。普鲁士势力在莱茵河卷土重来有着重大的意义，这表示普鲁士已脱颖而出，具有明显可见的威力，其意义非同寻常。在波兰据有的那部分土地虽然只占这个公国的 1/6，比普鲁士原来在那里所拥有的地盘小得多，但也绝不可等闲视之。这比它在萨克森所得到的地方还大，包括一段很有用的维斯杜拉河，以及瓦尔塔的一半以上。加上亚历山大原来同意把波兰的一部分归还奥地利，这就使去年秋天俄国提出的毫无妥协余地的要求缩减了很多。卡斯尔雷在波兰问题上明显遭到惨败之后确实进行了有力的还击。

    萨克森问题的解决，使与之有关的许多问题都有可能作出决定。巴伐利亚在恢复 1805 年和 1809 年失去的某些地区问题上，长期与奥地利意见分歧，最后它也终于让步，并得到维尔茨堡和巴拉丁的部分领地作为补偿。巴伐利亚和普鲁士都为之垂涎的美因茨成了黑森大公国管辖下结成同盟的要塞。前汉诺威选帝侯的领地原是英国在欧洲的前哨，后来成了拿破仑的牺牲品，这时成了一个王国，扩大了边界，特别在西部荷兰边界与奥尔登堡公国之间。汉诺威在易北河和威悉河已有一些强大的据点，获得了上述的这些土地后，它又控制了埃姆斯河下游。英国由于是荷兰的保护国，又由于在汉诺威的地位得到恢复和保留了赫尔戈兰，因而在某种程度上居于控制法国与丹麦之间所有河流的优越地位。

　　关于建立新德意志邦联达成协议的问题，实际上进展特别缓慢，而且困难重重。1814 年春天一再取得的协议均表示，建立邦联是各大国可以接受的。这一想法遭到一些爱国者的反对，其中有施泰因。他们谋求建立一个德意志帝国，但是维也纳会议召开后，他们的美梦也就消失。各大国在维也纳最初作出的决定之一就是让德意志人自己起草一部新的德意志宪法。在 1814 年 10 月和 11 月的两次会议中，由奥地利、普鲁士、巴伐利亚、符腾堡和汉诺威自行组成的德意志委员会讨论了各种宪法草案，但不久就像四大国在萨克森问题上的情况一样，陷于僵局。它们各执己见，以致会议中断了五个月。1815 年春天复会后，奥地利提出一项草案，首先在取得妥协方面有了进展，最后终于在 6 月初达成了协议，虽然是在大部分细节上，但并不是在所有细节上都取得了一致意见。由 34 个邦的君主和四个自由城市组成的新德意志邦联将成立一个议会，由奥地利人担任议长，各成员邦都派代表参加，但在投票表决方面有差别。宪法中规定，各邦君主在战争时不得单独谈判，也不得缔结危及邦联整体利益的联盟。在邦联组织方面没有安排，没有共同的货币或行之有效的行政长官，也没有保证民众自由的条款。虽然由此建立的只是一个脆弱的联盟，但它毕竟给德意志政治上的混乱局面带来了一点秩序，而且由于把普鲁士和奥地利都拉进了同一个结构中来，从而使卡斯尔雷的关于建立一个强有力的中心的梦想得以部分实现。

　　在前一年夏天大体上已经确定、不久前又作了调整的荷兰边界线，现在已审慎地划定。除了比利时人居住的几个省份外，这个荷兰新王国又增加了列日和林堡公国。国王还得到了卢森堡公国，不过它仍然不在荷兰管辖之内，而成为德意志邦联的一员，并且就在卢森堡城内驻有普鲁士的卫戍部队。

　　维也纳会议在普鲁士和斯堪的纳维亚诸国的问题上又陷入了另一个僵局。这是因为贝纳多特未能执行前一年基尔条约中的财政条款而引起的。根据该条约，他必须因丹麦把挪威割让予瑞典而赔偿丹麦所受到的损失。英国在 1815 年春天为了瓜德罗普岛（已归还法国）付款给瑞典，从而打开了僵局，推动了有关三方转让地盘；普鲁士遂将劳恩堡让予丹麦，丹麦将挪威给予瑞典，而瑞典则把它的那一部分波美拉尼亚让给普鲁士。这些变更使挪威人十分反感，但对瑞典却特别重要。确实，对于瑞典来说，它在欧洲大陆上的帝国的最后余迹于1814—1815 年不复存在，以后它也就不必卷入欧洲事务中去，不再参与欧洲的战争和联盟了。

意大利问题的解决主要决定于梅特涅。这是一个复杂的问题，僵持了数月，一直到 1815 年 5 月才得到解决。复杂的中心问题是 1814年 1 月奥地利同那不勒斯国王若阿基姆·缪拉之间订立的联盟。缪拉是拿破仑最小的妹妹的丈夫，为人粗鲁但是一位很出色的骑兵指挥官。缪拉以他倒向联盟为条件换取奥地利对其王位的支持。缪拉1814 年的这一大胆的策略很是成功。但是，梅特涅承担这一义务后，发现自己同塔列朗发生了纠葛，因为塔列朗要把缪拉赶走并且恢复合法的西班牙波旁君主。梅特涅只好采取回避与拖延的方法。即使在维也纳会议上形势迫使英国、法国和奥国团结一致，而且法、奥两国之间又特别需要意见一致之际，梅特涅仍极力作进一步的拖延。问题一
658直到激动人心的"百日帝位"期间才由缪拉自己解决。他想进一步投机，摇身一变又投靠拿破仑，并企图号召意大利起来反对奥地利。我们现在才了解到，他显然别无选择，因为梅特涅和卡斯尔雷已经秘密商定要赶他下台。总之，他很快便失败，逃往法国，后来回到意大利南部，在那里被逮捕枪决。"百日帝位"大大地加速了意大利问题的解决，缪拉同奥地利的复杂关系变成了单纯的敌对关系，也缓和了法国对奥地利在意大利半岛上的政策的对立情绪，从而证明了梅特涅的政策是正确的，他的拖延手段是那么成功。

意大利僵局突然迎刃而解。那不勒斯归属波旁王朝，遗留地区的边界很快就标定了，半岛上八个单位建立了国家体制，其中四个是在哈布斯堡统辖之下。奥皇直接统治新的伦巴第—威尼斯王国。他的兄弟回到托斯卡纳大公国，他的女儿获得帕尔马公国，他的孙子则获得摩德纳公国。教皇的权势在意大利中部重新确立。西北部的撒丁王国得到加强，还收复了撒丁岛、皮埃蒙特、萨伏依和尼斯，再加上利古里亚（热那亚）。卢卡归属于帕尔马波旁王室（参见第十五章，原书第 429、438 页）。

瑞士的边界、宪法和对外关系这些复杂问题，到 3 月间大体上已由专设的特别委员会解决。解决方案规定 22 个州建立一个松散的联盟，边界加以调整。各大国许诺保证瑞士的中立，这是由瑞士首先提

出，11 月间正式实施的一项正确而有政治远见的建议。

达成的各项协议，通常都是分别签订的；而且理解为这些协定以后将合并成为一个综合性的条约。最后共有 121 个条款，再加上许多附件和议定书，作为"最后文件"由与会的各大小国家的全权代表于 1815 年 6 月 9 日签署。签署仪式在宏伟的申布龙宫举行，这所宫殿当时坐落在维也纳城外。条约除对领土问题作出安排外，还包括许多别的项目，其中有德意志各邦君主的称号、一国对另一国的赔款、在规定的公路上征收（或减免）通行税，已经改变了归属关系的地区牲畜贩子和牧羊人的特权，在流经各国的河流上的航行权，以及对欧洲经济很重要的靠河川谋生的人所走纤路的维修。条约还包括一项解决外交席次这么一个棘手的老问题的办法，即今后席次首先要由等级确定（一等：大使、教皇所派特使和使节；二等：特使、公使；三等：代办），然后考虑任职时间的长短。按照这种简单的安排，欧洲的外交家们得以体面地避免了那些荒谬而又使人难堪的困境。

在企图对奴隶贸易采取国际行动方面却并不是那么成功。一个世纪以来，由于在西非和新大陆之间从事奴隶买卖而发财致富的英国，近来却禁止这种买卖，并打算彻底查禁这种贸易。就像当年禁运鸦片一样（有讽刺意味的是，当时鸦片贸易的开展主要是由英国带头的），奴隶买卖也只有通过国际协定才能有效地禁止。卡斯尔雷由于未能将这一问题作为明确的条文写进第一个巴黎和约，他的党受到了威尔伯福斯和强大的反奴隶制运动的攻击，因而，这位外交大臣在维也纳就更加热衷于签订一项实质性协议。他这样做，与其说是由于政治压力，倒不如说是由于受到自己情感的驱使。许多一、二流国家虽然同意作出实际规定，但法国、西班牙和葡萄牙则不同意。由于拉丁语系诸国代表纠缠不休，卡斯尔雷设法使各大国发表二月宣言，宣布奴隶贸易"和人类的及一般的道德原则相违背"，他们一致同意"愿意结束长期以来使非洲荒芜，使欧洲堕落和使人类遭受痛苦的这一灾难"。葡萄牙同意在赤道以北废除奴隶贸易，但卡斯尔雷未取得更多进展。尽管成绩不大，但也为战后达成协议迈出了第一步。说也奇怪，不久"百日帝制"却在这个问题上助了英国一臂之力，因为拿破仑宣布法国人进行这种贸易为非法，而路易十八也只得重申他的决定。

正当维也纳会议缓慢而艰难地走向结束时，一些具有重大后果的事件引起了欧洲人的密切关注。1815 年 3 月 6 日至 7 日夜间，拿破仑逃离厄尔巴岛的消息传到了维也纳。这时，他已经在昂蒂布登陆，开始他那富有魅力的归来，从格勒诺布尔起沿途的法国军队再一次集合到他的旗帜之下。他离开厄尔巴岛不到两星期，就住进了杜伊勒里宫，迅速组织成一个新政府。路易十八灰溜溜地逃到了根特。

在维也纳，人们几乎自发地一致认为，拿破仑重返法国是与欧洲的和平不相容的。因此，3 月 13 日，第一个巴黎和约的八个签字国签署了一项联合声明，宣布拿破仑·波拿巴不受法律保护，"因为他已置身于公民与社会的关系之外，并且……成为公众仇恨的对象"。为防止法国重开战端，迅速作了如下部署：威灵顿统率的英国和汉诺威的部队守卫莱茵河下游，普鲁士军队作为那里的预备队并守卫莱茵河中段，俄国和奥地利的军队开往南方。

由于又一次面对着法国的威胁，在维也纳的政治家们很快又恢复了他们所熟悉的同盟伙伴关系。3 月 25 日，他们通过了一个有九项条款的文件，表明他们回到了肖蒙原则。在这一文件中，他们重申第一个巴黎和约，一致同意四大国各提供一支 15 万人的军队，各国不得单独媾和，等到战争危机过去后肖蒙条约继续有效。英国还另外同意提供 500 万英镑的津贴。许多小国都团结在联盟的周围，不久汉诺威、巴伐利亚、撒丁、葡萄牙、荷兰、巴登、萨克森和其他许多国家都包括进来。于是重新组成了联盟，并开始工作，其速度与效率是欧洲历史上前所未有的。实际上，这样高的效率是因为具备了理想的条件：政治家和将领们都聚集在维也纳，军队就在近旁，津贴很快有了着落。波拿巴重返法国戏剧性地构成了一种共同的威胁。

拿破仑眼见其宿敌紧密团结，就企图破坏这一新的联盟，特别是他派人把他在杜伊勒里宫找到的 1815 年 1 月 3 日秘密条约的法文副本送交亚历山大。这一次计谋失败后，他就利用自己东山再起所造成的紧急危机。他在外交上几乎是孤立的，只有那不勒斯的缪拉支持他的事业。此外，路易十八只做过几件得人心的事，而其中之一就是取消征兵，于是留给拿破仑的军队大概不过 20 万。但是他从前的许多军官回来了，这位皇帝在他们的帮助之下，迅速地采取了应急的措施。同时，为了迎合法国目前比较强烈的自由主义情绪，答应颁布一部自由主义的宪法，然后准备进攻反法联盟。他希望不给敌人以聚集的时间就将它们各个击破。他首先进入荷兰，赢得了宝贵的时间，但随后却又莫名其妙地浪费掉了。威灵顿因普鲁士保证在左翼给予支持，就选择在圣让山进行抵抗；拿破仑的军队在 1815 年 6 月 18 日滑铁卢一战中差点儿打垮了威灵顿的军队，但后者在普鲁士军队的支援下，最后终于打得拿破仑溃不成军。普鲁士军队因路途泥泞来得晚了，几乎贻误大事。成千上万的法国、普鲁士、汉诺威、荷兰、英国军队的伤亡，都是沙皇慷慨地把厄尔巴岛奉送给拿破仑铸成的大错所产生的直接后果。

　　巴黎新产生的元老院和立法院无所顾忌地不断举行会议。拿破仑逃离战场之后，开始考虑要建立一种严格的独裁制度并无情地清洗敌人。但他终于放弃了这个念头，不得不逊位让他的儿子继位。他意识到，他的儿子将不可能真正有机会登上皇位的。路易十八这时不患痛风病了，他在威灵顿的敦促下，于 6 月 25 日重新踏上法国的土地。四天以后，第一批普鲁士军队便在巴黎城郊出现，布吕歇尔已决定向该城提出两种方式听凭选择：一是无条件投降，一是受到攻击。但是他经过威灵顿的劝说后，态度有所缓和。威灵顿是一向坚决主张对法国提出宽厚的条件的。在警方的富歇和军方的达武共同努力下，巴黎很快就投降了。两人配合威灵顿在恢复波旁王朝一事中起了关键的作用。联盟各国于 7 月 7 日又第二次凯旋进入巴黎，次日，路易十八又回到了杜伊勒里宫。

　　6 月底，拿破仑在马尔梅松险些被普鲁士人抓获。布吕歇尔本来会高兴地把他枪决，但是联盟军有 10 天工夫没有找到他。在此期间，他到了西海岸港口罗什福尔，打算从那里搭一条法国船逃往美国。但由于西风劲吹，加上英国的封锁而无法成行，只得向"贝雷勒芬"号的梅特兰舰长投降。他在给摄政王的信中说，他"就像特弥斯托克利斯[①]一样，只能寄希望于英国人民的热情好客"。[②] 他被押送到普利茅斯港，因为好奇的群众挤满港口，使他被阻于船上，但不久即被押送到他的目的地圣赫勒拿岛。

661

――――――――――――

① 特弥斯托克利斯（Themistocles，公元前 507？―前 460 年？），雅典将军和政治家。――译者注
② J. 霍兰·罗斯：《拿破仑一世生平》，第 6 版（伦敦，1913 年），第 2 卷，第 520 页。

由于许多政治家都把"百日帝位"看作第一个巴黎和约对法国采取的温和政策遭到失败的佐证，因而企图通过瓜分从而削弱法国的这一昔日的要求又油然而生。作出某些改变显然是必要的。7月中，各盟国成立了四国委员会，夏秋两季一再举行会议，制定对法国的新条款。虽然四大国对削弱法国力量这一目标意见一致，但在夏季的历次会议上，对于达到这一目标的方法则产生分歧。在普鲁士将军们的压力之下的哈登贝格代表着一个极端，坚持要把沃邦建筑的三个历史性的连锁要塞分别交给瑞士、德意志各邦和荷兰，并且割让整个萨伏依和阿尔萨斯－洛林，以此来削弱法国力量。卡斯尔雷坚持温和路线。他一直希望而且已经看到了拿破仑的失败和路易十八的复位。现在，尽管英国内阁中有不同意见，他仍设法避免出现报复性的和平。虽然利物浦伯爵并不热衷于采取严厉的做法，却也坚持要他对战犯予以制裁。"目前表现出的忍让做法只能被看作软弱而绝不是什么仁慈……只有对策划波拿巴复辟的阴谋家们从严惩处以儆效尤，才是唯一有效的办法。"① 卡斯尔雷不赞成这样做，只是装模作样地执行给他的指示，希望那些战犯会谨慎地自己躲开去。他也不赞成瓜分法国，因为那样就会使新政府丢脸而遭到削弱，从而使这个国家在欧洲的平衡中成为一个不稳定的单位。但他同意采取某些临时措施来遏制法国的势力，希望积极依靠原则就可以防患于未然。他的这些方针得到了威灵顿坚决而宝贵的支持。

梅特涅的立场似乎接近卡斯尔雷，而不是哈登贝格。他认为盟国应坚持占领、赔款和割让有限的领土，使法国从一个进攻性的国家变成为一个稳定的、防守性国家。他尤其认为法国的第一线要塞必须予以摧毁或交给邻国。亚历山大这次回到巴黎后态度极为宽厚，这使卡斯尔雷和梅特涅大为宽慰。只要不直接牵涉到俄国的利益，这位沙皇总是赞成他们的温和政策，而不支持他的普鲁士盟国的严厉计划。他强调联盟应团结一致，希望重申肖蒙的原则。他从1812年以来日益信仰基督教，1815年春天还经历了一次非常强烈的心灵感受，这使那一年俄国的政策受到极大影响。他在这一段时间里的温和态度无疑也是多半由于这个原因。

① 韦伯斯特：《英国的外交》，第345—346页。

662

由于亚历山大、卡斯尔雷和威灵顿意见一致，梅特涅的看法亦相去不远，温和政策明显地占了优势。哈登贝格在取得内阁支持方面遇到很大困难，最后只得派他的异母兄弟去伦敦要求得到必要的支持。哈登贝格于 8 月 28 日表示他将缓和自己的立场，亚历山大也急于使普鲁士避免受到屈辱性的挫折，表示他赞成法国割让一点领土。到 9 月初，四国委员会基本上达成了协议。他们于 9 月 20 日提交给法国的条款遭到即将由人接替的塔列朗的拒绝，使他们感到十分为难，但不久塔列朗的继任者黎塞留公爵接受了稍加修改的文件。

经过几个星期的最后定稿，各国最后终于在 1815 年 11 月 20 日签署了构成"第二个巴黎和约"的几个文件，其中保证瑞士的中立和建立新的四国同盟。法国接受了稍加修改的 1790 年的疆界，但未能保持"第一个巴黎和约"中慷慨得多的边界线。最重要的改变是把萨尔交给了普鲁士，虽然当时人们并不充分理解它在经济上的重要意义。和约还规定拆毁于南冈要塞，由一支不超过 15 万人的军队占领法国 3—5 年，以及法国赔款 7 亿法郎。早些时候，还要求法国交出它在欧洲其他地方掠夺来的大部分艺术珍品。

在新的四国同盟中，各盟国一致同意维持第二个巴黎和约，防止拿破仑东山再起，坚决支持占领部队，每个签字国同意额外提供 6 万名士兵，如有必要，也可以提供更多的兵力。按照肖蒙精神，第 6 条规定各国君主或大臣定期举行会议，"以保证顺利实施本条约"，考虑"对于各国的繁荣与安定以及维护欧洲和平最有利的措施"。第 6 条对战后年代通过会议从事外交活动确立了法律基础，这在处理国际问题上是一种值得注意的有趣实验。这是一种尝试，特别是卡斯尔雷的尝试，为的是把各大国在联盟方面的某些经验运用到战后世界事务之中，这也明确地标志着大国的支配地位和"欧洲一致"的原则。①

沙皇的神圣同盟条约是支持和平解决的另一种迥然不同的办法。他希望其他国家的君主会共同签署，从而他们之间可以结成"真正牢不可破的兄弟情谊"，决心重在外交事务中遵行"神圣宗教的戒律，即正义、基督的仁慈与和平的戒律。这些戒律绝不只是适用于私人事务，对于各国君主的会议也必然具有直接的影响"。尽管沙皇把

---

① 韦伯斯特：《维也纳会议》(伦敦，1918 年)，第 143 页。

神圣同盟的缘起归于 2 月份同卡斯尔雷的一次谈话，但其实他之所以产生这么一种想法，主要是由于他以往对《新约》感兴趣，也由于受到了克吕德纳夫人的一些影响。此人在 1815 年夏曾作为宗教导师帮助过他。亚历山大无疑是十分认真的，可是梅特涅和卡斯尔雷只是对此采取玩世不恭的态度。卡斯尔雷在给利物浦伯爵的信中把它说成"异常玄妙而荒谬绝伦"。[①] 各国君主由于惧怕亚历山大的权势，为了迎合他的兴高采烈的心情，在由梅特涅在文字上作出某些重大修改之后，于 1815 年 9 月 26 日在这个同盟条约上签了字。但是就他们而言，这不是一种认真的政治行为，在 1815 年的外交上也没有起什么重要作用。

664 看一看维也纳会议最后文件和第二个巴黎和约中有关领土的条款，就可以一目了然地看出它们遵循着两个互相关联的原则，即遏制与互相补偿。前者针对法国，后者针对它的敌人。现在，虽然是按照皮特和卡斯尔雷的某些重要建议，在法国东部边界形成了一条遏制它的弧形地带，其主要内容似乎是新设想的而且带有某种试验性质的。领土扩大了的荷兰，扼守北方；扩大普鲁士在西部的地盘；用普鲁士代替奥地利防守莱茵河；加强巴伐利亚、巴登和符腾堡；国际保证瑞士中立；扩大撒丁王国以驻守南端。英国通过汉诺威可与普鲁士连接起来以为北方后盾，奥地利则通过意大利北部属地可以为南部的后盾。这样的布局就可牢靠地防止法国今后打乱均势。

法国本身的边界线虽然几乎完全恢复到 1790 年的情况，但是在它的东方普遍出现了新边界：瑞典取得了挪威；奥地利获得了意大利的大片土地；俄国获得了波兰的大部分（1814—1815 年的和约以前它还占有芬兰和比萨拉比亚）。瑞典的波美拉尼亚以及萨克森、波兰和德意志西部的一部分给了普鲁士。英国保留了重要的海外地区，扩大了它的荷兰保护国，并且使汉诺威也扩大了。令人失望的是，花了很长时间逐步做出的许多安排却不是永久性的。不到 15 年，扩大了的荷兰就处于分崩离析之中，波旁王朝的复辟在法国宣告结束；两年以后，尼古拉一世废除了波兰宪法；不久，汉诺威同英国的联系也告断绝；在维也纳条约中确定的克拉科夫中立自由城的地位被推翻了。

---

① 《英国的外交》，第 383 页。

在 1859—1871 年之间，有关意大利和德意志的所有的解决办法都废除了；另外，取消了奥地利在意大利所得到的补偿；德意志邦联解体，奥地利随之失去了对该邦联的管辖权；德意志各小邦在俾斯麦统治下按新的制度改变了组合。法国的疆界在拿破仑三世和加富尔之间的安排下得到扩大，但后来由于德国夺取了阿尔萨斯与洛林又缩小了。总而言之，1814—1815 年和约的各项条款，比威斯特伐利亚和约和乌得勒支条约的条款修改得更快，更经常，也更深刻。

与上述变化相比较，在克拉科夫和波罗的海之间的德意志东部疆界，是 1814—1815 年解决方案中比较稳定的一部分，虽然边界线两边后来都发生了变化，而且到了 1914 年连边界线本身也不存在了。挪威和瑞典的合并一直保持到 19 世纪以后，如同英国取得的锡兰和开普殖民地一样。保持的时间更久的还有：法国在梅斯和海峡之间的疆界，但边界线的东侧不久就由荷兰改为比利时控制，关于瑞士的领土和其他问题的安排都一直延续到今天。关于外交席次的协定至今仍然有效，只不过更为详尽罢了。此外，英国至今仍保留马耳他。

整个解决方案虽然在许多方面不尽公平，在许多具体做法上也不尽完善，因而注定要经过无休止的修改，但总的说来和在欧洲重新建立一个平衡的国家体制的理想非常一致。它实际上代表着欧洲最后一次有意识地根据均势而实行的伟大的和平解决方案。这些原则在 18 世纪中曾经得到普遍的承认和广泛的应用，但在 1792—1814 年这一代里，却受到了大规模的谴责，到了 19 世纪则被自由主义批评家们说得一钱不值。只是到了最近，这些原则才重新受到推崇，认为有益于处理欧洲事务。这从调解过程中作出的重大决定中就可以清楚地看到，例如波旁王朝复辟，第一个巴黎和约的温和适度；在维也纳按互惠补偿分配胜利果实；卡斯尔雷关于建立一个坚强中心的设想；梅特涅对俄普共同获得土地的态度以及第二个巴黎和约谨慎而有节制。一再重申肖蒙原则以及最后出现四国同盟，突出说明了一种想法，它来自平衡论者的实践并且设想出保持均势的改进办法。确实，1814—1815 年时期是欧洲传统的势力均衡发挥作用的最好范例之一。这段时间里的无数文件使用它的术语，各种各样文件都使用平衡论者的用语以证明自己是正确的，各种计划通常体现出它的概念与目的。

平衡论虽然在和平解决方案中显然占主导地位，但是并非无所不在，以致排除其他别的思想。正统性得到很多人的支持，但是就连塔列朗，维也纳会议上的这一位高级传教士，也只把它看作更为全面的均势论中的次要成分。民族原则这个法国大革命的强烈而搅动人心的产物虽有其追随者，这在施泰因的对德意志的政策和亚历山大对波兰问题的计划中表现得很突出，但此外就没有取得什么重大的成果。国家利益，显然是各大国在维也纳会议中的动力之一，始终吸引着各个政治家。然而，它一般都从属于均势，因为个别人的过高要求都会遇到其他主要政治家们的集体抵制，特别是因为当时国际关系中的基本事实乃是五大国的势力相对平衡，任何一国都不可能控制其他国家。

666　　　如何估价参加维也纳会议的各个重要人物的相对重要性，乃是阐述 1814—1815 年这段历史时期的最有趣的问题之一，尽管以前的几代人们满足于把最高荣誉归之于梅特涅，但今天很难说是哪一个人主宰了一切；不过每一位重要的政治家都有其举足轻重的时刻，都作出了重大贡献。亚历山大肩负着 1814 年直接进军巴黎的重任，接着又一道及时地支持对法国采取温和态度；而且，由于他在维也纳会议上对波兰问题取得了胜利，因而实际上对整个会议的解决方案产生了影响；同时也使得俄国向西扩张的影响达到了空前的程度。哈登贝格取得了大量的补偿，使普鲁士完全恢复了过去的势力，并取代奥地利负责保卫德意志的西部边界。梅特涅成功地挫败了俄国的原来方案，在不让普鲁士获得整个萨克森一事上发挥了重要作用，并对有关德意志的其他决定也施加了影响。他以高人一筹的手法，谋划意大利问题的解决方案和在那里重建奥国的势力。卡斯尔雷是肖蒙条约的缔造者，在恢复波旁王朝并使这一新政府取得温和的和约方面，其影响比任何人都大。他作为皮特的继任者，首先提出了在法国东部边界形成弧形遏制圈的做法；在维也纳会议的外交活动遇到重重困难的那个冬天，普鲁士同奥地利为了萨克森问题发生危机时，他从中斡旋比任何人更有成效。此外，他是 1815 年 11 月 20 日的那个重要的四国同盟的创造者，这成了战后外交真正的新起点，一些人诋毁他，许多人误解他，但是对这个世纪的历史进行研究后表明，他是一个真正出类拔萃的人物。

由此看来，除塔列朗外，每个人都为本国取得了一片领土。而塔列朗则及时协助恢复了波旁王朝，机敏地打进会议的核心审议会议，萨克森的一部之所以能够保持，在某种程度上是他的功劳。对他们各人的贡献不论给予何种评价，人们都应该看到，他们把欧洲看成一个整体，把欧洲的问题看作整个国际事务的一部分，而这是与 1919 年他们的那些继承人大不相同的地方。他们是一些足智多谋的卓越政治家。

他们作为一个整体，偶尔因为它们确立了一个世纪的和平而受到称赞，但也常常因为没有更勇敢地接受民族主义这个新原则而受到抨击。对于前者，人们可以说，这个世纪虽然没有发生世界大战，但规模较小却是重要的战争层出不穷。不仅如此，欧洲虽然没有发生大战，但不能就此理所当然地归功于 1814—1815 年维也纳会议和巴黎会议的安排，因为其中有许多重要的安排不久就改变了。至于第二点，主宰这一过渡时代的那些政治家们还不可能理解新兴的民主制度和民族主义的力量。在波兰会议王国，① 那里在众所公认的一定程度上使用民族主义原则，不久就把维也纳会议的那些安排推翻了。

这些人理所当然地转而奉行比较熟悉的均势原则。他们在这一概念范围之内进行了一系列熟练的活动，在结束拿破仑的专制统治，使欧洲有一个喘息的机会以及使法国保持合理的疆界方面，都作出了重大的贡献。他们在创建以会议方式进行外交活动这一制度方面取得了显著的进展。在另一方面，他们的试验往往是毫无用处，很快就被摒弃，或者对下一代有危险性，除了沙皇亚历山大外，他们的思想都不能超脱正统观念，在领导艺术上没有惊人之处，对于未来没有作出永恒的具有创造性的贡献。正如即将来临的下一个世纪不久就显示出的那样，这些有趣的人对欧洲的贡献不过平平而已。

（王泽槐　译）

---

① 亦称会议波兰，指根据 1815 年 5 月 3 日维也纳会议决议成立的波兰国家。——译者注

第二十五章

1815—1830 年的国际关系

第一章里（原书第 7—11 页）曾经试图说明 1830 年欧洲国家制度的一般模式与 1790 年相比有哪些不同。战争期间千变万化的情景和 1815 年达成和平解决的谈判情况，则分别在第九章和第二十四章作了叙述。本章打算概略说明那一解决办法造成的形势中潜藏着的，或在其后相对平静的年代里暴露出来的一些主要问题。其中大部分问题在有关个别地区的各章中已经涉及了，但是现在需要把它们当作呈现在君主、总理和外交大臣面前的、发展中总的形势中的要素来加以回顾。亚历山大一世注视君士坦丁堡的时候就不能不联想到西班牙与德意志；梅特涅与坎宁对拉丁美洲采取某个行动之时，也不能不注视着爱琴海。此外，关于 1815 年以后国际关系的性质和活动也出现了某些普遍性的问题。开始时，这和制定这次解决办法的政治家们的经验甚至个性有密切关系；除塔列朗外，所有这些人以后又继续掌权若干年——卡斯尔雷和亚历山大一世分别掌权到 1822 年和 1825 年去世，梅特涅掌权的时间在 1830 年以后和以前几乎是一样长。

但是渐渐地这些问题同这些主要角色就没有什么关系了：到了 1831—1832 年，不仅一位奥地利政治家，就连英国、俄国甚至法国的任何一位政治家最可能遵循什么样的基本政策方针，都不难预料了。帕默斯顿式的姿态在伦敦占主导地位达一代人之久；沙皇尼古拉一世在 1829 年的阿德里安堡条约中所表明的也就是两年以后在波兰所表明的真实意图；路易·菲利普的大臣们虽然对如何行动才算谨慎各有不同的想法，但是除了 1840 年那个桀骜不驯的梯也尔外，他们都坚决支持和西方结盟以及由此产生的后果，旨在避免同英国发生任何重大冲突，同时又不放弃某种回旋余地。普鲁士政府在整整一代人的时间里仍避免摆脱维也纳而采取主动果断的外交政策。比利时的利奥波德一世采取的是机敏的行动方针，这使他在各君主中间的影响大大超过他这么一个蕞尔小国所能发挥的影响。国务卿亚当斯和门罗总统于 1823 年 12 月明确规定了美国外交政策的范围和界限，不过在国情咨文中提出的那个"主义"在那些年中运用时还是极其灵活的。

　　是不是曾经实行过什么"会议制度"呢？[①] 有人也许会争辩说：君主们和大臣们只举行过三次会议，其中第一次（1818 年秋在亚琛举行）不过是为了结束对法国的军事占领，清理法国的债务和重新承认（带有某种保留）它为大国而事先安排好的一种仪式。第二次会议（1820 年冬在特罗保和莱巴赫举行）和第三次会议（1822 年秋在维罗纳举行）都是集中注意盟国间的分歧，而不是解决这些分歧或制定某种制度。之后，在巴黎会议（1856 年）和柏林会议（1878 年）以前，一直没有开过多少会，而且这两次会议都是战后的和平会议，牵涉（或几乎牵涉）的大国不止两个，它们都不是在和平时期防止或解决困难的任何制度的典范。在这两次会议之间，1860 年、1866 年和 1871 年的大变革都是在没有召开任何大会的情况下发生的。甚至在 1815 年后的七年里，也没有为召开会议或大会设置任何正式机构。1815 年 11 月 20 日四国同盟最后文件第 6 条（参阅第二十四章，原书第 663 页）只不过建立了一种像现代人所期望的各盟国定期举行"最高级会议"那样的工作制度罢了。其用意无非起同样的欺骗作用而已。原来设想在 1818 年秋天再召开一次会议，但第 6 条中"定期"的意义从未加以说明。前五条提供了这样的线索，即对法国实行遏制。在以后三年里，比较有效的工作"制度"是四大国驻巴黎大使不断地举行会议。

　　然而无可否认的是：当初曾经有过某种设想，它本来可能成为各大国之间进行协商的制度，或者至少不失为一种方法。1818 年议事日程上的那些问题，如果各国首脑不是迫切希望开会的话，本来是可

669

---

　　① 查尔斯·韦伯斯特爵士：《卡斯尔雷的外交政策，1815—1822 年》（伦敦，1925 年），第 56 页注中说明了在 1815 年以后人们喜欢采用"Conference"一词的理由，虽然现代人混用"Congress"和"Conference"两词，使二者不可能有任何显著的区别。大陆的历史学家们依然把这一时期各国君主参加的会议称为"Congress"，而且这种用法有某些方便之处。本章显然借重韦伯斯特的大著和 H. W. V. 坦珀利的《坎宁的外交政策，1822—1827 年》（伦敦，1925 年），除个别场合外，不一一注明引用上述两书。

以通过外交函件来解决的。在 1820—1822 年，他们想必认为某些具体问题通过会议的办法来达成协议，至少比通过不大能引人重视的手段去解决要好一些。亚历山大一世没有忘记 1804 年恰尔托雷斯基为建立国际法新体系向英国提出的含糊建议，其中规定各国都承担义务，应先请求第三国调查争端原因并进行斡旋，否则不得发动战争。卡斯尔雷尽管思想偏狭，却没有忘记自己参与制定 1805 年皮特的指示，它的语气虽则极端注重实际，但也提到了"订立一个总的协定，保证欧洲各大国互保安全和重新制定总的公法体制"这么一种想法。① 卡斯尔雷现在打算放弃关于总的保证这个设想，但要充分利用其余部分。他相信在最高一级由本人参加讨论是有益的，这些人共同参加过一些重大事件，而且至少有一个共同目标，即经过一代人的战争之后需要一段时间的安宁。维也纳会议上的摩擦和浅薄的无聊活动并没有使他完全失望。从他在亚琛写的信中也可以看出他充满了信心："……我真的觉得，这是欧洲政治中的一种新发现，一下子扫除了外交方面模糊人们眼界的那些陈腐的污垢……使各大国的协商富有成效，几乎像处理一个国家的事务那样单纯。"② 然而他的这种信心，在很大程度上恰恰在于他成功地严格限制会议的范围和目标，反对俄国人把它无限扩大。由于英国内阁担心受到牵连，在它的敦促下，他已经发出警告，称英国不会参与各大国未经邀请就干涉别国内政的体系，他在 18 个月以后的一份著名国家文件中（见本书原文第 674 页）更加强调指出了这一点。尽管如此，他在 1818 年批评一种不举行最高级会议也同样会出现的弊端，同时他在原则上并不否定，这种会议由于与会者互相了解能够作有效的决定，所以是有益的。在这样一次会议上，亚历山大一世能够重温 1814—1815 年那种令人陶醉的感觉，即他的责任是做欧洲的带头人。其次，梅特涅醉心于这种方法也有以下几个原因：其一，与其发公文给也许不大顺从的大使，还不如他亲自出马谈判，也许使他的坚定原则更容易随机应变；其二，在这样的场合下，亚历山大可能比他觉得自己是俄国人在国内办事时更加通情达理一些；其三，君主们的一次会议可能成为保守派同盟给人

---

① 韦伯斯特：《卡斯尔雷的外交政策，1812—1815 年》（伦敦，1931 年），第 58 页。
② 韦伯斯特：《卡斯尔雷，1815—1822 年》，第 153 页。卡斯尔雷致利物浦函，1818 年 10 月 20 日。

们深刻印象的表现，以防止来自法国的危险，防止来自"各运动党派"即"雅各宾派""分裂派""自由派"的危险，甚至来自轻率的统治者本身的危险。

历次会议都没有设立一种新的常设国际机构，甚至对维也纳会议直接产生的特殊问题也没有提出唯一可能的处理方法。君主们会议只是维持和重新确认这种保守派同盟的一种方式，在这种特殊方式已经停止使用后，欧洲大陆依然有人希望重新宣布这种同盟的存在。也许正因为如此，当时的自由派和后来的史学家们都讥讽地用"神圣同盟"这一名称来说明保守派君主们的总的态度。代沙皇草拟的并于1815 年 9 月 26 日由沙皇本人、奥国皇帝和普鲁士国王签署的这一文件于 1816 年 1 月公布，不久即为大多数政府所采纳。应邀参加的不仅是各国君主。瑞士也参加了；美国报纸起初赞扬它的宗教口吻，但后来美国终于拒绝参加，不过也未表示非常厌恶。从技术上来讲，它与欧洲君主们在随后年代里外交政策上所实际追求的目的很少有共同之处。由于该文件不仅仅是一纸宣言，它还提出了"总同盟"的主张，即各国统治者比较广泛而松散的联合，而不是几个战胜国之间的严格限制的联盟，"总同盟"的目的也许是使俄国可以在全世界更大范围内施展它的影响。[1] 确实，在后来数年内，俄国政府一直尽力吸收更多的国家参加总谈判，[2] 甚至企图把美国也拉进来以抗衡英国的海上势力。在 1812—1814 年英美战争期间，沙皇自愿做调停人；卡斯尔雷设法避免出现这种情况，但他为了腾出手来参加维也纳会议，不得不甘心让这次战争以失败而告终（1814 年 12 月 28 日根特条约）。后来，他比亚历山大更加成功地解决了与美国产生摩擦的一些问题。当时美国舆论反对俄国企图干涉西班牙和西属美洲，并坚持要求获得太平洋西北部沿岸土地。在诸如此类问题上，决定俄国人政策的是利害关系而不是原则，这同其他君主的情况是一样的。然而具有象征意义的是，各国政府之间尚存在着另一个"神圣同盟"，设法在

671

---

① 俄文草案中还提到"各国人民"，签署前经梅特涅提议，已加以修正。M. 布尔金：《神圣同盟史》（日内瓦，1954 年），第 134—135 页。H. G. 申克：《拿破仑战争的后果》（伦敦，1947 年），第 37—38 页。G. 德贝尔蒂埃·德索维尼在他的英文版《梅特涅和他的时代》（伦敦，1962 年）第 129—154 页中，对使用"神圣同盟"一词和滥用的情况作了详细说明。

② 例如可参阅《1814—1818 年波佐·迪·博尔戈……和……涅谢尔罗杰的通信》，两卷集（巴黎，1890 年）和 1818 年 10 月 8 日的俄国备忘录。有关文字转引自布尔金前引书第 11—12 章。

贵族或显贵人物的社会秩序受到任何激进分子捣乱时给予传统的和宗教的制裁。

俄国的军事力量在 1813—1814 年已经显示出来，在和平解决之后并未削弱。沙皇对这一力量的信心和引以为自豪的心情并未怎么动摇，因之在欧洲引起的恐惧也未怎么减轻，虽然它的某些精锐团队里的军官中间出现不满的迹象，而野蛮粗暴的征兵制度效率之低下，即使是军垦区的试验也未能使之有所改善（见第十八章，原书第 518 页）。1828—1829 年俄国对土耳其的历次战役表明，它要在国土之外增派和保持一支强大的打击力量是何等困难。但在 1815 年后的最初几年里，似乎沙皇一人手里掌握着一支数不清的部队。相形之下，奥地利显然至多只敢派出一支讨伐队进入意大利，绝不敢在土耳其造成一次危机；普鲁士还没有重新建立起强大的军事机器，法国对西班牙的干预只是一次几乎不流血的游行，否则它在 1823 年就会很快陷于困境。

英国在参加 1814—1815 年维也纳会议之前就已经拥有海上优势，取得了一些殖民地和可望开发的地区。[①] 卡斯尔雷在讨论解决欧洲问题时这些都成功地回避开了。因此他可以大言不惭地说："除了上苍业已赐给大英帝国的东西之外，摄政王为帝国已无所企求了；他的唯一愿望是，也必然是保持他同盟国一起协力赢得的和平。"[②] 梅特涅基本默然同意卡斯尔雷的这一立场，但亚历山大一世对此并不是真心赞同，俄国在 1780 年，其后又在 1800 年首创对英国海上势力保持武装中立的体制。尽管它自身在海上的力量虚弱，但它可能希望有朝一日把正在恢复中的法国和西班牙，也许还有荷兰，甚至也把美国拉到一起，建立一种全球性均势，就像英国当然希望只限于在欧洲大陆建立的那种均势一样。这一计划使俄国在理论上陷于自相矛盾的状态之中：支持各不相同的政权，诸如西班牙的专制政权、法国与尼德兰的君主立宪和美国的共和爱国主义。他认为只有这种方法能加强英国以外的这些海上强国发挥它们的作用。他采取这样一种既明确又始终如

---

① 与葡萄牙（1810 年 2 月 19 日）和西班牙（1814 年 7 月 5 日）签订的条约使英国在南美的贸易获得最优惠的待遇，并且排除了恢复以前的法—西旧"家族盟约"的任何可能性。与尼德兰（1814 年 8 月 13 日）签订的条约，使英国拥有好望角和锡兰。

② 1816 年 1 月 1 日给国外英国传教团的通函，全文见韦伯斯特，前引书，第 509—512 页。

一的"现实主义的"政策的证据很难说是充分的。亚历山大本人于
1818 年指责他的驻巴黎大使波佐·迪·博尔戈，因为后者主张同法
国和西班牙明确结盟，以反对英国和奥地利。但他的"总联盟"想
法不仅是一种模糊的宗教情绪，正如他的大臣卡波迪斯特里亚斯所解
释的那样，这种"总联盟"是要把均势转移到更加广阔的范围。这
也许有助于说明亚历山大之所以把他的妹妹嫁给荷兰王储（1815 年
12 月）来争取荷兰；所以会提出裁军建议（1815 年 4 月），旨在表
明削减欧洲大陆军事力量的同时，也必须削减英国海军；所以会把一
些旧战舰转让给西班牙——这同谣传中一些过分热心的大使们替俄国
攫取米诺卡的一次流产阴谋有关（1816—1817 年）；所以会建议要对
北非海盗采取集体行动，而不是由英国单独行动（1818 年 5 月）；以
及广而言之，所有较大的海上强国之所以会憎恨英国海军在查禁奴隶
贸易中扩大使用登船搜索的权利（1815—1819 年）。

　　由于 1819 年德意志和意大利发生骚乱，由于左翼在法国选举中
获胜，亚历山大对建立"总联盟"来调整均势一事的兴趣已经减退，
而对建立一个反对革命的连带联盟的兴趣则增加了。从 1816 年 1 月
起一直作为他的两个主要外交顾问之一的涅谢尔罗杰现正促使梅特涅
朝这个方向前进（但是他没有亚历山大那种神秘的色彩）；但是卡波
迪斯特里亚斯的变化不定的影响只是由于 1819—1821 年的事态发展
才逐步减弱。[①] 卡波迪斯特里亚斯有点同情"运动党派"，他想帮助
他们，使他们更易于成为像他那样的维护秩序者。他钦佩 10 年前开
始为之服务的那个亚历山大。他感到奥地利的影响无所不在令人难
受，而英国则成了他对地中海东部地区所抱希望的障碍。他在和奥地
利的捣乱分子接触之中恐怕并不完全是局外人。梅特涅于 1819 年春
陪同他的皇帝巡视意大利时，曾搜集沙皇矢口否认的俄国的代理人进
行阴谋活动的证据。卡波迪斯特里亚斯新近去科孚时途经意大利，谈
到了对奥地利统治意大利北部和对英国统治爱奥尼亚群岛表示不满。
对德意志的事务如同对意大利的事务一样，如果可能，梅特涅宁愿单
独或同普鲁士一起处理，至于其他盟国，假如他能得到的话，也希望

---

　　① 　1819 年 9 月 7 日梅特涅已经私下里要求涅谢尔罗杰抵消他这位同僚的反奥影响。参阅韦伯斯
特，前引书，第 190 页。

它们给予道义上的支持，但不请求他们出面协助。在这点上，他得到了英国内阁的完全赞同，后者正在和国内的严重不安作斗争，不愿公开参与反对国外的骚动。对于这一问题，梅特涅也怀疑俄国的政策是混乱的，或者是表里不一的。科策布被一个德意志学生杀害，因为（据说）他为俄国收买，写文章反对德意志的自由派。亚历山大完全像梅特涅所希望的那样强烈谴责这些自由派，但是梅特涅对亚历山大在一些德意志宫廷中的影响却感到妒忌，① 而当卡波迪斯特里亚斯以沙皇的名义严厉批评对自由派的镇压方式时，梅特涅则又感到愤怒，因为这种镇压方式正是九个德意志邦在 8 月份的卡尔斯巴德会议上和三个月后在维也纳召开的扩大会议上根据梅特涅的建议通过的。②

674　　　　关于土耳其问题，亚历山大不愿意在将来捆住自己的手脚，至少在对贝尔格莱德条约（1812 年 5 月）的分歧没有解决之前是如此。他曾极力否认他的神圣同盟会对苏丹造成任何威胁。③ 但是处理巴尔干事务的主动权主要掌握在卡波迪斯特里亚斯手中，他不见得会去扑灭那里的烈火，也不会放过任何机会，至少是通过外交手段专门为希腊人做一次新的交易（参阅第十九章，原书第 535 页）。在这一地区，在哈布斯堡君主国的边界线和土耳其欧洲部分边界相接壤的地方，沙皇一直觉得哈布斯堡君主国到处在掣肘，而英国由于在地中海东部和波斯的战略和商业利益，虽不能说始终妨碍俄国从另一边向苏丹施加压力，但也经常起到了阻碍作用。有证据表明，1821 年的事态发展使俄国政府遇到了既不在计划之中也没有预料到的局面，而且它事先也没有严厉指责某些过分热心的代理人来阻止出现这种局面。

尽管梅特涅希望不要为了德意志和意大利问题召开国际会议，但他需要盟国在道义上的支持，因而在 1819 年夏竭力要求设立各国大使固定的"道义联络点"，如果不设在伦敦，那么比如说就设在维也纳（他无疑希望设在那里）。英国内阁在进行涉及条约义务的任何"公开行动"之前，拒绝采取任何诸如此类的预防性措施。从不久后

---

① 亚历山大的妻子是巴登大公的妹妹（巴登大公对某些有利于奥地利的决定感到不满）；亚历山大的妹妹原是奥尔登堡大公的遗孀，这时嫁给了符腾堡国王。

② 卡波迪斯特里亚斯 1819 年 11 月 21 日递交英国的"皇帝对于德意志事务的旨意纲要"，见韦伯斯特，前引书，第 193 页。

③ 1816 年 3 月 30 日致其他四国通函，转引自 J. H. 皮雷纳《神圣同盟史》，2 卷集（纳沙特尔，1945 年），第 2 卷，第 87—88 页。

的公开行动看来，各国对条约义务的理解是多么不同。1820 年 1 月 1 日在西班牙加的斯，没有拿到军饷的部队哗变，使拥护 1812 年宪法的人乘机于 3 月在马德里夺取政权，并公布该宪法（参阅第十六章，原书第 448—450 页）。俄国希望联合干预（卡波迪斯特里亚斯认为，目的是让国王和起义者一样都接受一部温和的宪章）；法国想由自己发挥领导作用，有些人则希望达到同一目标，总之想以此表示自己不受英国支配。普鲁士倾向于支持俄国的建议，但是梅特涅认为英国的反应要比沙皇的反应更具有决定性意义，因而表现得极其谨慎。这就是 1820 年 5 月 5 日英国内阁的政府报告产生的背景情况。[①] 这一文件直截了当地拒绝集体干预，认为既没有直接的军事危险需要这么办，而且这也可能使西班牙人恼火。本同盟"从未打算作为全世界政府的联合体，或者监督其他国家的内政……任何一个代议制政府的国家都不能根据（这种一般性的原则）而采取行动……如果欧洲体制真正受到威胁的话，我们将坚守自己的岗位：但我们不能也绝不会因为抽象的、冒险的预防原则而采取行动。现在的这一同盟在当初组成时并未考虑到这样一种作用"。

675

　　这一文件立即产生了决定性的影响。法国默然同意了，梅特涅在这种情况下为了孤立俄国，也勉强接受了文件的总的理论。其实这并不是什么新理论，它的措辞之所以尖锐，部分原因可能是英国特别不喜欢其他列强干涉伊比利亚半岛事务；不过在这一文件中首次清楚地说明政府的形式不同必然会影响其对外政策这样一个论点。三年后，坎宁（这个文件可能是他和内阁的其他成员一起拟订的）在另一场合发表了文件的更详尽的摘录，为的是摆出反对"神圣同盟"的姿态。因为在此期间，另有一些事件已经使分裂公开化了。

　　葡萄牙国王若奥六世因法国人入侵逃往巴西已经 12 年了，他还在巴西迟迟不归，可是 1820 年 8 月在波尔图发生的一场革命运动，10 月初就在里斯本宣告完成了（参阅第十六章，原书第 451—452 页）。卡斯尔雷这时提出的警告，与其说是针对可能发生的真正干预，还不如说是针对国王对集体干预所抱的希望；此外，他先告诉君主主义者，随后又告诉获胜的自由派：他们不能指望英国这个老盟友

[①]　全文见《剑桥英国外交政策史》（剑桥，1923 年）第 2 卷，附录 A，第 622—633 页。

重申其保证反对西班牙或同盟，以此作为支持葡萄牙的任何极端主义政党的手段。1821 年夏若奥国王回国，他不得不服从新的议会，一年后，他的儿子唐·佩德罗在巴西自任为完全独立的统治者（1822年 8 月 15 日）。葡萄牙和巴西的革命于是就暂时避免了神圣同盟的一切干涉。

与此同时，如果说梅特涅在西班牙问题上的屈从是为了报答英国在德意志问题上没有给奥地利制造麻烦，那么卡斯尔雷反过来也对梅特涅投桃报李，积极支持奥地利镇压那不勒斯的叛乱，并且（在一段时间里）让苏丹在希腊随意进行镇压。这四个地区内的问题各不相同；英国和奥地利对每一个问题的反应都是截然相反的，但是有一个共同点——唯恐俄国进行干预。加的斯兵变之后六个月（1820 年 7月）发生的那不勒斯起义和前者不同，它是出乎意料的，因为波旁王朝在那里复辟后，那里的反应并没有像在西班牙那样强烈，而且这个国家似乎比意大利其他任何地区更加安定（参阅第十五章，原书第 429—430 页）。然而缪拉手下的军官对在奥地利指挥官麾下服役感到不满，就发起一次运动，这个运动被烧炭党接了过来，强迫国王宣誓效忠 1812 年的西班牙宪法。西西里人照例又起来反抗那不勒斯的统治，遭到了血腥镇压。在梅特涅看来，西班牙只不过是个坏榜样，而那不勒斯却对奥地利控制意大利形成了直接的威胁。因此卡斯尔雷明确地鼓励他单独采取步骤，这样既能防止俄国建议集体干涉，又免得英国为难，不至于非按照不久前就西班牙问题宣布的原则办事，站在一旁不参加集体干涉不可。但是不久以后，梅特涅就遇到了这么一种情况：俄国在法国的一些支持下，坚持召开正式的全体盟国会议，在这个会议上也将考虑整个革命问题。他不能像对西班牙问题那样毫无行动，也不能单独行动而和俄国决裂。他策划出使俄国和英国都可能满意的折中办法之后，就不得不同意召开各国君主会议，英国派它驻维也纳大使仅仅作为观察员参加会议，他既没有全权，又奉命不得赞同任何集体声明。法国的立场虽模棱两可，不过最终还是比较接近英国的立场。

因此，1820 年 10 月 23 日在特罗保召开的会议不符合梅特涅的要求，而且使卡斯尔雷要保持同盟形式上团结的希望也遭到了打击，虽然还没有完全绝望。会议成了卡波迪斯特里亚斯和梅特涅为争取沙皇而进行决斗的场所，前者希望（像在西班牙一样）使那不勒斯的双方都接受一个温和的宪章，后者却认为这无异于饮鸩止渴。梅特涅为了防止卡波迪斯特里亚斯把干涉作为在一位君主和他的臣民之间进行调停的想法，不得不利用沙皇的以宗教十字军消灭革命幽灵的主张。由此制定的"初步议定书"（11 月 19 日）宣称，凡经历革命变革威胁他国的国家，应排斥于欧洲同盟之外，直到法律秩序和安定有了保障；同盟国将拒绝承认以非法方式造成的变革；凡出现对邻国立即形成威胁的危险时，如有必要，它们将提出友好的抗议，直到采用强制措施，使肇事国重新回到同盟的怀抱。梅特涅不得不同意奥地利对那不勒斯的干预应以同盟的名义进行，并邀请国王翌年到莱巴赫参加现已休会的会议；但对调解一事则一字未提。结果烧炭党拒绝任何妥协，并强迫国王在起航前宣誓效忠 1812 年不切实际的宪法，这样反而使梅特涅有可乘之机。虽然俄国、奥地利和普鲁士已在这个议定书上签了字，但在英国观察员的抗议下，同意只把它作为向其他两国的建议；可是在卡斯尔雷的断然拒绝传到特罗保之前，它们已经向各外交代表发出了机密通函（12 月 8 日），报告它们对那不勒斯问题的决定，并对同盟的性质重复阐述许多无法接受的论点，好像五个国家全都一致同意这些论点似的。文件还间接提到了西班牙和葡萄牙。这份通函的要点不久传到了其他国家的首都，并于 1821 年 1 月 15 日泄露给了《纪事晨报》。英国内阁在国内强烈指责下本已决定公开提出抗议；它的答复性的通函（1 月 19 日）连同补充文件一起交给国会，于 2 月进行辩论。内阁赞成奥地利有权干预那不勒斯，并重申该同盟在"条约真正包括在内的各点"上完全协调一致，而且积极实施。这两件事都受到了反对派的嘲笑；不过它公开不同意三国宫廷的做法，不仅使英国对以后的政策承担责任，并且也使国外留下了持久而深远的印象。

　　1821 年 1 月 12 日会议在莱巴赫复会，三国宫廷坚持重申"同盟国的团结一致"。法国人还算买他们的账，但是英国观察员拒绝把英国的不同意见向那不勒斯人保密。国王还没有抵达莱巴赫，就已经否认曾经宣誓效忠 1812 年宪法，当奥地利军队于 3 月 24 日又让他在那不勒斯复位时，他不管是在那不勒斯还是在西西里，都没有听从梅特涅当时的劝告，表现出一点节制的样子来。卡斯尔雷又和梅特涅一样反对调解。他反对把集体干涉作为解决的办法是真诚的，即使国内气势汹汹的反对派无须再特别加以安抚的时候，他仍然反对集体干涉；但在干涉取得结果时他同样感到安慰。他对梅特涅说，在那不勒斯"你本该干了再说"。3月10日都灵发生意外的暴动，导致国王维克托·埃曼努埃尔让位给他的兄弟（参阅第十五章，原书第433—434页），卡斯尔雷也同样反对在皮埃蒙特进行调解。这时，卡斯尔雷特别害怕法国干涉，因此当奥地利军队前去帮助新国王恢复秩序时，他并未表示反对。不过使他感到不安的是，沙皇仍想干涉西班牙，或者让法国去插手干涉。他也不能忽视各国君主在莱巴赫发表的最后宣言（5月12日），该宣言重申特罗保会议的论点，并宣布翌年复会以汇报在那不勒斯和皮埃蒙特取得的进展。三国原则上把西班牙和葡萄牙逐出同盟。虽然它们驻马德里的代表暂时没有撤回。6月，卡斯尔雷在国会中重申了他的1月19日通函中的原则，但没有进一步直接提出抗议。

　　在此期间，希普西伦特斯在多瑙河两公国的冒险活动，而后又是希腊人在伯罗奔尼撒起义（参阅第十九章，原书第538—539、547页）的消息，在会议结束前传到了莱巴赫。沙皇要公开否认俄国支持希普西伦特斯，起草这个声明的苦差便落到了卡波迪斯特里亚斯身上，但是他的处境还不是完全没有希望。亚历山大在特罗保时已经谈到了革命的"恶魔"以"神秘方式"到处活动，要建立"邪恶的统治"，而同盟则是和它相抗衡的唯一堡垒。1821年6月他回到俄国，就把西班牙、葡萄牙和意大利的革命以及现在土耳其欧洲部分的骚乱统统归咎于巴黎的自由主义者，还说无论过去历史和公众舆论如何，它们都不会得到他的支持。他将忠于和苏丹签订的条约，忠于同盟。然而苏丹在君士坦丁堡不分青红皂白对希腊人的报复行动以及违反条约权利的其他措施，使他不得不提出抗议。他的大使斯特罗加诺夫在6月初已经中断外交往来，却兴致勃勃地执行了卡波迪斯特里亚斯起草，他在7月收到的6月28日指令。指令要求他在8天内完成任务。他为了自身安全就居住在一艘俄国快速战舰上，8月10日一有顺风就启程离开了。

　　此后两年里，梅特涅集中力量把希腊问题和俄、土关于条约权利的争议分开来，劝告苏丹在希腊问题上要有节制，对有关条约权利事项要严格执行，以此来防止战争。在这方面他得到了英国大使斯特兰福德勋爵的很好支持，可是在亲希腊派的心目中，斯特兰福德的真正贡献，却由于他在感情上极端亲土而显得黯然失色。卡斯尔雷不得不屡次指责他，然而他自己的观点只有两方面和梅特涅不同。第一，他对于向"奥斯曼政府派驻联合代表是比较怀疑的：他们始终未能产生有益的效果。土耳其政府一直把欧洲同盟看作宗教上和政治上不堪信任的联盟"。其次，英国对俄国的义务少于奥地利对俄国的义务，因此，甚至不愿讨论俄土战争对土耳其欧洲部分今后可能发生什么后果。然而尽管在问题的看法上存在这些分歧，1821 年 10 月卡斯尔雷在汉诺威和梅特涅（他和国王一起访问期间）会晤时，还是取得了接近的一致意见，要对沙皇和苏丹，尤其在消除卡波迪斯特里亚斯的影响方面，实行并行不悖的但是并不相同的政策。卡波迪斯特里亚斯和爱奥尼亚群岛的关系是使那里的英国高级专员感到特别焦虑的根源。[①] 俄国人不会在春天以前发动战争；在这一段时期里充满了紧张的外交活动，直到卡波迪斯特里亚斯退隐到瑞士（1822 年 7 月），沙皇的原则终于战胜了他的感情。或者说似乎是这样，然后这个问题以及其他问题都放到即将召开的会议上再讨论。卡斯尔雷死前写出"希腊人在组织政府方面取得进展"的话，并预见到将来他们作为交战一方将会得到承认，甚至可能"创建一个合格的希腊政府"，但英国并没有给予任何保证。

　　由于两个危险增长，盟国曾劝沙皇不要强求解决东部的问题，可是现在亚历山大建议，要代表西班牙国王集体对西班牙进行武装干涉，这使各盟国很不安。他提出立即派遣一支俄国部队，大家对这一建议并没有认真对待，但是法国宫廷和内阁里有一个强有力的团体却乘机打算以同盟的名义或单独以法国的名义进行干涉。武器和军需品已源源运给西班牙的反革命政党。1822 年夏法国沿边界线设立的封锁线，到秋季就成了"监视部队"。对奥地利来说，这还不如俄国的计划那么令人吃惊，但是英国却大为惊慌，因为这一危险更可能成为事实。于是搁置两年的西班牙问题又变得引人注目——这时正好南美

①　然而 1821 年 8 月 8 日约瑟夫·普兰塔给斯特拉特福德·坎宁的信里（见韦伯斯特，前引书，第 582—584 页）表明即使在外交部里，已经有人高兴地期待着俄国的胜利以及在卡波迪斯特里亚斯统治下包括爱奥尼亚群岛在内的独立的希腊王国了。

独立问题也处于紧急关头。

　　在 1822 年前，除西班牙以外，大家已经预料大部分南美国家会取得实际上的独立或者完全独立（参阅第二十三章）。欧洲其他各国宫廷关心的是，不管怎么安排都不应是革命取得胜利，这对各国国王是一种耻辱，对全世界也是一个恶劣的先例。此外在 1818 年，亚历山大依然希望使西班牙保存足够力量，以便和法国一起，与英国的海上力量相抗衡。法国关心的是，希望在某种程度上恢复旧波旁王室和西班牙的"家族盟约"。而英国关心的是：第一，南美各港口应对一切前来者开放，不论英国或其他任何国家都没有特权，但必要时容许西班牙拥有"公正的特惠"。第二，在西班牙及其前殖民地间进行任何调解时，不得使用武力或以武力相威胁。1812 年 5 月英国内阁提出的条件中就包括了这两条，在 1817 年 7 月又提了一次。可是 1820 年西班牙本国发生革命之前或之后，西班牙政府都没有接受这两条。因此，1818 年会议或者 1820—1821 年会议中都没有取得任何进展。至于其他方面，卡斯尔雷和坎宁都认为，如能像巴西那样建立新君主国的话，那么新的共和还不如新君主政体更合乎英国的传统，而且后者也会更稳定一些。卡斯尔雷本来宁愿选立西班牙王子，但是法国打算另立法国波旁家族成员，这一不受欢迎的迹象使他对哥伦比亚驻伦敦的代表说（1820 年 7 月），英国将承认任何本国人统治的君主国。

　　卡斯尔雷也好，坎宁也好，都不愿让承认新国家的功劳归于美国。美国国会内外的共和党人早就要求公开承认了；他们由于同盟国在欧洲的行径，以及 1821 年 9 月 28 日俄国发布的敕令而大为恼火，该敕令规定对外国船只封闭整个太平洋海岸，直到北纬 51°（几乎到达温哥华）。国务卿亚当斯的行动是谨慎的；但在 1821 年 12 月总统预先表示要单独承认，1822 年 5 月，国会批准由他决定是否派遣代表团，6 月，他正式接见哥伦比亚的一位代表。与此同时，英国修改了它的航海法，以便接待包括南美船只在内的外国船只。卡斯尔雷于 5 月向法国提出建议而未见成效，又向西班牙和其他强国提出警告，而后为了即将召开的会议拟就他的指示（7 月），在对斗争已经结束的有关地区的关系上划分为三个阶段：给予事实上已经生效的商业承认；派遣外交代表；最后是给予法律上的承认，这种承认将否认以前君主的权利。在以后的实践中几乎无法这样细微地区别对待，至少在第二阶段和第三阶段间是这样，但卡斯尔雷看到局势依然十分动荡。英国将设法和盟国的步调一致，甚至也要同恢复了理性的西班牙取得一致的步调，但是要保留"根据情况采取独立行动的权利"。

直到 7 月底，卡斯尔雷才决定亲自参加最初计划在维也纳而现在在维罗纳召开的会议。1822 年 8 月 12 日他自杀身亡。过了五个星期，乔治·坎宁才得以继任；他是个不可或缺的人物，但宫廷里和托利党内同僚中的敌人都怕他，这班人都被他尖锐地挖苦过，而且由于他够不上贵族出身，野心勃勃又多才多艺，而不信任他。威灵顿公爵就是其中之一，他本来已经被任命接替卡斯尔雷参加维罗纳会议，他是在任命坎宁之后一两天带着一字不变的原来指示离开的。威灵顿是个忠诚的公仆，政策的连续性是保持了；但是由于受到海军和贸易力量的影响，英国在一些重大问题上处于关键地位，以致外交部的风格哪怕稍有改变都会成为欧洲的一件大事。在谈话、文件、国会和公开演说中，凡是卡斯尔雷只是谨慎地发出信号的地方，坎宁却是摇旗呐喊。在所有这些方面，他都使卡斯尔雷相形见绌：他的政治经验不比卡斯尔雷差，对外交业务一样熟悉，但是由于他缺乏只有共同经历才能产生的亲密交往，他并不认为也不愿成为这样的欧洲人："对同盟来说，只要了解英国，你就能找到我的政策的线索"；"每一个国家都只顾自己，只有上帝才照顾我们大家"（1823 年）。

卡斯尔雷原来认为在维罗纳会议上，土耳其和西属美洲问题要比西班牙或者意大利问题更加紧迫，但是 7 月里西班牙保皇派政变失败，以及法国决定坚持自己在西班牙的权利，致使其他问题退居次要地位。坎宁在一个补充指示（9 月 27 日）中宣布："不管会发生什么事情"英国也决不参加集体干涉西班牙。对蒙莫朗西提出的问题，只有俄国才全力支持法国。奥、普两国一致同意，如果法国撤回驻西班牙大使，它们也照办；如果法、西两国发生战争，它们将对法国给予道义上的支援，但实际上却避不作出提供物质支援的诺言。最后，这三个大国只是将采取行动的口实局限于西班牙武装进攻法国，或通过西班牙驻法国代表的宣传进行直接挑衅，或者粗暴对待国王、王室或他们的继承权。威灵顿在 11 月 30 日离开维罗纳之前 10 天，宣布英国和这些行动无关，并说英国驻马德里的公使（新近任命公使一事就使三国宫廷大为不快）的职责只限于"缓和这些行动必然会引起的骚动"。结果是坎宁遭到了外交上的一次失败。法国政府宣布（12 月 25 日）它打算单独行动，否认蒙莫朗西对同盟承担的义务。急性子的夏多勃里昂如今当上了外交部长，他对左派预言会发生哗变或军事灾难，以及对英国的反对都一概置之不理。坎宁对法国国王的施政演说（1823 年 1 月 28 日），于 2 月 11 日在国会中作了回答，他宣布要增加舰只，暂时停止对西班牙和西属美洲的武器禁运以此威胁法国。但是到 3 月底，法国人知道英国内阁无意作战，除非法国进攻葡萄牙或者帮助西班牙收复其殖民地。于是法国将 10 万大军开进马德里，最后进入加的斯，几乎没有流血就扑灭了革命（1823 年 4—9 月）。然而法国军队虽然在西班牙停留了五年，法国却无力阻止国王的残暴报复，或者像某些人所希望的那样，让他按照法国的模式拟订一部宪章（参阅第十六章，原书第 450—451 页）。

　　众所周知，坎宁的某些同僚和国王本人对他抱敌视态度。尽管如此，或者正因为如此，坎宁对这次挫败毫不在乎的反应，也可以说明他在国内是颇得人心的。他蔑视地拒绝欧洲同盟的建议，说出了许多英国人爱听的话：这个同盟就像"古希腊雅典最高法院之类的东西"。然而，由于"最高首脑"会议上亚历山大刚愎自用，夏多勃里昂一意孤行，而英国又逐渐从卡斯尔雷"事实上"不同意同盟的做法，发展为坎宁从"法律上"否定它的原则，它所采取的办法已被破坏无遗。再者在以后的几年里，欧洲心脏地区的"运动党派"似乎已受到控制。坎宁便在无论如何没有希望成立一个团结一致的同盟的领域寻机报复：先是在美洲和葡萄牙，而后是在地中海东部地区。

　　谣传法国对西属美洲心怀叵测，坎宁最初对此事的反应是试探美国的态度，以便发表联合声明，表明它们对西属美洲没有任何领土野心，而后联合警告有这样野心的任何国家（1823 年 8—9 月）。美国公使理查德·拉什对此表示欢迎，不过条件是英国得首先正式承认已经独立的殖民地——这个条件是美国舆论的要求，然而却是坎宁既不愿也不能满足的要求，因为他还不甘心放弃西班牙及其殖民地之间主动解决问题的希望，何况他怎么也不能说服国王和内阁立即予以承认。接着，在加的斯沦陷的消息传到伦敦之前的一周内（10 月 3—9 日），坎宁力促法国大使波利尼亚克否认法国想获得领土或独占利益，也不对殖民地使用任何武力。波利尼亚克虽然尚指望同盟再一次召开会议来解决问题，但他个人并没有拒绝坎宁提出的应同美国协商的建议。[①] 同盟国在 11 月已经知道这些谈话，但是国务卿亚当斯还不知道，那时他还在劝说门罗总统采取大胆的行动。

亚当斯看出英国既能够也会阻止同盟国的干涉，因而总统单独向本国人民作出有深远影响的政策宣言是没有危险的。实质上，1823 年 12 月 2 日的国情咨文声明，既然共和国的政策是承认欧洲一切事实上的政府为合法政府，不干涉它们的内政，那么它也不会干涉欧洲列强在美洲的现有殖民地或附属国，但是也不允许欧洲的任何大国把各盟国的根本不同的政治制度强加给美国所承认的独立政府——这种制度，如果让"我们的南方兄弟"自行选择的话，是绝对不会采纳的。这样一来，共和政体似乎即使不是美洲大陆的常规政体，也应该是个标准；然而咨文中尖锐之处是提到俄国 1821 年的敕令的那一段，接着又宣布任何欧洲列强今后不得再开拓殖民地（参阅第二十二章，原书第 591—592 页和第二十三章，原书第 637—638 页）。这诚然是个大胆的主张，当时这个共和国有效占有的地方几乎仅仅跨越密西西比河，而在落基山脉以西与加拿大的边界线还没有达成协议。坎宁对这种主张不得不提出疑问，况且他不喜欢美洲的一切独立国家必须是共和政体的设想，也同样不喜欢盟国君主们认为其政体应该与此相反的主张。但是他欢迎这篇咨文，因为它对同盟来说是个致命的打击。683 他在议会上虽然谨小慎微，但是私下里却这样写道："该会议以前曾受重创，然而总统的咨文给了它致命打击。"亚历山大的敕令本想利用美国来平衡英国的势力，而今则变成了废话。

整个 1824 年间，坎宁拒不参加其他列强继续召开的会议。3 月，他公布了自己 1 月 30 日正式拒绝参加会议的讲话，同时公布他与波利尼亚克的谈话记录。当西班牙为时过晚地将殖民地贸易（它仍然这样认为）对外国船只开放时（2 月），坎宁采用了值得怀疑的权宜之计，向西班牙提出英国保证不染指古巴（4 月），为和平分离进行了又一次徒劳无功的谈判。但是在 7 月里，他告诉梅特涅，欧洲大陆列强的势力只限于欧洲的范围——这本是 1814 年以来英国政策中暗

---

① 全文已由坦珀利在《坎宁的外交政策》中公之于世，见该书第 114—118 页。

含的原则，如今却直言不讳了。就在这一个月，他说服内阁提出和布宜诺斯艾利斯签订商务条约。但他延期采取任何决定性行动，而是在原西班牙殖民地收集情报，同时在国内争取支持，与坚决要使他丢脸的活动作斗争。经过尖锐的斗争之后，国王的演说（1825 年 2 月 7 日）终于公布了已于 12 月底通知西班牙的一项决定，即通过商务条约给布宜诺斯艾利斯（阿根廷）、墨西哥和哥伦比亚以事实上的外交承认。①

亚当斯和坎宁都理解本国人民的感情，不过亚当斯是否比坎宁更了解"南方兄弟"的感情是值得怀疑的。这两个人在评价这些前殖民地时是敌对的。两人都否定欧洲君主们的"神圣同盟"；但是咨文呼吁共和政体的南北美洲同样建成"神圣同盟"之类的组织，而坎宁则求助于国家利益和国内人民的感情，在拉丁美洲诸国人民中间则求助于他们这样的认识：英国有力量也有理由来保护它们不受同盟的干涉，甚至不受北美的干涉。干涉的实际危险可能是被夸大了：咨文中夸大了俄国 1821 年敕令的作用；坎宁则总是夸大法国的阴谋。但是干涉的危险也不是虚构的。门罗先前给予的承认和他的咨文的道义影响，在此后几年中由于坎宁的外交政策切实有效和英国海上势力强盛而显得黯然失色。再者，美国没有像英国那样明确宣布不要求获得任何领土；虽然两国彼此猜疑对古巴感兴趣，但坎宁向西班牙提出保证不染指古巴。1826 年的巴拿马会议以惨败告终；新独立的国家中只有四国派代表出席，玻利瓦尔建立联邦的梦想就此粉碎无遗；然而当时英国在南美的威望似乎高于美国。坎宁唯恐大西洋这一边的君主制大陆和另一边的共和制大陆在意识形态上发生分裂。他希望英国为两者之间搭桥铺路。他的担心和希望尽管最后都消失了，却都是可以理解的。

巴西独立，其君主是葡萄牙的王室成员，这对欧洲各国宫廷来说并不是那么讨厌；坎宁急于取得葡萄牙的同意，使巴西的地位合法化。在安排 1825 年 11 月 20 日批准的条约一事中，英国外交起了主要作用。通过这一条约，里斯本的国王若奥承认他的儿子唐·佩德罗

---

① 过去 10 年间，英国和南美在没有任何条约的情况下，贸易已增加到 10 倍，但是非常需要条约来加以保护和使之合法化。这时英国对南美的出口已不亚于对北美的出口了。

统治下的巴西为独立帝国。欧洲同盟无法反对，但不久它又遭到了一次新的打击，坎宁在单独和俄国就希腊问题达成谅解时使这个打击成了定局。若奥国王在里斯本去世（1826 年 3 月），唐·佩德罗放弃继承权，让位给他的幼女玛丽亚，将在里约拟订的一部宪法赠给葡萄牙（4 月 29 日）。这部宪法虽由英国驻里约的公使带到里斯本，不过并非出于他的手笔。坎宁不大喜欢这部宪法，但他支持萨尔达尼亚将军（庞巴尔的孙子）强迫摄政会议宣誓接受它。对于同盟提出的西班牙不得影响葡萄牙的警告，他的答复是更坚决地警告西班牙不得干涉葡萄牙。在俄国背信弃义、法国感到为难的情况下，梅特涅无法反对坎宁得意扬扬地提出的论点：应尊重一位合法君主自愿颁发的宪法。在维也纳的唐·米格尔勉强服从他的哥哥唐·佩德罗从巴西发来的命令，宣誓效忠宪法，并答应和侄女、未成年的女王结婚。坎宁保证此项消息按时到达里斯本，正好在摄政王向新议会致开幕词时（10 月 30 日）予以宣布。可是敌视新政权、坚决支持唐·米格尔真正观点的葡萄牙军官们，带着一支叛兵进入西班牙，不久，就在西班牙政府（以及还留驻西班牙的法国军队）的眼皮底下组织起来，准备在葡萄牙进行反革命活动。一当坎宁发表声明说，这一公开行动使英国有权履行条约保证，使葡萄牙不受西班牙的侵犯，他就宣布派遣一支海军去塔古斯。在一篇言过其实的讲话中，他最后那句著名的大话："我的眼睛看着西印度群岛，召来新世界以调整旧世界的平衡"。[①]　在下 685 院中，赢得了雷鸣般的掌声。

　　坎宁的地中海政策所选择的时间是和他的大西洋外交紧密配合的。这个政策甚至更加大胆，因为他掌握的王牌更少，而且在他去世时，这一政策是否成功还在未定之天。三年来，他一直回避希腊问题。卡波迪斯特里亚斯在维罗纳会议之前就已经下了台，一个希腊代表团甚至不许靠近会址。坎宁于 1823 年 3 月承认希腊为交战国，其作用只不过是批准已在实行中的这么一个权宜之计，以便在土耳其人没有有效制海权的地区保护通商。奥地利和英国驻君士坦丁堡的大使暂时得以将俄土争端和希腊问题区分开；亚历山大 10 月在切尔诺夫

---

　　①　这篇演说第二天在《星报》（与坎宁的朋友有密切关系）上发表了，见坦珀利著前引书，第579—585 页，同时附有《坎宁演说集》（伦敦，1836 年）中的修订稿，其中使用更夸张的词句："我唤来新世界的出现以调整旧世界的平衡。"

策与梅特涅会晤后，同意为了通商而和土耳其恢复关系，并同意未经全体同盟国协商不对希腊采取任何行动。他邀请盟国参加春天在圣彼得堡召开的会议，讨论他答应提出的关于希腊问题的备忘录。这个备忘录（1824年1月）建议将希腊划分为三个公国，其地位和多瑙河两公国相同；土耳其人每年可以得到贡金，并在指定的要塞中驻军。对同盟国来说，这个计划似乎仅仅是一种花招，以保证俄国占统治地位；对于希腊人来说，这使他们进行自治地区的面积要比他们可望征服的地区大得多，但是他们的1822年宪法规定他们非独立不可。当5月底巴黎的一家报社探听到此项计划时，这一计划其实已经寿终正寝了。

坎宁像拒绝参加其他会议一样拒绝参加这次会议，部分是根据卡斯尔雷已经使用过的论点：没有武力作为后盾，土耳其人是不会把集体压力放在眼里的。部分原因是他和梅特涅之间相互都抱有很大的恶感。然而已经有迹象表明，英国的中立正在变得对希腊人越来越仁慈。其实在1823年年初，希腊的希望和梅特涅的猜疑都是没有根据的，那时候英国的海军军官曾和某些希腊领导人谈话，而这次谈话是由并非亲希腊的爱奥尼亚群岛高级专员发起的，为的是探明他们将在什么条件下才能屈服；另外，在土耳其和在南美洲不同，英国商人大都敌视起义者。但是4月里，坎宁指责利凡特公司倾向于土耳其的中立思想；8月，他这样写道（诚然他是私下里这么写的）：如果必须给俄国军队找个出气的地方，他宁愿是在土耳其而不是在西班牙；1824年1月，边沁主义者、伦敦亲希腊的希腊委员会的组织者约翰·鲍林爵士访问了他，对他留下了良好的印象。① 此外，那位苏丹不能理解，如果英国政府真的像它依然口口声声说的那样对土耳其友好的话，伦敦商业界怎么会投票赞成拨款给希腊，而英国的贵族拜伦勋爵，怎么会去希腊花这笔钱，还在那里送了命。

圣彼得堡会议于1824年6月间就流产了。第二次召开的一系列会议（1825年2—6月）也没有取得更多的进展；梅特涅突然建议放弃调停，并反而威胁土耳其人要最终承认希腊独立，以"作为事实

686

---

① 1823年8月20日坎宁给巴戈特的信，鲍林的询问是在1824年1月10日。详见C. W. 克劳利《希腊独立问题》（剑桥，1930年），第30、35页。

上必需的措施"，其目的只是把这作为最后一招表示他不喜欢俄国的计划，同时强迫苏丹要么自己提出条件，要么迫使希腊人及早屈服。在会议开幕的那天（2 月 24 日），穆罕默德·阿里的儿子易卜拉欣派他的第 1 师的 1 万名埃及兵在伯罗奔尼撒登陆，看来希腊人似乎再也抵挡不住了。英国置身于会议之外，这并不能排除它在必要时使用武力，抵抗俄国的征服，也不能阻止它站在希腊人一边单独进行干涉。后一种想法很有吸引力，而且并非不切实际；可是在这一阶段里，内阁是绝不会同意的，而且希腊人已经拒绝作任何妥协。

另一个可能性就是和俄国一起进行干涉，而不是和同盟国一起，这在两年以前可能已有预兆，当时坎宁建议（又是在私下里），一旦沙皇与土耳其完全恢复外交关系，"如果他愿意的话，我一定跟他谈希腊问题"。[①] 现在，这似乎是唯一的出路。亚历山大于 1825 年 8 月停止和盟国讨论这个问题。坎宁提出"跟他谈希腊问题"的两个条件——俄国派一个大使去君士坦丁堡和放弃使用武力——第一个条件尚未做到，第二个条件则是永远不能实现的；但是情况发生了变化，因为苏丹使用埃及人去平息暴乱，而且希腊的一个强大的亲英政党最近派代表前往伦敦，带去了呼吁英国保护的所谓"归顺法案"。坎宁只能告诉他们，"在争议过程中可能会出现这么一个时刻，那时英国将可能促成一个公平而可靠的妥协办法"，接着他发表新的中立宣言（9 月 29—30 日）。但在 10 月初，列文夫人，"一封活信"，带着亚历山大的"一张便条"从圣彼得堡来了。坎宁派斯特兰福德带着他的指示去俄国（10 月 14 日），"以信任还报信任"；25 日，列文告诉他，易卜拉欣"处置征服地区的计划是……运走全部希腊居民，去埃及或其他地方当奴隶，另把埃及人和伊斯兰教的其他教徒移居希腊"。

坎宁还是宁愿单独介入，刚刚派他的堂兄斯特拉特福德·坎宁去君士坦丁堡，指令他途中和希腊领导人联系。可是亚历山大在 12 月 1 日逝世前正准备发动战争的种种迹象，他的继承人可能会仅仅考虑到俄国利益，以及极端严重的希腊局势，所有这一切都表明再也不能丧失时机了。威灵顿被派往圣彼得堡祝贺新沙皇登基并进一步了解新

687

[①]　1823 年 8 月 20 日致巴戈特的信。克劳利：前引书，第 30 页。

的政策。至于易卜拉欣的计划，其证据是可疑的，但是坎宁乐于利用它作为影响国内舆论的手段，这种做法和他以前强调法国对南美心怀叵测，以及不久后强调西班牙对葡萄牙的威胁不无类似之处。1826年4月4日英俄议定书的立足点不是易卜拉欣的计划，而是希腊请求英国调停。这一请求斯特拉特福德·坎宁在1月即预料到，但到4月底才予以证实。议定书并未暗示英国将使用武力，但其中却暗示俄国有使用武力的危险。威灵顿对此却几乎没有觉察到。5月初，议定书全文在《泰晤士报》发表，它即受到梅特涅的谴责，也同样地受到希腊朋友们的欢迎。坎宁本人批评它"草拟得不太高明"，但由于内阁疑虑重重，他反正必须谨慎从事。他的目标是"借助于土耳其畏惧俄国，不战而拯救希腊"。可是他发现，俄国以战争相威胁解决了它与土耳其的其他纠纷后，立即又在阿克曼（1826年10月）重提希腊问题。他为了避免别人指责他被俄国捆住手脚，就在秋天去巴黎待了六个星期，说服波旁政府采取主动行动，拟订三方条约的第一个草案（1827年1月）。

2月，利物浦勋爵患病退休，引起了一次内阁危机。5月以前几乎不可能有所作为。4月在威灵顿和另外几个托利党员辞职后，坎宁与一些辉格党人，组织一个联合内阁。伦敦条约（1827年7月6日）在俄国急于求成和法国故意拖延之间经过一番斗争之后，草案终于拟定了，其中删去了撤回大使之类的任何直接威胁和英国保证解决的一切诺言；但它附加了一条秘密条款：如果一个月（后减为两周）内不接受停战建议，三个大国就保证向希腊派出领事，并防止交战双方进一步冲突，但它们本身决不参加战争行动。一星期后发给大使和舰队司令们的训令几乎没有说明这一条款的模糊含义；但是海军上将科德林顿从斯特拉特福德·坎宁处得到的对条款的解释，使他毫不怀疑必要时用武力也得迫使土耳其和解，他觉得这个任务很合他的胃口。大使们给舰队司令们的最后指令规定，"和平封锁"伯罗奔尼撒、希腊北部部分地区和"邻近"岛屿以及萨摩斯，最初还包括克里特。与此同时，《泰晤士报》未经许可就在7月12日公布了条约的全文，使舆论深信希腊已经获救。

坎宁的最后步骤是企图说服穆罕默德·阿里单独撤退埃及舰队和部队，从而消除战争的根源；但是在这次尝试失败之前，他已于8月

8 日去世了。希腊人同意停战，但在海上却没有遵行；正在等候君士坦丁堡命令的埃及和土耳其指挥官们就在陆地上大肆掳掠作为报复，并在他们舰只集结的纳瓦里诺湾设法突破封锁线，但未成功。法国的舰队司令想避免和埃及舰队发生冲突，因为有他的许多同胞在埃及舰队里服役，但是和易卜拉欣的一次会议并没有产生什么结果。俄国的分遣舰队于 6 月离开喀琅施塔得，最后一个赶到那里，但是舰队司令告诉科德林顿，他认为沙皇已经宣战。科德林顿作为舰队最高司令，下令三支分遣舰队进入海湾，命令它们做好战斗准备，但不要首先开火。他个人的看法很简单："这位殿下的舰队将在那儿结束它的战斗生涯。"10 月 2 日随之发生的"战斗"击毁了大部分穆斯林的舰只。12 天后当这一消息传到君士坦丁堡时，大使们既没有奉命承认处于战争状态，甚至也没有接到离开的命令。土耳其人提出了怎么办都行，只要不公开承认"和希腊有任何联系的耻辱"，但是他们拒绝承认阿克曼协定，并宣布外国干涉违反穆罕默德的法典。于是三国大使在 12 月初离开那里，俄国就在 1828 年春处于战争状态。其余两国大使 1829 年 6 月又回到那里，和奥地利、普鲁士一起设法挽救土耳其免遭意料中的崩溃；不过阿德里安堡和约中的那些宽厚条款是由沙皇的兵力枯竭而作出的决策。

　　如果坎宁不是首相，签订的伦敦条约就不会是那种形式；如果他还活着，那就很难设想他怎么能防止俄土战争，除非他使用英国舰队夺取达达尼尔海峡，压服土耳其同时又保护它。这个问题是他去世后的临时政府，和 1828 年 1 月任职的威灵顿所应付不了的。俄国人建议暂时占领多瑙河两公国，封锁海峡的两端，或者由于三个强国都和土耳其作战，就干脆"甚至侵入君士坦丁堡，在那儿结城下之盟"。这些措施的第一条，俄国能单独实行而且也做到了，它占领多瑙河两公国达六年之久；至于封锁达达尼尔海峡一事，由于英国坚持条约不准俄国在爱琴海作战而取消了；对于最后一条，他们单独进行，经过两次战役后几乎实现了。

　　威灵顿被人指责为优柔寡断，因为他签署了议定书而没有预见到其一切后果；不过他本人并没有参与签订条约，而且，英国除非准备参加攻打土耳其的十字军（要不就是向俄国宣战），否则他唯一的武器就是实行拖延战术：履行条约中对待俄国的条款，仅此而已，然后解决希腊问题而又不显得一贯与土耳其作对。梅特涅赞同他的意见，认为一个独立的小希腊比一个也许会从属于俄国的大希腊好。他们的打算也许是气量狭小的，带有厌恶这个新国家的革命根源的色彩；驻在伯罗奔尼撒的法国军队（1828—1833 年）虽能保证这一条约能够得到最低限度的贯彻，但是只有俄国的武力才能迫使苏丹默认阿德里安堡和约（1829 年 9 月 14 日）的第 10 条。[①] 然而希腊人应该大大感谢坎宁在 1826—1827 年的大胆的主动行动，它结束了地中海东部的六年混乱和海上私掠活动，对英国的利益也有好处。

　　对哈布斯堡君主国来说，其灾难性后果并没有像梅特涅预料的那么严重。不出四年它和俄国在明亨格列兹（1833 年 9 月）就巴尔干半岛问题达成谅解，在此以后 20 年内部分恢复了保守同盟的核心地位。本章对普鲁士的情况几乎没有论及，因为它一般似乎是亦步亦趋地跟随奥地利。柏林和维也纳一样渴望不和俄国公开争吵，它们甚至有更加重大的共同利益要使波兰人保持平静。至于在其他方面，普鲁士正忙于消化它最近获得的几个省份，悄悄地巩固它在德意志北部的势力。自从 1815 年以来，主要发生纠纷的地区是地中海或者大西洋，一个没有海军的国家对此是不会直接感兴趣的。但是在 1829 年 8 月，当欧洲认为俄国人可能即将进入君士坦丁堡的时候，普鲁士政府采取了一次少有的主动行动，派一位将军做调解人，帮助沙皇在阿德里安堡与苏丹达成协议，它这样做恐怕也不是偶然的。

　　法国波旁政府对 1829 年的东方危机并没有导致全面修改维也纳的解决办法颇感失望，但不能说外交政策是查理十世在 1830 年倒台的原因。在 15 年内，法国恢复了它在大陆列强中的地位，曾经得到列强的同意（虽然不是用列强的名义）进军西班牙。它随同英、俄两国为了希腊而参加了纳瓦里诺海湾的封锁，并以这一"分裂派"同盟的名义占领伯罗奔尼撒；最后，在国内革命前夕，虽遇到英国的强烈反对（参阅第十卷第 427 页），已经开始独自征服阿尔及利亚。这并不足以挽救旧制度，但是路易·菲利普和路易十八不同，一开始并没有因为有失败的兆头而受到阻碍：他的困难之处在于如何在一意

---

　　① 关于 1832 年以前希腊问题解决办法的概况，以及和约的一般影响，请参阅第十九章，原书第 550—551 页。关于威灵顿的政策，请参阅克劳利前引书，第 8—12 章。

孤行和克制之间在欧洲找出一条前进的道路来。

从 1815 年起，列强的"保守同盟"活跃了四年光景，又瘫痪了同样长的时间，到 1825 年已经濒临死亡；从 1826—1827 年起，要使怀有特殊目的、分离出来的三国同盟完全恢复已不可能。"神圣同盟"（不论是国王们的还是人民的），在 19 世纪初要比 1789 年前更容易为人们所理解，各种思想的传播也更快和更广泛；但在实际上，各国政府并非全都是那么保守，人民也并非全都是那么革命，无法用那么简单的字眼来评断某种意识形态的冲突。政治家们继续乞灵于"欧洲协同体"，用它不战而解决 1830—1832 年的比利时问题和 1839—1841 年地中海东部的问题。1830 年后，这个"协同体"就像 1814—1820 年的同盟一样，起了保持力量平衡的作用，但不再那么敌视内部变革，而且比较乐于承认一些既成事实。它和同盟一样，不是一种超国家的指导欧洲的计划。各国政府和人民的问题形形色色，各不相同，不是能用一个单一的公式解决得了的。要保持和平在任何时候都是困难的，只要各国人民的发展阶段互相差异极大，或者只要一般战争的前景并非都是毁灭性的，那么一个以保持和平为目的的国际组织是很难获得成功的。

（黄兰林　译）

附　　录

法兰西共和历说明

　　共和历于 1793 年 9 月 20 日提出，10 月 5 日通过（11 月 24 日作了某些修正）。该历法追溯到 1792 年 9 月 22 日，即共和国创建之日算起；由于这个原因，从未使用于元年。每月有 30 日，分为 3 旬（décades），每旬 10 日，分别为 1 日（Primedi）、2 日（Duodi）、3 日（Tridi）、4 日（Quartidi）、5 日（Quintidi）、6 日（Sextidi）、7 日（Septidi）、8 日（Octidi）、9 日（Novidi）、10 日（Décadi），最后一日为休息日。每年年终增加 5 天，称为"补充日"（jours complémentaires），或称"无套裤汉日"（sansculottides）。每逢闰年（包括 1800 年前一年的共和七年，这年按格里历不是闰年）的前一年再加一个第 6 天，称为"革命日"（jour de la Révolution）。这样，按格里历算，共和历的年份开始于 9 月的不同日子，以下各月亦如此。因此，要想简要地列出完整的统一对照年表是不可能的，但在 P. 卡隆编纂的《法国革命研究实用手册》（1912 年版）第 221—269 页，或 1947 年版第 281—286 页（只适用于共和二年到八年）可以查到有关说明。下文列出每年的日期以及月份的顺序。月份开始的日期从格里历 18 日到 24 日各异。

年　　　　份

〔元年　1792 年 9 月 22 日—1793 年 9 月 21 日〕
二年　1793 年 9 月 22 日—1794 年 9 月 21 日
三年　1794 年 9 月 22 日—1795 年 9 月 22 日
四年　1795 年 9 月 23 日—1796 年 9 月 21 日
五年　1796 年 9 月 22 日—1797 年 9 月 21 日
六年　1797 年 9 月 22 日—1798 年 9 月 21 日

七年　　1798 年 9 月 22 日—1799 年 9 月 22 日

八年　　1799 年 9 月 23 日—1800 年 9 月 22 日

九年　　1800 年 9 月 23 日—1801 年 9 月 22 日

十年　　1801 年 9 月 23 日—1802 年 9 月 22 日

十一年　1802 年 9 月 23 日—1803 年 9 月 23 日

十二年　1803 年 9 月 24 日—1804 年 9 月 22 日

十三年　1804 年 9 月 23 日—1805 年 9 月 22 日

十四年　1805 年 9 月 23 日—

月　　　份

葡月　　9—10 月

雾月　　10—11 月

霜月　　11—12 月

雪月　　12—1 月

雨月　　1—2 月

风月　　2—3 月

芽月　　3—4 月

花月　　4—5 月

牧月　　5—6 月

获月（或稿月）　　6—7 月

热月　　7—8 月

果月　　8—9 月

　　每日也都有各自的名称，以对人有用的植物和水果、家畜、农具或农产品命名。法令第十一条规定每日 10 个小时，每小时 100 "分"，每分 100 "秒"。赠给国民公会一座 "十进制时钟"，装在讲坛正下方马拉半身塑像的下面。但法令的这一部分始终未付诸实施。这个历法不仅具有平民和共和的特色，而且具有说教目的（作为 "非基督教化" 计划的一部分），这可以从《议会档案》中记录的 1793 年 9 月 20 日；10 月 5、6、18、24 日；11 月 5、7、24 日的讲话中明显地看出。这些讲话指出共和国创建（1792 年 9 月 22 日）和平等时代开始的时间正好是秋分，即阳光均等地照射两极的时候。1793

年 11 月 10 日，国民公会在门前接待了一个无套裤汉代表团，要求废除国家发给教士的薪俸；代表团还带来一位身着古装的女演员，象征自由。国民公会成员随代表团的行列返回以前的圣母院教堂，以表示他们支持人民，并在该教堂高唱赞美自由的圣歌。

根据 1802 年 4 月的政教协定，正式恢复礼拜日为休息日；1806 年 1 月 1 日（共和十四年雪月 11 日）法律规定恢复格里历时，共和历已经有很长时间停止通用。

索　引

（此索引中的页码系原书页码，见本书的边码）

Aaland Islands，奥兰群岛，1809 年由瑞典割让给俄国，487

Aasen, Ivar，奥森，伊瓦尔，语言学家，494

Aberdeen, George Hamilton, Earl of，阿伯丁伯爵，乔治·汉密尔顿，国务活动家，639

Abo（now Turku），阿博（今图尔库），俄国沙皇和瑞典国王在此会晤（1812 年），489

Aboukir，阿布基尔，1799 年法国在此战胜土耳其人，310

Aboukir Bay, battle of，阿布基尔湾战役，见 Nile, battle of the 条

Abyssinia，阿比西尼亚，见 Ethiopia 条

Académie Francaise，法兰西科学院，120

Academies，研究院，法国国民公会取消各研究院，119
　参见 Sciences, Academies of 条

Acre，阿克尔，1799 年被拿破仑包围，310，531

Acte finale of Congress of Vienna（1815 年），维也纳会议最后文件，648，655，658，664

Adam, Rev. William，亚当牧师，威廉，在印度的传教士，568

Adams, John Quincy，亚当斯，约翰·昆西，美国国务活动家
　联邦党人，后为国家共和派，602，603
　任门罗总统政府的国务卿，88，591，595，637，668，682
　任总统，598，605

Adams-Onis Treaty，亚当斯－奥尼斯条约，西班牙将东佛罗里达转让给美国（1819 年），595

Addington, Henry, Viscount Sidmouth，阿丁顿，亨利，西德默思子爵，国务活动家，177，261，263
　对西班牙的看法，452，455

Aden，阿登，被美国兼并（1838—1839 年），10，532

Admiralty Board of，海军部，80

Adrianople, Treaty of，俄土阿德里安堡和约（1829 年），550，668，688—690

涉及巴尔干国家的条款，9，543，689

advertisements, and growth of press，广告与新闻事业的发展，191

Afghanistan，阿富汗，入侵印度的威胁，553，554

Afrancesados，亲法派（西班牙主张与法国合作的分子）

　费迪南国王是第一个亲法派，444

　往往是自由主义者，446，447，453

　以后均被排除任职，449，451

Africa, economic and political relations of Europe with，欧洲与非洲的经济和政治关系，572—590

Africa, Report of Select Committee on British Settlements on the West Coast of（1865 年），下院小型特别委员会关于英国在非洲西海岸殖民地的报告（1865 年），584

African Association（Association for Promoting the Discovery of the Interior Parts of Africa），非洲协会（非洲内地发现促进协会），582

Agenda，"礼拜仪式"，弗里德里希·威廉三世国王为宗教仪式制定的程序，177

agriculture，农业，31，33—37

　在澳大利亚，51，403，406

　在比利时，54

　在英国，6，43，44

　在法国，56，329

　在荷兰，56

　在匈牙利，35，51，403

　在意大利，48，413，435—436

　在葡萄牙，442—443

　在普鲁士，368—369，376—378

　在俄国，50

　在斯堪的纳维亚，51—52

　在西班牙，49，442—443

"Aid thyself and Heaven will aid thee" Society，"天助自助者"协会（法国），189

Ainsworth, Thomas，安斯沃思，托马斯，工程师，477

Aix-la-Chapelle, Congress of Allies at，反法联盟国家亚琛会议（1818年），492，669，670

　罗伯特·欧文在亚琛会议上，111

Akkerman, Convention of，俄土阿克曼协定（1826 年），543，549，687

　土耳其拒绝履行协定，550，688

Aksakov, S. T.，阿克萨科夫，谢·季，斯拉夫派，540

Alabama, cotton lands of，亚拉巴马的棉田，594，596

Alaska, Russian-American Company in，在阿斯加的俄美公司，9

Alba，阿尔巴，在皮埃蒙特的共和国，416

Albani, J.，阿尔巴尼，红衣主教，174

Albania，阿尔巴尼亚，土耳其省份，529；来自阿尔巴尼亚的雇佣军，533

Alexander Ⅰ，亚历山大一世，俄国沙皇

　即位以前，502，503，505

　即位，259，506

　在位期间，18，19，506—521 各处

　与拿破仑的关系，21—22，265

同情波兰，503，512，516，649，
　665
对兰开斯特的教育制度感兴趣，206
改信圣经神秘主义，169，192，516
最后参加反拿破仑的联盟，639—
　645 各处
在维也纳会议上，646—667 各处
在国际关系方面（1815—1825 年），
　21，268，668—674 各处

Alexander，亚历山大，奥地利大公，
　匈牙利总督，397，401

Alexandria，亚历山大
　被法国人占领（1797 年），530
　被英国占领（1801—1803 年），263，
　　533
　暂时被英国重占（1807 年），533

Alexandrov Factory，亚历山德罗夫工
　厂（圣彼得堡），521，523

Alfieri，Count Vittorio，阿尔菲耶里伯
　爵，维托里奥，剧作家，92，332

al fresco technique in music，音乐中的
　露天方式，239

Algarotti，Francesco，阿尔加罗蒂，弗
　朗切斯科，建筑家，223

Algiers，阿尔及尔
　阿尔及尔的海盗，89，603，673
　法国征服阿尔及尔，354，355，528，
　　690

Alien and Sedition Acts，客籍法和惩治
　煽动叛乱法（美国，1798 年），
　602—603，607

Aligarh，阿利加尔，被英国人占领，
　555

Ali，阿里，亚尼纳帕夏，530，535，
　545，546，547

Allemand，Z. J.，T，阿勒芒，法国海
　军上将，325

Allgemeine Preussische Staatszeitung，
　《普鲁士国家总汇报》，190

Allgemeine Zeitung，《总汇报》，184，
　186，190，191

Alsace，阿尔萨斯，德意志王公在阿
　尔萨斯的领地，252

Altenstein，Karl von Stein zum，阿尔滕
　施泰因，卡尔·冯·施泰因·楚
　姆，普鲁士国务活动家
　教育部长，196，207—208
　在改革文官制度的委员会中，378，
　　380

amalgam，"合并"，比利时与荷兰联
　合（1814 年）的目的，473

amalgame，"混编"，1793—1794 年法
　国旧军队与新军队的合并，63

American Colonisation Society，美国殖
　民协会，583

American Philosophical Society，美国哲
　学学会，161

"American System" of Henry Clay，亨
　利·克莱的"美国体系"，600，
　602

American War of Independence，美国独
　立战争，71，76，333，611
　独立战争中北方的武装中立，250—
　　258，481，482，672
　荷兰的干预，462

Amiens，Treaty of，英法亚眠条约
　（1802 年），21，261，299，300，
　311，323，469

Amis du Peuple，"人民之友社"，19
　世纪 30 年代法国共和派团体，

359

Ampère, A. M., 安培, 安德烈·玛丽, 物理学家, 28, 134, 135

Amsterdam, 阿姆斯特丹
　金融中心, 46
　由于大陆封锁而衰败, 303
　在尼德兰联合王国中, 477
　人口, 32

anarchism, 无政府主义, 蒲鲁东的无政府主义, 115; "无套裤汉"的无政府主义, 282, 29

Anatolia, 安纳托利亚, 奥斯曼帝国土耳其地区的大部分, 529

Ancona, 安科纳
　教皇管辖的港口, 1805 年被法国人占领, 156
　教皇管辖的边境城市, 1808 年并入意大利王国, 424, 438

Andrada y Silva, J. B. de, 安德拉达·埃·席尔瓦, 若泽·博尼法西奥·德, 巴西皇帝佩德罗一世的顾问, 631

Andrade, Gomes Freire d', 安德拉德, 戈麦斯·弗莱雷·德, 葡萄牙自由主义殉道者, 448

Angers, David d', 昂热, 大卫·德, 雕塑家, 222

Anglo-Russian Protocol, 英俄议定书, 1826 年关于解决希腊问题的计划, 549, 687

Angostura (Ciudad Bolival), 安戈斯图拉 (玻利瓦尔城), 玻利瓦尔在此的基地, 624

Angoulême, Louis Antoine de Bourbon, Duc, d', 昂古莱姆公爵, 路易·安托万·德·波旁 (查理十世之子), 法国将军, 450, 451

Anjala, League of, 安亚拉同盟, 1788 年瑞典贵族的阴谋活动, 481, 483

Anmärkaren, 《阿梅卡伦报》, 瑞典自由主义报纸, 192

Annali Universali di Statistica, 《世界统计年鉴》, 191

Angola, 安哥拉, 葡萄牙殖民地, 572, 578, 587

Anquetil-Duperron, A. H., 昂克蒂尔-迪佩隆, 亚伯拉罕·亚森特, 《奥义书》的译者, 569

Antologia, 《文萃》, 意大利期刊, 191

Antwerp, 安特卫普
　商业和金融中心, 54, 56
　港口, 56, 469
　在荷兰统治下, 477, 640, 645

Appenzeller Zeitung, 《阿彭策尔报》, 瑞士自由主义报纸, 191

Apponyi, Count George, 阿波尼伯爵, 格奥尔吉, 匈牙利国务活动家, 407

Arab power on East Coast of Africa, 非洲东海岸的阿拉伯势力, 572, 576—577
　奴隶和象牙贸易, 586, 588—590

Aragon, feudalism in, 阿拉贡的封建主义, 440

Arakan, 若开, 被缅甸征服, 559; 被英国征服, 560

Arakcheev, Count A. A., 阿拉克切耶夫伯爵, 阿·安, 沙皇亚历山大一世的顾问, 508, 511, 518,

519，520

他的品格，19，505—506，517

Aranjuez, Treaty of，法西阿兰胡埃斯条约（1801年），260，438

阿兰胡埃斯暴动（1808年），443

阿兰胡埃斯中央洪达（1808年），614

architecture，建筑，222—228

Archives philosophiques，《哲学文献》，188

Argentina，阿根廷，见 Rio de la Plata 条

Argüelles, Agustin，阿圭列斯，阿古斯丁，西班牙国务活动家，445

Argus，《守卫报》，瑞典自由主义报纸，192

Armed Neutrality of the North，北方的武装中立

在美国独立战争期间，250，481，482，672

1800年再次出现，258，484，531，672

Armenia，亚美尼亚，俄国在亚美尼亚的利益，527

Armenians，亚美尼亚人，奥斯曼帝国的亚美尼亚人，527，528

armies，陆军，60—70

奥地利的，333

英国的，73

埃及的，534

法国的，61—65，73，312，341，346

普鲁士的，65—66，76，333，368—369，375，382

俄国的，504—505，671—672

Arndt, E. M.，阿恩特，恩·莫，时事评论家和诗人，91，332

Arnim, Achim von，阿尔尼姆，阿希姆·冯，德国作家，187，249

Arnold, Thomas，阿诺德，托马斯，拉格比公学校长，178，201

Arrivabene, Giovanni，阿里瓦贝内，乔瓦尼，意大利自由主义政治家，435

Arseniev, K. I.，阿尔谢尼耶夫，康·伊，俄国统计学家，496

Artigas, J. G.，阿蒂加斯，何·赫，东岸地带游击战争领袖，619，620，629

artillery，火炮，67—69；法国的火炮，252，312；海军炮，83

Ascension Island，阿森松岛，英国通向东方道路上的基地，10，90

arts in Europe，欧洲的艺术，209—249

Ashanti，阿散蒂，非洲内陆强国，584，585

Asia, South and South-East，南亚和东南亚，欧洲与南亚和东南亚的关系，552—571

Asiatic Society of Bengal，孟加拉亚洲学会，553，569

Aspern，阿斯佩恩，1809年奥地利在此战胜法国人，207，400

Assam，阿萨姆，英国在缅甸战争中获得阿萨姆，560

assassination，暗杀活动，俄国进行改革的方式，506，520

assignats，指券

法国的指券，281；指券的贬值，13，282，285，289，464

俄国的指券，514，523

Asturias, Junta of, 阿斯图里亚斯政务会（洪达），445

Asunción, 亚松森，拒绝承认布宜诺斯艾利斯的权力，619

audiencia, 检审法院，查尔卡斯的检审法院，615；墨西哥城的检审法院，614，634

auditeurs, 协理专员，拿破仑任命的协理专员，318，319，321

Auerstadt, 奥尔施泰特，1806年法国在此战胜普鲁士人，268，376

Augereau, P. E. C., 奥热罗，皮埃尔·弗朗索瓦·夏尔，法国元帅，309，311

　他的希腊妻子，530

Augsburg, 奥格斯堡，奥格斯堡的《总汇报》，186

Austerlitz, 奥斯特利茨，1805年法国在奥斯特利茨战胜奥俄联军，75，266，313

Austin, Stephen, 奥斯丁，斯蒂芬，在得克萨斯的殖民活动，594

Australia, 澳大利亚

　英国人在澳大利亚，10

　法国人在澳大利亚南海岸的探险，261—262

Austria, 奥地利，395—411

　占领贝尔格莱德（1719—1739年），541

　参与瓜分波兰（1772年以后），见Poland条

　在德意志各邦获得领土（1779年），251

　约瑟夫二世（1780—1790年）和利奥波德二世（1790—1792年）两
皇帝在位期间，252，395—396

　与普鲁士达成协议（1790年），252

　与土耳其媾和（1791年），252，541

　与普鲁士一起宣称路易十六治下的形势与欧洲各国的利益攸关；入侵法国；在瓦尔米败北（1792年），253

　弗兰茨皇帝在位期间（1792—1835年），395—405

　参加第一次反法联盟；丧失尼德兰（1793年），254—255

　"雅各宾党人"在奥地利的阴谋活动（1794年），396

　在意大利被拿破仑击败（1796—1797年）；坎波福米奥和约，255，309，388，415—416

　参加第二次反法联盟（1798年）；在瑞士和意大利败北，294

　从英国获得补助（1800年），259

　在马伦戈和霍恩林登被法国人击败（1800年）；吕内维尔和约（1801年），259，299，388，420，438

　同意德意志各邦重新调整（1802年），263

　与俄国签订防御条约（1804年），266

　参加第三次反法联盟；在奥斯特利茨和乌尔姆败北；法军进入维也纳（1805年），266—267；普雷斯堡和约，267，399

　企图发动反对法国的解放战争；在瓦格拉姆败北；申布龙和约（1809年），270，400

　割让领土；成为法国的同盟国

（1810 年），270—271

财政困难（1811 年），401—402

同意派军队与俄国作战（1812 年），271

试图在拿破仑与联盟军之间进行斡旋（1813 年），272—273

参加第四次反法联盟；向法国宣战（1813 年），273，639

在维也纳会议上，402—403，640，643，646—647，664；关于赔偿的谈判，648—658；在意大利重新建立统治，8，657—658，664；在滑铁卢战役中，660

在意大利的统治（1815—1830 年），8，17，403，404，409，428—429，434—435

干涉那不勒斯，16，432—433，675—677

斐迪南皇帝由摄政会议辅佐（1835 年），405—406

社会问题，406—407

奥地利版图内的民族运动（1830—1848 年），16，407—411

人口，32，406

Austrian Netherlands，奥属尼德兰，252，254—255，462—464，参见 Belgium 条

Avenir, L'，《前途报》，法国天主教自由派报纸，173，360

Avignon，阿维尼翁，被法国兼并，252；继续保持（1814 年），644

Avogadro, Americo，阿伏伽德罗，阿梅里科，物理学家，135

Ayacucho，阿亚库乔，西班牙驻南美的最后一位总督在阿亚库乔的失

败（1824 年），627

Baader, F. X. von，巴德尔，F. X. 冯，神学教授，110，162—163，516

Babbage, Charles，巴贝奇，查尔斯，数学家，129

Babeuf, F. N.，巴贝夫，F. N.，新闻记者和政治鼓动家，59，279，416

平均主义者，95，115，288—289

Bacciochi, Elisa（née Bonaparte），巴乔基，埃利兹（娘家姓波拿巴），126，302，438

Bach family，巴赫家族，作曲家，231，233，236，245，246

Bacon, Francis，培根，弗朗西斯，哲学家，141

Baden, Margrvate，巴登侯爵领地，后为大公国（1803 年）

参加反法联盟（1793 年），254

被迫撤退并纳贡（1796 年），388

在法国帮助下，从教会诸邦获得土地（1803 年），155，260，262，388；获得并改组海得尔堡大学，195，391；使行政管理现代化，390—391

当甘公爵在巴登被捕（1804 年），265

成为与法国联盟的主权国家（1806 年），267

因巴黎和约而增强（1814 年），664

宪法（1818 年），16

与教皇签订政教协定（1821 年），170；同俄国的王朝联系，673 页注

Baer, Karl von，贝尔，卡尔·冯，生

物学家, 138

Bagdad, 巴格达, 东印度公司驻巴格达代表, 532

Baggesen, Jens, 巴格森, 扬斯, 诗人, 100

Bagot, Sir Charles, 巴戈特爵士, 查尔斯, 驻美大使, 595

Baji Rao, 巴吉·劳, 帕什瓦, 555

Baker, Samuel W., 贝克, 塞缪尔, 非洲探险家, 588

balance of power, 势力均衡, 11, 250—274
卡斯尔雷和势力均衡, 652
塔列朗和势力均衡, 330, 653
在肖蒙条约中, 641, 642, 665
1830 年以后, 690

Balbo, Count Cesare, 巴尔博伯爵, 切萨雷, 皮埃蒙特政治家和时事评论家, 434, 437

Baldacci, 巴尔达齐, 皇帝弗兰茨一世的顾问, 399

Bale Peace of, 巴塞尔和约, 法国和普鲁士签订(1795 年), 255, 367, 387

Balkans, 巴尔干国家, 535—551 见各有关国家条

Ballesteros, Francisco, 巴列斯特罗斯, 弗朗西斯科, 西班牙政治家, 447, 449, 452

ballon corps, 法国陆军的气球队, 144, 281, 312

Baltic provinces of Russia, Germans of, 俄国波罗的各省的日耳曼人, 498, 511, 517, 518

Baltic Sea, 波罗的海

斯堪的纳维亚各国要求波罗的海中立(1794 年), 484
拿破仑企图封锁, 82

Banda Oriental, 东部地带(一度成为巴西的内普拉蒂诺省; 后为乌拉圭), 618, 630, 632

banks and banking, 银行和银行业, 6, 46—47
奥地利的, 403
比利时的, 55
巴西的, 612, 631
英国的, 42, 329; 与北美的关系, 596; 与南美的关系, 636; 与西班牙的关系, 452
布宜诺斯艾利斯的, 629
法国的, 298, 300, 319, 452
意大利的, 436
尼德兰王国的, 477
普鲁士的, 378
俄国的, 504, 523
美国的, 600, 605, 607, 609
桑给巴尔的, 576—577

Bankozettel(奥地利)纸券(国库券), 401—402

"banquet campaign" in France(1847—1848 年), 法国的"宴会运动"(1847—1848 年), 365

Bantu people, 班图人, 575, 576, 587

Barbary pirates, 北非海盗, 673
参见 Algiers 条

Baptist Missionary Society, 浸礼会, 165

Baptist preachers in United States, 美国的浸礼会传教士, 166

Barbès, Armand, 巴尔贝, 阿芒, 社

会主义者，279

Barcelona，巴塞罗那

人口，32

工业，50

暴民，444，459

资产阶级，455

Barclay de Tolly, Prince M. B.，巴克莱·德·托利亲王，M. B.，俄国陆军元帅，515

Barère de Vieuzac, Bertrand，巴雷尔·德·维厄扎克，贝特朗，法国国民公会大委员会委员，100，279

Bargash，巴尔加什，桑给巴尔苏丹，590

Barham, Lord（Charles Middleton），巴勒姆勋爵（查理·米德尔顿），英国海军上将，80，81，325

Barhampur, Treaty of，布尔汉普尔条约，英国和辛地亚签订，556

Baring, Alexander，巴林，亚历山大，商人银行家，596

Baring, house of，巴林家族，伦敦银行家，346

Barlow, Joel，巴洛，乔尔，《哥伦比亚德》作者，610

Barnes, Thomas，巴恩斯，托马斯，《泰晤士报》编辑，182

Barras, Comte P. F. N. de，巴拉斯伯爵，P. F. N. de，法国第一届督政府督政官，288，290

第三届督政府督政官，293，295

与拿破仑，308，309

Barry, Sir Charles，巴里爵士，查尔斯，建筑家，228

Barth, Heinrich，巴尔特，海因里希，去苏丹的探险家，582

Barthélemy, Marquis F. de，巴泰勒米侯爵，法国督政府督政官，289

Barye, A. L.，巴里，A. L.，雕塑家，222

Basque provinces of Spain，西班牙的巴斯克诸省

贵族人数增加，440

以工业发展和王室正统主义政治活动著称，442

自治的权利，452，460

Basra，巴士拉，英国驻巴士拉领事，532

Bassein, Treaty of，伯塞恩条约，帕什瓦巴吉·劳与英国签订（1802年），555，557

Basutoland，巴苏陀兰，向传教活动开放，587

Batavian Republic，巴达维亚共和国

法国保护国，255，256，465

政变，294

宪法，466

参看 Holland 条

Bautain, L. E. M.，博坦，L. E. M.，拉梅内的弟子，162

Bautzen，鲍岑，法国在此战胜普鲁士人和俄国人（1813年），272

Bauwens, Lievin，鲍温斯，利文，棉纺厂主，468

Bavaria，巴伐利亚，选帝侯领地，后为王国（1806年）

建立科学院（1759年），390

参加反法联盟（1793年），254

改革，在选帝侯马克斯·约瑟夫二

世和冯·蒙特格拉斯领导下（1799 年），390

拿破仑与巴伐利亚（1802 年），260

作为法国保护国，从教会诸邦获得领土（1802 年），155，262，388，389

该地的《总汇报》（1803 年），186，190

成为主权国家，与法国联盟（1806年），267

国王的女儿嫁给欧仁·博阿尔内（1806 年），21

军队抛弃拿破仑（1813 年），273

在维也纳会议上，646，654，664

《莱茵报道》遭禁止（1815 年），187；与教皇签订政教协定（1817年），170；宪法（1818 年），16

给予非天主教徒平等公民权利的法令（1818 年），171

慕尼黑的大学（1826 年），195

中小学里的古典课程，196

Baxter，Richard，巴克斯特，理查德，神学家，98

Baylen，贝伦，西班牙在此战胜法国（1808 年），327，334，335

Bayonne，巴荣纳，拿破仑在此会晤西班牙王族（1808 年），335，444

Bazard，Saint-Amand，巴扎尔，圣阿芒，社会主义改革家，114

Beauharnais，Eugene de，博阿尔内，欧仁·德，拿破仑的继子

意大利王国总督，302，320，331，421

改组意大利研究院，126

被奥地利人击败（1814 年），427，428

Beccaria，Cesare，贝卡里亚，切萨雷，经济学家和法律改革家，12

Bechuanaland，贝专纳兰，布尔共和国与卡拉哈里沙漠之间的走廊，587

Becker，R. Z.，贝克尔，R. Z.，《德意志国民日报》编辑，186

Beecher，Lyman，比彻，莱曼，德怀特的朋友，166，176

Beechey，William，比切，威廉，画家，216

Beecroft，John，比克罗夫特，约翰，驻几内亚湾领事，585

Beethoven，Ludwig van，贝多芬，路德维希，作曲家，30，228—244 各处，246，647

拒绝将交响曲献给拿破仑，234，304，331

Bekleshev，A. A.，别克列舍夫，俄国政治家，507

Bélanger，F. J.，贝朗热，F. J.，建筑师，224

Belgium，比利时

反对约瑟夫二世的改革（1780—1790 年），462—463，467

成立比利时合众国；被奥地利人推翻（1790 年），252，463

在法军进入后投票表决加入法国（1792 年），277，464

并入法国（1795 年），309，464

在法国统治下，158，464—465，466—469

反对法国统治的暴乱被镇压（1798年），467

拿破仑拒绝同英国讨论（1802 年），

261

联盟国占领；保守的临时政府
（1813—1814 年），472

同荷兰联合成为尼德兰王国（1814
年），18，54，473，640，644，
645，664；在荷兰国王统治下，
474—479

独立（1830 年），479，690

参看 Austrian Netherlands 条

Belgrade，贝尔格莱德

塞尔维亚首都，409

被奥地利占领（1719—1739 年），
541；被土耳其占领（1813 年），
542

Belgrade, Treaty of，贝尔格莱德条约，
俄国和土耳其签订（1812 年），
674

Bell, Andrew，贝尔，安德鲁，教育
家，27，202，206，207

Benezet, Anthony，贝内泽，安东尼，
慈善家，98

Bennigsen, Count L. A. von，本尼格森
伯爵，L. A. 冯，俄国将军，504

Bentham, Jeremy，边沁，杰里米，功
利主义哲学家，12

他的书信，24，569

提倡妇女解放，96

教育思想，194，201，207

Bentham, Sir Samuel，边沁爵士，塞
缪尔，海军工程监督，81—82

Bentinck, Lord William Cavendish，本
廷克勋爵，威廉·卡文迪什

在西西里，426—427，428

在印度，26，567，571

Beratlis，希腊的特权购买者，545

Berbice，伯比斯，荷兰让与英国
（1814 年），473

Berchet, Giovanni，贝尔歇，乔瓦尼，
诗人，435，436

Beresford, William Carr, Viscounl，贝
雷斯福德子爵，威廉·卡尔驻葡
萄牙的将军，448

Berg，贝格，拿破仑建立的德意志邦，
389

Berlin，柏林

音乐中心，229，245

拿破仑在柏林（1806 年），127，
268

人口，32

柏林大学，28，127—129，195，
386—387

Berlin, Congress of（1878 年），柏林
会议（1878 年），669

Berlin Decree，柏林敕令，宣布大陆
"封锁"（1806 年），326，327，
485

Berliner Abendblätter，《柏林晚报》，
186

Berlioz, Hector，柏辽兹，赫克托，作
曲家，229，244

Bernadotte, J. B.，贝纳多特，J. B.，
法国元帅，320

第三届督政府陆军部长，293，294，
310

在吕贝克（1806 年），485；在日德
兰（1808 年），486

任瑞典王储和国王，参看 Charles
XIV John 条

Bernard, Claude，贝尔纳，克洛德，
生理学家，138

Bernstorff, A. P., 贝恩斯托夫, A. P., 丹麦政治家, 482

Berr, Cerf, 贝尔, 塞尔夫, 犹太时事评论家, 97

Berry, Charles Ferdinand d'Artois, Duc de, 贝里公爵, 查理·费迪南德·达尔特瓦, 查理十世之子
遭暗杀, 347
遗腹子, 348
遗孀, 358—359

Berryer, A. P., 贝里耶, A. P., 法国保王派演说家, 359

Berthier, L. A., 贝尔蒂埃, L. A., 法国元帅, 拿破仑的参谋长, 151, 313, 320, 325

Berthollet, Comte C. L., 贝托莱伯爵, 化学家, 121, 125, 126, 144

Bertin brothers, 贝尔坦兄弟, 《辩论报》编辑, 185

Berzelius, J. J., 贝采利乌斯, J. J., 化学家, 28, 125, 135—136

Bessarabia, 比萨拉比亚, 被俄国兼并（1812 年）, 9, 495, 522, 537, 664

Bestuzhev, A. A., 别斯图热夫, A. A., 俄国十二月党人, 520

Beurnonville, Pierre de Ruel, Marquis de, 博浓维尔侯爵, 皮埃尔·德·吕埃尔, 法国将军, 277

Beyle, Marie Henri (Stendhal), 贝尔, 玛丽·亨利（司汤达）, 作家, 24, 91, 103, 321

Beyme, K. F. von, 拜姆, 普鲁士政治家, 373, 375, 378, 379

Bezborodko, Prince A. A., 别兹博罗德科亲王, A. A., 俄国国务大臣, 505

Bible Societies, 圣经会, 164—165, 192

biblical criticism, 圣经评论, 167—168, 178

Bichat, M. F. X., 比沙, M. F. X., 生物学家, 28, 137

"Biedermeier" period, "比德迈风格"时期, 393, 404

Billaud-Varenne, J. N., 比洛－瓦雷纳, 法国国民公会大委员会成员, 279

biology, 生物学, 128—129, 136—139

Birmingham, 伯明翰, 和非洲的贸易, 578

bishops, 主教
主教的任命, 在法国, 153, 154; 在德意志, 158—159; 在南美, 172; 在尼德兰联合省, 474
逃亡者, 151, 152, 468
在法国被封为贵族, 349
参看 prince-bishops 条

Bismarck-Schönausen, Prince Otto von, 俾斯麦－舍恩豪森亲王, 奥托·冯, 164, 664

Black, James, 布莱克, 詹姆斯, 新闻记者, 183

Blake, William, 布莱克, 威廉, 诗人和画家, 216—217

Blanc, Louis, 勃朗, 路易, 历史学家和社会主义者, 115, 279, 360

Blane, Sir Gilbert, 布兰爵士, 吉尔伯特, 海军军医, 87

Blanqui, L. A.，布朗基，L. A.，革命家，40，115

blockade，封锁，英国对法国港口的封锁，77，324；对斯堪的纳维亚的封锁，488；对美国的影响，611

blockade, continental，大陆封锁，见 Continental System 条

Blücher, G. L. von，布吕歇尔，G. L. 冯，普鲁士将军

在滑铁卢战役中，313，314，315

在巴黎，342，661

在伦敦，644

Boers，布尔人，布尔共和国，575—576，586，587

Bohe mia，波希米亚，51，406，410，411

Boigne, Comte Bénoit de，布瓦内伯爵，贝努瓦·德，在印度进行冒险活动的法国军人，555

Bolivar, Simón，玻利瓦尔，西蒙，哥伦比亚和秘鲁的解放者，621，622，624—628

旨在建立南美联邦，20，684

Bolivia, Republic，玻利维亚共和国，627

Bolzano, Bernard，博尔扎诺，贝尔纳德，天主教哲学家，116

Bombay，孟买，商人阶级，553

Bonald, Comte L. G. A. de，博纳尔伯爵，L. G. A. 德，天主教正统主义者

在 18 世纪 90 年代，11

在帝国时期，106，304

复辟以后，161，323，345

Bonaparte, Caroline，波拿巴，卡罗利娜（缪拉之妻），拿破仑之妹，320

Bonaparte, Charlotte，波拿巴，夏洛特，吕西安之女，320

Bonaparte, Elisa，波拿巴，埃利兹（巴乔基之妻），拿破仑之妹，卢卡和皮昂比诺的统治者，126，302，438

Bonaparte, Jerome，波拿巴，热罗姆，拿破仑之弟，威斯特法利亚国王，271，302，320，331

军团司令，321

Bonaparte, Joseph，波拿巴，约瑟夫，拿破仑之兄

谈判亚眠条约（1802 年），261

那不勒斯国王（1806 年），267，320，331，438

西班牙国王（1808 年），269，302，320，335，336，613；西班牙人对他的态度，444，447；南美殖民地对他的态度，327，614；解散各种修会（1809 年），158

Bonaparte, Louis，波拿巴，路易，拿破仑之弟，荷兰国王（1806 年），267，302，317，320

不同拿破仑合作；退位（1810 年），470—471

Bonaparte, Lucien，波拿巴，吕西安，拿破仑之弟，293，295，320

Bonaparte, Napoleon，波拿巴，拿破仑，见 Napoleon Ⅰ，Emperor of the French 条

Bonn university of，波恩大学，174，195

Bordeaux，波尔多

为大陆封锁所毁，303，329

人口，339

Börne, Ludwig, 博尔内，路德维希，德意志新闻记者，191

Borodino, 博罗季诺，俄国人在此坚守抗击法军（1812 年），312，313，515

Bosch, Johannes van den, 博斯，约翰内斯·范·登，爪哇总督，564

Bosnia, 波斯尼亚，土耳其省份，258，528

Boston, 波士顿，127，606

Boston Associates, 波士顿联合公司，弗朗西斯·洛厄尔的公司，601

Bothnia, West, 西波的尼亚，瑞典让与俄国（1809 年），487

Bouilly, J. N., 布伊，J. N.，歌词作者，239

Boullée, E. L., 部雷，E. L.，建筑师，223，224

Boulton and Watt, 博尔顿和瓦特蒸汽机，329

Bourbon, house of, 波旁王室

在法国，复辟；6，175，428，640—643，665，666

在那不勒斯，418，426，428，657，658

在帕尔马，479

在西班牙，335，440

在南美的计划，615，679—680

Bourcet, P. J., 布尔塞，P. J.，军事思想家，311

bourgeoisie, 资产阶级，15

奥地利的，398

法国的，在大革命时期，275，319；

在国民公会时期，276，278，285；在督政府时期，288，293，294；在拿破仑时期，321，330；在路易十八时期，340；在查理十世时期，355；在路易·菲利普时期，357—358

德意志的，392；在德意志作家的作品中，371—372

意大利的，422—423

资产阶级与音乐，228

资产阶级与报纸，179，182

普鲁士的，369

俄国的，494

西班牙的，49，336，441—442，455，457

Bourmont, L. A. V., Comte de Ghaisne de, 布尔蒙，L. A. V. 盖斯纳伯爵，法国将军，313，354

Bourquin, Louis, 布尔坎，路易，在印度的法国军官，555

Bourrienne, L. A. F. de, 布尔里埃内，L. A. F. 德，法国外交家，317

Boves, J. T., 博维斯，J. T.，保王派平原部落人的领袖（1814 年），622

Bowring, Sir John, 鲍林爵士，约翰，作家和旅行家，48，686

Boyaca, 博亚卡，玻利瓦尔于此战胜西班牙军（1819 年），625

boyars, 多瑙河两公国受封的地主，536，537，538，539

Boyer, J. P., 布瓦耶，J. P.，海地和圣多明各的混血儿统治者，633

Braganza, house of, 布拉干萨王室，612，631

Brahmans，波罗门，561

Brahmo Samaj（Divine Society）of Ram Mohan Roy，拉姆·摩罕·罗易创立的梵社，568—569

Brandes，Ernst，布兰德斯，恩斯特，汉诺威官员，374

Brazil，巴西

葡萄牙王室逃往巴西（1807—1808年），269，327，612

建立与葡萄牙相等的王国（1815年），612

征服东部地带（1816年），619—620

脱离葡萄牙（1822年），612，675，684；并建立帝国，630—632，675

为争夺东部地带与拉普拉塔河联合省交战（1825—1828年），630，632

对葡贸易，442，448；对安哥拉贸易，578

英巴条约（1826、1827年），632，638

奴隶贸易和巴西，579，581，632

Breitkopf and Haertel of Leipzig，莱比锡的布顿特科普夫和黑特尔，乐谱出版商，234，246

Brentano，Clemens，布伦坦诺，克莱门斯，德意志民歌搜集家，249

Brescia，布里西亚，军火工业，424

Brethren of the Christian Schools（France），基督教学校兄弟会（法国），207

Bretschneider，K. G.，布雷特施奈德，圣经评论家，167

Britain，英国

人口，32，251

工业发展，39—40，40—47

英丹（麦）条约（1780年），481

英法商务（伊登）条约（1786年），262

法国对英宣战（1793年），254；第一次联盟，277

夺取斯堪的纳维亚人的船只（1793—1794年），484

夺取荷兰海外领地（1795—1796年），225，575

在地中海的战略地位受到损害（1796年），415，416

反丹麦活动（1798年），484；第二次联盟，256—258，530

尼罗河战役（1799年），310；企图入侵荷兰（伙同俄国），257，294

始终单独反对法国扩张（1800—1801年），258

把法国人逐出埃及（1801—1802年），531—532

英法亚眠条约（1802年），261；贸易下降，262，300

对法国宣战（1803年），263，264，485

第三次联盟（1805年），265—266，485

特拉发尔加海战；消除拿破仑入侵的可能性（1805年），77，80，267，326

同拿破仑谈判（1806年），267

拿破仑与英国，323—326；反英的大陆体系，326—330

反丹麦的行动；夺取赫尔戈兰岛
（1807 年），269，486

废除奴隶贸易（1807 年），98—99，
578

协助西班牙反拿破仑（1808—1814
年），269，334，335，613，639

瑞典被迫对英宣战（1810 年），489

经济困难（1810—1811 年），328

与美国的战争（1812—1814 年），
10，20，89，271，328，611，
671

与俄国恢复友好关系（1812 年），
271，272

英普同盟（1813 年），272

第四次联盟，272，305，639—646
各处；维也纳会议，646—667 各
处

最富有和最稳定的大国（1815 年），
6—7

国际关系（1815—1830 年），668—
690 各处

与南美各共和国的关系，629，630，
632，637；士兵和水手为南美战
斗，625，636

英国与对西西里暴动的镇压（1820
年），432，676，677

对希腊的政策，547—551，685—
690

协助击败葡萄牙的米格尔派（1834
年），454

在印度，552—571 各处

在非洲，572—590 各处

British Association for the Advancement
of Science，英国科学促进会，29，
144

British and Foreign School Socity（non-
Angliean），英国和外国学校协会
（非国教的），178，202

Broglie，A. C. L. V.，Duc de，布洛伊
公爵，法国政治家，357，363

空论派作家，189，346，361

Broglie，Maurice de，布罗格利，莫里
斯·德，根特主教，474

Broke，Sir Philip，布罗克爵士，菲利
普，"香农"号战舰舰长，83

Brongniart，A. T.，布隆尼亚尔，建筑
师，140，224

Brothers，Richard，布拉泽斯，理查
德，预言家，163

Brouckère，Charles de，布鲁凯尔，夏
尔·德，比利时议员，192

Brougham，Henry，布鲁厄姆，亨利，
英国大法官，207

Brown Bros.，布朗兄弟，巴尔的摩和
利物浦商业银行家，596

Brueys d'Aigalliers，F. P.，布律埃斯，
戴加里埃，法国海军上将，79

Brugnatelli，L. V.，布鲁尼亚泰利，
L. V.，化学家，124

Brumaire，雾月 18 日（1799 年）政
变，257，295，310，318

Brune，C. M. A.，布律纳，G. M. A.，
法国元帅，257，262，294

Brunel，Sir Marc I.，布鲁内尔爵士，
马克，工程师，82

Brunswick，布伦瑞克，一度属威斯特
法利亚王国，392—393

Brussels，布鲁塞尔，被法国人占领
（1793 年），254

Bucharest，布加勒斯特，瓦拉几亚的

首都，536，537

Bucharest，Peace of，布加勒斯特和约，俄国和土耳其签订（1812年），23，522，536，542，543

Buchez，P. J. B.，比歇，P. J. B.，法国合作运动创始人，116，360

Budapest，布达佩斯，人口，32

Buenos Aires，布宜诺斯艾利斯起义（1808，1809 年），614—615
　革命（1810 年），616，618—619，620
　贸易，618
　与各省间纠纷，619—621，629—630

Buenos Aires，布宜诺斯艾利斯省，618，629

Bugeaud de la piconnerie，T. R.，比若·德拉皮孔内里，托·罗，论英国军队，73

Bukovina，布科维纳，在奥地利统治下，398，537

Bulgaria（Roumelia），保加利亚（鲁梅利亚），527，540—541

Buonaparte，Carlo，波拿巴，卡洛，拿破仑之父，307

Buonarroti，P. M.，布奥纳罗蒂，法国革命派巴贝夫分子，115，288，416
　在意大利，415，416，436

Bureau des Longitudes，经度局，121

Burgos，Xavier de，布尔戈斯，哈维尔·德，西班牙政治家，453，455

Burke，Edmund，伯克，埃德蒙，政治家，98，99，177，374

论法国革命，91，101—102，104，105

Burma，缅甸，与英国，84，559—560

Burns，Robert，彭斯，罗伯特，诗人，95

Burr，Aaron，伯尔，阿伦，美国政治领袖，603

Burschenschaften，德国青年协会，190

Burton，Richard，伯顿，理查德，非洲探险家，588

Butler，Samuel，巴特勒，塞缪尔，主教和校长，201

Butterfield，William，巴特菲尔德，威廉，建筑师，227

Byron，George Gordon，Lord，拜伦勋爵，乔治·戈登，诗人和亲希腊分子，103，108，548，686

Cabanis，P. J. G.，卡巴尼斯，P. J. G.，科学家，120

Cabet，Etienne，卡贝，艾蒂安，乌托邦改革者，115

cabildos，市政会议，西属南美洲的市政机构，614，616

Cabral，Costa，卡布拉尔，科斯塔，葡萄牙自由主义者，461

Cacault，Francois，卡库尔，弗朗索瓦，法国在意大利的代理人，415

Cachar，卡恰尔，英国的保护领地，560

Cadiz，加的斯
　外国人控制的商业，49
　未领得军饷的军队哗变（1820 年），448，674，675

Cadoudal，Georges Breton，卡杜达尔，

乔治·布雷东，反拿破仑阴谋
（1803 年）的领导人，265，300，
319

cahiers des doléances, 陈情书，61，
183

Caillié, René, 卡耶，勒内，去苏丹
的探险家，582

Cairo, 开罗，533，534

Calabria, 卡拉布里亚，此地的反拿破
仑游击战争，323，332

Calcutta, 加尔各答，此地的同情欧洲
的思想，553，568

Calder, Sir Robert, 考尔德爵士，罗
伯特，海军上将，325

Calderari, "锅匠党"，意大利秘密团
体，431，432

calendar, 历法，法国共和历，147，
283，418，691—692

Calhoun, John C., 卡尔霍恩，约翰，
美国政治家，604，605，611

Callao, 卡亚俄，被科克伦封锁，624；
保皇派的据点，627

Calomarde, F. T., 卡洛马德，F. T.，
西班牙政治家，452

Calvert, Edward, 卡尔弗特，爱德华，
艺术家，217

Calvinism, 加尔文主义
三十九条信纲，164
大迁移的布尔人的信仰，575
在美国，602

Cambacérès, J. J. R. de, 康巴塞雷斯，
J. J. R. 德，法国第三届督政府督
政官，第二执政，293

Camridge, University of, 剑桥大学，
27，178，201，202

Cameroons, 喀麦隆，英国占领费尔南
多波岛的影响，584

Camperdown, 坎珀多因，荷兰海军在
此被英国击败（1797 年），466

Campo Formio, Peace of, 坎波福米奥
和约，法国与奥地利签订（1797
年），255，309
和约条件，291，388，438，534
毁约，417

Canada, 加拿大
美国人要求征服，89，610，611
同美国的边界，10，595，682
同美国的贸易，598

canals, 运河，3，143—144
在英国，38
在法国，38，330
在低地国家，38，54，55
在瑞典，52
在美国，599
提议修建（苏伊士和巴拿马）运
河，114，533，576，577

Canning, George, 坎宁，乔治，政治
家，23，181，269
他的对外政策，675，679—689 各处
他和丹麦，326，486
他和希腊，10，547，549
他和南美，613，630，632，637，
638
他和西班牙，335
他和美国，591，593，597，598

Canning, Stratford, 坎宁，斯特拉特
福德，驻君士坦丁堡大使，549，
687

Caosa, A. C. M., Prince of, 卡诺萨亲
王，那不勒斯警务大臣，429，

431，431

Canova，Antonio，卡诺瓦，安东尼奥，雕刻家，340

Cape of Good Hope，Cape Colony，好望角，开普殖民地

　荷兰人的拓居地，574—575

　被英国占领（1795—1803 年，从 1806 年起），77，255，575

　英国付出 200 万英镑，10，90，473，645，665

　宪法和法律的自由化（1825 年），586

Capodistrias（Capo d'Istria），Count John，卡波迪斯特里亚斯伯爵，约翰

　科孚岛出身，535，678

　沙皇亚历山大一世的顾问，18，672，673，676，679

　免职（1822 年），23，519，547，679

　他和巴尔干诸国，536，538，539，543，674

　希腊总统（1827 年），546，548

　被刺（1831 年），550

Carabobo，卡拉博博，玻利瓦尔在此战胜西班牙人（1821 年），625

Caracas，加拉加斯

　宣布独立（1810 年），616

　南美革命中心，617

　玻利瓦尔在加拉加斯，621—622

　地震（1812 年），621，624

Carbonari，烧炭党，意大利秘密团体，114，117，190，431

　在伦巴第，434

　在那不勒斯，432，433，675，676

Carey，William，凯里，威廉，在印度的传教士，566

Carlile，Richard，卡莱尔，理查德，自然神论者和共和主义者，182

Carlism in Spain，西班牙的卡洛斯主义，422，455，458—460；起源，450，452

Carlo Alberto，卡洛·阿尔贝托，见 Charles Albert 条

Carlos，Don，卡洛斯，唐，西班牙国王卡洛斯四世之次子，453，455，460，参看 Carlism 条

Carlota Joaquina，卡洛塔，若阿金娜，葡萄牙国王若奥六世之妻，西班牙国王卡洛斯四世之女，612，614

Carlsbad Decrees，卡尔斯巴德决议，实施书报审查制度（1819 年），190，393

Carnot，L. N. M.，卡尔诺，L. N. M.，法国将军，62，100，122

　国民公会大委员会成员，279

　第一届督政府督政官，288，289，291，308

Carnot，N. L. Sadi，卡尔诺，萨迪，物理学家，29，123，144，145

Carolina Augusta，卡罗琳娜·奥古斯塔，奥地利皇帝弗兰茨之妻，404

Caroline，卡罗琳，摄政王（乔治四世）之妻，181，183

Carrara，Duchy of，卡拉拉公国，412，419

Carrel，N. A.，卡雷尔，N. A.，《国民报》的创办者，189

carronades，大口径短身炮，82，83，

89

Carstens, A. J., 卡斯滕，画家，220

Cartagena, 卡塔赫纳暴动（1810 年），
616

被西班牙再征服（1815 年），622

Carta Regia，敕令，葡萄牙摄政王在
巴伊亚发布（1808 年），612

Cartistas，葡萄牙的宪章派，461

Casanova, 卡萨诺瓦，巴塞罗那警察
总监，446

Caspian sea, 里海，俄国得到控制权
（1813 年），522

Castiglione, 卡斯蒂利奥内，法国在此
胜利（1796 年），69

Castile, 卡斯蒂利亚，新大陆一些王国
作为卡斯蒂利亚王国的遗产，615

Castlereagh, Robert Stewart, Viscount,
卡斯尔雷子爵，罗伯特·斯图尔
特，政治家

与反拿破仑的最后联盟，639—646
各处

在维也纳会议上，647—667 各处

在国际关系中（1815—1822 年），
669—681 各处

他和印度，556

他和意大利，427，428

他和低地国家，472

他和斯堪的纳维亚，491

他和南美洲，613，636，637，638

他和西班牙，613

他和法国的领土范围，272，273

他和沙皇亚历山大一世，22，23

逝世（1822 年），680

Catalonia, 加泰罗尼亚和法国人合作，
444

工业，50，442，461

叛乱（1827 年），452

资产阶级，457

Catechism, Imperial, 帝国教义问答
（在法国，1806 年），154

Cathcart, Sir William, 卡思卡特爵士，
威廉，驻俄国大使，647

Catherine Ⅱ（"the Great"），叶卡捷
琳娜二世（"大帝"），俄国女皇，
19，496—503

垂涎巴尔干，541，544

参加瓜分波兰，21，253—254

同斯堪的纳维亚国家联盟，480

Catherine, Grand Duchess, 叶卡捷琳娜
女大公，沙皇亚历山大一世之
妹，514，645

Catholic Association, of Daniel O'Con-
nell, 天主教协会，丹尼尔·奥康
内尔的，173，179，189

Catholic emancipation in Britain, 英国
天主教解放运动，10，26，99，
107，173，177，179，183，260

Cattaneo, Carlo, 卡塔内奥，卡洛，意
大利哲学家和共和主义者，435

Cattaro, 卡塔罗，俄国人占领，后为
法国兼并（1807 年），535—536

Caucasus, 高加索

被俄国包围和征服，9，52

殖民地化，34

游击战争，522

Cauchy, Augustin, 柯希，奥古斯坦，
数学家，123

Caulaincourt, A. A. L., Marquis de,
科兰古侯爵，A. A. L.，法国将军
和外交家

拿破仑之友，317，334

　　在圣彼得堡，542

　　在夏蒂荣会议上，640，641

cavalry, of French armies, 法国骑兵，
　　69—70

Cea Bermúdez, Francisco, 塞亚·贝穆
　　德斯，弗朗西斯科，西班牙政治
　　家，455

censorship, 书报检查，参看 Press 条

Census, 人口调查

　　在美国（1790 年），593

　　宗教的，在英国（1815 年），166

Central America, United Provices of,
　　中美洲联合省（1823—1838 年），
　　635—636

Ceylon, 锡兰

　　英国夺自荷兰（1796 年），77，
　　255，558

　　英国占有（1802 年），261，469；
　　（1815 年），10，90，665

　　康提王国，被英国兼并（1815 年），
　　559

　　英国的统治，552，553，565，568，
　　571

Chacabuco, 查卡布科，圣马丁在此战
　　胜智利的保皇派（1817 年），623

Chalgrin, J. F., 查尔格林，J. F.，建
　　筑师，224

Chalier, M. J., 夏利埃，M. J.，法国
　　共和派，149

Chamber of Deputies（France），法国
　　众议院（1814 年），339；（1815
　　年），343，344，365

Chamber of Peers（France），法国，贵
　　族院（1814 年），339，347，

353，365；（1830 年），357

Chambre introuvable（France），法国无
　　双议院（1815 年），188，343—
　　344

Chambre retrouvée（France），法国
　　"重新恢复的议院"（1824 年），
　　349

Championnet, J. E.，尚皮奥内，
　　J. E.，法国将军，419

Chaptal, J. A. C.，夏普塔尔，J. A. C.，
　　化学家和行政官员，125，316，
　　318

Charbonnerie（French variant of *Carbo-
　　nari*），法国烧炭党，189，346，
　　348

Charcas（Upper Peru），查尔卡斯（上
　　秘鲁），反西班牙暴动，615；终
　　于解放，627

Charles Ⅲ，卡洛斯三世，西班牙国
　　王，49，336

Charles Ⅳ，卡洛斯四世，西班牙国
　　王，221，335，612

　　退位，269，443，613

Charles X, 查理十世，法国国王王储
　　时期（阿图瓦公爵），17，348

　　在位时期（1824—1830 年），169，
　　350—355

Charles ⅩⅢ，查理十三世，瑞典国王，
　　487

Charles ⅩⅣ John, 查理十四世，约翰，
　　瑞典国王，（其早期历史见 Ber-
　　nadotte, J. B. 条）

　　提名为王储（摄政）（1810 年），
　　271，487—488

　　以军队抗击拿破仑（1813 年），

489，490

被提名为法国的统治者（1814 年），
642

成为瑞典和挪威国王（1818 年），
492

Charles, Archduke, 查理大公，奥地
利皇帝弗兰茨之弟，270，333

Charles Albert of Piedmont-Sardinia, 查
理·阿尔贝，皮埃蒙特 - 撒丁
的，卡里尼亚诺亲王，433，434，
435，437

Charles Felix, 查理·费利克斯，皮埃
蒙特 - 撒丁的王储，434

Charleston, South Carolina, 查尔斯顿，
南卡罗来纳，当地的棉花垄断组
织，604

Charlotte, 夏洛特，摄政王（乔治四
世）之女，议婚，与奥伦治亲王
结婚，473，645

Charter (France), 法国宪章（1814
年），见 Constitutions 条

Charter (Portugal), 葡萄牙宪章
（1826 年），见 Constitutions 条

Charter Act (1813 年), 特许状法
（1813 年），东印度公司对印度贸
易垄断权的终止，565，567

Chartists, 宪章运动者，178

Chase, Semual, 蔡斯，塞缪尔，美国
法官，608

chasseurs, 轻步兵，70

Chateaubriand, F. R., Vicomte de, 夏
多勃里昂子爵，著作家和政治家
政治观点，31，95，103，104
宗教著作，160，161，323
受拿破仑政府的迫害，301，304

外交部长（1822 年），349，519，
681

站在反对派一边，188，350，358

Châtillon-sur-Seine, 塞纳河畔夏蒂荣，
盟国在此开会（1814 年），640—
641

Chaumont, Treaty of, 肖蒙条约，加强
反拿破仑的最后一次联盟（1814
年），641，644，645，662，666
条约的展期，660，665

chemical industry, 化学工业，143

chemistry, 化学，134—135，136

Cherubini, M. L., 凯鲁比尼，M. L.，
作曲家，238—239

Chesapeake, "切萨皮克"号，美国海
军快速炮舰，83，89，327

Chevaliers de la Foi, 宗教骑士团，政
治性宗教秘密团体，170，189，
345

Chichagov, P. V., 奇恰戈夫，P. V.，
俄国海军上将，536，542

Chile, 智利
洪达（1810 年），621
秘鲁保皇党人的入侵（1814 年），
621
被圣马丁军队解放（1817—1818
年），622—623
海军，623
美国的承认（1823 年），637
内战（1830 年），623
贵族宪法下的和平，629

China, 中国，东印度公司同中国的贸
易，565

Chios, 希俄斯岛，自治（自 1832
年），550

Christian Ⅶ，克里斯蒂安七世，丹麦
　　国王，482

Christian August of Augustenberg，克里
　　斯蒂安·奥古斯特（奥古斯腾堡
　　的），丹麦王子，意图成为瑞典
　　王储，487，489

Christian Frederick，克里斯蒂安·弗
　　里德里希，丹麦王子，挪威执
　　政，曾任挪威国王数月（1814
　　年），491

Christian Reformed Church，基督教归
　　正会（荷兰），164

Christian Socialist Parties，基督教社会
　　党，117

Christophe，Henri，克里斯托夫，亨
　　利，海地的黑人皇帝，633

Church，Sir Richard，丘奇爵士，理查
　　德，希腊军队中的英国将军，548

church and education，教会与教育
　　在奥地利，397
　　在英国，27—28，178
　　在法国，203—204，349
　　在德意志诸邦，205
　　在尼德兰，204，475—476

church and state，教会与国家，29，
　　146—178
　　在奥地利，155，397，404
　　在巴达维亚共和国，465
　　在比利时，奥地利统治下，463；法
　　　国统治下，158，466—467，468；
　　　荷兰统治下，171，173—174，
　　　474—476，478；关于独立，18
　　在英国，177—178
　　在法国，政教分离（1794—1802
　　　年），13，146—152，283，287；

政教协定及其以后（1802 年以
　　后），153—154，155—160，299；
　　在 1814 年的宪章中，175—176，
　　338；在查理十世时代，351—
　　352；在路易·菲利普时代，356
　　在德意志，154—155
　　在荷兰，164，465
　　在印度，566
　　在爱尔兰，10，173
　　在拿破仑统治下的意大利，155，
　　156，157，424
　　在普鲁士，8，170，174—175，176—
　　177
　　在斯堪的纳维亚，164，176
　　在美国，149—150，176，610
　　1815 年以后的天主教，160—163，
　　170—173；新教，163—170

Church Affairs and Public Instruction，
　　Ministry of，教会事务和国民教育
　　部（法国），349，354

Church Missionary Society，英国圣公会
　　传教会，583

church property，教会财产
　　被法国革命政府没收，252
　　被拿破仑变成非教会所有，303
　　出售，在比利时，467；在西班牙，
　　456

Cisalpine Republic（ Lombardy. etc.）
　　阿尔卑斯山南共和国（伦巴第
　　等）
　　建国（1797 年），152，438
　　宪法，126
　　政变，294
　　与法国合并，255，417，419
　　成为意大利共和国（1802 年），331

Cispadane Republic，波河南共和国，建国（1796 年）；和伦巴第联合成为阿尔卑斯山南共和国（1797 年），417

cities，城市，其规模和发展，31—32

Civil Constitution of the Clergy（France，1790 年），教士公民组织法（法国，1790 年），13，146，150，151，154

Clancarty，William S. Trench，Viscount，克兰卡蒂子爵，威廉·S. 特伦奇，卡斯尔雷参加维也纳会议时的助手，647

Clapham Sect，克拉珀姆教派，98，566，610

参看 Evangelicals 条

Clapperton，Hugh，克拉伯顿，休，去苏丹的探险家，582

Clark，William，克拉克，威廉，美国探险家，594

Clarkson，Thomas，克拉克森，托马斯，与废除奴隶制，98，99

Clary，Désirée，克拉莉，德西雷，贝纳多特元帅之妻，320

classes（Stände），阶级，在德意志，367，377；在俄国，496

classicism，古典主义

（与新古典主义）在艺术方面，210，211

在建筑方面，223，227

官方的古典主义，拿破仑时代，304

古典主义与浪漫主义，27，29，242—243

Clausewitz，Karl von，克劳塞维茨，卡尔·冯，普鲁士将军和军事著作家，60—61，75，313

Clay，Henry，克莱，亨利，美国政治家

西北部商业的代言人，599，605，611

"美国体系"的鼓吹者，600，602

在根特和谈的特派员（1814 年），604

clergy，教士

教士教育，在比利时，463；在法国（1811 年），199，（1815 年以后），203，351，352，354；在尼德兰，204

反教士的情绪，24，25；在巴伐利亚，333；戈德温和雪莱的，107；巴黎公社的（1793 年），147；在复辟后的法国，189；在西班牙，441

教士的权力，因政教协定而缩小，152，153，170。参看 Civil Constitution of the Clergy 条

Clermont（1807 年），"克莱蒙"号，第一艘商业汽船，84

Clichyens，克利希派（保皇派和温和派，法国督政府时期），290，291

Clinton，George，克林顿，乔治，美国军人和政治领袖，603

clove plantations，丁香种植园，在桑给巴尔和奔巴，588

coal, and industrial development，煤炭和工业发展

在比利时，38，54—55

在英国，32，38，40，44

在法国，56—57

在德意志，53

coalitions against France，反法联盟，250
　　第一次（1793 年），277；瓦解（1795 年），254—255，256
　　第二次（1798 年），256—258，292，310，419，530
　　第三次（1805 年），265—266，485
　　第四次（1813 年），272，305，639—646 各处

Cobbett, William，科贝特，威廉，成为政府的批评者，81，182

Cobenzl, Count Louis，科本茨尔伯爵，路易，奥地利政治家，259

Coblentz，科布伦茨，在该地的流亡者，61

Coburg-Saalfeld, Prince F. J.，科堡－扎尔费尔德亲王，奥地利将军，277

Cochrane, Thomas, Lord Dundonald，科克伦，托马斯，邓唐纳德勋爵快速舰舰长，激进派下院议员，81
　　智利海军司令（1817—1822 年），623，624，626
　　巴西海军上将（1823—1825 年），631，632
　　希腊海军上将（1827—1828 年），84，548

Cockerell, C. R.，科克雷尔，建筑师，228

Cockerill, John，科克里尔，约翰，炼铁厂主，在比利时塞兰，40，54，55，469

Cockerill, William，科克里尔，威廉（约翰之父），纺织机械制造者，

在比利时的韦尔维埃和列日，469

Code Napoléon（Civil Code），拿破仑法典（民法典），298，299，319
　　强加于被占领国，303，331，336，421
　　1815 年后保留，在法国，338，353；在德意志，389，391；在意大利部分地区，430

Codrington, Sir Edward，科德林顿爵士，爱德华，海军上将，在纳瓦里诺，549，688

coffee，咖啡，在锡兰种植，565

Colebrooke, Sir William，科尔布鲁克爵士，威廉，军人和殖民地总督，在锡兰，552，563，571

Colebrooke-Cameron Commission（1832 年），科尔布鲁克－卡梅伦委员会（1832 年），563，568，581

Coleridge, Samuel Taylor，柯尔律治，塞缪尔·泰勒，诗人和哲学家，91，103，109

Collège de France，法兰西学院，121，137，569

collèges，中学，199

collegium philosophicum，（卢万）哲学院，培养教士，204，475—476

Collingwood, Cuthbert, Baron，科林伍德男爵，卡思伯特，海军司令，77，86，326

Colloredo-Mansfeld, Franz, Prince of，科洛雷多－曼斯菲尔德亲王，弗兰茨，奥地利皇帝弗兰茨的导师，259
　　首相，399

Collot d'Herbois, J. M.，科洛·德布

瓦，J. M.，法国国民公会大委员会成员，279

Cologne（Koln），科隆

教会的公国，被法国人世俗化，8

费布朗尼乌派大主教，174

"Cologne affair"，"科隆事件"，与异教徒通婚问题（1837 年），175

Colombia，Republic of，哥伦比亚共和国

新格拉纳达与委内瑞拉联合成立，625

分裂，628

为美国（1822 年）和英国（1825 年）承认，637，680，683

colombiad，美国海军哥伦比亚士大炮，83

commerce，贸易，见 trade 条

Committee for General Defence（France），国防委员会（法国），后为救国委员会（大委员会），279

Committee for General Security（France），全国治安委员会（法国），前身为监视委员会，279，280，281，284

Committee of Legislation（France），立法委员会（法国），救国委员会大部分权力的继承者，285

Committee of Public Safety（France），救国委员会（法国），前身为国防委员会，279，281，283

被国民议会推翻（1794 年），254，284

communications，交通，3—4，37—39，43，435

参看 railways，roads，semaphore sys-tem，ships 条

Communist Manifesto（1848 年），《共产党宣言》（1848 年），117

Comoro Islands，科摩罗群岛，法国人在该地，577，589

Comte，Auguste，孔德，奥古斯特，哲学家，15，113，118，123

"Concert of Europe"，"欧洲协同体"，663，690

concert societies，音乐团体，229—230

Conciliatore，《和解报》，伦巴第自由派团体的报纸（米兰），191，431，435

Concordats，政教协定，教皇和法国签订（1802 年），11，13，153—154，263，298—299，301，319，322，323，468；1815 年后，27，169，175，351

德意志诸邦，155，170

意大利共和国（1803 年），155，425

那不勒斯（1818 年），170，430

尼德兰王国（1827 年），170，474

俄属波兰（1818 年），170

瑞士（1828 年），170

各国政府规避执行，172

Condillac，E. B. de，孔狄亚克，E. B. 德，哲学家，120

Condorcet，M. J. A. N. Caritat，Marquis de，孔多塞侯爵，卡里塔特，哲学家

鼓吹人类创造进步的思想，92，93，111，118

鼓吹妇女解放，96

希望以科学为教育的基础，119

Confalonieri, Count Federigo, 孔法洛涅里伯爵，费德里戈，伦巴第自由派领袖，427，431，435，436

Congo River, 刚果河，刚果自由国，588

Congrégation, 修会，受到耶稣会士的鼓励，352，354

Congrégation de la Vierge, 圣母会，法国天主教秘密团体，189

Congreve, Sir William, 康格里夫爵士，威廉，燃烧火箭的发明者，84

Connecticut, 康涅狄格，英国国教在此残存，176

Consalvi, Ercole, 孔萨尔维，埃尔科莱，红衣主教和政治家
教皇庇护七世的国务卿，17，152
他和政教关系，155，172，430
在维也纳会议上，647
庇护逝世后退休，171，434

conscription, 征兵
在比利时，467，468
在法国，61—64，291—292，293
路易十八废除征兵，660
在荷兰，471
在意大利，拿破仑统治下，331，421—422
在普鲁士，65—66，333，382—383，384，393
在俄国，495，497，521—522
在德意志南方各邦，391

Conservateur, 《保守党人》，夏多勃里昂主编的报纸，345

Conservatives, Couservatism, 保守党人，保守主义，12，23，26，100

Conservatoire des Arts et Métiers, 国立工艺博物馆，121

Constable, John, 康斯特布尔，约翰，画家，209，214，219—220

Constant, Benjamin, 贡斯当，邦雅曼，著作家和政治家
自由派观点，103，340，478
受拿破仑政府迫害，301
为拿破仑拟订1815年宪法，322
路易十八时代的独立派领袖，346

Constantine, 康斯坦丁，沙皇亚历山大一世之弟
波兰军队总司令，516
放弃继承王位，521

Constantinople, 君士坦丁堡粮食供应，536
各国驻该地大使馆，525
法纳尔希腊人在该地，528，545
俄国人垂涎，258，266，551，689
人口，32

Cnostituent Assembly（France），制宪议会（法国），13，252，280
保留志愿兵，62
拒绝妇女有选举权的要求，96
废除奴隶制，98
拟订教士公民组织法，13，146
废除间接税，297
将科西嘉并入法国，307—308

Constitutional Church and clergy, 法国拥护教士公民组织法的教会和教士，146，150—154各处

Constitutionnel, 《立宪党人》，法国独立派（19世纪20年代）的报纸，188，189，346

constitutions, 宪法

巴达维亚共和国（1797、1798 年），466

比利时（1831 年），17，174

玻利维亚（1826 年），627—628

巴西（1824 年），632，684

开普殖民地（1825 年），586

智利（1823—1829，1833 年），628—629

阿尔卑斯山南共和国（1797 年），126

哥伦比亚（1821 年），625

法国（1791 年），183；（1793 年），13，183，278—279，285；（1795 年），286—287，294；（1799 年），185，296；（1814 年：宪章），14，187—188，338，345，354；沙皇与宪法，22，337；修改宪法（1830 年），356；（1815 年：补充条例），322，341

德意志南部中部各邦，16，393

希腊，548

荷兰（1798 年），466；（1814 年），472；修改宪法（1815 年），473—474

匈牙利，16，405

意大利各共和国（18 世纪 90 年代），126，418；（19 世纪初），422

尼德兰王国（1815 年），187，473—474

新格拉纳达，622

挪威（1814 年），18，187，491，492

秘鲁，627—628

波兰，亚历山大一世赐予，187，576—577；尼古拉一世废除，664

波美拉尼亚，古斯塔夫四世赐予，485

葡萄牙（1826 年），684；（1838 年），461

拉普拉塔河联合省（1819 年），629；（1826 年），630

俄国，宪法草案，512，516，519，520

塞尔维亚（1805 年），541

西西里，426

西班牙（1808 年，来自拿破仑），335；（1810 年），336；（1812 年），17，445，449，458；在意大利推行，431；在西西里，426；在那不勒斯，432，675，676；（1821 年），630；（1843，1837，1845 年），457，458

瑞典（1789 年：联合与安全法），483；（1809 年：政府条例），17，492

美国，149—150，605，607，608

委内瑞拉（1811 年），621

Consulate（France，1799 年），执政府（法国，1799 年），257，295—301，311；（1802 年），263，300

"Continental System"（Continental Blockade）of Napoleon，拿破仑的"大陆体系"（大陆封锁），对英国封闭欧洲各港口，77，268—269，302，323，326—327

对英国的影响，78，327—329；对法国的影响，57；对欧洲的影响，303，329—330，399，423，513；对美国的影响，271

推行时种种困难，在荷兰，470；在教皇国，322；在俄国，304—305；在斯堪的纳维亚，488，489

Convention，法国国民公会，13，276；"吉伦特派"（1792—1793 年），276—278；"革命党"或山岳党（1793—1794 年），278—284；"热月党"（1794—1795 年），284—286

国民公会与军队，62，64

取缔妇女俱乐部，96

废除科学机构，119

非基督教化政策，147

谴责路易十六，254

convoy for ships，对船只护航，英国强制进行（1798 年），78，90，484

Cooper，James Fenimore，库珀，詹姆斯·费尼莫尔，美国作家，610

Copenhagen，哥本哈根

贸易，52，484，491

英国海军在该地（1801 年：哥本哈根海战），484；（1807 年：炮击），269，486

Copley，J. S.，科普利，画家，210

Corfu，科孚岛，俄土舰队从法国人手中夺取（1799 年），531，535，参看 Ionian Islands 条

Coriolis，G. G. de，科里奥利，G. G. 德，化学家，123

Corn Laws（1815 年），谷物法，（1815 年），599

Cornwallis，Charles，Lord，康华理勋爵，查尔斯，军人和政治家在孟加拉，552，560，563

谈判亚眠和约（1802 年），261

Cornwallis，Sir William，康华理爵士，威廉，海军上将，77

Corrientes，科连特斯，阿根廷省，620

Corsica，科西嘉岛

被制宪议会并入法国，307—308

内战，继而为英军占领（1793 年），308

英国舰队撤走（1796 年），415

拿破仑和科西嘉，307—308，310

Cortes，议会

葡萄牙的（1821 年），630，631，675

西班牙的（1810 年，在加的斯），336，440，614，617；（1813—1814 年），446

Cossacks，哥萨克，在法国（1814 年），646

Costa Rica，哥斯达黎加，中美洲联合省的一部分（1828—1838 年），636

Cotta，J. F.，科塔，《总汇报》的创办人，184，190，191

cotton gin，轧棉机的发明，5，595

cotton industry，棉纺工业

在比利时，54，468—469，478

在英国，44，141，565

在法国，57，300

在德意志，53

在荷兰，477

在印度，565，578

在俄国，522，523

在美国，601

cotton planting in United States，美国的棉花种植，595—597，604，605

奴隶贸易和植棉，579，595

Coulomb, C. A., 库仑, C. A., 物理学家, 133—134

Council of Elders (Ancients) and Council of Five Hundred, 元老院和五百人院, 法国的立法两院 (1795年), 287, 288, 291, 292, 293, 295

Council of State (France, 1799年), 参政院 (法国, 1799年), 297, 301, 318—319; 推荐给普鲁士, 379

coups d'état, 政变, 法国修改宪法的一种手段, 294; 在法国统治的国家中, 294, 419

Courier, P. L., 库里埃, 反教士的作家, 24

Courier, The, 《信使报》, 与托利党政府关系密切的报纸, 181

Courrier des Pays Bas, 《低地国家信使报》, 192

Cousin, Victor, 库赞, 维克托, 哲学家, 203, 205

Couthon, Georges, 库东, 乔治, 法国国民公会大委员会成员, 253, 279

Cowper, William, 考珀, 威廉, 诗人, 98

Cozens, J. R., 科曾斯, 风景画家, 217—218

Cracow, 克拉科夫
波兰文化中心, 648
自由市 (1815年), 403, 664
被奥地利兼并 (1846年), 410

Crédit Mobilier (1852年), 动产信贷银行 (1852年), 477

Crete, 克里特岛
被埃及的帕夏占领 (1824年), 548
交还苏丹 (1840年), 550

Crimea, 克里米亚, 被俄国兼并 (1783年), 251, 527, 528

Croats, 克罗地亚人, 408, 409
在奥地利军队中充当散兵, 71

Croker, J. W., 克罗克, J. W., 政治家和散文家, 177, 183

Cuba, 古巴
奴隶制, 579, 581
忠于西班牙, 633—634
英国保证古巴归西班牙, 683, 684
坎宁和亚当斯相互猜疑对古巴的企图, 638

cuirassiers, 重骑兵, 70

cults, 宗教信仰, 革命的宗教信仰, 在法国, 148—149

"Culture System" of Dutch in Java, 荷兰人在爪哇的 "定植制度", 564, 565

Cuoco, Vincenzo, 库欧科, 温琴佐, 那不勒斯作家和政治家, 426

currency, 通货
法国的通货紧缩 (1796—1797年), 289, 290
通货膨胀, 47
在奥地利 (1811, 1812年), 233注, 402, 403
在法国 (18世纪90年代), 282, 285
在俄国 (1814年), 513, 523
在斯堪的纳维亚 (1815年以后), 491
在西班牙 (1770—1800年), 49—

50

Custine, Comte A. P. de，居斯蒂纳伯爵，法国将军，387

Custodi, Pietro, Baron，库斯托迪男爵，彼得罗，米兰政治家和经济学家，436

Cuvier, G. L. C.，居维叶，乔治
博物学家，28，139
比较解剖学家，123，137，138
古生物学家，138，140
在法国科学院，124，125，126
访问荷兰，206

Czartoryski, Pirnce Adam，恰尔托雷斯基亲王，亚当，沙皇亚历山大一世的顾问，波兰天主教徒，18，503，505，506，507
亚历山大的"非正式委员会"成员，509
外交大臣（自 1804 年），265，266，511，512
提出国际法新体系（1804 年），669
论叶卡捷琳娜二世，499
在会议波兰，516，517
对土耳其的政策，551
在维也纳会议上，646

Czechs，捷克人，410，411

Daendels, H. W.，丹德尔斯，H. W.，荷兰元帅
在海牙（1798 年），466
在爪哇，558，564

Dahl, J. C.，达尔，J. C.，画家，220—221

Dahlmann, F. C.，达尔曼，德意志自由派领袖，197

Dalberg, C. T. de，达尔贝格，美因茨大主教，莱茵联盟首脑，302

Dalmatia，达尔马提亚
划归奥地利（1797 年），438
为法国兼并（1805 年），535
维也纳会议上讨论达尔马提亚问题，646—647

Dalton, John，道尔顿，约翰，化学家，28，129，130，134—135

Dance, George, sen.，丹斯（老），乔治，建筑师，226，227

Danish language，丹麦语，在荷尔斯泰因，485

Danton, Georges，丹东，乔治，革命家，99，283

Danubian Principalities，多瑙河两公国，527，536—540，677，689
俄国占领（1806—1812 年），537，542；（1828—1834 年），9，539
参看 Roumania, Moldavia, Wallachia 条

Darwin, Charles，达尔文，查尔斯，其先驱者，139—140

Daumier, Honoré，杜米埃，奥诺雷，漫画家，222

Daunou, P. C. F.，多努，P. C. F.，法国学者，120

David, J. L.，大卫，J. L.，画家，200—211，304，317
其继承人，212，215

Davout, L. N.，达武，L. N.，法国元帅，320
指挥北德意志方面军（1809 年），328
在"百日"时期，313，341，342，

661

Davy, Humphrey, 戴维, 汉弗莱, 自然哲学家, 124, 129, 130, 135

设计矿灯, 144

Déak, Francis, 戴阿克, 费伦茨, 匈牙利政治家, 408

Décadi, 第 10 日, 休息日 (法国, 18世纪 90 年代), 149, 150—151

Decazes, Elie, 德卡兹, 埃利, 法国政治家, 344, 345, 346, 347

Decembrist mutiny in Russia (1825年), 俄国十二月党人叛乱 (1825 年), 18, 517, 519, 520—521, 524, 538

普希金的影响, 108; 俄军中"幸福协会"秘密团体的影响, 190

dechristianisation, 法国非基督教化运动, 146—147

Decrès, Denis, 德克雷, 德尼, 法国海军上将, 79, 325

Delacroix, F. V. E., 德拉克洛瓦, 国家, 209, 210, 213—214

Delhi, 德里, 英国人在德里, 555

Delmas, A. G., 德尔马, A. G., 法国将军, 301

Demerara, 德梅拉拉, 被荷兰人丧失 (1802 年), 469

Democratic Republican Party, 美国民主共和党, 602, 603

Demologos, "德莫洛戈斯"号, 第一艘用蒸汽机的战舰 (1814 年建造), 84

Denham, Dixon, 德纳姆, 狄克逊, 去苏丹的探险家, 582

Denmark (with Norway until 1814 年),

丹麦 (同挪威联合至 1814 年), 480—494 各处

废除奴隶贸易 (1804 年), 99, 482, 579

同拿破仑联盟; 英国人的反丹麦活动 (1807 年), 269, 326, 486

基尔条约; 挪威划归瑞典, 但依然保持领地 (1814 年), 7, 489—491, 657, 664

1815 年后, 17, 491—492

départements, (法国的) 省 (1790年), 13, 287, 297

Derzhavin, G. R., 杰尔查文, G. R., 诗人, 502

Desaix de Veygoux, L. C. A., 德塞·德·韦古, 法国将军, 315, 320

Desgodetz, Antoine B., 狄戈德茨, 安托万, 建筑学著作家, 223

des Mazis, Alexandre, 德马齐, 亚历山大, 拿破仑早年的朋友, 319

Desmoulins, Camille, 德穆兰, 卡米耶, 法国革命新闻记者, 183

Desorgues, Théodore, 德索盖斯, 泰奥多尔, 诗人, 302

Dessalines, J. J., 德萨利讷, J. J., 海地的黑人皇帝, 633

Dessolles, J. J. P. A., 德索尔, J. J. P. A., 法国将军和政治家, 347

Destutt de Tracy, A. L. C. D., Comte de, 德斯蒂, 德·特拉西, 伯爵, 观念派学者, 120

Devaux, Paul, 德沃, 保罗, 比利时记者, 478

De Wette, W. M. L., 德·韦特,

W. M. L.，圣经评论家，167

diamonds，钻石，南非的，587

Diana，"黛安娜"号，第一艘用于作战的蒸汽机战舰（1824 年），84

Diderot, Denis，狄德罗，德尼，百科全书派，19，24，210，371

Diets，议会

德意志联邦的，16，656

匈牙利的，16，400—401，402，404—405，408

波兰的（即 Sejm），517

普鲁士省议会，16

Dipa Nigara，蒂博尼哥罗，爪哇起义领袖，564

diplomacy by conference，会议外交，662，667，669—670，681—682

diplomatic immunity, principle of，外交豁免权的准则，受到拿破仑的藐视（1803 年），264

diplomatic precedence，外交席次问题，658—659，665

Directory，法国督政府，286

第一届（1795 年），287—288

第二届（1797 年），288—293

第三届（1799 年），293—295

督政府时期的军队，13，63，64

督政府时期的政教关系，150—151

督政府时期的教育和科学，119—121，199

督政府时期的新闻事业，183

巴黎各区的反督政府暴动，308

拿破仑和督政府，309

因雾月政变而告终（1799 年），257，295

disarmament，裁军，沙皇亚历山大的裁军提议，672

Dissenters，不信奉国教者

获得政治和社会的平等，26，202

受其影响的领域，165—166

divorce，离婚，法国民间的，150，152，157

doctrinaires, the，空论派，346，347，363

Dohm, C. W.，多姆，C. W.，论改善犹太人的地位，97

Dolgorukov, Count P. P.，多尔戈鲁科夫伯爵，俄国政治家，508，512

Döllinger, J. J. I. von，多林格尔，J. J. I. 冯，教会史家，163

Dorpat, university of，多尔帕特大学，499

Douglas, Sir Howard，道格拉斯爵士，霍华德，海军炮术论的作者，83

dragoons，龙骑兵，70

Dresden，德累斯顿，387，652

拿破仑在此战胜联盟军（1813 年），273

高等技术学校，125

Drey, J. S.，德赖，J. S.，德意志神学家，163

droits réunis（indirect taxes），综合消费税（间接税），297，340

Drsote-Vischering, Clemens A., Baron von，德罗斯特－菲舍林男爵，克莱门斯，科隆大主教，175

Drouot, J. B.，德鲁奥，法国炮兵司令，312，315

Dublin，都柏林，人口，32

Dubois-Crancé, E. L. A.，杜布瓦－克朗塞，法国督政府时代的陆军部

长，62，293

Duchâtel，C. M. T.，迪夏特尔，C. M. T.，法国政治家，364

Ducos，P. R，迪科，P. R，第三届督政府督政官，执政府成员，293，295

Dugué，Perrine，迪盖，佩兰，法国共和派，149

Dumas，J. B.，杜马，J. B.，生物学家，138

Dumouriez，C. F. du P.，迪穆里埃，C. F. du P.，法国将军，277，362，464

Dundas，Henry，Viscount Melville，邓达斯，亨利，梅尔维尔子爵

陆军大臣，77，532

海军财务局长，81

东印度公司督察委员会主席，553，556

Duphot，Léonard，迪福，莱奥纳尔，法国将军，在罗马被谋杀，151

Dupont de l'Etang，Comte P. A.，杜邦·德·莱当伯爵，法国将军，334，335

Dupont de l'Eure，J. C.，杜邦·德·勒尔，法国律师和政治家，361

Dupont de Nemours，Pierre，杜邦·德·内穆尔，皮埃尔，观念派学者，120

Durand，J. N. L.，迪朗，J. N. L.，建筑师，223

Dutch language，荷兰语

在尼德兰联合王国，204，476，479

在爪哇，568

du Teil，Chevalier Jean，迪泰尔，谢瓦利埃·让，军事思想家，68，311

Dwight，Timothy，德怀特，蒂莫西，耶鲁大学校长，166

East India Company，Dutch，荷兰东印度公司，465，563—565，574

被取缔（1798 年），466

East India Company，English，英国东印度公司

在印度，552，553—558

在印度以外各国，558—560

在阿拉伯国家，576

行政管理问题，560—563

失去垄断特权（1813，1833 年），565

被迫参加社会改革，565—568

East Indies，Dutch，荷属东印度群岛，比利时的棉纺织品市场，478

Eckermann，J. C. R.，埃克曼，J. C. R.，德国圣经评论家，167

École des Chartes，巴黎文献学院，193

École des Mines，矿业学校，121

École normale supérieure，高等师范学校，121，199，203

École polytechnique，综合工科学校（起初为公共工程学校），121，122—123，128，286

拿破仑时代军事化，298

推动德意志的发展，28，125

écoles centrales，中心学校，法国督政府建立，120，199

Ecuador，厄瓜多尔（前身为基多总督管辖区）

与哥伦比亚分离，628

Eden Treaty（commercial），伊登条约（商业），英法两国签订（1786年），262

Edinburgh Review，《爱丁堡评论》，辉格党的季刊，182

education，教育，193—208

　　在奥地利，200，205，397

　　在比利时，奥地利人统治下，475；荷兰人统治下，173—174，204，475—476

　　在锡兰，568

　　在丹麦，206，493

　　在英国，27—28，130，178，194，201—203，206，207

　　在法国，120—126，286；拿破仑时代，180，198—200，298；1815年后，203—204，206—207，349

　　在德意志，179，193—197，205，207—208，385—387

　　在荷兰，205，205—206，475

　　在印度，26，567—568

　　在爱尔兰，202

　　在意大利，200

　　在爪哇，568

　　在俄国，200，499，510—511，513，518

　　在苏格兰，129—130，201

　　在塞尔维亚，543

　　在美国，201，206，610

　　教育理论，27，30，119，193—194

　　参看 schools，universities 条

Égaux，平等派（巴贝夫分子）密谋，289

Egypt，埃及

　　麦木鲁克贝伊，525，529，532，533

　　法国远征军（1798—1801年），256，292，310，529—531，576

　　英国占领（1801—1803年），531—532；（1807年3—9月），533

　　穆罕默德·阿里的统治，4—5，532，533—534

　　埃及军队在希腊，548，550，686，688

Eichendorff，J. F. von，艾兴多夫，J. F. 冯，诗人，103

Eichhorn，Hermann von，艾希霍恩，赫尔曼·冯，圣经评论家，167

Elba，厄尔巴岛，拿破仑在厄尔巴（1814—1815年），305，643，660

Eldon，John Scott，Earl of，埃尔登伯爵，约翰·斯科特，大法官，180—181

Elio，F. X.，埃利奥，F. X.，驻蒙得维的亚的西班牙人总督，614

Elliott，A.，埃利奥特，A.，建筑师，227

Elphinstone，Mountstuart，埃尔芬斯通，蒙斯图尔特，孟买总督，558，561，562

　　鼓励东方学研究，570，571

Embargo Act of Prseident Jefferson（1807年），杰斐逊总统的禁运法（1807年），327

　　麦迪逊总统重新实施（1811年），328

Emery，J. A.，埃梅里，J. A.，圣绪尔比斯会修道院长，151

emigration，移民

英国移出人员和资本，31

移往美国，177，597

émigrés，法国流亡贵族

军官，61，62，69，311；主教，151，152，468；作家，104—106

在奥地利，253；在意大利，413—414；在俄国，500

反对流亡贵族的法律，264，290，291，292，293，296

回国，在拿破仑时期，11，298，301

在路易十八时代，340—341，350

赔偿（1824—1825年），350—351

enclosures of land，圈地

在丹麦，482

在英国，34

在普鲁士，377

在西班牙，446

Encyclopaedists，百科全书派，118，120，141—142

Enfantin, Barthélemy P.，昂方坦，巴泰勒米，圣西门的主要门徒，114

Engels, Friedrich，恩格斯，弗里德里希，马克思的追随者，113，114—115，117

Enghien, L. A. H. de Bourbon Condé, Duc d'，当甘公爵，被处决（1804年），264—265，300，485

engineering，工程学，122，141，142

工程学与建筑学，228

England，英格兰，见 Britain 条

English language，英语，在印度，567

enragés, the，愤激派，282，283

entail of lands，土地限定继承权，在匈牙利，51；在意大利，418，436；在西班牙，440，442，456

Entre Ríos，恩特雷里奥斯，阿根廷省，620

equality，平等

基督教和平等，116

法国革命和平等，275

为平等而牺牲自由，115—116

拿破仑和平等，321

浪漫派批评平等，103

席勒和平等，100

争取平等，95—99

"Equator, Confederation of the"，"赤道邦联"，632

Erastianism，埃拉斯都主义（国家万能主义），176

Erfurt，埃尔富特，沙皇亚历山大和拿破仑在此会晤（1808年），269，542

Erie Canal，伊利运河（从伊利湖至赫德森河），599，606

Eril, Melzi d'，参看 Melzi d'Eril 条

Erlangen, university of，埃尔兰根大学，127

Erlon, J. B. Drouet, Comte d'，戴尔隆伯爵，德鲁埃，法国元帅，314

Eroles, Baron，埃罗莱斯，男爵，西班牙将军，450

Espartero, Baldomero，埃斯帕特罗，巴尔多梅罗，西班牙军人和政治家，458，459

Essequibo，埃塞奎博，荷兰人在亚眠和约中丧失（1802年），469

Estado Cisplatino，内普拉蒂诺省，巴西的临时省份（前为东部地带，后为乌拉圭），630，631，632

Estates，议会

奥地利的，398

波希米亚的，410

在丹麦（省协商议会），492

芬兰的，492

德意志诸邦的，392，393

瑞典的，17，80，483，489，492

威斯特伐利亚的，375

符腾堡的，372，391

参看 Constitutions 条

Esterhazy family，埃斯特哈齐家族，与
海顿，228，230

Ethiopia，埃塞俄比亚

基督教君主政体，573

埃及名义上的领地，534

Etruria，Kingdom of（Tuscany），埃特
鲁里亚王国（托斯卡纳），拿破
仑建立（1801 年），260，438

Evangelicals，福音派教徒，164，165
与印度，553，566，567，570

Evans，Oliver，埃文斯，奥利弗，他
的自动化面粉厂，601

Everett，Edward，埃弗雷特，爱德华，
美国学者，在格廷根，196

Evora Montes，Treaty of，埃武拉山条
约，唐·佩德罗和唐·米格尔签
订（1834 年），454

Exaltados in Spanish Politics，西班牙政
治中的激进派，449，450

Examiner，The，《考察家报》，约翰和
利·亨特的报纸，182

Excellent，H. M. S.，"优秀"号军舰，
炮术学校，83

Exmouth，Edward Pellew，Viscount，
埃克斯默思子爵，爱德华·佩

鲁，海军上将，85

expectation of life，寿命的增长，33

Exterminating Angel，Society of the，除
暴天使会，西班牙天主教秘密团
体，189

Eylau，battle of，法俄艾劳战役（1807
年），268

Ezpeletay Veire de Galdeano，José de，
埃斯佩莱塔·伊·贝雷·德加尔
迪亚诺，何塞·德，西班牙将
军，444

Fabvier，C. N.，Baron，法布维埃男
爵，法国的亲希腊军官，548

Facfory Acts，工厂法，在英国，5，
59，111

Faeroe Is.，费罗群岛，挪威属地，为
丹麦所保留，490

Fagel，Hendrik，法格尔，亨德里克，
荷兰政治家，645

Faideherbe，L. L. C.，费德尔布，
L. L. C.，法国军人兼非洲行政官
员，586

Fain，A. J. F.，凡，A. J. F.，拿破仑
的秘书，317

Falck，A. R.，福尔克，A. R.，荷兰
政治家，471

Fallen Timbers，battle of，鹿寨战役，
美国军队和印第安人之间（1794
年），593

famine，饥荒，33

在奥地利（1815—1816 年），403；
（1847—1848 年），407

在法国（1788—1789 年），282

在挪威（1812—1813 年），因英国

封锁而加剧，488

在俄国（1787 年），500

Faraday, Michael, 法拉第，迈克尔，自然哲学家，29，129

发现发电机原理，144，154

Febronianism, 费布朗尼乌主义，德意志的主张主教制的高卢派，155，174

Federalist Party, United States, 美国联邦党（主张中央集权），602，603，605

联邦党和最高法院，608

Federati, 联邦党，皮埃蒙特的秘密团体，431，433

Ferdinand Ⅰ, 斐迪南一世，奥地利皇帝，404，405

Ferdinand Ⅲ, 斐迪南三世，托斯卡纳国王，429，430

Ferdinand Ⅳ, 斐迪南四世，那不勒斯国王

为约瑟夫·波拿巴取代（1806—1808 年），267

复位（1814 年），16—17，432，433

Ferdinand Ⅶ, 斐迪南德七世，西班牙国王

作为王储，被拟定与拿破仑的侄女结婚，320

卡洛斯四世退位后即位（1808 年），443，613

依赖和法国的联盟，444

拿破仑强迫他逊位（1808 年），269，335，444，613

复位（1814 年），336，447，617

其统治，448，452，453

Fernando Po, 费尔南多波岛，英国海军禁止奴隶贸易的基地（1827—1834 年），581，584，585

Ferrand, Jacques, 费朗，雅克，法国将军，633

Fesch, Cardinal J., 费什，红衣主教，拿破仑之舅父，159

feudal rights, 封建权利，35，36

在奥地利，51

在法国及其领地，35，56，303

在德意志，368—369

在意大利，48，421

Feuerbach, P. J. Anselm, 费尔巴哈，安泽尔姆，刑法的改革者，390

Fichte, J. G., 费希特，J. G.，哲学家，94，192

其民族主义，100，332，385，386

对法国革命的看法，91，94，100；对教育的看法，193，194，197，386

Fieschi, G. M., 菲埃奇，G. M.，科西嘉的冒险家，360

finances, 财政

国际的，6，47，636

各国的：

奥地利，401—403

英国，42

法国，281—282，289—290，291，293，297—298，351

普鲁士，373，375，376

俄国，513—514，523—524

参看 banks and banking, texation 条

Finland, 芬兰

在瑞典统治下，480

瑞典贵族要求芬兰独立（1788 年），
481，483

为俄国征服和兼并（1808—1809
年），7，487

瑞典未再征服，489

在俄国统治下，512，516，517

Finney, Charles G.，芬尼，查尔斯，
信仰复兴派，166

Fjölnir,《菲厄尼尔》，冰岛杂志，494

Flanders，佛兰德

（比利时），18，54，476

（法国），35，56

flax，亚麻，俄国出口，50，498

Flaxman, John，弗拉克斯曼，约翰，
雕刻家，215，222

Flemish movement，佛兰芒语运动，
18，476—477

Fleurus，弗勒侣斯，法国在此战胜奥
地利人（1794 年），284，464

Flinders, Matthew，弗林德斯，马修，
科学家和探险家，264

Floréal，花月，22 日政变（1798 年），
292，293

Florence，佛罗伦萨，法国人进入
（1799 年），256

Florentine Academy，佛罗伦萨学园，
126

Florida，佛罗里达，归属美国（1813，
1819 年），595，637

Floridablanca, J. M. Monino y Redondo,
Count of，佛罗里达布兰卡伯爵，
莫尼诺－雷东多，西班牙政治
家，440

Folk High Schools，民众高级中学，丹
麦，493

Fonblanque, Albany，方布兰克，奥尔
巴尼，激进的新闻记者，183

Fontaine, P. F. L.，方丹，P. F. L.，
建筑师，224

Fontaineblcau，枫丹白露

政教协定（1813 年），拿破仑与教
皇庇护七世签订，160

枫丹白露敕令，关于中立国船只
（1807 年），327；关于英国船只
（1810 年），328

枫丹白露条约（1807 年），法国和
西班牙签订，613

枫丹白露条约（1814 年），拿破仑
退位的条件，321，643

Fontanes, Louis, Marquis de，丰塔内
侯爵，路易，法国教育总长，27，
199，323

Forestry, Academy of，林业学院，在
萨克森的塔兰特，388

fortresses，要塞，法国边界，661，
662

Forty-Ninty Parallel，北纬 49°，加拿大
和美国之间，595

Foscolo, Ugo，福斯科洛，乌戈，意大
利作家，332，436

Fouché, Joseph，富歇，约瑟夫，法国
政治家

第三届督政府警务部长，293

积极参与非基督教化运动，146

在拿破仑时代，185，300，320

失去官职（1810 年），316

因弑君在王朝复辟后被排斥，341

拿破仑重新起用（1815 年），342

安排路易十八归来，342—343，661

Fourah Bay College，福拉湾学院，塞

拉利昂，583

Fourcroy, Comte, A. F. de，富尔克罗瓦伯爵，化学家和教育家，125，199

Fourier, Charles，傅立叶，夏尔，改革家，7，24，59，110—111

　恩格斯论傅立叶，115

Fourier, Joseph，傅立叶，约瑟夫，数学家，28，121，133

　省长，125

Fox, Charles James，福克斯，查尔斯·詹姆斯，辉格党政治家，81，180，267

France，法国，275—306，307—336，337—366

　明显软弱的时期（18 世纪 80 年代），251—252

　法英商务条约（1786 年），262

　制宪议会（1789—1791 年），13，252，280

　立法议会（1791—1792 年），252；在瓦尔米击退奥普联军的入侵（1792 年），253，275

　国民公会（1792—1795 年），275—276；废除君主政体，处决国王，邻国入侵（1792—1793 年），254，276—277；恐怖统治（1793—1794 年），279—281；在弗勒侣斯战胜（1794 年），284，464；与普鲁士和西班牙媾和（1795 年），71，255，286；击败民众起义；拿破仑击败保王党人暴动（1795 年），286，308；国民公会的积极性工作，286

　督政府（1795—1799 年），286—

295；在意大利的胜利，75，255，289，309，311，415—416；在德意志的失败（1796—1797 年），289；坎波福米奥和约，255，309；果月政变（1797 年），291，309；花月政变，292；入侵埃及（1798 年），256，292，310，529—531，576；牧月政变，293；第二次反法联盟；在意大利、瑞士战败（1799 年），257，310；督政府以雾月政变告终（1799 年），257，295，310

　拿破仑任执政（1799—1804 年），295—301，311；拿破仑努力分化盟国（1800—1801 年），258；在意大利战胜，和奥地利作战；吕内维尔和约（1801 年），259，299，420；进攻葡萄牙（1801 年），260；与英国签订亚眠条约（1802 年），261，299，300；对德意志重作安排（1802 年），259，262—263；与教皇签订政教协定（1802 年），153—154，263；拿破仑任终身执政（1802 年），263，300；战争重又爆发（1803 年），263，264；处决当甘公爵（1804 年），264—265，300

　拿破仑成为皇帝（1804 年），301；他的帝国，301—304；第三次反法联盟；奥地利战败（1805 年），266—267；普雷斯堡和约，267，399；普鲁士在耶拿战败（1806 年），268；俄国在弗里德兰战败（1807 年），268，485；提尔西特和约，268，512；与俄国联盟，

486；大陆体系（1806 年），268—269，302，326—327；入侵葡萄牙（1807 年），269；西班牙抵抗（1808 年），得到英国援助，333—336，444—446；奥地利在瓦格拉姆战败（1809 年），270—271，400；经济衰退（1810—1812 年），303；与俄国破裂，入侵，撤退（1812 年），271，304—305，515；第四次反法联盟；拿破仑战败（1813—1814年），272—274，305；巴黎陷入联盟军之手（1814 年），642

波旁王朝复辟，305，643；巴黎和约（1814 年），305，644；维也纳会议，646—647，652—655

百日，14，658，659—661；第二个巴黎和约（1815 年），342，661—665

第二次王朝复辟（1815 年），341—342，661；宪章时期的政治，337—343；"无双议院"（1815—1816 年），343—344；中间道路政府（1816—1820 年），344—347；极端保王派政府（1820—1824 年），347—349；"重新恢复的议院"（1824 年），349

查理十世的统治（1824—1830 年），350—355；干涉西班牙（1823—1828 年），16，334，349，450，451，672，679，681，690；干涉希腊（1827—1833 年），354，550，689，690；与俄国人和英国人在纳瓦里诺（1827 年），549，690

路易·菲利普的统治（1830—1848年），356—366；承认南美各共和国（1830 年），638

在非洲，573，577，585—586，589

在印度，552—558 各处

人口，32，251，281

franchise，公民权，参看 suffrage 条

Francia, J. G. R. de，弗朗西亚，巴拉圭独裁者，619

Francis, Sir Philip，弗朗西斯爵士，菲利普，时事评论家，102

Francis Ⅰ，弗兰茨一世，奥地利皇帝（神圣罗马帝国的弗兰茨二世）

其统治，395—400，403，472

惧怕"雅各宾主义"，333

在他治下的教育，200，205

神圣罗马帝国崩溃（1806 年）后放弃选帝称号，267，389

拿破仑的岳父，21，270，321

维也纳会议的东道主，647，651，655

Francis Ⅰ，弗朗西斯一世，那不勒斯国王，434

Francis Ⅳ，弗朗西斯四世，摩德纳国王，429，430，435，437

Francis Joseph，弗兰茨·约瑟夫，奥地利帝位假定继承人（1835 年），405

Frankenberg, Comte J. H. de，弗朗肯贝格伯爵，梅克林红衣大主教，467

Frankfurt，法兰克福，拿破仑建立的邦，389

Frankfurt Proposals，法兰克福建议，提出以阿尔卑斯山、比利牛斯山

和莱茵河为拿破仑的国界线
（1813 年），272，305，639

Franklin，Benjamin，富兰克林，本杰
明，作为美国的"文化英雄"，
131

fraternity，博爱，92—93

Fraunhofer，Joseph von，夫琅和费，
约瑟夫·冯，物理学家，144

Frayssinous，Comte D. A. L.，弗雷西
努斯伯爵，法国高级教士和政治
家，203，349

Frederick，弗里德里希，丹麦王储，
482，485

Frederick Ⅵ，弗里德里希六世，丹麦
国王，487，488，490，646

Frederick Ⅱ（"the Great"），腓特烈
二世（大王），普鲁士国王，
373，375

Frederick William Ⅱ，弗里德里希·威
廉二世，普鲁士国王，243，373，
376

Frederick William Ⅲ，弗里德里希·威
廉三世，普鲁士国王，169
即位（1797 年），373
对军队改革表示怀疑，65，383
对教育的看法，127，208
其统治时期的改革，333，369，
373，375
破坏外交豁免权，264
在解放战争中（1813 年），384，
385
在维也纳会议上，646，651
和宗教事务（1817 年），176—177

Frederick Ⅰ，弗里德里希一世，萨克
森国王，392

Frederick Ⅰ，弗里德里希一世，大
公，后为符腾堡国王，391，646

Fredrikshamn，Treaty of，腓特烈港条
约，俄国和瑞典签订（1809 年），
487

freemasons，共济会员，24
在奥地利，397；在法国，346；在
意大利，414；在音乐家中间，
237；在俄国，500—501，519；
在西班牙，190

Freetown，弗里敦，塞拉利昂
以前的奴隶在此定居，580，583，
584
查禁奴隶贸易的海军基地，581，
584

Free trade，自由贸易
大西洋，598
商人希望自由贸易，58，477
在斯堪的纳维亚（谷物），482
在托斯卡纳，430

Ereikorps（mounted volunteers），自由
军团（志愿骑兵团），在普鲁士
军队中，384

Fresnel，Augustin，菲涅耳，奥古斯
坦，工程师，123，136

Freiberg-im-Sachsen，萨克森的弗赖
堡，该地的矿业学院，140，388

French Revolution，法国革命，11—
14，31，57，275—294 各处
巴贝夫论法国革命，288
哈登贝格和格奈泽诺论法国革命，
333
托克维尔对法国革命的看法，119
法国革命的影响，对意大利，413—
415；对俄国，500；对作家们，

91—106

拿破仑宣布革命完成，299

法国革命在政治和社会方面的胜利得到巩固，275；进一步确定（在1814年宪章中），187—188，305，338；重申（1830，1848年），306

Friedland, battle of（1807），弗里德兰战役（1807年），268，313，485，512

Friedrich, C. D., 弗里德里希，C. D., 画家，220

Friends of the Country, 国家之友社，西班牙经济团体，49

Friends of the Muses, 诗友社（维也纳），546

Fructidor, 果月政变及其政权（1797年），291，292，309

fueros, 自治权，452，460

Fullerton, Robert, 富勒顿，罗伯特，槟榔屿总督，559

Fulton, Robert, 富尔顿，罗伯特，轮船工程师，84，141

Gachina, 加特契纳，沙皇太子保罗在该地的生活，502—504

Gaj, Ljudevit, 加伊，留德维特，克罗地亚民族主义者，409

Galicia（Austrian），加利西亚（奥地利的），398，404，410，511

Galicia（Spanish），加利西亚（西班牙的），加利西亚的洪达，449

Gallatin, Albert, 加勒廷，艾伯特，美国政治家，595

Gallican Church, Gallicanism, 高卢教会，高卢派，13，146，151，153，158，159，161

Galvani, Luigi, 伽伐尼，路易吉，物理学家，134

Gambia river, 冈比亚河，英国的贸易，573，574

Ganteaume, Comte H. J. A. de, 冈托姆伯爵，法国海军上将，79，325

Garay, Martin de, 加拉伊，马丁·德，西班牙政治家，447

Gast, John, 加斯特，约翰，造船工人罢工的领袖，81

Gauss, K. G., 高斯，数学家，129，132

Gay-Lussac, J. L., 盖-吕萨克，化学家，123，125，128

Gazette de France, 《法兰西报》，185

Geijer, E. G., 耶伊尔，E. G., 瑞典历史学家，493

Genlis, S. F., Comtesse de, 让利伯爵夫人，362

Genoa, 热亚那，7
中立（1792年），414
港口对英国封闭（1796年），415，416
在利古里亚共和国，417；在撒丁王国，429；在法兰西帝国，424，438
为大陆封锁所毁，303，424
本廷克关于热亚那的计划（1814年），427
划归撒丁王国（1815年），7，658

Gentz, Friedrich von, 根茨，弗里德里希·冯，时事评论家，102，186
参加维也纳会议，647，648，651

Geoffroy Saint-Hilaire, Étienne, 若弗鲁瓦·圣-蒂莱尔, 艾蒂安, 博物学家, 124, 126

geology, 地质学, 129, 140—141, 167

George Ⅲ, 乔治三世, 英国国王, 102, 260

George, Grand Duke of Hesse-Darmstadt, 乔治, 黑森-达姆施塔特大公, 646

Georgia, 格鲁吉亚, 俄国的保护国, 495; 被兼并（1801 年）, 522

Gérard, E. M., 热拉尔, E. M., 法国将军, 361

Géricault, Theodore, 热里科, 泰奥多尔, 法国画家和雕刻家, 210, 212—213, 214

Germanic Confederation, 德意志邦联, 8, 16, 393, 644, 649, 664

Germany, 德意志, 367—394
　人口, 32
　民族主义, 186, 332, 389; 主要在文化方面, 367, 385
　在拿破仑统治下, 185—186, 302, 303, 332—333
　领土, 再分配（1802 年）, 18, 259, 262—263; （1805 年）, 267, 388—389
　德意志的统一, 拿破仑和德意志, 7—8, 99, 260, 274, 303
　参看有关各邦条

Ghent, 根特
　棉纺工业, 468—469
　大学, 475

Ghent, Treaty of, 根特条约, 英美两国签订（1814 年）, 598, 601, 671

Ghose, Kasinath, 高斯, 卡辛纳特, 反击詹姆斯·穆勒, 为印度文化辩护, 570

Gibbon, Edward, 吉本, 爱德华, 历史学家, 24, 76

Gieseler, Johann K. L., 吉泽勒, 约翰, 圣经评论家, 167

Giessen, university of, 吉森大学, 128

Gioia, Melchiorre, 焦亚, 梅尔基奥里, 伦巴第经济学家, 436

Girard, J. B., 吉拉尔, J. B., 天主教多明我会教育家, 206

Girodet, A. L., 吉罗代, A. L., 画家, 211

Girondins, 吉伦特派, 276, 277, 278, 284

Girtin, Thomas, 格廷, 托马斯, 水彩画家, 217, 219

Gladstone, W. E., 格莱斯顿, W. E., 政治家, 178

Globe, 《环球报》, 法国反保王派报纸, 189

Gluck, C. W., 格鲁克, C. W., 作曲家, 238

Gneisenau, A. W. A., Count N. von, 格奈泽诺伯爵, 普鲁士陆军元帅军事和政治改革家, 22, 333, 370, 378
　在滑铁卢, 315

Godoy, Manuel de, 戈多伊, 曼努埃尔·德, 西班牙权臣和政治家, 335, 440, 443, 444

Godwin, William, 戈德温, 威廉, 理性主义作家, 93, 97, 108, 111

所著《关于政治正义的研究》，92，
　107

Goethe, J. W. von，歌德，J. W. 冯，
　诗人和哲学家
　　对法国革命的看法，102—103，
　　373；论社会状况，37，371；论
　　印度文明，569
　　拿破仑的崇拜者，331
　　对科学感兴趣，123—124，139，
　　221
　　歌德与德意志的统一，393—394
　　歌德与音乐家的关系，237—238，
　　245—246，247
　　著作，332，387；《葛兹·封·贝
　　利欣根》，103，371；讽刺短诗，
　　367；《伊菲格涅亚》，372

Gohier, L. J.，戈伊埃，L. J.，法国第
　三届督政府督政官，293

gold，黄金，来自东非，572；来自南
　非，587；来自黄金海岸，577，
　580

Gold Coast，黄金海岸
　　英国商人的活动，574，577，585
　　为英国兼并（1873—1874 年），585

Golitsyn, Prince A. W.，戈利岑亲王，
　俄国圣主教公会牧首，516，518，
　519

Gomez, Miguel，戈麦斯，米格尔，西
　班牙卡洛斯派的将军，460

Goree Island，戈雷岛，荷兰人和法国
　人在该岛，573，574

Gorani, Giuseppe，戈拉尼，朱塞佩，
　米兰雅各宾派贵族，413

Görres, Joseph von，格雷斯，约瑟
　夫·冯，政论家和历史学家，

103，161，162，186，187

Gothic Society，哥特学会，瑞典，493

Gothic style in architecture，建筑中的
　哥特式风格，227

Gottingen, university of，格廷根大学，
　128，196，372

Gouges, Olympe de，古日，奥林佩·
　德，男女平等主义者，96

Goya y Lucientes, F. J. de，戈雅－吕
　西恩特斯，画家，221—222，304

Grand Comité of French Convention，法
　国国民公会大委员会（治安委员
　会，后为救国委员会），279，
　281，283

Grant, Charles，格兰特，查尔斯，东
　印度公司董事，566，570

Grant, James，格兰特，詹姆斯，非
　洲探险家，588

Great Lakes，大湖区，非军事化（1817
　年），595；开放通商，599

Greece，希腊
　　文学和教育的复兴，526，545—546
　　俄国和希腊，16，23，544
　　反土耳其起义（19 世纪 20 年代），
　　25，528，547—548，677—678，
　　679，685—686
　　埃及军队在希腊，548，550，686，
　　688
　　法国的干涉，354，689，690
　　起义后的和解（1830 年），10，
　　549—551

Greek language，希腊语，545，546

Greek Revival style of architecture，希
　腊复兴时期的建筑风格，227—
　228，609

Greenland，格陵兰，挪威属地，丹麦保留，490

Greenwich，格林尼治，皇家水兵收养院，87

Grégoire, Abbé Henri，格雷古瓦神甫，亨利，法国立宪派主教，97

Gregorian chant，格列高利圣歌，244

Gregory XVI (Mauro Gapellari)，格列高利十六世（毛罗·卡佩拉里），教皇（1831—1846 年），26，116，171，172

Grenville, William, Lord，格伦维尔勋爵，威廉
外交大臣，260，261
首相，267

Grétry, A. E. M.，格雷特里，A. E. M.，作曲家，238

Greville, C. C. F.，格雷维尔，C. C. F.，日记作者，183

Gribeauval, J. R.，格里博瓦尔，J. R.，火炮改革者，68，252

Grimm, Baron F. M.，格林男爵，学者，500

Gros, A. J.，格罗，A. J.，画家，211

Grouchy, Emmanuel de，格鲁希，埃马纽埃尔·德，法国元帅，313，314，315

groundnuts，落花生，非洲油料作物，586

Grundtvig, N. F. S.，格伦特维，N. F. S.，丹麦主教和作家，493

Guadeloupe Island，瓜德罗普岛，划归法国（1814 年），645，657

Guadeloupe Victoria, F. F.，瓜达卢佩·维多利亚，墨西哥起义者，后为总统，635

Guanajuato，瓜纳华托，遭伊达尔戈部队的洗劫（1810 年），634

Guards of Honour in Holland (1813)，荷兰仪仗队（1813 年），471

Guatemala，危地马拉，将军辖区，宣布独立，634
中美洲联合省的一部分（1823—1838 年），635—636

Guayaquil，瓜亚基尔
宣布独立（1820 年），625
为哥伦比亚兼并（1822 年），626
玻利瓦尔与圣马丁于此会晤（1822年），626

Guerrero, Vicente，格雷罗，维森特，墨西哥起义领袖，635

Guiana，圭亚那，英属，10，645；荷属，10；法属，305；葡属，161，260

Guibert, Comte J. A. H. de，吉贝尔伯爵，法国将军和军事作家，61，70—71，75，252，311

Guilds，行会，在法国，56；在德意志，52，53，369，380—381；在西班牙，49；行会的没落，58

Guizot, F. P. G.，基佐，弗·皮·纪，法国政治家，24，188
参加自由反对派，26，189
解除教授职务，203
与空论派在一起，346，363
路易·菲利普时代任部长，357，361
政府首脑，364，365

Gulistan, Treaty of，古利斯坦条约，俄国和波斯签订（1813 年），9，

522，529

gum，树胶，从塞内冈比亚出口，577，580

gunnery，大炮，海军炮，83

　　参看 artillery 条

Gusstavus Ⅲ，古斯塔夫三世，瑞典国王，480，481，482—483，493

Gustavus Ⅳ，古斯塔夫四世，瑞典国王，485，487

gymnasia（Secondary schools），大学预科（中学），在德意志，27，121，196，386；在俄国，200，510

Habsburg dynasty，哈布斯堡王朝，445，615

　　在摩德纳、帕尔马和托斯卡纳复位（1815 年），429，658

Hague，The，Treaty of，海牙条约，法国与巴达维亚共和国签订（1795 年），465

Haidar Ali，海达尔·阿里，迈索尔的，554

Haiti，海地，西印度群岛中伊斯帕尼奥拉岛的一部分，1804—1844 年为黑人共和国和王国，633

　　参看 Saint Domingue，Santo Domingo 条

Halle，university of，哈勒大学，127

Haller，K. L. von，哈勒，反革命作家，106—107

Hamburg，汉堡，55，491

　　遭受大陆封锁的破坏，303

　　人口，32

Hamilton，Alexander，汉密尔顿，亚历山大，美国政治家，600，602，605

Hamilton，Alexander，汉密尔顿，亚历山大，孟加拉亚洲学会的创始人，569

Hamilton，Thomas，汉密尔顿，托马斯，建筑师，227

Handel，George F.，韩德尔，乔治，作曲家，232

Hanover，汉诺威，选帝侯领地，后为王国（1815 年）

　　建议让与普鲁士（1800 年），258，拿破仑使之实现（1805 年），266

　　拿破仑提出改归英国（1806 年），268

　　在维也纳会议上，647，654，656，664

　　反动政府，16，392

　　高等技术学校，125

　　新宪法（1833 年），393

Hanse cities，汉萨同盟城市

　　为法兰西帝国兼并（1810 年），302，328，423

　　参加神圣同盟（1817 年），22

Hardenberg，Charles A.，Prince of，哈登贝格亲王，查理，普鲁士政治家

　　主张改革的大臣，333，370，375

　　被法国人强迫辞职（1807 年），378

　　政府首脑，379—380，381，384

　　在维也纳会议上，640，646，650—654 各处，661，666

Harrowby，Dudley Ryder，Earl of，哈罗比伯爵，杜德利·赖德，政治家，265

Hartford Convention，哈特福德大会，

新英格兰代表的（1813—1814年），607

Hartley, David，哈特利，戴维，反对奴隶制的作家，98

Hastings, Abney，黑斯廷斯，阿布尼，海军军官，84

Hastings, Warren，黑斯廷斯，沃伦，印度总督，553，569

Hauge, H. N.，豪盖，H. N.，挪威的以在俗身份传教的福音派教徒，164，488

Haugwitz, Count C. A. H. K. von，豪格维茨伯爵，奥地利政治家，266，268

Hawkesbury, Lord，霍克斯伯里勋爵
参看 Liverpool, Earl of 条

Haydn, F. J.，海顿，F. J.，作曲家，228，230—233，237，243—244

Hébert, J. R.，埃贝尔，J. R.，法国革命新闻记者，147，183，282，283

Hegel, G. W. F.，黑格尔，G. W. F.，唯心主义哲学家，168，192
对法国革命的看法，91，93
对当代思想的影响，100，129，161
担任纽伦堡文科中学校长，390

Heidelberg, university of，海德尔堡大学，128，195，391

Heine, Heinrich，海涅，海因里希，诗人，191，570

Heinitz, A. F. von，海尼茨，A. F. 冯，普鲁士政治家，373

Heligoland Island，赫尔戈兰岛
英国从丹麦人手中夺取（1807年），78，269，490

保留（1815年），10，656

Helvetic Confederation，赫尔维蒂联邦，拿破仑作为调停人，302

Helvetic Republic，赫尔维蒂共和国，185，294
参看 Switzerland 条

hemp，大麻，俄国出口，50，498

Hérault de Seychelles, M. J.，埃罗·德·塞谢勒，法国国民公会大委员会成员，279

Hercules Ⅲ，赫尔克里斯三世，摩德纳公爵，414

Herder, J. G. von，赫尔德，J. G. 冯，历史学家，129，369 372，569
对法国革命的看法，91，373
德意志文化民族主义的先驱，332

Hermes, Georg，赫尔梅斯，格奥尔格，德意志神学家，162，174

Hesse-Cassel，黑森－卡塞尔，选帝侯领地（1803年）
选帝侯参加维也纳会议（1814年），646
宪法，16，392—393
与教皇签订政教协定，170

Hesse-Darmstadt, Grand Duchy (1806)，黑森－达姆施塔特大公国（1806年）
获得领土（1803年），155，262，388
名义上对美因茨要塞拥有统治权（1815年），656
与教皇签订政教协定，170

Hidalgo y Costilla, Father Miguel，伊达尔戈·伊·科斯蒂利亚神父，米格尔，墨西哥起义领袖，172，

634

Hindu College，印度教学院，加尔各
答，568，570

Hinduism，印度教，566，567，570

Hippel，T. G. von，希佩尔，特·戈·
冯，德意志男女平等主义者，96

Hispaniola Island，伊斯帕尼奥拉岛，
在西印度群岛，633

参看 Haiti，Saint Domingue，Santo
Domingo 条

Hittorff，Jacques，希托夫，雅克，建
筑师，225

Hoche，Lazare，奥什，拉扎尔，法国
将军，80，290

Hoesch，Wilhelm and Eberhard，赫施，
威廉和埃贝哈德，德意志铁器制
造商，40

Hofer，Andreas，霍费尔，安德烈亚
斯，蒂罗尔起义领袖，270，333

Hoffmann，J. G.，霍夫曼，J. G.，统
计学家，646，652

Hogendorp，Dirk van，霍亨多普，德
克·范，荷兰驻爪哇官员，552，
563—564

Hogendorp，Dirk van，霍亨多普，
G. K. 范，海牙奥伦治党领导人
（1813 年），471，472

Hohenlinden，battle of（1800 年），霍
恩林登战役（1800 年），259，
299

Holberg，Ludvig，霍尔堡，路德维格，
挪威作家，493

Holcroft，Thomas，霍尔克罗夫特，托
马斯，戏剧家，91

Hölderlin，Friedrich，荷尔德林，弗里

德里希，诗人，91，101，103

Holkar，霍尔卡，马拉塔土王，554

Holkar，Tukoji，霍尔卡，图科吉，他
的逝世，555

Holkar，Jaswant Rao，霍尔卡，贾斯
旺·劳，对英作战，555，556，
557

Holland，Henry，霍兰，亨利，建筑
师，226

Holland，荷兰

爱国运动（18 世纪 80 年代），462，
463

对法国作战（1793 年），254；在
"爱国者"协助下被侵略，465

巴达维亚共和国建立（1795 年），
255，465；英国夺取荷兰的殖民
地，255，558

国民议会和新宪法（1796 年），
465，466

法国从荷兰驱除英俄军队（1799
年），257，294，469

在法国统治下，469—472

路易·波拿巴成为国王（1806 年），
267，470；并入法国（1810 年），
302，328，470；暴动（1811
年），471；在拿破仑远征俄国
时，许多荷兰士兵丧生（1812
年），471

奥伦治的威廉复位（1813 年），
471；通过温和的宪法，187；宣
布奴隶贸易为非法，579

英国承担荷兰欠俄国的一半债款，
645；英荷条约（1814 年），642
注

与比利时合并成为尼德兰王国

（1814 年），18，54，473，640，644，645，664；制定宪法（1815年），473—474

荷军和盟国一起在滑铁卢，473

统治比利时（1815—1830 年），479—480

王储的婚姻（1815 年），672

在东南亚的殖民地，552，558—559，568，572；在开普敦，574—575；在戈雷岛（佛得角），573

参见 Batavian Republic，Netherlands（Kingdom of the），United Provinces of the Netherlands 条

Holstein，Duchy of，荷尔斯泰因大公国，485，491

参看 Schleswig and Holstein 条

"Holy Alliance" of Tsar Alexander I，沙皇亚历山大一世的"神圣同盟"，169

保守派统治者的联盟，393，670—671

沙皇在宗教方面的成果，516，663

不是针对土耳其，22，674

英国对神圣同盟的态度，675

Holy Roman Empire，神圣罗马帝国，衰亡，8，267，367，388，389，403，485

Holy Synod，圣主教公会，在俄国，200

Hommer，J. C. A. von，霍梅尔，J. C. A. 冯，特里尔大主教，费布朗尼乌主义者，174

Hondeschoote，洪得夏乌特，法军在该地战胜（1793 年），72

Honduras，洪都拉斯，中美洲联合省的一部分（1823—1838 年），636

Hone，William，霍恩，威廉，著作家和书商，182

Hood，Samuel，Viscount Hood，胡德，塞缪尔，胡德子爵，海军上将，79

Hope，house of，霍普家族，阿姆斯特丹银行家，346

Hoppner，John，霍普纳，约翰，肖像画家，216

Hormayr，Baron Joseph von，霍尔迈尔男爵，约瑟夫·冯，奥地利政治家，333

Howe，Richard，Earl Howe，豪伯爵，理查德，豪，英国海军上将，77

Hübner，Martin，许布内，马丁，丹麦国际法学家，481

Humboldt，Baron Alexander von，洪堡男爵，亚历山大·冯，地理学家，28，124，127，129

Humboldt，Baron Wilhelm von，洪堡男爵，威廉·冯，普鲁士政治家

人文主义者，127

教育大臣，194，195，385

计划成立柏林大学，28，196，386—387

论哈登贝格，379

Hume，David，休谟，戴维，哲学家和历史家，160，568

Humphreys，Joshua，汉弗莱斯，乔舒亚，美国海军建筑师，89

Hundred Days（1815），"百日"（1815年），14，658，659—661

参看 Waterloo campaign 条

Hungary，匈牙利

与奥地利的关系，16，252，396，400—401，402，404—405

改革运动，405，407—408

Huninguen，于南冈，拆毁该地的法国要塞，663

Hunt，John and Leigh，亨特，约翰和利，激进新闻记者，182

Hurwitz，Salkind，胡尔维茨，萨尔金德，犹太时事评论家，97

hussars，轻骑兵，70

Hutton，James，赫顿，詹姆斯，地质学家，28，140

Hyderabad，Nizam of，海得拉巴，该土邦的君主，553—554

Hypsilantes，Alexander，希普西伦特斯，亚历山大，希腊友谊社领导人，538—539，543，547，677—678

Ibrahim，易卜拉欣，埃及帕夏穆罕默德·阿里之子，534

在希腊，548，686，687，688

Iceland，冰岛

人口的减少，480

取消冰岛议会（1800 年），492

与冰岛的贸易，482

沦为冒险家“耶根国王”的猎获物，488

挪威的属地，由丹麦保留（1814年），490

语言，494

idéolgues，the，观念学派，120—124各处

ideology，思想，120；拿破仑对思想的恐惧，318

Iduna，《伊杜那》，瑞典哥特学会的杂志，493

Ignatius，伊格那修斯，阿尔塔教区大主教，535，546

Iguala，Plan of，伊瓜拉计划，在墨西哥（1821 年），635

Illinois，伊利诺伊，并入美国（1818年），594

Illuminati，先觉社，巴伐利亚秘密团体，390

Illyria，伊利里亚

在法国统治下（自 1809 年），331，408

对前途的讨论（1813 年），272

重归奥地利，536，648

在奥地利统治下，396，409

Imperial Guard（France），禁卫军（法国），312，315，643

impressment，强迫为英国海军服役，86，88；从美国船只上，89，596，603，611

income（real）per capita，按人口计算的（实际）收入，43—44

indemnity，赔款，奥地利支付（1805年），267；法国支付（1815 年），342，346，663；付给流亡贵族（1824—1825 年），350—351

Indépendants，独立派，路易十八政权的反对党，346，347

India，印度

英国人在印度，552—563

英国人害怕法国在印度的影响，552，553，554—555

社会改革，565—567

文化，567—571

　　教育，26，567—568

Indiana，印第安纳，成为美国的州
　　（1816 年），594

Indians，印第安人，美国的印第安人，
　　593，595；在南美革命中，617

indigo，靛蓝，印度和锡兰出口，565

indulgents，the，宽容派，国民公会中
　　的一个党派，283

Industrial Law，工业法，在普鲁士
　　（1811 年），381

industrial revolution，工业革命，40—
　　41，57，329

　　对工业革命的批评者，109—111

　　工业革命的技术基础，41，42，141

　　对战争的技术方面影响甚小，67

　　受到圣西门的欢迎，112—113

industry，工业，31，37—38，47—48

　　在奥地利，4，51，398—399，403，
　　406

　　在 比 利 时，4，18，31，40，52，
　　54—55，468—469，477

　　在英国，4，38，39—40，40—47，
　　57，329

　　在法国，40，56—57，281，329

　　在 德 意 志，40，52—53，369，
　　380—381，388

　　在荷兰，477

　　在意大利，4，48，413，423，424，
　　435

　　在俄国，50，497，522—523

　　在西班牙，49，50，442，461

　　在瑞典，51，484，486

　　在美国，600—601

　　参看 coal，iron industry，and cotton，

linen，and woolen industries 各条

infantry，步兵，70—74

Ingres，J. A. D.，安 格 尔，J. A. D.，
　　画家，209，214—216

inheritance，law of，继承法，在拿破
　　仑法典中，修改的尝试（1826
　　年），353

Inquisition，宗教裁判所，在西班牙，
　　170，440

　　受到自由派的攻击，441，446

Institut national de France，法兰西国家
　　研究院，28，119—120，127，
　　200

　　拿破仑和法兰西国家研究院，124，
　　126，312

interest，rates of，利率，42，424

intervention of Great Powers in affairs of
　　other states，大国干涉别国事务，
　　英国的观点，670，674—675，
　　681

Investiture controversy，授职权的争论，
　　158—159

Inwood，W. and H. W.，英伍德，W.
　　和 H. W.，建筑师，228

Ionian Islands，爱奥尼亚群岛

　　被法国占领（1797—1799 年），
　　256，530，535，546；　（1807
　　年），535

　　在俄国保护下成为爱奥尼亚共和国
　　（1800—1807 年），535

　　英国人在该地（1814—1864 年），
　　10，535，673，678，685

Ireland，爱尔兰

　　与大不列颠的立法联合（1801 年），
　　10

法国远征爱尔兰，80，256

iron industry，制铁工业

在比利时，40，54，55，469

在英国，40，44

在拿破仑统治下的国家，303

在德意志，53

在俄国，50，497，524

在瑞典，51，484，486

Irving，Washington，欧文，华盛顿，美国作家，610

Isabella Ⅱ，伊莎贝拉二世，西班牙女王，455

Islam，伊斯兰教

在地中海东部诸国，525—526，527—528；拿破仑尊重伊斯兰教，533

在非洲，586，588

isolationism，孤立主义，在美国，592，620

Istria，伊斯特拉，划归奥地利，（1797年），438；为法国兼并（1805年），535

Italy，意大利，412—438

人口，32，251

分裂，7，48，412

法国入侵（1796年），75，255，289，309，311，415—416

法国战败（1799年），257，310，419

法国卷土重来（1800年），259，420

在拿破仑统治时期，157，158，303，331—332，420—426；巩固，99，274，331

在维也纳会议上，427—428，648，649，657—658

1815年后，429—435

奥地利在意大利，8，16—17，403，404，409，428—429，432—433，434—435

参看意大利内各国和 risorgimento 条

Italy，Kingdom of（northern），意大利王国（北部），7，185

意大利共和国变为王国（1805年），420

拿破仑加冕为意大利国王；欧仁·博阿尔内成为总督（1805年），331，421

从奥地利获得领土（1809年），270

Italian Republic，意大利共和国

山南共和国成为意大利共和国（1802年），331，420

拿破仑接受意大利共和国总统的职务，262

成为意大利王国（1802年），420

Iturbide，Agustin de，伊图尔维德，阿古斯丁·德，墨西哥皇帝（1822—1823年），635

Ivanovo，伊凡诺沃，俄国在该地的棉纺厂，523

ivory，象牙，象牙贸易，577，580；运送象牙的奴隶，588—589

Ivory coast，象牙海岸，577 注

Jackson，Andrew，杰克逊，安德鲁，美国总统，26，604，605，607，611

Jacobi，C.G.，雅各比，C.G.，数学家，129

Jacobi，F.H.，雅各比，F.H.，哲学

家，390

Jacobin clubs，雅各宾俱乐部，278，
　　280，293

"Jacobinism"，雅各宾主义，23，101，
　　333；在奥地利和匈牙利，396；
　　在意大利，414，419

Jacobins，雅各宾党人，在法国政治
　　中，292，293，294

jagirdars，贾吉达尔，印度的地主，
　　558，561

Janissaries，禁卫军，土耳其的，528，
　　541，551

Jassy，雅西，摩尔多瓦首都，536，
　　537

Jassy，Treaty of，雅西条约，俄国和土
　　耳其签订（1792 年），544

Jaurès，Jean，饶勒斯，让，法国社会
　　主义者领袖，279

Java，爪哇
　　荷兰人在爪哇，552，563，568；反
　　　荷暴动，564
　　英国占领（1811—1816 年），558

Jay's Treaty，杰伊条约，英美两国签
　　订（1794 年），595，600，611

Jefferson，Thomas，杰斐逊，托马斯，
　　美国总统，592，595，603，604
　　不同英国交往的政策，327，598，
　　　601
　　在弗吉尼亚，201，605，609

Jemappes，热马普，法国在此战胜
　　（1792 年），72，464

Jena，battle of（1806），耶拿战役
　　（1806 年），268，326，376
　　这一战役的军事方面，66，70，75，
　　　313

Jerome，热罗姆，威斯特法利亚国王，
　　见 Bonaparte Jerome 条

Jesuits，耶稣会士
　　在慕尼黑被取缔（1783 年），390
　　1815 年后重建，170
　　不准重入托斯卡纳，430
　　在法国，189，203，352，353
　　在葡萄牙，441

Jews，犹太人
　　在奥地利，409，411
　　在巴达维亚共和国，465
　　在柏林，386
　　在法国，97，299；在圣西门的追随
　　　者中间，144
　　在法兰克福，6
　　在教皇国，170，434
　　在土耳其，527，528
　　在美国，97

John VI，若奥六世，葡萄牙国王，
　　451，684
　　作为摄政王到巴西避难（1807—
　　　1808 年），269，327，612
　　返回葡萄牙，630—631，675

Johnson，Samuel，约翰逊，塞缪尔，
　　对非洲感兴趣，98，573

Johore，柔佛，该地苏丹，559

Jones，Sir William，琼斯爵士，威廉，
　　孟加拉亚洲学会成员，552，569，
　　570

Joseph，约瑟夫，奥地利大公，匈牙
　　利总督，401

Joseph II，约瑟夫二世，哈布斯堡皇
　　帝
　　改革，252，373，376，395—396，
　　　398；在奥属尼德兰遭到反对，

462—463，467

　　音乐的赞助人，241

　　给予南部斯拉夫人特权，541

Joseph，约瑟夫，那不勒斯国王，后
　　为西班牙国王，见 Bonaparte，Jo-
　　seph 条

Josephine，约瑟芬（娘家姓名为塔
　　谢·德拉·帕热里，亚历山大·
　　德·博阿尔内子爵之遗孀），拿
　　破仑之妻，212，308，316，317

　　离婚，270，302

　　拨给津贴（1814 年），643

Joubert，B. C.，儒贝尔，B. C.，法国
　　将军，294，310

Jourdan，J. B.，儒尔当，J. B.，法国
　　元帅，291，310

Journal des Débats，《辩论报》，185，
　　188，345，350，354

Journal de l'Empire，《帝国报》（由
　　《辩论报》改名，1805 年），185

Journal de Paris，《巴黎报》，185

Jovellanos，G. M. de，霍韦利亚诺斯，
　　西班牙政治家和著作家，441，
　　443

Joyce，Valentine，乔伊斯，瓦伦丁，
　　斯皮特黑德海军哗变领袖（1797
　　年），87

judicial system，司法制度

　　丹麦，482

　　法国（1799 年），297；（1814 年），
　　339

　　意大利（1806 年），421

　　普鲁士（1808 年），381

Jung-Stilling，J. H.，容-施蒂林，德
　　意志伦理学家，163，516

Junín，胡宁，玻利瓦尔在此战胜
　　（1824 年），627

Junkers，容克，他们中的虔信派，
　　164，170

Junot，Andache，朱诺，安达谢，法国
　　将军，320，335

　　在葡萄牙，335，612

　　他的希腊妻子，530

Juntas，洪达（政务会）

　　在西班牙，444—445，449，456，
　　613；中央洪达，在阿兰胡埃斯，
　　614，615，616

　　在南美洲，616，619，620，621

Kalevala，《卡勒瓦拉》，芬兰民间史
　　诗，494

Kalisch，Treaty of，卡利什条约，普鲁
　　士与俄国签订（1813 年），272，
　　639

Kandy（Ceylon），康提（锡兰），英
　　国人在该地，565，566

Kant，Immanuel，康德，伊曼纽尔，
　　哲学家，160，168，332

　　对革命的看法，91，92，93，95，
　　100

　　他的继承人，192

Kara George，卡拉·乔治，塞尔维亚
　　民族领袖，541，542，543

Karamzin，N. M.，卡拉姆津，N. M.，
　　俄国历史学家，19，514

Karl August，卡尔·奥古斯特，魏玛
　　公爵，646

Karl Friedrich，卡尔·弗里德里希，
　　巴登的总督（后为大公），391

Karlsruhe，卡尔斯鲁厄，高等技术学

校，125

Karl Theodor，卡尔·特奥多尔，巴伐利亚选帝侯，390

Karteria，"卡尔特里亚"号，蒸汽机战舰，在希腊海战中，84

Kay-Shuttleworth，Sir James，凯－沙特尔沃斯爵士，詹姆斯，平民教育的提倡者，194

Kazan，university of，喀山大学，511，518，200

Kedah，吉打，该地的苏丹，559

Keith，G. K. Elphinstone，Viscount，基思子爵，埃尔芬斯通，海军上将，85，318

Kellerman，F. C. de，克勒曼，F. C. 德，法国元帅，309

Kentucky，肯塔基，599，607；成为美国的州（1792 年），594

Key，Francis Scott，基，弗朗西斯·斯科特，美国国歌《星光灿烂的旗帜》的作者，611

Kharkov，university of，哈尔科夫大学，200，511，541

Khartum，喀土穆，人口，534

Kiel，Treaty of（1814），基尔条约（1814 年），490，491；依约向丹麦赔款，492，657

Kildare Place Society，基德尔地区协会，有关爱尔兰小学的，202

Kilwa，基尔瓦，法国与该地统治者的关系，577

Kirk，Sir John，柯克爵士，约翰，英国驻桑给巴尔领事，589

Kisselew，Count Paul，基谢列夫伯爵，保罗，多瑙河两公国的俄国人总

督，539

Klaproth，H. J.，克拉普罗特，H. J.，语言学家，570

Kléber，J. B.，克莱贝尔，J. B.，法国将军，531

Kleist，Heinrich von，克莱斯特，海因里希·冯，诗人，186，332

Klopstock，F. G.，克洛普施托克，诗人和哲学家，91

Klüppelkrieg against French in Luxembourg（1798），卢森堡反法的棍棒战争（1798 年），467

Knight，Richard，奈特，理查德，"风景如画"派理论家，225

Knights，Imperial，皇家骑士团，370，374，388

Knights of Malta，马耳他骑士团，261

Koch，J. A.，科赫，J. A.，画家，220

Kochubei，Count Viktor，科楚别伊伯爵，维克托，沙皇亚历山大一世之友，503，505，506，508，510

Kolettes，John，科勒蒂斯，约翰，希腊"法国派"领袖，548

Köln，科隆，见 Cologne 条

Kolokotrónes，Theodore，科洛科特罗尼斯，塞奥多尔，希腊"俄国派"领袖，548

Kolowrat，Count Franz，科洛拉特伯爵，弗朗茨，波希米亚政治家，405，406，409

Königsberg，university of，柯尼斯堡大学，128

Koraés，Adamantios，科腊伊斯，阿达曼提俄斯，希腊学者，546

Korsakov, Alexander, 科尔萨科夫, 亚历山大, 俄国将军, 257

Koshelev, R. A., 科舍廖夫, R. A., 沙皇亚历山大一世忠实的朋友, 516

Kossuth, Louis, 科苏特, 路易, 马扎尔民族主义者, 407

Kotzebue, A. F. F. von, 科策布, 戏剧家, 遇害, 190, 673

Krudener, Baroness B. J. von, 克吕德纳男爵夫人, 沙皇亚历山大一世在宗教方面的密友, 163, 516, 663

Krümper (furlough) System, 普鲁士军队中的后备役制度, 65, 383, 384

Kulturkampf, 文化斗争, 方法, 174

Kutchuk-Kainardji, Treaty of, 库楚克-开纳吉条约, 俄土两国签订 (1774 年), 544

Kutusov, Prince Mikhail, 库图佐夫公爵, 米哈伊尔, 俄国陆军元帅, 515, 516

La Besnardière, J. B. de G., Comte de, 拉贝纳尔迪埃伯爵, 塔列朗参加维也纳会议时的助手, 647, 653

Laboratories, 科学实验室, 进入机构建立阶段, 128, 131

La Bourdonnaye, Comte F. P. de, 拉布尔东纳伯爵, 法国保王派, 354

labour services, 劳役 (强迫劳动)
　　在奥地利 (徭役), 398
　　在锡兰, 563
　　在多瑙河两公国, 537, 539
　　在丹麦, 482
　　在法国, 筑路, 339
　　在普鲁士, 368

Labrouste, Henri, 拉布鲁斯特, 亨利, 建筑师, 225

Lacroix, S. F., 拉克鲁瓦, S. F., 数学家, 125

Lacy, Luis de, 拉西, 路易·德, 加泰罗尼亚自由派分子, 448

Lafayette, Gilbert de Motier, Marquis de, 拉法耶特侯爵, 吉尔贝·德·莫蒂埃, 法国军人和政治家
　　路易十八时期自由反对派领导人, 340, 341, 342
　　在"独立派"集团中, 346, 348
　　在 1830 年革命中, 356, 437

Laffitte, Jacques, 拉菲特, 雅克, 法国银行家和政治家, 346, 361

Lagos, 拉各斯, 来自该处的奴隶, 584; 英国占领 (1851 年) 和兼并 (1861 年), 585

Lagrange, J. L., 拉格朗热, J. L., 数学家, 28, 121, 123, 132—133

La Granja, "events of" (1832), "拉格朗哈事件" (1832 年), 454—455; 拉格朗哈叛乱 (1836 年), 456

La Harpe, Frédéric, 拉阿尔普, 弗雷德里克, 沙皇亚历山大一世的瑞士籍导师, 18, 502—503, 505, 508

La Hoz, P. de, 拉赫兹, P. 德, 意大利将军, 419

Laibach, 莱巴赫, 联盟各国在此举行会议 (1821 年), 433, 669, 677

莱巴赫大学预科，200

Laisser faire，自由放任主义，从重商主义转变为自由放任主义，41，42，58，382

Lamanon, Lieut. Paul de，拉马农，保罗·德，副长官，拿破仑在南美的代理人，614

Lamarck, J. B. R. A. de Monet, Chevalier de，拉马克，德莫奈，谢瓦利埃，生物学家，28，123，137，138—139

Lamarque, Comte Maximilien，拉马格伯爵，马克西米连，法国将军，在他葬礼时的暴动（1832 年），360

Lamartine, A. M. L. de, Prat de，拉马丁，德·普拉·德，诗人和政治家，59，103，360，364，365

Lambruschini, Luigi，兰布鲁斯基尼，路易吉，枢机主教，174

Lamennais, (de la mennais), H. F. R.，拉梅内（德拉·梅内），天主教神父和时事评论家，116—117，204，345，360

　　所著《论对宗教的漠视》，27，116，160，161，162

　　《前途报》，天主教自由派报纸，173

　　所著《论革命的进程》，175

Lancaster, Joseph，兰开斯特，约瑟夫，贵格会教育家，27，202，206，207

Lander, John and Richard，兰德，约翰和理查德，非洲探险家，582，583

land tenures，土地所有权，35—36

　　在法国，56

　　在德意志，368，377

　　在印度，560—563

　　在普鲁士，367

　　在西班牙，456

　　在瑞典，483

　　在美国，594

Landshut，兰茨胡特，该地的天主教浪漫主义 162

Landwehr (militia)，后备军（民兵），奥地利的（1808 年），33；普鲁士的（1813 年），65—66，384

language，语言

　　丹麦语，在石勒苏益格 - 荷尔斯泰因，485

　　荷兰语，在比利时，204，476，479；在爪哇，568

　　英语，在印度教育中，567—568

　　德语，统一的文学语言，385

　　希腊语，545，546

　　冰岛语，494

　　马扎尔语（匈牙利语），401，408

　　挪威语，494

　　梵文，567，568，569

　　印欧语系，印—日耳曼语系，570

　　地方语言，浪漫主义的复兴，304，476

Lannes, Jean，拉内，让，法国元帅，318，320

La, Paz，拉巴斯，反西班牙起义（1809 年），615

Laplace, Pierre S., Marquis de，拉普拉斯侯爵，皮埃尔，数学家，28，121，123，124，132

　　内政部长，参议院议长，125

La Révellière-Lipéaux, L. M. de, 拉雷韦耶尔 - 勒波, 法国第一届督政府督政官, 288, 290, 308

latifundia, 大庄园, 37; 俄国的, 497; 西班牙的, 49, 443

Latin, 拉丁语, 在科学中让位于本国语, 304

Latouche-Trèville, Louis de, 拉图什 - 特雷维尔, 路易·德, 法国海军上将, 324

Lauenberg, 劳恩堡, 普鲁士转让给丹麦 (1814 年), 657

Laugier, Abbé, M. A., 洛吉埃神甫, 所著《论建筑艺术》, 223, 227

Lavalleja, Antoino de, 拉瓦列哈, 安东尼奥·德, 乌拉圭的解放者 (1825 年), 630

Lavoister, A. L., 拉瓦锡, A. L., 科学家, 95, 134, 142

law, 法律

　编纂法典, 在奥地利 (1803 年), 396; 在普鲁士 (1794, 1845 年), 15; 在俄国 (1809 年), 513, 514

　国际法, 481, 669

Lawrence, Sir Thomas, 劳伦斯爵士, 托马斯, 肖像画家, 216

Lazar, George, 拉扎尔, 乔治, 罗马尼亚教师, 538

Lebas, Hippolyte, 勒巴, 伊波利特, 建筑师, 225

Lebeau, Joseph, 勒博, 约瑟夫, 比利时自由派法学家, 478

Leblanc, Nicolas, 吕布兰, 尼古拉, 化学家, 143

Leclerc, V. E., 勒克莱尔, V. E., 法国将军, 261

Ledoux, C. L., 勒杜, C. L., 建筑师, 223—224

Ledru-Rollin, A. A., 勒德律 - 洛兰, 法国法学家和政治家, 365

Leeds Mercury, 《利兹信使报》, 鼓吹改革, 183

Lefebvre, P. F. J., 勒费弗尔, P. F. J., 法国元帅, 321

Legations, Papal, 教皇管区

　从教皇国分出 (1797 年), 151, 156, 255

　回归教皇国 (1815 年), 430

　秘密组织的温床, 434

Legislation, Committee of, 立法委员会 (法国, 1794 年), 285

Legislative Assembly (France, 1791—1792), 立法议会 (法国, 1791—1792 年), 13, 62, 68, 252, 253

Legislative Body (Corps legislatif) in France (1799), 法国立法院 (1799 年), 296; "百日" 期间, 341, 342, 660

Legislative Councils (France, 1795), 立法两院 (法国, 1795 年), 287, 288, 291, 292, 293, 295

Leghorn, trade of, 里窝那的贸易, 424

Legion of Honour, 荣誉勋位团, 301, 319

Legitimacy, principle of, 正统原则, 22, 338, 665; 教皇的支持, 171; 塔列朗和正统原则, 653

Leipzig, 莱比锡, 128, 229, 388

莱比锡战役 （1813 年）, 273, 305, 333, 490, 639

对莱比锡的处理 （1814—1815 年）, 652, 655

Leipziger Zeitung,《莱比锡报》, 186

Lenz, J. M. R., 伦茨, J. M. R., 戏剧家, 371

Leo XII （Annibale della Genga）, 利奥十二世（安尼巴莱·德拉·真加）, 教皇 （1823—1829 年）, 171, 172, 434

Leoben, 莱奥本草约 （1797 年）, 309, 416, 438

Leopard, H. M. S., 英国军舰 "豹号", 89

Leopardi, Giacomo, 莱奥帕尔迪, 贾科莫, 诗人, 103

Leopold, 利奥波德, 萨克森 - 科堡君主
授予希腊王位, 550
比利时国王, 18, 668

Leopold II, 利奥波尔德二世, 哈布斯堡皇帝 （1790—1792 年）
与俄国签订赖兴巴赫条约 （1790年）, 252, 463
在其统治时期的和解, 396
逝世 （1792 年）, 253, 395

Leopold I, 利奥波德一世, 托斯卡纳大公 （后为皇帝, 称利奥波德二世, 见上条）
其改革, 在托斯卡纳, 425, 430

Leopold II, 利奥波德二世, 托斯卡纳大公, 435

Lepeletier, L. M., 勒佩尔蒂埃, L. M., 法国共和派, 149

Le Père, J. M., 勒佩尔, J. M., 法国工程师, 533

Lermontov, M. Y., 莱蒙托夫, M. Y., 诗人和小说家, 108

Leroux, Pierre, 勒鲁, 皮埃尔, 社会主义改革家, 114

lesseps, Vicomte Ferdinand de, 德莱塞普斯子爵, 费迪南德, 法国驻里斯本副领事, 451

Lessing, G. E., 莱辛, G. E., 评论家和戏剧家, 97, 168, 371, 372

Letarouilly, P. M., 勒塔鲁伊利, P. M., 建筑师, 225

Letourneur, C. L. F. H., 勒图尔纳, 法国第一届督政府督政官, 288, 289

Levant, the, 利凡特 （地中海东部地区）, 525—534
英国在该地区的利益, 532—534, 674, 689
法国可能统治该地区 （1799 年）, 256, 265, 529—533, 576
"欧洲协同体" 与该地区 （1839—1841 年）, 690
参看 Turkey 等条

Levant Company, 利凡特公司, 685

levée en masse, "全民皆兵", 62, 122, 291
参看 conscription 条

Lewis, Frankland, 刘易斯, 弗兰克兰, 国会议员, 42

Lewis, Meriwether, 刘易斯, 梅里韦瑟, 美国探险家, 594

Libel Act （1792）, 诽谤法 （1792年）, 180

liberalism，自由主义，12，31，58，192

　经济上的，31，35，58

　政治上的，在比利时，478；在德意志，16；在葡萄牙，454—456；在西班牙，17，439，441，445—446；自由主义与天主教会，173—176，204

　科学上的，在德意志，128

　神学上的，163

Liberia，利比里亚，独立的美裔非洲人共和国，583

liberty，自由，100，112，115

　革命者与浪漫主义者共同追求的，94，103

Liberty of the Press, Society of Friends of the（France），出版自由同志会（法国），189

Libreville，利伯维尔，在加蓬的法国人居留地（1849 年），583

Liebig, Baron Justus von，李比希男爵，尤斯图斯·冯，化学家，128

Liège，列日

　君主—主教辖区，54，463，464

　机器制造中心，469

　划归尼德兰王国，657

　列日高级中学，475

Lieven, Dorothy（née von Ben-ckendor-ff），列文，多萝西（娘家姓冯·本肯道夫），公爵夫人，686

Ligny, battle of（1815），林尼战役（1815 年），314

Ligurian Republic（Genoa），利古里亚共和国（热那亚）法国建立（1797 年），255，256，417；奥地利承认，255；政变，294；重建（1801 年），438

　划归撒丁王国（1815 年），427，429，658

Lima，利马，被封锁（1820 年），623；西班牙人撤出，624；西班牙人重新占领，627

Limburg, Duchy of，林堡公国划归尼德兰王国（1815 年），657

Limburg Stirum, L. van，林堡·斯蒂伦，范，海牙奥伦治党人领袖（1813 年），471

Lind, James，林德，詹姆斯，海军医生，87

Lindet, Robert，兰代，罗贝尔，法国国民公会大委员会成员，279；第三届督政府督政官，293

linen industry，亚麻工业，在德意志，52，53；在俄国，522

Ling, P. H.，林格，P. H.，瑞典体操的创始人，493

Liniers y de Bremond, S. de，利涅尔斯·伊·德布莱蒙德，德，西班牙驻布宜诺斯艾利斯总督，614

Lisbon，里斯本

　商人，422

　米格尔分子的恐怖行为（1828 年），453—454

　被唐·佩德罗占领，454

Lista y Aragón, Alberto，利斯塔·伊·阿拉贡，阿尔贝托，诗人，453

Liszt, Franz，李斯特，弗朗茨，作曲家，230

Liverpool, R. B. Jenkinson, Earl of，利

物浦伯爵，詹金森，政治家，261，598，661，687

Liverpool，利物浦，与奴隶贸易，577，578

Livingstons，David，利文斯敦，戴维，传教士去非洲的先驱，587，588，589

Llauder，Manuel，利奥德尔，曼努埃尔，西班牙将军，455

Lloyd's，underwriters of，劳埃德保险社，78

local government，地方政府

　在法国，制宪议会时期，13；国民公会时期，280；督政府时期，287；拿破仑时期，13，297；1830 年以后，357

　在德意志（1795 年），369—370；（1808 年），380，382

　在匈牙利，400—401

　在西班牙，457

Locke，John，洛克·约翰，哲学家，97，624

Lodi，battle of，洛迪战役（1796 年），309

Lombardy，伦巴第

　卷入对法战争（1792 年），414

　奥地利人撤出（1796 年），415

　在法国统治下，309，420；自由派起义（1814 年），427

　重归奥地利（1815 年），403，658

　动乱，397，404，409，435

Lomonosov，Mikhail，罗蒙诺索夫，米哈伊尔，俄国的"文化英雄"，131

London，伦敦

音乐会，229—230

庆祝和平（1814 年），644—645

欧洲商业金融中心，46

伦敦大学，178，201

人口，31

London，Treaty of（1827），伦敦条约（1827 年），英、法、俄三国为希腊签订，23，549，550，687—689

Lopez，Estanislao，洛佩斯，埃斯塔尼斯劳，阿根廷圣菲的，629

Long，S. H.，朗，S. H.，美国探险家，594

Louis Ⅰ，路易一世，巴伐利亚国王，见 Ludwig Ⅰ 条

Louis ⅩⅥ，路易十六，法国国王，253；被处决，254，277；拿破仑和路易十六，321

Louis ⅩⅦ，路易十七，逝世，337

Louis ⅩⅧ，路易十八，法国国王，5，14，21

　第一次复辟（1814 年），305，337—340，643

　逃亡和第二次回国（1815 年），340—342，659，661

　统治，343—350

Louis，路易，荷兰国王，见 Bonaparte，Louis 条

Louis Ferdinand，路易·斐迪南，普鲁士亲王，374

Louis Napoleon，路易·拿破仑，波拿巴分子觊觎王位者（19 世纪 30 年代），359，360

Louis Philippe Ⅰ，路易-菲利普一世，法国国王，16，356—366，690

作为奥尔良公爵，341，346，355

Louisiana，路易斯安那

西班牙割让给法国（1801 年），
260，261

拿破仑卖给美国（1803 年），20，
263，595

成为美国的州（1812 年），594

北方废除奴隶制，664

Louvain，university of，卢万大学，
475；哲学院，204，475—476

Low Countries，低地国家

参看 Austrian Netherlands，Belgium；
United Provinces of the Nether-
lands，Batavian Republic，Hol-
land；Netherlands（Kingdom of
the）条

Lowell，Francis，洛厄尔，弗朗西斯，
棉纺厂主，601

Lucca，卢卡

法国统治下的共和国（1799 年），
418

共和国恢复（1801 年），438

赐予拿破仑之妹埃利兹（1805 年），
302，438

划归帕尔马波旁王室，复归托斯卡
纳（1815 年），429，658

Luddite disturbances（1811 年），卢德
派骚乱（1811 年），5，328

Ludwig，路德维希，奥地利大公，
405，406

Ludwig Ⅰ，路德维希一世，巴伐利亚
国王，195，550

Luise，路易丝，普鲁士国王弗里德里
希·威廉三世之妻，384，385，
512

Lunévelle，Peace of，吕内维尔和约，
奥法两国签订（1801 年），299，
311

结束第二次反法联盟的战争，388

和约条款，259，420，438

Lutheran Churches，路德会（信义
会），164，176，177

在法国，按照基本条款（1802 年），
154

在普鲁士，与卡尔文宗联合（1817
年），176—177

在符腾堡，391

Lützen，battle of（1813），吕岑战役
（1813 年），272

Luxemb(o)urg，Duchy of，卢森堡公
国，1815 年商定的安排办法，
473，657

lycées，法国公立中学，121，198，
199，203

Lyons，里昂

起义反对国民公会（1793 年），
280，283

暴乱（1831 年），358

人口，32，339

Mably，Abbé G. B. de，马布利神甫，
哲学家，501

McAdam，J. L.，麦克亚当，公路工程
师，39

Macaulay，T. B.，麦考利，历史学家

对印度的看法，553，567，571

论英格兰财富的增加，59

Macaulay，Zachary，麦考利，扎卡里，
慈善家，98

MacCarthy，Sir Charles，麦卡锡爵士，

查尔斯，塞拉利昂总督，584

Macchi, Vincenzo, 马基，温琴佐，枢机主教，罗马教皇驻巴黎的使节，352

Macerata, 马切拉塔，与意大利王国合并（1808 年），424

machines, 机器，采用，5，42；害怕机器，59；通用零件，29，142，601

Mack von Leiberich, Karl, 麦克·冯·莱布里希，卡尔，奥地利将军，313

Mackintosh, Sir James, 麦金托什爵士，詹姆斯，为法国革命辩护，91，102

Maclean, George, 麦克莱恩，乔治，在黄金海岸的商人代理人，585

Madagascar, 马达加斯加，该地的法国人，577，589

Madison, James, 麦迪逊，詹姆斯，美国总统，602

Madrid, 马德里
起义反抗法军（1808 年），334，444，613
人口，32

Magendie, François, 马让迪，弗朗索瓦，生物学家，28

Magnitskii, M. L., 马格尼茨基，喀山大学学监，518

Magyar, language, 马扎尔语，401，408

Mahmud Ⅱ, 马哈茂德二世，土耳其苏丹，528，542，551

Maida, 迈达，英军于此战胜法国人（1806 年），332

Maine, 缅因，成为美国的州（1821 年），604

Mainz (Mayence), 美茵茨，教会公国法国占领（1793 年），254；其世俗化，8
作为德意志邦联要塞（1815 年），656

Maipù, 迈普，智利保皇派最后战败于此（1818 年），623

Maistre, Comte J. M. de, 德·梅斯特尔伯爵，权力主义的理论家，161，162，304，323
受法国革命的影响，11，105—106
所著《圣彼得堡之夜》，19

Malacca, 马六甲，荷兰让与英国（1824 年），559

Malaya, 马来亚
荷兰人许诺不予干涉（1824 年），559；开普殖民地来自马来亚的奴隶，575

Malclom, Sir John, 马尔科姆爵士，约翰，孟买总督，563；出使德黑兰（1800 年），532

Malet, 马莱，反拿破仑的密谋（1812 年），321

Mallet du Pan, Jacques, 马莱·迪庞，雅克，时事评论家，104

Malta, 马耳他
法国占领（1798 年），256，530
沙皇保罗垂涎，21，258
投降英国（1800 年），258
虽有亚眠和约仍由英国保留（1802 年），10，261，263，423；割让给英国（1814 年），644，665

Malthus, T. R., 马尔萨斯，T. R.，政

治经济学家，33，58

Manchester，曼彻斯特，与非洲的贸易，578

Manchester Guardian，《曼彻斯特卫报》，鼓吹改革，183

mandats territorials，土地券，纸币的一种，289

Manipur，曼尼普尔，缅甸人入侵，560

Manique，D. I. P. de，马尼克，葡萄牙警察总监，440

Mansfield，William Murray，Earl of，曼斯菲尔德伯爵，威廉·默里，首席法官，对奴隶制的判决（1772 年），580

Mantua，Duchy of，曼图亚公爵领地，在奥地利统治时期，412；受法国人围攻，415

Manuel，Passos，曼努埃尔，帕索斯，葡萄牙激进派，454

Manzoni，Alessandro，曼佐尼，亚历山德罗，小说家，161，436—437

Marat，J. P.，马拉，J. P.，革命领袖，149，183

Masatha confederacy，马拉塔联盟
使东印度公司感到棘手，552，554
其零星败绩，556，557，558
统治阶级，561

Marburg，university of，马尔堡大学，128

Marchena Ruiz de Castro，José，马尔切纳·鲁伊斯·德·卡斯特罗，何塞，作家，92

Marengo，battle of（1800），马伦戈战役（1800 年），153，259，299，420
报纸的报道，184
战役的军事方面，66，313，315

Maret，H. B.，马雷，H. B.，拿破仑的国务秘书，316

Maria Ⅱ，玛丽亚二世，葡萄牙女王，453，684

Maria Carolina，玛丽亚·卡罗利娜，那不勒斯国王斐迪南四世之妻，426

Maria Christina，玛丽亚·克里斯蒂娜，西班牙国王费迪南七世之妻，452，454—455
女王伊莎贝拉二世的摄政，458

Maria Federovna，玛丽亚·费多罗芙娜，俄国沙皇保罗之妻，506

Maria Ludovica，玛丽亚·卢多维卡，奥地利皇帝弗兰茨之妻，400

Maria Theresa，玛丽亚·特雷西亚，哈布斯堡皇后，205

Maric Amélie，玛丽·阿梅莉，法国国王路易·菲利普之妻，363

Marie Antoinette，玛丽·安托瓦内特，法国国王路易十六之妻，96，253

Marie Louise of Austria，玛丽·路易丝（奥地利的），玛丽·安托瓦内特的侄女，321
拿破仑之妻，21，212，270，302，317
提议由她摄政（1814 年），642
帕尔马女公爵，429，435，643，658

Marine Artillery Corps，海军炮兵队，83

Marine Corps，United States，美国海军

陆战队，89

Marines Royal，皇家海军，86

Marmont，A. F. L. V. de，马尔蒙，法
　　国元帅，317，320

　火炮专家，69，312

　伊利里亚的统治者，536

Marriage，婚姻

　法国实行世俗婚姻，150，152，157

　异教通婚（"科隆事件"），175；改
　革家对婚姻的看法，107，110—
　111

Marseilles，马赛

　起义反对国民公会（1793 年），
　280，283

　毁于大陆封锁，303，329

　屠杀拿破仑的追随者，343

　人口，32，339

Marshall，John，马歇尔，约翰，美国
　最高法院首席法官，608—609

Martello towers，海岸圆形石碉堡，88

Martignac，J. B. S. G.，Vicomte de，马
　蒂尼亚克子爵，法国政治家

　内政部长，353，354

　总理，203，478

Martin，John，马丁，约翰，画家，
　109

Martineau，Harriet，马蒂诺，哈里特，
　作家，176

Martinist movement，马丁主义运动
　（圣马丁的门徒），500—501

Martinovics，Abbé I. J.，马蒂诺维茨
　神甫，匈牙利密谋分子，396，
　400

Martins，Oliveira，马丁斯，奥利维
　拉，葡萄牙作家，441，454

Marx，Karl，马克思，卡尔，革命的
　社会主义者，26

　青年时代受浪漫主义思想的影响，
　110

　马克思的先驱，58，113，115，117

Mascarene Islands，马斯卡林群岛，法
　国人在该岛，577

masonic lodges，共济会，见 freemasons
　条

Massa-Garrara，Duchies of，马萨－卡
　拉拉公国，412，419

Massachusetts，马萨诸塞

　英国国教在该地继续存在，176；实
　行普选（1820 年），607

Masséna，André，马塞纳，安德烈，
　法国元帅，257，311，320，335，
　430

mathematics，数学，130—133；在综
　合工科学校，122；在德意志，
　129

Maudslay，Henry，莫兹利，亨利，工
　程师，142

Mauritius，毛里求斯

　法国远征军转向该地（1803 年），
　263，264

　英国人占领（1810 年），532，558，
　577；并保留（1815 年），10，90

Maury，J. S.，莫里，J. S.，枢机主
　教，159

Mavrocordátos，Alexander，马夫罗科
　扎托斯，亚历山大，当选为希腊
　总统，548，549

Maximilian Ⅰ Joseph，马克西米连一
　世·约瑟夫，巴伐利亚国王，646

Max Joseph，马克斯·约瑟夫，巴登

的选帝侯，390

Max Joseph Ⅱ，马克斯·约瑟夫二世，巴登的选帝侯，390

Mayence，美茵茨，见 Mainz 条

Mazzini, Giuseppe，马志尼，朱塞佩，预言意大利统一，24，108，116，191，434

Méan, Comte F. A. de，梅昂伯爵（原列日的君主兼主教），梅赫伦大主教，474

Mechanics' Institutes，技工学校，29，144，207

Mecklenburg，梅克伦堡，368，389

Medina del Rio Seco，塞科河上的麦迪纳战役，法国于此战胜西班牙人（1808 年），335

Melzi d'Eril, Francis (Duke of Lodi)，梅尔齐·戴里尔，弗朗西斯（洛迪公爵），意大利共和国副总统，421，425，436

Melzi Decrees，梅尔齐法令，对意大利共和国政教协定进行了修改，155，156

Mencken, A. L. M.，门肯，A. L. M.，普鲁士政治家，375

Mendelssohn-Bartholdy, J. L. F.，门德尔松-巴特霍尔德，作曲家，230，242，248

Mendelssohn, Moses，门德尔松，摩西，哲学家，97

Mendizábal, J. A.，门迪萨瓦尔，西班牙政治家，454，456，458

Mendoza，门多萨，圣马丁在该地，622

Mengs, Raphael，孟斯，拉斐尔，画家，209—210，221

Menotti, Ciro，梅诺蒂，齐洛，意大利的密谋者，437

Menou, Baron J. F. de，梅努男爵，法国将军，531

mercantilism，重商主义，41，42，58，382

　在奥地利，398

　在荷兰，477

　在意大利，431，430

　在普鲁士，370，373

　在西班牙帝国，49

　在美国，603，606

Merino sheep，美利奴绵羊，37，53

Merlin de Douai, P. A.，梅兰·德·杜埃，法国督政府督政官，291

Mesta，牧民光荣会，特权，在西班牙，49

métayage，土地收益分成制，36

metric system，度量衡公制，29，125—126

Metternich-Winneburg, Clemens W. N. L., Prince of，梅特涅-温内堡，克莱门斯，亲王，奥地利政治家首相；与法国和谈（1809 年），270

　弗兰茨一世顾问，400；控制报刊，186

　和平建议（1813 年），272—273，639

　最后一次反拿破仑联盟，639—642 各处

　在维也纳会议上，647，649—659 各处，662—665 各处

　梅特涅与沙皇亚历山大一世，18，22，23，516，649，650，663，

670，673

梅特涅与塔列朗，653，654

梅特涅与意大利问题的解决，657—
658；鼓吹在那不勒斯采取温和政
策，16—17，429

致力于反俄，490，649，651，665，
666

镇压行动，11，190，393，403—
404，435，523，547

在国际关系中（1815—1830年），
16，668—678各处

梅特涅与路特希尔德兄弟（1817，
1822年），6

在摄政会议里（1835年），405，
406，408

论大陆体系，330；论拿破仑，334；
论皮埃蒙特的叛乱，434；论纳瓦里
诺，549；论爱尔兰，10；论俄
国，19；他和南美洲，25；他和
希腊，25

Mexico（New Spain），墨西哥（新西
班牙），614

1810年革命，617，634，635

美国的承认（1822年），637；英国
的承认（1825年），683

墨西哥没有主教（1829年），172

Mexico City，墨西哥城，市政会议和
高等法院，614

Meyerbeer，Giacomo，梅耶贝尔，贾科
莫，作曲家，239

Miaoúles，Andreas，米亚乌利斯，安
德烈斯，希腊海军上将，548

Michelet，Jules，米什莱，朱尔，历史
学家，360

Michigan，密歇根，领地，594

Mickiewicz，Adam，密茨凯维奇，亚
当，诗人，103，190

middle class，中等阶级，见 bourgeoisie
条

Middleton，Sir Charles，米德尔顿爵
士，查尔斯，后为巴勒姆勋爵，
海军上将，80，81，325

Mignet，F. A. M.，米涅，F. A. M.，
《国民报》的创始人，189

Miguel，Dom，米格尔，唐，葡萄牙国
王若奥六世次子

专制反动统治代表人物，441，442，
451，454，455，459，684

宣布为国王米格尔一世（1828年），
453

被迫放弃王位要求（1834年），454

Milan Decrees of Napoleon，拿破仑的
米兰敕令，关于中立国船只
（1807年），327，328

Milan，Duchy of，米兰公国，412

落入法国人手中（1796年），309，
415；（1800年），420

拿破仑在此加冕为意大利国王
（1805年），421

米兰的破产（1813年），424—425

被奥地利人占领（1814年），427，
428

米兰科学院，126

人口，32

military colonies in Russia，俄国的军垦
区，518，671

Milizia，Francesco，米利齐亚，弗朗
西斯科，建筑师，223

Mill，James，穆勒，詹姆斯，功利主
义者

论教育，194

在东印度署，552，562，563，567

所著《英属印度史》，570，571

Mill, John Stuart, 穆勒，约翰·斯图尔特，政治哲学家，178

Milosh Obrenovich, 米洛什·奥布廉诺维奇，塞尔维亚的统治者，543，544

Mina, Francesco, Espoz y, 米纳，弗朗西斯科·埃斯波斯·伊，西班牙游击队领袖，450，453，457

Minerve, La, 《智慧女神》，邦雅曼·贡斯当主编的评论性刊物，188，346

Mines, École de, 矿业学校，121

Minho Province of Portugal, 葡萄牙的米纽省，自由主义在该省，453

mining, Academy of, 萨克森的弗赖堡矿业学院，140，388

Mining, 采矿业，在南美洲，636

mining and metallurgical industrices, 采矿与冶金工业，在俄国，497，522，524

Minorca, 米诺卡，谣传俄国阴谋攫取该地，673

Minto, Gilbert Elloit, Earl of, 明托伯爵，吉尔伯特，埃利奥特，262

Mirabeau, H. G. de Rigueti, Comte de, 米拉波伯爵，法国政治家，97

Miraflores, Manuel de pando, Marquis of, 米拉弗洛雷斯侯爵，曼纽埃尔·德潘多，西班牙政治家，453，455

Miranda, Francisco de, 米兰达，弗朗西斯科·德，西属美洲的军人，

委内瑞拉独裁者（1812年），621

missionaries, 传教士，在非洲，583，587，588；在印度，565—567，570

Mississippi valley, 密西西比河流域，棉田，594，596；在美国政治中，602，605，606

Missouri, 密苏里，被美国接纳为蓄奴州（1821年），594，604

Mocenigo, Count G., 莫申尼戈公爵，俄国驻爱奥尼亚群岛公使（1800—1807年），535

Modena, Duchy of, 摩德纳公国，412，414

归顺法国（1796年），415

成为河南（后为山南）共和国的一部分，417

波旁公爵（弗朗西斯四世）复位，429，430，658

Moderates (conservative-liberals) in Spain, 西班牙的温和派（保守的自由派），457—458

Möhler, J. A., 莫勒，J. A.，宗教问题作家，161，163

Moldavia, 摩尔多瓦，多瑙河公国

土耳其苏丹的附庸国，9，258，536—539

俄国人占领，539—540

参看 Roumania 条

Molé, Comte L. M., 莫莱伯爵，L. M.，法国政治家，318，361，363

Mollien, Comte N. F., 莫里昂伯爵，N. F.，法国行政官员，316

Mombasa, 蒙巴萨，法国和它的关系，

577

Monge, Gaspard, 蒙日, 加斯帕尔, 数学家, 121, 122, 123；拿破仑的宠臣, 124, 126

Moniteur official,《政府通报》在督政府和拿破仑时期, 其他报纸的强制性消息的来源, 184, 185, 186 复辟以后, 346, 355

Monomotapa civilisation, 莫诺莫帕塔文明, 572

Monroe, James, 门罗, 詹姆斯, 美国总统, 591, 599, 603

Monroe Doctrine (1823 年), 门罗主义 (1823 年), 20, 591, 637, 638, 668

门罗与 1821 年的俄国敕令, 682—683

Montagnards, 山岳派, 法国国民公会中的派别, 276, 277, 278；逮捕山岳派, 285

Montalembert, C. F. R. de, 蒙塔朗贝尔, 法国天主教保王派, 361

Montenegro, 门的内哥罗, 536, 541

Montesquieu, Charles de Secondat, Baron de, 孟德斯鸠, 哲学家, 41, 93, 371, 624

Montevideo, 蒙得维的亚
脱离拉普拉塔河总督辖区, 614
被巴西征服, 619—620
地区独立, 成为乌拉圭 (1828 年), 630
葡萄牙士兵在此抗命, 631

Montgelas, Maximilian von, 蒙特格拉斯, 马克西米连·冯, 巴伐利亚政治家, 390

Montiosier, F. D. de R., Comte de, 蒙洛西埃伯爵, 高卢派小册子作者, 189

Montmirail, 蒙米赖, 法国于此获胜 (1814 年), 312, 313

Montmorency, Matthieu, Duc de, 蒙莫朗西公爵, 马蒂厄, 法国政治家, 681

Montpellier, university of, 蒙彼利埃大学, 121

Monumenta Germaniae Historica (1826 年),《德意志历史文物》(1826 年出版), 193

Moore, Sir John, 穆尔爵士, 约翰, 将军, 335, 486

Morard de Galle, J. B., 莫拉·德·加尔, 法国海军上将, 78, 79

Moravia, 摩拉维亚, 406

Moravian Brethren, 摩拉维亚弟兄会, 去霍屯督人中传教, 583

Mordvinov, N. S., 莫尔德维诺夫, N. S., 俄国海军上将, 511, 523

More, Hannah, 莫尔, 汉纳, 宗教作家, 165

Morea, 摩里亚；见 Peloponnese 条

Moreau, J. V. M., 莫罗, J. V. M., 法国将军, 289, 309, 419
可能替代拿破仑 (1799 年), 294, 295
在霍恩林登获胜 (1801 年), 259
卡林达尔阴谋分子的试探 (1803 年), 265

Morelos, Father J. M., 莫雷洛斯神父, 墨西哥南方起义领袖, 634

Moresby Treaty (1822 年), 莫尔斯比

条约（1822 年），英国和马斯喀特苏丹签订（关于贩卖奴隶），589

Morey，莫雷，法国狂热的共和党人，360

Morillo, pablo，莫里略，巴勃罗，在南美的西班牙将军，622，625

Mörner, C. O.，默尔纳，C. O.，瑞典军官，487

Morning Chronicle The，《纪事晨报》，181，183

Morning Journal, *The*，《晨报》，托利党极端派报纸，183

mortmain，永久管业权，在西班牙，441

Moscow，莫斯科
　　法军进入（1812 年），69，271，515
　　法军撤出，312，317，321，328
　　莫斯科大学，499
　　人口，32

Moser, J. J.，莫泽尔，J. J.，德国学者，372

Möser, Karl，默泽尔，卡尔，音乐家，243

Moulin, J. F. A.，穆兰，J. F. A.，法国将军，第三届督政府督政官，293

Mousinho da Silveira, J. J.，莫西尼奥·达·西尔维拉，葡萄牙法学家，454

Movement, party of，"运动派"，在1830 年以后的法国政治中，361，362

Mozambique，莫桑比克，葡萄牙殖民地，587

Mozart, W. A.，莫扎特，W. A.，作曲家，231，232，238—244 各处共济会员，237

Mughal emperors in India，印度莫卧儿帝国皇帝，552，555，557

Muhammad Ali，穆罕默德·阿里，埃及的帕夏
　　统治埃及，4—5，24，532，533—534
　　派兵去希腊，548，550，686，688

Müller, Adam，米勒，亚当，浪漫派时事评论家，186，375

Müller, Johannes P.，米勒，约翰内斯，生理学家，129

Müller Johannes von，弥勒，约翰内斯·冯，瑞士历史家，91

Münchengrätz，明亨格列兹，奥俄两国于此签订巴尔干协议（1833 年），689

Munich, university of，慕尼黑大学，162，195；高等技术学校，125

municipal organisation，市政机构，见 local government 条

Municipal Reform Edict，市政改革法令，普鲁士（1808 年），380，382

Munro, Sir Thomas，孟罗爵士，托马斯，马德拉斯总督，552，557，561，562

Münster, Count E. F. H. von，蒙斯特伯爵，代表汉诺威出席维也纳会议，647，655

Münster，蒙斯特，该地的天主教浪漫主义，162

Muntinghe, H. W.，蒙廷格，在爪哇

的荷兰官员，564

Murat, Joachim, 缪拉，若阿基姆，法
　　国元帅，拿破仑的妹夫，316，
　　320

　　镇压马德里起义（1808 年），334

　　那不勒斯国王（1808 年），302，
　　331，438；改革，17，422，423，
　　425

　　自莫斯科撤退时的行动，321

　　抛弃拿破仑（1814 年），313，641；
　　与奥地利联盟，273，427，428，
　　657

　　在"百日"时期，企图发动意大利
　　人反对奥地利人（1815 年），
　　332，658，660；入侵教皇国和托
　　斯卡纳，428；被奥地利人战败，
　　313；离开意大利，428

　　企图入侵那不勒斯；战败并被处决
　　（1815 年），429，658

Muraviev, N.M., 穆拉维约夫，
　　N.M.，十二月党人，520

Muscat, Omani of, 马斯喀特，阿曼
　　人，576，577；东印度公司派驻
　　该地的代表，532

Muséum d'histoire naturelle, 自然史博
　　物馆，121，124，128

music, 音乐，228—249

muskets, flintlock, 滑膛枪，燧发枪，
　　67

musketeers, 滑膛枪手，70，73

Muspratt, James, 马斯普拉特，詹姆
　　斯，化学工厂主，143

Musset, Alfred de, 缪塞，阿尔弗雷
　　德·德，诗人，103

Mysore, 迈索尔，553—554

Nana Phadris, 那那·法德里斯，浦那
　　掌权的大臣，555

Nantes, 南特，303，577；人口，339

Napier, Sir Charles, 内皮尔爵士，查
　　尔斯，海军上将，454

Naples, 那不勒斯，48，303；那不勒
　　斯大学，200；人口，32

Naples, Kingdom of, 那不勒斯王国，
　　412

　　参加反法联盟（1793 年），254，
　　414

　　镇压，415

　　入侵罗马共和国（1799 年），310，
　　419

　　被法国人战败，建立帕特诺珀共和
　　国（1799 年），256，419

　　鲁福红衣主教推翻共和国，420

　　法国人建立新傀儡政权（1801 年），
　　420

　　约瑟夫·波拿巴成为国王（1806
　　年），267，331，438

　　缪拉成为国王（1808 年），302，
　　331，438；改革，17，422，423，
　　425

　　贸易，424

　　重归波旁王朝（1814 年），429，
　　658

　　梅特涅建议在那不勒斯采取温和政
　　策，16—17，429

　　与教皇签订政教协定（1818 年），
　　170，430

　　秘密团体，431

　　起义，被奥地利粉碎（1820—1821
　　年），16—17，432，675—677

Napoleon Bonaparte，拿破仑·波拿巴，
　　法国皇帝
　　早年历史，307—308
　　性格，11，295—296，316—323
　　作为将军，75—76，311—313；他
　　　　指挥的军队，63—65，69—75；
　　　　他指挥的炮兵，68—69
　　积极围攻土伦（1793 年），在巴黎
　　　　（1795 年），286，308
　　意大利战役（1796—1797 年），
　　　　309，311
　　远征埃及（1798 年），256，310，
　　　　529—531，576
　　果月政变（1797 年），291
　　雾月政变（1799 年）；成为第一执
　　　　政，257，296，316
　　终身执政（1802 年），263，300
　　皇帝（1804 年），21，301；加冕典
　　　　礼，155—156，301
　　他与教会和庇护七世的关系，152—
　　　　160
　　与约瑟芬·博阿尔内结婚，308，
　　　　316，317；离婚，270，302
　　与奥地利的玛丽·路易丝结婚，21，
　　　　212，270，302，317，321
　　统一欧洲的努力，274，302—305
　　唤起民族情绪，330—334
　　他与英国，323—326；“大陆体系”
　　　　反对英国，326—330
　　西班牙的抵抗，333—336，444—
　　　　446
　　俄国战役（1812 年），271，304—
　　　　305，321，515
　　战败（1813—1814 年），272—274，
　　　　305，639—642；在厄尔巴，305，

643，660
　　“百日”（1815 年），14，658，
　　　　659—661；滑铁卢战役，313—
　　　　316
　　让位其子，305，321，341，342
　　在“贝雷勒芬”号上，318；在圣
　　　　赫勒拿，307，661
　　葬礼，359
　　拿破仑时期的教育和学术，119，
　　　　124—125，198，199
　　法兰西研究院与拿破仑，124，126，
　　　　312
　　他的时代的报刊，183—184
　　贝多芬与拿破仑，234，304，331
　　艺术的保护人，210，211，224
Napier，Robert C.，Lord，内皮尔勋
　　爵，罗伯特，指挥远征埃塞俄比
　　亚的军队，573
Narváez，R. M.，纳瓦埃斯，西班牙
　　军人和政治家，458，459
Nash，John，纳什，约翰，建筑师，
　　225—226
Nasmyth，James，内史密斯，詹姆斯，
　　工程师，142
Nassau，拿骚
　　扩充疆土（1802 年），155
　　被法国人占领（1806 年），471
　　宪法，16
　　与教皇签订政教协定，170
Natal，纳塔尔，英国人在纳塔尔，
　　576，586
National，Le，《国民报》，法国反保皇
　　派报纸，189
National Assembly，法国国民议会，见
　　Constituent Assembly 条

National Convention, France, 法国国民公会，见 Convention 条

National Guards, 国民自卫军

　法国的，61，281，285；改组（1797 年），290；（1815 年），342；（1831 年），356；（1832年），360

　山南共和国的，417

nationalism, 民族主义

　同浪漫主义结合，94，99，190，332，410

　不同于爱国主义，100

　民族主义与战争，60—61

　奥地利统治下的，407—411

　德意志的，186，332，389

　意大利的，436—437

　西班牙的，333—334

　拿破仑唤起的，330—334

nationality, Principle of, 民族的原则，665

National Road, 国家公路，通过阿勒格尼山脉到俄亥俄，599

National Republican Party, 美国国民共和党，603，604

National Society for the Education of the Poor (Anglican), 全国贫民教育协会（英国圣公会的），178，202

National-Zeitung der Deutschen, 《德意志国民日报》，186

natural history, 自然史，精确科学进入自然史领域，131，136

Naturphilosophie, school of, 自然哲学派，128

Nautilus, "鹦鹉螺" 号，"潜水船"（1803 年），84

Nauvoo, Illinois, 脑武，伊利诺伊，该地的伊卡里亚移民地，115

Naval Academy, 海军学院（后为皇家海军学院），85

naval constructors, corps of, 海军造船队，82

Naval Enquiry, Commissions of, 海军调查团，81

Navarino, 纳瓦里诺，英法俄三国海军分遣队于此战胜土埃两国舰队（1827 年），84，525，549，688，690

Navarre, 纳瓦拉，该地的卡洛斯派，460

navies, 海军

　英国的，76—78，80—88，324，326；英国海军霸权，6，77，90，672；与奴隶贸易，99，581，673

　智利的，623

　法国的，78—80

　西班牙的，323，324

　马斯喀特苏丹的，577

　美国的，89—90

Navigation Acts, 英国航海条例，修改（1822 年），680

Navigation Code, 航海法规，598

Navy Board, 海军部，80，83

Navy Department, 美国海军部，89

"Nazarenes", "拿撒勒画派"，他们在罗马的聚居地，161，221

Near East and Ottoman Empire, 近东与奥斯曼帝国，525—551

Nederlandsche Handel-Maatschappij, 尼德兰贸易公司，55，478，564

Neerwinden, 内尔温登，奥地利人于

此战胜法国人（1793 年），464，465

Neipperg, Count Adam A. von, 奈珀克伯爵，亚当·冯，奥地利将军，奥地利的玛丽亚·路易丝的第二个丈夫，429

Nelson, Horatio, Viscount, 纳尔逊子爵，霍雷肖，海军上将，76，83，87，325

他的"公海"封锁体系，77

突破敌舰队列的战术，324，326

在尼罗河海战中，256，531

在哥本哈根，484

在特拉发尔加，267，326，485

Nesselrode, Karl R., Graf von, 涅谢尔罗杰伯爵，卡尔，沙皇亚历山大一世的顾问，18，673

在维也纳会议上，646，654

Netherlands, 尼德兰，见 Austrian Netherlands, Holland, Netherlands (Kingdom of the) 条

Netherlands, Kingdom of the, 尼德兰王国（荷兰和比利时）

皮特建议成立（1798 年），256—257

建立（1814 年），54，473；一心想遏制法国，18，640，644

参加三国联盟（1815 年），654

宪法（1815 年），473—474

与教皇签订政教协定（1827 年，未执行），170

分裂（1830—1831 年），7，664

参看 Belgium, Holland 条

Neue Zürcher Zeitung,《新苏黎世报》，191

Neufchateau, Francois de, 纳夫夏托，弗朗索瓦·德，法国第三届督政府督政官，291

New Granada, Viceroyalty of, 新格拉纳达总督辖区

起义（1809 年），废黜总督（1810 年），615—616

西班牙军队重设总督（1816 年），621，622

联合委内瑞拉建立哥伦比亚共和国（1819 年），625

New Harmony, 新和谐公社，欧文在印第安纳州创建的定局点，111—112

New Lanark, 新拉纳克，欧文在该地的纺织厂，7，42—43，111

New Orleans, 新奥尔良，美军于此战胜英军（1815 年），611

"New Readers" sect in Sweden, 瑞典"新读经师"派，164

New Spain, 新西班牙，见 Mexico 条

Newspaper Act（1798 年），报刊法（1798 年），181，182

newspapers, 报纸，见 Press 条

newspapers, circulation of, 报纸的发行

在英国，181

在巴黎（1826 年），188—189，340

在普鲁士（1823，1830 年），191

Newtonian laws, 牛顿定律，131—132，133—134

New York, 纽约

作为利物浦贸易的终点站，596

政治，606；普选权（1821 年），607

人口，593，606

Ney, Michel, 内伊，米歇尔，法国元
帅，320，490

在滑铁卢，70，313，314

被处决，在路易十八时期，319，
344，354

Nicaragua，尼加拉瓜，中美洲联合省
的一部分（1823—1838 年），636

Nice，尼斯

撒丁王国的一部分，412 注

革命军进入；投票赞成并入法国
（1792 年），277

被法国兼并（1793 年），254，255，
256，414

重归撒丁（1815 年），429，658

Nicolas Ⅰ，尼古拉一世，俄国沙皇

即位时十二月党人兵变（1825 年），
521

对教皇格列高利十六世施加压力，
116

在波兰采取镇压行动，200，664，
668

Nicolovius, G. H. L. N.，尼古洛维斯，
歌德之侄，386

Niebuhr, B. G.，尼布尔，普鲁士政治
家和历史学家，187，378，387

Nielly, J. M.，尼埃里，法国海军上
将，79

Niethammer, F. I. N.，尼特哈默尔，
F. I. N.，学者，390

Niger river，尼日尔河，三角洲（"油
河"），580，582，585；考察，
582

Nile, Battle of the（Aboukir Bay）（1798
年），尼罗河海战（阿布基尔湾）

（1798 年），256，310，419，484，
530，531，576

Nile, sources of the，尼罗河之源，588

Nizam-i-Djedid（New ordinance），新法
令，土耳其的（1801 年），530

Nizam of Hyderabad，海德拉巴的尼扎
姆，英国盟友，553—554

nobility, Napoleon's new，拿破仑的新
贵族，301，321

得到路易十八的承认，338

Norway，挪威，480—494 各处

对丹麦官僚统治不满，483，488

同情法国革命，483

被英国封锁，488

丹麦的让步，489

瑞典入侵（1808—1809 年），486

瑞典和俄国的征服计划，489

短暂的独立（1814 年），490

转让给瑞典（1814 年），7，489，
637，664

宪法（1814 年），18，187，491，
492

属地（冰岛，格陵兰，费罗群岛）
归丹麦，490

因偿还丹麦欠款发生争执（1818—
1821 年），492—493

Novalis，（F. L. Hardenberg），诺瓦利
斯，（F. L. 哈登贝格），诗人和
哲学家，102，161

Nova scotia，新斯科舍，该地的私掠
船，90

Novi，诺维，法国人于此战败（1799
年），294，310

Novikov, N. I.，诺维科夫，俄国自由
派政论家，500

Novosiltsev, Count N. N., 诺沃西利采夫伯爵

　　沙皇亚历山大一世的顾问, 505, 506, 507, 509

　　派往伦敦谈判联盟问题 (1804年), 266

　　驻波兰高级专员, 517

　　起草俄国宪法 (1819年), 512, 519

nullification, doctrine of, 美国的否认原则, 607

Nuttall, Thomas, 纳托尔, 托马斯, 博物学家和探险家, 594

Nyasaland, 尼亚萨兰, 利文斯敦在该地, 587, 588

obrók (body-rent) in Russia, 俄国的代役租, 496, 498

Observatoire de Parsi, 《巴黎观察家报》, 121

O'Connell, Daniel, 奥康内尔, 丹尼尔, 爱尔兰领袖

　　其天主教协会, 173, 179, 189

　　比利时天主教徒采用他的方法, 10, 179, 204

O'Connor, Arthur, 奥康纳, 阿瑟, 爱尔兰政治家和叛乱者, 92

Odessa, 敖德萨, 建立 (18世纪90年代), 495, 527

O'Donnell, Leopold, 奥唐奈, 利奥波德, 西班牙将军和政治家, 448, 449

Oehlenschläger, Adam, 欧伦施莱厄, 亚当, 丹麦诗人, 493

Oersted, H. C., 奥斯忒, 物理学家, 134, 145

Oesterreichische Beobachter, 《奥地利观察家报》, 186

officers, 军官

　　英国海军的, 84—85, 86

　　法国陆军的, 61, 62, 64; 法国海军的, 78—79

　　德意志军队的, 66, 382

O'Higgins, Bernardo, 奥希金斯, 贝尔纳多, 智利最高执政, 623, 628

Ohio, 俄亥俄, 594, 599; 成为美国的州 (1803年), 594

"Oil Rivers" (Niger delta), "油河" (尼日尔河三角洲), 580, 582, 585

Oldenburg, Duchy of, 奥尔登堡公国

　　并入法国 (1810年), 21, 271, 328

　　与俄国的王朝联系, 21, 271, 673注

Oman (persian Gulf), 阿曼 (波斯湾), 法国人被驱逐, 532

Oneglia, 奥内利亚, 被法国人占领 (1794年), 415, 416

opera, 歌剧, 238—242

Opie, John, 奥佩, 约翰, 画家, 216

opium, trade in, 鸦片贸易, 565, 659

Oporto, 波尔图, 卫戍部队叛变 (1820年), 451, 675

　　唐·佩德罗被困于该地 (1824年), 454

Oppositionsblatt (Weimar), 《反对派报》 (魏玛), 190

Orangist Party in Holland, 荷兰的奥伦治党, 462, 466

其成员，在拿破仑统治下接受官职，469；承认路易·波拿巴为王，470

筹划威廉六世复位（1813 年），471

Orban family，奥尔邦家族，比利时格里文日的炼铁厂主，55

Orders in Council，枢密院令，向中立船只颁发许可证（1807 年），327，486

美国和枢密院令，271，328

废除（1812 年），89，328，598

Ordnance Board of navy，海军军械署，83

Organic Articles，基本条款，限制教会自由的法律

在法国，153，154，156；在法国统治下的比利时，468

在意大利共和国（梅尔齐法令），155，156

Orléans，Duc d'，奥尔良公爵，见 Louis Philippe，King the French 条

Orlov，Counts Alexis and Gregory，奥尔洛夫伯爵，阿列克西斯和格雷戈里，与俄国的叶卡捷琳娜二世，503，544

Orthodox Church（Creek），正教（希腊），在奥地利的特兰西瓦尼亚，538；在希腊，546；在奥斯曼帝国，527，528；在维也纳和的里雅斯特，545

Otho of Bavaria，巴伐利亚的奥托，成为希腊国王（1832 年），550

Ottoman Empire，奥斯曼帝国，10，525

穆斯林与非穆斯林，527

各省，528—529

瓜分计划，258，526

参见 Turkey 条

Oudh，奥德，和东印度公司结成联盟，554

Oudinot，C. N.，乌迪诺，C. N.，法国元帅，490

output，产值，总产值和按人口平均产值，在英国，43—44

Ouvrard，G. J.，乌弗拉尔，G. J.，法国军事工程承包商，6

Ouvrard-Baring-Hope，乌弗拉尔－巴林－霍普，银行家，47

Overton，John，奥弗顿，约翰，福音派作者，164

Owen Robert，欧文，罗伯特，社会主义革新家

教育思想，27，194，206

新拉纳克工厂，7，42—43，111

创建新和谐公社，111—112

Oxford，University of，牛津大学，27，178，201，202

Oxford Movement，牛津运动，178

Pacca，Bartholomeo，帕卡，巴尔托洛梅奥，枢机主教，教皇的国务卿，8，322

Pacific coast of N. America，北美洲的太平洋沿岸，俄国关于它的敕令（1821 年），680，683

Páez，J. A.，派斯，J. A.，委内瑞拉游击战士，628

Paganini，Nicolo，帕加尼尼，尼科洛，小提琴家，230

Paylen，Count P. von，帕伦伯爵，策

划谋杀沙皇保罗一世，506，507，509

Paine，Thomas，潘恩，托马斯，共和主义作家，99，167，568

　　欢迎法国革命，91，102

　　所著《人的权利》，95

Painting，绘画，在英国，216—220；在法国，209—216；在德意志，220—221；在西班牙，221—222

Paissii，Ch.，佩西，阿索斯山修道院修士，540

Pakenham，Sir Edward，帕克南爵士，爱德华，陆军少将，在新奥尔良被击毙，611

Palaeontology，古生物学，138，140

Palermo，巴勒莫，人口，32

Palestrina，G. P. de，帕莱斯特里纳，G. P. 德，作曲家，244

Paley，William，培利，威廉，《论基督教的证据》的著者，177

Palm，J. P.，帕尔姆，纽伦堡书商，1806 年被处决，270

Palmella，Dom Pedro Count of，帕尔梅拉伯爵，唐·佩德罗，葡萄牙政治家，451，453，454

Palmer，Samuel，帕尔默，塞缪尔，风景画家，217

Palmerston，Henry John Temple，Viscount，帕麦斯顿子爵，亨利·约翰·坦普尔，10，550

Palm oil，棕榈油，非洲出口，580

Panama，Congress of（1826 年），巴拿马会议（1826 年），628，684

Panin，Count N. P.，帕宁伯爵，策划谋杀沙皇保罗一世，506，507，509

Paoli，Pasquale，保利，帕斯卡尔，科西嘉将军，307，308

Papal bulls and encyclicals，教皇的诏书和通谕

　　《如此惩罚》，签订政教协定后（1802 年），153

　　《每当想起》（1809 年），关于入侵教皇国，156，157，425 注

　　《自动诏书》（1816 年），关于恢复教皇国，430

　　致南美教士（1816，1824 年），172

　　《对你们感到惊异》（1832 年），驳斥良心自由说，171

　　《我们独特的》，谴责拉梅内的《一个信徒的话》，116

Papal States，教皇国，9，17，171，142

　　参加反法联盟（1793 年），254

　　把罗马涅、波洛尼亚和弗拉拉让与拿破仑，255

　　法国人占领安科纳港（1805 年），156

　　法国人占领；边境地带被兼并（1808 年），156，322

　　使之与帝国同化（1809 年），156，322，331，425 注，438

　　还给教皇（1814 年），170，429，430，434，658

　　缪拉入侵（1815 年），428

　　承认南美各共和国（1835 年），638

　　参见 Legations，Papal 条

Paraguay，巴拉圭，拉普拉塔河总督辖区的一个省，成为独立的国家（1811 年），618，619

Paris，巴黎

巴黎公社，在大革命时期，147，276，278，284

起义，被拿破仑粉碎（1795 年），286，308

法兰西民族国家的中心，123，340

计划将教皇移往巴黎，157

为联军占领（1814 年），642；（1815 年），661

金融中心，46

人口，31

Paris，Conglɔss of，巴黎会议（1856年），669

Paris，Convention of，巴黎协定，与普鲁士（1808 年），65

Paris，Peace of，巴黎和约（1814年），305，644；（1815 年），342，661—665

Park，Mungo，帕克，芒戈，非洲探险家，582

Parker，Richard，帕克，理查德，诺雷兵变（1797 年）的领袖，87

Parker，Sir Hyde，帕克爵士，海德，海军上将，85

Parma，Duchies of，帕尔马公国，256，412

并入法兰西帝国（1808 年），331，423，438

赐予玛丽·路易丝皇后（1814 年），429，435，643，658

保留法国法典，430

Parthenopaean Republic（Kingdom of Naples），帕特诺珀共和国（那不勒斯王国），256，417，420

Pasto，帕斯托，新格拉纳达保皇派控

制的省份，625，626

Patent Iegislation，专利法案，29，142

"Patriot" movement in Holland（1780s），荷兰的"爱国"运动（18 世纪 80年代），462，463，465

Patriotic Societies in Spain，西班牙的爱国团体，439，442

Patriotism，爱国主义，61，100，148

Paul Ⅰ，保罗一世，俄国沙皇，21，499，502

作为统治者，503—506；撤销叶卡捷琳娜二世的决定，500，501

参加第二次反法联盟，256—257；撤退，257

恢复对英武装中立，258，484，531

被刺，259，485

Paulus，H. E. G.，保罗，H. E. G.，圣经评论家，168

Peasant Proprietors，自耕农，法国的，319；西班牙的，442

Peasantry，农民

在奥地利，406—407，410

在德意志，368—369，373，376

在印度，552

在意大利，413，435

在爪哇，564

在俄国，496—497

见 serfdom 条

"Peasants，War"，"农民战争"，在佛兰德反抗法国人（1798 年），467

Pecqueur，Constantin，佩克尔，康斯坦丁，改革家，116

Pedro Ⅰ，佩德罗一世，巴西皇帝（1822—1831 年）

他的统治，631—632，684

继承和放弃葡萄牙王位（1826 年），452，453，633，684

放弃巴西帝位（1831 年），454，633；得到英国帮助在葡萄牙打败米格尔派（1834 年），454

Peel, Sir Robert, 皮尔爵士，罗伯特，政治家，182

Peloponnese（Morea），伯罗奔尼撒（摩里亚）

被威尼斯占领（1687—1715 年），544

反土耳其起义（1821 年），539，547—548，677

Pellico, Silvio, 佩利科，西尔维奥，《和解报》的编辑，435

Penang, 槟榔屿，英国人在该地，559，565

Peninsular War, 伊比利亚半岛战争，327，333—336；为之筹措资金，328

Pepe, Guglielmo, 佩佩，古列尔莫，将军，那不勒斯起义领袖（1820 年），432，433，437

Percier, Charles, 柏西埃，夏尔，建筑师，224，225

père Duchesne，《迪歇纳老爹报》，埃贝尔的报纸，147

Pereire, Emile and Isaac, 佩雷尔，埃米尔和伊萨克兄弟，动产信贷银行创办人，114

Périer, Casimir P., 佩里埃，卡西米尔，法国政治家，361，362，363

Perim, 丕林岛，英国人在该地，532

Pernambuco, 伯南布哥，共和派在此起义（1817—1824 年），632

Perron（Cuellier），Pierre, 佩隆（居里埃），皮埃尔，在印度的法国军事冒险家，555

Perronet, J. R., 佩罗内，J. R.，建筑师，223

Perry, James, 佩里，詹姆斯，新闻记者，181

Persia, 波斯

割地给俄国（1813，1828 年），9，522，529

英国垂涎，10，529，532，674

Persian language, 波斯语，在印度，567

Peru, Upper, 上秘鲁（今玻利维亚），618

叛乱（1809 年），613

重又并入秘鲁总督辖区，620

玻利瓦尔消灭保皇派的抵抗（1825 年），626

建立玻利维亚共和国，627

Peru, Viceroyalty of, 秘鲁总督辖区

来自秘鲁总督辖区的军队，平息上秘鲁的叛乱（1809 年），613

圣马丁自海上入侵（1820 年），623

宣布独立（1821 年），624

玻利瓦尔最后打败总督的军队（1824 年），626，627

Peshwa, 帕什瓦，马拉塔联盟的首席大臣，554

巴吉·劳接替执政（1796 年），555

与东印度公司的关系，557，558

Pestalozzi, J. H., 裴斯泰洛齐，约翰·海因里希，教育改革家，27，206

费希特对他的影响，193—194，

197，386

欢迎法国革命，92

Pestel，Paul，彼斯捷尔，帕维尔，十二月党人，520

Peter Ⅲ，彼得三世，俄国沙皇，502，503

Pétion. Alexandre，佩蒂翁，亚历山大，南海地的混血儿统治者，633

Peyronnet，Comte，C. I. de，佩罗内伯爵，法国政治家，353

Phanariot Greeks，法纳尔，希腊人在君士坦丁堡，528，545

多瑙河两公国的统治者，537，538，539

Philadelphia，费拉德尔菲亚科学，127

合众国银行，605

选举改革，606

"Philikè Hetairía"，"菲力克·希特里亚"（友谊社），希腊爱国团体，535，538，548

Philomathians，爱学社，波兰学生团体，190

Philosophy and philology，哲学和语言学，在德意志，14—15

Photius，佛提乌，俄国修士大牧首，519

physics，物理学，133—134，136

Physiocrats，重农主义者，56

Piacenza，Duchy of，皮亚琴察公国，并入法兰西帝国（1808 年），331，438

Piazzi. Giuseppe，皮亚齐，朱塞佩，天文学家，132

Pichegru，Charles，皮什格吕，夏尔，法国将军，288，290

当选为五百人院议长（1797 年），290

卷入保皇党的阴谋，反督政府，290，294；反拿破仑，265

Pichincha，皮钦查，西班牙人被苏克雷击败于此（1822 年），626

Picornell，J.，比科内利，西班牙共和派密谋分子，440

Piedmont，皮埃蒙特，撒丁王国的一部分，412 注

对持不同政见者的镇压（1794 年），415

被法国吞并（1798 年），417

联军占领（1799 年），但被法国人重占（1800 年），309，420

法国兼并（1802 年），262，263；法国的统治，422

重归撒丁王国（1814 年），429，658；秘密团体，431

军事叛乱（1821 年），17，433—434，677

pietism，虔信主义，163，164，170

Pike，Z. M.，派克，Z. M.，美国探险家，594

Pillnitz，Declaration of，皮尔尼茨宣言，奥普两国发表，关于路易十六的处境（1791 年），253

Pinckney Treaty，平克尼条约，西班牙和美国签订（1795 年），595

Pindaris，平达里，马拉塔资助的部队，557，558

Pisa，比萨，该地的师范学校，200

Pitt，William，皮特，威廉，政治家

向俄国提出建立第二次反法联盟的建议（1798 年），256—257

辞职（1801 年），260

复职；策划第三次反法联盟（1805 年），265—266，640

Pius Ⅵ（Giovan-Angelo Braschi），庇护六世（焦万 - 安杰洛·布拉斯基），教皇（1775—1799 年）

谴责教士公民组织法，146

抗议法国革命者的行动，252

成为囚犯（1798 年），256；在法国流放中逝世（1799 年），151，299

Pius Ⅶ（Gregorio Chiaramonte），庇护七世（格雷戈里奥·基亚拉蒙蒂），教皇（1800—1823 年）

当选（1800 年），152

在意大利战争（1800—1801 年）中未受拿破仑骚扰，420

与拿破仑签订政教协定（1801 年），299

在拿破仑的加冕典礼上（1804 年），155—156，301

被捕并劫持到萨沃纳（1809 年），156—160，322—323

在枫丹白露受到压力（1813 年），160

返回罗马（1814 年），160

在维也纳会议时期保持中立，171

重建耶稣会，352

逝世（1823 年），17

Pius Ⅷ（Francesco Castiglione），庇护八世（弗朗切斯科·卡斯蒂廖内），教皇（1829—1831 年），434

Pius Ⅸ（G. M. Mastai-Ferretti），庇护九世（马斯泰 - 费雷蒂），教皇（1846—1878 年），他的当选为自由派天主教徒带来希望，26

Playfair, W. H., 普莱费尔，W. H., 建筑师，227

Pleiswitz, Armistice of, 普列斯维茨停战协定，拿破仑和联军签订（1813 年），272

Poisson, S. D., 泊松，S. D., 数学家，123

Poland, 波兰

瓜分，495，648

第一次瓜分（奥、普、俄，1772 年），251，480

第二次瓜分（普、俄，1793 年），253—254

第三次瓜分（奥、普、俄，1795 年），21，255，387，500，501，511

在法国共和军中的波兰军团，512

拿破仑建立华沙公国（1807 年），332，648

沙皇亚历山大一世的同情，503，512，516，649，665

维也纳会议中的讨价还价，648—656 各处

在俄国统治下（波兰会议王国），9，667；教会和政府，173；与教皇签订政教协定（1818 年），170；学生团体，190，517；教育，200；宪法，187，516—517；废除宪法，664

奥地利兼并克拉科夫（1846 年），410

police, 警察

专制政府的，190

在奥地利，396—397

在意大利，17

在拿破仑时期，297

Polignac, Prince Jules de, 波利尼亚克公爵，朱尔

　　法国驻伦敦大使（19 世纪 20 年代），638

　　查理十世的大臣（1829—1830 年），354，682，683

Polish language, 波兰语，511

poll-tax, 人头税，在俄国，497，523

Pombal, S. J. de Carvalho, Marquis of, 庞巴尔侯爵，德·卡瓦略，葡萄牙政治家，439—442

Pomerania（West），波美拉尼亚（西部）

　　在瑞典统治下，480，485

　　被拿破仑侵占（1812 年），489

　　瑞典军队在该地（1813 年），490

　　基尔条约规定归属丹麦（1814 年），490

　　卖与普鲁士（1815 年），7，491，657，664

Poncelet, J. V., 彭赛列，J. V.，数学家和工程师，123

Ponsonby, John, Viscount, 庞森比子爵，约翰，英国驻布宜诺斯艾利斯和里约热内卢的公使，630

Ponts et Chaussées, Corps des, 桥梁道路协会，223，224

Ponts et Chaussées, École des, 桥梁道路学校，121，223

Poona, 浦那，英国人在该地，554

Popes, 教皇，见 Pius Ⅵ, Pius Ⅶ, Leo Ⅻ, Pius Ⅷ, Gregory ⅩⅥ, Pius Ⅸ 条

Popham. Sir Home, 波帕姆爵士，霍姆，所著《航海词汇》，76

population, 人口，3，31—33，251

　　在奥地利，32，406

　　在比利时，32，38，54，468

　　在英国，31，32，251

　　在法国，32，251，281

　　在冰岛，480

　　在意大利，31，32，251

　　在喀土穆，534

　　在俄国，31，32，50，251，495—496

　　在斯堪的纳维亚，491

　　在西班牙，31，32，251，442

　　在美国，593

Portalis, J. E. M., 波塔利斯，J. E. M.，拿破仑的宗教事务发言人，154

Porter, George R., 波特，乔治，统计学家，所著《国家的进步》，7，44

Port Mahon, 马翁港，英国人于此获胜（1798 年），419

Portugal, 葡萄牙，7，439—461 各处

　　庞巴尔的改革，439—442

　　参加反法联盟（1793 年），254

　　未领到工资的水手暴动（1800 年），440

　　西班牙和法国军队入侵；对西班牙和（在圭亚那）对法国的割让（1801 年），260

　　法国人入侵；王室逃往巴西（1807 年），269，327，612

　　自由派暴动失败（1808 年），447；

英国人赶走法国人，335

与英国签订条约（1801 年），672 注

参加第四次反法联盟（1813 年），272

在维也纳会议上，648

革命；拟定宪法（1820 年），451，630，675

若奥六世自巴西回国（1821 年），630—631，675；顺从议会，675；巴西独立，630—632，675

唐·佩德罗继承和放弃王位（1826 年），452，453，633，684

自由派革命失败；唐·米格尔成为国王（1828 年），453—454

唐·佩德罗在英国帮助下击败米格尔派（1834 年），454

九月党人起义（1836 年），461

折中宪法（1838 年），461

在东非，572，573，574，576，587

在西非，578，587

在巴西，612；贸易，442，448

葡萄牙与奴隶贸易，659

positivism，实证主义，30；在科学思想中，118；孔德的实证主义，123

Potemkin, Prince P. A.，波将金，俄国叶卡捷琳娜二世宠臣，502，503

Potter, Louis de，波特，路易·德，比利时自由派记者，26，192，479

poverty，贫困

救济贫困，在奥地利，407；在英国，5；在法国，5，283，298

农村的贫困，在意大利，48，435

Pozzo di Borgo, Count C. A.，波佐·迪·博尔戈伯爵，在俄国外交界服务的科西嘉人，646，672

Priadier, J. J.，普拉迪埃，J. J.，雕刻家，222

Prague，布拉格，法国与联盟国在此开会（1813 年），273，639

高等技术学校，125

Prairial, coup d'état of（1799 年），牧月政变（1799 年），293

precedence，排列顺序，外交席次，658—659，665；海军官阶顺序，85

préfets, sous-préfets（France，1799 年），省长，区长（法国，1799 年），13，297，298；其前身，287

press, the（newspapers），报刊，26—27，179—192

在奥地利，184，186，190，397

在比利时，192

在英国，180—183，263

在法国，革命时期和督政府时期，183，287；拿破仑时期，183—184，185，301；复辟以后，187—189，339，347，350，353，355

在德意志，185—187，190—191，393

在意大利，185，191，429

在尼德兰王国，191—192，478—479

在瑞典，192

在瑞士，185，191

参见 printing-presses 条

Pressburg, Treaty of，普雷斯堡条约，

法奥两国签订（1806 年），267，
399，438

Preussische Korrespondent，《普鲁士通
讯》（柏林，1813—1814 年），
187

Piévost, Bénédict，普雷沃，贝内迪克
特，生物学家，138

Price, Uvedale，普赖斯，乌维戴尔，
"风景如画"派理论家，225

prices, rise of，物价上涨，3，34
在奥地利（1847—1848 年），407
在法国（1791—1794 年），282，
284；（1795 年），285，288
在西班牙（1770—1800 年），49

Priestley, Joseph，普里斯特利，约瑟
夫，自然哲学家，609

Prieur (de la Marne), P. L.，普里厄
（德拉马恩），法国国民公会大委
员会成员，279

Prieur-Duvernois (de la Côte d'Or),
Comte C. A.，普里厄 - 迪韦尔努
瓦伯爵（科多尔的），法国国民
公会大委员会成员，279

Prina, Giuseppe，普里纳，朱塞佩，
意大利王国政治家，421，436，
437

prince-bishoprics，君主—主教辖区，
世俗化，8；被新教邦所吞没
（1803 年），154—155

Principalities，公国，见 Danubian Prin-
cipalities 条

Printing-presses，印刷机
在巴西，612
在俄国，500；沙皇保罗查禁，505；
沙皇亚历山大重发许可证，507

在塞尔维亚，543
在土耳其，527—528
用蒸汽动力开动，182，191

privateering，私掠巡航，78，88，90

prize money，奖金，给海军军官，84—
85

progress, idea of，关于人类进步思想
的，2，92

Progressives，进步党人，西班牙的政
党，457—458

pronunciamientos (officers' revolts)，西
班牙军官的暴动，445，448，459

property, right to，财产权，在法国宪
法（1793，1795 年）中，279，
286；按照拿破仑法典，299

protection，保护关税，见 tariffs 条

Protestant (Reformed) churches，新教
（归正宗），162—169
在法国，154，299，352；在普鲁
士，176—177

Proudhon, P. J.，蒲鲁东，改革家和
无政府主义者，26，115—116

Prud'hon, P. P.，普吕东，画家，
209，211

Prussia，普鲁士，373—387
建成强国（18 世纪），367
瓜分波兰所得（1772 年以后），见
Poland 条
从德意志获得土地（1779 年），251
派军镇压荷兰的"爱国"运动
（1787 年），462
皮尔尼茨声明，与奥地利（1791
年），253
反法战争（1792 年），254
与法国媾和，割让莱茵河左岸

（1795 年），21，255

十年中立（1795—1805 年），257，260，268

弗里德里希·威廉三世即位；改革的尝试，373—374

第三次反法联盟；在奥斯特里茨战败（1805 年），266；获得汉诺威（从英国分出），266

在获悉拿破仑提出将汉诺威复归英国后，给法国的最后通牒；在耶拿战败（1806 年），268

失去波兰的土地（1807 年），8，65

法国占领，379，383；拿破仑和普鲁士，332

积极改革时期（1807 年以后），15，332—333，318，376—384

被法国的卫星国包围（1810 年），303

普法反俄条约（1812 年），271；提供 2 万军队，384

普俄陶洛格协定（1812 年），271，384

普俄卡利什条约，第四次反法联盟中与英国结盟（1813 年），272，639

拿破仑在莱比锡战败（1813 年），273，639

反拿破仑起义（解放战争），186—187，384

普军在法国（1814 年），642，646

在维也纳会议上，640，646；争夺领土的斗争，644，648—653，655—657；获得萨克森、波兰、波美拉尼亚、莱茵兰的部分土地，8，656—657，664；获得萨尔，662—663

在滑铁卢战役（1815 年），313—315，660—661

1815 年后，8，15—16，689；经济衰退，52

与教皇签订政教协定，170

派遣将军到阿德里安堡进行调停（1829 年），690

Prytanée，陆军子弟学校，巴黎的寄宿学校（18 世纪 90 年代），198

Publiciste，《政论家报》，185

Puerto Rico，波多黎各，忠于西班牙，612，633

Pugin, A. C. and A. W.，普金，A. C. 和 A. W.，建筑师，227

Pushkin A. S.，普希金，诗人，108，520，521

Quadruple Alliance，奥、英、普、俄四国同盟（1815 年），22—23，662，663，665，666，669
解体，690

Quakers，贵格派，攻击奴隶贸易，98

Quai, Maurice，奎伊，莫里斯，画家，215

Quarterly Review（Tory），《季度评论》（托利党），182

Quatre Bras, battle of（1815），四臂村战役（1815 年），314

Quesada, V. J. de，克萨达，V. J. 德，西班牙将军，455

Quetelet, Adolphe，凯特勒，阿道夫，统计学家，125

Quintana, M. J.，金塔纳，M. J.，西班牙诗人，447

Quiroga, Antonio, 基罗加, 安东尼
　　奥, 西班牙自由派军官, 448

Quito, 基多, 新格拉纳达总督辖区检
　　审法院院长辖区
　　起义反抗西班牙总督 (1809 年),
　　　615
　　忠于西班牙 (1820 年), 625
　　并入哥伦比亚共和国, 626
　　分离 (成为厄瓜多尔), 628

Quota Acts (1795 年), 征兵定额法
　　(1795 年), 向海军提供人员, 86

Quotidienne, La, 《日报》, 法国极端
　　教权主义派报纸, 345

Radet, Étienne, 拉德, 艾蒂安, 法国
　　将军, 165

Radishchev, A. N., 拉季谢夫, 俄国
　　状况的批评者, 501

Raeburn, Sir Henry, 雷伯恩爵士, 亨
　　利, 肖像画家, 216

Raffles, T. S., 莱佛士, T. S., 在爪
　　哇, 社会与经济改革计划, 552,
　　558, 564; 鼓励研究东方学, 570
　　在新加坡, 559

Raggi, 光明党, 意大利秘密团体,
　　419, 431

Ragusa (Dubrovnik), 拉古萨 (杜布
　　罗夫尼克), 536

railways, 铁路, 3—4, 414, 406

Rainer, Austrian Archduke, 赖纳, 奥
　　地利大公, 399, 404

Rajić, Jovan, 拉伊奇, 约万, 塞尔维
　　亚作家, 540

Rajput states, 拉杰普塔各邦, 555,
　　557, 558

Ramel de Nogaret, Jacques, 拉梅尔·
　　德·诺加莱, 雅克, 法国财政部
　　长, 291

Ramirez, Francis, 拉米雷斯, 弗朗西
　　斯, 阿根廷恩特雷里奥斯省首
　　领, 629

Ram Mohan Roy, 拉姆·摩罕·罗易,
　　婆罗门, 东印度公司的雇员, 568

Ramond (de Carbonnières), L. F. E.,
　　拉蒙 (德·卡蓬尼埃尔), 科学
　　家, 126

Rancagua, 兰卡瓜, 1814 年智利政务
　　会在此被从秘鲁入侵的保王派击
　　败, 621

Rangers, 巡逻骑兵队, 71

Ranjit Singh, 兰吉特·辛格, 与东印
　　度公司, 557

Rappites, 拉普派, 宗教团体, 111

Rastatt, Congress of, 拉施塔特会议,
　　关于德意志问题的 (1798—1799
　　年), 259, 388

Ratisbon, Diet of, 雷根斯堡议会 (德
　　意志各邦代表, 1802 年), 263;
　　休会 (1803 年), 154

Baynal, Abbé G. T. F., 雷纳尔神甫,
　　法国启蒙哲学家, 501, 529, 624

Razumovski, Count A. K., 拉祖莫夫
　　斯基伯爵, 音乐赞助人, 243; 随
　　沙皇出席维也纳会议, 646

realism, 现实主义, 在绘画中, 210,
　　212, 213

Realschulen (modern schools), 实科中
　　学, 普鲁士的, 386

reason, 理性, 理性时代, 93; 理性崇
　　拜, 147, 148; 理性节, 147; 背

离理性，162

Red Sea，红海，法国人入侵埃及时英国人封锁红海，532；穆罕默德·阿里提出对红海的要求，534

regalian controversy in Spain，西班牙的王权之争，441，446

Reggio，勒佐，该地的革命（1796年），417；酒类贸易，423

Règlement Organique，《建制条例》，多瑙河两公国的行政改革（1831年），539

Rehberg，A. W.，雷贝格，A. W.，汉诺威官员，374，375

Reichardt，J. F.，赖夏特，J. F.，作曲家，245

Reichenbach，Convention of，赖兴巴赫协定，奥、普两国签订（1790年），463

Reichenbach，Treaty of，赖兴巴赫条约，奥、普、英三国签订（1813年），272，273，639，650

Reitzenstein，Sigismund von，赖岑施泰因，西吉斯蒙德·冯，巴登政治家，390

religion，宗教，25，146—178各处
在教育中，27，201—215
具有宗教性质的革命崇拜，104
其社会功能，105—106
作为统治工具（冯·哈勒），107
拿破仑的看法，152，299，322
在政治上的重要性，322

Religious Census，宗教人口调查，在英国（1851年），166

religious orders，教派
破坏或取缔教派，在比利时，463，

464；在法国，120；在德意志，155；在西班牙，158，446，451
在复辟后的法国，5，187，203，207，252

Rémusat，Claire，Comtesse de，雷米扎公爵夫人，克莱尔，论拿破仑，317

Remy，Christian and Ferdinand，雷米，克里斯琴和费迪南，德意志铁器制造商，40

Rennie，John，伦尼，约翰，工程师，82

Repton，Humphrey，雷普顿，汉弗莱，风景园艺师，225

Republican Party，美国共和党（主张州自治），民主共和党，602，603；国民共和党，603，604
参看 Federalist Party 条

republicanism，共和主义美国的最高利益，592
共和主义不是民主主义的同义语，605
在南美洲，20，679—680，683

Resistance，paty of，抵制派，在1830年以后的法国政治中，361，362，363

Reubell，J. F.，勒贝尔，J. F.，法国第一届和第二届督政府督政官，288，290，309

Réunion（Ile de Bourbon），留尼旺岛（波旁岛），法国人在该地，577

Réveil，信仰复兴派，日内瓦的虔敬派，164，165

Revolutionary Tribunals（France），革命法庭（法国），183，280，

283，284

Reynier, J. L. E., 雷尼埃，J. L. E.，
　法国将军，332

Rheinische Merkur，《莱茵信使报》，
　187

Rhigas Pheraios, 里加斯·费雷奥斯，
　希腊爱国诗人，530，545—546

Rhine, navigation of the, 莱茵河的航
　行，477，644

Rhine, Confederation of the, 莱茵联盟
　建成，以拿破仑为保护人（1806
　年），267
　在法国统治下，185—186，302，
　332，389
　从奥地利获得土地（1809 年），270
　不再忠于拿破仑（1813 年），273
　消亡（1814 年），7

Rhineland, 莱茵兰
　1792 年法军进入后，投票并入法
　国，277
　在法国统治下，152，185
　普鲁士进入（1815 年），644，649，
　656，664，666
　教会和政府，8，173，174—175，
　177
　工业，53
　议会（在普鲁士统治下），16

Rhode Island, 罗得岛，该地的纺织
　厂，601

Riau (Malaya), 廖内（马来亚），其
　苏丹，559

Ricardo, David, 李嘉图，大卫，经济
　学家，58，109

Richelieu, A. E. du Plessis, Duc de,
　黎塞留公爵，法国政治家

作为逃亡贵族，治理敖德萨地区
　（1803—1814 年），527
与沙皇亚历山大的友谊，344
首相；继塔列朗出席维也纳会议
　（1815 年），343—344，662；在
　国内事务中，346，347，348
谈判修改政教协定（1816，1817
　年），351

Richmond, George, 里奇蒙，乔治，
　肖像画家，217

Rickman, Thomas, 里克曼，托马斯，
　建筑师，227

Riego y Núñez, Rafael del, 列戈·
　伊·努涅斯，拉斐尔·德尔，西
　班牙起义领袖（1820 年），449，
　450，451，625

Rifle Brigade, 步枪旅，71

riflemen, 步兵，67，71

Rights of Man, declarations of, 人权宣
　言
　在法国，95，148，183，187，330
　在荷兰，465
　在意大利共和国，418
　在美国，95

Rights of Man, *The*，《人的权利》，托
　马斯·潘恩著，95

Rintoul, R. S., 林图尔，R. S.，自由
　派新闻记者，183

Rio de Janeiro, 里约热内卢，葡萄牙
　王室在该地（1808 年），612

Rio de la Plata, United Provinces of, 拉
　普拉塔河联合省（先为总督辖
　区，后为阿根廷）
　布宜诺斯艾利斯的革命（1810 年），
　616，618—619，620

巴拉圭分离出去（1811 年），619

其军队，企图解放上秘鲁（1811，
　1813，1815 年），620

分裂（1815 年），620

宣布脱离西班牙独立（1816 年），
　616，621

美国承认（1823 年），637；英国承
　认（1825 年），629，637，683

为东部地带和巴西作战（1825—
　1828 年），630，632

参看 Buenos Aires 条

Rio de la Plata, Viceroyalty of，拉普拉
　塔河总督辖区（1776 年建立），
　614，615，616

英国入侵（1806—1807 年），614

由于布宜诺斯艾利斯革命而解体
　（1810 年），618—619，620

risorgimento，意大利复兴运动

起源，436—437

拿破仑的改革与复兴运动，331—
　332，425—426

佛罗伦萨的自由派与复兴运动，430

那不勒斯起义对复兴运动的贡献，
　433

Rivadavia, Bernardino，里瓦达维亚，
　贝尔纳迪诺，阿根廷政治家，
　629，630

Rivarol, Antoine，里瓦罗尔，安托万，
　保守派政治讽刺作家，104—105

Rivarola, A., Cardinal，里瓦罗拉，
　枢机主教，与教皇国的秘密团
　体，434

roads, improvement of，公路的改进，
　3，38—39

在锡兰，565

在法国，330，339

在尼德兰王国，55

在普鲁士，15—16

在西班牙，439

在美国，599

Robertson, T. C.，罗伯逊，T. C.，印
　度西北各省代理总督，562，570

Robertson, William，罗伯逊，威廉，
　历史学家，569

Robespierre, Augustin，罗伯斯庇尔，
　奥古斯坦，雅各宾派，他和拿破
　仑，308，322

Robespierre, Maximilien，罗伯斯庇尔，
　马克西米连，革命领袖，13，96，
　279，297

倡导崇拜最高主宰（1794 年），148

救国委员会（1794 年）领导人，
　283，285

被处决（1794 年），254，284

robot，徭役，在奥地利，398，406

Rochefoucauld-Liancourt, Duc de，拉
　罗什富科 - 利昂库尔公爵，法国
　自由主义者，340

rocket, incendiary，燃烧火箭，84

Rodrigues Olinde，罗德里格，奥兰德，
　社会主义改革家，114

Rodríguez, Martín，罗德里格，马丁，
　布宜诺斯艾利斯省省长，629

Roederer, Comte P. L.，罗德雷伯爵，
　法国政治家和经济学家，316

Roentgen, G. M.，伦琴，G. M.，造船
　家，477

Rogrer, C. L.，罗吉埃，C. L.，比利
　时政治家，478，480

Rogier, Firmin，罗什埃，菲尔曼，列

日大学教授，478

Rolland（d'Erceville），B.G.，罗朗（戴塞维尔），法国议会学家，198

Romagnosi，G.D.，罗马尼奥西，G.D.，意大利法律改革者，421，435

Romana，P. Caro y Sureda，Marquis de la，罗马纳侯爵，卡罗－苏雷达，西班牙将军，444

Roman Republic，罗马共和国宣布成立（1798 年），151，256，417
政变，294
那不勒斯入侵（1799 年），419

romanticism，浪漫主义
浪漫主义与天主教，160，161，162，323
在德意志，192，569
浪漫主义与古典主义，27，29，242—243
对马克思的影响，110；对拿破仑的影响，318
在文学中，103—104，108，186，192，375
在音乐中，229，240，242，247—248
浪漫主义与民族主义，94，99，190，332，410；与民族语言，304，476
在绘画中，211，213，214，219，220—221
浪漫主义与新教，160，163，169
浪漫主义与要求自由，94，103
作为贵族阶级的最后哀鸣，103

Rome，罗马，被法国人占领（1798

年），256；（1808 年），156；计划为拿破仑建筑宫殿，331；人口，32

Rome，King of（Napoleon's son），罗马国王（拿破仑之子），270，302，321，341
逝世（1832 年），359

Romney，George，罗姆尼，乔治，肖像画家，216

Rondelet，Jean，隆德莱，让，建筑师，223

Rosa，Martínez de la，罗萨，马丁内斯·德拉，西班牙自由派政治家，449，450，456

Rosas，J. M. de，罗萨斯，J. M. 德，阿根廷的首领，630

Rosetta Stone，罗塞塔石碑，126

Rossini，Gioacchino，罗西尼，焦阿基诺，作曲家，240

Rostopchin，Count F. V.，罗斯托普钦伯爵，俄国将军
沙皇保罗的首相（1800 年），258
失宠（1801 年），506
莫斯科地方长官（1812 年），515

Rothschild，house of，路特希尔德家族，6，46，47

Rotteck，Karl von，罗特克，卡尔·冯，巴登的自由派领袖，197，392

Rotterdam，鹿特丹，造船业，477

Roumania，罗马尼亚，35
参看 Danubian Principaltie，Moldavia，Wallachia 条

Roumanians，罗马尼亚人，在奥地利统治下，409，538；在土耳其统

治下，10，538

Roumelia，鲁梅利亚（后为保加利亚），258，527，540—541

Rousseau，J. J.，卢梭，J. J.，61，148，211，624

　　对教育的影响，27，193，502；对拿破仑的影响，307，318；对德意志的影响，371；对音乐的影响，240，245

Roux，Jacques，鲁，雅克，无套裤汉的代言人，282

Royal Guard（French），禁卫军（法国），路易十八重建，341

Royal Institution，英国科学知识普及会，伦敦，128

Rayal Naval Academy，皇家海军学院，朴次茅斯，85

Royalist Volunteers（Spain），保皇志愿军（西班牙），452，455

royalists（French），保皇党人（法国）

　　企图入侵（1795 年），285—286

　　在巴黎起事，被拿破仑镇压（1795 年），286

　　在法国立法两院中（1795—1797 年），288，289，292

　　反拿破仑的密谋，264—265

　　内部分歧（1815—1820 年），343，344，345

Royal Society，皇家学会，127，130

Royal Statute（Spain，1834 年），国王法令（西班牙，1834 年），456

Royer-Collard，P. P.，鲁瓦耶 - 科拉尔，法国政治家和哲学家，188，346

Rude，François，吕德，弗朗索瓦，雕刻家，222

Rudolph，鲁道夫，奥地利大公，233

Ruffo，鲁福，枢机主教，其农民军，420

Rügen Island，吕根岛

　　法国夺自瑞典（1807 年），485

　　根据基尔条约割让丹麦（1814 年），490

　　卖给普鲁士（1814 年），491

Ruhr coalfield，鲁尔煤田，53；钢厂，303

Rumbold，Sir George，朗博尔德爵士，乔治，外交家，在汉堡被法国人逮捕（1803 年），264

Rumyantsev，Count N. P.，鲁缅采夫伯爵，俄国国务会议主席，513，542

Runge，P. O.，龙格，P. O.，画家，221

Runich，D. P.，鲁尼奇，D. P.，圣彼得堡大学学监，518

Rush，Richard，拉什，理查德，美国政治家，595，682

Ruskin，John，拉斯金，约翰，艺术批评家和作家，218

Russia，俄国，495—524

　　人口，32，50，251，495—496

　　瓜分波兰所得（1772 年以后），见 Poland 条

　　叶卡捷琳娜二世的统治（1762—1796 年），499—503

　　与丹麦联盟（1765 年），480，481

　　与土耳其签订库楚克·开纳吉条约（1774 年），544

　　发起对英武装中立（1780 年），

250，481，482，672

吞并克里米亚（1783 年），251，
　527，528

击退瑞典进攻（1788—1790 年），
　251，481

镇压自由派（1790，1792 年），
　500—501

与土耳其签订雅西条约（1792 年），
　544

沙皇保罗在位时期（1796—1801
　年），503—506

参加第二次反法联盟（1798 年），
　256—257；在意大利和瑞士的战
　役，21，257，294；退出联盟
　（1799 年），257

恢复对英武装中立（1800 年），
　258，484，531，672

沙皇亚历山大一世在这时期（1805—
　1825 年），18—19，506—520

征服高加索（1801 年），9，52

和法国的和解破裂（1801 年），259

俄奥条约；参加第三次反法联盟
　（1805 年），266

拒绝拿破仑的建议，267

在弗里德兰战败（1807 年），268，
　485；提尔西特和约，268，512；
　与法国联盟，486

俄土战争（1806—1812 年），513，
　514，527；占领多瑙河两公国，
　537，542

对瑞典作战（1808 年），512；征服
　芬兰，487

对英宣战（1808 年），因在提尔西
　特表示同意，269

获得奥属波兰的部分土地（1809

年），270

和法国的联盟破裂，271；与英国和
　解（1812 年），271，272

吞并比萨拉比亚，5，495，522，
　537，664

俄土布加勒斯特和约（1812 年），
　23，624，678

拿破仑入侵（1812 年），21，75，
　76，271，304—305，515

与瑞典、英国和西班牙起义者联盟
　（1812 年），271

在第四次反法联盟中，英国的津
　贴，9，272，639

俄军横扫欧洲（1813—1814 年），
　19，471，472

第一个巴黎和约（1814 年），645

在维也纳会议上，640—643，648—
　655 各处

得到“会议波兰”，655，664，666，
　671—672

敕令，保留北太平洋沿岸（1821
　年），680，682，683

十二月党人叛乱（1825 年），520—
　521

俄土签订阿克曼条约（1826 年），
　549

俄国的希腊政策（1821—1829 年），
　549—550，677—679，685—690

俄土战争（1828—1829 年），9，
　18，23，543，550，671—672，
　688；占领多瑙河两公国
　（1824—1834 年），539

俄土签订阿德里安堡和约（1829
　年），550，668，688—690

蚕食波斯；古利斯坦条约和土库曼

查伊条约（1813，1828 年），9，522，529

向美国出售阿拉斯加（1867 年），9

Russian-American Company，俄美公司，9

Russian Bible Society，俄国圣经会，516，519

Russkaya Pravda，《俄国法典》，十二月党人的文件，520

Ruthenes，罗塞尼亚人，开始形成民族感情，410

Ryleev, K. F.，雷列耶夫，K. F.，诗人，520

Sá de Bandeira B.，萨·德·班德拉，葡萄牙自由派将军，460

Saar，萨尔，属法兰西帝国，303；转让普鲁士（1815 年），662—663

Sade, Comte D. A. F. de，萨德伯爵，论征兵，61

Saint-André, Jeanbon，圣安德烈，让邦，法国国民公会大委员会成员，海军的组建者，78—79，279

Saint-Cyr, *École speeiale militaire de*，圣西尔军校，298

Saint Domingue，圣多明各，西印度群岛中伊斯帕尼奥拉岛的法国部分，成为黑人国家（1804 年），633

参看 Haiti, Santo Domingo 条

Sainte-Beuve, C. A.，圣伯夫，C. A.，批评家，105

St Helena，圣赫勒拿岛，作为英国岛屿基地，90，574；拿破仑流放地，307，661

Saint-Hilaire，圣 – 蒂莱，见 Geoffroy Saint-Hilaire 条

Saint-Just, A. L. L. de，圣茹斯特，A. L. L. 德，法国革命领袖，279，283

Satui Martin, L. C., Marquis de，圣马丹，侯爵，哲学家，500

St Napoleon, festival of，圣拿破仑节，154

Saint-Ouen, Declaration of，圣多昂宣言，路易十八发表（1814 年），338

St Petersburg，圣彼得堡

亚历山大罗夫工厂，521，523

圣彼得堡大学，200，518

联盟国圣彼得堡会议（1824，1825 年），685，686

人口，32

Saint-Simon, Comte C. H. de，圣西门伯爵，社会主义改革家，15，59，112—115

St Vincent, John Jarvis, Earl of，圣文森特伯爵，约翰·贾维斯，海军上将，76，77

海军大臣，80—81，83

Salamanca,萨拉曼卡，法国于此战败（1812 年），335

萨拉曼卡大学，440

Saldanha Oliveira e Daun, J. G., Duke of，萨尔达尼亚公爵·奥利维拉·埃·达乌恩，葡萄牙将军

准备以武力推行宪章（1826 年），452，453，454

得到坎宁的支持，684

保守派企求获得他的支持，460

Salomon, J. P., 萨洛蒙, J. P., 提琴家和乐团经理, 230

Salt, Henry, 索尔特, 亨利, 英国驻埃及总领事, 536

salt monopoly, 食盐专卖, 在普鲁士, 375

saltpetre, 硝酸钾, 来自印度, 565; 制造, 在法国, 122

Salvador, 萨尔瓦多, 中美洲联合省的一部分 (1823—1838 年), 636

Samos, 萨摩斯岛, 自治 (自 1832 年), 550

Sand, George (Baronne Dudevant, *née* Amandine Dupin), 乔治·桑 (迪德旺男爵夫人, 娘家姓名阿芒迪娜·迪潘), 小说家, 107, 360

Sand, Karl, 赞德, 卡尔, 大学生, 刺杀科策布的凶手, 190, 197

Sané, Baron J. N., 萨内男爵, 舰艇设计师, 78

San Fedists, 圣约会, 教皇国的天主教团体, 189

San Ildefonso, Treaty of, 圣伊尔德丰索条约, 法西两国签订 (1796 年), 260, 415

San Marino, Republic of, 圣马力诺共和国, 412, 429

San Martín, José de, 圣马丁, 何塞·德, 智利和秘鲁的解放者, 622—624, 625, 626—627

sans-culottes, 无套裤汉, 巴黎平民中的革命分子, 275—285 各处, 290

Sanskrit language, 梵语, 567, 568, 569

Santa Anna, A. L. de, 圣安那, A. L. 德, 维拉克鲁斯港司令官, 635

Santa Fe, 圣菲, 阿根廷的省, 620

Santa Fe de Bogotá, 波哥大的圣菲, 新格拉纳达首都
　　反西班牙起义 (1810 年), 616
　　西班牙重新占领 (1815 年), 622
　　玻利瓦尔占领 (1819 年), 625

Santander, Francisco de P., 桑坦德, 弗朗西斯科·德, 哥伦比亚副总统, 641

Santarosa, A. S. di Rossi, Count of, 桑塔罗萨伯爵, 迪·罗西, 皮埃蒙特革命领袖, 437

Santiago de Chile, 智利的圣地亚哥
　　政务会 (1810—1814 年), 616, 621
　　圣马丁进入 (1817 年), 623

Santo Domingo, 圣多明各, 西印度群岛伊斯帕尼奥拉岛西班牙所属的部分
　　割让给法国 (1795 年), 255, 633
　　重归西班牙 (1808—1809 年); 被海地共和国兼并 (1822 年), 633
　　参看 Haiti, Saint Domingue 条

Sardinia, island of, 撒丁岛, 308, 426

Sardinia (Piedmont-Sardinia), Kingdom of, 撒丁 (皮埃蒙特-撒丁) 王国, 包括撒丁、皮埃蒙特、萨伏依、尼斯, 412 注
　　参加反法联盟 (1793—1796 年), 254, 414, 416
　　被迫承认法国兼并萨伏依和尼斯 (1796 年), 255
　　重新获得皮埃蒙特、萨伏依、尼

斯，并获得热那亚（1815 年），
429，658，664

　复辟，430

　军事叛变（1821 年），433—434，
677

　参看 Piedmont, Savoy, Nice 条

Sassenay, Marquis of, 萨塞内侯爵，
拿破仑在南美洲的代表，614

Satara, Raja of, 萨塔拉土王，554

Saumarez, Sir James, 索马里兹爵士，
詹姆斯，海军上将，486，487

Savage, James, 萨维奇，詹姆斯，建
筑师，227

Savigny, F. J. von, 萨维尼，F. J. 冯，
德意志法学家，387，390

Savoy, 萨伏依，撒丁王国的一部，
412 注

　在法军进入后投票赞成并入法国
（1792 年），277

　被法国兼并（1793 年），254，255，
414

　拿破仑拒绝讨论萨伏依问题（与英
国，1802 年），261

　重归撒丁王国（1815 年），429，
658

Saxe, Comte Maurice de, 萨克森伯爵，
莫里斯·德，法国元帅，71

Saxony, 萨克森，387—388

　将奥地利的领地并入（1809 年），
270

　选帝侯成为国王，271，389，392

　在维也纳会议上为把萨克森割让给
普鲁士而争论，648—655 各处，
666；部分领土被划出，8，655，
664

宪法，393

Say, J. B., 萨伊，经济学家，58，110，
304

Scandinavia, 斯堪的纳维亚，480—
494

　参看 Denmark, Norway, Sweden 条

Scharnhorst, G. J. D. von, 沙恩霍斯
特，普鲁士将军和行政官员

　非普鲁士人出身，370

　计划并实行军队改革（1809 年起），
65，66，378，382，383

　组织反拿破仑起义，384

Scheldt, 斯凯尔特河，自由航行，54，
465，469，644

　英国想把法国赶出该河，640

Schelling, F. W. J. von, 谢林，
F. W. J. 冯，哲学家，128，192

　欢迎法国革命，91；哀叹平等主义，
103

　对宗教思想的影响，161，163

　大学的职位，390

Schick, Gottlieb, 席克，戈特利布，
画家，220

Schiller, J. C. F. von, 席勒，J. C. F.
冯，诗人和戏剧家

　对法国革命的态度，100—101

　为席勒的诗配乐曲，236，237，
245—246

　席勒与德意志的文化复兴，322，
367

　其著作，371—372，387

Schimmelpenninck, R. J., 希默尔彭宁
克，R. J.，巴达维亚共和国议
长，470

Schirer, B. L. J., 谢雷，B. L. J.，法

国将军，308

Schlegel, August W., 施勒格尔，奥
　古斯特，评论家和诗人
　支持德意志民族主义，94，332
　他的诗，242，247
　在波恩任教授（1818 年），569

Schlegel, Friedrich, 施勒格尔，弗里
　德里希，评论家和诗人
　提倡妇女解放，96
　哀叹平等主义，103
　他的诗，247
　对研究印度感兴趣，553，569

Schleiermacher, F. D. E., 施莱艾尔马
　赫，新教神学家
　其著作，29，160，168—169，176，
　177
　主办《普鲁士通讯》，187
　在柏林大学，194，387

Schleswig and Holstein, Duchies of, 石
　勒苏益格—荷尔斯泰因公爵领地
　松散地附属于丹麦，480
　废除农奴制，368
　瑞典于此战胜丹麦（1813 年），490
　问题，17
　参看 Holstein 条

Schlözer, A. L. von, 施洛策尔，A. L.
　冯，历史学家和时事评论家，91，
　372

Schön, Teodor von, 舍恩，特奥多
　尔·冯，普鲁士政治家，376—
　377，378，380

Schönbrunn, Treaties of, 申布龙条约，
　法奥两国签订（1805 年），266；
　（1806 年），270，400

schools, 学校

中心学校，在法国，286
地区学校，在俄国，200
文法学校，在英国，201
兰开斯特制学校，206—207，431
实科中学，在普鲁士，386
欧文的学校，在新拉纳克，111，
　206
教区学校（建议成立的），在英国，
　178，202
裴斯泰洛齐的学校，193
小学，在丹麦，206，492；在英国，
　27，202；在法国，国民公会的打
　算，283，286；在拿破仑时期受
　到忽视，198；复辟时期，203，
　207；在荷兰，205—206；在普鲁
　士，205，386—387；在美国，
　201
私立学校，在拿破仑时期，199，在
　俄国，499
陆军子弟学校，寄宿学校，198
斯莫尔尼女子学院，499
主日学校，202
技术学校，在德意志，125
师范学校，在法国，121，199；在
　意大利，200；在尼德兰王国，
　475；在普鲁士，205
　参看 collèges, gymnasia, lycées,
　education 条

Schopenhauer, Arthur, 叔本华，阿瑟，
　哲学家，570

Schrötter, F. L. von, 施勒特尔，普鲁
　士政治家，376—377

Schubert, Franz, 舒伯特，弗朗茨，
　作曲家，245—249

Schuckmann, K. F. von, 舒 克 曼，

K. F. 冯，在柏林大学，196

Schultz, J. A. P., 舒尔茨，J. A. P.，作曲家，245

Schultze, Johannes, 舒尔策，约翰内斯，普鲁士教育家，196

Schumann, R. A., 舒曼，R. A.，作曲家，229，247

science and technology, 科学和技术，14，28—29，118—145

　增添上民族特征，304

Sciences, Academies of, 科学院

　美国的，131

　巴伐利亚的，390

　法国的，119，124，125

　意大利的，126

　普鲁士的，28，126，127

　俄国的，126，130—131

Scotland, 苏格兰

　教育，129—130，201，207

　来自苏格兰的海军军官，85

　公路，39

　希腊复兴式建筑艺术在苏格兰，227

Scott, Sir Walter, 司各特爵士，华尔特，历史小说家，103—104，314

Sculpture, 雕刻，222

Scurvy, 坏血病，在海军中消灭，88

Sea Fencibles, 海防民团，88

Sebastiani, François, 塞巴斯蒂亚尼，弗朗索瓦，法国将军，派往土耳其的使节（1802 年），262

secret societies, 秘密团体，24

　法国的，170，189

　意大利的，171，431

　俄国的，519

　西班牙和葡萄牙的，189，190，448

Sedlnitsky, Count Josef, 塞德尔尼茨基伯爵，约瑟夫，奥地利警察头目，404

Ségur, P. H., 塞居尔，P. H.，法国元帅，319

Sejm (Polish Diet), 波兰议会，517

Selim Ⅲ, 塞里姆三世，土耳其苏丹，528，541，544

Semaphore System, 信号装置系统，3，281

Semenov Guard, mutiny of (1820), 谢苗诺夫近卫团哗变（1820 年），23，518

Seminar, 研究班，教学方法，128

Senate, 元老院，法国的（1799 年），296，305，337，（1815 年），660；希腊的，544；俄国的，502，509—510

Senegal river, 塞内加尔河，572，582；法国势力范围，586

Senegambia, Province of, 塞内冈比亚省，英国在非洲的第一个直辖殖民地（1763—1783 年），573

Senior, Nassau, 西尼尔，纳索，经济学家，5

señorios (powers of nobles), 采邑（贵族的权力），在西班牙，440，446

Seo de Urgel, 塞奥·德·乌赫尔，在该地成立代理被囚禁的西班牙国王的摄政会议（1822 年），450

Seppings, Sir William, 塞宾斯爵士，威廉，海军工程监督，82

Serampur, 塞兰普尔，该地的丹麦居民点，566

Serbia, 塞尔维亚, 反土耳其叛乱
　　（1804—1813 年）；获得自治
　　（1817 年），541—544

Serbs, status of, 塞尔维亚人的地位,
　　在奥地利，409，541；在土耳其，
　　10，541

Serfdom, 农奴制
　　在多瑙河两公国，537
　　在丹麦，482
　　在德意志，52，53，368，392
　　拿破仑时期，303
　　在波兰，497，517
　　在波美拉尼亚，485
　　在普鲁士，15，333，368，373，
　　376—377
　　在罗马尼亚，35
　　在俄国，35，50，108，496—497，
　　504，511；在其亚洲部分，495
　　参看 peasantry 条

Senigapatam, 塞林加帕坦，被英国人
　　占领，554

Sève, 塞韦·上校（苏莱曼帕夏），
　　534

Shannon, H. M. S., "香农"号（英
　　国军舰），83

Shariah, 舍利阿（伊斯兰教律），527

Sharp, Granville, 夏普，格兰维尔，
　　慈善家，98

Sheffield, J. B. Holroyd, Earl of, 谢菲
　　尔德伯爵，霍尔罗伊德，所著
　　《关于美国商业的报告》，597

Shelley, P. B., 雪莱，P. B.，诗人，
　　97，107—108

Ships, 船只
　　英国的，45，80

丹麦的，52，488；丹麦和挪威的，
　　484
荷兰的，55
法国的，80
希腊的，挂俄国旗航行（1793 年），
　　544
轮船，3，39，84，576，594；在多
　　瑙河上，405；在波河上，431；
　　在密西西比河上，401
美国的，597—598
参看 navies 条

Shipbuilding, 造船业
　　在安特卫普，469
　　在英国，39，82—83
　　在印度，82，556
　　拿破仑造船，79—80，267，326
　　在挪威，484
　　在鹿特丹，477
　　在美国，597

Shrapnel, Henry, 施拉普内尔，亨利，
　　榴霰弹的发明者（1787 年），83

Siam, 暹罗，保护马来亚各邦防止暹
　　罗人入侵，559

Siberia, 西伯利亚，9，495，522

Sicily, 西西里
　　那不勒斯王国的一部分，412 注；
　　起义（1795 年），415
　　那不勒斯宫廷于此避难（1806 年），
　　426
　　英国人在该地，为西西里制定宪
　　法，426—427
　　重归那不勒斯（1815 年），429
　　废除独立机构（1816 年），429—
　　430
　　分离主义者起事（1820 年），432，

433，675，677

Sidmouth, Henry Addington, viscount, 西德默思子爵，亨利·阿丁顿，政治家，177，261，263；对西班牙的看法，452，455

Sierra Leone，塞拉利昂，获得自由的奴隶于此定居，580—581；教育，583—584

Sierra Leone Company，塞拉利昂公司，580

Siéyès, Abbé, E. J.，西哀士神甫，法国第三届督政府督政官，293；执政官，295

　拿破仑与西哀士，294，295，296，311

Sikhs，锡克人，554，557

Silesia，西里西亚，在普鲁士统治下，8，177；拿破仑和西里西亚，268，332；该地的工业，37，53，388

silk industry，丝织工业，在印度，565；在意大利，423，424

Sindia, Mahadji，辛地亚，马哈吉，马拉塔联盟军事首领，554—555

Sindia, Daulat Rao，辛地亚，杜拉特·劳，马哈吉的继任者，555—557

Singapore，新加坡，英国人在该地，10，559，565

Sismondi, J. C. L. Simonde de，西斯蒙迪，西蒙德·德，瑞士社会史学家，109—110

Sistova, Peace of，西斯托瓦和约，奥土两国签订（1791 年），252，541

skirmishers，散兵，在军队组织中，

71，72，74

Skuptchina（Serbian Assembly），斯库普什丁纳（塞尔维亚议会），541，542，543

Slater, Samuel，斯莱特，塞缪尔，罗得岛普罗维登斯纺织工，601

slavery，奴隶制
　在巴西，579，581，632
　在古巴，581
　在法国殖民地，被国民公会废除，283；《拿破仑法典》重新规定，299
　在喀土穆，534
　在南美，革命后受到限制或废除，618
　在美国，5，581，604

slave-trade，奴隶贸易
　废除，98—99，482，578—579；英国海军和奴隶贸易，99，581，673；维也纳会议讨论，659
　在非洲，512，577—581；禁止奴隶贸易的努力，581—590
　在西班牙，579 注

Slavs，斯拉夫人，奥地利和斯拉夫人，541

Slovaks，斯洛伐克人，409，410

Slovenes，斯洛文尼亚人，411

Smirke, Robert，斯默克，罗伯特，建筑师，228

Smith, Adam，亚当·斯密，经济学家
　论农业，33
　提倡自由放任主义，41，42，58
　谴责奴隶贸易，98
　他的门徒，110，377，439，511，

600

Smith, Sydney, 史密斯, 西德尼, 作家和教士, 178

Smith, William, 史密斯, 威廉, 排灌工程师和地质学家, 28, 140

Smolensk, 斯摩棱斯克, 法国占领 (1812年), 313, 515

Soane, Sir John, 索恩爵士, 约翰, 建筑师, 226—227

Socialism, Socialists, 社会主义, 社会主义者, 12, 110, 114, 115, 295, 360

Société des Amis des Noirs, 黑人之友协会, 98

Société Pour l'amélioration de l'en seignement élé mentaire (1815), 初等教育改进会 (1815年), 206—207

Société Asiatique, 亚洲学会, 巴黎, 569

Société Générale des Pays Bas pour favoriser l'industrie nationale, 低地国家民族工业促进总公司, 55, 477

Société de la Propagation de la Foi, 传教协会, 352

Society for Promoting Christian knowledge, 基督教知识促进会, 202

Society for the Promotion of Useful knowledge, 实用知识促进会, 207

Society for Useful Manufacturse, 实用工业品生产协会, 600

Sociology, 社会学, 113, 118

Sofronie, S., 索夫罗涅, (保加利亚) 弗拉查主教, 540

Sonnenfels, Joseph von, 宗南费尔斯, 约瑟夫·冯, 改革家, 92

Soufflot, J. G., 苏夫洛, J. G., 建筑师, 223

Soult, N. J. de D., 苏尔特, N. J. 德·D., 法国元帅, 313, 315, 320, 335, 首相, 364

South America, United Provinces of, 南美洲联合省

　见 Rio de la Plata, United Provinces of 条

South American republics, 南美洲各共和国

　解放, 20, 25, 612—638, 678

　英国和南美洲各共和国的贸易, 327, 328, 636

　给予贷款, 647

　美国和南美洲各共和国, 591

　参看各共和国专条

Southey, Robert, 骚塞, 罗伯特, 诗人对法国大革命的态度, 91, 101

　论工业革命, 109, 111

　在葡萄牙, 440

Sovereignty of the people, doctrine of, 人民主权论

　在法国, 99, 146; 被圣西门否定, 113

　在荷兰, 465

　在南美, 616

　在西班牙, 439, 457, 613

　在美国, 608

Spain, 西班牙, 439—461 各处

　人口, 32, 251, 442

　卡洛斯三世在位时期, 对文官制度的改革 (1759—1788年), 439

　卡洛斯四世即位; 激进运动开始

（1788 年），440—443

西法战争（1793 年），254，255，443；媾和（1795 年），21，255

戈多伊的权力，335，443，444

同法国签订圣伊尔德丰索条约和阿兰胡埃斯条约；割让路易斯安那（1800 年），260，415，438

伙同法国人侵葡萄牙，葡萄牙割让土地（1801 年），260

拿破仑的顺从盟国（1807 年），267，324—325；卡洛斯四世和拿破仑同意瓜分葡萄牙及其属地，613

卡洛斯退位；拿破仑迫使费迪南德放弃王位；约瑟夫·波拿巴成为国王（1808 年），269，335，433—434，613

抵抗运动；马德里起义；建立洪达；英国派远征军相助，333—336，444—446

加的斯议会（1810 年），386，440，617；颁布宪法（1812 年），445，449，617

法国人战败并被逐（1812—1813 年），272，335

费迪南德复位（1814 年），447，617；在法国的军队，646；在维也纳会议上，648；西英条约，672 注

向美国出售佛罗里达（1819 年），595，637

加的斯兵变，革命（1820 年），432，449—451，674

法国的干涉（1823 年），16，324，349，672，679，681

"不吉利的十年"（1823—1833 年），452—456

坎宁对干预葡萄牙的警告（1826 年），684

在政治上进步派和温和派的对抗（1838—1860 年），457—461

和殖民地的关系，327，614—615

西班牙与奴隶贸易，579 注，659

Spectator，《旁观者报》，边沁主义者的报纸，183

Speier，斯佩埃，被法国人占领（1793 年），254

Speke, J. H.，斯皮克，J. H.，非洲探险家，588

Spenersche Zeitung，《施彭纳报》，柏林，191

Speranskii, M. M.，斯佩兰斯基，沙皇亚历山大一世的顾问

　其行政管理主张，19，512—513

　编纂俄国法律，514

　发展军事屯垦区，518

　任西伯利亚总督，522

Spiegel, Ferdinand von，施皮格尔，费迪南德·冯，科隆大主教，费布朗尼乌主义者，174

Speigel, L. P. van de，斯皮格尔，范·德，荷兰议会议长，465

Spontini, G. L. P.，斯蓬蒂尼，G. L. P.，作曲家，239，241

Sprimont, battle of（1794 年），斯普里蒙战役（1794 年），72

Stadion, Count J. P. K. J.，施塔迪翁伯爵，奥地利政治家

　建议改革，333，399—400

　被梅特涅取代（1809 年），270，

400

Staël, Germaine, Baroness de (née Necker)，斯塔埃尔男爵夫人，热尔梅娜（娘家姓内克尔），作家

批评平等主义，103

所著《论德意志》，185，197

被拿破仑放逐，185，301，304，317

论罗马共和国，418

Stamp-duty on newspapers，报纸的印花税，在英国，181；在法国，188，189

Stanislas Ⅱ Augustus，斯坦尼斯瓦夫二世·奥古斯特，波兰末代国王，102，504

Stanley，H. M.，斯坦利，H. M.，非洲探险家，588

Staps，Friedrich，斯塔普斯，弗里德里希，奥地利爱国者，预谋刺杀拿破仑，330

Stars and Stripes，星条旗，610，611

State, the，国家

与建筑，225

在美国的发展中，606

与教育，27，179—180，194，196—202，208，387，475

圣西门的看法，113；卡贝和勃朗的看法，115

与工业，在法国，40—41；在德意志，53；在尼德兰联合王国，54

与革命，179

与科学，127

与战争，60

参看 church and state 条

states of United States, rights of，美国各州的州权，600，607—609

Statistical Bureau，统计局，在普鲁士，375

Statistical Committee，统计委员会，维也纳会议，652，653—654

Statistical enquiries，统计调查，在法国，300；在意大利，422

Steam-engines，蒸汽机，3—4，28，144—145

在英国，42，44，57，141；在造船厂，82；在印刷业，182，191

在法国，57

在德意志，388

在俄国，523

在美国，141

steam-ships，轮船，见 Ships 条

Stein，H. F. K.，Freiherr vom and zum，施泰因男爵，冯，普鲁士政治家，374—375

任命为大臣（1807 年），333

他所实行的改革，65，193，369，370，376—377，378—382

被法国人强迫辞职（1808 年），377

拿破仑与施泰因，270，334

沙皇亚历山大一世的政治顾问，384

在维也纳会议上，646，656，665

Stendhal（M. H. Beyle），司汤达（贝尔），作家，24，91，103，321

Stephenson，George，斯蒂芬森，乔治，工程师，141

Stewart，Charles W.，斯图尔特，查尔斯，伦敦德里侯爵，英国驻维也纳大使，647，662

Stockach，施托卡克，法国于此战败（1799 年），310

Stockholm，斯德哥尔摩，480，493

Stockholm，Treaty of，斯德哥尔摩条约，英国、瑞典、俄国签订（1813年），489

"Storm and Stress" movement in literature，文学中的"狂飙突进"运动，103，371

Story，Joseph，斯托里，约瑟夫，美国最高法院法官，608

Stowell，William Scott，Lord，斯托厄尔勋爵，威廉·斯科特，论海事法，89

Straits Settlements（1819年），海峡殖民地（1819年），10，559

Stralsund，施特拉尔松，瑞典丧失该地（1807年），485

Strangford，P. C. Smythe，Viscount，斯特兰福德子爵，斯迈思，驻里约热内卢大使，619；在君士坦丁堡，678；在俄国，687

Strasbourg，university of，斯特拉斯堡大学，121

Street，T. G.，斯特里特，T. G.，《信使报》业主，181

Stroganov，Count Paul，斯特罗加诺夫伯爵，保罗，沙皇亚历山大一世的顾问，505，507，508；驻土耳其大使，678

Stroganov family，斯特罗加诺夫家族，498

Struensee，J. F.，施特鲁恩泽，在丹麦的改革（1770—1772年），481

Stuart，James，斯图尔特，詹姆斯，将军，332

Student Societies，学生团体，190

Stuttgart，斯图加特，高等技术学校，125

submarines，潜艇，84

substitutes for military service，兵役义务的替代办法，在巴登，391；在法国，63，64；在普鲁士，384

Sucre，A. J. de，苏克雷，A. J. 德，玻利瓦尔的副手，626，627，628

Sudan，苏丹

穆罕默德·阿里在苏丹，534

苏丹的伊斯兰教复兴，586

与苏丹的贸易，572，574

Sue，Eugène，苏，欧仁，法国小说家，360

Suez canal，苏伊士运河，114，533，576，577

suffrage，选举权

在巴达维亚共和国（1795年），465

在法国（1792年），276；（1793年），278；（1795年），286—287；（1799年），296；（1814年），339；（1815年），343，346；（1820年），347；（1830年），356，357；（1846年），364—365

在意大利王国，423

在挪威（1814年），492

在普鲁士（1808年），380

在美国，605，606—607

普选的思想，115

sugar-beet，甜菜，37，303，498，504

sugar-cane，甘蔗，565，578，605

Sumatra，苏门答腊，英国和荷兰关于苏门答腊的协定（1824年），559

Supreme Court，最高法院，美国，608—609

survey, cadastral, 地籍测量, 意大利
　　的（1807 年）, 422

suttee, 寡妇自焚殉夫, 印度禁止,
　　566—567, 570

Suvorov, Prince Alexander, 苏沃洛夫
　　公爵, 亚历山大, 俄国元帅,
　　257, 419, 505

Süvern J. W., 居维恩, J. W., 普鲁士
　　教育家, 386

Sveaborg fortress, 斯维亚堡要塞, 芬
　　兰, 俄国人攻陷（1808 年）, 487

Svenskund, 斯文斯克松德, 瑞典海军
　　于此战胜俄国（1790 年）, 481

Sweden, 瑞典, 480—494 各处

　　包括芬兰、西波美拉尼亚、吕根
　　　（18 世纪）, 480

　　北方武装中立（1780 年）, 481

　　古斯塔夫三世在位时期（1771—
　　　1972 年）, 482

　　古斯塔夫四世在位时期（1792—
　　　1809 年）；从英国获得让步, 485

　　与丹麦签订中立协定（1794 年）,
　　　484

　　第二次武装中立（1800 年）, 484

　　参加第三次反法联盟；失去施特拉
　　　尔松和吕根（1805 年）, 485

　　瑞丹战争；俄国征服芬兰（1808—
　　　1809 年）, 486—487

　　古斯塔夫四世被废；其叔查理十三世
　　　继位（1809 年）；贝纳多特被立为
　　　王储（1810 年）, 271, 487—488

　　与法国媾和（1810 年）, 487

　　拿破仑占领波美拉尼亚（1812 年）,
　　　489；与俄国联盟（1812 年）,
　　　271；英国参加协定, 272, 489

　　反丹麦运动, 490—491

　　在第四次反法联盟中, 490—491

　　挪威划归瑞典（1813—1814 年）,
　　　7, 489, 491, 657, 664

　　波美拉尼亚割给普鲁士（1814 年）,
　　　7, 491, 657

　　贝纳多特继承查理十三世（1818
　　　年）, 488, 492

　　向丹麦付款有困难（1821 年）,
　　　492—493

Swieten, Baron Gottfried von, 斯维滕男
　　爵, 戈特弗雷德·冯, 奥地利驻
　　柏林大使, 音乐赞助人, 歌词作
　　者, 232, 233, 244

Switzerland（Swiss Confederation）, 瑞
　　士（瑞士联邦）

　　被法国人占领（1798 年）, 184,
　　　193, 256, 257；建立赫尔维蒂共
　　　和国, 185

　　法国于此战败, 但不久即赶走俄军
　　　（1799 年）, 257

　　法军占领（1802 年）, 261, 262,
　　　263, 267

　　联邦, 根据拿破仑的调解法（1803
　　　年）, 262 注, 274, 302

　　维也纳会议保证其中立, 18, 653,
　　　658, 664, 665

　　参加神圣同盟（1817 年）, 22

　　与教皇签订政教协定（1828 年）,
　　　170

Syria, 叙利亚, 法军在叙利亚（1799
　　年）, 256, 531

Széchenyi, Count Istvàn, 塞切尼伯爵,
　　伊斯特万, 匈牙利政治家, 405,
　　407

Talleyrand-Périgord, G. M. de, Prince, 塔列朗－佩里戈尔，公爵，法国外交家和政治家

　　教育计划（18 世纪 90 年代），119

　　支持派远征军去埃及（1799 年），292，310，530

　　德意志诸侯与塔列朗，259，388

　　想同英国一起拯救和平（1803 年），263

　　解职（1808 年），316

　　塔列朗与拿破仑，262，330；与沙皇亚历山大，516，642

　　主持临时政府（1814 年），305，337；论第一个巴黎和约，644；在维也纳会议上，646，652—655，665

　　从短暂的内阁引退（1815 年），343，662

Tanzimat（reorganisation），坦志麦特（改革），1839 年以后土耳其进行的改革，528

Tammany, Society of St, 纽约圣坦慕尼协会，603，606

Tariff of Abominations，可恶的关税率（美国，1828 年），602

tariff union，关税同盟，普鲁士建议，15，26，52，53

tariffs，关税

　　在丹麦，52，482

　　在法国（1802 年），262，300；（1810 年），329；（1830 年），357

　　在意大利，423，425；奥地利统治时期，429

　　在尼德兰王国，54，477

　　在俄国，524

　　在美国，599，601—602

Tauroggen, Convention of, 陶洛根协定，普俄两国签订（1812 年），384

taxation，税收

　　在奥地利，398，400

　　在法国，56，291，297；在法国统治下的国家，289，464

　　在匈牙利，405

　　在印度，对香客，566，570

　　在意大利，法国统治时期，418，419，424；奥地利统治时期，429

　　在普鲁士，376；土地税，371，373，378；所得税的试验，381

　　在俄国，496，497，514，523

　　在瑞典，议会控制税收，492

technical high schools，高等技术学校，在德意志，125

technology，技术

　　工业革命的基础，41，42，141

　　科学与技术，118—145

　　战争与技术，312

Tegnér, Esias, 泰格奈尔，埃西亚斯，诗人，482，493

Tehran, 德黑兰，约翰·马尔科姆爵士在该地，532

Telford, Thomas, 特尔福德，托马斯，工程师，39

Temps, Le, 《时报》，189

Tenasserim, 丹那沙林，被英国人征服，560

Tennessee, 田纳西，成为美国的州（1796 年），594

Teplitz, Conventions of, 特普利策协定，奥俄两国，奥英两国分别签

订（1813 年），273

Terceira, A. J. de Sousa M., Duke of, 特尔塞拉公爵，德·索萨，葡萄牙将军，460

Terror, 恐怖统治

　　法国大革命中的恐怖时期（1793—1794 年），254，275，276，280—284 各处；对自由派的影响，100，332；里瓦罗尔对恐怖的批判，105；恐怖时期的科学家，119；对恐怖的回顾，23

　　督政府的宗教政策（1797 年）与恐怖时期相比，150，292

　　"白色恐怖"，在法国（1795 年），151，285；（1816 年），343

　　米格尔分子恐怖统治在里斯本（1828 年），453—454

Test and Corporation Acts, 宗教考查法和市镇机关法，废除，178，202

Texas, 得克萨斯，斯蒂芬·奥斯丁在得克萨斯的定居地，594

textiles, 纺织，见 cotton, linen, and woollen industries 条

Tharandt, Saxony, 塔兰特，萨克森，该地的林业学院，388

theatre, 剧院，拿破仑统治时期由国家监督，301—302

thermodynamics, 热力学，其创立，144—145

Thibaudeau, Comte A. C. de, 蒂博多伯爵，前雅各宾党人，321

Thiers, L. A., 梯也尔，L. A.，法国政治家和历史学家，363，364，365，668

　　《国民报》的创始人，189

Thiersch, Friedrich, 蒂埃尔施，弗里德里希，巴伐利亚教育家，196，390

Thirlwall, Connop, 瑟沃尔，康诺普，历史学家，168

Thompson Benjamin, Count Rumford, 汤普森，本杰明，朗福德伯爵，144

Thomson, James, 汤姆森，詹姆斯，诗人，98，232

Thorild, Thomas, 托里尔德，托马斯，诗人和哲学家，92

Thorn, 托恩（1793 年归属普鲁士），重归普鲁士（1815 年），655

Thornton. Henry, 桑顿，亨利，慈善家和经济学家，98

Thorwaldsen, Bertel, 托瓦尔森，伯泰尔，雕刻家，222

Thugut, J. A. F. de Paula, Baron, 图古特男爵，奥地利外交家，259

Ticknor, George, 蒂克纳，乔治，作家，109，196

Tieck, J. L., 蒂克，J. L.，诗人，242

Tilly, J. L. F., Comte de, 蒂利伯爵，在热那亚的法国代理人，415

Tilsit, Peace of, 提尔西特和约，法俄两国签订（1807 年），326，332，485

　　俄国对此和约的态度，21，512

　　和约中的秘密条款，268

timber for British navy, 英国海军需用的木材

　　波罗的海沿岸的，51，269，484，488，491

　　印度的，82

北美洲的，51，82，491，597

timber merchants in Britain，英国的木材商，停止向海军供应，81，83

Times, The，《泰晤士报》，181，183

Tipu Sultan（Tippoo Sahib），迈索尔的提普·苏丹，532，553，554

Tobago，多巴哥，法国重又获得（1802 年），261

Tocqueville, Comte Alexis de，托克维尔伯爵，亚历克西·德，政治思想家，25，119

论美洲，26，176

Toland, John，托兰德，约翰，自然神论者，恳请宽容犹太人，97

Tolentino，托伦蒂诺，奥地利人于此击败缪拉（1814 年），313

Tolentino, Peace of，托伦蒂诺和约，法国和教廷签订（1797 年），151，322，438

tolerance, religious，宗教宽容

天主教徒的看法，171，173

在国民公会时期，149

在政教协定中，154

在德意志，155

tolls，国内通行税，印度废除，563；在拿破仑统治时期，303；在普鲁士，370，375；在南德意志诸邦，391—392

Tone, Theobaid Wolfe，托恩，西奥博尔德·沃尔夫，爱尔兰人联合会成员，99

Torres, Camilo，托雷斯，卡米洛，新格拉纳达的革命领袖，616

Torres Vedras, lines of，托里什－韦德拉什防线，335

Toulon，土伦，起事反对国民公会，280，284；向英军投降，308；法国舰队于此失败，78—79；重占土伦（1793 年），308

trade, international，国际贸易，4，31，44，47—48

农产品，37

英国的国际贸易，37，45—46，57；在拿破仑战争时期，78，271，327，328；同非洲的贸易，578，579—580；同美国的贸易，11，596，597；同南美，11，636

俄国的，498，514—515，523—524

荷兰的，55—56

斯堪的纳维亚的，482，484

美国的，46，596，597—598

参看 free trade, slave-trade 条

Trafalgar, campaign and battle of（1805 年），特拉发尔加战役和特拉发尔加海战（1805 年），324—326

伤亡，83

消除拿破仑入侵英国的机会，77，80，267，326

使丹挪参加反法联盟，485

Transcaucasia，外高加索，成为俄国殖民地，34

Transylvania, Grand Principality of，特兰西瓦尼亚大公国，在奥地利统治下，409，537，538

Treitschke, G. F.，特赖奇克，G. F.，歌词作者，239

trek-Boers，迁居的布尔人，575，586

Trèves，特里夫斯，见 Trier 条

Trevithick Richard，特里维西克，理查德，工程师，141

Trianon Decree，特里亚农法令，准许对英国进行有限贸易（1810 年），328；根据该敕令所规定的关税率（1810 年），329

Tribunals, Revolutionary，革命法庭，183，280，283，284

Tribunate（France, 1799），保民院（法国，1799 年），296，300

tricolour flag，三色旗
在法国海军（1794 年），79
与十字架对立的标志，29，146，148
在罗马，156
代替波旁王朝的白旗（1830 年），356

Trier（Tréves），特里尔（特里夫斯）
被法国人世俗化，8
在该地的逃亡贵族，61
该地的费布朗尼乌派大主教，174

Trieste，的里亚斯特，在奥地利帝国（1808 年），424

Trimmer, Mrs Sarah，特里默夫人，萨拉，作家，202

Trinidad，特立尼达，英国夺自西班牙，261

Triple Alliance，三国同盟，英、奥、法三国的（1815 年 1 月），654

Tristan, Flora，特里斯坦，弗洛拉，男女平等主义者和革命者，114

Troppau，特罗保，联盟各国会议（1820 年），23，669，676—677；议定书，433，676

Troshchinskii, D. P.，特罗辛斯基，沙皇亚历山大一世的"导师"，507

Trotter, Dr Thomas，特罗特博士，托

马斯，海军医生，87

Troyes, bases de，特鲁瓦基本原则，联盟国的和平条件（1814 年），641，644

Tübingen, university of，蒂宾根大学，128，163，391

Tucumán，图库曼，拉普拉塔河联合省代表大会于此召开（1816 年），620—621，629

Turgeniev, N. L.，屠格涅夫，《税收论》，著者，519

Turgot, A. R. J.，杜尔哥，A. R. J.，法国政治家和经济学家，119，198

Turin，都灵
在该地的镇压，415
法国人失去都灵（1799 年），420；收复（1800 年），420
起义（1831 年），433—434，677

Turkey，土耳其，525—529
被俄国夺去的土地（1774，1783，1792 年），251；库楚克－开纳吉条约（1774 年）和雅西条约（1792 年），544
奥地利与土耳其媾和（1791 年），252，541
奥俄仍企图瓜分土耳其（1795 年），255
对法宣战（1798 年），530
拿破仑对土耳其的态度，533
和法国达成协议（1801 年），532
和俄国一起成为爱奥尼亚群岛的保护国，525，535
俄国兼并高加索（1801 年），9，52
新法令（1801 年），530

土俄战争（1806—1812 年），513，
　514，527

土俄媾和（1812 年）；为布加勒斯
　特条约争论，23，674，678

与各省的关系，9—10；与多瑙河两
　公国的关系，536—540；与鲁梅
　利亚的关系，540—541；与塞尔
　维亚的关系，541—544；与希腊
　的关系，544—547

在希腊的反土耳其起义，25，528，
　547—550，677—678，679，685

在纳瓦里诺丧失舰队，随后为解决
　希腊问题签订伦敦条约（1827
　年），525，549—550，557—558

坦志麦特的改革（1836 年开始），
　528

参看 Ottoman Empire，Egypt 条

Turkmanchai, Treaty of，土库曼查伊条
　约，俄国与波斯签订（1828 年），
　9，522，529

Turner, J. M. W.，透纳，J. M. W.，风
　景画家，209，217—219

Turnvereine，德意志的体育俱乐部，
　190

Tuscany，托斯卡纳，35，412

利奥波德一世统治下自由派的"绿
　洲"，17，425，430

法国和联盟国战争（1792—1795
　年）中保持中立，414

成为埃特鲁里亚王国（1801 年），
　259，260，438

并入法兰西帝国（1808 年），351，
　425

费迪南德三世复位（1814 年）；继
　续执行利奥波德的政策，429，

430，658

利奥波尔德二世的自由主义政策
　（1824 年），435

Two Sicilies, Kingdom of the，两西西里
　王国，331，429—430

参看 Naples, Kingdom of 和 Sicily 条

Tyrol，蒂罗尔

反法和宗教骚动，270，323，333

地方感情，411

拟将奥地利的势力扩及该地，649

Ukraine，乌克兰，被俄国殖民地化，
　34，496；实行农奴制，497

Ulemas，伊斯兰教法律博士，527，
　528

Ulm，乌尔姆

该地的《总汇报》，186

法国在该地战胜奥地利（1805 年），
　266；其军事方面，66，70，75，
　315

ultramontanism，教皇权力至上主义

在比利时，152

在拿破仑时代，153，158

在德意志，155，174

教皇的，160

新形式（梅斯特尔和拉梅内），161

受到自由派的攻击，189

unemployment，失业

在奥地利（1815—1816 年），403

在英国（1810 年），328

在法国（1793 年），281；（1794—
　1795 年），285；（1846—1847
　年），365

在德意志和意大利，在大陆封锁时
　期，303

西斯蒙迪解决失业的建议，110

Union and Security, Act of, 联合与安全法（瑞典，1789 年），483

Union of Welfare, "幸福协会"，俄国军队中的秘密团体，190

United Belgian States（1790），比利时合众国（1790 年），463

United Irishmen, 爱尔兰人联合会，99

United Provinces of Central America, 中美洲联合省，635—636

United Provinces of the Netherlands, 尼德兰联合省，54

　　参看 Holland 条

United Provinces of Rio de la Plata, 拉普拉塔河联合省

　　参看 Rio de la Plata 条

United States of America, 美利坚合众国，591—611

　　为保持独立地位而斗争，592—593

　　向西扩张，593—596

　　棉花，596—597，604

　　国家政治，602—606；联邦政府和各州，607—610

　　民族意识的形成，610—611

　　同欧洲的关系，19—20

　　禁运法令，强迫交战国放松控制（1807 年），327，328

　　美英战争（1812—1814 年），10，20，89，271，328，611，671

　　拒绝参加神圣同盟的邀请（1819年），22，671

　　同南美洲的关系，637，680，682—684

　　门罗总统关于西半球的咨文（1823年），20，591—592，637，638，682—683

　　关于北太平洋海岸的俄国敕令（1821 年），680，682，683；美俄协定（1824 年），9；购买阿拉斯加（1867 年），9

university, universities, 大学

　　在布宜诺斯艾利斯，629

　　在英国，27，130

　　在法国，27，121，198，352

　　在德意志，15，27，127—128，194—195，386—387

　　在尼德兰王国，475

　　在挪威，489

　　在俄国，200，499，511

　　在苏格兰，129—130

　　在美国，629

Urb an Militia, "城市民兵"，在西班牙，449

Uruguay, 乌拉圭，从东岸地带的一个地区成为一个独立的共和国（1828 年），630，632

Utilitarians, Utilitarianism, 功利主义者，功利主义，12—13

　　与教会财产，178

　　与教育，194，201

　　与印度，553，567

Vaccination against small pox, 种牛痘防治天花，在海军中，88；在教皇国，170，434

Valencia, 巴伦西亚，440，442

Valmy, battle of（1792），瓦尔米战役（1792 年），72，253，275，312

Valparaíso, 瓦尔帕莱索，618

Van Stabel, P. J., 范·斯塔贝尔，

P. J. ，法国海军上将，79

Vasilchikov, Prince I. V. ，瓦西里奇科夫公爵，俄国将军，519

Vellore mutiny，韦洛尔兵变，东印度公司军队的（1806 年），566

Vendée，旺代，暴动反对国民公会，146，254，278，280，281，284

Vendémiaire, crisis of（1795），葡月危机（1795 年），286，308

Venegas, F. J. ，贝内加斯，F. J. ，墨西哥总督，172

Venelin, Yuri，韦涅林，尤里，保加利亚史的作者，540

Venezuela，委内瑞拉

委内瑞拉将军，被罢免（1810 年），宣布独立，616

被西班牙封锁，617

南美革命的战场，618

共和政权两度建立和被推翻，621—622

和新格拉纳达合并成为哥伦比亚共和国，625

退出，628

Venice, Venetia，威尼斯，7

在法国与联盟国作战中中立（1793—1795 年），414

威尼斯的遗产，在爱奥尼亚群岛，535

一部分割让给奥地利，一部分割让给山南共和国（1797 年），185，209，438，534，535

毁于大陆封锁，303

威尼斯科学院（在欧仁·博阿尔内统治时代），126

重归奥地利（1814 年），658

反奥地利统治的骚乱，404，409

人口，32

Vergara, Peace of，贝尔加拉和约，迫使西班牙卡洛斯派接受（1839 年），459，460

Vermont，佛蒙特，修建伊利运河产生的后果，598

Verona，维罗纳，联盟国会议（1822 年），669，680—681

维罗纳科学院，126

Verri, Pietro，韦里，彼得罗，伦巴第经济学家，413，414

Versailles, Peace of（1783），凡尔赛和约（1783 年），481

Vico, Giambattista，维科，詹巴蒂斯塔，法学家和哲学家，100

Victor Emmanuel，维克托·埃马努埃尔，皮埃蒙特 - 撒丁国王，430

让位给他的兄弟，433—434，677

Vienna，维也纳

建设工厂，受到限制，51

音乐中心，229，233

法军进入（1805 年），266

高等技术学校，125

希腊人在维也纳大学，545

奥地利的改革运动中心（1847—1848 年），411

人口，32，406

Vienna Congress of（1814—1815），维也纳会议（1814—1815 年），646—667；其最后文件，648，655，658，664

Vieusseux, Pietro，维瑟，彼得罗，《文萃》编辑人，435

Vignon, P. A. ，维尼翁，P. A. ，建筑

师，224

Vigny, Alfred de, 维尼，阿尔弗雷德·德，诗人，130

Villaret de Joyeuse, Comte L. T., 维拉雷·德·儒瓦斯，伯爵，法国海军上将，79

Villèle, Comte Joseph de, 维莱尔伯爵，约瑟夫·德，法国政治家，内阁首相，348—354 各处

压制报刊，189，348，353

维莱尔与干预西班牙，349，451

Villeneuve, P. C. J. B. S., 维尔纳夫，法国海军上将，79，324，325，326

Villeneuve-Bargemont, F. P. A. de, 维尔纳夫－巴热蒙，省长，关于社会状况的报告，5

Villiers, G. W. F., 维利尔斯，英国驻马德里大使，456

Vilna, university of, 维尔纽斯大学，190，200

Vimiero, 维米耶罗，法国于此战败（1808 年），335

Vilginia, 弗吉尼亚

权利宣言（1776 年），97

弗吉尼亚大学，201，605

弗吉尼亚的绅士们，602，603

弗吉尼亚和宪法，607

Vitoria, 维多利亚，法国于此战败（1813 年），335

Vladimirescu, Tudor, 弗拉迪米列斯库，图多尔，罗马尼亚军人，反土耳其起义的领袖，538，539

Volkonskii, Prince P. M., 沃尔孔斯基公爵，沙皇亚历山大一世之友，

519

Volney, Comte C. F. C. de, 沃尔内伯爵，法国学者，120，529

Volta, Alessandro, 伏打，亚历山德罗，物理学家，28，124，126，134

Voltaire (F. M. Arouet), 伏尔泰（阿鲁埃），24，52

拿破仑和伏尔泰，295，299，322

他的读者，371，568，624

Vormärz, 三月革命前的时期（奥地利1848 年革命前的几年），406，407

Vorontsov brothers, Simeon and Alexander, 沃龙佐夫兄弟，西梅翁和亚历山大，509，511

Vorontsov, Pitt's "Draft to", 沃隆佐夫，皮特"致沃龙佐夫的草案"（1805 年），640

Vossische Zeitung, 《福斯报》，柏林，191

Wächter, Eberhard, 韦希特尔，埃伯哈德，画家，220

wages, 工资

巴黎公社对工资的限制（1794 年），284

最低工资，在里昂（1831 年），358

实际工资，在英国，59

Wagner, Richard, 瓦格纳，里夏德，作曲家，229，236，237，239

Wagram, battle of (1809), 瓦格拉姆战役（1809 年），270，328，333，384，400

其军事方面，66，69，311，313

Wahabis，瓦哈比派，穆斯林清教派，被穆罕默德·阿里击败，533—534

Walcheren expedition（1809），远征瓦尔赫伦岛（1809 年），326，328，470

Wallachia，瓦拉几亚（后为罗马尼亚的一部分），9，258，536—540

Wllis, Count Joseph，沃利斯伯爵，约瑟夫，奥地利政治家，402

Wallmoden, Count J. L.，沃尔莫顿伯爵，汉诺威的将军，72

Walloons，瓦伦人，在尼德兰王国，476

Walter, John，沃尔特，约翰，《泰晤士报》的，181

war，战争，军队与战争，60—76；革命与战争，92—93

Warburton, William，沃伯顿，威廉，神学作家，177

Warsaw，华沙，波兰文化中心，648；人口，32

Warsaw, Duchy of，华沙公国

　　拿破仑建立，在萨克森国王统治下（1807 年），7，303，332，648

　　教育，200

　　联盟国企图肢解华沙公国（1813年），272

　　成为"会议波兰"的一部分（1815年），516

Warton, Thomas，沃顿，托马斯，所著《英国诗歌史》，248

Washington, George，华盛顿，乔治，美国第一任总统，593

Waterloo campaign，滑铁卢战役，67，69，70，75—76，313—314，660

　　参看 Hundred Days 条

Watt, James，瓦特，詹姆斯，工程师，141

Weber, C. M. von，韦伯，C. M. 冯，作曲家，241—242，248，249

Webster, Daniel，韦伯斯特，丹尼尔，马萨诸塞的参议员，602

Webster, Noah，韦伯斯特，诺亚，辞典编纂家，606，610

Wedgwood, Josiah，韦奇伍德，乔赛亚，陶工，6

Weekly Political Register，《政治纪事周报》，科贝特所办的报纸，182

Weimar，魏玛，16，102，387，393

Wellesley, Arthur，韦尔斯利，阿瑟，见 Wellington, Duke of 条

Wellesley, Richard C., Marquis，韦尔斯利侯爵，理查德，印度总督，553，544，555，556，560

Wellington, Arthur Wellesley, Duke of，威灵顿公爵，阿瑟·韦尔斯利

　　在印度（1797 年），310

　　在西班牙（1808 年以后），72，334，335，613；论西班牙，334，441；论海军，77

　　在维也纳会议上，655，662

　　在"百日"，73，313—314，315，341，342，659—661

　　论拿破仑，317

　　在维罗纳会议上（1822 年），680

　　与希腊，549，550，687，689

　　受到托利党极端派《晨报》的攻击（1828 年），183

Wergeland, Henrik，韦格兰，亨里克，

挪威作家，493

Werner, A. C.，维尔纳，A. C.，地质学家，140

Wesley, John，卫斯理，约翰，卫理公会的创始人，98

Wesleyans，卫斯理派，与工人群众，165—166；在美国，166；在塞拉利昂，583

Wessenberg, Bishop I. H. C. von，韦森贝格主教，在维也纳会议上任梅特涅助手，647

West, Benjamin，韦斯特，本杰明，历史画家，219

West India Company, Dutch，荷兰西印度公司，被取缔（1791 年），465

West Indies，西印度群岛
　非洲与西印度群岛，573，577
　对英法的重要性，11，573
　丹麦所属，为英国占领，484
　美国进入，11，597，598
　参看各岛屿条

Westminster Review，《威斯敏斯特评论》，边沁主义者的季刊，183

Westphalia，威斯特伐利亚
　为热罗姆·波拿巴建立的王国，271，331，389
　普鲁士的统治，177，374，375

Whitney, Eli，惠特尼，伊莱，康涅狄格州人，轧棉机发明人，5，595；滑膛枪工厂，142，601

Whitworth, Charles, Earl，惠特沃斯伯爵，查尔斯，英国驻俄国大使，506；在巴黎，263

Wieland, C. M.，维兰德，C. M.，诗人，91，237，373

Wilberforce, William，威尔伯福斯，威廉，与废除奴隶制，98，170，659；与准许传教士进入印度，566，570

Wilkins, Charles，威尔金斯，查尔斯，孟加拉亚洲学会成员，553，569

Wilkins, William，威尔金斯，威廉，建筑师，228

Willism，威廉，黑森－卡塞尔的选帝侯，646

William V，威廉五世，荷兰执政，462，465，469，470

William VI，威廉六世，荷兰执政，后为尼德兰国王（1814 年）
　继父亲之位（在流亡中，1806 年），470
　定居英国（1813 年），471
　作为君主重返荷兰（1813 年），471
　接受国王称号（1814 年），473

William I，威廉一世，尼德兰国王，54，473，645
　统治时的困难，宗教上的，173，204，474—476，478—479；经济上的，55，477—478；语言上的，476—477，479
　参看 William VI, Stadholder 条

Wilson, H. H.，威尔逊，H. H.，牛津大学梵文教授，570—571

Winckelmann, J. J.，温克尔曼，J. J.，考古学家，209，372

Wohler, Friedrich，维勒，弗里德里希，化学家，128，136

Wolk, F. A.，沃尔克，F. A.，语言学家，195

Wollstonecraft, Mary，沃斯通克拉夫

特，玛丽，男女平等主义者，96—97，102

women，妇女

妇女解放，96，107

妇女和宗教，25

在《拿破仑法典》中，299

wool，羊毛

增加生产，37

从德意志向英国出口，53；从西班牙向英国出口，484

woollen industry，毛纺工业，在英国，37；在德意志，53；在俄国，498，522

Woolman, John，伍尔曼，约翰，贵格派散文家，98

Wordsworth, William，华兹华斯，威廉，诗人，91，101，247

Wrede, Prince K. T.，符雷德亲王，巴伐利亚外交家，在维也纳会议上，647

Württemberg, Dukedom，符腾堡公国，后为王国（1806年）

参加反法联盟（1793年），254

被迫退出和纳贡（1796年），388

在法国支持下从教皇国获得领土（1802年），155，262，388

成为主权国，和法国联盟；弗里德里希公爵成为国王；中止召开议会（1805—1806年），267，391

在关于德意志联邦的讨论中（1814年），656

"百日"后得到加强（1815年），664

《莱茵信使报》在该地遭到禁止，187

宪法（1819年），16

与教皇签订政教协定，170

同俄国王朝的联系，673注

Würzburg，维尔茨堡，128，656

Wyatt, James，怀亚特，詹姆斯，建筑师，255

Yorck von Wartenburg, Count H. D. L.，约克·冯·瓦滕堡伯爵，普鲁士陆军元帅，271，384

Yorubaland，约鲁巴兰，传教团进入该地，584；从该地出口奴隶，585

Young, Thomas，杨，托马斯，医生和物理学家，129，130，136

Zajaczek, Joseph，扎亚切克，约瑟夫，波兰第一任总督，516

Zaman Shah of Afghanistan，阿富汗国王扎曼，553，554

Zambezi river，赞比西河，证明不能航行，587

zamindars，柴明达尔，印度的地主，560，563

Zanzibar，桑给巴尔，576—577

奴隶和象牙贸易，586，588—589，590

Zea Bermudez, Francisco，塞亚·贝穆德斯，弗朗西斯科，见 Cea, Burmudez 条

Zelter, K. F.，策尔特尔，K. F.，作曲家，245

Zollverein，关税同盟，15，26，52，53

Zubov, Count Platon，祖博夫伯爵，普

拉东，俄国叶卡捷琳娜二世的宠
　臣，502
Zumalcárregui, Tomás，苏马拉卡雷吉，
　托马斯，卡洛斯派将军，456，

459—460
Zurlo, Giuseppe，祖洛，朱塞佩，那
　不勒斯政治家，421